JN294018

日本古代氏族人名辞典

［普及版］

坂本太郎・平野邦雄［監修］

吉川弘文館

序

待望の『日本古代氏族人名辞典』が刊行のはこびとなったことをよろこびたい。

現代社会において、古代史への関心はひろく人々の間に浸透し、いわゆる〝古代史ブーム〟とよばれる現象を呈するようになってからすでに久しい。しかし、古代史への理解をより確実なものとし、かつ深めて行くには、水準の高い研究手段を提供する必要がある。

本辞典は、古代史の専門家ばかりでなく、ひろく古代史を愛好する人々をも対象として編集された。

これまで古代の人名辞典としては、竹内理三・山田英雄・平野邦雄共編『日本古代人名辞典』（全七巻、昭和三十三〜五十二年、吉川弘文館刊）が出版されている。それは古代史料にあらわれる人名を、天皇・貴族から奴婢にいたるまですべて網羅し、二万三〇〇〇名におよぶそれらの人名についての記事を細大もらさず掲げ、記事について一々出典を記すという完全な史料主義にたつもので、人名の訓みも学問上の理由から避けてある。編集も三者のみによって行われた。このような事情から、専門家には至便であっても、一般の読者にはいささか難解であるとの声もあり、また人名も八世紀末までを収録しうるにとどまっている。

これにたいして本辞典は、その辺の事情を考慮し、一般の読者が古代史の理解に必要と思われるものを編集委員が選定し、その一つ一つについて筋道をたててわかりやすく解説したものである。選定したといっても項目は二八〇〇に及び、平安時代の六国史の記事が終る九世紀末までを収録してあるから、利用範囲はさらに広がったというべきであろう。

もう少し本辞典の特色をのべれば、次のようになろう。

まず、辞典名のとおり、氏族とそれに属する人名の双方をあわせ掲げたことである。氏族は祖先の名と氏の成立事情にはじまり、その後の氏の政治的地位の変動、また分布範囲までを略述し、人名はその個人の生没年・続柄から履歴におよび、さらにその人物の遺品や関連遺跡などにも言及するように努めた。もちろん氏族名のみ、人名のみの項目も多く、女性名・僧侶名も多く掲げられている。

それらの氏族と人名は、先にのべたように九世紀末に及んでいるから、平安時代のいわゆる源・平・藤・橘や菅原・大江などの諸氏も収録することができた。

つぎに、氏族人名のすべてに訓みを付したことである。これには異論もあるであろうが、学界での慣用のものを示し、思い切って読者の利便をはかることとした。

最後に、各項目のおわりにその氏族人名に関する参考文献をあげたことである。参考文献は代表的なものにとどめ、読者がその氏族人名についてさらに知識を広げたいと思えば、それらに眼を通せばよいように配慮してある。

本辞典は、佐伯有清・黛弘道・前之園亮一・加藤謙吉・武光誠の五氏を編集委員とし、多くの執筆者の協力をえて完成した。佐伯有清氏には、『新撰姓氏録の研究』本文篇・研究篇各一巻、考証篇六巻、索引論考篇一巻（吉川弘文館刊）の著書があり、本辞典が氏族名を重視したのも、その成果によるといってよい。黛弘道氏にも『律令国家成立史の研究』(吉川弘文館刊)があり、各種の氏族や系譜についての論考が収められている。このような編集委員の緊密な協力があって、はじめて本辞典は完成したのである。

辞典とは、いかなるばあいでも編集に幾星霜の苦辛を要することは、私自身が身にしみて知悉していることである。本辞典も計画段階からすでに五年余りを経過している。この間に監修者の坂本太郎博士は本辞典の完成をみないまま他界された。この序文も、博士が御存命ならば当然執筆されたであろうが、今はそれも適わぬこととなった。私が代って執筆したのはそのためである。

監修者として、本辞典が学界はもとより一般の読者諸賢に資することの大なるを思い、また広く読まれることを願って序文としたい。

平成二年六月

平野邦雄

例言

編集方針

一、本辞典は、学生・教師・研究者および日本古代史に関心をもつ一般読者を対象とし、平易で理解しやすいよう編集した。

二、古代史を調べる上で必須の氏族名・人名をできるだけ網羅するように心がけた。

項目選択の範囲

一、大化前代から「六国史」の終る仁和三年（八八七）までに現われる氏族名・人名から約二八〇〇項目を選定して採録した。

二、人名は、官人については四位以上の者はほぼ網羅し、その他はある程度の業績のある者を中心に選択した。

三、伝説上の人物や、氏族の祖神なども一部採録した。

見出し

一、見出しは漢字表記をゴシック体で掲げ、その下に平仮名で訓みを付した。

二、人名で「姓（かばね）」が与えられている場合には必ず付けることとした。「姓」が変遷している場合は、原則として最終のものを掲げた。

三、幾通りかの表記・訓みのある場合は、一般的と思われるものを見出しに立て、他は、本文中で触れた。

四、訓みを特定しがたいものもあるが、便宜、妥当と思われる訓みを付した。

五、出自を異にする氏族で同名のもの、また同一表記の人名が複数ある場合は、一つの見出しの中に収め、(一)・(二)・(三)……を冠して記述した。

項目の配列

一、原則として現代仮名遣いによる訓みの五十音順とした。同音異字の場合は頭字以下、画数の少ない順に配列した。

二、次に示すように、必ずしも五十音順に従わずに配列した場合がある。

(1)　「紀氏」「弓削氏」など氏族名の項目は、それぞれ「氏（うじ）」は除いて「紀（き）」「弓削（ゆげ）」の部分のみの訓みで配列した。

(2)　氏族名項目のあとには、その同一氏族の人名項目を並べて掲げた。

(3)　その氏族名項目が立っていない場合でも、同一氏族人名は並べて掲げるようにした。

(4) 同一氏族の人名でも、氏族名の表記の異なる場合は、同一表記の氏族ごとに並べて掲げるようにした。

(5) 複姓の人名は、本姓のあとに続けて配列した。

(6) 部姓の配列は、関連氏族名のあとに続けて配列した。ただし、関連氏族名の複姓項目と部姓項目とでは、複姓項目を先に配列した。

記述

一、漢字は新字体を用い、仮名遣いは、引用文を除いて現代仮名遣いを用いた。

二、必要に応じ、適宜（ ）内に訓み仮名を付した。

三、漢文体の史料は引用の際、訓み下し文に改めた。

四、旧地名は、適宜（ ）内に現在地名を比定して注記した。

五、本文中の年次表記は年号を主とし、中国・朝鮮の年号と対照させる場合は、いずれかを主とし、他を（ ）内に入れた。

(1) 年号のない時代は、天皇名をもって表わした。

(2) 推古天皇以降の年号には（ ）を付して西暦を記入した。ただし、それ以前の年次でも、西暦の確認できる場合には、西暦を並記した。同一年号が再出する場合は、原則として西暦は省略した。

(3) 日本年号は、原則として改元の日をもって新年号を用いた。

六、本文記述の末尾には、適宜参考文献として、著書・論文を掲げた。

索引

一、巻末には、氏族名・人名の五十音順索引および主要難読一覧を付載した。

記号

『』 書名・雑誌名・叢書名などを囲む。

「」 引用文・史料名・引用句、および論文名などを囲む。

（） 注または訓み仮名を囲む。

〈〉 史料の割書は一行組にして〈 〉で囲む。

…… 引用史料の中略・下略などを示す。

／ 引用史料の改行を示す。

・ 並列を示す。

― 年代・距離などの範囲を示す。

執筆者

（五十音順）
＊印は編集委員

荒木陽一郎
石井正敏
榎本淳一
大友美佐子
大橋信弥
小口雅史
笠井倭人
加藤謙吉＊
川崎　晃
神田典城
木内堯央
菊池克美
小市和雄
胡口靖夫
小坂真二
児島恭子
佐伯有清＊
坂上康俊
酒寄雅志
佐久間　竜
佐々木一紀
佐々木恵介
佐々木虔一
佐藤和彦
佐藤　均
佐藤　信
志田諄一
篠川　賢
篠原幸久
新川登亀男
新村　拓
須藤智夫
関　和彦
高嶋弘志
武内孝善
武光　誠＊
田島裕久
千野香織
遠山美都男
外池　昇
虎尾達哉
鳥養直樹
中川　収
中西　進
中野高行
奈良旬晃
仁藤敦史
野村忠夫
橋本政良
橋本義則
浜田耕策
早川万年
原島義和
深津行徳
福井俊彦
服藤早苗
古瀬奈津子
星野良史
星野良作
本郷真紹
前川明久
前田晴人
前之園亮一＊
増渕　徹
松尾　光
松本卓哉
黛　弘道＊
三宅和朗
宮城洋一郎
宮崎雅弘
弓野正武

（敬称略）

あ

阿閉氏　あえうじ　大彦命の後裔氏族の一つ。阿閇・敢にも作る。姓は初め臣、天武十三年(六八四)八色の姓制定に際し、朝臣を賜わる。氏名は伊賀国阿拝(あえ)郡(三重県阿山郡から上野市北部にかけての一帯)の地名に基づくといわれ、宮廷の祭祀卜事を職掌とし、伊勢神宮の祭祀にも従事していたようである。『日本書紀』によると、雄略三年四月、阿閉臣国見は湯人(湯坐。ゆえ)の廬城部(いおきべ)連武彦が斎宮の栲幡(たくはた)皇女を奸したと讒言したため、武彦の父枳莒喩(きこゆ)は災いを恐れて武彦を廬城河(三重県一志郡白山町の雲出川中流域)で殺した。雄略天皇に喚問された皇女も、五十鈴川のほとりに神鏡を埋めて自経した。雄略は皇女の腹をさいてみると、はらんでいなかったので国見の讒言であることがわかった。枳莒喩は子を殺したことを悔いて国見を殺そうとしたが、国見は石上(いそのかみ)神宮(奈良県天理市布留町)に逃げかくれたという。また顕宗三年二月、阿閉臣事代が任那に派遣された時、月神が人にかかって民地をもって月神に奉れと託宣したので、事代は京に帰って奏し、山背国の歌荒樔田(うたあらすだ)を献じ、壱伎県主の先祖押見宿禰にまつらせた。同年四月にも日神が人にかかり、事代に磐余(いわれ。奈良県桜井市中部から橿原市東南部にかけての地)の田をもって我が祖高皇産霊(たかみむすび)神に献れと託宣したので、田十四町を献じ、対馬下県直にまつらせたとある。さらに推古十八年(六一〇)十月には阿閉臣大籠が任那の客の導者となっている。事代や大籠は本拠地の伊賀から大和に出て、宮廷に出仕していたのであろう。阿閉氏の分布は伊賀国阿拝郡と伊勢国多気郡(三重県多気郡)に多くみられる。阿閉氏の分布と重なるのが敢礒部(あえいそべ)である。敢礒部は神饌としての伊勢神宮への贄貢進を職掌とした部民で、敢氏との結びつきが考えられる。伊勢神宮の遷宮神事の一つである後鎮祭に、心御柱とともに天平賀と呼ばれる土器が安置されたが、天平賀の製作は『神宮雑例集』天平賀事にみえる仁安四年(一一六九)三月の敢貞元の陳状に、敢氏の相伝の職となすとあるので、阿閉氏が伊勢神宮の祭祀に種々の面から関わっていたことが知られる。

【参考文献】志田諄一『古代氏族の性格と伝承』、前川明久「古代の伊勢神宮と敢氏」(『日本古代氏族と王権の研究』所収)

阿閉臣国見　あえのおみくにみ　五世紀後半の豪族。名を磯特牛にも作る。『日本書紀』によると、雄略三年四月、伊勢斎宮の栲幡(たくはた)皇女を湯人(湯坐。ゆえ)の廬城部(いおきべ)連武彦が奸して妊娠させたと讒言した。武彦は災いを恐れた父の枳莒喩(きこゆ)に殺され、皇女も経死した。雄略天皇は皇女の腹を割いてみると、はらんでいなかったので、国見の讒言であることがわかった。枳莒喩は子を殺したことを悔い、国見を殺そうとした。国見は石上(いそのかみ)神宮(奈良県天理市布留町)に逃げかくれたという。

阿閉臣事代　あえのおみことしろ　五世紀後半の豪族。『日本書紀』によると、顕宗三年二月、命をうけて任那に使いした時、月神が人にかかり、民地をもって月神に奉れといったので、京に帰ってこのことを奏し、山背国の歌荒樔田(うたあらすだ)を献じ、壱伎県主の先祖押見宿禰にまつらせた。また同年四月には日神も磐余(いわれ。奈良県桜井市中部から橿原市東南部にかけての地)の田を献れと託宣したので、事代はこのことを奏し、田十四町を献じ、対馬下県直にまつらせたという。

敢朝臣安麻呂　あえのあそんやすまろ　八世紀中頃の伊賀国阿拝(あえ)郡(三重県阿山郡から上野市北部にかけての一帯)大領、同郡柘殖(つげ)郷(阿山郡伊賀町)戸主。敢臣にも作る。天平感宝元年(七四九)六月、左京戸主小治田藤麻呂が柘殖郷にある家と墾田を東大寺に売却した際の券文に大領外従六位下と署名し、同年(七月に天平勝宝と改元)十一月、自己の所有する同郷の墾田七段を元興寺三論衆へ売却した時の券文には同郷戸主とみえる。さらに天平勝宝三年(七五一)四月、同郷戸主車持牛麻呂の墾田を東大寺に売却した券文には大領従六位下とある。

敢臣忍国　あえのおみおしくに　八世紀後半の伊勢国多気郡の富豪。氏名は初め敢礒部(あえいそべ)。天平神護三年(七六七)四月、銭百万、絹五百疋、稲一万束を献じた功により、外正七位下から外正五位下に昇叙され、神護景雲二年(七六八)二月、地方豪族としては異例の志摩守に任ぜられている。さらに宝亀六年(七七五)五月、忍国ら五人に対して敢臣の氏姓が与えられた。志摩守任命や敢(阿閉)臣への改氏姓は、単なる経済的実力だけでなく、敢氏の配下で贄の貢上を行なっていた礒部の職掌に因んだものか。

【参考文献】　狩野久「御食国と膳氏」(坪井清足・岸俊男編『古代の日本』5所収)、前川明久「古代の伊勢神宮と敢氏」(『日本古代氏族と王権の研究』所収)

敢礒部氏　あえいそべうじ　大彦命の後裔氏族の一つか。敢石部にも作る。海産物を贄として貢上するのを職掌とする。食物の供献を職掌とする阿倍氏の同族敢(阿閉)臣氏の配下に属した部民と考えられる。敢は伊賀国阿拝(あえ)郡(三重県阿山郡から上野市北部にかけての一帯)の地名に因むか。同氏のうち、伊勢国多気郡の敢礒部忍国ら五人は宝亀六年(七七五)五月に敢臣の氏姓を賜わった。敢礒部氏は、天平十二年(七四〇)の「遠江国浜名郡輸租帳」に多くの人名がみえるほか、駿河・尾張・美濃・伊勢などの諸国に分布する。

【参考文献】　大山誠一「大化前代遠江国浜名郡の史的展開」(『日本歴史』三二一)、前川明久「古代の伊勢神宮と敢氏」(『日本古代氏族と王権の研究』所収)

吾瓮海人烏摩呂　あえのあまのおまろ　吾瓮(阿閉嶋か。阿閉嶋は福岡県北九州市小倉北区の藍島とみられる)地方の海人。神功皇后は新羅遠征の際、三輪社(福岡県朝倉郡三輪町弥永の大己貴(おおなむち)神社)に祈願して兵士を集めた。そのなかから烏摩呂は西海(朝鮮海峡)の偵察に派遣された。烏摩呂のその時の報告は「国も見えず」であったという。

青海氏　あおみうじ　椎根津(しいねつ)彦命の後裔氏族の一つ。姓は首。『新撰姓氏録』右京神別下に、青海首は椎根津彦命の後とあるが、首姓の青海氏の氏人の名は他の史料にはみえない。この氏族の本拠地は参河国碧海郡碧海郷(愛知県岡崎市の旧六ツ美村地区付近)か。『新撰姓氏録』右京皇別下に碧海郡を「青海郡」と記し、東急本『和名類聚抄』は碧海郷の訓みを「阿乎美」とする。参河国は海(あま)氏・海部(あまべ)の分布地であり、椎根津彦の後裔氏族とすることからも、この氏は海人(あま)族とみられる。『日本書紀』欽明元年(五三二)九月条の青海夫人勾子との関係は未詳。

青海夫人勾子　あおみのおおとじのまがりこ　欽明朝の人。夫人は天皇の夫人の意。『日本書紀』によると、欽明元年(五三二)九月、新羅出兵問題で欽明天皇が難波祝津(はふりつ)宮(大阪市浪速区付近か)へ行幸した時、摂津住吉の宅(比定地未詳)に引きこもり、病と称して出仕しない大伴大連金村に青海夫人勾子を遣わし、慰問させたという。

阿花王　あかおう　―四〇五　百済の王。『日本書紀』には、神功六十五年に枕流(とむる)王が薨じたが、王子の阿花は年少であったため叔父の辰斯王が即位したと伝える。応神三年に辰斯王が日本に礼を失したことを理由に紀角(きのつの)宿禰らの軍兵を遣わすと、百済は王を殺して謝し、紀角宿禰らは阿花王を即位させたという。そののち阿花王も枕弥多礼(とむたれ)・峴南・支侵・谷那・東韓の地を奪われて日本に礼を失したが、同八年三月に王子の直支を日本に送って好を結び、王は同十六年に薨じた。『三国史記』では阿莘王或いは阿芳王と作るが、莘・芳は華(花)の誤りであろう。また、王の性格は「壮に及びて志気は豪邁たり」と記す。

【参考文献】 末松保和『任那興亡史』

赤須 あかす　八世紀中頃の女性。筑前国観世音寺（福岡県太宰府市）の寺家女、婢。『日本三代実録』貞観八年（八六六）三月条によれば、笠朝臣麻呂（沙弥満誓）が天平年中（七二九—七四九）に造観世音寺別当として寺家にある時、赤須は麻呂の子を生んだが、子は母に随って家人とされた。その後裔の夏麻呂らは家人からの解放を再三太政官や大宰府に訴え出たが、裁許されず、貞観八年三月、麻呂の五代の孫の清貞の時ようやく認められ、清貞ら三人を良民とし、筑後国竹野郡（福岡県浮羽郡田主丸町全域と吉井町の一部）に貫付したという。

赤染氏 あかぞめうじ　染色・祭祀に携わった渡来系氏族。姓は造。赤染氏は秦氏と同族もしくは同一の生活集団を形成した氏族で、朱や丹を塗る（散布する）ことで器物や土地を浄聖にする赤色呪術を掌っていたとみられる。天平十九年（七四七）以降、常世（とこよ）連と改氏姓する者が散見するように、赤染氏は常世神に対する信仰をもっていたらしい。本拠地は河内国大県郡（大阪府柏原市北部）とみられ、ほかに山背・遠江・因幡などの諸国にも分布する。

【参考文献】 平野邦雄「秦氏の研究」（『史学雑誌』七〇—三・四）、前川明久「土師氏と帰化人」（『日本歴史』二五五）

赤染佐弥万呂 あかぞめのさみまろ　八世紀中頃の画工。『正倉院文書』天平勝宝四年（七五二）閏三月十八日の「厨子帳」によれば、佐弥万呂は第五厨子（薩婆多宗分）の彩色に従事した。同じ頃の「厨子絵像并画師目録」によってその絵像の内容が知られる。佐弥万呂の同僚のなかには、同族の赤染古万呂の名がみえており、彩色と関わりが深いのは、赤染氏の伝統をひくものであろう。

県氏 あがたうじ　県主の後裔氏族。尾張・美濃・伊勢・越前・讃岐・丹後の諸国にみられる。尾張の県氏の姓は連。『続日本後紀』によると、承和八年（八四一）四月、右京の人県主前利（さきと）連氏益に県連の氏姓を賜わったとある。尾張国丹羽郡内に田県（たがた）神社（愛知県小牧市久保一色）・大県神社（愛知県犬山市宮山）があり、県のおかれたことがうかがわれ、丹羽郡に前刀（さきと）郷（愛知県丹羽郡扶桑町西部から江南市の一部に及ぶ地域）もあるので、県連氏は丹羽県主の後裔氏族であろう。神武天皇の第三子神八井耳（かんやいみみ）命の後で、多（おお）臣氏と同祖と伝えられている。また大宝二年（七〇二）御野（みの）国戸籍にみえる加毛郡（岐阜県加茂郡と美濃加茂市および関・恵那両市の一部）の県氏、伊勢国飯高郡（三重県松阪市北半部と飯南郡）の飯高君笠目の親族で天平十四年（七四二）四月に改氏姓された県氏は、ともに造姓。県は県主の治所で、やがて英多・英田の地名にもなった。県氏を称する氏族は各地に散在するが、各県の名によるもので同族関係はないであろう。

県春貞 あがたのはるさだ　九世紀中頃の讃岐国香河郡の百姓。同国の浪人江沼美都良麿（えぬのみづらまろ）のために刺殺された。『日本三代実録』貞観八年（八六六）十月二十五日条に載せる「刑部省断罪文」所引の春貞の妻秦浄子の申訴によると、春貞が美都良麿と自宅で飲酒していた際、口論となり、美都良麿によって左脇を刺され即死。この時、同席していた香河郡の人秦成吉らは、言葉で注意しただけで、救助しなかったという。

県犬養氏 あがたのいぬかいうじ　河内国の茅渟県（ちぬのあがた。のちの和泉国一帯の古称）を本貫とし、飼養した番犬を用いて同地方の屯倉を守衛した犬養部の伴造氏族。県犬甘にも作る。姓は初め連、天武十三年（六八四）宿禰を賜わった。また、天平宝字八年（七六四）に県犬養宿禰内麻呂ら同族十五人は県犬養大宿禰の氏姓を賜わっている。『新撰姓氏録』左京神別中にその出自を神魂（かみむすび）命の八世孫の阿居太都（あけたつ）命の後裔と伝える。『日本書紀』には、安閑二年（五三五）九月、県犬養連ら三氏に詔して屯倉の税を掌らせたとあり、この氏族の史上における初見であるが、これは同年五月の筑紫穂波屯倉以下多数の屯倉設置記事との関連性が考えられる。天武元年(六七二)の壬申の乱に大伴が舎人として大海人皇子(のちの天武天皇)に従って功を立て、天武天皇の信頼を得てこの氏族の政治的活躍の足場が築かれたが、その縁故から県犬養宿禰三千代が天武の後宮に女官として仕え、軽皇子(のちの文武天皇)の乳母となり、次第に後宮にその地歩を固めていくことになった。三千代は和銅元年(七〇八)天武以降の宮廷に歴仕した忠誠を賞され、橘宿禰の氏姓を賜わっている。三千代は初め美努王(敏達天皇曾孫或いは四世孫とする二つの所伝がある)に嫁し、葛城王(橘宿禰諸兄)・佐為王(橘宿禰佐為)らを生んだが、のちに離別して藤原朝臣不比等の室となり、安宿(あすかべ)媛(のちの光明皇后)を生んでおり、藤原氏発展の陰には三千代の力が大きく働いた。八世紀の県犬養氏からは、三千代の推挙により聖武天皇の夫人となって井上内親王(のちの光仁天皇皇后)・安積(あさか)親王・不破内親王(塩焼王の室)を生んだ広刀自のほか、造宮卿筑紫、少納言石次(いわすき)、命婦八重・姉女などが出ており、八世紀前・中期の政界に勢力を伸ばしたが、橘宿禰(朝臣)諸兄の政治的失脚に加え、安積親王の急死、姉女の厭魅事件(不破内親王とその子氷上志計志麻呂(ひがみのしけしまろ)らが連坐)、井上内親王厭魅廃后事件(その子の他戸(おさべ)親王も廃太子)など、藤原氏の謀略とも推定される事変もあり、八世紀末以降には振わなくなっていった。九世紀には『続日本後紀』の撰進に携わった貞守、清和朝の命婦阿野子その他がみえるが、いずれも五位にとどまっている。なお、県犬養氏の本貫として、茅渟県ではなく河内国古市郡(大阪府羽曳野市)を重視する見解があり、また、その氏族名を「こおりのいぬかい」と訓む説もある。

【参考文献】黛弘道「犬養氏および犬養部の研究」(『律令国家成立史の研究』所収)、高島正人「奈良時代における県犬養氏」(『立正大学大学院紀要』一)、鎌田元一「評制施行の歴史的前提」(『史林』六三―四)

県犬養大宿禰貞守　あがたのいぬかいのおおすくねさだもり　九世紀中頃の官人。嘉祥二年(八四九)二月、存問渤海客使に任命され、次いで領渤海客使となったのが初見。斉衡二年(八五五)正月、従五位下に叙せられ、以後、和泉守・散位頭・駿河守などを歴任した。貞観十一年(八六九)八月付の『続日本後紀』序文には、散位・従五位下として貞守の名がみえ、編纂員の一人であったことが確認できる。

県犬養宿禰姉女　あがたのいぬかいのすくねあねめ　八世紀後半の宮人。天平宝字七年(七六三)正月、従六位下から従五位下に叙せられ、次いで天平神護元年(七六五)正月、従五位上となった。時に姓は大宿禰であったが、これは前年九月、内麻呂ら同族十五人に賜姓されたものである。神護景雲三年(七六九)五月、巫蠱(ふこ)に坐し、姓を犬部と貶されたうえ遠流に処せられた。その際の詔によれば、姉女は称徳天皇の異母妹不破内親王(母は県犬養宿禰広刀自)と通じて、内親王の子氷上志計志麻呂(ひがみのしけしまろ。父は氷上塩焼(塩焼王))を皇位に即けようと謀り、称徳の髪を盗んでこれを佐保川に遺棄されていた髑髏に入れ、宮中に持ち込み厭魅すること三度に及んだという。ところが称徳の崩後、宝亀二年(七七一)八月にいたって、この厭魅事件は丹比(たじひ)宿禰乙女の誣告であったことが判明し、姉女の罪はゆるされ、翌九月には本氏姓県犬養宿禰に復し、翌三年正月、あらためて無位から従五位下に叙せられた。

【参考文献】野村忠夫『後宮と女官』、林陸朗「奈良朝後期宮廷の暗雲―県犬養家の姉妹を中心として―」(『上代政治社会の研究』所収)

県犬養宿禰阿野子　あがたのいぬかいのすくねあやこ　九世紀後半の女官。貞観十一年(八六九)正月、無位から従五位下に叙せられたことが『日本三代実録』にみえる。八世紀には宮廷にかなりの勢力をもった県犬養氏であるが、九世紀に入ると衰退し、この阿野子を最後として同氏は国史から姿を消す。

県犬養宿禰石次　あがたのいぬかいのす

くねいわすき　—七四二　八世紀前半の官人。養老四年(七二〇)正月、従五位下に叙せられたのが初見。以後、弾正弼・右衛士佐・右少弁などを歴任し、天平五年(七三三)十二月には少納言も兼任した。同十一年四月、参議に任ぜられ、この時には式部大輔も兼ねていた。同十四年十月十四日、卒去。時に参議・左京大夫・従四位下。

県犬養宿禰沙弥麻呂　あがたのいぬかいのすくねさみまろ　八世紀中頃の官人。名は佐美麻呂にも作る。天平勝宝九歳(七五七)七月、橘朝臣奈良麻呂らの陰謀を密告した功により、正七位下から従五位下に叙せられた。天平宝字三年(七五九)五月、美作介に任ぜられたが、同五年八月には、官長を経ずに国政を行ない、公文に勝手に印を押捺し、時価に拠らずに民物を買ったことを国守であった紀朝臣飯麻呂に告発され、官を解かれた。しかし、同年十月には大膳亮、同七年正月には大監物(だいけんもつ)に任ぜられている。

県犬養宿禰広刀自　あがたのいぬかいのすくねひろとじ　—七六二　聖武天皇の夫人。讃岐守従五位下唐の女。聖武の東宮時代に入内し、安積(あさか)親王・不破内親王・井上内親王を生んでいる。天平九年(七三七)二月、正五位下から従三位に叙せられた。時に夫人であったが、その称号を与えられた時期は明らかでない。次いで同十六年閏正月に薨じた安積親王の伝に、夫人正三位とみえる。天平宝字五年(七六一)十月、都を保良(滋賀県大津市国分付近)に遷すに際して稲四万束を賜わり、翌六年十月、正三位で薨じ、絁(あしぎぬ)百疋、糸三百絇、布三百端、米九十石が贈られた。広刀自の入内は、当時宮廷に隠然たる勢力を持った同族の県犬養橘宿禰三千代の推挙によるもので、その時期は藤原朝臣光明子(こうみょうし。のちの光明皇后)の入内とほぼ同じ頃であった。したがって、広刀自は常に光明皇后に対する存在として意識され、その三人の子も宮廷内で微妙な立場にあったが、果たして不破・井上両内親王は皇位をめぐる権力争いに巻き込まれて悲運な生涯をたどり、十七歳で突然病死した安積親王についても暗殺説が出されている。

【参考文献】　野村忠夫『後宮と女官』、林陸朗「奈良朝後期宮廷の暗雲—県犬養家の姉妹を中心として—」(『上代政治社会の研究』所収)、黛弘道「聖武天皇と光明皇后」(『古代史を彩る女人像』所収)

県犬養宿禰三千代　あがたのいぬかいのすくねみちよ　—七三三　七世紀末—八世紀初めの宮人。東人の女。藤原朝臣不比等の妻で、光明皇后の生母。初め敏達天皇の血をひく(曾孫或いは四世孫とする二つの所伝がある)美努王に嫁し、葛城王(橘宿禰諸兄)・佐為王(橘宿禰佐為)・牟漏女王を生んだ。しかし、のち美努王と離別し、文武朝の初年には不比等に嫁し、大宝元年(七〇一)には光明子(こうみょうし。安宿(あすかべ)媛。のちの光明皇后)を生んだ。和銅元年(七〇八)十一月、元明天皇即位の大嘗祭の宴で天武朝から歴代に仕えた忠誠を嘉して、杯に浮かぶ橘とともに橘宿禰の氏姓を賜与された。以後、県犬養橘宿禰三千代と称した。霊亀三年(七一七)正月、従四位上から従三位に、養老五年(七二一)正月には正三位に進んだ。同年五月、元明太上天皇の重病のために出家入道し、これにより食封・資人を辞したが、優詔あって許されなかった。天平五年(七三三)正月庚戌(十一日)に薨じた。時に内命婦正三位。葬儀は散一位に准ぜられた。同年十二月、その第に舎人親王・藤原朝臣武智麻呂・宇合らが遣わされ、従一位を追贈され、また別勅によって食封・資人は収公されなかった。さらに天平宝字四年(七六〇)八月、不比等が淡海公に封ぜられた時に、正一位と大夫人の称号を贈られている。これより先、光明皇后が不比等と三千代のために書写させた天平十二年三月の『大宝積経』の跋語や同年五月一日の『一切経』の奥書には「尊妣」、また天平勝宝五年(七五三)正月十五日と記す「聖武天皇銅版勅願文」には「皇后先妣従一位橘氏太夫人」とみえる。三千代は早くから後宮に勢力をもち、夫不比等の昇進を援助し、光明子の入内・立后を始め藤原氏の繁栄のために力を尽くしたとされるが、また同族県犬養氏のためにも働いた。神亀四年(七二七)十二月には一族の県犬養連五百依・安麻呂・小山守・大麻呂らの宿禰姓への改姓を請い許されたほか、聖武天皇の夫人で光明皇后の競争相手であった県犬養宿禰広刀自の入内も三千代の推挙によるものと思われる。その本貫については、県犬養氏本来の職掌、光明皇后誕生伝説の分布などから、かつて茅渟県(ちぬのあがた)の存した和泉国とみる説と、光明子立后を準備した天平改元の機となる瑞亀を出した河内国古市郡(大阪府羽曳野市)とする説がある。この地域は渡来系氏族が集住し、仏教が早くから普及したと推定されるが、三千代も仏教に深く帰依しており、またその光明皇后に与えた影響も推測に難くない。法隆寺所蔵の国宝橘夫人厨子は、その墨書銘などによれば、三千代の念持仏と伝えられる。『万葉集』には「太政大臣藤原家の県犬養命婦、天皇に奉れる歌一首」(一九―四二三五)が載せられている。なお、橘宿禰姓は、本来三千代個人に賜与されたものと思われるが、天平八年(七三六)十一月、葛城王・佐為王らは、母姓を継承することを願い出て許された。

【参考文献】黛弘道「橘三千代」(『古代史を彩る女人像』所収)、岸俊男「県犬養橘宿禰三千代をめぐる臆説」(『宮都と木簡』所収)

県犬養宿禰八重　あがたのいぬかいのすくねやえ　—七六〇　八世紀中頃の宮人。葛井(ふじい)連広成の室。天平十四年(七四二)二月、聖武天皇が皇后宮に幸し、群臣を宴した際の叙位に与り、正八位上から外従五位下となった。次いで同十七年正月、従五位下に進んだ。同二十年八月、聖武は広成の宅に行幸、宿泊したが、その功によって八重は夫広成とともに正五位上を授けられた。その後天平宝字四年(七六〇)五月七日、命婦(みょうぶ)従四位下で卒した。この間、八重の名は、当時光明皇后の下で活発に行なわれた写経に関する『正倉院文書』に散見し、写経を命ずる宣者として登場する県犬甘(あがたのいぬかい)命婦・犬甘命婦・少命婦なども八重のことをさすと思われる。また、天平勝宝三年(七五一)の端裏書をもつ「東大寺開田地図」には、近江国覇流(へる)村(犬上郡・愛知郡。現在の滋賀県彦根市曾根沼付近)の東大寺領墾田に接して八重の墾田があったことがみえる。

【参考文献】野村忠夫『後宮と女官』

県犬養連大伴　あがたのいぬかいのむらじおおとも　—七〇一　壬申の乱の功臣。名は大侶にも作る。天武元年(六七二)の壬申の乱に際しては、大海人皇子(のちの天武天皇)に従って功を立てた。朱鳥元年(六八六)九月、天武天皇の殯宮(もがりのみや)において宮内の事を誄(しのびごと)した。時に直大参。文武五年(七〇一)正月二十九日、直広壱で卒去。壬申年の功をもって正広参を贈位された。

県主氏　あがたぬしうじ　かつての県主の後裔氏族。県主の後裔がすべて県主氏を称したのではないが、県は各地に置かれたので、県主氏も大和・和泉・美濃などの各国に存在する。㈠大和国の県主氏　一族の県主石前が、天平神護元年(七六五)二月に添(そう)県主の氏姓を賜わっている。㈡和泉国の県主氏　『新撰姓氏録』和泉国皇別にその氏を載せ、和気公氏と同祖で、日本武尊の後であるとする。一族の県主益雄・文貞らは承和三年(八三六)二月に和気宿禰の氏姓を賜わっている。この県主氏の氏名は、珍(血沼・茅渟)県主(茅渟県(ちぬのあがた)はのちの和泉国一帯の古称)に由来するのであろうが、その後裔氏族としては、ほかに珍県主氏が知られる。㈢美濃国の県主氏　大宝二年(七〇二)「御野国加毛郡半布里戸籍」に一族の名が多数みえており(加毛郡半布里は岐阜県加茂郡富加町羽生付近一帯)、同国恵奈郡(岐阜県恵那郡から恵那市・中津川市・瑞浪市にかけての一帯)にも一族が分布する。この県主氏は、美濃地方に置かれた鴨県主の後裔と考えられるが、右の戸籍からは、県造氏の存在も知られる。

【参考文献】新野直吉『国造と県主』、野村忠夫『古代の美濃』

県使氏　あがたのつかいうじ　物部氏の同

系氏族。宇麻志麻遅(うましまじ)命の後裔氏族の一つ。姓は首。『新撰姓氏録』大和国神別にその名を載せる。同国宇陀郡を本拠地としていたと考えられ、県使の氏名は猛田(たけだ)県主の県(奈良県宇陀郡室生村・榛原町一帯)に由来すると推定される。

阿貴王　あきおう　八世紀前半の皇族。春日王の子。川島皇子の孫。市原王の父。阿紀王・安貴王にも作る。神亀六年(七二九)三月、無位から従五位下に叙せられた。天平十七年(七四五)正月には従五位上となる。『万葉集』に、伊勢行幸に扈従した時の歌があり(三—三〇六)、また因幡国八上郡(鳥取県八頭郡の一部)の采女を娶り寵愛したが、この采女は不敬の罪により本郷に返され、それを悼んで作ったという歌があり(四—五三四・五三五の左注)、他に一首ある(八—一五五五)。また、紀女郎(きのいらつめ)の歌の注によると、紀女郎は鹿人大夫の女で阿貴王の妻とある(四—六四三～六四五)。

秋篠氏　あきしのうじ　延暦元年(七八二)土師(はじ)氏の改氏姓により分立し、本拠地の大和国添下郡秋篠里(奈良市秋篠町)の地名を氏名とした氏族。姓は初め宿禰、延暦九年(七九〇)十二月、朝臣を賜わる。天応二年(七八二)五月、土師宿禰安人らは祖業を思うに凶儀にのみ与るのは本意とするところではないので、土師を居地名により秋篠と改めたいと請願して許され、安人ら兄弟男女六人に秋篠宿禰を賜わった。次いで延暦九年十二月、桓武天皇は詔して外祖母(土師宿禰真妹)が土師宿禰の出身であったため、土師氏に大枝・秋篠・菅原などの朝臣の姓を許したので、秋篠宿禰安人らは朝臣の姓を賜わった。なお弘仁三年(八一二)六月、左京の人秋篠朝臣上子・清子、右京の人秋篠朝臣室成・宅成は御井朝臣と改氏姓された。

秋篠朝臣安人　あきしののあそんやすひと　七四三—八二一　八世紀末—九世紀初頭の文人政治家。土師宿禰宇庭(はじのすくねうきにわ)の子。天応二年(七八二)五月、奏上して秋篠と改めた。時に少内記正八位上。次いで大外記となり、延暦八年(七八九)九月、大納言藤原朝臣継縄に従って、征東将軍紀朝臣古佐美の逗留敗軍の状を勘問した。翌年、右兵衛佐を兼ね、同年十二月、朝臣の姓を与えられた。次いで大判事・少納言・侍従・丹波介を経て左少弁となり、位階も従五位下から従五位上にのぼった。同十六年二月、『続日本紀』の撰定にあずかった功績により、正五位上となった。同年四月、左京職に遣わされて延暦五年から同十五年までの雑官物を調べた。さらに中衛少将・左中弁・勘解由長官・近衛少将・阿波守を経て、同二十三年、従四位下、翌年正月に参議となり、右大弁を兼ねた。桓武天皇の崩御の折には中納言藤原朝臣内麻呂に率いられて御斂を奉じ、誄(しのびごと)を奉った。次いで従四位上に叙せられ、大同元年(八〇六)には春宮大夫を兼ね、周忌御斎会司を務め、北陸道観察使となった。さらに左大弁、右衛士督、越後守、備中守などを兼ねたが、同二年十一月、伊予親王のことに坐して造西寺長官に左遷された。同四年に許され、右大弁・左大弁を経て、弘仁元年(八一〇)参議に再任し、備前守、左兵衛督、近江守などを兼ね、同六年正月には従三位に叙せられたが、その前後、『弘仁格式』の撰定にあずかった。弘仁十一年十二月、老年のため辞職し、翌年正月に薨じた。時に七十歳であった。

秋篠王　あきしのおう　八世紀中頃の官人。丘基真人秋篠・豊国真人秋篠ともいう。天平勝宝元年(七四九)十一月、無位から従五位下に叙せられ、同六年四月、少納言に任ぜられ、同年閏十月、子の継成王、姪の女王三人とともに丘基真人、さらに翌年四月、同族二十一人とともに豊国真人の氏姓を賜わった。のち雅楽頭・石見守を経て、神護景雲四年(七七〇)九月、甲斐守、同年(十月に宝亀と改元)十月、治部大輔となって甲斐守を兼ねたが、位階はなお従五位下にとどまった。以後の消息は明らかでない。

阿支奈氏　あぎなうじ　武内宿禰の後裔氏族の一つ。葛城襲津彦(かずらきのそつひこ)の子孫という。阿祇奈・阿芸那・阿岐名・

阿岐奈にも作る。『新撰姓氏録』によれば、大和国に君姓、摂津国に臣姓が分布する。氏名は『万葉集』にみえる相模国の「足柄の安伎奈の山」（一四―三四三一）に因むものか未詳。『古事記』孝元段には同系氏族として玉手臣・的（いくは）臣・生江（いくえ）臣の名がみえる。

商長氏　あきのおさうじ　上毛野（かみつけの）氏の同族と称する氏族の一つ。姓は首。多奇波世君（たかはせのきみ）の後裔といい、崇峻天皇時代に久比（くひ）が呉国に遣わされ、呉権（くれのはかり。計量器）を持ち帰って献上。久比の子宗麿が舒明天皇の時代に商長の氏名を賜わったという。『新撰姓氏録』左京皇別下に秤を使用して交易をする説話を載せているので、商長の氏名は、交易に携わる職掌の長に由来するものらしい。

商長宗麿　あきのおさのむねまろ　久比（くひ）の子。久比は崇峻天皇の頃、呉国（百済を指すと思われる）に遣わされて宝物などを崇峻に献上し、呉権（くれのはかり。計量器）を伝え、崇峻に呉国では交易の際に「はかり」が使用されていることを説明したという。また、『新撰姓氏録』左京皇別下によると、宗麿は舒明天皇の頃に商長の氏名を賜わったとされる。

飽田女　あくため　五世紀末の女性。住道（すむち。摂津国住吉郡住道郷の地。現在の大阪市東住吉区矢田住道町付近）の人山杵（やまき）と哭女（なきめ）との子。仁賢六年の秋、その年九月に日鷹吉士の従者として高麗に使いした夫麁寸（あらき）を慕って難波津で「母にも兄（せ）、吾にも兄（せ）」といって二重の悲しみに泣く声が痛切で、聞く人の腸を断たしめたという。その訳は、夫の麁寸は飽田女の母哭女の母鯽魚女（ふなめ）と山杵との間に生まれた子なので、母哭女には同母弟（せ）に当るということであった。

飽波氏　あくなみうじ　東漢（やまとのあや）氏配下の漢人の一つ。姓は村主。『坂上系図』所引の『新撰姓氏録』逸文に、東漢氏の祖阿智使主（あちのおみ）の本郷の人民で仁徳朝に渡来した者の子孫と称する村主姓氏族のなかに飽波村主がみえる。本拠地は大和国飽波評（のちの平群郡飽波郷。現在の奈良県生駒郡安堵村）で、同所には別に阿久奈弥評君という氏族もあった。

吾笥　あけ　土師（はじ）連の祖。『日本書紀』によると、雄略十七年三月、土師連らに詔して朝夕の御膳を盛る清器を進（たてまつ）らしめた。そこで、吾笥は摂津国来狭狭（くささ）村（大阪府豊能郡能勢町）・山背国内村（京都府八幡市内里）・俯見（ふしみ）村（京都市伏見区）・伊勢国藤形村（三重県津市藤方）の地、および丹波・但馬・因幡国の私民部を進め、贄（にえ）土師部と名付けたという。天皇の御膳のための土器製造を掌る贄土師部が設けられ、土師氏がその管理を担当したのであろう。『新撰姓氏録』大和国神別には、大和国に土師連と同祖の贄土師連がみえる。

阿賢移那斯　あけえなし　欽明朝の任那の官人。名は延那斯にも作る。欽明二年（五四一）七月、百済は安羅（あら）に任那の再建をはからせ、また新羅に内通した日本府の河内直を責めたが、『百済本記』には移那斯と佐魯麻都（さろまつ）も新羅に内通していたとある。同四年十二月、百済の聖明王は、任那再建の詔を群臣に諮ったが、移那斯らが安羅にいては再建は困難であるから、上表して彼らを本国に移すことを請う旨の答を得たため、同五年三月、上表して移那斯らの本国移送を要請した。その上表には、移那斯と佐魯麻都の二人は微賤の出身ながら日本府の政治を専らにしたこと、二人の妨害で任那再建の詔を実行できないから二人の本国移送を要請したこと、これに対して欽明天皇は任那再建がなれば、二人はおのずから退却するであろうと答えたこと、さらにまた、二人は新羅とともに百済の久礼山付近を侵して耕種したから重ねて二人の移送を請うたことがみえる。しかし、『百済本記』には欽明は二人の処置については何の勅もなかったとある。同年十一月にも聖明王は二人の移送を請うたが、同十年六月、欽明は二人を高句麗に遣わしてその内情を探らせたことがみえる。百済は移那斯らの本国移送を頻りに要請したが、欽明はこれに応えず、ついに聖明王は、同十一年四月、移那斯らのことは天皇の勅に従うと述べ、本国移送の要請を断念した。

【参考文献】 末松保和『任那興亡史』、笠井倭人「加不至費直の系譜について」(三品彰英編『日本書紀研究』五所収)

曙立王 あけたつのおう 開化天皇の皇子大俣王の子。伊勢品遅(ほんち)部君・伊勢佐那造の祖。『古事記』によると、垂仁天皇の皇子本牟智和気(ほむちわけ)命は大人になるまで物言うことができず、神の教えによって出雲の大神を拝することになった。その時、従者を卜ったところ、曙立王が卜に当った。王が誓約(うけい)をすると、神拝の効験があることがわかったので、名を倭者師木登美豊朝倉(やまとしきとみとよあさくら)曙立王(大和国の磯城の鳥見の朝倉という地名を冠した讃え名)と賜わり、弟の菟上(うなかみ)王とともに本牟智和気命に従って各地を巡り歩き、行く先々に品遅部を定めたという。

安積親王 あさかしんのう 七二八—七四四 八世紀前半の皇族。聖武天皇の皇子で、母は夫人(ぶにん)県犬養宿禰広刀自。安積の出生前すでに藤原朝臣光明子(こうみょうし)が皇子を生み、その子は皇太子に立てられていた。しかし安積の生まれた神亀五年(七二八)九月に皇太子は一歳で薨じた。その後、光明子が立后し、天平十年(七三八)には后腹の阿倍内親王が皇太子に立てられたものの、聖武に他に男子のない中で安積は唯一の在世する皇子であり、皇位継承の最有力候補とみなされていた。天平十六年閏正月十一日、聖武が遷都を決意し恭仁京(くにのみやこ)から難波に行幸すると、安積もこれにつき従った。途中桜井頓宮(大阪府東大阪市六万寺町付近)で脚病にかかり、急遽恭仁京に引き返すことになったが、正月十三日には恭仁で薨じた。この急逝の事情は不自然とみて、当時の安積をめぐる宮廷内の思惑の対立や恭仁京留守官がたまたま藤原朝臣仲麻呂であったことなどから、仲麻呂などに暗殺されたものと推測する説もある。『万葉集』からは藤原朝臣八束・大伴宿禰家持などとの親交がうかがえ、特に家持は安積の薨去に際し、「大伴の名に負ふ靫負ひて万代に憑みし心いづくか寄せむ」(三—四八〇)と悼んでいる。墓は京都府相楽郡和束町にある和束墓という。

【参考文献】 岸俊男『藤原仲麻呂』(『人物叢書』)、横田健一「安積親王の死とその前後」(『南都仏教』六)

朝風文将 あさかぜのぶんしょう 七世紀前半の仏師。法隆寺所蔵金銅釈迦三尊像光背銘に「戊子年十二月十五日、朝風文将其零済師慧燈、噉加大臣の為に誓願して、敬みて釈迦仏像を造る……」とある。「戊子年」は推古三十六年(六二八)、「噉加大臣」は蘇我馬子宿禰ないしは蘇我臣蝦夷と推定できるが、その中間部の読みは難解で、ここで項目に立てた読み方も一つの説であって、その他に「朝風」を地名とみて「文将其」を人名とする説、「朝風文」を人名とする説などがある。

【参考文献】 藪田嘉一郎「法隆寺蔵金銅釈迦三尊像光背戊子年朝風文将其零済師慧燈造像記考釈」(『古代学』一五—一)、奈良国立文化財研究所飛鳥資料館編『飛鳥・白鳳の在銘金銅仏』

朝倉氏 あさくらうじ 地方豪族の一つ。姓は君。大化二年(六四六)派遣された東国国司の一人紀臣麻利耆拕(まりきた)は、朝倉君の所に使者を送りその馬を出させて観閲し、また刀を作らせたり弓・布を供出させたとあり、この件などで処分されている。『万葉集』に上野国の防人として朝倉益人の名があり、『和名類聚抄』の上野国那波郡に朝倉郷(群馬県前橋市朝倉付近)がみえるので、ここが本拠地か。とすれば恐らく上毛野(かみつけの)君の一族であろう。

朝倉君(欠名) あさくらのきみ 七世紀中頃の毛野国の豪族か。『日本書紀』大化二年(六四六)三月条の詔中の陳状によると、東国国司紀臣麻利耆拕(まりきた)のために井上君とともに馬を取り上げられ、かつ、刀を作らされたり弓・布を取り上げられたりしたという。また同年、塩屋連鯯魚(このしろ)以下六人が孝徳天皇に奉順のため賞せられるが、その中にも欠名で朝倉君がいる。上野国那波郡に朝倉郷(群馬県前橋市朝倉付近)があり、この地が本拠か。

【参考文献】井上光貞『日本古代国家の研究』

朝明氏　あさけうじ　渡来系氏族の一つ。姓は史。『新撰姓氏録』未定雑姓右京の条によると、高句麗の帯方の国主、氏韓法史の子孫であるという。氏名は伊勢国朝明郡(三重県四日市市北部と三重郡北部の一部)朝明駅(比定地未詳)の地名により、この地を本拠とした氏族とみられる。奈良朝に朝明史老人・朝明(朝気)史人君などがいる。

朝日郎　あさけのいらつこ　伊勢国の豪族。朝日は伊勢国朝明郡(三重県四日市市北部と三重郡北部の一部)の地名に由来する。『日本書紀』によると、雄略十八年八月、雄略天皇は物部菟代(うしろ)宿禰と物部目連を遣わして朝日郎を討たせた。朝日郎は伊賀の青墓(比定地未詳)に進んで戦い、その射る箭(や)は二重の甲(よろい)を通し、官軍を恐れさせたが、筑紫聞(きく)物部大斧手を率いた目連によって捕えられ殺されたという。

朝来氏　あさこうじ　地方豪族の一つ。姓は直。『新撰姓氏録』右京神別下に、火明(ほのあかり)命の四世の孫である天礪目(あめのとめ)命の後とあるが、但馬国朝来郡朝来郷(兵庫県朝来郡山東町与布土一帯)を本拠とする在地豪族である。『播磨国風土記』の安相(あさこ)里条に、品太(応神)天皇が但馬を巡行した時の国造として阿胡尼命の名がみえ、命は朝来の人を一部播磨に移して御饌料の塩の代価にあてるための水田を耕作させたとある。朝来の人を管下においていたことや直姓を称していることから、恐らく朝来氏は国造の一族で阿胡尼命はその祖であろう。

朝右王　あさすけおう　九世紀中頃の官人。貞観六年(八六四)正月の清和天皇の元服の日に無位から従四位下に叙せられた。同八年正月、従四位上に昇叙され、時に散位であった。同十一年正月、美作守に任命されているが、翌十二年正月、再び美作守に任命された。

麻田氏　あさだうじ　百済滅亡後に渡来した氏族の後裔。浅田にも作る。姓は連。氏名は初め答本(答炑。とうほん)。神亀元年(七二四)五月、正八位上答本陽春(やす)が麻田連の氏姓を賜わっている。本拠地は摂津国豊島郡麻田村(大阪府豊中市の旧麻田地区)か。『新撰姓氏録』には百済国朝鮮王準の後裔とみえる。

麻田連畋賦　あさだのむらじかりふ　八世紀後半の官人。近江朝の時、百済から亡命してきた答本春初(とうほんしゅんしょ)の後裔。延暦三年(七八四)十二月、正六位上から外従五位下に叙せられ、同四年七月、左大史に任ぜられた。同年十一月、典薬頭に任ぜられたが、畋賦は非医業の者であり、単なる事務官として過ごした。同七年三月、右京亮に転じ、同八年三月、山背介となった。

麻田連陽春　あさだのむらじやす　八世紀前半の官人・万葉歌人。氏名は浅田にも作る。名は「ようしゅん」ともいう。近江朝の時、百済から亡命してきた答本春初(とうほんしゅんしょ)の子か。初め答本を称したが、神亀元年(七二四)五月、麻田連を賜わった。時に正八位上。天平二年(七三〇)六月、大宰大典の時、帥大伴宿禰旅人が大納言に任ぜられ上京するに臨み、宴して歌二首を詠む(『万葉集』四—五六九・五七〇)。同三年三月、伎楽具一式を観世音寺に施入する旨の「大宰府牒案」には従六位上大宰大典とみえる。同年六月、肥後国益城郡の大伴君熊凝(くまこり)が相撲使の従人となって上京の途上、病にかかり、両親に先立って死ぬのを嘆いて歌った由を伝え聞き、歌二首を詠んだ(『万葉集』五—八八四・八八五)。同十一年正月、外従五位下に叙せられた。『懐風藻』には、近江守藤原朝臣仲麻呂の詠詩に和して詠じた五言詩一首が収載されており、それには外従五位下石見守とあるが、仲麻呂の近江守就任期から推して、天平十七年九月以降の作とみられる。なお同書に「年五十六」とあり、これは陽春の没年に当る。

朝妻氏　あさつまうじ　朝鮮系の渡来氏族。

姓は造。『新撰姓氏録』大和国諸蕃に朝妻造を載せ、「韓国人都留使主自り出ず」とあるが都留使主(つるのおみ)の名は、ほかにみえない。朝妻の氏名は、『日本書紀』天武九年(六八〇)九月条などにみえる朝嬬(奈良県御所市朝妻)の地名に因るものと考えられる。冶金関係に従事した朝妻金作・朝妻手人らの伴造氏族と推定されるが、詳細は不明。なお、「元興寺塔露盤銘」にみえる阿沙都麻首未沙乃(あさつまのおびとみさの)が同族であれば、朝妻造氏の旧姓は首であったことになる。

朝野氏　あさのうじ　武内宿禰の後裔氏族。姓は宿禰・朝臣。葛城襲津彦(かずらきのそつひこ)の第六子熊道足禰を祖とし、その六世孫首麻呂が天武十年(六八一)に貶せられて忍海原(おしぬみはら)連の氏姓を賜わって以来、その不当性を再三訴えたが許されず、延暦十年(七九一)正月にいたってようやく朝野宿禰を賜わった。その後承和九年(八四二)に朝野宿禰鹿取らが朝臣の姓を賜わった。朝野は大和国の居地の名であるというが、この氏は実は葛城襲津彦の後裔ではなく、渡来系の忍海漢人・忍海村主と同系の氏で、『新撰姓氏録』左京皇別下の葛城朝臣は朝野宿禰の改氏姓した一族であるとする説がある。

【参考文献】　佐伯有清『新撰姓氏録の研究』考証篇二

朝野朝臣鹿取　あさののあそんかとり　七七四―八四三　九世紀前半の公卿・文人。父は大和国人正六位上忍海原(おしぬみはら)連鷹取。叔父の従六位上朝野宿禰道長の子として出身し、延暦十一年(七九二)みずから言って父戸に帰り、父の姓宿禰を賜わり、京に入り、若くして大学に遊ぶ。すこぶる史漢・漢音に通じ、相模博士を経て文章生となった。同二十一年、遣唐准録事に任ぜられて入唐し、帰朝後は諸官を歴任。弘仁二年(八一一)嵯峨天皇が皇太子の時の侍講であったことにより従五位下を授けられた。その後、左近衛少将・主殿頭・内蔵頭・兵部大輔・中務大輔・民部大輔・左中弁などを歴任し、天長四年(八二七)従四位上大宰大弐、同十年六月、参議に任ぜられ、十一月には式部大輔となる。承和九年(八四二)正月、越中守を兼ね、同年七月、従三位となる。同年十二月には姓朝臣を賜わった。翌年六月十一日、薨去。時に七十歳。「立性謹慎、事に臨んで明了、吏幹をもって称せらる」といわれた学識豊かな能吏であり、『日本後紀』『内裏式』の撰修に与っている。また詩文にもすぐれ、『文華秀麗集』に六首の詩を残している。

朝野宿禰魚養　あさののすくねなかい　八世紀後半の官人・書家。延暦六年(七八七)五月、正六位上から外従五位下に叙せられ、同七年二月、播磨大掾、同年七月、同官を兼ねて典薬頭に任ぜられた。氏姓は初め忍海原(おしぬみはら)連、同十年正月、朝野宿禰を賜わる。魚養らの奏言によれば、祖は葛城襲津彦(かずらきのそつひこ)の第六子熊道足禰で、熊道の六世孫首麻呂が天武十年(六八一)に貶せられ、忍海原連の氏姓を賜わってから、連姓の不当であることを再三訴えたが許されなかった。そこで今、旧号を除き朝野宿禰の号を賜わらんことを請うという。朝野は居地の名であるという。大和元興寺十輪院(元興寺の一院。奈良市十輪院町)には魚養塚がある。魚養は能書家であり、大和薬師寺の扁額は魚養の筆によるものである。また同寺蔵の重要文化財『大般若経』は魚養が書写したものと伝えられている。

朝原氏　あさはらうじ　秦氏の一族。この氏の成立は、宝亀七年(七七六)十二月、山城国葛野郡(京都市西部)の秦忌寸箕造ら九十七人が朝原忌寸の氏姓を賜わったことによる。姓は初め忌寸、弘仁二年(八一一)に一族の主流は宿禰に改姓している。朝原は本貫の葛野郡朝原山(京都市右京区北嵯峨朝原山町)の地名に基づいているが、のち河内国在住の秦氏で、朝原宿禰に改氏姓するものもあった。

朝原忌寸道永　あさはらのいみきみちなが　八世紀末頃の学者。『続日本紀』によれば、天応元年(七八一)十一月、正六位上から外従五位下に叙せられ、同二年閏正月、大外記となり、同年八月、陰陽を解するもの十三人を大和国に遣わし、光仁天皇を葬るため山陵の地を占わせた時、これに加わった。延暦二年(七八三)十一月、大学助を兼ね、翌三年三月、越後介を兼ねた。同四年八月、従五位下に叙せられ、同年十一月、東宮学士に任ぜられた。同六年三月には大学頭となったが、東宮学士・文章博士・越後介の三官は従前のままとされている。

朝戸氏　あさへうじ　㈠在地豪族の一つ。姓は君。『播磨国風土記』の賀毛郡山田里条に猪飼野(兵庫県小野市の東南、草加野か)があり、その地名の説明に出てくる。すなわち仁徳天皇の治下、日向の肥人(くまひと)の朝戸君が、天照大神を奉祀した朝廷派遣の船に猪を献上し、この猪の飼育地として賀毛郡の地を下付されたという。この朝戸氏の本拠地は肥後国益城郡麻部郷(熊本県上益城郡甲佐町北西部か)であろう。㈡渡来系氏族の一つ。『新撰姓氏録』未定雑姓左京に百済国の胸広使主朝戸の後として朝戸氏がみえる。『元亨釈書』に、この同族らしい釈慈宝は「姓は朝戸氏、和州平群郡の人」とあり、この氏族は平群(へぐり)郡(奈良県生駒郡と生駒市南部および大和郡山市の一部)付近に蟠踞していたらしい。

薊瓊入媛　あざみにいりひめ　垂仁天皇の妃。丹波道主(ちぬし)王の第四女。阿邪美能伊理毘売にも作る。『日本書紀』に、垂仁十五年八月、妃となり、池速別命・稚浅津姫命を生んだとあり、『古事記』には、伊許婆夜和気(いこばやわけ)命・阿邪美都比売命を生んだとある。

葦占氏　あしうらうじ　天足彦国押人命の後裔氏族。葦浦にも作る。姓は臣。氏名は備後国葦田郡葦浦郷(広島県芦品郡新市町常字芦浦もしくは府中市阿字付近)の地名に基づくものか。山城国宇治郡賀美郷(京都府宇治市木幡付近)に葦占臣東人や人主がみられる。

葦田宿禰　あしだのすくね　履中天皇妃黒媛の父。『古事記』では葛城之曾都比古(かずらきのそつひこ)の子となっているが、『日本書紀』ではつながりを示さない。『日本書紀』には曾都比古の孫または子にあたる人物として玉田宿禰の名を記し、葦田宿禰の子または兄弟と推定されるが、葦田宿禰を玉田宿禰とは別系統の、奈良県北葛城郡上牧町の蘆田を拠点とする葛城氏とする説もある。孫の市辺押羽(いちのべのおしは)皇子と荑(はえ)媛(葦田宿禰の子蟻臣の女)との間には、のちの仁賢・顕宗両天皇が生まれている。

【参考文献】 井上光貞『日本国家の起源』、門脇禎二『葛城と古代国家』、塚口義信「葛城の一言主大神と雄略天皇」(『堺女子短期大学紀要』二〇)

葦原王　あしはらおう　八世紀中頃の流罪人。忍壁(おさかべ)親王の孫で山前(やまくま)王の子。天平宝字五年(七六一)三月、刃(やいば)で人を殺した罪で氏姓を竜田真人と賜わり、多褹(たね)島(鹿児島県種子島)に遠流された。天性凶悪で酒肆で遊ぶのを好み、御使連麻呂と賭博をし酒を飲んだ時、急に怒って麻呂を刺し殺し、股の肉をとって胸の上で膾にした。また余罪も明白となった。しかし淳仁天皇は、王族の故に法のままの処断に忍びず、王名を除いて配流に処したという。

葦屋氏　あしやうじ　摂津国菟原郡葦屋郷(兵庫県芦屋市)の豪族。姓は漢人・村主・倉人・君など。『新撰姓氏録』摂津国諸蕃に「石占忌寸と同祖、阿智王の後なり」とする葦屋漢人、また和泉国諸蕃には、「百済の意宝荷羅支王より出づ」と記す葦屋村主が存する。いずれも渡来系氏族の系譜をもち、後者は前者の漢人を統轄した氏族であろう。『正倉院文書』にみえる葦屋倉人も同系の氏族とみられる。ほかに『日本霊異記』にみえる興福寺沙弥禅師永興は、俗姓を葦屋君の氏と伝え、君姓の葦屋氏が存在するが、詳細は不明。

飛鳥氏　あすかうじ　大和国高市郡の飛鳥、もしくは河内国安宿(あすかべ)郡(大阪府柏原市南部と羽曳野市南東部)に居住した氏族。飛鳥を氏の名とするものには皇別の飛鳥君、神別の飛鳥直、諸蕃の飛鳥村主などがある。㈠皇別の飛鳥君は『古事記』に、垂仁天皇の皇子大中津日子命を祖とすると伝え、㈡神別の飛鳥直は『新撰姓氏録』大和国神別に、天事代主命の後裔とある。㈢諸蕃の飛鳥村主は『坂上系図』所引の『新撰姓氏録』逸文に、東漢(やまとのあや)氏の祖阿智使主(あちのおみ)の本郷の人民で仁徳朝に渡来した者の子孫と称する村主姓氏族のなかにみえている。

飛鳥衣縫造樹葉　あすかのきぬぬいのみやつここのは　飛鳥衣縫部の伴造である飛鳥衣縫造の祖。崇峻元年(五八八)蘇我馬子宿禰は樹葉の家を壊して法興寺(飛鳥寺)の造営を開始し、その地を飛鳥の真神原、また飛鳥の苫田と名づけたという。飛鳥衣縫部は東漢(やまとのあや)氏配下の今来才伎(いまきのてひと)で、東漢氏を掌握する蘇我氏の氏寺建立に際して樹葉は宅地を提供したのであろう。

飛鳥戸氏　あすかべうじ　渡来系氏族。安宿・安宿戸・飛鳥部にも作る。姓は造のほか、首・公がある。『新撰姓氏録』は、造姓の飛鳥戸氏を百済の毗有王もしくは末多王の後裔と伝える。飛鳥戸や春日戸・史戸氏のように「戸」を称する氏族はほとんど渡来系に限られることから、日本における編戸制がまず渡来人を一定地域に集住させることに始まり、そのような集団に「戸」の称が用いられたものと考えられている。飛鳥戸氏は河内・豊前・武蔵・越中などの諸国に分布するが、特に濃密な分布を示す河内国安宿(あすかべ)郡(大阪府柏原市南部と羽曳野市南東部)が同氏の本拠地であったとみられる。飛鳥戸氏の一部は弘仁三年(八一二)百済宿禰の氏姓を賜わり、そのほかに御春宿禰と改氏姓したものもあった。

【参考文献】　岸俊男「日本における『戸』の源流」(『日本古代籍帳の研究』所収)

飛鳥部造豊宗　あすかべのみやつことよむね　九世紀後半の官人。『日本三代実録』によれば、貞観元年(八五九)十一月、正六位上から外従五位下に叙せられた。時に主計助。同四年七月には、本拠地を河内国安宿(あすかべ)郡(大阪府柏原市南部と羽曳野市南東部)から左京職に移している。同五年八月、豊宗以下男女八人が御春朝臣の氏姓を賜わり、その記事の中に「其先、百済国人現伎より出づ」とある。同七年三月、美濃権介となり、同八年正月、従五位下に昇叙された。

安宿公奈杼麻呂　あすかべのきみなとまろ　八世紀中頃の官人。桓武天皇に寵愛された女孺百済宿禰永継の父。飛鳥部奈止丸・百済安宿奈登麻呂にも作る。『万葉集』によると、天平勝宝八歳(七五六)十一月、出雲掾であったが、朝集使となり上京していた。その奈杼麻呂の家を安宿(あすかべ)王が訪れている。王は、その宴席で弟の出雲守山背王の消息を尋ねたらしい。そこで奈杼麻呂は、朝集使として出雲を発つ前に開かれた送別の宴での自分の歌(同二〇—四四七二)と山背王の歌を披露している。一説に、この会合は藤原朝臣仲麻呂打倒のための謀議の一つかという。天平神護元年(七六五)正月、外従五位下となった。

【参考文献】　佐伯有清「古代史の魅力—飛鳥部奈止丸という男—」(『朝日ジャーナル』二一—四一)

明日香親王　あすかしんのう　—八三四　桓武天皇の第七皇子。母は紀朝臣船守の女若子。弘仁二年(八一一)正月、四品に叙せられ、弾正尹に任ぜられ、同九年五月、親王号を除き朝臣姓を賜うことを乞うたが許されなかった。しかし、その男女王合計四人は久賀(こが)朝臣を賜わった。同十二年正月、三品に叙せられ、翌十三年正月、度一人を賜わり、天長八年(八三一)正月、上野太守に任ぜられ、承和元年(八三四)二月十三日、薨じた。弘仁年中(八一〇—八二四)王公貴人は奢侈にはしり、色あざやかな服を着用することを好んだが、親王は独り、質素な生活をしたといわれる。

飛鳥田女王　あすかだのじょおう　—七八二　舎人親王の女。大炊王(のちの淳仁天皇)の姉。母は大炊王と同じ当麻真人山背か。天平十九年(七四七)正月、無位から従四位下に叙せられ、天平宝字三年(七五九)六月に淳仁天皇が父舎人親王を崇道尽敬皇帝と追尊し、兄弟姉妹を親王にした時、四品に叙せられ内親王となった。同五年十月、保良京(滋賀県大津市石山付近)遷都の時、移転費用として稲四万束を賜わる。『続日本紀』に宝亀四年(七七三)三月、無位から本位(従四位下)に復すとあり、天平宝字八年(七六四)淳仁廃位とともに内親王から無位の女王に貶(おと)されていたらしい。延暦元年(七八二)六月九日、卒した。

飛鳥皇女 あすかのひめみこ ―七〇〇 天智天皇の皇女。明日香皇女にも作る。母は嬪阿倍倉梯麻呂の女橘娘(たちばなのいらつめ)。同母妹に新田部皇女がいる。『日本書紀』に持統六年(六九二)八月、持統天皇が皇女の田荘に行幸したこと、同八年八月、皇女のため沙門百四人を出家させたことがみえる。文武四年(七〇〇)四月四日、浄広肆で薨じ、文武天皇は遣使して弔賻した。『万葉集』に「明日香皇女の木瓱(きのへ)の殯宮(もがりのみや)の時、柿本朝臣人麻呂の作れる歌一首并に短歌」がみえる(二―一九六〜一九八)。

安宿王 あすかべおう 長屋王の子。母が藤原朝臣不比等の女であったため、長屋王の自尽に際し死罪を免れた。天平九年(七三七)無位から従五位下となり、玄蕃頭・治部卿・中務大輔・播磨守を歴任し、天平勝宝六年(七五四)迎鑑真勅使・内匠頭を兼ね、同八歳、讃岐守となった。同九歳七月、橘朝臣奈良麻呂の陰謀に坐して中衛舎人上道臣斐太都(かみつみちのおみひたつ)に密告され、藤原朝臣仲麻呂に召喚され一時放免されたが、王は黄文王の仲介で謀に加わったと述べたので捕えられ、妻子とともに佐渡へ流され、翌八月、孝謙天皇は勅により王を逆賊とした。天平宝字四年(七六〇)正月、摂津国東生・西生両郡(大阪市)にあった王所有の家地が東大寺に沽却されたのも、王の没落を示しているが、宝亀四年(七七三)十月、高階真人の氏姓を賜わっており、この頃まで生存していた。『万葉集』には天平勝宝六年正月・同七歳八月、宮中肆宴の歌(二〇―四三〇一・四四五二)がみえる。

阿曇氏 あずみうじ 海部(あまべ)を率いた中央の伴造氏族。安曇にも作る。姓は初め連、天武十三年(六八四)八色の姓制定に際し宿禰を賜わった。ただ傍流の阿曇氏には、その後もなお連の姓にとどまるものがいる。『古事記』に、伊邪那岐神の日向における禊祓(みそぎはらい)の際に化生した綿津見神(底津綿津見・中津綿津見・上津綿津見の三神)の子宇都志日金拆(うつしひがなさく)命の子孫とし、『新撰姓氏録』右京神別下の安曇宿禰条および河内国神別の安曇連条には、地祇系の海神(綿積豊玉彦神・綿積命)の子穂高見(ほたかみ)命の後裔と記す。阿曇の氏名は「海人(あま)つ持」の約、「網釣部」の転とする説もあるが、「海積(あまつみ)」の約とするのが妥当であろう。この氏の発祥地は、綿津見三神を祭る志賀海神社の所在地(福岡市東区志賀島)の筑前国糟屋郡志珂郷から阿曇郷(福岡市東区と福岡県粕屋郡新宮町付近)の一帯とみられ、当初九州の海人の長であったのが、大和政権との関わりにおいて中央へ進出し、摂津国西成郡安曇江(大阪市北区・東区から南区にかけての入江の地域)の地を拠点に、広く海部全般を統率する地位を得たと思われる。『日本書紀』応神三年条によれば、海人の騒擾を平定した阿曇連の祖大浜宿禰を「海人の宰(みこともち)」としたと記し、『本朝月令』所引の『高橋氏文』には、これを阿曇氏が天皇の御膳に与るようになった始まりであるとするが、おそらく阿曇氏は海部の貢納する海産物を中央で管掌する職務にあったことから、のちに御膳の調理者である膳(かしわで)氏とともに、膳職の伴造として仕えるようになったものと推測される。このような伝統に基づき、令制下には高橋氏(膳氏の後裔)とともに宮内省内膳司の奉膳(長官)・典膳(判官)に任ぜられるのが慣例となり、やがて両氏の間に、神事の際行立の前後をめぐって抗争が生じ、延暦十年(七九一)内膳奉膳安曇宿禰継成が勅旨に背いて、翌年佐渡に配流されたため、それ以後内膳の職を失うにいたった。一方、『日本書紀』によれば、推古朝以降、この氏は大和政権の外征・渉外の任務に携わるようになり、阿曇連(欠名)・比羅夫・頬垂が対朝鮮問題で活躍している。阿曇氏配下の海部は、漁撈民であると同時に航海民であり、有事の際には挟杪(かじとり)・水手(かこ)として水軍に編成される立場にあった。海部の職掌としては本来、海産物の貢納よりも、むしろこうした水軍としての機能が重視されたとみるべきであり、九州地方の海人の長で、朝鮮半島への航路に習熟していた阿曇氏が、大和政権の全国支配の進展に伴い、地方族長層の個別的支配下にあった海人集団を、大和政権直属の軍事力として掌握するにいたったと解することができる。『日本書紀』では、阿曇氏の活動が履中巻の阿曇連浜子以降途絶え、推古巻から再び氏人の活動が記されるようになるが、応神巻や履中巻の所伝は、この氏の家記から出たたんなる祖先伝承にすぎず、推古朝に近い頃に阿曇氏の台頭を求めることができよう。政治的には蘇我氏と親縁な関係を保ち、大夫(まえつきみ)を出す有力氏となったが、奈良朝以降は不振に陥った。同族とみられる氏族に阿曇犬養・海犬養・凡海(おおしあま)・八木の諸氏がある。このうち阿曇犬養氏(連)・海犬養氏(無姓・連・宿禰)の両氏は、阿曇氏・海(部)氏の一族の中から、犬養部の伴造に任ぜられた氏族であり、凡海氏(連・宿禰)は、阿曇氏同様海部を管掌した伴造氏で、海(部)氏中の有力氏が凡海氏を名乗り、のちに阿曇氏との同祖関係を主張したものと推測される。阿曇氏の勢力が及んだ地域には、畿内のほか筑前・肥前・豊後・対馬・周防・播磨・隠岐・伯耆・阿波・淡路・近江・信濃などの諸国があり、西国に偏り、海(部)氏・海部の分布と重複するケースが多く、大和政権の朝鮮出兵コースの拠点に位置することなどが、その特徴としてあげられる。なお美濃や参河の厚見・渥美の地名を阿曇氏と結びつけて、この氏の東国進出を説く説もある。ほかに「阿曇目(あずみめ)」(黥面)の風習や『肥前国風土記』の値嘉(ちか)郷(長崎県五島列島の総称)の海人の生態、或いは記紀神話中の海神綿津見神の南方系説話要素に注目して、阿曇氏とその配下の海人を南方系異民族とする見解も存するが、決定的な根拠を欠き、現状ではなお疑問の点が少なくない。

【参考文献】 宮地直一『安曇族文化の信仰的象徴』、佐伯有清『新撰姓氏録の研究』考証篇三、黛弘道「犬養氏および犬養部の研究」(『律令国家成立史の研究』所収)、西田長男「安曇磯良」(『神道史研究』五ノ六)、後藤四郎「大化前後における阿曇氏の活動」(『日本歴史』二二六)、同「内膳奉膳について」(『書陵部紀要』一一)、楢崎千城「阿曇氏考(一)」(『文化史研究』一二)、次田真幸「海幸山幸神話の形成と阿曇連」(伊藤清司・大林太良編『日本神話研究』三所収)

阿曇宿禰刀 あずみのすくねかたな 八世紀前半の官人。『本朝月令』所引の『高橋氏文』によれば、霊亀二年(七一六)に内膳奉膳(内膳司長官)の官職にあり、十二月の神今食(じんごんじき)の儀の際に、典膳(判官)の高橋朝臣乎具須比(おぐすび)と御膳の供奉の前後を争った。勅判により刀の主張は退けられたとある。時に従五位下。ただし『続日本紀』は、正六位上から従五位下に叙せられた時期を神亀四年(七二七)とする。

阿曇連(欠名) あずみのむらじ 七世紀前半の官人。推古三十二年(六二四)僧尼統制のために僧正・僧都の僧官を設置した時、阿曇連は法頭(ほうず)に任命され、俗人として法物の管理に当った。同年、阿倍臣摩侶(まろ)とともに、大臣蘇我馬子宿禰の意をうけて、推古天皇に葛城県(かずらきのあがた。奈良県北葛城郡新庄町葛木の葛木御県神社付近にあてる説が有力)下賜を強請する使者となっている。推古三十一年の新羅征伐の際に、新羅の幣物(まいない)を受けた阿曇連も同一人物であろう。なお、大化二年(六四六)の東国国司阿曇連(欠名)との関係は不明である。

阿曇連稲敷 あずみのむらじいなしき 七世紀後半の学者。天武元年(六七二)三月、筑紫に遣わされて、天智天皇の喪を来日中の唐使郭務悰(かくむそう)に告げた。この時、内小七位とあるが、これが天智十年(六七一)施行の冠位であるのか、小山位・小乙位などの誤記なのか、或いは大宝令制の位階に基づく追記なのか明らかでない。天武十年(六八一)詔により川島皇子ら十一人とともに、国史編纂事業の起点となる「帝紀」および上古の諸事の記定を行なった。時に冠位は小錦下。

阿曇連頬垂　あずみのむらじつらたり　七世紀後半の外交官。斉明三年（六五七）西海使として派遣されていた百済から帰国、駱駝（らくだ）一箇、驢（うさぎうま）二箇を献じた。時に冠位は小花下。『日本書紀』は翌斉明四年条に、頬垂の帰朝報告として、百済の新羅攻略の際に百済の寺院で起こった馬の怪異を伝え、これを庚申の年（六六〇）に百済が滅びる前兆であるとの説を注記する。天智九年（六七〇）には新羅に遣わされた。

阿曇連浜子　あずみのむらじはまこ　五世紀の人。淡路の野嶋（兵庫県津名郡北淡町野島）の海人の統率者。名を黒友（くろとも）ともいう。『日本書紀』によると、仁徳天皇崩後の住吉仲（すみのえのなか）皇子の反乱に加わり、竜田山を越えて河内から大和へ逃れようとした太子の去来穂別（いざほわけ）皇子を、淡路の野嶋の海人に命じて追跡させたが、逆に伏兵に捕獲され、後日浜子も捕えられた。太子は即位（履中天皇）後、浜子の死罪を免じて墨刑に処し、黥（めさききざ（目割き刻））ませた。時人はこれを阿曇目（あずみめ）と称したとあるが、これは海人集団にみられる黥面（入れ墨）の習俗が、浜子の話と結びついて説話化されたものであろう。浜子に従った野嶋の海人たちも罪を許され、倭（やまと）の蔣代屯倉（こもしろのみやけ。比定地未詳）に使役されたとある。

阿曇連比羅夫　あずみのむらじひらぶ　七世紀中頃から後半の人。名を比良夫にも作り、氏姓を阿曇山背連と記す場合もある。「山背」は山城国または河内国石川郡山代郷（大阪府南河内郡河南町）を指し、比羅夫の本拠地であろう。皇極元年（六四二）百済に遣わされていたが、舒明天皇の崩去により百済の弔使を伴い帰国、百済の国情の乱れを告げた。この乱で追放されていた百済の王子翹岐（ぎょうき）は召されて難波の比羅夫の家に安置されている。時に冠位は大仁で、阿曇氏の最有力者とみられる。『日本書紀』に、斉明七年（六六一）百済救援の前将軍となり、翌天智元年（六六二）には船師百七十艘を率いて百済王子豊璋を本国に護送したとあるが、六六一年の救援軍は実際には派遣されず、比羅夫の渡海は翌年の一回だけとみられる。この時、冠位は大花下。天智三年以降、大錦中の冠位を授けられた。『日本書紀』推古三十一年・三十二年（六二三・六二四）条にみえる阿曇連は、比羅夫の活動が天智朝まで及ぶことから、別人とすべきであろう。

【参考文献】　後藤四郎「大化前後における阿曇氏の活動」（『日本歴史』二二六）

阿曇連百足　あずみのむらじももたり　㈠景行朝の人。『肥前国風土記』松浦郡値嘉（ちか）郷条に、景行天皇の九州巡幸に陪従し、景行の命によって値嘉（ちか）島（長崎県の五島列島）を探察したと記す。㈡孝徳朝の人。『播磨国風土記』揖保郡石海（いわみ）里（兵庫県揖保郡太子町南部から姫路市・揖保郡御津町の一部にかけての地域）条に、この里の野に百枝の稲が生えたので、百足がこれを孝徳天皇に献上したとあり、さらに同郡浦上（うらかみ）里（兵庫県龍野市揖保町地区から揖保郡御津町にかけての地域）条に、百足らはもと難波の浦上（摂津国西成郡の安曇江（大阪市北区・東区から南区にかけての入江の地域）の地か）の住人であったが、この地に移住したと記す。㈠と㈡は別人ではなく、阿曇氏一族の伝説的祖先名が、この氏の勢力の及んだ地域の伝承と別個に結びついたものとみられ、『日本三代実録』貞観六年（八六四）八月条に阿波国名方郡（徳島県名東郡・名西郡と徳島市の一帯）の人安曇部粟麻呂が安曇百足宿禰の苗裔と主張したことがみえるのも同様の伝承に基づくものであろう。

安曇福雄　あずみのさきお　九世紀後半の隠岐国の浪人。『日本三代実録』貞観十一年（八六九）十月条によると、貞観八年に前守越智宿禰貞厚が新羅人と共謀して反乱を企てていることを福雄が密告したが、その後、中央から派遣された使者が調査したところ、福雄の誣告であることがわかったため、福雄は斬罪となった。ただし、貞厚も任国内で殺人があった際の処理が不充分であったことで遠流に処せられた。

安曇宿禰継成　あずみのすくねつぐなり　八世紀末の官人。『類聚国史』によれば、延暦十年(七九一)の新嘗の日に、正六位上内膳奉膳(内膳司長官)の地位にあったが、勅により高橋氏が前に立って祭事に奉仕することが決められたにもかかわらず、詔旨に違い職務を放棄して退出したため、翌年、佐渡に配流された。『本朝月令』所引の『高橋氏文』に収める延暦十一年の太政官符には、この間の経緯がさらに詳細に記されており、延暦八年、高橋・阿曇両氏の神事の行立の前後を交代すべきことが定められたが、延暦十年の三度の神事に頻りに争って前に立とうとしたとある。

安曇宿禰広吉　あずみのすくねひろよし　八世紀末―九世紀初めの官人。『本朝月令』所引の『高橋氏文』によれば、宝亀六年(七七五)六月の神今食(じんごんじき)の日に前立して御膳を供奉し、高橋朝臣波麻呂(なみまろ)と相争った。祭儀後、勅判により広吉のみ上中の祓を科せられたが、その後広吉らは氏記に偽辞を加えて申聞し、前立することを得たという。当時、内膳奉膳(内膳司長官)の職にあったのであろう。延暦四年(七八五)正月、正六位上から従五位下に昇り、同八年四月には和泉守に任官。同二十五年正月、従五位上で安房守に任じ、弘仁元年(八一〇)十月、伊予権介となった。

阿曇犬養氏　あずみのいぬかいうじ　犬養(甘)部の伴造氏族の一つ。姓は連。犬養部は飼養した番犬を用い、屯倉や大蔵・内蔵、また宮城門などの守衛を担当した部民であるが、阿(安)曇連の一族のうち犬養部の伴造となったものがこの氏族であろう。この氏名は『新撰姓氏録』摂津国神別にしか現われない。出自を海神大和多羅(おおわたつみ)命の三世孫穂己都久(ほこつく)命の後裔と伝える。摂津国西成郡には阿曇連の本拠地とみられる安曇江(大阪市北区・東区から南区にかけての入江の地域)がある。なお、信濃国安曇郡(長野県南安曇・北安曇の両郡と大町市の一帯)に犬養地名が存在し、阿曇氏の祖を祀る穂高神社(南安曇郡穂高町穂高)の社家に犬養氏がみえることなど、阿曇氏と犬養部との深い関係がうかがわれる。

【参考文献】黛弘道「犬養氏および犬養部の研究」(『律令国家成立史の研究』所収)

足羽氏　あすわうじ　越前国足羽郡の有力豪族。阿須波にも作る。姓は臣または無姓。氏名は越前国足羽郡足羽郷(福井市足羽付近)の地名に基づく。天平三年(七三一)に『越前国正税帳』に署名している少領真虫、天平神護二年(七六六)の勅旨御田専当少領東麻呂がおり、また、黒葛のように外従五位下を帯する者もいるので、足羽郡内の伝統的な豪族と考えられる。一方、同郡内には生江(いくえ)氏が蟠踞し、両氏の勢力を比べると生江氏の方が優っていたと考えられる。平安期には天暦五年(九五一)の「越前国足羽郡庁牒」に擬大領として足羽(欠名)が署名している。『古事記』の阿須波の神、『延喜式』神名帳の足羽神社(福井市足羽)は、この氏と関係あるか。足羽氏は、足羽郡内の足羽郷・額田郷(福井市)・安味郷(福井市)・江上郷(福井市あるいは福井県吉田郡松岡町付近)・亘理郷(福井市)に居住することが確認され、越前国坂井郡や丹生郡(福井県今立郡)にも見いだされる。

阿須波臣東麻呂　あすわのおみつかまろ　八世紀後半の越前国足羽郡少領。天平神護二年(七六六)九月、別鷹山の治田に関する足羽郡司解や、同月の額田国依の溝に関する足羽郡司解に、大領生江(いくえ)臣東人らとともに署名している。また、同年十月の東麻呂の過状によると、東麻呂は勅旨御田専当であったが、公私共利の用水である寒江沼(福井市淵町付近にあった沼)の水が道守荘(福井市の旧足羽郡社村一帯)に独占されて御田が荒廃してしまったこと、栗川荘の田堺に誤りがあったことの二点を自身の過としている。前者については、結局、国衙に訴えて道守荘の水守であった宇治連知麻呂が処罰されている。

阿蘇氏　あそうじ　多(おお)臣の同族と伝

えられる阿蘇地方、のちの肥後国阿蘇郡を本拠とした氏族。姓は君。『古事記』神武段に神八井耳(かんやいみみ)命の後とあり、『先代旧事本紀』国造本紀の阿蘇国造条には、崇神朝に神八井耳命の孫の速瓶玉(はやみかたま)命が国造に定められたとある。『日本書紀』宣化元年(五三六)五月朔条に、「阿蘇仍君」が河内国の茨田(まんた)屯倉(大阪府交野市から四條畷市西部にかけての一帯か)の穀を筑紫に運んだという記事がみえる。阿蘇君氏は、国造制下においては阿蘇国造を世襲したと考えられるが、健磐竜命(阿蘇都彦)・阿蘇都媛・国造速瓶玉命などを祀る阿蘇神社(熊本県阿蘇郡一の宮町宮地)を氏社とし、その後も勢力を有した。『異本阿蘇氏系図』によると、速甕(瓶)玉命の十一世の孫真里子の尻付に阿蘇評督とあり、その子孫が阿蘇郡司を歴代世襲している。平安時代以降は、朝廷の尊崇をうけた阿蘇神社の大宮司家としてさらに勢力を強め、次第に在地領主化して武士団を形成し、中世南北朝時代に最盛期を迎える。なお、讃岐国にも阿蘇公の存在が知られ、肥後の阿蘇君氏が移住したものともいわれるが、両者の関係は不明。また大宝二年(七〇二)「御野国本簀郡栗栖太里戸籍」(本簀郡栗栖太里は現在の岐阜県本巣郡穂積町もしくは本巣町付近か)には、阿蘇君族刀自売の名がみえる。

【参考文献】田中卓「古代阿蘇氏の一考察」(『日本国家の成立と諸氏族』所収)、井上辰雄『火の国』

遊部氏　あそびべうじ　死者の凶癘の魂を鎮めることを職業とする氏。遊部の祖伊賀比自支和気の名が伊賀国伊賀郡の比自岐神社(三重県上野市比自岐)に由来するとすれば、この地が本貫であろうか。『令集解』喪葬令遊部事条の「古記」によると、遊部は大和国高市郡(奈良県高市郡・橿原市の全域および御所市・大和高田市の一部)におり、垂仁天皇の後裔という。比自支和気の氏人から二人が禰義・余比となり、禰義は刀を負い戈(ほこ)を持ち、余比は酒食を持ち刀を負い、天皇の殯宮(もがりのみや)に入って供奉するが、その呪言は人に知らせなかったといわれる。雄略天皇崩御の際、比自支和気の女を妻にした円目(つぶらめ)王が殯宮に奉仕し、雄略の魂を鎮めた。その時、今後は「手足の毛、八束の毛と成るまで遊べ」という詔があり、それで遊部君と名づけられたという。この伝承から、遊部が天皇の遺骸に直接触れて、武器や酒食によって天皇の魂を鎮める呪術を行なっていたことが推測される。なお『令義解』などに終身課役を免ぜられたので遊部というとあるのは本来の名義を説明したものとは考え難い。

【参考文献】新井喜久夫「遊部考」(『続日本紀研究』九―九)、和田萃「殯の基礎的考察」(森浩一編『論集終末期古墳』所収)

阿多氏　あたうじ　隼人の一族。吾田・阿太にも作る。姓としては、一族に君・忌寸をもつものがあったことが『日本書紀』神代巻の吾田君小橋や、『続日本後紀』承和三年(八三六)六月条に阿多隼人逆足が阿多忌寸を賜わったとあることから知られる。阿多の氏名は薩摩国阿多郡(鹿児島県日置郡金峰町・川辺郡西部から加世田市にかけての一帯)の地名に由来する。『日本書紀』の天孫降臨神話では、日向に降臨した瓊瓊杵(ににぎ)尊が吾田にいたり、その地で鹿葦津姫(別名は神吾田津姫)を娶り、生まれた火闌降(ほのすそり)命を阿多氏の祖とする。『古事記』はその兄の火照(ほでり)命を始祖とし、神武天皇の妃阿比良比売を阿多小椅君(あたのおばしのきみ)の妹と記す。このように、記紀神話において、隼人の中でも、ことさらに阿多隼人や阿多地方が強調されているのは、阿多の地が西南諸島と朝廷との交通上の寄航地であったことによるのであろう。しかし、阿多氏は八世紀以降の史料にその名をほとんど留めず、はやく衰退したものと思われる。なお、大和朝廷に服属した阿多隼人が中央に移住させられていたことは、『日本書紀』の神武東征伝承にみえる吉野の阿太の養鸕(うかい)、『新撰姓氏録』の阿多隼人(山城国)、阿多御手犬養(右京)、および天平十四年(七四二)の「近江国志何郡古市郷計帳」にみる阿多隼人乙麻呂らの存在によってうかがわれる。

【参考文献】 中村明蔵「大隅と阿多」(『隼人の研究』所収)

阿多小椅君 あたのおばしのきみ　神武天皇の妃阿比良比売の兄。吾田君小橋にも作る。『古事記』によると、神武が日向に在った時、阿多小椅君の妹阿比良比売を娶り、多芸志美美(たぎしみみ)命と岐須美美(きすみみ)命を生んだという。また、『日本書紀』の海幸山幸神話には、彦火火出見尊に屈服した火闌降(ほのすそり)命が吾田君小橋らの本祖とある。

直氏 あたいうじ　壱岐・対馬・紀伊地方をそれぞれ本拠とした氏族。直の氏名は、国造に多く賜与された姓の直に由来すると考えられる。㈠壱岐の直氏は、壱岐県主・壱岐嶋造(国造)の後裔と推定され、壱岐直氏と同族であろう。一族は山城国にも分布し、貞観九年(八六七)八月に、直千世麻呂・伊勢雄ら五人が直宿禰の氏姓を賜わっている。㈡対馬の直氏は、『先代旧事本紀』国造本紀の津嶋県直条に「橿原朝。高魂(たかみむすび)尊五世孫建弥己々(たけみここ)命を改めて直となす」とみえ、対馬県主・対馬国造(津嶋県直)の後裔と推定される。『新撰姓氏録』未定雑姓摂津国にみえる津嶋直氏は同族であろう。壱岐・対馬の直氏は占部(うらべ)との関係が深く、祭祀的性格の強いことがうかがえる。㈢紀伊の直氏は、紀伊国造氏である紀伊直氏と同族と考えられ、宝亀八年(七七七)三月、紀伊国名草郡(和歌山県和歌山市・海南市の大半の地域)の人直乙麻呂ら二十八人が紀神直、直諸弟ら二十三人が紀名草直、直秋人ら百九人が紀忌垣直の氏姓をそれぞれ賜わっている。

直仁徳 あたいのにんとく　九世紀中頃の対馬島上県郡(対馬北部)擬少領。天安元年(八五七)六月、直仁徳は上県郡擬主帳卜部川知麻呂・下県郡擬大領直浦主らとともに、党類三百人を率いて島守立野連正岑の館を包囲して放火し、正岑とその従者十人、防人六人を射殺した。火は官舎・民屋をも焼き、翌年まで焦土となっていた。島民の日頃の国府に対する反感の根強さがうかがえる事件である。仁徳や浦主ら首謀者と十七人の百姓が逮捕され、その他の者は妻子も含めて釈放された。犯人とされた者は、斬罪となるところ、死一等を減じて遠流に処せられた。

【参考文献】『長崎県史』古代・中世編

吾田媛 あたひめ　武埴安彦(たけはにやすひこ)命の妻。『日本書紀』によれば、崇神十年、武埴安彦命は妻吾田媛とともに謀反を起こした。吾田媛は倭の香山の土を領巾(ひれ)に包み、呪詛し、大坂(奈良県北葛城郡香芝町逢坂)から磯城(しき。大和国城上・城下郡)の瑞籬宮(みつかきのみや)を攻めようとした。しかし、崇神天皇は五十狭芹彦(いさせりひこ)命を派遣して大坂で吾田媛を破り、殺したという。

阿直岐 あちき　応神朝に百済から遣わされてきたと伝えられる人物。阿直氏の祖。阿知吉師(あちきし)にも作る。『日本書紀』応神十五年八月丁卯条によれば、百済王から遣わされて良馬二匹を貢上し、それを軽(奈良県橿原市大軽町付近)の坂上の廏で飼育した。また経典をよく読み、太子の菟道稚郎子(うじのわきいらつこ)の師となった。応神天皇は「汝にまさる博士はいるか」と阿直岐に問うたが、それに答えて王仁(わに)の名をあげたので、王仁が百済から招かれることになったという。また阿直岐は阿直岐史の始祖とある。『古事記』応神段にも、百済の照古王から遣わされて牡馬一匹、牝馬一匹を貢上したという記事がみえ、阿直史らの祖とある。阿直岐(阿知吉師)を阿知使主(あちのおみ。阿智使主・阿智王)と同一人物とみる説もあるが、伝承上は別人とされている。

【参考文献】関晃『帰化人』

阿直氏 あちきうじ　応神朝に百済から遣わされてきたと伝えられる阿直岐(阿知吉師)を祖とする氏族。阿直岐・安勅にも作る。姓は初め史、天武十二年(六八三)十月に連を賜わる。『新撰姓氏録』右京諸蕃に、安勅連を載せ、「百済国魯王自り出ず」とあるが、魯王の名はほかにみえない。阿直氏には、天武十二年以降も史姓のままの氏族があり、天平十四年(七四二)の「近江国古市郷計帳」(古市郷は滋賀郡四郷の一つ。現在の滋賀県大津市膳所・粟津・北大路・国分・石山一帯)に阿直史姪売の名がみえる。また阿直史福吉・核公らは、承和元年(八三四)九月に清根宿禰の氏姓を賜わっている。阿直連氏の一族は史料に見いだせないが、『続日本紀』和銅五年(七一二)九月条にみえる阿直敬、天平五年正月二十七日付「写経所啓」などにみえる安勅麻呂のように、無姓で記される阿直(安勅)氏の人名は、ほかにも数例知られる。この中には連の姓を有した者もいたかもしれないが、無姓の氏族もあったのであろう。

阿知使主　あちのおみ　東(倭)漢(やまとのあや)氏の祖。応神朝に渡来したと伝える。阿智使主とも記すが、「使主」は敬称である。他に阿智王・阿知直にも作る。『日本書紀』によれば、応神二十年に、子の都加使主(つかのおみ)とともに十七県の党類を率いて来帰したという。『古事記』応神段では、漢直の祖が来朝したと記すだけであるが、同書履中段に倭漢直の祖阿知直とある。阿知使主の故地がどこであるか『記』『紀』には記載がないが、『続日本紀』によれば、延暦四年(七八五)六月の坂上大忌寸苅田麻呂の上表に、阿智王は後漢の霊帝の曾孫で、後漢の王朝が滅びた時に帯方郡に移り、国邑を建て人民を撫育し、のちに七姓の民を携えて渡来したとし、さらに天皇に旧居帯方郡の人民を召喚せんことを請い、許されて人民男女が大挙して来帰したという。『坂上系図』所引の『新撰姓氏録』逸文にもほぼ同様の記述があり、奈良朝末期以降の史料では、阿知使主はいずれも後漢霊帝・前漢高祖の後裔とされ、中国系渡来人と明記されるが、のちに朝鮮系渡来氏族の多くが、自己の出自を中国王室へ改変する風潮の中で作られた所伝であり、本来阿知使主は朝鮮系渡来人として伝承された人物とみられる。『日本書紀』によると、阿知使主は応神三十七年、都加使主とともに呉(中国江南の地)に遣わされ、同四十一年、縫工女(きぬぬいめ)の兄媛・弟媛・呉織(くれはとり)・穴織(あなはとり)を連れて筑紫に帰朝したという。しかしこの話は、雄略十二年条と同十四年条に掲げる身狭村主青と檜隈民使博徳が呉に使し、工人を招聘した話と酷似し、同一の話が応神巻と雄略巻に書き分けられたもので、話の本源性は雄略巻の方にあると思われる。『古事記』履中段、『日本書紀』の履中即位前条には、住吉仲(すみのえのなか)皇子の反乱に際し、履中天皇を助けて河内から大和へ逃れ、『古事記』ではその功により、阿知使主を蔵官(くらのつかさ)に任じ粮地を給与したとあり、『古語拾遺』にも履中朝に内蔵を建て、阿知使主と王仁(わに)にその出納を記録させたとする。これらの話は『記』『紀』の原資料たる「旧辞」に出典を持ち、東漢氏の祖先伝承としては比較的早い時期に成立したものとみられるが、『坂上系図』所引の『新撰姓氏録』逸文が、東漢氏系六十余氏を都加使主の三人の子から分岐したと記すように、東漢氏が最初その始祖として伝承した人物は、都加使主(『日本書紀』雄略巻の東漢直掬)であり、阿知使主は、東漢氏の渡来を応神朝にかけるために後から加上された人物とみるべきであろう。なお、阿知使主を、『古事記』応神段に阿直史らの祖と記す阿知吉師(あちきし。「吉師」は称号)と同一人物とする説もあるが、「阿知」は古代の新羅や加羅の人名に多い嘉名であることが指摘されており、別人とみてよかろう。

【参考文献】関晃『帰化人』、上田正昭『帰化人』、三品彰英『日本書紀朝鮮関係記事考証』上、平野邦雄『大化前代社会組織の研究』、佐伯有清『新撰姓氏録の研究』考証篇四、関晃「倭漢氏の研究」(『史学雑誌』六二ー九)

厚鹿文　あつかや　熊襲の首長の一人。熊襲梟帥(くまそたける)とよばれた。景行天皇は熊襲平定の策を群臣に求め、厚鹿文の二人の女、市乾鹿文(いちふかや)・市鹿文(いちかや)を娶った。景行は市乾鹿文を寵愛した。市乾鹿文は景行のために父を裏切り、父に酒を飲ませて眠らせ、父の弓の弦を切り、兵士を呼び入れて殺させた。景行は市乾鹿文の不孝を憎み、市乾鹿文を殺したという。

厚見氏　あつみうじ　王仁(わに)の後裔氏族の一つ。姓は連。『続日本紀』天平神護元年(七六五)九月条に、河内国古市郡の人馬毗登夷人、右京の人馬毗登中成らに厚見連の氏姓を賜うとみえる。厚見の氏名は、馬史(毗登)氏の本拠地で、中世河内国古市郡にあった厚見荘(大阪府羽曳野市川向)、または百済系の羹見(あつみ)造氏と同じく美濃国厚見郡(岐阜県岐阜市と羽島郡の各一部)の地名に因むと推定される。旧氏姓の馬史氏は、左右馬寮の馬部の負名氏。馬史氏の多くは、武生(たけふ)連を経て武生宿禰に改氏姓したが、それらは文(ふみ)宿禰と同祖で、王仁の孫阿浪古首(あらこのおびと)の後裔と称する。

厚見王　あつみおう　八世紀中頃の官人。天平感宝元年(七四九)四月、無位から従五位下となり、天平勝宝六年(七五四)七月、太皇太后藤原朝臣宮子の葬儀に際して御装束司の一員となった。同七歳十一月、少納言在任中に、伊勢大神宮に奉幣する使となり、聖武上皇の病気平癒を祈ったらしい。同九歳五月、従五位上に進んだが、以後は不明。『万葉集』に作歌がある(四―六六八、八―一四三五・一四五七)。その中に久米女郎との間の遣り取りが記されており、久米女郎と恋仲であったことがうかがわれる。

阿弖流為　あてるい　―八〇二　八世紀後半の陸奥国胆沢(のちの胆沢・江刺両郡をあわせた広域地名。胆沢郡は現在の岩手県胆沢郡と水沢市。江刺郡は岩手県江刺市と水沢市の一部)地方蝦夷の族長。大墓(たも・たいぼ・おおつか)公を称し、阿弖利為にも作る。延暦八年(七八九)胆沢の蝦夷を統率して巣伏村(水沢市羽田町付近や江刺市愛宕付近にあてる説がある)付近を拠点とし、征東将軍紀朝臣古佐美の率いる二万七千余の軍兵に対峙し、河東に渡河した四千人を迎えて奇策をめぐらしてこれを破った。官軍に戦死二十五人、負傷二百四十五人、溺死千三十六人の損害を与えたが十四カ村八百戸を焼かれた。同二十年、征夷大将軍坂上大宿禰田村麻呂が四万人の征軍を動員し、翌二十一年に胆沢城(城跡は水沢市佐倉河。通称八幡地内にある)を築き始めると、四月に盤具(ばぐ・いわぐ)公母礼とともに五百余人を率いて投降した。田村麻呂は同年七月十日に二人をつれて入京し、蝦夷社会経営のために二人の助命を進言したが公卿らの容れるところとならず、同年八月十三日、河内国杜山(もりやま。比定地未詳)で斬られた。水沢市「跡呂井」「田茂山」の地名は大墓公阿弖流為の名と関係があるのではないかといわれる。

【参考文献】高橋富雄『蝦夷』、新野直吉『古代東北史の人々』、高橋崇『蝦夷』

阿刀氏　あとうじ　物部氏と同祖伝承を持つ氏族。安斗・安刀・安都・迹にも作る。姓は初め連、本宗氏は天武十三年(六八四)八色の姓制定に際し、宿禰を賜わる。八世紀にいたっても連や造の姓を称する枝氏も存在した。その氏名は物部弓削守屋大連の別業があったと伝えられる阿都(のちの河内国渋川郡跡部郷。現在の大阪府八尾市跡部・渋川・植松付近)の地名に基づく。『新撰姓氏録』や『先代旧事本紀』天孫本紀には、その祖先を物部氏の祖である饒速日(にぎはやひ)命の孫の味饒田(うましにぎた)命と伝える。阿刀氏の人物の初見は天武元年(六七二)であるから、その頃に物部氏から分派したものか。その居住地として、山背国愛宕郡(京都市東北部)・同相楽郡(京都府相楽郡)・摂津国豊嶋郡(大阪府豊中市・池田市・箕面市および吹田市の一部)が知られており、『新撰姓氏録』には左京・山城・摂津・和泉の各神別条に記事がある。また『太子伝玉林抄』所引の『新撰姓氏録』左京神別上の阿刀宿禰条逸文によれば、大和国城上郡椿市村(奈良県桜井市金屋)にも阿刀連が存在した。なお、河内国渋川郡に跡部神社(八尾市亀井)、山城国葛野郡に阿刀神社(京都市右京区嵯峨広沢南野町)がある。

【参考文献】亀井輝一郎「大和川と物部氏」(横田健一編『日本書紀研究』九所収)

阿刀宿禰大足　あとのすくねおおたり　八世紀後半の侍講。空海の外舅(母方のおじ)。

桓武天皇の第三皇子伊予親王の侍講であったが、大同二年(八〇七)十月、親王が藤原朝臣宗成の陰謀の犠牲となったためか、具体的な足跡は不明。空海の卒伝から、従五位下の位階で大学入学前の空海に文章・五経・史伝などを教えたことが知られる。空海が入唐の際に発揮した中国語・漢学の素養を身につける上で、大いに力があったと見なされる人物。

【参考文献】櫛田良洪「空海の生いたちとその教養」(『続真言密教成立過程の研究』所収)

阿刀連酒主　あとのむらじさかぬし　八世紀中頃の下級官人。氏名は安刀にも作る。天平十一年(七三九)以降、校生として東院写一切経所などに出仕していることが写経所関係文書などから知られる。同十九年には少初位上で春宮舎人とあり、かつ勅旨写一切経所別当でもあった。同二十一年、造寺司史生で大初位上となり、写書所に出仕した。また天平感宝元年(七四九)閏五月から六月にかけて大安寺『花厳経』の書写に案主として従事した。天平勝宝三年(七五一)八月以降、造寺司主典としての署名が左大臣(橘朝臣諸兄)家牒などにみえ、同年十一月には従七位上、同六年には東大寺政所主典、天平宝字元年(七五七)には従六位上となっている。平城左京二条二坊五坪の東西大溝遺構(奈良市法華寺町)から天平八年(七三六)、同九年の年紀をもつ木簡とともに出土した「楼閣山水図」木簡の絵の下に書かれていた「阿刀」「酒主」など多くの文字は、『正倉院文書』にみられる酒主の筆跡と似ているので、酒主が書いたものといわれている。

安都宿禰雄足　あとのすくねおたり　八世紀後半の下級官人。阿刀男足・阿刀小足・安刀男足にも作る。天平宝字二年(七五八)九月一日付の「阿刀老女等啓」によって山背国林郷(紀伊郡拝志郷か。現在の京都市東山区の東福寺から南区の東寺南、伏見区の城南宮にかけての一帯)の出身とも考えられるが未詳。天平二十年(七四八)九月に東大寺写経所の舎人として初めて『正倉院文書』に姿をみせる。天平勝宝二年(七五〇)八月には少初位上の位階をもっており、以後、同五年二月頃まで舎人であった。この間、東大寺大仏関係の建造にも関係したらしい。同六年閏十月には越前国史生に転じ、天平宝字二年正月頃までその地位にあり、主に東大寺領専当国司として国使となり、在地の生江(いくえ)臣東人(前造東大寺司史生)・品治部(ほんちべ)君広耳らを従えて桑原荘(福井県坂井郡金津町桑原付近)等の荘園管理に携わった。造東大寺司は、経歴上深い関係を有する雄足と東人とを利用して経営の効率化をはかったらしいが、実際には東人が在地を掌握していなかったため、その経営は難航している。むしろ雄足は、その地位を利用して私出挙や営田活動で成功したようである。雄足が造東大寺司主典正八位上として帰京したのちも、自身のために越前国に残した経営拠点は機能している。帰京後は再び各種写経事業の事務を専当するが、そのなかには藤原朝臣仲麻呂・道鏡らの宣による写経事業が含まれる。天平宝字三年中頃から翌四年末頃までの間、法華寺阿弥陀浄土院の造営の別当として、また同五年末からは造石山寺所の別当として活躍している。同六年十二月に近江の石山(滋賀県大津市)から奈良へ帰ったあとも、その残務整理は雄足の下で行なわれたが、それは完了せず、これが多量の『正倉院文書』を現在に伝えるきっかけとなった。石山などに赴いている間にも、配下の下村主道主らと組んで、その地位と畿内の「巨大な消費」とを利用し、近江国など畿内近辺での私田経営、材木の地域間価格差を利用した利潤獲得行為などを行ない、「宅」と呼ばれる活動の拠点を近江国勢多荘(大津市瀬田付近)や畿内の各地に置いている。しかし天平宝字七年の後半からはそうした史料がみられなくなり、仲麻呂の乱の直前の同八年正月の文書を最後に、その姿を消している。みずから職を去ったか、あるいは更迭されたのであろう。家柄のゆえか、造東大寺司における活躍にもかかわらずその地位は最後まで造東大寺司主典正八位上であった。

【参考文献】岸俊男『日本古代政治史研究』、

鬼頭清明『日本古代都市論序説』、岡藤良敬『日本古代造営史料の復原研究』、小口雅史「初期庄園の経営構造と律令体制」(土田直鎮先生還暦記念会編『奈良平安時代史論集』上所収)、同「安都雄足の私田経営」(『史学雑誌』九六―六)

安斗宿禰智徳　あとのすくねちとこ　七世紀末の官人。大海人皇子(のちの天武天皇)の舎人。壬申の乱に当り、吉野から東国へ脱出した時の従者の一人。氏名は阿刀にも作る。姓は初め連、天武十三年(六八四)八色の姓制定に際し、宿禰を賜わる。和銅元年(七〇八)正月、正六位下から従五位下に昇叙された。壬申の乱の見聞を記した『安斗宿禰智徳日記』がある。『釈日本紀』所引のその日記によれば、大海人皇子が乱に当り、唐人に戦術を問うたところ、唐人は、斥候を派遣し、「地形の険平や消息」を調べさせてから、軍を起こすべきことと答えている。

阿刀物部氏　あとのもののべうじ　阿刀連氏の同族。人名としては『日本三代実録』貞観四年(八六二)七月条に摂津国西成郡(大阪市西成区・東淀川区・西淀川区)の人として阿刀物部貞範がみえるのみである。貞範は同六年八月に、阿刀連粟麻呂・同禰守・阿刀宿禰石成の三名とともに良階(よししな)宿禰の氏姓を賜わった。同条に「神饒速日(かんにぎはやひ)命の裔孫なり」とあることにより、彼らが同族伝承を有していたことが確認できる。安那にも作る。

穴氏　あなうじ　吉備地方の豪族。姓は公・臣・宿禰など。穴の氏名は、備後国安那郡(広島県深安郡神辺町と福山市の一帯)の地名に基づくものか。『新撰姓氏録』右京皇別下に安那公、『古事記』孝昭段に阿那臣がみえる。公・臣姓の穴氏は、ともに春日氏(和邇氏)の同族。『日本霊異記』に備後国葦田郡屋穴国(やなくに)郷(比定地未詳。葦田郡は現在の広島県府中市の大半と福山市・芦品郡新市町の各一部)の豪族として、穴君秋丸・穴君弟公の名がみえる。『日本三代実録』貞観十四年(八七二)八月条に、三男をもうけ、稲三百束、乳母一人を賜わったとみえる備後国安那郡の人安那豊吉売も、安那公の一族であろう。

穴君弟公　あなのきみおときみ　八世紀後半の地方豪族。備後国葦田郡屋穴国(やなくに)郷の人。『日本霊異記』によれば、宝亀八年(七七七)十二月下旬、弟公は、伯父穴君秋丸とともに備後国深津郡深津市(広島県福山市蔵王町)へ正月の物を購入するために、馬・布・綿・塩などを持って出かけた。途中で秋丸は弟公を殺して馬は讃岐国の人へ売り、その他の品物は自分の所有とした。その後、弟公の髑髏が旅人に語るところとなり、秋丸は悪事が露見して、一族から追放処分をうけたという。

穴師神主　あなしのかんぬし　和泉国和泉郡の泉穴師神社(大阪府泉大津市豊中)の神主として奉斎した氏族。『新撰姓氏録』和泉国神別には、穴師神主は天富貴(あめのとみむち)命の五世孫古佐麻豆智(こさまずち)命の後裔とあり、『斎部宿禰本系帳』にも古佐麻豆知命を泉穴師神主の祖とする。『新抄格勅符抄』は大和国城上郡の穴師坐兵主(ひょうず)神社(奈良県桜井市穴師)の封戸(ふこ)が和泉国にもあったと記すので、泉穴師神社は大和の穴師坐兵主神社の末社であり、穴師神主氏の本宗氏族は穴師坐兵主神社の神主と推定される。

穴門氏　あなとうじ　穴門国の国造氏族。穴門はのちの長門国(山口県)西南部。姓は直。『先代旧事本紀』国造本紀によると、穴門国造は桜井田部連と同祖であり、景行朝に邇伎都美(にぎつみ)命の四世孫である速津鳥(はやつどり)命が国造に任ぜられたという。『日本書紀』仲哀八年九月条・同九年十二月条や『住吉大社神代記』には穴門直の祖践立(ほんたち)に関わる伝承を載せている。『日本書紀』白雉元年(六五〇)二月条には穴門国において祥瑞である白雉を捕えた者として「国造首之同族贄」を挙げているが、首・贄(にえ)の氏姓は恐らく穴門直であろう。

穴門直践立　あなとのあたいほんたち　穴門直の祖とされる伝承上の人物。『日本書紀』仲哀八年九月条によれば、仲哀天皇が熊襲を討とうとしていた時、神託があって、「熊襲よりも新羅を討つべきで、そこを征服するには自分を祀ればよい。そして、その祭には天皇の御船および穴門直践立の献じた水田(こなた)を幣とせよ」と述べた。しかし、仲哀はこの神託を信じず、そのために崩じたという。同書神功摂政前条によれば、その後、神功皇后にも同様の神託があり、神功はこの言に従って新羅を討ち、凱旋したのち、その軍に従った表筒男・中筒男・底筒男の住吉三神からその荒魂を穴門の山田邑に祭るよう命ぜられた。この時、践立は津守連の祖田裳見(たもみ)宿禰とともに、神功に対して神の欲する地を必ず定め奉るべきことを述べた。そこで践立は荒魂を祭る神主となり、祠を山田邑に立てたという(山口県下関市楠乃にある式内社住吉神社(住吉坐荒御魂神社))。これと同様の説話は『住吉大社神代記』にもみえている。

穴太氏　あなほうじ　渡来系氏族の一つ。志賀穴太氏ともいう。姓は村主。『新撰姓氏録』未定雑姓、右京条によると、後漢の孝献帝の子美波夜王の後裔と伝える。渡来後、のちの近江国滋賀郡の穴太駅(滋賀県大津市坂本穴太付近)周辺の地を本拠として蟠踞していた。のち延暦年間(七八二―八〇六)に近江国坂田郡・浅井郡出身の族員が志賀忌寸の氏姓を賜わっており、一族の分布と改氏姓の経過が知られる。山城にも同じく穴太村主氏がおり、おそらく近江からの移住と思われるが、『新撰姓氏録』では曹氏宝徳公の後とあって別系を称している。

穴太曰佐浦吉　あなほのおさうらよし　九世紀後半の官人。承和四年(八三七)二月の太政官符で近江国野洲郡(滋賀県野洲郡と守山市)の百姓永野忌寸石友、その子長歳ら四人が左京に本貫を移されたが、その子孫である吉雄ら百五十一人はその名を官符に載せていないのに京戸となっていたので、元慶三年(八七九)九月に浦吉の言上によって本籍地である近江国野洲郡に返された。ところが、同五年十二月になって、このうち長歳の子真雄ら二十二人は戸籍に漏れていたものの計帳には所載されており、みずから訴えて左京職に戻されることになった。

孔王部氏　あなほべうじ　安康天皇(穴穂天皇)の名代部である穴穂部の伴造、または部民の後裔に当る氏族。穴穂部・穴太部にも作る。『日本書紀』雄略十九年三月条に、この部の設置を伝える。姓は連・造・首および無姓。このうち連姓の穴穂部氏は、天武十二年(六八三)九月に穴穂部造氏が連姓を賜わったもので、『新撰姓氏録』未定雑姓、河内国条の孔王部首とともに、中央で穴穂部を管掌した伴造であろう。無姓の孔王部氏は下総国と平城右京に分布し、特に養老五年(七二一)の「下総国葛飾郡大嶋郷戸籍」には、五百名を超える孔王部氏を記し、他氏はわずか六十余名にすぎないので、五世紀後半の穴穂部設置の際に、いくつかの集落を一括して穴穂部に編入したものとみられる。下総ではこのほか猨嶋郡(茨城県岩井市・古河市と猿島郡の一帯)に孔王部氏がおり、大和国添上郡沙本(さほ。奈良市中央部北方の佐保川上流域)にも穴太部の存したことが『古事記』垂仁段によって知られる。近江国滋賀郡大友郷の穴太(滋賀県大津市坂本穴太町)も、穴穂部の設置と関わる地名か。

安努氏　あぬうじ　越中国射水郡の地方豪族。姓は君。射水郡阿努郷(富山県氷見市)を本拠とする豪族と考えられる。『万葉集』に、天平勝宝三年(七五一)八月、越中国守から少納言に転出する大伴宿禰家持を送る宴を、射水郡大領安努君広嶋の自邸門前で開いた(一九―四二五一詞書)とあり、また、天平宝字三年(七五九)の東大寺領「射水郡鳴戸開田地図」に同郡古江郷(氷見市)戸の阿努君具足の名がみえるように、この地域の郡領氏族であるが、平安期には、郡名を冠した射水臣氏の勢力に押されて漸次衰えていったと考えられる。

安濃氏　あのうじ　神魂(かみむすび)命の後裔氏族。姓は宿禰。氏名は伊勢国安濃郡(三重県安芸郡・津市の一帯)の地名による。大化前代にこの地は安濃県であったと考えられ、『皇太神宮儀式帳』によると、安濃県造氏がいた。安濃宿禰氏と関わるか。『日本三代実録』

貞観四年(八六二)七月条に、伊勢国安濃郡の人右弁官史生正七位上爪工(はだくみ)仲業に「姓を安濃宿禰と賜ふ。神魂命の後也」とあり、『新撰姓氏録』和泉国神別の爪工連の同族であることがわかる。

網引氏　あびきうじ　網を用いて魚貝を採って貢進することを職掌とした網引を統率する氏族。網曳にも作る。姓は公。令制下では大膳職に属する雑供戸の中に網引(百五十戸)がある。備後国品治(ほんち)郡に網引村(広島県芦品郡新市町南部)があり、『続日本紀』神護景雲二年(七六八)二月条には同国葦田郡(芦品郡新市町北部と福山市北部および府中市の大半)の人として網引公金村がみえる。

我孫氏　あびこうじ　五世紀頃の大和政権の朝廷内部に関係する地方官的官職名であったのが姓や氏の名になったという説が有力な氏族。阿毗古・阿弭古・吾孫・吾彦にも作る。有姓の氏には『新撰姓氏録』未定雑姓、和泉国条の我孫公や、天平十二年(七四〇)に遠江少目であった我孫君嶋道、承和三年(八三六)に秋原朝臣の氏姓を賜わった河内国の我孫公諸成など公・君姓のものが多く、無姓の我孫は美濃・越前・摂津国などに分布する。そのほか依網(よさみ)我孫・葛江我孫・軽我孫・酒部我孫など我孫の上に氏名を冠したものもおり、これらの場合、我孫は姓としての性格を持つとみられる。

【参考文献】直木孝次郎『日本古代国家の構造』

阿比多　あひた　倭(日本)系の百済人。斯那奴阿比多(しなのあひた)にも作る。継体十年(五一六)九月に灼莫古(やくまくこ)将軍らと遣わされて日本に来た。この時、高句麗の使者の安定を伴い、日本と高句麗の結好に努めた。そののち、欽明十一年(五五〇)二月、欽明天皇は百済に使者を遣わし、百済王の股肱の臣たる馬武(めむ)を大使として日本へ調進するように命じ、また矢三十具を下賜して高句麗への警戒を督したが、『百済本記』はこの時の使者について「日本の使人阿比多、三つの舟を率て、都下に来り至る」としている。同年四月、使者がまさに帰国しようとした時、百済の聖明王は欽明の勅を守ることを約し、百済が爾林(にりん)城を攻めて獲た高句麗の奴六人を欽明に献上し、使者には奴一人を贈った。このことも『百済本記』は「日本の阿比多、還る」としている。阿比多は姓の直(あたい)が百済で転じたとする説もある。

【参考文献】金鉉球『大和政権の対外関係研究』

阿比良比売　あひらひめ　神武天皇の妃。吾平阿多小椅君(あたのおばしのきみ)の妹。吾平津媛にも作る。阿比良は大隅国始羅(あいら)郡(比定地未詳)の地名に由来する。『古事記』によると、神武が日向に在った時、阿比良比売を娶り、多芸志美美(たぎしみみ)命と岐須美美(きすみみ)命を生んだとあり、『日本書紀』には、神武は日向国吾田邑(鹿児島県日置郡金峰町)の吾平津媛を娶って、手研耳(たぎしみみ)命を生んだとある。なお、『新撰姓氏録』河内国神別に載せる神人(みわひと)を阿比良命の後裔とするが、別人であろう。

安倍氏　あべうじ　㈠古代陸奥地方の豪族。阿倍にも作る。奈良朝後期から平安朝前期にかけて、陸奥国南半(福島・宮城県)の位階勲等を持つ郡領級の豪族達を主体として、阿倍陸奥臣・阿倍安積(あさか)臣・阿倍柴田臣・阿倍信夫(しのぶ)臣・阿倍会津臣・阿倍磐城(いわき)臣の複姓を賜わった。旧氏姓は丈部(はせつかべ)・丈部直・丈部臣・陸奥(無姓)・陸奥臣・奈須(なす)直・大田部・陸奥標葉(むつのしめは)臣・矢田部・磐城臣で、丈部がもっとも多い。賜姓時期は神護景雲三年(七六九)・宝亀三年(七七二)・承和七年(八四〇)・同十一年・同十五年・貞観十二年(八七〇)の六回にわたり、阿倍陸奥臣を除いた複姓下半部の氏名は、原則的に賜姓者の居住する現地名によっている。かつて阿倍氏の管掌した丈部を旧氏姓とする者が多数を占めることからうかがえるように、中央の阿倍氏と陸奥南部の土豪層の間には、部民制を基礎とする緩やかな統属関係が大化前代に存在し、そのような伝統にたって賜姓が行なわれたもので、阿倍氏の複姓に列することで、辺境豪族の内民化・中央貴族化がはかられている。しかし、中央の阿倍氏との同族関係は名目的なものにすぎず、現実的紐帯はなかったであろう。ただ賜姓により陸奥地方に成立した阿倍氏・安倍氏は、その後の過程で中央の阿倍氏の系譜に自己の家系を結びつけ、その末裔を主張したようで、前九年の役の奥六郡（陸奥国胆沢・江刺・和賀・稗貫・斯波・岩手の六郡。現在の岩手県の西半部）俘囚長安倍頼時の後裔とする安藤氏や藤崎氏の『安藤系図』『藤崎系図』では、奥州安倍氏を中央の阿倍氏の分れとし、大彦命（大毘古命）に始まる皇別氏に位置づけている。㈡陰陽家安倍氏。姓は朝臣。天文博士安倍晴明（せいめい）を始祖とする陰陽家安倍氏の成立は平安中期以降であるが、『尊卑分脈』や『安倍氏系図』では、安倍晴明を布勢（ふせ）氏系の右大臣阿倍朝臣御主人（みうし）の後裔とし、御主人から晴明にいたる系譜を、御主人―広庭―嶋丸―粳虫（ぬかむし）―道守―兄雄―春材（春村）―益材（益村）―晴明とする。この系譜中、御主人―広庭―嶋丸（嶋麻呂）三代の系譜と、粳虫―道守―兄雄三代の系譜は歴史的に確認できるが、嶋丸と粳虫の関係は不明であり、兄雄と春材（春村）以下三代とのつながりにいたっては極めて疑わしい。兄雄の没年は大同三年（八〇八）であり、これに対し晴明を寛弘二年（一〇〇五）八十五歳で卒したものとしてその生年を延喜二十一年（九二一）とすると、この間、百十年を超え、晴明の祖父、父の二世代だけにふりあてるには長期にすぎる。安倍晴明の出生に関して、後世、讃岐国出身とする異伝の存することを参照すると、陰陽家安倍氏を、布勢氏系の阿倍氏の流れをくむ一族とみることには問題があろう。

安倍朝臣兄雄　あべのあそんあにお　―八〇八　九世紀初めの官人。父は道守。延暦十九年（八〇〇）従五位下に叙せられ、同二十二年、少納言。同二十五年二月、中衛少将となり、同年四月、内膳権正を兼任、同年六月、従四位下参議となる。大同二年（八〇七）山陰道、同三年、畿内・東山道のそれぞれ観察使を歴任し、国司制度の改革に貢献した。同二年四月の兄雄の上申によると、国司交替に関しては式・例ができているが、近年、前任者と後任者の間で相論が絶えず、交互に自己の主張を申請し事務が煩瑣となっていたので、不与解由状に双方の主張を明記し、前後司ともに署名を加えたものを進上させようとした。不与解由状の書式を整えたのである。また、大同二年の伊予親王事件の際、平城天皇は兄雄と巨勢朝臣野足を遣わして親王の邸を包囲させ、親王と母吉子を逮捕したが、兄雄は、群臣がしりごみするなか親王の潔白を論じて平城を諫めたという。これを評して「論者之を義とす」といい、伊予親王の無罪を述べた兄雄の言動を賞讃している。大同三年十月十九日、正四位下で卒した。卒伝によると、兄雄は犬を好み職務にあっては公廉であった。

安倍朝臣興行　あべのあそんおきゆき　九世紀後半の官人・学者。安仁の子。初め秀才に推挙され、対策に及第した。貞観十一年（八六九）正六位上から従五位下に叙せられた。時に大内記。同十二年、遣大宰府推問密告使となり、同十三年の太皇太后藤原朝臣順子の葬儀の際の天皇の喪服について、学者として意見を奉った。時に勘解由次官。元慶二年（八七八）民部少輔から讃岐介に転じ、治績をあげた。時に従五位上。同七年、渤海客使を饗応した。時に伊勢権守。同八年三月、上野介に転じ、同年十一月に正五位下に叙せられた。仁和四年（八八八）文章博士となり、寛平三年（八九一）大宰大弐に転じ、同五年、新羅の来寇を防いだ。延喜年間（九〇一―九二三）に式部大輔となった。

安倍朝臣清行　あべのあそんきよゆき　八二五―九〇〇　九世紀の官人・文人。安仁の子。承和三年（八三六）文章生。貞観元年（八五九）領渤海国客使として活躍。時に大内記・正六位上。同二年、従五位下、同六年正月、勘解由次官から大宰少弐となったが、母の喪のため辞任、同十年二月、再び少弐。同十二年、鋳銭司長官、同十三年、周防守となり、同十六年、従五位上に叙せられた。同十八年、右衛門権佐。元慶二年(八七八)二月、右少弁、同年十二月、蔵人に任ぜられた。同三年、伊予守、同四年、播磨守、同五年、左少弁、同七年、正五位下、同八年、右中弁。仁和二年(八八六)正月、陸奥守、同年九月、従四位下。寛平六年(八九四)讃岐守、同七年、従四位上。昌泰三年(九〇〇)卒去した。時に七十六歳。『古今和歌集』に二首が収められる。

安倍朝臣黒麻呂　あべのあそんくろまろ　八世紀中頃の官人。『続日本紀』天平十二年(七四〇)十一月条に、十月に藤原朝臣広嗣の乱の主謀者広嗣本人を肥前国値嘉嶋長野村(長崎県北松浦郡宇久町小浜郷長野。五島列島最北の島宇久島のうち)で捕えたとある。鎮圧軍の将安倍朝臣虫麻呂と同族の武人と思われる。時にまだ進士無位であったが、のち天平宝字五年(七六一)頃には日向守とある。

安倍朝臣子美奈　あべのあそんこみな　―七八四　八世紀の宮人。父は粳虫(ぬかむし)。阿倍古弥奈・安倍古美奈にも作る。藤原朝臣良継の妻となり、天平宝字四年(七六〇)桓武天皇の皇后藤原朝臣乙牟漏(おとむろ)を生んだ。宝亀六年(七七五)八月、従四位下、同十年十一月、正四位下、天応元年(七八一)十一月、正四位上、同月、従三位となり、延暦三年(七八四)十月、尚蔵兼尚侍従三位で薨じた。桓武は佐伯宿禰今毛人(いまえみし)らを遣わして喪事を監護せしめた。のちに従一位となり、さらに平城天皇が即位すると大同元年(八〇六)六月、正一位を追贈された。

安倍朝臣貞行　あべのあそんさだゆき　九世紀後半の官人。安仁の子。仁寿元年(八五一)十一月に正六位上から従五位下に叙せられ、その後、右衛門権佐・検非違使・大和守・右中弁・刑部大輔などを歴任。『日本三代実録』貞観元年(八五九)四月二十三日条の安仁の薨伝に、その男子八人のうちで貞行・宗行・清行・興行が最も名を知られていると記されている。同二年、摂津権守、翌三年、正官に転じ、同七年、上野介となる。上野国では、貞観八年四月の言上によると、百姓を催勧し、四百四十七町の墾田を開発して功績をあげた。同十四年には陸奥守となり、同十五年十二月に三事(二事か)を起請した。⑴夷俘の位階は毎年叙法を立て、年死の欠に随って叙階を二十人以下におさえること、⑵国中の政の要は収納であるのでこれを厳格に行ない、官物収納の際の虚偽は任用国司の公廨を奪って補塡すること、などである。その後、元慶四年(八八〇)六月に従四位上・大宰大弐として情勢の不穏な現地に赴任し、同七年六月に起きた群盗百余人による筑後国守都朝臣御酉の射殺事件の解決に全力をあげた。

安倍朝臣比高　あべのあそんなみたか　九世紀後半の官人・軍人。貞観四年(八六二)正月、従五位下に叙せられた。時に左近衛将監。同年四月、武蔵介に転じ、さらに同六年正月、出羽権介に転じ、翌七年正月には同国の守に昇進。同十四年九月の藤原朝臣良房の薨去に当って、諸衛の陣兵が戒厳した時、散位の比高が左馬寮を監督した。元慶二年(八七八)六月、小野朝臣春風を陸奥鎮守将軍に任命したが、春風は軍兵を率いて出羽国に向かったので、しばらく前将軍の比高が鎮守府の府政をみた。

安倍朝臣枚麻呂　あべのあそんひらまろ　―八一二　八世紀後半―九世紀初めの官人。延暦四年(七八五)正六位上から従五位下に叙せられた。この時は阿倍朝臣と記されている。同五年、大監物に任ぜられた。これより安倍朝臣と記される。同八年、兵部少輔に任ぜられた。大同三年(八〇八)正月、正五位下から従四位下に叙せられたが、同年五月、老齢により致仕。時に民部大輔。弘仁三年(八一二)八月三十日、卒去した。時に従四位下。

安倍朝臣真直　あべのあそんまなお　九世紀前半の学者。左京の人。氏名を阿倍にも作る。初め阿倍小殿朝臣を称していたが、延暦二十五年(八〇六)正月に阿倍朝臣の氏姓を賜わっている。時に正七位上。大同三年(八〇八)五月、平城天皇の勅命により、出雲連広貞らとともに『大同類聚方』を撰した。時に衛門佐従五位下兼左大舎人助・相模介であった。同年九月には少納言、同四年二月には左近衛少将となり、同年六月には従五位上に昇進。弘仁二年(八一一)七月には周防守、同年十月には主殿頭・豊後守、同六年三月には左少弁に任ぜられ、同十一年閏正月、正五位下を授けられた。

安倍朝臣安仁　あべのあそんやすひと　七九三―八五九　九世紀前半の公卿。寛麻呂の次男。若い頃から校書殿に直(とのい)し、弘仁年間(八一〇―八二四)に山城大掾となる。天長(八二四―八三四)初年に近江権大掾となり、治績が認められて同三年(八二六)に蔵人、同五年に従五位下・信濃介となった。ここでもその治政が高く評価され、従五位上を授けられた。同十年に蔵人頭となり、承和元年(八三四)には、嵯峨上皇の信任あつく、院別当となり滞っていた院の事務を処理して嵯峨を感嘆せしめた。さらに同五年八月、参議・刑部卿、同七年六月、左大弁となったが、他人には代え難いので院別当の職務も兼帯した。その後、大蔵卿・春宮大夫・民部卿・権大納言を歴任し、天安二年(八五八)大納言となり、貞観元年(八五九)四月二十三日、薨じた。時に六十七歳。正三位大納言兼民部卿・陸奥出羽按察使(あぜち)であった。嵯峨をして、安仁に勝る国司はいないといわしめたほど、政務に練達していた。

安倍郎女　あべのいらつめ　万葉歌人。阿倍女郎にも作る。伝未詳。『万葉集』に「阿倍女郎の屋部坂(比定地未詳)の歌一首」(三―二六九)を始め、数首の詠歌(四―五〇五・五〇六・五一四・五一六)を載せ、「中臣朝臣東人阿倍女郎に贈れる歌一首」(四―五一五)がみえる。同書「大伴宿禰家持、安倍女郎に贈れる歌一首」(八―一六三一)にみえる安倍女郎は、時代が新しく(恭仁京造営時)、別人である。

阿倍氏　あべうじ　六世紀前半以来、大化改新にいたるまで大和朝廷で大夫(まえつきみ)として仕え、八世紀にも高位高官を占めた名門貴族。阿部・阿倍にも作り、本拠は大和国十市郡阿倍(奈良県桜井市阿部)の地であったとするのが有力。姓は初め臣、天武十三年(六八四)八色の姓制定に際し、朝臣を賜わった。『古事記』は、孝元天皇の皇子大毘古(おおひこ)命の子建沼河別(たけぬなかわわけ)命が阿倍臣らの祖であるとし、『日本書記』は、大毘古命を大彦命に作り、阿倍臣・膳(かしわで)臣・阿閉臣・狭狭城山君(ささきのやまのきみ)・筑紫国造・越(こし)国造・伊賀臣など七族の始祖が大彦命であるとする。崇神朝に大彦命が北陸に遣わされ、武渟川別(健沼河別)命が東海に遣わされたという伝承や、崇峻二年(五八九)七月に阿倍臣を北陸道に派遣して越(こし)などの諸国の境(さかい)を観察させたこと、さらには阿倍氏が主として管掌していた丈部(はせつかべ)が東国や北陸の地方に集中して分布していたことから察すると、阿倍氏は、それらの地方の経営に深くかかわっていた氏族らしい。また阿倍氏が、のちに大嘗祭となる新嘗・服属儀礼に関与していた氏族であったことは、膳臣などのように供膳に奉仕した氏族が同族の一員となっていること、大嘗祭に際して悠紀(ゆき)の御膳に供奉した膳部・釆女・卜部・水部(もいとり)などを統率していたこと、さらに大嘗祭の時に演じられた新羅の服属儀礼が芸能化した吉志(きし)舞を奏することになっていたことからうかがうことができる。阿倍氏のこうした性格を物語るものとして、安倍という本拠の地名が、新嘗・服属儀礼のなかでの食物供献のことにかかわる饗(あえ)に由来していることもあげられる。阿倍氏は、宣化元年(五三六)二月、阿倍大麻呂臣が大夫となったと伝えられていることに始まって、敏達朝の阿倍臣目(め)、崇峻朝の人(ひと)、推古朝の鳥子(とりこ)・摩侶(まろ)、舒明朝の麻呂(上記の摩呂と同一人物)らのように、歴代大夫となって政治に参画し、大化改新の時に阿倍内摩呂臣は左大臣に任ぜられていることにみられるように、改新前後の時代を通じて、中央の政界に重きをなしていた。その頃、阿倍氏は布勢(ふせ)・引田(ひけた)・許曾倍・狛などを称する家に分かれ、それらのうち引田を称した阿倍引田臣比羅夫(ひらぶ)は、斉明四年(六五八)越国守として粛慎(みしはせ)を討ち、翌年には阿倍臣(阿倍引田臣比羅夫と同一人物か)が蝦夷を、また翌々年には重ねて粛慎を討ち、天智二年(六六三)三月には後将軍となって新羅を討っており、軍事面での活躍も目立っている。当時の阿倍氏の主流は引田臣であったが、やがて布勢臣系の阿倍氏が、この氏族の主流となった。それは持統八年(六九四)正月、布勢朝臣御主人(みうし)が氏上(うじのかみ)となり、以後、阿倍朝臣の氏姓を称したことに示されている。

【参考文献】 志田諄一『古代氏族の性格と伝承』、同「阿倍氏とその伝承」(『茨城キリスト教大学紀要』一)、大塚徳郎「阿倍氏について」(『続日本紀研究』三―一〇・一一)

阿倍朝臣秋麻呂 あべのあそんあきまろ 八世紀前半頃の官人。氏姓はもと狛(こま)朝臣あるいは阿倍狛朝臣。慶雲二年(七〇五)十二月、従五位下に叙せられ、和銅元年(七〇八)三月、常陸守に任ぜられた。同四年十二月、本姓は阿倍であり、狛と号したのは用明朝に秋麻呂の二世の祖比等古臣(阿倍臣人)が高麗国に使いしたためで、真姓ではないから本姓に復したいと奏言し、許可された。同八年四月に従五位上、養老四年(七二〇)正月に正五位下と昇叙したが、その後の消息は伝わらない。

阿倍朝臣東人 あべのあそんあずまひと ―七九九 八世紀後半の中級官人。左京の人。もと引田(ひけた)朝臣。氏名を安倍にも作る。天平宝字八年(七六四)八月、藤原朝臣仲麻呂追討の論功行賞で従五位下、天平神護三年(七六七)六月、伊勢守の時、同国等由気(とゆけ)宮(伊勢神宮の外宮)の上空に瑞雲の出現を奏言し、同年八月、神護景雲と改元の際に従五位上、以後諸官を歴任し、延暦四年(七八五)八月、従四位上に昇叙したが、同十八年正月二十八日、散位従四位上で卒した。

阿倍朝臣毛人 あべのあそんえみし ―七七二 八世紀後半の中級官人。氏名を安倍にも作る。天平十八年(七四六)四月、従五位下に叙せられ、翌年三月、玄蕃頭に任ぜられた。以後、皇太后御葬送御装束司・山陽道巡察使を務め、天平宝字三年(七五九)五月、文部(式部)少輔に任じ、同年六月、従五位下に叙せられてからは順調に昇任を続け、大蔵卿・宮内卿などを経て宝亀元年(七七〇)十月には従四位上に進み、翌二年十一月、参議となったが、同三年十一月十七日、参議従四位上で卒した。

阿倍朝臣息道 あべのあそんおきみち ―七七四 八世紀中頃の官人。氏名を安倍、名を奥道にも作る。宝亀五年(七七四)三月四日、但馬守従四位下で卒したが、後半生は浮沈が激しかった。藤原朝臣仲麻呂の乱で功を立て、天平宝字八年(七六四)九月、従五位下から一挙に三階進んで正五位上、翌天平神護元年(七六五)正月には勲六等を授けられ、さらに翌年十一月、従四位下に昇叙された。その後、事件と関わり、位階を奪われ、姓を息部におとされたが、宝亀三年八月に本位・本姓に復した。なお『万葉集』に一首(八―一六四二)が伝わる。

阿倍朝臣首名 あべのあそんおびとな 六六四―七二七 八世紀初め頃の中級官人。氏名を安倍にも作る。大宝四年(七〇四)正月、従五位下、慶雲三年(七〇六)二月、大宰少弐となり、神亀四年(七二七)二月十三日、兵部卿正四位下で卒した。この間養老五年(七二一)三月、兵部卿従四位上の時、衛士の頻繁な逃亡は長役のためであるので役を三年交替とすべきことを奏言し、翌年二月、衛士・仕丁の任期が三年に定められた。『懐風藻』に一首を残し、「年六十四」(享年)とある。

阿倍朝臣浄成 あべのあそんきよなり 八世紀後半の官人。氏名を安倍、名を清成にも作る。天平宝字八年(七六四)十月、藤原朝臣仲麻呂追討の論功行賞にあずかって正六位上から従五位下に叙せられ、神護景雲二年(七六八)五月、勤公をもって従五位上に昇叙、時に鋳銭長官であった。以後、諸官を歴任し、昇叙して宝亀三年(七七二)四月には員外右中弁正五位上で美作守を兼ね、同四年二月の員外右中弁正五位上兼鋳銭長官・美作守の地位までが知られる。

阿倍朝臣子嶋　あべのあそんこしま　―七六四　八世紀中頃の中級官人。天平十年(七三八)に大宰大監正六位上であったが、同十三年閏三月、従五位下に叙せられ、同年十二月に肥後守に任ぜられた。同十八年九月、兵部少輔、翌年十一月、石川朝臣年足・布施朝臣宅主とともに国分寺の設立を督促する使者となった。以後、駿河守・式部少輔・式部大輔などを歴任し、天平宝字七年(七六三)四月、上総守、同八年正月、従四位下となったが、同月二十四日、上総守従四位下の地位で卒した。

阿倍朝臣沙弥麻呂　あべのあそんさみまろ　―七五八　八世紀中頃の中級官人。氏名を安倍、名を佐美麻呂にも作る。天平九年(七三七)九月、従五位下に叙せられ、翌年閏七月、少納言に任ぜられた。以後、累進して天平勝宝九歳(七五七)八月、参議となったが、翌天平宝字二年(七五八)四月二十日、中務卿正四位下で卒し、卒去に際して二百人の役夫を賜わったという。この間、防人を検校する勅使として大宰府に下り、『万葉集』に一首(二〇―四四三三)を残した。

阿倍朝臣嶋麻呂　あべのあそんしままろ　―七六一　八世紀中頃の中級官人。広庭の子。氏名を安倍にも作る。左京五条三坊に住む。天平十二年(七四〇)正月、正六位上から従五位下に叙せられ、同十九年正月、従五位上に進んだ。翌二十年四月、元正太上天皇大葬の養役夫司を務め、天平勝宝元年(七四九)閏五月、侍従に任ぜられたが、翌年二月には従五位上守右中弁兼侍従勲十二等であった。同四年四月、大仏開眼会に際して開眼師迎引を務め、同年五月、伊予守に任ぜられ、同九歳五月に正五位下、天平宝字三年(七五九)六月、一挙に二階進んで従四位下となり、同年七月、左大弁に昇進した。翌四年六月、光明皇太后葬送の装束司に任ぜられ、同年八月、参議に列し、同五年の正月に従四位上に昇叙したが、同年三月十日、卒去した。時に参議正四位下。この間、天平勝宝三年七月、近江国甲賀郡蔵部郷(滋賀県甲賀郡甲賀町)の墾田二十一町、野地三町を銭二百三十貫で大倭国高市郡の弘福寺大修多羅(すたら)衆(宗)に売却した。

阿倍朝臣宿奈麻呂　あべのあそんすくなまろ　―七二〇　八世紀前半の公卿。名を少麻呂にも作る。阿倍引田(ひけた)臣比羅夫(ひらぶ)の子。氏姓は初め引田朝臣。持統七年(六九三)十一月、直広肆から直大肆に昇り、食封五十戸を賜わった。大宝二年(七〇二)十二月、持統太上天皇の喪葬に当り造大殿垣司となる。時に従五位上。慶雲元年(七〇四)十一月、従四位下の時に氏を改めて阿倍朝臣を賜わる。同二年四月、中納言三名が増置された時、宿奈麻呂は参議を経ないで中納言に任ぜられた。時に従四位上。参議を経ずに中納言となった初例。同四年十月、文武天皇の大葬に造御竈司となる。和銅元年(七〇八)七月、正四位上に昇叙。同年九月、造平城京司長官に任ぜられ、同二年正月、従三位に叙せられた。同年十月の「弘福寺田畠流記帳」などに従三位行中納言と署している。同五年(七一二)十一月、引田朝臣邇閉(にえ)・久努(くの)朝臣御田次(みたすき)・長田(おさだ)朝臣多祁留(たける)ら六人は、阿倍氏の正宗であって宿奈麻呂とは異ならず、ただ居処によって別氏となっていたとの理由をあげて本氏姓阿倍朝臣を賜わるよう申請し許可された。霊亀三年(七一七)正月、正三位に昇り、同年八月、他田(おさだ)臣万呂は本系同族にして異姓ではないとの理由で安倍他田朝臣を賜わるよう要請し許されている。このことを記す『続日本紀』には宿奈麻呂の氏姓を安倍朝臣に作る。同年十月、安八万王らとともに封を益され、養老二年(七一八)三月、長屋王とともに大納言に任ぜられた。この時にも『続日本紀』は安倍朝臣と表記している。同書天平宝字八年(七六四)九月壬子条の恵美押勝(藤原朝臣仲麻呂)伝に、押勝が大納言少麻呂に従って算を学んだとみえる。押勝が大納言という高官の宿奈麻呂について算術を学んだのは、押勝の母が阿倍氏の出身であり、その縁によるものであろうという。養老四年(七二〇)正月二十七日、薨じた。『公卿補任』同年条には「正月十(十一ィ)日薨。(或説廿四日。在官三年)。帝、使を遣して弔賻せしむ」とある。

【参考文献】 岸俊男『藤原仲麻呂』(『人物叢書』)

阿倍朝臣継麻呂 あべのあそんつぐまろ —七三七 八世紀前半の官人・遣新羅大使。天平七年(七三五)四月、従五位下に叙せられ、翌八年二月、遣新羅大使に任ぜられた。同年四月に拝朝し、六月頃、難波を船出したらしく、航次の作と推定される歌が『万葉集』に伝わる(一五—三六五六・三六六八・三七〇〇)が、翌九年正月、対馬で卒した。おそらくは帰国途中であり、天然痘のためか。なお、この時の遣新羅使は常例を失して新羅に受けつけられなかったという。

阿倍朝臣仲麻呂 あべのあそんなかまろ 六九八—七七〇 入唐留学生で八世紀初めから中頃に唐朝に仕えた文人的官僚。父は中務大輔船守。氏名は安倍にも作り、入唐後に名を仲満と書き、さらに朝衡(ちょうこう)と改めた。晁衡ともいう。霊亀二年(七一六)七月、多治比真人県守(たじひのまひとあがたもり)を遣唐押使、阿倍朝臣安麻呂を大使、藤原朝臣馬養(うまかい。のち宇合)を副使に任命し、翌養老元年(七一七)に出発させたが、仲麻呂は下道(しもつみち)朝臣(のち吉備朝臣)真備や僧玄昉とともに、この遣唐使に従って入唐した。初め唐の太学に学び、科挙に合格して左春坊司経局校書を始め諸官を歴任し、仲麻呂と真備は名を唐朝に挙げた。天平五年(七三三)に入唐した遣唐使とともに帰国することを上請したが許されず、真備・玄昉は同六年末に帰朝。またその遣唐使判官平群(へぐり)朝臣広成によると、同六年十月に帰途につき、広成の乗船は崑崙に漂着、苦難の末に翌七年唐に帰った時、仲満に会い渤海路をとって帰国することを上奏し、許されたという。次いで天平勝宝五年(七五三)遣唐大使藤原朝臣清河らと延光寺で鑑真に会い、その東航を促すとともに、みずからも帰国を願って許されたが、難航して安南に漂着し、再び唐に戻っている。そして玄宗に仕え、安史の乱の後、右散騎常侍・鎮南都護・安南節度使などとなったが、大暦五年(宝亀元・七七〇)七十三歳で長安に没し、潞州大都督を贈られた。仲麻呂の学識・文才は唐土に知られ、王維・李白その他、唐の文人らとの交遊があり、それぞれ関係の詩が残されている。宝亀十年(七七九)五月、前学生仲麻呂が家口偏えに乏しく、葬礼闕くることありと、勅して東絁(あしぎぬ)百疋、白綿三百屯を賜わり、また承和三年(八三六)五月、聘唐使藤原朝臣常嗣らに付して、かつて朝命によって入唐し、唐土で没した八人に位記を贈ってその霊を慰めたが、故留学贈従二品安倍朝臣仲満、つまり大唐の光禄大夫右散騎常侍兼御史中丞・北海郡開国公・贈潞州大都督朝衡には正二品が贈られた。

【参考文献】 長野勲『阿倍仲麻呂と其時代』、杉本直治郎『阿倍仲麻呂研究』

阿倍朝臣爾閇 あべのあそんにえ —七一六 八世紀初めの中級官人。氏姓は初め引田(ひけた)朝臣、和銅五年(七一二)十一月、阿倍朝臣を賜わる。大宝元年(七〇一)十一月、初めて造大幣司が置かれた時、弥努(みの)王とともに長官に任ぜられた。時に従五位下であったが、和銅元年三月には従五位上で長門守となり、同七年正月、一挙に従四位下に昇叙し、これを極位として霊亀二年(七一六)七月二十七日に卒した。

阿倍朝臣広庭 あべのあそんひろにわ 六五九—七三二 八世紀前半の上級官人・文人。御主人(みうし)の子。氏名を安倍・阿部にも作る。慶雲元年(七〇四)七月、従五位上で父の功封百戸の四分の一をついだ。和銅二年(七〇九)十一月には正五位下で伊予守に任ぜられ、同四年四月、正五位上、同六年正月、従四位下と昇叙し、同八年五月、宮内卿となった。養老二年(七一八)正月、従四位上、同五年正月、正四位下、同年六月、左大弁となり、翌年二月、参議に列し、三月、知河内和泉事を兼ねた。同七年正月に正四位上、神亀四年(七二七)十月、長屋王政権下、従三位で中納言に任じ、同六年の長屋王の変後も地位を維持し、天平四年(七三二)二月二十二日、中納言従三位兼催造宮長官・知河内和泉等国事で薨じた。『懐風藻』に五言詩「春日宴に侍す」「秋日長王(長屋王)が宅にして新羅の客を宴す」の二首を残し、また「年七十四」(享年)とある。『万葉集』にも四首(三―三〇二・三七〇、六―九七五、八―一四二三)を伝える。

阿倍朝臣真勝　あべのあそんまかつ　七五四―八二六　九世紀初めの官人。三綱の子。延暦二十四年(八〇五)十月、正六位上から従五位下となり、大同三年(八〇八)四月、治部少輔に任ぜられた。この間、陰陽頭・備中守となり、同年十一月、従五位上。翌四年二月、大学頭となる。弘仁三年(八一二)正月、正五位下を授けられ、同年六月、『日本書紀』の講書を担当。同六年七月完成した『新撰姓氏録』の撰修に関与し、造西寺長官・造東寺長官などを歴任。弘仁十一年正月、従四位下に昇り、神祇伯・甲斐守・伊予守などを歴任した。天長三年(八二六)九月、七十三歳で死去。時に伊予守従四位上。質朴な性格で、媚びることを嫌い、老荘を学んで良く暗唱し、それは流れるごとくであったという。

阿倍朝臣虫麻呂　あべのあそんむしまろ　―七五二　八世紀中頃の中級官人・歌人。安曇(あずみ)外命婦の子。氏名を安倍にも作る。天平九年(七三七)九月、外従五位下に叙せられ、翌月、皇后宮亮に任ぜられ、さらに内位(従五位下)を授けられた。翌年閏七月、中務少輔、同十二年九月、藤原朝臣広嗣の乱に際し軍事に任用され、佐伯宿禰常人とともに隼人二十四人、軍士四千人を率いて豊前国板櫃(いたびつ)営(福岡県北九州市小倉北区到津地区)に赴き、同年十月、板櫃河で反乱軍と戦い、広嗣に勅使として到来したことを告げ、同年十一月、広嗣討滅の功で従五位上に進んだ。のち播磨守を経て同二十年十月に左中弁正五位上であったが、翌天平勝宝元年(七四九)八月には紫微令藤原朝臣仲麻呂のもとで紫微大忠を兼ね、同四年三月十七日、中務大輔従四位下で卒した。『万葉集』は虫麻呂の作歌(四―六六五・六七二、六―九八〇、八―一五七七・一五七八)を伝えるだけでなく、作歌活動の周辺を偲ばせる四首(四―六六六・六六七、六―一〇四一、八―一六五〇)を載せる。

阿倍朝臣家麻呂　あべのあそんやかまろ　八世紀後半の武官。氏名は安倍にも作る。宝亀三年(七七二)正月、正六位上から従五位下に進み、同年十一月、兵部少輔となる。同十年正月、従五位上に昇叙。翌年、陸奥国に伊治公呰麻呂(いじのきみあざまろ)の乱が起こると出羽鎮狄将軍に起用され赴任した。秋田城(城跡は秋田市寺内の高清水丘陵にある)の存廃をめぐる城下俘囚らの動揺を奏言したため、専使あるいは専当国司による鎮守方式を生んだ。これはのちの秋田城介の起源と考えられる。天応元年(七八一)五月に上野守に任ぜられたのち、左兵衛督・左大舎人頭を歴任、延暦八年(七八九)二月、石見守に転じた。

阿倍臣人　あべのおみひと　六世紀後半の豪族。比等古臣ともいう。『日本書紀』崇峻即位前条によると、用明二年(五八七)七月、蘇我馬子宿禰大臣が諸皇子・群臣と物部守屋大連を滅ぼそうとして、征討軍を組織した時、他将とともに軍兵を率い、河内国志紀郡(大阪府藤井寺市・柏原市・八尾市の各一部)から渋河郡(八尾市)の家にいたったとある。『続日本紀』和銅四年(七一一)十二月の狛朝臣秋麻呂の奏言には、用明天皇の時、二世の祖比等古臣が、高麗国に使したので狛と号したとみえる。

阿倍臣摩侶　あべのおみまろ　七世紀前半の官人。名を麻呂にも作る。『日本書紀』によると、推古三十二年(六二四)十月、大臣蘇我馬子宿禰の命をうけて阿曇(あずみ)連とともに推古天皇の許に遣わされ、葛城県(かずらきのあがた。奈良県北葛城郡新庄町葛木の葛木御県神社付近に比定する説が一般的であるが、御所市掖上とその周辺地域にあてたり、北葛城郡・大和高田市・御所市をあわせた葛城地方全域とする説などもある)はもと臣の本拠で、その県の名を姓名とした。願わくは県を賜わり、臣の本拠としたいという馬子の奏言を伝えている。また同書舒明即位前条には、推古の崩後も嗣位が定まらなかったので、大臣蘇我臣蝦夷は独り嗣位を定めようとしたが、群臣が従わないことをおそれ、麻呂と議して群臣を蝦夷の家に集めて饗した。蝦夷は麻呂に命じて群臣に、天皇がすでに崩じたのに皇嗣がないのは乱が起こる恐れがある。推古が病の折、田村皇子(のちの舒明天皇)に慎重にものごとを見とおして、天下を治めることを詔し、山背大兄王には、独りでとやかく言わずに、群臣の言葉に従い行動を慎むように詔した。これが推古の遺命であると話させたとみえる。

阿倍鳥臣 あべのとりのおみ 七世紀初頭の官人。阿倍鳥子臣・阿倍内臣鳥にも作る。阿倍内臣(あべのうちのおみ)は、氏姓を複姓で表示したもの。『公卿補任』の阿倍倉橋麻呂(内麻呂)の条の傍書に「大鳥大臣と号す。大鳥大臣子云々」とあり、これが「大鳥大臣と号す。鳥臣子云々」の誤記とすれば、大化の左大臣倉梯(橋)麻呂は、鳥の子となる。推古十六年(六〇八)八月、隋使裴世清(はいせいせい)入朝の際に、物部依網連抱(もののべのよさみのむらじいだく)とともに導者となり、庭中で裴世清から国書を受けとった。同十八年十月の新羅使・任那使入朝時には、大伴連咋(くい)・蘇我臣蝦夷・坂本臣糠手(ぬかて)と並び、四大夫(まえつきみ)の一人として庭中に侍し、大臣蘇我馬子宿禰に使者の奏言を啓した。同二十年二月、堅塩(きたし)媛を檜隈大陵(欽明天皇陵)に改葬した時には、軽街(かるのちまた。現在の奈良県橿原市大軽町)で最初に天皇の命(おおみこと)を誄(しのびごと)している。朝政に参議し奏宣のことを行なう大夫の要職にあり、当時の阿倍氏の正宗的地位を占める人物とみられる。『隋書』倭国伝にみえる「小徳阿輩台(あはいだい)」を鳥にあてる説もある。

【参考文献】 関晃「大化の左大臣阿倍内麻呂について」(『歴史』二一)

安倍小殿小鎌 あべのおてのおかま 七世紀中頃の人。孝徳朝に朱砂(硫化水銀)採取のため伊予国に派遣され、現地で秦首(はたのおびと)の女を娶り、伊予麻呂(いよまろ)を生んだ。時に冠位は大山上。伊予麻呂は母の氏姓秦首を継いだため、その子孫の秦毗登浄足(はたのひときよたり)が父の氏姓へ改めることを求め、天平神護二年(七六六)三月、阿倍小殿朝臣の氏姓を賜わった。これによると、小鎌の氏姓は正しくは阿倍小殿臣で、阿倍氏傍系の複姓氏族に属する氏人と推察される。

阿倍久努朝臣麻呂 あべのくぬのあそんまろ 七世紀後半の官人。天武四年(六七五)四月、朝堂での参列禁止と冠位(小錦下)剝奪の処分を受けたが、その後復帰。臣から朝臣の姓を賜わり、刑官(刑部省の前身)の高官にも就任した。朱鳥元年(六八六)九月の天武天皇の大葬では、その刑官を代表して誄(しのびごと)を言上。時に冠位は直広肆。

阿倍倉梯麻呂 あべのくらはしのまろ —六四九 七世紀前半の官人。『日本書紀』孝徳即位前条には阿倍内麻呂臣とみえ、『公卿補任』には大鳥大臣と号し一名内麿とある。また『東大寺要録』には安倍倉橋大臣とみえる。従来は内麻呂が名とみられてきたが、内は氏名で名は麻呂だけで、『日本書紀』推古巻にみえる阿倍内臣鳥の子と思われる。阿倍倉梯は複姓で、倉梯は大和国十市郡の地名(奈良県桜井市倉橋)である。『日本書紀』大化元年(六四五)六月条には、阿倍内摩呂臣を左大臣に、蘇我倉山田石川麻呂臣を右大臣としたとあるが、翌日の記事からは阿倍倉梯麻呂大臣とみえる。同年七月、上古聖王の跡に従い、また信をもって天下を治めよとの詔をうけ、さらに同月、大夫(まえつきみ)と百の伴造らに悦をもって民を使う道を問えとの詔を賜わった。同四年二月、四衆(比丘・比丘尼・優婆塞・優婆夷)を四天王寺に請じ、仏像四軀を迎えて塔内に安置させ、霊鷲山の像を造った。同年四月、前年に七色十三階の新冠位が制定され、それに伴い古冠が廃止されたが左右大臣は、なお古冠を着けたという。同五年三月十七日、難波京で薨じた。この時、孝徳天皇は朱雀門に幸して挙哀し、皇祖母尊(皇極天皇)、皇太子(中大兄)および諸卿もことごとくしたがって哀哭したと『日本書紀』にみえる。また『大安寺伽藍縁起幷流記資財帳』には、百済大寺の造寺司となったことがみえ、『東大寺要録』には崇敬寺(安倍寺。寺跡は奈良県桜井市阿部にある)を建立したとある。女の小足(おたらし)媛は大化元年七月に孝徳の妃にたてられ、孝徳即位以前の舒明十二年(六四〇)に有間皇子を生んでいる。もう一人の女橘娘(たちばなのいらつめ)は天智天皇の妃となって、飛鳥皇女と新田部皇女を生んだ。

【参考文献】 志田諄一『古代氏族の性格と伝承』、関晃「大化の左大臣阿倍内麻呂について」(『歴史』二一)

安倍猨嶋朝臣墨縄 あべのさしまのあそんすみなわ 八世紀末の征夷の副将軍。下総国猿嶋郡(茨城県岩井市・猿島郡・古河市の一帯)の人。天応元年(七八一)九月、征夷の労により外従五位下勲五等に叙せられ、陸奥鎮守府権副将軍・持節征東軍監・陸奥鎮守府副将軍を歴任。延暦八年(七八九)征東大使紀朝臣古佐美らとともに胆沢(岩手県南部、衣川以北の北上川流域平野部)へ出撃したが、墨縄の指揮する前軍は北上河の渡河に失敗し、征討軍は大敗を喫した。同年九月、敗軍の責を問われ、蝦夷をかたくなに畏れて進退度を失い軍務を怠ったかどで斬刑に当るところ、久しく征夷の任にあった功労に免じて官位を剝奪されるに留まった。

【参考文献】 高橋富雄『蝦夷』

阿倍引田臣比羅夫 あべのひけたのおみひらぶ 七世紀後半の武将。阿倍臣比羅夫にも作る。本氏姓は引田臣(阿倍引田臣)。大納言正三位阿倍朝臣宿奈麻呂の父。大化五年(六四九)に左大臣阿倍内麻呂臣(阿倍倉梯麻呂)が死去し、阿倍氏の正宗が途絶えたあと、傍系出身の比羅夫は阿倍氏中の最有力者として一族を代表する氏上(うじのかみ)的地位についたものとみられる。『日本書紀』は斉明四年(六五八)四月から同六年五月条まで数カ条に亙って「越国守(こしのくにのかみ)」比羅夫の蝦夷・粛慎(みしはせ)征討を伝えている。これらの記事中には明らかに重複や錯綜の跡が認められるが、少なくとも斉明四年、比羅夫が船師百八十艘を率いて蝦夷を討ち、齶田(あぎた。秋田市)・渟代(ぬしろ。秋田県能代市)の蝦夷を降伏させたこと、蝦夷の酋長に冠位を与え、渟代・津軽二郡(評)の郡領(評造・督領)に定めたこと、有間浜(ありまのはま。比定地未詳)に渡嶋(わたりのしま)の蝦夷らを召集しこれを饗したこと、次いで斉明六年に船師二百艘を率いて二度目の遠征を行ない、渡嶋の蝦夷の要請により粛慎を弊賂弁嶋(へろべのしま。比定地未詳)の柵に敗ったこと、虜四十九人を得て大和へ凱旋し、生羆(しくま。ヒグマ)・羆皮(しくまのかわ)などを虜とともに朝廷に献上したことなどは、ほぼ史実を伝えているとみてよい。渡嶋は津軽半島、或いは北海道とする説、粛慎はアイヌ、或いは大陸から渡来した民族とみる説がある。越国は阿倍氏の勢力が強く及んだ地域であり、現地の国造勢力には阿倍氏との同族関係を主張する高志(こし)国造・高志深江国造・道君(みちのきみ)などがいる。比羅夫が越国守となったのは、このような歴史的実体を踏まえてのことであろう。さらに『日本書紀』によれば、斉明七年、百済救援の後将軍、天智二年(六六三)には新羅征討の後将軍に任ぜられたが、実際の出征は後者の一度だけとみられる。この時、冠位は大花下。翌三年、新冠位制定とともに大錦上に昇進し、またその前後に筑紫大宰帥に就任している。唐・新羅の来寇に備え、軍事経験豊かな比羅夫を九州防衛の長に据えたのであろう。『続日本紀』がこれを斉明朝のことと記すのは天智朝の誤りである。

【参考文献】 坂本太郎「日本書紀と蝦夷」(『日本古代史の基礎的研究』上所収)、田名網宏「阿倍比羅夫の渡島遠征について」(『日本歴史』六)、児玉作左衛門「阿倍臣比羅夫の渡島遠征に関する諸問題」(『北方文化研究』三・四)

阿保氏 あほうじ 地方豪族の一つ。姓は初め君、のち朝臣。『新撰姓氏録』によると、垂仁天皇の皇子息速別(いこはやわけ)命の後で、息速別が幼弱の時、垂仁は皇子のために伊賀国(伊賀郡)阿保村(三重県名賀郡青山町阿保付近)に宮室をつくり、もって封邑とした。子孫は因ってこれを家とし、允恭天皇の時、居地の名によって阿保君の氏姓を賜わったという。『続日本紀』延暦三年(七八四)十一月条の健部(たけるべ)朝臣人上の奏言によると、賜姓は息速別の四世の孫須禰都斗王の時に行なわれ、その後武芸に秀でた意保賀斯(おおかし)が出たため雄略朝に健部に改められたという。なお、この奏言で人上は阿保朝臣を賜わり、同族の人に阿保公が賜姓された。ところで近江国の小槻山君氏も貞観年間(八五九—八七七)にしばしば阿保朝臣と改氏姓しているが、この氏は息速別の異母兄弟の落別(おちわけ)命の後であり、朝臣姓をうるために同族の系譜を仮冒したのであろう。

阿保君意保賀斯　あほのきみおおかし　雄略朝の武人。須禰都斗王の子。延暦三年(七八四)十一月に健部(たけるべ)朝臣人上が阿保朝臣への改氏姓を奏請した時の記事によると、その祖は息速別(いこはやわけ)皇子(垂仁天皇の皇子)といい、伊賀国阿保村に居していた。允恭朝にその四世の孫須禰都斗王が阿保君の氏姓を賜わったが、子の意保賀斯が「武芸倫(ともがら)に超へて、後代に示すに足れり」というほど優れていたので、雄略朝に改めて健部君の氏姓を賜ったという。

阿保親王　あぼしんのう　七九二—八四二　平城天皇の第一皇子。母は葛井(ふじい)宿禰藤子。弘仁元年(八一〇)九月、藤原朝臣薬子の変に坐し、大宰員外帥に左遷されたが、天長元年(八二四)嵯峨上皇の勅により許されて帰京し、同十年三月、三品に叙せられ、治部・宮内・兵部の各卿と弾正尹を歴任し、上野・上総の太守を兼ねた。承和九年(八四二)七月、伴健岑(こわみね)・橘朝臣逸勢(はやなり)らが謀反を企てて承和の変を起こした時、健岑から謀反に誘われたが、嵯峨太皇太后橘朝臣嘉智子に書を送り密訴した。『続日本後紀』には性謙退にして才文武を兼ね、膂力あり絃歌に妙を得ていたと伝え、桓武天皇の皇女伊都内親王との所生に在原朝臣業平がいる。承和の変後は朝廷に出仕せず、同九年十月二十二日、五十一歳で薨じた。承和の変の密訴の功により一品を贈られた。

【参考文献】目崎徳衛「在原業平の歌人的形成」(『平安文化史論』所収)

天語氏　あまがたりうじ　『古事記』雄略段に掲げる「天語歌(あまがたりうた)」、同書神代段の「神語(かむがたり)」などの古詞を語り伝え、新嘗会などの儀で奏することを職とした語部(かたりべ)の伴造。姓は連。『新撰姓氏録』右京神別上に「神魂(かみむすび)命」七世孫、天日鷲(あめのひわし)命」の後裔とする天語連があるが、天日鷲命は、『先代旧事本紀』国造本紀に伊勢国造の祖神とされ、伊勢朝臣や度相(わたらい)神主もこれと同一神とみられる天日別(あめのひわけ)命を祖とするので、『古事記』の「天語歌」が伊勢国の三重の采女の酒盃献上にまつわる歌であることと併せて、「天」は「海部(あま)」で、天語連は伊勢の海部の族長であるとする説が有力である。「神語」の囃子詞のなかにみえる「あまはせづかい」は「海部駈使丁」で、伊勢の海部出身の駈使丁が語部として「天語歌」を伝えたものとされる。これによれば、『続日本紀』養老三年(七一九)十一月条にみえる海語連氏は天語連と同氏となろう。ただしこの両氏は別氏族とする説もある。天武十二年(六八三)九月に連姓を賜わった語造との関係は未詳。

【参考文献】折口信夫『古代研究』国文学篇(『折口信夫全集』一)、土橋寛『古代歌謡論』、林屋辰三郎『中世芸能史の研究』、岩橋小弥太「語部」(『上代史籍の研究』所収)

海使蓑女　あまつかいのみのめ　八世紀後半の女性。平城左京九条二坊の人。『日本霊異記』によれば、天平宝字七年(七六三)九人の子があって生活に窮し、寺(穂積寺か。穂積寺は平城左京九条四坊二坪(現在の奈良市東九条町)にあった)の千手観音に願ったところ、思いもかけずに妹が銭百貫の入った皮櫃を持ってきた。のちにその銭は寺の修理分であることがわかり、千手観音の賜物であることを深く感謝したという。海使氏は他に例がなく、氏族系譜は不明である。

天津多祁許呂命　あまつたけころのみこと　茨城国造の祖。建凝命・達（建ヵ）己呂命・建許呂（侶）命にも作る。『常陸国風土記』には、息長帯比売天皇（神功皇后）の朝廷に仕え、八人の子の中の筑波使主は茨城郡（茨城県石岡市・土浦市北部・新治郡と西茨城郡の一部）の湯坐（ゆえ）連の祖とある。『新撰姓氏録』には、天津彦根命の十二（四）世孫とあり、その後裔氏族として三枝部（さきくさべ）連・奄智（あんち）造・高市県主をあげる。また、『先代旧事本紀』は、建許呂命が成務朝に石城国造となり、その六人の子はそれぞれ須恵・馬来田・師長・道奥菊多・道口岐閇・石背国造に任命されたとする。

天津彦根命　あまつひこねのみこと　天照大御神の子。天照大御神と素戔嗚尊が天の安河で誓約（うけい）をした際に誕生した神。天津日子根命・天都比古禰命にも作る。『日本書紀』には、その後裔氏族を凡川内（おおしかわち）直・山代直・茨城国造・額田部連とし、『古事記』はそれ以外に額田部湯坐（ゆえ）連・倭田中直・馬来田国造・道尻岐閇国造・周芳国造・倭淹知（あんち）造・高市県主・蒲生稲寸（いなき）・三枝部（さきくさべ）造をあげる。また、『新撰姓氏録』には、右記以外の氏族として、津夫江連・大県主・額田部河田連・国造・末使主・桑名首・犬上県主・薦集（こもつめ）造がみえ、その他、『日本三代実録』には、貞観五年（八六三）十二月、陸奥国磐瀬郡（福島県須賀川市から岩瀬郡にかけての一帯）の吉弥侯部（きみこべ）豊野が陸奥磐瀬臣の氏姓を賜わったが、同氏は天津彦根命の後裔とある。

天津真浦　あまつまら　倭鍛部（やまとのかぬち）の祖。天津麻羅・天津麻良命にも作る。『日本書紀』によると、神渟名川耳尊（綏靖天皇）が庶兄手研耳（たぎしみみ）命を射殺しようとした時、天津真浦に真麛（まかご）の鏃（やさき）を造らせたという。この天津真浦は『古事記』の天岩戸神話に登場する鍛人の天津麻羅と同一人物とみられる。『新撰姓氏録』は大庭造をその後裔とするが、『先代旧事本紀』天神本紀には、饒速日（にぎはやひ）尊が天降った際の扈従者の中に物部造等の祖として、また、船子の倭鍛師らの祖としてその名がみえる。

海犬養氏　あまのいぬかいうじ　犬養部の管掌氏族の一つ。海犬甘にも作る。姓は初め連、天武十三年（六八四）宿禰を賜わったが、ほかに無姓の海犬養氏もある。海神綿積命の後裔と称し、阿曇（あずみ）氏の同族である。犬養部は屯倉の守衛に当る部で、海部を割いて犬養部が設けられた時、阿曇氏もしくは海部氏の一族が伴造となり海犬養氏を名乗ったのであろう。筑前国那珂郡海部郷（福岡市博多区住吉付近）がその本拠地で、那津官家（なのつのみやけ。福岡市博多区博多駅南五丁目の比恵遺跡を官家にあてる説が有力視されている）の守衛を本来の任務としたが、宮城十二門の一つに海犬養門があるから、のちには中央に出仕し、宮城門守衛の任をも担当したとみられる。

【参考文献】　黛弘道「犬養氏および犬養部の研究」（『律令国家成立史の研究』所収）、佐伯有清「宮城十二門号と古代天皇近侍氏族」（『新撰姓氏録の研究』研究篇所収）

海犬養宿禰五百依　あまのいぬかいのすくねいおより　八世紀中葉の下級官人。天平十二年（七四〇）九月、藤原朝臣広嗣征討軍の軍曹（ぐんそう）に任命され、筑紫へ出陣。同年十一月、大将軍大野朝臣東人の命により、松浦郡値嘉島の長野村（五島列島宇久島）で捕獲した広嗣の従者三田兄人等二十余人を本営へ連行した。天平勝宝三年（七五一）には左大臣橘朝臣諸兄家の家令（けりょう）の職にあり、天平宝字五年（七六一）には摂津職少進であったが、同二年八月頃の文書とみられる「神祇大輔中臣毛人等百七人歴名」に右京少進とあるから、この時期よりも後に摂津職少進に転じたのであろう。天平勝宝三年以降、正六位上勲十二等の地位にあった。

海犬養連勝麻呂　あまのいぬかいのむらじかつまろ　七世紀中頃の人。皇極四年（六四五）中大兄皇子（のちの天智天皇）らの飛鳥板蓋宮における蘇我臣入鹿暗殺に荷担。『日本書紀』によれば、箱の中の暗殺用の剣を佐伯連子麻呂と葛城稚犬養(かずらきのわかいぬかい)連網田に渡したとあるが、同じ事件を記す『家伝』上には彼の名はみえない。海犬養氏は佐伯氏・稚犬養氏らとともに、宮城門の守衛を任とする氏族であり、勝麻呂らが事件に加わったのはこの任務によるものであろう。

海部氏 あまべうじ　海部を統率した伴造氏族。各地に連・直・臣・首・公姓の海部(海)氏が散見する。このほか、凡海(大海。おおしあま)連(天武朝に宿禰賜姓の系統あり)・凡海直といった氏族がみえ、凡海部なる部民も存在する。海部は海人(あま)の民によって組織され、海産物の貢納(製塩による塩の貢納を含む)、航海技術・航海労働(また、特に戦時における海上軍事力)の提供などによって政権に奉仕した部民集団をいうが、彼らが海上交通上の要衝に置かれた屯倉の運営に関与していたらしいことも、海犬養連氏(その管掌下にあった犬養部は飼養した番犬により屯倉の守衛を担当)の存在、同じく海人系の阿曇(あずみ)犬養連氏の存在などから推測される。『日本書紀』応神五年八月条には「海人及山守部」を定めたことがみえ、『古事記』応神段にも「海部山部山守部伊勢部」を置いたとする記事がある。これらの記事に基づき四世紀後半から大和政権の朝鮮半島への進出を想定し、外征軍編成のため海人を組織的に掌握する必要性が存在したと主張する説もあるが、これは応神天皇の皇子大山守皇子(命)と関連させて山守部・山部の起源を応神朝に置いたことにより、その対称的組み合わせとして海部をあげた疑いも濃く、ただちに史実とみなしうる性質のものではない。また、『日本書紀』応神三年十一月条に阿曇連の祖の大浜宿禰が諸国の海人の騒ぎをしずめて「海人之宰(あまのみこともち)」になったことが記されており、海部を管掌する中央伴造として阿曇氏を想定する見解もあるが、阿曇氏の海人統轄伝承は推古朝以降の阿曇氏の中央政界進出の過程で形成されたものとする説も有力である。なお、海部諸氏の統一的出自伝承は成立していない。海部は摂津(凡海連)、尾張(海連・海部直)、三河(海直・海部首)、遠江・上総・若狭・越前(海直)、越中・丹後(海部直)、但馬(但馬海直)、因幡(海部直)、出雲(海部直・海部首・海臣)、隠岐(海部直)、播磨(海直)、吉備(吉備海部直)、備前(海部直)、備中(海部首)、周防(凡海直)、長門・紀伊(海部直・大海連)、阿波(海直)、讃岐・豊前・豊後(海部公)、肥前(海部直)などの諸国に置かれていたことが海部および海部氏・凡海氏の分布から知られ(括弧内の氏姓名は伴造)、また、それ以外にも海部関係地名の分布から、伊勢・信濃・能登・安芸・淡路・土佐・筑前の諸国に海部の存在が推定される。近年、『記』『紀』に伝えられる神武天皇の東征経路が海部氏、海部を含む海人族の故地と重なることが指摘されており、神武建国伝説の性格を解き明かすうえにおいても、この海人の首長は注目をあびる存在となってきている。

【参考文献】 小林庄次郎「海部考」(『史学雑誌』一九―三・五)、前川明久「大和朝廷の朝鮮経営とその軍事的基礎」(『続日本紀研究』一二三)、後藤四郎「海部管見」(『書陵部紀要』一九)、同「海部に関する若干の考察」(坂本太郎博士古稀記念会編『続日本古代史論集』上所収)、同「海部直の系譜について」(『日本歴史』三二九)、渡辺則文・近藤義郎「海部と製塩」(近藤義郎・上田正昭編『古代の日本』4所収)、薗田香融「古代海上交通と紀伊の水軍」(坪井清足・岸俊男編『古代の日本』5所収)、黛弘道「海人族と神武東征物語」(『律令国家成立史の研究』所収)、松原弘宣「難波津と瀬戸内支配」(『日本古代水上交通史の研究』所収)

海部金麻呂 あまべのかねまろ　九世紀後半の出雲国楯縫郡(島根県平田市付近)の白水郎(あま)。『日本三代実録』元慶元年(八七七)九月条によると、金麻呂は海部黒麻呂とともに小舟で海へ出て漁を始め、釣糸を海底までおろして引き上げようとしたがなかなか引けず、ゆっくりと引き上げたところ、一枚の石がかかっていた。その石には、木が三株、草が三茎生育していた。それが奇妙なものであったため、中央に報告がもたらされたという。

天押帯日子命　あめおしたらしひこのみこと　孝昭天皇の皇子。孝安天皇の同母兄。母は余曾多本毗売(よそたほびめ)命。『古事記』には、春日臣・大宅臣・粟田臣・小野臣・柿本臣・壱比韋(いちいい)臣・大坂臣・阿那臣・多紀臣・羽栗臣・知多臣・牟耶(むざ)臣・都怒山臣・伊勢飯高君・壱師君・近淡海国造の祖とある。『日本書紀』に和珥(わに)臣らの始祖とある天足彦国押人命とは同一人物。『新撰姓氏録』には、『記』『紀』以外の後裔氏族として、和安部(やまとのあべ)朝臣以下二十四氏をあげる。

天上腹　あめのうわはら　知々夫国造の祖。『本朝月令』所引の『高橋氏文』に、景行五十三年の東国行幸の折、膳(かしわで)氏の祖磐鹿六獦(いわかむつかり)命に召喚され、上総国安房浮島宮(千葉県安房郡鋸南町勝山沖の浮島か)で堅魚と白蛤を膾(なます)に作り、また煮焼して御食に供したという。『先代旧事本紀』天神本紀に信乃阿智祝部等の祖とする表春(うわはる)命と同一人物であろう。

天下腹　あめのしたはら　知々夫国造の祖。『本朝月令』所引の『高橋氏文』に、景行五十三年の東国行幸の折、膳(かしわで)氏の祖磐鹿六獦(いわかむつかり)命に召喚され、上総国安房浮島宮(千葉県安房郡鋸南町勝山沖の浮島か)で堅魚と白蛤を膾(なます)に作り、また煮焼して御食に供したという。『先代旧事本紀』天神本紀に武蔵秩父国造らの祖とする下春(したはる)命と同一人物であろう。

天日槍　あめのひぼこ　新羅国王子と伝える渡来伝説史上の人物。『古事記』では天之日矛と記し、応神段に次のような伝承を載せている。ある日、新羅の沼の辺りで昼寝していた女の陰上(ほと)に虹のごとく耀いた日光が差し、赤玉を生んだ。これを得た天之日矛が持ち帰って床の間におくと、たちまちにして美麗な嬢子と化したので嫡妻とした。ところがその女は夫のもとを離れて難波に去ったため、それを追って日矛も難波に入ろうとしたが渡の神に塞がれ、多遅摩国に留まって多遅摩俣尾の女前津見を娶って多遅摩母呂須玖(もろすく)を生んだ(以下、神功皇后の母葛城高額(たかぬか)比売命にいたるまでの系譜を記す)。この時、日矛の将来した宝物は玉津宝の珠二貫、浪振る比礼、浪切る比礼、風振る比礼、風切る比礼、奥津鏡、辺津鏡の八種である。『日本書紀』は垂仁三年・同八十八年条に天日槍伝承を載せているが、新羅での物語はなく、その渡来地も但馬とされ、宝物の内容も比礼類の代りに出石小刀・桙が加わるなど『古事記』と異なる内容をもつほか、日槍の曾孫清彦に勅命を下し、日槍将来の宝物を献上させ、神府(奈良県天理市布留町の石上神宮の神府(みくら)か)に納めたが、出石小刀のみは自然に淡路島にいたり、そこに祭られたという独自の伝承を記している。同三年条には分注として「一云」の所伝を付記しているが、そこには播磨から近江・若狭国を経て但馬にいたる日槍の遍歴コースが記されている。天日槍伝説は『風土記』類にもみえ、『播磨国風土記』では葦原志挙乎(しこお)命や伊和大神と国占め争いの要素を含んだ物語が数多く記され(揖保郡揖保里条・宍禾郡川音村奪谷条・同郡柏野里伊奈川条・同郡波加村条・同郡御方里条・神前郡多駝里粳岡条)、『釈日本紀』所引の『筑前国風土記』には怡土(いと)の県主の祖が日桙の苗裔であるとしている。このほか『新撰姓氏録』では橘守・三宅連・糸井造の諸氏を天日桙の後裔とし、『古語拾遺』垂仁条には「新羅の王子、海檜槍(あまのひぼこ)来帰(まゐけ)り。今但馬国出石郡に在りて大社と為れり」とある。このように天日槍伝説は多様な内容をもって今日に伝えられているが、その本質は但馬国出石(いずし。兵庫県出石郡・豊岡市)に本拠地をもち、出石神社(出石郡出石町)を氏社とする一族の始祖伝説で、天日槍はこの一族の奉斎する日矛の人態化されたものである。新羅の沼辺における一女子の懐妊説話に東北アジア系の日光感精要素がみられるように、大陸系のシャーマニズムの宗儀を担って渡来した一族が日神を招禱する聖具として日矛を奉じていたのである。天日槍の遍歴譚は、こうした宗儀の荷担者の渡来または移動を語るものであり、出石の宝物が天皇に献上されたという所伝は、この新しい外来の宗儀が天皇家によって受容されたことを意味するものである。

【参考文献】　三品彰英「古代宗儀の歴史的パースペクティヴ―天の日矛の後裔たち―」（『補増日鮮神話伝説の研究』所収）

天日別命　あめのひわけのみこと　伊勢氏(伊勢国造)の祖神。『伊勢国風土記』逸文には、神武天皇東征の際、天御中主尊の十二世孫天日別命が神武に従い、標(しるし)の剣を賜わって伊勢国に赴き、伊勢津彦を平定した。天日別命が神武の命をうけ、度会郡(三重県度会郡および伊勢市の一帯)を国覓(くにまぎ)したとある。また、伊勢国の安佐賀(あさか)山(三重県松阪市阿坂)は天日別命が平定した山であるという三つの説話を載せている。なお、『先代旧事本紀』は天日鷲(あめのひわし)命を伊勢氏の祖神とする。これによると、天日別命と天日鷲命は同一神と解されるが、両神は本来、別神であり、『先代旧事本紀』の説は神名の類似からする後世の混乱によって生じたのであろう。

天日鷲命　あめのひわしのみこと　阿波国忌部の祖。天日(比)和志命にも作る。『日本書紀』の天石窟神話では、日神(天照大神)が石窟に幽居した際に粟国忌部の遠祖天日鷲が木綿(ゆう)を作ったとあり、国譲り神話では、国譲りが終了したのち、忌部系の諸神が大己貴(おおなむち)神を祭ったが、時に天日鷲神は作木綿者となったとある。『延喜式』神名帳に阿波国麻殖(おえ)郡に忌部神社(麻殖神とも天日鷲神とも呼ばれた。徳島市二軒屋町)がみえるので、阿波国に天日鷲命を奉斎する忌部氏が居住していたことが確かめられる。『新撰姓氏録』は同神を神魂(かみむすび)命の五(七)世孫とし、その後裔氏族として天語(あまがたり)連・多米(ため)宿禰(連)・田辺宿禰をあげている。

天目一命　あめのまひとつのみこと　山背氏の祖と伝えられる神。天麻比止都禰(あめのまひとつね)命にも作る。『新撰姓氏録』山城国神別の山背忌寸条に、天都比古禰(あまつひこね)命の子で、山背忌寸氏の祖とある。『先代旧事本紀』国造本紀の序文によれば、神武天皇即位の時の論功行賞に山代(山背)国造に任ぜられ、山代(山背)直氏の祖となったという。『日本書紀』神代巻下の天目一箇(あめのまひとつ)神とは別神と考えられ、『播磨国風土記』託賀(たか)郡(兵庫県多可郡)条にみえる天目一命は、天目一箇神と同神であろう。

天湯河板挙　あめのゆかわたな　鳥取造の祖。天湯河桁命にも作る。『日本書紀』によると垂仁二十三年、皇子誉津別王は三十歳になってもものをいわなかったが、鵠の飛ぶのをみて口をきいた。垂仁天皇はこの鳥を捕えることを命じた。天湯河板挙は出雲国(あるいは但馬国ともいう)まで追いかけて捕え献じた。誉津別はこの鳥をもてあそび、ついにものをいったので垂仁は湯河板挙をあつく賞し、氏姓を賜い鳥取造と称するにいたったという。

漢氏　あやうじ　五世紀後半以来の渡来系氏族の雄。漢氏の「あや」は、朝鮮の安邪(安羅・阿那。慶尚南道咸安)国に由来するとの説もある。のち、中国出身といわれるが、やはり朝鮮半島ないし百済出身とみた方がよい。東(倭)漢(やまとのあや)氏と西(河内・川内)漢(かわちのあや)氏がいる。東漢氏は、氏寺檜隈寺のある大和国高市郡檜隈(前)(ひのくま。現在の奈良県高市郡明日香村檜前)付近に本拠があり、七世紀末までに十六氏、その後二十氏から六十氏までに分かれて勢力を拡大した。天武十一年(六八二)に直から連に、同十四年に連から忌寸に、延暦四年(七八五)に忌寸から宿禰に改姓されるが、すべての枝氏にあてはまるわけではない。壬申の乱の頃は書(ふみ)直が、養老年間(七一七―七二四)から天平年間(七二九―七四九)にかけては民忌寸が、その後は坂上忌寸(宿禰)が氏上(うじのかみ)の地位にあった。各方面での活躍が著しい。西漢氏はおそらく東漢氏と血縁関係がなく、直から連、連から忌寸への改姓は東漢氏と同様であったが、枝氏も少なく振わなかったようで、詳細は不明。ただし、新旧のいわゆる王仁(わに)後裔氏族の六氏を中心にして西漢氏を把握する見解もある。その場合は、氏寺西琳寺(大阪府羽曳野市古市)・野中寺(羽曳野市野々上)・葛井寺(大阪府藤井寺市藤井寺)のある河内国古市郡(羽曳野市)・丹比(たじひ)郡(大阪府松原市・南河内郡美原町・大阪狭山市の全域と、大阪市・堺市・羽曳野市などの各一部)に本拠を持ってよく結束していたことになる。倭漢氏のような統一的な改姓はなく、なかでも中核の文(書)首が、天武十三年、八色の姓制定までに連、同八色の姓制定で忌寸に改姓する。文筆や歌垣で著名。しかしいずれにせよ、西漢氏そのものの概念は定まっていないのが実情である。

【参考文献】関晃『帰化人』、平野邦雄『大化前代社会組織の研究』、山尾幸久『日本国家の形成』、同『日本古代王権形成史論』、関晃「倭漢氏の研究」(『史学雑誌』六二―九)、同「畿内の帰化人」(坪井清足・岸俊男編『古代の日本』5所収)、同「八世紀〝帰化氏族〟の族的構成」(竹内理三博士古稀記念会編『続律令国家と貴族社会』所収)

漢奴加己利　あやのぬかこり　七世紀前半の画師。聖徳太子の妃橘大郎女が太子の薨後、その天寿国に往生した形姿を観ようとしてつくらせた「天寿国曼荼羅繡帳」の画師の一人。繡の下絵を画いたのであろう。その残片が、わずかに中宮寺・法隆寺・正倉院・東京国立博物館などに伝わる。製作年代については異説がある。

漢山口直大口　あやのやまぐちのあたいおおぐち　七世紀中頃の仏師もしくはその監督者。『日本書紀』によると、白雉元年(六五〇)に孝徳天皇の詔をうけて、千仏像を造ったという。法隆寺金堂広目天像の光背刻銘に「山口大口費」と記された人物と同じで、この四天王像の製作を指導したか、みずからが製作に当ったものと思われる。ただし、この像が当初どの寺に安置されていたかは不明。

綾氏　あやうじ　のちの讃岐国阿野(あや)郡(香川県坂出市および綾歌郡西部)を本拠とした氏族。姓は初め君、天武十三年(六八四)八色の姓制定に際し、朝臣を賜わった。『日本書紀』景行五十一年八月条に、日本武尊の子の武卵(たけかいこ)王を始祖とするとある。『古事記』景行段にも建貝児(たけかいこ)王の名がみえ、讃岐綾君・伊勢之別・登袁(とお)之別・麻佐(まさ)首・宮首(みやじ)之別らの祖とある。天武十三年に朝臣姓を賜わったのは、中央に居住していた一族であったらしく、本拠地阿野郡の綾君(公)氏は、『続日本紀』延暦十年(七九一)九月条に載る讃岐国阿野郡の人綾公菅麻呂らの言上によれば、文武三年(六九九)にいたって初めて朝臣姓を賜わったという。また菅麻呂らの一族は養老五年(七二一)以降、朝臣姓を削除されていたというが、この時、朝臣姓に復した。一方、君(公)姓のままの綾氏もあり、『続日本後紀』嘉祥二年(八四九)二月条に、綾公姑継・武主らがみえ、本拠の阿野郡から左京六条三坊に貫付されたとある。また讃岐国山田郡(香川県高松市東部と木田郡の一部)・香川郡(高松市西部および香川郡)にも綾君(公)氏が居住していたことが天平年間(七二九―七四九)の「讃岐国山田郡司牒」や『日本霊異記』などから知られる。

綾君菅麻呂　あやのきみすがまろ　八世紀後半の讃岐国阿野(あや)郡の人。『続日本紀』延暦十年(七九一)九月条に、菅麻呂らは、「己等の祖は庚午年(天智九・六七〇)の後、己亥年(文武三・六九九)に至ってはじめて朝臣の姓を賜わり、和銅七年(七一四)以前の三比の籍には朝臣と記したが、養老五年(七二一)の造籍の際に、『庚午年籍』に従って朝臣姓を削除されてしまったので、今再び三比の籍および旧位記に基づき、朝臣の姓を賜わりたい」と言上し、それが許されたとある。時に正六位上。

綾糟　あやかす　六世紀後半の蝦夷の族長。敏達十年(五八一)閏二月、蝦夷数千人が辺境を侵した時、その指導者として召し出された人物。前例にならって誅罰するといわれたため大和国の泊瀬川に下り、三諸岳(三輪山)に面して水を漱いで朝廷への服従を盟約した。事件は逸話的記述で、反乱について具体性を欠くので、『日本書紀』の典拠は当時の政府の公式記録に基づくものではないとみられている。『聖徳太子伝略』では、十歳の太子が天皇とともに忠誠を誓わせたことになっている。

【参考文献】 坂本太郎「日本書紀と蝦夷」(『日本古代史の基礎的研究』上所収)

文石小麻呂 あやしのおまろ 雄略朝の人。『日本書紀』によると、播磨国御井隈(みいくま。比定地未詳)におり、大力で傍若無人に振舞う人物であった。路中で通行の人から物を抄劫したり商人の船を差しとめて掠奪するなど暴虐で、さらに租賦も輸さなかった。雄略十三年八月、雄略天皇は春日小野臣大樹に百人をつけて討たせた。大樹はその家を包囲し炬火(たいまつ)で焼いたが、その時、燃えさかる家の中から馬ほどもある大きな白い狗(いぬ)が飛びだして大樹に迫った。大樹はたちまちにこれを斬りすてた。するとその狗が小麻呂になったという。

漢人 あやひと 中国系と称する渡来人集団およびその後裔。多くは東(倭)漢(やまとのあや)氏の配下に入り、大陸の学芸・技術をもって朝廷に仕えた。漢人の語の用法は多岐にわたり、五世紀後半以降に渡来した者を今来漢人(いまきのあやひと。新漢人にも作る)と呼んでそれ以前の漢人と区別したり、またのちには姓の一種にもなった。漢人の「漢」は『新撰姓氏録』の諸蕃の区分でも中国を指す語として用いられているが、実際に漢人がすべて中国人というわけではなく、その大半は朝鮮南部、特に百済からの渡来人とみられる。漢人の初見は『日本書紀』神功五年条で、葛城襲津彦(かずらきのそつひこ)が新羅から連れ帰った俘人(とりこ)が桑原・佐糜(さび)・高宮・忍海(おしぬみ)の四邑の漢人の始祖となったという伝承であるが、これらはのちに東漢氏の統率下に組み込まれたものであろう。その東漢氏は『日本書紀』応神二十年条に、祖の阿知使主(あちのおみ)とその子都加使主(つかのおみ)が党類十七県を率いて来帰したと伝え、阿知使主の実在性や応神朝の渡来という点はもとより疑わしいが、いずれにしても東漢氏を含めて漢人の渡来の開始期は四世紀末から五世紀初頭頃と考えてよい。五世紀後半の雄略朝頃には朝鮮半島の動乱に伴って再び渡来人の移住が盛んになり、これ以降六世紀前半頃までに渡来した漢人は今来漢人と称される。彼らは今来才伎(いまきのてひと)とも呼ばれるように種々の新技術を携えており、朝廷では百済の部司制を模した品部制のもとにこれらを編成した。そして東漢氏がその伴造に任命されると、多くの漢人は東漢氏の配下に入って漢部の管掌者となった。漢人集団は拠地によって小氏をなし、史料にはさきの四邑の漢人のほか、高向漢人・新漢人・南淵漢人・志賀漢人・飽波漢人・葦屋漢人・大友漢人・西(かわち)漢人・高安漢人・東漢人などがみえる。漢人氏族の首長は多く村主(すぐり)の称号を名乗り(やがて姓となる)、『坂上系図』所引の『新撰姓氏録』逸文には、阿知使主の本郷の人民で仁徳朝に渡来した者の子孫と称する高向村主・西波多村主・平方村主・石村(いわれ)村主・飽波村主・危寸(とのき)村主・長野村主・俾加村主・茅沼山村主・高宮村主・大石村主・飛鳥村主・西大友(かわちのおおとも)村主・長田(ながた)村主・錦部(にしごり)村主・田村村主・忍海村主・佐味村主・桑原村主・白鳥村主・額田村主・牟佐村主・甲賀村主・鞍作村主・播磨村主・漢人村主・今来村主・石寸(いわき)村主・金作(かなつくり)村主・尾張吹角村主らの名をあげている。これら村主姓氏族に率いられた漢人集団はのちに「漢人」そのものを氏名としたが、令制の時代には漢人は雑戸の姓とみなされるようになった。

【参考文献】 関晃『帰化人』、平野邦雄『大化前代社会組織の研究』、関晃「倭漢氏の研究」(『史学雑誌』六二ノ九)

漢人刀良 あやひとのとら 播磨国揖保郡(兵庫県揖保郡・龍野市と姫路市の一部)の人か。『播磨国風土記』揖保郡伊勢野の条に、かつてこの野に住む人は静安を得ることができなかったが、衣縫猪手(きぬぬいのいて)・漢人刀良らの祖が伊和大神の子伊勢都比古命・伊勢都比売命を祀ったところ、以後は家々は静安にしてついに里を成した。それによって伊勢野と名づけたという地名起源説話を載せている。伊勢野が衣縫・漢人など渡来系の人々によって開墾されたことを伝えるものであろう。

漢人夜菩　あやひとのやぼ　日本最初の出家者と伝える禅蔵尼の父。『日本書紀』敏達十三年(五八四)条に、蘇我馬子宿禰が鹿深(こうが)臣・佐伯連将来の仏像を祀るため鞍部村主司馬達等(くらつくりのすぐりしばたっと)らを遣わして修行者を求めさせたところ、播磨国で高麗の還俗僧恵便を得た。そこでこれを師として達等の女嶋女を出家させ(善信尼)、また善信尼の弟子として漢人夜菩の女豊女(禅蔵尼)、錦織壺の女石女(恵善尼)の二人を得度させたという。なお、『元興寺伽藍縁起幷流記資財帳』には禅蔵尼の父を阿野師保斯とする。

漢部　あやべ　東(倭)漢(やまとのあや)氏の部民。直接には同氏配下の漢人が管理したが、実質的には東漢氏の私有民と区別しがたい。漢部は広く畿外に分布し、東漢氏の発展の経済的基礎を支えた。錦部(にしごり)村主の錦部、鞍作村主の鞍部(くらつくり)、金作村主の金作部など、それぞれの専門技術に携わるものもあったが、漢部の大部分は一般の日本人農民であったとみられる。また史料には漢人部の称もみえるが、漢部と同一のものであるか、なお明確でない。

【参考文献】　関晃『帰化人』、同「倭漢氏の研究」(『史学雑誌』六二ノ九)

荒河戸畔　あらかわとべ　木国造。荒河刀弁・荒河戸俾にも作る。荒河戸畔の女遠津年魚眼眼妙(とおつあゆめまくわし)媛が崇神天皇の妃となり、豊城入彦・豊鍬入姫を生んだという。

荒木氏　あらきうじ　大和国宇智郡(奈良県五条市全域)出身の豪族。荒城にも作る。姓は初め臣であったが、『日本後紀』延暦二十三年(八〇四)正月条に大荒城臣とあり、弘仁五年(八一四)成立の『新撰姓氏録』摂津国神別に荒城朝臣とあることから、その間に朝臣を賜わったのであろう。『続日本紀』の宝亀四年(七七三)八月条によると、荒木氏は養老五年(七二一)以前に大荒木臣と称し、宝亀四年に旧に復したという。氏名は大和国宇智郡の荒木神社(奈良県五条市今井町)の鎮座地に由来するか。『新撰姓氏録』は大中臣朝臣の同族とする。荒木氏の居住地域としては、平城左京および摂津・越前・出羽国が知られている。

荒木臣忍国　あらきのおみおしくに　七世紀後半の官人。氏姓は大荒木臣、名は押国にも作る。左京の人従八位上道麻呂の子。天平神護三年(七六七)五月、父とともに墾田百町、稲一万二千五百束、庄三区を西大寺に献じて無位から外従五位下に叙せられ、翌四年八月、左兵庫助となり、宝亀四年(七七三)八月には旧により大荒木臣と称した。同八年十月、遠江介、天応二年(七八二)閏正月、主馬助、延暦二十三年(八〇四)正月に再び遠江介に任ぜられたが、時に位は従五位下であった。

荒木田氏　あらきだうじ　天見通命を祖とする氏族。伊勢国度会郡(三重県度会郡と伊勢市の一帯)に居住し、伊勢皇大神宮の神官・禰宜の職を専任した。『皇太神宮儀式帳』によれば、天見通命は中臣氏の祖大鹿島命の子で、垂仁朝に倭姫命とともに聖地を求めて巡行し、五十鈴川上に神宮の地を定めた時、初めて内宮の禰宜に任ぜられ、子孫が相継いだという。その系譜は『皇太神宮禰宜譜図帳』『皇太神宮禰宜補任次第』『二所大神宮例文』などに詳しいが、宮川の上流の度会郡大貫(度会郡度会町大野木)の地を本拠としたことから、天見通命の孫伊己呂比命の時、居住地に因んで大貫連の氏姓を賜わった。また、天見通命五世孫の最上が、成務朝に大神宮御饌料田三千代を治め開いた功により、新しく荒木田の氏名を賜わった。すなわち、荒木田は新開墾田の意で、その地は度会郡の城田郷(度会郡玉城町とその周辺部)に比定されている。そののち十世孫の首麻呂が斉明朝に神主の氏名を賜わったが、この時、荒木田の三字を脱落して神主とのみ称したので、元慶三年(八七九)五月、氏人が太政官に訴え、荒木田の三字を復し、以後荒木田神主と称するようになった。その訴状に「大神の氏人に三の神主の姓有り。荒木田神主、根木神主、度会神主是なり」とあり、これは荒木田神主の氏姓の正史における初見である。『二所大神宮例文』には、天武元年(六七二)に大神主の職を停め、禰宜職を置いたとあり、上記の伝承と異なるが、それは上記の伝承が荒木田氏の系譜を加上した結果で、禰宜職が天武朝に設置されたとする所伝は相応に信頼し得る。天智朝の神主石敷に二子があり、長子を佐禰麿、次子を田長といったが、これより以後、荒木田氏は二分し、佐禰麿の系統を一門、田長ののちを二門と称した。

【参考文献】田中卓「イセ神宮の創祀」(『神宮の創祀と発展』所収)、岡田精司「伊勢神宮の起源」(『古代王権の祭祀と神話』所収)

荒木田神主首麻呂 あらきだのかんぬしおびとまろ　七世紀後半の皇大神宮神主。『皇太神宮禰宜譜図帳』によると、黒人の子、石敷・石門の父。大神宮氏人には荒木田神主・根木神主・度会神主という三神主の氏姓があったが、荒木田神主を名乗る大神宮氏人は、首麻呂以後荒木田の三字を脱漏していたので、元慶三年(八七九)五月、首麻呂の裔孫はこれを太政官に訴え、旧により三字を加えることとなった。

荒田井氏 あらたいうじ　倭漢(やまとのあや)氏の枝氏。姓は初め直、天武十一年(六八二)五月・同十四年六月に倭漢直氏が連・忌寸と姓を賜わったのに伴い、荒田井氏も同様の変遷をたどった。氏名は尾張国愛智郡荒大郷(比定地未詳)の地名に基づく。『坂上系図』には、阿智王—都賀使主(つかのおみ)—志努直—刀禰直の系譜が記され、そこに引かれている『新撰姓氏録』逸文(右京諸蕃上の坂上大宿禰条逸文)は刀禰直を荒田井忌寸の祖としている。この氏の初見は『日本書紀』白雉元年(六五〇)十月条の荒田井直比羅夫。『正倉院文書』によると、尾張国には愛智郡成海郷(名古屋市緑区鳴海町付近)に無姓および直姓の荒田井氏が居住していたことが確認できる。

荒田尾直赤麻呂 あらたおのあたいあかまろ　壬申の乱における大海人皇子(のちの天武天皇)軍の将大伴連吹負(ふけい)指揮下の武人。天武元年(六七二)七月、近江京攻略をめざす吹負が飛鳥の古京を発し乃楽(なら)山(奈良市北方の丘陵地帯)に布陣したとき、本拠地古京の守りを固めるべしと進言し、忌部首子首(こびと)とともにその守備につき、橋板を外して楯を作り古京の街角に立てた。ほどなく近江軍の将大野君果安は吹負を破って古京に迫ったが、街角ごとの楯をみて伏兵があるかと疑い軍を返した。

荒田別 あらたわけ　神功・応神朝に朝鮮へ派遣されたと伝える武将。荒田別命・大荒田別命にも作る。『日本書紀』によれば、神功四十九年三月に鹿我別(かがわけ)とともに将軍となり、新羅征討に派遣され、翌年二月に帰国したという。また、応神十五年八月、巫別(かんなぎわけ)とともに百済に派遣され、翌年、書(文。ふみ)首らの祖の王仁(わに)をつれて帰ったことがみえるが、ここでは荒田別・巫別を上毛野(かみつけの)君の祖と伝えている。『続日本紀』延暦九年(七九〇)七月の津連真道らの上表にも、応神朝に上毛野氏の遠祖の荒田別が有識者を求めに百済に派遣され、これを受け国主の貴須王が孫の辰孫王を入朝させたことがみえている。荒田別は『新撰姓氏録』に豊城入彦命四世の孫で、止美連・広来津(ひろきつ)公・田辺史・佐自努(さじぬ)公・大野朝臣・伊気(いけ)などの祖とされる。その後裔氏族は多く河内を本貫としているが、荒田別が元来文首ら王仁の子孫と伝える河内の史(ふひと)系諸族の祖先伝承において語られた人物であることを推定し、上毛野氏が荒田別を祖先として伝えていることは、河内から毛野地方へのその伝承荷担者(上毛野氏の前身)の移住が考えられるとする意見がある。なお、荒田別の名は、上野国新田郡(群馬県新田郡と太田市の一帯)の地と関連づけられるとする説もある。

【参考文献】三品彰英「荒田別・田道の伝承」(『朝鮮学報』三一)

阿良都命　あらつのみこと　景行天皇の孫御諸別(みもろわけ)命の子と伝えられる人物。伊許自別(いこじわけ)・阿良都別命にも作る。『新撰姓氏録』右京皇別下の佐伯直条によれば、応神天皇から、日本武尊の東夷平定の時に捕虜とされた蝦夷の子孫で針間・阿芸・阿波・讃岐・伊予などの諸国に散遣されていた佐伯の君として、それを治めることを命ぜられ、針間別佐伯直の氏姓を賜わったという。また『先代旧事本紀』国造本紀の針間国造条に、稲背入彦(いなせいりひこ)命の孫で、成務朝に針間国造に定められたとある。

阿利斯等　ありしと　加羅国の王。己能末多干岐(このまたかんき)にも作る。継体二十三年(五二九)三月、継体天皇が加羅の多沙津を百済が日本へ調進する港として与えたことを怨み、新羅に接近してその王女を娶った。この時、新羅は王女の従者百人を送ってきたが、これを加羅の諸県に安置したところ、彼らは新羅の衣冠を着装したので、阿利斯等は怒り、彼らを新羅に送り戻そうとした。すると新羅はこれを羞じて、王女を帰国させようとしたので、加羅ではすでに小児のあることを伝えてこれを拒否した結果、新羅に刀伽・古跛・布那牟羅の三城と北の境の五城を奪われた。同年四月、己能末多干岐は日本に来て、大伴連金村に新羅が国境を侵したことを伝え、救援を求めた。そこで己能末多干岐を送り、任那にいる近江臣毛野(けの)に新羅と百済の王を召して調停させようとしたが成らず、かえって毛野の失政が明るみになった。継体天皇は毛野を召し戻そうとしたが、毛野は応じなかった。阿利斯等は新羅と百済に救援を求めて毛野を攻めたが成功しなかった。

【参考文献】末松保和『任那興亡史』、武田幸男「新羅・法興王代の律令と衣冠制」(朝鮮史研究会編『古代朝鮮と日本』所収)

蟻臣　ありのおみ　顕宗・仁賢両天皇の母荑(はえ)媛の父か。『日本書紀』顕宗即位前条所引の「譜第」に市辺押磐(いちのべのおしは)皇子が蟻臣の女荑媛を娶り、両天皇をふくむ三男二女を生んだとある。また同条の注に、葦田宿禰の子とも記す。玉田宿禰系とは別の葦田宿禰系の葛城氏という説もある。

【参考文献】井上光貞『日本国家の起源』、門脇禎二『葛城と古代国家』、塚口義信「葛城の一言主大神と雄略天皇」(『堺女子短期大学紀要』二〇)

在原氏　ありはらうじ　平城天皇の後裔氏族。九世紀初めに活躍したが、早い時期に姿を消した。姓は朝臣。在原氏には、平城の皇子高丘親王流と、その異母兄の阿保親王流とがあった。後者は、阿保親王の上表により天長三年(八二六)その子仲平・行平・守平・業平に賜姓されたのを起源とする。前者は、それ以前に高丘廃太子の後、その子善淵・安貞らに賜姓がなされておこった。行平は中納言正三位にまで昇ったが、ほかは多く受領層どまりであった。在原氏からはすぐれた歌人が何人か出ている。

在原朝臣滋春　ありはらのあそんしげはる　九世紀の貴族・歌人。阿保親王の孫で業平の二男。棟梁(むねはり)・師尚の兄弟。内舎人となり、『古今和歌集』に六首を残している。人呼んで在次君といった。

在原朝臣友于　ありはらのあそんともゆき　九世紀末の官人。行平の子。貞観十九年(八七七)正月、従五位下になり、次侍従・右近衛権少将・播磨権守などに任命された。

在原朝臣業平　ありはらのあそんなりひら　八二五―八八〇　九世紀の貴族・歌人。阿保親王の第五子。世に在五中将といわれる。仲平・行平・守平の弟で、大江朝臣音人も兄とみられる。母は桓武天皇の皇女伊都内親王。天長三年(八二六)在原朝臣の氏姓を賜わる。嘉祥二年(八四九)従五位下。以後、右馬頭・右近衛権中将などを経て従四位上に昇り、元慶三年(八七九)蔵人頭となる。美男の歌人として知られ、六歌仙や三十六歌仙の一人に数えられている。『古今和歌集』に三十首の和歌を残しており、その他の勅撰集や私撰集にも業平の和歌が多くみえる。『業平集』が数種伝わっているが、それらは後世にまとめられたものである。業平の和歌をもとに歌物語『伊勢物語』が作られており、そのなかには興味深い話が多い。紀朝臣有常の女との恋物語や恬子内親王と推定される斎宮と関係した話、業平が老女の恋心をかなえる話、東国に下向した話などはいずれも美しい和歌にいろどられた名作であると評価できる。なかでも、文徳天皇の第一皇子で藤原氏に退けられた惟喬親王との交流を描いた話や、藤原朝臣長良(ながら)の女高子との恋物語は歴史的にも重要である。藤原氏を恐れぬ反骨精神の持主であったために、良い血筋とあり余る才能をもちながら、あまり出世できなかったといわれる。

【参考文献】目崎徳衛『在原業平・小野小町』(『日本詩人選』)

在原朝臣棟梁 ありはらのあそんむねはり ―八九八 九世紀後半の貴族・歌人。阿保親王の孫で業平の子。滋春・師尚の兄。元慶九年(八八五)正月、従五位下。以後雅楽頭・左兵衛佐・安芸介・左衛門佐・筑前守を歴任し、昌泰元年(八九八)に卒した。『古今和歌集』に四首、『後撰和歌集』に二首、『続後拾遺集』に一首を残している。

在原朝臣守平 ありはらのあそんもりひら 九世紀中頃の貴族。阿保親王の子。仲平・行平の弟で、業平の兄に当る。斉衡四年(八五七)正月、従五位下となり、天安二年(八五八)四月、大膳大夫に任命されたが、その後史上から姿を消す。早逝したらしい。

在原朝臣安貞 ありはらのあそんやすさだ 九世紀中頃の貴族。高丘親王の子。天安二年(八五八)十一月、従五位下となり、以後大和権守・大宰権少弐・大宰少弐・肥後守・摂津守などを歴任した。

在原朝臣行平 ありはらのあそんゆきひら 八一八―八九三 九世紀中頃―後半の公卿。阿保親王の子。天長三年(八二六)在原朝臣の氏姓を賜わる。承和七年(八四〇)蔵人、翌年、従五位下。その後、侍従・左兵衛佐などを経て、貞観十二年(八七〇)参議となる。次いで大宰権帥・従三位となり、元慶六年(八八二)中納言に昇進したが、仁和三年(八八七)致仕し、寛平五年(八九三)に薨じた。貞観十八年(八七六)に大宰府から民政について二事の起請を出したことは有名であり、王氏のため大学別曹の奨学院を設けている。『古今和歌集』に四首、『後撰和歌集』に四首を残している。

有間皇子 ありまのみこ 六四〇―六五八 孝徳天皇の皇子。斉明四年(六五八)十一月、謀反の罪で処刑された。母は阿倍内麻呂臣(阿倍倉梯麻呂)の女で妃の小足(おたらし)媛。有間という名は、摂津の有間温湯(ありまのゆ。兵庫県神戸市の有馬温泉)で生まれたかららしい。大化元年(六四五)六月、中大兄皇子(のちの天智天皇)らが蘇我氏本宗家を倒して大化改新政治が開始した時、父が即位して孝徳天皇となり、孝徳のただ一人の皇子として有間皇子に将来皇位継承の可能性が生じた。しかし、政治の実権は皇太子中大兄皇子に握られ、孝徳の力は弱かった。その上、同五年三月、左大臣で外祖父の阿倍倉梯麻呂(阿倍内麻呂臣)が薨じ、父孝徳も皇太子と不和となって、白雉五年(六五四)十月、失意のうちに崩じ、十五歳の少年有間皇子はかえって逆境に立たされた。孝徳のあと、中大兄皇子は母(皇極天皇)を再び皇位につけて斉明天皇とし、自分はなお皇太子として政治をとった。その頃、聡明な有間皇子は狂気をよそおい、斉明三年(六五七)九月、紀伊の牟婁(むろ)の温湯(和歌山県西牟婁郡白浜町の湯崎温泉)に行って療養したふりをし、帰京して彼の地の風光の素晴らしさをほめ、みただけで病気が治ったなどといった。これを耳にした斉明は自分も行ってみたくなり、翌四年十月、中大兄皇子らとともに牟婁の温泉に赴いた。このあと、有間皇子謀反事件が起こった。『日本書紀』本文はこの事件の推移を次のように伝えている。同四年十一月三日、留守官蘇我臣赤兄(あかえ)は有間皇子に斉明の失政として、大いに倉庫を建てて民財をあつめること、長大な溝を掘っていたずらに公粮を費やすこと、この溝に舟を浮かべて石を運び積んで丘にすることの三点をあげ、批判した。皇子は赤兄が自分に好意があると信じてよろこび、挙兵に応じた。同月五日、赤兄の家に行き、謀議したが、その最中に脇息の脚が折れ、これを不吉としてともに盟をやめて帰った。その夜、赤兄は皇子の市経(いちぶ。奈良県生駒市壱分町や高市郡高取町市尾とする説がある)の家を包囲するとともに事件を斉明のもとに急報し、同月九日、皇子とその側近四人を逮捕して紀伊に護送した。訊問に当った皇太子が謀反の理由を聞くと、皇子は「天と赤兄と知らむ。吾、全(もはら)解(しら)ず」とだけ答え、同月十一日、藤白坂(和歌山県海南市藤白)で絞首刑に処せられた。この時側近のうち二人は斬刑に、二人は流刑となったが、謀反をそそのかした赤兄には処分はなかった。『日本書紀』分注の「或本」は、有間皇子が積極的に反乱計画を立て、脇息の脚が折れても謀議をやめなかったとし、本文の赤兄の謀略説と異なっている。この事件については諸説があるが、改新政治のはらむ矛盾、斉明朝の盛んな造営・土木事業などへの不満が有間皇子の擁立に結びつくことを恐れた皇太子が、赤兄を用いて皇子の抹殺をはかったものと考えられる。『万葉集』には皇子が紀伊に護送される途中で詠んだ歌二首(二―一四一・一四二)がある。

有道氏　ありみちうじ　もと常陸国筑波郡(茨城県筑波郡北部と下妻市の一部)の丈部(はせつかべ)氏。天長十年(八三三)常陸国筑波郡の人散位正六位上丈部長道、一品葛原(かずらはら)親王家の家令外従五位下丈部氏道、下総国少目従七位下丈部継道、右近衛大初位下丈部福道の四人が有道宿禰を賜わった。また、承和元年(八三四)有道宿禰氏道が左京七条に貫付された。

有宗氏　ありむねうじ　もと大窪氏。貞観六年(八六四)右京の人民部省主計寮の算師正八位上大窪峯雄と宮内省主水司の権令史正六位上大窪清年らが有宗宿禰を賜わった。

有良朝臣安岑　ありよしのあそんやすみね　九世紀後半の左京の人。安岑らの主張によれば、安岑らは故従四位上橘朝臣清野の子安雄という人の子であったが、安雄が僧侶になったので、安岑らは伯父の従五位下橘朝臣広雄の戸籍に編入された。しかし、承和十二年(八四五)橘氏の人々がその処置は疑問として戸籍を削られ、無姓となったという。そこで貞観五年(八六三)八月、安岑らの願いによって有良朝臣を賜わり、左京へ貫付された。

粟氏　あわうじ　(一)地方豪族の一つ。粟凡(あわのおおし)氏ともいう。姓は直。阿波の国造家で、『先代旧事本紀』国造本紀によれば、軽島豊明(応神天皇)朝の御世に高皇産霊(たかみむすび)尊九世の孫千波足尼を国造に定めたという。しかし阿波国忌部について『古語拾遺』は天富命が天日鷲(あめのひわし)命の孫を率いて肥饒の地を求めて阿波国にいたり穀(かじ)麻の種を殖(う)えたものと伝え、『日本書紀』も天日鷲を粟国忌部の遠祖としているので、粟国造家はこの忌部の宗家または後に当るのであろう。阿波国阿波郡(徳島県阿波郡)を本拠とし、一族は同国板野郡(徳島県板野郡と鳴門市の一帯)・名方郡(徳島県名東・名西両郡と徳島市の一帯)に分布していた。(二)地方豪族の一つ。姓は首。『先代旧事本紀』天皇本紀景行条には景行天皇の皇子豊門別命を、三島水間君・奄智(あんち)首らとともに粟首の祖であるとしている。国造家より下位の阿波の在地豪族か。

粟直若子　あわのあたいわくご　八世紀中頃の釆女で国造。粟凡(あわのおおし)直若子と同一人物か。天平勝宝四年(七五二)の「写経所請経文」に板野釆女国造とみえ、阿波国板野郡から貢進された釆女であり、のちに律令国造に任命されたことが知られる。翌五年五月には従五位下の位階もみられる。粟凡直若子と同一人物ならば、天平十七年(七四五)正月に外従五位下となっている。また板野命婦とも同一人物ならば、天平勝宝四年八月に出家して尼となり、同三年から六年にかけて内裏や図書寮・十一面悔過(けか)所などにしばしば経を請うてもいる。

粟田氏　あわたうじ　春日・大宅・小野・柿本氏らと同じく、和珥(わに)氏の同族氏族の一つ。『古事記』孝昭段にみえる氏族系譜によれば、孝昭天皇の皇子天押帯日子(あめおしたらしひこ)命を始祖とするという。姓は初め臣、のち天武十三年(六八四)八色の姓制定に際し、朝臣を賜わる。粟田は、禾田にも作り、山城国愛宕郡粟田郷(京都市東山区粟田口一帯)の地名に基づくものと考えられる。粟田氏の分布は、かなり広範囲にわたっており、山城国では先の粟田郷一帯を中心に蕃衍、大和国では和珥氏の同族として、添上郡(奈良市東部と奈良県大和郡山市・天理市・山辺郡の各一部)に居住していた。また、近江国滋賀郡の式内社小野神社(滋賀県滋賀郡志賀町小野)は、九世紀初期ではあるが、粟田氏との関係が指摘されており、若狭・越前・越中・美濃国などにも粟田氏・粟田部の分布がみられる。一族の活動は、推古期以前は未詳で、『日本書紀』推古十九年(六一一)条の菟田野(うだの)薬猟の前部領(行事の責任者)粟田細目臣をその史料上の初見とする。その後、七、八世紀を通じて学問・外交の分野での活躍が目立つ。天智朝の入唐学問僧智蔵は俗姓を禾田氏と伝え、孝徳朝に藤原朝臣鎌足の長子長恵らとともに入唐した学問僧道観は春日粟田臣百済の子である。また、道観と同一人物とする説もある粟田朝臣真人は、文武朝の初年から『大宝律令』の編纂に参加し、大宝二年(七〇二)に遣唐執節使として入唐している。この他、和銅七年(七一四)に迎新羅使右副将軍に任ぜられた必登(人)、天平二年(七三〇)弟子二人を取って漢語を教授することになった馬養、天平宝字八年(七六四)に問新羅使となった道麻呂らが知られている。また、八世紀には粟田氏から五位以上に昇る者も多数出た。なかでも粟田朝臣諸姉は、淳仁天皇の後宮となった。なお、山城国愛宕郡(京都盆地東北部、全域が京都市)には、忌寸および直の姓を帯びる粟田氏が居住していた。この粟田氏は、粟田臣氏とは別の一族で、渡来系の氏族ではないかと推定されている。

【参考文献】 佐伯有清『新撰姓氏録の研究』考証篇二

粟田朝臣奈勢麻呂 あわたのあそんなせまろ ―七六七 八世紀中頃の官人。名を奈世万里・奈世万呂にも作る。天平二十年(七四八)二月、正六位上から従五位下に叙せられた。翌天平感宝元年(七四九)四月、東大寺が越前に寺領を求めたとき、越前守として墾田地の占定に携わり、以来、藤原朝臣仲麻呂の政権のもとで左中弁・右京大夫などを歴任、天平宝字五年(七六一)正月には司門衛(衛門)督で保良宮(滋賀県大津市国分付近か)の班給宅地使に任ぜられた。翌六年正月、正五位上から従四位下に昇叙され、同年四月、遠江守に任ぜられたが、同八年九月の仲麻呂の乱後解任され、散位のまま神護景雲元年(七六七)八月二十九日卒した。

【参考文献】 高島正人「奈良時代の粟田朝臣氏」(『奈良時代諸氏族の研究』所収)

粟田朝臣必登 あわたのあそんひと 八世紀前半の官人。名を人にも作る。和銅四年(七一一)四月、従六位下から従五位下に叙せられた。この年、平城造都の労働に徴発された役民の逃亡に備え、兵庫を防衛するため臨時の軍営が設けられると、その将軍に任ぜられた。同七年十一月、新羅使重阿飡金元静らが来朝したとき、迎新羅使右将軍石上(いそのかみ)朝臣豊庭のもとで副将軍となった。神亀元年(七二四)二月、従五位上に昇叙されたが、以後の消息は明らかでない。

【参考文献】 高島正人「奈良時代の粟田朝臣氏」(『奈良時代諸氏族の研究』所収)

粟田朝臣真人 あわたのあそんまひと ―七一九 七世紀末―八世紀初めの公卿。天武十年(六八一)小錦下(従五位下相当)を授けられ、同十三年、朝臣の姓を賜わる。持統三年(六八九)筑紫大宰として隼人・布・牛皮などを献じ、文武三年(六九九)造山科山陵使に任ぜられた。時に直大弐(従四位上相当)。また、文武初年から開始されたらしい『大宝律令』の編纂に参加。同四年、その功により刑部(おさかべ)親王・藤原朝臣不比等らとともに禄を賜わった。大宝元年(七〇一)直大弐民部尚書(民部卿)で遣唐執節使に任ぜられ、節刀を授けられ筑紫へ向かったが、風浪高くして渡海できずに帰京。翌二年五月、朝政に参議することを命ぜられ、同年六月、山上臣憶良・道慈らとともに唐へ出発した。翌三年、唐の都長安にいたり則天武后に謁見。司膳卿に任ぜられた。この時、唐人は真人の儀容をほめ、「真人は経史を読むことを好み、文を属(つづ)ることを解し、容止は温雅なり」と評したという。慶雲元年(七〇四)帰朝。絶域に使した功により、大和国の田二十町、穀一千石を賜わった。同二年四月、中納言に任ぜられ、同年八月、従三位に進む。和銅元年(七〇八)大宰帥を兼務し、霊亀元年(七一五)正三位に昇る。養老三年(七一九)二月五日(一説には二日)薨去。真人の出た粟田氏は、和珥(わに)氏と同族で、七、八世紀を通じて学問・外交の分野で活躍した人物が多く出ており、真人の活動もそうした氏族的環境によるところが大きい。なお白雉四年(六五三)五月に入唐した春日粟田臣百済の子で学問僧道観について、『日本書紀』の写本の中には「俗名真人」と注記するものがあり、道観と真人が同一人物であった可能性も考えられる。

【参考文献】 佐伯有清「山上氏の出自と性格」(『日本古代氏族の研究』所収)

粟田朝臣諸姉　あわたのあそんもろね　大炊(おおい)王(のちの淳仁天皇)の室。初め藤原朝臣仲麻呂の長子真従に嫁し、真従の没後、舎人親王の王子大炊王と再婚し、ともに仲麻呂の私邸田村第(平城左京四条二坊東半部に比定されている)に住んだ。天平勝宝九歳(七五七)三月、皇太子道祖(ふなど)王が廃され、同年四月、大炊王が立太子し、翌天平宝字二年(七五八)八月、孝謙天皇から譲られて即位すると無位から従五位下に叙せられた。しかし必ずしも公的な嬪になったことではないらしく、以後の消息も明らかでない。

【参考文献】 岸俊男『藤原仲麻呂』(『人物叢書』)、高島正人「奈良時代の粟田朝臣氏」(『奈良時代諸氏族の研究』所収)

粟田臣細目　あわたのおみほそめ　七世紀前半の豪族。推古十九年(六一一)五月に大和の菟田野(うだの。奈良県宇陀郡榛原町足立に比定する説や同郡菟田野町古市場とする説がある)で薬猟が催された時、前部領(行事の責任者)に任命された。皇極元年(六四二)十二月、舒明天皇の喪に当り、軽皇子(のちの孝徳天皇)に代わって誄(しのびごと)を奉じた。時に小徳(冠位十二階の第二位)。これらのことから、細目が推古―皇極朝における大夫(まえつきみ)の一人であったことがうかがえる。

粟田臣道麻呂　あわたのおみみちまろ　―七六五　八世紀中頃の官人。氏名を禾田にも作る。天平宝字三年(七五九)七月、内薬佑従七位下で朝臣の姓を賜わった。同八年正月、正六位上から外従五位下に叙せられ、同年七月、博多津に来着した新羅使金才伯らの来由を問う使者として大宰府へ赴いた。時に授刀大尉。同年九月、授刀大尉として藤原朝臣仲麻呂の乱で活躍し、一躍、従四位下に昇叙され、参議に任ぜられた。同年十月、式部大輔・勅旨員外大輔・授刀中将で因幡守を兼ね、翌天平神護元年(七六五)正月、勲三等を授けられた。同年八月、和気王の謀反にくみしたことが発覚した。詔によって責められたが大臣禅師道鏡のとりなしによって赦され、飛騨員外介に左降された。ところが道麻呂に怨みをもつ上道臣斐太都(かみつみちのおみひたつ)が飛騨国守として赴任し、道麻呂夫妻を一院に幽閉したので、月余にして院中に没したという。

【参考文献】 中川収「天平神護元年における和気王の謀反」(『日本歴史』一七九)

安　あん　―五三一　高句麗の王。『日本書紀』継体二十五年(五三一)十二月条に『百済本記』を引いて、「高麗、その王安を弑す」とある。『三国史記』では、「安臧王、諱は興安」とあり、また同書同王即位十三年(五三一)五月条には「王薨ず、号けて安臧王となす」とある。一方、『梁書』高句麗伝には天監十七年(継体十二・五一八)に即位、普通元年(継体十四・五二〇)に持節都督営平二州諸軍事寧東将軍の官爵を賜わり、同七年に薨じたとあるが、安臧王が殺されたとする記録は

『百済本記』のほかにみえない。

安寛　あんかん　八世紀中頃の東大寺の僧。天平十五年(七四三)頃には、すでに良弁(ろうべん)のもとにおり、同二十年二月より遅くとも天平勝宝二年(七五〇)五月までには東大寺三綱の上座となっている。一方、研究機関たる宗組織が東大寺に整ったのは天平勝宝三年頃とされるが、安寛は律宗の大学頭に任命されている。さらに内道場に入って活躍したとも考えられ、『続日本紀』天平勝宝八歳五月条によれば、安寛は百二十六人の看病禅師とともに、聖武上皇不予の際に活躍したという。その後は、天平宝字五年(七六一)三月までに上座に返り咲き、少なくとも同八年九月まではこの任にあった。ちょうどこの時期は、藤原朝臣仲麻呂派と道鏡派との激しい対立抗争の真只中であったが、安寛についての注目すべき行動は、『正倉院文書』によれば、仲麻呂の乱勃発の同年九月十一日、正倉院に蔵されていた武器をみずから使となって内裏へ運んでいることである。乱直後、遅くとも十月十三日までには大律師大禅師になっている。その地位に天平神護元年(七六五)四月までいたことは確認できるが、その後のことは明らかでない。

【参考文献】佐久間竜「安寛」(『日本古代僧伝の研究』所収)

安願　あんがん　九世紀の興福寺の僧。学問修行にはげみ、安願菩薩とよばれたという。この安願についての奇跡譚が『元亨釈書』や『東国高僧伝』に記されている。それは、安願が承和二年(八三五)秋に但馬国に赴いたところ、暴風雨にあい船が転覆しそうになった。そこで観世音菩薩を念ずると、海上の空中から忽ちに白雲が起こり、安願の頂にたれ下り、雲中に六尺ばかりの金色の大悲像が現われて猛烈な風はやみ、安願は無事目的地についたというものである。

安閑天皇　あんかんてんのう　継体天皇の第一皇子。母は尾張連草香の女目子(めのこ)媛。名は勾大兄(まがりのおおえ)、諡号は広国押武金日(ひろくにおしたけかなひ)天皇。『日本書紀』によれば、継体に次いで五三四年に即位、大和国勾金橋(奈良県橿原市曲川町)に宮を置き、仁賢天皇皇女春日山田皇女を皇后とした。在位中に九州から関東にいたる各地に多数の屯倉を設置したほか勾舎人部・勾靫部・犬養部を置き、五三五年十二月、七十歳で崩御したという。しかし、安閑とそれに続く宣化・欽明三天皇の即位順やその間の国内情勢について、『日本書紀』の記載に否定的な考え方がある。それは、継体崩御の直後に欽明が即位する一方、対立派閥がやがて安閑、次いで宣化を擁立し、かくて宣化崩御まで六年の間、二朝が並立したとする、いわゆる「継体欽明朝内乱」(辛亥の変)説である。同説は、『日本書紀』によると継体崩後、安閑即位までに三年の空位期間があるらしいこと、『上宮聖徳法王帝説』『元興寺伽藍縁起幷流記資財帳』が仏教公伝の年とする「欽明天皇七年戊午の年」が、『日本書紀』では宣化三年(五三八)であって紀年・欽明即位期間が矛盾すること、『日本書紀』が引用する『百済本記』に、継体崩御の際、太子(安閑か)・皇子(宣化か)がともに没したとあり、大王家内部の重大な混乱が推測されることなどを主な論拠としており、その後の部分修正を経て内容はさらに深められている。こうしたなかから、安閑巻の屯倉設置記事が史実として認め難い点、『百済本記』の記事が欽明側の流した虚偽情報と考えられる点などが指摘されたほか、両朝の支持基盤、三天皇の即位状況、『日本書紀』の事実隠蔽過程などが追究され、この期間を、古代国家成立史上重要な画期とする理解が生まれている。安閑の陵墓について『日本書紀』は、河内の古市高屋丘陵として、皇后および妹神前皇女が合葬されたといい、『延喜式』は、同名の陵墓を兆域東西一町、南北一町五段とする。現在、大阪府羽曳野市古市の高屋築山古墳がこれに比定されている。

【参考文献】山尾幸久『日本国家の形成』、林屋辰三郎「継体・欽明朝内乱の史的分析」(『古代国家の解体』所収)、藤間生大「いわゆる『継体・欽明朝の内乱』の政治的基盤」

(『歴史学研究』一三九)、三品彰英「継体紀の諸問題」(同編『日本書紀研究』二所収)、和田萃「見瀬丸山古墳の被葬者」(横田健一編『日本書紀研究』七所収)、川口勝康「在地首長制と日本古代国家―帝紀批判と部民史論―」(歴史学研究別冊特集『歴史における民族の形成』所収)

安高　あんこう　九世紀の元興寺の僧。僧位は伝燈満位。嘉祥二年(八四九)九月、思いがけず急逝した信海尼の遺言により、伝燈住位僧観法と連署で、土地を宇治花厳院に奉納している。

安康天皇　あんこうてんのう　『古事記』『日本書紀』系譜上の五世紀後半の天皇。諱は穴穂。允恭天皇の皇子。母は応神天皇の孫忍坂大中姫。『記』『紀』によれば、允恭崩後、同母兄の木梨軽皇子を殺し、石上(いそのかみ)の穴穂宮(奈良県天理市田町か)で即位した。そののち大草香皇子を殺してその妻中蒂姫(なかしひめ)を皇后としたため、大草香皇子と中蒂姫の間の子であった当時七歳の眉輪王(まよわのおおきみ)に殺され、三年後に菅原伏見陵(奈良市宝来町古城が陵地とされる)に葬られたという。『宋書』倭国伝に記事のある倭の五王のうち、興を安康に比定する説が有力である。同書によれば、宋の太祖の元嘉二十八年(四五一)、済(允恭天皇)が崩じて、世子興が遣使貢献したとあり、さらに大明六年(四六二)には太祖から「安東将軍倭国王」の爵号を賜わり、そののち興が崩じて弟武が立ったという。なお武の上表文に「奄(にわか)に父兄を喪い」とある系譜関係は『記』『紀』の所伝とよく一致するが、興と安康との在位年数は合わない。

安宗　あんしゅう　八一三―八八七　九世紀後半の僧侶で、石清水八幡宮(京都府八幡市八幡高坊)第一代の別当。紀朝臣御園の子。石清水八幡を建立した叔父行教の弟子。貞観五年(八六三)十二月、石清水八幡宮別当に補任。同十七年三月、大宰府の弥勒寺(宇佐神宮の神宮寺。大分県宇佐市南宇佐にあった)に遣わされ、国家と万民安穏のため『一切経』三千四百三十二巻、『大乗経』二千二百十四巻、『大乗律』五十巻、『小乗律』五百四十巻、『録外経』百六十七巻を安置した。時に伝燈大法師位。元慶二年(八七八)から造りはじめられた極楽寺(石清水八幡宮のある男山の東北麓、一の鳥居内頓宮の北に寺跡がある)の本願主となり、同七年、建立し終る。この間、同五年正月から四月にかけて造仏を手がけ、同八年(八八四)三月から翌仁和元年(八八五)までに堂を造ったといわれている。兄の真済僧正の弟子とも伝え、師主は東大寺の直観阿闍梨であったという。治安三年(一〇二三)十月五日付の「僧兼清解案」に極楽寺についての「安宗大師」の縁起文が引かれている。『石清水祠官系図』の安宗の譜文には、この別当は聖人であり、大菩薩の御体を拝見し奉ったが、ただ腰から上は拝見することができなかったという逸話を伝えている。仁和三年(八八七)九月十九日、入滅。時に七十五歳。

奄智氏　あんちうじ　造・連・首姓からなる大和国十市郡奄智村(奈良県天理市二階堂)の地を本拠とした氏族。(一)造姓は『新撰姓氏録』によると神別で建凝(己呂)命の後裔と称し、左京・大和に分布し、『類聚国史』に奄智造吉備麿がみえ、『古事記』の倭淹知造氏もおそらく同族。(二)連姓には「山背国愛宕郡計帳」に奄智連橘売がみえ、(三)首姓は『先代旧事本紀』によると景行天皇の皇子豊門別命の後裔と称したらしく、平城宮跡出土木簡に「奄智首眞□」がみえる。

奄智王　あんちおう　―七八四　八世紀後半の王族。豊野真人奄知にも作る。高市皇子の孫。従二位・知太政官事兼式部卿鈴鹿王の子。天平宝字元年(七五七)閏八月、出雲王・篠原王・尾張王・猪名部王らとともに豊野真人の氏姓を賜わる。同八年十月、藤原朝臣仲麻呂追討の功により、従五位下に叙せられた。以後位階は天平神護二年(七六六)十二月に従五位上、神護景雲四年(七七〇)八月、正五位下、宝亀十年(七七九)正月、正五位上と昇進、この間に大判事・兵部大輔・出雲守・右中弁などを歴任。天応元年(七八一)に従四位下・

摂津大夫となり、延暦二年(七八三)三月、中務大輔に転じた。同年十二月、光仁天皇崩御に当り、御装束司の一員として奉仕、同三年六月、卒した。

安澄 あんちょう 七六三—八一四 八世紀後半—九世紀初めの僧侶。俗姓は六人部(むとべ)氏。丹波国船井郡(京都府船井郡)の人。大安寺の善議について三論の学を受け、併せて密教を学んだ。さらに、同門の勤操(ごんぞう)と誓いをたてて、弘法をもって己が任としたという。安澄は議論にすぐれ、議論絶倫と称せられた。特に、西大寺の泰演とは、それぞれ三論、法相の立場から、抗論したという。弘仁五年(八一四)三月、入寂。時に五十二歳。弟子に寿遠(じゅおん)がいる。

安恵 あんね 七九四—八六八 九世紀前半の天台座主。河内国大県郡(大阪府柏原市を中心とする地域)の大狛氏出身。安慧にも作る。七歳の時、下野国にある大慈寺(寺跡は栃木県下都賀郡岩舟町小野寺にある)の広智に師事し、十三歳の時、広智に伴われて比叡山に登り、最澄(伝教大師)の弟子となった。最澄は安恵に、天台智顗の『摩訶止観』の行法教理と真言密教とを教示したという。最澄に就学するについて広智が介在することは、円仁(慈覚大師)の場合に似ており、その関連が推測される。すなわち、安恵は、最澄没後は円仁について密教を学んでいる。天長四年(八二七)遮那経業専攻年分度者となり、十二年間の籠山を果たして承和十一年(八四四)出羽国講師となり、天台宗の東北への進出に寄与。同十三年、比叡定心院十禅師に選ばれ、貞観四年(八六二)三月に内供奉十禅師、同六年正月、円仁が入滅すると、翌二月、天台座主をついだ。貞観十年四月三日、寂。時に七十五歳。著書『顕法華義鈔』十巻などがあるが、伝わらない。

安寧天皇 あんねいてんのう 綏靖天皇の皇子。母は皇后五十鈴依媛(いすずよりひめ)。和風諡号は磯城津彦玉手看(しきつひこたまてみ)という。片塩浮穴(かたしおのうきあな)宮(奈良県大和高田市三倉堂)に都し、事代主(ことしろぬし)神の孫鴨王の女の渟名底仲(ぬなそこなかつ)媛を皇后に立て、息石耳(おきしみみ)と懿徳天皇をもうけた。皇后については異伝があり、『古事記』および『日本書紀』の「一書」によると、磯城県主(しきのあがたぬし)葉江の女阿久斗比売(あくとひめ)または川津媛と伝えられている。在位三十八年にして五十七歳(『古事記』では四十九歳)で崩じ、畝傍山南御陰(みほと)井上陵(奈良県橿原市吉田町の自然丘が山陵とされる)に葬られたという。事績は伝わらない。「しきつひこ」はのちに付加された称号で、「たまてみ」が本来の名前であろう。その末尾の「み」は神名の末尾につく「み」と同語で、神霊概念を表わす語彙であることから推測すると、「たまてみ」は神名であり、安寧の原像は天皇や人間ではなく神や精霊であろう。性別すら分明でない古い神名「たまてみ」の上に、「しきつひこ」という称号を冠して男性化・荘厳化する作業を経て、安寧の和風諡号は作られたと思われる。

【参考文献】前之園亮一『古代王朝交替説批判』、同「『欠史八代』について(上)」(『学習院史学』二一)

安然 あんねん 九世紀後半の天台僧。五大院と称され、また住房によって阿覚大師とも称された。安然が自著『教時諍論』で、俗系が最澄(伝教大師)に連なると述べているが、出自は未詳である。称号の五大院から推して、比叡山に学んだことは事実で、同書で円仁の弟子と自称している。『阿娑縛抄』明匠等略伝には、安然を円仁の弟子であるとともに、「華山僧正遍昭の弟子」と記している。華山僧正遍昭は、俗名は良峯朝臣宗貞で、出家に当っては、父の安世と縁の深かった比叡山に入り、円仁・安恵・円珍(智証大師)について阿闍梨位にまで進んでいた。この遍昭が、元慶寺(京都府山科区北花山河原町)を賜わり年分度者を置いたが、元慶八年(八七七)九月十九日付で、その年分度者教育の伝法阿闍梨として、この安然と惟首(ゆいしゅ)とを任じている。安然はこの時以後、集中的に数々の論著をものして、その自由で精緻かつ集大成を意図する教学は、日本天台宗の教学の完成を意味すると評価される。安然はこのようにして、遍昭から密教の胎蔵界・金剛界・蘇悉地にわたる大法を面受し、学生の教育に専念したようである。『日本三代実録』の元慶元年閏二月条に、斉詮・玄昭らとともに入唐を企てて大宰府へ行き、斉詮のみが入唐したことがみえる。遍昭をして、「われ師に慈覚あり、弟子に安然あり」といわしめた俊秀も、実はその入滅の時処が明らかでない。比叡山、近江ないし、相模・上総・出羽国などに入寂地の伝説が散在する。安然の著作としては、『真言宗教時義問答』四巻、『天台真言菩提心義略問答抄』四巻、『悉曇蔵』八巻、『教時諍論』、『諸阿闍梨真言密教部類総録』、『普通授菩薩戒広釈』三巻、『胎蔵界対受記』七巻、『金剛界対受記』八巻、『蘇悉地対受記』一巻、『金剛峰楼閣一切瑜伽瑜祇経修行法』三巻などがある。

【参考文献】　叡山学会編『安然和尚の研究』、橋本進吉「安然和尚事蹟考」(『伝記・典籍研究』所収)

安宝　あんぽう　九世紀中頃の東大寺の僧で近江国愛智郡大国郷(滋賀県愛知郡愛知川町南部から湖東町西部にかけての一帯)の荘園経営にかかわった人物。仁寿四年(八五四)十二月十一日付の「大国郷墾田売券」に記入されている斉衡三年(八五六)十一月十九日付の券文によると、十一条八里三十坪の田一段をさきに秦忌寸五月麻呂が庸米を得るために東大寺に売却したが、同寺はこれを返却したため、安宝が買い求め、次いで貞観二年(八六〇)四月十一日付の券文によると、安宝は、これを東大寺三論別供衆燈料として施入した。時に供別当法師。同三年十一月十三日付の「大国郷墾田売券」に、依知秦公(えちのはたのきみ)福行が十条五里三十六坪の田一段を安宝に売り渡したことがみえる。また同五年三月二十九日付の「大国郷墾田売券」に、依知秦公永吉が十一条七里三十五坪の田一段を安宝に売ったことがみえ、同年十一月十五日付の「大国郷墾田売券」には、依智秦公浄男が十条五里三十坪の田二段、十条六里五坪の田二段百歩、十条九里一坪の田二段、十条九里二坪の田一段、十一条八里三十坪の田一段を安宝に売ったことがみえる。さらに、翌六年三月五日付の「大国郷墾田売券」によれば、依知秦公安麿が十二条七里二十坪の田百六十歩と十二条七里二十一坪の田二百歩を安宝に売り、また貞観八年十月二十四日付の「僧高徳墾田売券」に僧高徳が安宝に十条六里三十坪の田一段を売ったことがみえる。さらに、安宝は同十八年十一月に「近江国愛智荘定文」をまとめて、愛智荘(滋賀県愛知郡湖東町菩提寺・長・小田苅付近)の経営方式を決定している。この時、安宝は前豊前講師大法師であった。

なお前掲の仁寿四年十二月十一日付「大国郷墾田売券」の加筆部分から、安宝の甥が滋賀郡真野郷(滋賀県大津市真野町付近)戸主従六位下大友曰佐豊継であったことがわかるので、安宝が近江国の地方豪族出身であることを利して、東大寺が領有していた近江国の荘園経営にあたったことがわかる。

【参考文献】　竹内理三「荘園発生期の東大寺領」(『日本上代寺院経済史の研究』所収)、同「荘の発展と荘民の生活」(同上書所収)

い

飯入根　いいいりね　出雲国造の祖出雲振根(いずものふるね)の弟。崇神天皇は出雲大神宮の神宝を献上させようとしたが、出雲振根が留守で果たしえなかった。しかし振根の弟の飯入根は独断で神宝を崇神に献上した。出雲に戻り、ことを知った振根は飯入根を憎み、真刀に似せた木刀を取らせ、振根は弟の真刀でもって飯入根を殺した。崇神は吉備津彦・武渟河別(たけぬなかわわけ)を派遣し、出雲振根を誅したという。

飯高氏　いいだかうじ　伊勢国飯高郡(三重県松阪市の北半と飯南郡の一帯)出身の豪族。天押帯日子(あめおしたらしひこ。天足彦国押人)命の後裔と称する。姓は君(公)・宿禰・朝臣など。伊勢飯高君は、飯高県造として古くから大和政権に従う。飯高氏は、飯高君笠目の采女としての栄達によって一族も栄えた。天平十四年(七四二)四月、笠目の親族の県造らは、飯高君の氏姓を賜わった。また、飯高君氏は、神護景雲三年(七六九)・宝亀六年(七七五)・同九年に、それぞれ宿禰を賜姓された。在地でも、伊勢国飯高・飯野・多気郡内に勢力を張った。正六位上飯高宿禰諸氏は内外の近親に勧めて、仁和元年(八八五)近長谷寺(三重県多気郡多気町長谷)を建立した。同寺には飯高氏が治田を寄進し、飯高氏の氏寺として存続した。飯高氏は一方、中央政府の下級官人として出仕し、平安左京に本貫を移す者もあらわれる。一族の女性で嵯峨天皇の更衣となり左大臣正二位源朝臣常と明の生母となった者もいる。中央官人化した一族の中から、諸国の介・掾・目に任ぜられる者も輩出し、承和年間(八三四—八四八)には宿禰から朝臣に改姓される者、貞観十五年(八七三)十二月、同十七年十二月には他氏姓(伊部造)で飯高朝臣の氏姓を賜わる者もみられる。承暦二年(一〇七八)の「主税寮出雲国正税返却帳」にあらわれる正六位上行権少属飯高朝臣は、中央官人化した飯高氏の一人である。

飯高君笠目　いいだかのきみかさめ　伊勢国飯高郡の飯高君氏出身の采女。天平十四年(七四二)四月、笠目の親族、県造らに飯高君の氏姓を賜う。時に笠目は正八位下。同十七年正月、正六位下から外従五位下に昇叙。天平勝宝初年(七四九—七五二頃)命婦、次いで内侍となる。この頃から写経所に宣して、『花厳経』『最勝王経』『仁王経』などをしばしば書写させている。天平宝字五年(七六一)六月、光明皇太后の周忌御斎に供奉し、正五位下から正五位上に進んだ。なお飯高宿禰諸高と同一人物とする説がある。

【参考文献】　磯貝正義『郡司及び采女制度の研究』

飯高宿禰諸高　いいだかのすくねもろたか　六九八—七七七　伊勢国飯高郡の飯高氏出身の采女。宝亀元年(七七〇)十月、正五位上から従四位下となり、同七年四月、従三位に昇る。同八年正月、八十歳に達したので、絁(あしぎぬ)八十疋、糸八十絇、調布八十端、庸布八十段を賜わる。同年五月、薨去。薨伝には、「性、甚だ廉謹にして、志慕貞潔なり」とあり、元正天皇の時、内教坊に出仕し、ついに本郡の采女に補せられたこと、飯高氏が采女を貢進することは、ここに始まり、四代の天皇に歴仕して失が無かったことを伝えている。『公卿補任』は、生年を持統元年(六八七)丁亥年とするが、『続日本紀』の没年と年齢とに合致しない。年齢・官職・位階からみて、飯高君笠目と飯高宿禰諸高とを同一人物とする説がある。

【参考文献】　磯貝正義『郡司及び采女制度の研究』

飯豊青皇女　いいとよのあおのひめみこ　『古事記』『日本書紀』系譜上の五世紀後半の皇女。飯豊女王・飯豊郎女・飯豊王・青海皇女・青海郎女・忍海部女王・忍海郎女にも作る。父母については二説あり、『古事記』および『日本書紀』の履中巻では父は履中天皇、母は葛城曾都比古(かずらきのそつひこ)の子葦田宿禰の女である黒日売で市辺忍歯(いちのべのおしは)王の妹とするが、『日本書紀』顕宗巻では父は履中の皇子市辺押磐(いちのべのおしは)、母は蟻臣(ありのおみ)の女荑(はえ)媛とし、顕宗・仁賢両天皇の同母姉(分注に引く「譜第」では同母妹)とする。『日本書紀』によれば、清寧天皇の在位中に億計(おけ)・弘計(おけ)(のちの仁賢・顕宗天皇)二王が見つけ出されていたが、清寧崩後、この二王が位を譲りあったため姉の飯豊が「忍海角刺宮に臨朝秉政(みかどまつりごと)したまふ。自ら忍海飯豊青尊と称」したという。そして同年中に薨じ、「葛城埴口丘陵」(奈良県北葛城郡新庄町花内にある前方後円墳が陵墓とされる)に葬ったと伝える。『古事記』では二王の発見より先に清寧が崩じ、位につく王がなく、日継を知らす王を問うたところ「忍海郎女、亦名飯豊王、葛城忍海之高木角刺宮に坐しましき」とあり、その後に二王発見の説話が展開する。このように異同はあるものの両書とも飯豊青皇女の即位をはっきりと認めてはいないが、『日本書紀』は「尊」の字を用い、「臨朝秉政」と述べ、「陵」の語も用いている。『古事記』も読み方によっては清寧崩後二王発見から即位までの間を臨時的に即位したともとれる書きぶりである。よって飯豊を歴代天皇の代数に含める考え方は早くからあり、『扶桑略記』『本朝皇胤紹運録』などは「飯豊天皇」と記している。また『古事記』下巻の冒頭には「大雀皇帝起(よ)り豊御食炊屋比売命に尽(いた)るまで、凡そ十九天皇」という注があり、これは平安初期の後人が付加したものと考えられているが、この十九という人数は仁徳天皇から推古天皇までの十八人と飯豊青皇女とを加えて数えた数字と思われる(ただし姫路射楯兵主神社所蔵本は十八に作る)。しかし、こうした一連の伝承を史実とみて即位したか否かという点を論ずるよりも、系譜構成上、允恭系から履中系に移る接点に想定された人物として着目すべきであろう。

家原氏　いえはらうじ　河内国大県郡家原邑(大阪府柏原市安堂付近)を本拠とした渡来系氏族。延暦十八年(七九九)にこの氏が提出した本系帳には、後漢光武帝の後と称し、貞観十四年(八七二)には宣化天皇の第二皇子を祖とするのが正しいと自称したが、これは仮冒であろう。左大臣多治比真人嶋(たじひのまひとしま)の妻が家原氏(無姓)で、和銅五年(七一二)九月、連姓を賜わり、同六年六月・天長三年(八二六)にも氏人が連姓となった。斉衡二年(八五五)八月、連から宿禰に、貞観十四年八月には朝臣に改姓。

家原朝臣郷好　いえはらのあそんさとよし　九世紀後半の陰陽家・暦博士。貞観九年(八六七)正月、正六位上から外従五位下に叙せられている。時に暦博士。姓は初め宿禰、同十四年八月、朝臣を賜わった。元慶元年(八七七)四月、陰陽頭従五位下兼行暦博士越前権大掾の時、日食の際にあらかじめ奏すべきか否か、また廃務とすべきか否かについての議論に加わる。同八年二月、従五位上に叙せられた。時に陰陽頭兼暦博士。

家原朝臣善宗　いえはらのあそんよしむね　九世紀後半の医家。姓は初め連、斉衡二年(八五五)八月、宿禰を賜わる。時に右近衛医師正七位上。貞観五年(八六三)正月、正六位上から外従五位下に昇叙された。時に侍医。同十四年八月、従五位下行侍医の時、宿禰を改め朝臣姓を賜わった。

家原連音那　いえはらのむらじおんな　左大臣多治比真人嶋(たじひのまひとしま)の妻。音那とは女の意。和銅五年(七一二)九月、贈右大臣大伴連御行の妻紀朝臣音那とともに、詔により邑五十戸を賜わった。元明天皇が自身の境遇を思い、夫の死後十二年たっても再婚しない貴族の未亡人を儒教的な貞節をもつ妻として顕彰したのである。この時、連姓を賜わった。

五百井女王　いおいのじょおう　―八一七　市原王の女。母は光仁天皇の皇女能登内親王。弟に五百枝王がいる。天応元年(七八一)八月、無位から従四位下、延暦三年(七八四)十一月、従四位上、同十五年七月、正四位下に叙せられ、のち尚縫となる。大同三年(八〇八)十一月、従三位、弘仁四年(八一三)正月、正三位、同六年七月、従二位に昇叙。延暦六年(七八七)越中国須加荘(富山県高岡市細池・百橋付近か)の墾田五町を宇治華厳院(京都府宇治市木幡字南山付近にあった東大寺の子院)に寄進している。同十三年七月には新京(平安京)に家を造るための稲を賜わった。同十九年正月、桓武天皇は女王の荘に行幸している。また、桓武のために薬師仏像を造り、『法華経』を写させた。弘仁六年十月、母の故能登内親王が宝亀十一年(七八〇)に品田一町の地子を東大寺の般若院仏供養料に奉入したが忘漏したので一ヵ年の地子代白米四斛を納め、別に供養料として白米五斗、塩一籠、雑海藻一折櫃、雑菜直新銭百文を奉上、そのほかにも墾田二町と白米十斛を奉入した。弘仁八年十月、薨じた。時に尚侍従二位。

廬井造鯨 いおいのみやつこくじら 七世紀後半の武将。壬申の乱において、近江朝廷軍の将犬養連五十君(いきみ)の別将となり、天武元年(六七二)七月、大海人皇子(のちの天武天皇)軍の将軍大伴連吹負(ふけい)の軍営を精兵二百で急襲し、攻略するかにみえたが、大井寺(奈良県橿原市十市町字大井・北大井付近か)の奴、徳麻呂らに阻まれ、三輪君高市麻呂・置始連菟(おきそめのむらじうさぎ)らの軍に背後を断たれるに及んで、鯨の軍は壊滅状態となり、鯨は白馬に乗って危うく逃げきったという。

五百枝王 いおえのおう 七六〇—八二九 八世紀末—九世紀初めの公卿。市原王の子。母は光仁天皇の皇女能登内親王。天応元年(七八一)無位から従四位下侍従となり、美作守・越前守を兼ね、延暦元年(七八二)二世王となった。同四年、藤原朝臣種継暗殺事件に坐して伊予国に配流されたが、同二十一年府下に居するを許され、同二十四年、免罪帰京を許された。『公卿補任』によれば同二十五年、宮内卿、大同二年(八〇七)八月、武蔵守・讃岐守となったという。延暦二十五年三月、桓武天皇の大葬に誄(しのびごと)を奉り、大同元年五月、二世王に復したが、臣籍に下り春原朝臣の氏姓を賜わった。弘仁二年(八一一)宮内卿となり、天長六年(八二九)薨ずるまでの間、右兵衛督・上野守・下野守・相模守を兼ね、衛門督・参議となり、治部・刑部の各卿を兼ね、右京大夫および民部・中務の各卿を歴任し、天長五年正月に正三位となり、同六年十二月十九日、参議・中務卿・美濃守に在職のまま七十歳で薨じた。

五百城入彦皇子 いおきいりひこのみこ 景行天皇の皇子と伝えられる人物。五百木之入日子命・五百木入彦命にも作る。『日本書紀』景行四年二月条に、景行が美濃に幸し、八坂入媛を妃としてもうけた七男六女の第二子とある。また皇子と日本武尊・稚足彦(わかたらしひこ)天皇(成務)の三子を除く、他の七十余子は、すべて国郡に封ぜられたという。『古事記』景行段にもほぼ同様の記事がみえ、皇子ら三子は太子の名を負ったとある。また応神段の割注には、品陀真若(ほんだまわか)王を皇子の子とする。『新撰姓氏録』右京皇別下には、高篠連氏の祖とみえる。同書左京皇別上、御使(みつかい)朝臣条にみえる気入彦(けいりひこ)命と同一人物とみる説がある。

【参考文献】井上光貞『日本国家の起源』

五百城入姫皇女 いおきいりひめのひめみこ 景行天皇の皇女と伝えられる人物。五百木之入日売命にも作る。『日本書紀』景行四年二月条によれば、景行が美濃に幸し、八坂入媛を妃としてもうけた七男六女の第八子で、成務天皇・五百城入彦皇子らの同母妹であるという。『古事記』景行段でも同様であるが、ここでは四子中の第四子とされる。『塵袋』二所引の『尾張国風土記』逸文にみえる廬入姫は、皇女のことであろう。

伊福部氏 いおきべうじ 火明(ほのあかり)命の後裔と伝えられる氏族。五百木部・廬城部にも作る。尾張氏の同族で、景行天皇の皇子五百木之入日子命の名代部の伴造氏族とみなす説のほか、天皇の食饌を煮焚する火吹部、笛を吹く吹部、踏鞴を掌る製鉄・製銅関係の息吹部の伴造であったことに由来するとの諸説がある。姓は初め連、天武十三年(六八四)宿禰を賜わる。平安初期には宿禰姓氏族が左京と大和国に、連姓氏族が大和国と河内国に居住していた。諸国にも伊福部・五百木部氏は多く分布し、美濃国には君姓、因幡国には臣姓、石見国には直姓、播磨国には連姓の豪族が蟠踞していた。また無姓の伊福部・五百木部氏は、山城・伊勢・尾張・遠江・武蔵・美濃・陸奥・因幡・出雲・播磨・美作・備前・安芸・薩摩などの諸国に分布し、大化前代に伊福部がひろく設定されたことを推察させる。諸国の有姓の伊福部氏の多くは国造氏族の一族であったと考えられ、なかでも因幡国の伊福部臣氏は、延暦三年(七八四)に作られた『因幡国伊福部臣古志』と題する古系譜を伝え、その系譜には伊其和斯彦(いきわしひこ)宿禰が成務天皇の時代に稲葉(因幡)国の国造になったという伝承を記している。またその同族と考えられる伊福吉部臣徳足比売には、和銅三年(七一〇)の年紀を記す墓誌があるのでよく知られている。中央の宿禰姓の伊福部氏では、男依・種麻呂・紫女・毛人・永氏・広友らの名が伝えられているが、特に際立った人物は輩出していない。ただし宮城十二門の一つに伊福部門(改号後、殷富門となる)があって、伊福部宿禰氏の一族は、門部の一員として古来、宮城門の守衛に奉仕してきたことが知られる。

【参考文献】 直木孝次郎『日本古代兵制史の研究』、佐伯有清「伊福部臣氏の系図」(『古代氏族の系図』所収)

伊福部直安道 いおきべのあたいやすみち 九世紀後半の石見国邇摩郡(島根県大田市西部から邇摩郡仁摩町・温泉津町にかけての一帯)の人。元慶八年(八八四)六月頃、大領・外従八位上として部内の百姓を発して国守上毛野(かみつけの)朝臣氏永を囲み、印匙を取って傍吏に授けた。また氏永の手足を杭に縄(くく)りつけたともいう。仁和二年(八八六)五月、刑部省により官を解かれ、徒二年、贖銅十斤に処せられた。事件の内容は『日本三代実録』元慶八年六月条、および仁和二年五月条にみえるが、細かい点で異なっている。

伊福部宿禰男依 いおきべのすくねおより 天平(七二九—七四九)—天平勝宝(七四九—七五七)年間の写経所関係の官僚。名は少依にも作る。『正倉院文書』にその名がみえるが、主な経歴は天平九年(七三七)に写経司校生、同十七年に写経所知事、同十八年に写経所検受、また同所知事、装潢所検受・写疏所知事、また装潢所知事、同二十年に写後経所校生・写一切経知事。天平二十—二十一年には舎人で大初位下、また掃守(かもり)寺(寺跡は奈良県北葛城郡當麻町加守にある)別当であり、天平勝宝二年(七五〇)には掃守寺造御塔所に出仕、知識優婆塞の上日を記している。

伊福吉部臣徳足比売 いおきべのおみとこたりひめ —七〇八 慶雲四年(七〇七)従七位下に叙せられ、和銅元年(七〇八)に没したのち、同三年十月、火葬され因幡国法美郡宮ノ下村(現在の鳥取県岩美郡国府町宮下)に埋葬された。安永三年(一七七四)に墓誌銘が刻まれた蔵骨器が発掘され、さらに文政二年(一八一九)に改葬、蔵骨器は再埋蔵され、その際、「伊福吉部徳足比売奥墓碑」が建てられた。蔵骨器については、藤貞幹『好古小録』、安陪恭庵『因幡誌』、狩谷棭斎『古京遺文』、中山信名『墳墓考』に記述がみられる。明治に入って蔵骨器は再掘され、そののち所有を転々とし現在は東京国立博物館蔵(重要文化財)。墓誌銘には従七位下の徳足比売の死没を「卒」とするなど異例の点もみられるが、没後三年目になって火葬されていることが記され、被葬者の特定できる古代の火葬の貴重な例として注目される。なお、『因幡国伊福部臣古志』によれば、伊福部臣氏は法美郡(鳥取県岩美郡国府町・福部村と同郡岩美町・鳥取市の一部)・邑美郡(鳥取市)の郡領家であったが、徳足比売もその一族の子女で、釆女として宮廷に出仕したものであろう。

【参考文献】 木崎愛吉編『大日本金石史』、大谷大学編『日本金石図録』、梅原末治「因幡に於ける伊福吉部徳足比売の墳墓」(『民族と歴

史』二―四)、森本六爾「奈良時代に於ける一女性の墳墓」(『考古学』二―一)、斎藤忠「因幡国伊福吉部徳足比売の墓について」(『仏教史研究』九)、佐伯有清「伊福部臣氏の系図」(『古代氏族の系図』所収)

廬城部連枳莒喩　いおきべのむらじきこゆ　五世紀末―六世紀前半の豪族。雄略三年四月、廬城部連枳莒喩の子武彦が伊勢斎宮の栲幡(たくはた)皇女を犯したと阿閉(あえ)臣国見に讒言されたので、父枳莒喩は累の身に及ぶのを恐れて武彦を廬城河(いおきのかわ。現在の三重県一志郡白山町家城地区付近の雲出川)に誘い出して打ち殺した。雄略天皇は栲幡皇女に事情を問うたが、そののち皇女は五十鈴河のほとりで自殺した。その死骸を調べた結果、武彦の無実が判明、枳莒喩はわが子を殺したのを後悔して、讒言した国見を殺そうとしたが国見は石上(いそのかみ)神宮(奈良県天理市布留町)に逃げ隠れてしまった。また、安閑元年(五三四)閏十二月、枳莒喩の女幡(はた)媛は物部大連尾輿の瓔珞(くびたま。首飾り)を盗んで安閑天皇の皇后春日山田皇女に献上したが、盗品であるのが露見するに及び、父枳莒喩は女幡媛の罪を贖おうとして幡媛を采女の使用人として献じ、安芸国廬城部屯倉(広島市佐伯区五日市町三宅や同市安佐北区安佐町久地・安佐南区祇園町などに比定する説がある)をも献上した。

五百野皇女　いおののひめみこ　景行天皇の皇女。母は三尾氏の祖磐城別の妹水歯郎媛。景行二十年二月、天照大神に仕えることとなる。『倭姫命世記』によるとその年、倭姫が年老いて仕えることができなくなったので、斎内親王に仕えるべき物部八十氏人を定め、十二司寮官を五百野皇女久須姫命に移した。同年二月に五百野皇女が皇大神の御杖代として遣わされ多気宮(三重県多気郡明和町の斎王宮)に侍ったが、これが伊勢斎宮群行の始まりであるという。

廬原氏　いおはらうじ　駿河国の地方豪族。同国廬原郡(静岡県庵原郡と清水市)を支配していた国造の家柄か。五百原にも作る。姓は君(公)。『新撰姓氏録』右京皇別下に廬原公を笠朝臣同祖、孝霊天皇の皇子稚武彦命の後とし、『古事記』に日子刺肩別命の後裔とする。天智二年(六六三)八月、百済救援のため「健児万余」を率いて渡海した人物に廬原君臣があり、廬原氏を水軍的機能を保持した氏族とみる説がある。神亀二年(七二五)には五百原君虫麻呂が前年の征夷軍に従った功により、勲六等と田二町を賜わり、また天平十年(七三八)の『駿河国正税帳』に廬原君足礒がみえ、承和二年(八三五)十月には右京の廬原公の氏人が朝臣姓を賜わっている。

【参考文献】　新野直吉『国造と県主』、直木孝次郎『日本古代国家の構造』、笠井倭人「古代の水軍」(大林太良編『日本古代文化の探究　船』所収)

廬原君臣　いおはらのきみおみ　七世紀後半の武人。駿河国廬原郡(静岡県庵原郡と清水市)を支配する国造の家柄の出身。天智二年(六六三)百済王豊璋が重臣鬼室福信を斬るという事態が発生、唐・新羅連合軍はこれに乗じて出兵。豊璋のこもる州柔(つぬ)城(周留城)を奪おうとした。廬原君臣は、「健児万余」を率い州柔城救援のため渡海。唐軍は白村江(大韓民国の錦江河口付近)に戦艦百七十艘をつらね陣をはり、同年八月二十七日から翌日にかけて廬原軍らを迎えうち、これを破った。

【参考文献】　笠井倭人「古代の水軍」(大林太良編『日本古代文化の探究　船』所収)

伊賀氏　いがうじ　伊賀国伊賀郡(三重県名賀郡青山町と上野市中・南部、および名張市の一部)から出た氏族か。姓は初め臣、天武十三年(六八四)八色の姓制定に際し、朝臣を賜わる。『日本書紀』孝元七年二月条に大彦命を始祖とする七族の一つとして伊賀臣を記す。天平三年(七三一)の『伊賀国正税帳』に名張郡(名張市の一帯)の郡司として伊賀朝臣果安が登場するので、臣から朝臣への改姓をたどった伊賀氏は、伊賀の郡司層の豪族につながる氏族であろう。なお『新撰姓氏録』右京皇別上に大稲輿命(大彦命の子)の子彦屋主田心命の後裔と記す伊賀臣がある。

印奇臣(欠名)　いがのおみ　欽明朝の遣新羅使。『日本書紀』には印奇臣に割注して「語訛(ことばよこなま)りて未だ詳ならず」とある。欽明五年(五四四)二月に欽明天皇の勅を奉じて新羅に使したが、その途次、日本府の問いに応えた。その勅とは「日本府の臣(まへつきみ)と任那の執事(つかさ)と、新羅に就(ゆ)きて、天皇の勅を聴(うけたまは)れ」というものであった。『新撰姓氏録』右京皇別上に「大稲輿命男彦屋主田心命の後なり」とある「伊賀臣」のことか。

猪養氏　いかいうじ　猪(豚)を飼養することを職掌とした猪養部の伴造氏族。猪使・猪甘・猪飼にも作る。姓は初め連、天武十三年(六八四)十二月、八色の姓制定に際し、宿禰を賜わった。安寧天皇の皇子で、懿徳天皇の弟の磯城津彦命を祖とする。『古事記』安康・顕宗段には山代の猪甘に関する伝承があり、猪養部の人々が中央に上番して猪の飼育を行なった姿が推定できるが、猪養連氏はこれを宮中で管掌して天皇の食事に奉仕したのであろう。この氏は門号氏族の一つであり、天皇の側近に奉仕するという職掌から軍務についたことも推定できる。事実、『日本書紀』天武十三年(六八四)十二月条により猪養連子首が斉明末期の百済救援軍のなかに含まれていたことが証される。『新撰姓氏録』は右京皇別上に猪使宿禰を載せ、別に未定雑姓和泉国の条に猪甘首を載せる。このほか、『山背国愛宕郡(京都市東北部)計帳』に「大猪甘人」とあり、『平城宮木簡』によれば丹波国氷上郡佐治郷(兵庫県氷上郡青垣町佐治付近)の人と推定される「猪甘部君」もある。

【参考文献】直木孝次郎『日本古代兵制史の研究』、佐伯有清「日本古代の猪養」(『どるめん』一四)

伊香色雄命　いかがしこおのみこと　物部氏などの祖とされる人物。伊迦賀色許男命・伊香賀色雄命にも作る。『日本書紀』崇神七年条に、物部連の祖としてみえ、大物主神を祭るための「神班物者(かみのものあかつひと)」となり、物部の八十平瓫(やそびらか)をもって祭神の物としたとある。『古事記』崇神段にも、ほぼ同様の記事がみえる。『新撰姓氏録』には、命を祖とする多くの氏を載せ、饒速日(にぎはやひ)命の五世の孫、ないし六世の孫とする。また『先代旧事本紀』天孫本紀にも命についての伝えがみえる。

伊香色謎命　いかがしこめのみこと　孝元天皇の妃。開化天皇の皇后。崇神天皇の母。伊迦賀色許売命にも作る。『日本書紀』によると、孝元七年二月、妃となり、彦太忍信(ひこふつおしのまこと)命を生み、孝元の崩後、その皇子開化の皇后となり、崇神を生む。伊香色謎命は物部氏の遠祖大綜杵(おおへきそ)の女とある。『古事記』にもほぼ同様の伝承があるが、内色許男命の女で、開化との間に崇神と御真津比売命を生んだとする点は『日本書紀』と相違する。また、『先代旧事本紀』には、母は高屋阿波良姫、崇神天皇代に皇太后となり、垂仁天皇代に太皇太后を追贈されたという独自の伝承がみえる。

【参考文献】肥後和男『崇神天皇』

為哥可君　いかかのきみ　日本府の官人。『百済本記』には「為哥岐弥、名は有非岐(うひき)」とある。欽明五年(五四四)二月に百済が任那に使者を送り、日本府のなかで親新羅的行動をとる河内直を責めたなかで、かつて為哥可君が河内直の先祖らの奸偽を真に受けて、国難を憂えず百済の聖明王に背き、暴虐をかさねたがために日本府から放逐されたことが言挙げされている。為哥可君は為奇君で「わがきみ」と訓め、有非岐は有非跛で「うひは」であれば紀大磐(きのおいわ)宿禰に当るともされる。

伊香氏　いかごうじ　のちの近江国伊香郡を本拠とした氏族。姓は連。『新撰姓氏録』左京神別にその本系を載せ、大中臣氏と同祖で、天児屋(あめのこやね)命の七世の孫臣知人(おみしるひと)命の後とある。『帝王編年記』養老七年(七二三)条に祖先伝承がみえ、近江国伊香郡与胡(よご)郷(滋賀県伊香郡余呉町一帯)の伊香の小江に白鳥となって降りた天女と、伊香刀美との間に生まれた意美志留(おみしる)ら二男二女が先祖であるという。意美志留は臣知人命と同一人物であろう。越前国・山背国などに分布する伊宜部(伊何我部)は、伊香連氏の部民か。なお、無姓の氏族もあり、また『日本書紀』天武元年(六七二)六月条などに胆香瓦臣安倍(いかごのおみあべ)の名がみえることから、臣姓の胆香瓦氏の存在も知られる。

【参考文献】 畑井弘「古代豪族伊香氏に関する二、三の考察」(『甲南大学紀要(文学編)』一六)

胆香瓦臣安倍 いかごのおみあべ 壬申の乱の功臣。天武元年(六七二)六月、大海人皇子(のちの天武天皇)の挙兵を知った高市皇子は、近江を脱出して伊賀の積殖(つむえ。三重県阿山郡伊賀町柘植)の山口で東行中の大海人の軍と合流したが、この時に安倍は、民直大火(たみのあたいおおひ)らとともに高市皇子に従っていた。また同年七月、大海人の命をうけ、村国連男依らとともに数万の兵を率い、美濃国不破(岐阜県不破郡)を出て、ただちに近江に向かった。その後の消息は不明。

伊香王 いかごおう 八世紀中頃—後半の官人。『続日本後紀』によると、敏達天皇の後裔という。天平十八年(七四六)四月、無位から従五位下となり、八月に雅楽頭。天平勝宝元年(七四九)七月、従五位上となり、同三年十月に子の高城王らとともに氏姓を賜わり、甘南備(かんなび)真人と称した。その後、大蔵大輔・美作介・備前守・主税頭を歴任して、神護景雲二年(七六八)閏六月、越中守。位階も宝亀八年(七七七)正月には正五位上に進んだが、以後不明。『万葉集』に作歌がある(二〇—四四八九・四五〇二・四五一〇・四五一三)。三形王や中臣朝臣清麻呂の主催する宴席に赴いて大伴宿禰家持・市原王・大原真人今城らと親交を結んでいたことが知られる。

伊賀理命 いかりのみこと 景行天皇の使者。『塵袋』所引の『常陸国風土記』逸文によれば、景行は常陸国の浮嶋(茨城県稲敷郡桜川村浮島)に滞在した折、賀久賀鳥の囀声に魅せられ、伊賀理命をして捕獲せしめた。伊賀理命は網を使い賀久賀鳥を見事に捕まえた。景行は悦んで伊賀理命に鳥取の氏を賜わったという。

何鹿王 いかるがおう 八世紀後半の王族。舎人親王の孫。守部王の子。山辺真人何鹿にも作る。天平宝字八年(七六四)父守部王が淳仁天皇の兄に当るため、淳仁の廃位問題に関連して王位を除かれ、守部王の子の笠王・何鹿王・猪名王らは、三長真人の氏姓を賜わり、丹後国に配流された。宝亀二年(七七一)七月、その他の王族らとともに属籍を回復され、同年九月、山辺真人の氏姓を賜わった。

壱岐氏 いきうじ 壱伎・伊伎・伊吉、また雪にも作る。壱岐氏には史姓と直姓の二氏があり、それぞれ系譜を異にする。㈠史姓の壱岐氏は、長安の人劉家揚雍から出た渡来系氏族で、『新撰姓氏録』左京・右京諸蕃に収められる。天武十二年(六八三)十月、連姓を賜わった。氏人には壬申の乱で近江方の将として戦死した壱伎韓国のほか、舒明四年(六三二)十月に引唐客使となった伊伎史乙等(おと)、六世紀後半に遣唐使および告唐客使・送百済使使・遣新羅使を歴任し、有名な『伊吉連博徳書』を残した伊吉連博徳(はかとこ)が知られ、奈良時代に入っても、壱岐連古麻呂が遣唐使、壱岐連宅麻呂(宅満)が遣新羅使、壱岐連益麻呂が遣高麗使に任ぜられるなど、朝廷の外交に深く関わっていた。同族と考えられる一族に壱岐史山守がおり、天平宝字三年(七五九)十二月、造の姓を賜わっている。河内国の伊吉史豊宗とその同族は承和二年(八三五)九月、滋生宿禰の氏姓を賜わった。㈡直姓の壱岐氏は、壱岐島(長崎県壱岐郡)を本拠とした氏族で、天児屋根(あめのこやね)命の九世孫雷大臣の後裔と称する。中央官人化した一族を『新撰姓氏録』右京神別上に載せる。古くは壱岐県主を出し、国造制が布かれたのちは、国造に当る壱岐島造となった。『先代旧事本紀』国造本紀の伊吉島造条には「磐余玉穂朝に、石井の従者、新羅の海辺の人を伐つ。天津水凝の後、上毛布直造なり」とあり、天長五年(八二八)正月、壱岐直才(戈)麻呂が壱岐島造に任ぜられている。ほかに、同七年正月に『新撰亀相記』を撰上した氏成の名が知られる。「職員令集解」の古記別記には直丁を給う基準として「伊岐国造一口。京卜部七口。厮(こもの)三口」と記載される。伊岐国造はおそらく伊吉島造と同じで、神祇官において卜定などの神事に与っていたのであろう。同族に壱岐島の卜部氏があり、貞観五年(八六三)九月、卜部是雄・業孝らが伊伎宿禰と改氏姓している。そのほか直氏がおり、直千世麻呂らは貞観九年八月に宿禰の姓を賜わっている。なお、山城の松尾神社に伝わる『松尾社家系図』は、史姓・直姓の両壱岐氏の氏人を多数載せているが、これは同社家の壱岐卜部氏の系図に加上したもので、後世の偽作である。

【参考文献】内藤泰夫「古代の伊岐氏について」(岩橋小弥太博士頌寿記念会編『日本史籍論集』上所収)

壱岐直真根子　いきのあたいまねこ　壱岐直氏の祖。真根子命にも作る。応神九年四月、筑紫に派遣された武内宿禰が弟甘美内(うましうち)宿禰の讒言によって官兵に殺されようとした時、真根子は武内宿禰の忠誠なることを知り、容姿が似ていたことから、武内宿禰の身代わりとして自害した。武内宿禰はそれによって逃れて朝廷に詣り、甘美内宿禰と対決して勝ち、冤を晴らすことができた。『松尾社家系図』は、真根子は武内宿禰の妹が中臣雷大臣に嫁して生まれた子とし、神功皇后の時代に、真根子は父にしたがって「三韓」に行き、帰国の途次、なお壱岐島に留まり、そのため子孫の本姓となったという伝承を載せる。

伊伎宿禰是雄　いきのすくねこれお　八一九―八七二　九世紀中頃の宮主(みやじ)。壱岐国石田郡(壱岐島の南部、長崎県壱岐郡石田町・郷ノ浦町付近)の人で、旧氏名は卜部(うらべ)。『日本三代実録』によれば、嘉祥三年(八五〇)東宮宮主となり、皇太子(のちの清和天皇)の即位により宮主に転じた。貞観五年(八六三)正月、正六位上から外従五位下に叙せられ、同年九月、伊伎宿禰の氏姓を賜わり、同十一年正月、従五位下に叙せられたが、この年、丹波権掾を兼ねている。同十四年四月二十四日、宮主兼丹波権掾で卒した。時に五十四歳。是雄は始祖の忍見足尼(おしみのすくね)命以来、代々亀卜に従事した家柄に生まれ、最もその術を究め、日者(占候卜筮する者)の中、独歩(他に比類なき優者)と称された。なお、『松尾社家系図』には氏成の子としてこの人物がみえる。

【参考文献】内藤泰夫「古代の伊岐氏について」(岩橋小弥太博士頌寿記念会編『日本史籍論集』上所収)

壱伎史韓国　いきのふひとからくに　七世紀後半の武人。壬申の乱における近江軍の将軍。『日本書紀』によれば、天武元年(六七二)七月、大和に軍勢を率い、衛我(えが)河(大阪府藤井寺市国府周辺の石川の呼称)の西で大海人皇子(のちの天武天皇)方の将坂本臣財(たから)の軍と戦い、これを退けたが、当麻衢(たぎまのちまた。現在の奈良県北葛城郡当麻町当麻)の葦池のほとりで大倭将軍大伴連吹負(ふけい)と会戦して大敗し、吹負の部下来目という者に追われ、遁走した。『松尾社家系図』に乙等(おと)の子、古麻呂の伯父に当るというが疑わしい。

伊吉史乙等　いきのふひとおと　七世紀前半の渡来系氏族出身の官人。舒明四年(六三二)十月、唐の使人高表仁らが、犬上君三田耜(みたすき)を送って難波津に到着した時、難波吉士八牛(なにわのきしやうし)とともに、引客使として難波の館(むろつみ)に導き入れる役割を担った。山城の『松尾社家系図』が、若彦の子で、母は紀国造押勝の女とし、推古二年(五九四)に推古天皇が夢想によって、山背・大和・和泉・河内などの地を山背国の月読大神宮に献じ、乙等に掌らせたとするのは、松尾社家の壱岐卜部と混同したものであろう。

伊吉連古麻呂　いきのむらじこまろ　八世紀初めの官人。氏名を伊支また雪にも作る。慶雲四年(七〇七)五月、遣唐使の一員として絶域に使した功で、綿・絁(あしぎぬ)・布・

鍬ならびに穀を賜わった。和銅六年(七一三)正月に従五位下、神亀六年(七二九)三月には従五位上に進み、天平四年(七三二)十月、下野守に任ぜられた。また上総守に任ぜられたらしく、『懐風藻』には従五位上上総守雪(伊支)連古麻呂として「五言。五八(よそじ)の年を賀く宴」一首がみえる。

伊吉連博徳 いきのむらじはかとこ 七世紀後半の文人的外交官人。氏名は壱岐・伊岐にも作り、また名は博得にも作る。斉明五年(六五九)遣唐使坂合部連石布(いわしき)・津守連吉祥(きさ)らに従って入唐したが、この時の記録を中心にした博徳の『伊吉連博徳書』が知られている。同年七月に難波を発し、翌八月に筑紫大津の浦(福岡市の博多港)を出発、同年九月には百済の南のほとりの島に着いて、さらに大海に出たが、石布の船は南海に漂流し、吉祥の船は越州会稽県から余姚(よよう)県にいたった。同年閏十月に越州の庁にいたり、駅馬で長安に入って皇帝に謁して陸奥の蝦夷を唐帝に見せ、説明を加えた。同年十二月には韓智興の従者西漢直(かわちのあやのあたい)大麻呂の讒言によって使人らが流罪に処せられようとしたが、博徳の奏言によって許されたという。次いで唐の百済征討計画によって博徳らは長安に幽閉されたが、同六年八月に征討の終了で許され、同年十月に洛陽に着いた。翌十一月に唐帝の慰労をうけて出発し、同七年正月に越州に到着、同年四月に越州を発して大海に出たが、海中に九日八夜漂って耽羅(とむら)島(済州島)にいたり、その王子らをつれて翌五月に帰朝、筑紫の朝倉(福岡県朝倉郡朝倉町)に進出していた斉明天皇・中大兄皇子(のちの天智天皇)に報告している。次いで天智三年(六六四)九月、唐使郭務悰らを大宰府で応接し、同六年十一月、唐の百済鎮将劉仁願が派遣した司馬法聡らを百済へ送る使となり、翌七年正月に復命している。時に小山下位。朱鳥元年(六八六)十月、大津皇子の謀反に坐して捕えられたが、皇子の死後に許されている。次いで持統九年(六九五)七月、小野朝臣毛野とともに遣新羅使に任ぜられ、翌八月に出発した。文武四年(七〇〇)六月には『大宝律令』の撰修の功によって禄を賜わったが、直広肆位(じきこうしい)に進んでいた。また大宝元年(七〇一)八月、従五位下で律令撰修の功により禄を賜わり、同三年二月には功田十町、封五十戸を賜わったが、その功田は天平宝字元年(七五七)十二月に下功として子に伝えることになった。時に従五位上。博徳は外交の転換期であった斉明・天智朝に外交官として活躍し、その経歴を背景に、『大宝律令』の編修に加わった。

【参考文献】坂本太郎「日本書紀と伊吉連博徳」(『日本古代史の基礎的研究』上所収)、北村文治「伊吉連博徳書考」(坂本太郎博士還暦記念会編『日本古代史論集』上所収)

伊吉連宅麻呂 いきのむらじやかまろ 八世紀前半の下級官人。氏名を伊支また雪にも作り、名を宅満にも作る。『万葉集』には天平八年(七三六)六月に遣新羅使の一員として派遣され、漂流して豊前国下毛(しもつみけ)郡分間浦(わくまのうら。大分県中津市田尻・今津付近か)にいたって作った歌(一五—三六四四)がある。その後、壱岐島で疫病にかかって卒した。『松尾社家系図』所引の「伊伎氏本系帳」には、古麻呂の子で、母は下野守秦忌寸大魚(おおな)の女とみえ、伊伎島司また神祇官宮主とするが、詳らかではない。

印支弥 いきみ 任那日本府の臣。印岐弥にも作る。欽明五年(五四四)三月、百済の聖明王が阿乇得文(あとくとくもん)らを遣わして上表し、日本府の阿賢移那斯(あけえなし)と佐魯麻都(さろまつ)の二人が日本府を専制して任那の再建を妨害していることを伝えたなかに、欽明二年七月の百済使の紀臣奈率弥麻沙(なそちみまさ)らに託した詔がみえている。この詔に、その昔、印支弥と阿鹵旱岐が日本府にいた頃、新羅に攻められて人民の生活が乱れ、百済はこれを救援できなかったが、日本府の的(いくは)臣らが新羅に通交して平安を得たことが述べられている。また上表文には、印支弥の後任は許勢臣であり、この時には新羅の侵攻のなかったことがみえる。ところが同年十一月に聖明王が日本府の臣と任那の執事を召して任那の再建を協議した時、王は「今、日本府の印岐弥、既に新羅を討ちて、また我を伐たんとす」と語って、印岐弥を現任の日本府の臣としている。

【参考文献】金鉉球『大和政権の対外関係研究』

生江氏　いくえうじ　武内宿禰の後裔氏族の一つ。姓は臣。越前国足羽郡には生江川(足羽川)や生江荘があり、氏名は越前国足羽郡内の地名に基づくと考えられる。『古事記』孝元段に、建内宿禰の子葛城長江曾都毘古(かずらきのながえのそつひこ)の後裔氏族中の一氏としてあげられており、蘇我氏と越国との関わりで、六世紀にこうした系譜に組み込まれたと考えられている。生江氏は、安麻呂や東人を始め、足羽郡の郡領を多く輩出している在地の有力豪族である。郡名を冠した足羽臣氏よりもその勢力は強大であり、越前国の東大寺領荘園の開発および経営に深く関与していた。生江氏は足羽郡内の江上郷(福井県吉田郡松岡町芝原または福井市江上町付近)・江下郷(比定地未詳)を中心として、曰理郷(福井市)・岡本郷(比定地未詳)・中野郷(福井市中角または中ノ郷)に居住していたことは明らかで、そのほか一族の者が越前国丹生郡や今立郡・大野郡の郡司となっているので、越前国の広い範囲に勢力を有していた。また、平城京に居住した智麻呂、尾張国の安久多もいる。

【参考文献】佐伯有清『新撰姓氏録の研究』考証篇一

生江臣東人　いくえのおみあずまひと　八世紀中頃の越前国足羽郡大領。天平二十一年(七四九)五月、造東大寺司史生として東大寺野占使平栄とともに越前国栗川荘(福井市南部)付近の占定を行なっている。当時の足羽郡大領生江臣安麻呂は東人とは近い親族関係にあったと推定される。天平勝宝七歳(七五五)には足羽郡大領となっていたことが確認できる。東人は越前国東大寺領荘園の成立・経営に大きく関与した。足羽郡道守荘(福井市の旧足羽郡社村一帯)は、東人が造成した墾田百町を天平宝字(七五七—七六五)初年に東大寺に施入したところから始まり、天平神護二年(七六六)の一円化にも関わる。また、越前国坂井郡桑原荘(福井県坂井郡金津町桑原付近)については、天平勝宝六年頃に、安都(あと)宿禰雄足が越前国史生に、東人が足羽郡大領となり、相前後して越前国にやってきて荘経営に当っている。特に東人は同七歳に四千七百余束、同八歳に三千百余束を経営料として供出している。坂井郡の大領ではなく東人が関わるのは在地での勢力関係や造東大寺司との関わりからであろう。天平神護二年の御使勘問で東人は、田使からの召喚に応じられなかった理由として神社の祭礼で酔伏したことをあげており、在地の祭祀に深く関わる有力者であった。この時、正六位上、神護景雲二年(七六八)二月、外従五位下を授けられた。

【参考文献】岸俊男『日本古代政治史研究』

生江臣家道女　いくえのおみいえみちめ　八世紀後半の越前国足羽郡江下郷(比定地未詳)出身の優婆夷。天平勝宝九歳(七五七)五月、聖武天皇の一周忌に母の大田女とともに『法華経』百部八百巻、『瑜伽論』一部百巻を東大寺に献上している。その後、市鄽において妄りに罪福を説き、人々を眩惑したことで本国に送り返された。延暦十五年(七九六)七月のことである。世人から越優婆夷といわれていた。

生江臣息嶋　いくえのおみおきしま　八世紀中頃の越前国足羽郡目代。道守徳太理とともに足羽郡内産業所の担当者。産業所は造東大寺司による諸荘園経営の現地における中心的機関。息嶋の産業所の所在地は不明。天平宝字三年(七五九)四月の「生江息嶋解」は、中央から派遣された田使の収納した稲を息嶋がまとめ、その結果を中央に報告したものである。天平神護三年(七六七)二月には墾田の買得について郡目代として署判しており、生江臣東人(あずまひと)らとともに荘経営の中心的位置を占めた。また、「越前国足羽郡道守村(福井市の旧足羽郡社村一帯)開田地図」には荘域外に墾田を所有することがみえる。

生江臣長浜　いくえのおみながはま　八世紀中頃の越前国足羽郡目代。生江氏一族による越前国諸荘の経営に関与。天平神護三年(七六七)二・三月の墾田買得による寺田化の七通の荘券に郡目代として署判を加えている。中野郷(福井市中角または中ノ郷)の物部古麻呂・生江広成、草原郷(比定地未詳)の中臣小金・酒部小国、上家郷(福井市南部付近)の秦前多麻呂・伊何(宜)我部広麻呂、岡本郷(比定地未詳)の道守息虫女の墾田であった。

生江恒山　いくえのつねやま　九世紀中頃の越前国足羽郡の人か。伴宿禰善男の従者として、貞観八年(八六六)閏三月に応天門が焼失した事件に関わる。大宅首鷹取は、伴宿禰善男・中庸(なかつね)父子を応天門放火の犯人として密告したが、その後、恒山と伴清縄は共謀して鷹取の子女を殺害した嫌疑で同年八月に拷問をうけ、善男みずからは火をつけなかったが中庸が放火したと白状したため、同年九月に善男らの処罰が決定した。恒山は遠流となった。

的氏　いくはうじ　武内宿禰の後裔氏族の一つ。葛城襲津彦(かずらきのそつひこ)の子孫という。姓は臣。その氏名の由来について、『日本書紀』仁徳十二年八月条に、高麗国の客を饗応した日、高麗が献じた鉄の的を人々に射させたところ、誰もそれを射通すことができなかったが、的氏の祖先である盾人(たてひと)宿禰が鉄の的を射通したので、翌日、盾人宿禰を賞して的戸田宿禰という名を賜わったという伝承がみえる。おそらくこの伝承は、的の製作や的を射通す武芸など軍事関係の職掌名に由来する的の呼称に基づいて、後世に造作されたものであろう。的氏が軍事関係の氏族であったことは、宮城十二門号の一つである的門(郁芳門)になっていることからも知られる。『新撰姓氏録』によると、的氏は山城・河内・和泉国に分布し、山城国には天平五年(七三三)頃の「山背国愛宕郡(京都市東北部)某郷計帳」に的臣族稲積売という人物がみられるように的臣族という氏族が存在していたことがわかる。

【参考文献】直木孝次郎「的氏の地位と系譜」(『日本古代の氏族と天皇』所収)、同「的臣と玉手臣」(『日本古代兵制史の研究』所収)

的臣(欠名)　いくはのおみ　任那日本府の官人。最高官かと思われる。『日本書紀』所引の『百済本記』には烏胡跛臣とある。欽明五年(五四四)三月に百済の聖明王が欽明天皇に差し出した上表文によれば、聖明王は欽明の任那再興の命を受けて策を謀ろうと日本府の官人を召したが、的臣・吉備臣・河内直らは日本府内の親新羅派官人阿賢移那斯(あけえなし)・佐魯麻都(さろまつ)の指示に従うままで応じようとせず、また的臣らは任那の土地が耕作できたのも、自分たちが新羅と通じていたからであると主張したという。そして聖明王は、的臣らが任那内に居続ければ任那再興は困難であるから早急に退去させてほしいと上表している。しかし聖明王は欽明十四年八月にも新羅に対抗する援軍を求める上表文を朝廷に差し出している。それによれば、的臣の治政は朝早くから夜遅くまで怠りのないもので善政の誉れが高かったというが、間もなく没した。

【参考文献】直木孝次郎「的氏の地位と系譜」(『日本古代の氏族と天皇』所収)

的臣真嚙　いくはのおみまくい　六世紀後半の蘇我馬子宿禰の配下の武将。用明二年(五八七)六月、炊屋姫(かしきやひめ)尊(のちの推古天皇)を奉じた馬子らの命により、真嚙は佐伯連丹経手(にふて)・土師(はじ)連磐村らとともに、物部守屋大連と結んだ穴穂部皇子・宅部皇子を殺した。一連の蘇我・物部両氏の政争の端緒となる。

的戸田宿禰　いくはのとだのすくね　応神・仁徳朝の遣加羅・新羅使。的砥田にも作る。応神十六年八月、平群木菟(へぐりのつく)宿禰とともに加羅に派遣されて応神天皇の勅を伝えた。また『日本書紀』仁徳十二年八月条の的氏の氏名由来伝承に、高麗国から献上された鉄的を群臣百僚に射させたところ、ひとり盾人(たてひと)宿禰のみが射通し、よって賞して的戸田宿禰の名を賜わったとみえる。同十七年九月には新羅が朝貢しないため、賢遺(さかのこり)臣とともに新羅へ派遣された。

【参考文献】 直木孝次郎「的氏の地位と系譜」(『日本古代の氏族と天皇』所収)

池田氏　いけだうじ　豊城入彦命の後裔氏族。佐太公の子孫という。姓は初め君(公)、天武十三年(六八四)朝臣を賜わる。氏名は上野国那波郡池田郷(群馬県伊勢崎市南東部)または邑楽郡池田郷(群馬県館林市付近か)の地名に基づく。『新撰姓氏録』は左京皇別下に配し、八―九世紀の中下級貴族に子首・足床・足継・内麻呂・真枚・春野らがいる。上野国では神亀三年(七二六)の「金井沢碑」(高田里結知識碑。群馬県高崎市山名町金井沢に所在)に群馬郡下賛郷高田里(下賛郷は現在の高崎市下佐野町付近。高田里は比定地未詳)の池田君目頬刀自・加那刀自の名がみえる。

池田朝臣真枚　いけだのあそんまひら　八世紀後半の武官。天平宝字八年(七六四)十月、従八位上から従五位下に昇叙。のち検校兵庫軍監・上野介・少納言・長門守などを歴任し、延暦六年(七八七)二月、鎮守副将軍となる。同八年三月、征東大使紀朝臣古佐美のもとで陸奥国胆沢(のちの胆沢・江刺両郡を含む広域地名)に進軍し、左中軍別将として渡河作戦を指揮した。しかし蝦夷軍の夾撃作戦で官軍は大敗。その責任を問われ、官位剝奪のところ、日上乃湊(胆沢地区にあった北上川渡河港。比定地未詳)で溺軍を救った功を考慮されて解官の処分をうけた。

【参考文献】 新野直吉『古代東北史の人々』

池田王　いけだのおう　天武天皇の皇子舎人親王の子。天平七年(七三五)四月、無位から従四位下となる。天平勝宝六年(七五四)畿内巡察使、同八歳、講梵網経の元興寺使に任ぜられた。時に弾正尹。同九歳四月、道祖(ふなど)王廃太子後、文室真人珍努(ふんやのまひとちぬ)らによって太子に推されたが、孝行に欠けるところがあったので不適格となった。同年六月、刑部卿となり、天平宝字二年(七五八)八月、伊勢幣使・摂津大夫で従三位に叙せられる。同三年六月、淳仁天皇の兄弟の故をもって親王に列し、三品に叙せられ紀政尹(きゅうせいいん。弾正尹)となり、同四年六月、光明皇太后葬儀の山作司となった。同七年八月、子の男女五人はその母が凶族の出身(橘朝臣奈良麻呂の族か)であったので、その逆党を憎み王籍に与らせなかったが、処置すべき時であるとして御長(みなが)真人の氏姓を賜うことを願い許された。同八年(七六四)十月、藤原朝臣仲麻呂の乱後、淳仁の廃立に伴い、仲麻呂に謀を通じた噂があったため王に貶され、土佐に流された。

池上氏　いけのえうじ　(一)皇裔氏族の一つ。姓は真人。敏達天皇の孫百済王の後で、天平宝字二年(七五八)二月、広野王の時に池上真人の氏姓を賜わって臣籍に入った。大原真人と同祖。大和国十市郡池上郷(奈良県桜井市阿部付近)を本拠としたのであろう。(二)技術系の氏族の一つ。姓は君。養老四年(七二〇)十二月、春宮坊少属であった朝妻金作(あさつまのかなつくり)大歳などが雑戸の籍を除かれ、大歳は池上君の氏姓を賜わった。もと雑戸ということからすると池上椋人の一族か。

池上内親王　いけのえないしんのう　―八六八　桓武天皇の皇女。母は橘朝臣入居の女で田村子といった。貞観十年(八六八)十一月二十三日、大原野祭の日に薨じた。無品。

池原氏　いけはらうじ　豊城入彦命の後裔氏族。多奇波世君の子孫という。氏名は常陸国茨城郡(茨城県石岡市全域と土浦市・東茨城郡・西茨城郡・新治郡・行方郡の各一部)内地名とも、上野国・摂津国地名ともいうが未詳。初め上毛野(かみつけの)公を称し、天平勝宝七歳(七五五)池原公に改氏姓。延暦十年(七九一)四月、拠地名に因み住吉朝臣を称する。九世紀初め池原朝臣と改めた。『新撰姓氏録』左京皇別下に「池原朝臣」とある。

【参考文献】 角田文衛「池原綱主」(『王朝の映像』所収)

池原公禾守　いけはらのきみあわもり　八世紀後半の官人。名を粟守にも作る。初め上毛野(かみつけの)君を称し、天平勝宝七歳

(七五五)池原君に改氏姓。前年、遠江員外少目で東大寺関係の政務を担当する様子がみえ、外嶋院・勘大宝積経所・中島写経所などに出仕。天平宝字元年(七五七)従六位上で紫微中台(坤宮官)少疏を兼ね、同五年には外従五位下で大外記を務めている。のち讃岐介・美濃介・播磨介を歴任し、この間に新羅使推問使・造西隆寺次官・右平準令などとなっている。宝亀七年(七七六)三月、主計頭に任ぜられ、翌八年正月、再び大外記を兼ねた。

【参考文献】木本好信「池原公禾守について」(『藤原仲麻呂政権の研究』所収)

池辺氏　いけべうじ　東(倭)漢(やまとのあや)氏の枝氏。姓は直。氏名は用明天皇の宮居池辺双槻宮のあった大和国十市郡池上郷(奈良県桜井市阿部付近)の地名による。『新撰姓氏録』は和泉国諸蕃に池辺直を載せ、坂上大宿禰の同祖阿智王の後とする。ただし、この池辺直氏は『坂上系図』に記載がなく、代わって文池辺忌寸がみえることから、池辺氏の本宗は後者の方であったとも推測される。なお、『正倉院文書』には池辺史氏もみえる。

池辺直氷田　いけべのあたいひた　六世紀後半の仏師。『日本書紀』によれば、敏達十三年(五八四)百済から仏像二体を招来したことにより蘇我馬子宿禰は氷田に鞍部村主司馬達等(くらつくりのすぐりしばたっと)とともに修行者を求めさせ、播磨国に高句麗の還俗僧恵便を探し出した。また馬子は達等の女である善信尼ら三人の尼を氷田と達等に付けたという。これらの話は「仏法の初、これより作(おこ)れり」と結ばれる。馬子の仏教信仰を語った記事中に記されており、氷田は終始馬子の協力者として描かれている。池辺直氏と蘇我氏との密接な関係を示すものといえよう。これのみでは氷田の職掌はわからないが、『日本書紀』欽明十四年(五五三)五月条に吉野寺(比蘇寺。奈良県吉野郡大淀町比曾)の仏像二体を造った人物としてみえる欠名の溝(池)辺直が氷田と同一人物と考えられるので、仏師であることが確認される。『日本霊異記』にも氷田にまつわる同様の話を伝えており、これも同一人物とみなしてよい。

溝辺直(欠名)　いけべのあたい　六世紀後半の仏師。『日本書紀』欽明十四年(五五四)五月条によると、河内国から泉郡(のちの和泉国)の茅渟海(ちぬのうみ。大阪湾南部の和泉灘)のなかに梵音がするという報告があった時、溝辺直は欽明天皇の命によって海に入り、樟(くす)木が海に浮かんでいるのを見つけ、それを取って欽明に献じた。欽明は画工に命じてその木から仏像二体を造らせ、これが吉野寺(比蘇寺。奈良県吉野郡大淀町比曾)にある光を放つ樟の像であるという。『日本書紀』のこの部分では「溝辺直」の後に分注で「此に但(ただ)に直とのみ曰ひて、名字を書かざるは、蓋し是伝へ写して誤り失へるか」とある。ただし同書敏達十三年(五八四)条には池辺直氷田がみえ、『日本霊異記』には大部屋栖野古(おおとものやすのこ)連公が、樟木を献じ、池辺直氷田が仏像を彫ったとして、ほぼ同様の説話を載せている。これらを併せ考えると、伝承に若干の異同はあるものの、『日本書紀』欽明巻の欠名の溝辺直は、もとは池辺直氷田のこととして伝えられていた可能性が強い。

五十狭茅宿禰　いさちのすくね　『日本書紀』は吉師の祖とし、『古事記』は伊佐比宿禰に作り、難波吉師部の祖とする。『日本書紀』神功元年二月・三月の両条によると、新羅征討から筑紫に戻り、応神天皇を生んだ神功皇后が、大和に戻ろうとする頃、応神の異母弟に当る香坂(かごさか)王と忍熊(おしくま)王は、神功・応神母子を殺して皇位に即こうと準備をすすめていた。これを察知した神功は、応神が死んだとする虚報を流し、喪船をしつらえ大和国に向かった。この時、犬上君の祖倉見別と、吉師の祖五十狭茅宿禰は、東国の兵を起こして香坂・忍熊の二王についたが、叛軍は神功と武内宿禰の計略で敗れ、忍熊王と五十狭茅宿禰は、山城国から近江国に逃れて、瀬田(滋賀県大津市瀬田)で湖に身を投げてともに死んだという。

勇山氏　いさやまうじ　地方伴造系の氏族か。不知山・胆狭山にも作る。初め無姓で、のち連。『日本書紀』安閑元年に、物部大連尾輿が筑紫の胆狭山部を献上したとあるが、それ以前に胆狭山部を管轄するために物部の族が派遣されていたであろう。その族が胆狭山氏を称したか。『新撰姓氏録』でも饒速日(にぎはやひ)命三世の孫出雲醜大使主(いずもしこおおみ)命の後としており、物部系と称する。天平十二年(七四〇)豊前国下毛郡擬少領に勇山伎美麻呂がみえ、本拠は下毛郡諌山郷(大分県下毛郡三光村諌山付近)か。ただし同国京都郡にも諌山郷(福岡県京都郡勝山町)があり、そこにも分布したらしい。その後一族の一部が上京して河内国に居住したが、平安初期に紀伝博士勇山文継を出してから栄え、その一族は弘仁元年(八一〇)十月、無姓から連姓になった。また文継は、弘仁期(八一〇―八二四)末年から天長四年(八二七)頃までの間に安野宿禰へと改氏姓した。

勇山連文継　いさやまのむらじふみつぐ　九世紀初めの文人・学者。河内国の人。弘仁元年(八一〇)十月、連姓を賜わる。時に従八位下。従六位下を経て、同二年正月、外従五位下を授けられた。同年二月、紀伝博士に加えて相模権掾に任官、その七日後にはさらに大学助を兼任。同七年六月、嵯峨天皇に『史記』を進講し、従五位下を授かる。『凌雲集』『文華秀麗集』『経国集』の撰集に参画。『文華秀麗集』『経国集』に七言律詩各一首が遺る。天長四年(八二七)成立の『経国集』序に「従四位下行東宮学士臣安野宿禰文継」とあり、弘仁期(八一〇―八二四)末年から天長四年頃までに氏姓を安野宿禰と改め、東宮学士に任官、位階も従四位下に昇ったものとみられる。

伊治氏　いじうじ　八世紀後半の陸奥国伊治村(宮城県栗原郡)の地名に由来する氏名。姓は公。神護景雲年間(七六七―七七〇)に伊治城(城跡は栗原郡築館町城生野にある)ができ、栗原郡が建てられた。この地域の豪族層に伊治公呰麻呂(あざまろ)がおり、郡大領に起用された。

伊治公呰麻呂　いじのきみあざまろ　八世紀後半の蝦夷出身の陸奥国伊治郡大領。宝亀九年(七七八)六月、征戦の功により蝦夷爵第二等から外従五位下に叙せられた。すでに神護景雲元年(七六七)十月、鎮守将軍田中朝臣多太麻呂指揮下に伊治城が完成、同三年、坂東八ヵ国の百姓を伊治村に移住させ、栗原郡が建てられていた。この事業を中心的に推進したのは牡鹿郡(当時の牡鹿郡の郡域は宝亀元年(七七〇)頃に独立する桃生郡を含む。現在の宮城県牡鹿郡と石巻市、および桃生郡の一帯)出身で陸奥少掾から陸奥国造になる道嶋宿禰三山で、協力した伊治村族長が呰麻呂であったとみられる。しかし、宝亀元年以来、蝦夷社会に不穏な情況が生まれ、同七年・八年いずれも大規模な征軍がおこされた。こうした中で叙位され、のち郡大領となる。同十一年春、按察使(あぜち)鎮守将軍紀朝臣広純は「賊奴の奥区」といわれた胆沢に進軍するにあたり、覚鱉柵(かくべつのき。現在の岩手県一関市付近か)築城を建議し、軍兵三千人を発して伊治城に入った。この時、牡鹿郡大領道嶋大楯が日頃夷俘として凌侮することに怨みを懐いていた呰麻呂は、「俘軍」(服属した蝦夷軍)を率いて反乱を起こし、広純・大楯を殺し、陸奥介大伴宿禰真綱を多賀城(宮城県多賀城市市川・浮島)に護送。しかし真綱は陸奥掾石川浄足とともに城を脱し、城中に救いを求めた百姓らも逃げ去ったため、数日後に城に押し寄せ、多年にわたり備蓄された兵器粮食を奪い、残りを放火して去った。その後の去就は不明。翌天応元年(七八一)政府は「賊中之首」として、かつて呰麻呂とともに外位に叙した吉弥侯伊佐西古(きみこのいさせこ)のほか、諸絞・八十嶋・乙代らの名をあげており、乱の背景には現地社会の族長間の反目や、強圧的な律令化への矛盾があったとみられる。この反乱が直接的契機となって、以後二十余年にわたる国家の征討事業が続いた。多賀城跡発掘調査によりこの時のものと思われる建物の火災跡が確認されている。また『続日本紀』で呰麻呂を「上治郡大領」と記すが、「此治」の誤りで、伊治と同じく「これはる」と訓むと考えられる。

【参考文献】 高橋崇『坂上田村麻呂』(『人物叢書』)、高橋富雄『蝦夷』、新野直吉『古代東北史の人々』、宮城県多賀城調査研究所編『伊治城跡』Ⅰ、桑原滋郎「多賀城と東北の城柵」(石松好雄・同『大宰府と多賀城』所収)

石占氏 いしうらうじ 阿知使主(あちのおみ)の後裔東(倭)漢(やまとのあや)氏族の一つ。姓は忌寸。『新撰姓氏録』摂津国諸蕃に石占忌寸氏は坂上大宿禰と同祖で阿智王の後であるとみえる。石占の氏名は、石により吉凶を定める石占の職掌、または伊勢国桑名郡石占(三重県桑名郡多度町付近)の地名に因む。『坂上系図』所引の『新撰姓氏録』逸文にも中腹の志努直(都賀使主(つかのおみ)の次子)の第二子志多直の子孫とある。

石川氏 いしかわうじ 蘇我氏の後裔氏族。蘇我臣連子(むらじこ)の子孫とその同族。七世紀末から官人として活躍し、八世紀中頃を最盛期として衰退に向かった。姓は初め臣、天武十三年(六八四)八色の姓制定に際し、朝臣を賜わる。この時すでに氏名は石川であった。乙巳の変(大化改新)で蘇我氏本宗は滅亡したが、傍系は存続した。天智三年(六六四)大臣大紫の地位で薨じた連子の子安麻呂は、同十年、蘇賀(我)臣の氏姓を冠しており、翌天武元年、壬申の乱の最中に内紛のため自殺した近江朝廷側の将で御史大夫であった同族の果安、近江朝廷の左大臣で壬申の乱後配流に処せられた連子の弟赤兄がともに蘇我臣を称していたから、蘇我臣が石川臣と氏名を改めた時期は壬申の乱後、朝臣賜姓までの間である。安麻呂の没年は明らかではないが、『浄御原令』制定頃までは生存していたと推定され、彼の時に時勢を考え、伝統的な蘇我の氏の名を捨てたのであろう。石川の氏名は、馬子が仏殿をつくった石川宅の所在地、馬子の孫で連子の兄である倉山田石川麻呂がその名によって住んだことがあると考えられる蘇我氏ゆかりの石川の地、のちの河内国石川郡(大阪府富田林市の東半と南河内郡の一帯)の地名に由来し、この地域を本拠としたからであろう。官人としての氏人は、七世紀末には直広肆の地位にあった虫名、美濃守に任ぜられた小老らが知られるにとどまるが、八世紀には多数の官人の活躍が伝えられ、連子の子孫を中心に、高位高官に進んだ者も少なくない。安麻呂の弟宮麻呂は従三位右大弁、子石足は権(かり)に参議に任じ従三位左大弁に昇った。石足の子年足・豊成兄弟はともに参議となり、年足は御史大夫正三位兼文部卿・神祇伯・勲十二等、豊成は正三位中納言兼宮内卿・右京大夫の地位で薨じ、同氏黄金時代の幕をあけた。のち元慶元年(八七七)十二月、石川朝臣木村は宗岳(岡)朝臣を賜わった。この氏の後裔氏族が後世、先祖宗我大臣(馬子)の建立と主張した河内国石川郡の竜泉寺(大阪府富田林市竜泉)は石川氏の氏寺か。

【参考文献】 佐伯有清『新撰姓氏録の研究』考証篇一、加藤謙吉『蘇我氏と大和王権』、星野良作「蘇我石川両氏系図成立の時期について」(『法政史学』一七)、同「蘇我氏の改姓」(『法政大学工業高等学校紀要』二)

石川朝臣石足 いしかわのあそんいわたり 六六七―七二九 八世紀初めの上級官人。蘇我臣安麻呂の子。和銅元年(七〇八)三月、正五位下で河内守となり、同四年四月に正五位上、同七年正月に従四位下、養老三年(七一九)正月、従四位上と昇叙し、同四年十月に左大弁、同五年六月、大宰大弐に任ぜられ、同七年正月に正四位下に叙せられた。神亀元年(七二四)七月には天武天皇の夫人石川朝臣大蕤比売(おおぬひめ)、同五年三月には田形内親王の葬儀の監督・護衛に当った。同年五月、正四位上に進み、同六年二月、すでに左大弁に再任されていたが、長屋王の変に際して権(かり)に参議に任ぜられ、同月、長屋王の弟鈴鹿王の宅に遣わされ、長屋王の親族のうち連坐して罰せられるべき者をすべて赦免する旨の勅をのべ、同年三月、従三位に叙せられ、同年八月九日、左大弁従三位で薨じた。『懐風藻』に一首を残し、「従三位左大弁」「年六十三」(享年)とある。なお石足の一周忌に『仏説弥勒成仏経』十部が写された。

石川朝臣大蕤比売 いしかわのあそんお

おぬひめ　―七二四　天武天皇の夫人。太蕤娘・石川夫人ともいう。蘇我臣赤兄の女。穂積皇子・紀皇女・田形皇女の母。天武十五年(六八六)四月、多紀皇女・山背姫王とともに伊勢神宮に遣わされ、同年五月に帰京した。大宝四年(七〇四)正月に封百戸を賜わり、神亀元年(七二四)七月十三日、夫人正三位の地位で薨じた。朝廷から正二位を追贈され、また絁(あしぎぬ)三百疋、糸四百絇、布四百端を贈られた。

石川朝臣垣守　いしかわのあそんかきもり　―七八六　八世紀後半の中級官人。天平勝宝八歳(七五六)四月、外嶋院の写経所に出仕し、天平宝字八年(七六四)九月、正六位上から従五位下に叙せられ、翌年正月、藤原朝臣仲麻呂追討の功で勲六等を授けられた。以後、相ついで諸官を歴任し、延暦五年(七八六)五月五日、宮内卿正四位上で卒した。垣守は、渡来僧道璿(どうせん)にまみえて菩提心を起こし、ひたすら精進に努め、竜淵居士と称されたという。

石川朝臣君子　いしかわのあそんきみこ　八世紀前半の中級官人・歌人。若子・吉美侯にも作る。和銅六年(七一三)正月に正七位上から従五位下に叙せられ、播磨守・兵部大輔を経て養老五年(七二一)六月、侍従となり、神亀三年(七二六)正月には従四位下に進んだ。この頃、君子は風流侍従の一人であった。また神亀初年、大宰大弐であったらしく、在任中の作と思われる歌が『万葉集』にみえる(三―二四七・二七八、一一―二七四二)。

石川朝臣木村　いしかわのあそんきむら　九世紀中頃の官人。右京の人。元慶元年(八七七)十二月に前長門守従五位下で、箭口朝臣岑業とともに宗岳朝臣の氏姓を賜わった。時に始祖武内宿禰の男宗我石川(蘇我石河宿禰)の名と姓の由来を述べ、先祖の名を子孫の姓とするのは諱を避けないものと言上した。同三年五月、同姓の氏人の絶戸を進め、同六年八月には散位従五位下で、縁起に基づいて建興寺(豊浦寺。奈良県高市郡明日香村豊浦)の宗岳氏による検領を誓願した。

石川朝臣国助　いしかわのあそんくにすけ　九世紀初めの治部省の官人。弘仁六年(八一五)七月完成した『新撰姓氏録』の編纂を担当。時に治部省少丞、正六位上。同八年正月、従五位下に叙せられ、翌年十月当時、越中国介に在任。天長六年(八二九)正月、従五位上を授けられた。

石川朝臣年足　いしかわのあそんとしたり　六八八―七六二　八世紀中頃の上級官人。氏名を石河にも作る。石足の長子。初め少判事。地方官を歴任して天平七年(七三五)四月、従五位下に叙せられ、出雲守に任ぜられた。同十一年六月、善政の国司として賞賜をうけて名をあげ、同十二年正月、従五位上に進んでからは順調に昇任・昇叙し、天平勝宝元年(七四九)七月には従四位上、式(治ヵ)部卿で紫微大弼(次官)を兼ね、参議に列した。以後、治部卿・左中弁・式部卿(のち文部卿)・大宰帥・神祇伯・兵部卿・中納言などを歴任し、天平宝字二年(七五八)八月、正三位となり、藤原朝臣仲麻呂らとともに官職名を唐風に改め、同三年六月、律令の施行細則である別式制作の必要性を献策し、のちみずから『別式』二十巻を編纂した。同四年正月、御史大夫(大納言)に昇ったが、同六年九月三十日、御史大夫正三位兼文部卿・神祇伯・勲十二等で京宅で薨じた。時に七十五歳。この間、東海道巡察使、国分寺設立を督促する使者、宇佐八幡神入京の際の迎神使、遣唐使の平安祈願のための伊勢奉幣使、元興寺で『梵網経』を講ずる役などを務めた。年足の天性は勤勉、出雲守時代に数年で民生を安定させたと伝わるが、おそらく諸国の介・掾として、青年期から壮年期にかけての体験が開花したものであろう。また『別式』は施行されず、今に伝わらないが、当時すこぶる実務の参考とされ、『弘仁式』のもとになったといわれる。年足の公務の間のよろこびは書籍に親しむことのみとも伝えられ、藤原朝臣仲麻呂政権下で要職についたが、単なる能吏ではなく、政治的にも学問的にもなみなみならぬものをもった人物と考えられる。『万葉集』に作歌(一九―四二七四)を残し、仏心も厚く、天平二年、父石足のための『仏説弥勒成仏経』十部の書写を始め、写経や造仏のことが知られる。のち文政三年(一八二〇)摂津国嶋上郡真上光徳寺村(大阪府高槻市真上町一丁目)から年足の墓志が発見され、墓所も明らかである。

【参考文献】 滝川政次郎「石川年足とその法律的事蹟」(『歴史と地理』二三ノ一六)、西山徳「石川年足と神祇伯」(『神道史研究』二ノ四)

石川朝臣刀子娘 いしかわのあそんとすのいらつめ　文武天皇の嬪。広成・広世皇子の母。文武元年(六九七)八月、嬪となったが、和銅六年(七一三)十一月、紀朝臣竈門(かまど)娘とともに、嬪号を貶(おと)して嬪と称することを止められた。その際、広世皇子らは母の氏、石川朝臣の籍に入れられた。この事件は、首(おびと)皇子(のちの聖武天皇)の立太子を実現するための藤原朝臣不比等と県犬養宿禰三千代の策謀であったとみなされる。

【参考文献】 角田文衛「首皇子の立太子について」(『律令国家の展開』所収)

石川朝臣豊成 いしかわのあそんとよなり　―七七二　八世紀後半の上級官人。石足の子。天平十七年(七四五)には式部大丞正六位上であったが、天平勝宝六年(七五四)正月、従五位下に進み、同年四月、右少弁に任ぜられ、以後、諸官を歴任し、天平宝字六年(七六二)十二月には従四位下右大弁兼尾張守で参議となった。その後も大蔵卿・大宰帥などを歴任し、宝亀三年(七七二)九月八日に薨じた。時に正三位中納言兼宮内卿・右京大夫。

石川朝臣名足 いしかわのあそんなたり　七二八―七八八　八世紀後半の上級官人、光仁朝修史事業の主宰者。年足の子。天平宝字五年(七六一)正月、正六位上から従五位下に叙せられ、下野守に任ぜられた。以後、地方官を歴任したが、宝亀二年(七七一)からは中央官人として昇進し、同四年九月に従四位下、同十一年二月に右大弁で参議に列して伊勢守を兼ねた。その後も昇任・昇叙して延暦七年(七八八)六月十日、六十一歳で薨じた。時に中納言従三位兼兵部卿・皇后宮大夫・左京大夫・大和守。薨伝によると、名足は記憶力非凡で、決裁は滞ることがなかったが、すこぶる度量がせまく、好んで人の過ちを責め、官人が政(まつりごと)を申す時、気に入らないと口を極めてその人を罵ったという。また『続日本紀』撰進の上表文で、名足が光仁天皇の命をうけ、淡海真人三船・当麻真人永嗣らと携わった『続日本紀』の編纂作業は、因循して進捗せず、はなはだ不備なものであったと批判されている。

石川朝臣真主 いしかわのあそんまぬし　九世紀中頃の下級官人。承和五年(八三八)八月、東大寺俗別当・内豎として同寺の毗沙門天王像修理の記文に署名している。同年九月、東大寺俗別当・内豎・正六位上の地位にあって東大寺地調査の寺使に任ぜられ、諸国に遣わされた。同七年六月には阿波国名方郡新島荘(比定地については徳島市国府町井戸・川原田・桜間・芝原・東黒田・西黒田一帯とする説など諸説がある)、同九年には因幡国高草郡高庭荘(鳥取市の千代川下流左岸、湖山池の東部一帯)にも赴き、寺田調査の結果を報告した。貞観十二年(八七〇)四月には無官位で平安左京二条一坊(カ)の戸主。時に戸口石川朝臣貞子が大和国内平群東条一里平群里十三・十四坪(奈良県生駒郡平群町椿井付近)に所有する家地を売却したが、この売却地の南に接して真主の土地もあった。

石川朝臣真守 いしかわのあそんまもり　七二九―七九八　八世紀末頃の中級官人。天平神護二年(七六六)七月、正六位上から従五位下に叙せられ、近江守に任ぜられた。以後、諸官を歴任し、延暦二年(七八三)五月、従四位下に進み、大宰少弐に任じ、同九年二月、参議となった。さらに右大弁・右京大夫・刑部卿などに任じ、この間、同十五年七月、正四位上に叙せられた。『公卿補任』には、延暦十七年四月に致仕し、八月十九日に七十歳で卒したとある。

石川朝臣宮麻呂 いしかわのあそんみやまろ　六五五?―七一三　八世紀初めの上級官人。名を宮守にも作る。蘇我臣連子(むらじこ)の五男。大宝三年(七〇三)十月、正五位下で持統太上天皇の大葬御装束司次官を務めた。以後、慶雲二年(七〇五)十一月に大宰大弐、和銅元年(七〇八)三月、右大弁となり、同六年正月、従三位に昇叙して公卿に列せられ、同年十二月六日(五日か)に薨じた。『万葉集』の一首(三—二四七)は宮麻呂の作ともいう。

石川郎女 いしかわのいらつめ 万葉歌人。女郎にも作り、『万葉集』に複数登場する。㈠天智朝頃、久米禅師に求愛されて贈答歌を残した人。「久米禅師、石川郎女を娉(よば)ふ時の歌五首」(同二—九六〜一〇〇)で知られる。㈡持統朝頃の人。(イ)大津皇子との贈答歌(同二—一〇七・一〇八)で知られる石川郎女、大津皇子の作歌(同二—一〇九)によって両者に交情のあったことがわかる石川女郎、草壁皇子から歌(同二—一一〇)を贈られた石川女郎(通称は大名児(おおなご))は確実に同一人物である。また、(ロ)容姿佳艶で風流秀絶な大伴宿禰田主に思いをよせ、田主との遊戯的な贈答歌(同二—一二六〜一二八)を残した石川女郎、田主の弟宿奈麻呂に恋歌(同二—一二九)を贈った石川女郎(通称は山田郎女)も同一人物と推定される。若き日の石川郎女は宮廷で有名な才媛であったらしく、天武天皇の皇子で一歳違いの異母兄弟である草壁・大津の二人からはほとんど同時に思いをかけられ、結局、大津と結ばれた。朱鳥元年(六八六)十月、大津が二十四歳で刑死したのち、持統三年(六八九)四月に草壁が急逝するまでの間に、あるいは草壁の愛をうけ入れたのかも知れない。さらにのち、大伴宿禰安麻呂の子、田主・宿奈麻呂兄弟に恋を仕掛けることがあった。売笑婦の類かとみる説がある。石川郎女(女郎)、通称山田郎女の名は、草壁・大津の曾祖父蘇我倉山田石川麻呂臣のゆかりの地と関わるか。㈢大伴宿禰安麻呂の妻、坂上郎女の母。石川内命婦(ないみょうぶ)・石川朝臣・石川郎女ともいい、諱を邑婆(おおば)という。宮中に仕え、五位以上の位階を授けられた。安曇外命婦(異父妹か)と親密で、同居したという。天平七年(七三五)には有間温泉(兵庫県神戸市北区)で療養した。また、同九年に薨じた水主(みぬし)内親王が病気でこもっていた時、詔に応じ、慰問の歌を献じている(『万葉集』二〇—四四三九)。㈡と同一人物とみる説がある。㈣藤原朝臣宿奈麻呂(良継)の妻。『万葉集』の左注に、「右の一首は、藤原宿奈麻呂朝臣が妻石川女郎の、愛薄らぎ離別せられ、悲しび恨みて作れる歌なり。〈年月詳らかならず〉」(二〇—四四九一)とあることによって知られる。

【参考文献】 斎藤清衛「万葉女流歌人群」(『万葉集大成』一〇所収)、沢瀉久孝「万葉作者考」(『国語国文の研究』四)、小野寛「石川郎女」(『国文学・解釈と教材の研究』二四—四)

石河楯 いしかわのたて 雄略朝頃の人。『日本書紀』雄略二年七月条に、百済から貢上の池津媛と通じたために両者ともに焚殺されたとあり、一説に石河股合(こむら)首の祖とする。『和州五郡神社神名帳大略注解』巻四補闕の治田神社条所引の旧記には、楯を武内宿禰の曾孫とし、安康朝における楯の甘樫岡(奈良県高市郡明日香村豊浦にある岡)開墾と田地経営および大地主神の斎祀の説話を掲げ、さらに雄略朝に至り遠国に退去させられ、その家地田戸を蘇我韓子宿禰に賜わったと記す。この説話は蘇我氏(石川氏)とその拠点の石川の地名にひかれて後世に作られた説話であり、楯は河内国石川地方(大阪府富田林市・大阪狭山市・南河内郡・河内長野市などの一帯)に居住した百済系渡来人の祖先伝承中にあらわれる人物とすべきであろう。

石川錦織首許呂斯 いしかわのにしごりのおびところし 仁徳朝頃の人。名を許呂志にも作る。河内国錦部郡(大阪府河内長野市と富田林市の一部)を拠点とした百済系渡来氏族の錦部(織)氏の氏人とみられる。『日本書紀』によると、仁徳四十一年、無礼の罪により日本へ進上された百済王族の酒君は、許呂斯を欺きその家に逃げ隠れた。『住吉大社神代記』には、許呂斯が住吉大神の神領の山預(山守)として仕えたとあり、その山名十カ所をあげ、さらに倭(やまと)の忍海刀自(おしぬみのとじ)らと田地に引く水の配分をめぐって争ったとの伝承を掲げる。南河内の開発に従事した渡来人達の活動を反映した説話であろう。

石川王　いしかわおう　―六七九　七世紀の皇族。『日本書紀』天武元年(六七二)六月条に、壬申の乱に際し、大海人皇子(のちの天武天皇)が吉野を出発して伊勢に入り三重郡家(三重県四日市市采女町)に宿った時、鈴鹿関司が山部王と石川王の来帰を伝えたが、実はそれは大津皇子の誤りであったとある。また天武八年三月条に、吉備大宰としてみえ、吉備にて病死し、諸王二位を追贈されたとある。『播磨国風土記』揖保郡条にみえる総領石川王は同一人物であろうが、吉備大宰と風土記の総領を同一官職とみる通説には疑問も出されている。

【参考文献】八木充『律令国家成立過程の研究』、菊地康明「上代国司制度の一考察」(『書陵部紀要』六)

石津氏　いしつうじ　石津の地名を氏名とした氏族。姓は連。この地名は『日本書紀』仁徳六十七年十月条に河内石津原(のちの和泉国大鳥郡石津郷。現在の大阪府堺市石津町・石津ケ丘付近)とみえ、孝徳天皇の代、石津川(堺市南部を北流する川)を利用して讃岐国から石材を運んだ地名伝承が、延喜二十二年(九二二)『和泉国大鳥神社流記帳』にみえる。

石作氏　いしつくりうじ　石棺の製作など、石の加工を職掌とした石作部の伴造氏族。姓は連。『新撰姓氏録』には火明(ほのあかり)命の六世孫建真利根命を祖とし、尾張氏と同族としている。同書によれば、垂仁朝に、皇后日葉酢媛命のため石棺を作って献上し、そのために石作大連公の氏姓を賜わったという。また『播磨国風土記』宍禾(しさわ)郡条によれば、石作里(宍粟郡石作郷。現在の兵庫県宍粟郡一宮町伊和・山崎町五十波一帯)に石作首氏が居住していたことが知られ、各地に居住していた石作部を地方においては石作首氏が、中央においては石作連氏がそれぞれ統率するといった統属関係が想定できる。『新撰姓氏録』は、左京および摂津・和泉国神別に石作連を載せ、『播磨国風土記』などから播磨国に居住した石作連がいたことも証明できる。なお、石作部は居住者氏名や地名などから、先に挙げたもののほかに山城・和泉・尾張・美濃・近江国などに広く分布していたことが知られる。

石作連大来　いしつくりのむらじおおく　伝承上の石工。『播磨国風土記』印南郡大国里条の伊保山(兵庫県高砂市伊保崎から魚橋にかけての丘陵)の地名発祥説話によると、九州で崩じた仲哀天皇の遺骸を奉じていた神功皇后が、大来とともに讃岐国の羽若(香川県綾歌郡綾上町羽床上・綾南町羽床下付近)に産する石材を石棺の材として求めてこの地に渡って来た時、遺骸を安置する場所が決まっていなかったが、大来が伊保山をその場所として見つけたという。

石野氏　いしのうじ　渡来系の氏族。初め憶頼・憶礼(おくらい)にも作る。『続日本紀』天平宝字五年(七六一)三月条に百済の人憶頼子老ら四十一人に石野連の氏姓を賜わったことがみえる。憶頼氏は右の子老のほか、『日本書紀』天智二年(六六三)九月・同十年正月条および『新撰姓氏録』左京諸蕃下には、百済の渡来人として憶礼福留(ふくる)の名がみえる。石野連と改氏姓してからの一族の名は、『続日本紀』前記の条の石野連子老しかみえない。なお氏名の石野は美称であろう。

石姫皇女　いしひめのひめみこ　宣化天皇の皇女。母は仁賢天皇の皇女橘仲皇女。石比売命・伊斯比売命にも作る。欽明天皇の皇后となり、二男一女を生んだ。その中の渟中倉太珠敷命が即位して敏達天皇となった。

伊叱夫礼智干岐　いしぶれちかんき　新羅の大臣。伊叱夫礼知奈末にも作る。継体二十三年(五二九)四月に任那の近江毛野臣(おうみのけののおみ)が新羅と百済の王を召集した際に、新羅王に代わって兵三千を率いて来た。時に上臣(まかりだろ。宰相の意)であった。三カ月留まって天皇の勅を聞こうとしたが果たせず、四村を掠め取って帰国した。『三国史記』に異斯夫或いは苔宗、姓は金氏とあり、伊吒・異斯の音はi^tで、苔はその意を記したもの。智証王代に沿辺官となり加羅を攻略し、また国史の修撰を献言したことがみえる。

【参考文献】　末松保和『任那興亡史』

伊甚国造　いじみのくにのみやつこ　上総国埴生郡(千葉県長生郡・茂原市の各一部)を本拠にその南の夷灊(いしみ)郡(千葉県夷隅郡と勝浦市)一帯に勢力を有した国造。『古事記』に天穂日(あめのほひ)命の子の建比良鳥(たけひらとり)命の後裔とあり、『先代旧事本紀』国造本紀によると成務朝に国造に任命されたという。『日本書紀』安閑元年条に伊甚国造稚子直(わくごのあたい)は珠の貢上に遅れたうえに皇后春日山田皇女の後宮に闌入する罪を犯し、皇后に伊甚屯倉(夷隅郡夷隅町とその一帯)を献じてその罪をあがなったと伝えられている。

【参考文献】　川戸彰「伊甚国造と古墳」(『千葉県の歴史』一八)、前之園亮一「房総の国造と中総首長連合」(同上二八)

伊甚国造稚子直　いじみのくにのみやつこわくごのあたい　上総国東南部の夷灊(いしみ)郡・埴生郡一帯の豪族。『日本書紀』安閑元年条によると、珠の貢上の期限に遅れたかどで叱責された稚子直は後宮に逃げかくれ、皇后春日山田皇女を卒倒させた。稚子直は伊甚屯倉を皇后に献上して後宮闌入の罪をあがなったという。伊甚屯倉は千葉県夷隅郡夷隅町とその一帯に比定されている。稚子直の貢上した珠は真珠説と琥珀説がある。

【参考文献】　寺村光晴『古代玉作形成史の研究』、前之園亮一「房総の国造と中総首長連合」(『千葉県の歴史』二八)

伊豆氏　いずうじ　直姓の伊豆氏は、伊豆国造の家柄。天平十四年(七四二)四月には日下部直益人が伊豆国造伊豆直の氏姓を賜わり、宝亀二年(七七一)閏三月には伊豆国造伊豆直乎美奈が従五位下に叙せられた。『伊豆国造伊豆宿禰系図』では乎美奈を益人の子としており、また同系図や『先代旧事本紀』国造本紀は、神功皇后の時代に若多祁(若建)命を伊豆国造に定めたと記す。無姓の伊豆氏としては宝亀三年二月の秦度守の手実裏に伊豆徳足の名がみえる。

出石氏　いずしうじ　但馬国出石郡出石郷(兵庫県出石郡出石町中部・北部)一帯を本拠とした地方豪族。伊頭志にも作る。姓は君。出石地方は、『古事記』『日本書紀』や『播磨国風土記』によれば、各地を遍歴した新羅の王子天日槍(あめのひぼこ)が、最後にとどまった地であり、当地の式内名神大社出石神社は、天日槍のもたらした八種の神宝を祭神とする。したがって出石氏は一般に天日槍の後裔氏族と考えられがちであるが、それを徴証する史料はなく、出石氏の氏人も、『播磨国風土記』揖保郡条に「但馬国人」伊頭志君麻良比(まらひ)とあるのが唯一の例である。「但馬国人」とする以上、出石郡(郡域は兵庫県出石郡のほか豊岡市の一部を含む)がその本拠地とみてよいであろうし、『正倉院文書』によれば、天平宝字五年(七六一)頃、出石郡牟呂郷の戸主に出石部得嶋なる人物がおり、出石部は出石氏と関係する部ともとれるから、むしろこの氏は天日槍伝説を帯した新羅系渡来人とは異なる出石地方在来の土豪であった可能性が強い。なお『正倉院文書』に、天平二十年(七四八)春宮舎人としてみえる出師浄道は、姓が省略されており、出石君の一族とみるべきかもしれない。

伊頭志君麻良比　いずしのきみまらひ　但馬国の人。『播磨国風土記』揖保郡広山里(兵庫県龍野市誉田町広山付近)条にみえる。麻良比は麻打山(兵庫県揖保郡太子町阿曾の立岡山か)に家を構えていたが、ある夜、麻良比の二人の娘が麻を打っていた時、麻を胸の上に置いたまま死んだという。それ以後、その山を麻打山というようになったという。

出水氏　いずみうじ　『続日本紀』宝亀元年(七七〇)十二月条にみえる山背国相楽郡出水(水泉)郷(京都府相楽郡加茂町・木津町一帯)の地名を氏名とした氏族。姓は連。氏名は初め後部(こうほう)、『続日本紀』宝亀七年五月条に後部石嶋ら六人に出水連の氏姓を賜わったことがみえる。

出雲氏　いずもうじ　天穂日(あめのほひ)命の後裔氏族の一つ。姓は臣で、本宗は出雲国意宇郡(島根県安来市のほぼ全域と松江市の南部および能義郡・八束郡の一部を含む地域)を本拠とし、出雲国造を世襲した。同族は左京・右京のほか、山城・大和・河内・摂津・丹波などの諸国に分布していた。『新撰姓氏録』右京神別上・山城国神別・河内国神別に本系を載せている出雲臣氏は、いずれも天穂日命を始祖とする。『古事記』『日本書紀』の伝承には、出雲氏および出雲国造の祖神について多くの名がみえる。『古事記』は天安河誓約段に出雲国造の祖を天菩比(天穂日)命の子建比良鳥(武夷鳥・天夷鳥)命とし、垂仁段は岐比佐都美とする。『日本書紀』は出雲臣の遠祖を神代巻では天穂日命とするが、崇神巻には出雲振根(ふるね)の名を挙げる。また『先代旧事本紀』国造本紀は「出雲国造、天穂日命の十一世の孫宇迦都久怒を以て、国造と定め賜ふ」と記すが、この宇迦都久怒は出雲振根の弟甘美韓日狭(うましからひさ)の子鸕濡渟(うかづくぬ)のことで、『出雲国造系図』では氏祖命とする。出雲国造は意宇郡に鎮座する熊野大社(祭神は櫛御気野命。島根県八束郡八雲村熊野)および出雲郡の杵築大社(祭神は大穴持命。島根県簸川郡大社町杵築東)の祭祀権をもち、あわせて国内の神社・神官を統轄した。意宇郡は神郡として重視され、特例として郡司の三親等連任や同姓併任が認められていたが、出雲国造は慶雲三年(七〇六)以降、延暦十七年(七九八)に禁止されるまで、就任と同時に同郡大領を兼帯する慣行があった。国造に新任されると、二度にわたって、国内諸社の祝部を率いて上京し、「出雲国造神賀詞」という従属の誓詞を奏上することになっていた。その起源については諸説あるが、正史における初見は霊亀二年(七一六)二月の果安の時であり、平安時代初期に至るまで、十人の国造のうち八人の奏上が記録されている。『出雲国風土記』の編者として知られる広嶋も国造で、意宇郡大領を兼帯していたが、同書によれば、各郡の郡司には出雲氏が数多く任ぜられている。山城国の出雲氏は愛宕郡(京都市東北部)に居住し、神亀三年(七二六)の『山背国愛宕郡雲上里計帳』では、郷・房戸のほとんどが同氏によって占められている。また、臣姓で、延暦十年(七九一)に宿禰姓を賜わった出雲氏があり、『新撰姓氏録』左京神別中に「出雲宿禰、天穂日命の子、天夷鳥命の後なり」とある。その一族と考えられる氏人に、壬申の乱で大海人皇子(のちの天武天皇)方の将軍として軍功をあげた出雲臣狛がいる。狛は大宝二年(七〇二)九月に臣姓を賜わっているから、それ以前は無姓。無姓の出雲氏は『新撰姓氏録』左京神別中に「出雲、天穂日命の五世の孫、久志和都命の後なり」とある。この系統とは別に、連姓の出雲氏が摂津国に居住した。一族の出雲連広貞は、大同三年(八〇八)五月、医薬書『大同類聚方』を撰上したことで知られ、平安左京に移住して、弘仁三年(八一二)六月に宿禰、のちに朝臣姓を賜わっている。その子峯嗣も医官として名高く、『金蘭方』を撰述したとされ、貞観十年(八六八)出雲姓を改め、菅原朝臣と改めている。また天長十年(八三三)二月には、摂津国の出雲連男山らが宿禰の姓を賜わっている。

【参考文献】　井上光貞「国造制の成立」(『史学雑誌』六〇―一一)、安津素彦「出雲国造小考」(『神道史研究』一―三)、西岡虎之助「出雲国造家の社会的変遷」(千家尊宣先生還暦記念会編『神道論文集』所収)、倉野憲司「出雲国造神賀詞について」(『神道学』三四)、平田俊春「出雲国造の神賀詞奏上と叙位について」(『出雲神道の研究』所収)、新野直吉「古代出雲の国造」(神道学会編『出雲学論攷』所収)、高嶋弘志「律令新国造についての一試論」(佐伯有清編『日本古代史論考』所収)、同「神郡の成立とその歴史的意義」(佐伯有清編『日本古代政治史論考』所収)、同「『出雲国造系図』成立考」(『日本海地域史研究』七)

出雲臣太田　いずものおみおおた　八世紀前半の地方官人。出雲国楯縫(たてぬい)郡(島根県平田市一帯)大領。『出雲国風土記』楯縫郡条によると、「新造院一所」が沼田郷(平田市平田町付近)にあり、厳堂が建てられているが、これは太田が建立したものという。同郡条末尾に「大領外従七位下勲十二等出雲臣」と署名している。

出雲臣弟山　いずものおみおとやま　八世紀中頃の地方官人・出雲国造。天平五年(七三三)撰進の『出雲国風土記』に「飯石郡少領外従八位上出雲臣」と署名し、意宇郡山代郷(島根県松江市山代町)に厳堂一処を建立したとある。同年の『出雲国計会帳』にも署名がみえる。同十八年三月、広嶋の後をうけて出雲国造に任命され、外従六位下を賜わった。国造就任と同時に本拠の意宇郡の大領に転任したと推定される。天平勝宝二年(七五〇)二月、上京して「出雲国造神賀詞」を奏上し、外従五位下を賜わり、翌三年二月にも再度「神賀詞」を奏上して、叙位・賜禄に与った。

出雲臣狛　いずものおみこま　七世紀後半の武人。壬申の乱における大海人皇子(のちの天武天皇)方の将軍。『日本書紀』によれば、天武元年(六七二)七月、近江軍の精兵を玉倉部邑(滋賀県坂田郡米原町醒ケ井付近か)において撃退し、さらに投降した羽田公矢国とともに、近江の三尾城(滋賀県高島郡安曇川町三尾里)を攻め落とした。大宝二年(七〇二)八月、従五位下に叙せられて、同年九月、臣姓を賜わった。それ以前は無姓で、『日本書紀』天武巻に臣とあるのは追記であろう。

出雲臣果安　いずものおみはたやす　八世紀前半の出雲国造。出雲国造として実名の知られる最初の人物。国造に就任したのち、所定の潔斎を終えて、霊亀二年(七一六)二月、「出雲国造神賀詞」を奏上した。時に外正七位上。この功により、引率した祝部百十余人とともに叙位・賜禄に与った。この当時、出雲国造は就任と同時に本拠の意宇郡の大領を兼任する慣行があったので、果安も同郡大領になったと考えられる。

出雲臣広嶋　いずものおみひろしま　八世紀前半の地方官人・出雲国造。果安の後をうけて出雲国造に就任し、同時に意宇郡大領を兼任したものと考えられる。養老八年(七二四)正月、外従七位下の時、国造初任の際の恒例行事である「出雲国造神賀詞」の奏上を行ない、随伴した神部らとともに授位・賜禄に与った。潔斎ののち、神亀三年(七二六)二月に再度上京し、神社の剣・鏡ならびに白馬・鵠などを献上し、位二階を進められ、絁(あしぎぬ)・綿・布を賜わった。二度目の「神賀詞」奏上が行なわれたためであろう。天平五年(七三三)二月に勘造された『出雲国風土記』の総轄的責任者として、巻末に「国造帯意宇郡大領外正六位上勲十二等出雲臣広嶋」と署名している。同年の『出雲国計会帳』にも同じ署名がある。天平十年二月、外従五位下に叙せられた。同十八年三月に出雲臣弟山が同国造に任命されているので、この頃卒去したものと思われる。

出雲臣安麻呂　いずものおみやすまろ　六八五―　八世紀前半の山背国愛宕郡(京都市東北部)の人で、長屋王の資人(とねり)。長屋王邸宅跡出土の木簡に、無位で年は二十九、山背国乙當(おたぎ)郡の人で、「上日日三百廿、夕一百八十五」とある。神亀三年(七二六)の『山背国愛宕郡雲下里計帳』には、戸主大初位上出雲臣筆の男としてみえる。時に大初位下で、四十二歳。眉に黒子(ほくろ)があり、北宮(きたのみや)の帳内(とねり)であった。北宮は長屋王の妃吉備内親王の宮とされていたが、長屋王の邸宅跡から出土した木簡に「内親王御所」「□備内親王」「北宮」と記されているものがあるので、北宮と長屋王の邸宅とは同一場所である可能性が強くなった。したがって安麻呂は二十九歳前後の頃から十数年にわたって長屋王およびその妃吉備内親王に仕えていたことになり、安麻呂の上日(勤務日数が記されている木簡は、和銅六年(七一三)のものとなる。

【参考文献】　岸俊男「平城京庭園遺跡出土の木簡」(『日本古代文物の研究』所収)

出雲宿禰広貞　いずものすくねひろさだ　九世紀前半の官人・医薬家。姓は初め連。延暦二十四年(八〇五)正月、昼夜怠らず御薬を供奉したことにより、正六位上から外従五位下に進み、同年十一月には摂津国から左京に移貫した。同二十五年正月に中内記とみえ、新たに美作権掾を兼ね、同年二月に本官を典薬助とし、同年四月、侍医で但馬権掾を兼帯した。平城天皇は広貞と安倍朝臣真直に詔して、医薬方書の編纂を命じたが、広貞らは国造家や民間に伝わる古医方を広く集めて百巻から成る医薬書を編纂し、これを『大同類聚方』と名づけて大同三年(八〇八)五月、撰上した。同書の逸文は各地に伝存するが、当時のものかどうか甚だ疑問である。同五年八月、従五位下となり(『類聚国史』に臣と記すが、連の誤りであろう)、弘仁二年(八一一)四月、侍医のまま内薬正を兼ね、同三年六月、宿禰姓を賜わった。同十一年正月、従五位上、同十三年正月、正五位下に進んだ。その子菅原朝臣岑嗣の貞観十二年(八七〇)の卒伝によれば、その後信濃権守になったらしい。また同記事に「出雲朝臣広貞」とあるので、朝臣姓を賜わり、一族が菅原に改氏姓する貞観十年以前に卒したと考えられる。

出雲振根 いずものふるね 出雲臣の遠祖。『日本書紀』によると、崇神六十年七月、出雲振根が筑紫国へ行き出雲国を留守にした際、弟の飯入根(いいいりね)は崇神天皇の命をうけて神宝を献上した。それを怒った振根は弟を肥河の止屋(やむや)の淵(島根県出雲市塩冶町・今市町・大津町付近の斐伊川の淵か)で欺いて殺害した。そこで、朝廷は吉備津彦と武渟河別(たけぬなかわわけ)を遣わして振根を殺したという。振根が弟を騙し討ちにする話は『古事記』の倭建命が出雲建を欺き殺す話に類似している。『出雲国風土記』出雲郡健部郷条にみえる神門臣古禰(かんどのおみふるね)と同一人物とみる見解もある。

出雲王 いずもおう ―七七七 八世紀後半の王族。高市皇子の孫。従二位・知太政官事兼式部卿鈴鹿王の子。天平勝宝元年(七四九)四月、従五位下に叙せられ、天平宝字元年(七五七)閏八月、篠原王・尾張王・奄智(あんち)王・猪名部王らとともに豊野真人の氏姓を賜わる。同五年十月、安芸守、天平神護二年(七六六)九月、北陸道巡察使、神護景雲二年(七六八)三月、北陸道使、同年六月、土佐守を兼任するなど、地方官を歴任。正倉院の「仏事捧物歴名」のなかに、右中弁正五位下豊野真人出雲が、油と花を捧げたことがみえる。同四年八月、父鈴鹿王の旧宅を称徳天皇の山陵としたことに伴い従四位下・大宰大弐に叙任された。

出雲醜大臣命 いずもしこおおおみのみこと 饒速日(にぎはやひ)命の三世の孫と伝えられる人物。出雲醜大使主命・出雲色男命・出雲色大臣命にも作る。『新撰姓氏録』右京神別上の若桜部造氏、河内国神別の勇山連氏の祖と伝える。『先代旧事本紀』天孫本紀には、懿徳朝に大臣となり、それによって大臣の号の起こったこと、倭志紀(やまとのしき)彦の妹の真鳥姫を妻として三子をもうけたことなどがみえる。同書国造本紀の参河国造条には、物部連の祖とあり、五世の孫知波夜命が、成務朝に国造に定められたとある。

出雲建 いずもたける 倭建命に殺された出雲の豪族。『古事記』によると、倭建命は熊曾(くまそ)建を征討して帰る途中、出雲国で出雲建と親しくなり、密かに赤檮(いちい)の木刀を作り、これを自分の佩刀にした。そして、二人で肥河(斐伊川)で水浴した際、倭建命は河から先に上って出雲建の真剣を付けて、刀を交換しようといった。遅れて河から上った出雲建は倭建命の偽の刀を付けたが、刀を抜くことができず、ついに欺かれて倭建命に殺害されたという。この説話は『日本書紀』崇神六十年七月条の出雲振根が弟の飯入根(いいいりね)を騙し討ちにする話と類似している。

伊勢氏 いせうじ 伊勢国造。中臣伊勢氏にも作る。姓は初め直、天平十九年(七四七)十月に中臣伊勢連の氏姓を賜わり、天平宝字八年(七六四)九月には中臣伊勢朝臣を賜わって、中臣氏との間に擬制的同族関係を結んだ。次いで、天平神護二年(七六六)十二月には伊勢朝臣を賜わっている。『新撰姓氏録』左京神別下によると、伊勢朝臣は天底立(あめのそこたち)命の孫の天日別(あめのひわけ)命の後裔というが、『豊受太神宮禰宜補任次第』『度会氏系図』には、天日別命は天底立命(天曾己多智命)の六世孫とある。伊勢氏の発祥地は伊勢国であるが、『新撰姓氏録』から平安左京にも伊勢朝臣が居住していたことがわかる。また、『続日本紀』天平十年九月条にみえる伊勢国飯高郡(三重県飯南郡と松阪市北部)の人伊勢直族大江の例や天平宝字四年七月の「校生歴名」の伊勢人麻呂の例から、伊勢直族、無姓の伊勢氏の存在も知られる。

【参考文献】 佐伯有清『新撰姓氏録の研究』考証篇三

伊勢朝臣継子 いせのあそんつぎこ 七七二―八一二 平城天皇の妃。父は老人。平城の皇太子時代にその妃となって、高岳・巨勢の二親王と上毛野・石上・大原の三内親王を生んだ。大同三年(八〇八)十一月、無位から正五位下に叙せられ、翌年五月、河内国にある内蔵寮田十一町を賜わったが、死後は再び寮田とするものであった。弘仁二年(八一一)四月には山城国紀伊郡(京都市伏見区・南区・東山区の各一部)の田二町を賜わった。時に従四位下。翌三年七月六日卒去し、従三位を贈られた。時に四十一歳。

伊勢津彦 いせつひこ 伊勢国の神。『伊勢国風土記』逸文には、神武天皇東征の時、天日別(あめのひわけ)命が神武の命で伊勢国に赴き、伊勢津彦を平定したが、時に伊勢津彦は波に乗って東に去ったとあり、伊賀国安志(あなし)社(三重県阿山郡阿山町石川の穴石神社(旧天津社)か)に坐す出雲建子(たけこ)命、別名は伊勢都彦命が石で城を造り住んだという二伝承にその名がみえ、同神が伊勢国の土着の神であったことがうかがわれる。なお、『播磨国風土記』によると、揖保郡林田里伊勢野(兵庫県姫路市上伊勢・下伊勢)にも、この地を開拓した衣縫(きぬぬい)猪手・漢人刀良らの祖先によって、伊和大神の子伊勢都比古命・伊勢都比売命が祭られたとある。

伊勢采女 いせのうねめ 伊勢国出身の采女。『日本書紀』によると、雄略十二年十月、建造中の楼閣の上を飛ぶように走りまわる木工闘鶏(つげ)御田の姿を仰ぎ見た伊勢采女はその疾行を怪しみ、庭に倒れて捧げもった御膳をくつがえしたので、雄略天皇は御田が采女を奸したと疑い、御田を物部に付して処刑しようとした。時に秦酒公が琴を弾いて雄略を諫めたので、御田は赦されたとある。この伝承は采女が天皇の独占物であったことを物語るものといえよう。

伊蘇志氏 いそしうじ 地方豪族の一つ。勤にも作る。氏姓は初め楢原造。天平勝宝二年(七五〇)三月に駿河国守であった楢原造東人らが部内廬原郡多胡浦浜(静岡県庵原郡蒲原町の海岸一帯)で黄金を獲て、それを朝廷に献じた。これにより東人は勤臣の氏姓をうけたという。また『日本文徳天皇実録』では帝はこの功を美(ほ)めて「勤しきかも臣や」といい、勤の臣の義をとって伊蘇志臣としたとみえる。『新撰姓氏録』大和国神別では天道根命の後とするが、一族に紀宿禰の氏姓を称した者もおり、紀伊国造族楢原氏の後裔氏族である。本拠地は大和国葛上郡楢原郷(奈良県御所市楢原)であろう。前にみた東人が九経に通じた名儒で、その子家訳(いえおさ)の家系は特に滋野宿禰を称した。

石上氏 いそのかみうじ 中央有力豪族の一つ。氏姓は初め物部連であったが、天武十三年(六八四)八色の姓制定に際し、朝臣を賜わり、そののち朱鳥元年(六八六)までの間に石上朝臣の氏姓に改めた。さらに宝亀六年(七七五)宅嗣が請願して物部朝臣となり、次いで同十年に石上大朝臣と改めたが、いつしか石上朝臣の氏姓に復している。大和国山辺郡石上郷(奈良県天理市布留町一帯)を本拠としており、『新撰姓氏録』左京神別上は石上朝臣を神饒速日(かんにぎはやひ)命の後裔、『古事記』は前身の物部連につき邇芸速日命が登美毘古の妹登美夜毘売を娶ってもうけた宇摩志麻遅命を氏の祖と伝える。物部氏が石上郷にある石上神宮の管理にも当っていたことは、『日本書紀』の記事にうかがえる。すなわち垂仁三十九年に五十瓊敷(いにしき)命が作った剣一千口が石上神宮に蔵められ、その後は五十瓊敷がこれを含めた神宮の神宝を管理した。同八十七年、命が老年になったため、大中姫命に神宝を託そうとしたが、姫は手弱女だからと辞退、結局物部十千根大連がその役に当ることとなった。物部連はそのまま今にいたるまで石上の神宝を治めているとある。河内国渋川郡(大阪府八尾市・東大阪市・大阪市平野区・生野区の各一部)を中心として強大であった物部連の本宗家は、用明二年(五八七)に蘇我氏に亡ぼされたが、石上の地を預かった傍系の一族は関与せずにいて滅亡を免れたのであろう。一時は凋落したものの、壬申の乱で同族の朴井(えのい。物部)連雄君が大いに活躍し、物部氏の氏上(うじのかみ)を贈られるなどしてから、一族も息を吹きかえし、中でも慶雲元年(七〇四)から養老元年(七一七)まで右大臣・左大臣を務めた石上朝臣麻呂は常に藤原朝臣不比等の上席を占めた。その後八世紀から九世紀初頭にかけては中納言従三位乙麻呂・大納言正三位宅嗣・従三位家成など政府の高官を輩出した。しかし本宗を除き、おおむねは五位以下にとどまることが多く、家成のあとはついに高官にのぼるものがいなかった。石上氏は、奈良時代以降、同族朴井氏とともに元日・大嘗会の朝儀に際し廷内に楯桙を樹てて威儀を整える役を務めることになっていた。これは軍事氏族の物部氏の負った旧習を嗣いだものといわれる。なお石上氏は、持統五年(六九一)大三輪・巨勢・春日など十七氏とともに祖先の墓記を上進させられており、この墓記などをもとにして『日本書紀』には石上(物部)系の伝承が各所に採られている。

【参考文献】 直木孝次郎「石上と榎井」(『続日本紀研究』一―一二)、野田嶺志「物部氏に関する基礎的考察」(『史林』五一―二)

石上朝臣乙麻呂 いそのかみのあそんおとまろ ―七五〇 八世紀前半の公卿。名は弟麻呂にも作る。左大臣麻呂の第三子で、宅嗣の父。神亀元年(七二四)二月、従五位下となり、丹波守を経て左大弁となった。しかし天平十一年(七三九)三月、故藤原朝臣宇合の妻久米連若売との恋愛事件が発覚し、土佐国に流された。のち赦され、同十五年五月、従四位上。以降、西海道巡察使・治部卿・常陸守・右大弁を歴任し、同二十年二月、従三位に昇る。同年、元正上皇大葬の御装束司を務めた。さらに中務卿となり、天平勝宝元年(七四九)七月、兼務のまま中納言に任ぜられたが、翌二年九月に薨じた。『懐風藻』には「地望精華・人材穎秀・雍客間雅、甚だ風儀に善し」と評され、また読書して勉学に励み、詩篇文章も好くしたとある。土佐国に謫居中にも『銜悲藻(かんぴそう)』二巻を著わしている。また天平年中(七二九―七四九)に入唐使選考があったが、朝堂内に乙麻呂を措いて人はなく、大使を拝命することになった。ただし『続日本紀』にこの時、遣唐大使の任命などみえず、『懐風藻』の記事でも結局往かなかったとし、やや不審。『懐風藻』に五言詩四篇がある。『万葉集』には二首(三―三六八・三七四)が収められており、ほかに五首(六―一〇一九～一〇二三)につきその作者に擬せられている。

石上朝臣麻呂 いそのかみのあそんまろ 六四〇―七一七 八世紀初めの公卿。氏姓は初め物部連。物部朝臣とも称した。衛部大華上宇麻呂の子で、乙麻呂の父。天武元年(六七二)の壬申の乱で近江方につき、大友皇子が山背国山前(京都府乙訓郡大山崎町から大阪府三島郡島本町山崎にかけての一帯か)で縊死した時には麻呂と一、二の舎人しか従う者がいなかったという。同五年十月に遣新羅大使となり、唐と戦って大同江以南を統一した新羅をつぶさに実見して翌年帰国。時に大乙上。同十三年十一月、八色の姓の制定によって物部朝臣を賜わり、やがて石上朝臣に改めた。朱鳥元年(六八六)天武天皇崩御に伴う殯宮(もがりのみや)で石上朝臣と称し、法官のことを誄(しのびごと)した。時に直広参。持統三年(六八九)九月、筑紫に遣わされ、大宰帥に位記を送るとともに新城の監察に当った。翌四年正月、持統天皇の即位式に際して宮に大盾を樹て、名負いの氏としての職責を果たしている。

朱鳥六年(持統六年のことか)持統の伊勢行幸に従い、「石上大臣駕に従ひて作れる歌」を詠んだ(『万葉集』一—四四)。同十年、直広壱に叙せられ、資人五十人の仮賜をうけた。以後、筑紫総領・中納言、さらに大納言兼任の大宰帥を経て、大宝四年(七〇四)正月、右大臣となった。時に従二位。前年の閏四月に右大臣阿倍朝臣御主人(みうし)が薨じたあとを襲ったもので、後継首班として廟堂の頂点に立った。同四年正月に封戸二千百七十戸を賜与され、殊遇をうけてもいる。さらに和銅元年(七〇八)正月、正二位に叙せられ、同年三月、左大臣に進んだが、霊亀三年(七一七)三月、薨じた。元正天皇は深く哀惜して廃朝し、従一位を贈った。百姓も追慕して痛惜しない者はいなかったという。廟堂ではその死まで十数年間、第一人者の地位にいたが、藤原朝臣不比等の台頭の前に押され気味であった。特に藤原京からの遷都問題については、平城の地を推す不比等に押し切られたらしい。麻呂は、和銅三年(七一〇)三月、平城遷都の発令と同時に藤原京留守司となり、当初は新京に行くこともできなかった。こうして政界の主導権は不比等に移り、晩年はほとんど実権を失っていたものと思われる。

【参考文献】 直木孝次郎「石上と榎井」(『続日本紀研究』一—一二)、野田嶺志「物部氏に関する基礎的考察」(『史林』五一—二)、上田正昭『藤原不比等』(『朝日評伝選』)

石上朝臣宅嗣 いそのかみのあそんやかつぐ　七二九—七八一　八世紀後半の公卿・文人。物部朝臣・石上大朝臣ともいう。法号は梵行。芸亭(うんてい)居士とも称した。乙麻呂の子。天平勝宝三年(七五一)従五位下となり、以後治部少輔・相模守・三河守・上総守を経て、天平宝字五年(七六一)十月、遣唐副使となった。しかし翌六年三月、副使を罷めている。その後、侍従・文部(式部)大輔となったが、同七年頃、藤原朝臣宿奈麻呂・佐伯宿禰今毛人・大伴宿禰家持らと謀り、当時隆盛を誇っていた藤原朝臣仲麻呂を排斥しようと企てたが、密告されて計画は露見し、宿奈麻呂一人で責めを負ったので事なきをえた。しかしこのため大宰少弐とされたようである。同八年十月、正五位上となり、常陸守・中衛中将を経て、天平神護二年(七六六)正月、参議となり、同年十月には正四位下に昇る。平城宮跡出土木簡に「正四位下石上朝臣宅嗣」と記されているものがある。神護景雲二年(七六八)従三位となり、式部卿も兼ねた。同四年八月の称徳天皇の崩後、藤原朝臣永手らとともに策を禁中に定め、吉備朝臣真備らが文室真人浄三・文室真人大市を推したのに対抗して、白壁王すなわち光仁天皇の擁立に成功した。宝亀二年(七七一)十一月、大嘗会に神楯桙を樹て、威儀を整えた。同月、中納言に移り、同十年十一月頃、山部親王(のちの桓武天皇)の皇太子傅を兼ねた。翌年二月、大納言となり、天応元年(七八一)四月には正三位に進んだが、同年六月に薨じた。この間、宝亀六年(七七五)十二月、願い出て物部朝臣の氏姓を賜わり、同十年十一月には石上大朝臣と改めている。薨伝に「性朗悟にして姿儀あり、経史を愛尚して、渉覧する所多し。好んで文を属(つら)ね、草隷を工(たく)みにす」とあり、天平宝字年間(七五七—七六五)以後は、淡海真人三船とともに文人の首と評されていた。みずからの旧宅を寄捨して阿閦寺(奈良市法華寺町が寺跡といわれる)とし、その寺内の東南隅に特に外典の院として芸亭を設けた。この芸亭を好学の徒に開放し、閲覧しようとするものがあれば恣にこれをゆるしたという。現在『経国集』『唐大和上東征伝』に詩二首、賦一首、『万葉集』にも茨田(まんた)王・道祖(ふなど)王らとの宴での歌一首(一九—四二八二)が残るのみであるが、薨伝には「著わす所詩賦数十首、世多くこれを伝誦す」とある。特に「三蔵讃頌」「飛錫述念仏五更讃」「浄名経賛」は唐にももたらされたという。

【参考文献】 石上宅嗣顕彰会編『石上宅嗣卿』、蔵中進「石上宅嗣の生涯と文学」(『唐大和上東征伝の研究』所収)、桑原蓼軒『日本最初の公開図書館芸亭院』

石上朝臣家成 いそのかみのあそんやか

なり　七二二—八〇四　八世紀後半の公卿。左大臣麻呂の孫で、東人の子。天平宝字五年(七六一)頃には下野掾。同八年十月、藤原朝臣仲麻呂の乱追討の功で外従五位下から従五位下となった。以後、上総守・勅旨少輔・春宮員外亮・南海道覆検使・東山道検税使・宮内大輔・民部大輔・伊予守・大宰大弐・造東大寺司長官・内蔵頭・衛門督・右衛士督・宮内卿などを歴任し、この間正倉院御物曝涼使や香薬受け取りの使として東大寺にたびたび出入りしている。延暦二十三年(八〇四)六月に薨じた。時に散位従三位。薨伝には「才芸取るなく、恪勤公にあり」との評を載せる。

石上部　いそのかみべ　名代部の一つ。『日本書紀』仁賢三年二月条に石上部舎人をおくとあり、仁賢天皇の宮居である石上広高宮(宮跡は奈良県天理市嘉幡か)に因んで石上部舎人のおかれたことが知られる。一般に舎人になるのは主に東国国造一族の子弟であった。五世紀後半から六世紀中頃にかけて種々の舎人が点定されて天皇・皇族の近習・護衛の任に当っているが、その早い例か。石上部は舎人のための部で、石上舎人の従卒・廝丁またはそのための課役を負担する部民である。常陸・美濃・上野・下野などの舎人を出した諸国に分布している。『日本書紀』天武巻に連姓を賜わった石上部造がみえるが、この氏族はかつて石上部の管掌者であったであろう。

磯連牟良　いそのむらじむら　七世紀中頃の地方豪族。『皇太神宮儀式帳』によると、孝徳天皇の世に天下に評を設けた時、十郷をもって度会の山田原(三重県伊勢市の豊受大神宮(外宮)鎮座地の一帯)に屯倉を立て、新家(にいのみ)連阿久多を督領に、磯連牟良を助督に任命したという。この屯倉については建造物(評家)だけを指すか、土地人民を含むか説が分かれるが、牟良は度会評(三重県度会郡と伊勢市の一帯)の在地首長的存在であった。

【参考文献】　井上光貞『日本古代国家の研究』、吉田晶『日本古代国家成立史論』

磯部氏　いそべうじ　磯部を率いた伴造氏族および磯部の部民の後裔。礒部・石部にも作る。『古事記』応神段の「伊勢部」に通じ、西日本に広がる安曇氏に対して東に分布する海部集団との説もある。特にこの説では、伊勢国にもっとも多く分布するとあるが、伊勢国の人として『続日本紀』和銅四年(七一一)三月条に渡相(わたらい。度会)神主の流れに磯部祖父(おおじ)・同高志がみえ、『伊勢国風土記』逸文にも、多気郡の建郡者として礒部直がみえる。『皇太神宮儀式帳』の礒連牟良・礒部真夜手の「助督」という官職も併考すると、この地域の国造的地位にあったとも推定できる。伊賀・尾張・遠江・相模・下総・越前・美濃・上野・隠岐などの諸国にも磯部氏が分布し、このうち、隠岐国の磯部は直姓で、郡少領である。社名・郷名としては、伊勢・美濃・三河・越前・信濃・上野・常陸・下総などの諸国に散見する。なお、『新撰姓氏録』河内国皇別条には磯部臣の名を掲げている。

板持氏　いたもちうじ　渡来系氏族。板茂にも作る。姓は初め史、養老三年(七一九)五月、板持史内麻呂らが連を賜わった。『新撰姓氏録』に板持氏は伊吉連と同祖、長安の人劉家揚雍の後裔と伝える。同氏の活動が史上にみえるのは八世紀で、五位以下の中下級官人が多い。氏名は河内国錦部郡板持村(大阪府富田林市東板持・西板持)に因むとみられ、河内国のほか周防・讃岐国などに分布する。

板持鎌束　いたもちのかまつか　八世紀中頃の官人。鎌束は左兵衛佐正七位下で、天平宝字七年(七六三)渤海使王新福の帰国に際してその船師となった。ところが帰途嵐に遭い、これを異国の婦女や優婆塞が同船しているためとして、学生高内弓の妻子や乳母・優婆塞ら四人を海中に投げ捨てたので、帰朝後の同七年十月に投獄された。翌八年、藤原朝臣仲麻呂の乱によって獄に囚が満ちたため、居を近江国に移されたという。なお『続日本紀』には氏名を板振に作るが、源博雅の『新撰楽譜』に「高野天皇(孝謙)御宇の時、板持鎌束清瀬宮経を伝ふ」とあって板持の誤記とみられる。

板茂連安麻呂　いたもちのむらじやすま

ろ　八世紀前半の官人。神亀二年(七二五)三月の太政官処分に、安麻呂らと同等以上の者は書生として貢進することを許すとある。天平二年(七三〇)正月、壱岐守の時、大宰帥大伴宿禰旅人の梅花の宴で詠じた歌一首が『万葉集』にある(五―八三一)。その後右大史・従六位下の時、美作守阿倍朝臣帯麻呂らの故殺の罪を裁かなかったとして右弁官の大弁以下小史以上が罰せられた際、連坐したが、天平七年九月、詔があって許されたという。

櫟井氏　いちいうじ　『古事記』孝昭段にみえる天押帯日子(あめおしたらしひこ)命の後裔氏族の一つ。姓は初め臣、天武十三年(六八四)八色の姓制定に際し、朝臣を賜わる。氏名の櫟井は『古事記』応神段に「伊知比」、『日本書紀』允恭七年十二月条に地名としてみえ、のちの大和国添上郡櫟井村(奈良県天理市櫟本町付近)に基づく。『古事記』孝昭段に「壱比韋臣」とみえ、一族は天平五年(七三三)項の『山背国愛宕郡計帳』によれば、山背国愛宕郡(京都市左京区を中心に北区・上京区・下京区・中京区・東山区などの一部にまたがる地域)にも居住した。

壱演　いちえん　八〇三―八六七　九世紀中頃の僧侶。右大臣大中臣朝臣清麻呂の曾孫で、備中守智治麻呂(治麻呂)の子。俗名は正棟。弘仁(八一〇―八二四)の末、内舎人に進んだが、父と二人の兄の相継ぐ夭折にあい、承和二年(八三五)薬師寺の戒明を師として出家入道した。翌三年、具足戒を受け、また平城天皇の皇子真如親王から真言密教を授けられたという。この真如親王と入唐したという伝えもあるが未詳。貞観二年(八六〇)皇太后藤原朝臣順子の不予に際し請われて看病し、同六年には太政大臣藤原朝臣良房のために病気平癒の加持祈禱を行ない効験があったという。翌七年九月、その功により律師を経ずに権僧正を賜わり、辞退したが許されなかった。権僧正の初めとされる。同年十月、真如親王創建の超昇寺(奈良市佐紀町にあった寺)座主に任ぜられる。同九年七月、病にかかり、小舟に乗り水上で遷化したという。時に六十五歳。同年八月、薬師寺で供養が行なわれ慈済と諡号された。僧侶への諡号の第一とされる。なお、壱演は、『金剛般若経』の持者で、或る時、老嫗より舎地を献ぜられて、その土中から仏像を得、それに奇瑞を感じた良房の助けで相応寺を建立したという説話が『今昔物語集』にみえる。

壱志氏　いちしうじ　伊勢国壱志郡(三重県一志郡・久居市と津・松阪両市の一部)の地方豪族。壱師・市師にも作る。姓は君(君族)・宿禰など。伊勢国壱志県造として在地に勢力をもつ。『古事記』孝昭段によれば、壱師君は天押帯日子(あめおしたらしひこ)命の後裔で、春日臣・伊勢飯高君らと同族である。八世紀にも、壱志郡の豪族として力を伸ばした。天平十二年(七四〇)十一月、藤原朝臣広嗣の乱に際し伊勢国壱志郡河口頓宮(一志郡白山町川口付近)に滞在中の聖武天皇は、広嗣の乱平定の報をうけた直後の叙位で、外初位上壱師君族古麻呂に外従五位下を与えており、天平勝宝(七四九―七五七)末年の文書に伊勢国壱志郡嶋抜郷戸主壱志君族祖父(おおじ)の名がみえる。一族には中央官人として出仕する者もあり、天平勝宝五年(七五三)頃、写経所に出仕した壱志豊人や嘉祥二年(八四九)正月に正六位上から外従五位下に叙せられた壱志公吉野がいる。吉野はその後宿禰姓を賜わり、貞観四年(八六二)七月には大春日朝臣の氏姓を賜わっている。

壱志濃王　いちしのおう　七三三―八〇五　八世紀後半―九世紀初めの公卿。施基皇子の孫で、湯原親王の第二子。天平神護三年(七六七)正月に無位から従五位下に昇り、以後、縫殿頭・左大舎人頭・讃岐守・治部卿・参議・中納言を経て、延暦十七年(七九八)正三位で弾正尹を兼ねた大納言。現職のまま同二十四年十一月、薨じた。年七十三。従二位を贈られた。この間、光仁天皇改葬地を選定したり、早良親王の廃太子を田原山陵に告げる使者などになった。薨伝に、「質性矜然として礼度を護らず、杯酌の間に言咲を善くし、酣暢(かんちょう)に侍する毎に帝に対し疇昔

(ちゅうせき)を道(い)い、帝之に安んず」とあり、豪放で物にこだわらぬ性格であって桓武天皇の寵をうけていたことがうかがえる。

市磯長尾市 いちしのながおち 倭直の祖。市磯は大和国十市郡(奈良県桜井市池之内付近)の地名。『日本書紀』によると、崇神七年八月、疫病流行の時、倭迹速神浅茅原目妙(まくわし)姫らに、大田田根子を大物主大神を祭る主とし、市磯長尾市を倭大国魂神を祭る主とすれば天下太平となろうという夢告があったので、同年十一月、大田田根子・長尾市に祭らせると疫病が止んだ。垂仁三年三月、新羅の王子天日槍(あめのひぼこ)が渡来した時、三輪君祖大友主とともに播磨国に遣わされ、天日槍を尋問した。また、同七年七月には、当麻蹶速(たいまのけはや)の相撲の相手として野見宿禰を召すため、出雲国に派遣されたとある。

市辺押羽皇子 いちのべのおしはのみこ 履中天皇の第一皇子。母は葛城襲津彦(かずらきのそつひこ)の子葦田宿禰の女黒媛。蟻臣(ありのおみ)の女荑(はえ)媛を娶り、顕宗・仁賢両天皇および飯豊青皇女をもうけた。市辺押磐皇子・磐坂市辺押羽皇子・磐坂皇子・市辺之忍歯王・市辺之忍歯別王・市辺王にも作る。『播磨国風土記』には市辺天皇命ともみえる。安康天皇崩後、安康の遺詔もあり、最も有力な皇位継承資格者であった。皇位を狙う允恭天皇の皇子(のちの雄略天皇)は市辺押羽皇子を狩猟にさそいだし、射殺したという。市辺の二皇子(弘計(おけ)・億計(おけ)。のちの顕宗・仁賢天皇)は身の危険を感じ、播磨国へ逃れた。

市原王 いちはらおう 八世紀の皇族・歌人。『本朝皇胤紹運録』に天智天皇の皇子施基皇子の曾孫とあるが、天智の皇子河嶋皇子の曾孫とする説もある。『万葉集』に八首の歌を残しており(三―四一二、四―六六二、六―九八八・一〇〇七・一〇四二、八―一五四六・一五五一、二〇―四五〇〇)、大伴宿禰家持との親交が想像できる。祖父春日王・父安貴王と三代にわたって万葉歌人の家柄であった。天平十五年(七四三)五月、無位から従五位下に叙せられ、写一切経所長官・玄蕃頭・備中守・金光明寺造仏長官・写経司長官・大安寺造仏所長官・造東大寺司知事・治部大輔・摂津大夫・造東大寺司長官など、もっぱら写経・造寺・造仏事業関係の官職を歴任し、正五位下にいたった。市原王の家のあった平城京の左京四条二坊には藤原朝臣仲麻呂の田村第があり、王は天平宝字八年(七六四)の仲麻呂の乱後は史上から姿を消しているので、仲麻呂派に属していたらしい。妃の光仁天皇の皇女能登内親王との間に五百井女王・五百枝王をもうけた。

【参考文献】 岸俊男『藤原仲麻呂』(『人物叢書』)、塩谷香織「志貴皇子系譜の疑問」(『学習院大学国語国文学会誌』二三)

市乾鹿文 いちふかや 熊襲梟帥(くまそたける)の女。伝承上の人物。『日本書紀』景行十二年十二月条によれば、景行天皇は兵を用いずに熊襲を討つため、臣下の進言に従い、熊襲梟帥の女である市乾鹿文と市鹿文(いちかや)の二人を、幣(まいない)をみせて欺いて召しいれ、いつわりに市乾鹿文を寵愛した。時に市乾鹿文は、「私によい計略があります。一、二の兵を従えて下さい」と景行に奏し、家に帰って父の熊襲梟帥に酒を飲ませ、酔って眠ったところをだまし討ちにした。景行は、かえってその不孝をにくんで市乾鹿文を殺し、妹の市鹿文を火国造に賜わったという。

市往氏 いちゆきうじ 渡来系氏族。市雪にも作る。姓は公および無姓。百済国第二十六代の王明王(聖明王)の後裔。氏名は大和国高市郡市往岡(奈良県高市郡明日香村岡)の地名に基づく。同祖の氏族に岡連がある。神亀四年(七二七)十二月、僧正義淵(ぎいん)がその功績を賞せられた時、その俗姓である市往氏を改めて岡連の氏姓が与えられ、これを兄弟に伝えよとの勅があった。また、天平十九年(七四七)十月、市往泉麻呂も岡連の氏姓を賜わっている。『新撰姓氏録』右京諸蕃下に記載されている。

伊都都比古 いつつひこ 崇神朝の穴門

(あなと)の豪族と伝える人物。穴門はのちの長門国西南部の地域。『日本書紀』垂仁二年是歳条の「一云」によれば、崇神天皇の世、意富加羅(おおから)国の王子都怒我阿羅斯等(つぬがあらしと)が来朝して穴門にいたった時、伊都都比古が「吾はこの国の王である。他に王はないから、他処に往ってはならない」といったが、阿羅斯等はその人となりを見て、王ではないことを知ったという。『新撰姓氏録』未定雑姓右京の三間名公(みまなのきみ)条に、同様の話がみえる。

伊都内親王　いつないしんのう　―八六一　桓武天皇の皇女。母は藤原朝臣平子。伊都は伊登・伊豆ともあるが、登は豆の誤りで、「いつ」と訓むのが正しい。延暦二十年(八〇一)頃の生まれで、天長(八二四―八三四)の初めに阿保親王と結婚、天長二年、一子在原朝臣業平を生む。同十年九月、母の遺言により山階寺(興福寺)東院西堂に香燈読経料として墾田十六町余、荘一処、畠一町を寄進した際の願文に自署と朱の手印が残っている。承和九年(八四二)夫と死別。『古今和歌集』に、住んでいた山城国長岡から業平にあてた歌がある。貞観三年(八六一)九月十九日、薨じた。無品であった。

【参考文献】角田文衛「伊都内親王」(『王朝の映像』所収)

出庭氏　いでわうじ　孝元天皇の皇子彦太忍信(ひこふつおしのまこと)命の後裔氏族。姓は臣。氏名は出羽国田川郡伊氏波神社鎮座地(山形県東田川郡羽黒町羽黒山)或いは山城国内地名によるという。『新撰姓氏録』では山城国皇別。天平五年(七三三)『右京計帳』に出庭臣乙麻呂と無姓の出庭氏十三名がみえる。

威徳王　いとくおう　百済の王。聖明王の子。姓は余、諱は昌、『日本書紀』に余昌とある。欽明十四年(五五三)十月、王子の余昌は兵士を率いて高句麗を攻め、百合野塞(ゆりののそこ)に陣を築いて高句麗王を東聖山に退却させた。時に官位は杆率(かんそち)、年は二十九歳であった。同十五年十二月、余昌は重臣の諫言を容れず、新羅を攻め久陀牟羅塞(くだむらのそこ)を築いた。聖明王は余昌を慰労しようとここへ赴いたところ、新羅はこれを囲み、聖明王は飼馬奴(うまかいやっこ)の苦都(こつ)に斬殺された。一方、余昌は弓の名人の筑紫国造の活躍で間道から逃げ帰ることができた。同十六年二月、余昌は弟の余恵を日本に遣わし、聖明王の殺害されたことを告げさせた。同年八月、余昌は聖明王の供養に出家しようとしたが、重臣に諫められ、代わりに百八人を得度させた。同十八年三月、即位。威徳王は在位中、しばしば日本に使者を遣わして経論・僧・造寺工らを送った。『三国史記』には、即位四十五年(五九八)十二月に薨じたとある。

【参考文献】末松保和『任那興亡史』

懿徳天皇　いとくてんのう　安寧天皇の皇子。母は事代主(ことしろぬし)神の孫鴨王の女の渟名底仲(ぬなそこなかつ)媛。和風諡号は大日本彦耜友(おおやまとひこすきとも)という。軽曲峡(かるのまがりお)宮(奈良県橿原市大軽町)に都し、姪の天豊津(あまとよつ)媛を皇后に立て、孝昭天皇をもうけた。皇后については異伝があり、『古事記』は師木県主(しきのあがたぬし)の祖の賦登麻和訶比売(ふとまわかひめ)、『日本書紀』の「一書」は磯城(しき)県主の女泉媛または飯日媛と伝える。在位三十四年にして七十七歳(『古事記』では四十五歳)で崩じ、畝傍山南繊沙谿(まなごのたに)上陵(橿原市西池尻町の自然丘が山陵とされる)に葬られたという。事績は伝わらない。「おおやまとひこ」はのちに付加された称号で、「すきとも」がもとの名であるが、「すきとも」は「すきつみ」の音転の公算が高い。その末尾の「み」は神名の末尾につく「み」と同語で、神霊概念を表示する語彙であることから推測すると、「すきつみ」は鋤の神の名であり、懿徳の原像は天皇や人間ではなく、鋤にやどる精霊であろう。古い神名「すきつみ」の上に、「おおやまとひこ」という称号を冠して男性化・荘厳化して、懿徳の和風諡号は作られたと思われる。

【参考文献】前之園亮一『古代王朝交替説批

判』、同『欠史八代』について(上)」(『学習院史学』二一)

伊登志別王　いとしわけのおう　垂仁天皇の皇子。胆武別命・五十速石別命にも作る。母は山背国の苅播戸辺(かりはたとべ)。兄に祖別命・五十日足彦命がいる。伊登志別王には子がなかったので子代として伊登志部がおかれた。

五十迹手　いとて　筑紫伊都県主の祖。五十跡手にも作る。天から降ってきた日桙(ひぼこ)の子孫と称する。仲哀天皇が筑紫国に出向いた折、五十迹手の行為を「伊蘇志」と褒めたという。やがて「伊蘇志」が訛って伊覩となったと伝える。

為奈氏　いなうじ　皇別氏族。為名・猪名・韋那・威奈・偉名にも作る。姓は初め公、天武十三年(六八四)八色の姓制定に際し、真人を賜わった。為奈氏は、『古事記』『日本書紀』には宣化天皇の皇子恵波王(上殖葉皇子)を祖と伝え、『新撰姓氏録』などには宣化の皇子火焔王(ほのおのみこ)の後裔とある。一族には孝徳—天武朝の高見や、持統—文武朝の大村、文武—元明朝の石前などがおり、長く宮廷貴族の地位を保った。為奈氏の本拠は『日本書紀』仁徳巻にみえる猪名県、のちの摂津国河辺郡為奈郷(兵庫県尼崎市東北部)で、この地一帯を勢力基盤とした凡河内(おおしかわち)氏との関係がうかがわれる。

【参考文献】　長山泰孝「猪名県と為名真人」(『地域史研究』二―二)、加藤謙吉「猪名県に関する二、三の問題」(竹内理三編『古代天皇制と社会構造』所収)

韋那公磐鍬　いなのきみいわすき　壬申の乱(六七二)における近江朝廷方の臣。名を石次にも作る。『日本書紀』天武巻によれば、磐鍬は書直(ふみのあたい)薬・忍坂直大摩侶とともに興兵使として東国に遣わされた。ところが不破(岐阜県不破郡)に差しかかった時、大海人皇子(のちの天武天皇)方の伏兵に襲われ、薬らは捕われてしまった。予め伏兵を恐れ、一行から遅れて進んでいた磐鍬は、これを見ていち早く逃走したという。『釈日本紀』所引の調(つき)連淡海・安斗(あと)宿禰智徳らの日記にも「石次、兵の起つを見て乃ち逃げ還る」とある。

威奈真人大村　いなのまひとおおむら　六六二—七〇七　七世紀末—八世紀初めの官人。氏名を猪名にも作る。宣化天皇の四世孫である威奈公鏡の第三子。持統朝の初め務広肆を授けられた。文武朝にいたって少納言・勤広肆、間もなく直広肆に進んだ。大宝元年(七〇一)に改めて従五位下となり、侍従を兼ねた。同三年十月、持統太上天皇の御葬司を任じた際、大村は御装副官となった。翌四年正月、従五位上に昇叙。慶雲二年(七〇五)左少弁となり、同年十一月には越後城司に任ぜられた。同四年二月には正五位下に進んだが、同年四月二十四日、四十六歳で越後城に卒した。遺骨は同年十一月、大和国葛木下郡山君里狛井山崗(奈良県北葛城郡香芝町穴虫付近)に葬られた。大村の骨蔵器は近世に発見され、合子型容器の蓋に三百九十一字からなる墓誌銘が刻まれている。『続日本紀』慶雲三年閏正月条に越後守に任ぜられたというが墓誌には記載がなく、その前年の越後城司任命の誤伝であろうか。また越後城とは石船柵(新潟県村上市岩船付近か)を指すとみられる。

【参考文献】　横山貞裕「越後城司威奈大村」(『越佐研究』一一)

為奈王　いなおう　八世紀後半の皇族。猪名王にも作る。父は守部王、祖父は舎人親王。『続日本紀』宝亀二年(七七一)七月条によると、天平宝字八年(七六四)の藤原朝臣仲麻呂の乱に坐して、守部王・三原王・船王の子・孫は三長真人の氏姓を賜わって丹後国に配されたが、為奈王もその一人であり、宝亀二年七月に属籍に復したとある。さらに、同年九月、山辺真人の氏姓を賜わり、同七年九月、再び属籍に復したとある。『日本三代実録』貞観三年(八六一)二月の清原真人岑成の卒伝によれば、岑成は無位弟村王を父とし、従五位下猪名王を祖父とすることがみえる。

因支氏　いなきうじ　大化前代の稲置に由来する氏族。稲置・稲木・印支にも作る。古くは垂仁天皇の皇子大中津日子命の後裔と称する稲木之別(いなきのわけ)氏があり、この氏はのちの尾張国丹羽郡稲木郷(愛知県江南市付近)あたりを本拠としていたらしい。出雲国の各郡には稲置部・印支部と称する部姓の稲置氏が分布し、天平十一年(七三九)の『出雲国大税賑給(たいぜいしんごう)歴名帳』に出雲郡漆沼(しつぬ)郷深江里戸主物部少瀬の戸口として稲置部志津女、同里戸主稲置部依間、また同郡建部(たけるべ)郷波如里の戸主印支部竜、およびその戸口印支部馬女らの名がみえる。讃岐国那珂・多度両郡の因支氏は、首の姓を持ち、景行天皇の皇子武国凝別(たけくにこりわけ)皇子の後裔と称する。天台座主となった円珍(智証大師)は、この氏の出身。貞観八年(八六六)十月、因支首秋主(那珂郡の人)・因支首純雄(多度郡の人)ら九人に和気公の氏姓が授けられた。この賜姓に関わる史料に貞観九年二月十六日付の「讃岐国司解」があり、また同氏一族の系譜に『和気系図』がある。

【参考文献】　佐伯有清『古代氏族の系図』、義江明子『日本古代の氏の構造』

因支首秋主　いなきのおびとあきぬし　九世紀中頃の讃岐国那珂郡の人。宅主の孫で、秋吉の子。景行天皇の皇子武国凝別(たけくにこりわけ)皇子の後裔と称し、貞観八年(八六六)十月に和気公の氏姓を賜わった。その賜姓記事は『日本三代実録』貞観八年十月条にあり、また関連史料には、同九年二月十六日付の「讃岐国司解」、ならびに『和気系図』がある。

因支首□思波　いなきのおびと□しは　六世紀中頃の讃岐国の人。忍尾別君(おしおわけのきみ)の子、与呂豆の兄。父の忍尾別君は『和気系図』によると、伊予国から讃岐国にいたり、因支首長(いなきのおびとおさ)の女を娶り、□思波・与呂豆を生み、この兄弟が母の氏姓因支首を称したという。□思波の曾孫身(み)は小乙上の位を持ち、孝徳朝に主帳の任に就いていた。この後孫に天台座主となった円珍(智証大師)がいる。

稲城壬生氏　いなきのみぶうじ　垂仁天皇の皇子鐸石別(ぬてしわけ)命の後裔氏族の一つ。稲城は、のちの尾張国丹羽郡稲木郷(愛知県江南市付近)の地名に基づくものか。壬生は、壬生部の伴造であったことによる。『新撰姓氏録』左京皇別下所引の本系は「垂仁天皇皇子鐸石別命自り出ず」とする。『諸系譜』所引の『飛騨三枝宿禰系図』は、鐸石別命の孫田守別王の子に小猪王(おかちのみこ)をあげ、その譜に「尾張国の中島県に封ず。是れ尾張国の三野別、稲木乃別、稲木壬生公等の祖なり」と記す。承和八年(八四一)十月九日付の「石川宗益家地売券」に、左京六条三坊の戸主正六位上稲城壬生公徳継、同戸口稲城壬生公物主の名がみえ、また同十四年六月二十七日付の「山城国宇治郡司解」に、左京六条三坊の戸主従六位上稲城壬生公鯨らの名がみえる。『日本三代実録』元慶八年(八八四)二月二十六日条にみえる稲城丹生公真秀も同族の人物であろう。これによれば稲城壬生を稲城丹生とも表記したらしい。

因幡国造　いなばのくにのみやつこ　彦坐王系の氏族。『先代旧事本紀』国造本紀によれば「志賀高穴穂朝の御世、彦坐王の児、彦多都彦命を以て国造に定め賜ふ」とみえる。本拠は千代(せんだい)川の上流の因幡国法美郡稲羽郷(鳥取県岩美郡国府町の旧宇野部村地区一帯)と考えられるが、国造の同族は高草郡(鳥取市の中・西部一帯)・八上郡(鳥取県八頭郡河原町・郡家町・船岡町・八東町・若桜町一帯)にも分布していることがわかる。鳥取市古郡家一号墳・六部山古墳はその奥津城(おくつき)であろう。

因幡国造浄成女　いなばのくにのみやつこきよなりめ　―七九六　八世紀後半の采女。因幡国高草郡(鳥取市の中・西部一帯)の出身。本姓は国造。宝亀二年(七七一)従五位下に叙せられ、次いで近親者とともに因幡国造の氏姓を与えられ、同年、因幡国国造に任ぜられた。延暦十三年(七九四)平安京遷都に際し、家を造るための稲を賜わった。同十五年十月、卒去。時に正四位上。地方豪族出身にもかかわらず異例の昇進をとげた。卒伝はその理由を、桓武天皇の深い寵愛によると記すが、賜姓の時期などから光仁朝にも重用されたことがわかる。

【参考文献】 野村忠夫『後宮と女官』、同「国造姓についての一試論」(『信濃』二四―七)、玉井力「光仁朝における女官の動向について」(『名古屋大学文学部研究論集』五〇―史学一七)

因幡八上釆女 いなばのやがみのうねめ　因幡国八上郡(鳥取県八頭郡河原町・郡家町・船岡町・八東町・若桜町一帯)出身の釆女。『万葉集』(四―五三四・五三五)によると安貴王が八上釆女を恋し、勅断によって不敬罪に処せられ、本国に退居せしめられたという。その時の安貴王の歌がある。安貴王は川島皇子の孫で春日王の子。市原王の父。神亀六年(七二九)三月、無位から従五位下に叙せられ、天平十七年(七四五)正月に従五位上に進んでいるから、八上釆女事件もこの頃であろう。右の昇進が甚だ遅いのは、事件と関係があるかと思われる。また安貴王の妻として紀小鹿女郎が知られており、女郎は大伴宿禰家持と恋愛歌をしきりに贈答しているから、交互の関係を当時の人々が好んで話題にした面がある。高市皇子が十市皇女に恋をし、高市の妻の但馬皇女が穂積皇子と恋をするといった組合せと同じ話型である。なお藤原朝臣麻呂の子浜成の母がこの八上釆女かとする見解もある。『公卿補任』『尊卑分脈』に浜成の母は「因幡国八上郡釆女稲葉国造気豆の女」とあるからである。浜成は神亀元年(七二四)の生まれ。もしこれが正しいとすれば安貴王は一子を生んだ後の藤原朝臣麻呂の妻に恋したことになる。もとより麻呂との結婚も勅断されるべきもので、二重の事件のために本国退居となったか。

猪名部氏 いなべうじ　配下の猪名部を率いて造船・木工などの手工業に当った渡来系の伴造氏族。為奈部・韋那部にも作る。姓は造および首。『日本書紀』応神三十一年条によると、諸国から貢上された五百艘の船が武庫水門(兵庫県の武庫川河口付近の海港)に集結した時、新羅の調使のもとから失火して多くの船が焼けおちた。このことを知って恐懼した新羅王は能き匠者を貢上し、これが猪名部らの始祖となったという。猪名部の職掌については一般に木工の分野とされるが、本来はこの説話にみるように渡来系の船匠であったと考えられる。『新撰姓氏録』には百済系のほか、物部氏の同族と称する猪名部氏があったと伝えるが、これは猪名部が一時期物部氏の支配下にあったことを示すものであろう(物部系の猪名部造はのちに春澄宿禰と改氏姓している)。猪名部氏の本拠は『日本書紀』仁徳巻にみえる猪名県、のちの摂津国河辺郡為奈郷(兵庫県尼崎市東北部)の地で、また伊勢国員弁(いなべ)郡(三重県員弁郡と桑名市の一部)にも濃密な分布が認められる。

【参考文献】 加藤謙吉「猪名部に関する基礎的考察」(『民衆史研究』一七)

猪名部百世 いなべのももよ　八世紀中頃の造東大寺司の官人。伊賀国の人。天平宝字二年(七五八)木工寮長上・正六位上で『大般若経』書写に関わった。神護景雲元年(七六七)称徳天皇の東大寺行幸に際して同寺造営の功労者に授位があり、造寺工であった百世は外従五位下に叙せられた。『東大寺要録』所引の「大仏殿碑文」には大工・従五位下とあり、また従四位下で伊勢守兼東大寺領掌使に任ぜられたともされる。

韋那部真根 いなべのまね　雄略朝の木工と伝える。『日本書紀』雄略十三年条によれば、真根は石を台として斧で材を削る名人で、雄略天皇の「誤って石にあてることはないか」との問いにも「決して誤ることはない」と答えた。そこで雄略は釆女を集め、衣を脱がせて相撲をとらせたところ、真根はこれに見とれて刃を傷つけてしまった。怒った雄略は物部に処刑を命じたが、真根の同僚が作歌して歎き惜しんだため、雄略は後悔して真根を赦したという。韋那部(猪名部)が木工に優れていたことを示す説話である。

位奈部橘王 いなべのたちばなのおう

敏達天皇の孫。韋那部橘王・多至波奈大女郎にも作る。敏達天皇の皇子尾治(おはり)王の女として生まれ、やがて聖徳太子の妃の一人となって、白髪部(しらかべ)王と手島女王を生んだ。聖徳太子の薨後、その天寿国往生の形姿を観るために「天寿国曼荼羅繡帳」をつくらせた。位奈部とは、法隆寺付近の地名「猪那部池」(『太子伝古今目録抄』の裏書によれば金光院(法隆寺東西両院を結ぶ参道北側にある宗源寺の前身、法隆寺子院の一つ)の北一町の所にあったという)に関係があろう。

印南野氏　いなみのうじ　地方豪族の一つ。姓は臣。播磨国印南郡(兵庫県加古川・高砂両市から姫路市にかけての一帯)を本拠とした。『古事記』に景行天皇の妃として針間の伊那毘能大郎女の名があり、『播磨国風土記』にも印南別嬢の端正さにひかれて大帯日古(景行)天皇が下向してきたので別嬢は小嶋に隠れたとある。天皇家との関係もあったが、吉備氏との関係も強く、伊那毘能大郎女も吉備の祖若建吉備津日子の女としている。また天平神護元年(七六五)馬養造から印南野臣に改氏姓した人上も吉備都彦の後裔で、仁徳朝に上道(かみつみち)臣息長借鎌が印南野に遷ったと称している。さらに元慶三年(八七九)に印南野臣宗雄は、吉備武彦命の二男御友別命・三男鴨別命はそれぞれ印南野・笠の祖であって、同族であると称し、笠朝臣への改氏姓を許されている。吉備氏の一族ではないであろうが、近接地でもあり、姻戚関係にあったかもしれない。

印南別嬢　いなみのわきいらつめ　播磨国の女性。丸部臣の祖比古汝茅(ひこなむち)の女。母は吉備比売。『播磨国風土記』の地名説話に、景行天皇と結婚し、城宮(兵庫県加古川市加古川町木村をその遺称地とする説がある)で薨じたが、遺体が印南川(加古川)を渡る時、飄(つむじかぜ)にまかれて川に入り行方がわからなくなり、ただ匣と褶のみを探し出して葬った墓を褶墓と名づけたとある。同書にはまた、成務天皇の世に比古汝茅が国の堺を定めに遣わされたが、その時、迎えた吉備比売との間に生まれたのが印南別嬢であり、たいへんな美人だったので景行が求婚しに行幸したという伝承も記されている。なお『古事記』『日本書紀』には景行の皇后として播磨稲日大郎姫(または稚郎姫)がいる。

五十瓊敷入彦命　いにしきいりひこのみこと　垂仁天皇の皇子。母は日葉酢(ひばす)媛命。印色入日子命にも作る。『日本書紀』によると、垂仁三十年正月、垂仁はそれぞれの希望のままに五十瓊敷入彦命に弓矢を与え、弟の大足彦尊(景行天皇)に皇位を継がせることにした。同三十五年九月、河内国に遣わされ、高石池(大阪府高石市)・茅渟(ちぬ)池(大阪府泉佐野市)を作り、同三十九年十月に、菟砥(うと)川上宮(大阪府泉南郡阪南町の菟砥川の流域)で剣一千口を作り、これを石上(いそのかみ)神宮(奈良県天理市布留町)に納め、石上の神宝をつかさどったが、同八十七年二月、年老いて、神宝の管理権を妹の大中姫命を介して物部十千根大連に譲ったという。同書の別伝では、皇子は菟砥の川上で一千口の大刀を作らせたが、この時、楯部などの十の品部を賜わった。その大刀は忍坂邑(奈良県桜井市忍坂)を経て石上神宮に蔵されたとある。『古事記』には、印色入日子命が血沼池(茅渟池と同じ)・狭山池(大阪府大阪狭山市)・日下(くさか)の高津池(高石池と同じか)を作ったこと、鳥取河上宮で横刀一千口を作り、石上神宮に納め、河上部を定めたことを記す。

犬養氏　いぬかいうじ　犬養部を統率した伴造氏族。犬甘にも作る。犬養部は飼養した番犬を用い、大和政権が各地に経営拠点として設定した屯倉の守衛を担当し、中央にあっては大蔵・内蔵や宮城諸門の守衛に奉仕した部民と考えられる。中央における上級伴造としては、県犬養連・若(稚)犬養連・海犬養連・阿曇犬養連らが知られるが、各地の犬養部を直接統率する下級伴造には無姓の犬養氏が多い。県犬養・若犬養・海犬養の三氏は天武十三年(六八四)に宿禰を賜姓された。犬養諸氏の出自については統一的伝承は形成されていない。かつて犬養部の職掌として、猟犬による狩猟奉仕を考えた説もあったが、『日本書紀』安閑巻における屯倉・犬養部伝承の緊密性に加え、犬養の地名と三宅の地名の近接関係が確認され、海犬養門(安嘉門)・若犬養門(皇嘉門)の名が宮城十二門号のうちに残るように、犬養氏が宮城門の警衛に当っていたらしいこと、また、犬養氏がクラ(蔵)関係氏族と同族伝承を保持していることなどからみて、番犬を率いる部民であることは明らかであろう。犬養部は六世紀における屯倉制の展開と軌を一にして姿を現わすが、その職掌は律令体制には継受されていない。

【参考文献】 黛弘道「犬養氏および犬養部の研究」(『律令国家成立史の研究』所収)

犬養連五十君 いぬかいのむらじいきみ　七世紀中頃の官人。大化元年(六四五)八月、いわゆる東国国司として派遣された紀臣麻利耆拖(まりきた)らとともに、介以下の官人として属し、同二年三月に朝集使により「東国国司」の功過が報告された時、紀臣の罪に連坐して過ありとされた。天武元年(六七二)の壬申の乱に際しては、近江軍の将として七月上旬に大和国で吉野軍と戦って敗れて捕えられ、近江国の粟津市(滋賀県大津市膳所・粟津付近)で斬られた。

犬上氏 いぬかみうじ　主に七世紀に活躍した中堅氏族。姓は初め君、天武十三年(六八四)十一月、八色の姓制定に際し、朝臣を賜わる。日本武尊と両道入姫(ふたじのいりびめ)命との子である稲依別王を祖とする。『日本書紀』神功元年条には犬上君の祖倉見別が、神功皇后に敵対した麛坂(かごさか)王・忍熊王側の将軍になったという伝承もある。御田鍬や斉明朝に遣高句麗使となった白麻呂など、七世紀代に史上にみえる人物は対外交渉に関わっている。そののち、八世紀以降に中央政界で活躍した者としては、延暦二十四年(八〇五)外従五位下となった望成を除いて史料に全く現われない。氏名からも明らかなように、近江国犬上郡(滋賀県犬上郡と彦根市の大半)を本拠とした。『日本三代実録』仁和元年(八八五)七月条には近江国検非違使権主典前犬上郡大領として犬上春吉の名がみえている。なお『新撰姓氏録』左京皇別上に犬上朝臣を載せ、未定雑姓大和国の条に天津彦根命を祖とする犬上県主氏を載せている。

犬上君御田鍬 いぬかみのきみみたすき　七世紀前半の官人。三田耜にも作る。推古二十二年(六一四)六月、矢田部造某とともに遣隋使として派遣され、翌年九月、百済使を伴って帰国した。さらに舒明二年(六三〇)八月には初代遣唐使として薬師恵日とともに派遣され、同四年八月に答礼使高表仁(こうひょうじん)、留学僧霊雲・旻(みん)ら、および新羅送使を伴って帰国した。この時、御田鍬は大仁(十二階冠位の第三)であった。

犬上王 いぬかみおう　―七〇九　七世紀後半―八世紀初めの官人。大宝二年(七〇二)十二月、持統上皇の大喪の際、作殯宮司(もがりのみやつくるのつかさ)の一員となる。時に従四位上。『行基年譜』によると、慶雲三年(七〇六)七月、蜂田寺(大阪府堺市八田寺町にあった)および四十九院修理料として和泉国和泉郡横山郷(大阪府和泉市の槇尾山と槇尾山北麓・父鬼川・東槇尾川流域の一帯)が施入された際に四至を点じる勅使となった。時に正四位下。翌年六月、文武天皇大葬の時、殯宮に供奉し、同年十月、御装司となった。和銅元年(七〇八)三月、宮内卿に就任。その在職中、伊勢大神宮に平城宮造営状況を報告する奉幣使となる。同二年六月二十八日、卒した。時に散位正四位下。『懐風藻』に正四位下治部卿として「五言。山水に遊覧す。一首」がある。

井上内親王 いのうえないしんのう　七一七―七七五　光仁天皇の皇后。父は聖武天皇、母は県犬養宿禰広刀自。井上は「いかみ」とも訓む。養老五年(七二一)九月、斎内親王に卜定され、神亀四年(七二七)から伊勢国に住んだ。天平十六年(七四四)弟安積親王の喪により退下。白壁王(のちの光仁天皇)の妃となり、天平勝宝三年(七五一)頃に他戸(おさべ)親王を、同六年頃に酒人内親王を生む。宝亀元年(七七〇)十一月、前月の光仁即位により立后。同三年三月、藤原朝臣百川らに巫蠱大逆（ふこたいぎゃく）の罪を着せられ廃后となり、その罪により同年五月には皇太子他戸親王は廃太子となった。同四年九月、難波内親王厭魅の罪で他戸親王とともに大和国宇智郡（奈良県五条市の全域）の没官宅に幽閉となり、同六年四月二十七日、二人とも没した。百川らに毒殺されたと考えられている。同九年正月、改葬され、延暦十九年（八〇〇）七月、皇后の称号を復され、墓を山陵ということになった。同年末頃、皇太后を贈られ、吉野皇太后と呼ばれた。墓は五条市御山にある。

井上氏　いのえうじ　阿知使主（あちのおみ）の後裔東（倭）漢（やまとのあや）氏族の一つ。姓は忌寸。河内国志紀郡井於郷（大阪府藤井寺市道明寺付近）がその本拠地か。無姓で記されることも多い。『坂上系図』所引の『新撰姓氏録』逸文に、中腹の志努直の第二子志多直は井上忌寸ら十姓の祖とある。『続日本紀』神護景雲三年（七六九）十月条によると、井上忌寸蜂麻呂は河内国某郡の郡司という。

井光　いひか　吉野首（天武十二年に連を賜姓される）の祖。井氷鹿・弥比加尼・加弥比加尼にも作る。『日本書紀』によると、神武天皇が菟田（奈良県宇陀郡）から吉野（奈良県吉野郡）へ進んだ時、尾ある人が井より出てきて光った。神武が何者かと問うと、自分は国神（くにつかみ）で名を井光というと答えたという。『古事記』もこれとほぼ同じ所伝を載せるが、『新撰姓氏録』には、神武が吉野に行幸して神瀬（奈良県吉野郡川上村か）にいたり、人を遣わして水を汲ませると、井に光る女がいるという報告があった。そこで神武はその女を召すと、我は天より降った白雲別神の女で、名を豊御富というと答えた。神武は水光（みひか）姫と名づけたが、これが吉野連が祭る水光神であるという別伝がみえる。

伊部氏　いべうじ　㈠渡来系氏族の一つ。姓は造。『新撰姓氏録』山城国諸蕃によると、百済国の人乃理使主の後とある。子代の伊部を率いる伴造の氏族である。㈡地方伴造の一つ。姓は造。貞観十五年（八七三）または同十七年に越前国出身の伊部造豊持が飯高朝臣に改氏姓しており、その時、孝昭天皇の皇子天足彦国押人命の後と称している。伊勢国の飯高朝臣との繫がりは不明で、越前国敦賀郡伊部郷（福井県丹生郡織田町岩倉付近）を本拠とする豪族とみられる。なお、㈠・㈡は出身を別のものと称しているが、同族とみる説もある。

今木氏　いまきうじ　『万葉集』の「宇治若郎子宮所謌一首」（九―一七九五）にみえる「今木乃嶺」（山城国宇治郡今木。現在の京都府宇治市中央部の朝日山）の地名を氏名とした氏族。今来にも作る。姓は連・直のほか無姓もあった。連姓では今木連安万呂の名が天平二十年（七四八）八月二十六日付「山背国宇治郡加美郷家地売買券」（加美郷は現在の宇治市木幡を中心とする地域）に、直姓は今木直粳・兄麻呂・乙麻呂・水海・諸海などの名が天平五年頃の『山背国愛宕郡計帳』にみえ、また無姓の今木稲売の名もみえる。今木直氏と無姓の今木氏とはともに山背国愛宕郡（京都市左京区を中心に北区・上京区・下京区・中京区・東山区などの一部にまたがる地域）に住み、同族であった。なお『新撰姓氏録』には山城国皇別に今木、山城国神別に今木連（神饒速日（かんにぎはやひ）命系と神魂（かみむすび）命系）がみえる。

今城王　いまきおう　八世紀後半の官人・歌人。『万葉集』に、大伴坂上女郎は王の母で、王はのちに大原真人の氏姓を賜わったとみえ（四―五一九の左注）、女郎は佐保大納言卿（大伴宿禰安麻呂）の女で初め一品穂積皇子に嫁したとある（四―五二八の左注）ので、王の父は穂積皇子。天平十一年（七三九）高安王らが上表し大原真人の氏姓を賜わった時、今城王も同氏姓を賜わり、大原真人今城（今木）と称し、同二十年、奴婢売券証人の連署に兵部省少丞・正七位下として署名している。『万葉集』巻二十の題詞や左注に上総国大掾・兵部大丞とみえる。天平勝宝九歳（七五七）五月、従五位下、同年六月、治部少輔となり、『万葉集』に多くの歌を残し、また大伴宿禰家持と親交があった（二〇―四五一五）ことが知られる。

天平宝字七年(七六三)正月に左少弁、同年四月に上野守、同八年正月に従五位上に叙せられた。宝亀二年(七七一)閏三月、貶位理由は不明であるが(藤原朝臣仲麻呂の乱に関係したためか)、無位から本位従五位下に復し、同年七月、兵部少輔、同三年九月、駿河守に任ぜられた。

新漢済文 いまきのあやのさいもん 漢人系の渡来人。名を斉文にも作る。『日本書紀』によれば、推古二十年(六一二)百済の人味摩之(みまし)が渡来し、桜井(豊浦寺の存した地。奈良県高市郡明日香村豊浦付近)において伎楽儛(くれのまい)を教習した際に、済文は真野首弟子(まののおびとでし)とともにこの儛を習って伝えたという。『日本書紀』は済文を辟田(さきた)首の祖と記すが、『新撰姓氏録』大和国諸蕃は同氏を「任那国主都奴加阿羅志等(つぬがあらしと)より出づ」としている。

新漢陶部高貴 いまきのあやのすえつくりのこうき 百済の才伎(てひと)。陶部は須恵器を作って貢納する品部。高貴は名。『日本書紀』雄略七年是歳条によると、鞍部(くらつくり)堅貴・画部因斯羅我(えかきべのいんしらが)・錦部定安那錦(にしごりのじょうあんなこん)・訳語(おさ)卯安那たちとともに吉備上道(きびのかみつみち)臣弟君らに率いられて百済から献上され、吾礪広津邑(あとのひろきつのむら。河内国渋川郡跡部郷。現在の大阪府八尾市跡部・渋川・植松町付近)に安置(はべら)されたが、病死する者が多かったので上桃原・下桃原(桃原は奈良県高市郡明日香村島庄付近か)・真神原(まかみのはら。高市郡明日香村飛鳥)の三所に遷されたという。

新漢人日文 いまきのあやひとにちもん ―六五三 七世紀前半に活躍した学問僧。旻(みん)とも称す。推古十六年(六〇八)九月、遣隋使小野臣妹子に伴って隋に留学し、舒明四年(六三二)八月に帰国した。『日本書紀』舒明巻には自然異変を伝える記事が多いが、そのなかの二カ所に旻が解釈を加えたものがある。旻が留学中に陰陽道の知見を得たことを証するものであろう。『家伝』上によれば、大化以前の時期に中臣連鎌足や蘇我臣入鹿は旻の堂に通って『周易』の講義を聴いたという。『日本書紀』孝徳即位前条によると、孝徳天皇即位の日に旻は高向史玄理(げんり)とともに国博士に任ぜられた。ただし、この「国博士」の名称は当時実際に称されたかどうかは疑問であり、「大化改新」を描き出した孝徳巻編纂者による造語の可能性もある。大化元年(六四五)八月、十師のうちの一人に任ぜられ、白雉元年(六五〇)二月の改元の契機となった白雉献上の折には、祥瑞思想に関する深い知見を披露している。同四年五月に病に臥し、翌六月に寂した。この時、孝徳は画工に命じて多くの仏像を造らせ、川原寺(奈良県高市郡明日香村川原)に安置した。別説を伝える「或本」によれば、白雉五年七月のこととして、旻が阿曇寺(大阪市南区安堂寺町にあった寺か)において病に臥したとし、孝徳みずから幸して、もし法師が死んだら朕は明日に死ぬであろうと言ったという話が付されている。

今州利 いますり 隅田(すだ)八幡宮(和歌山県橋本市隅田町垂井)所蔵の人物画像鏡銘にみえる人名。同銘には「開中費直穢人今州利二人」が白上同二百旱をとり、この鏡を作ったとある。銘文の「開中費直」以下、「二人」までの表記には二名の人名が記してあることは確実であるが、その切り方・訓み方は難解であり、諸説がある。「開中費直」は「かふちのあたえ」(或いは「ひと」)という氏(姓)名を指すと解すのが一般的であるが、百済の地名＋郡将とみる説もある。「穢人」は上の開中費直に付けて「あやひと」「えひと」などと訓んで人名と解す説と、下の今州利に付けてその出身を示すもの(わいじん、わいひと)と解す説が対立している。今州利の訓み方も以上をどう解釈するかに関わってくるが、百済もしくは濊の人とすれば、「こんすり」「こんつり」と訓むべきであろう。

射水氏 いみずうじ 越中国射水郡(富山県射水郡と高岡・新湊・氷見の各市および富山市の一部)を本拠とする地方豪族。伊弥頭国造の一族。姓は臣、のちに宿禰。『先代旧事本紀』国造本紀に「伊弥頭国造、志賀高穴穂(成務)朝の御世、宗我と同祖建内足尼の孫、大河音足尼を国造に定め賜う」とある。天平勝宝四年(七五二)十月の「越中国牒」に、射水郡三島郷(射水郡大門町付近)戸主射水臣の名がみえ、平安初期には郡司として礪波・新川両郡にも勢力を伸ばしている。『越中国官倉納穀交替帳』に延喜十年(九一〇)越中国礪波郡擬大領従八位上射水臣常行、『日本三代実録』仁和二年(八八六)十二月条に越中国新川郡擬大領正七位上伊弥頭臣貞益がみえ、また『除目大成抄』康平二年(一〇五九)条によれば、越中大掾射水宿禰好任のように、のちには在庁官人となる者もあらわれた。『越中石黒系図』によれば、射水氏は利波(となみ)氏(臣)と同族である。

【参考文献】米沢康『越中古代史の研究』、佐伯有清『古代氏族の系図』

伊予親王　いよしんのう　―八〇七　桓武天皇の第三皇子。母は藤原朝臣是公の女吉子。延暦十一年(七九二)元服。同十二年二月、桓武が遊猟の途中に伊予親王の荘に立ち寄り、同年九月、親王の江亭に立ち寄った。同十四年、親王が奉献し、同十五年、帯剣を許された。同十七年、桓武は親王の山荘に立ち寄り、同二十二年八月には親王の愛宕荘に行幸し、また同月、親王の大井荘に立ち寄った。同二十三年には二月・五月と二度にわたり親王の邸宅に行幸があった。時に三品・式部卿。同年九月、近江国蒲生郡の荒田五十三町を賜わった。これらにより、親王が桓武から大変寵愛されていたことが知られる。大同元年(八〇六)中務卿兼大宰帥に転じた。翌二年五月、平城天皇は神泉苑(平安左京三条一坊)に行幸し、親王は奉献した。それゆえ、少なくともこの時まで平城と親王とは、表面的には親しかったといえる。けれども、同年十月二十八日、大納言藤原朝臣雄友は、藤原朝臣宗成が親王にすすめて謀反を計画していると聞き、これを右大臣藤原朝臣内麻呂に告げた。ここにいたって、親王は宗成が自分に謀反をすすめたことを奏上した。そこでただちに宗成を左近衛府に拘禁し、同月三十日に左衛士府が取り調べたところ、宗成は首謀者は親王だと自白した。そこで左近衛中将安倍朝臣兄雄・左兵衛督巨勢朝臣野足らは兵百五十人を率いて、親王の邸宅を囲んだ。同十一月六日、親王と母藤原朝臣吉子とを大和国の川原寺(奈良県高市郡明日香村川原)に幽閉し、飲食を断った。同月十一日、伊予親王を廃することを桓武の山陵に告げ、翌十二日、親王と母吉子は服毒自殺した。時の人はこれを哀れんだという。この事件で継枝王・高枝王ら三人の子は遠流に処せられ、外戚の藤原朝臣雄友は伊予国に流され、雄友の弟友人は下野守に左遷され、中納言藤原朝臣乙叡(たかとし)は解官、参議・春宮大夫の秋篠朝臣安人や橘朝臣安麻呂・同永継らは失脚し、宗成も流罪に処せられた。弘仁十年(八一九)嵯峨天皇は、親王の号および三品に復し、三人の子も嵯峨朝に恩赦により入京を許された。承和六年(八三九)仁明天皇は親王に一品を追贈した。親王は管絃に秀でていたといわれる。

伊与来目部　いよのくめべ　伊予国久米郡(愛媛県松山市南部と温泉郡重信町・川内町の各一部)を本貫とする来目部。来目部は久米部とも称し、大伴氏(連)に率いられた大王軍の主要な軍事集団と考えられる。その活動の姿は、久米舞に伝えられている。同時に、伊与来目部は山部連の祖という伝えが『日本書紀』顕宗即位前条にあり、山官的立場にもあったと思われる。山人としての弓矢の術をもって軍事力に編成されたか。なお、伊予国久米郡には来目部の伴造氏であった久米直の氏人の分布が、奈良・平安朝に認められる。

【参考文献】上田正昭『日本古代国家論究』、直木孝次郎『日本古代兵制史の研究』

伊与来目部小楯　いよのくめべのおたて　五世紀末期の人。磐楯・少楯とも称す。『日本書紀』清寧二年十一月条に播磨国司で山部連の先祖と記す。小楯は、大嘗供奉料のため派遣された赤石郡の縮見(しじみ)屯倉(兵庫県三木市志染町付近)の首忍海部(おしぬみべ)造細目の新室において、市辺押磐(いちのべのおしは)皇子の子億計(おけ)・弘計(おけ)の両王を発見、これを朝廷に報告。のち左右舎人を率いて赤石に両王を迎え、摂津国から宮中に入り、弘計王(のちの顕宗天皇)即位のきっかけをつくる。この功により、山官たる山部連の氏姓を賜わり、山守部を支配するようになり、富者となる。『古事記』『播磨国風土記』では、その氏姓を山部連と称し、大筋で同じような事績が述べられている。この両王にまつわる伝承は、忍海氏に伝わる流浪譚や大嘗祭の芸能譚、山部の伝承などが混在して定着したものであり、事実とは違うという説もある。また、小楯の官職として記されている播磨国司も、後の潤色であろう。

【参考文献】上田正昭『日本古代国家論究』、北郷美保「顕宗・仁賢即位伝承雑考」(佐伯有清編『日本古代史論考』所収)、岡田精司「顕宗・仁賢大王の伝承とその虚構性」(説話・伝承学会編『説話と歴史―説話・伝承学'84―』所収)

伊予別氏 いよのわけうじ 日本武尊の子十城別王(とおきわけのみこ)の後裔と称する氏族。『日本書紀』景行五十一年八月条に「十城別王、是れ伊予別君の始祖なり」、『先代旧事本紀』天皇本紀に「十城別王(伊予別君等の祖)」とみえる。この氏の本拠は、のちの伊予国和気郡(現在の愛媛県温泉郡の一部)。なお貞観九年(八六七)二月十六日付の「讃岐国司解」に「伊予の別公等と共に、具(つぶさ)に同宗たるの由を注す」、『和気系図』円珍自筆裏書に「伊予別公系図は武国王子を第七と為す」云々などとみえる。

伊余部氏 いよべうじ 伊与国の地名、伊与国造の私有部民に由来するとする説があるが、名代部の一種か。伊予部・伊与部にも作る。高媚牟須比(たかみむすび)命(高皇産霊尊・高魂命)の三世孫天辞代主命の後裔と称する氏と、火明(ほのあかり)命の五世孫武礪目(たけとめ)命の後裔と称する氏がある。火明命系の伊余部氏の姓は連。連姓氏族の一族に伊余部連馬飼・伊与部連家守・伊予部連真貞らがいる。伊予部連真貞は、天長五年(八二八)善道宿禰の氏姓を賜わり、のちに朝臣姓となる。

伊余部連家守 いよべのむらじいえもり ―八〇〇 八世紀後半の学者。氏名は伊与部にも作る。宝亀六年(七七五)遣唐使に補せられ、同八年(一説に七年)正六位上遣唐使明経請益直講博士として唐に渡り、五経大義・切韻説文字躰を学ぶ。帰国後、直講、さらに助教となり、延暦三年(七八四)には『春秋』の解説書の三伝(『左氏伝』『公羊伝』『穀梁伝』)を学生に教授した。同十年正月に外従五位下となり、同十九年十月に外従五位下のまま卒去。子に伊予(与)部連(善道朝臣(宿禰))真貞がいる。

伊余部連馬養 いよべのむらじうまかい 『大宝律令』撰定に参加した学者。氏名は伊与部・伊預部、名を馬飼にも作る。持統三年(六八九)六月、勤広肆の時に撰善言司(よきことえらぶつかさ。書物編纂官)となり、文武四年(七〇〇)六月、刑部(おさかべ)親王・藤原朝臣不比等・粟田朝臣真人らとともに律令の撰定に加わった功により禄を賜わった。時に直広肆。大宝元年(七〇一)八月には『大宝律令』の完成により、さらに刑部親王・不比等らとともに禄を賜わる。時に従五位下。馬養は文筆にも長じ、この頃、『懐風藻』に皇太学士として「五言。駕に従ふ。応詔。一首」を残している。その後まもなく卒したらしく、大宝三年二月、子に田六町、封百戸を賜わり、天平宝字元年(七五七)十二月には功田の品を下功田と定められ、十町を子に伝えさせた。『懐風藻』によれば享年四十五歳。また『釈日本紀』巻十二所引の『丹後国風土記』によれば、馬養が丹後守であった時に浦嶋子の伝説を記したという。

【参考文献】滝川政次郎『律令の研究』

伊予部連年嗣 いよべのむらじとしつぐ 九世紀初めの治部省の官人。弘仁六年(八一五)成立の『新撰姓氏録』の編纂者の一人。同書の巻末に「従六位上行治部省少録臣伊予部連年嗣」とみえる。なお弘仁四年四月十二日の「治部省符徳円度縁公験」に「従六位下行少録伊与部連年嗣」の署名があるので、弘仁四年四月当時、従六位下であったことが知られる。

伊利須使主　いりすのおみ　高句麗国の人。伊利須意弥・伊理和須使主・伊和須にも作る。『新撰姓氏録』に、左京・右京・大和国・摂津国各諸蕃の日置(へき)造、大和国諸蕃の鳥井宿禰・栄井宿禰・吉井宿禰・和(やまと)造、河内国諸蕃の島本(島木)各氏の祖とある。『日本書紀』斉明二年(六五六)八月条の分注に、高句麗から副使として遣わされた伊利之(いりし)の名がみえるが、同一人物か。

入間氏　いるまうじ　地方豪族の一つ。姓は宿禰。『新撰姓氏録』左京神別中に天穂日(あめのほひ)命十七世の孫天日古曾乃己呂命の後とある。天穂日(菩比)命は无邪志(武蔵)国造などの祖でもあり、入間氏はそもそもこの武蔵国造家の本宗または一族が物部直氏とされ、その後に改氏姓されて成立したものであろう。神護景雲二年(七六八)七月に武蔵国入間郡(埼玉県入間郡と川越・狭山・入間・所沢・上福岡・富士見・坂戸・飯能の諸市)の人物部直広成らが入間宿禰に改氏姓されたのは右の事情を物語っている。本拠は入間郡と思われるが、一部が上京して活躍し、その縁で高い姓をうけたのであろう。

入間宿禰広成　いるまのすくねひろなり　八世紀後半の官人・武将。武蔵国入間郡出身。氏姓は初め物部直。天平宝字二年(七五八)東大寺で『大般若経』を書写した時、その料紙などの送使として史上に登場する。時に授刀。同八年、藤原朝臣仲麻呂が叛いて宇治(京都府宇治市)から近江を目指し精兵数十を遣わして愛発(あらち)関(福井県敦賀市)を破ろうとした時、広成らはこれを防ぎ、仲麻呂は進退の所を失ったという。神護景雲二年(七六八)入間宿禰の氏姓を賜わる。時に正六位上・勲五等とあるが、これらは仲麻呂の乱鎮圧の功績によるものであろう。宝亀五年(七七四)以降、東北地方が動揺し同十一年には伊治公呰麻呂(いじのきみあざまろ)の乱が起こる。政府は藤原朝臣小黒麻呂を持節征東大使として翌天応元年(七八一)征討を終えるが、広成はこの征討軍に参加したらしく、同元年に外従五位下に叙せられている。しかしこの宝亀年間(七七〇—七八〇)の征討は不調に終わったらしくその後も蝦夷の動揺が続き、延暦元年(七八二)大伴宿禰家持を陸奥按察使(あぜち)鎮守将軍、広成を陸奥介とし、翌二年には家持を持節征東将軍に任命して再び征討を企てた。広成は同三年に家持の下で軍監となり、続いて同七年二月に近衛将監、三月に征東副使に任ぜられている。七月に紀朝臣古佐美が征東大使に任命されるに及び、その下で同八年に蝦夷と戦うこととなった。その戦いの実情は、広成を副将軍、池田朝臣真枚・安倍猨嶋臣墨縄を別将とした三軍編成で、初め北上川を渡って前進し賊の総帥阿氐流為(あてるい)の居所に近づいた頃、交戦して勝利を収めた。しかしさらに進んだところを挟撃されて大敗北を喫した。同年六月の勅では征討軍の作戦の失敗を指摘し、特に広成・墨縄の二人は、歴戦の経験をかわれて副将に任命されたにもかかわらず、みずからは先陣にたたなかったとして名指しで非難されている。彼らは同年九月に帰京して問責され、真枚は「解官取冠」、墨縄は「解官」の処分をうけ、古佐美は罪を許されたとあるが、広成の処分については伝わらない。しかし翌九年二月に従五位下に叙せられ、同年三月に常陸介となっていることから、おそらく古佐美と同様に罪を許されたのであろう。その後延暦十八年(七九九)三月に造東大寺次官に任ぜられたとあるのを最後に、以降の事績は伝わらない。時に従五位下。

磐井　いわい　六世紀前半の地方豪族。石井にも作る。姓は筑(竺)紫君で筑紫国造とある。『日本書紀』によると、継体二十一年(五二七)六月、近江臣毛野が六万の軍を率い、任那の南加羅、㖨己呑(とくことん)を再興するため出征した時、密かに大和政権への反逆の機会をうかがっていた筑紫国造磐井は、新羅の貨賂(まいない)を受けてこれと通じ、火・豊二国に拠って海路を遮断して高句麗・百済・新羅・任那の朝貢船を誘致し、任那に派遣される毛野の軍勢の渡海を阻んだ。このため継体天皇は大伴大連金村・物部麁鹿火(あらかひ)・許勢(こせ)臣男人らに詔して征討の将を選出せしめ、同年八月には継体が麁鹿火に斧鉞(まさかり)を授けて征討を命じ、翌二十二年十一月、麁鹿火は筑紫の御井(みい)郡(福岡県三井郡の大半と久留米市の中央部)で磐井軍と交戦し、激戦の末、磐井を斬って境界を定めた。さらに同年十二月には磐井の子筑紫君葛子が父の罪に縁坐することを恐れて、糟屋屯倉(福岡県粕屋郡・福岡市東区の付近)を献上したという。『古事記』には簡単に竺紫君石井が天皇の命に従わず無礼が多かったため物部荒甲(あらかい)と大伴大連金村の二人を遣わして石井を殺させたと記す。一方、『筑後国風土記』逸文には上妻県(かみつやめのあがた。上妻郡。現在の福岡県八女(やめ)郡の東北部)の県(郡家)の南二里に筑紫君磐井の墳墓があることを記し、墳墓の規模や石人、石盾の存在、衙頭と称する別区の景観を詳述したあと、古老の伝として磐井が生前にこの墓を造ったことと、敗戦後、豊前国上膳県(かみつみけのあがた。上毛郡。現在の福岡県筑上郡の南部)に逃れ、その南境の山中で終わったこと、怒った官軍が墳墓の石人・石馬を打ち壊したことなど、独自の所伝を掲げている。福岡県八女市の岩戸山古墳は、墳丘の全長が一三五メートルという壮大な前方後円墳で、その形状・位置から推して磐井の墳墓に間違いないとみられている。特に墳丘、別区から発見された多数の石製品により、福岡・熊本・大分県などの五世紀代から六世紀前半期の第一級の前方後円墳に共通して認められるいわゆる石人・石馬文化の頂点に立つことが明らかで、岩戸山古墳以降、石人・石馬文化が衰退することとあわせて、磐井の乱の特質を知る手がかりとなる。すなわちこの乱は、中央の統一政権と、これに対抗して結成された磐井を中心とする北九州の首長たちの連合勢力との熾烈な戦闘であったとみられる。『筑後国風土記』逸文の別区の衙頭(政所)に関する記述は、磐井のもとに、すでに「筑紫政権」とでも称すべき独自の政権が形成されていた可能性を示唆するが、これは正しくはそうした方向性を誇示したものとみるべきであろう。五世紀後半以降の大和政権の対朝鮮政策の変更と地方支配体制の強化が、北九州の首長勢力に重圧を与え、その支配体制からの独立の気運が、最終的に乱へと結びつくのである。乱後、葛子により玄海灘と博多湾に面する糟屋郡の要地が屯倉として献上されたことは、逆にこの地を拠点として磐井が新羅と結託し、一時的に北九州一円の制海権を掌握した事実を裏づけるもので、北九州地方に新羅系渡来人が多いこともこれを傍証する。なお、磐井を国造と記すのは『日本書紀』編者の潤色であろう。

【参考文献】林屋辰三郎『古代国家の解体』、小田富士雄『九州考古学研究』古墳時代篇、坂本太郎「継体紀の史料批判」(『日本古代史の基礎的研究』上所収)、吉田晶「古代国家の形成」(『岩波講座日本歴史』二所収)

磐排別之子 いわおしわくがこ　吉野の国樔(くず)の祖。石押分之子・石穂押別神子にも作る。『日本書紀』によると、神武天皇が菟田(奈良県宇陀郡)から吉野(奈良県吉野郡)へ進んだ時、尾ある人が磐石をおしわけて出てきた。神武が何者かと問うと、磐排別之子と答えたという。『古事記』もこれとほぼ同じ所伝を載せるが、『新撰姓氏録』の伝承では、石穂押別神の子は吉野の川上で穴に出入りして遊ぶ人とある点が『記』『紀』と異なる。

磐鹿六鴈命 いわかむつかりのみこと　膳(かしわで)氏の祖先とされる伝説的人物。名を磐鹿六獦・磐鹿六雁・伊波我牟都加利にも作る。系譜的には大彦命の孫とされ、大稲輿命(比古伊那許士別命)の子に当る。『日本書紀』景行五十三年条によれば、景行天皇の東国巡幸に随行し、淡水門沖合いの海中で得た白蛤を膾(なます)に作り献上し、その功により膳大伴部を賜わったという。『本朝月令』所引の『高橋氏文』には、この間の経緯を異伝を含めてより詳細に記しているが、堅魚と白蛤を御食(みけ)に供えるために、六鴈命が無邪志国造の上祖大多毛比と知々夫国造の上祖天上腹(あめのうわはら)・天下腹(あめのしたはら)の人どもを安房の浮島宮(千葉県安房郡鋸南町勝山沖の浮島か)に召喚したとし、景行が六鴈命に勅して子々孫々まで御食の供進に仕えるようにと膳臣の氏姓を賜わり、また東西南北の諸国の人を割き移して膳大伴部とし、諸氏人、東方諸国造十二氏の枕子(赤子)を各一人ずつ進めて六鴈命に付属せしめたとする。これらは膳氏の伴造職の由来、その部民たる膳大伴部の設置、膳氏の管轄下に宮廷に膳夫(膳部、トモ)として出仕する東国諸国造の子弟らの存在を、六鴈命に結びつけて伝承化したものであろう。『政事要略』所引の『高橋氏文』には、六鴈命が景行七十二年の八月に死去し、景行は親王の式に准えて葬を賜わり、宣命使を派遣したことを記し、その宣命の内容を伝えるが、膳職の長としての六鴈命の功を称讃し、その子孫である膳氏(高橋氏)の伴造職の正統性を主張する内容となっている。そのうち六鴈命の子孫を上総国・淡(安房)国の長と定め、若狭国は六鴈命に永く子孫らが領する国として授けたとすることは、膳氏とこれらの国々との密接な関係を示唆するものといえよう。『新撰姓氏録』では、左京皇別上の膳大伴部、右京皇別上の若桜部朝臣の祖を六鴈命とし、『太子伝玉林抄』所引の『新撰姓氏録』摂津国皇別高橋朝臣条の逸文に、六鴈命は景行朝に氏姓を膳臣と賜わったと記している。

石城氏　いわきうじ　陸奥国磐城郡・常陸国多珂郡の地方豪族。磐城にも作る。姓は直・臣。『常陸国風土記』によれば、多珂国造の建御狭日命(弥佐比命)の後裔氏族とみられるが、『先代旧事本紀』国造本紀は、石城国造を建許呂命の後とする。『常陸国風土記』多珂郡条の孝徳朝建郡記事に、癸丑年(白雉四・六五三)多珂国造石城直美夜部・石城評造部志許赤らが惣領高向大夫に申請して多珂国を分かち、多珂郡(茨城県北茨城市・高萩市と多賀郡・日立市・久慈郡の一部およびのちに石城国菊多郡として分離する福島県いわき市勿来・植田の地を含む)・石城郡(いわき市の大半と双葉郡大熊町の一帯)としたとある。承和七年(八四〇)三月、陸奥国磐城郡大領外正六位上勲八等磐城臣雄公は、財物をもって官舎等を修築した功績で外従五位下を授かった。同十一年正月、磐城臣雄公・磐城臣貞道・磐城臣弟成・磐城臣秋成ら四十一人は阿倍磐城臣の氏姓を賜わった。

石城直美夜部　いわきのあたいみやべ　七世紀中頃の地方豪族。多珂国造。『常陸国風土記』多珂郡条の孝徳朝建郡記事に、癸丑年(白雉四・六五三)多珂国造石城直美夜部・石城評造部志許赤らが、惣領高向大夫に申請して、多珂国を多珂郡と石城郡とに分割したとみえる。

磐城皇子　いわきのみこ　雄略天皇の皇子。母は吉備上道(きびのかみつみち)臣(欠名)の女(吉備窪屋臣の女ともいう)稚媛。同母弟に星川皇子がいる。雄略崩後、稚媛は磐城・星川皇子に謀反を勧め、大蔵官を押さえるようそそのかした。磐城皇子は反対したが、星川皇子は母の言に従い、大蔵官を掌握し官物を費やした。大伴連室屋は皇太子(のちの清寧天皇)を擁立し、星川皇子を攻め、大蔵を囲み星川皇子らを焼き殺したという。その際、磐城皇子も殺されたと思われる。

石坂比売命　いわさかひめのみこと　播磨国造か。息長帯日女命(神功皇后)が新羅平定のため下った時、衆神に祈ったが、その時、爾保都比売命が国造石坂比売命について託宣したという。播磨国明石地方(兵庫県明石市とその周辺諸地域)での伝承らしい。

磐瀬氏　いわせうじ　陸奥国磐瀬郡(福島県岩瀬郡と須賀川市の一帯)の郡司級氏族。岩瀬・石瀬・石背にも作る。姓は朝臣。初め吉弥侯部(きみこべ)を称したが、神護景雲三年(七六九)陸奥国大国造道嶋宿禰嶋足が陸奥人六十余人の改氏姓を申請し、外正六位上吉弥侯部人上が磐瀬朝臣となったのに始まる。貞観三年(八六一)十月、借外従五位上となった石瀬郡大領石瀬朝臣富主、同六年七月、外正六位上から外従五位下に借叙された磐瀬郡権大領磐瀬朝臣長宗らがいる。

石田女王 いわたのじょおう 八世紀後半の皇族。延暦十七年(七九八)八月以前に薨去。神護景雲三年(七六九)五月、県犬養宿禰姉女らに誘われ不破内親王と謀り、内親王と塩焼王との子氷上志計志麻呂を擁立するため厭魅を行なったことが発覚し、流罪となった。しかし天応元年(七八一)二月、無位から従五位下、その後、従五位上に叙せられた。東大寺領越中国礪波郡井山村(富山県東礪波郡庄川町)に治田をもっていたことが知られる。延暦十七年(七九八)八月二十六日、女王の遺志を継いで文室真人長谷とその子らが仏像や『一切経』および水田六十町を施入し、同日、阿弥陀院(東大寺の諸院の一つ)が建立された。

磐衝別命 いわつくわけのみこと 垂仁天皇の皇子。石衝別王・磐撞別命・石撞別命・偉波都久和希にも作る。『日本書紀』には、垂仁三十四年三月、垂仁が山背に行幸し、山背大国不遅(ふち)の女綺戸辺(かにはたとべ)を召して生ませた子で、三尾君の始祖とある。『古事記』には、山代の大国之淵の女弟苅羽田刀弁を娶って生ませた子で、羽咋(はくい)君・三尾君の祖とある。また、『先代旧事本紀』に母は真砥野媛という異説がみえる。

石生別氏 いわなすわけうじ 備前国の地方豪族和気氏の旧氏名。後に和気氏の一族ないし配下に賜わった氏名。姓は公。石成別・石无別にも作る。『続日本紀』天平神護元年(七六五)三月条に、備前国藤野郡(のちの和気郡。奈良時代に郡域は変動するが、養老五年(七二一)から天平神護二年までは、吉井川東岸の岡山県和気郡に備前市の一部を加えた地域)の人正六位下藤野別真人広虫女・右兵衛少尉清麻呂ら三人に吉備藤野和気真人姓を、藤野郡大領藤野別公子麻呂ら十二人に吉備藤野別宿禰姓を、また近衛従八位下別公薗守ら九人に吉備石成別宿禰姓を、それぞれ賜うとあり、神護景雲三年(七六九)五月条には、吉備藤野和気真人を輔治能(ふじの)真人に、吉備藤野別宿禰を輔治能宿禰に、吉備石成別宿禰を石成宿禰に改めるとある。同年六月条には、藤野・邑久・御野郡人の別部・忍海部・財部・物部の四氏六十四人に石生別公姓を、美作・備前二国の家部・母等理部二氏すべてに石野連姓を賜うとあって、石生別氏に系統の異なる諸流のあったことが知られる。輔治能真人清麻呂らは、その後、政治的な変転もあって、神護景雲三年九月に別部、宝亀二年(七七一)三月に和気公、同年九月に和気宿禰、同五年九月に和気朝臣と改氏姓している。『日本後紀』延暦十八年(七九九)二月条の和気朝臣清麻呂の薨伝に、その祖弟彦王が神功皇后の新羅征討に従軍し、帰国後も反乱を起こした忍熊王を針間と吉備の境で殺した功により、藤原県藤原郡(のち藤野郡、さらに和気郡と改称)の古地名に封ぜられたこと、これがのちに、美作国と備前国に分かれたとする所伝がみえ、『新撰姓氏録』右京皇別下は皇后の派遣した弟彦王が封じられたのを藤原県ではなく、磐梨県としており、右の清麻呂の薨伝にも「本姓磐梨別公」とあって、本来的には和気氏の称していた氏名であることがわかる。清麻呂の急速な政治的地位の上昇、中央貴族化の進展により、本宗家が旧氏姓を捨て、単に和気氏を名乗ったのに対し、その一族と配下が逆にその旧氏姓を称することになり、古代における氏名の生成と発展を考える上でも、興味深い例となっている。

【参考文献】 平野邦雄『和気清麻呂』(『人物叢書』)、横田健一「上代地方豪族存在形態の一考察」(『白鳳天平の世界』所収)

磐之媛命 いわのひめのみこと 仁徳天皇の皇后。武内宿禰の子葛城襲津彦(かずらきのそつひこ)の女。履中天皇・住吉仲(すみのえのなか)皇子・反正天皇・允恭天皇を生んだ。嫉妬深く気性の激しい皇后と伝えられている。仁徳の寵愛していた黒日売は、磐之媛の嫉妬を恐れて難波津から船で本国の吉備へ逃げ帰ろうとしたが、磐之媛は黒日売を船から引きずりおろさせて徒歩で帰らせた。紀伊へ出かけている間に仁徳が八田(やた)皇女と結婚したことを知って怒った磐之媛は、皇居難波高津宮(比定地未詳)へ帰らず山城の筒城(京都府綴喜郡田辺町多々羅付近)にとどまり、帰京をすすめる仁徳を手こずらせた。仁徳は磐之媛の嫉みにさまたげられて桑田玖賀媛を寵愛できないので、これを速待(はやまち)に賜わったという。磐之媛が嫉妬という感情を爆発させる皇后と伝えられているのは、仁徳が浮気な天皇として描かれているからであり、実際に磐之媛が嫉妬深い皇后であったかどうか疑問である。仁徳と磐之媛が世間のどこにでもいる浮気な夫と嫉妬深い妻として描写されているのは、ここから真に人間らしい人間の時代が始まるのだという時代区分観に基づくものであろうが、磐之媛が仁徳を手こずらせ、仁徳が磐之媛に頭が上がらないように描かれているのは、磐之媛の出身氏族の葛城氏の勢力の強大さを物語っているという見解もある。磐之媛と黒髪の美しい美女を意味する黒日売は、それぞれ日向神話における気性の荒い醜女磐長媛と美人の木花開耶姫(このはなさくやひめ)に相当する一対の存在として造形されているので、磐之媛という名は実名ではないとも考えられる。『万葉集』巻二の巻頭に「磐媛皇后、天皇を思ひたてまつる御作歌」四首(二一八五〜八八)が載せられている。磐之媛の作と伝えられる歌が相聞歌の最初に置かれ、磐之媛が『万葉集』最古の作者であることは注目に値する。また天平元年(七二九)八月、藤原朝臣光明子を皇后に冊立する詔のなかで、磐之媛が臣下出身の皇后の先例として挙げられたことも注目される。『延喜式』諸陵寮式にその墓(平城坂上墓)は大和国添上郡にあるとあり、奈良市佐紀のヒシアゲ古墳(前方後円墳、全長二一九メートル)に比定されている。

【参考文献】曾倉岑「イワノヒメの嫉妬」(日本文学研究資料刊行会編『古事記・日本書紀』II所収)、直木孝次郎「磐之媛皇后と光明皇后」(『飛鳥奈良時代の研究』所収)

石村氏　いわれうじ　渡来系伴造豪族の一つ。磐余にも作る。姓は村主、のち一部が忌寸姓を得たらしい。東(倭)漢(やまとのあや)氏を形成する一族で、『坂上系図』所引の『新撰姓氏録』逸文によると、仁徳朝に阿智使主(あちのおみ)に随って渡来した氏族。来朝後渡来人の一部が履中天皇の伊波礼之若桜宮の名に因むという名代の伊波礼部に組織されると、石村村主は伴造としてその部民管理にあてられた。東(倭)漢氏内では坂上氏との関連が深い。天平神護元年(七六五)四月、石村村主石楯が坂上忌寸に改氏姓されていて、同族のような関係をもったらしいことがうかがえる。右の『新撰姓氏録』逸文には、村主のほかに忌寸の姓がみられるが、それはこうした縁による賜姓の結果であろう。本拠地は大和の磐余(いわれ)地方(奈良県桜井市中部から橿原市東南部にかけての一帯)であるが、三河国にも支族が分布している。

石村村主石楯　いわれのすぐりいわたて　八世紀中頃の官人。氏姓はのちに坂上忌寸。天平宝字八年(七六四)九月、藤原朝臣仲麻呂の乱に際し、追討側の軍士となる。近江国高嶋郡三尾埼(みおさき。滋賀県高島郡高島町の明神崎の古名)での激戦後、仲麻呂が船に乗って湖上に出たところを捕えて斬った。その功で同年十月、大初位下から従五位下に特進、翌年、勲四等をうけた。外衛将監・出羽介を経て宝亀五年(七七四)五月、中衛将監。その間の天平神護元年(七六五)四月、三河国碧海郡(愛知県碧南・安城・高浜・刈谷・知立の各市と西尾市・岡崎市・豊田市の各一部)の石村村主押縄ら十一人とともに坂上忌寸の氏姓を賜わった。なお石楯の妻紀朝臣多継と子氏成・女秋穂が宝亀十年に石楯のため書写した『大般若波羅蜜多経』六百巻の一部が唐招提寺に伝わる。

允恭天皇　いんぎょうてんのう　仁徳天皇の皇子。先代反正天皇の弟。母は仁徳の皇后葛城襲津彦(かずらきのそつひこ)の女磐之媛命。皇后は稚野毛二派皇子の女忍坂大中姫命、子に木梨軽皇子・穴穂天皇(安康)・大泊瀬稚武(雄略)天皇らがいる。雄朝津間稚子宿禰天皇ともいう。都を大和の遠飛鳥(奈良県高市郡明日香村)においた。『日本書紀』によれば、氏姓を糺すために盟神探湯(くかたち)を行ない、玉田宿禰を誅した。また皇后の妹衣通郎姫(そとおしのいらつめ)を召したので、皇后は嫉妬して大泊瀬稚武を生む時、産殿に放火し、自殺しようとしたという。允恭は皇后をなだめる一方、衣通郎姫のために藤原部を定めた。のち、木梨軽皇子を皇太子としたが、皇子が同母妹軽大娘皇女と相姦するという事件も起きた。允恭は在位四十二年目に崩じた。河内の長野原陵(大阪府藤井寺市国府一丁目の市ノ山古墳が陵墓に比定されている)に葬られたという。『宋書』倭国伝にみえる倭の五王のうち、済は允恭とされている。

因斯羅我 いんしらが 百済から渡来した手末才伎(たなすえのてひと)の一員で画師。『日本書紀』雄略七年是歳条によると、倭国の吾礪広津邑(あとのひろきつのむら。河内国渋川郡跡部郷。現在の大阪府八尾市跡部・渋川・植松町付近か)に安置された百済貢献の手末才伎で病死する者が多いので、上桃原・下桃原(桃原は奈良県高市郡明日香村島庄付近か)・真神原(高市郡明日香村飛鳥)の三所に移住させたという新漢陶部高貴(いまきのあやのすえつくりのこうき)・鞍部堅貴(くらつくりのけんき)ら五人のうちの一人。

忌部氏 いんべうじ 高皇産霊(たかみむすび)命の子天太玉命を祖とする氏族。姓は初め首。忌部の「忌」は神の霊威や霊験を前にして忌み慎むことで、斎戒を意味する。神事に携わる伴造氏族で、品部として出雲・紀伊・阿波・讃岐などの諸国に設定された忌部から、祭祀に必要な物資の貢納を受けたり、それらを引率して祭祀具の製造や宮殿の造営などに従事した。また神宝を収める斎蔵を管理したとも伝える。『古語拾遺』が「中臣・斎部の二氏、倶に祠祀の職を掌る」と記すように、中臣氏とともに宮廷の祭祀権を分掌した。氏人の初見は『日本書紀』大化元年(六四五)七月条で、忌部首子麻呂が神幣を課すために美濃国に遣わされている。壬申の乱では子首(こびと。首・子人にも作る)は、大海人皇子(のちの天武天皇)側の将軍大伴連吹負(ふけい)の麾下で倭の古京を守った。子首は天武九年(六八〇)正月に連姓を賜わり、同十三年十二月に、一族は宿禰の姓を授けられた。宮廷祭祀に関する職としては、孝徳朝に忌(斎)部首作賀斯(諱部首作斯にも作る)が祠官頭を拝したことが『本朝月令』所引の『古語拾遺』逸文に記され、『浄御原令』で神祇官が成立した後は、神祇官少副以下の職や伊勢神宮奉幣使に任ぜられ、神祇官や斎宮の忌部(職名)を務めた。大宝・養老神祇令に、中臣・忌部両氏の分掌が規定されているが、持統四年(六九〇)正月の持統即位式においても、神祇伯中臣朝臣大嶋が「天神寿詞」を奏したのに続いて、忌部宿禰色弗(色未知・色布知にも作る)が神璽の鏡・剣を奏上しているので、同様の規定は『浄御原令』にも存在したと推定される。しかし、中臣氏から出た藤原氏の勢力伸張に伴い、中臣氏が祭祀権の独占化をはかり、忌部氏が宮廷祭祀から疎外される傾向が生じた。このようななかで、天平七年(七三五)七月、忌部宿禰虫名・鳥麻呂らが朝廷に訴え、忌部氏が伊勢神宮奉幣使に任ぜられることが認められた。天平勝宝九歳(七五七)六月にいたって、同奉幣使は中臣氏のみを任じ、他氏の人を用いないとする方針が出された。ただし、その後も忌部氏が奉幣使になった例が散見するので、忌部氏側から再度の訴えがあったのであろう。延暦二十二年(八〇三)三月、浜成らの申請により、氏姓を斎部宿禰と改めた。「忌」の字が凶事を連想させるためと思われる。その後も中臣氏との争いは続き、九世紀初頭には「両氏相訴」という事態に発展した。その訴状によれば、中臣氏が忌部氏は本来幣帛の製造を職務とし祝詞を読まないのであるから、幣帛使に与るべきでないと主張したのに対し、忌部氏は奉幣祈禱は忌部固有の職務であるから、幣帛使には忌部氏を任じ、中臣氏は祓使に与るべきことを主張した。大同元年(八〇六)八月の勅命による決裁で、祈禱のことは中臣・忌部両氏がともに与り、常祀以外の奉幣使には両氏を平等に用いることになった。翌二年、斎部宿禰広成は平城天皇の召問に応じて、『古語拾遺』を撰上し、中臣氏の専権の歴史を詳細に論じ、斎部氏による祭祀の伝統を記した。

【参考文献】緒方惟精「日本神話と斎部氏・中臣氏」(『日本神話と氏族』(『講座日本の神話』所収)、谷川健一・水野祐・森秀人「古代史について」(『古語拾遺・高橋氏文』別冊(『新撰日本古典文庫』)所収)、井上辰雄「忌部の研究」(『古代王権と宗教的部民』所収)

忌部宿禰呰麻呂　いんべのすくねあざまろ　八世紀前半の官人。養老五年(七二一)九月、神祇官忌部として伊勢神宮奉幣使となり、皇大神宮の幣帛を担当した。時に大初位上。天平勝宝九歳(七五七)五月、正六位上から従五位下に叙せられた。この頃、神祇少副となったらしい。天平宝字三年(七五九)十月、尾垂剗(おたりのせき。比定地未詳)を葦淵(三重県鳥羽市の鳥羽浦の江浜にあてる説や、度会郡南勢町押淵にあてる説があるが未詳)に遷したことにより、伊勢神宮奉幣使となった。同六年十一月にも同奉幣使となり、翌七年七月には斎宮頭に任ぜられている。

忌部宿禰子首　いんべのすくねこびと　―七一九　七世紀後半から八世紀初めの官人。名は首・子人にも作る。姓は初め首、のち連を賜わり、さらに宿禰を賜わった。天武元年(六七二)七月、壬申の乱において、大海人皇子(のちの天武天皇)方の将軍大伴連吹負(ふけい)の手に属し、荒田尾直赤麻呂と倭の古京をまもった。同九年正月、連姓を賜わったことにより、弟の色弗(しこぶち)とともに天武天皇に悦び拝した。同十年三月、小錦中の時、詔をうけて川嶋皇子・忍壁(おさかべ)皇子らとともに「帝紀」および上古の諸事を記し定めることとなり、中臣連大嶋と子首がみずから筆をとって録した。同十三年十二月、一族は宿禰姓を賜わった。大宝二年(七〇二)三月、従五位下から従五位上に叙せられ、慶雲元年(七〇四)十一月には伊勢神宮奉幣使となって、神宮に幣帛・鳳凰鏡・窠子錦を供献した。和銅元年(七〇八)三月、正五位下で出雲守に任ぜられ、同四年四月に正五位上、同七年正月に従四位下に叙せられた。養老二年(七一八)正月、従四位上に進み、同三年閏七月、卒去した。時に散位。

忌部宿禰色弗　いんべのすくねしこぶち　―七〇一　七世紀後半の官人。色夫知・色布知にも作る。姓は初め首、天武九年(六八〇)正月に連を賜わり、兄の子首(こびと)とともに天武天皇に悦び拝した。天武十三年十二月、一族は宿禰姓を賜わった。持統四年(六九〇)正月、持統天皇即位式に際して、中臣朝臣大嶋の「天神寿詞」の奏上に続き、神璽の剣・鏡を新天皇に奉る使となった。大宝元年(七〇一)六月、卒去した。時に正五位上。壬申の乱の功によって従四位上を贈られた。

忌部宿禰鳥麻呂　いんべのすくねとりまろ　八世紀前半の官人。登理万里にも作る。天平二年(七三〇)の「安房国義倉帳」に安房目・大初位上とみえる。同七年七月、同族虫名とともに披訴し、忌部らが幣帛使となることを許された。同二十一年四月、正六位上から従五位下に進み、伊勢神宮奉幣使となった。時に神祇少副。天平勝宝六年(七五四)七月、典薬頭、同九歳七月、信濃守、天平宝字五年(七六一)十月、木工助、同七年正月、信部(中務)少輔などを歴任、同八年正月、従五位上に叙せられた。天平神護三年(七六七)七月、無位とみえ、本位従五位上に復すとある。藤原朝臣仲麻呂の乱に連坐したものであろう。

忌部宿禰虫名　いんべのすくねむしな　八世紀前半の官人。養老五年(七二一)九月、斎王井上内親王が北池の新造宮に移るに際して、斎宮の忌部となった。時に従八位上。天平七年(七三五)七月、同族鳥麻呂と太政官に訴え、忌部氏が伊勢神宮奉幣使になることを認められた。これは、祭祀権の独占をはかる中臣氏に対抗して起こした訴訟であったが、天平勝宝九歳(七五七)六月、同奉幣使は中臣氏のみを遣わし、他氏の人を用いないこととなり、忌部氏の主張は再び斥けられた。

斎部首作賀斯　いんべのおびとさかし　七世紀中頃の官人。斎部宿禰広成が著わした『古語拾遺』に、難波長柄豊前朝(孝徳天皇)の白鳳四年(六五三か)、「神官頭(今神祇伯也)」

を拝し、王族の叙位・宮内礼儀・婚姻・卜筮のことを掌ったとある。夏冬二季の御卜の式はこの時始まったが、作賀斯の後裔はその職を継ぐことができず、次第に衰微したという。時に小花下。ただし、『本朝月令』所引の同書逸文によれば、「神官頭」は「祠官頭」の誤写で、名も「諱部首作斯」に作っている。

斎部宿禰浜成　いんべのすくねはまなり　九世紀初めの官人。遣新羅使。平安右京の人。氏名は初め忌部。『日本逸史』によると、延暦二十二年(八〇三)三月、浜成らは忌部の氏名を改め、斎部と称することになった。時に浜成は正六位上。同書にはまた正六位上民部少丞であった浜成が大唐に遣わされたとある。ただし宮内庁書陵部所蔵の明応元年(一四九二)写本『古語拾遺』の識語によって、大唐は新羅国と訂すべきである。この時の遣新羅使の派遣については、『三国史記』哀荘王四年(八〇三)七月条に、日本と交聘し、好を結んだとみえることによって裏づけられる。また延暦年中(七八二—八〇六)に浜成は、『天書』を撰述したという伝えがあるが、右の『古語拾遺』識語にも、「浜成が作る所の天書は、古事記に非ず。別書なり」との卜部兼文の文が記されている。『古語拾遺』を撰進した斎部宿禰広成を、浜成の子としている系図がある。

【参考文献】石井正敏「『古語拾遺』の識語について」(『日本歴史』四六二)、同「八・九世紀の日羅関係」(田中健夫編『日本前近代の国家と対外関係』所収)

斎部宿禰広成　いんべのすくねひろなり　九世紀初めの官人。中臣・斎(忌)部両氏は奈良時代以来、朝廷の祭祀権をめぐって争っていたが、大同元年(八〇六)八月には双方が提訴する事態にまで発展した。広成は造式の年に当る同二年二月、平城天皇の召問に応じ、『古語拾遺』を撰進して、斎部氏の祭祀における伝統を主張し、中臣氏の専権を批難した。翌三年十一月、正六位上から従五位下に叙せられた。これは平城の大嘗祭における功によるものであろう。

斎部宿禰文山　いんべのすくねふみやま　八二二—八六七　九世紀中頃の官人・工芸家。右京の人。卒伝に「寒素(貧しい家柄)自り出ずるも、巧芸を以て知らる」とある。斉衡二年(八五五)五月、東大寺大仏の頭が落ち、これを修理する者がいなかったが、文山は轆轤と雲梯(はしごの一種)の技術を駆使して仏頭を持ち上げ、胴体に接続することに成功した。朝廷は貞観三年(八六一。卒伝では貞観二年)供養の大法会を設け、文山の功労に対し、従八位下から従五位下に進める特別の叙位で応えた。同九年四月、四十六歳で卒した。

う

於氏　うえうじ　倭漢(やまとのあや)氏の枝氏。宇閉・上にも作る。姓は初め直、天武十一年(六八二)・十四年に倭漢直氏が連から忌寸と姓を賜わったが、於氏も前後して同様の変遷をたどった。氏名は『延喜式』神名帳の大和国広瀬郡条に載せる於神社(奈良県北葛城郡広陵町大塚)の所在地による。『坂上系図』所引の『新撰姓氏録』逸文(右京諸蕃上の坂上大宿禰条逸文)により、阿智使主(あちのおみ)—都賀使主—志努直—志多直という系図が復原されるが、於忌寸氏は他九氏とともに志多直の後とされる。延暦六年(七八七)於忌寸弟麻呂は宿禰の姓を賜わった。『日本書紀』天武十三年三月条には吉野(大和国吉野郡。現在の奈良県吉野郡)の人として宇閉直弓(うえのあたいゆみ)がみえ、そのほか『右京計帳』『尾張国正税帳』に氏人の名がみえている。

鵜甘部氏　うかいべうじ　鵜を飼養して魚を採ることを職掌とした鵜甘部の伴造氏族。鵜養部にも作る。姓は首。武内宿禰の子許勢男柄(こせのおから)宿禰の後と伝える。『古事記』『日本書紀』に神武天皇の時のこととして、阿太養鸕部(あたのうかい)の始祖苞苴担(にえもつ)の子が梁(やな)を用いて魚を採っていたという説話がみえる。阿太は大和国宇智郡阿陀郷(奈良県五条市東阿田町・西阿田町・南阿田町付近)。『万葉集』にも阿陀の鵜養のことを歌ったものがある(一一―二六九九)。『新撰姓氏録』未定雑姓和泉国の条に鵜甘部氏を載せるが、氏人は史上に一人も現われない。鵜甘部は、先の阿太のほか吉野川での鵜甘のことを歌った歌が『万葉集』にあり(一―三八)、「御野国各牟郡中里戸籍」(中里は現在の岐阜県各務原市那加西部地域)に鵜養部目都良売なる人名がみえる。また近江・甲斐・遠江・能登・備前・備後・美濃国に鵜飼という地名が残っている。令制下においては、大膳職下の雑供戸のうちに三十七戸の鵜飼があった。

鸕濡渟　うかづくぬ　出雲国造の祖出雲振根(いずものふるね)の甥。飯入根(いいいりね)の子。宇迦都久怒にも作る。崇神天皇は出雲大神宮の神宝を献上させようとしたが、出雲振根が留守で果たしえなかった。しかし飯入根は弟の甘美韓日狭(うましからひさ)、子の鸕濡渟をして崇神に神宝を献上させた。その後、出雲振根が飯入根を殺害する事件が起きたが鸕濡渟は朝廷にその事情を報告した。朝廷は吉備津彦・武渟河別(たけぬなかわわけ)を派遣し、出雲振根を誅したという。『新撰姓氏録』によれば出雲臣・神門臣の祖。『先代旧事本紀』国造本紀に崇神朝に出雲国造に任ぜられたとある。

宇漢迷公宇屈波宇　うかめのきみうくはう　八世紀後半の蝦夷の族長。神護景雲四年(七七〇)八月に反乱を起こし、同族を率いて必ず城柵を侵すと揚言して「賊地」に逃げ還った。その後の去就は不明。この虚実を検問するために陸奥国牡鹿郡(宮城県牡鹿郡と石巻市の一帯であるが、宝亀元年(七七〇)頃に独立する桃生郡(現在の宮城県桃生郡)もそれまでは郡域に含まれた)出身の道嶋宿禰嶋足が差し遣わされた。同五年に海道蝦夷が桃生城(城跡は宮城県桃生郡河北町飯野新田にある)を攻撃し、同十一年には伊治公呰麻呂(いじのきみあざまろ)の乱が発生した。九世紀に同族とみられる宇漢米公隠賀・色男・何毛伊・毛志・阿多奈麿らが入朝した。

【参考文献】大塚徳郎『平安初期政治史研究』、弓野正武「蝦夷の族長に関する一考察」(『民衆史研究』一二)

浮穴氏　うきあなうじ　伊予国浮穴郡(愛媛県上浮穴郡全域と松山市・伊予市・伊予郡の一部)を拠点とした地方豪族。のちに河内国に進出し、中央豪族化したものもある。姓は直。『新撰姓氏録』によれば、左京と河内国のこの氏は移受牟受比(やすむすび)命の後裔と記し、門部連の同族であるが、伊予を本貫とする浮穴氏には大久米命の子孫と称するものがあり、浮穴郡の隣郡の伊予国久米郡(愛媛県松山市南部と温泉郡の一部)の久米直と同族関係にあった。久米直は来目部を率いて朝廷に上番し、靫部(ゆげいのとものお)として仕えたから、令制衛門府門部の負名氏である門部連と職掌上のつながりがあり、浮穴氏が門部氏の同族とされたのもそのためであろう。承和元年(八三四)五月に浮穴氏の氏人の一部は春江(はるえ)宿禰の氏姓を賜わっている。

宇佐氏　うさうじ　豊前国宇佐八幡宮(大分県宇佐市南宇佐)の宮司氏族。姓は公(君)。宇佐国造の家柄であり、その祖の菟狭津彦らが神武天皇の東征途上、饗を奉ったといい、菟狭津彦は高魂(たかみむすび)尊の孫とも天三降命の子とも伝える。七世紀以前の宇佐氏は不明な点が多く、八世紀も中頃まで大神(おおが)氏が八幡宮宮司であったが、後半になって宝亀四年(七七三)以前に宇佐公池守が宮司に補せられており、道鏡事件を契機に、平安初期までは大神氏が大宮司、池守の子孫の宇佐氏が少宮司となっていた。貞観元年(八五九)石清水八幡宮が山城国に勧請されると、大宮司は両氏が交互に補されるようになり、平安末期以降は宇佐氏の独占となった。

【参考文献】中野幡能『八幡信仰史の研究』、同『宇佐宮』、同『八幡信仰』

宇佐公池守　うさのきみいけもり　八世

紀後半の宇佐八幡宮宮司。宇佐公手人の子。伝説的記事もあわせ史料が錯綜し、その事績には不明な点が多い。天平神護元年(七六五)三月、八幡大神の大尾山(大分県宇佐市宇佐三山の一つ。宇佐神宮のある小倉山と対峙する)への遷座に際し、造宮の押領使となったといわれ、この天平神護年間(七六五—七六七)には中津尾寺(八幡比売神宮寺)の草創伝承もある。池守が宮司となった時期ははっきりしない。宝亀四年(七七三)正月、道鏡の天位託宣事件との関連により豊前国司から宮司外正八位下であった池守の解任の申請がなされるが、池守は偽託宣には関与がなかったことを述べている。同年三月、八幡大神の託宣により、大神(おおが)朝臣比義の子孫を大宮司の門とし、池守の子孫をもって少宮司とすることになった。なお、弘仁二年(八一一)大宮司兼押領使に任ぜられ、正八位下に叙せられたとも伝えるが定かではない。

【参考文献】 中野幡能『八幡信仰史の研究』、同『宇佐宮』、同『八幡信仰』

菟狭津彦 うさつひこ 豊前国宇佐郡(大分県宇佐郡・宇佐市の一帯)の宇佐国造の祖。宇佐都彦命・宇沙都比古にも作る。『古事記』『日本書紀』によると、神武天皇が東遷して筑紫国ないし豊国の菟狭(宇佐市和気・橋津から南宇佐にかけての一帯か)にいたった時、菟狭津媛とともに、菟狭の川上すなわち駅館(やっかん)川上流に一(足)柱騰宮(あしひとつあがりのみや)を造って饗を奉ったという。『先代旧事本紀』国造本紀には、高魂(たかみむすび)尊の孫で、神武の代に宇佐国造に任ぜられたとあり、同書の天神本紀は、宇佐国造の祖を天三降命とする。

宇治氏 うじうじ 山城国宇治郡(京都府宇治市と京都市の各一部)出身の豪族。姓は初め連、天武十三年(六八四)八色の姓制定に際し、宿禰を賜わる。氏名は山城国宇治郡宇治郷(宇治市の宇治川右岸一帯)の地名に由来するが、同族に宇治部連氏がいるので、宇治氏を応神天皇の皇子菟道稚郎子(うじのわきいらつこ)の名代といわれる宇治部の管掌氏族とする説もある。『新撰姓氏録』山城国神別には饒速日(にぎはやひ)命の六世孫伊香我色雄(いかがしこお)命の後裔とする。奈良時代には、宇治氏一族の多くは山城国宇治郡に居住し、同郡の郡司などの職に就いていた。

【参考文献】 佐伯有清『新撰姓氏録の研究』考証篇三

宇治連智麻呂 うじのむらじちまろ 八世紀中頃の越前国足羽郡草原郷(比定地未詳)の有力農民。知麻呂にも作る。道守荘(福井市の旧足羽郡社村一帯)目代として荘経営に関与。道守荘荘域外にあった勅旨御田六町の用水は寒江沼(福井市淵町付近にあった沼)の水に依存していたが、水を道守荘にとられてしまい御田が耕作不能となったので、天平神護二年(七六六)十月に足羽郡少領阿須波臣東麻呂が、道守荘の水守であった智麻呂を召し出している。智麻呂は生江臣東人によって決罰された。同三年二月の墾田買得の際には道守荘目代として署判を加えている。

宇治部氏 うじべうじ 応神天皇の皇子宇治稚郎子の名を付した名代部の伴造氏族。宇遅部にも作る。姓は連。饒速日(にぎはやひ)命の六世孫伊香色雄(いかがしこお)命の後と伝える。『新撰姓氏録』河内国神別・和泉国神別に載せるほかはこの一族の人名は史上に全くみえない。しかし直姓や無姓の者は諸国にみえ、その分布地域は武蔵・常陸・下野・近江・越前・備前・讃岐・筑前国に及ぶ。

宇治王 うじおう 八世紀前半の王族。宇遅王にも作る。天平九年(七三七)従五位下・内蔵頭。同十年、刑部大輔、次いで中務大輔となる。『日本霊異記』によれば、この頃、山背国綴喜郡(京都府綴喜郡と八幡市の一帯)の路上で下毛野寺(比定地未詳。平城京内にあった)の僧諦鏡と遭った時、諦鏡とその弟子が王に対して無礼な態度をとったとして諦鏡らを追い打ちした。王はその直後に病を得て急死、宇治王が仏法に逆らったための罪であると伝えられたという。

宇自可氏 うじかうじ 地方豪族の一つ。宇自賀・宇自加・牛鹿にも作る。姓は臣。『日本書紀』に播磨国牛鹿屯倉(兵庫県姫路市市之郷付近か)がみえ、その地名を負った在地の豪族。『古事記』には、孝霊天皇の皇子に日子寤間(ひこさめま)命がおり、針間牛鹿臣の祖とある。また『新撰姓氏録』右京皇別下には孝霊の皇子彦狭島命の後とあるが、寤間・狭島は同一人物。のち平安前期に一族から笠朝臣へ改氏姓する者が多く出た。『古事記』では笠氏の祖若日子建吉備津日子命は寤間命の弟となっており、この系譜を辿ったのであろうが、その系譜は近接地域の豪族同志で姻戚関係を生じたことによるのであろう。なお承和二年(八三五)一族の宇自可臣良宗は、春庭宿禰を賜わっている。

菟道貝鮹皇女　うじのかいだこのひめみこ　敏達天皇の皇女。母は推古天皇で、その所生の二男五女の第一子。聖徳太子に嫁したが、子はなかったらしい。静貝王、またの名は貝鮹王ともあるが、敏達の前の皇后広姫の子菟道磯津貝皇女と、所伝が混乱しているようである。

菟道稚郎子　うじのわきいらつこ　応神天皇の皇子。宇遅能和紀郎子・宇治若郎子・宇治天皇にも作る。母は和珥(わに)臣の祖日触使主(ひふれのおみ)の女宮主宅(みやぬしやか)媛。同母妹に仁徳天皇の皇后矢田皇女、また雌鳥(めとり)皇女がいる。『日本書紀』によると、渡来した王仁(わに)について典籍を学び、高句麗からの上表文に「高麗王、日本国に教ふ」とある非礼を指摘してその上表文を破り捨てたという。応神は、この皇子を寵愛し皇太子に立てたが、応神崩後、皇子は皇位を兄である大鷦鷯(おおさざき)尊(のちの仁徳天皇)に譲り、即位しなかった。この間に乗じてやはり応神の皇子大山守(おおやまもり)皇子は太子を殺しみずから即位しようとしたものの、かえって事態を察した菟道稚郎子によって殺された。その後も、大鷦鷯尊と菟道稚郎子とは皇位を譲りあい、空位が続くこと三年に及んだ。そのため、菟道稚郎子はみずから命を絶って大鷦鷯尊の即位を実現させ、菟道(山城国宇治郡。現在の京都府宇治市内か)の山の上(『陵墓要覧』は、宇治市菟道丸山の地とする)に葬られたという。『古事記』には菟道稚郎子が早世したために仁徳が即位したと簡単に記されている。『万葉集』には、「宇治若郎子の宮所(みやどころ)の歌一首」(九—一七九五)という挽歌がみえ、『詞林采葉抄』所引の『山城国風土記』逸文には、宇治若郎子が桐原日桁宮(宇治市宇治山田の宇治上神社の地とするが未詳)を造って宮室とし、宇治の地名もこの皇子の御名によるとある。要するに『日本書紀』の記述では、即位を期待されたにもかかわらず兄に譲りつづけ、ついに自殺した悲劇の皇子とされている。ところが『播磨国風土記』揖保郡条には宇治天皇の名が見え、これが宇治若郎子のことであるとすると皇位についていたとする伝承もあったことになる。なお『先代旧事本紀』天孫本紀には、応神天皇と物部山無媛連との子として菟道稚郎皇子の名がみえる。

【参考文献】吉井巌『天皇の系譜と神話』一

菟道彦　うじひこ　紀直氏の祖と伝えられる人物。宇遅比古命にも作る。『日本書紀』景行三年二月条に、紀伊国の阿備の柏原(和歌山市相坂・松原付近とされる)に九年間滞在した屋主忍男武雄心(やぬしおしおたけおごころ)命が、紀直の遠祖菟道彦の女影媛を娶って武内宿禰をもうけたとあり、『古事記』孝元段には、比古布都押之信(ひこふつおしのまこと)命が木国造の祖宇豆比古(うずひこ)の妹山下影日売を娶って建内宿禰をもうけたとある。これらによれば、菟道彦の子が宇豆比古で、『紀氏家牒』にもそのように伝え、同一人物異伝とも考えられる。『紀伊国造系図』『丹生祝氏本系帳』などにも、その名がみえる。

【参考文献】薗田香融「岩橋千塚と紀国造」(末永雅雄他編『岩橋千塚』所収)

太秦氏　うずまさうじ　秦氏の一族。大秦にも作る。姓は初め公、次いで忌寸、さらに宿禰と改姓。氏名は初め秦下(はたのしも)で、天平十四年(七四二)造宮録の秦下嶋麻呂が恭仁宮(くにのみや)の大宮垣を築いた功により、正八位下から一躍従四位下に叙せられ、太秦公の氏姓を賜わったのがこの氏の始まりである。秦下は秦氏の複姓で、河内国茨田(まんた)郡(大阪府門真・守口の両市と寝屋川市・大東市・大阪市鶴見区の一部)を拠点とした秦氏傍系の氏族であろう。太秦公賜姓の頃には、すでに山背国葛野郡太秦(京都市右京区太秦)の地に本拠を移していたと思われるが、「うつ(ず)まさ」の語は、本来秦酒公や秦造河勝ら秦氏の族長を指す通称として用いられたもので、嶋麻呂への太秦公賜姓は、彼が秦氏族長の地位につくことを認め、族長の氏姓として太秦公を定めたことを意味する。太秦公が忌寸・宿禰の姓を賜わる時期は不明であるが、忌寸は天平十七年(七四五)、宿禰は延暦八年(七八九)から同二十三年までの間の賜姓とみられる。『新撰姓氏録』は太秦公宿禰を左京諸蕃上の筆頭に掲げるので、『新撰姓氏録』成立の弘仁六年(八一五)段階でなおこの氏が秦氏の族長の地位にあったことは確かである。この間、嶋麻呂の女が桓武朝の大納言藤原朝臣小黒麻呂に嫁して葛野麻呂を生み、太秦公忌寸浜刀自女が賀美能親王(のちの嵯峨天皇)の乳母となるなど、権力の中枢と密接な関係を保持し、長岡京・平安京の造営事業にも秦氏一族を率いて貢献したと思われる。天安元年(八五七)には、この氏の傍系とみられる秦忌寸永岑が大秦公宿禰の氏姓を賜わっている。

【参考文献】 佐伯有清『新撰姓氏録の研究』考証篇四、和田萃「山背秦氏の一考察」(京都大学考古学研究会編『嵯峨野の古墳時代』所収)

菟田氏 うだうじ 大和国宇陀郡(奈良県北東部)の地方豪族。宇太・宇多にも作る。姓は臣。『新撰姓氏録』和泉国皇別膳(かしわで)臣条に「宇太臣、松原臣、阿倍朝臣と同祖、大鳥膳臣等、大彦命の後に付けり」とある。この記載方式は異例であるが、「宇太臣」は氏姓と解釈するのが適当であろう。とすると、菟田氏は、大彦命の後裔氏族で、阿倍氏・膳氏と同族ということになり、阿倍・膳両氏の東国経営の過程でその支配下に入り、同一の祖先系譜に結ばれていったと考えられる。菟田諸石や菟田朴室古(えむろのふる)がいる。

【参考文献】 加藤謙吉「上宮王家と膳氏について」(『続日本紀研究』一九三)

宇多天皇 うだてんのう 八六七—九三一 在位八八七—八九七。光孝天皇の皇子。母は仲野親王の女で女御班子女王。諱は定省(さだみ)。亭子院・寛平法皇ともいう。貞観九年(八六七)五月、仁明天皇の皇子時康親王の第七子として誕生。元慶年間(八七七—八八五)に侍従となり王侍従といわれた。父時康親王が践祚して光孝天皇となった元慶八年(八八四)他の皇子女とともに源朝臣の氏姓を賜わった。しかし、光孝崩御直前の仁和三年(八八七)八月二十五日、光孝の意をうけた藤原朝臣基経の推挙により親王に復し、翌二十六日皇太子となり、同日、光孝の崩御をうけて践祚。時に二十一歳。橘朝臣広相を登用し、一方、基経の功に報いるため万機を関白せしめる旨を詔し、また基経の推挙をかげで推進した基経の妹尚侍正三位藤原朝臣淑子を従一位に叙した。しかし、基経の辞表に対する重ねての優詔から、いわゆる阿衡の紛議が起こり、これを契機に関白の制度が成立したが、宇多天皇は藤原氏の専横を不快とした。寛平三年(八九一)基経が薨じると、菅原朝臣道真・藤原朝臣保則らを登用し、政治の刷新をはかった。同五年、第一皇子敦仁親王を皇太子に立てたが、その際、菅原朝臣道真のみに相談したといわれる。同九年七月三日、皇太子の元服を機に、その日譲位したが、譲位の問題も道真にのみ相談したといわれる。また、譲位に当っては、醍醐天皇に訓戒書(いわゆる『寛平御遺誡』)を与えた。その内容は多岐にわたるが、特に道真を重用すべきとした。同年七月十日、太上天皇の尊号をうけた。譲位後は、朱雀院(平安右京四条一坊)・仁和寺(京都市右京区御室大内)・仁和寺御室・亭子院(平安左京七条二坊)・六条院(同左京六条四坊)・宇多院(同右京北辺三坊)などに住んで詩歌の世界に遊んだ。一方、なお政治上の発言権を保った。また幼少より仏教の信仰厚く、昌泰二年(八九九)十月、東寺長者益信(やくしん)を戒師として仁和寺において出家した。法名は空理(のち灌頂をうけ金剛覚と改める)。太上天皇の尊号を辞し、同二年十一月二十五日、尊号を停められ、法皇と称したが、これは法皇の初例である。同四年正月、右大臣菅原朝臣道真は大宰権帥に左遷され、法皇はこれを阻止しようとして内裏に馳せ参じたが、左右諸陣が警固して醍醐に会うことができず、終日陣の庭上に御したが、ついに目的を果たせなかった。延喜四年(九〇四)三月、仁和寺に御室を造営し、またこの年、延暦寺に行幸して千光院に御室を造らせた。同七年には遠く紀伊の熊野に行幸した。これらは、法皇の変わらぬ厚い信仰の一端で、信仰のための行幸は枚挙に遑がない。延長四年(九二六)には、六十歳の宝算の祝賀が行なわれたが、同八年九月には醍醐に先だたれ、承平元年(九三一)七月十九日、仁和寺御室において崩御。時に六十五歳。仁和寺に近い大内山陵(京都市右京区鳴滝宇多野谷が陵地とされる)に葬られた。宇多は学問・文華を好み、箏・和琴・琵琶などにも巧みであった。しばしば詩宴を行ない、また文人に詩を賦せしめた。また和歌に優れ、たびたび歌合せを行なったが、延喜十三年三月の亭子院歌合せは特に有名である。和歌は『古今和歌集』その他の歌集に残っており、『亭子院御集』もある。日記『宇多天皇宸記』十巻は、現在は伝わらず、一部と逸文が存するのみである。

【参考文献】　中村直勝『宇多天皇御事紀』、目崎徳衛「宇多上皇の院と国政」(古代学協会編『延喜天暦時代の研究』所収)

内氏　うちうじ　山城国綴喜郡有智郷(京都府八幡市内里付近)を本拠とした氏族。有至にも作る。姓は臣。『新撰姓氏録』は大和国皇別にこの氏を載せ、孝元天皇の皇子彦太忍信(ひこふつおしのまこと)命の後とする。『古事記』孝元段では、比古布都押之信命が尾張連の祖の意富那毗(おおなび)の妹葛城之高千那毗売との間にもうけた味師内(うましうち)宿禰を山代内臣の祖と伝える。『日本書紀』欽明巻には対外交渉に活躍した内臣(欠名)がみえるが、そのほかでは『正倉院文書』などに五名ほどの氏人が散見するだけである。

内臣(欠名)　うちのおみ　欽明朝の武将。有至臣にも作るが、名は不明。欽明十四年(五五三)正月、前年に漢城と平壌を放棄した百済から軍兵を乞われると、同年六月、内臣は欽明天皇の命を奉じて百済へ行くため筑紫に向かった。翌十五年正月に筑紫では百済使に渡海を促されて兵一千、馬一百匹、船四十隻を率いて、同年五月三日に船出して六月に百済に到着した。同年十二月九日を期して百済軍と新羅を征討し、火箭をよく射る麾下の竹斯物部莫奇委沙奇(つくしのもののべのまがわさか)の活躍で新羅の要城の函山城(忠清北道沃川)を陥した。

【参考文献】　金鉉球『大和政権の対外関係研究』

有智子内親王　うちこないしんのう　八〇七—八四七　嵯峨天皇の皇女。母は交野女王。初代賀茂斎院として弘仁元年(八一〇)から天長八年(八三一)十二月まで務めたが、病により退下。弘仁十四年二月、三品、天長十年三月、二品に叙せられ、承和元年(八三四)二月、伯耆国荒廃田百二十町を賜わった。弘仁十四年の叙品は、嵯峨天皇が斎院の花宴に行幸し文人に詩を賦せしめた時の内親王の詠をほめ、召文人料として封百戸を賜わった時のことで、詩文にすぐれた才媛として名高く、作品は『経国集』に多数収められている。斎院退下後は嵯峨西荘(京都市右京区嵯峨の二尊院の東南部)に住んでいた。承和十四年(八四七)十月二十六日、薨じた。

打猨　うちさる　豊後国直入県禰疑野(ねぎの。大分県竹田市菅生一帯の野)の首長。景行天皇の九州遠征に際しての抵抗者。景行に服従した速津媛は五人の土蜘蛛が王化に服さない旨を報告した。景行は土蜘蛛制圧に乗り出し、多数を石室に襲って殺し、土蜘蛛の一人八田を禰疑野に敗死させた。打猨は抵抗不可能と考え、降伏したが許されず、谷に身を投げて死んだという。

内原氏　うちはらうじ　地方豪族の一つ。

姓は直。『新撰姓氏録』未定雑姓河内国に狭山命の後とあり、紀伊国造家の一族である。天平宝字八年(七六四)七月に身分変更を願い出た紀寺の奴益麻呂の言によれば、その父方の祖は木国氷高評の内原直牟羅であったという。紀伊国日高郡内原郷(和歌山県日高郡日高町から御坊市にかけての一帯)が本拠地であろう。

鬱色雄命　うつしこおのみこと　孝元天皇の皇后鬱色謎(うつしこめ)命の兄。内色許男命にも作る。『日本書紀』には穂積臣の遠祖とある。『古事記』は内色許売命の兄であるとともに、孝元の妃伊迦賀色許売(いかがしこめ)命の父であったとする。『先代旧事本紀』天孫本紀には、饒速日(にぎはやひ)命の五世孫で、父を大矢口宿禰、母を坂戸由良都姫とし、孝元の代に大臣となって大神を奉斎したとある。また、活目長砂彦の妹芹田真稚姫を娶って武建大尼命をもうけたとある。

鬱色謎命　うつしこめのみこと　孝元天皇の皇后。鬱色雄(うつしこお)命の妹。内色許売命にも作る。『日本書紀』孝元七年二月条に孝元の皇后となり、大彦命・開化天皇・倭迹迹姫命を生んだとある。開化元年正月、皇太后となった。『古事記』は所生子に倭迹迹姫命にかわって少名日子建猪心命をあげている点が『日本書紀』と異なる。『先代旧事本紀』天孫本紀では、父を大矢口宿禰命、母を坂戸由良都姫とし、開化の代に皇太后、崇神天皇の代に太皇太后になったとする。

台氏　うてなうじ　渡来系氏族。東(倭)漢(やまとのあや)氏の枝氏の一つか。姓は初め直、おそらく連を経て、天武十四年(六八五)忌寸を賜わったと考えられる。台忌寸氏は、台直・河内忌寸・清江宿禰氏と同族で、一族の者が霊亀三年(七一七)九月、居地(のちの河内国交野郡岡本郷が本拠の地か。現在の大阪府枚方市岡本町・岡・三矢付近)によって岡本と氏名を改め、嘉祥二年(八四九)八月、台忌寸善氏が清江宿禰と氏姓を改めた。平安京・摂津・河内国に分布し、後漢の献帝の子白竜王の後裔と称していた。

台直須弥　うてなのあたいすみ　七世紀中頃の臨時地方官。大化元年(六四五)八月、東方八道の実情調査などの任務をもつ国司の一人に任ぜられ、守巨勢臣徳禰(とこね)・介朴井(えのい)連・押坂連のもとに属した。任務を果たして帰京し、同二年三月の論功行賞で、須弥は始め、過ちを犯した上司を諫めたが、結局はともに過失を犯したとして指弾された。ここにいう国司は、律令制のそれとは異なるものと考えられる。

海上氏　うなかみうじ　『続日本紀』天平勝宝三年(七五一)正月条に清水王とその子三狩王に海上真人の氏姓を賜わったことがみえ、『新撰姓氏録』左京皇別に大原真人と同祖とあり、敏達天皇の孫百済王の後裔である。下総国海上郡(千葉県銚子市・海上郡と香取郡の一部)の郡司は海上国造他田日奉部直(おさだのひまつりべのあたい)を称し、他田日奉部は敏達朝に設定された部であるので、海上真人の氏の名は、乳母などとして仕えた海上郡郡司の婦女の出身郡名や国造名に因むものであろう。

海上安是之嬢子　うなかみのあぜのいらつめ　常陸国香島郡(茨城県鹿島郡と東茨城郡大洗町一帯)の人。『常陸国風土記』香島郡条の童子女(うない)松原伝承にみえる。伝承によれば、童子女松原(比定地未詳)の歌垣において、海上安是之嬢子は那賀寒田之郎子と相遇し、愛を語った。しかし時を忘れて朝になってしまい、他人に見られることを愧(は)じて、二人とも松に化したという。嬢子の松を古津松、郎子の松を奈美松という。海上安是之嬢子は加味乃乎止売とみえるので神女か。

海上五十狭茅　うなかみのいさち　神功皇后に仕えた祭官。神功が朝鮮侵略のあと、皇子(のちの応神天皇)を伴い大和へ戻る際、麛坂(かごさか)・忍熊(おしくま)皇子が謀反を起こした。神功はそれを知り、難波を目指したが、船が途中で進むことができなくなったので稚日女尊という神の教えのままに海上五十狭茅に祭らせたところ、海路が確保できたという。

菟上王　うなかみのおう　開化天皇の皇子

大俣王の子。曙立(あけたつ)王の弟。比売陀(ひめだ)君の祖。『古事記』によると、垂仁天皇の皇子本牟智和気(ほむちわけ)王は大人になるまで物言うことができず、神の教えによって出雲の大神を拝することになった際、菟上王は曙立王とともに本牟智和気王に随行した。また、参拝して帰る時、御子が口をきいたので、垂仁は喜び菟上王を再び出雲に遣わして神宮を修造させたという。

宇奈古 うなこ　八世紀後半の出羽国俘囚の族長。宝亀十一年(七八〇)八月の出羽国鎮狄将軍安倍朝臣家麻呂の奏言中にみえる秋田城下の俘囚で、俘軍の指導者とみられる。陸奥国で起こった伊治公呰麻呂(いじのきみあざまろ)の乱が出羽国にも波及し、秋田城(城跡は秋田市寺内の高清水丘陵にある)の廃棄問題が表面化したので、志良須とともに秋田城の警備の改善と存続を主張した。朝廷はこの進言を入れて、専使、或いは専当国司のもとに軍士を配して城の確保をはかることを命じた。

【参考文献】高橋富雄『蝦夷』、新野直吉『古代東北史の人々』

菟名手 うなて　国前臣・豊国直の祖。景行天皇が九州遠征の途上、周芳の娑麼(さば。山口県防府市東佐波令・西佐波令付近)で南方を望んだところ煙が立ち敵の存在がうかがえた。景行は菟名手・武諸木・夏花の三人を派遣し、情況を探らせたという。その後、『豊後国風土記』には菟名手は景行から豊国の支配を認められ、豊国直の氏姓を受けたとある。

雲梯氏 うなでうじ　漢人(あやひと)の後裔氏族の一つ。初め伯徳(はくとく)氏、天平宝字五年(七六一)三月に雲梯連・雲梯造の氏姓を賜わった。氏名は、大和国高市郡雲梯郷(奈良県橿原市雲梯町)の地名に基づく。

菟原壮士 うなひおとこ　菟原処女をめぐって血沼壮士(ちぬおとこ)と妻争いをした伝説中の人物。『万葉集』の田辺史福麿の歌(九―一八〇一～一八〇三)、高橋連虫麿の歌(九―一八〇九～一八一一)、大伴宿禰家持の歌(一九―四二一一・四二一二)などに詠まれている摂津国菟原郡(兵庫県西宮市西端から芦屋市・神戸市にかけての一帯)を舞台とする妻争いの伝説に登場する。二人の男性に恋され、処女は入水、菟原壮士・血沼壮士ともにあとを追う。両人は、処女の墓の両側に葬られたと伝えられる。

菟原処女 うなひおとめ　『万葉集』などに詠まれている摂津国菟原郡(兵庫県西宮市西端から芦屋市・神戸市にかけての一帯)を舞台とする妻問いの悲劇の主人公。菟名日処にも作る。田辺史福麿の歌(九―一八〇一～一八〇三)、高橋連虫麿の歌(九―一八〇九～一八一一)、大伴宿禰家持の歌(一九―四二一一・四二一二)などに詠まれ、血沼壮士・菟原壮士両人の妻争いに悩み入水、二人の男性はあとを追ったと伝えられる。処女墓をなかに二人の壮士墓が造られたが、墓の上の木の枝は、血沼壮士の墓になびいたと虫麿は詠んでいる。

宇奈比売 うなひめ　執政大臣服部弥蘇連の女。『播磨国風土記』によると、仁徳天皇は伯耆の加具漏、因幡の邑由胡の生活が度を過ぎていたので、二人を召すため狭井連佐夜を派遣した。佐夜は加具漏・邑由胡一行を旅の途中で厳しくたしなめたが、そのなかに手足を玉で飾っている二女子を見つけ問いただしたところ、執政大臣服部弥蘇連の女であることが判明した。佐夜は二人を還し送ったという。

畝火氏 うねびうじ　坂上氏の同族である渡来系氏族。雲飛にも作る。姓は宿禰。『新撰姓氏録』は都賀(つか)直(『日本書紀』応神巻にみえる都加使主(つかのおみ)、雄略巻の東漢直掬(やまとのあやのあたいつか)に当る)の後裔と伝え、一族には『続日本紀』延暦十年(七九一)条にみえる畝火宿禰清永(『類聚国史』遊宴部の同十二年条には雲飛宿禰浄永に作る)がいる。畝火氏の本拠地は大和国高市郡(奈良県橿原市)の畝傍山付近であろう。

采女氏 うねめうじ　令制前において宮中の采女を管掌していた氏族。姓は初め臣、本宗のものは天武十三年(六八四)十一月、八色の姓制定に際し朝臣を賜わり、天平神護元年(七六五)二月には、摂津国嶋下郡(大阪府茨木市・摂津市全域と吹田・豊中・箕面各市および豊能郡の一部)の人采女臣家麻呂・家足らも朝臣を賜姓された。『古事記』神武段には邇芸速日(にぎはやひ)命の子宇摩志麻遅(うましまじ)命をその祖と伝える。『新撰姓氏録』右京神別上に采女朝臣を載せ、神饒速日(かんにぎはやひ)命の六世孫大水口宿禰の後と記す。このほか和泉国神別には、神饒速日命の六世孫伊香色雄(いかがしこお)命の後と称する采女臣も載せている。この氏の本来の職掌は氏名からも明らかであるが、令制下においてもこの伝統は受け継がれており、采女司の長官などに氏人が散見する。居住地は、これまでの記述から右京および和泉・摂津国が知られるが、このほか近江・丹後・但馬・因幡国にも存在した。なお、采女部と称する者、造姓・連姓・直姓の者、無姓の者も存在する。

采女朝臣枚夫　うねめのあそんひらぶ　八世紀前半の官人。比良夫にも作る。慶雲元年(七〇四)正月、従六位上から従五位下に叙せられ、同四年十月には従五位上で文武天皇大葬の御装司となった。和銅二年(七〇九)三月、この時初めて置かれた造雑物法用司に任ぜられたが、同年十月の「弘福寺田畠流記帳」には「治部少輔」として署している。翌三年四月に近江守に任ぜられ、同四年四月に正五位下に叙せられた。『懐風藻』に正五位上・近江守とあり、漢詩一首を残した。享年五十。

采女臣竹羅　うねめのおみちくら　七世紀後半の官人。筑羅・竹良にも作る。天武十年(六八一)七月、小錦下で遣新羅大使となったのが初見。同十三年二月、三野王とともに新都城の地を探すため信濃国に派遣された。同年十一月に朝臣を賜姓された采女氏の本宗の者であったらしく、以後は朝臣姓で史上に現われる。朱鳥元年(六八六)天武天皇の殯(もがり)に際しては内命婦のことを誄(しのびごと)した。この時、直大肆。その後『日本書紀』には現われないが、持統三年(六八九)十二月に竹羅の墓所を示し、穢を犯すことのないように建立された「采女氏塋域(うねめうじえいいき)碑」には「飛鳥浄原大朝廷大弁官直大弐」とあり、『日本書紀』の欠を補っている。なお、この碑は河内国石川郡春日村帷子山(大阪府南河内郡太子町春日)にあって、のちに同村妙見寺に移されたと伝えられるが、現在は亡失してしまっている。

采女臣摩礼志　うねめのおみまれし　舒明朝頃の大夫(まえつきみ)。『日本書紀』によれば、推古天皇崩後の皇嗣を協議した一員で、大伴連鯨(くじら)の意見に賛成して、高向臣宇摩・中臣連弥気(みけ)・難波吉士身刺(なにわのきしむさし)とともに田村皇子(のちの舒明天皇)を推したという。

宇奴首男人　うののおびとおひと　八世紀前半の官人。養老四年(七二〇)二月、隼人が大隅国守を殺して反乱に踏み切ったので、政府は大伴宿禰旅人を大将軍とし、征討に向かわせている。しかし『政事要略』所引の「旧記」によれば、当時豊前守であった男人が将軍となり、宇佐八幡大神に奉請して征討に成功した。多くの隼人を殺した償いとして男人は宇佐宮の放生会を始め、これが石清水の放生会の起こりとなったという。神亀五年(七二八)十一月、男人が豊前守を退任し帰京するに際し、大宰府の官人らと香椎廟(福岡市東区香椎)を拝し、そののち香椎の浦でおのおの胸中を述べる歌を詠んだ。これが『万葉集』に収められている(六―九五九)。『宇佐託宣集』によると、在任中の位階は正六位上であった。

茨木氏　うばらぎうじ　㈠のちの大阪府域に居住した豪族か。茨城にも作る。姓は造。『新撰姓氏録』和泉国皇別に茨木造は豊城入彦命の後裔とあり、同書未定雑姓和泉国の条にも天津彦命(天津彦根命か)の末裔と称する茨木造がみえる。茨木氏の本拠地は摂津国嶋下郡茨木邑(大阪府茨木市の旧茨木地区)と考えられ、一族には八世紀中頃に経師であった無姓の茨木(茨城)角万呂がいる。㈡真人姓氏族の一つ。真人姓は茨城に作る。姓は初め公、天武十三年(六八四)八色の姓制定に際し、真人を賜わる。茨城真人氏は他に所見がなく、系譜なども不明。おそらく同氏は本来、皇別氏族とは何ら血縁関係をもたない摂津国嶋下郡茨木邑の地方豪族であったとみられ、継体天皇の擁立もしくは壬申の乱における功績によって、皇親氏族に並んで真人姓が与えられたのであろう。

【参考文献】 倉本一宏「真人姓氏族に関する一考察」(『続日本紀研究』二三二)

馬氏 うまうじ 馬の飼育に関わる伴造系氏族。王仁(わに)の孫阿浪古首の後裔と称する渡来系氏族。本貫地は河内国。姓は史(毘登)。霊亀二年(七一六)六月、体高五尺五寸の新羅国の紫驃馬二疋を献上した正七位上馬史伊麻呂らの活動は、馬史一族が左右馬寮の馬部の負名氏であったことをうかがわせる。下級官人として出仕し、八世紀後半から改賜姓により氏を変える例が多くなる。天平神護元年(七六五)馬毘登国人らは武生連、馬毘登夷人らは厚見連を、承和三年(八三六)三月には、馬史真主らは春沢史の氏姓を賜わっている。史姓のほか首姓の馬氏も存するが、両氏の関係は不明。

馬毘登国人 うまのひとくにひと 八世紀中頃の下級官人。毘登は史にも作る。河内国(『万葉集』による。摂津国の誤伝か)伎人(くれ)郷(住吉郡のうち。大阪市平野区喜連および住吉区喜連北通付近)の人。天平勝宝八歳(七五六)二月、聖武太上天皇・光明皇太后が河内離宮・難波宮に行幸啓の時、伎人郷の国人の宅で宴を行ない、大伴宿禰家持らとともに国人も歌一首を詠んだ。時に散位とある(『万葉集』二〇―四四五七~四四五九。うち国人の作歌は四四五八)。天平宝字八年(七六四)十月、従六位上から外従五位下に昇る。天平神護元年(七六五)十二月、同族河内国古市郡(大阪府羽曳野市)の人馬毘登益人ら四十四人とともに武生連の氏姓を賜わった。時に国人は、右京の人とある。

馬飼氏 うまかいうじ 馬の飼養・調教を職掌とする伴造とその部民。馬養・馬甘にも作る。姓は首・造・臣・連など。馬の軍事的・交通的価値が重視されるにしたがい、馬の飼育に当る専門的集団として河内・大和・山城国に集住し、伴造の馬飼造・馬飼首などに服従した。馬飼部の伴造には、倭(大和)馬飼造・川内(河内)馬飼造・娑羅羅馬飼造・菟野馬飼造などがあり、いずれも天武十二年(六八三)に、連の姓が与えられた。律令制下では、馬飼部は飼部(うまかいべ)として雑戸とされ、隷属的性格を強くのこした。『延喜式』左右馬寮飼戸条には、左右馬寮をあわせて飼部が全体で二百八十三烟のうち大和国八十九烟、河内国百五十九烟と、この両国に多数の馬飼部の子孫が集住し、組織されていたことを示す。八世紀後半から改賜姓が行なわれている。

【参考文献】 直木孝次郎『日本古代兵制史の研究』、小林行雄「上代日本における乗馬の風習」(『古墳時代の研究』所収)、佐伯有清「馬の伝承と馬飼の成立」(森浩一編『日本古代文化の探求 馬』所収)

馬飼首歌依 うまかいのおびとうたより 欽明朝の人。『日本書紀』によれば、欽明二十三年(五六二)歌依は、妻の逢臣讃岐が皇后の御鞍を盗んで着用しているという理由で訴えられ拷問をうけたが、罪は虚である、もし実ならば天災が起こると言い残して刑死した。間もなく、大殿が火災にあったので、歌依の二人の息子守石と名瀬氷は、火に投ぜられようとしたが、母の願いにより許され神奴とされたという。鞍にまつわる伝承は、馬飼首の職掌を反映したものであろう。

馬養造人上 うまかいのみやつこひとがみ 八世紀中頃の地方豪族。播磨国賀古郡(兵庫県加古郡と加古川・高砂両市の一部)の人。天平神護元年(七六五)五月、外従七位下馬養造人上は、編戸の誤りを訴えて改姓を願った。人上の先祖は吉備都彦の苗裔の上道(かみつみち)臣息長借鎌であり、仁徳朝に播磨国印南野(兵庫県の明石川・加古川の間に挟まれた台地)に居住した。その六世の孫牟射志はよく馬を養い、上宮太子(聖徳太子)に仕えて馬司となった。『庚午年籍』では誤って馬養造として編付されたという。地名に因んで印南野臣の氏姓を願い許された。『日本三代実録』によれば、人上は吉備武彦の第二男御友別命の十一世孫とある。

味酒氏　うまさけうじ　酒造をつかさどる味酒部を管轄した伴造系氏族。平群（へぐり）氏の一族。姓には、臣と首がある。貞観三年（八六一）九月の巨勢朝臣河守の奏によると、武内宿禰の子のうち第五男は巨勢男柄宿禰で巨勢氏の祖、第三男が平群木菟（つく）宿禰で平群氏の祖であった。その後、木菟の後裔が味酒臣と称したが淪落して本貫を伊勢国におき、のち臣から首に改められたという。河守はその奏言で味酒首文雄の味酒の字と首の姓の変更を願い、本来平群にすべきだがそれでは嘉名でないので同宗の巨勢朝臣への改氏姓をもとめ、許されている。臣から首へ改賜姓されたとすることはやや不審。首姓は、味酒臣氏より下位の伴造の称号か。神護景雲三年（七六九）に伊予国温泉郡（愛媛県松山市）の人味酒部稲依らに平群味酒臣の氏姓が与えられており、臣姓のものもいた。

甘美内宿禰　うましうちのすくね　伝説上の人物。味内・味師内にも作る。『古事記』孝元段によると、孝元天皇の皇子比古布都押之信（ひこふつおしのまこと）命と尾張連らの祖意富那毗（おおなび）の妹葛城之高千那毗売との間に生まれたとあり、山代内臣（やましろのうちのおみ）の祖とされる。『日本書紀』応神九年四月条には武内宿禰の弟とあり、武内宿禰が筑紫国に派遣された時、兄を廃そうとして応神天皇に譏言し、探湯（くかたち）で敗れて殺されかけたが、応神に許されて紀直らの祖の隷属民にされたという。なお『新撰姓氏録』大和国皇別では山公氏の祖を味内宿禰としており、『蘇我石川両氏系図』の甘美内宿禰の尻付には内臣・山公の祖としている。

甘美媛　うましひめ　坂本臣の女。河辺臣瓊缶（かわべのおみにえ）の妻。欽明二十三年（五六二）七月の大将軍紀男麻呂宿禰の新羅征討軍に副将となった夫とともに従ったが、夫の戦法の誤りで夫妻とも新羅軍の虜となった。新羅の将が「命と妻とどちらが惜しいか」と夫に問うと、夫は命を惜しんだため、甘美媛は新羅の将に辱しめられた。事がすんで夫が媛をなぐさめようとすると、「妻の身を売って今何の面目あろうか」と媛は夫を拒絶した。

可美真手命　うましまでのみこと　物部氏の祖神。饒速日（にぎはやひ）命の子。宇麻志麻遅命・味島乳命・味間見命・味真治命・于摩志摩治命・宇摩志摩治命にも作る。『日本書紀』神武巻の神武天皇東征の条に、饒速日命が長髄彦の妹三炊屋（みかしきや）媛を娶って生んだ子とあり、『古事記』もほぼ同じ伝えで、物部連・穂積臣・采女臣の祖とある。『新撰姓氏録』は後裔氏族として、筑紫連・県使首・物部首・積組（つぶくみ）造・栗栖連をあげる。また、『先代旧事本紀』天孫本紀には他書にない独自の伝承が多く、神武が宇摩志麻治命に、饒速日尊が天より将来した十種の神宝をもって仲冬の中の寅の日に鎮魂の祭りを行なうよう命じたという物部氏の鎮魂呪法の起源に関する説話もみえる。

馬工氏　うまみくいうじ　馬の飼育と関係する部の伴造か。馬御檝にも作る。姓は連。『古事記』孝元段に、建内宿禰の子平群都久（へぐりのつく）宿禰を祖とするとあり、『新撰姓氏録』大和国皇別にも平群木菟（つく）宿禰の後とある。『紀氏家牒』『越中石黒系図』も同様で、『紀氏家牒』にはさらに額田早良宿禰の男額田駒宿禰が平群県（大和国平群郡。現在の奈良県生駒郡と生駒市・大和郡山市の各一部）の馬牧で駿駒を養い天皇に献じたので馬工連の氏姓を賜わったとの所伝を掲げる。平安朝の史料に馬工氏（無姓）の氏人の名がみえる。

【参考文献】佐伯有清『新撰姓氏録の研究』考証篇一

卜部氏　うらべうじ　卜兆の職掌に携わった氏族。神祇官に出仕し卜占（亀卜）や祓に従事した。占部にも作る。斉衡三年（八五六）九月に無姓の卜部雄貞が宿禰の姓を賜わった。『延喜式』臨時祭、宮主卜部条に、三国（伊豆五人、壱岐五人、対馬十人、計二十人）の卜術優長者を取るとみえるが、『新撰亀相記』には四国卜部（よくにのうらべ）は数氏があったといい、「伊豆国卜部五人、一氏〈卜部ならびに伊豆嶋直〉・壱岐嶋卜部五人、二氏〈卜部ならびに直なり〉・対馬嶋卜部十人、三氏〈上県郡五人はならびに卜部なり、下県郡五人は直、卜部、夜良直なり)」とみえ、卜部氏には伊豆・壱岐・対馬の三国(対馬は上県・下県両郡を二国と数えると四国)の出身者がいた。伊豆国の卜部氏には『日本三代実録』元慶五年(八八一)十二月条にみえる卜部宿禰平麻呂がおり、神祇官の卜部として出仕し、要職を歴任して宮主となった。壱岐嶋の卜部には『日本文徳天皇実録』斉衡三年九月条によると卜部宿禰の氏姓を賜わった宮主卜部雄貞・神祇少祐卜部業基がおり、また雄貞は亀筮の術に長じていたことが同書にみえる。『日本三代実録』貞観五年(八六三)正月・九月条によれば、雄貞の一族には宮主卜部是雄・神祇権少史卜部業孝がおり、同年九月に伊伎宿禰の氏姓を賜わった。彼らは『日本書紀』応神九年条の壱伎直の祖真根子、顕宗三年二月条の壱岐県主の祖押見宿禰の子孫とみられる。対馬嶋の卜部は、上県郡の卜部氏、下県郡の直・卜部・夜良直などの諸氏が卜部となり、『日本文徳天皇実録』天安元年(八五七)六月条に上県郡の卜部氏として同郡擬主帳の卜部川知麻呂、下県郡の卜部氏として『日本三代実録』貞観十二年(八七〇)二月条に新羅に渡りその国状を伝えた卜部乙屎麻呂がみえる。卜部となった下県郡の直氏は、『日本書紀』顕宗三年四月条に神の祭祀に携わったと伝える対馬下県直の後裔氏族で、一族には下県郡擬大領であった直浦主・直氏成が正史にみえる。夜良直の氏名は「よら」と訓み、下県郡与良郷(長崎県下県郡厳原町与良内院)の地名に基づくといわれているが、一族の人名は史料にみえない。また壱岐嶋には『新撰姓氏録』右京神別上にみえる壱岐直の同族に直氏がおり、その一族のうち宮主になった者に、太皇太后宮主直千世麻呂・斎院宮主直伊勢雄がおり、貞観九年八月に宿禰の姓を賜わった。『新撰姓氏録』未定雑姓摂津国の条によれば、対馬嶋の直氏の同族に津嶋直がいる。伊豆・壱岐・対馬以外の諸国に居住した卜部氏も多く、武蔵・上総・下総・常陸・陸奥・因幡・筑前の諸国に分布していた。

【参考文献】平野博之「対馬・壱岐の卜部について」(『古代文化』一七―三)、横田健一「中臣氏と卜部」(三品彰英編『日本書紀研究』五所収)、井上辰雄「卜部の研究」(『古代王権と宗教的部民』所収)、羽床正明「卜部と中臣氏についての一試論」(『東アジアの古代文化』四一)、永留久恵「卜部の成立について―対馬からの視点―」(『古代日本と対馬』所収)

卜部乙屎麻呂　うらべのおとくそまろ　九世紀後半の対馬国下県郡の人。鸕鷀島(ろしちょう)を得ようとして新羅の境に向かったが、捕えられた。乙屎麻呂は新羅が大船をつくり兵士が演習をしているのを見て、ひそかに看守に問うたところ対馬を攻めるためと答えたので、脱獄して逃げ帰ったことが、大宰府の報告として『日本三代実録』貞観十二年(八七〇)二月条にみえる。

卜部宿禰平麻呂　うらべのすくねひらまろ　八〇七―八八一　九世紀中頃の神祇官人。伊豆国の人。幼時から亀卜を習い神祇官卜部となり、承和元年(八三四)任命の遣唐使に随行し、帰国後神祇大史、嘉祥三年(八五〇)同少祐に転じ、斉衡四年(八五七)外従五位下、天安二年(八五八)権大祐となり宮主(みやじ)を兼ねた。貞観八年(八六六)参河権介に転じ、同十年、従五位下備後介・丹波介となり、元慶五年(八八一)十二月、七十五歳で卒した。

漆島氏　うるしじまうじ　地方豪族の一つ。姓は宿禰。肥後国託麻郡漆島郷(熊本市の旧本荘町・本山町・春竹町付近)が本拠地であろう。宇佐八幡宮に奉仕し、宇佐・大神・田部とならぶ祠官四姓の一つとなった。一部は中央に出仕して下級官人となり、また一部は豊前国宇佐郡(大分県宇佐市と宇佐郡)の大領などとして勢威を張った。

え

江氏 えうじ 神八井耳(かんやいみみ)命の後裔氏族の一つ。多(おお)朝臣らと同族。姓は首。氏名は入江で漁業を行なう江人を統率し、朝廷に魚介類を貢納していたことに因む。『新撰姓氏録』によると河内国に江首があり、『東大寺要録』巻八によると大膳職の江人は近江・若狭・紀伊・淡路・志摩などの諸国に分布するという。

衣氏 えうじ 薩摩国頴娃(えい)郡頴娃郷(鹿児島県揖宿(いぶすき)郡頴娃町)を本拠とする隼人の豪族。姓は君。『続日本紀』文武四年(七〇〇)六月条によると、衣評督(えのこおりのかみ)の衣君県と助督(すけのかみ)の衣君弖自美(てじみ)が薩末比売らとともに覓国(くにまぎ)使の刑部(おさかべ)真木らを脅迫したので、勅命によって処罰された。衣評はのちの頴娃郡に、評督・助督はのちの郡の大領(長官)・少領(次官)に当る。
【参考文献】井上辰雄『隼人と大和政権』、中村明蔵『熊襲と隼人』、同『隼人の研究』

衣君県 えのきみのあがた 七世紀末の隼人の首長。『続日本紀』文武四年(七〇〇)六月条によると、薩摩の衣評(えのこおり。のちの頴娃(えい)郡。現在の鹿児島県揖宿(いぶすき)郡頴娃町・開聞町の一帯)の評督(郡の長官)であったが、助督(郡の次官)の衣君弖自美(てじみ)や薩末比売らとともに肥人を率い武器を持して覓国(くにまぎ)使を脅迫したかどで勅命により処罰された。頴娃町一帯を本拠とする隼人の酋長であろう。
【参考文献】井上辰雄『隼人と大和政権』、中村明蔵『熊襲と隼人』、同『隼人の研究』

栄叡 えいえい ―七四九 八世紀前半の僧。美濃国の人で興福寺に住した。当時日本に戒律が具わらないことを遺憾とした舎人親王の意を受け、天平五年(七三三)普照とともに遣唐使丹治比(たじひ)真人広成に従い入唐。翌年にあたる唐の開元二十二年(七三四)洛陽の大福光寺で道璿律師に会って来日を請い、遣唐副使中臣朝臣名代に託して日本に送った。その後十余年、唐に滞留したが、ついに帰国を決し揚州に赴いたところ、唐の天宝元年(天平十四・七四二)大明寺の律僧鑑真に会い、東帰伝戒を懇請した。しかし鑑真の渡海にはさまざまな困難があり、十二年の歳月と前後五回に及ぶ失敗を繰り返した。栄叡は天宝二年の渡海の折、海賊の一味とみなされ捕縛された。五回目の渡海の同七年六月、一行三十五人とともに揚州新河より船出したが、風浪にあって日南に漂着し、広州に向かう途中の端州の竜興寺で入寂した。鑑真は栄叡の死を悲しみ、そのため失明したと伝えられる。

永興 えいこう 八世紀後半の興福寺の僧。天平宝字二年(七五八)八月十九日の「山階寺返抄」や同年九月十日の「山階寺三綱牒」には、上座法師とみえる。山階寺(興福寺)ということから注目されるのが、『日本霊異記』に登場する興福寺の沙門永興禅師である。説話ではあるが、それによれば俗姓は葦屋君氏、一説には市往(いちゆき)氏ともいい、その本貫は摂津国手嶋郡(大阪府池田・豊中・箕面の諸市と吹田市の一部)という。永興は、帝姫阿倍天皇の時代(孝謙・称徳いずれの時代かは明らかでないが、恐らくは後者)に、紀伊国牟婁郡熊野村(和歌山県東牟婁郡那智勝浦町か)で修行しており、人々はその行を貴び、平城京より南にいることから南菩薩とよんでいたという。『続日本紀』宝亀三年(七七二)三月条には、「持戒称するに足り、或いは看病に声を著す」人物を、十禅師に任命したが、そのなかに永興の名がみえる。うかがい知ることのできる他の十禅師の経歴などからして、この永興は、上述の永興と同一人物としてよいのではないかと思われる。一方、『東大寺要録』巻五別当章第七によれば、東大寺第四代別当として律師永興の名がみえる。良弁(ろうべん)の弟子で、宝亀元年から四年間その任にあったとする。『七大寺年表』では良興の弟子とする。律師とあるが、『僧綱補任』にその名がみえず、東大寺との関係もこれ以上明らかにしえない。興福寺の永興と同一視することは困難のように思われる。

永厳　えいごん　八世紀後半の興福寺の僧。玄昉の弟子とも、良敏・慈訓の弟子ともいう。永厳は「ようげん」ともいう。『僧綱補任』によれば神護景雲四年(七七〇)八月に律師、『七大寺年表』では中律師となり、宝亀三年(七七二)十一月には大律師となる。同七年二月の「大安寺三綱可信牒」にはすでに少僧都とあり、同十一年十二月の『西大寺資財流記帳』にも少僧都と記す。『七大寺年表』宝亀九年条に「入滅ヵ辞退ヵ」とあるのや、或本に云くとして延暦十三年(七九四)まで大律師とするのは誤り。『興福寺別当次第』には、宝亀十年に別当となったとあるが、別当に入らずの記載も併記されており、明らかではない。

永忠　えいちゅう　七四三―八一六　八世紀後半―九世紀初めの入唐留学僧。近江国梵釈寺主。京兆の人で俗姓は秋篠氏。永忠は「ようちゅう」ともいう。『元亨釈書』によれば、宝亀(七七〇―七八〇)の初めに入唐留学し、延暦(七八二―八〇六)の末に遣唐使に随って帰国したという。この伝えによると、宝亀八年(七七七)六月入唐した第十四次遣唐使に留学僧として加わり、延暦二十四年(八〇五)六月帰国した第十六次遣唐使とともに帰ったことになり、在唐は二十九年に及んだわけである。入唐留学中の延暦十五年四月、来日した渤海国の遣使に書状を託したことがあり、同年五月、渤海国使の呂定琳らの帰国に際し、定琳に付して「太政官の書」を賜わり、また沙金少三百両が永忠らに送られた。さらに同十七年五月、遣渤海国使内蔵宿禰賀茂(くらのすくねかも)らに託して永忠らに書状が送られている。『僧空海請来目録』によると、空海は同二十四年二月、長安の西明寺に配住となった時、同寺の永忠和尚の故院に留住したという。ここで空海は永忠に会ったという説があるが、「故院」とあるから、すでに永忠はこの院を去って帰国の途についていたであろう。同二十五年正月五日付の「僧綱等上表文」に「大唐留学大法師位永忠」の署名がみえる。同年正月五日、最澄が度三人を賜わったのと同時に永忠は度二人を賜わっている。時に大法師。同年四月、律師となり、六月(五月に大同と改元)公私の斎会の飲食などについて奏言した。この間、桓武天皇は勅して永忠に梵釈寺を主(つかさど)らせたという。大同二年(八〇七)七月十一日付の「玄蕃寮牒案」末尾の「大同年中比住侶」のなかに「律師永忠」の名があげられている。同五年九月十七日、少僧都に任ぜられ、弘仁二年(八一一)の年分得度者仁風の師主であったことが『天台法華宗年分得度学生名帳』によって知られる。同四年正月、老齢のため少僧都の任を隠退することを請願したが許されなかった。この時の永忠の辞表を空海が代筆し、その文は翌日発せられた嵯峨天皇の勅答の文とともに空海の『性霊集』巻九に載っている。同六年四月、嵯峨が近江国滋賀韓崎(からさき)に行幸の途次、崇福寺に立ち寄った時、門外で嵯峨を奉迎し、また梵釈寺に輿を停めた際、茶を煎じて献じ、御被を賜わったという。時に大僧都。同七年(八一六)四月五日、七十四歳で卒した。永忠卒去の直後の作とみられる嵯峨の御製「菅清公が忠法師を傷むに和す」の一首が『文華秀麗集』に載せられ、『元亨釈書』の永忠伝には、「経論に渉り、音律を解す。善く威儀を撰(す)べ、斎戒欠かすこと無し」とあり、また「遺表して唐にて得る所の律呂旋宮図、日月図、各二巻、律管十二枚、塤(ふえ)一枚を上る」とある。『文徳天皇実録』斉衡三年(八五六)九月条の実敏伝に、実敏が「入唐大僧都永忠」に従って経論を学んだとある。著書に『五仏頂法訣』一巻があるという。なお最澄の『顕戒論』巻中の「前の入唐留学の僧、上座を言はざるの明拠を開示す一七」に、「前の入唐留学の僧各(おのおの)宗とする所あり。……後度の大統(大僧都)永忠法師は三論を宗となす」とある。

【参考文献】守山聖真編著『〈文化史上より見

たる）弘法大師伝』

兄猾　えうかし　大倭菟田地方（奈良県宇陀郡）の首長。神武天皇の大倭入り伝承にみえる抵抗者。『日本書紀』によれば、神武は大倭入りに際し、兄猾・弟猾（おとうかし）を召したが、兄猾は表面上恭順の姿勢を示したが、策謀をめぐらし、饗宴の席で神武を殺そうとした。しかし弟猾は兄を裏切り、その陰謀を神武に報告した。神武は道臣命を派遣しその有無を確認し、兄猾を攻めた。兄猾は自分の罠にはまって死んだという。

恵運　えうん　七九八―八六九　九世紀中頃の入唐僧。山城国の人。俗姓は安曇（あずみ）氏。入唐八家に数えられる。初め東大寺の泰基、薬師寺の中継について法相教学を学んだが、のち東寺実恵（じちえ）の門に入る。そののち、勅により坂東に下り、『一切経』の書写を検校し、四年にして完成、さらに天長十年（八三三）観世音寺講師兼筑前国講師に任命され、西海道一円の仏教界を統轄するとともに、『一切経』書写を勾当する。承和九年（八四二）唐商李氏の船で入唐、青竜寺義真にあって密教を学び、五台山の聖蹟を巡礼し、同十四年に帰国する。請来の儀軌・経論・仏菩薩祖師像・曼荼羅・道具等の目録を提出。嘉祥元年（八四八）八月、仁明天皇女御藤原朝臣順子の発願により安祥寺（京都市山科区御陵平林町）を建立し、その開基となる。仁寿三年（八五三）十月、権律師に任ぜられ、貞観三年（八六一）三月には、東大寺大仏修理供養の開眼導師となる。同六年二月、少僧都に昇進。翌七年、得度・受戒の制を、旧例により厳重に行なうよう要請している。同十一年九月、入滅。時に七十二歳。同十三年九月に没したともいう。

恵隠　えおん　七世紀前半の学問僧。俗姓は志賀漢人（しがのあやひと）。推古十六年（六〇八）九月、倭漢直福因（やまとのあやのあたいふくいん）・奈羅訳語恵明（ならのおさえみょう）らとともに遣隋使小野臣妹子に従って隋へ行った。舒明十一年（六三九）九月、恵雲とともに新羅の送使に従い唐から帰って京に入り、同十二年五月、斎会の際に『無量寿経』を講説した。白雉三年（六五二）四月には内裏に請じられて『無量寿経』を講じた。この時の講説は六日間にわたったが、論議者には恵資が当たり、沙門一千人が作聴衆（さちょうじゅ）となったという。

恵我氏　えがうじ　㈠河内国志紀郡の恵賀（大阪府藤井寺市国府付近）の地を本拠としたと考えられる氏族。恵賀にも作る。恵賀の地名は、『古事記』仲哀段などに「河内恵賀」、『日本書紀』雄略十三年三月条などに「餌香（えが）市」、『続日本紀』神護景雲四年（七七〇）三月条に「会賀市司」がみえる。宿禰姓・連姓があり、宿禰姓は、『続日本紀』養老五年（七二一）正月条に、恵我宿禰国成の名がみえる。連姓は、『日本後紀』弘仁三年（八一二）八月条の伝燈大法師善議の卒伝に、「本姓は恵賀連、河内国錦部郡の人なり」（錦部郡は大阪府河内長野市および富田林市の一部）とある。㈡大彦命の後裔氏族の一つ。会加・会賀にも作る。姓は臣。もとは私（きさい）氏。『続日本紀』天平神護二年（七六六）二月条に、右京人従六位下私真縄・河内国人少初位上私吉備人ら六人に、会賀臣の氏姓を賜わったとある。『新撰姓氏録』右京皇別上にその本系を載せる。会賀（恵賀）の地を本拠としたと考えられる。㈢無姓の恵我氏としては、『新撰姓氏録』未定雑姓山城国に載せ、天穂日（あめのほひ）命の後とする。これによれば、この氏は出雲臣・土師（はじ）連の同族。

画部　えかきべ　東（倭）漢（やまとのあや）氏の統率下に編入された百済系の今来才伎（いまきのてひと）の一つ。作画・彩色に従事した。『日本書紀』雄略七年条に、雄略天皇が東漢直掬（つか）に命じて百済から渡来した新漢（いまきのあや）の画部因斯羅我（いんしらが）および陶部（すえつくり）・鞍部（くらつくり）・錦部（にしごり）・訳語（おさ）らを飛鳥の上桃原・下桃原（奈良県高市郡明日香村島庄付近か）・真神原（明日香村飛鳥）に遷し住まわせたとある。同書推古十二年（六〇四）条に黄書（黄文）画師・山背画師を定めたというのは、作画組織の再編が行なわれたことを示すものであろう。画師を姓とする氏族には他に簀秦(すはた)画師・河内画師・楢(なら)画師・倭画師・牛鹿(うしか)画師・高麗画師などがあるが、なかで倭画師(のちに大崗忌寸)は『新撰姓氏録』に魏の文帝の子孫安貴公の後裔で雄略朝に渡来したと伝えるように、もとの東漢氏系の画部の出身かも知れない。画部はのちに令制で中務省の被官である画工司に所属する伴部の称となり、定員は六十人と定められた。

【参考文献】平野邦雄『大化前代社会組織の研究』

恵蕚　えがく　九世紀後半の入唐僧。慧蕚にも作る。『日本文徳天皇実録』嘉祥三年(八五〇)五月条にある嵯峨太皇太后(橘朝臣嘉智子)伝によれば、恵蕚を入唐させ、繍文の袈裟を定聖者・僧伽和上・康僧らに、宝幡と鏡奩(きょうれん)の具を五台山寺に施入させたという。『元亨釈書』にはこれを斉衡(八五四―八五七)の初めのこととするが、『入唐求法巡礼行記』には、唐の会昌元年(八四一)九月の記事として恵蕚が五台山にいたとあることからすると、太皇太后の願いもこの時にかなえられたのであろう。次いで恵蕚は杭州塩官県の霊池寺にいたり、斉安に謁し、我が国に禅宗をという太皇太后の要望を申し入れたという。斉安は高弟義空を推挙したが、その来日は、承和十四年(八四七)恵蕚帰国に同道したのであろうか。その後再び入唐し、五台山に詣り山頂で観音像をえた。唐の大中十二年(八五八)帰国の途、浙江省舟山列島の補陀の海浜を航行すると、船が石に付着して動かない。これは観音像がこの地に留まりたいとの心を示すものとしてこの地に安置し、一宇を建立して補陀落山寺と号したが、以来、ここは禅宗の有名寺院で、恵蕚を開山としているという。

【参考文献】橋本進吉「慧蕚和尚年譜」(『伝記・典籍研究』所収)、小野勝年『入唐求法巡礼行記の研究』三

恵灌　えかん　七世紀の高句麗の僧侶。恵観・慧灌にも作る。隋に渡り、三論宗を大成した嘉祥大師吉蔵に就いて三論の学を受け、推古三十三年(六二五)高句麗国王に貢ぜられて来朝し、三論宗を伝えた。我が国三論宗の第一伝とされる。勅により元興寺に住し、僧正に任命されたとされるが、諸伝がある。『元亨釈書』は、来朝した年の夏の旱魃に際し、三論を講じて祈雨したところ大雨があったので、その功により僧正に任ぜられたという。『三国仏法伝通縁起』『東大寺要録』では、孝徳天皇の代に、元興寺僧として天皇に三論を講じ、その講説の竟る日に僧正に任ぜられたが、これが日本の僧正の第二であるとする。のち、禅林寺(当麻寺。奈良県北葛城郡當麻町大字当麻)の落慶に際し、落慶導師を務め、井上寺(河内国志紀郡井於郷。現在の大阪府藤井寺市大井・国府付近にあった寺か。『日本霊異記』に「河内市辺井上寺の里」とあり、市とは国府付近の餌香市を指すと思われる)を創して三論宗を弘めたという。弟子僧に福亮・慧輪・慧師らがいる。

掖邪狗　えきやく　邪馬台国の大夫。魏の正始四年(二四三)女王卑弥呼の使者として魏に伊声耆ら八人とともに派遣され、率善中郎将の印綬を受けている。時に同行した伊声耆とともに大夫。また女王台与(とよ)のもとでも二十人の役人を率いて魏の塞曹掾史張政らを魏に送っている。この時も大夫。

殖栗氏　えぐりうじ　山城国久世郡殖栗郷(京都府宇治市白川付近か)一帯を本拠地とした氏族。姓は連。殖栗連を称する氏族には二系統あったようである。㈠和銅二年(七〇九)六月に殖栗物部名代が殖栗連の氏姓を賜わったような物部氏系のもの。㈡天平宝字八年(七六四)七月に殖栗占連咋麻呂が殖栗連と称すことを許されたような占部氏系のもの。『新撰姓氏録』左京神別上に大中臣氏と同祖と記される殖栗連は恐らく後者であろう。中臣殖栗連を称する氏もある。

画師　えし　大和朝廷に所属し、作画や彩色に携わった集団。画師は姓の一種で、職掌に基づく称号とみられる。『日本書紀』推古十二年(六〇四)条に黄書(黄文)画師・山背画師

を定めるとあり、『聖徳太子伝暦』同年条にはこれらに加えて簀秦(すはた)画師・河内画師・楢(なら)画師の名をあげている。この時期に画師氏族の定立が行なわれたのは、寺院造営の盛行に伴って作画技術が重要視されたためであろう。画師(恵師にも作る)を姓とする氏族は他に牛鹿(うしか)画師・高麗画師・倭画師などがおり、また画師を氏の名とするものもあった。これらの画師姓氏族のうち、系譜未詳の楢画師(倭画師の異称ともいわれる)・牛鹿画師以外はみな渡来系の出自であり、黄文画師や河内画師は高松塚古墳壁画の作者にも擬せられている。画師の称は、令制における中務省の被官、画工司の画師(四人を置く)に引きつがれた。

【参考文献】　平野邦雄『大化前代社会組織の研究』、佐伯有清「高松塚古墳壁画と朝鮮系氏族」(『古代史の謎を探る』所収)、直木孝次郎「画師氏族と古代の絵画」(『日本のなかの朝鮮文化』一四)

恵施　えし　ー七〇一　七世紀後半の入唐僧。「えせ」とも訓む。俗姓は小豆(あずき)氏。白雉四年(六五三)五月、遣唐大使吉士長丹(きしのながに)長丹の発遣に際し、道厳・道通・知聡・道照・道光・定恵らとともに入唐した。帰朝の年時は未詳。「法起寺塔露盤銘」に、乙酉年(六八五)にいたり、恵施僧正は御願を遂げるために宝塔を構えたとみえるので、これ以前には帰朝していたのであろう。文武二年(六九八)三月、僧正に任ぜられ、大宝元年(七〇一)入寂したという。

恵資　えし　三論宗の僧。恵灌の弟子と考えられる。『日本書紀』によれば白雉三年(六五二)四月、内裏で恵隠が『無量寿経』を講じた時に論議者となったという。ただ、恵師と同一人物ならば、『本朝高僧伝』智円伝に、吉蔵に三論宗を学び、元興寺にいたとある。また恵至とも同一人物であれば、大化元年(六四五)八月、新しく設けられた十師の一員となっている。さらに恵師も同一人物とするならば、『三国仏法伝通縁起』には大化二年に僧正になったとし、『僧綱補任』では天武二年(六七三)条に僧正とあるが、いずれも信憑性に乏しい。

恵慈　えじ　七世紀前半の高句麗僧。推古三年(五九五)五月、我が国に渡来、聖徳太子の師となった。同年、百済から来日した恵聡とともに、仏教の弘通に尽力したので、「三宝の棟梁」と称せられた。『釈日本紀』所引の『伊予国風土記』逸文によれば、翌年、太子および葛城臣とともに夷與(いよ)の村を逍遙、温泉(愛媛県松山市道後湯之町にある道後温泉)を見てその妙験を嘆じ、その旨を刻んだ石碑を温泉の傍に立てたという。同年十一月、法興寺(飛鳥寺。奈良県高市郡明日香村飛鳥)が完成すると、恵聡とともに同寺に止住することになった。以後、推古二十三年(六一五)に帰国するまでの我が国での動静については、確かなことは一切分からない。『上宮聖徳法王帝説』『上宮聖徳太子伝補闕記』『聖徳太子伝暦』などの後代の太子伝に、太子の非凡さを看破した非凡の人としての物語が伝えられるのみである。例えば、太子が『三経義疏』を作る際、太子も恵慈もともに意味不通の箇所があると、太子の夢に金人があらわれてその箇所の意味を教えてくれたので、それを翌朝恵慈に語ると、恵慈もまた直ちに了解したという話や、太子の前世の姿とされる中国衡山の恵思禅師の所持経に絡む一字分脱落した『法華経』をめぐる太子と恵慈の問答などがそれである。日本を去るに際し恵慈は、太子作成の経疏がすぐれているので、それを弘めるべく本国に持ち帰ったという。推古三十年、太子の訃に接した恵慈は慟哭し、来年の太子の命日である二月二十二日に自らもこの世を辞し、浄土で再び太子に会うであろうと誓ったとされる。翌年、その誓いの通り病なく没したので、時人は太子・恵慈両人の奇跡に驚嘆したという。『三国仏法伝通縁起』は、恵慈を三論宗の学僧で成実宗にも通暁していたと伝える。

【参考文献】　田村圓澄「片岡飢者説話・慧慈悲歎説話成立の背景」(『飛鳥仏教史研究』所収)

兄磯城　えしき　大倭磯城地方(奈良県桜

井市東北部と磯城郡および天理市南西部の一帯)の首長。神武天皇の大倭入り伝承にみえる抵抗者。磯城彦にも作る。『日本書紀』によれば、神武の大倭入りに際し、兄磯城は要害の地磐余(いわれ)に軍をしき、進路を遮断した。神武は天神の教えに従い、敵陣の天香山の土を椎根津彦にとらせ、天神・地祇を祭らせた。弟磯城(おとしき)は神武に服従したが、兄磯城は最後まで抵抗し、椎根津彦の挟撃の策にはまり敗れ去った。

恵勝　えしょう　八世紀後半の大安寺の僧。慧勝にも作る。『日本霊異記』や『元亨釈書』などによれば、宝亀年中(七七〇―七八〇)近江国三上山(滋賀県野洲郡野洲町三上)に赴き一夜の宿をとった恵勝が、夢中に現われた人物に『法華経』読誦を依頼された。翌朝になると一匹の白猿が出現し、自分は昔東天竺の国王であったが、私度を禁じた報いにより猿神となってしまったので、自分のために『法華経』を読み、苦しみから脱出させてほしいという説話を伝える。奈良末―平安初頭にみられる神身離脱の説話として興味深い。

恵善尼　えぜんのあま　六世紀後半の尼僧で『日本書紀』が我が国最初の出家者とする三尼のうちの一人。錦織壺(にしごりのつふ)の女。俗名は石売・伊志売にも作る。敏達十三年(五八四)善信尼の弟子として禅蔵尼とともに、高麗僧恵便を師として出家し、蘇我馬子宿禰の崇敬を受けて桜井道場(奈良県高市郡明日香村豊浦にあった豊浦寺の前身)に住んだ。同十四年三月、疫病の流行を口実にした物部守屋大連らによる棄釈にあい、海石榴市(つばきいち)の亭(奈良県桜井市金屋)に禁固され、尻や肩を鞭打たれたが、同年六月、馬子が病のため三宝の力によることを請い、三尼を再び桜井道場に安置して供養したという。『元興寺縁起』によれば、その後三尼は百済に渡ることを願い出て許され、崇峻元年(五八八)渡海し、大戒を受けて同三年に帰国、馬子は三尼のために新たに法師寺(飛鳥寺。高市郡明日香村飛鳥)を建てたという。

恵総　えそう　六世紀末の百済僧。恵聡・恵忩にも作る。『元興寺伽藍縁起幷流記資財帳』によれば、令照律師の弟子という。『日本書紀』には、崇峻元年(五八八)令斤・恵寔(えしょく)らと来日し、仏舎利を献上したとある。『元亨釈書』によれば、この年、蘇我馬子宿禰に戒法を授けたという。

慧聡　えそう　六世紀末の百済僧。恵聡にも作る。三論・成実の学僧で、『三国仏法伝通縁起』によれば、聖徳太子の師となったという。『日本書紀』によると、推古三年(五九五)に来日、慧(恵)慈とともに仏教を弘め、「三宝の棟梁」とよばれた。翌四年十一月に法興寺(飛鳥寺。奈良県高市郡明日香村飛鳥)が完成すると、慧慈と同寺に住したという。

兄太加奈志　えたかなし　宇治連の遠祖。『播磨国風土記』の揖保郡条に、宇治天皇(応神天皇)の皇子菟道稚郎子(うじのわきいらつこ)の世、兄太加奈志と弟太加奈志(おとたかなし)が大田村(兵庫県揖保郡太子町太田から姫路市勝原区下太田にかけての一帯)の与富等(よふと)の地を請い、田を開き種を蒔く時、召使が食事の道具類を担ったが、朸(おうこ。天秤棒)が折れて荷が落ちた。そこで、鍋が落ちたところを魚戸津(なへつ)といい、前の筥(はこ)が落ちたところを上筥岡と名づけ、後の筥が落ちたところを下筥岡といい、朸が落ちたところを朸田というとある。

依知秦氏　えちのはたうじ　渡来系氏族。姓は公。古くは造姓のものもある。朴市・依智・依市にも作る。依智秦という氏名は、近江国愛智郡(滋賀県愛知郡全域と彦根市・犬上郡の一部を含む地域)内に居住している秦氏の一族という意味であろう。大国郷(愛知郡愛川町・湖東町付近)を本拠地とし、八木郷(愛知郡秦荘町付近)・養父郷(比定地未詳)などにも勢力を拡大した。氏人の初見は大化元年(六四五)九月の朴市秦造田来津である。田来津は『日本書紀』天智即位前条では小山下の冠位をもち、のちに白村江の戦で戦死した。山城国の桂川流域の秦氏と同じく、氾濫をくりかえす愛智川の治水開拓のためにこの一族が居住し、八世紀以降、譜第重大の家として愛智郡司を世襲している。天平宝字六年(七六二)に大領依知秦公門守、延暦十五年(七九六)に子駿河(こするが)、弘仁九年(八一八)に名守らの名がみえる。この一族は郡領のみならず、主帳や郡雑任にも就任しており、在地での勢力の大きさを知ることができる。郡内には東大寺・元興寺などの荘園が形成されるが、これに依知秦氏も大きく関与した。東大寺関係では八世紀から封租米の納入に門守が関わっており、寺田の拡大においても僧安宝が墾田を集積し大国荘(愛知郡愛知川町付近)の基礎としていく際に浄男が関わっている。また、元興寺領愛智荘についても、貞観元年(八五九)の検田帳には寺田を預作する田堵の中に、安雄の名がみられ、寺田をめぐって寺使延保との争論は有名である。

依知秦公秋男　えちのはたのきみあきお　九世紀中頃の有力農民。近江国愛智郡大国郷戸主。承和十五年(八四八)三月、京戸清江宿禰御影の戸口同姓夏則の墾田一反百二十歩を買得している。この売券は郷長解の形式となっている。仁寿四年(八五四)十月には、右の土地を大国郷戸主依知秦公福行に正税負債のため売却している。

依知秦公浄男　えちのはたのきみきよお　九世紀の有力農民。近江国愛智郡大国郷を本貫とする。承和七年(八四〇)から貞観十年(八六八)までの間に八人から墾田二町九段余を買得して土地集積を行なっている。このうち八段余りを東大寺僧安宝に売却しており、この土地はのちに東大寺領愛智郡大国荘の基礎となった。浄男は、承和七年二月の売券では同姓真広の戸口であるが、同十四年九月の売券では戸主となる。位階は従八位上、正八位上と記され、証人として売券に連署している。

【参考文献】　宮本救「律令制村落社会の変貌」(坂本太郎博士古稀記念会編『続日本古代史論集』下所収)

依知秦公貞宗　えちのはたのきみさだむね　八世紀後半の近江国愛智郡の有力農民。天安元年(八五七)三月、養父郷(比定地未詳)の戸口依知秦酒刀自女が墾田二反を雪麻呂に売却した券文に証人として連署している。貞観三年(八六一)十月には、大国郷戸主依知秦公福万が正税価直のために墾田を売却した券文に加署しており、正八位下の位階を帯びていたことがわかる。滋賀県愛知郡湖東町横溝の善明寺釈迦如来像銘にも、その名がみえる。

依知秦公千門　えちのはたのきみちかど　九世紀中頃の近江国愛智郡の郡雑任。嘉祥元年(八四八)十一月に愛智郡大国郷戸主依知秦公年主の戸口若湯坐(わかゆえ)連継人が同郷戸主依知秦公浄男に正税稲負債のため墾田を売却した際、領として売券に連署している。さらに、仁寿四年(八五四)十月、同郷戸主依知秦公秋男がやはり正税負債によって墾田を依知秦公福行に売却した時には、徴部として加署している。領・徴部は郡雑任で収税吏であろう。また、仁寿四年四月、貞観三年(八六一)十一月、同六年三月、同八年十一月の売券には証人として連署しており、大国郷内の有力農民。位階は正八位上であった。

依知秦公永吉　えちのはたのきみながよし　九世紀中頃の近江国愛智郡の擬郡司。承和七年(八四〇)二月、愛智郡大国郷の墾田一反を依知秦公浄男に売却。仁寿四年(八五四)十月、依知秦公秋男が墾田一反余を正税負債のために依知秦公福行に売却した際の売券に頭領として連署している。頭領は収税関係の郡雑任であり、郷内の有力農民であった。さらに斉衡二年(八五五)九月、大国郷戸主依知秦公家主の戸口同姓年縄の売券では、副擬大領として郡判に加署しており、郡内の有力豪族へと成長している。また、貞観八年(八六六)十月の秦公宗直や、同年十一月の依知秦公千嗣の売券では証人として連署。この間貞観五年には、東大寺僧安宝に大国郷の墾田一反を売却している。斉衡二年の位階は外従八位下。

依知秦公長吉　えちのはたのきみながよし　九世紀の有力農民。近江国愛智郡大国郷が本貫と推定される。清江宿禰夏有が、大国郷戸主依知秦公家主の戸口同姓年縄に大国郷の墾田を売却した承和八年(八四一)八月の売券に証人として連署している。貞観三年(八六一)十月の売券では、大国郷戸主依知秦公福万が墾田を売却した際の証人、同六年三月、大国郷戸主依知秦公浄長の戸口同姓安麻呂が東大寺僧安宝に売却した墾田の売券では証人として連署している。貞観三年の位階は従八位上。

依知秦公福行　えちのはたのきみふくつら　九世紀中頃の近江国愛智郡の擬郡司。愛智郡大国郷を本貫とする。仁寿四年(八五四)十月、大国郷戸主依知秦公秋男が一反余、斉衡二年(八五五)九月に大国郷戸主依知秦公家主の戸口同姓年縄が二反の墾田をそれぞれ正税負債のために福行に売却している。また、貞観三年(八六一)十一月、福行は墾田一反を官稲負債のため東大寺僧安宝に売却しているが、同地はそれ以前に福行が調首(つきのおびと)新麻呂から買得した墾田である。天安元年(八五七)の売券に副擬少領として郡判に加署している。位階は斉衡二年に外従八位下、天安元年以降は外従八位上である。

【参考文献】　宮本救「律令制村落社会の変貌」(坂本太郎博士古稀記念会編『続日本古代史論集』下所収)

依知秦公福万　えちのはたのきみふくまん　九世紀中頃の有力農民。近江国愛智郡大国郷を本貫とする。天安元年(八五七)三月、愛智郡養父郷(比定地未詳)戸主平群夜須長の戸口依知秦酒富刀自女の墾田売却や、貞観六年(八六四)三月、大国郷戸主依知秦公浄長の戸口同姓安麻呂の東大寺僧安宝への墾田売却、同八年十一月、同郷戸主依知秦公千嗣の依知秦公浄男への墾田売却などの際にそれぞれ証人として連署している。また、みずからも仁寿四年(八五四)四月に墾田一反、貞観三年十月に墾田一反余を売却している。

依知秦公安雄　えちのはたのきみやすお　九世紀中頃の元興寺領愛智荘の田刀。貞観元年(八五九)十二月の「近江国依知荘検田帳」によると、安雄は伊勢国司を歴任した有力な豪族であるが、元興寺に対捍して地子納入を怠ったため、寺使延保が勘問するために当荘に派遣された。安雄は、元来中田であったものを上田に改良したにもかかわらず地子は従来通りの額しか納入しない、寺田を百姓治田とし、寺田は「常荒」と報告して地子を拒否する、といった方法をとっていた。延保はこうした不法を摘発したが、在地における依知秦氏一族の勢力の強さがうかがわれる。

依知秦公安麻呂　えちのはたのきみやすまろ　九世紀中頃の有力農民。近江国愛智郡を本貫とする。貞観六年(八六四)三月に大国郷戸主依知秦公浄長の戸口として二カ所あわせて一反の墾田を官稲負債のため東大寺僧安宝に売却している。また、同八年十月、同郷戸主秦公宗直が墾田二反を官稲負債のために売却した売券で証人として連署している。

依知秦公吉直　えちのはたのきみよしなお　九世紀中頃の近江国愛智郡の郡雑任。近江国愛智郡居住であろう。愛智郡大国郷戸主依智秦公家主の戸口同姓年縄が、依智秦公福行に正税負債のために売却した際の斉衡二年(八五五)九月の墾田売券に徴部として署名している。徴部は郷担当の収税吏であろう。天安元年(八五七)・貞観八年(八六六)の墾田売券では証人として連署している。貞観三年の位階は従八位上。

朴市秦造田来津　えちのはたのみやつこたくつ　―六六三　七世紀の百済救援の将。秦造田来津・朴市田来津にも作る。大化元年(六四五)の古人皇子の謀反に加わった。斉明七年(六六一)九月には小山下の位にあって百済の王子の豊璋を送り、百済救援の軍五千余を率いて渡海した。天智元年(六六二)十二月に百済王豊璋・佐平鬼室福信(きしつふくしん)らが、州柔(つぬ)は農桑に適さない土地柄であることから、避城(へさし)に王都を遷そうとした。田来津は防衛の見地からこれを諫めたが容れられなかった。ところが、翌年二月には田来津の諫言が当り、新羅の兵の侵入をうけ、州柔の地に返った。同年八月には白村江において新羅と唐の連合軍が百済と日本の軍を破ると、田来津は天神に勝利を誓って、歯をくいしばり奮戦して敵兵数十人を殺したが、ついに戦死した。この時、百済王豊璋は船に乗り高句麗に亡命した。

恵忠　えちゅう　八世紀後半の僧。山背国の人。俗姓は秦忌寸。『本朝高僧伝』や『七大寺年表』には、その所属寺院を大安寺・興福寺とするが、『扶桑略記』所引の『延暦僧録』には薬師寺と記す。また、論義決択・窮理精微・通経達論にして、人々は智者と称したともいう。宝亀三年(七七二)には維摩会講師、同十年、律師を経ずして少僧都となるが、すぐ辞職したらしい。諸方に遊化したが、山背国に還り、俗塵を逃れて静座し、七十余歳で命を終えたという。

慧燈　えとう　七世紀前半の造仏師。法隆寺所蔵金銅釈迦三尊像の製作者。同像の光背の造像銘によれば、その製作は推古三十六年に当る戊子年(六二八)十二月と考えられる。『日本書紀』によれば、推古三十四年五月に蘇我馬子宿禰が没しており、ちょうどこの年は三回忌に当ることから、その追福のため、朝風文が発願者となり、慧燈を率いてこの釈迦像を作ったものと推察される。

江沼氏　えぬうじ　地方豪族の一つ。江渟・江野にも作る。姓は臣。加賀国(もと越前国)の江沼郡(石川県江沼郡と加賀市の一帯)に本拠をおく在地系の豪族であるが、『新撰姓氏録』大和国皇別には石川氏と同族で建内宿禰の子若子宿禰の後とある。また『越中石黒系図』は、若子宿禰の子真猪宿禰を江沼臣の祖とし、『先代旧事本紀』国造本紀は、蘇我臣と同祖で柴垣朝(反正天皇)の代に武内宿禰の四世の孫志波勝足尼が江沼国造となったと記している。蘇我・石川氏との同祖関係記事は、『日本書紀』に武内宿禰が北陸および東方諸国の地形と百姓の消息を検察に行ったとあり、これに付会させたものか。『日本書紀』欽明三十一年(五七〇)四月条に、越の人江渟臣裙代(もしろ)が京に上り、漂着した高句麗使から大王と詐称して使者の貢物を受け取っていた越の豪族道君を訴えたことがみえる。一族はその後、たとえば武良士が天平四年「越前国郡稲帳」に江沼郡大領とみえるなど、旧国造として在地で勢力を保ち、一方では平安中期に延明や富基が大膳少属や山城権大目になるなど中央に進出し、また宿禰姓も得て下級官人としても活躍した。

【参考文献】　星野良作「武内宿禰系譜の成立と江沼氏の伝承」(『法政大学第二工業高等学校紀要』一)

江沼美都良麿　えぬのみづらまろ　九世紀後半の讃岐国の浮浪人。貞観六年(八六四)頃、美都良麿は同国香川郡(香川県高松市中西部と直島町を除く香川郡の一帯)の百姓県春貞・秦成吉らと春貞の家で酒を飲んでいたが、口論となり、春貞の左脇腹を刺して即死させた。同八年十月の裁決で、国司はかつて春貞の妻秦浄子の訴えに基づき闘訟律や捕亡律を適用して、美都良麿を斬刑に、成吉らを杖一百に処すことにしたが、刑部省は国司の誤審を指摘し、成吉らは無罪となり、誤審の国司も処分をうけた。なお美都良麿は死一等を減じて遠流とされた。

【参考文献】　利光三津夫『裁判の歴史』

江渟臣裙代　えぬのおみもしろ　六世紀後半頃の越の豪族。欽明三十一年(五七〇)四月に、来日した高句麗からの使人の件につき、朝廷に訴えている。すなわち高句麗使人は、風浪に辛苦し、迷って浦津を失い、漂流してしまった。ようやく岸に着いたが、その地の豪族道君は、詐って大王と称して調(みつぎ)をうけ、彼らを隠匿したという。その後朝廷から膳臣傾子(かしわでのおみかたぶこ)が遣わされて道君を咎めている。この高句麗使人の来日は、我が国と高句麗との国交に関する確かな記事の初例。事件密告の背景には、加賀国江沼郡(石川県江沼郡と加賀市の一帯)と同国石川郡(味知郷。現在の石川県石川郡吉野谷村・尾口村・鶴来町付近)を各地盤とする地方豪族間の勢力争いがあろう。

榎井氏　えのいうじ　物部氏系氏族の一つ。朴井・物部朴井にも作る。姓は初め連、天武十三年(六八四)八色の姓の制定に際し、物部連氏とともに朝臣を賜わったと推定される。『先代旧事本紀』天孫本紀によれば、饒速日

(にぎはやひ)命の十六世孫物部荒猪連を榎井臣らの祖とするが、榎井臣は榎井連の誤りであろう。榎井の氏名は『日本書紀』推古二十四年(六一六)七月条に掖久(やく)人を安置したとある朴井の地名に基づくか。比定地についてはのちの大和国高市郡桜井(奈良県桜井市豊浦付近)や添上郡木辻村(奈良市西木辻町エノハイ)など諸説があるが未詳。『日本書紀』や『延喜式』によれば、榎井氏は石上(いそのかみ)朝臣氏とならんで大嘗祭に神楯桙を建て、また元日儀にも石上朝臣氏とともに楯槍を建てることになっていた。前者は文武二年(六九八)の大嘗に際し、直広肆榎井朝臣倭麻呂が大楯を建てたとあり、後者は天平十四年(七四二)に石上・榎井両氏が大楯槍を建てたとあるのをそれぞれ初見とする。なお、一族には養老三年(七一九)に連にかえて朝臣を賜わった枝氏があり、『新撰姓氏録』和泉国神別には榎井部がみえる。

【参考文献】　直木孝次郎「石上と榎井」(『続日本紀研究』一―一二)

榎井朝臣広国　えのいのあそんひろくに　八世紀前半の官人。国守を歴任した。和銅六年(七一三)正月、従七位下から従五位下に叙せられ、同年八月、参河守に任官。霊亀二年(七一六)には丹波守に転じたが、養老三年(七一九)七月以前に任を降り、同四年には従五位上に昇叙された。『政事要略』所引の『官曹事類』によれば、養老五年九月、井上内親王を伊勢斎王とする儀に、広国は後内舎人八人を領して供奉した。その後位階の昇進をかさね、天平四年(七三二)正月には従四位上に進んだが、これは榎井氏の氏人の中では最高位である。同年九月、大倭守に任官した。

朴井連(欠名)　えのいのむらじ　七世紀中頃の東国国司。『日本書紀』によれば、大化元年(六四五)八月に東国等の国司を任命し、同二年三月には東方八道から帰還した東国国司等に対し個々のグループごとに功過の裁定が行なわれたが、朴井連は押坂(おしさか)連とともに介(次官)で、長官の巨勢臣徳禰(こせのおみとこね)の犯した過失を正さず、かえってこれとともに己が利を求め、また国造の馬を奪いとる過ちを犯したという。

【参考文献】　井上光貞「大化改新と東国」(『日本古代国家の研究』所収)、原島礼二「古代の東国と倭政権」(『日本古代王権の形成』所収)、関晃「大化の東国国司について」(『文化』二六―二)

朴井連雄君　えのいのむらじおきみ　―六七六　壬申の乱に活躍した大海人皇子(のちの天武天皇)の舎人。榎井連小君・物部雄君連にも作る。天武元年(六七二)五月、私事によって単身美濃国に赴いた際、近江朝廷が美濃・尾張両国司を通じ山陵造営の人夫を差点させたところ、人ごとに兵器を携行したことを知り、これは山陵を造るためではなく何か事がおこる前兆であろうと推測し、急ぎ吉野にかえって大海人に報告し、速やかに避難しなければ危難が及ぶであろうと進言、同年六月、大海人に従って東国に赴いた。同五年六月、病のため卒した。天武天皇はこれを聞き大いに驚き、壬申の年に車駕に従い、東国に入り、大功あるをもって内大紫位を贈り、氏上(うじのかみ)を賜わった。大宝元年(七〇一)七月、乱の功により賜わった封一百戸を中功封とし、その四分の一を子に伝えさせた。『先代旧事本紀』天孫本紀に、饒速日(にぎはやひ)命十五世孫、父は守屋大連とあり、天武の世、氏上・内大紫位を賜わり、神宮を奉斎し、物部目大連の女豊媛を妻として忍勝・金弓の二児を生んだとみえるが、そのすべてを信じることはできない。

榎井親王　えのいしんのう　天智天皇の皇子施基皇子の子。光仁天皇の兄弟。もと榎井王。天平九年(七三七)正月、橘宿禰諸兄ならびに諸大夫らが弾正尹門部王の家に集い宴を開いた時に詠んだ「榎井王、後に追和せる歌一首」が『万葉集』に収められている(六―一〇一五)。延暦二十五年(八〇六)四月に七十歳で死去した右大臣従二位神(みわ)王の薨伝中に、その父として名がみえるのみで、経歴その他は一切不明であるが、光仁の即位(宝亀元年・七七〇)とともに親王となったのであろう。

榎本氏　えのもとうじ　大伴氏の同系氏族の一つ。大伴朴本にも作る。姓は連。『新撰姓氏録』左京神別中に、道臣命の十世孫佐弖彦(大伴連狭手彦)の後とある。『日本書紀』天武元年(六七二)六月条に、大和国の甘羅(かんら)村(奈良県宇陀郡大宇陀町春日の神楽岡の辺り)付近で猟をしていた二十余人の首領として、大伴朴本連大国の名がみえる。榎本の氏名は、のちの大和国葛上郡榎本荘(奈良県御所市柏原小字榎ノ本)の地名に由来すると推定されるが、山城国乙訓郡榎本郷(京都市西京区大原野石作町・同出灰町・同小塩町とする説や伏見区淀にあてる説があるが未詳)の地名に基づくとする説もある。一族は、大和国を始め紀伊・安芸・豊後の諸国に分布する。なお直姓・勝姓・無姓の氏族もある。

兄媛　えひめ　㈠応神天皇の妃。吉備(きび)臣の祖御友別の妹。応神二十二年三月、応神が難波大隅宮(宮跡は大阪市東淀川区東大道とされる)の高台から遠望した時、傍にいて西方を望み嘆息した。応神にその訳を問われると、父母が恋しいので西を望むと自然に嘆きが出てしまうのである、願わくは暫く親許に帰りたいと答え、帰省を許された。同年九月、応神が吉備の葦守宮(岡山市足守)に行幸した際、御友別が兄弟子孫を率いて饗を奉り、喜んだ応神は吉備国を割いて彼らに封じた。その時、兄媛には織部を賜わったといい、吉備の織部の起源とされている。㈡呉国の織工女。五世紀に中国から渡来した工人たちの一人。『日本書紀』によると、応神三十七年に阿知使主(あちのおみ)らが呉国へ使いした際、呉王から与えられた工女四人のうちの一人で、同四十一年、筑紫にいたった時、胸形大神が乞うたので奉られ、筑紫国の御使君の祖となったという。また、雄略十四年に身狭村主青が呉国から連れてきたが大和国の大三輪神に献上されたという伝承もある。それらの神に仕える縫女を兄媛といったものであろう。

恵便　えべん　六世紀の高句麗僧。敏達十三年(五八四)九月、百済から帰国した鹿深(こうが)臣が弥勒石像一体、佐伯連が仏像一体を将来したので、蘇我馬子宿禰がこの二体の仏像を請い、鞍部村主司馬達等(くらつくりのすぐりしばたっと)と池辺直氷田を四方に遣わして修行者を探させた結果、播磨国にいた高麗人で僧還俗者の恵便を得て師となした。この恵便に従い司馬達等の女島(善信尼)、漢人夜菩(あやひとやぼ)の女豊女(禅蔵尼)、錦織壺(にしごりのつふ)の女石女(恵善尼)を出家させ、馬子の邸宅の東に仏殿をつくり弥勒石像を安置したという。『元興寺縁起』には、これを癸卯年(敏達十二)のこととし、恵便とともに老比丘尼法明も得たとあり、三尼の師を法明とする。

恵弥　えみ　七世紀前半の百済僧。慧弥にも作る。推古十七年(六〇九)四月の筑紫大宰の上言によれば、恵弥が道欣らと肥後国葦北津(熊本県葦北郡)に到来した。理由を尋ねると、百済王の命により呉国に派遣されたが、国内に乱があって入ることができず、百済へ帰ろうとしたが、たまたま暴風雨にあい当地にたどり着いたという。そこで、翌五月になって本国へ送らせようとして対馬までいったが、我が国に留まりたいと願って上表したので、これを元興寺に住まわせたと伝える。

恵妙　えみょう　―六八〇　七世紀の三論宗の僧。慧妙にも作る。『本朝高僧伝』によれば、推古朝末に渡海し吉蔵に師事したという。その後法興寺に住したらしいが、『日本書紀』によれば、大化元年(六四五)八月に十師の一員に加えられ、百済寺の寺主に任命された。天武九年(六八〇)十一月十六日、天武天皇は草壁皇子を遣わして恵妙の病気を見舞わせており、翌日没すると三皇子に弔問させている。なお、同書白雉五年(六五四)二月条に、伊吉連博徳(いきのむらじはかとこ)の記録として、唐で死んだ学問僧恵妙の名がみえるが、別人と考えてよいであろう。

榎室氏　えむろうじ　火明(ほのあかり)命の後裔氏族の一つ。尾張宿禰などと同族。姓は連。『新撰姓氏録』左京神別下によると、聖徳太子が山代国を巡行した時、その祖古麻呂の久世郡水主村(京都府城陽市水主)の家の門に大榎樹があるのを見て、この樹は室のごとくで、大雨も漏らないと称したことから榎室連の氏姓を賜わったという。のち本貫を平安左京に移した。

恵亮　えりょう　八〇二—八六〇　九世紀初め—中頃の天台宗の僧侶。慧亮にも作る。信濃国水内郡(長野県上水内郡・下水内郡と飯山市、および長野市の北部)の人。延暦二十一年(八〇二)の生まれ。一説には弘仁三年(八一二)という。幼い頃から比叡山で修行を積み、天長六年(八二九)天台座主義真から菩薩戒を受けた。そののち円澄・円仁について学び、斉衡元年(八五四)三部大法阿闍梨となる。のち、内供奉十禅師に任ぜられたらしいが、時期は未詳。貞観元年(八五九)八月、賀茂社と春日社のために年分度者二人を賜わることを奏して許された。また同じ年に、円仁の奏上により西塔宝幢院の検校に補せられたという。翌二年五月、洛東の妙法院(京都市東山区)にて入寂した。時に五十九歳。一説には四十九歳。弟子に満賀がいる。なお、文徳天皇の皇子惟喬親王と惟仁親王(のちの清和天皇)が皇位を争った際、惟仁親王が恵亮に救いを求めたので、恵亮は親王のために大威徳護摩法を修したという説話が伝えられている。

恵隣　えりん　七世紀の元興寺の僧。『日本書紀』大化元年(六四五)八月条に、十師任命の記事があり、恵隣はその一員に数えられている。『本朝高僧伝』には慧隣とあるが、吉蔵に師事し、帰国後は元興寺に住したという。また、『三国仏法伝通縁起』にある慧輪は、大化二年三論聴衆の勧賞として、慧師・智蔵と同時に僧正に任ぜられたとみえ、さらに『僧綱補任』天武二年(六七三)条には、僧正に恵輪(『僧綱補任抄出』上では恵輪)の名があるが、これらの記載は、その真偽を確かめることが困難である。

役氏　えんうじ　賀茂氏の一族。賀茂役にも作る。氏名の由来は『続日本後紀』承和十年(八四三)正月条に景行天皇の纏向日代宮の役民の長であったので役を氏名としたとあるが、地名に基づくと思われる。姓は君であるが首・直・連姓の一族もみえる。『日本霊異記』に役優婆塞は賀茂役公氏、今の高賀茂朝臣で、大和国葛木上郡茅原村(奈良県御所市茅原)の人とあり、役君小角は役君氏の一族である。『続日本紀』養老三年(七一九)七月条に従六位上賀茂役首石穂ら百六十人に賀茂役君の氏姓を賜わったことがみえる。『新撰姓氏録』河内国神別に、高御魂(たかみむすび)尊の孫天神立之命の後という役直がみえ、『続日本後紀』承和十年正月条に、左京人位子・従八位下役連豊足ら二人に弘村連の氏姓を賜わったことを記し、承和十三年(八四六)二月条にも伊勢国鈴鹿郡枚田郷(三重県鈴鹿市平田町)戸主川俣県造継成の戸口に役茂麻呂がみえる。役氏の一族の多くは大和・河内国に居住していたようである。

役君小角　えんのきみおづの　七世紀頃の山岳修行者。修験道の始祖とされる。『続日本紀』には、文武三年(六九九)五月、伊豆島に流されたことがみえる。初め大和の葛木山に住み、呪術をもって世に聞えた。よく鬼神を役使して水を汲み、薪をとらせ、もし命を聞かなければ、呪術をもって縛ったという風説があった。外従五位下の韓国連広足も小角を師としたが、その能力をねたみ妖術をもって世人を惑わすと朝廷に訴えたので遠流に処せられたという。また『日本霊異記』によると、役優婆塞は賀茂役公氏、すなわちいまの高賀茂朝臣の後裔で、大和国葛木上郡茅原村(奈良県御所市茅原)の人である。生まれつき博学で仏法を信仰していた。いつも心のなかで、五色の雲に乗り、果てしない大空の外に飛び、仙人たちと一緒になって永遠の世界に遊び、百花の咲く庭園にいこい、霞など霊気を十分に吸うことを願っていた。四十余歳の年齢でなおも巌窟に住み、葛の粗衣を身にまとい、松の葉を食べ、清らかな泉で沐浴し、俗界の垢をすすぎ、『孔雀経』の呪法を修め、不思議な験力を示す仙術を身につけることができた。鬼神を駆使することは自由自在で、多くの鬼神を誘い「大和国の金峯山と葛木山との間に橋を架け渡せ」と命じた。そこで神々はみな嘆いて文武天皇の御世に、葛木山の一語主(ひとことぬし)の大神(奈良県御所市森脇字角田に鎮座)が人にのり移って「役優婆塞は天皇を滅ぼそうとしている」と讒言した。文武は命じて優婆塞を捕えさせようとしたが、験力のせいで容易につかまらなかったので、その母をつかまえた。優婆塞は母を許してもらうために出てきて捕えられ、伊豆の島に流された。優婆塞は海上を陸上のように走り、高い山にいて飛ぶことは鳳がかけるようであった。昼は勅命によって島で修行し、夜は駿河の富士の山に行って修行した。島に流されて苦吟すること三年、恩命下り文武五年正月に朝廷の近くにかえされ、ついに仙人になって空に飛び去ったという。『元亨釈書』にも伝がみえる。

【参考文献】和歌森太郎「役小角と上代山岳宗教」(『修験道史研究』所収)、中村宗彦「『役小角』伝私記—その原初伝承—」(『大谷女子大学紀要』一四—二)

円行　えんぎょう　七九九—八五二　九世紀前半の真言宗の僧。入唐八家の一人。霊巌寺(寺跡は京都市北区西賀茂付近か)の開基。霊巌寺和尚と号す。左京一条の人。十一歳で元興寺歳栄に師事し、十六歳の時、華厳宗の年分度者として得度、翌年、具足戒を受けた。二十五歳の時、空海から両部大法を受け、さらに杲隣から灌頂を受法。天長元年(八二四)九月、神護寺定額僧となった。承和四年(八三七)正月、実恵(じちえ)の奏請により入唐請益僧となり、翌五年七月、第十七次遣唐使の一行とともに入唐。翌六年正月、長安青竜寺にいたり、実恵から託された空海の入定を記す書翰、および法服などの供物・進物を恵果和尚墓前に献じた。翌閏正月、青竜寺義真から伝法灌頂を受け、同年十二月、帰朝し、経論儀軌六十九部百二十三巻、曼荼羅十二種、義真・中天竺難陀三蔵・霊仙三蔵から授かった仏舎利三千粒などを請来した。のち山城国霊巌寺に住した。播磨の太山寺(兵庫県神戸市西区伊川谷町前開)を開創し、天王寺(摂津の四天王寺)初代別当に補任されたと伝える。仁寿二年(八五二)三月六日、示寂。五十四歳。

延慶　えんけい　八世紀中頃の僧侶。大安寺の僧であったという伝えがある。天平勝宝五年(七五三)唐僧鑑真が遣唐副使大伴宿禰胡麿(古麻呂)の船に乗って薩摩国の秋妻屋浦(あきめやうら。鹿児島県川辺郡坊津町秋目)に到着した際、一行に加わっていた延慶は鑑真一行を大宰府へ導き、のち鑑真が入京して東大寺大仏を拝した時には、訳語(おさ)として随伴した。同七・八年にかけて東大寺写経所・図書寮へ華厳宗関係の経典を貸与しており、華厳宗の学僧であったらしい。また、藤原朝臣仲麻呂の第六子刷雄(よしお)を通じて仲麻呂に優遇され、天平宝字二年(七五八)形が俗に異なる故をもって、在俗中から保持していた外従五位下の位を辞したが、勅により位禄・位田はそのままとされた。さらに、仲麻呂との密接な関係により、仲麻呂が祖先の功業顕揚のために編纂した『家伝』のうち『武智麻呂伝』を執筆することになったらしい。

【参考文献】堀池春峰「鑑真を廻る貴族の動向」(『南都仏教史の研究』下所収)、岸俊男『藤原仲麻呂』(『人物叢書』)

円興　えんこう　八世紀の元興寺の僧。『七大寺年表』には元興寺、三論宗、道鏡弟子とみえる。藤原朝臣仲麻呂追討に功あり、道鏡政権下で抜擢された賀茂朝臣田守は円興の弟。『続日本紀』に、この二人が上表して、天平宝字八年(七六四)十一月、その氏神の高鴨神を土佐国から大和国葛上郡(奈良県御所市)に迎えたとある。天平神護二年(七六六)七月には、中律師から大僧都となっているが、中律師が置かれたのは道鏡政権下に始まることを考えると、円興の僧綱入りは仲麻呂の乱以後であり、大僧都となって、ますますその役割が大きくなっていったことが知られる。さらに同年十月の隅寺舎利出現事件以後には、道鏡の法王就任に伴って法臣となり、法参議となった基真とともに道鏡の有力な補佐役となっている。この時の僧位は第一修行進守大禅師であり、大納言の待遇をうけた。弟子の基真は人柄も悪く、その地位におごり、神護景雲二年(七六八)十二月、円興に無礼を働き、飛騨国に流されたが、円興の場合は道鏡追放後も宝亀九年(七七八)まで大僧都の地位にあったようである。『続日本紀』宝亀九年正月条に少僧都任命とあるのは誤りであろう。

円載　えんさい　―八七七　九世紀前半―中頃の天台宗の僧侶。大和国の人で、幼少の時、最澄に師事。承和五年(八三八)遣唐使に従い入唐。同六年、天台山を訪れて聖徳太子の『法華経義疏』などを納める。比叡山で未決の疑問を禅林寺の広修と維蠲(いけん)から解答を得た。これは『唐決』として現存。唐の宣宗が円載の学識を聞き、勅して西明寺に住まわせ、宮殿に召して講経を聞き、紫袍衣を賜わった。同十一年、仁明天皇は、円仁と円載に黄金二百両を給した。その後、留唐を延長し、斉衡二年(八五五)青竜寺法全(はっせん)に従って密教の灌頂を受け、諸儀軌を授けられた。元慶元年(八七七)十月、典籍数千巻を持って帰途についたが、暴風雨にあい溺死。円載は四十年におよぶ在唐中に波瀾に富んだ生活を送った。唐の大中七年(仁寿三・八五三)十二月、天台山国清寺で円載に会った時のことを円珍は『行歴抄』のなかで克明に記し、円載が日本語を忘却したなどと語ったことを書きとめ、また他の箇所でも円珍は円載の行動を批判的に記している。東大寺図書館所蔵『五百問論』の写本に、円載が唐の開成四年(承和六)六月、国清寺で同書を書写し、会昌三年(承和十)に弟子の仁好に託して日本へ送ったものであるという識語がある。

【参考文献】加藤繁「入唐留学僧円載に就いて」(『史学雑誌』四一―七)、宮崎市定「留東外史」(『日出づる国と日暮るる処』所収)、大屋徳城「智証大師の入唐求法」(『園城寺之研究』所収)、堀池春峰「円載・円仁と天台山国清寺および長安資聖寺について」(『南都仏教史の研究』下所収)

延最　えんさい　九世紀後半の延暦寺の僧。天台座主円澄に師事し、顕密の法を学んだという。師のあとをうけ、延暦寺西塔院主となる。僧位は伝燈大法師位。『僧官補任』によれば、元慶六年(八八二)二月、内供奉となり、六―七年この任にあったという。恐らくこの内供奉時代の仁和二年(八八六)七月、昼には御願の『大般若経』を転読し、夜には釈迦の仏眼真言を念誦するため、延暦寺西塔院釈迦堂に五僧を置くことを永代の法とするように申請し許されている。

延寿　えんじゅ　八一八―八八五　九世紀後半の興福寺の僧。法相宗。僧位は伝燈大法師位。天安三年(八五九)四月、薬師寺の正義とともに大威儀師となる。貞観十六年(八七四)十二月には権律師として僧綱に入り、仁和元年(八八五)入滅までその職にあった。その間、『日本三代実録』元慶元年(八七七)六月条によれば、橘朝臣広相と東大寺大仏前に遣わされ、祈雨の修法を行なったが、効果がなかったという。

円宗　えんしゅう　―八八三　九世紀後半の元興寺の僧。三論宗。僧位は伝燈大法師位。貞観元年(八五九)十二月の「近江国依智荘検田帳」には別当とある。同十一年、栄達の登竜門といわれた維摩会講師に抜擢され、翌十二年正月、大極殿で行なわれた最勝会の講師となる。また、同十六年十二月には律師として僧綱入りする。元慶七年(八八三)十月、少僧都に昇進したが、同年十二月、入滅したという。

円修　えんしゅう　九世紀前半の天台僧。弘仁五年(八一四)円仁とともに得度。興福寺を本寺とする。『天台法華宗年分得度学生名帳』には、「自ら高雄の家に移る」とあって、師主の最澄のもとを離れたことがあった。天長九年(八三二)十二月、伝燈満位の僧位を授けられた。『元亨釈書』によれば、同十年七月入寂した天台座主義真に、私的に後継者として推されていたが、大衆は首肯せず、和気朝臣真綱が上山して円修をやめさせたという。そののち室生山(奈良県宇陀郡室生村)に移り、承和年中(八三四―八四八)に入唐し、帰国後、山雲寺(出雲寺か)に止住したと伝える。『日本高僧伝要文抄』音石山大僧都伝によれば、嘉祥三年(八五〇)二月、清涼殿で『金光明経』の講讃が行なわれると、円修は天台宗師として参加している。なお、『続日本後紀』承和十一年四月条には、西寺の別院、慈恩院の別当となった東大寺僧伝燈住位円修の名をみるが、別人と思われる。

袁晋卿　えんしんけい　八世紀前半に唐から渡来した官人。大学頭。宝亀九年(七七八)十二月、清(浄)村宿禰を賜わる。天平七年(七三五)に帰朝した多治比(たじひ)真人広成らの遣唐使一行に従い来朝。時に十七、八歳という。天平神護二年(七六六)十月の舎利会に唐楽を奏し、正六位上から従五位下に昇った。同三年二月の大学釈奠(せきてん)の日には音博士の職にあり、従五位上に叙せられた。こののち大学頭に任ぜられたらしく、神護景雲三年(七六九)八月、日向守、宝亀九年(七七八)二月、玄蕃頭、延暦四年(七八五)正月には安房守に任ぜられ、勲十一等とある。『文選』『爾雅』の音に通じ、『性霊集』巻四には「両京の音韻を誦して、三呉の訛響を改む。口には唐言を吐いて、嬰学の耳目を発揮す」と称えられている。また九人の男子があり、そのうち九男の浄豊は伊予親王の文学(親王家に官給された家庭教師)となった。さらに外孫の源を養子とし、源は延暦二十四年十一月に春科宿禰道直と改氏姓している。

円澄　えんちょう　七七二―八三七　九世紀前半の天台僧。第二代天台座主。武蔵国埼玉郡(埼玉県東部)の壬生(みぶ)氏の出身。鑑真の弟子道忠について出家、法鏡行者と称した。延暦十七年(七九八)最澄に師事し円澄と改めた。同二十三年、泰信から具足戒受戒。翌二十四年、最澄入唐中に宮中で祈禱。最澄帰朝後、同年九月、桓武天皇の名代として灌頂受法。大同元年(八〇六)最澄の最初の大乗菩薩戒授戒会に上首として受戒。弘仁三年(八一二)六月、最澄は病を得て比叡山教団の伝法師を円澄につがせようとした。しかし義真が最澄をつぎ、円修を排して天長十年(八三三)座主となる。それまで、最澄をよく補佐し、空海のもとに派遣されて密教を学び、最澄入滅後も比叡山教団をひきいて再び空海に教えを請うた。比叡山西塔院の開創を果たし、円仁らの入唐に教学の疑問を託し唐決を求めさせた。承和四年(八三七)寂光院に入滅、寂光大師という。

円珍　えんちん　八一四―八九一　九世紀中頃から後半の天台僧。伝記に父は和気氏と伝わるが、これは貞観八年(八六六)に讃岐国那珂郡(香川県仲多度郡・丸亀市・善通寺市の各一部)の人であった円珍の祖父道麻呂・父宅成らが和気公の氏姓を賜わったためで、初めの氏姓は因支首(いなきのおびと)。母は佐伯氏の女と伝え、空海の姪に当るという。幼名は広雄、字は遠塵。十歳の頃には『毛詩』『論語』『漢書』『文選』を学んだ。天長五年(八二八)十五歳にして、叔父の仁徳に連れられて比叡山に登り、時の座主であった義真に師事した。義真は、『法華経』『金光明経』『大日経』などを教え読ませた。同十年三月、天台宗の年分度者として得度した。ただちにその四月には比叡山戒壇院で菩薩戒を受けた。最澄の決めた制規にのっとって、以後十二年の籠山修行に入る。天台宗の年分度者は、天台智顗の『摩訶止観』か、『大日経』のいずれかを専攻することに決められているが、円珍の場合は「戒牒」では止観業といい、籠山を終わった時点で、一山の真言学頭に推されているから、『大日経』専攻の遮那業であったとも考えられ、或いは当時、年分度者の優れたものには両業にわたって研修することになっていたものか不明である。伝記には、この間に金色不動明王を感見し、密教の秘奥を学ぶよう諭されたと記し、園城寺蔵の黄不動像はその感見の像として伝持されている。やがて円珍は、真言学頭という職務から入唐を決意する。時に円仁が帰朝し、円仁から『大日経随行儀軌』を受法し、円仁の成果の前に入唐を躊躇したが、意を決して仁寿元年(八五一)四月、大宰府に向かった。翌年閏八月、唐商欽良暉の船で渡海、福州に上陸。福州で般若怛羅・存式、温州で宗本らに学び、天台山にいたり巡拝。物外に学んだ。さらに長安へ向かい、越州で良諝に学び、長安では法全(はっせん)から、胎蔵界・金剛界・蘇悉地の三部大法を受け、智慧輪にも学んだ。長安から洛陽を経て越州の良諝を再び訪れ、唐の大中十年(八五六)六月、天台山に帰った。天台山では最澄発願の日本国大徳僧院を復興。同十二年六月、帰国の途につき、唐商李延孝の船で六月二十二日に大宰府着。年末、平安京に帰った。翌天安三年(八五九)「求法目録」を朝廷に提出し、両界の曼荼羅を献上した。のち清和天皇は円珍将来の典籍・道具などを下賜し、円珍はこれを別当職を務めることになった園城寺に収蔵した。以後入唐の成果を内外に発表することが活発であった。一方、藤原朝臣良房の庇護も厚く、貞観六年(八六四)秋の胎蔵界灌頂など、朝廷との結びつきが濃くなった。同十年六月、勅により天台座主となり、仁和二年(八八六)には『大日経』業と『一字頂輪王経』業年分度者として認められた。寛平二年(八九〇)には一山の推薦で僧綱の職位少僧都に就いた。しかし円珍は翌年、臨終が近いことを告げ、くわしく後事を遺制して、所伝の密教もことごとく有力な弟子に伝え、その年の十月二十九日、端座して入滅した。七十八歳。

【参考文献】佐伯有清『円珍』(『人物叢書』)、小野勝年『入唐求法行歴の研究』智証大師円珍篇、木内堯央「円珍」(薗田香融編『日本の仏教　人と教え』1所収)、所功「『円珍和尚伝』の素材と構成」(塩入良道・木内堯央編『伝教大師と天台宗』所収)

延鎮　えんちん　八世紀後半―九世紀初めの僧侶。報恩大師の入室の弟子という。経歴の大部分が未詳であるが、清水寺(京都市東山区清水)の開山として『清水寺縁起』などに、その名がみえている。それらによると、宝亀九年(七七八)延鎮は、山城国愛宕(おたぎ)郡八坂郷の山中に分け入ったところ、瀑布の側に草庵を結ぶ居士行叡に会い、この地が霊勝なるを知り、自らもその草庵に止宿して練行した。そののち坂上大宿禰田村麻呂が狩猟の際、偶然この地を訪れ、たちまち延鎮に帰依し、延暦十七年(七九八)二人は同心合力して金色の十一面四十手観音像を造り、この地に仮の宝殿を設けてこの仏像を安置し、清水寺と号したという。これ以後、延鎮は清水寺に住したらしいが不詳。のち、大同元年(八〇六)山城国乙訓(おとくに)郡に楊谷(ようこく)寺(京都府長岡京市浄土谷)を創建したという。

延庭　えんてい　九世紀後半の常住寺(野寺)の十禅師。僧位は伝燈法師位。貞観七年(八六五)四月の奏言によると、延庭は山城国葛野郡北山に興隆寺(比定地未詳。京都市北区小松原にあった香隆寺の旧号とする説がある)を建立し、千手観音・梵王・帝釈・四天王像を安置したが、貞観二年、詔して、木工寮に堂舎を修造させ、春には『最勝王経』を、秋には『法華経』を講説し、安居中は『大般若経』を転読し、国家のため永代にわたり祈願させることとした。そこでこの寺を御願寺とし、戒律真言両宗を修したいと願って許されている。

円仁　えんにん　七九四―八六四　九世紀初め―中頃の天台僧。俗姓は壬生氏。延暦十三年(七九四)下野国都賀郡(栃木県西部から南部にかけての一帯)に生まれた。伝記によると、幼い時に父の死にあい、九歳にして兄から経史を学んだという。大慈寺(寺跡は栃木県下都賀郡岩舟町小野寺にある)の広智が出生の時からの機縁で円仁を養育し、円仁は仏教に心を傾けていった。十五歳で広智に伴われ、比叡山の最澄に出会い、その弟子となったという。最澄は、得業学生として円仁を遇し、『摩訶止観』の研修を指導した。弘仁四年(八一三)官試に及第し、翌五年、天台宗年分度者として得度、止観業を専攻した。のち最澄は東国伝道の旅に出るが、円仁はそれに随従し、同八年五月、上野国緑野寺(群馬県多野郡鬼石町浄法寺)法華塔前で最澄から密教の灌頂を受けたとされる。もちろん、これより前、同七年、円仁は東大寺で具足戒を受けている。円仁の事蹟はのち数年記すところがない。その間、最澄が弘仁十三年(八二二)六月に入滅し、最澄の宿願であった比叡山大乗戒壇が入滅後に許されると、円仁は翌年、比叡山における大乗菩薩戒授戒会に義真戒和上のもと、教授師を務めたという。以後籠山十余年、法隆寺・四天王寺に『法華経』『仁王経』などを講じて山を降りることがあったが、健康上の理由で比叡北峯の横川に隠棲し、如法写経などを行なっていた。承和二年(八三五)入唐請益僧に任命され、同五年、藤原朝臣常嗣を大使とする日本最後の遣唐使に便し入唐した。楊州に着き天台山行を願ったが、請益僧のゆえをもって許されず、のち遣唐船の帰国をやりすごして強引に唐国に滞留し、五台山を経て長安に向かった。当初比叡山教団からの期待は、当時の天台教学の疑問点を唐国で解決してくることにあったが、その多くは同時に入唐した留学僧円載に託し、主として密教受法に精力を傾注した。楊州の全雅、長安の元政・義真・法全(はっせん)らから、胎蔵界・金剛界・蘇悉地の大法を相伝し、また五台山などで念仏の行儀も学び、滞留およそ十年、ほかに五台山の志遠、長安の宗穎に天台教学を、宝月に悉曇も学びながら、武宗の排仏、会昌の廃仏に遭遇して唐国から脱出、新羅商船で唐の大中元年(八四七)登州赤山を経て帰国した。翌承和十五年(嘉祥元)帰京し、大法師に補任された。嘉祥二年(八四九)には所伝の灌頂法を延暦寺で始修し、法華総持院を計画して鎮護国家の修法の道場をめざした。斉衡元年(八五四)天台座主となり、文徳天皇への灌頂や清和天皇・淳和太后への菩薩戒の授戒など朝廷とも近づいた。ことに『顕揚大戒論』による菩薩尼戒壇の提唱や、『金剛頂経疏』『蘇悉地経疏』を著わして両経専攻の年分度者を創設するなど、比叡山教団の充実と教学の発展に大きく寄与し、天台密教の確立は円仁の最も大きな業績である。旅行記『入唐求法巡礼行記』四巻なども有名である。

【参考文献】佐伯有清『円仁』(『人物叢書』)、同『慈覚大師伝の研究』、天台学会編『慈覚大師研究』、小野勝年『入唐求法巡礼行記の研究』一～四、E・O・ライシャワー"Ennin's Travels in T'ang China"、木内堯央『天台密教の形成』

縁福　えんぷく　百済の遣日本大使。大化元年(六四五)七月、任那の使者を兼ねて調貢してきたが、病に罹り難波津の客館に留まって入京しなかった。時に官位は第一位の佐平であった。この時、縁福ら百済使は、百済は遠い皇祖の世より内官家であり、また日本は任那国を百済に付属させたが、今度の調物には不足があるので返却させる。任那の調物は天皇がご覧になるものであるから、今より以後はどこの国からの調物であるかを明記して貢調せよ、との詔をうけた。

延保　えんぽう　九世紀後半の元興寺の僧。三論宗。僧位は伝燈大法師位。貞観元年(八五九)十二月の「近江国依智荘検田帳」によれば、延保は検田使となり、嘉祥元年(八四八)から貞観元年にいたる間検田し、荘田衰退の顚末を報告している。元慶八年(八八四)十月、維摩会講師となり、翌九年正月には、大極殿で『最勝王経』講読の講師となっている。

円明　えんみょう　―八五一　九世紀前半の東大寺別当。空海の弟子。父は紀伊国の良臣豊田丸(まことのおみとよたまろ)大夫と伝える。豊田丸は、承和元年(八三四)六月十四日付の「勘解由使勘判」によると、天長五年(八二八)正月以前に和泉国司であったことが知られる。円明は東大寺で三論を学び、のちに空海のもとで密教を稟承したという。天長元年九月、神護寺(高雄山寺。京都市右京区梅ケ畑高尾町)の定額僧となり、またこの年、東寺に入って凡僧別当となったという。翌二年、真済の付嘱によって澄心寺の綱維となり、承和元年三月、空海に陪随して比叡山西塔院の落慶供養会に参会。同三年五月五日付の唐の青竜寺義明宛ての実恵(じちえ)書状には東大寺の僧として円明の名がみえ、同年閏五月、東大寺真言院に二十一名の僧を置いて定額とした時に実恵(慧)とならんでその事を専当した。時に伝燈大法師位。同年八月三日付の「造東大寺司所記文案」に別当大法師としてみえ、『東大寺要録』巻五別当章第七に第二十一代別当として、「大法師円明。承和五年任ず。寺務は五年。同(承和)五、六、七、八、九」

とあるのによれば、承和五年閏五月以降、間もなく東大寺別当となり、同九年まで在任した。同六年六月二十一日付の「宇治院田券検納状」の「坂田郡券六枚、院依り預り受け返与す」という奥書に「別当円明」の署名がある。嘉祥三年(八五〇)七月、権律師となり、同年十二月、律師に昇る。仁寿元年(八五一)卒した。享年は不明。

【参考文献】　守山聖真編著『〈文化史上より見たる〉弘法大師伝』

お

小姉君　おあねのきみ　欽明天皇の妃。蘇我稲目宿禰の女で堅塩(きたし)媛の同母妹。欽明二年(五四一)三月、妃となり、茨城皇子(馬木王)・葛城皇子(葛城王)・泥部穴穂部(はしひとのあなほべ)皇女(間人穴太部王)・泥部穴穂部皇子(三枝部穴太部王)・泊瀬部皇子(長谷部若雀命)を生んだ。『古事記』ではこれらの王を生んだのは堅塩媛のおば小兄比売となっている。

小石姫皇女　おいしひめのみこ　宣化天皇の皇女。欽明天皇の妃。小石比売命にも作る。母は仁賢天皇の皇女橘仲皇女。欽明の皇后石姫の同母妹。『古事記』によれば、石上皇子を生んだが、『日本書紀』は石上皇子の母の名を、石姫の別の妹の稚綾姫とする。

王氏　おううじ　(一)六世紀中頃朝廷に仕えた今来漢人(いまきのあやひと)で、王辰爾とその一族。『日本書紀』欽明十四年(五五三)条によれば、辰爾は船賦(ふねのみつき)を数え録した功により、船史の氏姓を賜わった。同三十年条では辰爾の甥の胆津が白猪屯倉の丁籍を検定して白猪史を、また敏達三年(五七四)条では辰爾の弟の牛が津史の氏姓を賜わったという。『続日本紀』延暦九年(七九〇)条の百済王仁貞・津連真道らの上表文に、辰爾の祖は百済の貴須王の孫辰孫王で、応神天皇の時に来朝したと伝えるが信じがたく、実際には辰爾は渡来後まもない人物であろう。その本拠地は、船・白猪・津の後裔三氏の分布からみて河内国丹比(たじひ)郡(大阪府松原市・大阪狭山市・南河内郡美原町の全域と大阪市・羽曳野市・藤井寺市・堺市の各一部)であり、これらはやがて近接して本拠をかまえるにいたった。(二)高句麗遺民の後裔。八世紀初頭の王仲文に始まる。仲文は法名を東楼と称する僧侶であったが、陰陽道にすぐれ、大宝元年(七〇一)還俗して本姓の王に復した。

【参考文献】　関晃『帰化人』

王辰爾　おうしんに　六世紀中頃の百済系渡来人。『日本書紀』欽明十四年(五五三)七月条によると、勅を奉じた蘇我稲目宿禰に遣わされて船賦(ふねのみつき)を数え、その功によって船長(ふねのつかさ)となり船史の氏姓を与えられたという。さらに敏達元年(五七二)五月条によると、高句麗からの表疏(ふみ)を辰爾のみが読解することができたので、敏達天皇・蘇我馬子宿禰に賞賛され、敏達の近侍を命ぜられたという。これらは、『日本書紀』の他の箇所にも散見する船氏に関する記事と一連のものであり、船氏に伝えられた伝承であろう。「船首王後（ふねのおびとおうご）墓誌」には「船氏中祖王智仁首」とあり、延暦九年（七九〇）七月の百済王仁貞らの上表文には、百済の貴須王の孫辰孫王が応神朝に渡来し、その子の太阿郎王は仁徳天皇に近侍し、その子が亥陽君、亥陽君の子が午定君で、午定君の三子が味沙・辰爾・麻呂であると述べている。しかしこの系譜は西文（かわちのふみ）氏の祖である王仁（わに）の伝えをまねて造作されたものであり、事実は辰爾の代に日本に来た新しい渡来人とみられている。

王仲文　おうちゅうぶん　高句麗の人で八世紀初めの陰陽家。僧名は東楼。王中文にも作る。大宝元年（七〇一）八月に還俗、その後『正倉院文書』の「官人考試帳」に従六位下天文博士としてみえ、「占卜効験多」として勤務を評価されている。養老二年（七一八）正月、正六位上から従五位下に叙せられ、同五年正月、学業に優れ範に堪えるの故をもって、後世に勧励のため絁（あしぎぬ）・糸・布・鍬を賜わった。『家伝』下には養老―天平年間（七一七―七四九）の筮卜の大家として、その名がみえる。『新撰姓氏録』左京諸蕃下に載せる王氏の本系に「高麗国の人、従五位下王仲文〈法名は東楼〉自り出づ」とみえる。

応神天皇　おうじんてんのう　仲哀天皇の第四皇子。母は神功皇后。諱は誉田別（ほんだわけ）尊とも大鞆別（おおともわけ）尊ともいう。まだ胎中にあるうちから神意によって天皇になることが定められていたので、胎中誉田（はらのうちにましますほんだ）天皇とも呼ばれる。仲哀の崩後、神功は臨月にあたっていたが、腰に石をまいて出産をのばして朝鮮を親征し、凱旋後に筑紫で応神を生んだ。神功は応神の異母弟の麛坂（かごさか）王・忍熊（おしくま）王を討って大和へ帰還した。応神は神功三年に皇太子に立てられ、同六十九年に母后が崩じたので翌年即位した。皇居は軽島明（かるしまのあきら）宮（奈良県橿原市大軽町付近）という。皇后仲姫・妃高城入姫ら八人（『古事記』では九人）の后妃との間に仁徳天皇など二十人（『古事記』では二十六人）の子女をもうけた。『古事記』応神段、『日本書紀』応神巻には高麗人などの渡来とそれに伴う新しい文物・技術の導入、大和・河内地方の開発などの伝承が集中的に記録されている。応神巻によると、応神七年に高麗人・百済人・任那人・新羅人が来朝して池を作り、同十四年に縫衣工女（きぬぬいのおみな。衣縫の始祖）・弓月君（秦氏の始祖）が百済から渡来した。翌年、百済王は阿直岐（あちき。阿直岐史の始祖）を遣わして良馬二匹を献じ、阿直岐は皇太子菟道稚郎子（うじのわきいらつこ）の儒学の師となり、その推薦によって応神十六年に王仁（わに。書（ふみ）首の始祖）が百済から来朝し、菟道稚郎子の師となった。同年、平群木菟（へぐりのつく）宿禰を遣わして加羅にとどまっていた弓月君の配下の百二十県の人々を来朝させた。同二十年に阿知使主（あちのおみ。東漢（やまとのあや）氏の始祖）が十七県の人々を率いて来朝した。同三十七年、阿知使主とその子都加使主（つかのおみ）を呉に派遣して縫工女（きぬぬいめ）を求めさせ、工女兄媛・弟媛・呉織（くれはとり）・穴織（あなはとり）の四人を得た。これらの百済人来朝の記事は神功の朝鮮親征の伝承と不可分の関係にあり、朝鮮親征の結果として次の応神朝に百済人来朝のことが集中的に配置されているわけで、そのすべてが史実を伝えているとは限らない。同四十一年、軽島明宮（一云に難波大隅宮（比定地未詳））で崩じた。時に百十歳（『古事記』では百三十歳）。陵は河内国志紀郡の恵我藻伏崗（えがのもふしのおか）陵と伝えられ、大阪府羽曳野市誉田（こんだ）の誉田山古墳（前方後円墳、全長四一七メートル）に比定されている。古墳の平面積は伝仁徳陵が最大であるが、容積では誉田山古墳のほうがまさっているという。応神を倭の五王の最初の讃にあてる説や、応神と仁徳は実在した一人の天皇を二人の人格に分割したものであるから両天皇は実在の天皇とみてよいとする応神・仁徳同一人格説が存する。また応神は筑紫ないしは河内地方から台頭して応神王朝(河内王朝ともいう)を樹立した始祖王であるという説や、日本を征服した騎馬民族の王であるとする説が提唱されているが、架空の天皇であるとする見解もある。後世、この天皇は八幡宮の祭神の一つとされるようになった。

【参考文献】 吉井巌「応神天皇の周辺」(『天皇の系譜と神話』所収)、直木孝次郎「応神天皇の実在性をめぐって」(『飛鳥奈良時代の研究』所収)、水野祐『日本古代の国家形成』、岡田精司「河内大王家の成立」(『古代王権の祭祀と神話』所収)、前之園亮一『古代王朝交替説批判』、前田直典「応神天皇朝といふ時代」(『オリエンタリカ』創刊号)

淤宇宿禰　おうのすくね　出雲国造(臣)の祖。倭の屯田司。出雲国意宇(おう)郡(島根県松江市南部と安来市・能義郡および八束郡西部・南部の地域一帯)を本拠とするが、倭の屯田司として活躍する。応神天皇崩後、皇位が未定の時、額田大中彦皇子が倭の屯田・屯倉を掌握しようとした。倭の屯田司である淤宇宿禰は太子菟道稚郎子(うじのわきいらつこ)・大鷦鷯(おおさざき)尊(のちの仁徳天皇)に額田大中彦の陰謀を報告し、韓国に渡り証人の倭直吾子籠(やまとのあたいあごこ)を帰国せしめ、額田大中彦の陰謀を防いだという。

淡海氏　おうみうじ　天智天皇の後裔氏族。姓は真人・朝臣。氏名は近江国の地名による。『新撰姓氏録』左京皇別に「淡海真人。謚天智皇子、大友王より出づ」とあり、延暦四年(七八五)七月に没した淡海真人三船(大友皇子の曾孫)は、『続日本紀』天平勝宝三年(七五一)正月条に「无位御船王に淡海真人姓を賜ふ」とあり、淡海真人の氏姓はこの時から始まると考えられる。その後、この氏姓を賜わった王族は、延暦二十四年二月に吉並王ら十七人、承和十四年(八四七)閏三月に御友王の男広野王・大野王、武蔵王の男福雄王・春雄王・真野王・安野王、貞観八年(八六六)十月に藤王・豊野王・河内王・藤顔王・浄直王・直本王・緒本王、元慶四年(八八〇)八月に本野王がいる。本野王の場合、父の清直が延暦十一年七月に淡海真人を賜わっていたとある。また、貞観七年六月に三坂王が淡海真人を賜わったとあるが、これは河島皇子の後裔という。さらに、『新撰姓氏録』左京皇別上には、「淡海朝臣。春原朝臣と同じき祖、河島親王の後なり」と載せる河島皇子系の淡海朝臣がある。弘仁三年(八一二)六月に美作真人豊庭ら三人に淡海朝臣を賜うとあって美作真人氏が改氏姓したようにもみられるが、これ以前にも延暦十六年正月に淡海朝臣貞直がみえる。

【参考文献】 佐伯有清『新撰姓氏録の研究』考証篇一

淡海真人三船　おうみのまひとみふね　七二二―七八五　八世紀後半の文人貴族。大友皇子の曾孫、葛野(かどの)王の孫で池辺王の子。もと御船王で、名は御船にも作る。『延暦僧録』によると、天平年中(七二九―七四九)に唐僧道璿(どうせん)に従い、僧名を元開とよんだが、天平勝宝年中(七四九―七五七)に勅によって還俗したという。天平勝宝三年正月に無位御船王から淡海真人の氏姓を賜わった。同八歳五月に内豎であった三船は、出雲守大伴宿禰古慈斐(こしび)とともに、朝廷を誹謗して人臣の礼を欠いたとして左右衛士府に禁固されたが、三日後に放免された。『万葉集』では、この事件について三船が古慈斐を讒し、古慈斐が出雲守を解任されたとしている。次いで橘朝臣奈良麻呂の乱を経て、天平宝字二年(七五八)八月に尾張介となり、同四年正月には尾張介正六位上で山陰道巡察使に任ぜられた。翌五年正月に従五位下に昇叙、参河守に任命され、その後、文部少輔・美作守を経て、同八年八月に池の築造のために近江国へ派遣されたが、翌九月に藤原朝臣仲麻呂の乱が勃発し、仲麻呂は近江国へ遁れ、使者を遣わして兵馬を徴発しようとした。時に勢多(滋賀県大津市瀬田)にいた三船は、仲麻呂の使者とその与党を捕え、追討の将軍らとともに勢多橋を焼いて、仲麻呂の進路を阻止した。その功によって同月、正五位上を特授され、翌天平神護元年(七六五)正月には勲三等を授けられた。また翌二年二月には功田二十町を賜わり、子に伝えることを許された。次いで同年九月に東山道巡察使に任ぜられ、翌神護景雲元年(七六七)三月に兵部大輔に任命されたが、同年六月、東山道巡察使正五位上行兵部大輔兼侍従勲三等の三船は、聡恵で文史に明らかであるとして巡察使に選ばれたが、その措置が検括酷苛であり、独断的で適切さを欠いたとして、勅によって、その任を解かれた。次いで同年八月、大伴宿禰家持とともに大宰少弐に任ぜられ、宝亀二年(七七一)七月に刑部大輔、翌三年四月には大学頭で文章博士を兼ね、同四年三月に田四町を賜わっている。同八年正月には大判事に任ぜられたが、翌九年二月に再び大学頭に任命され、文章博士をもとのごとく兼ねた。次いで同十一年二月に従四位下に昇叙され、天応元年(七八一)十月には、また大学頭に任ぜられている。同年十二月、光仁太上天皇の大葬に当っては御装束司となり、延暦元年(七八二)八月には大学頭兼文章博士で因幡守を兼ね、同三年四月に刑部卿兼大学頭・因幡守となったが、翌四年七月十七日に刑部卿従四位下兼因幡守で卒した。時に六十四歳。その卒伝には、三船は性識聡敏で群書を渉覧し、もっとも筆札を好んだとされ、また天平宝字(七五七—七六五)以降、三船と石上大朝臣宅嗣とが文人の首と称せられたという。『経国集』に三船の漢詩五首があり、『続日本紀』前半の編修に加わったが、宝亀十年(七七九)二月には『唐大和上東征伝』を撰修している。『懐風藻』も三船の撰とする説が有力であり、また歴代天皇の漢風諡号も三船の撰であるとする説がある。

【参考文献】 小島憲之『国風暗黒時代の文学』上、蔵中進「文人之首(その一)—淡海三船の生涯と文学—」(『日本文学』二〇—一一)

近江臣毛野 おうみのおみけの 継体朝の新羅征討の将軍。新羅に敗れた南加羅と喙己呑を再建しようと継体二十一年(五二七)六月、任那へ渡海しようとしたが、筑紫国造磐井の反逆にあい、渡海できずにいたが、翌年十一月に磐井が破れたので、同二十三年三月、安羅に渡り、南加羅と喙己呑を再建した。同年四月、任那と新羅を和解せしめよとの詔をうけて熊川に宿り、新羅と百済の王を召したが来ず、毛野はこれを怒って再び召すと、新羅の伊叱夫礼智干岐(いしぶれちかんき)が三千の兵を率いてきたので、毛野は熊川を去り任那の己叱己利城に入った。両者は三カ月間対峙したが金官など四カ村が新羅に奪われた。翌二十四年九月、任那は朝廷に使を送り、毛野が久斯牟羅に二カ年滞在して、その間政治を怠り、日本人と任那人との間に出生した韓子の帰属をめぐる争いを誓湯(うけいゆ)で裁いて熱湯にあたって死ぬ者が多く、また二人の韓子を殺すなど人民の恨みの強いことを奏上した。そこで継体天皇は、毛野を召そうとしたが毛野はこれを拒み、任那は新羅と百済に兵を乞うて毛野を攻めた。同年十月、毛野はついに継体に召されて対馬までいたって病死し、近江国に送葬された。この時、毛野の妻は「枚方ゆ　笛吹き上る　近江のや　毛野の若子い　笛吹き上る」と歌った。

【参考文献】 末松保和『任那興亡史』

太氏 おおうじ 大和国十市郡飫富(おお)郷(奈良県磯城郡田原本町多)出身の氏族。多・意富・大にも作る。久安五年(一一四九)の『多神宮注進状』には、太朝臣安麻呂が「多」を「太」に改めたが、後に「多」に戻ったとある。これは諸史料の示すところと一致し、「多」に復旧したのは宝亀元年(七七〇)以降であった。姓は初め臣、天武十三年(六八四)八色の姓制定に際し、朝臣を賜わる。飫富の地には太氏の祭る多坐弥志里都比古神社が鎮座していたが、同社は大和国内でも屈指の大社であった。太氏の祖は『古事記』『日本書紀』や『新撰姓氏録』に神武天皇の皇子神八井耳(かんやいみみ)命とあり、また、『日本書紀』景行十二年九月条には多臣の祖武諸木の名がみえる。太氏の一族には、斉明七年(六六一)に妹を百済の王子豊璋の妻とした蔣敷(こもしき)、壬申の乱の功臣の品治(ほんち)、『古事記』筆録者の安麻呂などがあるが、太氏出身者には、四、五位程度の中級官人が多く、その家柄はけっして高くない。貞観五年(八六三)九月に多臣自然麻呂(じねんまろ)が宿禰を賜わったが、『多氏系図』では、この自然麻呂から楽家多氏が始まるとする。そのほか、各地の太氏として、『常陸国風土記』茨城郡条に大臣の族黒坂命、『出雲国風土記』に出雲郡少領の大臣などの存在も知られる。『古事記』に同族十八氏、『新撰姓氏録』にさらに十氏をあげるなど、同族はきわめて多い。

太朝臣安麻呂　おおのあそんやすまろ　―七二三　八世紀初めの官人。『古事記』の筆録者。名は安万侶にも作る。久安五年(一一四九)の『多神宮注進状』には、品治(ほんち)の子とある。大宝四年(七〇四)正月、正六位下から従五位下に叙せられ、和銅四年(七一一)四月、正五位上に進んだ。同年九月、元明天皇の命で『古事記』を撰録し、翌五年正月に完成、奏上した。同八年正月には従四位下となり、同年五月頃、民部卿に就任したと推定される。霊亀二年(七一六)九月に氏長(うじのかみ)を拝命し、養老七年(七二三)七月に卒した。昭和五十四年(一九七九)一月、奈良市田原町此瀬で安麻呂の墓誌が遺骨などとともに出土したが、墓誌には「左京四条四坊従四位下勲五等太朝臣安萬侶、癸亥の年七月六日を以ちて卒す。養老七年十二月十五日乙巳」とあった。墓誌の「勲五等」は『古事記』序文にもみえるが、和銅二年の対蝦夷軍事行動における授勲とする説が有力である。このように文官・武官を遷替しながら昇進した安麻呂の経歴は当時の一般的な上級官人のそれと合致しており、安麻呂を文人貴族とのみ想定するのは妥当ではない。なお、墓誌にみえる安麻呂の忌日や埋葬日が『続日本紀』の日付と一日違うのは両者が依拠した暦の相違に原因があろう。

【参考文献】野村忠夫「太朝臣安万侶を中心にした官僚体制論」(『文学』四八―五)、岸俊男「太朝臣安万侶とその墓」(同上)、黛弘道「太安萬侶の墓誌と『続日本紀』」(『東アジアの古代文化』二〇)

多朝臣入鹿　おおのあそんいるか　七五九―八一六　九世紀初めの官人。延暦十二年(七九三)少外記、同十五年、式部少丞、同十九年、従五位下、そののち兵部少輔・少納言などを経て同二十五年三月、近衛将監・近衛少将、大同三年(八〇八)正五位下、翌四年六月、従四位下、同年九月、山陽道観察使兼左京大夫となった。この昇進は、平城天皇に近い官人であったことを示している。同五年六月、観察使の廃止に際し参議となった。藤原朝臣薬子の変の起こった同年九月十日、まず讃岐守に左遷された。これによって入鹿は平城上皇に近侍していたことがわかる。入鹿らは藤原朝臣葛野麻呂をかばったため葛野麻呂はそのまま中納言にとどまったが、入鹿は同年九月、安芸守、次いで十月、讃岐権守に任命された。弘仁七年(八一六)十月三日、卒去。時に散位従四位下で五十八歳。

多朝臣人長　おおのあそんひとなが　八世紀後半―九世紀初めの官人・学者。大同三年(八〇八)正六位上から従五位下に叙せられた。弘仁三年(八一二)『日本書紀』の講書が行なわれ、参議の紀朝臣広浜、陰陽頭阿倍朝臣真勝ら十余人が参加したが、散位従五位下の人長がその中心になって行なわれた。

多臣自然麻呂　おおのおみじねんまろ　―八八六　九世紀中頃から後半にかけての雅楽家。舞楽(右方)・神楽などの元祖とされる。伎楽に代わって楽舞の主流となった唐楽・高麗楽(三国楽)は九世紀に入ってからその改修と新作の制作がすすめられて日本化が図られ、左右両部制をとるようになった。このうち、右方(三国系)は多氏が中心となり、自然麻呂は三十九年間にわたって「雅楽の一者」の位置にあった。また、承和二年(八三五)四月、尾張連浜主が渡唐して舞笛を伝え、自然麻呂がこれを継承したともいわれている。貞観元年(八五九)十一月の豊明節会では右近衛将監として列し、外従五位下に叙せられ、同五年九月には、宿禰姓を賜わっている。さらに翌六年正月の踏歌節会では下総介となっている。時に散位。楽舞と近衛府官人との結びつきが、天長三年(八二六)・貞観三年に史料上にあらわれ始める。自然麻呂を始め後継者の春野らも右近衛府の官人であった。仁和二年(八八六)九月十六日、卒。

多臣品治　おおのおみほんち　七世紀後半の官人。壬申の乱の功臣。久安五年(一一四九)の『多神宮注進状』には、蔣敷(こもしき)の子、安麻呂の父とある。天武元年(六七二)六月、壬申の乱勃発時に美濃国安八磨(あはちま)郡(岐阜県安八郡と大垣市東部および海津郡の一部)の湯沐令(ゆのうながし)であったが、大海人皇子(のちの天武天皇)の命をうけて挙兵した。同年七月、三千の兵を率いて伊賀国莿萩(たら)野(三重県上野市荒木)に駐屯し、近江方の軍勢を撃退した。同十二年十二月、伊勢王らとともに天下を巡行して、諸国の境界を定めた。時に小錦下。同十三年十一月、朝臣の姓を賜わり、翌年九月に御衣袴を賜わった。『日本書紀』持統十年(六九六)八月条に直広壱を授けられ物を賜わるとあるので、この頃、死亡したのであろう。

大郎子皇子　おおいらつこのみこ　継体天皇の皇子。大郎皇子にも作る。『古事記』継体段には継体と三尾君らの祖若比売との間の子として大郎子と記し、『日本書紀』継体元年三月条には継体と三尾角折君(みおのつのおりのきみ)の妹稚子媛との間の子として大郎皇子と記す。

大魚　おおうお　歌謡物語中の女性。『古事記』清寧段によると、袁祁(おけ)王(のちの顕宗天皇)と平群(へぐり)臣の祖である志毗(しび)臣とが、菟田(うだ)首の女である大魚をめぐって歌垣において歌をたたかわせ、翌朝、志毗は殺されたという。

大碓皇子　おおうすのみこ　景行天皇の皇子。母は播磨稲日大郎姫、弟の小碓尊(日本武尊)とは双子。『日本書紀』によると、景行四年二月、美濃国造神骨の二人の娘の容姿を視察するために美濃に遣わされたところ、みずから密通して復命せず、同四十年七月には、東国の蝦夷平定の命をうけると、恐れて逃げ隠れたので、景行に責められ美濃国に封ぜられた。そこで、身毛(むげ)津君・守君の祖となったという。『古事記』は大碓皇子(大碓命)を守君・大田君・嶋田君の祖とし、美濃に派遣された際、兄比売を娶って押黒之兄日子王(三野(みの)の宇泥須和気の祖)、弟比売を娶って押黒弟日子王(牟宜津君の祖)を生んだとする点が『日本書紀』と異なる。また、蝦夷平定を忌避した話は『古事記』にはみえない。なお、『新撰姓氏録』は大碓皇子(大碓命)の後裔氏族として、牟義(むげ)公・守公・太田宿禰・阿礼首・池田首をあげる。

大枝氏　おおえうじ　山城国乙訓郡大江郷(京都市西京区大江沓掛町周辺)に因む氏族。姓は朝臣。『新撰姓氏録』は右京神別下に収め、可美乾飯根(うましからひね)命の後裔とする。のちに氏名を大江に改める。『尊卑分脈』や『大江氏系図』などに平城天皇の皇子阿保親王の後裔とするのは付会。大枝氏はもと土師(はじ)宿禰で、その由来は延暦九年(七九〇)十二月、桓武天皇の即位十年に当って、外祖母の土師宿禰真妹が正一位を追贈されるとともに、大枝朝臣を賜わったことに始まる。この時、同族の菅原真仲・土師菅麻呂・土師宿禰諸士(土ヵ)も大枝朝臣と改氏姓している。土師氏には四腹あり、真妹の系統である毛受腹が大枝朝臣、自余の三腹は秋篠朝臣あるいは菅原朝臣となったという。貞観八年(八六六)十月、参議大枝朝臣音人・氏雄らの上表によって、大江と称することが許された。多くの文人を輩出したことから、菅原氏の呼称菅家とならんで江家と呼ばれる。一族には音人のほか、『句題和歌』を著わした千里、『江家次第』の著者匡房などの著名な歌人・学者がいる。

大江朝臣音人　おおえのあそんおとひと　八一一―八七七　九世紀中頃の公卿・学者。備中権介大枝(おおえ)朝臣本主の長子。江相公と称する。名は「おとんど」とも訓む。貞観八年(八六六)十月、上奏によって氏名を大枝から大江に改めたため、音人は江家の祖と称された。幼くして菅原朝臣清公に師事し、天長(八二四―八三四)の末に文章生、承和四年(八三七)文章得業生となり、少内記、次いで大内記に任ぜられた。嘉祥三年(八五〇)惟仁親王(のちの清和天皇)の立太子とともに東宮学士、その後、民部少輔・左少弁・丹波守・式部少輔を経て、貞観年間(八五九—八七七)には参議・左大弁・左衛門督となった。この間、位階も従三位に昇っている。政体・故事に明るく、朝廷に疑義が生じた時にはたびたび諮問を受けているほか、清和天皇の儒講を務め、「在朝之通儒」と称された。勅により『群籍要覧』四十巻、『弘帝範』三巻を撰定したが現存しない。また菅原朝臣是善とともに『貞観格式』を撰定したが、その上表文と式序は音人の筆になる。『日本文徳天皇実録』の編纂にも参加。元慶元年(八七七)十一月、六十七歳で薨じた。

大江朝臣千里　おおえのあそんちさと　九世紀末—十世紀初めの官人・歌人。参議音人の子。大学学生となったのち、元慶七年(八八三)十一月、備中大掾、寛平九年(八九七)散位従六位、昌泰四年(九〇一)三月、中務少丞、延喜二年(九〇二)二月に兵部少丞、同三年、兵部大丞を歴任した。官位は弟の千古(ちふる)に及ばなかったが、歌人としてすぐれ、「中古三十六歌仙」の一人に数えられる。『古今和歌集』に十首の歌を載せ、『後撰和歌集』『新古今和歌集』『新勅撰和歌集』などにも歌が引かれている。また、百二十五首からなる歌集『句題和歌』(『大江千里集』ともいう)を編んでいる。これは寛平六年(八九四)四月、勅を奉じて句題により和歌を詠じ、それに自詠十首を加えて、宇多天皇に献じたものである。

大江皇女　おおえのひめみこ　—六九九　天智天皇の皇女。天武天皇の妃。母は忍海(おしぬみ)造小竜の女色夫古娘(しこぶこのいらつめ)。天武二年(六七三)二月、妃となり、長皇子と弓削皇子を生んだ。文武三年(六九九)十二月三日、浄広弐で薨じ、王臣百官人をして会葬せしめられた。

大鹿氏　おおかうじ　地方豪族の一つ。姓は首。のちに臣・宿禰を賜わったものがいる。『新撰姓氏録』未定雑姓右京では津速魂(つはやむすび)命三世の孫天児屋根(あめのこやね)命の後と伝え、中臣氏の一族。『古事記』『日本書紀』に敏達天皇の皇妃として伊勢大鹿首小熊の女小熊子郎女(菟名子)がみえる。伊勢国河曲郡の大鹿三宅神社(三重県鈴鹿市国分町)周辺を本拠とした豪族であろう。屯倉の現地管理に当った氏族か。菟名子所生の糠手姫(ぬかてひめ)皇女は彦人大兄皇子の妃となり、舒明天皇を生んだ。

大鹿嶋　おおかしま　中臣連の遠祖。『尊卑分脈』には天児屋根(あめのこやね)尊九世孫久志宇賀主命の子として「国摩(くにすり)大鹿嶋命」とみえる。垂仁天皇は大鹿嶋ら五大夫(まえつきみ)に確実に神祇を祭祀することを命じたという。さらに大鹿嶋ら五大夫は倭姫命伊勢神宮奉祀の巡行の御送駅使となっていることがうかがえる。

大神氏　おおがうじ　大国主命の後裔氏族の一つという。姓は朝臣。豊前国宇佐八幡宮(大分県宇佐市南宇佐)の祠官となる氏族。始祖は欽明朝に大菩薩を祭祀した大神朝臣比義とするが、七世紀までの系譜は不詳。天平二十年(七四八)祝部大神宅女・杜女が外従五位下に叙位。天平勝宝元年(七四九)杜女と諸男の子田麻呂に朝臣の賜姓があり、宝亀四年(七七三)田麻呂が大宮司になり、孫清麻呂が弘仁六年(八一五)大神・宇佐両氏が宮司となるべき申請を行なって以来、この子孫が代々大宮司兼祝を務める。『大神系図』『祝系図』などがある。

大神朝臣田麻呂　おおがのあそんたまろ　八世紀中頃の神官。天平勝宝元年(七四九)十一月、宇佐八幡宮の禰宜大神杜女とはかり、宇佐八幡の大神が東大寺盧舎那大仏造顕の難事業達成のため天神地祇を率いて助けようとの託宣を下したと政府に伝え、無姓から朝臣を賜わった。時に主神司で、従八位下。同年十二月に八幡神を奉じて上京し、東大寺を拝し、同日、神宮司に任ぜられ、また外従五位下となった。その後もおそらく手向山八幡宮(奈良市雑司町小字手向山)の地に留まっていたであろうが、同六年十一月、薬師寺の大僧都行信と意を同じくして厭魅したことが発覚し、除名され本姓に戻された上で多褹島(鹿児島県の種子島)に流された。天平神護二年(七六六)十月には復位して豊後員外掾となっている。

大神朝臣比義　おおがのあそんひぎ　伝説的巫覡。名を比岐にも作る。『東大寺要録』巻四所収、弘仁十二年(八二一)八月官符所引の「大神清麻呂解状」によると、欽明朝に豊前国宇佐郡馬城嶺(宇佐八幡宮の東南にある御許山)に大菩薩が応神天皇の御霊として現われたので、比義は欽明二十九年、鷹居瀬社(大分県宇佐市上田にある鷹居八幡神社)を建立して多年祭祀し、さらに菱形小椋社(現社地)に移建したという。『宇佐託宣集』『宇佐八幡宮弥勒寺縁起』『扶桑略記』などにもそのことがみえる。八世紀以降、宇佐八幡宮大宮司、神主、祝などによる大神氏始祖伝承上の人物。

【参考文献】中野幡能『八幡信仰』

大神朝臣杜女　おおがのあそんもりめ　八世紀中頃の神官。名を毛理売にも作る。天平二十年(七四八)八月、宇佐の八幡大神の祝(はふり)としてみえ、大神宅女とともに従八位上から外従五位下に叙せられた。昇叙の理由は不明だが、宇佐八幡宮がすでに神宮寺を有して神仏習合の思想に触れていたところに、聖武天皇勅願の東大寺盧舎那大仏造顕作業がやや難航していたことを聞き、協力を申し出たためか。翌天平勝宝元年(七四九)十一月には、主神司大神朝臣田麻呂とはかり、八幡神が天神地祇を率い、その身を草木土に交えても大仏建立を成就させようとの援助を申し出る託宣を政府に伝えた。時に禰宜で、無姓から大神朝臣と賜姓されている。同年十二月に八幡神を奉じて上京し、天皇の乗輿と同じ紫輿に乗って東大寺を拝した。この時は禰宜尼とあり、尼僧ともなっていた。同日、従四位下に昇った。同六年十一月、薬師寺の行信と八幡主神司の大神朝臣田麻呂が厭魅を行なったが、これに連坐して除名され、本姓に戻された上で、日向に流された。翌年、八幡の託宣によって封戸・神田が返却されており、天平勝宝元年の託宣は杜女の偽宣の疑いもある。配流後十二年して田麻呂は復位したが、杜女の記事はなく、この間に没したかと思われる。

大春日朝臣雄継　おおかすがのあそんおつぐ　七九〇―八六八　九世紀中頃の大学寮の明経道の教官。初め春日部雄継を称していたが、承和十四年(八四七)八月、春日臣の氏姓を賜わり、本貫も越前国丹生郡(福井県丹生郡と福井・武生両市の一部)から左京に移し、さらに、斉衡三年(八五六)八月、大春日朝臣の氏姓を賜わっている。承和十四年八月には外従五位下で助教とみえ、嘉祥三年(八五〇)五月、博士に任ぜられ、同年七月、博士はもとのままで、越中権守に任ぜられた。時に従五位下。貞観十年(八六八)四月二十三日、七十九歳で卒した。時に従四位下。

大春日朝臣真野麻呂　おおかすがのあそんまのまろ　九世紀中頃の暦博士。『日本文徳天皇実録』によれば、真野麻呂は祖業を継いで、天安元年(八五七)まで、五世にわたって暦道を伝えてきたという。嘉祥二年(八四九)正月、従五位下に進み、斉衡三年(八五六)正月から貞観四年(八六二)正月まで、暦博士とみえる。また、貞観二年十一月には、陰陽頭に任ぜられ、同四年正月には従五位上に叙せられた。暦博士としての業績としては、まず天安元年正月、大衍暦から五紀暦への改暦を建議して許され、また貞観三年六月には、再び五紀暦から宣明暦への改暦を建議して認められた。この宣明暦は、江戸時代の貞享改暦まで八百二十三年間も用いられることになる。

大分氏　おおきだうじ　豊後国大分郡(大分県大分市・大分郡・別府市の各一部)を本拠とした地方豪族。姓は君。『日本書紀』景行十二年十月条に碩田(おおきた)国がみえ、この地方を支配した国造の一族であろう。『古事記』神武段によれば、九州の火君・阿蘇君・筑紫三家連とともに神八井耳(かんやいみみ)命の後裔とされ、『先代旧事本紀』国造本紀に火国造は大分国造と同祖とある。壬申の乱においては大分君恵尺・稚臣が活躍し、大海人皇子(のちの天武天皇)の舎人集団を出すような氏でもあった。

【参考文献】直木孝次郎『壬申の乱』、新野直

吉『国造と県主』、井上辰雄「筑・豊・肥の豪族と大和朝廷」（鏡山猛・田村圓澄編『古代の日本』３所収）

大分君恵尺　おおきだのきみえさか　—六七五　壬申の乱における大海人皇子（のちの天武天皇）側の将、舎人集団の一員か。天武元年（六七二）六月二十四日、大海人の命により黄書（きぶみ）造大伴・逢（あう）臣志摩らとともに駅鈴を乞うため飛鳥古京（奈良県高市郡明日香村から橿原市田中町あたりにかけての飛鳥諸宮の所在地を中心として設定された京域）の留守司高坂王のもとに派遣され、その後、近江に赴き、同月二十六日、大津皇子に従い大海人の軍と伊勢に参会。同四年六月、死去。死に際して、外小紫位に叙せられた。

【参考文献】直木孝次郎『壬申の乱』

大分君稚臣　おおきだのきみわかみ　—六七九　大海人皇子（のちの天武天皇）の兵衛（とねり）。名を稚見にも作る。壬申の乱において天武元年（六七二）六月二十六日、近江から伊勢に参じた大津皇子に同族大分君恵尺らとともに従い大海人皇子一行と参会。のち村国連男依軍に従い不破（岐阜県不破郡）から近江へ転戦、同年七月二十二日、瀬田（滋賀県大津市瀬田）の決戦で長矛を捨て、甲を重ね着て抜刀し、板を踏み突進、敵陣に切り込み、味方を勝利に導いた。同八年三月に没したが、壬申の乱の功により外小錦上の冠位を贈られた。

【参考文献】直木孝次郎『壬申の乱』

意富芸多志比売　おおぎたしひめ　用明天皇の妃。蘇我稲目宿禰の女。『古事記』に多米王を生んだことがみえるが、『日本書紀』は稲目の女で田目皇子を生んだ嬪の名を石寸名（いしきな）とする。

大草香皇子　おおくさかのみこ　伝説上の人物。大日下王にも作る。また波多毗太郎子とも称す。仁徳天皇の皇子。母は日向之諸県君牛諸（ひむかのもろがたのきみうしもろ）の女髪長媛。眉輪（まよわ）王の父。『古事記』『日本書紀』によると、安康天皇は大草香皇子の妹草香幡梭（くさかのはたび）皇女を、同母弟大泊瀬皇子（のちの雄略天皇）の妃にしようとして根使主（ねのおみ）を大草香皇子のもとに遣わした。皇子はこれに応じたが、根使主は皇子が誠心の証のために献上しようとした押木珠縵（おしきのたまかずら）を盗み、皇子が命に従わなかったと報告したため、怒った安康が遣わした兵に殺されたという。

大国氏　おおくにうじ　山城国宇治郡大国郷（京都市伏見区石田・日野付近）または河内国石川郡大国郷（大阪府羽曳野市大黒・壺井付近）を本拠地とした豪族か。姓は忌寸。『類聚国史』巻百八十七に、延暦十九年（八〇〇）還俗を許された薬師寺僧景国の俗名を摂津国西成郡大国忌寸木主と記すのが、唯一の氏人の例である。或いは『古事記』垂仁段および『日本書紀』垂仁三十四年条にみえる山代大国之淵（山背大国不遅）をこの氏と関連ある人物とみることもできるが、大国は氏名ではなく単に山城国宇治郡大国郷の地名を冠したものと解すべきであろう。

大伯皇女　おおくのひめみこ　六六一—七〇一　天武天皇の皇女。母は大田皇女。大津皇子の同母姉。大来皇女にも作る。斉明七年（六六一）正月、備前大伯海（おおくのうみ。岡山県邑久郡付近の海）で誕生。天武二年（六七三）四月、斎王に卜定されて泊瀬斎宮に入り、同三年十月、そこから伊勢に向かった。朱鳥元年（六八六）十月、大津皇子が謀反の罪で自殺したのち、同年十一月、任を解かれて帰京し、大宝元年（七〇一）十二月二十七日、薨じた。『万葉集』に、大津皇子が窃かに伊勢神宮に下って会った後の二首、大津皇子の薨後、帰京する時の二首、大津皇子の屍を二上山に移葬した時の歌二首がある（二—一〇五・一〇六・一六三～一六六）。これらの、弟を想う歌は、『万葉集』の中でも逸品といわれている。

大久米命　おおくめのみこと　久米直の祖。大来目にも作る。『古事記』によると、神武天皇東征の際、大伴連の祖道臣命とともに兄宇迦斯（えうかし）を誅殺し、また、神武が伊須気余理比売（いすけよりひめ）に求婚した折にはその仲介役をしたという。『日本書紀』

の伝承は『古事記』と比べると、神武東征に大来目が従ったという点では同じであるが、日臣(道臣)命に率いられていたこと、神武求婚に大来目が姿を見せないこと、神武二年二月、大来目が畝傍山の西の川辺の地(奈良県橿原市久米町)を賜わったことの三点は相違している。『古事記』のように、大伴氏と久米氏の祖をほぼ対等に近い関係に位置づけている伝承は六世紀に大伴氏が衰退し、壬申の乱を機に同氏が復活するまでの間に形成された可能性が大きいと思われるが、異説もある。

【参考文献】 直木孝次郎「大伴連と来目直・来目部」(『日本古代の氏族と天皇』所収)、三宅和朗「神武東征伝承」(『記紀神話の成立』所収)

大蔵氏 おおくらうじ 東(倭)漢(やまとのあや)氏が分裂してできた氏族の一つ。姓は初め直であったが、他の東漢氏の枝氏とともに天武十一年(六八二)に連、同十四年に忌寸を賜わった。のち延暦四年(七八五)に一部が宿禰姓を賜わり、忌寸のままの者は天安元年(八五七)伊美吉と改められた。また寛平年間(八八九—八九八)頃に大蔵伊美吉善行が朝臣を賜姓されている。大蔵の氏の名は、同氏が大和朝廷の大蔵の管理に当ったことに基づく。『古語拾遺』には、雄略朝に蘇我麻智(満智)宿禰をして三蔵(斎蔵・内蔵・大蔵)を検校せしめ、秦氏が出納、東文(やまとのふみ)・西文(かわちのふみ)氏が簿の勘録を行なったので、これにより漢氏に内蔵(くら)・大蔵の氏を賜わったという伝承がみえる。東漢氏から分れて大蔵氏となった時期は定かでないが、『日本書紀』天武元年条に大蔵直広隅の名がみえるので、七世紀後半以前のことと知られる。なお、やはり大蔵の管理に携わった秦氏の一族には秦大蔵造(のち連)がおり、また系譜未詳であるが大蔵衣縫造は大蔵の衣服縫製に当った氏族であろう。

大蔵忌寸麻呂 おおくらのいみきまろ 八世紀中頃の官人。姓は伊美吉、名は万里・万呂にも作る。天平八年(七三六)の遣新羅使に少判官として随行し、翌年、帰朝した。この折の歌が『万葉集』にある(一五—三七〇三)。天平勝宝三年(七五一)以降は造東大寺司判官としてみえ、のち次官に昇任。さらに丹波守などを経て、天平宝字七年(七六三)正月、玄蕃頭に任ぜられた。宝亀三年(七七二)正月、正五位下に昇っている。

大蔵伊美吉善行 おおくらのいみきよしゆき 八三二—九二一? 九世紀後半—十世紀初めの学儒。のちに朝臣の姓を賜わる。貞観十七年(八七五)十月から翌年七月まで蔵人所に伺候し、清和天皇や近侍の者に『顔氏家訓』を講義した。藤原朝臣基経・時平・忠平を始め、平朝臣惟範・三統(みむね)宿禰理平・紀朝臣長谷雄らも業をうける。元慶七年(八八三)正月から四月まで正六位上少外記で存問渤海客使・領客使として客徒に接する。仁和(八八五—八八九)から延喜(九〇一—九二三)にかけて大外記として活躍。仁和三年(八八七)正月、外従五位下、のち従五位上に叙せられた。寛平四年(八九二)五月から時平らとともに『日本三代実録』の編纂に着手し、菅原朝臣道真追放直後筆削して、延喜元年(九〇一)八月、奉進する。同年九月、城南水石亭において時平主催の七十の算賀が開かれた。参会した三善宿禰清行・藤原朝臣菅根・大江朝臣千古らを始め、門人惟範・忠平・興範(藤原朝臣)・理平・長谷雄らが詩を賦し、長谷雄が序を書いた。『延喜格』『延喜式』の撰録にも携わった。治部少輔・勘解由次官・三河権介・民部大輔・但馬守などを歴任したが、延喜八年に致仕、同十七年、八十六歳で皇太子保明(やすあきら)親王に『漢書』を授ける。九十の長寿を保ち、地仙と称された。

凡氏 おおしうじ 凡は大・大押とも称し統率するという意の氏名。姓は、尾張連の祖のように連を称する例があるが、多くは直である。凡直は大国造の家柄に与えられた氏姓と考えられ、周辺の諸国造を統轄する地位にあった。この制度は、六世紀代に始まり、対朝鮮に対する軍事的緊張関係からその海路を大和政権の大王が確保するために設けられたと考えられている。したがって、その分布は安芸・淡路・讃岐・土佐・伊予・阿波などの諸国に認められる。地名＋凡直、または凡＋地名＋直の型では、河内・周防・淡路・讃岐・紀伊などの瀬戸内海・南海地域の海路の諸国に広がり、著名な氏としては凡河内直氏がある。この凡河内直氏については、河内を氏名とする渡来系氏族の統率を行なった氏とする説もある。

【参考文献】 吉田晶『日本古代国家成立史論』、石母田正『日本の古代国家』、八木充「国造制の構造」(『岩波講座日本歴史』二所収)

凡直貞刀自 おおしのあたいさだとじ 九世紀中頃の釆女。貞観元年(八五九)笠朝臣宮子の氏姓を賜わった。中務少丞笠朝臣豊主が、雄宗王の女浄村女王を妻とし宮子(貞刀自)をもうけた。ところが、伊予親王事件に連坐して雄宗王が安芸国に配流となり、その女浄村女王および宮子も雄宗王に従った。宮子は安芸国賀茂郡(広島県東広島市と賀茂郡・豊田郡の一部)の凡直氏の女として戸籍に編付されて凡直貞刀自となった。その後、貞刀自は賀茂郡の釆女として貢上されたが、本氏姓への復帰を申請し、貞観元年四月、本貫・氏姓名を復された。

凡海氏 おおしあまうじ 海人(海部)を率いる伴造氏族。姓は連。天武十三年(六八四)八色の姓制定に際し、宿禰の姓を賜わったが、その後も連の姓にとどまるものや、直姓・無姓・部姓の凡海氏が存する。『新撰姓氏録』によれば同じ職掌の安曇氏と同族とする一族(右京神別下・摂津国神別の凡海連)のほかに火明(ほのあかり)命の裔とするもの(未定雑姓右京の凡海連)がある。「凡」は大・大押の意で統轄することを意味する。朱鳥元年(六八六)九月に天武天皇の殯宮(もがりのみや)で壬生の事を誄(しのびごと)した大海宿禰蒭蒲(あらかま)は凡海とも称しているので、大海人皇子(のちの天武天皇)の乳母を出した氏でもある。奈良時代には、養老五年(七二一)に武芸を賞せられた凡海連興志や宝亀二年(七七一)当時、経師であった凡海連豊成がおり、周防・長門・尾張国などにも凡海氏が存在した。

【参考文献】 吉田晶『日本古代国家成立史論』、佐伯有清『新撰姓氏録の研究』考証篇三・四・六

大海宿禰蒭蒲 おおしあまのすくねあらかま 凡海宿禰麁鎌にも作る。大海人皇子(のちの天武天皇)の乳母を出した壬生(みぶ)の家柄。朱鳥元年(六八六)九月、天武天皇の殯宮(もがりのみや)で壬生の事を誄(しのびごと)する。大宝元年(七〇一)三月、陸奥で金を冶す。時に冠位は追大肆。

大河内氏 おおしかわちうじ 河内地方の国造。凡河内・凡川内にも作り、「おおしこうち」とも訓む。姓は初め直、天武十二年(六八三)連を賜わり、同十四年さらに忌寸を賜与された。大河内とは河内のみならず和泉・摂津国も含めた河内地方全体に関わるものであろうが、河内・川内を称する渡来氏族を統率することを表わすという説もある。発祥地は摂津国西部とする説と河内国中部とする見解がある。摂津国菟原郡の河内国魂神社(式内社。神戸市灘区国玉通三丁目)はこの氏の祭祀した社であろう。天津日子根命または天穂日(あめのほひ)命の神裔と称し、『先代旧事本紀』国造本紀によると神武朝に国造に任命されたという。『日本書紀』安閑元年閏十二月条に大河内直味張(あじはり)が勅命にそむいた罪をあがなうために摂津の竹村(たかふ)屯倉(大阪府茨木市南部から摂津市中央部にかけての一帯か)に春秋ごとに五百人の钁丁(くわよぼろ)を献上することになったことがみえる。またこの氏は大和政権の対外交渉に活躍した。八世紀には摂津国の律令国造や同国河辺郡(兵庫県川辺郡と尼崎・伊丹・宝塚・川西・三田の諸市の一帯)の郡司に任命され、平安時代には下級地方官になるものが多く、歌人の躬恒もその一人である。

【参考文献】 吉田晶「凡河内直氏と国造制」(『日本古代国家成立史論』所収)、角林文雄「凡河内直と三島県主」(日本史論叢会編『論究日本古代史』所収)、山尾幸久「県の史料について」(同上書所収)

大河内直味張　おおしかわちのあたいあじはり　六世紀前半の地方豪族。またの名を黒梭(くろひ)。『日本書紀』安閑元年(五三四)七月条によれば、安閑天皇が皇后のために屯倉を設けるため良田を探し、摂津国三島郡(のち島上郡と島下郡に分割。現在の大阪府三島郡島本町・高槻市・茨木市・摂津市に吹田市・豊中市・箕面市・豊能郡などの一部を加えた一帯)の味張の田を献ずるように求めたところ、味張は勅使を欺いて献上を惜しんだという。そのため同年閏十二月、安閑が三島に行幸した折、大伴大連金村は味張を責め、以後郡司に預かることを禁じた。味張は恐れ畏まって郡ごとに钁丁(くわよぼろ)を春秋各五百丁ずつ奉ることとし、金村にも狭井田(比定地未詳)六町を贈ったという。

大隅氏　おおすみうじ　南九州の隼人の豪族。大住にも作る。姓は初め直、のちに忌寸。大隅国大隅郡(大隅半島中央部)の肝属(きもつき)川流域を本拠とし、早くから大和政権と交流があり、唐仁(とうじん)大塚古墳(前方後円墳、一二〇メートル。鹿児島県肝属郡東串良町)を始め志布志湾沿岸部の高塚古墳はこの氏と関係のある墳墓と考えられている。大和政権に服属したのち、その一部は山城国綴喜郡大住郷(京都府綴喜郡田辺町大住・大住ケ丘)など畿内に移住させられ、天武十四年(六八五)に忌寸を賜姓された。大隅国の大隅氏は旧姓の直にとどまった。

【参考文献】　中村明蔵『隼人の研究』

大田田根子　おおたたねこ　伝説的巫覡。『古事記』では意富多多泥古に作る。『日本書紀』崇神七年条によると、しばしば災害が起こり、国家がうまく治まらなかった。時に大物主神が崇神天皇の夢に現われ、「わが子大田田根子に吾を祭らせたならば立ちどころに天下は平らぐであろう」と告げたので、崇神はこれを探させ、陶邑(すえむら)。和泉国大鳥郡。現在の堺市東南部)で発見した。はたして「自分は大物主神が陶津耳の女の活玉依媛に通って産ませた子である」と答えたので、これに大物主神を祭らせたところ、疫病の流行もおさまり国内も静かになって人民は栄えたという。『古事記』崇神段では大物主神の五世孫で神(みわ)君・鴨君の祖であるとし、発見の場所を河内の美努村(大阪府八尾市東部から東大阪市東部にかけての一帯)とする点などが異なっている。大田田根子が陶邑で発見されたと伝えられ、摂津国河辺郡多田(兵庫県川西市)の出身であるという説が出されているのは、大鳥・河辺郡に神氏と関係の深い上神・大神郷が存在するからであろう。

大田皇女　おおたのひめみこ　天智天皇の皇女。大海人皇子(のちの天武天皇)の妃。母は蘇我倉山田石川麻呂臣の女遠智娘(おちのいらつめ)。持統天皇は同母妹。斉明七年(六六一)正月、新羅遠征のため筑紫に向かう途中、備前大伯海(おおくのうみ。岡山県邑久郡付近の海)の上で大伯皇女を出産し、天智二年(六六三)には娜の大津(福岡市の博多港)で大津皇子を生む。その後、数年のうちに亡くなり、同六年二月、皇極天皇の小市岡上陵(奈良県高市郡高取町大字車木の車木ケンノウ古墳に比定されている)の前に葬られた。

大多毛比　おおたもひ　武蔵国造および各地国造の祖とされる人物。『本朝月令』所引の『高橋氏文』に無邪志国造の上祖とし、磐鹿六鴈(いわかむつかり)命に召喚され、上総国安房の浮島宮(千葉県安房郡鋸南町勝山沖の浮島か)で景行天皇のために堅魚と白蛤を料理したという。『先代旧事本紀』国造本紀には兄多毛比(えたもひ)命に作り、出雲臣の祖二井之宇迦諸忍之神狭命の十世孫で、成務朝に无邪志国造に任ぜられ、さらに彼の子の伊狭知直・大鹿国直・大八木足尼・穴委古命は、成務朝に胸刺・菊麻・波伯・大嶋の諸国造となったとする。

大津皇子　おおつのみこ　六六三—六八六　七世紀後半の皇族。天武天皇の皇子。母は天智天皇の女大田皇女。百済救援のため斉明天皇以下が筑紫に出陣した際、娜の大津(福岡市の博多港)で生まれた。大津の命名はこの出生地名による。高市皇子・草壁皇子に次ぐ天武の第三子であったが、生母の身分を考慮すれば天武の十皇子中の序列は草壁に次いで第二位であった。容貌雄々しく能弁であったので、天智に寵愛されたという。長じて文筆の才能も発揮したので、『日本書紀』では「詩賦の興、大津より始まれり」と評されている。『懐風藻』によると、身体容貌たくましく、度量も広大で、幼少時は学問を好み、博識で詩文を得意としたが、成長するに及び武を好むようになり、腕力つよく撃剣に巧みであったと伝える。また、性格は大らかで、時に規則を顧みないところがあったが、己れの身分を誇示せず人士を厚遇したため、絶大の人気があったという。壬申の乱の時には十歳で、初め近江大津宮(滋賀県大津市錦織・皇子が丘一帯に宮跡がある)にあったが脱出し、大分君恵尺(おおきだのきみえさか)らを伴として伊勢国朝明郡(三重県三重郡朝日町・川越町と同郡菰野町・四日市市の北部)で父天武一行と合流することに成功した。天武八年(六七九)五月の吉野宮(奈良県吉野郡吉野町宮滝か)での誓盟に参加、天智・天武の諸皇子らとともに、今後互いに協力し合い逆らうことのないことを誓った。同九年七月には、高市皇子とともに飛鳥寺(奈良県高市郡明日香村飛鳥)の僧弘聡の死を弔問した。同十二年二月、二十一歳になったのを機に国政に参画することになる。『日本書紀』はこれを「大津皇子、始めて朝政を聴く」と記す。朱鳥元年(六八六)八月、草壁・高市両皇子とともに封四百戸を加えられた。これより先、大津は、新羅僧の行心により、その骨相が人臣としての人相ではなく、このまま長く臣下の位にあれば、必ずや非業の死を遂げるであろうことを告げられ、これを機に謀反計画を練り始めたという。朱鳥元年九月九日、天武が崩じ、翌月二日に大津の謀反が発覚して一味三十余人とともに捕えられ、早くも次の日には訳語田の舎(おさだのいえ。奈良県桜井市戒重)において死を命ぜられた。時に年二十四であった。その日に大津の妃山辺皇女(天智の皇女)が殉死した。大津は大事決行を前にひそかに伊勢に下り、斎宮となっていた同母姉の大来(おおく)皇女と逢ったことが『万葉集』(二―一〇五・一〇六)の歌・題詞によって推察できる。『懐風藻』によると、大津の謀反計画を密告したのは、その朋友の川嶋皇子であったという。逮捕された一味は、帳内(とねり)の礪杵道作(ときのみちつくり)・行心以外の者はほどなく赦免されている。このことからみれば、大津の計画も事実無根ではなかったが、天武皇后の鸕野讃良(うののさらら。のちの持統天皇)を中心とする草壁皇子擁立派が、それを事前に察知し、大津抹殺のために利用したのであろう。大津の亡骸は初め本薬師寺跡の地に葬られ、後に葛城の二上山(奈良県北葛城郡當麻町大字染野の二上山墓)に改葬された。『懐風藻』に「五言臨終一絶」など四篇の詩があり、『万葉集』に石川郎女との贈答歌(二―一〇七・一〇八)、石川郎女との婚を津守連通の占により明らかにされた時の作歌(二―一〇九)、死に臨んで磐余(いわれ)池で詠んだ歌(三―四一六)、黄葉の歌(八―一五一二)などがみえる。他に大来皇女が弟を想う歌(二―一〇五・一〇六・一六三〜一六六)がある。近年、奈良県高市郡明日香村の伝飛鳥板蓋宮跡から「大友(皇子)」「大来(皇女)」と記された木簡とともに「大津皇(子)」と書かれている木簡が出土した。

【参考文献】　直木孝次郎『持統天皇』(『人物叢書』)、荒木敏夫『日本古代の皇太子』、川崎庸之「天武天皇の諸皇子・諸皇女」(『万葉集大成』九所収)、吉永登「大津皇子とその政治的背景」(『万葉―文学と歴史のあいだ―』所収)、北山茂夫「持統天皇論」(『日本古代政治史の研究』所収)、吉田義孝「大津皇子論―天武朝の政争とクーデタに関連して―」(『文学』四〇―九)、押部佳周「『大津皇子始聴朝政』の意義」(『日本律令成立の研究』所収)、岸俊男「倭京から平城京へ」(『国文学』二七―五)、同「皇子たちの宮」(『古代宮都の探究』所収)

大津連大浦　おおつのむらじおおうら　―七七五　八世紀中頃の陰陽家。陰陽の知識をもって藤原朝臣仲麻呂の信頼を得、天平宝字八年(七六四)九月、その挙兵に先立って吉凶を問われたが、大浦はこれを密告した。その功により正七位上から従四位上に叙せられ、姓も連から宿禰に改められ、左兵衛佐となり、同年十月には美作守も兼ねた。天平神護元年(七六五)三月、功田十五町を賜わった。しかし、同年八月、和気王の謀反に連坐して日向守に左遷され、位封を奪われ、姓も連に戻された。さらに神護景雲元年(七六七)九月には、日向員外介の任を解かれ、所持していた天文陰陽などの書を没収された。宝亀元年(七七〇)道鏡失脚による情勢変化により、罪を許されて帰京し、翌年七月に陰陽頭に任ぜられ、同五年三月には安芸守を兼ねたが、翌六年五月十七日に卒した。位は従四位上のままであった。造東大寺司主典の安都(あと)雄足に送った天平宝字二年九月四日付「応進上物事」の書状が残っている。

大津連首 おおつのむらじおびと 八世紀初めの僧・陰陽師。名を意毗登にも作る。初め出家して僧名を義法といった。八世紀の初頭に新羅へ留学し、慶雲四年(七〇七)五月、遣新羅大使美努(みの)連浄麻呂に同行し、同僚の義基・惣集・慈定・浄達らとともに帰朝した。和銅七年(七一四)三月、占術にすぐれていることから還俗させられ、大津連の氏姓と意毗登の名を賜わり、従五位下に叙せられた。僧の知識を利用するために還俗させる例は、八世紀の初めにほかに数例ある。次いで養老五年(七二一)正月、学業の優秀な士が賞賜された際に、陰陽の筆頭に従五位上大津連首とみえ、絁(あしぎぬ)十疋などを賜わった。のち、天平二年(七三〇)三月、陰陽医術・七曜頒暦の業を伝えるために吉田連宜(きちたのむらじよろし)らとともに弟子を取ってその術を伝習せしめることを許された。『懐風藻』には、詩二首が収録されているが、そこには「従五位下陰陽頭兼皇后宮亮大津連首」とあり、六十六歳で卒したことが知られる。

大友氏 おおともうじ 渡来系氏族。姓は村主のほか、曰佐・史などがある。延暦六年(七八七)大友村主広道・大友民曰佐竜人らが志賀忌寸の氏姓を賜わったが、『新撰姓氏録』に志賀忌寸は後漢の孝献帝の後裔とある。大友村主は近江国滋賀郡大友郷(滋賀県大津市坂本付近)を本拠とし、近江朝廷を主宰した大友皇子の支持勢力をなしたとみられる。また『坂上系図』には西(かわち)大友村主の名がみえ、大友村主の一派は河内地方にも勢力を有していたらしい。

【参考文献】浅香年木「コシと近江政権」(同編『古代の地方史』四所収)、星野良作「大友皇子と大友氏」(『東アジアの古代文化』四〇)

大友黒主 おおとものくろぬし 九世紀の歌人。六歌仙の一人。近江国滋賀郡大友郷(滋賀県大津市坂本付近)に本拠があった大友村主氏の一族。『天台霞標』『寺門伝記補録』などに収められている貞観八年(八六六)五月十五日付の「太政官牒」にみえる擬大領従八位上大友村主黒主は同一人物であろう。その官牒によると黒主らは、貞観四年十月十七日以前に近江国司に解を提出し、その解において園城寺(大津市園城寺町)に対する近江国講読師の摂領を停め、円珍を別当に任じたい旨の要請をしている。黒主を大友皇子の後裔、もしくは猿丸大夫の子とする伝説があるが、信じがたい。大友皇子の孫都堵牟麿(つとむまろ)の子として黒主を掲げる『本朝皇胤紹運録』の頭書に「貞観四年官符に近江国滋賀郡大領従八位上大友村主黒主の文有り。村主は賤姓にして皇別に非ざるを知る可し」とある。『古今和歌集』に三首(八八・七三五・一〇八六)がみえるのを始め、『後撰和歌集』『拾遺和歌集』に歌が収められている。『古今和歌集』仮名序に「大伴のくろぬしは、そのさまいやし。いはば、たきぎおへる山人の、花のかげにやすめるがごとし」、真名序に「大友黒主の歌。古の猿丸大夫の次いで也。頗る逸興有り。而して躰甚だ鄙にして、田夫が花前に息ふが如き也」と評されている。

【参考文献】小山田和夫「円仁と円珍との関係―横川と園城寺論―」(平岡定海編『論集日本仏教史』3所収)

大伴氏 おおともうじ 軍事的伴造氏族の雄。八世紀―九世紀中頃の名門貴族。姓は初め連、天武十三年(六八四)八色の姓制定に際し、宿禰を賜わる。大伴とは、朝廷に仕えた伴のなかの有力者・統率者を意味する氏の名と考えられている。高皇産霊(たかみむすび)尊の神裔と称し、始祖天忍日命は天磐靫を背に負い天孫瓊瓊杵(ににぎ)尊を守護して日向の高千穂峰に天下り、日臣命は神武天皇を先導して大和平定に殊勲をたて道臣の氏姓と大和国高市郡築坂邑(奈良県橿原市鳥屋町付近)の宅地を賜わり、武日は日本武尊の地方平定に随伴し、室屋(むろや)は雄略朝に靫負(ゆげい)を率いて宮門の開閉をつかさどったと伝える。『古事記』『日本書紀』や『新撰姓氏録』に記された大伴氏の祖先伝承は、天皇・宮門の警衛、地方の平定など、大化以前に大伴氏が世襲していた職掌の起源を説明したものである。大伴氏は国造・地方豪族からなる靫負や、同族の佐伯連、配下の来目直らを従えて天皇と皇居を守り、地方の平定、反乱の鎮圧、朝鮮への出兵などに活躍した武門の氏族であった。また宮城の諸門の守衛を分担した山部連など十あまりの氏族も大伴氏の指揮下にあったと思われる。大伴氏の発祥地は摂津・和泉国の大阪湾沿岸と推定されるが、大和国高市・広瀬郡にも拠点を有していた。大伴連室屋が雄略朝に初めて大連に任命され、その孫金村が武烈・継体・安閑・宣化朝の大連を歴任した頃、すなわち五世紀末から六世紀前半の頃までが大伴氏の全盛時代であったが、金村は朝鮮問題で失脚し、政界の中心の座を物部・蘇我氏に奪われた。しかし、大伴氏は大臣・大連につぐ朝廷の議政官である大夫(まえつきみ)を出し、蘇我氏とも協調しつつ朝廷の中枢に一定の勢力を保持した。その後、大化五年(六四九)長徳が右大臣に任命されたが実権はなく、天武元年(六七二)の壬申の乱において馬来田(まくだ)・吹負(ふけい)・御行(みゆき)・安麻呂らが軍功をあげ、乱後に揃って高位高官に昇り、大伴氏は久しぶりに中興の感があったが、八世紀以後は新興の藤原氏におされ、嫡流の旅人は晩年にいたってやっと大納言となり、その子家持は政界の変動に翻弄されて中納言にとどまった。延暦四年(七八五)の造長岡宮使藤原朝臣種継暗殺事件において、死後まもない家持が主謀者と目され、継人ら一族の多くが処罰を受けて斜陽の大伴氏は再起を危ぶまれる打撃をこうむった。その後約七十年ぶりに伴宿禰善男が大納言に進んで権勢の座についたが、貞観八年(八六六)の応天門の変で失脚し、大伴氏は政界からまったく姿を消すにいたった。この間、弘仁十四年(八二三)に即位した淳仁天皇の諱(大伴親王)に触れるために大伴の氏名は伴に改められた。律令時代になっても大伴氏は兵部省・衛門府などの上級官人に任命され、征夷の将軍となった者が少なくないのは、武門の伝統である。八世紀の大伴氏は政治的には振わなかったが、家持を始め旅人・大伴坂上郎女など一族の人々が『万葉集』に多くの歌を残し、異彩を放っている。

【参考文献】 直木孝次郎『日本古代兵制史の研究』、志田諄一『古代氏族の性格と伝承』

大伴赤麻呂　おおとものあかまろ　―七四九　八世紀中頃の武蔵国多磨郡(東京都の保谷市を除く各市と西多摩郡および中野・杉並・世田谷区の一部)大領。『日本霊異記』によれば、天平勝宝元年(七四九)十二月に没したが、同二年五月、黒斑(まだら)の犢(こうし)に生まれ代わった。その斑文は碑文のように文字を成しており、そこには赤麻呂が自分の建てた寺の物を思うままに借用し、いまだ返さないうちに死んだので、これを償うために牛に生まれたことが記されていたという。

大伴大連金村　おおとものおおむらじかなむら　五世紀末から六世紀前半の中央豪族。武烈・継体・安閑・宣化朝の大連。室屋の孫。談の子。磐・咋・狭手彦の父。仁賢天皇の崩後、大臣平群(へぐり)臣真鳥の無礼を憤った太子(のちの武烈天皇)の要請により数千の兵をもって真鳥・鮪父子を攻め滅ぼして武烈を即位させ、みずからは大連となった。武烈の崩後、後嗣がなかったため群臣とはかり、丹波国の桑田郡(京都府北桑田郡と亀岡市の一帯)にいた仲哀天皇の五世の孫の倭彦王を擁立しようとしたが、王が逃亡したため果たさず、応神天皇の五世の孫の男大迹(おおど)王(のちの継体天皇)を越前国から迎えて河内の樟葉宮(大阪府枚方市楠葉)に即位させ、仁賢の皇女手白香皇女を娶わせた。しかし継体は直ちに大和に入れず、二十年を経てようやく磐余玉穂(いわれのたまほ。奈良県桜井市池之内付近か)に都することができた。継体二十一年(五二七)近江臣毛野が率いる任那復興軍が筑紫国造磐井のために阻まれるという事件が起こった。いわゆる磐井の乱であるが、継体は金村と物部麁鹿火(あらかひ)・許勢男人に詔して征討の将を選ばせ、金村の推挙によって麁鹿火を大将軍に任じ、激しく抵抗する磐井を倒した。一方、朝鮮半島では、五世紀後半以降百済が南方へ領土を広め、武寧王代に入ると任那への進出を積極的に図り、継体六年、任那の上哆唎・下哆唎・娑陀・牟婁の四県の割譲を要求してきた。これに対して反対の意見もあったが、実権を握る金村の主張によって四県の割譲を認めることとなり、任那の急速な崩壊をみちびく要因となった。安閑天皇が即位すると引き続いて大連となり、皇嗣なきことを憂い、皇后・妃のために屯倉を設定した。また摂津の三島県主飯粒(いいぼ)や大河内直味張(あじはり)に安閑のために屯倉を献上させるなど、屯倉設定を積極的に進めた。宣化朝においても大連として仕え、子の磐と狭手彦を派遣して新羅の侵寇を受けた任那を救援させた。だが欽明元年(五四〇)物部大連尾輿らに先の任那四県割譲の責任を追及され、住吉の宅(のちの摂津国住吉郡のうち。現在の大阪市南部から堺市にかけての湾岸にあったものとみられる)に引退して朝政から離れることになった。こうして大伴氏はその勢力を失い、欽明朝の政治の実権は、大連の尾輿と大臣の蘇我稲目宿禰の二人へと移っていった。

【参考文献】林屋辰三郎「継体・欽明朝内乱の史的分析」(『古代国家の解体』所収)、直木孝次郎「大伴金村」(『古代史の人びと』所収)、八木充「大伴金村の失脚」(三品彰英編『日本書紀研究』一所収)

大伴坂上郎女 おおとものさかのうえのいらつめ　八世紀中頃−後半の女流歌人。大伴宿禰安麻呂の女。母は石川内命婦。旅人の異母妹。家持の叔母。初め穂積親王に嫁し寵愛されたが、霊亀元年(七一五)に親王が薨じた後は、藤原朝臣不比等の子麻呂にも愛された。その後、異母兄の大伴宿禰宿奈麻呂に嫁して、坂上大嬢・坂上二嬢を生んだ。神亀年間(七二四−七二九)大宰帥として任に赴いていた旅人のもとに下向し、天平二年(七三〇)帰京した。同七年には旅人の家に寄宿していた新羅の渡来尼僧理願が死去した時、有馬に療養に出ていた母の石川内命婦にかわって屍柩を葬送した。また天平十八年・二十年には越中国守として赴任していた家持に歌を贈っているが、郎女は少なからず家持の作歌活動に影響を与えていたといわれる。『万葉集』には短歌七十八首(七十七首ともいわれる)、長歌五首(六首ともいわれる)、旋頭歌一首が収められており、当時一流の女流歌人であったといえよう。なお坂上郎女と呼ばれた由縁は、坂上里(奈良市法華寺町西北付近)に住していたことによる。

大伴坂上大嬢 おおとものさかのうえのおおいらつめ　八世紀後半の女流歌人。大伴宿禰宿奈麻呂の女。母は大伴坂上郎女。坂上二嬢は同母妹。大伴田村大嬢は異母姉。従兄弟の家持の妻となり、天平十八年(七四六)から天平勝宝三年(七五一)にかけて越中国守となった家持に従って越中国に赴いた。『万葉集』巻四・八に短歌十一首が収録されているが、すべて家持との贈答歌である。また大伴田村大嬢や母坂上郎女から贈られた歌もみられる。

大伴宿禰池主 おおとものすくねいけぬし　八世紀中頃の下級官人・歌人。天平十年(七三八)の『駿河国正税帳』に春宮坊少属従七位下とみえ、珠玉を覓(もと)める使として駿河国を通っている。『万葉集』には、同年十月に橘宿禰奈良麻呂が父諸兄の旧宅で宴飲した時の池主の歌一首(八−一五九〇)がみえ、同十八年八月には越中掾に在任し、国守大伴宿禰家持の館で宴飲した時の歌四首(一七―三九四四～三九四六・三九四九)もある。同月、大帳使として上京し、同年十一月に帰任して宴飲が行なわれた。翌十九年春に国守の館で病臥した家持から贈られた歌に答え、同年三月、三度にわたって歌ならびに七言の詩を詠じているが(同一七―三九六七・三九六八・三九七三～三九七五)、翌四月には税帳使として上京する家持への餞別の宴が池主の館で行なわれ、家持に和した長歌・短歌を詠じている(同一七―三九九三・三九九四)。その二日後、前日に家持が詠んだ歌に和して長歌・短歌を詠み(同一七―四〇〇三～四〇〇五)、さらに二日後、家持が別離の情を詠んだ歌に和して、長歌・短歌を贈った(同一七―四〇〇八～四〇一〇)。天平二十年春には越前掾に遷任しており、同年三月に越中守家持に歌三首を贈り(同一八―四〇七三～四〇七五)、また天平勝宝元年(七四九)十一月、家持から針袋を贈られたことを謝した戯歌四首を贈っているが(同一八―四一二八～四一三一)、十二月にも歌二首を贈っている(同一八―四一三二・四一三三)。同三年八月頃にも越前掾に在任したが、同五年八月にはすでに左京少進に遷任していて、少納言に遷っていた家持らと高円山(たかまどやま。奈良市白毫寺町東方の山)の麓で詠じた歌がみえ(同二〇―四二九五)、翌六年正月に家持の宅で氏人らが宴飲した時にも左京少進とみえる(同二〇―四三〇〇)。次いで天平勝宝八歳三月には式部少丞の任にあり、聖武太上天皇の河内行幸に供奉した時の歌がある(同二〇―四四五九)。また同歳十一月にも式部少丞池主の宅で宴飲が行なわれている。翌九歳七月、橘朝臣奈良麻呂の変で捕えられて投獄されたが、その後の消息は不明である。

大伴宿禰稲君　おおとものすくねいなきみ　八世紀前半―中頃の官人・歌人。名を稲公にも作る。旅人の庶弟。『万葉集』によれば、史料上最初と思われる官職は、衛門大尉(八―一五四九・一五五三)。天平二年(七三〇)旅人が大宰帥在任中、脚に瘡を生じ枕席安からざるにより遺言を伝えるために稲公と大伴宿禰古(胡)麻呂が大宰府に呼ばれたが、旅人の病が回復したため帰京した。時に右兵庫助(同四―五六七)。同十三年十二月、因幡守となったが、時に従五位下。同十五年五月には従五位上、同二十一年四月には正五位下に昇叙し、同年(七月に天平勝宝と改元)八月、兵部大輔に任ぜられた。『東大寺要録』によれば、天平勝宝四年(七五二)四月の大仏開眼会に際し、建部君豊足とともに鎮裏右京使となった。同六年四月には上総守となり、同九歳五月に正五位上、同年八月に従四位下に叙せられた。天平宝字二年(七五八)二月には大和守として部下の城下郡大和神山(三輪山(城上郡)とする説もあるが地域的にあわない。大和神社(現在地は奈良県天理市新泉町)の山とみる説もある)の藤の根に虫が十六文字を彫ったという祥瑞を奏上した。

大伴宿禰今人　おおとものすくねいまひと　八世紀末―九世紀初めの地方官・武将。備前・備中・備後のいずれかの国守在任中、掾の河原連広法と大水路を造った。百姓は初め今人を非難したが、完成後はその功績を讃え、その水路を伴渠といった。弘仁二年(八一一)三月、文室朝臣綿麻呂が征夷に当った時、出羽守として俘囚三百余人を率いて雪中賊の不意をついて急襲し、爾薩体(にさったい。岩手県二戸市仁左平付近)の残党を殺して不朽の武功を残し、同年四月、征夷副将軍となり、同年十二月に従五位下から従五位上に昇叙された。

大伴宿禰牛養　おおとものすくねうしかい　―七四九　八世紀前半の公卿。名を牛飼にも作る。嚙(くい)の孫。吹負(ふけい)の子。和銅二年(七〇九)従六位上から従五位下に叙せられた。遠江守・左衛士督・摂津大夫を歴任ののち、天平十一年(七三九)参議となる。同十四年の聖武天皇の紫香楽(しがらき。滋賀県甲賀郡信楽町)行幸に際しては、藤原朝臣仲麻呂とともに平城留守司、また同十六年の難波行幸の時には、恭仁(くに)宮留守司となる。同十七年元旦には、石上・榎井二氏にかわって佐伯宿禰常人と大楯槍を立てた。同年正月、従三位に叙せられ、同十八年四月、山陽・西海両道の鎮撫使となるが、天平感宝元年(七四九)閏五月に薨じた。時に中納言正三位。

大伴宿禰伯麻呂　おおとものすくねおじまろ　七一八—七八二　八世紀後半の公卿。道足の子で、弥嗣の父。馬来田(まくだ)の孫という。天平勝宝四年(七五二)四月、東大寺大仏開眼の日、大歌久米舞の舞頭を担当した。同年十一月、上野守、以後伊豆守・左衛士佐・右少弁・駿河守・遠江守・右中弁・春宮亮・宮内卿などを歴任して、宝亀九年(七七八)正月、参議となった。ほかに造西大寺司次官を神護景雲元年(七六七)から数年兼任し、また新羅入朝使や宝亀十一年正月の新羅問責奉宣使なども務めている。天応二年(七八二)二月、薨じた。時に従三位。その薨伝に「宴飲談話、頗る風藻あり」、そのため光仁天皇が特に寵幸したとある。

大伴宿禰弟麻呂　おおとものすくねおとまろ　七三一—八〇九　九世紀初めの公卿。古慈斐(こしび)の子。乙麻呂にも作る。宝亀十年(七七九)正月、従六位上から従五位下に進み、翌年、衛門佐となる。延暦二年(七八三)には常陸介で征東副将軍を兼ね、のち右中弁・左中弁・皇后宮亮・河内守を歴任。同十年、従四位下に昇叙。征夷大使となる。同十三年六月、征夷大将軍として副将軍坂上大宿禰田村麻呂らに蝦夷を討たせ、同年十月に戦果を報告。翌年正月、節刀を返上し、同年二月に従三位勲二等を叙せられ非参議となる。大同四年(八〇九)五月二十八日に薨じた。時に七十九歳。

【参考文献】高橋崇『坂上田村麻呂』(『人物叢書』)、新野直吉『古代東北史の人々』

大伴宿禰潔足　おおとものすくねきよたり　七一六—七九二　八世紀後半の官人。従三位兄麻呂の子。『大伴系図』によれば、孝徳朝の右大臣大紫冠長徳の孫とするが年代が合わず、曾孫とみるべきか。天平感宝元年(七四九)から天平勝宝七歳(七五五)にかけて数年間、越前掾・従六位上として、おもに越前国内での東大寺領田の占定に活躍。天平宝字八年(七六四)正月、従五位下・礼部(治部)少輔。以後、因幡介・因幡守・播磨守・美濃守など地方官を歴任。一方、武官としては宝亀十一年(七八〇)四月、左兵衛督、のち兵部大輔・近衛中将を経て延暦七年(七八八)従四位上で衛門督、同九年、参議・兵部卿となる。『公卿補任』『大伴系図』によれば、延暦十一年十月二日、卒す。時に七十七歳。

【参考文献】高島正人「奈良時代の大伴宿禰氏」(『奈良時代諸氏族の研究』所収)

大伴宿禰国道　おおとものすくねくにみち　七六八—八二八　八世紀末—九世紀初めの官人。継人の子。聡敏にして頗る才能があったが、父が延暦四年(七八五)の藤原朝臣種継暗殺事件に関与したため、縁坐して佐渡国に流された。しかし、同国国司は国道を師として国政を行なったといわれる。同二十二年、恩赦により帰京。弘仁二年(八一一)陸奥少掾、翌年、権介となり、文室(ふんや)朝臣綿麻呂のもとで征夷に伴う国務を行ない、同四年正月、正六位上から従五位下に、同六年正月、宮内少輔、同十年正月、従五位上に、同十二年、民部少輔、同十三年、右中弁・正五位下、同十四年三月、延暦寺の別当となり、以後延暦寺との関係が生じた。淳和天皇践祚の同年四月、左中弁・従四位下となったが、この月、淳和の諱にふれるので大伴の氏名を伴と改め、同年五月、参議となり右大弁を兼ねた。天長元年(八二四)再置された勘解由使の長官となり、翌二年正月、従四位上。この頃、東西寺(東寺と西寺)検校として空海とも交わった。同五年、陸奥出羽按察使(あぜち)となり、任地に赴いて、同年十一月十二日、卒去した。時に六十一歳。

【参考文献】佐伯有清『伴善男』(『人物叢書』)

大伴宿禰古慈斐　おおとものすくねこしび　六九五—七七七　八世紀の上級官人。吹負(ふけい)の孫で、祖父麻呂(おおじまろ)の子。子に弟麻呂がいる。祜信備・祜志備・古慈備にも作る。天平勝宝八歳(七五六)出雲守の時、朝廷を誹謗したことにより禁固刑に処せられた。その際、大伴宿禰家持が「族を喩す歌」を作る。天平宝字元年(七五七)土佐守の時、橘宿禰奈良麻呂の乱に坐し、土佐国に配流された。のち復位し、宝亀元年(七七〇)大和守となり、同六年には従三位に昇進したが、同八年八月十九日に八十三歳で薨じた。『万葉集』に一首、歌が残されている(一九—四二六二)。薨伝に、若くして才幹があり、藤原朝臣不比等の女を妻としたとある。

大伴宿禰古麻呂　おおとものすくねこまろ　—七五七　八世紀中頃の官人。胡麻呂・古万呂・胡満にも作る。天平二年(七三〇)治部少丞の任にあり、同五年には遣唐使船で入唐。のち、兵部大丞を経て同十七年正月、従五位下に昇叙。天平勝宝元年(七四九)八月、左少弁となる。同二年九月、遣唐大使藤原朝臣清河の下で副使となり、同四年に再度入唐。翌年、長安での朝賀に際し新羅使が上席に就くことを抗議して変更させた。鑑真と弟子二十四人を密かに自船に招じて同六年正月に帰国。この年、左大弁となり正四位下に進んだ。のち藤原朝臣宮子や聖武太上天皇の山作司をつとめる。天平勝宝九歳四月、皇嗣問題が起こると、池田王を推すが失敗。橘朝臣奈良麻呂らと反藤原朝臣仲麻呂勢力を結集するが、同年六月、陸奥按察使(あぜち)兼鎮守将軍に任ぜられ都を追われる。赴任の途次、同年七月二日、不破関(岐阜県不破郡関ケ原町)を塞ぎ反乱に立つ手筈を決めたが、同日発覚し捕えられ、拷問の末二日後杖下に死んだ。累は同族古慈斐・兄人・池主らにも及んだ。『伴氏系図』には家持の子とあるが、疑わしい。御行(みゆき)の子とする説や、安麻呂の孫で、宿奈麻呂の子とする説がある。

【参考文献】高島正人『奈良時代諸氏族の研究』

大伴宿禰子虫　おおとものすくねこむし　八世紀中頃の官人。長屋王に仕えて恩遇をうけた。『続日本紀』によれば、天平十年(七三八)七月、左兵庫少属従八位下の時、右兵庫頭外従五位下中臣宮処連東人と、政事の合間に囲碁をしていて話が長屋王の事に及ぶと、激怒して剣を抜き、東人を切り殺した。原因は、東人が、神亀六年(七二九)二月に、従七位下漆部(ぬりべ)造君足とともに、長屋王のことを「私かに左道を学び、国家を傾けんとする」と訴え出て、長屋王が自殺したのち、褒賞として外従五位下を授かり、封戸・功田を与えられていたことを恨んだためであろう。

大伴宿禰宿奈麻呂　おおとものすくねすくなまろ　八世紀前半の官人。安麻呂の第三子。大伴田村大嬢・大伴坂上大嬢の父。和銅元年(七〇八)正月、従五位下に叙せられ、同四年五月、左衛士督となり、養老三年(七一九)七月には備後守であったが、安芸・周防二国の按察使(あぜち)となった。神亀元年(七二四)従四位下に昇叙した。『万葉集』によれば、田村里(奈良市尼辻町)に住んでいたことが知られ、時に右大弁であった(四—七五九)。

大伴宿禰駿河麻呂　おおとものすくねするがまろ　—七七六　八世紀後半の官人。高市大卿(御行か)の孫。天平十五年(七四三)五月、従五位下に進み、同十八年九月、越前守となる。のち橘宿禰奈良麻呂の陰謀に荷担したとされ、連坐して長く不遇の時期を送る。宝亀元年(七七〇)従五位上で出雲守となり、肥後守を歴任。同三年九月、老齢ながら光仁天皇の懇命をうけて按察使(あぜち)正四位下となり、陸奥守・鎮守将軍を兼ねた。同五年、桃生(ものう)城(城跡は宮城県桃生郡河北町飯野新田)が蝦夷の攻撃をうけ、中央からも進軍しないことに対する譴責を受けたので、初めて遠山村(比定地未詳。宮城県登米郡地方とする説や本吉郡地方とする説がある)を攻略し成果をあげた。翌年九月、参議に任ぜられ、同年十一月、軍功により正四位上勲三等をうける。同七年、奥羽両国軍士二万四千人の征軍をおこすが、同年七月七日、任所で卒した。贈従三位。没年月日に異説がある。坂上郎女らとの相聞歌を主として『万葉集』に短歌十一首(三—四〇〇・四〇二・四〇七・四〇九、四—六四六・六四八・六五三〜六五五、八—一四三八・一六六〇)を残す。『伴氏系図』は道足の子とする。

大伴宿禰田主 おおとものすくねたぬし 八世紀前半の歌人。安麻呂の第二子。母は巨勢朝臣の女。旅人の弟。字は仲郎。『万葉集』には石川女郎との間の贈答歌(二―一二六～一二八)がみられるが、その一首(二―一二六)の左注によれば、容姿佳艶にして風流秀絶で見る人聞く者がみな嘆息したという。『伴氏系図』にも田主が天下無双の美男で、田主を見る女が多く恋死したほどであったと伝える。

大伴宿禰旅人 おおとものすくねたびと 六六五―七三一 八世紀初めの上級官人。名は多比等・淡等にも作る。長徳(ながとこ)の孫、安麻呂の第一子で、母は巨勢郎女(こせのいらつめ)。和銅三年(七一〇)正月の朝賀で、正五位上左将軍として騎兵を率いて威儀を備えたが、翌四年四月、従四位下に昇叙し、同七年十一月には新羅使を迎えるための左将軍の任を果たしている。次いで同八年正月、従四位上へ昇叙、同年五月に中務卿に任ぜられたが、養老二年(七一八)三月には中納言に起用され、翌三年正月、正四位上に進んでいる。ここで按察使(あぜち)制が創設されると、同年九月に山背国摂官とされ、翌四年二月、隼人の反乱が勃発し、中納言兼中務卿の旅人は、翌三月に征隼人持節大将軍に任ぜられ、同年六月には征討の労を慰問されたが、八月にはまだ完全に鎮定していないとして、副将軍以下を現地に留め、旅人だけが、入京を許されている。次いで同五年正月、長屋王の右大臣昇任に伴って従三位に昇叙し、同年三月には長屋王らとともに帯刀資人を賜わったが、その資人らの考選は職分資人に准ぜられた。同年十二月、元明太上天皇の大葬に当って営陵の責任者となり、神亀元年(七二四)二月、聖武天皇の即位に伴って正三位に昇叙し、封戸を増し物を賜わった。同五年頃に、中納言で大宰帥を兼任し、大宰府に赴任したが、藤原氏による長屋王打倒の一布石であったとみられる。その赴任後、まもなく妻の大伴郎女が病没し、同年六月に仏教的な色彩の強い歌を詠じており(『万葉集』五―七九三)、この時、弔使が大宰府に派遣されている。その後も、有名な「酒を讃むる歌」十三首(同三―三三八～三五〇)を始め、大宰府在任中に詠じた数多くの歌が『万葉集』にみえるが、神亀六年二月に長屋王を打倒した藤原四兄弟が、班田再分割を発令すると、翌天平二年(七三〇)三月、大宰帥の旅人は、管下の薩摩・大隅二国にまだ班田が行なわれたことのない現状を挙げ、例外的な措置を求めた。次いで同年六月、脚に瘡を生じて病床に苦しみ、弟の稲君、姪(おい)の胡(古)麻呂が大宰府に下って、旅人を見舞っているが(同四―五六七左注)、同年十月頃に、旅人は大納言に昇任、年末に上京したことが知られ、翌三年には平城京に在任して大宰帥を兼ねたとみられる。同年正月には従二位を授けられたが、この年七月二十五日に大納言従二位で薨じた。六十七歳であったが、資人の余明軍が旅人を追慕して詠んだ歌、および勅命で旅人の病を検護した内礼正県犬養宿禰人上の歌がみえる(同三―四五四～四五九)。『懐風藻』には旅人の漢詩「五言。初春宴に侍す」一首があり、また天平勝宝八歳(七五六)六月二十一日付の『東大寺献物帳(国家珍宝帳)』には、旅人が奉献した槻御弓一張があることが載せられている。

【参考文献】土屋文明『旅人と憶良』、五味智英「大伴旅人序説」(『万葉集大成』一〇所収)、稲岡耕二「大伴旅人・山上憶良」(『講座日本文学』二所収)、平山城児「大伴旅人」(有精堂『万葉集講座』六所収)

大伴宿禰継人 おおとものすくねつぐひと ―七八五 八世紀後半の官人。古麻呂の子で、国道の父。善男の祖父。宝亀八年(七七七)六月、遣唐使判官となって渡海し、揚州海陵県から長安に赴いた。しかし同九年、帰途を風波に襲われ、船は中断。舳に乗って漂流し、肥後国天草郡(熊本県天草郡と本渡市・牛深市の一帯)に着いた。同十年、従五位下となり、以後能登守・伯耆守・近江介などを歴任し、延暦二年(七八三)左少弁。同四年九月、造営中の長岡京で藤原朝臣種継を暗殺した首謀者として捕えられた。罪に承伏して処刑されたとも獄中に繋死したともいう。種継暗殺は、大伴宿禰家持の計画に基づき、皇太子早良(さわら)親王のために謀った事件とされ、廃太子などの理由にもなったが、なお疑問の点も多い。

大伴宿禰書持　おおとものすくねふみもち　—七四六　八世紀前半の歌人。旅人の子。家持の弟。『万葉集』に天平十年(七三八)十月、橘宿禰諸兄の旧宅で開かれた橘宿禰奈良麻呂主催の宴での歌一首がある(八—一五八七)。また同十三年四月、奈良の宅から恭仁京(くにのみやこ。京都府相楽郡加茂町・木津町・山城町一帯。宮跡は加茂町瓶原にある)にいる家持のもとに霍公鳥(ほととぎす)を歌った二首を贈り、内舎人であった家持の返歌を得ている(同一七—三九〇九~三九一三)。同十八年九月に死去し、佐保山(奈良市街地北方に連なる丘陵地)で火葬された。家持は書持の死を悲しみ、その人となりを、「花草花樹を愛でて、多く寝院の庭に植う」と表わしたことが『万葉集』にみえている(一七—三九五七)。

大伴宿禰益立　おおとものすくねますたち　八世紀後半の武将。奈良朝後半の東北経営に二度にわたって深く関わった武将で、初めは鎮守軍監として造柵や征軍に従事し、天平宝字四年(七六〇)正月、従五位下に叙せられ、のち鎮守副将軍鎮国衛驍騎将軍(中衛少将)となり、陸奥介も兼任。神護景雲元年(七六七)十月、伊治城(城跡は宮城県栗原郡築館町城生野にある)造営の功で正五位上に進んだ。その後は陸奥国を離れ諸職を歴任するが、宝亀十一年(七八〇)三月、伊治公呰麻呂(いじのきみあざまろ)の乱に再び起用され、征東副使となり、陸奥守を兼ね、翌四月、従四位下となって下向。しかし現地で逗留して進軍しないという理由で、天応元年(七八一)正月、ただ一人位階を奪われた。のち延暦二年(七八三)五月、正五位上で兵部大輔に再任され、承和四年(八三七)五月、その男伴宿禰野継の上書によって冤を除かれ本位に復した。

大伴宿禰道足　おおとものすくねみちたり　—七四一?　八世紀前半の官人。伯麻呂の父。国史に馬来田(まくだ)の子とするが、『公卿補任』などでは安麻呂の子。大宝四年(七〇四)正月、従五位下となり、以後讃岐守・弾正尹・民部大輔・右大弁などを歴任し、天平三年(七三一)八月、諸司の推挙をうけて参議となった。同七年、以前に阿倍朝臣帯麻呂らの故殺事件につきその訴えを裁理しなかったとして断罪されたが、同年九月にいたり、詔により宥された。大伴宿禰旅人の没後、一時大伴一族の中心的位置に立ったが、活躍の形跡はない。『万葉集』に、天平二年、擢駿馬使(てきしゅんめし)として大宰府に下向した道足をもてなした宴での葛井(ふじい)連広成の歌がある(六—九六二)。没年は不明であるが、『大伴系図』には天平十三年とある。

大伴宿禰御行　おおとものすくねみゆき　—七〇一　七世紀後半の上級官人。大伴連長徳の子。弟に安麻呂、子に御依がいる。高市大卿ともよばれた。壬申の乱に大海人皇子(のちの天武天皇)側の将として活躍した。天武四年(六七五)兵部大輔になり、同十三年には連から宿禰姓となる。持統朝には氏上(うじのかみ)に任ぜられ、さらに大納言となる。文武四年(七〇〇)八月、善政を賞されて正広参に進み、翌五年正月、薨じた。死後、正広弐右大臣を贈られた。同年七月、壬申の功臣として功封百戸を賜わり、中功として四分の一を子に伝えさせた。『万葉集』に歌がある(一九—四二六〇)。妻紀朝臣音那はその貞節の故に和銅五年(七一二)に邑五十戸を贈与されている。

大伴宿禰家持　おおとものすくねやかもち　—七八五　八世紀の公卿・歌人。三十六歌仙の一人。旅人の長男、書持(ふみもち)の兄、妻は従姉妹の大伴坂上大嬢(おおいらつめ)。生年は霊亀二年(七一六)・養老元年(七一七)・同二年などの諸説がある。天平十年(七三八)の頃から内舎人として仕え、同十七年、従五位下に叙せられ、その後、宮内少輔・越中守となり、帰京後少納言・兵部少輔・兵部大輔・右中弁に任ぜられたが、天平宝字元年(七五七)の橘朝臣奈良麻呂の乱に自身は直接関与しなかったものの、一族の主だったものが参加していたため、藤原朝臣仲麻呂によって翌二年、因幡守に左遷された。同六年、信部(中務)大輔に任ぜられたが、仲麻呂の専横に反対する藤原朝臣良継(宿奈麻呂)の変に連坐し、同八年一月、薩摩守に左降された。同年九月、藤原朝臣仲麻呂の乱が起きたが、遠く薩摩国にあった家持は、勲功をたてる機会に恵まれなかった。その後、大宰少弐・民部少輔・左中弁兼中務大輔を歴任し、宝亀二年(七七一)十一月、従四位下に昇叙された。さらに式部員外大輔兼相模守・左京大夫兼上総守・衛門督・伊勢守となり、同九年正月、正四位下に叙せられ、同十一年二月、参議となり公卿の末席に連なった。時に六十余りの年齢になっていた。その後、参議で右大弁・右京大夫・春宮大夫を兼ね、天応元年(七八一)十一月、桓武天皇の大嘗祭に際し、従三位に昇った。同二年閏正月、因幡守氷上真人川継の謀反に坐し、官を解かれ京外に移されたが、四カ月後に嫌疑が晴れて春宮大夫に復任し、同年六月、陸奥按察使(あぜち)兼鎮守将軍となり、延暦二年(七八三)七月、中納言に起用された。同三年二月、持節征東将軍に任ぜられ、翌年四月、中納言従三位兼春宮大夫陸奥按察使鎮守府将軍の肩書によって、陸奥国の多賀・階上の二郡(宮城郡内の多賀城下に近い郷村を割いて権置)の建置を朝廷に申請し、許可された。同四年八月二十八日、薨じた。『続日本紀』には死の場所が明記されていないが、任所の陸奥国多賀城(宮城県多賀城市市川・浮島)で没したと推定される。しかるに死後二十余日、遺骸をまだ埋葬しないうちに、長岡京造営の責任者藤原朝臣種継射殺事件が起こり、その主謀者であるとして除名され、荘園を含めて一切の私財も没収され、子息の右京亮永主は隠岐国に流罪となった。延暦二十五年(八〇六)三月、桓武崩御の日に遺詔によって従三位に復された。家持は『万葉集』の編者といわれ、また作歌も多く、総歌数四千五百余首の約一割以上は家持の歌で占められている。『万葉集』が天平宝字三年(七五九)正月の家持の歌を最後に終り、家持のその後の作歌の伝わらない理由は、橘朝臣奈良麻呂の乱の影響であろうと考えられている。

【参考文献】 尾山篤二郎『大伴家持の研究』、山本健吉『大伴家持』(『日本詩人選』)、瀬古確『〈増補改訂〉大伴家持の研究』、北山茂夫『大伴家持』(『平凡社選書』)、川口常孝『大伴家持』

大伴宿禰安麻呂 おおとものすくねやすまろ —七一四 天武朝から八世紀初めにかけての上級官人。大伴連長徳の子。兄は大伴宿禰御行(みゆき)。子に旅人、孫に家持がいる。佐保大納言という。壬申の乱に大海人皇子(のちの天武天皇)側につき、大伴連吹負(ふけい)のもとで活躍した。天武十三年(六八四)には連から宿禰姓となる。朱鳥元年(六八六)新羅の金智祥を饗するため筑紫に赴く。大宝元年(七〇一)には従三位、同二年には式部卿、慶雲二年(七〇五)に大納言に就任し、さらに大宰帥を兼務した。和銅七年(七一四)大納言兼大将軍正三位の地位で薨去。元明天皇は死を悼んで安麻呂に従二位を贈った。

大伴津麻呂 おおとものつまろ 雄略朝の新羅派遣軍の兵士。雄略九年三月に大伴連談(かたり)らが雄略天皇の命を奉じて新羅を討つと、これに従軍した。談が新羅王の軍を敗走させてその遺衆と力闘の末に戦死したことを知るや、津麻呂は地を踏んで悲しみ、あとを追って敵中に走り戦死した。

大伴連磐 おおとものむらじいわ 金村の子。『日本書紀』によると宣化二年(五三七)十月に新羅が任那を攻めたため、弟の狭手彦とともに任那を救うべく派遣された。狭手彦は任那に行ったが、磐は筑紫に留まって国政を執り、三韓に備えたという。

【参考文献】 関晃『帰化人』、山尾幸久『日本古代王権形成史論』

大伴連忍勝 おおとものむらじおしかつ 信濃国小県郡の地方豪族。『日本霊異記』によれば、大伴連の一族が同心して小県郡嬢里(おうなのさと。現在の長野県小県郡東部町全域と上田市の一部)に氏寺を建立した。忍勝は剃髪・受戒して堂に常住して修行していたが、宝亀五年(七七四)氏寺の物品を私的に用いたことを非難され、一族の者に打たれて死に、殯屋(もがりや)の内に収められたが、五日後に蘇生。蘇生ののち、くわしく地獄の裁きの様子や堂の物を償えと言われたことなどを伝えたという。

大伴連小手子　おおとものむらじおてこ　崇峻天皇の妃。大伴連糠手子(ぬかてこ)の女。古氏古郎女にも作る。蜂子皇子・錦代皇女を生む。崇峻は蘇我馬子宿禰の配下の手で殺されたが、『日本書紀』所引の或る本に小手子は崇峻の寵愛が衰えたのを恨み、崇峻の馬子排斥の意思を馬子に告げたという。

大伴連談　おおとものむらじかたり　雄略朝の新羅派遣軍の大将。名は語にも作る。室屋の子で、金村の父。雄略九年三月、天皇の命を奉じて紀小弓宿禰らと新羅を討ち、喙(とく。慶尚北道慶山)の地で新羅王を敗走させたが、遺衆と力闘の末に戦死した。『新撰姓氏録』の左京神別中には談は父の室屋と衛門の左右を分衛したとあり、右京神別上には、佐伯日奉(さえきのひまつり)造は天押日命の十一世孫の談の後裔とある。

大伴連囓　おおとものむらじくい　六世紀末—七世紀初めの豪族。名を咋・咋子にも作る。『日本書紀』によれば、用明二年(五八七)七月、物部守屋大連征討の軍に加わり、崇峻四年(五九一)十一月に任那復興のため、大将軍となり筑紫に出陣したが、崇峻天皇が殺されたので、筑紫にとどまったまま推古三年(五九五)七月に帰還。同九年三月、任那救援のため高句麗に使いし、翌十年六月に百済より帰国。同十六年八月には宮廷で隋使裴世清(はいせいせい)を迎え、同十八年十月には新羅使を迎えたという。『続日本紀』天平感宝元年(七四九)閏五月条によれば、冠位は大徳、吹負(ふけい)の父。『大伴系図』『伴氏系図』では、金村の子で長徳の父とするが、確かではない。『尊卑分脈』に、藤原朝臣(中臣連)鎌足の母は囓の女智仙娘とある。

大伴連狭手彦　おおとものむらじさてひこ　六世紀中頃の豪族。金村の子。名を佐弖彦・佐提比古郎子などにも作る。『日本書紀』によれば、宣化二年(五三七)十月、新羅が任那を侵したので、朝鮮半島に遣わされ、任那を鎮め百済を救った。また欽明二十三年(五六二)八月には、大将軍として兵数万を率いて高句麗を討ち、多くの珍宝を得て帰還したという(一本にはこれを欽明十一年のこととする)。『日本三代実録』貞観三年(八六一)八月十九日条の伴宿禰善男の奏言に引く伴大田宿禰常雄の款にも、ほぼ同様の伝えがみえ、狭手彦の献じた高句麗の囚が山城国の狛人の祖であるという。『新撰姓氏録』左京神別中に、道臣命の十世孫で、大伴連・榎本連氏の祖とあり、『肥前国風土記』松浦郡条、『万葉集』巻五などには、狭手彦と弟日姫子(松浦佐用姫)との別離の悲話がみえる。

大伴連武日　おおとものむらじたけひ　大伴氏の遠祖。名を健日にも作る。『日本書紀』によると、垂仁二十五年二月、阿倍臣の遠祖武渟川別(たけぬなかわわけ)ら四人とともに五大夫に任ぜられ、景行四十年、吉備武彦とともに日本武尊の東征に従い、その帰途、甲斐国酒折宮(山梨県甲府市酒折町)で靫部(ゆげいのとものお)を賜わったという。『日本三代実録』貞観三年(八六一)十一月条の伴宿禰善男の奏言のなかに、景行天皇の時、健日は倭武命に従い、その功によって讃岐国を賜わったとある。

大伴連長徳　おおとものむらじながとこ　—六五一　七世紀中頃の廷臣。囓(くい)の子。御行(みゆき)・安麻呂の父。名を馬養(馬飼)にも作る。『日本書紀』によれば、舒明四年(六三二)十月、唐使高表仁(こうひょうじん)らを難波江口(淀川の河口部)に迎え、皇極元年(六四二)十二月、舒明天皇の葬儀に際し、大臣蘇我蝦夷にかわって誄(しのびごと)を奏した。時に冠位は小徳。同三年六月、珍異な百合の花を献じた。また孝徳天皇の即位式には、金の靫(ゆき)を帯びて壇の右に立った。大化五年(六四九)四月に、小紫位から大紫位に叙せられ、右大臣に任ぜられたという。『公卿補任』『大伴系図』などに、白雉二年(六五一)七月に薨じたとある。

大伴連糠手子 おおとものむらじぬかてこ 六世紀後半の豪族。名を糠手・奴加之古にも作る。崇峻天皇妃小手子の父。『日本書紀』敏達十二年(五八三)条によれば、任那復興のため百済から招喚された日羅を吉備の児嶋屯倉で慰労し、さらに阿斗(あと)の桑市の館(大阪府八尾市跡部・植松付近または奈良県磯城郡田原本町阪手付近か)に滞在した日羅のもとに遣わされて、国政を日羅に問うた。日羅が百済から随行した徳爾(とくに)らに殺害されると、詔をうけて日羅を難波の小郡(おごおり)の西(大阪市北区同心町にその墓と伝える塚跡がある)に葬り、その妻子・水手(かこ)らを石川に居住させた。時に糠手子は、「彼らを一処に居住させておくと変事を生ずる恐れがある」と献議し、妻子を石川の百済村(大阪府河内長野市北部から同富田林市南部にかけての一帯か)、水手らを石川の大伴村(富田林市北大伴・南大伴付近)に居住させ、犯人の徳爾らを捕えて下百済の河田村(富田林市甲田付近か)に置いたという。

大伴連吹負 おおとものむらじふけい ―六八三 七世紀後半の武将。壬申の乱の功臣。名を男吹負・小吹負にも作る。囓(くい)の子。長徳(ながとこ)・馬来田(まくだ)の弟。天智天皇の崩後、吉野の大海人皇子(のちの天武天皇)の即位を期待して馬来田とともに近江朝廷を退去し、大和の家で機会を待った。天武元年(六七二)六月、大海人が挙兵すると、馬来田は大海人の東国入りに従ったが、吹負は留まって挙兵し、まず飛鳥古京を占拠して大海人から将軍に任ぜられた。次いで近江を攻めようとし、乃楽(なら)山(奈良市北郊の丘陵地帯)で古京の奪還を目ざす近江軍と戦って大敗したが、援軍を得て陣容を立て直し、激戦の末、近江軍を敗って大和を確保した。さらに難波に進んで以西の国司を従わせるなど大功を立て、天武十二年八月五日、卒去に臨んで壬申の年の功によって大錦中の位を贈られた。天武朝での動静は詳らかでないものの、『続日本紀』大伴宿禰古慈斐(こしび)薨伝によって、常道頭(常陸守に当る)を極官としたことが知られる。

【参考文献】田中卓「〝壬申の乱〟と大伴氏」(『歴史教育』二―五)

大伴連馬来田 おおとものむらじまくだ ―六八三 七世紀後半の武人。壬申の乱の功臣。名を望多にも作る。囓(くい)の子。天智天皇の崩後、吉野の大海人皇子(のちの天武天皇)に心をよせ、弟の吹負(ふけい)とともに大和の家に退去していたが、天武元年(六七二)六月、大海人の東国入りに従った。同十二年六月三日、薨ずるに当り、壬申の乱の功と先祖の功をもって大紫の位を贈られ、大宝元年(七〇一)にかつて賜わった壬申の功封百戸が中功と定められた。

大伴連室屋 おおとものむらじむろや 五世紀中頃―後半にかけての大和政権の有力者。武以(健持)の子。談(かたり)の父。雄略天皇から武烈天皇までの五代にわたっての大連。允恭十一年に衣通郎姫(そとおしのいらつめ)のために藤原部を定めた。雄略即位に伴い物部連目とともに大連となる。雄略二年七月、石川楯が百済から貢ぜられた池津媛を淫したため、来目部を率いて処刑した。同九年三月には新羅征討の大将軍となった紀小弓宿禰の婦が死去したことを雄略に取り次ぎ、また同年五月には新羅で病死した小弓の墓を田身輪(たむわ)邑(大阪府泉南郡岬町淡輪付近)につくり葬った。同二十三年八月、遺詔によって後事を託されたが、雄略の崩後起こった星川皇子の反乱を鎮圧した。清寧二年二月、諸国に白髪部舎人・膳夫(かしわで)・靫負(ゆげい)を置き、武烈三年十一月には信濃の男丁を発して水派(みまた)邑(奈良県北葛城郡河合町川合或いは同郡広陵町大塚付近か)に城を築いたという。なお、『日本三代実録』貞観三年(八六一)十一月条や『新撰姓氏録』には佐伯直・佐伯首・佐伯宿禰の祖とみえる。

大部屋栖古連 おおとものやすこのむらじ 七世紀前半に存在したとされる伝説上の人物。紀伊国名草郡宇治(和歌山市宇治袋町・宇治藪下・宇治家裏付近)の大伴連らの先祖であり、仏教を尊重したと伝えられる。敏達朝に仏教興隆のために功績があり、推古朝には廐戸皇子(聖徳太子)の腹心の侍臣となったという。その後、大信の位を賜わったこと、播磨国揖保郡(兵庫県揖保郡・龍野市と姫路市の一部)内の二百七十三町五段余の水田司となったこと、僧都に任命されたこと、さらに孝徳朝に大華上の位を賜わり、九十余歳で死去したことなどが伝えられているが、いずれも『日本霊異記』の説話にのみみえるもので、ほかの史料には現われない。

大伴部氏　おおともべうじ　大伴部を率いる伴造、および部民である大伴部の後裔に当る氏族。大伴部には二系統があって、一つは膳(かしわで)大伴部で、朝廷に出仕し、御食の調理に従うトモの膳部(かしわで。膳夫)の資養と贄(にえ)の貢進に当るべとして設けられたもので、中央の膳氏(臣)の統轄下にあった。他の一つは大伴氏配下の部民で、奈良朝に靫大伴部の氏姓を名乗る者があるから、靫負(ゆげい)制と関わるべか、或いはたんに大伴氏の部曲(かきべ)ともみられる。膳大伴部氏は「膳」の字を省略して氏名を表記する場合が多いが、東海道諸国に分布する無姓の大伴部氏と有姓(大伴(部)+カバネ)の大伴部氏は、膳大伴部とそれを率いる伴造の子孫と考えて差し支えない。これは『高橋氏文』に記す「東方諸国造十二氏」の膳大伴部に該当し、晢造支配下の民が膳大伴部(べ)とされ、国造がその管掌者(伴造)となるとともに、国造の子弟が膳部(トモ)として中央に出仕したことを意味する。このほか石見・筑前・筑後・豊前・豊後などの西国にも有姓・無姓の膳大伴部氏が存在する。大伴部氏の分布は右の地域以外にも多数認められるが、膳大伴部系のものか大伴氏配下のものかは不明とせざるを得ない。

【参考文献】　志田諄一『古代氏族の性格と伝承』、佐伯有清『新撰姓氏録の研究』考証篇一

大伴部直赤男　おおともべのあたいあかお　武蔵国入間郡(埼玉県入間郡と入間・狭山・川越・所沢・上福岡・富士見・坂戸・飯能などの諸市の一帯)の豪族。直姓なので国造級の家柄か。神護景雲三年(七六九)西大寺(奈良市西大寺芝町)に商布・稲・墾田・林などを献じ、宝亀八年(七七七)六月に外従五位下を追贈された。『西大寺資財流記帳』にみえる入間郡榛原荘は、赤男の献じた地であろう。

大伴部博麻　おおともべのはかま　七世紀後半の筑紫国上陽咩(かみつやめ)郡(福岡県八女市と筑後市・八女郡の各一部)の兵士。斉明七年(六六一)百済救援軍に従って出征したが、唐の捕虜となり、天智三年(六六四)に及び、土師連富杼(はじのむらじほど)ら四人とともに唐の日本侵寇計画を本国に告げようとしたが、衣粮がなかった。博麻は身を売って富杼らを帰国させ、そののち持統四年(六九〇)に至り在唐三十年にして帰国できた。朝廷はその尊朝愛国と労苦をたたえ、務大肆の位を授け、絁(あしぎぬ)五匹、綿十屯、布三十端、稲千束、水田四町を賜わり、水田は曾孫に伝えさせ、三族の課役を免じてその功を顕彰した。

【参考文献】　鶴久二郎編『大伴部博麻』

大友主命　おおともぬしのみこと　三輪君の祖。『先代旧事本紀』地神本紀によると、素戔嗚(すさのお)尊の十一世孫で、父は大御気持命、母は出雲鞍山祇(くらやまつみ)姫という。『日本書紀』によると、垂仁三年三月、新羅の王子天日槍(あめのひぼこ)が播磨国宍粟(しさわ)邑(兵庫県宍粟郡)に渡来した時、垂仁天皇の命で倭直の祖長尾市とともに遣わされ、天日槍に尋問した。また仲哀九年二月、仲哀天皇が崩御したが、神功皇后の命令で中臣烏賊津(いかつ)連・物部胆咋(いくい)連・大伴武以(たけもつ)連とともに仲哀の喪を百姓に隠し、宮中を守ったという。

大友皇子　おおとものみこ　六四八―六七二　七世紀後半の皇族。天智天皇の皇子。母は伊賀采女宅子娘(やかこのいらつめ)。生母の出身地名により伊賀皇子とも呼ばれた。大友の名は、のちの近江国滋賀郡大友郷(滋賀県大津市坂本付近)に本拠のあった大友村主氏から皇子の乳母が出たことに基づくか。皇子が幼少時から近江国滋賀郡と関わりをもって

いたとすれば、天智六年(六六七)三月の近江大津宮(大津市錦織・皇子が丘一帯に宮跡がある)への遷居にも、すでに皇子を天智の後継者に擬する狙いがあったのかも知れない。『懐風藻』によれば、皇子は容貌・体軀ともに優れ、風采も広大かつ深遠で、唐使劉徳高は皇子を見てその容顔の非凡なることを看破したという。また皇子は、自身に捧げられるはずの太陽(皇位の象徴)が何者かによって奪い去られる夢を見、その不思議を中臣連(藤原)鎌足に語ったという。皇子は博学で諸分野に通暁し、文武両道にわたり才能があった。皇子の周囲には、つねに沙宅(さたく)紹明・答炑(とうほん)春初・吉大尚・許率母(こそちも)・木素貴子(もくそきし)ら渡来系の学者たちの姿があった。天智十年正月、皇子は太政大臣に任命された。天智の崩御にのぞみ、大海人皇子(のちの天武天皇)が吉野に去った後、皇子は大津宮の内裏西殿の織仏像前で、左大臣蘇我臣赤兄以下の五大官とともに、みずから香鑪を手に取り、天智の命に違うことのない旨を誓った。天智が崩じると、皇子は事実上、近江大津宮の主となり、大海人を牽制すべく、天智の山陵造営のための役夫徴発に名を借り募兵を展開、宇治橋(京都府宇治市の宇治川に架かる橋)の守衛者に命じて大海人側の私粮運搬を遮断するなどした。ところが吉野を脱出した大海人の行動は予想外に迅速であった。皇子は、直ちにこれを追撃せよとの臣下の献策を容れず、東国・倭京・筑紫・吉備の諸方面に興兵使を派遣したが、募兵は必ずしも皇子の企図したようには進まなかった。諸方面での戦闘は皇子に不利のまま展開し、近江国の瀬田(大津市瀬田)での決戦のときを迎える。皇子は群臣らとともに瀬田橋の西岸に陣営を構え、総力を結集したが、大敗を喫する。左右大臣らとともに戦線を離脱、ついに山前(京都府乙訓郡大山崎町大山崎から大阪府三島郡島本町山崎にかけての一帯か)の地で自縊した。時に、従う者は物部連麻呂以下一、二の舎人のみであった。皇子の首級は、美濃の不破宮(岐阜県不破郡関ケ原町野上)に本営を置いた大海人のもとに送られた。その墓は大津市御陵町にある長等山前陵に比定されている。皇子の妃に大海人と額田女王との間に生まれた十市皇女があり、葛野(かどの)王をもうけている。『懐風藻』には皇子の詩二篇が収められている。天智の崩後、この皇子が即位したと見る主張が平安期の文献にみえ、特にこれが幕末期に高揚し、これを受けて明治三年(一八七〇)七月、弘文天皇と追諡されて歴代に加えられるにいたった。またその後、皇子の即位そのものは認めず、天智皇后の倭姫の即位あるいは称制を想定する理解も示された。近年、奈良県高市郡明日香村の伝飛鳥板蓋宮跡から「大津皇(子)」と記された木簡とともに「大友(皇子)」と書かれている木簡が出土した。

【参考文献】亀田隆之『壬申の乱』、直木孝次郎『壬申の乱』、星野良作『研究史 壬申の乱』、荒木敏夫『日本古代の皇太子』、横田健一「懐風藻所載大友皇子伝考」(『白鳳天平の世界』所収)

大鳥氏 おおとりうじ 天児屋(あめのこやね)命の後裔氏族の一つ。中臣氏と同祖。姓は連だが、無姓で記されることも多い。氏名は、のちの和泉国大鳥郡大鳥郷(大阪府堺市鳳町付近)の地名に基づくか。『新撰姓氏録』『和泉監正税帳』『行基年譜』などによると、和泉国に多く分布する。大鳥神社は、この氏の祭るところか。

大中臣氏 おおなかとみうじ 古代の中央貴族藤原氏の同族。氏姓は初め中臣連、天武十三年(六八四)十一月、朝臣を賜わる。そののち藤原朝臣の氏姓を称したが、『続日本紀』文武二年(六九八)八月条の詔に、藤原朝臣(鎌足)に賜わった氏姓は子の不比等に承けさせ、意美麻呂らは神事に供するによって旧姓に復すべしとあり、中臣に復した。さらに『続日本紀』神護景雲三年(七六九)六月条の詔に、神語に大中臣といえることがあり、中臣朝臣清麻呂は両度神祇官に任じて、供奉失することがないので氏姓を大中臣朝臣と賜うとみえ、中臣朝臣意美麻呂の子清麻呂に大中臣朝臣の氏姓を賜わった。『中臣氏系図』所引の

「延喜本系」大中臣朝臣清万呂条にも、神護景雲三年六月に優詔あり、姓に大の字を賜うとみえる。同じく「延喜本系」大中臣朝臣伊度人条にも、故致仕右大臣正二位中臣朝臣清麻呂、神護景雲三年六月、特に優詔あり、大字を加え給うとある。さらに『公卿補任』同三年条の大中臣清麿の袖書に、六月十九日、大中臣となすとあるので、大中臣朝臣の氏姓は神護景雲三年六月、中臣朝臣清麻呂が賜わったことにはじまるのである。その後の大中臣朝臣の賜姓については、『中臣氏系図』所引の「延喜本系」中臣朝臣許米条と大中臣朝臣伊度人条によると、延暦十六年(七九七)十月と同十七年六月の二度にわたり、中臣朝臣宅成・中臣朝臣鷹主ら五百十五人が大中臣の氏名を賜わっている。大中臣氏には神祇伯や神祇大副に任ぜられる者が多い。『続日本紀』『日本後紀』によると、宝亀八年(七七七)正月に大中臣朝臣子老が、延暦八年三月には大中臣朝臣諸魚が神祇伯に任ぜられており、同二十四年二月には大中臣朝臣全成が神祇大副の任にあり、同二十五年四月に大中臣朝臣真広、大同三年(八〇八)四月に大中臣朝臣智治麻呂、同年十一月に大中臣朝臣常麻呂、弘仁元年(八一〇)九月に大中臣朝臣諸人、同六年七月に大中臣朝臣淵魚が、それぞれ神祇大副になっている。

【参考文献】佐伯有清『新撰姓氏録の研究』考証篇三

大中臣朝臣有本　おおなかとみのあそんありもと　―八九四　九世紀後半の神祇官人。貞観九年(八六七)五月、止雨祈願の班幣のため稲荷社(京都市伏見区深草藪之内町の伏見稲荷大社)に遣わされた。時に神祇少副・正六位上。同十二年十一月、新造の貞観永宝を平野社(京都市北区平野宮本町)に奉り、同十六年閏四月、稲荷社に位記を捧げた。この時、従五位下。以後、たびたび伊勢神宮奉幣使、また伊勢斎内親王装束司に任ぜられている。元慶元年(八七七)十一月、従五位上に昇進。翌二年二月、大極殿建造のために百神に祈請し、同四年二月の竣工の際には稲荷社に報告している。同八年十一月、正五位下に叙せられた。『中臣氏系図』に常陸少掾・正六位上雄良の子で、祭主とあり、寛平六年(八九四)二月に卒したという。

大中臣朝臣伊度人　おおなかとみのあそんいとひと　九世紀中頃の官人。中臣朝臣逸志の子。初め中臣朝臣を称していたが、元慶元年(八七七)十二月、従五位下木工助の時に、大中臣朝臣の氏姓を賜わった。『中臣氏系図』所引の「延喜本系」には、この時の伊度人の改姓を求める解が掲げられている。『日本三代実録』に、永く木工寮の官人を務め、木工大允従六位下の時の貞観八年(八六六)六月、放火で焼けた応天門再建の料材を採るために、丹波国に派遣されたことがみえる。

大中臣朝臣清麻呂　おおなかとみのあそんきよまろ　七〇二―七八八　八世紀中頃―後半の公卿。氏名は初め中臣。国子の曾孫、意美麻呂の七男で、母は多治比(たじひ)真人島の女阿伎良。名を清万呂・浄万呂にも作る。兄に東人があり、子に諸人・子老・淵魚・諸魚ら六男がいる。室は多治比真人子姉(こなね。古奈禰にも作る)。天平十年(七三八)には参河掾の任にあったが、以後、神祇大祐・同少副・式部大丞などを歴任。天平十五年五月、正六位上から従五位下に叙せられ、翌六月、神祇大副に任ぜられた。同十九年五月、尾張守、天平勝宝三年(七五一)正月、従五位上。翌四年四月の東大寺大仏開眼供養会には鎮裏京使を務めた。同六年四月、神祇大副に再任、これは元正太上天皇の病臥が大神宮祭主清麻呂を外国に遷任したためという。しかし同年七月には左中弁に任ぜられた。この頃、大伴宿禰家持や市原王などと親交のあったらしいことが『万葉集』巻二十所載の歌でわかる。天平宝字三年(七五九)六月、正五位上、同六年正月、従四位下に叙せられ、六月、孝謙太上天皇と淳仁天皇との間に不和が生じたあと、文部(式部)大輔の任にあって中宮院の淳仁に侍し、藤原朝臣仲麻呂の子訓儒麻呂(くずまろ)らと勅旨の宣伝に当った。同年十二月、参議に任ぜられ、翌七年正月、左大弁、四月、摂津大夫を兼ね、さらに同八年正月、従四位上に昇叙したが、必ずしも仲麻呂にくみするものではなく、九月、仲麻呂の乱後、正四位下に叙せられ、翌天平神護元年(七六五)正月、勲四等を賜わった。さらに十一月、その心は名のごとく清慎、神祇に奉ずるに勤労であるとして従三位に叙せられた。時に神祇伯。神護景雲二年(七六八)二月、中納言に任ぜられ、翌三年六月、神語に大中臣といえることあり、神祇官に任じて供奉失なしとして大中臣朝臣の氏姓を賜わった。光仁天皇にも厚く信任され、宝亀元年(七七〇)十月、正三位に昇叙、翌二年正月、他戸(おさべ)親王の東宮傅となる。時に大納言。二月、病臥の藤原朝臣永手に代って左大臣のことを摂行し、次いで永手が薨ずると、三月、右大臣・従二位に任叙されて廟堂の首座に就いた。この年十一月の大嘗会には神寿詞を奏上した。同三年二月、私第に行幸があり、正二位に叙せられたが、政治は内臣藤原朝臣良継とその弟らの領導するところとなり、五月、他戸皇太子が廃されたあと同五年十二月には、上表して辞職を乞うたが許されなかった。同十一年四月、備前国邑久郡(岡山県邑久郡と岡山市・備前市の各一部)の荒廃田百余町を賜わったが、桓武天皇が即位した翌天応元年(七八一)六月、上表致仕して几杖を賜わった。平城右京二条の第で薨じたのは延暦七年(七八八)七月二十八日のことであった。時に年八十七。その伝に、数朝に仕え国の元老、年老いても朝務に精勤、怠ることなしとある。なお『万葉集』には、天平勝宝三年十月の伝誦歌(一九—四二五八)があり、ほかに同五年八月の短歌一首(二〇—四二九六)、天平宝字二年二月、式部大輔として四首(二〇—四四九八・四四九九・四五〇四・四五〇八)を残す。

【参考文献】 岩本治郎「右大臣大中臣清麻呂の第」(『日本歴史』三一九)

大中臣朝臣国雄 おおなかとみのあそんくにお 九世紀後半の神祇官人。貞観八年(八六六)正月、従五位下となり、同十二年八月、神祇大副に任ぜられている。貞観八年七月に松尾神へ、同十年閏十二月に広田神へ、同十一年十二月に石清水神社へ、同十二年二月には八幡大菩薩宮・香椎廟宮・宗像大神・甘南備神へ奉幣使として遣わされた。

大中臣朝臣子老 おおなかとみのあそんこおゆ ―七八九 八世紀後半の官人。氏姓は初め中臣朝臣。清麻呂の第二子。天平三年(七六七)正月に正六位上から従五位下に叙せられ、神護景雲二年(七六八)二月には中務少輔、同三年三月には美作介、宝亀二年(七七一)五月には伊勢介に任ぜられた。この時には大中臣朝臣子老と記されていることから、神護景雲三年六月に父清麻呂が大中臣を賜わった時に改氏姓したものと思われる。宝亀三年四月、神祇大副ならびに伊勢大神宮祭主職に任ぜられ、翌四年正月、従五位上に昇叙。以後、同五年正月、正五位下に昇叙され、同七年正月、正五位上、同八年正月、従四位下となり、同月、神祇伯に任ぜられた。同年十月、式部大輔を兼任し、天応元年(七八一)四月、従四位上に叙せられ、同年六月、参議となった。延暦元年(七八二)九月には右京大夫を兼ね、同三年五月には藤原朝臣小黒麻呂らとともに山背国乙訓郡長岡村(京都府向日市付近)の地を視察した。同四年五月、神祇伯のまま宮内卿に任ぜられ、続いて同年七月、右大弁となった。同五年正月、正四位下となり、同年二月兵部卿、同年六月、再び宮内卿、同七年十一月には三度宮内卿となったが、同八年正月、卒した。なお『類聚三代格』巻十五所収の延暦九年八月八日付太政官符から、子老の位田が摂津国嶋下郡・河内国志紀郡・同若江郡に各一町ずつあったことが知られる。

大中臣朝臣常道 おおなかとみのあそんつねみち 九世紀後半の神祇官人。『日本三代実録』の貞観九年(八六七)四月条に、近江国伊福伎(いぶき)神社(滋賀県坂田郡伊吹町伊吹)に弓箭・鈴・鏡を奉ったとあるのが初見。時に神祇大祐・正六位上。同十二年十一月には稲荷神社(京都市伏見区深草藪之内町の伏見稲荷大社)に新造の貞観永宝を奉り、翌十三年九月に伊勢神宮奉幣使となったのち、しばしば伊勢神宮に遣わされている。元慶元年(八七七)に神祇少副とみえ、翌二年十一月には春日神主を兼ね、従五位下に叙せられた。同九年二月、丹波介に任ぜられている。

大中臣朝臣豊雄 おおなかとみのあそんとよお　ー八七〇?　九世紀後半の神祇官人。正六位上木村の子。神祇大祐・同小副を経て、貞観六年(八六四)三月、同大副に任ぜられている。時に従五位下。貞観元年七月に気比社・気多社へ、同二年九月と同十年九月に伊勢大神宮へ、奉幣使として遣わされているほか、貞観五年七月、大極殿において前月の流星に対する祈禱を行なっており、同八年七月には、応天門の火災を伊勢大神宮へ報告する使者として派遣された。同十一年正月、従五位上に昇叙。『中臣氏系図』には翌貞観十二年に卒したとある。

大中臣朝臣淵魚 おおなかとみのあそんふちうお　七七四ー八五〇　九世紀前半の神祇官人。清麻呂の孫。正五位下継麿の三男。功臣の子孫であることによって、大同四年(八〇九)勅により従五位下に叙せられた。弘仁六年(八一五)七月には、神祇大副に任ぜられ、天長十年(八三三)六月以前に神祇伯に転じており(『中臣氏系図』によれば天長七年十月)、位も同十年十一月に従四位上に叙せられている。この間、弘仁六年から承和九年(八四二)までの二十八年間は、伊勢大神宮祭主を兼ねていたが、承和十年、上表して致仕。嘉祥三年(八五〇)三月三日、七十七歳で卒した。

大中臣朝臣諸魚 おおなかとみのあそんもろうお　七四三ー七九七　八世紀後半の官人。清麻呂の子。母は多治比(たじひ)真人子姉。宝亀七年(七七六)正月、正六位上から従五位下に叙せられたのが正史の初見。『公卿補任』によれば、それ以前、皇后宮少進・右衛士大尉・中衛将監を歴任。そののち、衛門員外佐・衛門佐・中衛少将・右衛士佐を歴任するかたわら、備前介・下野守を兼任した。天応二年(七八二)閏正月、少納言となり、左中弁・式部大輔・神祇伯を経て、延暦九年(七九〇)二月には参議となった。その間、兵部大輔・山背守・右京大夫・播磨守・近江守を兼ね、同十五年七月、正四位上に進んだ。極官は参議左大弁近衛大将兼神祇伯・近江守で、同十六年二月、五十五歳で没した。『日本後紀』の卒伝には、琴歌を好み、他に才能がなかったとあり、また財貨を貪り、産業を営求したので卑しまれたとある。生前、「家牒」を作成進上し、その逸文が「近江守諸魚家牒」に云くとして『大中臣氏文』などにみえる。

【参考文献】　佐伯有清「『家牒』についての一考察」(『新撰姓氏録の研究』索引・論考篇所収)

大野氏 おおのうじ　豊城入彦命の後裔氏族の一つ。大荒田別命の子孫という。姓は初め君。天武十三年(六八四)十一月、五十二氏への朝臣賜姓に伴い朝臣に改姓。氏名の由来は上野国山田郡大野郷(群馬県山田郡大間々町福岡一帯)の地名に基づく。天武元年の壬申の乱で近江朝廷側の将として大伴連吹負(ふけい)を破った大野君果安以来、中級官人・武人を輩出する氏で、果安は天武朝で糺職大夫直広肆となり、その子東人は長期にわたる陸奥・出羽両国経営を認められて参議に昇進し、その女仲仟は藤原朝臣永手の室となる。その他鎮守判官で産金に功のあった横刀、藤原朝臣仲麻呂の乱平定に軍功をあげた真本、伊治城(城跡は宮城県栗原郡築館町城生野にある)造営の功で従五位上に叙せられ左大舎人頭となる石本がおり、九世紀前半に左右近衛中将となる真雄・真鷹父子は「父子武家」といわれる。五位の官人として奈良時代後期に和泉守広主・同石主・肥前守広立、平安時代前期に安房守仲男・肥前守犬養・下総守真菅・石見守鷹取らを出している。『新撰姓氏録』は右京皇別上に配す。

大野朝臣東人 おおののあそんあずまひと　ー七四二　八世紀前半の武将。果安の子。和銅七年(七一四)十二月、正七位上で新羅使入京に騎兵を率いて迎接した。養老三年(七一九)正月、従五位下に昇叙。神亀元年(七二四)海道蝦夷が反乱した際に征討し、その功で翌年閏正月、従四位下勲四等をうけ、天平元年

(七二九)九月には鎮守将軍として在鎮兵士の官位奏請を行なった。同九年に按察使(あぜち)として出羽柵(秋田市寺内の高清水丘陵にあった秋田城の前身。天平五年に山形県庄内地方から遷置)への直路開発を計画。持節大使藤原朝臣麻呂を迎え、坂東の騎兵、奥羽両国兵、帰服の蝦夷らをみずから率いて開通を計り、その後の施策を進言した。神亀元年頃に多賀城(宮城県多賀城市市川・浮島)ができ、その鎮守将軍になっていたと考えられ、律令国家の東北経営に十五年前後にわたり深く関わったことになる。天平十一年四月、按察使兼鎮守将軍大養徳(やまと)守から参議となる。翌年、藤原朝臣広嗣の乱には持節大将軍として一万七千人を発して九州に下り、動乱の様子を詳細に報告し、これを平定した。同十三年閏三月、従三位となり、平城京留守を命じられるが、翌十四年十一月二日に薨じた。天平宝字六年(七六二)造立の「多賀城碑」には「神亀元年歳次甲子按察使兼鎮守将軍従四位上勲四等大野朝臣東人之所置」と刻まれている。

【参考文献】 新野直吉『古代東北史の人々』、横田健一「天平十二年藤原広嗣の乱の一考察」(『白鳳天平の世界』所収)、平川南「多賀城碑研究史」(宮城県多賀城跡調査研究所編『研究紀要』Ⅰ)

大野朝臣仲仟 おおののあそんなかち ―七八一 八世紀後半の女官。東人の女。名を中千・仲智にも作る。天平宝字七年(七六三)正月、従六位下から従五位下に叙せられ、二年後に正五位上勲四等をうける。天平神護二年(七六六)正月、称徳天皇の右大臣藤原朝臣永手邸行幸に際し、その室として従四位下を授けられ、神護景雲二年(七六八)十月には正四位下に昇叙。翌三年二月の左大臣(永手)邸行幸では永手と子家依・雄依とともに一階を賜わる。宝亀元年(七七〇)十月、従三位、同九年九月、正三位に進み、天応元年(七八一)三月十日、薨じた。時に尚侍兼尚蔵。

大野朝臣真鷹 おおののあそんまたか 七七三—八四三 九世紀前半の官人。真雄の子。弘仁元年(八一〇)春宮坊主馬首となり、淳和天皇の時、右近衛中将にもなるが、退位後は出仕しなかった。鷹犬を好み、晩年は写経造像を事とした。承和十年(八四三)二月三日、卒す。時に散位従四位下勲七等。

大野朝臣安雄 おおののあそんやすお 九世紀後半の石見国司。元慶八年(八八四)従七位下石見掾の任にあった時、国守上毛野朝臣氏永が邇摩(島根県邇摩郡全域と大田市の西部)・那賀(島根県那賀郡と浜田市・江津市)両郡大領に率いられた百姓二百余人の襲撃を受ける事件が発生。氏永は介忍海山下連氏則の居館に逃れ、のち山中に脱出した。安雄は郡司・百姓に加担し、氏永を捕えて倉中に籠閉した。このため推問使坂上大宿禰茂樹に解官禁固の処分をうけた。仁和三年(八八七)逃亡したため山陽道諸国に追捕の官符が下った。

大野君果安 おおののきみはたやす 七世紀後半の武将・官人。天武元年(六七二)の壬申の乱では近江朝廷軍の将であったが、『続日本紀』大野朝臣東人薨伝に「飛鳥朝廷糺職大夫、直広肆」とみえ、天武朝にも仕えた。

大葉子 おおばこ 調吉士伊企難(つきのきしいきな)の妻。欽明二十三年(五六二)七月の新羅征討軍に夫とともに従ったが、ともに新羅の虜となった。夫が降伏を拒み殺されると、大葉子は「韓国の城の上に立ちて大葉子は領巾(ひれ)振らすも日本へ向きて」と歌い悲しんだ。また、ある人がこれに和して「韓国の城の上に立たし大葉子は領巾振らす見ゆ難波へ向きて」と歌った。

大浜宿禰 おおはまのすくね 阿曇(あずみ)連氏の祖。『日本書紀』応神三年十一月条に、諸所の海人(あま)がさわぎ立って命令に従わなかったので、大浜宿禰が遣わされて、それを平定し、「海人の宰(みこともち)」に任ぜられたとみえる。『釈日本紀』所引の『筑前国風土記』逸文に、神功皇后が新羅に行幸の時に、船が糟屋郡の資珂嶋(しかのしま。福岡市東区志賀島)に碇泊した際、従者の中にいたとある大浜は、大浜宿禰と同一人物であろう。この逸文には、大浜とならんで従者であった小浜に神功が資珂嶋に火種をもらいに遣わしたところ素早く火種を取ってきたので、大浜が、近くに人家があったのかと小浜に聞いたのに対し、小浜はこの嶋と打昇浜(うちあげのはま。福岡市東区和白町奈多から西へ志賀島まで続く砂浜)とが続いており、地続きと同じであるといってもよいと答えたため、近嶋(ちかしま)というようになり、それが訛って資珂嶋というのであるとする地名起源説話を伝えている。

大原氏　おおはらうじ　(一)渡来系氏族。姓は史で、のち宿禰を賜わるものもあった。『新撰姓氏録』左京・右京および摂津の各諸蕃はいずれも漢の人西姓令貴(さいせいれいき)の後裔と伝え、『続日本後紀』に承和三年(八三六)宿禰の賜姓をうけた河麻呂は百済の人とある。また『日本三代実録』には貞観五年(八六三)に宿禰となった弘原らが後漢孝霊皇帝の後裔麗王を祖と称したとあるなどさまざまだが、いずれにしても大原史は東(倭)漢(やまとのあや)氏の一派とみられる。本拠地は「大原駅」のあった摂津国嶋上郡(大阪府高槻市から三島郡島本町にかけての一帯)であろう。(二)皇別氏族。天平十年(七三八)高安王らが上表して臣籍降下を請い、翌年、大原真人の氏姓を賜わったものである。同時に大原真人となった者に門部王・桜井王・今城王がいる。大原真人氏は『新撰姓氏録』に敏達天皇の孫百済王の後裔と伝えられるが、一方、『本朝皇胤紹運録』は高安・桜井・門部の三王を天武天皇の皇子長親王の孫としており、系譜に混乱が生じている。大原真人の一族は、そののち宮廷貴族として文献上に散見する。

大原経佐　おおはらのつねすけ　九世紀後半の信濃国筑摩郡(長野県中央部)の人か。『日本三代実録』仁和元年(八八五)四月五日の筑摩郡人辛犬甘(からいぬかい)秋子の愁訴状によれば、秋子の家人が経佐や坂名井子縄麻呂らに焼殺され、中央から派遣された使者は経佐らを拘禁して入京したが、その後、国守橘朝臣良基は経佐らをゆるし、秋子らを捉えてその身を杻禁し、経佐らに秋子を殴りつけさせたという。そこで秋子が太政官に愁訴したのである。太政官は、秋子を免じ国司を譴責した。

大彦命　おおびこのみこと　孝元天皇の皇子。崇神朝の四道将軍の一人とされる伝説的人物。『古事記』には大毘古命に作る。母は欝色謎(うつしこめ)命で、開化天皇は大彦命の同母弟に当る。『日本書紀』に阿倍臣・膳(かしわで)臣・阿閉(あえ)臣・狭々城山君・筑紫国造・越国造・伊賀臣ら七族の始祖と伝え、『古事記』は大彦命の子の建沼河別(たけぬなかわわけ)命を阿倍臣らの祖、比古伊那許士別(ひこいなこじわけ)命を膳臣の祖とする。『日本書紀』によれば、崇神十年、四道将軍の一人として北陸に派遣されたが、途中和珥(わに)坂(一説に山背の平坂)で少女の歌を聞き、引き返してこれを崇神天皇に報告、やがて武埴安彦(たけはにやすひこ)の謀反が発覚し、大彦命は和珥臣の遠祖彦国葺(ひこくにぶく)とともに山背で武埴安彦を討ち取り、その後北陸へ出征、翌年帰還したという。『古事記』でもほぼ同じ内容の話を伝えている。この時、大彦命の子の建沼河別命も四道将軍として東海(『古事記』では「東方十二道」)へ遣わされたが、北陸・東海二道は、阿倍氏・膳氏ら大彦命後裔氏族の勢力がもっとも波及した地域であり、この後世の歴史事実を踏まえて、大彦命や建沼河別命を四道将軍とする伝説が生まれ、さらにはそれが本来和珥氏の祖先伝承の一つであった武埴安彦征討の物語と結びついたのであろう。『新撰姓氏録』河内国皇別の難波忌寸条には、大彦命が崇神朝に蝦夷平定に向かう時、兎田墨坂(うだのすみさか。奈良県宇陀郡榛原町萩原の西にある坂)で嬰児を拾い、これを自分の子として育て得彦(えひこ)宿禰と名づけたとする伝説を掲げる。埼玉県稲荷山古墳出土の鉄剣銘に乎獲居(おわけ)臣の上祖として記す意富比垝(おおひこ)は、遠祖を指す一般的な呼称ともとれるが、武蔵国造は大部(おおとも。膳大伴部)直の氏姓を有し、『高橋氏文』に膳氏の祖磐鹿六鴈(いわかむつかり)命との密接な関係を伝えるから、大彦命のことである可能性が強い。『新撰姓氏録』には大彦命の後裔氏族として、『日本書紀』の七氏のほかに、布勢・宍人（ししひと）・高橋・許曾倍・若桜部・他田（おさだ）・広瀬（以上朝臣）、難波（忌寸）、竹田・名張・阿閉間人（あえのはしひと）・会加（えが）（以上臣）、阿倍志斐・日下（くさか）（以上連）、道（公）、杖部（はせつかべ）（造）、坂合部・大戸（以上首）、膳大伴部・久々智・坂合部・伊賀水取（いがのもいとり）・三宅人・吉志・音太部（おとほべ）・難波・他田（以上無姓）の諸氏の名を掲げている。

【参考文献】志田諄一『古代氏族の性格と伝承』、佐伯有清『新撰姓氏録の研究』考証篇第一、田中卓『邪馬台国と稲荷山刀銘』、黛弘道「稲荷山古墳の鉄剣と日本古代史」（『波』一九七八年十二月号）

大生部多　おおふべのおお　七世紀前半の東国の人。常世神の創唱者。『日本書紀』皇極三年（六四四）七月条によれば、不尽河（富士川）のほとりに住む大生部多は、村人に蚕に似た虫を常世の神として祭ることを勧め、巫覡らも神に託して、常世の神を祭る者は富と若さを得ることができると宣伝した。この信仰が広まり、都鄙の人々は常世の虫をとらえて清座に置き、歌舞し、福を求めて財物を喜捨した。しかし人々の惑わされるのを憎んだ秦造河勝が、大生部多を打ち懲らしたので、巫覡らは恐れて、常世の神を勧め祭るのをやめたという。

【参考文献】下出積与「消える常世神」（大場磐雄・下出積与編『古代の日本』6所収）

大戸首清上　おおべのおびときよかみ　—八三九　九世紀前半の雅楽家・笛の名手。河内国出身。横笛の師は清瀬宮継で舞師尾張連浜主とは兄弟弟子という。承和元年（八三四）正月、仁寿殿での内宴の際、横笛による名演奏を称えられて外正六位上から外従五位下に昇った。この叙位には清上を第十七次遣唐使の音声長に任命するふくみがあった。同年十二月、良枝宿禰を賜わる。同五年、渡唐。『続日本後紀』承和三年閏五月八日条には河内国から右京七条二坊へ移貫されたとあるが、この条には干支に多くの混乱があり、清上の移貫も五月十四日に難波を出航した第十七次遣唐使の一回目の出発前、おそらくは四月のことであったと思われる。唐からの帰途、清上は遣唐第二船に乗船したが承和六年、「南海の賊地」に漂着し、賊のために殺された。弟子に唐横笛師和邇部（わにべ）宿禰大田麻呂・勝弟扶・秦庭（広）経・常世乙（弟）魚・良岑朝臣遠年・良岑朝臣宗貞などがいる。大田麻呂の卒伝によると、清上は雅楽権少属の職にあり、その横笛は「音律調弄、皆、其妙を窮む」と称えられたという。仁明天皇即位の大嘗会の御宴に奏された「拾翠楽」「河南浦」「応天楽」を始めとして「案（安）摩」「秋風楽」「承和楽」「胡飲酒」「清上楽」「壱弄楽」「壱団楽」「感秋楽」「左撲楽」「輪台」「海青楽」などを作曲・改編曲したと伝えられ、舞師尾張連浜主とともに平安朝の楽制改革の中心人物とされる。

【参考文献】田辺尚雄『日本音楽史』、荻美津夫『日本古代音楽史論』

意富々杼王　おおほどのおおきみ　応神天皇の孫。若野毛二俣（わかぬけふたまた）王の子。母は二俣王の母の妹の百師木伊呂弁（弟日売真若比売）。意富々杼王は、大郎子（おおいらつこ）ともいい、中斯知命を娶って、乎非王をもうけた。乎非王は牟義都国造伊自牟良君の女久留比売命を娶り、継体天皇の父彦主人王（ひこうしのおおきみ）。またの名は汙斯王（うしのおおきみ）をもうけている。また、三国君・波多君・息長坂（おきながさか）君・筑紫米多君・酒人君・山道君・布施君の祖ともされている。

大派皇子　おおまたのみこ　敏達天皇の皇子。大俣王にも作る。母は春日臣仲君の女の老女子夫人（おみなごのおおとじ）。『日本書紀』によれば、舒明八年（六三六）七月、皇子は豊浦大臣（蘇我臣蝦夷）に、「群卿百寮は朝参を怠っている。今後は卯（午前六時）の始に出仕し、巳（午前十時）の後に退出することとし、鐘をついて合図としよう」と提案したが、大臣はこれに従わなかった。また皇極元年（六四二)十二月、舒明天皇の葬儀に際し、巨勢臣徳太(こせのおみとこだ)が皇子のかわりに誄(しのびごと)を奏したという。

大水口宿禰　おおみなくちのすくね　穂積臣の祖。『日本書紀』によると、崇神七年八月、倭迹速神浅茅原目妙(まくわし)姫・伊勢麻績(おみ)君とともに同じ夢をみて、一貴人が大田田根子を大物主大神を祭る主とし、市磯長尾市(いちしのながおち)を倭大国魂神を祭る主とすれば、必ず天下太平となろうと告げた旨を崇神天皇に奏上した。また、垂仁二十六年十月には、倭大神が大水口宿禰に神がかりして、倭大神を祭るべきことを教えたという。『新撰姓氏録』には神饒速日(かんにぎはやひ)命の六世孫とも伊香賀色雄(いかがしこお)の男ともあり、『先代旧事本紀』天孫本紀には饒速日命の三世孫の出石心大臣命の子とするが、両書とも穂積臣・采女臣をその後裔とする点では一致している。

大神氏　おおみわうじ　大神神社(奈良県桜井市三輪)をまつる大和国磯城地方(のちの大和国城上・城下両郡。現在の奈良県磯城郡の大半と天理市南部および桜井市西北部などを含む一帯)の氏族。氏名は三輪または大三輪とも書き、大和国城上郡大神郷(桜井市三輪)の地名に基づく。姓は初め君、天武十三年(六八四)十一月、朝臣を賜わる。『日本書紀』によると、この時、朝臣の姓を賜わった筆頭に大三輪君とみえる。持統五年(六九一)八月、十八氏に詔して祖先の墓記を上進させた時にも三輪氏が第一に位しているので、当時有力な氏族であったことが知られる。『日本書紀』神代巻上の一書に、大三輪神(大物主神)の子は、甘茂君ら、三輪君らとあり、崇神八年十二月条にも大物主神の子大田田根子は今の三輪君らの始祖なりとみえる。『古事記』にも意富多多泥古(おおたたねこ)命は、神君・鴨君の祖とするので、大神氏は大物主神の後裔とされ、この神の祭祀をつかさどっていたのである。『新撰姓氏録』大和国神別の大神朝臣条では、素佐能雄命六世孫大国主の後とする。大化以前の一族の活躍を『日本書紀』からみると、垂仁三年三月、天日槍(あめのひぼこ)が来朝した時、三輪君の祖大友主命が遣わされ尋問したとある。大友主は仲哀九年二月、四大夫(まえつきみ)の一人として仲哀天皇崩後の宮中を守っている。敏達十四年(五八五)六月、大三輪君逆(さかう)は排仏派として物部連守屋・中臣連磐余(いわれ)と寺塔を焼き、仏像をすてる。用明元年(五八六)五月、穴穂部皇子が殯宮(もがりのみや)の炊屋(かしきや)姫皇后を奸そうとした時、寵臣三輪君逆は皇后を守る。大化以後では、大化五年(六四九)五月、三輪君色夫が新羅に派遣され、天智二年(六六三)三月にも三輪君根麻呂が新羅征討の中将軍に任ぜられている。天武元年(六七二)六月、伊勢介三輪君子首は大海人皇子(のちの天武天皇)を鈴鹿郡(三重県鈴鹿郡・亀山市と鈴鹿市の一部)に迎え、七月に三輪君高市麻呂らは箸陵(桜井市箸中)付近で大いに近江軍を破っている。持統三年(六八九)二月、大三輪朝臣安麻呂が判事になっており、同六年三月、中納言大三輪朝臣高市麻呂は、天皇の伊勢行幸を農事を妨げるとして再度にわたり諫言。高市麻呂らの壬申の乱での活躍が天武・持統朝の大三輪氏の地位を高めた。

【参考文献】志田諄一『古代氏族の性格と伝承』

大神朝臣高市麻呂　おおみわのあそんたけちまろ　六五七―七〇六　七世紀末―八世紀初めの官人。壬申の乱の功臣。利金の子。安麻呂・狛麻呂の兄。大神は三輪・大三輪にも作る。初め三輪君、天武十三年(六八四)に朝臣姓となる。壬申の乱に際し、天武元年六月、鴨君蝦夷らとともに吉野方の将軍大伴連吹負(ふけい)の麾下に入り、同年七月、置始連菟(おきそめのむらじうさぎ)とともに上道(かみつみち)の箸陵(奈良県桜井市箸中)付近で近江軍と戦ってこれを破り、かねて中道(なかつみち)の吹負軍を攻めた廬井造鯨(いおいのみやつこくじら)の軍の背後を断ち、これを敗走させた。朱鳥元年(六八六)九月、天武天皇の殯宮(もがりのみや)で理官のことを誄(しのびごと)した。時に冠位は直大肆。持統六年

(六九二)三月には、天皇の伊勢行幸を農事に妨げがあるとして再度にわたり諫言したが、果たせなかった。時に中納言・直大弐。その後、大宝二年(七〇二)正月に従四位上で長門守に任ぜられ、翌年六月に左京大夫となった。慶雲三年(七〇六)二月庚辰(六日)、左京大夫・従四位上で卒した。壬申の年の功により従三位を追贈された。『懐風藻』に「従三位中納言大神朝臣高市麻呂一首〈年五十〉」とあり(年五十は享年)、「五言。駕に従ふ、応詔。一首」の詩を載せ、『万葉集』(九—一七七〇・一七七一)・『歌経標式』に作歌がみえる。

【参考文献】 直木孝次郎『壬申の乱』

大神朝臣虎主　おおみわのあそんとらぬし　八〇〇—八六〇　九世紀中頃の医師。右京の人。氏姓は初め神(みわ)直。承和二年(八三五)左近衛医師となり、同十五年、正六位上から外従五位下に叙せられ、斉衡元年(八五四)参河掾に任ぜられた。同年、大神朝臣の氏姓を賜わった。時に侍医。翌二年、侍医のまま備後介を兼ねた。同三年、従五位下に叙せられ、さらに天安元年(八五七)侍医のまま伊予権掾を兼ねた。おそらく、文徳天皇の即位以来、侍医であったと思われる。なお『入唐求法巡礼行記』唐の開成四年(八三九)四月八日条にみえる「神参軍」は、左近衛医師であった虎主とみなしてよい。したがって承和の遣唐使に医師として入唐したことになる。『日本三代実録』の卒伝には、幼少の頃から俊弁で、医道を学び、特に針薬の術にすぐれていたという。また人柄が滑稽で、たとえば地黄煎を作っている所に出かけた折、友人に出あって、どこに行くのかと尋ねられたところ、「天皇の命を奉じて、地黄の処に向かう」のだと答えたという逸話がみえる。さらに治療に長じていたため、多くの人を引きつけたという。貞観二年(八六〇)十一月、内薬正となり、翌十二月二十九日、六十一歳で卒した。

【参考文献】 佐伯有清「承和の遣唐使の人名の研究」(『日本古代氏族の研究』所収)

大神朝臣良臣　おおみわのあそんよしおみ　九世紀末の官人。仁和二年(八八六)正月、正六位上から外従五位下に叙せられた。時に左大史。同正月、肥後介に転じたが、間もなく豊後介となった。翌三年三月、良臣は、壬申の乱の時に先祖の三輪君子首が伊勢介として軍功があり、死後従三位に当る内小紫位に叙せられたことから、その子孫は外位に叙せられるべきではないと主張。そこで外記に調査を命じ、外記はその不当なることを勘申し、特例として従五位下に叙せられた。

大神宿禰巳井　おおみわのすくねみい　九世紀後半の官人。貞観十六年(八七四)六月、香薬を購入するため豊後介の多治(たじひ)真人安江とともに唐家に遣わされた。時に伊予権掾正六位上。元慶三年(八七九)十一月、正六位上から外従五位下に昇る。この時は散位。『長谷寺霊験記』に遣唐使の「大神ノ御井(ママ)」が唐で霊木を求めた伝説がみえる。なお円仁の『入唐求法巡礼行記』にみえる神御井も同一人物で、早くから唐との貿易に従事していたらしい。

【参考文献】 佐伯有清「承和の遣唐使の人名の研究」(『日本古代氏族の研究』所収)

大宅氏　おおやけうじ　天足彦国押人命の後裔氏族。姓は初め臣、天武十三年(六八四)十一月に朝臣を賜わる。氏名は大和国添上郡大宅郷(奈良市古市町付近)の地名に基づく。大宅氏はこの地を本拠とする豪族で、臣姓時代には推古三十一年(六二三)の大宅臣軍、天智二年(六六三)の大宅臣鎌柄がおり、朝臣姓になってからは持統朝の判事・鋳銭司大宅朝臣麻呂、天平十年(七三八)筑前守大宅朝臣君子、延暦九年(七九〇)丹後守大宅朝臣広江がみえる。『古事記』孝昭段に、大宅臣を天押帯日子(あめおしたらしひこ)命の後裔と記し、春日臣・小野臣らは同族である。大宅氏にはこのほか山城・河内国を拠点とする臣姓・無姓の大宅氏がおり、大宅朝臣と同族関係にあるが、山城国の大宅氏には、承和十三年(八四六)宇治郡主政の大宅臣園継や紀伊郡の大宅広足らがおり、遣唐使史生で承和三年五月に朝臣姓を賜わった大宅臣福主も山城国の人である。山城国の本拠地は宇治郡山科郷大宅(京都市山科区大宅)、河内国の本拠地は河内郡大宅郷(大阪府東大阪市)であろう。

【参考文献】 岸俊男『日本古代政治史研究』、佐伯有清『新撰姓氏録の研究』考証篇二

大宅朝臣賀是麻呂 おおやけのあそんかぜまろ 八世紀中頃の大和国添上郡(奈良県添上郡・奈良市東部と大和郡山市・天理市・山辺郡の各一部)の人。可是麻呂・加是麻呂にも作る。父は広麻呂。広麻呂が自分の奴婢であると訴えて養老七年(七二三)になって認められた四十六人は、天平十二年(七四〇)八月に賀是麻呂の戸籍に書類上は移されたが、実際には右京と山背・摂津国に居住していた。そこで賀是麻呂は天平勝宝元年(七四九)十一月に彼らを東大寺に貢進した。東大寺では舎人や寺奴を派遣して駆り集めたが、六名の女子とその子十八名を集めたにすぎなかった。

【参考文献】 武田祐吉「大宅可是麻呂の貢賤に就いて」(『国学院雑誌』二九―四)、磯村幸男「大宅朝臣可是麻呂の貢賤について」(田村圓澄先生古稀記念会編『東アジアと日本』歴史編所収)

大宅首鷹取 おおやけのおびとたかとり 九世紀後半の左京の人。貞観八年(八六六)閏三月に焼失した応天門の放火犯人が伴宿禰善男・中庸(なかつね)父子であることを密告した人物。時に備中権史生・大初位下。鷹取の女はその後、善男の従者生江恒山・伴清縄によって殺され、彼ら二人はこのことで拷問を受けて放火犯人を白状する。この時期の備中国権守・同守には善男と対立していた源朝臣信の一族(勤・舒・融)が就任しており、権史生であった鷹取と信一族との関係をうかがわせる。

【参考文献】 佐伯有清『伴善男』(『人物叢書』)

大山守皇子 おおやまもりのみこ 応神天皇の皇子。土形(ひじかた)君・榛原(はりはら)君の始祖。母は応神皇后の姉高城入姫。『日本書紀』によると、大山守皇子は応神から太子に立てられなかったことを恨み、応神の崩後、太子菟道稚郎子(うじのわきいらつこ)を殺して帝位に即こうとした。これを聞いた大鷦鷯(おおさざき)尊(のちの仁徳天皇)は太子に密告したため、太子は兵を備えて待ちかまえた。大山守皇子は数百の兵を率いて出発したが、菟道(京都府宇治市)に着いて川を渡ろうとした時、太子の計略にかかり川に落ちて溺死した。その死骸は那羅山(奈良市北郊の丘陵地帯)に葬られたという。この話の伝承者は、菟道の地に和珥(わに)氏が拠点をもっていたことなどから、和珥氏とする説がある。なお、『古事記』もほぼ同様の伝承を載せるが、大山守皇子の後裔に幣岐(へき)君も含めている。『新撰姓氏録』は日置朝臣・榛原公・蓁原をその後裔とする。

【参考文献】 黒沢幸三「大山守と宇遅能和紀郎子」(『日本古代の伝承文学の研究』所収)

岡氏 おかうじ もと市往(いちゆき)氏と称した渡来系氏族。姓は連。神亀四年(七二七)俗姓が市往氏であった義淵僧正の徳行と誠勤を賞して岡連の氏姓を賜わり、その兄弟に伝えさせた。また天平十九年(七四七)にも市往泉麻呂が岡連の氏姓を賜わっている。岡氏は『新撰姓氏録』に、百済の明王の後裔という市往公と同祖という。本拠地は大和国高市郡岡村(奈良県高市郡明日香村岡)で、同所の岡寺は義淵の開基である。

岡田臣牛養 おかだのおみうしかい 八世紀後半の大学明経道博士。岡田博士ともいう。その祖先は氏姓を佐婆部首(さばべのおびと)といい、仁徳天皇の時、周防国から讃岐国寒川郡岡田村(比定地未詳)に移り住んだ。牛養は延暦十年(七九一)正月、外従五位下に叙せられ、同年十二月、大学博士に任ぜられ、同時に岡田村に因んで牛養ら二十烟に岡田臣の氏姓を賜わった。この年大学に入学した空海は、岡田博士・直講味酒(うまさけ)浄成から『毛詩』『尚書』『春秋左氏伝』などを学んだという。

【参考文献】 櫛田良洪「空海の生いたちとその教養」(『続真言密教成立過程の研究』所収)

置始氏 おきそめうじ 染色関係に従事したと推定される伴造氏族。姓は連。『新撰姓氏

録』左京神別中に大椋(おおくら)置始連氏、右京神別上に長谷置始連氏を載せる。臣姓の置染(置始)氏、無姓の置始氏もあり、また『続日本紀』神護景雲四年(七七〇)七月条によれば、この時に置始部の氏姓を賜わった者もいた。

置始連菟 おきそめのむらじうさぎ　壬申の乱の功臣。贈位小錦上。名を宇佐伎にも作る。天武元年(六七二)七月、美濃にあった大海人皇子(のちの天武天皇)の命により、紀臣阿閉麻呂らとともに兵数万を率いて大和に向かい、途中倭京の将軍大伴連吹負(ふけい)の敗戦を聞くや、急ぎ千余騎を率いて倭京に馳せ、墨坂(奈良県宇陀郡榛原町萩原の伊勢街道西峠付近)で吹負と出会い、これを助けて、大坂道(穴虫越)から来た近江方の壱伎韓国(からくに)の軍を当麻衢(たぎまのちまた。奈良県北葛城郡當麻町大字当麻)に破った。ついで三輪君高市麻呂とともに上道(かみつみち)に近江軍を破り、かねて中道(なかつみち)の吹負軍の急を救った。霊亀二年(七一六)四月、壬申の乱の功により子の虫麻呂に田を賜わり、天平宝字元年(七五七)十二月に功田五町を中功によって二世に伝えることを許された。

【参考文献】　直木孝次郎『壬申の乱』

息長氏 おきながうじ　近江国北部の坂田郡(滋賀県坂田郡と長浜市および彦根市の一部)に本拠をおく地方豪族。姓は初め公(君)、天武十三年(六八四)八色の姓制定に際し、真人を賜わる。敏達天皇の后広姫の出身氏族で、天智・天武天皇が皇祖と仰ぐ押坂彦人大兄皇子を生んでおり、その母族として、天武朝に真人姓を賜わった皇親氏族である。その出自については、『古事記』が応神段のいわゆる「若野毛二俣(わかぬけふたまた)王系譜」にみえる大郎子(おおいらつこ。意富々杼王(おおほどのおおきみ))を祖とするのに対し、『日本書紀』は、全く所伝を載せていない。ただし、『古事記』の系譜的記載には、開化段以降、息長宿禰王・息長田別王・息長日子王など息長某王を称する人物が多くみえ、その女や外孫が后妃となり、天皇家と親密な関係にあったことを示している。特に息長宿禰王の女で、仲哀天皇の后となった息長足姫尊(神功皇后)は応神天皇の母で、実質的な女帝として描かれており、『日本書紀』も神功巻一巻をたて、天皇に準ずる扱いとしている。また応神の皇子若野毛二俣王と息長弟比売真若の間に所生した忍坂大中姫は允恭天皇の后となり、安康・雄略皇統の祖となっており、兄の意富々杼王は、息長氏など七氏の祖であるとともに、『釈日本紀』所引の「上宮記一云」の系譜を参照すると、意富々杼王―乎非王―彦主人王(ひこうしのおおきみ)―継体天皇という系譜が復原され、継体皇統の祖という位置が明らかになる。これらの系譜から、息長氏が応神―継体の朝廷にあって、大きな勢力を得ていた証左とする見解もあるが、天武朝の修史に関与した息長氏がその皇親としての立場を、過去に遡って投影すべく加上したとする見解もみられる。このような皇統との関わりから、その出自に疑問のある継体が、息長氏出身とする説も出されている。息長氏が史上に明確な姿を表わすのは、『日本書紀』皇極元年(六四二)十二月条の舒明天皇の殯宮(もがりのみや)記事で、息長山田公が単独で日継のことを誄(しのびごと)していることである。これは舒明の父彦人大兄皇子が、敏達と息長真手王の女広姫との間に所生し、舒明自身も、和風諡号を「おきながたらしひひろぬか」とされるように、この皇統が、息長氏を母族としていたことを示すものである。こののち、舒明の皇子天武は、壬申の乱に勝利し、その皇親政治を支えるものとして、天武十三年(六八四)十月、いわゆる天武八姓を制定、その筆頭の真人姓を息長氏も賜わっている。天武朝以降、息長氏の本宗は中央貴族化し、中級官人の道を歩み、持統―元明朝に、遣新羅使・右大弁・兵部卿・右京大夫を歴任した息長真人老を除いて、特に顕著な事跡を残したものはいない。一方、近江国坂田郡にとどまった一族は、弘仁十四年(八二三)十二月九日付「近江国長岡郷(坂田郡山東町長岡付近)長解」に坂田郡大領とある息長真人(欠名)を始め、郡司を歴任しており、依然譜代の家としての地位を維持している。なお息長氏には、『新撰姓氏録』右京皇別に「息長真人同祖」とある息長丹生真人氏が同族として知られ、中務省画工司に所属する画師集団で独自の地位を得ていた。

【参考文献】 薗田香融『日本古代財政史の研究』、塚口義信『神功皇后伝説の研究』、大橋信弥『日本古代国家の成立と息長氏』

興原宿禰敏久 おきはらのすくねみにく 九世紀前半の明法家。氏名は初め物部。三河国の人。大同三年(八〇八)正月、正六位上から外従五位下に昇り、同年三月、大外記となったが、これ以前に左大史・大内記を歴任、また延暦(七八二―八〇六)末年から大同初年頃には大宰少典であった。大同四年六月、主税助となるが、弘仁二年(八一一)閏十二月には明法博士となっていた。同四年正月、物部中原宿禰の氏姓を賜わり、翌二月、大判事となり、同十年正月、従五位に進んだ。翌十一年四月に撰進された『弘仁格式』の序に編纂者としてその名がみえるが、当時は播磨大掾も兼ねていた。天長元年(八二四)正月に従五位上、同四年正月、正五位下に昇ったが、この時には興原宿禰敏久と称した。同七年閏十二月、格式編纂の功により正五位上に叙せられた。また同十年二月に撰進された『令義解』の編纂にも加わった。『法曹類林』には敏久の明法勘文が収載され、『令集解』所引の「物云」「中云」「興大夫云」「原大夫云」なども敏久の学説とみられる。

【参考文献】 布施弥平治『明法道の研究』、滝川政次郎「九条家本弘仁格抄の研究」(『律令格式の研究』(『法制史論叢』一)所収)

興道氏 おきみちうじ 門部連氏の一族。姓は宿禰。『日本文徳天皇実録』斉衡三年(八五六)十一月条に、門部連名継が興道宿禰の氏姓を賜わった記事があり、門部連氏の一族であることがわかる。名継のほかには、春宗などがいる。

置目老媼 おきめのおみな 顕宗朝の近江国の人。伝承上の人物。『古事記』顕宗段によれば、顕宗天皇が雄略天皇に殺された父の市辺忍歯王の骨を求めた時、近江国の老女が骨を埋めた場所をよく知っており、それを掘り出して陵に埋葬することができた。顕宗は老女を召し、ほめて置目老媼の名を賜い、宮の近くに住まわせ厚遇したが、やがて置目は老いを理由に本国に帰ったという。『日本書紀』にもほぼ同様の説話がみえ、顕宗元年二月是月条の分注には、近江国の狭狭城山君氏の祖倭俗(やまとふくろ)宿禰の妹とある。

興世氏 おきようじ 百済系渡来氏族の吉田(きちた)宿禰(本姓は吉)の子孫。承和四年(八三七)右京の人左京亮吉田宿禰書主(ふみぬし)と越中介同高世らが興世朝臣を賜わった。百済人の子孫が朝臣を賜わったのは、嵯峨天皇と書主との個人的関係によるものであろう。

興世朝臣書主 おきよのあそんふみぬし 七七八―八五〇 九世紀前半の官人。もと吉田(きちた)連。名を文主にも作る。古麻呂の子。祖父・父はともに侍医。人格恭謹で、容姿にみるべきものがあり、早くから嵯峨天皇の愛顧をうけた。弘仁四年(八一三)左兵衛権大尉、同七年、左衛門大尉となり検非違使を兼ねたのは、書主が儒学に秀でてはいたが、身のこなしが軽く、水泳が上手で武芸の士でもあったからである。書主はまた和琴に秀で、大歌所別当として、常に節会に供奉した。また、新羅の人から新羅琴の秘伝もうけた。同八年正月、外従五位下、同九年、和泉守となり、治績をあげて有名になり、同十二年、従五位下。同十四年、従五位上・備前守となり、また治績をあげ、天長五年(八二八)筑後守となったが、病気のため赴任しなかった。承和四年(八三七)六月、興世朝臣の氏姓を賜わり、同七年、信濃守となり、同九年、正五位下、同十四年、従四位下に昇った。嘉祥三年(八五〇)八月、治部大輔になったが、老いて身体も衰えたので山林の地をひらき、仏道に専念し、同年十一月六日、卒去した。時に七十三歳。

憶礼福留 おくらいふくる 百済の遺臣。憶礼は憶頼にも作る。天智二年(六六三)九月、百済の滅亡により余自信らと日本に亡命してきた。時に官位は第二位の達率。同四年八月、四比福夫とともに筑紫国に派遣されて大野城(城跡は福岡県粕屋郡宇美町から筑紫郡太宰府町におよぶ)と椽城(城跡は佐賀県三養基郡基山町から福岡県筑紫野市山口・原田におよぶ)を築いた。同十年正月、亡命の百済人に冠位を賜わることがあり、兵法に習熟していたため大山下を授けられた。憶礼氏は天平宝字五年(七六一)に石野連の氏姓を賜わったが、『新撰姓氏録』左京諸蕃下には、石野連は百済の近速王の孫の憶頼福留の後裔とある。

小倉王 おぐらおう 天武天皇の孫御原王の子。雄倉王にも作る。延暦三年(七八四)無位から従五位下に叙せられ、そののち少納言・阿波守・典薬頭・内膳正を歴任、同二十三年六月、清原真人の賜姓を願い出て許され、子繁野の名を夏野と改めた。夏野は右大臣となり『日本後紀』『令義解』の編纂に参画した。

曰佐氏 おさうじ 通訳を職掌とした氏族。『新撰姓氏録』山城国皇別によれば、紀朝臣氏と同祖で武内宿禰の後裔であり、欽明朝に三十九名が渡来した際に、勅して珍勲(めずら)臣を彼らの通訳とし、訳(おさ)氏と呼ばれるようになったという。さらに珍勲の子に諸石臣と麻奈臣の名をあげ、近江国野洲郡(滋賀県野洲郡と守山市および近江八幡市の一部)・山代国相楽郡(京都府相楽郡)・大和国添上郡(奈良県添上郡・奈良市東部と大和郡山市・天理市・山辺郡の各一部)に居住する曰佐氏の祖と伝える。しかし百済人名の姓に「おさ」の例があることから、「おさ」は古代朝鮮語に由来するもので、曰佐氏も事実は渡来系氏族であったと考えられている。延暦二十四年(八〇五)二月、大和国の曰佐方麻呂、近江国の曰佐人上が、紀野朝臣の氏姓を賜わっている。『新撰姓氏録』山城国皇別・大和国皇別に曰佐氏を載せ、六国史や『正倉院文書』などに近江・山城・大和国に居住した氏人が散見する。

刑部氏 おさかべうじ かつての名代部である刑部(押坂部)の伴造、または部民であったことに基づく氏名。忍壁・押坂部(おしさかべ)にも作り、大炊刑部(おおいのおさかべ)・刑部靫部(おさかべのゆげい)・刑部垣(おさかべのかき)のような複姓も存在する。姓は宿禰・連・造・首・史・臣・君・直および無姓。このうち天武十二年(六八三)と翌十三年に造→連→宿禰と改姓した刑部(忍壁)氏が、中央で刑部を管掌した総領的伴造とみられる。姓の種類が多いのは地方の伴造氏を含むためである。『新撰姓氏録』に六氏、『先代旧事本紀』天孫本紀に二氏の刑部氏があるが、系譜的には天火明(あめのほのあかり)命の後裔=尾張氏系三氏、渡来系三氏、物部氏系二氏となり、このほか『日本三代実録』によれば、丹波の刑部首は彦坐(ひこいます)命の後裔とする。姓を持つ地方の刑部氏には国造の一族とみられるものが多い。『古事記』『日本書紀』は、允恭天皇の時、皇后忍坂大中姫(おしさかのおおなかつひめ)のために刑部を設置したとするが、この事実を否定して敏達天皇の皇子押坂彦人(おしさかのひこひと)皇子の名代とする説、息長氏を管理者として前者から後者へ伝領されたとする説などがあり、一定しない。刑部を令制下の解部(ときべ)の職務と結びつけて、名代とは異なる刑罰に関した職業部とみる説もある。刑部氏の分布は畿内七道三十一カ国に及び、刑部がかつて広域的に設置された事実を示している。なお『日本書紀』垂仁三十九年条には「神刑部」の名がみえる。

【参考文献】薗田香融「皇祖大兄御名入部について」(『日本古代財政史の研究』所収)、山尾幸久『日本国家の形成』、成清弘和「オサカベ再考」(『続日本紀研究』二二八)

刑部直真刀自咩 おさかべのあたいまとじめ 九世紀前半の武蔵国多磨郡狛江郷(東京都狛江市・調布市付近)の女性。同郷の刑部広主の妻となり、四男三女を生む。二十一年たった時、夫が亡くなったが、礼をもって喪に服し、墓の側に庵を結んで日夜悲しみながら歳月を過ごした。承和十三年(八四六)五月、その行ないにより節婦と認められ、勅により位二階を授けられ、戸主刑部直道継の戸の田租が真刀自咩の死亡するまで免除された。

刑部造真鯨 おさかべのみやつこまくじ

ら 九世紀中頃の官人。讃岐国多度郡(香川県仲多度郡多度津町と善通寺市一帯)の人。のちに平安左京に移貫。斉衡二年(八五五)七月、大宰大典として「大宰府牒」に署名。円珍(智証大師)が唐から帰り、天安二年(八五八)十二月に入京して洛北の出雲寺にいたった時、すでに真鯨は同寺で円珍の来るのを待っていたという。この時にも大宰大典。貞観五年(八六三)八月二十二日、斎院権判官正六位上の時、左京に移貫することが認められ、同八年(八六六)五月、左少史として「太政官牒」をしたためている。同年十二月三十日、円珍宛に公験二巻に添えて書状を書き、これに円珍は翌九年正月一日、「此状入手」と奥書している。円珍の奥書は、貞観八年五月の「太政官牒」にもあるが、それにも真鯨の名が記されており、この両名が親密な間柄にあったことを示している。さらに『和気系図』の巻首に円珍が書き入れた略系図にも「刑大史真□」とあって、真鯨は円珍の同族・姻族であったことが察せられる。同十年九月、左大史正六位上として右少弁藤原朝臣千乗とともに伊勢神宮に遣わされた。

【参考文献】 佐伯有清「和気公氏の系図」(『古代氏族の系図』所収)

刑部靫部阿利斯登 おさかべのゆげいありしと 宣化朝の火葦北国造。『日本書紀』によれば、宣化朝に大伴大連金村の命で朝鮮に使者として派遣されたという。その子に日羅がいる。

刑部親王 おさかべしんのう —七〇五 天武天皇の第九皇子。忍坂部皇子・忍壁皇子・忍壁親王にも作る。母は宍人(ししひと)臣大麻呂の女榖(かじ)媛娘。天武元年(六七二)の壬申の乱に際し、幼少であったが父に従って東国に赴いた。同三年、大和の石上(いそのかみ)神宮(奈良県天理市布留町)に使し、膏油をもって神宝をみがいた。同八年五月、天武天皇・同皇后(のちの持統天皇)・草壁皇子・大津皇子・高市皇子(以上は天武の皇子)・河嶋皇子・芝基皇子(いずれも天智天皇の皇子)らと吉野(奈良県吉野郡)に赴き、ともに事なからんことを誓った。これは天武が、諸皇子が成人するにつれて再び皇位継承の争いを起こすことのないよう、壬申の乱に関係深い吉野の地で誓約させたと考えられるので、このときすでに成人していたのであろう。また、河嶋皇子の次に名が記されているのは、この時点で天武の十人の皇子のなかでは四番目に有力な地位にあったと推定される。同十年三月、河嶋皇子らとともに「帝紀」および上古の諸事を記定した。同十四年正月、浄大参(諸王以上に授与する位階の九番目の位)を授けられ、同年九月の宴で布を賜わり、朱鳥元年(六八六)七月、皇子の宮殿の失火で民部省の蔵が延焼し、同年八月、封百戸を加えられた。翌月、天武が崩じ、皇后が称制し、やがて即位して持統天皇となるが、持統の治世十年の間に、刑部親王は一度も歴史の表面に登場しない。それは、親王が持統から冷遇されていたからであるといわれている。持統十年(六九六)に高市皇子が薨じたあとは、天武の諸皇子の代表的存在となり、まもなく持統朝から文武朝に代わると再び史上に姿を現わす。文武四年(七〇〇)三月、勅を受けて『大宝律令』の撰定を主宰し、大宝元年(七〇一)八月、その完成の功によって禄を賜わった。同三年正月、初代の知太政官事に任ぜられて太政官の政務を統べ、草創期の律令政治に貢献したが、慶雲二年(七〇五)五月七日、薨じた。時に三品。子に従四位下刑部卿山前(やまくま)王・尚膳従三位小長谷女王がいる。

【参考文献】 直木孝次郎「忍壁皇子」(『飛鳥奈良時代の研究』所収)、阿蘇瑞枝「柿本人麻呂と忍壁皇子」(『国語と国文学』四九ー一〇)

男狭磯 おさし 阿波国長邑(徳島県那賀郡那賀川町付近)の海人。『日本書紀』によると、允恭十四年九月、允恭天皇は淡路島で狩をしたが、何も得られなかったので、狩を止めて卜ったところ、嶋の神の託宣に赤石の海底にある真珠を取って祭れとあった。そこで、海人を集めて海底を探させたが、海が深く底に達することができなかった。ただ男狭磯だけは腰に縄をつけて、深さ六十尋(ひろ)の海底に潜り、大鰒(あわび)を取って浮かび出たが、ついに息絶えて死んだ。鰒を割くと、桃の実のような真珠があり、嶋の神を祭って狩をしたところ、多くの獲物を得た。男狭磯の死を悲しみ、墓を作って葬ったという。

他田舎人氏　おさだのとねりうじ　敏達天皇の訳語田幸玉(おさだのさきたま)宮(奈良県桜井市戒重付近)に出仕する舎人の家柄の氏。直姓・無姓および部姓がある。令制下のこの氏に郡大領・郡散事などの役職のものがみられ、舎人が令制兵衛の前身であることに基づくと、他田舎人氏の多くは地方国造の家柄であろう。なお、他田舎人部は、舎人の活動を物質的に支える部民と考えられている。他田舎人氏は信濃・駿河国に分布するが、特に信濃国に分布が顕著である。一般的に宮号十舎人を名乗る氏は東国に多いが、これは六世紀以降、この地域が大和政権の軍事的基盤となっていたためとみられる。

【参考文献】　直木孝次郎『日本古代兵制史の研究』

他田日奉部直神護　おさだのひまつりべのあたいじんご　八世紀の下級官人で下総の豪族。下総国海上郡(千葉県銚子市・海上郡と香取郡の一部)を本拠とした下海上(しもつうなかみ)国造の後裔である。正倉院に残る天平二十年(七四八)の海上国造他田日奉部直神護の啓状には、祖父の忍は孝徳朝に海上郡の少領(次官)を、父の宮麻呂は天武朝に同郡少領を、兄の国足は元明朝に同郡大領(長官)を務め、また神護は養老二年(七一八)から十一年間は兵部卿藤原朝臣麻呂の位分資人(いぶんしじん)として仕え、天平元年から二十年間は中宮舎人として仕えたので、海上郡大領に任命してほしいとある。時に従八位下。

他戸親王　おさべしんのう　七六一—七七五　八世紀後半の皇太子。天平勝宝三年(七五一)生まれとする説もある。光仁天皇の第四皇子で、母は皇后井上内親王。宝亀二年(七七一)正月、皇太子に立てられたが、翌三年三月、母井上の厭魅大逆事件に連坐し、同年五月に廃太子の上、庶人におとされた。同四年、光仁の同母姉難波内親王が薨じたが、これが井上の厭魅によるとされて、母子ともに大和国宇智郡(奈良県五条市)の没官の宅に幽閉された。宝亀六年四月二十七日、母と同日に薨じた。一連の変事は藤原朝臣百川の策謀であり、山部親王を立太子させようとの企てが底流にあったらしい。なお母子同日の薨去は不自然であり、毒殺されたかという。墓は奈良県五条市御山町字ハカ山にある。

【参考文献】　角田文衛「宝亀三年の廃后廃太子事件」(『律令国家の展開』所収)

忍熊皇子　おしくまのおうじ　仲哀天皇の皇子。母は彦人大兄の女大中姫。兄に麛坂(かごさか)皇子がいる。『日本書紀』の伝承によれば、仲哀崩御、神功皇后の朝鮮出兵、皇子(のちの応神天皇)の誕生という事態のなかで、忍熊皇子は兄麛坂皇子とはかり、播磨赤石(のちの播磨国明石郡明石郷。現在の兵庫県明石市とその周辺地域)に山陵を造ると称し、兵士を集めて謀反を起こしたが、麛坂皇子の死で住吉に後退した。神功はそれを知り、難波を目指したが、船が途中で進むことができなくなった。そこで務古水門(兵庫県尼崎市・西宮市の武庫川河口付近)に戻り、天照大神・稚日女尊・事代主尊の神々を祭り、海路を確保し、武内宿禰・武振熊をして忍熊皇子を討たせた。忍熊皇子は武内宿禰の策謀にはまり、追い詰められ、瀬田の済(滋賀県大津市の瀬田川の渡し場)に身投げして死んだという。

忍坂大中姫　おしさかのおおなかつひめ　允恭天皇の皇后。応神天皇の皇子稚野毛二派(わかぬけふたまた)皇子の女。忍坂之大中津比売にも作る。木梨軽(きなしのかる)皇子・安康天皇・雄略天皇など九人の子女を生んだ。允恭が群臣の要請を固辞して皇位に即かないので、みずから手洗水をとって勧め、皇位に即かせたという。允恭二年に皇后に立てられ、かつて無礼をはたらいた闘鶏(つげ)国造を探し出してその罪を責め、姓をおとして稲置とした。同七年、皇后が雄略を出産する日に允恭は皇后の妹の衣通郎姫(そとおしのいらつめ。『古事記』では藤原之琴節郎女)のもとに通っていった。皇后は大いに恨んで産殿(うぶどの)に火をかけて死のうとしたので、驚いた允恭は皇后にあやまり、手をつくして慰撫したといい、『日本書紀』では気が強く嫉妬深い皇后に描かれている。またこの皇后のために刑部を設定したと伝える。

【参考文献】 平野邦雄『大化前代政治過程の研究』、亀井輝一郎「石上神宮と忍坂大中姫」(横田健一編『日本書紀研究』一三所収)

押坂彦人大兄皇子　おしさかのひこひとのおおえのみこ　敏達天皇の第一皇子。舒明天皇の父。忍坂日子人太子にも作り、麻呂子皇子ともいう。母は息長真手王の女の広姫。『日本書紀』用明二年(五八七)四月条に、大臣蘇我馬子と対立する物部守屋大連と結んだ中臣勝海連が、皇子と竹田皇子の像をつくり呪詛したが、事の成しがたいのを知ってかえって皇子についたとある。当時有力な皇位継承候補として、継承争いと蘇我・物部両氏の争いの渦中にあったらしいが、その後、記事がみえない。馬子らによって殺害されたとする説もある。墓は『延喜式』諸陵寮式によれば、大和国広瀬郡の成相(ならい)墓。三吉牧野古墳(奈良県北葛城郡広陵町)を皇子の墓にあてる説がある。『新撰姓氏録』未定雑姓左京に、御原真人の祖とある。

【参考文献】 薗田香融「彦人皇子略伝」(『日本古代財政史の研究』所収)、山尾幸久「大化改新論序説(上)」(『思想』五二九)、直木孝次郎「厩戸皇子の立太子について」(『飛鳥奈良時代の研究』所収)

忍海氏　おしぬみうじ　㈠忍海部を管掌した伴造氏族。姓は初め造、天武十年(六八一)および同十二年に連となる。ほかに首姓の忍海氏もあった。忍海造は忍海部造にも作り、『古事記』は開化天皇の皇子建豊波豆羅和気王を忍海部造・稲羽忍海部らの祖と伝える。また『新撰姓氏録』に、忍海部は開化の皇子比古由牟須美命の後裔とある。忍海部については㈡の忍海漢人(あやひと)と関連させて雑工部とする見解もあるが、おそらくは忍海角刺宮(奈良県北葛城郡新庄町忍海に比定される)に宮居したという飯豊青(いいとよのあお)皇女(忍海部女王・忍海郎女ともいう)の名代の部であろう。㈡東(倭)漢(やまとのあや)氏配下の漢人の一つ。姓は村主。『日本書紀』神功五年条に、葛城襲津彦(かずらきのそつひこ)が連れ帰った新羅の俘囚が忍海など四邑の漢人の祖であると伝え、一方、『坂上系図』所引の『新撰姓氏録』逸文には、東漢氏の祖阿智(知)使主(あちのおみ)の本郷の人民で仁徳朝に渡来した者の子孫と称する村主姓氏族のなかに忍海村主がみえる。史料には忍海手人の称もあり、忍海漢人は大和朝廷の手工業、特に金工関係に従事したとみられる。その本拠である大和国忍海郡(奈良県北葛城郡と御所市の各一部)はまた葛城氏の勢力圏で、『日本書紀』神功巻の記事からすると葛城氏との密接な関係も想定される。

【参考文献】 小林敏男「忍海氏について」(『鹿児島短期大学研究紀要』二八)

忍海山下連氏則　おしぬみのやましたのむらじうじのり　九世紀後半の官人。元慶八年(八八四)に起こった石見国衙襲撃事件の首謀者の一人。元慶六年、正六位上から外従五位下に叙せられた。時に左近衛将監。同八年には石見介であったが、同年の事件は、石見国邇摩郡(島根県邇摩郡全域と大田市の西部)や那賀郡(島根県那賀郡と浜田市・江津市)の大領が百姓二百十七人を率いて、権守上毛野(かみつけの)朝臣氏永を襲ったもので、原因は氏永の苛政にあるらしい。氏永は石見介である氏則の館に逃げ込んだが、氏則も首謀者の一人とわかると氏則の妻下毛野屎子の着ていた大衣を奪いとって山中へ脱出した。そこで掾の大野朝臣安雄に遭遇した。安雄も氏則側であり、氏永は杖で打たれ、倉中に籠閉された。結局、仁和二年(八八六)五月、氏則・安雄を始め、氏永も解任された。

忍海部造細目　おしぬみべのみやつこほそめ　清寧朝の播磨国縮見(しじみ)屯倉(兵庫県三木市志染町付近)の首(おびと)と伝えられる人物。『日本書紀』清寧二年十一月条に、播磨国に遣わされた来目部小楯が、細目の新室

(にいむろ)で市辺押磐(いちのべのおしは)皇子の子の億計(おけ)・弘計(おけ)二王(のちの仁賢・顕宗天皇)を発見したとある。顕宗即位前条に、発見の際の説話を載せ、二王が奴として細目に仕えていたことを記す。『古事記』清寧段に、名は志自牟(しじむ)とあり、『播磨国風土記』美嚢(みなぎ)郡条には、志深(しじみ)村の首、伊等尾(いとみ)とある。

小足媛 おたらしひめ 孝徳天皇の妃。阿倍倉梯麻呂の女。男足媛にも作る。舒明十二年(六四〇)有間皇子を生み、大化元年(六四五)七月、妃となる。『日本書紀』皇極三年(六四四)正月条に軽皇子(のちの孝徳天皇)の寵妃としてみえる阿倍氏は小足媛のことであろう。

越智氏 おちうじ 神饒速日(かんにぎはやひ)命の後裔氏族の一つ。大新川命の孫子致命の子孫という。姓は初め直、承和二年(八三五)一部は宿禰に改姓。伊予国越智郡(愛媛県今治市と越智郡の大半)を本拠に国内に栄えた古代有力豪族で、中世の河野・得能らの氏を生む。氏名の由来は越智郡の旧称小市国に基づく。『先代旧事本紀』国造本紀に子致命を国造として小市国造と称したことが見える。『日本霊異記』に、七世紀後半に越智直が越智郡大領の祖となることがみえ、伝承的には『越智系図』などに八世紀初頭頃、守興の子玉興が越智と改め、弟玉澄が河野を称したとする。天平八年(七三六)の『伊予国正税帳』によれば、越智郡大領従八位上越智直広国・同国主政越智直東人の名がみえ、神護景雲元年(七六七)の同郡大領越智直飛鳥麻呂のほか、正史に同氏を称する人物が散見する。養老五年(七二一)従五位下刑部少輔兼大学博士越智直広江のように中級官人に昇進する者もあるが、延暦十八年(七九九)越智直祖継は左京に本貫を置き、承和二年(八三五)に同族中七人が宿禰に改姓。貞観十五年(八七三)左京の人外従五位下助教越智直広峯が善淵朝臣と改氏姓。出自については『予章記』『越智系図』『河野系図』が孝霊天皇の皇子伊予皇子を祖とし、『河野系図』が武内宿禰を祖とする説ほかがあるが未詳。

【参考文献】 佐伯有清『新撰姓氏録の研究』考証篇三

越智直(欠名) おちのあたい 七世紀後半の伊予国越智郡の豪族。『日本霊異記』によれば、越智郡(愛媛県今治市と越智郡の大半)大領の先祖に当る人物で、百済救援軍が渡海した時(斉明七・六六一—天智二・六六三)派兵され、唐兵に捕われ唐国にいたった。八人が一つの洲に住み、舟を造り、観音像に誓願したところ西風が吹いて筑紫にもどることに成功。天皇に建郡を申請して許され、ここに一寺を建立し観音像を安置して子孫が相続いてこれを敬信したという。

越智直広江 おちのあたいひろえ 八世紀初めの学者。氏名を越知にも作る。養老四年(七二〇)二月当時、大学明法博士であり、翌五年正月、詔により退朝の後は東宮に侍すことになった。時に正六位上。同月、明経第一博士で学業に優れ、その道の師範たるに堪える故をもって、後進の励みとすべく、絁(あしぎぬ)二十疋、糸二十絇、布三十端、鍬二十口を賜わった。同七年正月、従五位下に叙せられた。神亀三年(七二六)十一月当時も従五位下であったことが知られる。また、『家伝』下に神亀(七二四—七二九)頃、宿儒として重要な位置を占めていたことがみえる。『懐風藻』に従五位下刑部少輔兼大学博士とあり、五言絶句「述懐」の一首を残す。

【参考文献】 布施弥平治『明法道の研究』、松原弘宣「古代伊予国の地方豪族について」(『社会科』学研究』七)

越智宿禰貞厚 おちのすくねさだあつ 九世紀中頃の官人。『日本三代実録』貞観十一年(八六九)十月の太政官の論奏によれば、貞観八年、隠岐国の浪人安曇(あずみ)福雄は前守正六位上越智宿禰貞厚が新羅人とともに反逆をはかったとの旨を告言したが、調査の結果、福雄の告げたことが誣告(ぶこく)であることが判明した。福雄は反坐に問われ斬刑とされたが(ただし詔により一等減じて遠流)、貞厚は国内に人を殺した者がいるのを知りながら取り調べず、官当にて処罰されることとなった。尊経閣文庫本など『日本三代実録』の写本には貞原とあるので、貞厚の名は貞原(さだはら、もしくは、さだおか)が正しいらしい。とすると、円仁の『入唐求法巡礼行記』の唐開成四年(八三九)二月二十二日条などにみえる遣唐史生の越智貞原、仁寿三年(八五三)二月十一日付「大宰府牒」に署名している大宰大典の越貞原と同一人物とみなして差し支えない。

【参考文献】佐伯有清『最後の遣唐使』、同「承和の遣唐使の人名の研究」(『日本古代氏族の研究』所収)

遠智娘　おちのいらつめ　—六四九　蘇我倉山田石川麻呂臣の女。天智天皇の嬪。同母妹に同じく天智天皇嬪の姪娘(桜井娘)がある。大田皇女・鸕野皇女(のちの持統天皇。大化元年・六四五頃生)・建皇子(白雉二年・六五一生)を生む。蘇我造媛(みやつこひめ)・茅渟娘(ちぬのいらつめ)ともあり、美濃津子娘にも作る。皇極三年(六四四)正月、中臣連鎌子と中大兄皇子(のちの天智天皇)は石川麻呂を味方につけるため、その長女を中大兄の妃にしようとし、石川麻呂が承諾したところ異母弟の身狭(むさ)臣(蘇我臣日向)がその媛を奪ってしまった。妹の媛が父の憂をみてみずから進んで姉の代りに妃となり、父の赤心を証したが、この妹が遠智娘と考えられる。大化五年(六四九)三月、石川麻呂は身狭臣に譏せられ、首をくくって自殺したが、その屍の首を、遣わされた物部二田造塩が切った。それを聞いた遠智娘は塩という名を聞くのを憎んだため、近侍の者は塩を堅塩(きたし)と改めたが、遠智娘はついに悲しみのあまり死んだ。中大兄は石川麻呂の無実を知って後悔していたが、遠智娘にも死なれ哀泣すること極まったという。この時、野中川原史満の奉った歌二首が『日本書紀』にある。

小槻氏　おづきうじ　律令官人氏族の一つ。初め小槻山公を称していたが、貞観十七年(八七五)阿保朝臣の氏姓を賜わり、のち小槻宿禰を称するようになる。垂仁天皇の皇子於知別命の後といい、近江国栗太郡(滋賀県栗太郡栗東町と草津市の一帯)を本貫としていたが、貞観十五年に左京四条三坊に移貫している。九世紀後半に小槻山公今雄が大学寮の教官の算博士になってから、算博士を世襲するようになり、また、十世紀末に、小槻宿禰奉親が、大夫史すなわち官務になってからは、官務を世襲するようになり、官務家と称されるようになる。小槻宿禰を称したことから、禰家(でいけ)とも呼ばれた。

【参考文献】橋本義彦「官務家小槻氏の成立とその性格」(『平安貴族社会の研究』所収)

小槻山公今雄　おづきのやまのきみいまお　九世紀後半の算博士。官務家小槻氏の祖。元慶三年(八七九)十一月、従五位下に叙せられたが、『日本三代実録』には、貞観十五年(八七三)から元慶三年まで算博士とみえ、今雄から後、小槻氏は、算博士を世襲するようになる。なお、貞観十七年十二月、阿保朝臣の氏姓を賜わっているが、子の当平から小槻宿禰を称している。

弟猾　おとうかし　大和の宇陀の水取(もいとり)の祖。弟宇迦斯にも作る。『日本書紀』によると、神武天皇が大和を平定した際、兄猾(えうかし)・弟猾を召したところ、弟猾は兄猾が奸計を用いて神武を倒そうとしていると告げたので、神武は大伴氏の遠祖道臣命を遣わして兄猾を殺した。一方、弟猾は牛肉と酒で皇軍をもてなした。また、弟猾は大和に八十梟帥(やそたける)がおり、神武と戦う準備をしているので、天香具山の埴土で天平瓮(あめのひらか)を作って天社・国社の神を祭り、その後に敵を撃てば容易に倒せるだろうと言上した。そこで、弟猾は老嫗に、椎根津彦は老父に変装して天香具山に遣わされ、その土を取って帰来した。神武二年二月、神武は論功行賞を行ない、弟猾に猛田(たけだ)邑(奈良県宇陀郡室生村・榛原町一帯)を賜わり、猛田県主としたという。『古事記』の伝承もこれとほぼ同じ内容であるが、後者の天香具山の土を取る話はみえない。

弟磯城　おとしき　大和国磯城地方(のちの大和国城上・城下両郡。現在の奈良県磯城郡の大半と天理市南部および桜井市の西北部などを含む一帯)の豪族、磯城彦の一人。名は黒速。『日本書紀』によると、神武天皇東征の際、頭八咫烏(やたがらす)を遣わして磯城彦を召したところ、兄磯城(えしき)は拒否したが、弟磯城はこれに応じ、兄磯城が八十梟帥(やそたける)を集め、武器を具えて戦う準備をしていると告げた。そこで、神武は弟磯城を遣わして教諭せしめたが、兄磯城は従わず、皇軍のために殺された。神武二年二月、神武は論功行賞を行ない、弟磯城を磯城県主としたという。

弟橘媛 おとたちばなひめ 日本武尊の妃。父は穂積忍山宿禰。『日本書紀』に、景行四十年、日本武尊が馳水(はしりみず。東京湾口の浦賀水道)を渡る時、突然の暴風で船が進まなくなったので媛が犠牲となって入水すると暴風は止み、尊は岸に着くことができたとあり、『古事記』にも同様の説話がみえる。この入水譚はもともと南武蔵で語られていたもので、穂積氏を介して日本武尊伝承に結びつけられたと推定されている。また、弟橘媛が生んだ子については、『日本書紀』は稚武彦王とし、『古事記』は若建王とする。なお『常陸国風土記』には倭武(やまとたける)天皇の皇后として大橘比売命・橘皇后の名がみえるが、弟橘媛と同一人物であろう。

【参考文献】 和田萃「チマタと橘」(『橿原考古学研究所論集』七所収)、前川明久「ヤマトタケル東征伝承の成立—弟橘媛入水説話の成立をめぐって—」(『日本古代氏族と王権の研究』所収)

小野氏 おのうじ 『古事記』孝昭段にみえる天押帯日子(あめおしたらしひこ)命の後裔で、近江国滋賀郡小野村(滋賀県滋賀郡志賀町小野)の地名を氏名とした氏族。姓は初め臣、天武十三年(六八四)八色の姓制定に際し朝臣を賜わる。滋賀郡小野村は『新撰姓氏録』左京皇別下に氏名発祥の地と伝え、ここには『延喜式』神名帳にみえる氏神としての小野神社が鎮座する。小野氏は山城国にも居住し、丁丑年(天武六・六七七)の銘がある「小野朝臣毛人墓誌」が山城国愛宕(おたぎ)郡小野郷の地(京都市左京区上高野)から出土し、『和名類聚抄』には愛宕郡のほか宇治郡に小野郷(京都市山科区小野)がみえるので、愛宕郡小野郷を本拠とし宇治郡にも勢力を伸ばしていた。弘仁四年(八一三)十月、小野朝臣野主が山城国小野郷の猨女の養田を貪り取る同族のことにつき建策した史料が『類聚国史』『類聚三代格』にみえ、山城国の小野氏は猨女の養田を貪るために氏女を猨女として貢していたことがあった。小野氏は大和国添上郡(奈良県添上郡・奈良市東部と大和郡山市・天理市・山辺郡の各一部)にも居住し、『日本書紀』雄略十三年八月条に春日小野臣の複姓がみえる。一族には遣隋使として有名な小野臣妹子を始め、八—九世紀にかけて毛野・馬養・田守は遣新羅使に、田守は遣渤海使に、石根・滋野および篁(任命されたが進発せず)は遣唐使に任ぜられ対外交渉に活躍した。また毛野・老・田守・小贄・岑守・篁は大宰府での要職を占め、馬養・牛養・竹良・永見は征蝦夷・隼人の将軍に、永見・岑守は陸奥の、滝雄・千株は出羽の国司の任についており、対外交渉と辺境防衛は小野氏の特性ともいうべき活動分野であった。氏名発祥の地にある唐臼山古墳は、横口式石室をもつ終末期の円墳で、小野臣妹子の墳墓かとみられている。

【参考文献】 柴田実「小野神社と唐臼山古墳」(『滋賀県史蹟調査報告』八)、藪田嘉一郎「小野毛人墓誌」(『日本上代金石叢考』所収)、岸俊男「ワニ氏に関する基礎的考察」(『日本古代政治史研究』所収)、丸山竜平「近江和邇氏の考古学的研究」(『日本史論叢』四所収)、山尾幸久「遣隋使のふるさと」(岡田精司編『史跡でつづる古代の近江』所収)

小野朝臣東人 おののあそんあずまひと —七五七 八世紀前半の官人。天平九年(七三七)九月、外従五位下、同十年閏七月、左兵衛佐となったが、藤原朝臣広嗣の乱に連坐したためか同十三年三月、平城の獄に禁ぜられ、決杖後伊豆三嶋(『和名類聚抄』の伊豆国賀茂郡三島郷。比定地未詳)に配流された。のちに許され、同十八年四月、従五位下、以後治部少輔・備前守となる。天平勝宝九歳(七五七)五月、従五位下に昇叙されたが、同年七月、橘朝臣奈良麻呂の乱に加わり、密告されて藤原朝臣仲麻呂の派遣した兵に捕えられ、左衛士府に禁固後、窮問をうけ杖下に死んだ。

小野朝臣石根 おののあそんいわね ―七七八 八世紀後半の官人。老の子。天平宝字元年(七五七)八月、従五位下に叙せられてのち、南海道節度副使・長門守・造宮大輔・近江介を歴任後、神護景雲四年(七七〇)八月、称徳天皇の葬に作山陵司となる。宝亀四年(七七三)二月当時は、従五位下左少弁の地位にあり、翌五年正月、従五位上に昇進、左中弁・中衛少将を兼ね、同七年十二月、左中弁兼中衛中将鋳銭長官の時、備中守従五位下大神(おおみわ)朝臣末足とともに遣唐副使に任命され、同八年正月、播磨守を兼ねた。同年四月、遣唐大使佐伯宿禰今毛人(いまえみし)が病と称して摂津職に留まったため、石根は節を持して先発して大使の事を行なった。同年六月、大使重病のため、勅により石根は大使不在のまま先発し、唐にいたり牒を下す日に大使なきを借問された時は、事を量り分疏せよなどと命じられた。同年七月、遣唐使船は揚州海陵県にいたり、同九年正月、長安城で礼見し、同年三月、辞見を終えた。同年十一月、帰国の海路で風難に遭い、石根は三十八人の乗船者や唐使趙宝英ら二十五人とともに漂没した。翌十年二月、従四位下を贈られた。

小野朝臣馬養 おののあそんうまかい 八世紀初めの官人。大宝三年(七〇三)正月、南海道巡察使に任ぜられた。翌年五月、西楼の上に慶雲を発見し、これを賀して慶雲と改元。時に馬養は式部少丞で、昇叙ならびに禄を賜わった。そののち帯剣寮長官を経て和銅元年(七〇八)九月、造平城京司次官となる。同三年、元日朝賀の儀に右副将軍として隼人・蝦夷を統率。養老二年(七一八)三月、少納言の時、遣新羅大使となり翌三年帰朝。同年七月の按察使(あぜち)設置に際し、丹波国守であった馬養はこれに任ぜられ、丹後・但馬・因幡三国を管轄した。時に正五位下。

小野朝臣毛人 おののあそんえみし ―六七七 七世紀後半の官人。妹子の子。山城国愛宕(おたぎ)郡小野郷の地(京都市左京区上高野)から出土した墓誌によれば、毛人は天武朝の太政官兼刑部大卿・大錦上で、天武六年(六七七)十二月上旬に葬られた。ただしこの墓誌は、銘に「小野朝臣」と記すように天武六年当時の作ではなく(当時はまだ臣姓)、若干遅れる時期に追納されたものとみられる。『続日本紀』和銅七年(七一四)四月条の毛人の男毛野薨伝には、小錦中毛人とみえ、毛人の位階が墓誌と相違するのは死後に大錦上を贈られたことを示すものであろう。

【参考文献】梅原末治「小野毛人の墳墓と其の墓志」(『考古学雑誌』七―八)、藪田嘉一郎「小野毛人墓誌」(『日本上代金石叢考』所収)

小野朝臣老 おののあそんおゆ ―七三七 八世紀前半の官人。石根の父。養老三年(七一九)正六位下から従五位下となり、以後右少弁・大宰少弐を経て、神亀(七二四―七二九)末年には大宰大弐。天平九年(七三七)六月に恐らく流行の豌豆瘡に罹って没したのであろう。時に大宰大弐で従四位下であった。『万葉集』には、神亀年間に大宰府から遥かに奈良の都を偲んだ著名な「青丹よし寧楽の京師は咲く花の薫ふが如く今盛りなり」の歌(三―三二八)、また神亀五年に帰京する豊前守宇努首男人を送りがてら香椎の浦(福岡市東区香椎)で他の府官とともに胸中を述べた歌(六―九五八)がある。大弐在任中の天平七年、高橋連牛養を南島に派遣し、それぞれの島に牌を樹てさせている。牌には島の名、船を泊める処、水の有る処、本国にいたる行程を記し、漂着する遣唐使船などに帰向する所を知らせた。没後の天平十年の『周防国正税帳』に、小野朝臣骨送使のことがみえ、対馬史生の白氏子虫が大宰府から京に骨を送っていることがわかる。同年の『駿河国正税帳』にも療養のため下野国那須湯(栃木県那須郡那須町にある温泉)に赴いた小野朝臣がいるが、それは別人の小野朝臣牛養とみられる。なお没年を天平十年とみる説もある。

【参考文献】 井上辰雄「周防国正税帳をめぐる諸問題」(『正税帳の研究』所収)

小野朝臣毛野 おののあそんけの ―七一四 七世紀末―八世紀初めの上級官人。妹子の孫。毛人の子。持統九年(六九五)七月、遣新羅使に任ぜられた。文武四年(七〇〇)十月、筑紫大弐となり、大宝二年(七〇二)五月、朝政に参議した。慶雲二年(七〇五)十一月、中務卿、和銅元年(七〇八)三月、中納言に任ぜられている。同七年四月、薨じたが、時に中納言兼中務卿・従三位勲三等。毛野の時代に、小野氏の政治的な立場は頂点にあった。

小野朝臣滋野 おののあそんしげの 八世紀後半の遣唐判官。宝亀九年(七七八)十月、肥前国松浦郡橘浦(長崎県南松浦郡上五島町三日ケ浦或いは同郡玉之浦町付近)に帰着した遣唐使第三船に乗っており、渡唐の状況を上奏した。それによると宝亀八年七月、揚州にいたり、同九年正月、長安城で礼見し、同年六月、揚州に戻り、同年九月、正南風をえて肥前に帰着したと報告した。時に判官勅旨大丞正六位上兼下総権介であったが、同年十月、大宰府に勅して滋野は入京を命じられ、同十年四月、従五位下、同十一年三月、豊前守に任ぜられた。

小野朝臣篁 おののあそんたかむら 八〇二―八五二 九世紀前半の文人貴族。参議岑守の子。若い頃は乗馬に専念して、すぐれた文人であった父に似合わぬ子と嵯峨天皇を嘆かせたが、その言葉を聞いて、勉学にいそしむようになったという。弘仁十三年(八二二)文章生となり、東宮学士などを経て、承和元年(八三四)正月、遣唐副使に任命された。しかし、二度出帆してそのたびに難破して九州に引き返すはめになった。同五年には大使の藤原朝臣常嗣が新造の篁の船と自分の乗船を取り換えようとしたために、篁は怒って病気と称して大宰府に留まり、「西道謡」と題する詩を作って常嗣を信任した嵯峨上皇を諷刺したため、嵯峨上皇の怒りに触れて隠岐国に流された。常嗣の没後の承和七年、帰京を許され、諸職を経て、同十四年(八四七)正月、参議となり、仁寿二年(八五二)十二月二十二日、薨じた。篁は、給与を惜しみなく友人のために使ってしまい、一生貧乏ぐらしをしたと伝えられ、また母に孝養を尽くしたともいう。漢詩をよくし、『経国集』『扶桑集』『本朝文粋』『和漢朗詠集』などに作品を残している。また、かつて『野相公集』五巻があったという。その書は王羲之・王献之父子に匹敵するといわれ、書道の手本とされたという。また和歌にもすぐれ、『古今和歌集』に六首を残すほか、『小野篁集』という歌集もある。ただし、その内容は物語的であり、和歌のなかには篁の作でないものもある。『小野篁集』を『篁物語』と呼ぶ場合もある。

小野朝臣田守 おののあそんたもり 八世紀中頃の官人。天平十九年(七四七)正月、従五位下、天平感宝元年(七四九)閏五月、大宰少弐、同五年二月、遣新羅大使となったが、この時、新羅が無礼のため使の任を果たさず帰国。翌六年四月、再び大宰少弐、以後聖武太上天皇葬の山作司、左少弁・刑部少輔を歴任、天平宝字二年(七五八)二月、遣渤海大使となり、同年九月、渤海使楊承慶らを伴い帰国、同年十二月、唐の安禄山の乱を奏上し、大宰府の防備を固めさせた。『万葉集』の大伴宿禰家持の歌(二〇―四五一四)にその名がみえる。

小野朝臣恒柯 おののあそんつねえだ 八〇八―八六〇 九世紀前半の官人・学儒。滝雄の子。承和二年(八三五)少内記、次いで大内記となり、同八年、式部大丞に任ぜられた。同年から翌年にかけて、存問兼領渤海客使として活躍。同十一年、従五位下、次いで大宰少弐となり筑前守紀朝臣今守と論争し、滋野朝臣貞主に批判された。仁寿四年(八五四)正月、播磨守となったが、国務は簡要を貴び、治績はあがらなかった。貞観元年(八五九)十一月、従五位上に叙せられたが、同二年五月十八日、卒去。時に五十三歳。幼少より学問を好み、文才があり、書道をよくした。飾り気のない性格で、人を傲(あなど)るなどの欠点もあったが、当時の書道第一人者で、みな恒柯の書を手本とした。

小野朝臣永見　おののあそんながみ　八世紀末頃の官人。滝雄・岑守の父。『公卿補任』『小野氏系図』は、毛野の子とするが疑わしい。奈良朝後期の征夷副将軍従五位下陸奥介で、『凌雲集』に「田家」「遊寺」の二首を残す。賀陽朝臣豊年の「野将軍を傷む」一首は永見のことか。『日本後紀』弘仁六年(八一五)の豊年の卒伝に「友人小野永見」とみえる。

小野朝臣春泉　おののあそんはるいずみ　九世紀後半の官人・武将。元慶二年(八七八)三月、出羽国の秋田城(城跡は秋田市寺内の高清水丘陵にある)が凶賊によって焼かれた時、同国の権掾・正六位上であった春泉らは、精兵を率いて城中に入ろうとしたが、衆寡敵しがたかった。その後、いったん城を奪いかえしたが、再び敗退した。翌三年、陸奥鎮守将軍小野朝臣春風のところへ連絡に赴くなどの活躍をした。

小野朝臣春風　おののあそんはるかぜ　九世紀後半の武官。石雄の子。春枝の弟。累代の武門の家に生まれ、仁寿四年(八五四)右衛門少尉、天安二年(八五八)右近将監となる。貞観十二年(八七〇)正月、従五位下対馬守となり、その後、甲冑機能補強用保侶衣・携帯食料用帯袋の製作と弘仁四年(八一三)の陸奥動乱で父が着用した羊革甲一領の下給などを奏請して許された。のち讒言によって免官家居にあった。元慶二年(八七八)秋田城(城跡は秋田市寺内の高清水丘陵にある)下に俘囚の乱(元慶の乱)が起こり、同年六月、鎮守将軍に起用され、陸奥権介坂上大宿禰好蔭と陸奥に下向。上津野(鹿角)村方面の経営に尽くし、降伏した族長を秋田営に伴い、出羽権守藤原朝臣保則に征戦の弊害を説き教喩策を主張した。仁和三年(八八七)五月、大膳大夫になった時も出羽国府遷置問題の諮問をうけた。のち摂津守・左衛門権佐・検非違使(けびいし)を務め、寛平二年(八九〇)右近衛少将となり陸奥権守を兼ねた。翌年、讃岐権守、昌泰元年(八九八)正五位下に昇叙。性格は驍勇で大臣の非違を直言することもあった。若い頃、辺塞にあり「夷語」に通じた。『古今和歌集』に歌二首(六五三・九六三)を残す。『九暦』天慶九年(九四六)条に、春風所進の甲一領が蔵人所に所蔵されていることがみえる。

【参考文献】新野直吉『古代東北の開拓』、弓野正武「元慶の乱に関する二三の問題」(『北奥古代文化』六)

小野朝臣当岑　おののあそんまさみね　九世紀後半の学者・官人。貞観十八年(八七六)大極殿の火災によって、天皇廃朝すべきや否や、および群臣政に従うべきや否やを勘申。時に正六位上・直講。翌十九年正月、従五位下。同年二月、仁明天皇の皇女平子内親王の薨去により、清和上皇が傍期(直系ではない二等親のための服喪)を絶つべきや否やを勘申、同年四月、夜に日蝕があった場合廃務すべきや否やを勘申。時に勘解由次官・直講。仁和二年(八八六)正月、周防守に転出、同年二月、鋳銭司長官を兼ねた。

小野朝臣岑守　おののあそんみねもり　七七八—八三〇　九世紀前半の中級官人・文人。永見の三男。子に篁(たかむら)がいる。賀美能親王(のちの嵯峨天皇)の侍読となり、大同元年(八〇六)春宮少進、同四年の嵯峨天皇即位の日に従七位上から従五位下に叙せられ、間もなく式部大輔に任ぜられた。弘仁元年(八一〇)の藤原朝臣薬子の変の時に近江介、同四年、従五位上に叙せられ、同六年、陸奥守となり赴任。同十年、正五位下、同十一年、治部大輔兼阿波守、同十二年、従四位下で皇后宮大夫を兼ねた。同十三年三月、参議に昇進し、同時に大宰大弐を兼ね、同十四年、大宰府管内に四年を限って公営田の設置を申請し、実施された。天長三年(八二六)正月、従四位上に叙せられ、同五年、勘解由長官・刑部卿を兼ねたが、この時、大宰府に続命院(行旅の病人のための療養施設。福岡県筑紫野市二日市付近にあったか)の設置を建議し認められた。同七年四月十九日に卒去。時に五十三歳。嵯峨朝文人の代表的人物で、弘仁五年、『凌雲集』を撰進。同十二年撰進の『内裏式』

の編纂者の一人。弘仁十年から『日本後紀』の編纂に参加。『凌雲集』に十三首、『文華秀麗集』に八首、『経国集』に九首が残っている。空海(弘法大師)とも親交があった。

【参考文献】 金原理『平安朝漢詩文の研究』

小野朝臣美材 おののあそんよしき —九〇二 九世紀後半の文人。篁(たかむら)の孫、俊生の子。名は義材にも作る。寛平四年(八九二)五月、対策を遂げて同九年七月には大内記に任ぜられ、従五位下に叙せられた。詩文と書道に才能のあった人物らしく、『本朝文粋』などに詩を残すほか、寛平九年大嘗会の屏風や、宮城十二門の西面三門の額を書いたと伝えられる。このほか『古今和歌集』に作歌がある。『古今和歌集目録』によれば、延喜二年(九〇二)卒去。

小野臣妹子 おののおみいもこ 七世紀初め、推古朝の廷臣。遣隋使として隋との交渉に当った。小野氏は五—六世紀に多数の后妃を出した和邇氏の同族で、『新撰姓氏録』には、妹子が近江国滋賀郡小野村(滋賀県滋賀郡志賀町小野)に住んだので小野氏と称するようになったとある。推古十五年(六〇七)七月、妹子は通事鞍作福利らとともに隋に出発した。時に妹子は大礼(十二階冠位の第五階)で、朝廷内ではさして高位にあったわけではなく、おそらく遣隋使派遣を主導した聖徳太子がみずからの側近の妹子を選んだのであろう。『日本書紀』はこれを第一回の遣隋使とするが、『隋書』倭国伝には、これよりさき隋の開皇二十年(六〇〇)の倭王阿毎多利思比孤(あまたりしひこ)の遣使を伝えており、妹子は第二次とみられる。妹子はこの時、「日出づる処の天子、書を日没する処の天子に致す。恙なきや」云々という、隋と日本との対等な関係を主張する国書を持参し、煬帝の不興をかった。しかし隋は当時敵対していた高句麗を牽制するためには日本と結ぶのが得策と判断し、妹子に返書を与えるとともに、裴世清(はいせいせい)を使者として日本に添え遣わすこととした。妹子は隋では「蘇因高」と呼ばれたという(蘇は小野の小を字音でいいかえたものか。因高は妹子)。出発の翌十六年四月、妹子は裴世清および下客十二人を伴って筑紫に帰着した。朝廷は難波吉士雄成を遣わして裴世清らを召し、同年六月になって隋使は難波に急遽造営された館(むろつみ)に入った。この時、妹子は推古天皇に奏して、帰途百済を通った際、煬帝からの返書を百済人に奪われてしまった旨を申し述べた。群臣は妹子の失態を責めて流刑を主張したが、推古は隋使の手前をはばかって妹子を赦したという。この事件は、隋の返書が日本を朝貢国扱いにした内容だったために、妹子が偽って朝廷に提出しなかったとする解釈もある。同年八月、隋使は入京して朝廷に召されたが、裴世清が持参した国書には「皇帝、倭皇を問ふ。使人長吏大礼蘇因高等、至りて懐を具にす」云々とあったという。同年九月、隋使の帰国に当って妹子は再び大使として渡隋することになった。この時、妹子が携えた隋への国書には「東の天皇、敬みて西の皇帝に白す。……今、大礼蘇因高・大礼乎那利等を遣はして往かしむ」云々とあったという。妹子らが帰朝したのは翌十七年九月で、通事の福利のみは帰らなかった。妹子のその後の消息は不明だが、『新撰姓氏録』などには妹子の冠位を大徳と記しており、推古十七年以降、大礼から大徳(十二階冠位の第一階)にまで昇階したらしい。妹子の子には毛人、孫には毛野がいる。

小野小町 おののこまち 九世紀中頃の女流歌人。『古今和歌集』に計十八首の歌を残し、その序にあって作歌を批評された近代六人の歌人(のちに「六歌仙」といわれた)のうちの一人。『古今和歌集』における安倍朝臣清行・小野朝臣貞樹・文屋(ふんや)康秀らとの贈答歌(そのほか『後撰和歌集』に僧正遍昭との贈答歌が伝承される)により、弘仁年間(八一〇—八二四)から天長年間(八二四—八三四)前半にかけての出生であると思われ、これら贈答歌が九世紀中頃の作であることも推定されるが、異論も多い。小町の出自については『小野氏系図』に良真の女(篁(たかむら)の孫女)とあるのは疑わしく、篁の女とみる説も確証はない。平安末期の『古今和歌集目録』の記載から、母が出羽の郡司の女であることを想定し、弘仁年間の出羽守小野朝臣滝雄と在地の郡司の女との間に出生したのが小町であるとの所説も臆測の域を出ない。『古今和歌集』『後撰和歌集』には、おのおの小町の姉・孫女の歌とされるものがみえる。小町の身分にも定説がない。采女説・氏女説・中﨟女房説・命婦説・更衣説などが乱立するが、しかし現在において評価されてよいのは氏女説・更衣説であろう。特に更衣説は、『続日本後紀』承和九年(八四二)正月に正六位上を授けられたことがみえる仁明天皇の更衣であろう小野朝臣吉子を小町に比定し、「……町」が当時の更衣に対する呼称であったことの検証を試みているのが注目される。小町の作歌は『古今和歌集』のみならず、以降の歌集にも伝えられるが、確実に小町の作といえるのは同集所載歌のみであり、私家集とされる『小町集』所載歌の大部分は信じ難い。紀朝臣貫之は『古今和歌集』仮名序で小町の歌を、「古の衣通姫(そとほりひめ)の流なり。あはれなるやうにて、強からず。いはば、よき女の、なやめる所あるに似たり。強からぬは、女の歌なればなるべし」と評したが(紀朝臣淑望の真名序も同内容)、小町の情熱的かつ哀調を帯びた作風のあり方から、美女伝説・驕慢伝説・老女流浪伝説など、さまざまな小町伝説が後世生み出されていった。

【参考文献】黒岩周六『小野小町論』、前田善子『小野小町』、目崎徳衛『在原業平・小野小町』(『日本詩人選』)、横田幸哉『小野小町伝記研究』、片桐洋一『小野小町追跡』、山口博『閨怨の詩人小野小町』、小林茂美『小野小町攷』、桜井秀「小野小町」(国史講習会編『国史上問題の女性』所収)、角田文衛「小野小町の実像」(『王朝の映像』所収)、同「小野小町の身分」(『平安人物志』上所収)、熊谷直春「小野小町の真実」(『国文学研究』四七)

小長谷部　おはっせべ　上野・甲斐・信濃・下総・遠江・越中など主に東国に分布する。小泊瀬部にも作る。その氏名は、かつて武烈天皇(小長谷若雀命)の名代・子代の部である小長谷部であったことに基づく。『古事記』神武段によると、小長谷部を率いる伴造氏には神八井耳(かんやいみみ)命後裔とされる小長谷氏(姓は造、のちに連)がある。

【参考文献】平野邦雄『大化前代社会組織の研究』

小治田朝臣安麻呂　おはりだのあそんやすまろ　―七二九　八世紀初めの官人。安万侶にも作る。慶雲四年(七〇七)二月、従六位下から従五位下に昇る。和銅四年(七一一)四月、従五位上、養老三年(七一九)正月には正五位上に昇叙。そののち小治田朝臣の一族としては異例の従四位下まで昇り、神亀六年(七二九)卒去。官職その他の経歴は不明である。明治四十五年(一九一二)奈良県山辺郡都祁村大字甲岡で長さ二九・七センチの銅版墓誌が発掘された。誌銘には、「右京三条二坊従四位下小治田朝臣安万侶、大倭国山辺郡都家郷郡里崗安墓　神亀六年歳次己巳二月九日」とあり、副板二枚には、それぞれ「左琴神亀六年二月九日」「右書神亀六年二月九日」とある。木櫃の内にあり、昭和二十六年(一九五一)には同地から副葬品とみられる和銅開珎銀銭十枚なども出土している。

【参考文献】奈良国立文化財研究所飛鳥資料館編『日本古代の墓誌』

小墾田采女　おはりだのうねめ　五世紀の允恭天皇に仕えた采女。允恭五年七月、反正天皇の殯宮(もがりのみや)をつかさどっていた葛城玉田宿禰の非礼を責めた允恭が玉田宿禰を召喚したところ、宿禰は甲を中に着けてきたようであった。允恭の命により、采女は酒をつぎながら観察し、衣の中に鎧ありと報告したので、允恭は玉田宿禰を殺したという。

乎麻呂古王　おまろこのみこ　用明天皇の皇子。卒末呂王にも作る。『日本書紀』用明元年(五八六)正月条には、用明と葛城直磐村の女広子との間の子として麻呂子皇子がみえ、皇子は当麻公の祖とされている。また『古事記』用明段には、用明と当麻之倉首比呂の女である飯之子(いいのこ)との間の子として当麻王がみえ、『上宮聖徳法王帝説』には、用明と葛木当麻倉首比里古の女伊比古郎女の間の子として乎麻呂古王がみえているが、これら三者はいずれも同一人物を指すと解するのが定説である。このうち、麻呂子(まろこ)は貴人の子弟を呼ぶ普通名詞(=愛称)であり、実名は当麻であろう。推古十一年(六〇三)二月、異母弟来目皇子が撃新羅将軍としての任務を果たさないまま筑紫において薨じた後をうけて、同年四月に征新羅将軍に任命された。しかし同年七月に播磨国にいたった時に妻の舎人姫王が薨じたため、赤石(播磨国明石郡。現在の兵庫県明石市とその周辺地域。ただし大化前代の赤石は明石郡のほか加古・印南・美嚢の三郡をあわせた広域地名)に葬ったのち引き返してしまったという。なお、『聖徳太子伝古今目録抄』などによれば、大和国葛下郡当麻郷(奈良県北葛城郡當麻町・香芝町一帯)にある当麻寺(當麻町大字当麻)はこの皇子が創建したという。

麻績氏 おみうじ 麻を績ぎ神衣を織る職業部である麻績部を管掌した伴造氏族。神麻績(かんおみ)の氏名を持つものもあり、伊勢地方の麻績氏が特に著名である。伊勢の麻績氏の姓は連。『日本三代実録』元慶七年(八八三)十月条に多気郡擬大領として麻績連豊世がおり、『続日本紀』延暦十年(七九一)正月条には、麻績連広河が外従五位下を授けられているので、多気郡の有力豪族であったことがわかる。この氏族は『古語拾遺』や『先代旧事本紀』神祇本紀によれば、天の岩戸隠れの際に登場する長白羽神を祖とし、『日本書紀』崇神七年八月条にはこの氏の祖とみられる伊勢麻績君の名がみえる。また『皇太神宮儀式帳』は、麻績連広背が竹村屯倉(三重県多気郡に置かれた竹評の屯倉(のちの多気郡家))の督領であったと記す。さらに『令集解』神祇令孟夏条、『延喜式』皇太神宮神衣祭条にも麻績連の職務が載せられており、伊勢神宮の祭祀に深く関わりをもつ氏族であったとみられる。麻績氏にはこのほか大和国広瀬郡(奈良県北葛城郡河合町・広陵町付近)の広湍神麻績連や、天物知命の後裔とする神麻績連(『新撰姓氏録』左京神別上)があり、麻績部・神麻績部は遠江・美濃・下野国などに分布している。

【参考文献】佐伯有清『新撰姓氏録の研究』考証篇三

童女君 おみなぎみ 雄略天皇の妃。和珥(わに)臣深目の女。采女であって、雄略と一夜を過ごしただけで女子を生んだのを雄略に疑われていた。たまたま物部目大連が大殿の庭を歩くその女子が雄略にそっくりなのを見て、雄略に進言したので、その女子は皇女に、母の童女君は妃にされたという。

麻績王 おみのおおきみ 七世紀後半の皇族。『日本書紀』天武四年(六七五)四月条に、三位麻績王に罪があったので、因幡国に流し、その子も、一人は伊豆嶋(伊豆大島か)に、一人は血鹿(ちか)嶋(長崎県五島列島)に流したとある。『万葉集』には、「麻績王の伊勢国の伊良虞(いらご)の島(愛知県渥美郡渥美町の伊良湖岬か、または三重県鳥羽市の神島)に流さるる時、人の哀しび傷みて作る歌」「麻績王、これを聞きて感傷して和ふる歌」(一―二三・二四)を載せ、王の流配地についての伝えを異にする。また『常陸国風土記』行方郡条には、同郡板来(いたく)村(茨城県行方郡潮来町潮来・辻・古高付近)に流されたとする伝えがみえる。

乎獲居臣 おわけのおみ 五世紀後半の杖刀人の首(おびと)。埼玉県行田市埼玉の稲荷山古墳から出土した鉄剣銘にみえる豪族。一般的に乎獲居は名で、臣は称号(姓)とされている。乎獲居臣に関しては一定した見解がないが、東国の武蔵国造家にかかわる豪族とする説、畿内の豪族(阿倍・膳(かしわで))とする説がある。また先祖以来、杖刀人として王権を守る親衛兵的存在として活躍したと考えられる。なお、乎獲居臣の「臣」の字「𦣝」は、「臣」の字ではないという説が有力になってきており、「直」説にとって有利な展開をしつつある。

尾張氏 おわりうじ 火明(ほのあかり)命

を始祖とする氏族。尾治にも作る。姓は初め連、天武十三年(六八四)十二月、宿禰を賜わった。火明命は火瓊瓊杵(ほのににぎ)尊と鹿葦津(かあしつ)姫との間に生まれた子で、『日本書紀』神代巻などに尾張連の始祖とある。ほかに尾張氏の祖神として、『古事記』孝昭段に奥津余曾(おきつよそ)、孝元段に意富那毗(おおなび)、崇神段に意富阿麻比売(おおあまひめ)、応神段に建伊那陀(たけいなだ)宿禰、継体段に凡(おおし)連の名がみえ、それぞれ子妹を后妃・皇子妃とする伝承を残す。これらは史実とはみなせないが、尾張氏が早くから大和政権の内廷に深く関わっていたことを示すものであろう。本宗の尾張氏は尾張国造家で、『古事記』景行段に「尾張国造の祖。美夜受(みやず)比売」、『尾張国風土記』逸文には同国春部(かすがべ)郡(愛知県名古屋市北部・春日井市・小牧市・西春日井郡にあたる地域)に国造川瀬連という者がいたことを記す。『先代旧事本紀』国造本紀に「尾張国造、志賀高穴穂朝に、天別天火明命の十世の孫小止与命を以て、国造に定め賜ふ」とあり、天平十九年(七四七)三月、命婦従五位下の尾張宿禰小倉が尾張国造に任ぜられている。同氏は尾張国内に広く分布し、『続日本紀』和銅二年(七〇九)五月条に愛知郡(愛知県愛知郡および名古屋市・豊明市の大半と瀬戸市の一部)大領の尾張宿禰乎己志、天平二年の『尾張国正税帳』に春部郡大領の尾張宿禰人足、『日本霊異記』に中島郡(愛知県中島郡と周辺地域)大領の尾張宿禰久玖利、『日本後紀』延暦十八年(七九九)五月条に海部郡(愛知県海部郡と津島市、および名古屋市の一部)少領の尾張連宮守などがみえ、諸郡の郡領であったことが知られる。同族も広域に分布し、『新撰姓氏録』には宿禰姓の尾張氏が左京神別下に載せられるほか、左・右京、山城・大和・河内の諸国に連姓の尾張氏がおり、近江・播磨などの諸国にも分布していた。この系統とは別に、天平宝字二年(七五八)四月、壬申の乱の功臣尾張連馬身の子孫が宿禰姓を賜わり、神護景雲二年(七六八)十二月には尾張国山田郡(愛知県瀬戸市・尾張旭市と周辺地域)の人小治田連薬ら八人、延暦元年(七八二)十二月には小塞宿禰弓張が、それぞれ尾張宿禰の氏姓を賜わっている。無姓の尾張氏は大和・越前・備前・周防国に見いだされ、部曲(かきべ)の後裔である尾張部を称する氏族は河内・美濃・備前国に分布した。

【参考文献】新井喜久夫「古代の尾張氏について」(『信濃』二一―一・二)

尾張宿禰大隅　おわりのすくねおおすみ　壬申の乱における功臣。天智天皇の諒陰の際、大海人皇子(のちの天武天皇)が、ひそかに関東に出奔した時、大隅は参り迎えて導き、私邸を行宮とし、軍資を供した。この功により、持統十年(六九六)五月、直広肆を授けられ、功田四十町を賜わった。死後、従五位上を贈られ、霊亀二年(七一六)四月、その子稲置も賜田にあずかった。天平宝字元年(七五七)十二月、大隅の功は令に従い上功とされ、功田は三世に伝えることとなった。なお、大隅は『尾治宿禰田島家系譜』に「従五位下、熱田大神宮司、直広肆」とみえる。

尾張宿禰弟広　おわりのすくねおとひろ　九世紀後半の郡司。尾張国春部(かすがべ)郡(愛知県名古屋市北部・春日井市・小牧市・西春日井郡にあたる地域)の大領。位階は外正六位上。弟広は四十年以上も郡司を務めたが、わずかに二男しかもうけず、これでは編戸の民として申訳ないとして、仁和元年(八八五)十二月、その子十六歳の安人と十五歳の安郷の中男から不課にいたるまでの全額の調・庸・中男作物・徭分を前納した。その一人分は、調絹十疋七尺五寸、庸米十二斛一斗五升、中男作物油二升八合、徭分商布百五十段であった。

尾張連吾襲　おわりのむらじあそ　五世紀前半の官人。允恭五年七月、葛城襲津彦(かずらきのそつひこ)の孫玉田宿禰が反正天皇の殯宮(もがりのみや)を掌っていた時、地震があり、允恭天皇が吾襲に命じて殯宮の様子を調べさせたところ、玉田宿禰は殯宮の場におらず、葛城の地(玉田宿禰の本拠地である奈良県御所市玉手か)で男女を集め酒宴を催していた。吾襲が咎めると、玉田宿禰は礼幣として馬一匹を授けて油断させ、ひそかに吾襲を殺し、武内宿禰の墓域に逃げ隠れた。允恭は玉田宿禰を召したが、その時、衣の中に鎧を着ているのを見て、兵を発し、捕えて殺したという。

尾張連浜主　おわりのむらじはまぬし　七三三―　九世紀前半の楽師。『続日本後紀』によれば、承和六年(八三九)正月、正六位上から外従五位下に昇叙。同十二年正月八日の大極殿の最勝会に、竜尾道で「和風長寿楽」を舞った。時に百十三歳で、起居もままならなかったが、曲が始まるや少年のごとく軽やかに舞い、千をもって数える観衆は近代にない舞人であると称賛した。この舞は浜主が自作し、上表して舞うことを願い出たものであったが、その表中に浜主は「七代(ななつぎ)の御代(みよ)に遇(まわ)へる百余十(ももちまりとを)の翁の舞ひ奉る」との歌を載せた。同月十日、仁明天皇は浜主を清涼殿前に召して再び「和風長寿楽」を舞わせた。舞ののち、浜主は「翁とて侘びやは居らむ草も木も栄ゆる時に出でて舞ひてむ」との歌を献じた。仁明は賞嘆し、御衣一襲を賜わった。翌十三年正月にも召されて清涼殿前で舞い、仁明はその高齢を憐んで従五位下を授けたという。浜主に関しては、孝謙天皇の勅により「陵王」を改修し、仁明の即位大嘗会の「応天楽」「拾翠楽(じすいらく)」「河南浦(かなんふ)」の舞を作り、また、承和年間(八三四―八四八)の遣唐使に従い、舞・笛を学んで帰国したといった伝説があり、大戸(おおべ)首清上とともに「平安朝の楽制改革」の主導者ともされる。なお、『五重記(ごじゅうき)』は浜主の著作であると伝承されるが、信じ難い。

【参考文献】田辺尚雄『日本音楽史』、荻美津夫『日本古代音楽史論』

恩正　おんしょう　九世紀後半の興福寺の僧。興福寺専寺造司専当命順の弟子で、命順が貞観十四年(八七二)に石川朝臣滝雄から買得した家地三反、墾田四反百歩の処分を一任された。この土地はやがて東大寺僧慶讃の手にわたるが、恩正は同十九年にその処分を完了している。

か

開化天皇　かいかてんのう　孝元天皇の皇子。母は穂積臣の遠祖鬱色雄(うつしこお)命の妹鬱色謎(うつしこめ)命。和風諡号は稚日本根子大日日(わかやまとねこおおひひ)。春日率川(いざかわ)宮(奈良市子守町)に都し、物部連の遠祖大綜麻杵(おおへそき)の女で父帝の妃(庶母)であった伊香色謎(いかがしこめ)命を皇后に立てて崇神天皇をもうけ、妃丹波竹野(たかの)媛は彦湯産隅(ひこゆむすみ)、妃姥津(ははつ)媛は彦坐(ひこいます)王を生んだ。事績は伝わらない。在位六十年にして崩じ、春日率川坂本陵(奈良市油阪町の念仏寺山古墳(前方後円墳)が山陵とされる)に葬られた。ときに百十五歳(『古事記』では六十三歳)。和風諡号の下半部の「おおひひ」の「ひ」は「たかみむすひ」「かみむすひ」の「ひ」と同語で、「おおひひ」は古い神名と推測される。その上に天皇を表わす称号「わかやまとねこ」を加上して、天皇の名前らしく作りかえられたのであろう。

【参考文献】前之園亮一『古代王朝交替説批

判』

開成 かいじょう　七二四―七八一　八世紀後半の摂津弥勒寺の僧。『勝尾弥勒寺本願大師善仲善算縁起文』に基づき作られたと思われる開成についての説話が、『拾遺往生伝』や『元亨釈書』『本朝高僧伝』などにも記されている。それらによれば開成は桓武天皇の兄で、天平神護元年(七六五)摂津国の勝尾山(大阪府箕面市粟生間谷)に入り、善仲・善算に師事し得度受戒した。善仲・善算は金字の『大般若経』の書写を発願し、たまたまその啓白の日にあった落雷の場所を選んで、この経を安置しようとしていた。ところが二師は、紙を用意しただけで遷化したので、開成はその願いを果たそうとしたが、書写に必要な金粉と水がととのわないので三宝に祈請し、八幡大菩薩と諏訪の南宮の力によってこれを取得し、六年の歳月をかけて完成した。そこで落雷の地に道場を建立し、この経を安置して弥勒の出世を期し、この寺を弥勒寺と名づけた。開成は天応元年(七八一)十月に入滅、時に五十八歳という。なお、この寺はその後、清和天皇により勝尾寺とよばれるようになった。

戒明 かいみょう　八世紀後半の大安寺の僧。讃岐国の人。俗姓は凡(おおし)直氏。二十歳の時に出家して大安寺の慶俊を師主とし、『華厳経』を学ぶ。その奥旨を窮め、他人とは違った説が世に聞えたため、遠近の僧侶が学恩を蒙ったという。『日本霊異記』に、亀七、八年(七七六―七七七)頃、筑紫国の大国師に任ぜられ、肥前国佐賀郡の大領佐賀君児公(こぎみ)が安居会(あんごえ)を設けた時に請じられて「八十花厳」を講じた。その講説の時、尼僧が欠席することなく、僧の中にいて聴講していたのを見た戒明が、「どこの尼なのか。無作法に聴衆の中に交っているのは」と呵責した。これに対して尼僧は「仏、平等大悲の故に、一切衆生の為に、正教を流布す。何の故にか別(こと)に我を制する」と反論し、『華厳経』の中の偈(げ)をあげて質問したが、戒明はその質問に答えられなかった話がみえる。宝亀八年六月に出発した第十四次遣唐使に加わって入唐したと考えられ、その際に聖徳太子撰の『勝鬘経義疏』一巻と『法華経義疏』四巻を携えていき、揚州竜興寺の霊祐に与えた。在唐中、東陽の人で慈氏尊(じしそん。弥勒菩薩)の分身といわれる傅大士(ふだいし)の影を金陵(東陽)で見ることができ、また城南の半亭山で「瑯琊王家大墓碑碣」を見たという。さらに志公の宅を礼拝し、志公の十一面観世音菩薩の画像を請得し、帰国の後、大安寺の南塔院中堂においてその素影の供養をした。唐の大暦十三年(宝亀九・七七八)広平皇帝(代宗)が親しく僧を請じて『大仏頂経』を講ぜしめた時、諸大徳は連署したのに、(偽経であるとしてか)戒明だけは連署しなかったという。戒明は宝亀九年十一月に帰国した遣唐使とともに帰ったらしく、翌十年閏五月二十四日に淡海真人三船は戒明に宛てた書状で、戒明が唐から将来した『釈摩訶衍論』十巻を偽経であると述べ、「今大徳(戒明)は当代の智者なるに、何ぞ遠路を労して、此の偽文を持ち来たるか」と問い質している。後年、最澄も『守護国界章』巻上之中で、『釈摩訶衍論』のことにふれて、「此の論は、大安寺の戒明法師、去る天応年中、唐自り将来す。尾張の大僧都、伝へんが為に検勘せし日、已に勘へて偽論と成す」と論じている。『日本高僧伝要文抄』所引の『延暦僧録』には、宝亀十年のこととして、京中の諸僧都が大安寺に集まり、連署して『大仏頂経』を偽経として廃することを奏上しようとし、戒明にも連署させ、同経を収取して焼こうとしたが、戒明はこれに従わなかったとある。

楓氏 かえでうじ　若倭部氏の一族。姓は朝臣。『日本三代実録』元慶二年(八七八)九月条に、但馬国美含郡(兵庫県城崎郡)の若倭部氏世・貞氏・貞道の三人が、楓朝臣の氏姓を賜わったことがみえるが、同条によると、これより以前に氏世の父広永が楓朝臣をすでに賜わっており、その際、氏世らが漏れたので賜姓したという。

各牟氏 かがみうじ　美濃国の渡来系氏族。各務にも作る。姓は初め勝、のちに宿禰となる。大宝二年(七〇二)の「御野国各牟郡(岐阜県各務原市の大半と岐阜市の東部)戸籍」に少領各牟勝小牧の署名がある。壬申の乱で吉野方に参加した豪族と考えられる。各務郡各務郷を本拠とし、九世紀には厚見郡(岐阜市南部と岐阜県羽島郡の一部)にも拡大し、木曾川北岸に広い勢力範囲を有していた。

各務吉雄 かがみのよしお 九世紀中頃の美濃国各務郡(岐阜県各務原市の大半と岐阜市の東部)大領。貞観七年(八六五)十二月、広野河(木曾川の一部)がしばしば氾濫するため河道の変更を尾張国が言上し、太政官が認可して工事が始まった。これに対して河道変更で被害をうける美濃国では、翌八年七月初め吉雄や厚見郡大領各務吉宗らが歩騎七百余人を率いて工事を妨害し、郡司や役夫を攻撃した。そして尾張国中島郡の議部逆麻呂ら三人の役夫を殺害し、さらに数日後にも人夫を率いて河口の埋塞を行なった。結局、工事は中止されたが、吉雄らに対する処罰は不明。

【参考文献】亀田隆之「広野川事件」(『人文論究』一二―三、のちに『日本古代用水史の研究』所収)、新井喜久夫「〝固関の国〟の律令制支配」(浅香年木編『古代の地方史』四所収)

各務吉宗 かがみのよしむね 九世紀中頃の美濃国厚見郡(岐阜市南部と岐阜県羽島郡の一部)大領。八世紀からしばしば氾濫していた広野河(木曾川の一部)の河道を変更して尾張側の洪水を防ぐ工事が尾張国の申請によって始まった。『日本三代実録』貞観八年(八六六)七月条によると、この工事は美濃国側には不利益であるので、吉宗や各務郡大領各務吉雄らは歩騎七百余人を率いて工事現場を攻撃し、尾張国中島郡の議部逆麻呂ら三人を殺害したうえ、数日後にも人夫を動員して工事を妨害した。間もなく工事は中止された。吉宗らに対する処罰は不明である。

【参考文献】亀田隆之「広野川事件」(『人文論究』一二―三、のちに『日本古代用水史の研究』所収)、新井喜久夫「〝固関の国〟の律令制支配」(浅香年木編『古代の地方史』四所収)

鏡作氏 かがみつくりうじ 鏡作部を率いて鏡の製作・祭祀に当った伴造氏族。姓は初め造、天武十二年(六八三)連を賜わった。ほかに首姓の鏡作氏もある。『古事記』『日本書紀』には、石凝姥命(伊斯許理度売命)もしくは天糠戸(天抜戸。石凝姥はその子ともいう)を鏡作氏の祖と伝える。鏡作氏の本拠は大和国城下郡鏡作郷(奈良県磯城郡田原本町八尾・小阪付近)で、『延喜式』によればここには鏡作坐天照御魂神社など鏡作を冠する神社三座があった。また伊豆国田方郡にも鏡作郷(比定地未詳)がある。

【参考文献】生沢英太郎「古代の鏡作氏に対する一考察」(『神道史研究』五―四)、和田萃「古代日本における鏡と神仙思想」(森浩一編『日本古代文化の探究 鏡』所収)

鏡王 かがみのおう 七世紀後半の皇族。天武天皇の妃額田姫王および鏡姫王の父とする説がある。王名は『日本書紀』天武二年(六七三)条にしかみえず、系譜未詳である。なお王名の鏡は、本居宣長が『玉勝間』に、王が近江国野洲郡鏡の里(滋賀県蒲生郡竜王町と野洲郡野洲町の境界には鏡山があり、竜王町には鏡の地名が残る)に住んでいたためというが、明らかではない。

【参考文献】神田秀夫『初期万葉の女王たち』

鏡姫王 かがみのおおきみ ―六八三 万葉歌人。藤原朝臣鎌足の嫡室。鏡王女にも作る。『万葉集』に天智天皇から賜わった一首に対する「鏡王女、御歌に和へ奉れる一首」、「内大臣藤原卿、鏡王女を娉ひし時、鏡王女、内大臣に贈れる歌一首」、相聞歌としての「鏡王女の作れる歌一首」、春の雑歌「鏡王女の歌一首」、秋の相聞「鏡王女の作れる歌一首」があり(二―九二・九三、四―四八九、八―一四一九・一六〇七)、『歌経標式』に「鏡女王諷去春歌」がみえる。天武十二年(六八三)七月四日、天武天皇が鏡姫王の家に病を見舞ったが、翌五日、薨じた。鏡王の女、額田女王の姉とする説がある。

【参考文献】中島光風「鏡王女について」

(『文学』一一―一〇)、谷馨『額田姫王』

鹿我別　かがわけ　『日本書紀』神功巻に登場する武将。神功四十九年三月、荒田別とともに新羅との戦いのため派遣される。『先代旧事本紀』国造本紀には賀我別王とあり、成務朝に浮田国造に任ぜられたとする。また、『日本書紀』応神十五年八月条にある上毛野(かみつけの)君祖の巫別(かんなぎわけ)と同一人物と考えられている。『百済記』を原資料とする実在の人物なのか、後世の追記による伝説上の人物なのか説が分れている。

【参考文献】佐伯有清『日本古代の政治と社会』

柿本氏　かきのもとうじ　『古事記』孝昭段にみえる天押帯日子(あめおしたらしひこ)命の後裔で、大和国添上郡柿本寺(奈良県天理市櫟本町東方)付近の地名を氏名とした氏族。柿下にも作る。姓は初め臣、天武十三年(六八四)八色の姓制定に際し、朝臣を賜わる。氏名の由来として『新撰姓氏録』大和国皇別には、敏達天皇の世、家の門に柿の樹があったためと記す。臣・朝臣姓の一族のうち、天平十四年(七四二)十一月十五日付「智識優婆塞等貢進文」にみえる柿本臣佐賀志は大養徳国添上郡大岡郷(奈良市広岡町付近か)の戸頭であり、貞観十四年(八七二)十二月十三日付「石川滝雄家地売券」にみえる柿本朝臣安吉は添上郡の郡老であったため、柿本氏は大和国添上郡(奈良市東部と奈良県大和郡山市・天理市・山辺郡の各一部および添上郡月ケ瀬村)を本拠としていたことがわかる。無姓の柿本氏には、『続日本紀』天平勝宝元年(七四九)十二月条に柿本小玉、同二年八月二十八日付「造東大寺司解」に柿本船長などがみえる。

【参考文献】岸俊男「ワニ氏に関する基礎的考察」(『日本古代政治史研究』所収)

柿本朝臣人麻呂　かきのもとのあそんひとまろ　七世紀後半の万葉歌人。孝昭天皇の皇子天足彦国押人命を祖とする和邇(わに)氏の一族で春日朝臣らと同族。本来、芸能を世襲する家柄で、『新撰姓氏録』大和国皇別に、敏達天皇の頃、家内に柿の木があったので柿本(柿下)と称したという伝説があるのはその故か。和銅元年(七〇八)四月に卒した柿本臣猨(佐留)を同一人物とする説がある。猨は天武十年(六八一)十二月、小錦下、卒時に従四位下。人麻呂は『万葉集』によると多く皇子・皇女への挽歌を作り、持統三年(六八九)四月に草壁皇子(二―一六七～一七〇)、同五年九月に川島皇子(二―一九四・一九五)、持統十年七月に高市皇子(二―一九九～二〇二)、文武四年(七〇〇)四月に明日香皇女への挽歌(二―一九六～一九八)がある。また持統六年三月に持統天皇が伊勢に行幸した時、都にとどまって作歌した(同一―四〇～四二)。以上の点から宮廷奉仕の歌人と考えられ、軽皇子(のちの文武天皇)従駕の歌(同二―四五～四九)、長皇子従駕の歌(同三―二三九・二四〇)のほか、新田部皇子(同三―二六一・二六二)・忍壁皇子(同九―一六八二、或本三―二三五の次)・舎人皇子(同九―一六八三・一六八四・一七〇四～一七〇六・一七七四・一七七五)・弓削皇子(同九―一七〇一～一七〇三・一七〇九・一七七三)への献歌が『柿本朝臣人麻呂歌集』を主としてあるが、いつの作か不明である。同様に年代不明の宮廷関係の歌に近江荒都の悲歌(同一―二九～三一)、吉野従駕の歌(同一―三六～三九)、吉備の津采女への挽歌(同二―二一七～二一九)、雪丘での献歌(同三―二三五)、宮女と思われる女たちへの挽歌(同三―四二八～四三〇)などがあり、旅路の歌(同二―二二〇～二二二、三―二四九～二五六・二六四・二六六・三〇三・三〇四)も多い。一方、妻との生別・死別も歌うが(同二―一三一～一三九・二〇七～二一六)、刑死者しか作らない死に臨んでの歌(同二―二二三)のあることが注目される。人麻呂が流刑に処せられたとする古い伝承もあり、弱年にして近江朝に出仕、壬申の乱によって失脚した後、多治比真人嶋の力によって持統朝に再出仕、女帝と嶋の死後再び失脚して石見国に流されたという推測もなりたつ。また『柿本朝臣人麻呂歌集』は、その作と人麻呂の蒐集による歌とを中心に、後世編集されたとみられる。『万葉集』に総歌数八十八首(長歌十九、短歌六十九)、『柿本朝臣人麻呂歌集』には三百三十八首(長歌二、短歌三百一、旋頭歌三十五)ある。

【参考文献】 斎藤茂吉『柿本人麿』(『斎藤茂吉全集』)、武田祐吉『万葉集研究 柿本人麻呂攷』、窪田空穂『短歌読本柿本人麿』、吉村貞治『人麻呂抄』、山本健吉『柿本人麻呂』、神田秀夫『人麻呂歌集と人麻呂伝』、清水克彦『柿本人麻呂―作品研究―』、尾崎暢殃『柿本人麿の研究』、中西進『柿本人麻呂』(『日本詩人選』)、阿蘇瑞枝『柿本人麻呂論考』、北山茂夫『柿本人麻呂』、渡瀬昌忠『柿本人麻呂研究』歌集編上、梅原猛『水底の歌 柿本人麿論』、同『歌の復籍 柿本朝臣人麿歌集論』、山路平四郎・窪田章一郎編『柿本人麻呂』(『古代の文学』)、渡瀬昌忠『柿本人麻呂研究 島の宮の文学』、緒方惟章『万葉集作歌とその場―人麻呂攷序説―』、森淳司『柿本朝臣人麻呂歌集の研究』、桜井満『柿本人麻呂論』、佐佐木幸綱『柿本人麻呂ノート』、橋本達雄『柿本人麻呂』(『日本の作家』)、吉村貞司『柿本人麻呂』、内藤磐『柿本人麻呂論―複式長歌の誦詠考―』、上代文学会編『人麿を考える』

柿本小玉 かきのもとのおたま 八世紀後半の大鋳師。名は男玉にも作る。天平勝宝元年(七四九)十二月、正六位上から外従五位下に叙せられ、同二年十二月、外従五位上となる。同年七月、東大寺盧舎那仏を鋳造しおえたが、三カ年間に八回鋳たと伝え、『扶桑略記』には大鋳師に従五位下高市連大国・同高市連真麻呂と並んで従五位下柿本男玉とみえ、『東大寺要録』所引の「大仏殿碑文」にも、その名がみえる。

柿本臣猨 かきのもとのおみさる ―七〇八 七世紀末―八世紀初めの官人。名は佐留にも作る。天武十年(六八一)十二月、小錦下を授けられ、同十三年十一月、朝臣の姓を賜わる。和銅元年(七〇八)四月、卒した。時に従四位下。柿本朝臣人麻呂と同一人物とする説があるが、人麻呂とは、明らかに別人。

覚哿 かくか 六世紀末―七世紀初めの博士。聖徳太子に外典である儒教経典などを教えたという。百済から渡来した五経博士の一人かと思われる。顕真の『太子伝古今目録抄』によると、法隆寺舎利殿の「勝鬘経講讃曼陀羅」に「五徳博士学哿(外典御師也)」と画かれている。物部弓削守屋大連との交戦にも参加したというが、もとより、そのままは信じがたい。

郭務悰 かくむそう 七世紀後半の唐の官人。天智三年(六六四)五月、滅亡後の百済を治める鎮将の劉仁願に遣わされて、表函と献物を日本に進上した。時に朝散大夫。同年十月、賜物をうけ饗を賜わって同年十二月、帰国した。白村江の戦後処理であろうが、『善隣国宝記』所引の『海外国記』には、この時の表函は唐の高宗の書ではなく百済鎮将の牒であったから郭らは入京を許されなかったとある。翌四年九月にも唐使の劉徳高に従って来朝し、同年十二月に帰国した。同八年にも二千余人を率いて来朝したらしいが、これは同十年の来朝記事の重複とみられる。すなわち、同十年十一月、対馬国司は大宰府に唐使の郭務悰ら六百人と送使の百済人の沙宅孫登ら一千四百人の計二千人が船四十七隻で比知嶋(比定地未詳)に停泊したことを報告した。天武元年(六七二)三月、郭らは筑紫において天智天皇の喪を告げられ、喪服を着して三たび挙哀の礼をとり、東に向かい稽首の後に書函と信物を進上した。この書函には「大唐の皇帝、敬みて倭王に問ふの書」とあったという。この時、郭らが亡き天皇のために造った阿弥陀像は持統六年(六九二)閏五月に都に上送された。天武元年五月、郭らは甲冑と弓矢を賜わったが、賜物は総計、絁(あしぎぬ)一千六百七十三匹、布二千八百五十二端、綿六百六十六斤を数え、同月三十日、帰国した。

影媛 かげひめ 建内宿禰の母。紀国造(紀直)氏の女性。『古事記』と『日本書紀』では所伝がやや異なる。『古事記』では、山下影日売とあり、木国造の祖宇豆比古の妹で、孝元天皇の子比古布都押之信命の妻といい、『日本書紀』では、紀直の遠祖菟道彦の女で、景行三年二月、祭祀のための紀伊行幸が卜いに不吉と出たのでとり止めになり、遣わされて阿備柏原(和歌山市相坂・松原の付近とされる)において神祇を祭り、九年間その地に住んだ屋主忍男武雄心命(一に武猪心命)の妻となったという。

麛坂皇子　かごさかのおうじ　仲哀天皇の皇子。母は彦人大兄の女大中姫。弟に忍熊皇子がいる。香坂王にも作る。『日本書紀』の伝承によれば、仲哀崩御、神功皇后の朝鮮出兵、皇子(応神天皇)の誕生という事態のなかで、麛坂皇子は弟忍熊皇子とはかり、播磨赤石(のちの播磨国明石郡明石郷。現在の兵庫県明石市一帯)に山陵を造ると称し、兵士を集め謀反を起こした。両皇子は謀反の正否を祈狩(うけいがり)。狩をして事の成否を占うこと)したが、赤猪に襲われ、麛坂皇子は食い殺されたという。

笠氏　かさうじ　吉備地方出身の豪族。吉備臣の一族。姓は初め臣、天武十三年(六八四)八色の姓制定に際し、朝臣を賜わる。『古事記』孝霊段に、「若日子建吉備津日子命は、吉備下道臣、笠臣の祖なり」とあり、『新撰姓氏録』右京皇別下にも稚武彦命(若日子吉備津日子命)の後裔とする。また『先代旧事本紀』国造本紀には、「笠臣国造、軽島豊明朝(応神天皇)御世に元(はじ)めて鴨別命八世孫、笠三枝臣を封じて国造に定め賜ふ」とあり、吉備笠国造の一族である。笠国は岡山県笠岡市を中心とする地域であろう。八世紀には中下級貴族、官人として活躍。なお、承和三年(八三六)四月には飛騨国の三尾臣、貞観元年(八五九)四月には安芸国の凡(おおし)直、元慶三年(八七九)十月には左京の人印南野臣の氏人らが笠朝臣の氏姓を賜わっている。

笠朝臣金村　かさのあそんかなむら　八世紀の宮廷歌人。『万葉集』には、霊亀元年(七一五)から天平五年(七三三)の約二十年間の歌人としての活動が記されている。養老七年(七二三)五月の元正天皇の吉野離宮への行幸、神亀元年(七二四)十月、聖武天皇の紀伊国行幸、同二年、三香原離宮・芳野離宮・難波宮、同三年九月、播磨国印南野と、聖武天皇の行幸に山部宿禰赤人らと従駕し、宮廷歌人としての歌を残している(『万葉集』巻四・六)。また笠朝臣金村自身で歌集を編纂したと推定される。『万葉集』に収める霊亀元年九月、志貴親王薨去の時の歌(二―二三〇～二三二)の左注に、「右の歌は、笠朝臣金村の歌集に出づ」とあり、また、石上大夫(石上朝臣乙麿)の歌に和(こた)える歌(三―三六九)の左注に「右は、作者いまだ審らかならず。但し、笠朝臣金村の歌の中に出づ」などとあるのは、金村の歌集をさしている。『万葉集』収録の金村の作歌は、この『笠朝臣金村歌集』所出歌も含めて、長歌十一首、短歌三十二首にのぼる。万葉歌人金村の官位・官職についての経歴は不明な点が多い。

【参考文献】犬養孝『笠金村』(『日本文学者評伝全書』)、高崎正秀「笠金村」(『万葉集大成』一〇所収)

笠朝臣継子　かさのあそんつぐこ　嵯峨天皇の宮人。笠縫の女。後宮に入り、正五位下に叙せられ、弘仁十二年(八二一)皇子生(いける。源朝臣生)を生む。承和五年(八三八)十一月、嵯峨上皇近侍の者として従四位上から正四位下に叙せられ、嘉祥二年(八四九)十一月には従三位となる。

笠朝臣名高　かさのあそんなたか　―八七一　九世紀後半の陰陽家。斉衡三年(八五六)正月、外従五位下に叙せられ、天安元年(八五七)十二月、権陰陽博士に補任。翌年九月、陰陽助兼権陰陽博士として文徳天皇の山陵点定に当る。貞観四年(八六二)正月、従五位下に叙せられた。備前権介・備中介を兼ね、同十三年四月十三日、卒した。

笠朝臣弘興　かさのあそんひろおき　九世紀後半の官人。貞観元年(八五九)十一月、木工権助外従五位下から従五位下に進み、同三年、土佐守となる。のち尾張権介・民部少輔・遠江守を経て同六年に丹波権守となり、翌年三月、丹波守となる。同十八年四月十日夜、大極殿が焼け、小安殿・蒼竜白虎両楼・延休堂・北門などに延焼して数日に及んだ時、放火の嫌疑で翌日、前丹波守安倍朝臣房上とともに追禁された。房上はのち河内守となるが、弘興の消息は不明。

笠朝臣麻呂　かさのあそんまろ　八世紀中頃の官人・歌人。沙弥満誓・笠沙弥・笠大夫にも作る。大宝四年(七〇四)正月、従五位下。慶雲三年(七〇六)七月、美濃守、和銅元年(七〇八)三月、美濃守再任、翌二年九月、国司としての業績を評価され、田十町、穀二百斛を授かる。同七年閏二月には美濃守として吉蘇(木曾)路を開通させた功績により封戸七十戸、功田六町を賜わる。『令集解』考課令殊功異行条の古記説に、「殊功とは謂ふところは、笠大夫、伎蘇道を作りて封戸を増すの類なり」とあり、木曾路開通に伴う笠朝臣麻呂の功績は、当時の人々の記憶にのこる出来事であった。霊亀二年(七一六)六月、美濃守従四位下で、尾張守を兼任。養老元年(七一七)十二月、元正天皇は美濃国に行幸し、当耆郡多度山(現在の岐阜県海津郡南濃町と三重県との境にある山)の美泉を嘉して、年号を養老と改元。その功により従四位下から従四位上に昇る。同三年七月、美濃守として、尾張・三河・信濃の三国を管する按察使(あぜち)となる。美濃守としての在任期間は、慶雲三年(七〇六)から養老三年(七一九)と、異例の長期にわたっている。養老四年十月、右大弁となり、中央政界に復帰。翌五年五月、元明太上天皇の病気を理由に出家入道を許され、満誓と号す。同七年二月、造筑紫観世音寺(福岡県太宰府市)別当となり、大宰府へ赴任。大宰府にあって、時の大宰帥大伴宿禰旅人を中心に、山上臣憶良・小野朝臣老らとともに筑紫歌壇を形成し、『万葉集』に短歌七首を残している(三―三九一、五―八二一ほか)。貞観八年(八六六)三月になって、観世音寺の寺家人清貞ら三人は、従五位下笠朝臣麻呂の五代の孫であると訴え出た。彼らは麻呂が天平年中(七二九―七四九)造寺使の頃に寺家の女赤須に生ませた子の子孫であると主張し、良民として筑後国竹野郡(福岡県浮羽郡田主丸町全域と吉井町の一部)に貫付されている。

笠朝臣宗雄　かさのあそんむねお　九世紀後半の肥前国司。元慶三年(八七九)十一月、外従五位下に進み、同五年三月には肥前介として大宰府に解状を出した。同国で班田が四十年も行なわれていない実情を告げ、その原因が校田を報告したのち許可を得て班田すべきとした仁寿三年(八五三)格にあるとして、筑後・豊後両国で許されたように報符を待たずに口分田班給をしたいと申請。この結果、肥前国でも校田・班田が実施されたとみられる。

笠女郎　かさのいらつめ　万葉歌人。大伴宿禰家持の若い頃に恋愛関係にあったらしい。すぐれた女流歌人で、『万葉集』に二十九首収められているが、すべて家持に贈った恋の歌である(三―三九五～三九七、四―五八七～六一〇、八―一四五一・一六一六)。

笠臣志太留　かさのおみしだる　七世紀の官人。吉備笠臣垂にも作る。大化元年(六四五)九月、古人大兄皇子らの謀反の計画に参加したが、すぐに中大兄皇子(のちの天智天皇)に密告したため、古人大兄皇子らは兵に囲まれて斬られた。天平宝字元年(七五七)十二月、大化元年以来の功績のある者(特に壬申の乱などの功労者)に対して、遡って功田の給付が行なわれた。その際、大錦下笠臣志太留には功田二十町が与えられ二世に伝えられた。

笠臣祖県守　かさのおみのおやあがたもり　笠臣氏の祖先とされる伝説上の人物。吉備地方の豪族。『日本書紀』によれば、仁徳六十七年、吉備の中ノ国の川嶋河(岡山県の川辺(高梁)川か)の川股に大虬(みつち)がいて通る人々を苦しめた。県守は、瓠(ひさご)を投げ入れ、虬に「瓠を沈めることができなければ殺すぞ」といった。虬は鹿に姿を変え、瓠を沈めようとしたができずに、県守によって淵の底にいる多くの虬もろとも斬り殺されたという。この川の淵を名づけて県守淵(比定地未詳)というと伝える。

笠取氏　かさとりうじ　主殿寮の殿部(とのもりべ)の負名氏の一つ。姓は直。『日本三代実録』元慶六年(八八二)十二月条には主殿寮の殿部四十人は、元来日置・子部・車持・笠取・鴨の五氏の負名氏からとられていたが、この時から、十人を異姓からとることを認め、すでに承和六年(八三九)に補した五人の異姓者とその十人を除く、残り二十五人については従来どおり五氏からとることにするとある。令の規定によれば、主殿寮の職務として「供御輿輦」「蓋笠(きぬがさ)」「繖扇(さしば)」「帷帳」「湯沐」「洒掃殿庭」「燈燭」「松柴」「炭燎」などがあげられており、笠取氏の職掌は、そのうちの蓋笠・繖扇にかかわるものであったと推定される。『延喜式』践祚大嘗祭条には、「主殿の官人二人、燭を執り迎え奉る。車持朝臣一人、菅蓋を執り、子部宿禰一人、笠取直一人、並びに蓋綱を執りて、膝行し各々其の職に供す」とあり、笠取直氏は、践祚大嘗祭に「蓋綱」を執ることに携わったことが知られる。

【参考文献】　佐伯有清「ヤタガラス伝説と鴨氏」(『新撰姓氏録の研究』研究篇所収)、井上光貞「カモ県主の研究」(『日本古代国家の研究』所収)

風早氏　かざはやうじ　伊予国風早郡(愛媛県温泉郡中島町と北条市、および松山市の一部)を本貫とする豪族か。風速にも作る。『先代旧事本紀』国造本紀の風速国造の祖阿佐利につながる家柄と推定できる。姓は直。氏人には天平勝宝二年(七五〇)に造東大寺司人の風速直乙虫、天長七年(八三〇)に伊予国の風早直益吉女、承和六年(八三九)には善友朝臣の氏姓を賜わった同国の風早直豊宗などがみえる。

風早富麻呂　かざはやのとみまろ　九世紀後半の安芸国賀茂郡(広島県東広島市と賀茂郡・豊田郡の一部)の人。『続日本後紀』天長十年(八三三)十月条によると、中央に対して安芸国司が表彰事項の言上をした。富麻呂は、徳行うるわしく、孝養の行い厚く、父母の没後は口に五味を断ち、哀慕の情はわずかの間も忘れることがなかったとして勅が出され、三階に叙され、戸全体の田租も免除されることになったという。

笠原氏　かさはらうじ　武蔵国埼玉郡笠原郷(埼玉県鴻巣市笠原付近)を本拠とする武蔵国造の家柄。姓は直。『日本書紀』安閑元年閏十二月条に、笠原直使主が同族小杵と武蔵国造の地位を争った記事があるが、これを史実とするならば六世紀頃から武蔵国造権は、南武蔵から北武蔵の族の笠原氏へ移ったと考えられる。

笠原直小杵　かさはらのあたいおき　南武蔵を本拠とする国造の一族。ただし、『日本書紀』に「武蔵国造笠原直使主　同族小杵」とあるのみで笠原氏を称したかはっきりしない。同書安閑元年閏十二月条に、上毛野(かみつけの)君小熊の支援を受け、大和政権の支持を得た使主と武蔵国造の地位を争い、ついに誅せらるとある。この戦いの結果設けられた橘花屯倉(神奈川県川崎市幸区南加瀬・北加瀬から横浜市港北区日吉町にかけての一帯に所在)・倉樔屯倉(のちの久良郡、現在の横浜市南区・中区・磯子区と港南区の一部に所在)・多氷屯倉(氷は末の誤りで東京都の多摩川流域にあったか)がある多摩川・鶴見川流域が小杵の拠点と考えられる。

笠原直使主　かさはらのあたいおみ　武蔵国埼玉郡笠原郷を本拠とする武蔵国造。『日本書紀』安閑元年閏十二月条に、同族小杵と国造の地位を争い決し難く、上毛野(かみつけの)君小熊の支援を受ける小杵に対抗し、大和政権の支持を得、ついに小杵を誅したとある。古墳の分布の変遷からも六世紀を境として、武蔵国造権は、鶴見川・多摩川流域の南武蔵から北武蔵へ移ったと考えられている。

膳氏　かしわでうじ　天皇や朝廷の食膳を担当した膳職の伴造氏族。孝元天皇の皇子大彦命の子の比古伊那許士別(ひこいなこじわけ)命(大稲輿命)、孫の磐鹿六鴈(いわかむつかり)命の後裔と称する。姓は初め臣、天武十三年(六八四)八色の姓制定に際し朝臣を賜わり、ほぼこれと時期を同じくして、大和国添上郡高橋(奈良県天理市櫟本付近)の地名に因み、氏姓を高橋朝臣と改めた。これ以後に膳臣の氏姓を名乗るものは、朝臣の賜姓に漏れた傍流または地方の膳氏とみられる。『日本書紀』景行五十三年条や『高橋氏文』に記す磐鹿六鴈伝承によれば、膳氏が成立し、諸氏人や東国の諸国造の子弟からなる膳夫（膳部）が宮廷にトモとして出仕し、べである膳大伴部が全国に設置される時期を景行朝とするが、これは後世の状況を反映した所伝にすぎず、膳氏は六世紀以降に台頭し、膳職の伴造としてトモやべを管掌するようになったのもその頃からであろう。一族の活動には、本来の供膳の職務に関わるものとして、磐鹿六鴈命・膳臣余磯（あれし。若桜部（わかざくらべ）臣の祖）・膳臣長野（宍人（ししひと）臣の祖か）の伝承があるほか、斑鳩（雄略朝）・巴提便（欽明朝）・傾子（欽明―崇峻朝）・大伴（推古朝）・葉積（斉明朝）らの氏人の活動は、この氏が朝鮮諸国を対象とする渉外・軍事に携わった事実を示しており、また安閑朝の大麻呂の事績や膳氏・膳大伴部の分布を通して、六世紀以降の大和政権の屯倉設置にも主要な役割を担ったことが推測できる。同族の阿倍氏とともに六、七世紀の政界では、朝廷の議政官である大夫（まえつきみ）を出す家柄として高い地位にあり、廐戸皇子（聖徳太子）に傾子（かたぶこ）の女菩岐々美郎女（ほききみのいらつめ）が嫁し、上宮王家諸王の外戚となるなど、天皇家との関係も密接であった。膳職の伴造には、膳氏のほかに海部を管掌する阿曇氏があり、令制下において高橋・阿曇両氏は、前代からの伝統に基づき宮内省内膳司の長官たる奉膳（ぶぜん）に任ぜられる習わしであったが、やがて両氏の間に対立が生じ、延暦十一年（七九二）阿曇氏の失脚により、奉膳の地位は高橋氏の独占するところとなった。しかし前代に比して政界での地位は低く、公卿に補任されたものは皆無である。膳氏の勢力は東国や若狭・豊前・豊後国などに及んだが、これらの地域には膳大伴部が設置され、特に志摩と若狭は天皇の食料を貢進する国として膳氏の直接的な管掌下におかれ、志摩の国守は代々高橋氏で占められた。若狭の国造も膳臣の氏姓を名乗り、この氏の同族である。

【参考文献】佐伯有清『新撰姓氏録の研究』考証篇一、後藤四郎「内膳奉膳について」（『書陵部紀要』一一）、狩野久「御食国と膳氏―志摩と若狭―」（坪井清足・岸俊男編『古代の日本』5所収）、日野昭「膳氏の伝承の性格」（『日本古代氏族伝承の研究』続所収）、加藤謙吉「上宮王家と膳氏について」（『続日本紀研究』一九三）

膳臣余磯 かしわでのおみあれし 履中朝から允恭朝頃の人。若桜部（わかざくらべ）臣の祖。若狭国造の祖ともいう。『日本書紀』履中三年十一月条に、履中天皇が磐余市磯池（いわれのいちしのいけ。奈良県桜井市池之内付近）に両枝船を浮かべて遊宴した時、余磯が酒を献じたが、桜花の季節でもないのに盞の中に桜の花が落ちた。物部長真胆連（もののべのながまいのむらじ）を遣わして探索させたところ葛城の掖上室山（奈良県御所市室付近）に桜花を獲たので、稚桜をもって宮号とし、長真胆連と余磯の本氏姓を改め、稚桜部造・稚桜部臣といったとある。『新撰姓氏録』右京神別上の若桜部造条にも同様の話を掲げる。『先代旧事本紀』国造本紀に、若狭国造は允恭朝に膳臣の祖佐白米（さしらめ）命の児荒礪（あれし）命を国造に定めたとあるが、余磯と荒礪命は同一人物であろう。

【参考文献】狩野久「御食国と膳氏―志摩と若狭―」（坪井清足・岸俊男編『古代の日本』5所収）

膳臣大丘 かしわでのおみおおおか 八世紀後半の学者。名を大岡にも作る。天平勝宝四年（七五二）に入唐したが、帰朝時には『金剛蔵菩薩註金剛般若経』を将来したとの伝承がある。翌五年、東大寺の「写経奉請牒」に便使（請経使）とみえ、同七歳四月にも造東大寺司から興福寺三綱務所への請経使となり、同八月には「某勘経所解」に署している。時に正八位下。神護景雲二年（七六八）七月には大学助教正六位上であり、かつて在唐時に、国子（こくし）学生程賢から孔子が文宣王（ぶんせんのう）と追謚されたことを聞いた旨を述べて、日本でも前号の孔宣父をやめ文宣王とすることを献言し、許された。宝亀八年(七七七)正月、外従五位下に昇叙、同月、大学博士となった。同十年二月、大学博士外従五位下で豊後介を兼ねた。なお、弘仁五年(八一四)十月に卒した興福寺伝燈大法師位常楼は、大丘との親交が伝えられる。

膳臣大麻呂　かしわでのおみおおまろ　六世紀前半の廷臣。『日本書紀』安閑元年条に、天皇の命により、使者を上総の伊甚(いじみ。現在の千葉県夷隅郡・勝浦市)に派遣して珠を求めさせたが、伊甚国造らの上京が遅れ、期限を過ぎても珠を献上しなかったので、大麻呂は国造などを捕縛し、事情を訊問した。伊甚国造稚子(わくご)直らは後宮の寝殿に逃げ隠れ、闌入罪に問われたが、伊甚屯倉を献上して罪を贖ったとある。この時、大麻呂の官職を内膳卿とするのは、膳氏の家職を前提とした『日本書紀』編者の潤色であろう。伊甚国造は伊甚地方に設置された膳大伴部の管掌者で、朝廷に出仕して膳職のトモとなる一族であったとみられる。

膳臣傾子　かしわでのおみかたぶこ　聖徳太子の妃膳臣菩岐々美郎女(ほききみのいらつめ)の父。膳臣賀拖夫・膳部加多夫古・食部加多夫古にも作る。欽明三十一年(五七〇)五月に北陸方面の越(こし)へ遣わされて、高麗使を饗した。その後、物部弓削守屋大連征討軍に加わる。また、上宮王家周辺とも緊密な婚姻関係を結び、女の菩岐々美郎女と比里古女郎を、それぞれ聖徳太子とその弟の久米王に嫁がせた。斑鳩(大和国平群郡夜摩郷。現在の奈良県生駒郡斑鳩町)にその本拠を移していたとも考えられるが、藤ノ木古墳(生駒郡斑鳩町法隆寺字藤ノ木)をその墳墓とみてよいかは検討を要する。

【参考文献】　新川登亀男『上宮聖徳太子伝補闕記の研究』、日野昭「膳氏の伝承の性格」(『日本古代氏族伝承の研究』続所収)

膳臣長野　かしわでのおみながの　雄略朝の人。『日本書紀』によると、雄略二年十月、宍人部(ししひとべ)設置に際して、能く宍膾(なます)を作るがゆえに皇太后から宍人部として最初に雄略天皇に貢上されたという。宍人臣・宍(完)人朝臣の祖先に当る人物とみられ、『日本書紀』の説話は、膳氏の一族の中から、宍人部の伴造が分立したことを意味するものであろう。

膳臣巴提便　かしわでのおみはすび　六世紀中頃の武将。『日本書紀』によれば、欽明六年(五四五)百済に遣わされたが、子が虎に食い殺されたため虎を追跡してこれを刺し殺し報復した。『天書』には、百済が援兵を請うたため派遣されたとある。巴提便の名は「はてび」とも訓めるが、埼玉県の稲荷山古墳出土の鉄剣銘にみえる「半弖比」とは別人であろう。

膳臣摩漏　かしわでのおみまろ　─六八二　七世紀後半の人。壬申の乱の功臣。天武十一年(六八二)七月九日に罹病したため、天武天皇は草壁皇子と高市皇子を遣わして病状を問わしめたが、十八日にいたり没した。時に冠位は小錦中であったが、天武は大いに驚き哀惜し、壬申の乱の功を称え、大紫の冠位を追贈し、禄を賜わった。皇后もまた賻物を賜わったという。壬申の乱における摩漏の功績については、『日本書紀』には記載がなく、不明である。

膳部臣菩岐々美郎女　かしわでのおみほききみのいらつめ　聖徳太子の妃。食(部)菩支々弥女郎にも作り、膳大郎(女)・高橋妃などと通称する。膳臣傾子(かたぶこ)の女で、聖徳太子の妃の一人となって四男四女を生む。長女の春米(つきしね)女王は、さらに異母兄の山背大兄王に嫁いだ。法隆寺金堂釈迦三尊像光背銘によると、聖徳太子とともに病気となり、太子薨去の前日である推古三十年(六二二)二月二十一日に没したという。大阪府南河内郡太子町太子にある太子の磯長(しなが)墓に、太子の母穴穂部間人(あなほべのはしひと)皇女とあわせて葬られたと伝える。ただし、その没日や合葬ないし合葬時については疑義もある。『上宮聖徳太子伝補闕記』所引の『膳臣家記』は、太子によく信頼された旨の伝承を伝えている。法隆寺近在の法輪寺(奈良県生駒郡斑鳩町三井)とも関係が深いといわれているが、なお明らかでない。

【参考文献】 新川登亀男『上宮聖徳太子伝補闕記の研究』

春日氏　かすがうじ　大和国添上郡(奈良市東部と奈良県大和郡山市・天理市・山辺郡の各一部)出身の豪族。姓は初め臣、のちに大春日臣を称し、天武十三年(六八四)八色の姓制定に際し、朝臣を賜わる。春日の氏名については、『新撰姓氏録』に、仲臣が家に糟を積んで堵(かき)としたので、仁徳天皇が糟垣臣と名づけ、それが改まって春日臣となったという説明があるが、正しくは大和国添上郡春日郷(奈良市白毫寺町付近)の地名に由来する。『古事記』には、春日氏の祖を孝昭天皇の皇子天押帯日子(あめおしたらしひこ)命(『日本書紀』の天足彦国押人命と同一人物)とし、同族として大宅臣・粟田臣・小野臣・柿本臣・壱比韋(いちいい)臣ら十五氏をあげる。いずれも和珥(わに)氏の同族であるが、欽明朝以降、和珥氏の名称を見出すことができないので、その頃、和珥氏は本拠地を春日の地に移し、春日氏と改めたと推測されている。春日氏の一族には、春日和珥臣深目(ふかめ)の女で雄略天皇の妃童女(おみな)君、春日日抓(ひつめ)臣の女で欽明天皇の妃糠子(ぬかこ)、春日臣仲君の女で敏達天皇の夫人老女子(おみなご)のように天皇の后妃となるものが多かったが、その所生の皇子が即位することはなかった。これは蘇我氏・葛城(かずらき)氏が同じように后妃を輩出し、后妃の生んだ皇子が天皇になった例が少なくないことと対照的である。また、春日氏が后妃を出した例は六世紀末までであること、七世紀以降に中央政界で活躍した人物は極めて稀で、奈良・平安期においても五位程度の官人が多いことから、七世紀に入ると氏族の力は衰勢に向かったと思われる。なお、天平神護二年(七六六)三月には右京の人春日蔵毗登(首)常麻呂ら二十七人が春日朝臣の氏姓を賜わり、斉衡三年(八五六)八月に春日臣雄継が、貞観四年(八六二)七月には壱志宿禰吉野がそれぞれ大春日朝臣を賜わっている。

【参考文献】 岸俊男「ワニ氏に関する基礎的考察」(『日本古代政治史研究』所収)

春日朝臣宅成　かすがのあそんやかなり　九世紀後半の渤海通事。天安三年(八五九)二月、大初位下で渤海通事となり、貞観三年(八六一)正月、同十四年正月、同十九年二月、同年六月にも通事として活躍。その間、播磨少目・園池正を歴任。位は正六位上。元慶元年(八七七)十一月、外従五位下に昇り、翌年四月、大隅守となる。宅成がその昔、唐へ行ったことは『日本三代実録』元慶元年六月条によって知られるが、円仁の『入唐求法巡礼行記』にみえる「春太郎」、円珍宛の陳泰信の書状にみえる「播州少目春太郎」は、ともに宅成のことである。

【参考文献】 佐伯有清「承和の遣唐使の人名の研究」(『日本古代氏族の研究』所収)

春日小野臣大樹　かすがのおののおみおおき　五世紀後半の武将。『日本書紀』によれば、雄略十三年八月、播磨国御井隈(比定地未詳)の文石(あやし)小麻呂は暴虐で、旅人をおびやかして商用の小舟から荷を奪い取り租税を納めなかったので、大樹は雄略天皇の命を受け小麻呂を討ち、勇士百人を率いて火炬を持ち小麻呂の家を囲んで火を放った。すると火炎の中から白狗が出て大樹を追ったが、大樹は顔色をかえずに刀を抜いて斬ると、白狗は変じて小麻呂になったという。

春日倉首老　かすがのくらのおびとおゆ　八世紀前半の僧侶・官人。春日蔵首にも作る。僧名は弁紀または弁基。大宝元年(七〇一)三月、還俗して春日倉首老の氏姓を賜わり、追大壱を授かる。和銅七年(七一四)正月、従五位下となる。『懐風藻』に「述懐」と題する五言詩一首があり、「年五十二」とするが、五十二は没年とみてよい。『万葉集』にも短歌八首があり、「右、或は云はく、弁基は春日蔵首老の法師名なり」(三―二九八左注)とみえる。『常陸国風土記』の編者に擬定されている。

春日部　かすがべ　開化天皇の名代、雄略天皇の女春日大娘皇女の名代、仁賢天皇の女春日山田皇女の子代、春日臣の部曲(かきべ)などの諸説がある。春部にも作る。分布は美濃国に多く、上総国から肥後国にいたるまで広く設定された。『日本書紀』安閑元年閏十二月条に安閑の皇后春日山田皇女のために春日部采女というものを置いたことがみえる。春日部の管理は春日臣が行なったのであろう。

【参考文献】平野邦雄『大化前代社会組織の研究』、門脇禎二『日本古代共同体の研究』、岸俊男「ワニ氏に関する基礎的考察」(『日本古代政治史研究』所収)

春日大娘皇女　かすがのおおいらつめのひめみこ　雄略天皇の皇女。仁賢天皇の皇后。またの名は高橋皇女。『日本書紀』雄略元年条によると、その母は春日和珥臣深目(かすがのわにのおみふかめ)の女の童女(おみな)君で采女であったが、雄略と一夜を共にしただけで女児を生んだので、雄略は疑って養わなかった。しかし物部連目(もののべのむらじめ)がその疑いのないことを奏したので、雄略は初めて女児を皇女とし、童女君を妃としたと伝える。武烈天皇・手白香皇女(継体天皇の皇后)・橘皇女(宣化天皇の皇后)など一男六女を生んだ。この皇女のために設定されたのが春日部であるとする説がある。ただし、『古事記』雄略段にはこの皇女の名前はみえない。

【参考文献】前之園亮一『古代王朝交替説批判』

春日山田皇女　かすがのやまだのひめみこ　仁賢天皇の皇女。安閑天皇の皇后。母は和珥(わに)臣日爪の女糠君娘(糠若子郎女とも、和珥臣日触の女大糠娘とも伝える)。山田赤見皇女・山田大娘皇女にも作る。春日皇后・山田皇后ともいわれているが、磯長(しなが)の春日・山田(大阪府南河内郡太子町春日・山田)に因む名であるらしい。継体七年九月、勾大兄皇子(のちの安閑天皇)がみずから妻としたといい、のち皇太子妃となったが、嗣がなく、また自分の名も絶えるのを悲しんだため、太子(勾大兄皇子)が継体天皇に奏上して匝布(さほ)屯倉(奈良市の佐保地区にあった)が設けられ名代とされた。太子の即位により皇后となったのちも皇后のための屯倉設置が相次いだ。安閑元年(五三四)四月、伊甚(いじみ)国造が後宮闌入の罪により伊甚屯倉(のちの上総国夷灊郡にあった。夷灊郡は現在の千葉県夷隅郡と勝浦市をあわせた地域)を献じたこと、同年七月にも屯倉を設定することにしたことなどである。宣化天皇が崩じた後、欽明天皇は山田皇后に政事をつかさどるよう要請したが、皇后は固辞したという。これらのことは、皇后というものの地位の高さを意味し、それは春日山田皇女に始まると考えられている。安閑欽明即位後は、皇太后とされたという。安閑の河内旧市高屋丘陵(大阪府羽曳野市古市五丁目の築山古墳が安閑陵に比定されている)に合葬された。

葛城氏　かずらきうじ　大和国の葛城地方(奈良県北葛城郡・大和高田市・御所市の一帯)を拠点とする中央名族。臣姓皇別と直姓神別の両氏がある。前者は『古事記』孝元段に建内宿禰の子とする葛城長江曾都毗古(そつひこ)を始祖とし、同祖の氏に玉手臣・的(いくは)臣・生江臣・阿芸那臣がある。後者は剣根命(高魂(たかみむすび)命五世孫)を始祖とし、葛城国造の家柄。天武十二年(六八三)に連、次いで十四年に忌寸の姓を賜わっている。前者は五世紀に大王家の外戚として重きをなし、歴史上著名な人物を輩出している。すなわち、仁徳天皇の皇后で履中・反正・允恭の三天皇の母である磐之媛は襲津彦(曾都毗古)の女であり、『古事記』に襲津彦の子として伝える葦田宿禰の女黒媛は履中の皇后で市辺押羽(いちのべのおしは)皇子の母、そして葦田宿禰の子蟻臣の女荑(はえ)媛も市辺押羽皇子との間にのちの仁賢・顕宗両天皇を生み(『日本書紀』分注)、さらに雄略天皇妃の韓媛も葛城円(つぶら)大臣の女であり、のちの清寧天皇をもうけるというように典型的な外戚的氏としての立場にあった。『古事記』や『日本書紀』という八世紀の史書に記されているこれらの所伝がどこまで史実なのか論のあるところであったが、『百済記』に記す「沙至比跪(さちひこ)」が襲津彦であり、実在の可能性のあることが指摘されて以来、葛城氏は五世紀代王権の実態に迫る上で注目すべき対象となった。たとえば研究史の上では、王朝交代論の主役として葛城氏が大きく取り上げられるようになった。すなわち、九州を新王朝の発生の地とする〝応神王朝論〟では襲津彦は九州の襲の国とのつながりを説かれ、大和から河内への王朝交代を主張する〝河内王朝論〟では、新王朝を大王家とともに支えた勢力と想定されている。このように栄えた葛城氏も、允恭朝に反正天皇の殯(もがり)の奉仕を怠った襲津彦の孫または子と伝えられる玉田宿禰が誅され、雄略朝には安康天皇殺害の張本人眉輪王(まよわのおおきみ)をかくまった玉田宿禰の子円大臣が焼き殺されるに及び、ついに没落したと考えられている。もっとも、これについては、北葛城を拠点とする葦田宿禰系は残り、没落したのは南葛城を拠点とする玉田宿禰系であるという説もある。この葛城勢力の後退の背景には、大伴・物部などの軍事的伴造の勢力拡大があったと推定されている。

【参考文献】 門脇禎二『葛城と古代国家』、井上光貞「帝紀からみた葛城氏」(『日本古代国家の研究』所収)、塚口義信「葛城の一言主大神と雄略天皇」(『堺女子短期大学紀要』二〇)

葛城臣烏那羅　かずらきのおみおなら　六世紀末―七世紀初めの廷臣。名は烏奈良・小楢にも作る。『日本書紀』崇峻即位前条によれば、用明二年(五八七)蘇我馬子宿禰らとともに物部弓削守屋大連を攻め、滅亡させたとある。また、崇峻四年(五九一)十一月に征新羅軍の大将軍として紀男麻呂宿禰らとともに兵二万を率いて筑紫に赴く。『伊予国風土記』逸文にある伊予温泉(愛媛県松山市道後湯之町にある道後温泉)に赴いた聖徳太子に従う「葛城臣」は烏那羅のことであろう。

葛城襲津彦　かずらきのそつひこ　葛城氏の始祖。四世紀末―五世紀前半頃の武将。『古事記』孝元段では、建内宿禰の子とし、玉手臣・的(いくは)臣・生江臣・阿芸那臣らの祖と伝える。名を曾都比古にも作り、また葛城長江曾都毗古・葛城長柄襲津彦の名でも記され、大倭国葛城県長柄里(奈良県御所市名柄か)に居したとする伝えがある。『日本書紀』神功巻から仁徳巻にかけて朝鮮派遣の将軍としての襲津彦伝説が語られており、神功五年・同六十二年条には、新羅征討をめぐる俘人連行や天皇の命に背き加羅を伐った話、応神十四年・同十六年条には、弓月君の人夫を加羅から召す話、仁徳四十一年条には、百済王族の酒君を処断し、襲津彦に付して献上せしめた話などを記す。これらの所伝は、まったく架空のものではなく、実在の人物襲津彦を下敷にして造作されたものであり、その根拠として『日本書紀』の記述が神功六十二年条所引の『百済記』の「沙至比跪(さちひこ)」の史実を元にしているという点が主張されている。その女磐之媛は、仁徳天皇の皇后で履中・反正・允恭三天皇の母である。

【参考文献】 井上光貞「帝紀からみた葛城氏」(『日本古代国家の研究』所収)

葛城玉田宿禰　かずらきのたまたのすくね　五世紀初めの人。『日本書紀』によれば、葛城襲津彦の子または孫に当り、吉備上道臣田狭(きびのかみつみちのおみたさ)の婦毛媛の父とする。『公卿補任』には葛城円(つぶら)大臣の父とある。允恭五年七月、地震が発生したため反正天皇の殯宮(もがりのみや)の有様を尾張連吾襲(あそ)に見分させたところ、殯宮大夫の玉田宿禰が職務を怠り、葛城(葛城地方のどの地域を指すか未詳。玉田の地名を残す奈良県御所市玉手付近か)で酒宴していることが発見され、のち允恭天皇に誅される。この玉田宿禰氏は、南葛城の葛城氏の一系統という説もある。

【参考文献】 門脇禎二『葛城と古代国家』

葛城円大臣　かずらきのつぶらのおおみ　玉田宿禰の子。雄略天皇の妃韓媛の父。『古事記』は都夫良意富美、『日本書紀』は円大使主にも作る。履中朝において平群(へぐり)・蘇我・物部の各氏とともに国事を執る地位にあった。安康三年八月、眉輪(まよわ)王が安康天皇を殺害した変で、円大臣は自宅に逃げて来た王をかくまい、大泊瀬皇子(のちの雄略天皇)に女韓媛と葛城の宅七区(葛城県の前身か。葛城県については奈良県北葛城郡新庄町葛木の葛木御県神社付近とする説、奈良県御所市掖上を中心とする地域とみる説、葛城地方全域とする説がある)を献し贖罪を請うが許されず、眉輪王とともに焼き殺された。

【参考文献】井上光貞「帝紀からみた葛城氏」(『日本古代国家の研究』所収)

葛木連戸主　かずらきのむらじへぬし　八世紀中頃の官人。のち葛木宿禰。和気朝臣広虫の夫。天平十七年(七四五)に正六位下中宮少進とみえ、天平勝宝元年(七四九)八月、紫微中台の成立とともに紫微少忠。天平宝字三年(七五九)には坤宮(紫微)大忠になっている。先に恩勅によって京中の孤児を収集し、衣糧を給して養わせていたが、天平勝宝八歳十二月、戸主はそのうち成人した男九人、女一人を引きとり、葛木連の賜姓をうけた上でみずからの戸に養子として編付した。『日本後紀』延暦十八年(七九九)二月条の和気朝臣清麻呂の薨伝には天平宝字八年のこととして広虫が藤原朝臣仲麻呂の乱後の飢疫で生じた棄子(すてご)八十三人を収養し、養子として葛木首を賜わったとあるが、養子としたのは戸主か。

【参考文献】平野邦雄『和気清麻呂』(『人物叢書』)

葛城山田直瑞子　かずらきのやまだのあたいみずこ　六世紀中頃の中央官人。『日本書紀』によれば、欽明十七年(五五六)七月、蘇我大臣稲目宿禰らの命で備前国児嶋郡(岡山県児島郡・玉野市の全域と倉敷市・岡山市の一部)の屯倉の田令に任ぜられ、同三十年四月には白猪史胆津(しらいのふひといつ)が田令に任じ、瑞子の副となった。

葛城稚犬養連網田　かずらきのわかいぬかいのむらじあみた　皇極三年(六四四)正月、中臣連鎌足の推挙により蘇我臣入鹿を誅す役に指名され、翌四年六月の乙巳の変で入鹿を斬った。同氏は元来、宮城の門の守衛に当った軍事的氏族であろう。

【参考文献】門脇禎二『大化改新論』、佐伯有清「宮城十二門号と古代天皇近侍氏族」(『新撰姓氏録の研究』研究篇所収)

葛原親王　かずらはらしんのう　七八六―八五三　桓武天皇の第三皇子。桓武平氏高望王流・高棟王流の祖。母は多治比(たじひ)真人長野の女真宗。延暦十七年(七九八)元服。同二十二年、四品・治部卿。この年、最澄から鎮将夜叉秘法を伝授された。大同元年(八〇六)大蔵卿、同三年、弾正尹、同四年、三品に昇った。弘仁元年(八一〇)式部卿、同三年、兼大宰帥、同七年、二品、同十四年、弾正尹となる。天長二年(八二五)上表して子女すべてに平朝臣を賜わることを乞うて許された。同七年、兼常陸守、次いで式部卿に任ぜられた。翌八年、一品。承和五年(八三八)兼上野太守、同十年、上表して辞職を乞うたが許されず、翌十一年、兼常陸太守、嘉祥三年(八五〇)大宰帥。仁寿三年(八五三)六月四日、薨去。時に六十八歳。幼少から賢く、史伝を歴覧し、古今の政治の成功と失敗をもって戒とした。人柄は恭倹で、傲(あなど)るようなことはなく、久しく式部卿として古い儀式に練達していたので、みな親王を重んじた。薄葬を遺命したので、王家は朝廷の監喪を辞した。

語臣猪麻呂　かたりのおみいまろ　出雲国意宇(おう)郡安来郷(島根県安来市安来町から島田にかけての一帯)の人。語臣与の父。『出雲国風土記』によれば、天武天皇の時代、猪麻呂の女が毘売埼(安来市安来町東北部の岬)で遊んだ際、和爾(わに)に食い殺されたという。猪麻呂は復讐を誓い、天神・地祇に加護を祈った。すると百余の和爾が一匹の和爾を囲みながら猪麻呂のもとへやってきた。猪麻呂はその一匹の和爾を殺し、串にかけ路のほとりに晒し、復讐を果たした。

語部氏　かたりべうじ　古伝承を語り伝え、宮廷儀礼の場で寿歌・寿詞を奏した語部とそれを率いる伴造氏族。語部には宮廷に所属した中央の語部と、地方在住で大嘗会の儀式などに参加した語部の二系統があって、前者の語部の伴造氏には、天武十二年(六八三)九月に連姓を賜わった語造の一族がある。「天語歌

（あまがたりうた）」など伊勢の海人（あま）集団の古詞を奏上した天（海）語連とその配下の語部も、実質的には早くから宮廷の語部として中央化していたとみられる。これに対し後者は、本来、地方の首長のもとで、首長に対する語りごと奏上を任としていた個別の集団で、大和政権の地方支配の進展と中央の宮廷儀礼の整備に伴い、新天皇の即位の祭儀などに、地方首長の服属を表わす天皇への寿歌・寿詞を奏する役割を負って新たに語部として組織化されたものであろう。『貞観儀式』や『延喜式』などによれば、大嘗会の儀式には美濃（八）・丹波（二）・丹後（二）・但馬（七）・因幡（三）・出雲（四）・淡路（二）の七ヵ国から二十八人の語部が参加し、うち十五人が伴・佐伯両宿禰に率いられて古詞を奏した。この七ヵ国中、美濃・丹波・但馬・因幡・出雲の五ヵ国には、実際に語部氏の分布が認められ、特に出雲は濃密で、他の諸国が無姓の語部に限られるのに対して、臣・君・君族・首の有姓者が存在し、『出雲国風土記』には語臣にまつわる所伝も認められる。これは出雲国造の「神賀詞（かんよごと）」奏上などにも共通する現象で、中央に対して象徴的に「服属する地方」を代表する立場に置かれた出雲で、天皇への寿歌・寿詞を奏上する語部の組織的編成がすすめられたことを意味しよう。語部氏の分布は、このほか遠江・尾張・紀伊・備中・阿波国にも認められ、備中のそれは直の姓を持つ。なお先の七ヵ国を含めた十二ヵ国中、八ヵ国が天武朝から光孝朝までの大嘗会に悠紀・主基として卜定された国であることは、語部の性格をうかがう上に重要な意味を持つと思われる。

【参考文献】佐伯有清『新撰姓氏録の研究』考証篇三、土橋寛『古代歌謡論』、上田正昭「語部の機能と実態」（『日本古代国家論究』所収）、岩橋小弥太「語部」（『上代史籍の研究』所収）

勝氏　かちうじ　百済系の渡来氏族。勝の氏名は、「すぐり」もしくは「まさ」と訓むべきかもしれない。「すぐり」とすれば、古代朝鮮語で村落の首長を意味する語に由来する。勝氏の一族で姓をもつ者は極めて少ないが、若干、首（おびと）姓がみられる。『新撰姓氏録』には百済国の人多利須々の後裔と伝え、山城・摂津・近江・美濃・備前などの諸国に分布する。なお、ほかに茨田勝や上勝などのように勝を姓とする氏族が数多く存在し、それらは一般に地名を氏の名としている。勝のこのような氏と姓の二面性は、勝が本来大和朝廷に属する地方官の称で、それが長い間にわたって世襲されていくうちに姓的に用いられるようになり、やがては氏の名に転じたことを示すとみられる。勝姓の者に郡司が少なくないのは、その伝統をひくものであろう。また、勝部と称する氏族が出雲国を中心に分布するが、勝氏とは分布が必ずしも一致しないので、一応両者は区別して考えられる。

【参考文献】直木孝次郎「阿比古考」（『日本古代国家の構造』所収）、八木充「カバネ勝とその集団」（『ヒストリア』一九）

葛野王　かどののおう　六六九―七〇五　天智天皇の孫。大友皇子の長子。母は天武天皇の皇女十市皇女。淡海真人三船の祖父。『懐風藻』によれば、若くして学を好み、文をつくることを愛し、書画を能くした。天武の嫡孫として浄大肆を授けられ、治部卿となる。太政大臣高市皇子の薨後、持統十年（六九六）持統天皇は諸王・貴族を禁中に招いて次の皇太子の決定をめぐって議論した。諸説紛糾した時、王は皇位は神代以来、子孫相承すべきで、もし兄弟で相承するなら乱の原因となると説き、草壁皇子の子軽皇子（のちの文武天皇）を支持し、暗に長皇子の兄弟の弓削皇子を制した。持統はこれを嘉して、葛野王に特に正四位（同書目録には正四位上）を授け、式部卿に任じたという。同書には「春日、鶯梅を翫す」「竜門山に遊ぶ」の二首の漢詩が収められている。慶雲二年（七〇五）十二月二十日、卒す。時に正四位上。

【参考文献】荒木敏夫『日本古代の皇太子』

門部氏　かどべうじ　宮城の門を守衛した門部の伴造氏族。姓は初め直、天武十二年（六八三)九月、連を賜わる。安牟須比(やすむすひ)の後裔で久米氏の同族と伝える。令制下においては、衛門府に属して宮城十二門の守衛を担当する門部という伴部が存在したが、これは大伴・佐伯氏などの門部の負名(ふみょう)氏から任用される規定であった。したがってそうした令制伴部的な門部が設置される以前から、朝廷の儀式などに際して諸門を守るための門部が置かれており、門部氏はその伴造氏族ではなかったかと推定されている。斉衡三年(八五六)十一月、門部連名継らは興道(おきみち)宿禰の氏姓を賜わった。

門部王　かどべのおう　㈠―七四五　八世紀前半の王族・歌人。高安王の兄弟。大原真人門部にも作る。『新撰姓氏録』によれば敏達天皇の孫百済王の後裔であるが、『本朝皇胤紹運録』では天武天皇の皇子長親王の孫で、川内王の子とする。和銅三年(七一〇)正月、従五位下に叙せられ、霊亀三年(七一七)正月には従五位上。養老三年(七一九)七月、伊勢守在任中に按察使(あぜち)となり、伊賀・志摩二国を管した。その頃、出雲守となる。神亀五年(七二八)五月、従四位下に昇進。万葉歌人としてすぐれた歌を数首残している。出雲守として赴任中に部内の女を娶り、恋歌に思いを託している(『万葉集』四―五三六)。また『家伝』下によれば、神亀年間(七二四―七二九)に六人部(むとべ)王・長田王・狭井王・桜井王・石川朝臣君子・阿倍朝臣安麻呂・置始(おきそめ)王ら十余人とともに「風流侍従」と呼ばれたという。天平六年(七三四)二月に聖武天皇が朱雀門に御して歌垣を覧た時、門部王らは、五品以上の風流ある者の頭となり、歌垣の指導に当った。同九年十二月、右京大夫となり、同十一年四月、高安王らとともに大原真人の氏姓を賜わった。同十七年四月、卒した。時に従四位上・大蔵卿とある。㈡八世紀前半の王族。系譜未詳。和銅六年(七一三)正月、無位から従四位下に叙せられた。養老五年(七二一)六月、大判事に任官。神亀三年(七二六)九月、聖武天皇の播磨国印南野(兵庫県の明石川・加古川の間に挟まれた台地)行幸に当り造頓宮司を務める。天平三年(七三一)正月には従四位上に進み、同年、治部卿に在任していた。『東大寺要録』には、「天平六年甲戌、治部卿従四位上門部王に勅して、一切経を写さしむ」とある。同年の『観世音菩薩受記経』に、「写経司治部卿従四位上門部王」とあり、写経司を兼任したことが知られる。また、『東大寺開田図』のうち、神護景雲元年(七六七)十一月の「越中国礪波郡井山村墾田地図」(井山村は富山県東礪波郡庄川町付近)にみえる門部王の所領は、東大寺との関連から取得したものであろう。

【参考文献】　黛弘道「万葉歌人『門部王』小考」(五味智英先生古稀記念『上代文学論叢』所収)

金刺氏　かなさしうじ　氏名は欽明天皇の磯城嶋金刺宮(奈良県桜井市金屋付近)の宮号に基づく。欽明天皇の舎人を出す国造の家柄は、金刺舎人と称す。『金刺氏系図』の金刺氏は、科野国造・諏訪評督の任にあったとある。宝亀三年(七七二)正月、信濃国水内郡の人金刺舎人若嶋ら八人が連姓を賜わったが、他は金刺舎人のみを称する例が多い。信濃国埴科郡・伊那郡大領、駿河国駿河郡大領・主政などの信濃・駿河国の郡司級の家柄はこの例である。伊那郡大領の八麻呂は、藤原朝臣仲麻呂の乱の功臣でもあった。なお貞観五年(八六三)には信濃国諏訪郡の人金刺舎人貞永が神八井耳(かんやいみみ)命の苗裔であることを理由に太(おお)朝臣の氏姓を賜わっている。

【参考文献】　井上光貞『日本古代国家の研究』、同「国造制の成立」(『史学雑誌』六〇―一一)

掃守氏　かにもりうじ　宮殿の掃除などを職掌とした掃守部の伴造氏族。掃部にも作る。本宗氏の姓は初め連、天武十三年(六八四)十二月、八色の姓制定に際し、宿禰を賜わる。このほか、その後も連や首・造を姓とするものもあった。振魂(ふるむすび)命の四世孫天忍人命を祖と伝える。『古語拾遺』には、神武天皇の父彦瀲(ひこなぎさ)命が誕生する際に掃守連の遠祖の天忍人命が海岸において箒で蟹を掃いて鋪設のことを掌り、以後それが職となったという伝承がみえる。また『新撰姓氏録』和泉国神別の掃守首の条には、雄略朝に掃除を職としていたので氏姓を掃守連と賜わったとある。令制下の掃部司・内掃守司に所属する伴部である掃守部に連なる部が令制以前に設置された際、その伴造氏族となったのが掃守氏であろう。承和二年(八三五)二月、掃守連豊永・豊上は善世(よしよ)宿禰の氏姓を賜わった。『新撰姓氏録』河内国神別に載せる掃守宿禰・連・造氏は河内国高安郡掃守郷(大阪府八尾市黒谷・教興寺・垣内付近)を、同書和泉国神別に載せる掃守首氏は和泉国和泉郡掃守郷(大阪府岸和田市加守一帯)を本拠とした。このほか遠江国に掃守宿禰、平安左京・近江国に掃守連、出雲国に掃守首がそれぞれ居住していたことが史料上確認できる。

兼覧王 かねみおう ―九三二 九世紀後半―十世紀初めの中級官人・歌人。三十六歌仙の一人。惟喬親王の子。仁明天皇の孫で国康親王の子という異伝もある。仁和二年(八八六)無位から従四位下に叙せられ、寛平二年(八九〇)河内権守、同四年、侍従に任ぜられ、同六年、中務大輔に、同九年五月に民部大輔に任ぜられ、同年七月、山城守を兼任した。延喜六年(九〇六)正月、従四位上に叙せられ、同年九月、大舎人頭に任ぜられた。同十一年、神祇伯に、同十八年には弾正大弼に任ぜられ、同二十一年、大和権守を兼ねた。延長二年(九二四)正四位下に叙せられ、同三年、宮内卿に任ぜられた。承平二年(九三二)卒した。父の血をうけて和歌にすぐれ、『古今和歌集』に五首、『後撰和歌集』に四首が残っている。また、延喜十三年の亭子院(平安左京七条二坊にあった宇多法皇の御所)における歌合せにも参加している。

蒲生娘子 かまふのおとめ 越中国の遊女。『万葉集』に「遊行女婦蒲生娘子の歌一首」(一九―四二三二)とあり、天平勝宝三年(七五一)正月、越中国司の宴楽の時に娘子が詠んだ歌がみえる。そのほかにも作者未詳で、娘子の伝え誦んだ歌(同一九―四二三六・四二三七)を載せる。

上氏 かみうじ 渡来系氏族。上を氏の名とするものには上村主・上勝・上曰佐氏があり、上村主と上勝は氏・姓とも同訓であるが別個の氏族である。上村主氏は『新撰姓氏録』に、魏の武皇帝の子陳思王植の後裔という広階(ひろしな)連と同祖と伝える。一族は天武八年(六七九)多禰島(鹿児島県種子島)に遣わされた上村主光父をはじめ官人となった者が少なくないが、位階は最高でも五、六位にとどまった。ほかに上村主牛養のように画工となった者も散見する。神護景雲三年(七六九)河内国大県郡(大阪府柏原市北部)の人上村主五百公が連の姓を賜わったが、同郡の賀美郷(柏原市青谷・峠・雁多尾畑付近)が上村主氏の本拠地であろう。また一部は阿刀(あと)連・広階宿禰と改氏姓している。一方、上勝・上曰佐氏は『新撰姓氏録』に、それぞれ百済の多利須須・久爾能古使主の後裔と伝える百済系渡来氏族で、本拠はやはり河内国とみられ、大県郡・安宿(あすかべ)郡・渋川郡にあった賀美郷(安宿郡賀美郷は大阪府羽曳野市駒ケ谷・飛鳥付近、渋川郡賀美郷は大阪市平野区正覚寺付近か)のいずれかであろう。

上村主馬養 かみのすぐりうまかい 七一八― 八世紀中頃の東大寺写経所の官人。河内国大県郡津積郷(大阪府柏原市大県または同市法善寺付近)の人。名を馬甘にも作る。天平十一年(七三九)の『正倉院文書』に初見し、同十九年から宝亀七年(七七六)にかけて頻出する。初め校生であったが、のちに領・案主・主典となって東大寺写経所の財政運営に当った。位階は正六位上とみえるのが最後である。この間、天平宝字六年(七六二)には造石山寺所に召されて同寺造営の事務にも携わった。宝亀三年、戸口の高成を優婆塞として貢進し、子の藤麻呂もやはり東大寺写経所に出仕していた。

【参考文献】鬼頭清明「上馬養の半生」(『日本古代都市論序説』所収)

上海上国造 かみつうなかみのくにのみやつこ 上総国海上郡一帯を支配した国造。

上菟上国造とも記す。天穂日(あめのほひ)命の後裔で成務朝に国造に任命されたという。海上郡は千葉県市原市の養老川以南の地にほぼ相当し、姉ケ崎古墳群や式内社の姉埼神社の所在する養老川下流左岸の同市姉崎周辺に本拠があったと推定される。旧氏姓を檜前(ひのくま)舎人直と称した同郡出身の外従五位下隼人正上総宿禰建麻呂はその後裔であろう。

【参考文献】　前之園亮一「房総の国造と中総首長連合」(『千葉県の歴史』二八)

上毛野氏　かみつけのうじ　上野国を本貫とした有力豪族。姓は初め君、天武十三年(六八四)朝臣を賜わった。崇神天皇の皇子豊城入彦(とよきいりひこ)命を始祖とし、『日本書紀』に豊城入彦について崇神の命で東国を治めることになった経緯が伝えられる。景行朝には豊城入彦の孫の彦狭嶋王が東山道十五国の都督となったが、赴任途中で没し、その子の御諸別(みもろわけ)王が東国に赴き、善政を行ない蝦夷を鎮定したという。大化前代の上毛野氏伝承の特質としてまず注目されるのは、王権の麾下勢力としての東国経営・蝦夷征討伝説である。『日本書紀』には前述の伝説のほか、仁徳五十五年の田道の征夷説話、舒明九年(六三七)の上毛野君形名の征夷の記事がみえる。そして次にみるべきは、神功四十九年に新羅征討のため荒田別・鹿我別(かがわけ)が遣わされたこと、応神十五年に荒田別・巫別(かんなぎわけ)が百済に遣わされ文(ふみ)首らの祖王仁(わに)を連れて帰ったこと、仁徳五十三年に竹葉瀬(たかはせ)・田道が新羅征討に遣わされたことなどの、対朝鮮軍事・外交伝承であろう。ただし、大化前代の上毛野氏の実態に関しては、これら伝承に史実の反映が考え難いとみ、また、安閑元年に武蔵国造笠原直使主(おみ)が同族の小杵(おき)と国造の地位を争った時、小杵が上毛野君小熊に救援を求めたとする記事から、六世紀以前における上毛野氏の大和政権に対する独立性を強調する見解も古くから存在する。毛野地方の古墳変容のあり方からすれば、五世紀代に大和政権と同盟・連合関係にあった「毛野政権」の解体を経て、上毛野氏が大和政権の支配体制に組み込まれていくのは、六世紀前半からであろう。天智二年(六六三)には稚子が前将軍として新羅征討に派遣され、天武十年(六八一)の史局に三千が参加しているが、八世紀初期には小足・安麻呂が陸奥守、広人が陸奥按察使(あぜち)に任ぜられ、八世紀後半にも馬長が出羽介・出羽守、稲人が陸奥介となっている事実が注目され、ここに蝦夷地の経略という同氏の伝統的活動の姿をみることができる。しかし、養老四年(七二〇)按察使であった広人が蝦夷の反乱にあって殺害され、天平元年(七二九)の長屋王の変に宿奈麻呂が連坐して上毛野氏は没落の途をたどり、その後、天平勝宝二年(七五〇)に上毛野君の氏姓を賜わった旧氏姓田辺史の異系上毛野氏が中核的位置を占めるにいたった。同系氏は弘仁元年(八一〇)に朝臣を賜姓されている。平安時代初めから中頃にかけて上毛野氏には近衛府の下級官人・舎人の職に世襲的につく者が多くみられるが、これらは中央政治官僚としての上毛野氏の系譜に連なるものではなく、八世紀末以来、宮廷武官として台頭した東国在地土豪層の系譜をひくものといわれる。『新撰姓氏録』に上毛野氏と同祖とされる氏族には渡来系氏族が少なからず含まれており、同氏の性格を考える上での一つの重要な焦点となっている。なお、上毛野氏は下毛野氏とともに君子部の伴造氏族として知られるが、この部民そのものの実態については必ずしも明らかではない。

【参考文献】　黛弘道『上毛野国と大和政権』、前沢輝政『毛野国の研究』、茜史朗『古代東国の王者』、大塚徳郎『平安初期政治史研究』、志田諄一『古代氏族の性格と伝承』、同「古代史における毛野の性格」(『日本歴史』一一〇)、同「ふたたび『毛野の性格』について」(『日本歴史』一二〇)、同「上毛野氏と帰化系氏族」(『日本上古史研究』三ノ四)、同「毛野氏と同祖と称する氏族とその性格について」(『茨城キリスト教短期大学研究紀要』四)、佐伯有清「上毛野氏の性格と田辺氏」(『新撰姓

氏録の研究』研究篇所収)、原島礼二「上毛野『伝承』採用の条件」(『日本歴史』一五四)、田中修造「上毛野氏伝承について」(日本文化史研究会十周年記念事業委員会編『日本文化史論集』所収)、三品彰英「荒田別・田道の伝承」(『朝鮮学報』三一)、前之園亮一「毛野氏の性格とその変遷」(『史游』一)、高橋富雄「平安時代の毛野氏」(『古代学』九―一・二)、笹山晴生「毛野氏と衛府」(『日本古代衛府制度の研究』所収)

上毛野朝臣氏永 かみつけののあそんうじなが 九世紀後半の官人。元慶六年(八八二)正月、正六位上から従五位下に叙せられた。時に式部大丞。同八年六月、石見権守の時、郡司に襲撃され、介の忍海山下(おしぬみのやました)連氏則も郡司と共謀していると疑い、剣で氏則の妻下毛野屎子らを傷つけ、訴えられた。仁和二年(八八六)五月、刑部省の判決に基づき、氏永は近流に当るところ徒二年、解任とされ、同年十二月に位記を毀たれた。

上毛野朝臣穎人 かみつけののあそんかいひと 七六六―八二一 九世紀初めの官人・文人。大川の子。文章生となり、延暦二十三年(八〇四)派遣の遣唐使の遣唐録事となり、通訳で事たりない時は筆談で交渉した。大同三年(八〇八)大外記、同四年には外従五位下に叙せられた。弘仁元年(八一〇)の藤原朝臣薬子の変の時、平城京を脱出して上皇側の情報を伝えたので、従五位下に叙せられ、その後東宮学士となる。同十年、正五位下、同十一年、従四位下に昇叙。『新撰姓氏録』の編者の一人。晩年は酒におぼれ、弘仁十二年八月十八日、卒去。時に五十六歳。『凌雲集』に一首、『経国集』に一首が残っている。

【参考文献】佐伯有清「上毛野氏の性格と田辺氏」(『新撰姓氏録の研究』研究篇所収)

上毛野朝臣滋子 かみつけののあそんしげこ ―八九七 九世紀後半の女官。初め太政大臣藤原朝臣良房家の人。貞観三年(八六一)二月、皇太后藤原朝臣順子の良房第への行啓に際し無位から従五位下に、同五年十月、良房の六十歳の賀宴に当り正五位下に、翌年二月の良房の染殿第(平安左京北辺四坊)への行幸に際し従四位下に、同十年十二月、清和天皇が皇太后藤原朝臣明子(あきらけいこ)と曲水宴を行なった時、正四位下に、同十五年正月、従三位に、元慶三年(八七九)には前年の太皇太后明子の五十歳の賀宴の賞として、典侍滋子がさらに昇叙されたが、その位階は不明である。寛平九年(八九七)十一月、薨去。時に典侍従三位。

上毛野朝臣永世 かみつけののあそんながよ 九世紀後半の官人。天安二年(八五八)正月、正六位上から外従五位下に叙せられ、貞観二年(八六〇)正月、尾張介、同四年正月、従四位下となる。『貞観格』の編纂者の一人。

上毛野公大椅之女 かみつけののきみおおはしのむすめ 八世紀中頃の女性。紀伊国伊刀郡桑原郷(和歌山県伊都郡かつらぎ町佐野付近)の人。文(ふみ)忌寸某の妻。『日本霊異記』によれば、聖武天皇の時、桑原の狭屋寺(伊都郡かつらぎ町の佐野廃寺跡とみられる)の尼が発願して奈良の薬師寺僧題恵禅師を請じ、十一面観音の悔過を行なった。大椅之女も参集したが、夫の文忌寸(字は上田三郎)は、妻が悔過に参加し家を留守にしたことを怒り、妻を呼んで家へ帰り、妻と交わったところ、忽ちに蟻が陰茎に嚙みついて死んだという。

上毛野君小熊 かみつけののきみおぐま 六世紀前半の上野国の土豪。上野国を本拠とし、その巨大な政治力によって周辺の地域にも影響を与えた。『日本書紀』安閑元年閏十二月条によれば、武蔵国造家の内紛に介入、笠原直使主(おみ)に対抗する笠原直小杵(おき)を支持したとする。

上毛野君形名 かみつけののきみかたな 七世紀前半の武人。名を方名にも作る。冠位は大仁。舒明九年(六三七)三月、蝦夷が叛いて入貢しなかったので、将軍に起用されて征討の任についた。蝦夷に塁を包囲され苦境にたった時、妻が形名に酒を飲ませ、上毛野氏祖先の軍事的功業を説いて激励し、みずから夫の剣を帯び、数十人の女に命じて弓の弦を鳴らさせて蝦夷を欺いた。形名も奮起して逃げた兵士を再編して、大いに蝦夷を破ったという。

【参考文献】　志田諄一『古代氏族の性格と伝承』

上毛野君三千　かみつけののきみみちじ　―六八二　七世紀後半の官人。天武十年(六八一)三月、詔により「帝紀」および上古の諸事を川嶋皇子らと記定。冠位は、大錦下。同年八月に卒した。

上毛野君稚子　かみつけののきみわかこ　七世紀後半の将軍。天智二年(六六三)三月、巨勢神前臣訳語(おさ)・阿倍引田臣比羅夫(ひらぶ)らとともに二万七千の兵を率いて新羅と戦い、沙鼻岐・奴江(比定地未詳)の二城を六月に奪取した。

上道氏　かみつみちうじ　吉備の地方豪族吉備氏の一族。姓は初め臣、天平宝字元年(七五七)斐太都(ひたつ)が朝臣を賜わった。備前国西部の旭川流域を本拠とし、備中国の高梁川流域を本拠とする下道(しもつみち)氏と、勢力を二分していたとみられる。『古事記』孝霊段の吉備氏祖先伝承には、孝霊天皇の皇子のうち、大吉備津日子と若日子建吉備津日子命の二人を遣わし、吉備国を平定したこと、前者が吉備上道臣の、後者が吉備下道臣と笠臣の祖となったことがみえる。『日本書紀』は孝霊二年二月条に、孝霊天皇の皇子彦五十狭芹彦(ひこいさせりひこ)命のまたの名を吉備津彦命と注し、稚武彦(わかたけひこ)命を吉備臣の始祖とする別伝を載せている。応神二十二年九月条には、吉備六氏の五県分封記事があり、吉備臣の祖御友別(みともわけ)が兄弟子孫を率いて応神天皇の行幸に膳夫(かしわで)として奉仕したところ、応神は吉備国を五県に分割して、兄弟子孫五人に封じ、五人はそれぞれ、下道臣・上道臣・香屋臣・三野臣・笠臣・苑臣など六氏の始祖になったとある。上道臣は香屋臣とともに御友別の中子仲彦を始祖としており、三種の始祖伝承をもっていることになる。これらの伝承については五世紀代における吉備の部族同盟を反映したとする見解と、天武朝以降の吉備氏の分化を示すものとする見解があり、定説をみていない。しかし分化が天武朝以降としても、のちの上道氏となる地域的なまとまりは、早くから存在していた可能性は大きいといえよう。上道氏に関わる所伝として著名なものは、『日本書紀』雄略七年是歳条にみえる、任那国司吉備上道臣田狭(たさ)の反乱、清寧即位前条にみえる吉備腹の星川皇子による反乱事件である。二つの所伝は、田狭の妻を雄略が奪ったため反乱を起こし、雄略妃となった田狭の妻稚媛が星川皇子を生み、その反乱をそそのかすなど深く関連し、反乱を知った上道臣が船師を連ねて救援する所伝もみられる。これらの所伝には、いくつかの混乱もあり、吉備氏反乱伝承として、一括構成された可能性が大きく、史実とはできないが、上道氏の吉備氏の中に占める位置を示すものであろう。上道氏に関する所伝は、こののち途絶えるが、『続日本紀』天平宝字元年(七五七)七月条にみえる上道臣斐太都を初見とし、再び史上に姿を現わす。斐太都はこの時、従八位上・中衛舎人であったが、橘朝臣奈良麻呂の乱鎮圧の功により、従四位下となり、中衛少将に抜擢され、朝臣姓を賜わった。また『日本紀略』延暦十五年(七九六)六月条にみえる木工寮大允の上道臣広成は、備前国の銀を採掘・献上した功により、外従五位下を賜わっており、『西大寺資財流記帳』にも備前国大豆田荘(上道郡豆田郷。現在の岡山市金岡付近に比定する説がある)を施入したことがみえ、ほかにも史上に多くの名をみることができる。

【参考文献】　西川宏『吉備の国』、吉田晶『日本古代国家成立史論』

上道朝臣斐太都　かみつみちのあそんひたつ　―七六七　八世紀中頃の備前国上道郡(岡山市東部)出身の官人。姓は初め臣。名は正道にも作る。『続日本紀』天平宝字元年(七五七)七月条によると、中衛舎人で従八位上の時、橘朝臣奈良麻呂の乱を藤原朝臣仲麻呂に密告した功により、従四位下に昇り、中衛少将に抜擢され、朝臣姓を賜わり、同年閏八月、吉備国造となった。そののち美濃守・右勇士

(衛士)督兼備前守・右勇士率・中宮大夫兼播磨守・備後守を歴任、仲麻呂没落後、飛騨守となり、神護景雲元年(七六七)九月、備前国造・従四位下で卒している。

髪長媛　かみながひめ　仁徳天皇の妃。日向の諸県(もろがた)君牛諸井の女。『日本書紀』によると、美人の噂が高いので応神天皇に召されて桑津邑(兵庫県伊丹市西桑津・東桑津付近かまたは大阪市東住吉区桑津付近)に安置されたが、皇子大鷦鷯(おおさざき)尊(のちの仁徳天皇)が媛を見て恋情を抱いたので、応神は媛を皇子に与えた。媛は大草香皇子と草香幡梭(くさかのはたび)皇女を生んだ。『古事記』にもほぼ同様なことが記されている。ただし、『日本書紀』の「一云」では、諸県君牛は朝廷に仕えて年老いたので帰国したが、己れのかわりに娘を貢上したのだという。髪長媛とは、黒髪の美しい媛という意味の普通名詞的な名前であろう。

賀茂氏　かもうじ　大和国葛上郡(奈良県御所市)出身で、大国主神(大物主神・大己貴(おおなむち)神)の子孫という大田田根子の孫大賀茂都美命を始祖とする氏族と、山城国愛宕郡(京都市東北部)出身で、賀茂建角身命を始祖とする氏族があったが、両氏は姓が異なり、地祇系と天神系との相違もあるので、無関係の氏とみられる。この両氏のほかに、開化天皇の皇子彦坐(ひこいます)命後裔の鴨県主・鴨君がいた。賀茂は加茂・鴨・甘茂にも作る。㈠大和の賀茂氏　姓は初め君、天武十三年(六八四)八色の姓制定に際し、朝臣を賜わる。賀茂氏の祖については、『古事記』崇神段に大物主大神の四世孫意富多多泥古(おおたたねこ)命が神(みわ)君・鴨君の祖とあり、『日本書紀』神代巻には大三輪神(大己貴神の幸魂奇魂)の子が甘茂君・大三輪君とあり、『新撰姓氏録』大和国神別にも大神(おおみわ)朝臣と同祖で大国主神の後裔とある。また、同書逸文に大賀茂都美命が賀茂神社(鴨都波八重事代主命神社。奈良県御所市宮前町掖上)を奉斎したことによって氏名を賀茂と称し、その子孫から伊賀国の鴨藪田公、伊予国の鴨部首・酒人君、大和・阿波・讃岐国の賀茂宿禰・鴨部・役(えん)君、遠江・土佐国の賀茂宿禰・鴨部、伊予国の賀茂伊予朝臣・賀茂首の諸氏が出たことを記す。鴨氏の一族には壬申の乱で大海人皇子(のちの天武天皇)方に味方した鴨君蝦夷や天平宝字八年(七六四)に高鴨神を土佐国から大和国葛上郡に復祀し、神護景雲二年(七六八)に高賀茂朝臣を賜わった賀茂朝臣田守らがいる。㈡山城の賀茂氏　祖先伝承として、『日本書紀』に神武天皇東征の際、頭八咫烏(やたがらす)が神武を先導したが、頭八咫烏の後裔は葛野主殿(とのもり)県主とある。『新撰姓氏録』には、賀茂県主の祖鴨建津之身命が大烏となって神武を導いたので、天八咫烏の名が始まったとあるので、葛野主殿県主とは主殿である葛野県主の意で、賀茂県主をさすにほかならない。賀茂氏が主殿の職を世襲していたことは、『鴨県主系図』の大二目(おおふたつめ)命の譜文に主殿寮・主水(もいとり)司に負名(ふみょう)氏として仕えたとあることや、『日本三代実録』元慶六年(八八二)十二月条に、主殿寮の殿部(とのもり)の負名氏のなかに鴨氏があげられていることから知られる。そして、賀茂氏が主殿の職務として天皇の先導役に当っていたことが八咫烏伝承を生んだといえよう。また、賀茂氏が主水司の水部(もいとり)でもあったことは『鴨県主系図』の大二目命の前記の譜文や黒日以下の人名に主水司水部に仕えたと記載されていたことによってうかがわれる。したがって賀茂氏はかつて葛野県主として、居住地付近から供給される薪炭や氷室(ひむろ)の氷を宮廷に貢納するのがならいであって、それが律令制成立以後も主殿寮の殿部や主水司の水部の負名氏としての奉仕に継承されたのであろう。なお、天平五年(七三三)頃の「山背国愛宕郡某郷計帳」の鴨県主族広虫売という人物にみられるように鴨県主族という氏族も存在していた。

【参考文献】佐伯有清「ヤタガラス伝説と鴨氏」(『新撰姓氏録の研究』研究篇所収)、同「鴨県主氏の系図」(『古代氏族の系図』所収)、

井上光貞「カモ県主の研究」(『日本古代国家の研究』所収)

賀茂朝臣田守　かものあそんたもり　八世紀後半の官人。小黒麻呂の子。天平宝字八年(七六四)藤原朝臣仲麻呂の乱鎮定に加わり、その功で、従六位下から従五位下に叙せられた。道鏡腹心の法臣円興は兄で、同年十一月、先祖が祀っていた高鴨神をその兄とともに大和国葛上郡(奈良県御所市鴨神の高鴨神社)に復祠した。時に中衛将監。のち神護景雲元年(七六七)九月、播磨守となり、同二年十一月には高賀茂朝臣の氏姓を賜わった。

賀茂朝臣比売　かものあそんひめ　―七三五　八世紀前半頃の皇室の外戚。小黒麻呂の女。藤原朝臣不比等に嫁し、宮子を生み、天平七年(七三五)十一月、正四位上で卒した。宮子が聖武天皇の生母で、比売は外祖母に当るため、特に勅により散一位の葬礼をもって送られた。

賀茂朝臣岑雄　かものあそんみねお　九世紀後半の官人。貞観四年(八六二)正月、大外記で従五位下に叙せられた。以後同十五年まで、相模権介・上野権介・越前介・越中守などを歴任している。『日本三代実録』貞観十五年四月二十一日条によると、清和天皇の皇子源朝臣長猷の母は岑雄の女であるという。

鴨朝臣蝦夷　かものあそんえみし　―六九五　壬申の乱の功臣。姓は初め君、天武十三年(六八四)に朝臣を賜わる。天武元年六月、吉野側の将軍大伴連吹負(ふけい)の麾下に入り、同年七月、河内から進入する近江軍に備え、数百人を率いて石手道(いわてのみち)を守った。持統九年(六九五)四月に死没。この時、直広参を追贈された。本位は勤大壱。

鴨朝臣角足　かものあそんつのたり　―七五七　八世紀中頃の官人。賀茂朝臣にも作る。天平十五年(七四三)外従五位下となり、右京亮。天平勝宝元年(七四九)左兵衛率の時、紫微中台が設けられ、その紫微大忠を兼ねた。同九歳六月、正五位上で遠江守に任ぜられていたが、七月初め橘朝臣奈良麻呂の乱への参画が発覚した。角足は藤原朝臣仲麻呂のいる田村宮(平城左京四条二坊にあった)の図を作って逆賊の侵入を指授し、また額田部の宅(奈良県大和郡山市額田部北町・南町・寺町付近か)に仲麻呂派武官の高麗朝臣福信・坂上大忌寸苅田麻呂らを誘って抑留しておき、政変を援けようとしたという。逮捕後に、名を乃呂志と改められ、窮問をうけたが、その杖下に死んだ。

賀茂建角身命　かもたけつのみのみこと　山城国の賀茂御祖神社(下鴨神社。京都市左京区下鴨泉川町)の祭神。鴨建津(之)身命・建角身命・鴨建耳津身命・武津之身命にも作る。『山城国風土記』逸文によると、賀茂建角身命は日向の曾の峯に降臨し、神武天皇東征の先導をして大和を経て賀茂の地にいたった。そこで、丹波国の伊可古夜日女を娶って玉依日子・玉依日女をもうけたという。また、『新撰姓氏録』山城国神別の鴨県主条や同書逸文にも神武東征の際に鴨建津之身命が大烏となって神武を導いたとある。このように同神の功績が天孫降臨や神武東征伝承に結びつけられているのも、賀茂神社を祭る賀茂県主が宮廷の主殿(とのもり)や主水(もいとり)として奉仕する伝統をもっていたからであろう。

【参考文献】　岡田精司「風土記の神社二題」(土橋寛先生古稀記念論文集刊行会編『日本古代論集』所収)、同「賀茂の神話と祭り」(『京の社』所収)

鴨別　かもわけ　吉備氏の一族笠臣氏の祖と伝えられる人物。鴨別命にも作る。『日本書紀』神功摂政前条に、吉備臣の祖とみえ、熊襲国の討伐に遣わされたとある。また応神二十二年九月条に、応神天皇が吉備に幸して吉備臣の祖の御友別(みともわけ)の子孫に吉備国を割いて封じた時、御友別の弟鴨別は波区芸(はくぎ)県(比定地未詳)に封ぜられたとある。『新撰姓氏録』右京皇別下の笠朝臣条に、吉備国に巡幸した応神天皇と鴨別命との談話がみえ、同笠臣条には、笠臣氏の祖で、稚武彦(わかたけひこ)命の孫とある。『日本三代実録』元慶三年(八七九)十月条によれば、吉備武彦命の第三男、笠朝臣氏の祖。『先代旧事本紀』国造本紀には笠臣国造の祖とある。

賀陽氏　かやうじ　孝霊天皇の皇子稚武彦（わかたけひこ）命の後裔氏族の一つ。上道（かみつみち）臣氏の同族。香屋にも作る。姓は初め臣、天平神護元年（七六五）六月、朝臣を賜わる。『日本書紀』応神二十二年九月条によると、吉備臣の祖御友別（みともわけ）の中子で吉備国上道県を領した仲彦（なかつひこ）は上道臣・香屋臣の始祖という。『先代旧事本紀』国造本紀に、加夜国造は上道国造と同祖で、応神朝に中彦命が任ぜられたとある。氏名は、『和名類聚抄』備中国賀夜郡（岡山県総社市・岡山市の各一部）の地名に基づくか。栄西禅師は、この氏から出た。

賀陽朝臣豊年　かやのあそんとよとし　七五一―八一五　八世紀後半―九世紀初めの文人。石上（いそのかみ）朝臣宅嗣の芸亭院で群書を博究し、延暦十六年（七九七）には先任の菅野朝臣真道とともに文章博士外従五位下で安殿（あて）親王（のちの平城天皇）の東宮学士となり、桓武天皇崩後は平城天皇に信任され、同二十五年四月に陰陽頭、大同三年（八〇八）五月に式部大輔従四位下で下野守を兼任した。弘仁元年（八一〇）藤原朝臣薬子の変では薬子に同調せず、また平城京へも追従していなかったものの、変後隠退しようとしたが、嵯峨天皇からその才を惜しまれて播磨守となっている。同四年、病によって帰京し、宇治の別業で余生を送る。卒伝によれば、淡海真人三船や道融以上の文才があったと記される当代一流の文人であった。弘仁五年、小野朝臣岑守を中心に撰集された『凌雲集』も、最終的には、岑守から「当代の大才」とよばれ尊敬されていた豊年に異論のないことを確かめた上でまとめられたものであり、新集撰進のために最後の力を貸すことになった。『凌雲集』に十三首の詩がある。弘仁六年六月二十七日、卒。六十五歳。正四位下を追贈された。

【参考文献】　新村出「芸亭院と賀陽豊年」（『典籍叢談』所収）

賀陽親王　かやしんのう　七九四―八七一　桓武天皇の第七皇子。母は多治比（たじひ）真人長野の女真宗。葛原（かずらはら）親王の同母弟。弘仁十二年（八二一）正月、四品、同十三年十月、刑部卿、同十四年十月、治部卿となり、天長三年（八二六）七月、中務卿、同十年三月、三品に昇った。承和七年（八四〇）正月、大宰帥、同十五年二月、治部卿、嘉祥三年（八五〇）五月、弾正尹となり、斉衡二年（八五五）正月、二品、天安二年（八五八）八月、帯剣を賜わった。貞観二年（八六〇）正月、兼常陸太守、同年二月、治部卿となり、同年四月、東大寺の供養大仏会の会事を勾当し、翌三年の無遮大会の会事を監修した。同五年正月、七十歳を迎えるに際し上表して辞職を請うたが許されず、同九年正月、兼上野太守、同十三年正月、兼大宰帥、同年二月、上表して治部卿の辞職を請うて許され、十月八日、薨去。時に七十八歳。『今昔物語集』巻二十四、第二話に、京極寺（東京極大路東、三条大路北にあった寺）を建てたこと、極めて細工の上手な人で、旱魃の年、寺田に丈四尺の童子の左右の手に器を捧げて立っている人形を造り、人がその童子の持っている器に水を入れると、一杯になり次第、水を顔に注ぐようになっていたので、見る人が面白がって、その器に水を入れたため寺田に水が満ちて涸れなかったとある。細工が上手だったことは『栄花物語』巻十九、御裳ぎにもみえる。

辛犬甘氏　からいぬかいうじ　犬養（甘）部を統率した伴造氏族の一つ。犬養部は飼養した番犬を用い、屯倉や大蔵・内蔵、また宮城門などの守衛を担当した部民であるが、その辛（＝韓）犬甘なる氏名からして渡来系の出自をもつ伴造であろう。辛犬甘氏の名は、史料的には信濃国筑摩（つかま）郡（長野県東筑摩郡・松本市・塩尻市と南安曇郡・木曾郡の各一部）の辛犬甘秋子が坂名井子縄麻呂・大原経佐らのために家人八人を焼殺された旨を太政官に愁訴した事件の顚末が記される『日本三代実録』仁和元年（八八五）四月・十二月の記事にしかみえない。『和名類聚抄』には信濃国筑摩郡に辛犬郷（松本市の市街地北半から東部にかけての一帯）があるが、この地が辛犬甘氏の本拠と考えられる。信濃国には安曇郡にも犬養氏の居住していた形跡があり、これら氏族の存在は、現在の松本市内にあった信濃国衙の前身とも推定される屯倉との関係によるものか。なお、松本市本郷村所在の積石塚を辛犬甘氏の墳墓とみる説がある。

【参考文献】一志茂樹「信濃上代の一有力氏族」(『信濃』三ー五・六)、黛弘道「犬養氏および犬養部の研究」(『律令国家成立史の研究』所収)

辛犬甘秋子　からいぬかいのあきこ　九世紀後半の信濃国筑摩郡の人。仁和元年(八八五)四月、秋子は坂名井子縄麻呂と大原経佐らに家を焼かれ、男女八人を焼殺されたと太政官に訴えた。そこで、使者を派遣して検察させたところ、子縄麻呂らは罪を認めたので、彼らを都に召還した。これより先、信濃守橘朝臣良基は、子縄麻呂の主張に基づき、秋子らを拘禁し、子縄麻呂らをして秋子を殴打し負傷させた。そこで秋子は太政官に訴え、太政官では秋子を放免し国司を譴責した。

韓鍛冶氏　からかぬちうじ　配下の韓鍛冶部を率いて鍛冶に当った百済系の氏族。倭鍛冶(やまとのかぬち)に対していう。辛鍛冶・韓鉄師にも作る。姓は首。『古事記』応神段に、百済から手人韓鍛(からかぬち)の卓素(たくそ)が渡来したとあるのが初見。韓鍛冶は近江・丹波・播磨・紀伊・讃岐などの諸国に分布する。また『新撰姓氏録』には紀辛梶(きのからかじ)臣という氏族がみえ、紀氏の一族が韓鍛冶を管掌していたことをうかがわせる。

韓国氏　からくにうじ　渡来系氏族の一つか。『新撰姓氏録』和泉国神別には武烈天皇の世、韓国に遣わされ復命の日にこの氏名を賜わったとあり、『続日本紀』延暦九年(七九〇)十一月条にも物部氏一族が韓国へ遣わされた伝承に氏名の由来がみられるが、これらは造作された氏名起源説話で、元来は韓国(朝鮮)より渡来したことに基づく氏名かとみられる。辛国にも作り、姓は連。延暦九年十一月、韓国連源は物部氏一族が韓国へ遣わされたため、物部を韓国と改めたが、今三韓の新来氏族名と似ているので韓国の二字を改め高原としたいと改氏姓を請願し許された。源は『日本後紀』弘仁三年(八一二)正月条に「高原連源」とある。この氏の本拠は和泉国和泉郡唐国村(大阪府和泉市唐国町)で、天平十五年(七四三)正月七日付「優婆塞貢進解」にみえる辛国連猪甘のように、河内国日根郡可美郷(大阪府泉佐野市上之郷付近)に居住した者もいた。『新撰姓氏録』摂津国神別には物部韓国連、『先代旧事本紀』天孫本紀に葛野韓国連・三嶋韓国連の氏姓がみえる。他に『坂上系図』所引の『新撰姓氏録』逸文によれば、都賀使主(つかのおみ)の長子山木直を祖とする東漢(やまとのあや)氏系の韓国忌寸も存在した。

韓国連広足　からくにのむらじひろたり　八世紀前半の呪禁師。物部韓国連にも作る。文武三年(六九九)五月、葛木山(金剛山地の金剛山・戒那山を中心とする山系)に住む役君小角(えんのきみおづの)が妖術をもって世人を惑わした罪により伊豆に配流される前、小角に師事したが、のち讒したという。宮内省典薬寮に属し呪禁師として神亀年間(七二四ー七二九)その名が知られており、天平三年(七三一)正月、正六位上から外従五位下に叙せられ、同四年十月、典薬頭に任ぜられた。

韓国連源　からくにのむらじみなもと　八世紀後半の遣唐録事。宝亀八年(七七七)六月に出航、同年七月、揚州海陵県に着き、同九年正月、長安城にいたり、同年九月、第四船で帰航中漂着し、耽羅(とむら)嶋(済州島)の人に抑留されたが脱出し、遺衆を率いて薩摩甑島(鹿児島県の甑島列島)に帰着した。延暦八年(七八九)正月、外従五位下、同九年十一月、改氏姓を請願し韓国を高原と改めた。弘仁三年(八一二)正月、故下野介外従五位上とみえ、善政を後代に伝えるため従五位下を追贈された。

韓嶋氏　からしまうじ　地方豪族の一つ。辛嶋にも作る。姓は勝(すぐり)。豊前国宇佐郡辛嶋郷(大分県宇佐市辛島付近)を本拠とした豪族であるが、姓からみて渡来系の氏族である。『日本書紀』天智十年(六七一)十一月条によると、唐使郭務悰らの船に同乗し相謂(かたら)って来朝の真意を聞いたという四人の中に韓嶋勝裟婆がおり、唐・新羅の人とも会話しえたらしい。一族は同郡内の宇佐神宮(宇佐市南宇佐)の神職団に入り活躍した。『宇佐託宣集』『宇佐縁起』などによると、欽明朝に乙目が出て神宮の祝(はふり)となり、一族の意布売が禰宜、乙目の妹黒比売が采女になったといい、さらに禰宜は波豆米(『扶桑略記』は代豆米に作る)へとうけつがれたと伝える。天平八年(七三六)与曾女が禰宜となり、その後も大神(おおが)氏・宇佐氏などと神職団を形成していたことが確認できる。

韓帒宿禰　からぶくろのすくね　近江国の豪族狭狭城山君(ささきのやまのきみ)の祖。『日本書紀』によると、安康天皇の崩後、大長谷皇子(のちの雄略天皇)は、韓帒宿禰が近江国来田綿(くたわた)の蚊屋野(滋賀県蒲生郡日野町鎌掛付近か)には猪・鹿が多いと言上したのを利用して、従兄弟の市辺押磐(いちのべのおしは)皇子を狩に誘い、現地でこれを射殺した。顕宗元年五月、押磐皇子の子の顕宗天皇は韓帒宿禰の責任を追求したが、韓帒宿禰が謝罪したので、これを陵戸とし氏姓を奪って山部連に隷属させたという。『古事記』もほぼ同様の伝承を載せるが、顕宗が忍歯(おしは)王の陵を蚊屋野の東に造り、韓帒の子孫にその陵を守らせたという独自の話がみえる。

苅田首種継　かりたのおびとたねつぐ　九世紀前半の学者。讃岐国の人という。紀朝臣安雄の父。氏名を刈田にも作る。『類聚国史』によれば、天長八年(八三一)八月当時直講であり、『続日本後紀』承和二年(八三五)正月には正六位上から外従五位下に昇叙したことがみえる。また、『日本三代実録』仁和二年(八八六)五月の紀朝臣安雄の卒伝に助教従五位下種継の名がみえており、経術を崇んだ仁明天皇が大学博士御船宿禰氏主・助教種継を喚して経義を論争させた際、氏主は礼を執り、種継は伝を挙げ、論鋒鋭く互いに譲らなかった。この時、仁明は、力が強く天下無双の相撲の名手であった左近衛府の阿刀(あと)根継・右近衛府の伴(とも)氏長になぞらえて氏主を氏長、種継を根継と号し、戯れたという。

軽部氏　かるべうじ　武内宿禰の後裔氏族の一つ。姓は初め臣、天武十三年(六八四)十一月、八色の姓制定に際し、朝臣を賜わる。『古事記』孝元段には、許勢(こせ)臣・雀部(さざきべ)臣とともに武内宿禰の子許勢小柄(こせのおから)宿禰を祖としており、『続日本紀』天平勝宝三年(七五一)二月条の雀部朝臣真人の言によれば、巨勢男柄宿禰の第二子伊刀宿禰を軽部朝臣らの祖とする。この氏族は天武朝以後に衰えたようで、氏人の名は史上に現われず、『新撰姓氏録』もこの氏を載せていない。かわって同書には、左京神別上に石上(いそのかみ)の同祖の軽部造、和泉国皇別に上毛野(かみつけの)氏の祖倭日向建日向八綱田命の後裔である無姓の軽部氏を載せており、後者の条には雄略朝に「加里乃郷」(和泉国和泉郡軽部郷。現在の大阪府泉北郡忠岡町)を献じたことにより軽部君の氏姓を賜わったとの所伝が付されている。軽部の名の由来は、允恭天皇の皇子木梨軽(きなしのかる)皇子の名代部として設置された軽部の伴造氏族であったことに基づくとも、先述の軽部郷の地名に基づくとも説かれているが、これらの氏はそれぞれ別系統の祖先伝承を有しており、詳細は不明である。

河上娘　かわかみのいらつめ　蘇我馬子宿禰の女。崇峻天皇の嬪。崇峻五年(五九二)十一月、馬子は東漢(やまとのあや)直駒に崇峻を殺させるが、この月、駒はこっそり河上娘を妻にしてしまった。馬子はそのことをしらず、娘は死んだものと思っていたが、発覚すると、駒を殺した。

川島皇子　かわしまのおうじ　六五七—六九一　天智天皇の皇子。母は忍海(おしぬみ)造小竜の女色夫古娘。天武天皇の皇女泊瀬部皇女を妻としたらしい。天武八年(六七九)五月、大和国吉野での草壁皇子を中心とする六皇子の盟約に天智系ながらも参加している。同十年、詔により忍壁(おさかべ)皇子らとともに「帝紀」および上古の諸事を記し定め、同十四年には浄大参位を授けられた。『懐風藻』の伝によると、温和で度量が広く、また大津皇子とは親交があったが、大津皇子が謀反を起こす時にそれを密告した。これを忠正として朝廷は嘉みしたが、朋友たちはその情が薄いとして論議があった。持統五年（六九一）九月、薨じた。三十五歳。『万葉集』によれば、越智野（奈良県高市郡高取町越智）に葬ったという（二―一九四・一九五）。同書に持統四年、伊勢行幸の時の歌がある（一―三四）。『懐風藻』に詩一首がある。『新撰姓氏録』左京皇別では、春原朝臣・淡海朝臣の祖とする。

河内氏　かわちうじ　河内国河内郡（東大阪市の大半と八尾市の一部）を本拠とした百済系渡来氏族。川内にも作る。姓は初め直、天武十年（六八一）川内直県が連を賜わった。『新撰姓氏録』河内国諸蕃に河内連を載せ、百済国の都慕（とぼ）王の子陰太貴首（おんたきす）王の後裔と伝える。都慕王を祖とする氏は、ほかに和朝臣・百済朝臣・菅野朝臣・百済伎・不破連などがある。隅田（すだ）八幡宮所蔵の人物画像鏡銘にみえる「開中費直」を河内直と読む説もあるが、確実なところでは『日本書紀』欽明二年（五三二）七月条にみえる「河内直（欠名）」（同書所引の『百済本記』には「加不至費直」）が初見である。また、天智八年（六六九）条には遣唐使となった鯨がみえる。その後も『正倉院文書』などに氏人が散見するが、河内国河内郡の郡司級の者が目立つ。なお河内国には、後漢の光武帝の七世孫慎近王の後裔と称する河内造氏もいた。

開中費直穢人　かわちのあたいえひと　鏡の製作者。和歌山県橋本市隅田（すだ）町垂井の隅田八幡宮所蔵の人物画像鏡の製作者の一人。鏡の銘文によれば、癸未年（五〇三）に「日十大王の年、男弟王、意柴沙加（おしさか）の宮に在りし時」斯麻という人物が開中費直穢人・今州利（いますり）の二人をして鏡を作らせたという。

西漢氏　かわちのあやうじ　渡来系氏族。河内漢・川内漢にも作る。姓は初め直、天武十二年（六八三）に連となり、さらに同十四年、忌寸を賜わった。大和国の東（倭）漢（やまとのあや）氏に対して河内地方の漢人（あやひと）を統率したものか。ただし西漢氏は東漢氏にくらべてさほど活躍のあとがうかがわれず、両者の関係も不明である。史料に散見する西漢人や西漢人部・川内漢部などは、もと西漢氏配下の漢人・漢部であったと思われる。

河内馬養首荒籠　かわちのうまかいのおびとあらこ　継体朝の人。継体元年（五〇七）大伴大連金村らは男大迹（おおど）王（のちの継体天皇）を迎えようと使者を派遣したが、王は疑って応じなかった。荒籠は、密かに使者を送り、大臣・大連らの本意をくわしく伝えさせたため、王はようやく承諾し出発した。王は即位後、荒籠を寵愛したという。

河内馬飼首御狩　かわちのうまかいのおびとみかり　継体朝の人。河内母樹（おものき）馬飼首御狩にも作る。継体二十三年（五二九）近江臣毛野の従者として任那にいた時、新羅の使者上臣伊叱夫礼智干岐（いしぶれちかんき）の士卒らが食を乞うて御狩の所へ立ち寄った。その時、御狩は拳で打つまねをした。士卒らは、これは上臣を殺そうとするするのだと思い、上臣に告げ、上臣は付近の四カ村を略奪して本国へ帰った。任那から種々の失政を奏上された近江臣毛野は、御狩を京へ遣わして、弁明にあたらせた。

西文氏　かわちのふみうじ　王仁（わに）の後裔と称する渡来系氏族。河（川）内書にも作り、単に文（書）ともいう。東（倭）漢（やまとのあや）氏の一族の東文（やまとのふみ）氏に対して西文氏と呼ばれたが、両者はもとより別個の氏族である。姓は初め首、天武十二年（六八三）に連、同十四年に忌寸、さらに延暦十年（七九一）に宿禰を賜わった。『古事記』『日本書紀』ともに、応神天皇のとき百済から渡来した王仁（『古事記』には和邇吉師）の後裔と伝える。王仁は『論語』『千字文』を将来したとされ、その実在性はともかく、西文氏の祖の渡来は四世紀末から五世紀初頭頃とみられ、東漢氏や秦氏と並ぶ初期の渡来系氏族であった。『古語拾遺』には雄略朝に東文・西文氏が三蔵（斎蔵・内蔵・大蔵）の簿を勘録したとあり、文筆を専門とする史（ふひと）として朝廷に仕えたことをうかがわせる。令制でも、東文・西文両氏を中心とする東史部（やまとのふひとべ）・西史部（かわちのふひとべ）の子は五位以上の子孫と並んで大学生の採用対象とされ、この両文氏はまた、六月と十二月の晦の大祓において祓刀を奉り、祓詞を読む役割を負っていた。西文氏は河内国古市郡古市郷（大阪府羽曳野市古市付近）を本拠とし、この地の西琳寺は同氏の氏寺である。西文氏から分かれた氏族には馬史（のち武生宿禰）・桜野首・栗栖首・古志（高志）史・蔵首などがあり、このうち馬史や蔵首は西文氏の本拠近くに居住して共通の生活集団を形成していた。六世紀の中頃、新たに渡来した王辰爾とその一族である船史・白猪史（のち葛井連）・津史らが文筆の業務で重用され、西文氏を圧倒した。これら王辰爾系の三氏もまた古市郡に隣接する丹比郡に居住（特に羽曳野市高鷲・野々上から大阪府藤井寺市野中・藤井寺にかけての一帯）したことからしだいに西文氏と族的結合をなすにいたり、神護景雲四年（七七〇）称徳天皇の由義宮（ゆげのみや。宮跡は大阪府八尾市八尾木北の由義神社または同市別宮付近か）行幸に際して葛井・船・津・文・武生・蔵の六氏が共同で歌垣を供奉している。西文氏は壬申の乱（六七二）で一族の書首根麻呂が大海人皇子（のちの天武天皇）方の将として活躍したが、その本来の専門の分野での最盛期は五世紀以前にあったといえる。

【参考文献】関晃『帰化人』、井上光貞「王仁の後裔氏族と其の仏教」（『日本古代思想史の研究』所収）

川原氏 かわはらうじ　河原にも作る。㈠川原公氏　宣化天皇の子火焔（ほのお）皇子の後裔と称する氏族。天智九年（六七〇）の『庚午年籍』作成の際に川原公の氏姓を賜わったらしく、『新撰姓氏録』に天智朝、居地により川原公の氏姓を賜わったとみえる。のちの摂津国河辺郡北河原村・下河原村（兵庫県尼崎市園田町瓦宮）の地を本拠とした。㈡渡来系氏族(イ)河原連（椋人・蔵人・倉人）氏　本宗の姓は初め史、天武十二年（六八三）頃、連を賜わる。八世紀に、椋人から史、毗登（もと史）・蔵人から連の姓を賜わった一族の者がおり、史や椋人などの旧姓から、かつて朝廷の記録や財政を司る倉のことに従事したことが知られる。魏の武帝の子陳思王植の後裔と称し、のちの河内国丹比郡丹比村河原城（大阪府羽曳野市河原城）の地を本拠とした。(ロ)河原忌寸氏　東（倭）漢（やまとのあや）氏の枝氏の一つか。天安元年（八五七）伊美吉姓を賜わる。『坂上系図』に阿智王の孫志努直の後裔とみえ、のちの大和国高市郡河原邑（奈良県高市郡明日香村川原）の地を本拠とした。

河辺氏 かわべうじ　武内宿禰の後裔氏族の一つ。宗我石川宿禰の子孫という。川辺にも作る。姓は初め臣、天武十三年（六八四）八色の姓制定に際し、朝臣を賜わる。『古事記』孝元段、『紀氏家牒』などによれば、蘇我石河宿禰は蘇我臣・川辺臣などの祖とある。『新撰姓氏録』右京皇別上にも川辺朝臣は武内宿禰の四世孫宗我宿禰の後とみえる。『日本書紀』によれば欽明朝に瓊缶（にえ）が新羅征討軍の副将、推古朝に禰受（ねず）が新羅征討副将軍、孝徳朝に麻呂が遣唐大使、天智朝に百枝（ももえ）が百済救援軍前将軍にそれぞれ任命され、推古朝には河辺臣を安芸国に遣わして造船の良材を求めさせたともあり、軍事・外交と関係が深い氏族である。孝徳朝には百依（ももより）・磯泊（しはつ）・磐管（いわつつ）・湯麻呂らが東国国司に任ぜられている。大和・河内・山城国などに分布し、臣姓の川辺氏は駿河国にも居住する。『続日本紀』慶雲三年（七〇六）五月条に河辺朝臣乙麻呂は河内国石川郡の人とあり、神護景雲四年（七七〇）八月条にも川辺朝臣宅麻呂は河内国の人とある。これによれば、川辺氏は奈良時代に河内国石川郡川野辺（大阪府南河内郡千早赤阪村）に居住していたことが知られる。本貫地については大和国十市郡川辺郷に比定する説もある。同系氏族には田中臣・高向臣・小治田臣・桜井臣・岸田臣らがある。

【参考文献】日野昭『日本古代氏族伝承の研究』、加藤謙吉「蘇我氏の発祥地とその進出地域」(『早稲田大学文学研究科紀要』別冊二、のちに『蘇我氏と大和王権』に改稿所収)

河辺臣瓊缶　かわべのおみにえ　征新羅副将軍。『日本書紀』によると欽明二十三年(五六二)七月、大将軍紀男麻呂宿禰とともに新羅に向かい、独り進んで奪戦、新羅は白旗を掲げ、武器をすてて投降してきたが、兵法を知らなかったので、自身も白旗を掲げてさらに進軍したため、新羅の闘将は将軍河辺臣が降伏してきたと思い軍勢を進めて迎え戦った。そのため戦いに敗れ、妻坂本臣甘美媛とともに捕虜となり、辱めを受けたという。

川辺豊穂　かわべのとよほ　九世紀中頃の肥前国基肄(きい)郡(佐賀県三養基郡・鳥栖市付近)の人。貞観八年(八六六)七月、大宰府からの飛駅使の注進によると、基肄郡大領山春永が新羅人珍賓長とともに新羅国に渡り、弩の器械を造る技術などを教わって対馬島を襲撃しようと企てたが、この計画を打ちあけられた豊穂の密告によって未然に防がれた。この計画には、肥前国藤津郡領葛津貞津・同高来郡擬大領大刀主・同彼杵郡の人永岡藤津らも加わっていた。また、射手四十五人の名簿も副えられているので、大掛りな反乱の計画であったようである。

観規　かんき　八世紀後半の僧・仏師。紀伊国名草郡(和歌山県海草郡と和歌山市・有田市・那賀郡・海南市の各一部)の人。俗姓は三間名干岐(みまなのかんき)。『日本霊異記』によると、彫刻細工を毎日の仕事とし、智恵のある学僧で、多くの人々を統率していたという。また農業を営み、妻子を養っていた。先祖が造った寺が名草郡能応(のお)村(和歌山市谷)にあり、弥勒寺(通称は能応寺)と称していた。聖武天皇の時代に釈迦丈六像・脇士像を彫造することを発願し、宝亀十年(七七九)これらの像が完成し、供養会を行なった。また十一面観音菩薩の十尺木像の彫刻を発願したが、造像のなかばをすぎても、手助けする人も少なかったため完成できないで天応二年(七八二)二月十一日に能応寺で没した。時に八十余歳。二日後に生きかえり、弟子の明規(みょうき)に智識の武蔵村主多利丸(むさしのすぐりたりまろ)に完成させてもらうよう依頼し、仏涅槃(ぶつねはん)の日にあたる十五日に入滅した。仏師の多利丸は遺言を受けて十一面観音像を完成させ、供養した。その観音像は今にいたるまで能応寺の塔の下に安置されているという。

願暁　がんぎょう　―八七四　九世紀後半の元興寺三論宗の学僧。薬宝・勤操(ごんぞう)に師事して三論宗を学んだのみならず、唯識や密教にも造詣深かったという。承和十二年(八四五)には維摩講師となり、同十三(四)年八月、円仁により建立された比叡山定心院の落慶供養には、導師を勤めた東大寺の僧正泰景、東寺の少僧都実恵(じちえ)や少僧都延祥らに伍して堂達として参加している。貞観三年(八六一)三月の東大寺大仏御願供養会に際しては、正義・道詮・恵運らとともに宝樹を寄進している。同六年二月十六日、律師となったが、同日定められた僧綱位階によって法橋上人位に補せられた。同十六年三月、入滅。弟子には、醍醐寺の聖宝や元興寺の隆海がいる。著書で現存するものは、『金光明最勝王経玄枢』十巻、『大乗法門章』四巻のうち第二・三巻、『内外万物縁起章』三巻のうちの中巻、『因明論義骨』三巻などであるが、その中『因明論義骨』は特に名著といわれる。

観賢　かんげん　八五四―九二五　九世紀末―十世紀初めの真言宗の僧。東寺長者。金剛峯寺・醍醐寺座主。般若寺僧正・中院僧正と号す。讃岐国の人。俗姓は伴氏(一説に秦氏)。聖宝がその奇才を見いだして京に伴い帰ったといい、十五歳で真雅の室に入り、十六歳の時に出家、十八契印・両部大法を受法。貞観十四年(八七二)東大寺で具足戒を受け、南都にとどまって三論・法相の蘊奥を究め、興福寺維摩会の竪義を務めた。寛平七年(八九五)十二月、官符を賜わり、東寺灌頂院において聖宝から伝法灌頂を受けた。昌泰三年(九〇〇)仁和寺別当となり、鳴滝に般若寺(京都市右京区鳴滝般若寺町に寺跡がある)を創立した。このことに因んで後世、般若寺僧正と号す。また同年、弘福寺別当・東寺凡僧別当を兼任した。延喜元年(九〇一)仁和寺円堂三僧に任ぜられ、同二年三月、権律師。同三年十月、弘福寺別当に重任され、同五年八月、律師。同六年十月(一説に七月)益信の死闕のあとをうけて東寺三長者となり、同八年四月、峯斅に替わって二長者。同九年七月、聖宝の入寂により一長者となる。同十年三月、東寺灌頂院において宗祖空海の御影供を始修し、後世恒例となった。同年三月(一説に六月)少僧都に任ぜられ、同四月(一説に同九月)灌仏の導師を務め、八月、神泉苑(平安左京三条一坊にあった)で孔雀経法を修した。同十二年五月、法務。同十五年六月(一説に五月)神泉苑に祈雨法を修し、二十口の僧に各度者一人を賜わった。同十六年四月、権大僧都。同十八年、東大寺検校。翌十九年六月、神泉苑に祈雨法を修し、同年九月、醍醐寺初代座主・金剛峯寺四代座主に任ぜられた。これ以後、金剛峯寺座主職は東寺長者の兼帯するところとなった。同年十一月、真然によって高野山に持ち出されていた空海請来の『三十帖策子』を東寺経蔵に回収し、永く東寺長者が守護すべき官符を賜わった。観賢は同十八年十月、空海に諡号を賜わらんとしたがかなわず、同二十一年十月、再度奏請し、同月二十七日、「弘法大師」の諡号を賜わった。この時、観賢は諡号下賜の報告のため高野山奥の院の霊窟を開いて空海の尊顔を拝し、醍醐天皇下賜の御衣を献じたと伝え、この頃から大師の入定信仰が興った。延長元年(九二三)五月、大僧都。同三年二月、壱定等四人に伝法灌頂を伝授、同三月、権僧正に昇り、同年六月十一日、示寂。時に七十二歳。著書に『檜尾口訣』『三昧耶戒式』『東寺最初具支灌頂記』などがある。

観算　かんさん　九世紀後半―十世紀初めの大安寺の僧。三論宗。延喜五年(九〇五)十月の維摩会には、講師に三明、竪義(りゅうぎ)には栄祐が任命されたが、その時、観算は竪義の補佐役となっている。この会で観算は、興福寺僧増利と三論の大義を立てて論争したが、論破されてしまったという。

鑑真　がんじん　六八八―七六三　八世紀の唐僧。日本律宗の祖。唐の垂拱四年(六八八)揚州江陽県(中国の江蘇省揚州市の付近)で誕生。七〇一年に出家し、七〇五年には道岸禅師を師として菩薩戒をうける。二十歳から二十六歳まで洛陽・長安に遊学し、律・天台などの教学について研鑽を重ね、その間七〇八年には長安実際寺の戒壇で、弘景を戒和上として具足戒をうけた。四十歳以後ともなると、鑑真の名声は高まり、戒律の講座を開くこと百三十回、『一切経』を書写すること三万三千巻、弟子の数は四万余人であったという。鑑真が、日本渡航の決意を固めたのは、興福寺僧栄叡・普照との出会いであった。彼らはすでに天平五年(七三三)に戒師招請の使命をおびて入唐していたが、鑑真に初めて相まみえたのは同十四年のことであり、場所は揚州大明寺であった。渡海要請に難色を示す弟子たちに対して鑑真は、「是は法事のためなり。何ぞ身命を惜しまん」と渡海の決意を表明した。しかし渡航は容易ではなかった。妨害(第一・四回)と風浪にさえぎられ(第二・三・五回)、しかもその間栄叡の客死、鑑真の失明などのこともあったが、なお伝法の志を貫き、ようやく念願を果たしたのは天平勝宝五年(七五三)のことであった。鑑真一行は、たまたま入唐していた遣唐副使大伴宿禰古麻呂の船に便乗し、この年十二月に薩摩国秋妻屋浦(鹿児島県川辺郡坊津町秋目)に入港し、翌六年二月に法進・思託・如宝ら二十四名の弟子とともに入京した。道璿(どうせん)・菩提・藤原朝臣仲麻呂らが遠来を慰労し、勅使吉備朝臣真備は、「自今以後、授戒伝律のこと、和上に一任」という勅を伝えたという。同年四月には大仏殿の前に戒壇を築き、聖武上皇以下多くの人々が菩薩戒を受け、賢璟・善謝らは旧戒を捨てて具足戒を授けられた。同七歳九月には大仏殿の西に戒壇院を造り、唐禅院に止住して戒律の普及に尽力した。同八歳五月、僧綱の大改造が行なわれ、鑑真は大僧都に補されたが、これは聖武不予の際の看病禅師としての尽力に対する評価と、学業優富・戒律清浄にして、僧尼の領袖として活躍することを願っての任命と思われる。また、「仏教を護持することは木叉(戒律)より尚きはなし」といい、戒律を学ぶもののために備前国の水田百町を施入したことなども、鑑真らに対する期待の大きさを物語る。ところが天平宝字二年(七五八)八月には、「政事燥煩にして、敢て老を労せざれ」として僧綱の任を解かれる。大和上の尊号を贈られ、同三年八月になると、この頃与えられた故新田部親王の旧宅を戒院とし、「唐律招提」の名を立て寺院を建立し始める。天平宝字四―五年頃には朝集殿が施入され、食堂も藤原朝臣仲麻呂家から寄進されて、次第に寺観も整っていった。鑑真は伝律と唐招提寺の充実に専念していたが、同七年五月、七十六年の生涯を終えた。鑑真が請来したものは、舎利・仏像・経巻・仏具等にわたるが、そのうち経論は四十八部で、初めて日本へ伝来したものは、律関係十三部、天台関係のものは五部といい、のちの教学発展に大きく寄与した。また、『続日本紀』の卒伝によれば、『一切経』を校正し、薬物にも造詣深かったという。

【参考文献】　安藤更生『鑑真大和上伝之研究』、同『鑑真』(『人物叢書』)、平岡定海・中井真孝編『行基　鑑真』(『日本名僧論集』一)

韓智興　かんちこう　七世紀後半の人。『日本書紀』白雉五年(六五四)二月条所引の『伊吉連博徳書(いきのむらじはかとこのふみ)』に倭種(やまとのうじ)とあり、日唐混血児とみられるが、日本在住の朝鮮人もしくは朝鮮系渡来人とする説もある。同書によれば、「今年、使人と共に帰れり」とあり、白雉四年五月発遣の第二次遣唐使に随伴し、翌五年に帰国したものと思われる。ただ「今年」が白雉五年を指すかどうかは必ずしも明らかではない。また同書によれば、斉明五年(六五九)から同七年にかけて智興は在唐しているが、同五年十二月、洛陽で智興の従者の西漢(かわちのあや)大麻呂が、坂合部連石布ら第四次遣唐使の一行を讒言したため、智興は三千里の外に流され、遣唐使一行は伊吉連博徳の唐朝への奏言により、流罪を免れたという。さらに同七年、遣唐使一行は耽羅(とむら。済州島)の王子を伴って帰国したが、その帰途、智興の従者の東漢草直足嶋(やまとのあやのかやのあたいたりしま)は一行の怨をかい、雷に当って死んだという。なお『伊吉連博徳書』の「今年」を、天智七年(六六八)、もしくは同三年から七年頃とする説などがあり、これによれば智興は白雉五年に帰国したのではなく、長期間唐に滞在していたことになる。

【参考文献】　坂本太郎「日本書紀と伊吉連博徳」(『日本古代史の基礎的研究』上所収)、北村文治「伊吉連博徳書考」(坂本太郎博士還暦記念会編『日本古代史論集』上所収)

神門氏　かんどうじ　出雲国神門郡(島根県出雲市と大田市・簸川郡の一部)出身の豪族。姓は臣。氏名は出身地の名に由来する。『出雲国風土記』神門郡条に、神門臣伊加曾然(いかそね)の時、出雲大社の神門(鳥居)を造営寄進したので神門臣と命名されたという氏名の由来伝承がみえる。『新撰姓氏録』右京神別上には天穂日(あめのほひ)命の十二世孫鵜濡渟(うかづくぬ)命の後裔とあり、平安右京にも居住していたことがわかる。天平十一年(七三九)の『出雲国大税賑給(たいぜいしんごう)歴名帳』の神門臣族黒人や神門赤麻呂の例にみるように、神門臣族や無姓の神門氏も存在していた。

神門臣古禰　かんどのおみふるね　出雲国出雲郡健部(たけるべ)郷(島根県簸川郡斐川町荘原・三纏付近)の人。『出雲国風土記』出雲郡健部郷条に、景行天皇の命で倭健命の名を後世に伝えるために健部が定められ、その時、神門臣古禰が健部とされた。健部臣たちは今にいたるまでこの地に居住しているので、地名を健部というとある。『日本書紀』崇神六十年条の出雲振根(いずものふるね)と同一人物とみる見解もある。

巫部氏　かんなぎべうじ　祭祀氏族の一つ。

姓は初め連、天武十三年(六八四)八色の姓制定に際し、宿禰を賜わる。氏名は、神に仕え神の心を音楽や舞で和らげ神に願うことに携わったものの意に由来する。『新撰姓氏録』に神饒速日(かんにぎはやひ)命の六世孫伊香色雄(いかがしこお)命の後裔とある。『続日本後紀』には、承和十二年(八四五)七月に、巫部宿禰公成らが当世(まさよ)宿禰の氏姓を賜わったとある。その始祖の真椋(まくら)は雄略天皇の時、筑紫の奇巫(くしかんなぎ)を迎えて雄略の病を救ったことにより、巫部の氏名を賜わったという所伝があり、『新撰姓氏録』にも同様に筑紫の豊国の奇巫を召した話を掲げる。『新撰姓氏録』によると、巫部氏は平安右京や山城・摂津・和泉の諸国に居住していたという。

神夏磯媛　かんなつそひめ　女酋。『日本書紀』によると、景行十二年九月、景行天皇が周防国沙麼(さば。山口県防府市東佐波令・西佐波令付近)にいたると、魁帥(ひとごのかみ)の神夏磯媛は景行の使者に対して、賢木(さかき)を抜いて、上枝に八握剣、中枝に八咫(やた)鏡、下枝に八尺瓊(やさかのに)をかけ、また、白旗を船の舳にたてて迎え、願わくは兵をさし向けないでほしい。私の属類はけっして背くことはない。ただ、宇佐の鼻垂(はなたり)らは眷属を率いて天皇の命に従わないと言っているから、速やかに撃つべきだと献言したという。神夏磯媛の行為は司祭者的な地方首長の天皇への服属儀礼とみられる。

甘南備真人高直　かんなびのまひとたかなお　七七五―八三六　九世紀前半の官人。敏達天皇六世の清野の第三子。身長六尺二寸。若くして文章生となり、琴に巧みであった。延暦二十三年(八〇四)少内記、大同元年(八〇六)大宰少監を経て西海道観察使判官。弘仁年中(八一〇―八二三)の初め左右近衛将監を経て陸奥介・上野介となる。弘仁六年、従五位下に叙せられた。天長三年(八二六)常陸守となり、前司の犯罪に連坐し職務を停止されたが、同僚や常陸国の人は徳化に感心し、競って生活を援助し、嵯峨上皇も援助。同六年、摂津守。仁明天皇践祚の初め正五位下に、承和二年(八三五)従四位下となる。翌三年、母の死後落胆、いくばくもなくして四月十八日に卒去。時に六十二歳。

神主氏　かんぬしうじ　神職名がそのまま氏名となったもので、伊勢神宮に奉仕した荒木田・根木・度会(わたらい)の三神主が最も有名。荒木田神主は、首麻呂以後、荒木田の三字を脱漏し、ただ神主とのみ称していたが、元慶三年(八七九)に荒木田神主の本姓に復した。根木神主は荒木田氏より分れた一族で、根木は禰宜に由来するという。度会神主は『豊受太神宮禰宜補任次第』に、大神主乙乃古命の四子が「各始めて神主の姓を賜はる」という所伝を載せている。そのほか、布留宿禰の一族に神主首を称する氏族があり、神社名を冠した神主氏に恩智・穴師・纏向・高宮神主の例がある。

【参考文献】熊田亮介「伊勢神宮と度会氏(上)」(『新潟大学教育学部長岡分校研究紀要』二六)、高嶋弘志「律令神祇祭祀と神主の成立」(『北大史学』二一)

桓武天皇　かんむてんのう　七三七―八〇六　在位七八一―八〇六。天智天皇の孫白壁王(光仁天皇)の子。光仁天皇の後をうけて即位。母は渡来系の和(やまと。高野朝臣)乙継の女新笠。同母弟に早良(さわら)親王がいる。諱は山部。これは乳母山部子虫の氏名による。父帝および母方の祖父母の本拠地から推測すると、山背国で成長したものと思われる。天平宝字八年(七六四)十月、従五位下を授けられた。天平神護二年(七六六)十一月、従五位上にすすみ、その後大学頭に任官。神護景雲四年(七七〇)八月、従四位下に叙せられ、侍従に任ぜられた。同年、父光仁が立太子ついで即位したのに伴い、親王となり四品を授けられた。宝亀二年(七七一)三月、中務卿を拝命。天智系の光仁の即位は、天武系皇統とその政策の否定を招来した。まず同三年、聖武天皇の女で光仁の皇后井上内親王が厭魅大逆の罪で廃后、さらにその子他戸(おさべ)親王も廃太子されるにいたる。この事件を契機に、翌年正月、山部王は三十七歳で皇太子に立てられた。この時、天武系の皇族を冊立しようとする動きもあったらしいが、藤原朝臣百川の策謀により、それは阻止された。天応元年(七八一)光仁が病に倒れたのを機に四月三日、即位。四十五歳。同二年、天武系の氷上(ひがみ)真人川継の謀反が発覚。延暦三年(七八四)天武系の都城である平城京を廃棄、長岡に新都造営を開始する。だが同四年九月、桓武の寵臣造営使藤原朝臣種継が反対派により射殺された。この事件は、桓武の皇太弟早良親王の廃太子にまで及び、ひいては長岡宮・京の造営を頓挫せしめるにいたった。この頃から桓武は、憤死した井上・他戸・早良らの怨霊に悩まされるようになる。同十二年、平安遷都を決定。新都造営と並び桓武朝の二大政策のひとつであった蝦夷征討は同七年に開始され、同十年、同十六年と続行されていった。桓武の政治は、光仁朝のそれを踏襲し、八世紀の天武系とその政策の否定を目指した。同四年と六年の冬至に交野(大阪府交野市)で行なわれた郊祀で、王朝創始者としての昊天上帝になぞらえたのが父光仁であったことは、天武系から天智系への「王朝」交替との認識、前者の否定を端的に物語っている。また渡来系氏族に対して朝臣・宿禰などの高姓を与えたこと、後に『新撰姓氏録』に収束することになる氏族の本系帳の提出命令が出されたことは、従来の氏姓秩序が崩壊する端緒を開いたことを意味する。さらに延暦十年の删定律令二十四条の施行、同十六年の删定令格四十五条の諸司頒下、同二十二年の『延暦交替式』の撰定・施行、そして『弘仁格式』編纂の意志を桓武が示したことは、八世紀律令制の軌道修正を意味したのである。同二十四年十二月、桓武は参議の藤原朝臣緒嗣と菅野朝臣真道に「天下徳政」について相論させた。その席上、緒嗣は「方今天下の苦しむ所、軍事と造作なり」として、膨大な財政負担を引き起こしていた蝦夷征討と平安京の造営の速やかな停止を建言した。桓武は真道の緒嗣への反論を押さえ、緒嗣の緊縮案を採択した。これが事実上、桓武の最後の政治的決断となった。この頃から桓武は病気がちとなり、若年の頃から好み親しんだ鷹狩もままならぬようになる。延暦二十五年(八〇六)三月十七日、崩御。七十歳であった。この時、早良に代わって皇太子となっていた安殿(あて)親王(のちの平城天皇)のもとに即日神器が移動された。桓武崩御に伴う即日践祚の初見である。同年中に桓武は山城国紀伊郡柏原山陵に葬られ、ついで柏原陵に改葬された。京都市伏見区桃山町永井久太郎の現陵は、明治時代初期に谷森善臣の考証にもとづき定められたものである。

【参考文献】 村尾次郎『桓武天皇』(『人物叢書』)、河内祥輔『古代政治史における天皇制の論理』、佐伯有清「新撰姓氏録編纂の時代的背景」(『新撰姓氏録の研究』研究篇所収)、角田文衛「桓武天皇」(『王朝史の軌跡』所収)、早川庄八「律令国家・王朝国家における天皇」(朝尾直弘・網野善彦・山口啓二・吉田孝編『日本の社会史』三所収)

神八井耳命 かんやいみみのみこと 神武天皇の皇子。母は媛蹈鞴五十鈴(ひめたたらいすず)姫命。『日本書紀』によると、神武の崩後、弟の神渟名川耳(かんぬなかわみみ)尊(綏靖天皇)とともに庶兄の手研耳(たぎしみみ)命を射殺しようとしたが、手足がふるえて矢を射ることができず、かわって弟が手研耳命を殺した。神八井耳命はこれを恥じて弟に皇位に即くことをすすめ、神祇の奉典者となった。多(おお)臣の始祖といい、綏靖四年四月に薨じた。畝傍山の北に葬られたという。『古事記』にも同様な話があるが、命の後裔として、意富(おお)臣・小子部(ちいさこべ)連・坂合部連・火君・大分(おおきだ)君・阿蘇君・筑紫三家(みやけ)連・雀部(さざきべ)臣・雀部造・小長谷(おはっせ)造・都祁(つげ)直・伊余国造・科野国造・道奥石城国造・常道仲国造・長狭国造・伊勢船木直・尾張丹波臣・嶋田臣の十九氏をあげる。『新撰姓氏録』には、それ以外に茨田(まんだ)連・志紀首・薗部・紺口(こんく)県主・火・肥直・志紀県主など十氏をあげている。

観勒　かんろく　七世紀前半の百済僧。推古十年（六〇二）十月に来日し、暦本・天文地理書・遁甲方術書を貢った。この時、陽胡史（やこのふひと）の祖玉陳（たまふる）に暦法を、大友村主高聡に天文遁甲を、山背臣日立に方術を学ばせた。『日本書紀』推古三十二年四月条に、一僧が斧で祖父を殴った時、推古天皇は諸寺の僧尼を集めて、悪逆の僧および諸僧尼を罰しようとしたが、観勒は悪逆の僧以外は許されるよう上表したとある。この事件ののち、僧正・僧都の制がもうけられ、観勒を僧正とし、僧尼の統制をはかった。『三国仏法伝通縁起』三論宗条には、三論宗の法匠、成実宗条にも三論法輪の匠で成実にも通じていたとある。

き

紀氏　きうじ　紀伊国を本拠とした名族。㈠直姓の紀氏は、紀伊国名草郡（和歌山県和歌山市・海南市の大半の地域）を中心に、紀ノ川流域に勢力をはった在地豪族。『新撰姓氏録』には神魂（かみむすび）命五世の孫天道根命の後とあり、『日本書紀』は菟道（うじ）彦、『古事記』では宇豆比古（うずひこ）を氏の祖としている。日前（ひのくま）・国懸（くにかかす）の両神社（和歌山市秋月に鎮座。両社は同一境内にある）の祭祀を掌り、代々、木（紀）国造に任ぜられた。農耕を基盤とした氏で、名草用水などを開いて管理し、権勢を築いたらしいが、紀の水門（紀ノ川河口の港津）に進出してその管理上、海部（あまべ）と接触した。この海部を統轄するためにおそらくは一族を割き、分家した海部直を通して紀伊水軍をつくりあげた。大化改新後も律令国造の紀伊国造家をつぎ、一方で名草郡大領なども一族から出し強勢を誇った。これをうけ、奈良・平安時代の紀伊国造はその交替に際して特に上京・報告することが義務づけられ、出雲国造とともに特別な国造家とみられていた。なお六百基以上といわれる岩橋（いわせ）千塚（和歌山市岩橋・鳴神・井辺・岡崎・森小手穂・寺内の各地区にまたがる大群集墳）はこの国造家の奥津城（おくつき）とみられている。㈡臣姓の紀氏は、のち天武十三年（六八四）八色の姓制定に際し、朝臣の姓を賜わる。『古事記』では孝元天皇の皇子比古布都押之信（ひこふつおしのまこと）命が紀国造の祖宇豆比古の妹山下影日売を娶り、或いは『日本書紀』によれば、孝元の孫屋主忍男武雄心（やぬしおしおたけおごころ）命が紀国造の祖菟道彦の女に当る影媛を娶り、武（建）内宿禰が生まれた。その武内宿禰の子として紀角宿禰がみえ、紀角宿禰が紀臣や同族の坂本臣・都奴臣の祖となったという。しかし紀国造家と紀臣家との関係は十分明らかではなく、氏の性格・活動分野もかなり異なる。紀伊国は木国の意で木材の産地・供給地として著名だったらしい。紀氏は一方でこうした条件を活かし、杉や樟を用いて外航用の構造船を多数造り、他方でその同族を阿波・讃岐・伊予・周防・豊前などの諸国に分布させて紀の水門から四国ぞいの瀬戸内海航路を自己の支配下に確保。その上で海部直らを軸にした水軍を統括し、朝廷による朝鮮遠征・経営の一翼を担ったらしい。『日本書紀』によると、応神・仁徳朝の角、雄略朝の小弓、雄略・顕宗朝の大磐、欽明・崇峻朝の男麻呂らはいずれも朝鮮各国で転戦しており、外征に深く関与したことがうかがわれる。因みに、紀伊地方の古墳には、馬甲などの副葬品や石室の造りなど中国・朝鮮の影響が強く反映している。外交・軍事面の功績によってその後も武の名門と目されたようで、八世紀に入っても諸人が征越後蝦夷副将軍、船守が藤原朝臣仲麻呂の乱に当り勲功あって近衛大将、広純が陸奥按察使(あぜち)兼鎮守副将軍、広純が伊治公呰麻呂(いじのきみあざまろ)に殺されると古佐美がただちに征東副使、次いで征東大将軍となり、蝦夷などの征討軍を率いて活躍している。こうした一族の活躍をうけ、七世紀後半の天智朝には大人(うし)が御史大夫となり、文武朝にも竈門娘(かまどのいらつめ)が嬪、麻呂が大納言、以下麻路が中納言、飯麻呂が参議にそれぞれ就いた。さらに諸人の女橡姫と施基(志貴)皇子との子である白壁王(光仁天皇)が即位すると外戚として優勢となり、八世紀末—九世紀にかけての光仁朝以降仁明朝初めまでに参議として広庭・広純・家守・勝長・百継、大納言に船守・古佐美などを輩出した。その後、名虎の女静子が文徳天皇の後宮に入って惟喬親王を生み、その即位が期待されたが藤原北家の力におされて実現しなかった。しかもかえって貞観八年(八六六)の応天門の変で豊城・夏井が失脚し、これを機に政界では大きく衰運に向かった。しかし一方で文筆の家として台頭した。はやくは清人が『日本書紀』の編纂に携わってのち文章博士となり、『懐風藻』にも一族の詩文が多く採られた。さらに『古今和歌集』の撰者として貫之・友則、真名序作者として淑望を出し、また長谷雄が菅原朝臣道真の遺託で『菅家後集』を編み、みずからも『紀家集』などの漢詩文集を作るなど、平安時代を通じて和歌・漢詩文の両分野に優れた人材を輩出している。

【参考文献】　岸俊男「紀氏に関する一試考」(『日本古代政治史研究』所収)、薗田香融「岩橋千塚と紀国造」(末永雅雄他編『岩橋千塚』所収)、同「古代海上交通と紀伊の水運」(坪井清足・岸俊男編『古代の日本』5所収)

紀朝臣飯麻呂　きのあそんいいまろ　—七六二　八世紀中頃の公卿。御史大夫大人(うし)の孫で、古麻呂の子。神亀六年(七二九)三月、正六位上から外従五位下となり、同年(天平元年)八月、内位に進む。天平十二年(七四〇)九月、藤原朝臣広嗣の乱に際し、大野朝臣東人の下僚として征討副将軍となり、東海・東山など五道一万七千の兵を率いて九州に下向し、討滅に成功した。この時、勲十二等を授けられたらしい。翌十三年七月、右大弁となる。その在職中の同十四年正月に大宰府が廃され、その府の官物を筑前国司に付する使の一人となって事の監理に当った。また同年二月に詔をうけて大宰府に赴き、新羅使金欽英を饗したが、結局恭仁(くに)の新京を草創して宮室未だ成らずという名目でそこから放還する使者となった。同年八月と十二月、翌十五年四月の聖武天皇の紫香楽(しがらき)宮行幸に際し、いずれも恭仁京の留守司の一人となった。同年四月の「弘福寺田数帳」に署名があり、同寺の山背国久世郡(京都府久世郡と宇治市・城陽市・京都市の各一部)の寺領につき差配した。時に右大弁で、同寺の長官。同十六年閏正月、安積親王の喪事の監護に当り、次いで同年九月、畿内巡察使として三十二カ条につき査察に赴き、さらに同十七年五月、久々の還都に先んじて平城京の清掃に遣わされた。以後、常陸守・大倭守となる。『万葉集』によると、天平勝宝三年(七五一)十月、当時左大弁であった飯麻呂の家に、船王・中臣朝臣清麻呂・大伴宿禰家持が招かれて宴が催されている(一九—四二五七～四二五九)。同五年、伊勢大神宮の界を限り標を樹てる役に遣わされており、時に左大弁。同五年九月、大宰大弐となり、同六年、大蔵卿・右京大夫となり、西海道巡察使を兼ねた。天平宝字元年(七五七)には右大弁から兼任のまま八月に参議に昇った。また同じ頃に創設して間もない紫微中台の次官紫微大弼を兼任し、藤原朝臣仲麻呂が提唱する官号の唐風改易の議に与っている。同三年十一月、義部(刑部)卿で河内守を兼ね、同四年正月、美作守となる。美作守在任中の同五年八月、下僚美作介の県犬養宿禰沙弥麻呂を官長である国守を経ずほしいままに国政を行ない、独り館に在って公文に印し、また時価に拠らずに民物を抑え買ったとして告発し、失官させている。同六年正月、従三位に昇る。しかし病が癒えず辞官を乞うていたところ、その七月、薨じた。時に散位従三位。藤原朝臣仲麻呂派の中心人物の一人とみられ、飯麻呂の死は仲麻呂政権にとってかなり痛手だったようである。

紀朝臣家守　きのあそんいえもり　七二五―七八四　八世紀後半の官人。麻呂の孫。男人(おひと)の子。『紀氏系図』には、猿取の子とする。天平宝字五年(七六一)頃、すでに治部少丞であったが、宝亀二年(七七一)正月、従五位下に昇り、翌三年八月には右衛士佐にあって佐伯宿禰今毛人(いまえみし)の下で造東大寺司から正倉院へ返納する屏風の検使を務める。同七年正月、従五位上。同年三月には丹波守、翌八年十月、美濃守となり、地方官を歴任する。天応元年(七八一)五月、左中弁となり、さらに左兵衛督を兼任。次いで同年七月には左中弁で右兵衛督に遷任され、翌八月、正五位上に昇る。同二年四月、従四位下に昇叙され、同年、内蔵頭・中宮大夫となり、さらに参議に列した。延暦三年(七八四)正月、従四位上に昇り、備前守も兼任。同年四月十九日、卒す。時に六十歳。

紀朝臣池主　きのあそんいけぬし　八世紀中頃の下級官人。天平勝宝二年(七五〇)に正八位下造東大寺司主典とあり、同七年には同寺司判官であった。この間、位階も従七位下にすすみ、また写経所別当も兼ねた。同八年には、正七位下で上総員外少目も兼任。同九年の同寺司判官を最後に消息を断つが、これを橘朝臣奈良麻呂の乱による造東大寺司官人の変動とみる説がある。

【参考文献】岸俊男『日本古代政治史研究』

紀朝臣犬養　きのあそんいぬかい　八世紀後半の官人。宝亀二年(七七一)四月、無位から本位の従五位下に復した。貶位(へんい)されていた理由は不明だが、同時期に復位している人々が神護景雲二年(七六八)頃まで在職していたので、道鏡の皇位覬覦(きゆ)の動きに対する反対派として逐われたか。以後、宮内少輔・伊豆守・越後介・大蔵少輔・造宮大輔・宮内大輔などを経て、延暦五年(七八六)従四位下。さらに左大舎人頭・大膳大夫になっている。ほかに天応元年(七八一)大伴宿禰家持らとともに光仁天皇陵(その後、改葬)の山作司となった。

紀朝臣伊保　きのあそんいほ　八世紀中頃の官人。名を伊富・五百にも作る。天平十年(七三八)四月頃から同十五年頃にかけて山背掾・大和掾を歴任。同十五年四月には大和掾・従六位下で「弘福寺田数帳」に国判を加えた。天平勝宝三年(七五一)七月、正六位上から従五位下、天平宝字二年(七五八)八月には従五位上と昇進し、同五年五月、相模守となる。同八年七月、正五位下・仁部(民部)大輔の時、紀寺(平城左京五条七坊にあった。奈良市西紀寺町の璉城寺がその跡という)の奴益人ら七十六人に対して紀朝臣と内原直の氏姓を賜わり、良民として京戸への編付を定めた勅裁に対し、伊保や他の紀朝臣一族の者は、勅ではないと疑い、従おうとしなかった。そのため高野天皇(孝謙上皇)は、禁中に御史大夫文室真人浄三(ふんやのまひときよみ)と仁部卿藤原恵美朝臣朝猟を召して口頭で勅を伝えた。おそらくこのような反抗的な態度のゆえに、まもなく伊保らは、位階を剝奪され無位に降された。この事件は藤原朝臣仲麻呂の乱の直前に当り、政界の抗争を示唆する逸話として興味深い。宝亀二年(七七一)十月、伊保と紀朝臣牛養は、もとの位階に復したが、この事件の罪が赦されたからであろう。

【参考文献】角田文衛「紀寺の奴―奈良時代における私奴婢の解放問題―」(『律令国家の展開』所収)

紀朝臣牛養　きのあそんうしかい　八世紀後半の官人。名を牛甘にも作る。天平宝字二年(七五八)八月、従五位下に昇叙。同四年正月、武部少輔の時、西海道巡察使に任ぜられた。翌五年、西海道諸国が規定の年料器仗を造っていないことを報告。これを受けて朝廷は西海七国に甲刀弓箭の造備を命じた。のち信部(中務)少輔兼少納言から右少弁となった。同八年七月、博多(福岡市博多区)に渡来した新羅使一行の調査に下向。その後位階を剝奪されたが、宝亀二年(七七一)十月に無位から本位に復した。

紀朝臣馬主　きのあそんうまぬし　八世紀前半の入唐判官。天平四年(七三二)八月、判官に任ぜられ、翌五年四月、出発し入唐。途中で没し、同八年に従五位下を、さらに承和三年(八三六)五月、入唐使ならびに留学生らのうち、中国で没した者八人にその幽魂を慰めるため位記が贈られた時に、従五位上を追贈された。

紀朝臣宇美　きのあそんうみ　―七五三　八世紀中頃の官人。麻呂の子で、広純の父。『紀氏系図』に飯麻呂の子とするのは誤りか。神亀三年(七二六)正六位上から従五位下に叙せられた。天平十年(七三八)五月、右少弁の時に伊勢神宝使となり、以後、右中弁・讃岐守・左衛士督を歴任したが、天平勝宝五年(七五三)十月、散位従四位下で卒している。

紀朝臣小楫　きのあそんおかじ　八世紀中頃の官人。名は男楫・男梶にも作る。天平十五年(七四三)五月、正六位上から外従五位下に叙せられ、同年六月に弾正弼となる。同十七年、従五位下に進み、翌十八年四月、大宰少弐、天平感宝元年(七四九)閏五月、兵部少輔、天平勝宝二年(七五〇)三月、山背守を歴任。同六年七月の太皇太后藤原朝臣宮子の葬儀では装束司を務めた。同年十一月、東海道巡察使、天平宝字四年(七六〇)正月には和泉守となる。この間天平十八年正月に元正太上天皇の在所で、左大臣橘宿禰諸兄以下諸王臣が参入して催された宴があり、雪を賦す歌を奏せよとの詔に応じて一首を詠じ、記録された五首の一つとして『万葉集』(一七―三九二四)に収められた。

紀朝臣愛宕麻呂　きのあそんおたぎまろ　九世紀後半の官人。古佐美の孫。咋麻呂の子。仁寿元年(八五一)五月、円珍(智証大師)は入唐のため平安京から大宰府に到着したが、乗船する便がなく、同三年七月になってようやく唐商人欽良暉の廻郷の船に便乗することができた。この間、円珍は城山の四王院(寺跡は福岡県粕屋郡宇美町の四王寺山にある)に寄住しており、その際、月粮支給の勾当を、当時正六位上筑前介であった愛宕麻呂が正六位上大宰少監藤原朝臣有蔭とともに務めた。また仁寿二年十一月、上京することになった愛宕麻呂に託して円珍は、肥前国講師伝燈住位の某僧(比叡山西塔の澄愷か)の名義で、帰国するまで文徳天皇のために八幡明神に祈り、沙弥二人を城山の四王院に居住させ、そのことを祈禱させるため毎日の食料を支給されるように上表している。時に、愛宕麻呂は筑前国権介。なお円珍が唐の大中十二年(八五八)閏二月に記した「乞台州公験牒」にも、「長史紀愛宕」が藤原朝臣有蔭とともに円珍に糧食を供したことがみえる。

【参考文献】小野勝年『入唐求法行歴の研究』智証大師円珍篇上、佐伯有清『智証大師伝の研究』、同『円珍』(『人物叢書』)

紀朝臣男人　きのあそんおひと　六八二―七三八　八世紀前半の官人。名を雄人にも作る。麻呂の子で、家守の父。慶雲二年(七〇五)十二月、従六位下から従五位下となった。同四年十月、文武天皇の大葬に際し造御竈司となる。和銅四年(七一一)九月、平城京造営の役民が多く逃亡してまだ宮垣も成らず防守も十分でないというので、石上(いそのかみ)朝臣豊庭らとともに将軍となり、軍営を仮設して兵庫を守衛した。養老五年(七二一)正月、詔をうけて佐為王や山田史御(三)方・山上臣憶良・楽浪(さざなみ)河内ら当代一流の文化人とともに、退朝後東宮(首(おびと)皇子。のちの聖武天皇)のもとに侍るように命ぜられた。時に正五位上。同年九月、少納言の時、伊勢奉幣使発遣に関与し、内安殿に御した聖武天皇の前で中臣朝臣東人・忌部宿禰呰麻呂(あざまろ)にそれぞれ伊勢大神宮幣・渡会神宮幣を附(さず)ける舎人の役を果たした。天平二年

(七三〇)正月、大宰大弐として赴任中に帥大伴宿禰旅人宅で行なわれた梅花の宴に列して、『万葉集』に「正月立ち春の来たらばかくしこそ梅を招(お)きつつ楽しき終へめ」の一首を残している(五—八一五)。同九年六月、正四位下で右大弁であったが、その任にある七月に左大弁の橘朝臣諸兄とともに勅使となり、折からの豌豆瘡に罹り病の篤い藤原朝臣武智麻呂をその第に訪ね、正一位左大臣とする旨を伝えた。同十年十月、大宰大弐赴任中に卒した。『懐風藻』によれば、享年五十七。時に正四位下。その骨は音博士の山背連靺鞨を骨送使として京に運ばれ、同年十一月十九日には周防国を通過していることが同国正税帳の記録から知られる。いつのことか不明だが、男人は紀朝臣国益と奴婢の帰属につき互いに訴え合って争っていた。結局双方の没後の天平十六年、刑部の判で国益側の勝訴となり、奴婢は国益の子清人に賜わったという。『懐風藻』にも作歌があり、「七言。吉野川に遊ぶ」「五言。吉野宮に扈従す」「五言。七夕」の三首が載っている。前二首は吉野を神仙境として文中に詠みこんだもので、特に第一首には美稲(うましね)・柘枝(しゃし)姫を主人公とした当時の柘枝伝説の片鱗がうかがわれる。

紀朝臣音那 きのあそんおんな 贈右大臣大伴宿禰御行(みゆき)の妻。和銅五年(七一二)九月、元明天皇の詔により、多治比(たじひ)真人嶋の妻家原連音那とともに邑五十戸を賜わった。その理由は、夫の在世中は為国の道を勧め、亡き後は固く同墳の意を守った貞節に感嘆したためという。再婚しない貴族の未亡人を顕彰したことは、元明自身の境遇に関わったものと思われ、音那という名は実際の名ではないと考えられる。

紀朝臣勝雄 きのあそんかつお 八世紀後半の官人。宝亀二年(七七一)四月、正六位上から従五位下に昇叙。同五年三月、現任の近江介に兼ねて左少弁に任ぜられた。なお天平宝字六年(七六二)頃、『法華経』書写を発願して東大寺に経師淡海金弓の借用を願い出た文部(式部)少丞紀堅魚は、勝雄と同一人物か。

紀朝臣勝長 きのあそんかつなが 七五四—八〇六 九世紀初めの公卿。船守の一男。もと梶長と称す。延暦四年(七八五)従五位下。近江守・兵部少輔・兵部大輔・右中弁などを経て同十五年、参議に昇進。時に従四位下。この頃、名を勝長と改めた。同二十五年四月、中納言に昇進したが、大同元年(八〇六)十月三日、薨去。時に従三位、五十三歳。心広く好んで賓客を愛し、饗宴の費用は気にせず、歩射の容儀は手本とすべきところがあったが、犬馬などの翫好は度をすぎていたという。

紀朝臣竈門娘 きのあそんかまどのいらつめ 文武天皇の嬪。文武元年(六九七)八月、石川朝臣刀子娘とともに嬪とされたが、和銅六年(七一三)十一月、ともに嬪号を除かれた。なお、この嬪号剝奪の首謀者を首(おびと)皇子(のちの聖武天皇)擁立をすすめる藤原朝臣不比等とその後室県犬養宿禰三千代とする説がある。

【参考文献】角田文衛『律令国家の展開』

紀朝臣清人 きのあそんきよひと —七五三 八世紀中頃の官人・学者。国益の子。名を浄人にも作る。和銅七年(七一四)二月、詔により三宅臣藤麻呂とともに、国史の撰修にあてられた。これは新たに国史編纂を始める意ではなく、天武十年(六八一)「帝紀」および上古の諸事の記定の命令に始まり、養老四年(七二〇)日本紀三十巻・系図一巻の奏上でおわる一連の国史編纂の作業における補充人事であったらしい。この時の位階は従六位上。和銅八年正月に従五位下に進んだ。この頃、学業精勤や新技術の修得などについてたびたび官人の褒賞が行なわれたが、清人も同年七月、数人とともに学士を優するとの理由で穀百斛を賜与された。さらに養老元年七月にも再度学士を優して穀百斛が賜与された。同五年正月には特に詔をうけて、退朝ののち東宮(首(おびと)皇子。のちの聖武天皇)に侍することになった。この時、ともに東宮に侍したのは佐為王など十六人であるが、山田史御(三)方・山上臣憶良・楽浪(さざなみ)河内など当代一流の文化人が選ばれていた。同月に文人武士は国家の重んずるところで百寮の内から学業に優遊して師範たるに堪えるものを擢(ぬ)きて賞賜を加え後生を勧励するという詔が出され、清人も山田史御方・楽浪河内らとともに表彰されて絁(あしぎぬ)十五疋、糸十五絇、布三十端、鍬二十口を賜わっている。神亀年間(七二四—七二九)にも当代の文雅の代表者として山田史御方・葛井連広成・高丘連(楽浪)河内ら六人があげられ、そのうちに数えられている。天平四年(七三二)十月、右京亮。同十三年七月、治部大輔兼文章博士となり、同十六年二月には難波を皇都とした際に平城宮留守官を兼ねた。同年七月、亡父国益が紀朝臣男人との間におこしていた奴婢の帰属をめぐる訴訟に対し、刑部の判があり、清人に奴婢が授けられた。清人は上表して奴婢を良民にしたという。同年十一月、従四位下となり、同十八年には武蔵守であったが、天平勝宝五年(七五三)七月、卒した。時に散位従四位下。『万葉集』に作歌がある(一七—三九二三)。それによると天平十八年正月、大雪が降りつもり、橘宿禰諸兄は清人ら諸王臣をつれて元正太上天皇の御所で雪掻きを奉仕した。元正は王臣を招き入れて肆宴を賜わり、この雪を題にして作歌するようにもとめた。そこで詔に応じて作ったという。

紀朝臣咋麻呂　きのあそんくいまろ　七五五—八三三　八世紀末—九世紀前半の官人。古佐美の子。愛宕麻呂の父。延暦十八年(七九九)五月、正六位上から従五位下に昇る。同二十三年八月、桓武天皇が和泉国へ行幸した際、御後副長官として従駕。同二十五年三月、桓武の崩御の時、山作司となる。大同三年(八〇八)四月、中務少輔となり、ついで同年六月、散位頭に転ずる。同五年正月、従五位上に叙せられ、弘仁三年(八一二)九月、肥後守に任ぜられ、同四年二月、刑部大輔となった。翌五年正月、従四位下となり、同年七月、左京大夫に任官。同六年正月、兵部大輔に任ぜられ、同十四年四月、従四位上。ついで天長六年(八二九)正月、正四位下に昇り、同十年(八三三)正月十九日、七十九歳で卒した。時に出雲守・正四位下。卒伝に、才能がなく、田原天皇(施基皇子)の外戚であったため、とくに四位にいたったとある。

紀朝臣国益　きのあそんくにます　八世紀前半の官人。清人の父。養老五年(七二一)六月、大判事となる。時に従五位下。『続日本紀』天平十六年(七四四)七月条によれば、紀朝臣男人と奴婢の所有について争って勝訴したが、両人ともすでに故人となっていたため、国益の子正五位下紀朝臣清人の所有となったという。しかし、清人は上表して、すべての奴婢を良民として解放したという。

紀朝臣古佐美　きのあそんこさみ　七三三—七九七　八世紀後半の公卿。麻呂の孫で、宿奈麻呂の子。広浜・末成の父。天平宝字八年(七六四)十月、従五位下。神護景雲元年(七六七)丹後守となり、以降兵部少輔・式部少輔・伊勢介を経て、宝亀九年(七七八)二月、右少弁となった。この年、東大寺双倉所蔵の紫檀琵琶を内裏に献ずる使者となっている。同十一年正月、従五位上となり、同年三月、蝦夷の伊治公呰麻呂(いじのきみあざまろ)が反乱して按察使(あぜち)紀朝臣広純を殺害する事件が起きると征東副使に起用され、大使藤原朝臣継縄とともにその鎮圧に当った。戦況ははかばかしくなく、征東大使が藤原朝臣小黒麻呂に替えられるなどしたが、古佐美は天応元年(七八一)陸奥守も兼任して征夷の中心となった。四千の蝦夷と戦って七十余の首級を挙げた程度の戦果しか知られないが、同年九月、軍を解き、征夷の労により従四位下勲四等を授けられている。同二年閏正月、左兵衛督となり、のち但馬守・左中弁・式部大輔・中衛中将などを歴任し、延暦四年(七八五)四月、参議となった。この間、光仁天皇改葬のため大和に山陵の地を相し、また早良(さわら)親王の廃太子を聖武天皇の佐保山陵に告げる使を務めた。同年十一月、従四位上となり、のち春宮大夫・右大弁・左大弁を歴任したのち、同七年七月、再び征夷に起用されて征東大使となった。この征夷計画は延暦五年に東海・東山の軍士の簡閲、兵器の点検に始まり、糧食三万五千余斛、糒二万三千余斛などの集積、東国の歩騎五万二千八百人の集結などが命ぜられ、かなり周到な下準備が進められていた。同年十二月に節刀を賜わり、副将軍などが法を軽んじ死罪を犯すことあらば身を拘禁し、軍監以下は斬に処せとの詔をうけた。翌五年三月、諸国の軍を陸奥国多賀城(宮城県多賀城市市川・浮島)に会し、敵地に進攻。衣川(北上川水系の支流)を渡って三カ所の軍営をおいたが、なかなか進めなかった。政府から督促されて、四千人の精兵で北上川を東に渡り敵将阿弖流為(あてるい)の本拠をついたが却って退路を断たれ、惨敗した。しかし古佐美らはこれらの事態を、一方で胆沢(のちの胆沢・江刺両郡を含む広域地名)を荒墟としたとか強敵なしとか慶快にたえずとかの虚言を用いて報告し、他方、糧食の運搬が困難で戦争継続は不可と奏上したため、政府は奏状の浮詞なることと官軍を徒らに損亡していることをつよく責めた。結局同年九月、古佐美は帰京して節刀を返還した。太政官曹司で征討軍幹部に対し軍の逗留と敗戦につき問責されたが、古佐美だけは従来の奉仕の故をもって罪を免じられた。その後、延暦十二年、遷都のため藤原朝臣小黒麻呂らと山背国葛野郡宇太村(綿代郷内。現在の京都市北区等持院・右京区谷口・御室付近か)の地を相した。この年、従三位参議に昇り、同十三年十月、中納言、同十五年七月、大納言となった。時に正三位。同十六年四月に薨じた。

紀朝臣木津魚　きのあそんこつお　八世紀後半の武官。飯麻呂の子。百継・最弟の父。名は木津雄にも作る。天応元年(七八一)九月、征東大使藤原朝臣小黒麻呂の蝦夷征討に従軍した労を賞され、正六位上から従五位下に進んだ。同二年六月、右兵衛佐に補任。翌延暦二年(七八三)正月には夙夜公務に精励する八人のうちの一人として従五位上に昇叙。美濃守を経て、同八年、右兵衛督となり、同九年二月、正五位下に叙せられ、同年三月には内匠頭兼衛門督となった。同十二年十二月、桓武天皇の岡屋野(京都府宇治市五ケ荘岡屋付近)での遊猟(鷹狩)に紀朝臣古佐美と供奉した。没年月日は不明であるが、同十五年、度者二人が与えられた。『性霊集』の「菅平章事の為の願文一首」に宝亀年中(七七〇—七八一)桓武(山部王)の病気平癒のため菅野朝臣真道・紀朝臣勝長らと祈誓して四天王像を造立したことがみえ、早くから天皇側近の有力武人の一人であったらしい。『続日本後紀』承和二年(八三五)四月十四日条の平城天皇の皇女叡努(えぬ)内親王薨伝に「母紀氏、従三位木津魚朝臣の女、従五位下魚員是なり」とみえる。

紀朝臣古麻呂　きのあそんこまろ　八世紀前半の官人。大人(うし)の子。飯麻呂の父。慶雲二年(七〇五)十月三十日に渡来した新羅貢調使を迎えるために十一月十三日、正五位上で騎兵大将軍に任ぜられ、同日、諸国騎兵が徴発された。天平宝字六年(七六二)長子飯麻呂の薨伝に「平城朝式部大輔正五位下古麻呂」と記す。『懐風藻』によれば、没年は五十九歳。七言詩「望雲」、五言詩「秋宴」の二首を載せる。『紀氏系図』では大人の玄孫で麻呂の子とする。

【参考文献】　林陸朗「桓武朝廟堂の人的構成」(『上代政治社会の研究』所収)

紀朝臣雑物　きのあそんさいもち　八世紀前半の官人。名を佐比物にも作る。『諸系譜』所収の「紀朝臣系図」によれば弓張の子で、伊保・益女らの父。神亀五年(七二八)五月、正六位下から外従五位下に昇り、翌年二月、長屋王の変に際し、式部卿藤原朝臣宇合のもとで衛門佐佐味朝臣虫麻呂・左衛士佐津嶋朝臣家道らとともに右衛士佐として六衛府の兵を率い、長屋王の宅を包囲した。

紀朝臣作良　きのあそんさくら　—七九九　八世紀後半の実務派官人。少判事から式部大丞を経て、宝亀九年(七七八)正月、正六位上から従五位下に叙せられ、同十年九月、民部少輔となる。同十一年三月、丹波介となり、翌天応元年(七八一)十二月には光仁天皇送葬の御装束司を務める。翌二年二月に尾張守となるが、同年六月に伊勢守に改補。延暦三年(七八四)四月、右少弁となり、翌四年正月、従五位上に叙せられた。そののち大蔵大輔・造斎宮長官・兵部大輔・大学頭などに補せられている。同五年九月の五畿内班田使補任に伴い、河内和泉班田次官となる。同六年三月、治部大輔となり、同年六月には正倉院曝涼使を務めている。同七年三月、上野守となり、翌八年正月には正五位下に進んだ。同十八年正月十六日、従四位下で卒した。『日本後紀』卒伝によると、若年の頃は大学では経書・史書を博覧し、役人となると老齢にいたるまで公務に出精し、その性格は質直で、法律に明るく、小過をも糾したので人の悪むところともなったという。

紀朝臣鯖麻呂　きのあそんさばまろ　八世紀後半の官人。名を佐婆麻呂にも作る。天平宝字八年(七六四)十月、藤原朝臣仲麻呂追討の功により正六位上から従五位下に昇り、和泉守に任ぜられた。天平神護元年(七六五)閏十月、従五位上に進む。神護景雲二年(七六八)七月、美濃員外介、宝亀二年(七七一)七月には豊後守と、地方官を歴任。同七年三月、木工頭、同十年十一月、大炊頭となり、同十一年六月、正五位下に昇る。天応元年(七八一)十二月、光仁天皇崩御に際し御装束司となる。延暦三年(七八四)正月、正五位上に昇叙され、同年三月には尾張守に任ぜられた。『多度神宮寺伽藍縁起并資財帳』(多度神宮寺跡は三重県桑名郡多度町多度にある)には、「延暦五年長官紀朝臣佐婆麻呂」とみえ、延暦五年にも尾張守に在任していた。

紀朝臣鹿人　きのあそんしかひと　八世紀中頃の官人。安貴王の妻紀少鹿女郎の父。天平九年(七三七)正六位上から外従五位下となる。典鋳正・主殿頭を経て、大炊頭となった。時に、外従五位上。『万葉集』に三首の作歌がある。すなわち跡見(奈良県桜井市外山)の茂岡の千代松と泊瀬川の永遠性を詠った雑歌(六―九八九・九九〇)、大伴氏の田荘である跡見の荘に大伴宿禰旅人の異母弟稲公を訪ねて作った歌(八―一五四九)である。跡見への出入りからは、大伴氏との深い交流がうかがわれる。

紀朝臣白麻呂　きのあそんしろまろ　八世紀後半の官人。椿守の父。名は白満にも作る。宝亀十年(七七九)正月、従五位下に叙せられ、同十年十一月、造東大寺次官となる。翌十一年三月、因幡介補任。天応元年(七八一)四月、早良(さわら)親王が皇太子になると春宮大夫大伴宿禰家持の下で亮となる。延暦三年(七八四)正月、従五位上に進み、翌四年正月、伯耆守を兼ねたが、同年九月に起こった藤原朝臣種継暗殺事件に連坐して隠岐に流された。同二十五年三月、平城天皇即位に当り本位に復された。『日本文徳天皇実録』仁寿三年(八五三)三月二十八日条の長子椿守卒伝に「春宮亮従五位上白満」とみえる。

紀朝臣田上　きのあそんたうえ　七七〇―八二五　九世紀前半の官人。船守の三男。延暦二十二年(八〇三)従五位下、大同元年(八〇六)従五位上となり、相模介から守に昇任。同三年、正五位下、その後、任満ちて入京し、平城上皇側にくみし、同五年四月、正五位下、八月、従四位下となったが、九月の藤原朝臣薬子の変の時、佐渡権守に左遷された。しかし、平城上皇崩御直後の天長元年(八二四)八月、嵯峨上皇の勅により赦されて入京したが、翌二年四月十三日、卒去。時に五十六歳。家は武芸を業とし、「才華おこり聞こゆ」といわれ、地方政治でも民心を失わなかったという。

紀朝臣橡姫　きのあそんとちひめ　光仁天皇の母。諸人の女。施基皇子との間に和銅二年(七〇九)白壁王(のちの光仁天皇)を生む。宝亀二年(七七一)十二月、勅により皇太后と追尊され、墓は山陵と称し、忌日は国忌として式にのっとって斎を設けることとされた。

紀朝臣豊川　きのあそんとよかわ　八世紀前半の官人。名は豊河にも作る。天平十一年(七三九)正月、正六位上から外従五位下に叙せられた。『万葉集』に歌一首(八―一五〇三)を収める。

紀朝臣夏井　きのあそんなつい　九世紀後半の官人。父は善岑、母は石川氏。通称紀三郎。嘉祥三年(八五〇)七月、少内記となったのち、大内記・右少弁・右中弁を歴任。播磨介・式部少輔を兼ねた。天安二年(八五八)十一月、讃岐守に転出、善政を行なったため百姓らの留任請願が起こり、さらに二年在任した。この間玄米の備蓄倉四十棟を新造し、百姓の倉廩も充実したという。帰京の際の吏民から寄せられた数多の餞別も紙筆のみ受けて他は総て返却した。貞観七年(八六五)正月、散位から肥後守となったが、翌八年九月、応天門の変で異母弟豊城が流罪となり、これに縁坐して土佐国へ配流された。肥後国を去る時、また讃岐国を通る時、民衆の慟哭の声に包まれたという。身長は六尺三寸。性格は温和で聡明。囲碁を伴宿禰少勝雄に学び、小野朝臣篁(たかむら)に書を習い、真書の聖と評され、射覆(覆物を言い当てる)を善くした。医薬の道にも明るく、配流中も薬草を採り、治療に成果をあげた。平安前期の清廉な能吏の典型といえる。『田氏家集』に嶋田朝臣忠臣が夏井のために詠じた二首の七言詩が載せられている。

【参考文献】 佐伯有清『伴善男』(『人物叢書』)、弥永貞三「春日暇景の詩―応天門の変と道真をとりまく人々―」(『国史大系月報』25)

紀朝臣名虎 きのあそんなとら ―八四七 九世紀前半の官人。勝長(梶長)の子。弘仁十三年(八二二)十一月、外従五位下で入内し、承和二年(八三五)正月、従五位上。次いで同十年正月、正四位下と急速に累進した。この間、掃部頭・備前守・中務大輔を務め、同十一年正月、刑部卿となる。同十四年六月十六日、散位で卒した。『紀氏系図』によれば二男三女をもうけたが、女種子は仁明天皇の更衣で常康親王・真子内親王を生み、静子は文徳天皇との間に惟喬・惟条親王らを生む。名虎没後、皇太子立坊をめぐり紀氏一族と藤原朝臣良房との対立を生じた。『江談抄』『平家物語』『元亨釈書』などにこの時期の逸話がみえる。

【参考文献】 竹内理三「貴族政治とその背景」(『律令制と貴族政権』下所収)、佐伯有清『伴善男』(『人物叢書』)

紀朝臣難波麻呂 きのあそんなにわまろ 八世紀末の官人。宝亀七年(七七六)正月、正六位上から従五位下に昇叙。同年三月、刑部少輔に任ぜられる。同九年二月、左京亮、同十年二月には周防守となり、天応元年(七八一)十一月、従五位上に進んだ。延暦九年(七九〇)三月、宮内大輔となり、同十年正月、筑後守に任ぜられた。

紀朝臣長谷雄 きのあそんはせお 八四五―九一二 九世紀末から十世紀初めの官人・学者・詩人。今守の弟国守の孫。弾正大忠貞範の子。字は紀寛。紀納言・紀家ともいう。唐名は紀発昭。貞範が長谷寺に祈願して生まれたので、長谷雄と名づけられたともいう。十五歳にして学を志し、十八歳で詩を作ったが、指導者がなく、やがて大蔵伊美吉善行の門に入り、ようやく名声を得たが、讒言にあい、以後不遇のうちに研鑽し、貞観十八年(八七六)文章生となり、その後菅原朝臣道真の門下に入った。元慶三年(八七九)大極殿再建を祝う祝宴での作詩が認められ、その後文章得業生となり、同七年四月、掌渤海客使、同年十二月、対策に及第した。仁和二年(八八六)少外記、同四年、従五位下、寛平二年(八九〇)図書頭、同三年、文章博士、同五年、兼式部少輔、同六年正月、従五位上、同年八月には兼右少弁、同月、遣唐副使となったが、派遣は中止された。同七年、正五位下・兼右少弁から兼大学頭に転じ、同八年、雑袍をゆるされ、従四位下。同九年五月、式部大輔、同年六月、侍従となった。宇多天皇は譲位に当って『寛平御遺誡』で大器として昇進させるべきとした。昌泰二年(八九九)右大弁になり兼官もとのごとく、同三年、左大弁、侍従もとのごとく、菅原朝臣道真失脚後の延喜二年(九〇二)参議に昇進し、左大弁を兼ねた。同三年に従四位上、同八年に正四位下、同十年には権中納言・従三位に昇進し、左大弁をやめ、またこの年、東大寺俗別当となった。同十一年、中納言となったが、翌十二年二月十日、薨去。時に六十八歳。長谷雄の詩集には、自撰の『延喜以後詩巻』『紀家集』などがあるが、すべて散逸し、後者の一部が残闕として残るのみである。『日本詩紀』に四十四首、『和漢兼作集』に八首、『紀家集』に一首の詩、『本朝文粋』に二十九篇、『紀家集』に七篇、『本朝文集』に二篇の散文と『後撰和歌集』に四首、『和漢兼作集』に一首の和歌などが残っている。道真が、配所で作った作品をまとめて長谷雄に送ったが、これが『菅家後集』である。説話集などによると、三善宿禰清行から「無才の博士」といわれ、また陰陽道にくらかったともいわれる。

【参考文献】川口久雄『平安朝日本漢文学史の研究』上

紀朝臣必登　きのあそんひと　八世紀前半の官人。天平八年(七三六)正月、正六位上から外従五位となる。同年八月、伊予介で正税帳使となって上京。この時、勲十二等を帯びているのは、和銅二年(七〇九)以後の蝦夷征討或いは養老四年(七二〇)以後の隼人征討への従軍によるか。天平十二年三月、遣新羅使となり、同年四月に拝辞して十月に帰国。同七年、王城国と称した新羅の使を無礼として放却し、以降は日本・新羅とも互いに使節を放却し合うようになった。同十八年四月、内位に移った。

紀朝臣広純　きのあそんひろずみ　―七八〇　八世紀後半の官人。麻呂の孫で、宇美の子。吉継の父。天平宝字二年(七五八)正月、北陸道問民苦使(もんみんくし)となり、時に正六位上。同七年、従五位上に昇り、大宰員外少弐に任ぜられた。しかし理由は不明ながら天平神護元年(七六五)二月、薩摩守に左遷され、翌年、筑後守、のち左少弁・美濃介などを歴任した。宝亀五年(七七四)三月、新羅国使金三玄ら二百三十五人が来朝した時、命をうけて大宰府に下向。その検問に当り、結局旧例に違うとの理由でこれを放還した。同年七月に河内守となったが、この頃政府は東北の蝦夷の情勢に不安を感じたようで、突然大伴宿禰駿河麻呂を鎮守将軍、副将軍に広純を起用して鎮定に向かわせた。この征討軍は同年十月に蝦夷側の根拠地の一つ遠山村(宮城県登米郡方面か)を叩くなど一応の勝利を収めたようで、翌六年九月に陸奥介を兼任したのちの十一月には蝦夷追討の功により正五位下勲五等を授けられた。その後、陸奥守に転じ、さらに同八年五月、按察使(あぜち)を兼任して東北経営の前線にとどまった。同年十二月、陸奥の鎮守将軍として出羽国の官軍が志波村(岩手県斯波郡・岩手郡・盛岡市の一帯)の蝦夷軍と戦って敗れたことを奏上し、これに基づいて朝廷から鎮守権副将軍佐伯宿禰久良麻呂が送られた。この征討戦にも参加したらしく、同九年六月の征戦の功有る者への授爵に際して従四位下勲四等をうけている。同十一年二月、参議に任ぜられた。しかし広純は東北にあって蝦夷勢力の一大根拠地となっている胆沢(のちの胆沢・江刺両郡を含む広域地名)を制圧する手掛りを模索し、胆沢とすでに管轄下にある伊治城(宮城県栗原郡築館町富野の城生野が城跡か)の中間地点辺りに覚鱉(かくべつ)柵(宮城県登米郡中田町上沼とするほか諸説ある)を築こうと考えていた。そこで造営着手のため、帰降した蝦夷で編成した俘軍を道嶋大楯らとともに率いて伊治城に入った。ところが広純が甚だ信用していた夷俘の出身の上治郡(伊治郡か)大領伊治公呰麻呂(いじのきみあざまろ)の反乱にあって殺された。反逆の理由は不明だが、夷俘間の反目が原因となったらしい。この反乱で、やがて多賀城(宮城県多賀城市市川・浮島)も落ち、律令国家の東北経営は混乱した。以降、鎮定に三十八年を要した。『続日本紀』の卒伝によると、「職にあつて事を視ること幹済を称せら」れ、好人物と評されている。

【参考文献】高橋崇『坂上田村麻呂』(『人物叢書』)、高橋富雄『蝦夷』、虎尾俊哉『律令国家と蝦夷』

紀朝臣広名　きのあそんひろな　八世紀中頃の官人。麻路の子。直人の父。天平十二年(七四〇)十一月、正六位上から外従五位下に叙せられ、翌十三年十二月、上総守となる。同十七年正月、入内して、大学頭・少納言・主税頭を歴任。天平勝宝六年(七五四)七月、太皇太后宮子の葬儀では造山作司を務めた。天平宝字六年(七六二)四月、智部(宮内)少輔となる。天平神護二年(七六六)九月の畿内七道巡察使派遣に際しては東海道巡察使に補され、翌年三月、式部大輔を兼ねた。神護景雲二年(七六八)三月、東海・北陸・山陽・南海諸道使の奏言が審議されたが、広名は社寺の封戸の処遇を公民と等しくすること、舂米運送に人別の粮を給すること、下総・武蔵両国内五駅家は使命繁多のため、中路に準じて馬十疋を置くことを申請し許可された。このうち一部は『類聚三代格』六所収大同五年(八一〇)二月の官符に引かれる。『日本後紀』延暦二十四年(八〇五)八月二十七日条の直人卒伝に「正五位下広名」とみえるが、『紀氏系図』にはみえない。

紀朝臣広庭 きのあそんひろにわ ―七七七 八世紀後半の官人。中納言従三位麻呂の子。天平宝字八年(七六四)十月、藤原朝臣仲麻呂追討の功により正六位上から従五位下に叙せられ、上総介に任ぜられた。時に守は道鏡の甥弓削御浄(ゆげのみきよ)朝臣浄人である。神護景雲元年(七六七)八月、勅旨少輔に転じ、同二年十一月、河内介となった。同三年十月、称徳天皇と道鏡の河内由義(ゆげ)宮(大阪府八尾市八尾木北の由義神社付近とする説と同市別宮にあてる説がある)行幸に供奉し、従五位上に叙せられ、新設の河内職の亮(すけ。次官)に任命された。大夫(長官)は光仁・桓武天皇擁立の立役者となる藤原朝臣雄田麻呂(百川)である。同四年四月、造由義大宮司次官を兼ねた。宝亀二年(七七一)十一月、正五位下に昇った。同四年正月、二階特進して従四位下に昇叙し、翌五年三月、兵部大輔となった。同六年九月、参議に任ぜられ、次いで美濃守を兼ねたが、同八年(七七七)六月に卒した。時に参議従四位下美濃守。

紀朝臣広浜 きのあそんひろはま 七五九―八一九 九世紀前半の上級官人。古佐美の一男。延暦十四年(七九五)長門介、同十六年、少判事・式部大丞・勘解由判官などの官におり、同十八年頃、東海道問民苦使(もんみんくし)になった。時に式部大丞・従六位上。同十八年五月、従五位下・肥後守、同二十四年、従五位上、大同二年(八〇七)正五位下・右中弁となり内蔵頭を兼ね、同三年、従四位下に昇り、右京大夫・美濃守に転じ、同四年、畿内観察使となり、右大弁を兼ねた。同五年六月の観察使廃止に伴って参議となり、弘仁二年(八一一)さらに右兵衛督を兼ねた。同三年、『日本書紀』の講書に参加した。同六年正月、従四位上に叙せられ、同年四月、摂津国住吉郡(大阪市南部の住吉区を中心とする一帯)の地十町を賜わった。同十年正月、正四位下に叙せられたが、七月二日に卒去。時に参議・大宰大弐で、六十一歳。

紀朝臣深江 きのあそんふかえ 七九〇―八四〇 九世紀前半の官人。田上の子。大学に学び文章生から大学大允・主税助・式部少丞を経、その間弘仁八年(八一七)から蔵人となる。同十三年、従五位下・左兵衛権佐・左兵衛佐・左近衛少将を歴任。天長十年(八三三)正五位上、承和元年(八三四)従四位下に昇り、刑部大輔・兵部大輔となる。そののち伊予守に転出。任を終え帰京。治績をもって従四位上に叙せられたが、交替政を終えないうちに同七年に卒去。時に五十一歳。寛大な性格で、ものに動ぜず、行なう政治に百姓は安心して従い、みなが循吏と評したという。

紀朝臣船守 きのあそんふなもり 七三一―七九二 八世紀後半の公卿。猿取または諸人の子。田上の父。天平宝字八年(七六四)九月十一日、藤原朝臣仲麻呂の乱に際し、孝謙上皇は中宮院の淳仁天皇の許にあった駅鈴と印璽の回収を決行した。これに対し仲麻呂は子の藤原朝臣訓儒麻呂(くずまろ)に邀撃させ奪い返したが、上皇は再び授刀衛の兵を遣わして訓儒麻呂を射殺・奪回した。しかしなおも仲麻呂は中衛府の矢田部老をして襲わせたが、上皇の詔使として船守らはこれを撃退した。船守の官は当時授刀とあり授刀舎人の一人であったらしい。同日、その功により従七位下から一挙に従五位下に叙せられ、天平神護二年(七六六)二月には功田八町を下賜され、功田はその子に伝えることを許された。神護景雲二年(七六八)十一月、検校兵庫軍監、同三年三月、近衛将監で紀伊介。『続日本紀』によれば、翌四年八月に近衛少将で紀伊守を兼ねたというが、前後や官位相当からみて不審。翌宝亀二年(七七一)閏三月には近衛将監で但馬介となり、同六年九月、近衛員外少将で紀伊守。同八年正月、土佐守の兼任となり、翌九年、近衛少将で内廐助と土佐守を兼ねた。天応元年(七八一)五月、近衛員外中将で内廐助を兼任。同年六月、参議にのぼった。以後、内廐頭・常陸守・近衛中将などを次々兼任した。延暦三年(七八四)五月、藤原朝臣種継・佐伯宿禰今毛人(いまえみし)らとともに山背国長岡村(京都府向日市付近)に遣わされ、遷都の候補地を視察した。これが長岡京の地であり、翌六月、種継・今毛人ら九人と造長岡宮使に任ぜられて都城を経始し宮殿を営作することに当った。早速賀茂大神の社に奉幣し遷都のことを報告に赴き、さらに同年十一月には賀茂の上下社(京都市北区上賀茂本山の上賀茂神社と左京区下鴨泉川町にある下鴨神社)に従二位を授ける勅使となった。この頃、参議で中宮大夫・内廐頭・常陸守・近衛大将を逐次兼任したが、同四年十一月、中納言となり、同五年二月、式部卿を兼任した。同七年正月、皇太子安殿(あて)親王(のちの平城天皇)の元服の加冠に奉仕し、翌八年九月には征東将軍紀朝臣古佐美を太政官曹司に呼び、いたずらに軍を逗留させ進めなかったうえ阿弖流為(あてるい)らに敗北したことにつき勘問する使者の一員となった。同九年二月、正三位となり、翌十年正月、大納言に昇った。同十一年正月、山背国に四十町の地を下賜され殊遇をうけたが、同年四月、薨じた。死後三日の廃朝をうけ、正二位右大臣を贈られた。女は桓武天皇の妃の一人となっている。

紀朝臣真象　きのあそんまかた　八世紀後半の下級官人。『経国集』巻二十に、天平宝字元年(七五七)十一月十日の対策文二首が収められており、時に文章生・大初位上とある。この時の問題の一つは、近頃礼を欠く新羅をいかにして戦わずに屈服させるかというもので、その後間もなく表面化した藤原朝臣仲麻呂による新羅征討計画の存在を反映している。真象はこの対策が及第して登用されたものとみえ、同書の目録には駿河介・正六位上とある。

【参考文献】　宮田俊彦『吉備真備』(『人物叢書』)

紀朝臣益麻呂　きのあそんますまろ　八世紀中頃の紀寺(平城左京五条七坊にあった。奈良市西紀寺町の璉城寺がその跡という)の奴。官人。旧名は紀益人、のち田後部益人。天平宝字八年(七六四)七月、紀寺奴益人らは良民への編付を願い出た。訴えによると、益人らの祖の紀袁祁(おけ)臣の女粳売(ぬかめ)は紀伊国氷高評(のちの日高郡。現在の和歌山県日高郡と御坊市の一帯)の人内原直牟羅に嫁いで娘二人を生んだが、その子孫は寺家内(平城京に移る以前の紀寺は奈良県高市郡明日香村小山にあったとみられる)に居住していたため、のちに『庚寅年籍』により寺奴婢に編入されてしまったという。勅裁により、益人(益麻呂)ら十二人は紀朝臣、真玉女ら五十九人は内原直の氏姓を賜わり、益麻呂は戸頭として京戸に編付された。益人は以後、紀朝臣益麻呂と名乗り、天平神護元年(七六五)四月、従六位上から従五位下に昇った。神護景雲元年(七六七)八月、陰陽寮員外助として瑞雲出現を奏上し、正五位下・陰陽頭に昇る。同四年二月には、伯耆介に任ぜられた。この年、位階も従四位下と異例の出世をみた。しかし、同年七月、詔により官職・位階を剝奪され、庶人におとされ、名前も田後部益人とされた。また、かつて良民とされた紀寺奴婢ら七十五人は、益人一人を除いて全員もとの紀寺奴婢に戻された。寺奴から従四位下に昇り、また庶人に戻るという数奇の運命をたどった。

【参考文献】　角田文衛「紀寺の奴―奈良時代における私奴婢の解放問題―」(『律令国家の展開』所収)

紀朝臣益女　きのあそんますめ　―七六五　八世紀中頃の巫女。和気王に近侍し、淳仁天皇を退けるのに功があったためか、天平宝字八年(七六四)十月、無位から従五位下に叙せられ、まもなく従五位上となり、天平神護元年(七六五)正月には勲三等を授けられた。同年八月、和気王の謀反事件に連坐して山背国綴喜郡松井村(京都府綴喜郡田辺町松井)で絞殺された。和気王が皇位を望み、益女はその寵愛を得て王をそそのかしたという。紀寺(平城左京五条七坊にあった。奈良市西紀寺町の璉城寺がその跡という)の婢の出身と考えられており、同じく紀寺の奴だった従四位下陰陽頭紀朝臣益麻呂の姉妹であるらしい。

【参考文献】角田文衛「紀寺の奴—奈良時代における私奴婢の解放問題—」(『律令国家の展開』所収)

紀朝臣真人　きのあそんまひと　㈠七世紀後半の官人。朱鳥元年(六八六)九月、天武天皇の崩御に伴う殯(もがり)が宮の南庭で行なわれた時、長として膳職の事を誄(しのびごと)した。時に直広肆。同二年正月にも同じ殯宮に奠(みけ。供物)を奉った。この時は奉膳とし内膳司の長の称で表記されているが、当時は内膳・大膳は未分化で膳職が妥当か。㈡七四七—八〇五　八世紀後半—九世紀初めの官人。麻路の孫。広名の子。宝亀十一年(七八〇)正月、従五位下となり、以後、大学頭・右京亮・摂津亮・相模守などを経て、延暦七年(七八八)三月、征東副使。大使紀朝臣古佐美に従って征夷に赴いたようであるが、この軍は阿弖流為(あてるい)などに指揮された蝦夷軍のため敗退して奥地に進めず、いたずらに逗留したとして責任を問われた。ただし真人の責任内容などは不明。同十年、中務少輔となり、同二十四年八月、卒した。時に従四位下常陸守。卒伝に、「人となり温潤、頗る文藻有り。官を内外に歴て、毀誉有ること無し」とある。

紀朝臣麻呂　きのあそんまろ　六五九？—七〇五　七世紀後半—八世紀初めの公卿。大人(うし)の子。宇美・男人らの父。持統七年(六九三)六月、直広肆を授けられ、大宝元年(七〇一)三月、令制官名位号の採用により直広弐から正従三位となり、正三位石上(いそのかみ)朝臣麻呂、藤原朝臣不比等とともに大納言に任ぜられた。慶雲二年(七〇五)官員令大納言の定員設定で四人から二人に減じた折にも不比等とこの任にあったが、同年七月十九日、薨じた。『公卿補任』同年条によると七月十日薨ずるとあり、文武天皇が深く悼惜し、特に葬儀を賜わり、宣命を下した。『続日本紀』宝亀十一年(七八〇)三月二十二日条・延暦三年(七八四)四月十九日条では大納言兼中務卿正三位とし、宇美・男人を子、広純・家守を孫とする。『紀氏系図』の系譜は不正確であるが、古麻呂・依麻呂・宿奈麻呂・飯麻呂・猿取を子と記す。八—九世紀に中・上級官人として活躍する紀氏一族の多くは麻呂から出ているらしい。『懐風藻』に五言詩「春日応詔」一首を載せ、「年四十七」とみえるが、これは享年であろう。

【参考文献】林陸朗「桓武朝廟堂の人的構成」(『上代政治社会の研究』所収)、木本好信「藤原仲麻呂と官人」(『藤原仲麻呂政権の研究』所収)

紀朝臣麻路　きのあそんまろ　—七五七？　八世紀中頃の公卿。名は麻呂にも作るが、大人(うし)の子の麻呂とは別人。広名の父。養老四年(七二〇)正月、従五位下に叙せられ、同五年六月、式部少輔に任ぜられた。聖武天皇は天平十二年(七四〇)十月から五カ年にわたり畿内周辺を彷徨するが、その初めの伊勢行幸に当り、後騎兵大将軍となる。同十三年七月、式部大輔、同十五年五月には参議に昇った。同十七年五月の聖武の恭仁京(くにのみやこ)還幸に際し、甲賀宮留守を務めた。同十八年三月、民部卿となり、のち南海道鎮撫使・右衛士督を兼ねた。同二十年四月、元正上皇の葬送に当り御装束司を務め、天平感宝元年(七四九)四月、伊勢大神宮に奉幣する使となっている。この奉幣は、陸奥国での産金をうけ、同月、聖武が東大寺盧舎那仏を拝してその報告と謝意を述べており、これに伴うものか。同年七月(七月に天平勝宝と改元)、従三位に叙せられ、中納言、のち式部卿を兼ねた。天平勝宝四年(七五二)四月、東大寺盧舎那大仏の開眼会には、西宮留守官に任ぜられ、同年九月には大宰帥を兼任した。同六年七月、太皇太后藤原朝臣宮子葬送に際して御装束司となり、同八歳十二月、故聖武上皇の追福行事として諸寺に『梵網経』を講ぜしめることになり、薬師寺に派遣されている。同九歳三月、すでに聖武上皇の遺詔で孝謙天皇の後継に道祖(ふなど)王が決定し皇太子とされていたが、これを廃した。この件で、孝謙・皇太后藤原朝臣光明子は藤原朝臣豊成・同仲麻呂や麻路らとともに策を禁中に定め、廃太子ののち道祖を第に還らせた。理由は孝謙の言に「身諒闇に居て志淫縦に在り、教勅を加ふと雖も曾つて改め悔ゆることなし」とあり、結局これにかわって仲麻呂の子故真従の妻の夫に当る大炊王(のちの淳仁天皇)が立太子する。ただ麻路の記事はこの三月二十九日が最後で、これ以降のこの件への関与や没年などについては不明。『公卿補任』には「或本、天平宝字元年薨歟」とある。

紀朝臣牟良自　きのあそんむらじ　八世紀前半の武人。名は武良士にも作る。神亀元年(七二四)陸奥国で海道蝦夷が反乱を起こすと、征夷将軍藤原朝臣宇合のもとで軍功をあげた。翌二年閏正月、その功により少初位ながら勲六等と田二町をうけた。天平九年(七三七)陸奥按察使(あぜち)鎮守将軍大野朝臣東人の要請で持節大使藤原朝臣麻呂が赴任すると、従七位上で下判官となり、東人指揮下に色麻柵(宮城県加美郡色麻町一関遺跡または同郡中新田町城生遺跡に比定される)を発って出羽柵(秋田市寺内の高清水丘陵にあった秋田城の前身。天平五年に山形県庄内地方より遷置)への直路開拓事業に従事した。

紀朝臣百継　きのあそんももつぐ　七六四―八三六　九世紀前半の公卿。木津男の一男。延暦十九年(八〇〇)右衛士少尉となり、その後、右衛士権佐・左衛士佐などを歴任。弘仁元年(八一〇)の藤原朝臣薬子の変の時、右近衛少将に登用された。時に従五位下。のち右近衛中将・右衛門督、位階は従三位にいたったが、淳和朝には天長八年(八三一)正三位になっただけである。仁明天皇即位とともに再び昇進し、同十年十一月に従二位、承和二年(八三五)参議になり、翌三年九月十九日、薨じた。時に七十三歳。

紀朝臣諸人　きのあそんもろひと　八世紀前半の官人。橡(とち)姫の父。慶雲四年(七〇七)二月、従六位上から従五位下に進む。和銅元年(七〇八)越後国に出羽建郡(建郡当初の出羽郡の郡域は山形県庄内地方、最上川以南の地)をみると、翌二年、陸奥・越後国に征討軍がおこされ、内蔵頭から征越後蝦夷副将軍に起用された。同年八月、事終わって入朝。特に優寵を加えられた。女橡姫は光仁天皇の母。宝亀十年(七七九)の天長節に「外祖父従五位上」とみえ、従一位が贈られ、桓武天皇は延暦四年(七八五)五月、外曾祖として正一位太政大臣を追贈した。

紀朝臣安雄　きのあそんやすお　八二二―八八六　九世紀中頃―後半の官人。氏姓は初め苅(刈)田首で、種継の子。『日本三代実録』によれば、安雄は幼年にしてその学行をもって称せられたといい、明経得業生として天安二年(八五八)九月に正七位下から従六位下に昇叙、この年、直講となった。同三年二月には領渤海客使に任ぜられ、同年三月、存問使を兼ねて渤海使節の逗留する加賀国に向かい、貞観元年(八五九)七月、復命した。同四年五月、本拠を讃岐国刈田郡(香川県観音寺市と三豊郡の一部)から左京に移した。時に従六位上。同年八月当時には正六位上とみえ、同五年正月、外従五位下に昇叙、同九年正月には従五位下となり、同年十一月、紀朝臣の氏姓を賜わった。時に安雄みずから武内宿禰の後裔であると述べている。その後、助教を経て同十一年二月には勘解由次官に転じた。さらに下野介を兼ねたという。『貞観格式』の編纂にも携わっており、同年四月、藤原朝臣氏宗らとともに『貞観格』を、同十三年八月には同じく『貞観式』を奏進している。この間、同十二年二月には助教を兼ね、同十六年には従五位上に昇っており、同十八年、主計頭、同十九年、武蔵守となった。武蔵守時代、施政は簡恵を貴び、吏民はこれに安んじたという。元慶六年(八八二)鋳銭長官兼周防守となったが、その声績は武蔵守在任時よりも劣ったという。安雄は経業に精通するとともに文才に富み、重陽の節には徴されて文人たちと交わったと伝える。仁和二年(八八六)五月二十八日、卒した。時に六十五歳。

紀朝臣弓張　きのあそんゆみはり　七世紀後半の官人。朱鳥元年(六八六)九月、天武天皇の殯宮(もがりのみや)で民官のことを誄(しのびごと)した。時に直広肆。持統六年(六九二)三月、持統天皇の伊勢行幸に際して浄広肆広瀬王・直広参当摩真人智徳らとともに留守官となる。この時も位は直広肆。

紀大人臣　きのうしのおみ　七世期後半の官人。紀朝臣麻呂の父。飯麻呂の祖父。その父については明確でないが、『紀氏系図』では大口臣とする。天智十年(六七一)正月、御史大夫(のちの大納言に当る)となった。同年十一月、天智天皇が重病になると、左右大臣の蘇我赤兄臣・中臣金連(かねのむらじ)や御史大夫の蘇我果安(はたやす)臣・巨勢人臣らとともに内裏にある織物の仏像の前で、大友皇子に従い心を同じくして天智の詔を奉ずることを誓った。この天智の詔とは、天智の崩後、大友皇子を即位させ護ることであろう。また『家伝』上には、天智九年閏九月、藤原朝臣鎌足を山階精舎に葬った時に、大錦下で使となって送終の辞を告げ、贈賻の礼を行なったとある。これらのことから、天智朝においてはかなり重要な地位に就いていた人物であることが知られる。しかし、壬申の乱後の大人の動静は『日本書紀』に記されていない。没年は不明であるが、『紀氏系図』に天武十二年(六八三)六月二日とあり、『公卿補任』には不明としながらも或いは天武十二年六月三日かとある。没後に正三位を贈られたことが、『続日本紀』に載せられた麻呂や飯麻呂の薨伝記事から知られる。このことに関して伴信友(ばんのぶとも)は、大人は乱が起きると心変わりして大海人皇子(のちの天武天皇)につき、そのため罪を問われることなく子の麻呂も出世できたのであり、さらに、正三位は大宝令制の位階であるので、文武朝か元明朝に子の麻呂の力で贈られたものであろうと述べている。

紀大磐宿禰　きのおいわのすくね　五世紀後半の武将。小弓の子。名を生磐にも作る。『日本書紀』によれば雄略九年三月、父の紀小弓宿禰と蘇我韓子宿禰・大伴連談・小鹿火(おかひ)宿禰の四将軍は新羅に遠征したが、小弓が病死したので、みずから新羅に赴いて小鹿火の掌る兵馬船官を執った。小鹿火は深くこれを恨み、韓子に讒言したので、韓子は百済王が国境視察に倭国の諸将を誘った時を利用して、大磐を射殺しようとしたが逆に大磐に殺されてしまった。その後顕宗三年にいたり、大磐は任那に拠り高麗と通じて三韓の王になろうとし、みずから神聖と称し、任那の左魯(さる)・那奇他甲背(なかたこうはい)らの計を用いて百済の適莫爾解(ちゃくまくにげ)を殺し、帯山城(しとろもろのさし)を築いて百済の糧道を断ち、怒った百済王の反撃を迎撃して大いに破ったが、やがて兵力尽きて事のならざるを知り、任那から帰ったという。

【参考文献】末松保和『任那興亡史』、岸俊男「紀氏に関する一試考」(『日本古代政治史研究』所収)

紀少鹿女郎　きのおしかのいらつめ　万葉歌人。紀女郎にも作る。名の少(小)鹿は父紀朝臣鹿人の名に因むものであろう。安貴王の妻となったが、王は因幡の八上采女(やがみのうねめ)と恋愛事件を起こし、采女は不敬の罪により本国退却に処せられた(『万葉集』四—五三五左注)。一方、少鹿には「怨恨の歌」三首(同四—六四三〜六四五)があるので、この事件に関する怨恨を歌い、のち安貴王と離別したと考えることもできる。この事件を養老(七一七—七二四)末年と考えると、十数歳年下となる大伴宿禰家持と、後年恋歌をやりとりしたのは(同四—七六二・七六三・七七六、八—一四六〇・一四六一)、恭仁京(くにのみやこ)時代(七四〇—七四五)の頃で、少鹿女郎三十歳代、いかにも成熟した女の歌らしいゆとりと深みをもつ、遊戯的な贈歌である。別に梅の歌三首(同八―一四五二・一六四八・一六六一)や女性の友人への贈歌(同四―七八二)があり、天平万葉の代表的女流歌人の一人である。作歌は合計十二首。

紀忍人　きのおしひと　七世紀前半の人。博世(ひろよ)の孫で、在手(ありて)の父。推古朝に博世が伊予国に遣わされた時、忍人は越智直(おちのあたい)の女を娶り在手をもうけた。在手は『庚午年籍』に、誤って母の氏姓の越智直で登録された。そこで忍人五世孫の越智直広川らは、延暦十年(七九一)十二月、本氏姓紀臣を賜わらんことを請うて許された。一本『紀氏系図』では、男麻呂宿禰の子小足臣の弟に博世臣を掲げ、伊予国に居すとするが、忍人の系にまでは及んでいない。

紀男麻呂宿禰　きのおまろのすくね　六世紀後半の武将。紀臣男麻呂宿禰・紀臣男麻呂にも作る。『日本書紀』によれば、欽明二十三年(五六二)七月、新羅を責める大将軍として副将河辺臣瓊缶(かわべのおみにえ)とともに派遣され、任那の旧地から百済に遣わした使いが落した機密の書信を新羅に拾われて謀が洩れ、大軍をもって攻められたが、男麻呂はこれを破ったという。用明二年(五八七)七月、蘇我馬子宿禰大臣が物部弓削守屋大連を滅ぼした時には、守屋征討軍に加わり、崇峻四年(五九一)十一月には、任那を再興するため巨勢猿臣(こせのさるのおみ)・大伴囓連(くいのむらじ)・葛城烏奈良臣(かずらきのおならのおみ)ら三人とともに大将軍に任命され、氏々の臣連を副将として筑紫に出陣したが、翌五年、崇峻が馬子に殺されると任那再興の議は中止となり、推古三年(五九五)七月、筑紫から帰ったという。

紀臣阿閉麻呂　きのおみあえまろ　―六七四　壬申の乱の功臣。天武元年(六七二)七月、東道将軍となり、置始連菟(おきそめのむらじうさぎ)らとともに数万の兵を率い、伊勢の大山(三重県鈴鹿郡関町の加太越え)を越え倭に向かったが、途中、倭京の将軍大伴連吹負(ふけい)が敗れたと聞き、千余騎を割き菟を倭京に急行させた。同二年八月、勲功により寵賞された時は、伊賀国にいた。同三年二月卒したが、天武天皇は大いに悲しみ、功により大紫位を贈った。

紀臣阿佐麻呂　きのおみあさまろ　七世紀後半の人。名を河(訶)佐麻呂(かさまろ)に作る写本もある。『日本書紀』天武五年(六七六)四月条に、美濃国司へ詔を下し、礪杵(とき)郡(岐阜県土岐郡・土岐市・多治見市・瑞浪市一帯)にいる阿佐麻呂の子を東国に住まわせ、その国の百姓にせよと命じたとある。河村秀根(ひでね)によると、阿佐麻呂は近江朝の人で配流されて美濃にいたのであり、紀大人(うし)臣や紀臣阿閉麻呂と同じ族ではなく、『続日本紀』養老三年(七一九)五月条に、無位紀臣竜麻呂ら十八人に朝臣の姓を賜わったとみえるのが、阿佐麻呂の子孫であるという。

紀臣馬養　きのおみうまかい　八世紀後半の漁師。紀伊国安諦(あて)郡吉備郷(和歌山県有田郡吉備町)の人。『日本霊異記』に、大海に漂流したが釈迦仏の名を唱えたため救われたという説話がみえる。それによれば、同国海部(あま)郡浜中郷(和歌山県海草郡下津町・有田市付近)の中臣連祖父麿(おおじまろ)とともに、同国日高郡の潮(河口のこと)の漁師紀万侶朝臣に雇われ、網を引いていた。白壁(光仁)天皇の宝亀六年(七七五)六月、暴風雨で潮に水があふれ材木が流れ出すと、馬養と祖父麿は万侶の命により流木を取って筏に組み、それに乗って木をとっていた。ところが、筏が壊れ漂流すると、二人はただ「南無、無量災難を解脱せしめよ、尺迦牟尼仏」と唱えて哭き叫ぶばかりであった。祖父麿は五日後、馬養は六日後に淡路国の南西田町野浦(兵庫県三原郡か)に漂着した。祖父麿は再び殺生の業に就くことを嫌い、その地の国分寺の僧になった。馬養は二カ月後に家に帰ったが、のち発心して、世を厭い山に入り仏法を修したという。

紀臣堅麻呂　きのおみかたまろ　―六七九　壬申の乱の功臣。天武八年(六七九)二月に卒した。死後、壬申の年の功により大錦上を贈られた。天武二年十二月に造高市大寺司に任ぜられた小錦下紀臣訶多麻呂と同一人物とする説もある。

紀臣塩手　きのおみしおて　七世紀前半の官人。推古天皇の崩後、推古三十六年(六二八)九月、大臣蘇我臣蝦夷が皇位継承者を議するため群臣を集めたところ、塩手は許勢臣大麻呂・佐伯連東人とともに山背大兄王を推した。次いで推古の遺言をめぐり蝦夷と山背大兄王とが争うと、塩手は蝦夷の使者として何度か山背大兄王のもとに赴いている。

紀臣麻利耆拖　きのおみまりきた　七世紀中頃の官人。名を乎麻呂岐太(おまろきた)にも作る。大化元年(六四五)八月任命の東国国司で、毛野(けの)国に派遣されたと思われるグループの長官。同二年三月の任地での所業について朝集使らの陳上によれば、麻利耆拖のグループは次の六つの罪を犯したとされた。人を朝倉君・井上君の所にやり、馬を曳かせてきて視た。また、朝倉君に刀を作らせた。また、朝倉君の弓・布を得た。また、国造が送った兵代の物を主に還さず、妄りに国造に伝えた。また、任地で刀を盗まれた。また、倭(やまと)国で刀を盗まれた。しかし、ほかの国司とともに全員罪を許された。白雉元年(六五〇)二月に穴戸(あなと。長門国西南部)国司が白雉を献じた時、左右大臣以下百官人が白雉を宮中に迎えたが、麻利耆拖は三国公麻呂・猪名(いな)公高見・三輪君甕穂(みかほ)とともに、中庭から殿の前まで白雉の輿を執って進んだ。

紀臣弥麻沙　きのおみみまさ　六世紀中頃の日系韓人。『日本書紀』欽明二年(五四一)七月条によれば、紀臣と韓婦との間に生まれた男で、百済に留まり奈率(百済の官位十六品の第六位)になった。ただし父は未詳という。同月、百済は、安羅の日本府と新羅とが計を通じたと聞き、弥麻沙を鼻利莫古(びりまくこ)ら三人とともに安羅に遣わし、任那の執事を召して任那を建てることを謀らせた。翌三年七月、中部(ちゅうほう)己連とともに来朝し、下韓・任那の政を奏して上表し、翌四年四月、帰国したという。

紀小弓宿禰　きのおゆみのすくね　五世紀後半の将軍。大磐(おいわ)の父。『日本書紀』雄略九年三月条によれば、小弓は蘇我韓子(からこ)宿禰・大伴談(かたり)連・小鹿火(おかひ)宿禰とともに、新羅征討の将軍に任ぜられたが、小弓は妻が死んだ直後で身の周りの世話をしてくれる者がいないと、大伴室屋(むろや)大連を通じて雄略天皇に申し出た。雄略はそれを悲しみ、吉備上道采女大海(きびのかみつみちのうねめおおあま)を賜い一緒に遠征させた。小弓は、大いに新羅を敗り喙(とく)の地を平定したが、残兵の抵抗を受けたので、談らと会して軍勢を整えた。しかし、新羅軍の反撃により談らは戦死し、ついに小弓も病死したという。同書同年五月条によれば、采女大海は、小弓の喪に従って日本に帰り、室屋に墓所を請うたので、室屋は雄略に奏し、勅により土師(はじ)連小鳥をして田身輪邑(たむわのむら。大阪府泉南郡岬町淡輪付近)に墓を作り葬儀をさせた。大海は悦び、奴六人を室屋に送った。これが吉備上道の蚊嶋田邑(かしまだのむら)の家人部であるという。

紀国造押勝　きのくにのみやつこおしかつ　六世紀の大和政権傘下の豪族。『日本書紀』敏達十二年(五八三)条によると、火葦北国造阿利斯登(ありしと)の子日羅を迎えるために吉備海部直羽嶋とともに百済に派遣されたが、実現せず帰国したという。『紀伊国造系図』には名を忍勝に作り、麻佐手の子とする。

紀宿禰福吉　きのすくねふくよし　九世紀前半の医師。丹波国の出身で、氏姓は初め大村直。承和二年(八三五)正月、正六位上から外従五位下に昇叙。同年十月、武内宿禰の後裔氏族であることをもって同族四人とともに紀宿禰の氏姓を賜わった。時に右近衛医師。瘡病の治療法に卓越していたため仁明天皇の寵をうけ、仁明は福吉に居宅を下賜し、またその秘伝によって『治瘡記』なる書を撰せしめたという。

紀田鳥宿禰　きのたとりのすくね　讃岐

国寒川郡(香川県大川郡西半部)の人佐婆部首牛養らの先祖。延暦十年(七九一)十二月の牛養らの奏言に、先祖は紀田鳥宿禰で、その孫米多臣が仁徳朝に周芳国から讃岐国へ移り、佐婆部首を称したことがみえる。『先代旧事本紀』国造本紀によれば、都怒足尼の子で、仁徳朝に都怒国造に任ぜられたという。

紀角宿禰　きのつののすくね　応神・仁徳朝に対朝鮮外交で活躍した紀氏同族の祖。実在したかは未詳。『古事記』孝元段に木角宿禰とあり、建内宿禰の子で、木臣(紀朝臣)・都奴臣(角朝臣)・坂本臣(坂本朝臣)の祖とみえ、『新撰姓氏録』は紀都奴宿禰・紀都野宿禰に作り、紀朝臣・角朝臣(左京皇別)、坂本朝臣(左京・和泉皇別)、掃守田首(右京・和泉皇別)、紀辛梶臣・大家臣・丈部首(和泉皇別)、紀部・紀祝(河内皇別)の祖とある。『日本書紀』によると、応神三年、百済に辰斯王が立ち、倭国に礼を失したので、羽田矢代宿禰・石川宿禰・木菟宿禰らとともに遣わされて、無礼の状を責めて殺し、阿花王を立てて帰国した。仁徳四十一年三月にも百済へ遣わされ、初めて国郡の境を分け、郷土の産物を記録した。この時、百済王の同族酒君の無礼を責めると、百済王はかしこまり、鉄鎖で酒君を縛し、葛城襲津彦(かずらきのそつひこ)に付して日本に送ったという。

【参考文献】池内宏『日本上代史の一研究』、岸俊男「紀氏に関する一試考」(『日本古代政治史研究』所収)

紀豊城　きのとよき　大納言伴宿禰善男の従者。『伴大納言絵詞』には「さうしき(雑色)とよき」、『宇治拾遺物語』には「雑色とよ清」と記されている。紀朝臣善岑の子で夏井の異母弟に当る。勝手気儘なふるまいが多く、しばしば兄夏井から督責されたのを苦にして伴宿禰善男のもとに身を託したという。貞観八年(八六六)応天門焼亡事件に際して伴秋実・清縄らとともに共謀者として逮捕され、安房国へ配流された。

【参考文献】佐伯有清『伴善男』(『人物叢書』)

紀粳売　きのぬかめ　七世紀後半の婢。紀袁祁(きのおけ)臣の女。粳売に関する一連の事件は『続日本紀』天平宝字八年(七六四)七月条の文室真人浄三(ふんやのまひときよみ)の奏状に引く紀寺(平城左京五条七坊にあった。奈良市西紀寺町の璉城寺がその跡という)の奴益人の訴えに詳しい。それによれば、粳売は紀伊国氷高評(のちの日高郡。現在の和歌山県日高郡と御坊市の一帯)の内原直牟羅に嫁して身売・狛売の二女を生んだ。しかし、ある急な事情から、粳売らは袁祁臣の処分により紀寺に移住、工人の食を作ったが庚寅編戸の年(持統四・六九〇)にいたり、寺の三綱は人数を調べて彼女らを婢とした。以来、賤を脱することができず、多年を経たという。訴えにより『庚午年籍』が調べられたが、そこでも粳売らは寺賤の中に入っていた。『庚午年籍』の変更は本来認められないが、この時は勅によって粳売の子孫と思われる益人らが解放され、良となった。この処置は益人の訴えを全面的に認めたものであるが、粳売が事実、良であったのか否かは彼女の母が明らかでないため不明である。こうした点から、益人の訴えには虚構が含まれるだろうとの指摘もある。

【参考文献】角田文衛「紀寺の奴―奈良時代における私奴婢の解放問題―」(『律令国家の展開』所収)

紀崗前来目連　きのおかさきのくめのむらじ　雄略九年三月、紀小弓宿禰・大伴連談らの新羅征討軍に参加、新羅軍を破るが、その敗残軍と戦い、談とともに戦死。のちの紀伊国海草郡岡崎村(和歌山市岡崎)または大和国平群(へぐり)郡岡崎(奈良県生駒郡安堵村岡崎)を本拠としたか。『日本書紀』清寧即位前条にみえる城丘前来目(欠名)とは別人。

義淵　ぎいん　―七二八　七世紀後半―八世紀初めの法相宗の僧。「ぎえん」ともいう。大和国高市郡(奈良県高市郡・橿原市と御所市・大和高田市の各一部)の人。俗姓は市往(いちゆき)氏、或いは阿刀(あと)氏。文武三年(六九九)十一月、その学業を褒められ、稲一万束を賜わり、大宝三年(七〇三)三月、僧正に任ぜられた。神亀四年(七二七)十二月、聖武天皇から「僧正義淵法師、禅師早く茂り、法梁惟れ隆んなり。玄風を四方に扇ぎ、恵炬(えきょ)を三界に照せり。しかのみならず、先帝の御世より朕が代に至るまで、内裏に供奉して、ひとつの咎愆(きゅうけん)なし。念ふに、かくのごとき人は年徳共に隆んなり」とその功業を高く讃えられ、俗姓市往氏を改めて、岡連の氏姓を賜わり、その兄弟にも伝えよとの詔をうけた。同五年十月、入滅。治部省の官人が遣わされて喪事の監護に当り、絁(あしぎぬ)百疋、糸二百絇、綿三百屯、布二百端を賻(おく)られた。『扶桑略記』大宝三年(七〇三)三月の伝によると、その父が子なきゆえに、多年観音に祈請していたところ、或る夜小児の泣き声が柴垣の上から聞え、白帖に包まれたものがあり、香気が満ちていたという。天智天皇がこれを伝え聞いて、皇子とともに岡本宮(宮跡は高市郡明日香村雷・奥山付近か)にて養育させたという。僧正となり、竜蓋寺(岡寺。高市郡明日香村岡)を造ったが、俗に竜門(寺跡は奈良県吉野郡吉野町山口にある)・竜福(寺跡は奈良県天理市滝本町にある)など五つの竜とつく寺を造ったともいうと記されている。『三国仏法伝通縁起』中巻には、法相宗の僧として、智鳳・智鸞から法を授けられ、玄昉・行基・宣教・良敏・行達・隆尊・良弁は七上足と称せられる弟子であり、道慈もまた法を学んだという。『七大寺年表』では道昭・道慈・道場・道鏡はみな一室の弟子であるといい、「竜蓋寺伝記」として『扶桑略記』と同様の伝を載せている。『東大寺要録』には「竜蓋寺記」としてこれと同様の伝があり、『元亨釈書』も同様の伝を記す。

【参考文献】横田健一「義淵僧正とその時代」(『橿原考古学研究所論集』五所収)

義叡 ぎえい 八一三—八九二 九世紀後半の薬師寺の僧。法相宗。俗姓は佐伯氏。阿波国または河内国の人と伝える。入唐僧戒明の弟子。法相宗の高僧として知られたが、元慶二年(八七八)四月、義叡をはじめ薬師寺・東大寺の四僧は、権少僧都宗叡の奏言により、真言を兼学し師範たるに堪える僧として、真如(俗名高岳親王)の本願に随って真如の創建した超昇寺(奈良市佐紀町の佐紀神社東北が寺跡)に入住させられた。同年、興福寺維摩会の講師となり、次いで翌三年正月には大極殿御斎会の講師を務めた。のち同七年に律師に任ぜられ、寛平二年(八九〇)少僧都に進んだが、同四年に寂した。

義演 ぎえん 九世紀前半の広岡寺の僧。天長八年(八三一)宗叡は具足戒を受け、広岡寺の義演法師に就いて法相の宗義を受学したという。或いは光定が弘仁五年(八一四)に興福寺に行って本宗の義をともに論じたという義延法師と同一人物か。なお義演が止住していた広岡寺は天応二年(七八二)正月七日に光仁天皇が葬られた広岡山陵の地(大和国添上郡広岡)にあった寺か。

義覚 ぎかく 七世紀後半の僧。もと百済の人。『日本霊異記』に、百済滅亡の斉明朝に来朝、難波の百済寺(大阪市生野区舎利寺に寺跡がある)に住した。身長は七尺、広く仏教を学び、『般若心経』を常に唱えていた。同寺の僧慧義が、ある夜、室中をうかがうと、端坐誦経するその口から光が出ていた。翌日、義覚は、一晩『般若心経』を百遍念誦すれば、四方の壁を抜け通して、外の庭まで見透すことができると語ったとある。

義済 ぎさい 八四三— 九世紀後半—十世紀前半の元興寺の僧。法相宗。元慶六年(八八二)八月、宗岳朝臣木村らが、建興寺(奈良県高市郡明日香村豊浦の地にあった豊浦寺)はその先祖蘇我稲目宿禰が建立した寺院であるので、宗岳氏が検校することを請うたのに対し、同寺別当の任にあった義済は、推古天皇の御願によって建立されたもので、宗岳氏の氏寺ではないことを主張し、これが認められて宗岳氏の請願は却下された。のち延喜十二年(九一二)維摩会の講師に任ぜられた。

私部氏 きさいべうじ 名代(なしろ)的伴造氏族の一つ。首・直或いは造の姓を有する。「きさいべ」は、「きさきべ」から転じたもので、后妃の私有民である部民を表わす。『日本書紀』敏達六年(五七七)二月条に、「詔して日祀部・私部を置く」とみえ、この頃、元来個々の后妃名を冠していた皇后の名代が「私部」と一般化されて、その原型が成立したと考えられる。『正倉院文書』などにより、ほぼ全国に分布していたことがわかる。

【参考文献】岸俊男「光明立后の史的意義」(『日本古代政治史研究』所収)、佐伯有清「但馬の日下部氏の系譜伝承」(『日本古代氏族の研究』所収)

私部首石村　きさいべのおびといわむら　八世紀前半の算術家。私石村にも作る。養老五年(七二一)正月、百官のうちで学業に優れ算術の師範たるに堪える人物として、後生を励ます意味で、絁(あしぎぬ)・糸・布・鍬などを賜わった。また、暦算家として有名を馳せていたが、天平二年(七三〇)三月、七曜・頒暦などは国家の要道であるとし、老齢に達したその学業の絶えることを恐れて、弟子をとり業を伝習させた。

吉士氏　きしうじ　朝鮮派遣氏族の一つ。渉外関係に従事。吉志・吉師にも作る。吉士の氏名は古代朝鮮における首長を意味する語に由来する。新羅では官位十七等の第十四位に吉士がある。日鷹吉士・難波吉士などの氏名が示すように、紀伊国日高郡(和歌山県日高郡と御坊市の一帯)や摂津国難波(大阪市)などを本拠として水軍や外交に活躍した。『日本書紀』によると、天武十年(六八一)正月、草香部吉士大形は難波連の氏姓を賜わり、同十二年十月、三宅吉士・草壁吉士が連姓を賜わった。また難波連は同十四年六月に忌寸の姓を賜わった。また海外派遣の吉士氏一族をみると、雄略七年に日鷹吉士堅磐が百済に遣わされ、翌八年二月には難波吉士赤目子が任那におり、仁賢六年九月に日鷹吉士が高麗に遣わされている。継体二十三年(五二九)三月に吉士老が百済王のもとに派遣され、翌年九月には調吉士が使者として任那に滞在している。欽明二十三年(五六二)七月、調吉士伊企儺(つきのきしいきな)が新羅の闘将に殺され、子の舅子(おじこ)も父を抱いて死んだ。敏達四年(五七五)四月、吉士金子が新羅、吉士木蓮子(いたび)が任那、吉士訳語彦(おさひこ)が百済に使者となっている。同六年五月、小黒吉士が百済に遣わされ、百済国の宰となっている。同十三年二月、吉士木蓮子を新羅に使者として派遣、崇峻四年(五九一)十一月にも吉士木蓮子を任那に、吉士金を新羅に派遣。推古五年(五九七)十一月、吉士磐金(いわかね)が新羅に遣わされ、同八年にも難波吉師神を新羅に、難波吉士木蓮子を任那に派遣。同三十一年に吉士磐金を新羅に、吉士倉下を任那に派遣。皇極元年(六四二)二月、難波吉士国勝(国勝吉士水鶏)を百済に、草壁吉士真跡を新羅に、坂本吉士長兄を任那に派遣。白雉四年(六五三)五月、吉士長丹(ながに)が遣唐大使、吉士駒が遣唐副使となり、天智四年(六六五)吉士岐弥・吉士針間が唐の使人を送り唐に派遣され、同七年十一月、吉士小鮪(おしび)が新羅に派遣された。天武四年(六七五)七月、三宅吉士入石が遣新羅副使となった。

【参考文献】佐伯有清『新撰姓氏録の研究』考証篇二、三浦圭一「吉士について―古代における海外交渉―」(『中世民衆生活史の研究』所収)

吉士赤鳩　きしのあかはと　六世紀後半の迎高麗使。『日本書紀』によると欽明三十一年(五七〇)四月、越の人江渟臣裙代(えぬのおみもしろ)が高麗の使人が越に漂着したことを上奏したので、膳臣傾子(かしわでのおみかたぶこ)を遣わして使人を饗応した。同年七月に使人が近江に来たので、赤鳩は許勢臣猿とともに遣わされて難波津を出航し、狭狭波山(滋賀県大津市の逢坂山)で餝船(かざりぶね)を装い、近江の北山(比定地未詳。琵琶湖北岸か)にいってこれを迎えた。さらに使人を山背の高槭館(こまひのむろつみ。京都府相楽郡木津町相楽付近か)に引き入れたという。

吉士磐金　きしのいわかね　六世紀末―七世紀後半の官人。渉外関係に活躍。『日本書紀』推古六年(五九八)四月条には難波吉士磐金とみえ、皇極元年(六四二)二月条には草壁吉士磐金とある。推古五年十一月、新羅に遣わされた。翌六年四月に帰朝し鵲二羽を献じた。それを難波社（大阪府城東区森之宮の森神祠とする説や天王寺区生玉町の生国魂神社にあてる説がある）に放し飼いにさせたところ枝に巣をつくり、ひなをかえした。同三十一年、新羅が任那を伐ち服属させたので、推古天皇は新羅征討を謀り群臣に意見を求めた。その結果、磐金を新羅に遣わし、吉士倉下を任那に遣わして任那の事件について問いただした。新羅王は八人の大夫を遣わして、新羅国の事情を磐金に、任那国の事情を倉下に申し伝え任那領有の意志のないことを約束した。また両国の使者を副えて朝貢しようとした。ところが磐金らが帰らないうちに、境部臣雄摩侶・中臣連国らを大将軍とした数万の新羅征討軍が海を渡ったため、新羅・任那両国の使人はおそれて国にもどってしまったので、堪遅大舎をかわりに任那の調使として貢上した。磐金らは征討軍を発することは以前の約束にたがうことだとして、帰国の途に着いた。同年十一月、磐金らは帰国した。大臣蘇我馬子宿禰が状況を尋ねたので、新羅王は使を遣わして新羅・任那両国の調を貢上しようとしたが、征討軍がきたのをみて朝貢の使人は還ってしまい、調だけを貢上したと答えた。すると大臣は征討軍を遣わすのを早まったといった。人々は今度の征討は境部臣と阿曇連とが、かつて新羅から多くの賄賂を得たことがあるので、また大臣にすすめて使が帰国するのを待たずに征討軍を出したのだといった。これよりさき、磐金らが新羅に渡った日、飾り船一艘が海辺に迎えた。磐金が任那の迎船のないことを問うと、任那のための船一艘が加えられた。新羅が迎船二艘を用意することは、この時に始まるという。皇極元年（六四二）二月にも百済の弔使のもとに遣わされている。

吉士雄成　きしのおなり　七世紀初めの遣隋使。難波吉士雄成にも作る。『日本書紀』によると推古十六年（六〇八）四月、小野臣妹子の帰朝に従って来朝した使人裴世清（はいせいせい）らが筑紫に着いた時、使人を召すために遣わされた。同年九月、裴世清の帰国に際し、遣隋大使小野臣妹子とともに小使に任命されて渡海した。その時、隋の煬帝（ようだい）に宛てた国書には「大礼乎那利」とある。『聖徳太子伝暦』下にも名がみえる。

吉士老　きしのおゆ　六世紀中頃の百済派遣勅使。『日本書紀』によると、継体二十三年（五二九）三月、百済王が下哆唎（哆唎は全羅南道栄山江東岸一帯の地か）国守穂積押山臣を通して加羅の多沙津（全羅南道と慶尚南道の境、蟾津江口付近）を請うた。老は物部伊勢連父根とともに勅使として派遣され、津を百済王に賜わろうとした。ところが加羅王が官家を置いて以来の朝貢の津であると抗議したので、目の当りに賜うことができず大嶋（慶尚南道の南海島か）に還り、録史を遣わして百済に賜わった。これによって、加羅は日本を怨み新羅と結んだという。

吉士金　きしのかね　六世紀末の新羅派遣の使者。吉士金子にも作る。『日本書紀』によると崇峻四年（五九一）十一月、新羅征討軍が筑紫に集結した時、任那のことを問うため新羅に派遣された。敏達四年（五七五）にも新羅に使している。

吉士倉下　きしのくらじ　七世紀前半の任那派遣の使者。『日本書紀』によると推古三十一年（六二三）新羅が任那を伐って服属させたので推古天皇は新羅征討を群臣に謀り、新羅・任那の実状を見させることにした。この時、倉下は任那に遣わされた。新羅王は倉下に任那領有の意志の無いことを伝え、使者を副えて朝貢しようとしたが、征新羅軍が任那に渡ったため新羅王はおそれて服した。倉下は同年十一月に帰国し復命した。

吉士駒　きしのこま　七世紀中頃の遣唐副使。またの名を糸ともいう。『日本書紀』によると白雉四年（六五三）五月、遣唐副使として大使吉士長丹（ながに）とともに遣わされた。時に小乙上。同時に出航した大使高田首根麻呂らの船は薩摩で難破した。駒らは翌年七月、百済・新羅の送使とともに筑紫に帰着した。同月、唐国の天子に謁見して多くの文書や宝物を得てきたことを褒せられ、大使長丹は少花下、副使駒は小山上を授かった。

吉士長丹　きしのながに　七世紀中頃の遣唐大使。『日本書紀』によると、白雉四年(六五三)五月、遣唐大使として副使吉士駒とともに遣わされた。時に小山上。同時に出航した大使高田首根麻呂らの船は薩摩で難破した。長丹らは翌年七月、百済・新羅の送使とともに筑紫に帰着。同月、唐国天子に謁見して多くの文書や宝物を得てきたことを褒せられ、少花下に叙せられ封二百戸を賜い、また姓呉氏を賜わった。この時は西海使とある。

吉志大麻呂　きしのおおまろ　八世紀前半の防人。名を火麻呂にも作る。『日本霊異記』によると、武蔵国多麻郡鴨里(比定地未詳。東京都五日市市乙津・昭島市大神・同市拝島天神社付近などに比定する説がある)の人で聖武天皇の代、筑紫の前守(防人)に点ぜられた。母は子に随って筑紫に往き、妻は国に留まって家を守った。大麻呂は妻と離れているのに耐えきれず、母を殺し喪に服することで役を免れ妻とともに住もうと思った。そこで『法華経』を説く大会があると欺いて母を山中に連れ出し、殺そうとした時、地が裂けて落ちたという。

義慈王　ぎじおう　―六六〇　在位六四一―六六〇。最後の百済王。武王の嫡子。海東の曾子と号する。六世紀中頃以来の仇敵新羅に積極的な攻勢をかけ、六四二年には新羅西部の四十余城と大耶城(慶尚南道陜川)を占領、六四九年には漢江下流域の奪取を目指して進撃したが、新羅の勇将金庾信(こんゆしん)らの迎撃にあい大敗した。六五九年、新羅の武烈王は度重なる百済の侵寇のため唐の高宗に乞師の使節を派遣、それに応じて唐は、六六〇年三月、蘇定方を総帥とする水陸十万の兵を派遣、武烈王も兵を率いてみずから出陣、同年七月十二日、唐・新羅連合軍は百済の都城泗沘(忠清南道扶余)を攻撃、翌日、義慈王は旧都熊津(くまなり。忠清南道公州)に脱出したが、十八日、遂に降伏した。九月三日、王は太子・王子らとともに東都(洛陽)に送られたが、数日にして病没した。高宗は金紫光禄大夫衛尉卿を贈り、呉の孫晧、陳の叔宝の墓側に葬り、小碑を建立した。『東大寺献物帳』には赤漆槻木厨子一口を内太(大)臣(藤原朝臣鎌足)に進上したとある。『続日本紀』天平神護二年(七六六)六月の百済王敬福の薨伝に、敬福は義慈王より出たとあり、『新撰姓氏録』右京諸蕃下には百済王氏の祖としている。

【参考文献】　今西竜『百済史研究』、池内宏『満鮮史研究』上世二

岸田氏　きしだうじ　武内宿禰の後裔氏族の一つ。蘇我稲目宿禰の子孫という。涯田にも作る。姓は初め臣、天武十三年(六八四)八色の姓制定に際し、朝臣を賜わる。『新撰姓氏録』右京皇別上の岸田朝臣条に小祚(おその)臣の孫耳高(みみたか)が岸田村に居住したので岸田臣を称したとある。岸田村はのちの大和国山辺郡岸田(奈良県天理市岸田町)か。欠名の涯田臣が大化の東国国司、麻呂が天智朝の播磨国司、天平期に継手が駿河国史生など地方官に任ぜられる者が多い。『日本文徳天皇実録』天安元年(八五七)八月条に全継は摂津国の人とある。同系氏族には、川辺臣・田中臣・高向臣・小治田臣・桜井臣などがいる。

【参考文献】　日野昭『日本古代氏族伝承の研究』、加藤謙吉「蘇我氏の発祥地とその進出地域」(『早稲田大学文学研究科紀要』別冊二、のちに『蘇我氏と大和王権』に改稿所収)

岸田朝臣継手　きしだのあそんつぐて　八世紀中頃の駿河国史生。天平十年(七三八)度の『駿河国正税帳』によると前年に着任し、正月から七月までの給粮がなされている。また、前年に停止された防人を帰国させる部領使として相模国へ、さらに俘囚部領使として遠江国へ赴いている。この間、官位は従八位の下から上へ昇叙されている。天平宝字八年(七六四)藤原朝臣仲麻呂追討の功により正六位上から従五位下に叙せられた。

鬼室集斯　きしつしゅうし　百済復興運動挫折後に渡来した百済人。『日本書紀』によると、天智四年(六六五)二月、鬼室福信の功によって小錦下の位階が授けられ、同八年に余自信ほか男女七百余人とともに近江国蒲生

(がもう)郡に遷された。集斯への小錦下授与は同十年正月条にも「小錦下を以て鬼室集斯に授く〈学職頭〉」とあって重複しているが、前者は天智の称制元年(六六二)から、後者はその即位元年(六六八)から起算したためである。滋賀県蒲生郡日野町小野の鬼室神社に集斯の墓があり、平安後期―鎌倉後期の造立と思われる八面角柱の墓碑が立てられている。

【参考文献】 坂本太郎「天智紀の史料批判」(『日本古代史の基礎的研究』上所収)、胡口靖夫「鬼室集斯墓をめぐって」(横田健一編『日本書紀研究』一一所収)

鬼室集信 きしつしゅうしん 百済系渡来氏族の一員。『日本書紀』天智十年(六七一)正月条に集信に大山下の冠位を授くとあり、その分注に「薬を解す」とある。百済復興運動に活躍した鬼室福信の一族であろう。

鬼室福信 きしつふくしん ―六六三 百済復興運動の雄将。百済王武の甥。六二七年、朝貢使として入唐。六六〇年七月、唐・新羅連合軍によって百済が滅ぼされると、翌八月、黒歯常之らとともに任存城(忠清南道大興付近)に拠って祖国復興のため挙兵、旧都泗沘(忠清南道扶余)奪回を目指し激しい戦いを展開、翌六六一年には僧道琛らと錦江下流域の周留(する)城に移動し、新しく帯方州刺史として赴任する劉仁軌の水軍に備えた。福信らの決起が我が国に報じられたのは斉明六年(六六〇)九月のことで、翌十月には乞師と百済王子豊璋(章)の帰国を願う福信自身の使者が到来している。翌年九月、豊璋は我が国の救援軍とともに帰国し王位に即いた(『日本書紀』は天智元年(六六二)五月条にも豊璋帰国を伝え、記事の重複がみられる)。しかしその後、両者の間に確執が生じ、六六三年六月、福信は豊璋によって謀殺され、八月の白村江(大韓民国の錦江河口付近)の戦いの敗北、翌月の周留城の降伏によって復興運動は終焉を告げることになった。

【参考文献】 津田左右吉「百済戦役地理考」(『満鮮歴史地理研究』一所収)、池内宏『満鮮史研究』上世二、胡口靖夫「鬼室福信と劉仁願紀功碑」(『古代文化』三一―一二)

喜娘 きじょう 遣唐大使藤原朝臣清河の女。父清河は天平勝宝四年(七五二)入唐、翌年唐からの帰途、遭難して再び唐に戻り、そのまま客死(宝亀四年(七七三)頃)したが、喜娘はその間、唐人女性との間に生まれた。喜娘は清河の死後、宝亀八年、入唐の遣唐使の帰国に同行し、同九年十一月五日、蘇州常熟県を出帆した。まもなく暴風に襲われ、乗員多数が漂没し、さらに船が舳艫に両断されてしまったが、舳に乗った喜娘は六日間の漂流の末、肥後国天草郡西仲島(八代海南西部にある長島。鹿児島県出水郡。当時は肥後国天草郡に所属)に漂着した。この後の消息は明らかでない。前田家本『帝皇系図』所引の「藤氏系図」に、清河の子として「唐吾公」と記されているのは喜娘のことかと思われる。

基真 きしん 八世紀後半の山階寺(京都市山科区大宅鳥井脇町の大宅廃寺か)の僧。近江国の人。基信にも作る。天平神護二年(七六六)九月、正五位上、時に修行進守大禅師。同年十月には隈(角)寺(のちの海竜王寺。平城左京一条二坊内。現在の奈良市法華寺町)の毗沙門像から舎利が出現したと称し、道鏡はこれを自己の瑞とした。その功により基真は法参議大律師・正四位上に叙せられ、物部浄志朝臣の氏姓を賜わり、月料も参議に准ずるとされた。しかし、神護景雲二年(七六八)十二月、その心性常ならず、好んで左道を学び、詐って童子を呪縛し、人の陰事を教説すると指弾され、さきの舎利出現も詐偽であるとされた。その驕れるさまは皇法を顧みず、卿大夫もこれを恐れた。そのうえ、道鏡の弟子で、基真の師である円興を凌(陵)突したことにより、飛騨国に流された。これにより、その権勢も数年にして終わることになった。道鏡下野国配流のあとの同四年九月、物部宿禰伊賀麻呂ら基真の親族三人が、もとの物部姓に戻されている。

【参考文献】 横田健一『道鏡』(『人物叢書』)

義真 ぎしん 七八一―八三三 九世紀前

半の天台僧。俗姓は丸子連、或いは丸部連とも伝える。相模国出身。天応元年(七八一)の生まれである。初め比叡山の最澄のもとに学び、最澄が大安寺に住したあいだ、ともに奈良にあって、興福寺慈蘊から法相宗を学び、鑑真の法系の戒律を学んだという。延暦十三年(七九四)比叡山一乗止観院供養に際して引頭を務めたともいうが、義真はいまだ沙弥の立場であったから別人であろう。また、最澄への師事を最澄大安寺所住の期とする説もある。この義真が正式に史料に名が出るのは、最澄が入唐に際し、延暦二十一年、訳語(おさ)僧として義真を同行させたいと上奏した時である。義真は東大寺慈賢に唐語をならっていたといい、同二十三年七月、最澄とともに入唐し、明州から天台山に学んだ。ことに義真は、十二月七日に国清寺(天台山仏隴峰南麓の寺)において清翰を戒和上に乞い、具足戒を受け、大僧・比丘となったことが、『顕戒論縁起』に載る「大唐受具足戒僧義真戒牒」によって知られる。のち、最澄とともに道邃から菩薩戒を受け、翌年四月、越州の順暁から密教を受法するなど、最澄はつねに義真とともに受法し、法の伝承に万全を期そうとしたようである。最澄とともに帰国した義真の消息は途切れ、弘仁三年(八一二)六月に最澄が身体不調のため、後事を円澄に付する「弘仁三年遺書」を発すると、ただちに故郷の相模国から比叡山に帰り、最澄門下第一位を主張したようである。同十三年に最澄入滅ののち、最澄念願の菩薩戒建立を果たしてその伝戒師を務め、のちの座主職である伝法師をつぎ、天長七年(八三〇)淳和天皇が仏教諸宗に宗義の肝要を著述させた折には、『天台法華宗義集』を著わしている。同九年、天台宗として最初の維摩会講師に任ぜられるなど、天台宗の発揚に尽くしたが、翌天長十年七月、退隠していた修禅院で寂した。時に五十三歳。修禅大師という。

貴須王　きすおう　―三八四　百済王。在位三七五―三八四。近肖古王(肖古王)の子。百済王には仇首王と近仇首王とがあるが、前者は伝説的な王で、日本史料にみえる貴須・貴首王はいずれも後者である。中国史料では須と記され、『梁書』百済伝には晋の太元中(三七六―三九六)に生口を献じたとあり、『魏書』百済伝にみえる延興二年(四七二)の百済王慶(蓋鹵王)の上表文には高句麗王釗(しょう。故国原王)の侵略を退け、同王を梟斬したとある。高句麗との戦いについては『三国史記』百済本紀に詳しく、近肖古王二十四年(三六九)歩騎二万を率いて雉壌(ちじょう。黄海道白川か)に侵入した故国原王の軍を太子仇首は急撃してこれを破り、同二十六年の再度の高句麗軍侵寇に際しては父近肖古王とともに追撃して平壌城を攻め、故国原王を戦死せしめている。貴須の日本史料での初見は『日本書紀』神功四十九年のことで、それによるとこの年、荒田別・鹿我別(かがわけ)、百済の久氏、援軍を率いて参加した木羅斤資(もくらこんし)・沙沙奴跪(ささなこ)らが卓淳国(とくじゅんのくに。慶尚北道大邱)に集結して新羅を破り、これによって比自炑(ひしほ。慶尚南道昌寧)以下加羅七国を平定し、転戦して忱弥多礼(とむたれ。済州島)を討って百済に与えた折、肖古王と王子貴須も兵を率いて来会し、意流村(おるすき。比定地未詳)で荒田別・木羅斤資と会見したという。『続日本紀』延暦九年(七九〇)七月十七日条には百済王仁貞・百済王元信・百済王忠信・津連真道らの上表が記されているが、そのなかに真道らの本系は百済国の貴須王から出、応神天皇の時、上毛野(かみつけの)氏の遠祖荒田別を百済に遣わし有識者を聘せしめた折、貴須王は孫の辰孫王を遣わしたとみえる。『類聚三代格』延暦十六年五月二十八日の勅には「軽島御宇の年、則ち貴須王人を択び、其の才士を献ず」とあり、『日本三代実録』貞観五年(八六三)八月条には御船宿禰・船連が、同六年八月条には蕃良朝臣・葛井連がそれぞれ貴須の出であると記し、『新撰姓氏録』右京諸蕃下では菅野朝臣・鴈高(かりたか)宿禰・広津連の祖を貴首王としている。

【参考文献】　末松保和『任那興亡史』、三品彰

英『日本書紀朝鮮関係記事考証』上

義静 ぎせい 八世紀前半―後半の唐の揚州興雲寺の僧。鑑真に従って、天平勝宝六年(七五四)一月、来朝。同年三月、勅により鑑真・法進らとともに伝燈大法師位を賜わり、絹・絁(あしぎぬ)・太布・細布も賜わった。『扶桑略記』天平宝字三年(七五九)八月条に、「聖武皇帝」のために鑑真が招提寺(平城右京五条二坊内。奈良市五条町)を建立した際、そこに安置する盧舎那丈六像一軀を造ったとある。『招提千歳伝記』では経蔵を造り、経論を納め、宝殿を別に建立したと記す。

基蔵 きぞう 九世紀後半の東大寺の僧。仁寿四年(八五四)四月、伝燈満位僧の地位にあり、他の六人の僧とともに七道諸国の名神社に向かい、『般若経』を転読し、人民の幸福を祈ったという『日本文徳天皇実録』の記事が初見。貞観十三年(八七一)までには伝燈大法師位にすすんでおり、この年の閏八月には信保にかわって東大寺寺主の地位についた。翌十四年二月には任期満了の承安にかわって東大寺上座の地位にすすんだが、翌十五年九月までには死去しており、上座は慶恩に交替している。

堅塩媛 きたしひめ 欽明天皇の妃。蘇我臣稲目の女。岐多斯比売にも作る。『日本書紀』欽明二年三月条に欽明の妃となったことがみえ、大兄皇子(橘豊日尊。のちの用明天皇)・磐隈皇女(夢皇女)・臘嘴鳥(あとり)皇子・豊御食炊屋姫尊(のちの推古天皇)・椀子(まろこ)皇子・大宅皇女・石上部皇子・山背皇子・大伴皇女・桜井皇子・肩野皇女・橘本稚皇子・舎人皇女の七男六女を生んだという。『古事記』欽明段では、その生子を橘之豊日命・石坰(いわくま)王・足取(あとり)王・豊御気炊屋比売命・麻呂古王・大宅王・伊美賀古王・山代王・大伴王・桜井之玄(ゆみはり)王・麻奴王・橘本之若子王・泥杼(ねど)王とする。『日本書紀』によれば、推古二十年(六一二)二月、檜隈大陵(欽明陵。『陵墓要覧』は、奈良県高市郡明日香村平田の梅山古墳を欽明陵とするが、奈良県橿原市五条野町・大軽町の見瀬丸山古墳に比定する説もある)に改葬されたが、「皇太夫人」と表現されている。この時、軽街(かるのちまた。橿原市大軽町付近)に誄(しのびごと)儀礼が行なわれ、阿倍内臣鳥が推古の命を誄し、続いて諸皇子(おそらくは堅塩媛所生)が誄し、つぎに中臣宮地(みやどころ)連烏摩侶は大臣蘇我馬子宿禰の辞を誄したといい、最後に大臣は多くの同族を率い、境部臣摩理勢に氏姓の本を誄させたという。霊に供える明器・明衣の類は一万五千種にも及んだという。蘇我氏の本拠地である高市郡(奈良県高市郡・橿原市と大和高田市・御所市の各一部)の軽にあって行なわれたこの盛大な改葬儀礼は、蘇我氏の氏族祭祀としての側面をのぞかせている。

【参考文献】 和田萃「見瀬丸山古墳の被葬者」(横田健一編『日本書紀研究』七所収)

吉少尚 きちしょうじょう 七世紀後半の医術家。亡命百済人。吉大尚の弟。大倭から国命に従って任那の三己汶(こもん。上己汶・中己汶・下己汶。己汶の地は大韓民国の蟾津江の中流域)に渡り住んだ塩乗(垂)津の八世孫とする伝承があるが、これは渡来系氏族の身分から脱却するために後世の子孫によってなされた付会と考えられている。百済滅亡に及び兄の大尚と相次いで我が国に亡命した。その子孫は平城京田村里(左京四条二坊)に居住し吉田(きちた)連を賜わった。

吉大尚 きちだいじょう 七世紀後半の医術家。亡命百済人。吉太尚にも作る。百済滅亡に及び、弟の少尚と相次いで我が国に亡命して来た。亡命の時、百済の高級官位「達率」を帯びていた。天智朝末年、大友皇子が皇太子となった頃、沙宅紹明・答㶱(とうほん)春初・許率母(こそちも)・木素貴子(もくそきし)ら、亡命百済人とともに学者として招かれたこともある。大友皇子の顧問的存在であったか。天智十年(六七一)正月には、やはりほかの亡命百済人らとともに当時の我が国の冠位が授与されたが、大尚は「小山上」であった。『日本書紀』は大尚について薬学に通じていたと記している。承和四年(八三七)その子孫吉田宿禰書主・高世に興世朝臣の氏姓が許されたが、その際、彼らが提出したと思われる上表文によると、大尚は大倭から国命に従って任那の三己汶(こもん。上己汶・中己汶・下己汶。己汶の地は大韓民国の蟾津江の中流域)に渡り住んだ塩乗(垂)津の八世孫に当るという。しかし、これは渡来系氏族の身分から脱却するために系譜を日本の氏族に付会しようとしたものと考えられている。

【参考文献】新村拓『古代医療官人制の研究』

吉智首　きちのちす　八世紀前半の官人。智首は知須にも作る。養老三年(七一九)正月、正六位上から従五位下に昇り、神亀元年(七二四)五月、吉宜(きちのよろし)とともに吉田(きちた)連の氏姓を賜わった。一首。『懐風藻』に「従五位下出雲介吉智首。一首。〈年六十八〉」とあるので、出雲介に任ぜられたことがあった。智首の詩一首は「五言。七夕」。『新撰姓氏録』左京皇別下には従五位下知須らが、奈良京田村里河(現在の奈良市尼ケ辻町一帯)に居住していたとある。

吉宜　きちのよろし　八世紀前半の医術家。吉田(きちた)連古麻呂の父。恵俊と称する僧であったが、文武四年(七〇〇)八月、通徳(陽侯史久爾曾(やこのふひとくにそ))とともに還俗させられ、氏を吉、名を宜と賜わり、務広肆の位を授けられた。和銅七年(七一四)正月、正六位下から従五位下に昇り、養老五年(七二一)正月、従五位上の時に、学業が優れ医術の師範たるにふさわしい人物として、絁(あしぎぬ)十疋、糸十絇、布二十端、鍬二十口を賞賜された。神亀元年(七二四)五月、吉智首(きちのちす)とともに吉田連の氏姓を賜わった。天平二年(七三〇)三月、年老いた宜の医術の絶える恐れがあるため、弟子を取り、その業を伝習させることにした。同年七月十日、大伴宿禰旅人もしくは山上臣憶良に宛てた書簡とあわせて、宜の「諸人の梅花の歌に和(こた)へ奉る一首」「松浦の仙媛(やまひめ)の歌に和ふる一首」「君を思ふこと尽きずして、重ねて題せる二首」の歌が『万葉集』(五―八六四～八六七)に載せられている。天平五年十二月には図書頭となり、同九年正月、正五位下に叙せられ、翌年閏七月には典薬頭に任ぜられた。『懐風藻』には、「正五位下図書頭吉田連宜。二首。〈年七十〉」とあって、「五言。秋日長王が宅にして新羅の客を宴す。一首」「五言。駕に吉野宮に従う。一首」の詩を載せ、その目録には、「正五位下内薬正吉田連宜。二首」とある。嘉祥三年(八五〇)十一月に死去した興世(おきよ)朝臣書主(ふみぬし)の『日本文徳天皇実録』卒伝には、「正五位上図書頭兼内薬正相模介吉田連宜」とみえる。

吉田連兄人　きちたのむらじえひと　八世紀中頃の医術家。天平二十年(七四八)十月当時、正七位上ですでに侍医の地位にあり、同時に皇后宮大属・河内大目を兼任していた。天平勝宝九歳(七四九)八月には紫微中台(旧皇后宮職)少忠に昇任。位階も昇進をかさね、同三年十月には外従五位下から従五位下に昇叙された。

吉田連老　きちたのむらじおゆ　八世紀中頃から後半の人。仁教の子。通称は石麻呂。ひどい痩身であった。どんなに大食しても一向に太らず、いつもまるで飢饉に遭った者のように痩せこけていたことから大伴宿禰家持にからかわれ、「痩せたる人を笑ふ歌二首」なる戯歌(『万葉集』一六―三八五三・三八五四)を詠まれた。

吉田連古麻呂　きちたのむらじこまろ　八世紀後半の医術家。吉宜(きちのよろし)の子。宝亀七年(七七六)正月、正六位上から外従五位下に進み、同九年二月、本官内薬佑のまま豊前介を兼ねた。同十年二月、外正五位下、さらに天応元年(七八一)四月には従五位下に昇進。延暦三年(七八四)にはすでに侍医の地位にあったが、この時、内薬正も兼ね、同五年正月、さらに常陸大掾をも兼任した。

吉田連斐太麻呂　きちたのむらじひだまろ　八世紀後半の医術家。神護景雲四年(七七〇)七月、正六位上から外従五位下に進み、宝亀二年(七七一)閏三月、内薬正に就任。同七年三月には出雲掾を兼ねた。同八年正月、転じて伯耆介を兼ねる。以後、内薬正のまま同九年二月に伊勢介、同十一年二月にはさらに侍医の地位にもあって相模介を兼任した。位階も同十年二月には従五位下、天応元年(七八一)八月には従五位上に昇進。なお、『続日本紀』は宝亀八年正月当時の本官を内薬佑とするが、誤りであろう。

義通 ぎつう 七世紀後半の入唐学問僧。『日本書紀』白雉五年(六五四)二月条に、遣唐押使高向史玄理(たかむこのふひとげんり)の入唐と客死の記事に続けて「伊吉博得(いきのはかとこ)言」として義通は海上にて死んだとあるが、その入唐の年などはみえない。

岐都禰 きつね 欽明朝の三野(美濃)国の異類婚譚に登場する母と子。子は三野国の狐直の祖。『日本霊異記』によると、欽明朝、三野国大野郡(岐阜県揖斐郡)の人が妻を求めて旅に出たところ野で美しい女と出会い、妻として連れ帰り、間もなく男子が生まれる。その頃、家で飼っていた犬も子を生むが、その子犬が妻に常に吠えかかる。妻はこわがって打ち殺すことを願うが、夫は慈しみの心から殺さない。やがて二、三月の頃、年米を舂く時となる。稲舂女たちに間食を与えようと碓屋にはいった妻に例の子犬が食いつこうとしたところ、妻は驚いて野干(狐)の姿になって籬の上に逃れた。これを見た夫が、子をなした間柄の故に忘れられないから、常に来て共に寝よと言うと、その言のままに、来ては寝たので、岐都禰と名づけた。また生まれた子も同じ名で呼び、氏姓も狐直とした。この子は、強力で鳥が飛ぶように疾く走ったという。同書には、聖武朝にこの子の四継の孫の三野狐と称する強力の女のいた話がみえる。

既殿奚 きでんけい 伴跛(はひ)の人。『日本書紀』によると、継体七年(五一三)六月、百済は使者を遣わして、伴跛に占領されている己汶(こもん。大韓民国の蟾津江の中流域)の地を乞うたため、同年十一月、百済・新羅・安羅・伴跛の使者を召集して、己汶・滞沙(たさ。蟾津江の河口付近)を百済に賜う旨を宣した。この時、伴跛の使者として出席したのが既殿奚である。伴跛は朝鮮史料の本彼(ほんぴ)で、慶尚北道星州郡にあった任那諸国の一国である。

【参考文献】今西竜『百済史研究』、末松保和『任那興亡史』

義徳 ぎとく 七世紀後半の入唐学問僧。『日本書紀』白雉四年(六五三)五月条に、遣唐大使吉士長丹(きしのながに)の入唐記事の注として「或本」を引き、義徳を入唐僧の一員としている。持統四年(六九〇)九月、白雉五年入唐の学問僧智宗らとともに、新羅使金高訓らに従って帰国した。

木梨軽皇子 きなしのかるのみこ 允恭天皇の皇子。母は皇后忍坂大中姫命。安康天皇・雄略天皇・境黒彦皇子らの同母兄。『日本書紀』によると允恭二十三年、立太子したが、容姿佳麗であり、同母妹の軽大娘皇女もまた美麗であった。太子は同母妹との結婚が罪であると知りつつも、恋慕の情押さえ難く、ついに関係を結んだ。ところが翌二十四年六月、允恭の御膳の羹汁が凍った。この異変の原因を允恭が占わせたところ、近親相姦と出たので、太子と軽大娘皇女の関係が発覚したが、太子を罪することはできないので皇女を伊予に流した。このため允恭崩後も群臣は太子の不行跡・暴虐を非難し、みな弟の穴穂皇子(のちの安康天皇)を支持するにいたった。太子は穴穂皇子を襲おうとしたが結局孤立し、物部大前宿禰の家に逃げ、そこで自殺した。『日本書紀』の一説では伊予国に流されたとあり、『古事記』でも大前小前宿禰の家に逃げこんでとらえられ、伊余の湯(愛媛県松山市の道後温泉)に流され、衣通郎女(そとおしのいらつめ。軽大郎皇女のこと)もあとを追い、ともに自殺したとする。『記』『紀』ともに多くの歌謡を挿入し、近親相姦のタブーを犯した美しきミコたちの悲恋物語となっている。概して『日本書紀』では、皇子は好色、狂暴な人物として描かれ、『古事記』では叙情性豊かな恋物語の主人公としての性格が強い。また、『古事記』允恭段には木梨之軽太子の御名代(みなしろ)として軽部を定めたとあり、物部氏が皇子の自決に関連していた点に注意を要する。一連の物語の伝承者および皇子の立場を検討する際に参考となろう。『万葉集』には軽太子が伊予に流された時、衣通王が詠んだとする歌(二—九〇)と、軽太子がみずから死ぬ時に作った歌(一三—三二六三)があるが、著名な恋物語のなかの人物に仮託された作歌ととらえた方がよい。なお、衣通郎女と軽大娘皇女とは同一人物とするのが『古事記』の説であって、『日本書紀』では別人としている。

【参考文献】守屋俊彦「軽太子と軽大郎女」(『古事記研究』所収)

城丘前来目(欠名)　きのおかさきのくめ　五世紀後半頃の実在の人物か。系譜などは不明。『日本書紀』清寧即位前条によると、雄略天皇崩後、皇位を望んだ星川皇子はかえって大伴連室屋らに襲われ、その際、城丘前来目は皇子らとともに焼き殺されたという。同書雄略九年条に新羅と戦って没したとみえる紀崗前来目連とは別人。

紀皇女　きのひめみこ　天武天皇の皇女。母は蘇我臣赤兄の女大蕤娘(おおぬのいらつめ)。同母兄妹に穂積皇子・田形(たかた)皇女がいる。『万葉集』には天武の皇子弓削皇子の「紀皇女を思ふ御歌」(二—一一九〜一二二)がみえ、また挽歌反歌二首(三—四二四・四二五)には紀皇女の薨じたのちに山前(やまくま)王が石田(いわた)王に代わって作歌したものとの左注がみえる。紀皇女自身の歌としては「軽の池の浦廻行き廻る鴨すらに　玉藻の上にひとり寝なくに」(三—三九〇)がみえ、また皇女がひそかに高安王に通じ、それを責められた時の歌(一二—三〇九八)がみえる。同歌の左注によると、そのため高安王は伊予守に左降されたという。『続日本紀』養老三年(七一九)七月条に伊予守高安王とあるので、或いはこの頃の作歌か。ただし、『続日本紀』に皇女の薨伝は見あたらない。また、推定される高安王と皇女の年齢の差が開きすぎているとして両者の関係を疑い、紀皇女を多紀皇女の誤りとする説もある。

【参考文献】吉永登『万葉—その異伝発生をめぐって』

吉備氏　きびうじ　吉備に本拠を置く地方豪族。姓は初め臣、天武十三年(六八四)八色の姓制定に際し、下道(しもつみち)臣と笠臣のみが朝臣を賜わっている。『古事記』孝霊段には、阿礼比売命との間に所生した比古伊佐勢理毘古命、またの名大吉備津日子命と、蠅伊呂杼との間に所生した若日子建吉備津日子命の二人を吉備国平定のため遣わしたこと、前者が吉備上道(かみつみち)臣の、後者が吉備下道臣・笠臣の祖となったことが記され、『日本書紀』孝霊二年二月条にも同様の所伝がある。ただ稚武彦(わかたけひこ)命を吉備臣の始祖とするだけで、吉備津彦命の名は、単に彦五十狭芹彦(ひこいさせりひこ)命のまたの名として注するにとどまり、吉備氏との関連にはふれていない。また、同書応神二十二年九月条によると、応神天皇が吉備に行幸した時、吉備臣の祖御友別(みともわけ)は、兄弟子孫を膳夫(かしわで)として奉仕した。これを悦んだ応神は、吉備国を分割して、兄弟子孫を封ずることにした。川島県(のちの備中国浅口郡。現在の岡山県浅口郡と倉敷市・笠岡市の各一部)に長子稲速別を、上道県(のちの備前国上道郡。現在の岡山市東部)に中子仲彦を、三野県(のちの備前国御野郡。現在の岡山市北部と御津郡南部)に弟彦を、波区芸県(岡山県笠岡市付近とする説がある)に御友別の弟鴨別を、苑県(のちの備中国下道郡曾能郷か。現在の吉備郡真備町北部)に兄の浦凝別を封じ、それぞれ、下道臣・上道臣と香屋臣・三野臣・笠臣・苑臣の始祖となったという。これら三種の始祖伝承は、伝承形成時点の吉備氏が置かれていた歴史的条件を反映したものと考えられるが、最後の六氏五県分封記事については、吉備における部族同盟段階を反映したとする見解と、天武朝以降における分化を反映したとする見解が対立している。いずれにしても、古墳の分布などから、必ずしも吉備は単一ではなく、いくつかの地域的な権力の集合体として吉備氏が存在したことは否定できないであろう。吉備氏の事蹟としては、『日本書紀』崇神十年九月条の四道将軍伝承に、吉備津彦を西道に遣わしたこと、景行四十年六月条の日本武尊東征伝承に、吉備武彦が従者となったことがみえる。また神功摂政前条に吉備臣の祖鴨別が神功皇后の命で熊襲を征討したことがみえ、吉備氏が大和政権による国内平定に深く関わったことを主張している。そして『記』『紀』に、日本武尊・応神・仁徳・雄略へ后妃を出した所伝をもっており、天皇家との密接なつながりも主張している。ところが、『日本書紀』雄略七年八月条には吉備下道臣前津屋(別本では国造吉備臣山)が雄略に対する不敬行為により誅殺される物語、雄略七年是歳条には、吉備上道臣田狭(たさ)が任那に拠って反逆する物語、清寧即位前条には、吉備腹の星川皇子による皇位簒奪失敗と上道臣による救援の物語が集中してみえ、同時期の畿内地方の大王墓に比肩する造山(岡山市新庄下)・作山(岡山県総社市三須)・両宮山(岡山県赤磐郡山陽町和田)などの巨大古墳の存在とともに、吉備政権の独自性を示すものとされている。このほか、吉備氏は、雄略朝の任那国司吉備上道臣田狭、任那日本府の将軍吉備臣小梨、征新羅将軍吉備臣尾代、欽明朝の任那日本府の「臣」の吉備弟君臣など、対外交渉にも活躍しており、さらに継体二十四年九月条の吉備韓子那多利・斯布利のように、混血もみられる。六世紀以降、吉備には白猪屯倉(岡山県真庭郡落合町大庭付近か)や児島屯倉(岡山市南端の児島半島北部一帯に置かれたか)を始め、多くの屯倉と多様な部民が設定され、大和政権への従属を深めた。舒明妃吉備国蚊屋采女の存在や、大化元年(六四五)九月条にみえる吉備笠臣垂の動向から、その後も吉備氏が、一定の勢力を得ていたことは判明するが、天武十三年(六八四)十一月に、朝臣姓を得たのは、下道臣・笠臣の二氏のみで、上道臣は没落していたとみられる。しかし奈良時代には、上道朝臣斐太都(ひたつ)や下道朝臣真備のように、中央の顕職に就くものもあり、吉備における諸氏の動向とともに、依然有力な豪族であった。

【参考文献】西川宏『吉備の国』、吉田晶『日本古代国家成立史論』、宮田俊彦『吉備真備』(『人物叢書』)、平野邦雄『和気清麻呂』(同上)

吉備朝臣泉 きびのあそんいずみ 七四三―八一四 八世紀後半―九世紀初めの官人。真備の子。天平神護三年(七六七)二月、すでに近衛将監の地位にあり、さらに大学員外助を兼任。当時、位階は従五位下であった。以後順調に昇進し、神護景雲四年(七七〇)七月には従四位下に到達。その間、同三年六月には左衛士督に任ぜられ(この任官を聞書的に記したものとされる平城宮跡出土木簡では「右衛士督」)、大学員外助も依然兼任した。翌年八月、大学頭に昇任。宝亀九年(七七八)二月には造東大寺長官に転任した。天応元年(七八一)十二月、光仁太上天皇の崩御に際しては山作司の一員として大葬運営に参加した。同二年二月、造東大寺長官に再任。この頃の正倉院御物の出納関係文書に署名が残っている。延暦二年(七八三)六月、伊予守に転出したが、生来の短気で非協調的な性格が災いして赴任先で下僚と衝突。しばしば告訴され、その査問に訪れた朝廷の使者に対しても己れの非を認めるどころか逆に不敬の言辞を吐く有様で、同三年三月、勅命によって解任させられた。この時、解任で済んだのは泉が故右大臣真備の子であることによる。同四年十月、佐渡権守への左遷という形で改めて処分を受け、同十四年十二月には本拠地備中国に移された。この間、鬱々と失意の日々を過ごしたが、同二十四年三月、ようやく赦されて上京。同二十五年三月の桓武天皇の崩御に際しては再び山作司の一員として大葬運営に当った。同年五月、式部大輔に就任。その後、右大弁・左大弁・刑部卿と要職を歴任する傍ら、臨時には南海道観察使や検校東大寺雑事使にも起用された。一方、位階も久しく昇進しなかったが、ようやく大同三年(八〇八)正月にいたって従四位上に昇叙。正四位下を経て弘仁四年(八一三)正月には正四位上に達した。晩年は官を離れ、同五年閏七月八日、散位で卒去。七十二歳であった。早く孔門の童子として名を馳せたが、官吏の治績としてはみるべきものもなく、その短所ともいえる性格も終生変わることがなかったという。

吉備朝臣真備　きびのあそんまきび　六九五―七七五　八世紀後半の公卿。右衛士少尉圀勝の子。母は楊貴(やぎ)氏。名は真吉備にも作る。旧氏名は下道(しもつみち)。天平十八年(七四六)十月、氏姓を吉備朝臣に改めた。生年は『続日本紀』宝亀六年(七七五)十月条の薨伝に、年八十三とあるので、持統七年(六九三)生まれとなるが、同書には霊亀二年(七一六)二十二歳、天平宝字八年(七六四)七十歳とあるから、持統九年生誕とするのが妥当か。ほかに持統八年生誕説もある。薨伝には、霊亀二年に入唐留学し、経史を研覧、衆芸にわたり、阿倍朝臣仲麻呂とともに、我が朝学生としての名を唐国に播(ほどこ)すとある。留学十七年に及び、天平七年(七三五)四月、帰朝後、唐礼百三十巻を始め、典籍・要物多数を献上したという。帰朝後、正六位下・大学助になり、その後順調に昇進し、同書天平九年十二月条には、従五位上・中宮亮とある。同十二年八月条の、反乱を起こした藤原朝臣広嗣の上表文に、僧正玄昉と右衛士督従五位上真備を除かんとすることがみえ、政府の中枢にあることが知られる。翌十三年七月、東宮学士に任ぜられ、同十五年五月条の宣命には、博士に任じ、従四位下に昇叙されたとある。高野天皇(孝謙天皇)は、真備を師として『礼記』『漢書』を学び、恩寵甚だ厚かったという。天平勝宝元年(七四九)七月、従四位上に叙せられたが、翌二年正月には筑前守に左降され、さらに肥前守に移されたという。しかし同三年十一月には、入唐副使に任ぜられ早くも復帰した。同五年十二月、真備の乗船が益久島(屋久島。鹿児島県熊毛郡)に着き、そこから紀伊国牟漏崎(和歌山県東牟婁郡太地町の太地半島突端)に漂着した。同六年四月、大宰大弐に任命され、同八年六月には、怡土城(城跡は福岡県糸島郡前原町の高祖山にある)築造に専当し、天平宝字二年十二月には、唐の安禄山の乱の報に接し、大宰府帥船王とともに、儲備悔いることのないようにとの勅をうけ、大宰府防衛の施策に当っている。同八年正月には、造東大寺長官に遷任した。宝亀元年(七七〇)十月の辞任を乞う上表文には、入京して病を得て療養中、藤原朝臣仲麻呂の乱が発生、内裏に召され、軍務を参謀、その平定に功をあげたとある。乱中の天平宝字八年九月、従三位に叙せられ、天平神護元年(七六五)正月、勲二等に、翌二年正月、参議・正三位で、中納言に任ぜられた。『続日本紀』同二年五月条には、大納言・正三位とあり、同二年十月条の宣命により、右大臣に任ぜられている。しかし、『日本紀略』宝亀元年八月条に引く藤原朝臣百川伝には、称徳天皇の崩後、真備らは皇太子に文室真人浄三(ふんやのまひときよみ)を推したが、百川・藤原朝臣永手らが反対し、浄三も固辞したので、弟文室真人大市をさらに立てた。しかし大市も辞退し、百川らは策略により白壁王(のちの光仁天皇)の立太子に成功したので、真備は敗れ、致仕の表を提出して隠居したことがみえる。宝亀六年十月二日、年八十三(八十一か)で薨去。時に前右大臣正二位勲二等であった。

【参考文献】　宮田俊彦『吉備真備』(『人物叢書』)、横田健一『道鏡』(同上)、北山茂夫『女帝と道鏡』

吉備朝臣由利　きびのあそんゆり　―七七四　八世紀後半の宮人。真備の女か姉妹。吉備命婦にも作る。藤原朝臣仲麻呂の乱ののち真備とともに称徳天皇の信任を得、典蔵・尚蔵を歴任、従三位に昇った。宝亀元年(七七〇)称徳病臥の際、百余日の間、群臣の謁見を止めたが、由利のみ出入を許され、彼女を通して群臣の奏上、称徳の意志の下達が行なわれた。この間、勅旨により左大臣藤原朝臣永手と右大臣吉備朝臣真備に軍事権が預けられたが、これは称徳崩後、道鏡を追放する準備措置で、由利を介した反道鏡勢力の計略であろう。由利は真備失脚後間もない宝亀五年正月二日に薨じた。時に尚蔵従三位。ただ真備失脚後に尚蔵に昇進しているのは注目され、検討を要する点といえる。奉写御執経所における経典書写事業にも関係。また『西大寺資財流記帳』には、同寺四王堂に由利が『一切経』の一部を施入したとあるが、同経はその後、法隆寺に施入された。

【参考文献】　野村忠夫『後宮と女官』、宮田俊彦『吉備真備』（『人物叢書』）、須田春子『律令制女性史研究』、玉井力「光仁朝における女官の動向について」（『名古屋大学文学部研究論集』五〇—史学一七）

吉備臣尾代　きびのおみおしろ　雄略朝の征新羅将軍。『日本書紀』雄略二十三年八月条に、雄略天皇が崩じた時、征新羅将軍として、朝鮮半島へ向かった尾代が、その途次、吉備の家に立ち寄っていたところ、尾代に従っていた蝦夷五百人が突如反乱を起こしたことがみえる。尾代はただちに娑婆水門（さばのみなと。広島県福山市佐波町）でこれを敗り、丹波国浦掛水門（うらかけのみなと。京都府熊野郡久美浜町浦明）まで追撃、ことごとく責め殺しているが、吉備氏が蝦夷を率い、海外に派遣されることなど興味深い所伝である。

吉備臣小梨　きびのおみおなし　雄略朝の任那日本府将軍。『日本書紀』雄略八年二月条に、高句麗軍が新羅に侵入したため、新羅王は任那王に救援を依頼、日本府の将軍小梨と膳（かしわで）臣斑鳩・難波吉士赤目子を派遣したことがみえる。小梨らは奇計を用いて高句麗軍を大いに敗り、新羅は朝廷への忠誠を誓った。

吉備臣山　きびのおみやま　雄略朝の吉備国造か。『日本書紀』雄略七年八月条の吉備下道臣前津屋（きびのしもつみちのおみさきつや）が、雄略天皇に対する不敬行為により誅殺される所伝の前津屋の分注に「国造吉備臣山」とある。

吉備武彦　きびのたけひこ　景行朝の日本武尊の従者。『古事記』景行段に、吉備臣らの祖若建吉備津日子の孫。『古事記』景行段に、吉備臣らの祖若建吉備津日子の女針間伊那毘能大郎女を皇后に、その妹伊那毘能若郎女を妃とし、皇后は倭建命を生み、吉備臣らの祖御鉏友耳建日子（みすきともみみたけひこ）を倭建命の従者としたことがみえ、『日本書紀』景行四十年七月条にも、日本武尊の東征に当って、吉備武彦と大伴武日連を従者につけたとあり、同年是歳条には、日本武尊がかろうじて信濃から美濃にぬけたところで、越から来た武彦と出合ったとある。その後伊吹（伊吹山。滋賀県坂田郡と岐阜県揖斐郡の境にある）の神に祟られ、病を得て尾張に戻った日本武尊が、さらに伊勢に移り、そこから武彦を景行天皇に遣わして遺言を伝えさせたとある。また景行五十一年八月条の、日本武尊の妃と皇子女を列記した中に、吉備武彦の女吉備穴戸武媛を妃として、武卵（たけかいご）王と十城別（とおきわけ）王の二子を生んだとあり、このうち武卵王が讃岐綾君の、十城別王が伊予別君のそれぞれ祖となったとする。応神二十二年九月条によると、武彦の子御友別（みともわけ）は、応神天皇が吉備に行幸した時、その兄弟子孫を率いて奉仕した功により、吉備国を五県に分割し、兄弟子孫に封ずることを許された。長子の稲速別を川島県（のちの備中国浅口郡。現在の岡山県浅口郡と倉敷市・笠岡市の各一部）に封じ、下道（しもつみち）臣の祖とし、中子の仲彦を上道（かみつみち）県（のちの備前国上道郡。現在の岡山市東部）に封じ、上道臣と香屋臣の祖、三子の弟彦を三野県（のちの備前国御野郡。現在の岡山市北部と御津郡南部）に封じ、三野臣の祖、弟の鴨別を波区芸県（岡山県笠岡市付近とする説がある）に封じ、笠臣の祖、兄の浦凝別を苑県（のちの備中国下道郡曾能郷か。現在の吉備郡真備町北部）に封じ、苑臣の祖とされた。これらの始祖伝承は、吉備武彦を実質的な始祖とするものであり、かつて武彦を吉備諸氏の始祖とする段階のあったことを推測させる。なお、このような吉備氏と日本武尊との密接な関係から、いわゆる「やまとたける伝説」の形成に、吉備氏が関与しているとする見解もある。その点で吉備氏の始祖が、その名に「建」を含むことも注目されよう。

【参考文献】　上田正昭『日本武尊』（『人物叢書』）

吉備比古　きびひこ　成務朝の播磨国の

土豪。『播磨国風土記』印南郡南毗都麻(なびつま)島条によると、成務朝、丸部(わにべ)臣らの始祖比古汝茅(ひこなむち)が国堺を定めるべく派遣されて来た時、吉備比売と二人で迎えたという。男女一組となって支配するかたちをとっているが、同記事に吉備比売が比古汝茅と結婚したとあるところからすれば、吉備比古と吉備比売は夫婦でなく、卑弥呼と男弟、菟狭津彦と菟狭津媛(天種子命の妻)のように兄妹(姉弟)の間柄だったと思われる。

吉備比売　きびひめ　成務朝の播磨国の土豪。『播磨国風土記』印南郡南毗都麻(なびつま)島条によると、成務朝、丸部(わにべ)臣らの始祖比古汝茅(ひこなむち)が国堺を定めるべく派遣されて来た時、吉備比古と二人で迎え、のちに比古汝茅と結婚して印南別嬢(いなみのわきいらつめ)を生んだという。この印南別嬢は景行天皇妃となって日本武尊を生むが、『古事記』『日本書紀』の系譜では成務朝は景行朝の次代に当っていて、年代的な矛盾がある。

吉備海部直赤尾　きびのあまのあたいあかお　雄略朝の新羅派遣将軍。『日本書紀』雄略七年是歳条に、新羅が朝貢を怠ったため、赤尾は吉備上道(きびのかみつみち)臣弟君とともに新羅に派遣されたことがみえる。弟君は新羅征討を引き伸ばすばかりか、任那に拠って朝廷に反逆する父田狭(たさ)につこうとしたため、その妻樟媛によって殺されてしまう。赤尾は樟媛とともに、百済が献上した技術者を率いて帰国した。

吉備海部直難波　きびのあまのあたいなにわ　敏達朝の高句麗使の送使。『日本書紀』敏達二年五月条には、高麗の使人が越の海岸に漂着し、船は大破して溺死するものも多かったが、これを疑った朝廷は、使人を饗せず送還することにし、その送使として難波ら三名を任命した。難波は高麗使人とはかり、送使の難波船人大嶋首磐日と狭丘首間狭を高麗使船に乗せ、高麗使二人を送使船に乗せ出発するが、数里ばかり進んだところで、波浪を恐れた難波は、使人二人を海中に投じ、同年八月、海に鯨魚が多く、船と揖擢を遮り喰ったので引き返したと偽りの復命をした。敏達天皇はこれを疑って、国に返さず止めていたが、同三年八月、高麗使が大嶋首磐日らとともに来朝し、前使の帰国しない理由をただしたので、敏達は怒り、朝廷を欺く罪と高麗使を溺殺した罪に問い断罪したとある。この所伝から、難波が吉備から番上して、対外交渉に従っていたこと、難波船人と一定の確執のあったことなどをうかがうことができる。

吉備海部直羽嶋　きびのあまのあたいはしま　敏達朝の遣百済使。『日本書紀』敏達十二年七月条に、百済の日系官人日羅から、任那復興策について意見を聞くため、朝廷に招く使として、羽嶋と紀国造押勝の二人を派遣する所伝がみえる。百済王が拒否したため、同年十月に帰国するが、同年再び百済に派遣され、日羅の助言を得て、百済王の承認を得、日羅とともに帰国している。『聖徳太子伝暦』にも同様の所伝がみえる。

吉備上道釆女大海　きびのかみつみちのうねめおおあま　雄略朝に吉備上道臣から朝廷に出仕していた釆女。『日本書紀』雄略九年三月条に、新羅征討を命ぜられた紀小弓宿禰が妻を亡くし困っていることを知った雄略天皇が、大海を小弓宿禰に賜わったこと、小弓宿禰は新羅を大いに破ったが病を得て客死したため、大海は帰国してその墓所の地を願ったところ、大伴連室屋を通じて、田身輪邑(たむわのむら。大阪府泉南郡岬町淡輪付近)に賜わり、大海はこれを喜び、韓奴六口を室屋に贈ったこと、これが吉備上道の蚊嶋田邑(比定地未詳)の家人部であることがみえる。

吉備上道臣(欠名)　きびのかみつみちのおみ　雄略天皇の妃吉備稚(わか)媛の父。『日本書紀』雄略元年三月条に、吉備上道臣(欠名)の女稚媛を娶って、磐城・星川の二皇子が生まれたとある。清寧即位前条には、雄略が崩じ、星川が母稚媛のすすめで皇位を奪うべく反乱を起こすが、ただちに鎮圧される所伝があり、乱を知った上道臣は、船四十艘を率いて上京するが時すでに遅く、乱後その領する山部のすべてを没収された。

吉備上道臣兄君　きびのかみつみちのおみえきみ　田狭(たさ)の子。任那に拠って朝廷に反逆した田狭に同調して殺された弟君は弟。『日本書紀』清寧即位前条に、雄略天皇の崩後、母吉備稚(わか)媛にそそのかされて反乱を起こした星川皇子が、まず大蔵官を占拠するが、乱を事前に察知した大伴連室屋と東漢直掬(やまとのあやのあたいつか)によって包囲、火を放たれ、星川を始め稚媛・兄君らはすべて焼死し、鎮圧されたことがみえる。

吉備上道臣弟君　きびのかみつみちのおみおときみ　雄略朝の征新羅将軍。田狭(たさ)の子。『日本書紀』雄略七年是歳条に、新羅が朝貢を怠ったので、雄略天皇は新羅を討つため弟君と吉備海部直赤尾を派遣したとあり、二人は百済の技術者導入を提言していた西漢才伎歓因知利(かわちのあやのてひとかんいんちり)を伴って渡海した。ところが弟君は、百済に数カ月滞在したまま新羅を討とうとしなかったばかりか、任那に拠って朝廷に反逆していた父の田狭の働きかけに応ずる姿勢を示したため、忠誠心の厚いその妻樟媛は、弟君を殺し、百済の献上した技術者を率いて、赤尾とともに帰国したとある。なお、この所伝には分注に「或本」の異説を載せ、弟君が無事百済から帰国し、漢手人部(あやのてひとべ)・衣縫部(きぬぬいべ)・宍人部(ししひとべ)を献じたとあり、また『日本書紀』欽明五年三月条には、新羅に通謀し百済を裏切った任那日本府の「臣」に吉備臣(欠名)がみえ、その分注に吉備弟君とみえる。所伝上の混乱か作為の可能性を示すものであろう。

吉備上道臣田狭　きびのかみつみちのおみたさ　雄略朝の任那国司で、雄略妃稚(わか)媛の前夫。『日本書紀』雄略七年是歳条によれば、ある時、田狭が宮廷でその妻稚媛の美しいことを自慢しているのを盗み聞いた雄略天皇は、稚媛をほしく思い、田狭を任那国司に任命して海外に追いやり、その間に稚媛を妃としてしまった。任地にあってこのことを知った田狭は、新羅に逃げこみ、朝廷に反旗をひるがえした。この頃、新羅は朝廷に服さず、朝貢も怠っていたので、雄略は田狭の子弟君と吉備海部直赤尾に新羅征討を命じ、二人は百済技術者の導入を提言して許された西漢才伎歓因知利(かわちのあやのてひとかんいんちり)を伴って渡海した。弟君は、まず百済に入って新羅をうかがっていたが、その国の神が老婆に姿を変え、道の遠いことを指摘したため、百済の献上した技術者を大島に集めて、風待ちを口実に数カ月滞在していた。これを知った田狭は、大いに喜び、弟君に使者を遣わして、ともに朝廷にそむくことをすすめた。ところが、このことを知った弟君の妻樟媛は忠誠心に厚く、夫を殺害して死体を埋め、そのまま大島に滞在していた。雄略が帰国を促したため、ようやく樟媛と赤尾は、百済技術者を伴って復命し、技術者はまず倭国の吾礪(あと)の広津邑(大阪府八尾市跡部・渋川・植松付近)に安置されたが、病死するものも出たため、上桃原・下桃原(桃原は奈良県高市郡明日香村島庄付近か)・真神原(明日香村飛鳥)の地に移されたという。なお雄略妃となった稚媛は、磐城・星川の二皇子を生み、星川は雄略の崩後、稚媛とともに皇位を望んで反乱を起こして殺される。これらの所伝には多くの混乱や異伝があるが、特に、雄略妃となった稚媛については、『日本書紀』雄略元年三月条に、吉備上道臣の女とあり、分注には吉備窪屋臣の女とあり、雄略七年是歳条の分注には、田狭の妻が葛城襲津彦(かずらきのそつひこ)の子玉田宿禰の女毛媛であり、雄略は夫を殺して妃としたとある。これらの点から、田狭をめぐる物語が、いくつかの所伝を再構成して述作されていることがわかる。

吉備下道臣前津屋　きびのしもつみちのおみさきつや　雄略朝頃の吉備の地方豪族。『日本書紀』雄略七年八月条によると、官者(とねり)吉備弓削部虚空(おおぞら)が、吉備に帰ったまま上京してこないのを不審に思った雄略天皇が、使者を遣わして虚空を呼びもどしたところ、虚空は、前津屋が小さな女を雄略に、大きな女を自分になぞらえて戦わせ、小さな女が勝つとこれをただちに殺し、また毛を抜いた小さな鶏を雄略に、大きな鶏を自分になぞらえて闘わせ、小さな鶏が勝つとただちに殺すなど、ひそかに不敬行為をはたらいていることを奏上したため、雄略はただちに物部の兵士三十人を遣わして、前津屋とその一族をことごとく殺したとある。この所伝には分注に別本の異伝をかかげ、国造吉備臣山のこととするが、いわゆる吉備氏反乱伝承中では、最も典型的なものであって、吉備氏が、朝廷の風下に立つことを、いさぎよしとしなかった史実が反映しているものといえる。

吉備品遅部雄鯽　きびのほんちべのおふな　仁徳朝の舎人か。『日本書紀』仁徳四十年二月条の隼別皇子謀反物語にみえる。仁徳天皇は妃としようとしていた雌鳥皇女を奪って伊勢方面に逃れた隼別皇子の追手として、雄鯽と播磨佐伯直阿俄能胡を遣わし、伊勢国の蔣代野(比定地未詳。三重県一志郡白山町付近か)で二人を殺させた。ところが阿俄能胡は皇女の持っていた足玉手玉を奪ったため、罪を問われることになった。品遅部は垂仁皇子誉津別皇子の名代で、雄鯽は、入部舎人として、国造吉備氏の一族から、朝廷に出仕していたとみられる。

吉備弓削部虚空　きびのゆげべのおおぞら　雄略朝の官者(とねり)。『日本書紀』雄略七年八月条に、虚空が吉備に呼び戻されたまま復命しないのを不審に思った雄略天皇が、使者を遣わし呼び戻したところ、吉備下道臣前津屋(さきつや。別本では国造吉備臣山)がひそかに不敬行為をし、反逆の意を持っていることを奏上、ただちに打倒したとある。虚空は吉備国造の一族から選ばれ、官者として朝廷に出仕していたのであろう。

吉備部　きびべ　吉備氏の部民。主として出雲国西部に分布。臣姓(吉備部臣)・君姓(吉備部君)・部姓の者がおり、吉備氏自身の出雲進出、もしくは畿内政権の出雲経略への関与が指摘されている。しかし吉備地方には同部の存在が認められず、また吉備氏分氏後の氏族名を冠する部が存在しない点も注意される。

【参考文献】　藤間生大「吉備と出雲」(『私たちの考古学』一四)、岩本次郎「古代吉備氏に関する一考察」(『ヒストリア』二六)、志田諄一「吉備臣」(『古代氏族の性格と伝承』所収)、吉田晶「吉備地方における国造制の成立」(『日本古代国家成立史論』所収)

岐比佐都美　きひさつみ　出雲国造の祖。岐比佐は『出雲国風土記』出雲郡条の支比佐社(島根県簸川郡斐川町阿宮)などと関係ある地名に由来するか。『古事記』によると、垂仁天皇の皇子本牟智和気(ほむちわけ)御子は大人になるまで物言うことができず、神の教えによって出雲の大神を拝した。その帰りに、肥の河(斐伊川)の中に仮宮を造り坐した時、岐比佐都美が河下に青葉の山をかざり、大御食を献(たてまつ)ろうとしたところ、御子は初めて口を開いて、河下の青葉のようなものは山と見えるが山ではない。もしや、出雲の石硐(いわくま)の曾(そ)の宮に坐す葦原色許男(しこお)大神を奉斎する祝(はふり)の祭場ではないかと尋ねたという。

吉備姫王　きびつひめのおおきみ　—六四三　皇極・孝徳両天皇の母。『本朝皇胤紹運録』によると欽明天皇の皇子桜井皇子の女。皇極二年(六四三)九月、薨じた。吉備嶋皇祖母(きびしまのすめみおや)命とある。敏達天皇の孫で、押坂彦人大兄(おしさかのひこひとのおおえ)皇子の子茅渟(ちぬ)王に嫁して宝(たから)皇女(のちの皇極天皇)を生む。『日本書紀』大化二年(六四六)三月十九日条に「吉備嶋皇祖母の処々の貸稲を罷むべし」とある。

吉備内親王　きびのないしんのう　—七二九　天武天皇の皇孫。草壁皇子の皇女。文武天皇の妹。長屋王の妃。神亀元年(七二四)二月、三品から二品に昇叙された。同六年二月、長屋王の変に際会し、同月十二日、膳夫(かしわで)王・桑田王・葛木王・鉤取王の諸王と自害を遂げて夫と運命をともにした。翌十三日、夫妻ともども生駒山に埋葬された(奈良県生駒郡平群町梨本に双墓あり)が、内親王自身は無罪であり鼓吹の使用禁止以外は通例の葬儀を行なう旨の勅命が下った。なお、その邸宅は北宮と呼ばれ、長屋王発願にかかる『大般若経』六百巻の写経事業（『和銅経』）にも利用された。昭和五十年（一九七五）に発掘された平城京左京三条二坊六坪の庭園遺構が注目されている。

黄文氏　きぶみうじ　高句麗の久斯祁（くしき）王の後裔と伝えられる渡来系氏族。黄書にも作る。姓は初め造、天武十二年（六八三）九月、連を賜わった。もと画業を職掌とする伴造氏族で、推古十二年（六〇四）諸寺仏像を描くために設けられた黄書画師を率いたと推定されている。八世紀以後も一族中に画工司に関係する者が多いことが知られる。一族の本実（ほんじつ）が高松塚古墳壁画を描いたのではないかという見解がある。山城国久世郡（京都府久世郡と京都市・宇治市・城陽市の各一部）を本拠地としたらしい。

【参考文献】井上薫「白鳳・奈良朝の黄文画師」（奈良県教育委員会他編『壁画古墳高松塚』所収）

黄文連大伴　きぶみのむらじおおとも　―七一〇　七世紀後半―八世紀初めの官人。壬申の乱の功臣。氏名を黄書にも作る。姓は初め造、天武十二年（六八三）連を賜わった。天武元年（六七二）六月、大海人皇子（のちの天武天皇）の命をうけ大分君恵尺・逢臣志摩とともに吉野から飛鳥古京（倭京）の留守司高坂王のもとに赴き、駅鈴を入手しようとしたが果たせず、吉野宮に帰還。その日慌ただしく東国に進発した大海人軍を追い、菟田吾城（うだのあき。奈良県宇陀郡大宇陀町迫間の阿紀神社付近）で本隊と合流するなどして活躍。この壬申の乱での功績によって功封百戸を賜わったが、それは遅くとも同十一年十二月以前、早ければ同五年六月以前に行なわれた論功行賞であったと推定される。なお、大伴の功績はのちに中功（大・上・中・下のうち）とランクされた。持統元年（六八七）八月当時の冠位は直大肆。この時、勅命によって三百名の高僧を飛鳥寺（奈良県高市郡明日香村飛鳥）に請集し袈裟を施す使者に任ぜられた。大宝元年（七〇一）七月、『大宝令』功封伝世規定によって先の功封百戸のうち四分の一に限り子に伝えうることが決定された。同三年七月、正五位下で山背守に就任。和銅三年（七一〇）十月十四日、正五位上で卒した。功臣として正四位下が贈位され、喪家に対しては弔使の派遣、賻物の賜給が行なわれた。霊亀二年（七一六）四月、子の粳麻呂（ぬかまろ）に対して功田が与えられ、また天平宝字元年（七五七）十二月、功田八町を二世に伝世することが認められた。

【参考文献】佐藤信「『壬申功封』と大宝令功封制の成立」（『史学論叢』六）

黄文連備　きぶみのむらじそなう　七世紀末―八世紀初めの官人・文人。文武四年（七〇〇）六月、刑部（おさかべ）親王・藤原朝臣不比等らとともに『大宝律令』撰定の功績によって禄物を賜わった。当時の冠位は追大壱。和銅四年（七一一）四月、正六位上から従五位下に昇進。その後、主税頭に任ぜられたらしい。『懐風藻』には「主税頭従五位下黄文連備。一首。〈年五十六〉」とあって、「五言、春日宴に侍す。一首」の詩を載せている。享年五十六歳。

黄文連本実　きぶみのむらじほんじつ　七世紀後半―八世紀初めの技術官僚。氏名を黄書にも作る。天智十年（六七一）三月、水臬（みずはかり。水準器）を天皇に献上。これは同八年に遣唐使として渡唐し、将来したものか。薬師寺所蔵の『仏足石記』によれば、本実は「日本使人」として唐に赴き、普光寺にて王玄策所写の仏足跡図を転写して持ち帰ったという。持統八年（六九四）三月、鋳銭司に就任。冠位は勤大弐であった。大宝二年（七〇二）十二月、持統太上天皇の崩御に際して作殯宮（もがりのみや）司に任命された。この時の位階は従五位下。慶雲四年（七〇七）六月、文武天皇の崩御に際しても殯宮の事に供奉し、同年十月には御装司として大葬の運営に当った。高松塚古墳壁画を描いた人物ではないかとする説がある。

【参考文献】井上薫「白鳳・奈良朝の黄文画師」（奈良県教育委員会他編『壁画古墳高松塚』所収）

黄文王　きぶみのおおきみ　—七五七　高市皇子の孫。長屋王の子。母は藤原朝臣不比等の女。神亀六年(七二九)二月の長屋王の変において、父や異母兄弟らが自害に追いこまれるなか、不比等の外孫に当ることを理由に安宿(あすかべ)王らとともに死を免れた。天平九年(七三七)十月、無位から従五位下に直叙。同十一年正月に従四位下、翌十二年十一月にはさらに従四位上に昇叙された。同十三年七月、散位頭に就任。同二十年四月、元正太上天皇の崩御に際し、御装束司の一員として大葬を運営し、天平勝宝八歳(七五六)五月の聖武太上天皇の崩御に際しても御装束司に任命された。同九歳、橘朝臣奈良麻呂の乱に加担。取調べ中に自決した佐伯宿禰全成の供述によれば、奈良麻呂はすでに早く天平十七年、聖武天皇の時代に、皇太子(阿倍内親王)が決定しているにもかかわらず「皇嗣を立つること無し」と称して全成に対し、実力で黄文王を皇位に即けるための協力を要請した。全成は拒否したが、孝謙天皇即位後再び同様の件をもちかけられ、これも拒否。さらに天平勝宝八歳四月、大伴宿禰古麻呂を交えて三たび黄文王を皇位に立てるべく協力を要請された。古麻呂も全成もその時はやはり拒否し、全成は二人を残して別れたためにその後の経過は関知しないという。このように黄文王は当初の奈良麻呂のクーデター構想においては皇権奪取後の天皇に予定されていた。ところがその後、天平勝宝九歳六月に黄文王を含めた王臣の謀議が重ねられて計画が急速に進展するが、この頃には天皇予定者は黄文王一人に限らず、安宿王・塩焼王・道祖(ふなど)王を加えた四王の中から選ぶという線に後退したらしい。クーデター決行日は七月二日であったが、すでに六月中に巨勢朝臣堺麻呂による密奏があり、また当日にも上道臣斐太都(かみつみちのおみひたつ)の密告がなされてクーデターは未遂のまま挫折。直ちに被疑者の逮捕・拘禁が行なわれた。黄文王も塩焼王・安宿王・奈良麻呂・古麻呂らとともに捕えられたが、御在所において光明皇太后の詔が伝えられ、いずれも光明にとって近しい者である点が酌量されて処断を免れ、いったんは釈放された。しかし、やはり一味として拘束されていた小野朝臣東人に対する厳しい尋問の結果、クーデター計画の全容が明らかになると、再び逮捕されておのおの取調べが開始された。これに対し被疑者らは異口同音に無罪を主張したが、拷問は峻烈をきわめ、久奈多夫礼(くなたぶれ)と改名された黄文王もついに杖下に絶命した。

吉弥侯伊佐西古　きみこのいさせこ　八世紀後半の夷俘の首長か。宝亀九年(七七八)六月、志波村(出羽国とする説もあるが、のちの陸奥国斯波郡(岩手県紫波郡)か)の賊を討って功があった者に授爵した時、外正六位上から外従五位下勲六等を賜わった。天応元年(七八一)六月、持節征東大使藤原朝臣小黒麻呂らに下した勅に、伊佐西古・諸絞・八十嶋・乙代らは賊中の首で一以て千に当り、山野にのがれて隙を伺っているが、我が軍の威を畏れてまだ行動には出ていないとある。両者は同一人物であろうか。

吉弥侯横刀　きみこのたち　八世紀後半の官人。宝亀十年(七七九)正月、従六位下から外従五位下に叙せられ、同年九月、近衛将監となった。延暦二年(七八三)正月、精勤を賞せられて従五位下を授けられ、同年二月、上野介となり、翌三月には下毛野(しもつけの)朝臣の氏姓を賜わった。

【参考文献】大塚徳郎「みちのく古代の民」(『みちのくの古代史—都人と現地人—』所収)

吉弥侯部　きみこべ　服属した蝦夷(えみし)からなる部民で、陸奥・出羽両国と東国の上野・下野国などに多く分布する。本来は君子部であったが、天平勝宝九歳(七五七)三月、吉美侯部と改められた。以後、吉弥侯部にも作る。毛野(けの)氏が伴造であったと思われ、姓を賜う時は多く上(下)毛野(かみ(しも)つけの)某公となっている。一部の者は中央に貢進されて、朝廷や貴族に仕えて雑役に従事した。吉弥侯部が陸奥・出羽両国以外にも分布するのは、律令政府が俘囚を全国に配し内民化をはかったためとされる。

【参考文献】 大塚徳郎『平安初期政治史研究』、同「丈部・吉弥侯部について」(『歴史』五)、同「みちのく古代の民」(『みちのくの古代史—都人と現地人—』所収)、高橋富雄「辺境における貴族社会の形成—古代陸奥における改氏姓の意義—」(『歴史』一二)、志田諄一「毛野氏と同祖と称する氏族とその性格」(『茨城キリスト教短期大学研究紀要』四)

吉弥侯部真麻呂 きみこべのままろ 陸奥国の俘囚。神護景雲元年(七六七)十月、伊治城(宮城県栗原郡築館町富野の城生野が城跡か)完成の行賞に当り、狄徒を馴服させた功で外従五位下から外正五位下に叙せられた。また、延暦十一年(七九二)十月、外虜を懐けたということで外従五位下に叙せられているが、神護景雲の真麻呂と同一人物かは不明である。同十四年五月には、俘囚外従五位下吉弥侯部真麻呂父子二人を殺した俘囚大伴部阿弖良(あてら)ら妻子親族六十六人が、日向国に配流されている。

【参考文献】 大塚徳郎「みちのく古代の民」(『みちのくの古代史—都人と現地人—』所収)

肝衡難波 きもつきのなにわ 大隅国肝属(きもつき)郡(大隅半島東南部)の隼人の酋長か。薩末比売らとともに肥人を率いて覓国(くにまぎ)使を襲いおどしたので、文武四年(七〇〇)六月に処罰された。律令国家の隼人支配の強化に反抗したのであろう。

行叡 ぎょうえい 清水寺(京都市東山区清水)創建に関わる伝説的僧。宝亀九年(七七八)四月、延鎮が山城国愛宕郡八坂郷の東山(京都市東山区・左京区。京都の東を限る山地)の麓で草庵を結ぶ行叡と出会う。行叡は、年齢二百歳、千手真言を口誦し、この地に久しく住む。年来、延鎮が来るのを待っていたといい、みずからは東国へ行くので、この地で仏法を弘めよと延鎮に告げ、姿を消した。延鎮は、坂上大宿禰田村麻呂とともに、清水寺創建に尽力したと伝える。

行賀 ぎょうが 七二八—八〇三 八世紀後半の興福寺の僧。法相宗。大和国広瀬郡(奈良県北葛城郡河合町・広陵町の一帯)の人。俗姓は上毛野(かみつけの)公氏。十五歳で出家、二十歳で具足戒を受け、二十五歳(天平勝宝四年・七五二)で入唐留学。在唐三十一年の間に唯識・法華の両宗を学ぶ。唐在留中には百高座の第二席となり、『法華経疏弘賛略』『唯識僉議』など四十余巻を筆削し、『聖教要文』など五百余巻を書写して帰朝した。朝廷はその功績を讃え、門弟三十人を付け、その業の伝修をはかった。しかし、東大寺の法相宗の明一から宗義について問われた際、返答できず、痛罵された。これは、長期に及ぶ在唐のため、日本語を忘却したためであるという。延暦三年(七八四)に少僧都となり、同十年には興福寺別当となり、同年の「僧綱牒」に伝燈大法師位とある。同十五年には大僧都となり、僧綱の重鎮の一人として活躍した。『七大寺年表』『僧綱補任』では、宝亀十年(七七九)に中律師、永厳の弟子と記す。『宋史』日本伝では、白壁天皇(光仁天皇)の二十四年(在位は十一年間)に霊仙(れいせん)とともに入唐し、五台山に仏法を学ぶとあるが、誤伝であろうとされている。没年については、『類聚国史』『日本紀略』『扶桑略記』抜萃に延暦二十二年(八〇三)、『興福寺別当次第』だけは同二十一年とある。著書は『百法論註』『成唯識僉議』『法華論釈』『仁王般若略賛』『浄名経略賛』などがある。また、興福寺南円堂には、鎌倉時代初期の作の坐像(国宝)があり、「興福寺曼荼羅」にもとの姿が描かれている。

行基 ぎょうき 六六八—七四九 八世紀前半の薬師寺の僧。『舎利瓶記』によると、父は高志(こし)才智、母は河内国(のちの和泉国)大鳥郡(大阪府堺市)の蜂田首虎身の長女古爾比売という。父方の高志氏は王仁(わに)の後裔西文(かわちのふみ)氏の一族であり、その近接地にいた王辰爾一族とともに、伝統的に知的な生活態度や大陸文化の受容能力を持続していた。このような絶好の条件のなかで行基は生まれ、天武十一年(六八二)には、同郷の道昭を師として出家した。『続日本紀』の示寂伝には、『瑜伽論』『唯識論』を読み、ただちにその意を了解したと伝えるが、社会事業の面でも道昭の影響を強くうけたと思われる。行基の活躍の様子を前記示寂伝には、「都鄙を周遊して衆生を教化するに、道俗の化を慕いて追従する者、ややもすれば千を以て数う。行くところ和尚の来るを聞けば、巷に居人なく、争い来りて礼拝す。器に随ひてみちびき、みな善に趣かしむ。又、親ら弟子等を率いて、諸の要害の所に橋を作り、陂(つつみ)を築く。聞見の及ぶところ、みな来りて功を加へ、日ならずして成りぬ」と記す。このことを『行基年譜』はより具体的に示し、特に天平十三年記にはその成果を、「僧院卅四、尼院十五院、橋六所、樋三所、布施屋九処、船息二所、池十五所、溝七所、堀川四所、直道一所」と列挙する。ところが、律令政府は霊亀三年(七一七)四月の詔で、はっきりと小僧行基と名ざしで、行基とその弟子たちの行動を禁止する。僧尼は寺院寂居が原則なのに、勝手に民間を遊行し、みだりに罪福を説き、私度僧や浮浪逃亡農民を傘下に入れて活躍することに対する弾圧であった。しかし、天平三年(七三一)になると、行基に随逐する優婆塞(うばそく)・優婆夷(うばい)の一部に得度が許される。さらに一応天平十二—十七年正月以前のものと思われる「優婆塞貢進解」には、「薬師之寺師位僧行基」とある。師位僧とは、得度・受戒を経た比丘・比丘尼から選ばれ、五位以上の官人と同等に扱われる上級官僧である。小僧から師位僧へと、政府の対行基政策は大きく変化するのであるが、その要因は行基の民間における影響力と、民衆を率いて行なったさまざまな事業に対する評価によるものと思われる。その上、師位僧への抜擢は、恭仁京(くにのみやこ)造営から大仏造顕にいたるまでの一連の事業への参加に対する行賞と考えることができる。天平十七年正月、行基は一躍して大僧正に任ぜられる。これは『日本霊異記』の智光伝説にみられるように、かなり強引な人事でもあり、多くの反発もあったと思われるが、大仏造営に対し、よりいっそうの協力を期待しての人事であったと推察される。しかし、天平十七年の平城京還都後、再開された大仏造顕作業においては、かつてのごとく、衆庶の先頭に立つ行基の姿を見いだすことはできない。天平二十一年、行基は右京菅原寺で病み、同年二月には諸院を弟子光信に託して、その多彩な八十二年の生涯を終えた。

【参考文献】北山茂夫『万葉の世紀』、井上薫『行基』(『人物叢書』)、二葉憲香『古代仏教思想史研究』、平岡定海・中井真孝編『行基　鑑真』(『日本名僧論集』一)、吉田靖雄『行基と律令国家』、石母田正「国家と行基と人民」(『日本古代国家論』一所収)

翹岐　ぎょうき　百済の王族。『日本書紀』は皇極元年(六四二)二月条に、百済弔使の傔人(ともびと)の言として、今年の正月、義慈王の母が薨じ、弟王子児翹岐、その同母姉妹および高官たち四十余人が放島されたという記事を載せている。この記事は朝鮮史料にみえない重要なものであるが、翹岐についていえば「弟王子児翹岐」の読法によって、その血脈関係が異なってくる。これを一連の語として読めば翹岐は義慈王の甥となり、弟王子と児翹岐とを分けて読めば同王の児となり、いまのところ定論はない。二月末、召されて阿曇山背連(あずみのやましろのむらじ)の家に安置され、四月、大使として参内し、大臣蘇我臣蝦夷の家に招かれて良馬一匹、鉄二十鋌を贈られる。五月、児を喪ったが母国の風俗に従って喪に臨まず、百済の大井(大阪府河内長野市太井か)に移住。七月、百済の使節智積(ちしゃく)が朝堂で饗されたおり翹岐も出席、健児による相撲が催された。宴後、智積は翹岐の門へ行って拝謝したという。同二年四月条に筑紫大宰の上奏として、翹岐が朝貢使とともに来日したことが記されているが、これは元年二月の記事と重複している可能性が強い。

【参考文献】鈴木靖民「皇極紀朝鮮関係記事の基礎的研究」(『国史学』八二)

行教　ぎょうきょう　九世紀の僧。石清水八幡宮(京都府八幡市八幡の男山頂に鎮座)

検校。紀朝臣魚弼の子。御園の弟。仁和寺の益信(やくしん)の兄という。大安寺の僧で、三論(或いは法相か)・密教を学び、伝燈大法師位を授けられた。入唐後帰朝の際に宇佐八幡宮(大分県宇佐市南宇佐)に参籠し、大同二年(八〇七)八幡宮を大安寺に勧請したと伝える。天安二年(八五八)十月頃、太政大臣藤原朝臣良房がその女明子所生の惟仁親王の即位を祈念するため、大僧都真雅の推薦により行教が「祈勅使」として宇佐宮に遣わされることになったが、惟仁親王は同年十一月に即位し(清和天皇)、翌三年三月に行教は改めて幼少の清和のための祈請の宣旨を受け、宇佐宮に発向した。宇佐宮で一夏九旬の間、昼は大乗経典を読み、夜は密呪を誦し、祈修を終えて帰京しようとした時、八幡神が行教に随行して京に上るとの神託を受けた。帰京後、山崎離宮(京都府乙訓郡大山崎町)付近に寄宿していたが、再び神託を得て山城国の巽の方角に当る男山の山頂に移座を見いだし、八幡神を勧請した。行教の上表により同年九月に勅使が実検し、木工寮の橘朝臣良基が正殿・礼殿各三宇を建立し、ここに三所の御体を安置して石清水八幡宮が創建された。さらに貞観二年(八六〇)には宝殿が建立され、御像が安置された。行教は同年十一月にも宣旨を受けて再度宇佐宮に参詣し、翌三年正月には、百一人の僧を請じて『大般若経』『金剛経』『理趣経』などの読誦を行ない、御願を修した。経巻僧名を録して奏上し、度者三十三人の申請を行ない、また各国の明神社に僧を遣わして祈願させた。こののち石清水宮に戻り、同宮にも度者十五人を賜わってこれを祈願僧とするとともに、写経所を設け、甥で弟子の安宗を写経所別当として『一切経』の書写を行なった。

慶俊　きょうしゅん　八世紀の大安寺の僧。慶峻・敬俊にも作る。「けいしゅん」ともいう。河内国丹比(たじひ)郡(大阪府大阪市・羽曳野市・藤井寺市・堺市の各一部と松原市・大阪狭山市・南河内郡美原町の一帯)の人。俗姓は葛(藤)井氏。道慈に学ぶ。天平三年(七三一)九月、「大寺(大安寺)牒」に「智僧慶峻」と自署。天平十九年七月、「花厳講師敬俊」と「経疏出納帳」にある。天平勝宝三年(七五一)六月、「応写疏本勘定目録」に「在大安寺慶俊所」の経論疏が記されている。同五年四月、大安寺仁王会の講師となった。『延暦僧録』に空(三論)有(法相)は微を窮め、円宗(華厳)に洞暁とあるが、その学業の実績がこれにより明らかとなる。同年八月、大鎮法師、同八歳五月、聖武太上天皇の看病の功とその学業、戒律清浄により良弁・慈訓らとともに賞せられ、律師となる。天平神護二年(七六六)道鏡の圧迫により律師を去り、宝亀元年(七七〇)返り咲き、少僧都となった。没年は『延暦僧録』に「ム年」と記し、『七大寺年表』『僧綱補任』に宝亀九年、『本朝高僧伝』に「延暦某年」とするなど一定していない。著書に『一乗仏性究竟論記』六巻、『因明義骨論文軌疏』三巻がある。

【参考文献】佐久間竜「慶俊」(『日本古代僧伝の研究』所収)

行巡　ぎょうじゅん　九世紀後半の僧。勝尾寺(大阪府箕面市粟生間谷)第六代座主。『元亨釈書』などにある伝によると、清和天皇の不予に際し、都に赴き公験を行なえとの勅をうけるが、禁足の行ゆえに、これを断った。しかし、清和の使者の説得もあったので、法衣と念珠の二物を献上して、使者に託した。帰路の途中、この二物は空を飛び、使者が宮中に帰ると、清和の御前に、この二物がおかれてあったという。これにより、清和の病は回復し、清和の帰敬はますますさかんとなり、荘田が与えられ、永く寺産となした。勝尾寺は、初め弥勒寺と称したが、清和の詔に応じず、天の恵みを与えられたことにより、天子に勝ぐるの意をこめて、その寺号を勝尾寺と称することを勅許されたという。しかし、この点については、寺史を飾るための説話であろうとされている。

教信　きょうしん　ー八六六　九世紀後半の沙弥。播磨国賀古郡賀古駅(兵庫県加古川市野口町古大内)の北辺に居住。平安京の人で光仁天皇の後裔という伝えがあり、興福寺で法相宗を学んだともいう。妻子がいて、生涯、昼夜となく弥陀の名号を唱えていたため、教信を雇っていた人が、阿弥陀丸(あみだまろ)と呼んでいた。貞観八年(八六六)八月、摂津国島下郡の勝尾寺(大阪府箕面市粟生間谷)の住僧勝如(しょうにょ)が教信の往生を霊告で知り、その真偽を確かめるために人を遣わしたところ、教信の屍体は群犬に食われ、妻子が悲しんでいたという。勝如は教信が日頃、弥陀の名号を唱えていたことに感じて口称念仏に専心するようになったと伝えられている。

行心 ぎょうしん 七世紀後半の新羅の沙門。「こうじん」ともいう。朱鳥元年(六八六)十月、大津皇子の謀反事件に関与した三十余名のうちの一人として逮捕される。皇子は逮捕後ただちに自決させられたが、関与した者の多くは赦された。ただし、礪杵道作(ときのみちつくり)のみ伊豆に流され、行心は科罪するに忍びずとの理由で、飛騨国の伽藍にうつされた。『懐風藻』によると、行心は天文卜筮を解し、大津皇子の骨相をみて「人臣の相にあらず、此れをもちて久しく下位に在らば、恐らくは身を全くせざらむ」と告げ、謀反を勧めたという。なお『続日本紀』大宝二年(七〇二)四月条に、飛騨国が神馬を献上、その瑞を獲たとの理由で入京が許された僧隆観は「流僧幸甚の子」とある。おそらく幸甚は行心のことであろう。

行信 ぎょうしん 八世紀の元興寺の僧。法相宗。天平十年(七三八)閏七月、律師に任ぜられ、同十九年十月には大僧都に就任していた。以降僧綱の中心として活躍。天平感宝元年(七四九)閏五月、大僧都として聖武天皇の勅旨を奉じて、大安寺・薬師寺・元興寺・興福寺・東大寺などを始め、他に七ヵ寺に対し、絁(あしぎぬ)・綿・布・稲・墾田などを施入、『華厳経』を根本とし、一切の大乗小乗の経律論抄疏章などを必ず転読講説させる任を担った。このことの背景には、同年二月の陸奥国からの黄金献上、同年四月、聖武が東大寺大仏に礼拝し、みずから「三宝の奴」と称して大仏開眼への道が開かれたことが考えられる。これにより、中心的寺院への施入を通して、『華厳経』を中心とする仏教思想の認識を徹底させた。それらを指導し、その一翼を担ったのが行信である。行信はこれらを通じて、いわば国家仏教の指導的地位を占めることになった。そののち天平勝宝二年(七五〇)まで大僧都とあり、同三年には「僧行信」の自署があるが同五年四月でその名が消える。ところが、神護景雲元年(七六七)九月、『瑜伽師地論』『法華経』の書写を発願したが、まだ完成しない時点で入滅、その弟子孝仁がこれを成就したという。『七大寺年表』では天平二十年大僧都、天平勝宝二年入滅とあるが、先の自署からみて、これは誤伝であろう。とすれば、同六年十一月、八幡宮主神大神(おおが)朝臣多麻呂とともに厭魅して、下野国に流された薬師寺僧行信と、この行信とが別人とするには、なお抵抗があろう。しかし、これについては諸説があり一致をみていない。なお、このような活躍とは別に、天平九年聖徳太子御製の『三経義疏』や太子の愛用品をさがし求め、法隆寺の東院伽藍の復興にも力を注いだという。著書に『仁王経疏』三巻、『最勝王経音義』一巻などがある。

行善 ぎょうぜん 七世紀後半—八世紀初めの僧。『続日本紀』養老五年(七二一)六月条所引の詔によると、行善は笈を負うて遊学すること孝徳朝から元明朝までの七代に及び、難行を嘗め、三五の術(唯識の法相)を解して、今まさに本郷に帰ってきた。矜(あわ)れみ賞することまことに深いものがある。行善がもし天下の諸寺で修行することがあれば、恭敬供養すること僧綱の例に同じくせよという。『日本霊異記』では、姓は堅部氏、推古天皇の代(孝徳朝の誤りか)に高麗に留学したが、高麗滅亡のため、流浪の身となった。ある川のところで橋が断ち切られていたので、心に観音を唱えると、老翁が舟に乗って迎えにきた。ところが舟をおりると、その老翁は見えず、舟もたちまち消えてしまった。これは観音の応化ならんと、観音像の造像を誓願し、唐に至り像をつくり、日夜帰敬した。養老二年、帰国し、興福寺に住したが、世を去るまでその像を供養したという。『扶桑略記』にも同様の伝があるが、興福寺に安置した像は忽然と消えたとある。『今昔物語集』『元亨釈書』にも同様の伝がある。

教待 きょうたい 園城寺(滋賀県大津市)創建伝説にかかわる僧。園城寺は天智天皇の皇子大友皇子の創建という伝承をもつが、これと円珍(智証大師)とを結びつける役割を果たしているのが教待の伝説である。天安二年(八五八)唐から帰朝した円珍は近江の三井にあった園城寺にいたる。この時、園城寺の教待は故旧のごとく円珍にまみえた。時に教待は百六十二歳、永くこの寺に関わったが、檀越の大友氏から寺の四至券契が円珍に授けられることになった時、教待はその姿をかくしてしまう。教待の本貫・行業について、檀越も全く知らないという。この説話は、檀越大友氏の小さな寺であった園城寺の創建を、延暦寺よりも古くする意図をもってつくられ、弥勒の応化のような役割を教待に求めたものと思われ、教待の名も、円珍の教えを弘めるを待つという意味だという。このようにして円珍は貞観元年(八五九)寺を修造して、落慶法要を行なったのである。

【参考文献】辻善之助『日本仏教史』一

清内宿禰雄行 きようちのすくねおゆき 八一一—八八三 九世紀後半の学者。河内国志紀郡(大阪府藤井寺市・柏原市・八尾市の各一部)の出身。氏姓は初め凡河内(おおしかわち)忌寸、のちに清内宿禰を賜わった。字は清図。貞観六年(八六四)正月、正六位上から外従五位下に昇叙、同八年七月、潔世王とともに高山祭使、同十一年正月、従五位下に昇叙。この間の官職は一貫して音博士であった。元慶七年(八八三)六月十日、卒去。時に七十三歳、従五位下丹波介。『日本三代実録』の卒伝によれば、文徳天皇が即位前に梨本院に居していた当時、侍講として『孝経』を講じたという。

経珍 きょうちん 九世紀前半の天台僧。最澄の弟子。延暦十六年(七九七)最澄から『一切経』などの書写を助写するように告げられ、また『伝教大師消息』によれば、大同四年(八〇九)八月二十四日付の空海宛法門十二部借請の際と、弘仁三年(八一二)四月に『法華文句』など返却に際し使いしている。なお、大同五年正月十九日付の「僧最澄遺告」に、一切の事は、まず泰範と経珍に聞かせたことが見えるので、最澄に近侍し、重んじられていた人であることが知られる。

行表 ぎょうひょう 七二四—七九七 八世紀後半の学僧。父は大初位上檜前調使(ひのくまのつきのつかい)案麻呂。俗名は百戸といった。大和国葛上郡高宮郷(奈良県御所市森脇・宮戸付近)に誕生。天平十三年(七四一)十二月、宮中において道璿(どうせん)から受戒して得度。続いて同十五年に興福寺北倉院でやはり道璿から具足戒を受けた。道璿からは禅法を相承し、当時隆盛であった唯識も修めている。のち近江国崇福寺(滋賀県大津市滋賀里町長尾にあった寺院)にあって、一丈余の千手千眼観音像を造立するなど、学識・徳行・信仰ともに堅固な僧として推されて近江国分寺主すなわち近江大国師に任ぜられた。のちに天台宗を創める最澄は、宝亀九年(七七八)に行表に師事し、その教学を継承したばかりでなく、その「心を一乗に帰すべし」との諭示を守って、天台法華宗を開いている。行表の行業は、最澄の『内証仏法相承血脈譜』に詳しい。のち大安寺に移り、延暦十六年(七九七)二月、西唐院で寂した。時に七十四歳。

浄岡連広嶋 きよおかのむらじひろしま 八世紀後半の医術家。氏名を清岡にも作る。天平宝字七年(七六三)正月、正六位上から外従五位下に昇進した。宝亀五年(七七四)三月、すでに侍医の地位にあったが、この時、丹後介を兼ねた。同六年正月、従五位下に昇叙。同九年八月、侍医のまま典薬頭に任ぜられている。

浄野朝臣宮雄 きよののあそんみやお 九世紀後半の学僧。氏姓は初め蔵史。『日本三代実録』によれば、元慶六年(八八二)正月、従七位下から外従五位下に叙せられたが蔵史宮雄の名で記され、時に大学寮の助教という。翌七年二月には外従五位下助教浄野朝臣宮雄とあり、釈奠の祭礼終了後『周易』を講じているから、この一年の間に改氏姓したのであろう。同八年二月、従五位下となり、同年五月、菅原朝臣道真らとともに太政大臣の職掌、唐制などについて諮問を受け、意見を述べた。同年八月、釈奠の行事で『礼記』を出題、仁和二年(八八六)二月、同行事で『論語』を出題している。また、越前介を兼務、左京権亮なども務めた。

清原氏　きよはらうじ　天武天皇の皇子舎人親王の後裔氏族。姓は真人。延暦十年(七九一)舎人親王の孫石浦王の子である長谷が清原真人の氏姓を賜わり、同二十三年には舎人親王の孫小倉王の上表により、小倉王の子の繁野(夏野)と別王の子の山河に清原真人の氏姓が与えられているが、舎人親王系以外ではすでに天平宝字八年(七六四)浄原真人浄貞の氏姓名を賜わった大原真人都良麻呂や、百済親王の後とする『新撰姓氏録』左京皇別の清原真人氏らが存する。夏野は後に右大臣にのぼり『令義解』編纂の中心になったことで知られる。また、天長十年(八三三)或いは嘉祥二年(八四九)には舎人親王の曾孫弟村王の子の美能王(岑成王)に、嘉祥三年(八五〇)には貞代王の子で天武天皇五代の孫に当る有雄に、清原真人の氏姓が与えられている。以上の諸系の外、『日本後紀』以下の国史には諸王を中心とした清原真人賜姓記事が多く散見するが、そのうち出自を記すものはすべて天武或いは舎人親王の系統である。『清原氏系図』には『尊卑分脈』『群書類従』『続群書類従』に収載される幾つかのものがあり、それぞれに異同があるため清原氏全体の系譜を明確にすることは難しい。清原氏からは平安初期に前記の夏野のほか参議岑成・長谷などの政治家が出、平安中期には歌人深養父、その孫で三十六歌仙の一人元輔、その子清少納言らが出ているが、前記の諸系図では深養父らは貞代王系であるとしている。後世まで名が残り船橋家と改称した広澄系の清原氏は、前述の天武・舎人系清原氏との関係が明確ではない。この広澄系清原氏は平安中期以後明経を家学とし、大少外記として外記局の局務を世襲する家となり、平安末期の儒者として知られた頼業らを輩出している。また、平安後期に出羽国に勢力を築いた清原氏については、『群書類従』『続群書類従』所収の系図では舎人親王系とされるが疑わしい。元慶二年(八七八)出羽国夷俘の反乱に際して出羽国に派遣され、乱後秋田城(城跡は秋田市寺内の高清水丘陵にある)城司としてしばらく駐在した清原真人令望の系統とする説もあるが確証はなく、出羽国清原氏と中央の清原氏との関係は不明確のままである。

【参考文献】　岸上慎二『清少納言』(『人物叢書』)

清原春滝　きよはらのはるたき　九世紀後半の官人で左大臣源朝臣信の家人。弓馬に長じ、信の私的武力の一員であったが、貞観七年(八六五)の春に日向掾に任ぜられた。『日本三代実録』ではこの人事を信の威勢を奪うためのものであったと記している。

清原真人夏野　きよはらのまひとなつの　七八二―八三七　九世紀前半の公卿。舎人親王の孫小倉王の第五子。母は小野縄手の女。名は初め繁野。延暦二十三年(八〇四)六月、父小倉王の上表により清原真人の氏姓を賜わるとともに夏野と改名した。妻は葛井宿禰庭子。子は二男滝雄・三男沢雄・四男秋雄・女春子の四人が知られる。延暦二十二年五月、内舎人に任ぜられて出身。大同五年(八一〇)三月、藤原朝臣薬子の変に際し藤原朝臣冬嗣らが蔵人頭に任ぜられたのと同時に蔵人に補任された。弘仁二年(八一一)六月、従五位下に叙せられ、宮内少輔を経て同年十月、東宮亮、同十四年四月、淳和天皇の即位に伴い蔵人頭・従四位下に進み、同年五月、左近衛中将・近江守を兼帯、同年十一月、参議に昇任した。天長元年(八二四)正月、従四位上、同二年正月、正四位下、同年七月、従三位中納言に昇り、同三年八月、左近衛大将、同年九月、民部卿を兼務した。同五年三月、権大納言、同七年九月、大納言、同八年正月、正三位、同九年十一月、右大臣に進み、同十年三月、従二位に昇った。この間、天長三年以降『令義解』編纂の中心となり、同十年二月撰上。同時期『内裏式』の改訂にも当り、また藤原朝臣冬嗣らの後をうけて『日本後紀』の編纂にも与った。議政官としては、天長元年に常荒田の耕作者に終生の耕作権と六年の免租を認めること、同三年に上総・下総・上野三国の親王任国化などを発議し裁可されている。詩文を愛し、弘仁六年四月の嵯峨天皇の近江行幸に扈従して梵釈寺(滋賀県大津市の南滋賀廃寺跡とする説がある)で詩を献じ(『経国集』巻十目録)、天長七年九月には淳和天皇、承和元年(八三四)四月には嵯峨上皇を双丘(京都市右京区御室仁和寺の南の岡)の山荘に迎えて詩莚を延べている。同四年六月、左近衛大将を辞し、同年十月七日、薨去。時に五十六歳。死後、山荘は双丘寺(天安寺。現在の京都市右京区花園扇野町にある法金剛院がその跡)となり、夏野は、比大臣・双丘大臣とも称された。

【参考文献】滝川政次郎「右大臣清原夏野伝」(『国学院大学紀要』五)

清原真人長谷　きよはらのまひとはせ　七七四―八三四　九世紀前半の官人。舎人親王の三世孫で父は石浦王。延暦十年(七九一)清原真人の氏姓を賜わった。官歴は『公卿補任』によって知られるが、延暦二十二年、陸奥大掾に任ぜられて以来、弘仁三年(八一二)雅楽助兼播磨権少掾、同五年、蔵人となり東宮少進、同六年、東宮大進、同七年、宮内少輔、同八年、山城介、同十年、遠江守、同十四年、右衛門権佐に進み、天長二年(八二五)近衛中将、同三年、安芸守(兼任)、同六年、讃岐権守、次いで左衛門督、同七年、按察使(あぜち)(兼任)を歴任。同八年、参議に任ぜられた。承和元年(八三四)十一月二十六日、卒去。時に六十一歳、従四位上・勲七等・参議・左衛門督・信濃守。

清原真人岑成　きよはらのまひとみねなり　七九九―八六一　九世紀中頃の官人。舎人親王の曾孫弟村王の子。子は永安王・安良王・安基王の三人が知られる。もと美能王と称し、天長十年(八三三)岑成王と改名。『日本三代実録』卒伝では同年、『続日本後紀』では嘉祥二年(八四九)清原真人の氏姓を賜わったとする。天長五年に正六位上近江大掾としてみえて以来、筑後守・近江介などに任ぜられたが、従四位下越前守であった承和十一年(八四四)十月、赴任後に暇を請うて入京したまま隠居して出仕しなかったことにより官当解任、四位の位記を毀棄された。こののち、同十三年七月、正五位下を授かり、大和守・左中弁・弾正大弼・右大弁・大蔵卿などを歴任。また、嘉祥三年以来蔵人頭を務め、貞観元年(八五九)十二月、参議に昇任。翌二年正月、大宰大弐に任ぜられ、同三年二月二十九日、大宰府にて卒去。時に六十三歳、従四位上。卒伝によれば性清直で小節にこだわらず、大和守当時は盛んに官舎を造って能吏の評を得た。大弐在任中も府の倉屋の修造のために他の忠告を聴かずに神社の樹木を用材として伐採し、これが原因で罹病し卒したという。

清原真人令望　きよはらのまひとよしもち　九世紀後半の武官。元慶二年(八七八)出羽国の俘囚の乱(元慶の乱)勃発に際し、同年五月、出羽権掾に補任、時に正六位上・左衛門権少尉。以後、出羽権守藤原朝臣保則の配下にあって乱の鎮圧に当った。同年七月、上野の兵六百名を率いて秋田河(雄物川)の南に駐留し、河の北で賊を防ぎ、同年十二月には賊の帰順に際して掠取された全甲の回収を主張。乱平定後の翌三年六月以降は秋田城(城跡は秋田市寺内の高清水丘陵にある)城司として駐留した。時に左衛門少尉。仁和二年(八八六)正月、従五位下に昇叙、時に左衛門大尉。同三年四月、修理大井堰(大井(堰)川は京都市西京区の嵐山山麓、渡月橋付近の桂川の呼称)使に補任。寛平六年(八九四)八月には大宰少弐として新羅人の襲撃に備えるための兵を対馬に配備すること、また同七年三月には博多警固所に配置の夷俘を増強することを申請している。なお出羽国の清原氏は令望から出たとする説があるが疑問とされている。

清原王　きよはらおう　八世紀後半の官人。浄原王にも作る。天平神護二年(七六六)十二月、無位から従五位下に直叙。同三年三月、内礼正に就任。その後、何らかの事情によって位階を剝奪されたらしく、宝亀二年(七七一)閏三月、再び無位から従五位下に叙せられた。同三年十一月、大膳亮に任ぜられた。その後、大炊頭・少納言・越後守を歴任し、延暦四年(七八五)五月には右大舎人頭に就任。位階も天応元年(七八一)十一月、従五位上に昇進した。天平勝宝九歳(七五七)五月の聖武太上天皇の一周忌御斎道場幡のなかに名がみえる。

清彦　きよひこ　天日槍(あめのひぼこ)の末裔。『日本書紀』垂仁八十八年七月条によると、詔によって、但馬にある天日槍将来の神宝の献上を命ぜられた曾孫の清彦は、出石小刀のみは身に付けて離さなかったが発覚し、ほかの神宝とともに神府(石上神宮(奈良県天理市布留町)の神府)に納められることになった。ところが、その小刀は自然に清彦のもとに還り、さらに淡路島にいたり、そこで神として祭られることになったという。神宝献上の物語は、日矛を日神の神体として奉ずる大陸系シャーマニズムの荷担者である出石(いずし)族の宗儀が、天皇家の祭儀のなかに加えられたことを意味するものである。

【参考文献】三品彰英「古代宗儀の歴史的パースペクティヴ―天の日矛の後裔たち―」(『補増日鮮神話伝説の研究』所収)

潔世王　きよおう　八二〇―八八二　桓武天皇の第十二皇子仲野親王の第八子。遂良王(平朝臣遂良)の父。『日本三代実録』の卒伝には「幼くして史伝を学ぶことあり」とある。貞観二年(八六〇)十一月、従四位下に叙位、時に文章生。同五年二月、大学頭に補任。史料上は同十一年三月まで大学頭としてみえるが、この間、同八年七月に高山祭使、同十年二月に野火で一部の樹木を焼損した田邑陵(京都市右京区の文徳天皇陵)への使、同十一年三月に故源朝臣信への正一位追贈使を務めた。同十七年七月、従四位上民部大輔の時に楯列山陵(奈良市山陵町の神功皇后陵)使として派遣された。元慶六年(八八二)四月二十八日、卒去。時に六十三歳、散位従四位上。

欽明天皇　きんめいてんのう　六世紀中頃に在位。継体天皇の嫡子。母は仁賢天皇の皇女で、継体の皇后となった手白香(たしらか)皇女。和風諡号は天国排開広庭(あめくにおしはらきひろにわ)尊。異母兄に安閑・宣化の両天皇がいる。宣化の崩後、宣化四年(五三九)に即位したとされる。『日本書紀』の年立てによると在位三十二年で、五七一年に崩御。即位に先立って安閑の皇后春日山田皇女に即位を慫慂したものの、かえって皇后に勧められ位に即いた。従来どおりに大伴大連金村・物部大連尾輿を大連に、蘇我稲目宿禰大臣を大臣とした。宣化の皇女石姫を皇后とし、訳語田渟中倉太珠敷(おさたのぬなくらのふとたましき)尊(のちの敏達天皇)をもうけた。別に五妃、すなわち稚綾姫皇女・日影皇女・堅塩(きたし)媛・小姉君および春日日抓(ひつめ)臣の女糠子(ぬかこ)があり、のちの用明・崇峻・推古天皇らの皇子女が生まれている。みずからの宮を大和の磯城(しき)郡に置き、磯城嶋金刺(かなさし)宮(宮跡は奈良県桜井市金屋付近と推定される)と号した。古代国家の形成を考える上に欽明朝はきわめて重要であるが、その第一の問題点とされるのが欽明即位に関する諸事情である。これについては継体・欽明朝の「内乱」の可能性が検討されており、安閑・宣化両朝と欽明朝を『古事記』『日本書紀』のとおりの順序で理解するか、或いは対立抗争の局面を想定するかの二説がある。ただ、いずれにせよ欽明即位とその治政は内政面においては、屯倉・田部(たべ)の設置など、政権の確立、支配機構の整備に大きく踏み出したといえよう。それに対して、外交面は、『日本書紀』欽明巻の大部分が外交関係記事で占められていることからもわかるように最大の課題となっていた。欽明即位後まもなく、任那四県割譲事件を原因として大伴大連金村が失脚し、その後も日本の勢力下にあったとされる任那の保全をめぐって朝鮮半島諸国との間で、何度かの出兵を含む複雑な関係が展開する。その過程で、日本側は朝鮮諸国への影響力を徐々に減退させ、日本と関係の深かった百済の聖明王も新羅と戦い、敗死する。欽明二十三年(五六二)には、任那の官家(みやけ)が新羅によって攻略され、ここに任那における日本側の有力拠点は失われるにいたった。一方、百済を主たる相手国とする外交交渉のなかで、種々の文物も輸入され、なかでも仏教の伝来はその代表的な例といえよう。その具体的な公伝年は『日本書紀』による欽明十三年(五五二)のほか、『上宮聖徳法王帝説』『元興寺伽藍縁起幷流記資財帳』など戊午年(五三八)とする史料もあり、いずれとも決着し難いが、仏教が朝廷にもたらされたことにより、いわゆる崇仏論争が生じた点に注意を要する。欽明自身は崇仏の意向があったかのようであるが、物部・中臣の二氏は神祇重視の立場から排仏を主張し、蘇我氏は崇仏を実践した。外交文化の摂取に積極的な蘇我氏の立場が朝廷内に確立するのもこの欽明朝とみられよう。国内的にはほぼ安定した体制を維持したようだが、欽明朝における外交上の失地回復の課題は、以後の政治に大きな影響を及ぼすことになった。『日本書紀』によれば、崩後、檜隈坂合陵(『陵墓要覧』は奈良県高市郡明日香村平田の梅山古墳とするが、奈良県橿原市五条野町・大軽町の見瀬丸山古墳を欽明陵に比定する説などもある)に葬られたという。

【参考文献】 林屋辰三郎「継体・欽明朝内乱の史的分析」(『古代国家の解体』所収)、笠井倭人「欽明朝における百済の対倭外交」(三品彰英編『日本書紀研究』一所収)、鬼頭清明『日本古代国家の形成と東アジア』、平野邦雄『大化前代政治過程の研究』

空海 くうかい 七七四―八三五 八世紀末から九世紀前半の僧。真言宗の開祖。灌頂名を遍照金剛、諡号を弘法大師という。宝亀五年(七七四)讃岐国多度郡に生まれた。香川県善通寺市の善通寺が生誕の地とされる。父は佐伯直田公。母は阿刀(あと)氏。幼名は真魚。十五歳で上京し外舅(母方のおじ)阿刀宿禰大足(伊予親王の侍講)について漢学を学び、十八歳で大学明経科に入学した。ある時、一沙門から虚空蔵求聞持法を授けられ、阿波の大滝嶽(徳島県阿南市の太竜寺山)、土佐の室戸崎(高知県室戸市の室戸岬)などで勤修して強烈な宗教体験を得、大学を辞して山林修行を行なった。延暦十六年(七九七)『聾瞽指帰』(のち『三教指帰』と改題)を著わして儒教・道教・仏教三教の優劣を論じ、最勝なる教えである仏教への出家を宣言した。以後、三十一歳で入唐するまでの事蹟は明らかでないが、空海は『大日経』を感得し、この経典の疑義を正し、秘奥を体得するために入唐を志したことから、南都諸大寺で仏典の研鑽に励むとともに生得の神秘的な力(自然智)を練磨・体得するために山林抖擻(とそう)を行なっていたと考えられる。得度・受戒の年次については異説が多いが、入唐するに当りあわただしく行なったと考えられ、㈠延暦二十二年四月出家、同二十三年受戒、㈡出家・受戒とも延暦二十三年の二説が有力である。延暦二十三年七月、第十六次遣唐大使藤原朝臣葛野麻呂の乗る第一船で肥前国田浦(長崎県福江市、五島列島久賀島の南西部)を出帆し、同年八月、福州長渓県赤岸鎮已南の海口に漂着、十二月、長安城に入った。翌二十四年二月から西明寺の永忠の故院に留住し、城内の諸寺を歴訪して師を求めた。同年五月、当代一の密教の巨匠である青竜寺東塔院の恵果和尚に出会い、六—八月の三ヵ月間に青竜寺灌頂道場において胎蔵界・金剛界・阿闍梨位の灌頂を受け、インド伝来の正統な密教を余すところなく相承した。同年十二月、恵果は付法の終るのを待っていたかのごとく六十歳で示寂。翌二十五年正月、空海は諸弟子を代表して「恵果の碑文」を撰書した。この間、罽賓(けいひん)国の般若三蔵、北インドの牟尼室利三蔵からも梵語・悉曇などを学んだ。「早く郷国に帰りもつて国家に奉り、天下に流布して蒼生の福を増せ」との恵果の遺命により、二十年の留学予定を切りあげ、大同元年(八〇六)十月、遣唐判官高階真人遠成・留学生橘朝臣逸勢(はやなり)とともに九州に帰着した。同年十月二十二日付で、インド伝来の正統な密教を受法した経緯と密教が仏教の中で最も勝れた教えであること、新たに請来した経律論疏・図像・道具・阿闍梨付嘱物等を記録した『御請来目録』を朝廷に進献した。同四年七月、入京を許され、高雄山寺(京都市右京区梅ヶ畑高雄町にある神護寺の前身)に住した。同年八月、最澄は書状をもって空海が請来した経論十二部の借覧を請うており、この頃から二人の交友が始まった。同年十月、勅により「世説」の屛風を書いて進献し、以後密教の法匠としてよりも書家・文人として嵯峨天皇から厚遇された。藤原朝臣薬子の変平定直後の弘仁元年(八一〇)十月、上表して鎮護国家のために新たに請来した『仁王経』『守護国界主経』などにより修法を行ない、翌二年十一月、乙訓(おとくに)寺(京都府長岡京市今里)別当に補任された。同三年十月、最澄は興福寺維摩会の帰りに、乙訓寺に空海を訪ね、高雄山寺での密教伝授の約諾を得た。高雄山寺に帰った空海は同年十一月、最澄ら四人に金剛界の結縁灌頂を、同年十二月、最澄・泰範ら百九十四人に胎蔵界の結縁灌頂を授けた。最澄との交友は、この二度の灌頂伝授、翌四年十月、空海からの「中寿感興詩」の贈呈とそれに対する最澄からの答詩の交換を絶頂として、同五年頃から急速に冷却し、密教観の相違、泰範の帰山拒否の問題などで同七年にいたって完全に決別し、両者は独自の道を歩むことになった。弘仁六年四月、空海は密教経論の書写を勧めた「勧縁疏」を関東の徳一・広智などに送って本格的な密教宣布活動に着手し、同七年六月には修禅の道場の建立地として紀州高野山(和歌山県伊都郡高野町)の下賜を請い、七月、勅許された。また、この頃、顕密二教の優劣浅深を論じた教判書『弁顕密二教論』を撰述した。同九年十一月、勅許後初めて高野山に登り、壇場を結界し、伽藍配置を定めた。同十一年五月、それ以前に著わした漢詩文の文章論『文鏡秘府論』六巻の玄要を抄録した『文筆眼心抄』を撰した。翌十二年五月、讃岐万濃池(香川県仲多度郡満濃町)の修築別当に任ぜられ、三ヵ月余りで築堤工事を完成、九月にかけては真言密教の相承系譜と祖師の略伝を記した『真言付法伝』を撰述した。同十三年二月、東大寺に灌頂道場(真言院)を建て、夏中および三長斎月に息災・増益法を修し、この年、当道場で平城上皇に灌頂を授けた。同十四年正月、建設半ばの東寺が空海に給預され、真言宗僧五十人を常住させ、『三学録』に基づいて学習させた。天長元年(八二四)三月、少僧都に直任され、九月、高雄山寺が定額寺となり神護国祚真言寺と称して真言宗僧十四人を置いた。空海の創立した真言密教の根幹をなす『即身成仏義』『声字実相義』『吽字義』が撰述されたのは、弘仁の末から天長にかけてであった。天長五年四月、大僧都となり、同年十二月、藤原朝臣三守の邸宅を譲りうけ綜芸種智院(平安左京九条二坊。現在の京都市南区西九条)を開設した。この学校では僧俗・貧富・貴賤の別なく万人に門戸を開放し(教育の機会均等)、先生・学生に衣食を支給し(完全給費制)、内典・外典を教授した(承和十二年(八四五)に売却された)。天長七年、淳和天皇の勅に応え『十住心論』十巻、『秘蔵宝鑰』三巻を撰述した。これは菩提心(さとりを求める心)の発展過程を、本能のままに生活する状態から宗教心が芽ばえ、小乗から大乗仏教へと進み、最高の教えである密教にいたる階程を十種(住心)に分かったもので、顕密二教の横の教判に対して竪の教判といわれる。同九年八月、高野山で万燈万花会を修して「虚空尽き、衆生尽き、涅槃尽きなば、我が願ひも尽きん」と述べた。この頃から病により高野山に隠棲した。承和元年十二月、毎年正月に行なわれる御斎会の期間に宮中で真言法を修すことを勅許され(後七日御修法)、翌二年正月には真言宗に年分度者三人が置かれ、翌二月、金剛峯寺が定額寺となるなど、真言宗の永続化が計られた。同年三月二十一日、高野山において入定。六十二歳。延喜二十一年(九二一)十月、醍醐天皇から弘法大師の諡号を賜わった。この頃から空海は高野山で生身のまま禅定に入っているとの入定信仰がおこり、今日にいたっている。空海は真言宗の開祖であるばかりでなく、漢詩文・書道(三筆の一)にも才能を発揮し、我が国最古の字書『篆隷万象名義』三十巻を撰述するなど、文化史上に及ぼした影響ははかり知れない。ほかに漢詩文を集めた『遍照発揮性霊集』十巻(真済編・済暹補)、『高野雑筆集』二巻などがある。付法の弟子に実恵(じちえ)・泰範・智泉・杲隣・真済・真雅・道雄などがいる。

【参考文献】 守山聖真編著『〈文化史上より見たる〉弘法大師伝』、蓮生観善編『弘法大師伝』、渡辺照宏・宮坂宥勝共著『沙門空海』、上山春平『空海』、佐和隆研『空海の軌跡』、中野義照編『弘法大師研究』

草香幡梭皇女 くさかのはたびのひめみこ 仁徳天皇の皇女。履中・雄略両天皇の皇后。『古事記』には波多毗能若郎女、別名長日比売命・若日下部(わかくさかべ)命、『日本書紀』にはまたの名橘姫皇女とある。母は日向髪長(ひむかのかみなが)媛。大草香(おおくさか)皇子(大日下王とも)の同母妹。『日本書紀』履中巻によると皇妃から皇后となり、中磯(なかし)皇女を生んだというが、安康巻には雄略の皇后となるいきさつが記されている。すなわち、安康天皇は幡梭皇女を弟大泊瀬(おおはっせ)皇子(のちの雄略天皇)に配すべく、坂本臣の祖根使主(ねのおみ)を大草香皇子のもとに遣わした。ところが大草香から安康への贈物を盗んだ根使主は、偽って大草香が拒絶した旨を報告したので、怒った安康は大草香を殺し、皇女を大泊瀬の妃とした。しかし、『日本書紀』の年立てからみれば仁徳の皇女が仁徳崩後五十余年を経て雄略の皇后となるのは無理。なお『古事記』仁徳段には若日下部王の御名代として若日下部を置いたとある。

日下部氏 くさかべうじ 彦坐(ひこいます)命の後裔氏族の一つ。始祖は彦坐命の子狭穂彦(さほひこ)王とされる。氏名を草壁または草香部にも作る。日下部は仁徳天皇の皇子大草香(おおくさか)皇子の名代である大日下部と、同じく草香幡梭(くさかのはたび)皇女の名代である若日下部のうちいずれか一方または両者の総称とも考えられる。日下部氏はその日下部の部民を管掌する中央・地方の伴造氏族および部民そのものを含めた広範な氏族名である。中央伴造としての日下部氏の姓は初め連、天武十三年(六八四)八色の姓制定に際し、宿禰を賜わった。地方伴造としての日下部氏の姓は直・使主・首・君など多様である。また部民は姓をもたないが、のちに連などを賜わった場合もある。全国各地に設置された名代に関係する氏族であることから、その分布もまた諸国に及び、中央伴造としての日下部氏およびその支族に限っても山城・

河内・和泉国などに居住していた。

日下部直益人　くさかべのあたいますひと　八世紀中頃の伊豆地方の豪族。『伊豆国造伊豆宿禰系図』によれば、御立の孫で、久良麻呂の子。天平十四年(七四二)四月、伊豆国造伊豆直(いずのくにのみやつこいずのあたい)の氏姓を賜わった。時に外従七位下。

日下部使主三中　くさかべのおみみなか　上総国の防人。国造丁。天平勝宝七歳(七五五)筑紫に向かう途中、一首を詠じた(『万葉集』二〇―四三四八)。またその父(名は未詳)の子に対する別離の歌もみえる(同二〇―四三四七)。日下部使主という氏姓は珍しく、本貫の判明するのは上総国周准(すえ)郡(千葉県君津市西半・木更津市南西端・富津市北端にあたる地域)大領の日下部使主主山、同郡少領の日下部使主□麿以外にないので、三中も周准郡出身の公算が大きい。また国造丁となっていることから推すと、須恵(すえ)国造の後裔であろうか。その父は一国一員の律令国造(上総国造)であるという説もある。

【参考文献】新野直吉『謎の国造』

日下部宿禰老　くさかべのすくねおゆ　―七三二　八世紀前半の官人。和銅元年(七〇八)正月、従六位下から従五位下に昇進。その後位階の昇進が行なわれ、養老五年(七二一)正月には正五位上であったが、この時佐為王らとともに朝堂での執務終了後東宮に侍仕するよう詔によって命ぜられた。同年三月には右衛士督の地位にあり、左衛士督大伴宿禰牛養とともに兵部省に対して衛士勤務年限の縮小を進言し、翌年二月、勅によって認められた。神亀元年(七二四)二月、従四位下に昇進。晩年は官を離れ、天平四年(七三二)三月、散位で卒した。

日下部宿禰子麻呂　くさかべのすくねこまろ　―七七三　八世紀の官人。名を古麻呂にも作る。天平十年(七三八)十月、従六位上で筑後介在任中、皇室に献上する鷹の輸送を指揮して大宰府から上京。従者三名、人夫二十名を率いて周防国を通過し食料の供給を受けたことが『周防国正税帳』に記録されている。天平勝宝七歳(七五五)八月、正六位上から従五位下に昇叙。以後順調に昇進して天平宝字八年(七六四)九月には従四位下に達している。その間、左兵衛督・上野守(下野守か)・山背守を歴任。山背守在任中の天平宝字八年九月、藤原朝臣仲麻呂の乱においては、仲麻呂が宇治(京都府宇治市・京都市の一部)から近江に逃れようとするところを、佐伯宿禰伊多智らとともに先回りし、勢多橋(滋賀県大津市の瀬田橋)を焼き落として東国への逃路を遮断する勲功をあげた。乱後、従四位上に昇進、間もなく播磨守に就任し、翌天平神護元年(七六五)正月には勲二等を授与された。さらに同二年二月には功田二十町が賜給され、子に限っての伝世も認められた。神護景雲元年(七六七)九月、内豎員外大輔に転任。晩年は官を離れ、宝亀四年(七七三)五月十七日、散位で卒した。播磨守在任中には管轄下賀古郡(兵庫県加古郡と加古川・高砂市の一部)の馬養造人上の改姓申請を審査して太政官に上申したことも知られる。

日下部遠藤　くさかべのとおふじ　九世紀後半の官人。弓馬に長じ、左大臣源朝臣信の私的武力を構成する一員であったが、貞観十年(八六八)閏十二月、左衛門府生から肥後権大目に任ぜられた。『日本三代実録』ではこの人事を信の威勢を奪うためのものであったと記している。

日下部土方　くさかべのひじかた　九世紀前半の工人。摂津国武庫郡(兵庫県西宮市を中心とする地域)の出身。私鋳銭の罪により囚人として堀河で役せられていたが、工才に優れていたことにより、弘仁五年(八一四)八月、囚人の身から解放され木工寮の長上工に任命された。

日下部連吾田彦　くさかべのむらじあたひこ　五世紀中頃の人。父の日下部連使主(おみ)は、市辺押羽(いちのべのおしは)皇子の帳内(とねり)。皇子が雄略天皇即位の際に殺されると、父とともに皇子の遺児億計(おけ。のちの仁賢天皇)・弘計(おけ。のちの顕宗天皇)の二王を連れて丹波国余社(よざ)郡(京都府与謝郡と宮津市の一帯)、さらに播磨へと逃れた。父が播磨の縮見(しじみ)山の石室(兵庫県三木市志染町窟屋の窟屋山の麓にある石室か)で自殺したのちも二王に従い播磨の赤石にいたるまで、かたく臣礼を守ったという。以後の消息は不明。

日下部連使主　くさかべのむらじおみ　五世紀中頃の人。使主は名。履中天皇の皇子市辺押羽(いちのべのおしは)皇子の帳内(とねり)。日下部は名代・子代の部の一つ。『古事記』仁徳段に大日下部・若日下部を設定したとある。『播磨国風土記』美嚢(みなぎ)郡(兵庫県三木市を中心とする地域)条には名は意美とみえる。『日本書紀』顕宗巻によると、市辺押羽皇子が近江国来田綿(くたわた)の蚊屋野(かやの。滋賀県蒲生郡日野町鎌掛にあった荒地)で雄略天皇によって射殺されると、使主とその子吾田彦は皇子の子億計(おけ)・弘計(おけ)の二王を奉じて丹波国余社(よざ)郡(京都府与謝郡と宮津市の一帯)に難を避け、使主は名を田疾来(たとく)と改めた。さらに使主は二王を遺して播磨の縮見(しじみ)山の石室(三木市志染町窟屋の窟屋山の麓にある石室か)に逃れ、ここで自殺したという。『播磨国風土記』には、みずからの重罪を知り、乗馬の手綱を切って追い放ち、所持物のすべてを焼き捨てて自殺したとある。そののち二王子は縮見屯倉(三木市志染町付近)に行き、新嘗の宴の際、みずからの生まれを明かし、清寧天皇ののちに皇位につくことになる。

草香部吉士漢彦　くさかべのきしあやひこ　五世紀後半の大連大伴連室屋の配下。雄略二十三年八月に雄略天皇が崩じたのち、吉備上道(きびのかみつみち)臣の女の稚(わか)媛の生んだ星川皇子は、天下の位に登らんとして大蔵に籠ったが、室屋と東漢直掬(やまとのあやのあたいつか)の軍により焼き殺された。その際皇子に従っていた河内三野県主小根は、火を避け逃れ出でて漢彦にすがり、室屋に命乞いを依頼した。漢彦は室屋に頼み、小根の死罪を回避した。小根はこの恩に報いるために室屋には難波の来目邑(大阪市住吉区および堺市の遠里小野町に比定する説がある)の大井戸の田十町を、漢彦にも田地を贈ったという。

草壁連醜経　くさかべのむらじしこふ　大化六年(六五〇)穴戸(あなと)国(長門国西南部の古称)の国司であった。同年正月九日、麻山(おのやま。比定地未詳。山口県美祢郡美東町絵堂・小野付近の山に比定する説などがある)で白雉を獲たとして、翌二月、朝廷に献上。この祥瑞によって白雉と改元。

草壁皇子　くさかべのみこ　六六二―六八九　七世紀後半の皇族。天武天皇の皇子。母は天智天皇の女鸕野讃良(うののさらら)皇女(のちの持統天皇)。日並知皇子(ひなみしのみこ)尊と称される。天平宝字二年(七五八)に岡宮御宇天皇(おかのみやにあめのしたしろしめしすめらみこと)の尊号が奉呈された。天智の女の阿陪皇女(のちの元明天皇)を娶り、可瑠皇子(のちの文武天皇)・氷高皇女(のちの元正天皇)と吉備内親王をもうけた。百済救援のため大和政権中枢が筑紫に赴いた時、娜の大津(福岡市の博多港)で誕生。筑前国嘉麻郡(福岡県山田市のほぼ全域と嘉穂郡東半および飯塚市の一部)・筑後国山門郡(福岡県山門郡と柳川市南部)には草壁郷が存在する。草壁の名前は、九州に多く分布する日下部(くさかべ)が皇子の養育料を負担したことに因むのであろう。壬申の乱の時は十一歳で、父母とともに吉野を脱出、東国に赴いた。天武八年(六七九)五月の吉野宮(奈良県吉野郡吉野町宮滝か)での誓盟においては、天智・天武諸皇子中の筆頭格で宣誓を行なった。草壁の優位は、同年十月、同十年十月、朱鳥元年(六八六)四月に、父天皇・母皇后と並んで、新羅使から朝貢品とは別に献物を受けていることからもうかがえる。天武九年十一月、僧恵妙の病を問う使に立った。同十年二月には皇太子に立てられ万機を摂したと『日本書紀』は記す。しかし、天皇の居所とは明らかに区別される嶋宮(奈良県高市郡明日香村島庄。同地の島庄遺跡では大臣蘇我馬子宿禰の嶋宅や嶋宮に関連する遺構が検出されている)を営んでいること、同十四年正月、諸皇子中最高位とはいえ、浄広壱という冠位を授けられていること、同十二年二月、大津皇子の聴政が開始されていること、そして天皇の死後、直ちに即位せず、結局、母皇后が即位していることなどから考えて、これを律令制下の皇太子と等置することはできないという見解もある。同十一年七月、勅あって壬申の乱の功臣膳(かしわで)臣摩漏の病を高市皇子とともに見舞った。朱鳥元年七月、天武が病に倒れると、母とともに天皇大権を委任された。同年八月には、大津・高市両皇子とともに食封四百戸を加増される。持統元年(六八七)正月から始まる公卿・百寮人らによる天武の殯宮(もがりのみや)での慟哭儀礼の先頭に立ち、また、同年十月からの大内陵(高市郡明日香村野口字王墓)造営も主宰した。同三年四月、病を得て即位することなく二十八歳で薨じた。その直前、佩侍していた黒作懸佩刀を藤原朝臣不比等に授けた。この刀は不比等を介して皇子の直系、可瑠・首(おびと)皇子(のちの聖武天皇)に相伝された。大和国高市郡の真弓丘陵に葬られたという。奈良県高市郡高取町佐田にある束明神古墳を草壁の墓と見る説がある。『万葉集』に「日並知皇子尊、石川郎女に贈り賜ふ御歌一首」(二―一一〇)、柿本朝臣人麻呂の皇子殯宮での挽歌や嶋宮舎人らが皇子の死を悲しんで作った歌(二―一六七～一九三)が収められている。

【参考文献】　直木孝次郎『持統天皇』(『人物叢書』)、荒木敏夫『日本古代の皇太子』、川崎庸之「天武天皇の諸皇子・諸皇女」(『万葉集大成』九所収)、岸俊男「倭京から平城京へ」(『国文学』二七―五)、同「皇子たちの宮」(『古代宮都の探究』所収)、仁藤敦史「嶋宮の伝領過程」(『古代史研究』五)

櫛角別王　くしつのわけのおおきみ　景行天皇の皇子。『古事記』によると、母は吉備臣らの祖若建吉備津日子(わかたけのきびつひこ)の女針間之伊那毗能大郎女(はりまのいなびのおおいらつめ)。弟に大碓(おおうす)命・小碓(おうす)命(倭建命)らがいる。櫛角別王は茨田下連(まんだのしものむらじ)らの祖とされている。『日本書紀』には景行の皇子のなかにこの王の名は見えない。

薬師恵日　くすしのえにち　七世紀前半の外交官・医術家。氏名を医にも作る。百済に帰化し、次いで雄略朝に渡来した高句麗人徳来の五世孫に当る。年時は不明であるが、早く留学生として渡唐。推古三十一年(六二三)七月、新羅の外交使節に随行して帰国し、推古天皇に対して学業を修めた在唐留学生の早期召喚と法制の整った大国唐との通交の重要性を説いた。その後、舒明二年(六三〇)八月、遣唐使として再び渡唐。当時の冠位は大仁(冠位十二階)。同四年八月頃、帰国したらしい。降って白雉五年(六五四)二月にも遣唐使の副使として渡唐。この一行のなかには海上や大陸で客死した者が多く、恵日の消息もまた審らかではないが、斉明元年(六五五)八月、大使とともに無事帰国したらしい。なお、この時の冠位は大山下(大化五年制定冠位)であり、冠位制変遷史の通説に従えば先の大仁より若干低くなっている。通説そのものを疑問視する向きもあるが、何らかの事情で格下げが行なわれた可能性もある。

【参考文献】　黛弘道『律令国家成立史の研究』

薬師徳保　くすしのとくほ　七世紀中頃(?)の仏師。鉄師㓞古とともに法隆寺の木造多聞天を製作したと伝えられる。年時は広目天と同じく白雉元年(六五〇)のことかと推定される。

樟使主磐手　くすのおみいわて　七世紀後半の廷臣。天武元年(六七二)六月、大海人皇子(のちの天武天皇)の進軍を知った大友皇子は、近江朝廷の廷臣たちを各地に派遣して徴兵に当らせた。磐手は吉備に赴くことになったが、当時の吉備守当麻(たいま)公広嶋は大海人皇子に通じており、朝命に背くことも充分予想された。そこで予め大友皇子は、広嶋に叛意がうかがわれた場合、すみやかに殺害するよう命じておいたところ、予想が的中。磐手は広嶋を巧みに丸腰にして命令通りこれを斬殺した。

百済氏　くだらうじ　百済を称する氏は、

渡来の時期に前後の差はあるものの、みな百済からの渡来人の子孫と考えられる。姓は、王(こにきし・こきし)・公・朝臣・宿禰・伎(てひと)・造・連などがあり、無姓の人名も多い。王姓は、百済の義慈王の王子で日本に人質となっていた百済王善光(禅広)の子孫であり、公・朝臣姓も、百済の王族の子孫と思われる。宿禰姓は、飛鳥戸(あすかべ)造が賜姓されたものであり、伎は、大蔵省・内蔵寮にみえる百済手部・百済戸の伴造であろう。造姓は連に改姓されたが、伎と同様であろうと思われる。ほかに百済安宿(あすかべ)公氏などがあり、無姓の舎人・校生などが『正倉院文書』に散見する。

百済朝臣河成　くだらのあそんかわなり　七八二―八五三　九世紀前半の画家。百済からの渡来人の子孫で、氏名は初め余(よ)。天長十年(八三三)外従五位下を授けられ、そののち備中介・播磨介などを歴任。『日本文徳天皇実録』は、河成の描く古人の姿絵や山水草木はまるで命あるもののようであったと述べて、その技量を称えている。また、ある人が従者を召喚させた時、その者の顔を知らなかったが、河成が描いた姿絵によって誰であるかがわかったという。そのほか飛騨の匠と技術競べをした際、腐臭の漂うほど真に迫った死体を描いて怖れさせたという逸話なども伝わる。いずれも、河成の描く絵は本物のようだという驚きと称賛を含む内容である。河成は、単なる工人としてではなく、その卓越した絵画技術によって名を残した、日本で初めての画家である。河成はまた作庭も行なったらしく、嵯峨院(嵯峨天皇の離宮。京都市右京区嵯峨大沢町の大覚寺の前身)の滝殿の石を立てたと伝えられる。

百済朝臣足人　くだらのあそんたるひと　―七七〇　八世紀中頃の官人。天平勝宝元年(七四九)までは余(よ)足人。天平十年(七三八)四月、鎮守判官とみえ、天平感宝元年(七四九)閏五月、陸奥大掾の時、黄金献上の功により、介佐伯宿禰全成らとともに昇叙し、正六位上から従五位下となる。天平勝宝九歳五月、従五位上、天平宝字四年(七六〇)正月、陸奥介兼鎮守副将軍として荒夷を教導し、一戦も労せず雄勝城(城跡は秋田県雄勝郡羽後町足田か)を造ったことと陸奥国牡鹿郡に桃生柵(宮城県桃生郡河北町飯野新田)を造ったことにより、陸奥国按察使(あぜち)兼鎮守将軍藤原恵美朝臣朝狩らとともに褒賞され、一階を進められて正五位下となった。同五年十一月、東海道節度使藤原恵美朝臣朝狩のもとで田中朝臣多太麻呂とともに副使となり、同八年正月、授刀佐。同年十月、北倉より内裏に進める兵器検定文の使者となる。時に右衛士督。同月、従四位下に叙せられ、神護景雲二年(七六八)二月、右京大夫となる。同四年五月、右京大夫従四位下勲四等で卒した。

百済公和麻呂　くだらのきみやまとまろ　八世紀前半の官人。名を倭麻呂にも作る。『家伝』下には神亀年間(七二四―七二九)頃の「文雅」の官人としてあげられ、同じ頃、長屋王宅で詠んだ五言詩「初春左僕射長王が宅にして讌す」「七夕」「秋日長王が宅にして新羅の客を宴す」が『懐風藻』に収載されている。当時、正六位上、但馬守であった。同書に「年五十六」とあるが、これは和麻呂の没年であろう。『二中歴』登省歴には慶雲四年(七〇七)五月献策の趣旨「知人情動」が、『経国集』巻二十には同年九月対策文二首が載せられている。

百済宿禰有雄　くだらのすくねありお　九世紀後半の官人。河内国高安郡(大阪府八尾市東部)の出身。氏姓は初め飛鳥戸(あすかべ)造。貞観五年(八六三)十月、同族の清貞・清生・河主とともに百済宿禰を賜わった。『日本三代実録』では彼らを百済の比有王の後裔と記している。当時、有雄は正七位上主税大属。元慶元年(八七七)十二月、右京三条に移貫、時に外従五位下主税助。『日本三代実録』は当時の有雄の本拠を河内国安宿(あすかべ)郡(大阪府羽曳野市・柏原市の一部の地域)と記す。同四年八月、御春朝臣有世とともに飛鳥戸神社(羽曳野市飛鳥)の神田設定を申請し、認められて神田一町を賜わった。

百済王　くだらのおおきみ　敏達天皇の孫。押坂彦人大兄皇子の子か。『古事記』敏達段にみえる彦人大兄の子のなかの「多良王」である可能性(「久多良王」の「久」が脱落)がある。『新撰姓氏録』にのみ伝えられる皇族で、ほかに百済親王とも記される。同書によれば、大原真人・島根真人・豊国真人・山於真人・吉野真人・桑田真人・池上真人・海上真人・清原真人・池上椋人の各氏の祖とされている。

【参考文献】佐伯有清『新撰姓氏録の研究』考証篇一

百済王氏　くだらのこにきしうじ　百済の義慈王の後裔氏族。王は「こきし」とも訓む。旧姓は余(よ)。義慈王の王子余禅広(善光王・禅広王)は、舒明朝に義慈王に遣わされ来日。百済滅亡後も日本にとどまり、持統朝に百済王の号を賜わった。禅広の子孫からは百済王遠宝・敬福・俊哲など八世紀に活躍した人物を多く出す。

【参考文献】今井啓一『百済王敬福』

百済王英孫　くだらのこにきしえいそん　八世紀後半の官人。遠宝の孫で、慈敬の子。天応元年(七八一)九月、征夷の労により正六位上から従五位下を授けられ、延暦四年(七八五)五月、陸奥鎮守権副将軍に任ぜられ、同年九月には出羽守となる。同十年正月、従五位上を授けられ、同十六年三月、従四位下で右兵衛督に、同十八年二月、右衛士督に任ぜられている。

百済王遠宝　くだらのこにきしえんぽう　―七三四　七世紀後半から八世紀前半にかけての官人。善光の子か孫で、慈敬の父。持統五年(六九一)正月、善光・良虞・南典とともに物を賜わった。時に直大肆。文武四年(七〇〇)十月、直広参で常陸守に、和銅元年(七〇八)三月、正五位上で左衛士督に任ぜられ、同六年四月、従四位下を授けられた。天平六年(七三四)三月、散位で卒した。

百済王貴命　くだらのこにきしきみょう　―八五一　鎮守府将軍俊哲の女。嵯峨天皇の女御となり、基良親王・忠良親王・基子内親王を生む。資質が姝麗であり、女の手わざに習熟していたという。弘仁十年(八一九)正月、従五位上、同年十月、従四位下に叙せられた。仁寿元年(八五一)九月五日、卒す。時に散事従四位下。

百済王鏡仁　くだらのこにきしきょうじん　八世紀末―九世紀前半の官人。延暦九年(七九〇)二月、正六位上から従五位下に昇叙。同年三月、豊後介、同十八年二月、治部少輔に任ぜられ、同年六月、右少弁に遷任。同二十四年正月、右中弁に任命、位は従五位上。大同元年(八〇六)正月、河内守に任命された。

百済王教徳　くだらのこにきしきょうとく　八世紀後半―九世紀前半の官人。桓武天皇の後宮にみえる百済王貞香の父。延暦七年(七八八)二月、右兵庫頭に補任、官位は従五位下。同八年二月、讃岐介となる。同十八年九月、上総守に補任、従五位上。大同三年(八〇八)九月、宮内大輔に補任、正五位下。弘仁三年(八一二)正月、従四位下に昇叙。同五年九月、治部大輔となり、同七年二月、嵯峨天皇の水生野(大阪府三島郡島本町水無瀬にあった狩猟場)遊猟に陪従し、従四位上に昇叙。同十三年十月十七日、卒去。時に従四位上・刑部卿。

百済王教福　くだらのこにきしきょうふく　八〇七(八一七)―八五四　九世紀中頃の官人。安義の子。嘉祥三年(八五〇)正月、正六位上から従五位下に昇叙された。同年五月、仁明天皇の御斎会に際して元興寺使を務めた。時に散位。仁寿四年(八五四)四月二日、散位従五位下にて卒去。卒年は『日本文徳天皇実録』では四十八歳、或いは三十八歳との異伝もある。

百済王敬福　くだらのこにきしきょうふく　六九八―七六六　八世紀中頃の官人。昌成の孫で、郎虞の三男。東北経営に活躍し、盧舎那仏建立に当り陸奥守として黄金を献上したことで有名。天平十年(七三八)四月に陸奥介として初見。翌十一年四月には正六位上から従五位下に昇叙。同十五年六月に陸奥守、同十八年四月に上総守、九月に再び陸奥守に任ぜられた。翌閏九月、従五位上を授けられ、天平感宝元年(七四九)四月、陸奥国小田郡から出た黄金を献上したことにより陸奥守であった敬福は従三位を授けられ、同月、黄金九百両を献じた。天平勝宝二年(七五〇)五月に宮内卿、同四年五月に常陸守、十月に検習西海道兵使に任ぜられ、同八歳五月、聖武太上天皇の葬儀の山作司となった。同九歳六月、出雲守となり、七月、橘朝臣奈良麻呂の乱の時、陰謀に参加した人々の拷問に当り、黄文王・道祖(ふなど)王・大伴宿禰古麻呂・多治比(たじひ)真人犢養・小野朝臣東人・賀茂朝臣角足らを杖下に死なせた。天平宝字三年(七五九)七月に伊予守、同五年十一月、南海道節度使、同七年正月、讃岐守に任ぜられた。同八年十月、先帝高野(孝謙)天皇の命により、藤原朝臣仲麻呂の乱の責任を問うため兵部卿和気王・左兵衛督山村王とともに数百の兵を率いて中宮院を囲み、淳仁天皇を捕えた。時に外衛大将。天平神護元年(七六五)十月、御後騎兵将軍として称徳天皇の紀伊国行幸に随行し、河内国にいたり弓削(ゆげ)寺(大阪府八尾市東弓削)に幸した時、本国(百済)の舞を奏した。時に刑部卿。同二年六月、薨じた。『続日本紀』の薨伝には六十九歳とある。また、放縦な物事にこだわらない性格で、非常に酒色を好み、聖武天皇に寵愛され優遇されていた。頼って来る者があると気前良く物を与えたので、実入りの良い国司などの任を歴任したにもかかわらず、家に余財がなかった。判断力に優れ政治を行なう力があったという。この薨伝記事によれば、河内守・左大弁なども歴任した。さらに神護景雲二年(七六八)九月の陸奥国の奏言に、前守百済王敬福の時に、他国の鎮兵を停め、当国の兵士を点加したとある。『公卿補任』天平二十一年条に、天武十年辛巳(六八一)生まれとあるが、『続日本紀』の伝える没年齢とは合わない。

【参考文献】今井啓一『百済王敬福』、大塚徳郎「古代みちのくに来た都人」(『みちのくの古代史—都人と現地人—』所収)

百済王慶命 くだらのこにきしきょうみょう ―八四九 九世紀前半の女官。鎮守府将軍教俊の女。嵯峨天皇の寵をうけ、源朝臣定・鎮・善姫を生む。嵯峨の寵あつく、後宮の権は他に比する者がなかったという。嵯峨が太上天皇として嵯峨院(嵯峨天皇の離宮。京都市右京区嵯峨大沢町にある大覚寺の前身)に遷ると、小院と呼ばれる別宮を与えられた。承和三年(八三六)尚侍となる。時に正三位。同八年、従二位に昇る。嘉祥二年(八四九)正月二十二日、薨じ、従一位を贈られた。

百済王玄鏡 くだらのこにきしげんきょう 八世紀後半の官人。宝亀六年(七七五)正月、正六位上から従五位下に昇叙。以後昇進をかさねて延暦九年(七九〇)二月、従四位下に達し、同十六年正月、従四位上まで進んだ。その間、石見守・少納言・右兵衛督・上総守などを歴任。延暦十八年九月には刑部卿に任ぜられている。また延暦二年十月には桓武天皇の交野(かたの。大阪府交野市から枚方市にかけての一帯)行幸に同族で供奉。同六年十月の同地行幸においては藤原朝臣継縄に率いられて百済の楽を演奏した。

百済王元忠 くだらのこにきしげんちゅう ―七七三 八世紀中頃の官人。百済は百斉にも作る。天平二十年(七四八)二月、正六位上から従五位下に昇叙。以後昇進をかさねて天平宝字八年(七六四)正月、従四位下に達した。その間、治部少輔に任ぜられ、天平勝宝二年(七五〇)三月の東大寺宛ての治部省牒に署名を加えている。その後、天平宝字五年頃には大蔵少輔の地位にあったが、晩年は官を離れ、宝亀四年(七七三)閏十一月二十三日、散位で卒した。

百済王玄風 くだらのこにきしげんぷう 八世紀後半の官人。元忠の子。延暦六年(七八七)正月、正六位上から従五位下に昇進。同年二月、美濃介に就任し、同十年十月には従五位上に昇叙されたが、以後の消息については不明。

百済王孝忠 くだらのこにきしこうちゅう 八世紀中頃の官人。天平八年(七三六)正月、正六位上から従五位下に昇叙。以後順調に昇進して同二十年二月、従四位下に達した。

その間、遠江守・左中弁・大宰大弐と次第に要職に任ぜられるようになり、天平勝宝元年(七四九)八月、紫微少弼に就任。遠江守在任中には大御贄使として上京したことが知られ、聖武天皇の安曇江(大阪市北区・東区・南区付近の入江の地域)行幸においては同族で百済の楽を演奏したこともある。また天平勝宝四年四月の東大寺盧舎那大仏開眼供養会の挙行に先立ち、鎮裏京使(鎮京裏使か)の一員として平城左京の警備にも当った。

百済王俊哲　くだらのこにきししゅんてつ　―七九五　八世紀後半、東北経営に活躍した官人。敬福の孫とされる。女貴命(きみょう)は、嵯峨天皇の女御となり忠良親王を生んだ。宝亀六年(七七五)十一月、大伴宿禰駿河麻呂らによる蝦夷征討に参加し、勲六等を授けられた。時に従六位上。同九年六月にも、征戦に功があり勲五等を授けられた。同十一年三月、正六位上から従五位下に、さらに四月には従五位上に昇叙。六月、陸奥鎮守副将軍に任ぜられた。十二月には、俊哲らが賊に包囲されて窮地に陥ったとき桃生(ものう)・白河などの郡の神十一社に祈って包囲を破ることができたので、これらの神が幣例に入るよう申請して許された。天応元年(七八一)九月、征夷の労により正五位上勲四等を授けられた。延暦六年(七八七)閏五月、何らかの事件に坐して日向権介に左遷されたが、同九年三月、罪を免ぜられて京に戻った。同十年正月、征夷の兵士を簡閲し、武器を点検するため坂上大宿禰田村麻呂とともに東海道に遣わされ、同月、下野守に、七月には田村麻呂らとともに征夷大使大伴宿禰弟麻呂の下で副使に任ぜられ、九月、陸奥鎮守将軍を兼任したが、同十四年八月、卒した。

【参考文献】　今井啓一『百済王敬福』、大塚徳郎「古代みちのくに来た都人」(『みちのくの古代史―都人と現地人―』所収)

百済王勝義　くだらのこにきししょうぎ　七八〇―八五五　九世紀前半の官人。元忠の孫で玄風の子。若くして大学に学び文章を習い、延暦二十五年(八〇六)二月、大学少允となる。以後の職掌・位階は、大同四年(八〇九)二月、右京少進。同五年正月、蔵人・左衛門大尉。弘仁七年(八一六)二月、従五位下。同十年二月、左衛門佐。同十一年正月、兼相模介。同十二年十月、従五位上。同十三年三月、但馬守。天長四年(八二七)正月、兼美作守・正五位下。同六年二月、従四位下・右京大夫。同十年四月には紫宸殿において百済国風俗舞を奏上している。十一月、左衛門督。承和二年(八三五)正月、従四位上。同四年正月、相模守。六月、宮内卿。同六年二月、従三位。同九年正月、兼相模守。同十年正月の伴宿禰友足卒伝によると、勝義は友足と正反対に、狩猟をして獲った鹿の肉を諸大夫に分配しないところから、「勝義がもしあやまって浄刹に赴こうものなら、閻魔王に陳訴して泥黎につきおとしてくれよう」とまでいわれている。斉衡二年(八五五)七月、七十六歳で薨じた。

百済王仁貞　くだらのこにきしじんてい　―七九一　八世紀後半の官人。宝亀八年(七七七)正月、正六位上から従五位下に昇叙。以後昇進をかさねて延暦十年(七九一)正月には従四位下に達した。その間、衛門員外佐・近衛員外少将と武官を歴任し、次いで播磨介・備前介・備前守と外官を歴任し、延暦八年三月、中宮亮に就任。皇太后高野朝臣新笠に仕え、新笠崩後の同九年正月にはその周忌御斎会司に任命された。その後、左中弁に任ぜられ、木工頭をも兼任したが、在任中の同十年七月二十九日、卒した。

百済王善光　くだらのこにきしぜんこう　―六九三？　七世紀の亡命百済王族。百済国王であった義慈王の王子。もと善光王で禅広王にも作り、また余禅広にも作る。舒明朝に父王に派遣されて豊璋とともに来日。その後久しく滞在していたが、斉明六年(六六〇)に義慈王が唐・新羅連合軍に敗れて降服すると、豊璋は遺臣佐平鬼室福信に迎えられて王統を継ぎ、一方、善光はそのまま日本にとどまった。やがて天智二年(六六三)の白村江(大韓民国の錦江河口付近)の会戦で豊璋王軍と日本軍とが唐軍に大敗を喫し、豊璋王が高句麗に逃亡するに及んで、善光は帰るべき祖国を完全に失うことになった。同三年三月、難波に居住。天武四年(六七五)正月には大学寮の学生や陰陽・外薬両寮の官人および諸蕃の人々とともに薬物・珍宝などを天武天皇に献上した。朱鳥元年(六八六)九月の天武崩御に際しては百済王族を代表して殯宮(もがりのみや)での誄(しのびごと)を言上すべき地位にあったが、老齢のためか、孫の良虞(子の昌成は早世)がこれを代行した。持統五年(六九一)正月、同族の遠宝・良虞・南典らとともに王族優遇の賜給を受けた。この時、善光はすでに我が国の冠位である正広肆を授与されていたが、当時の冠位施行の水準からみるとこの冠位はかなり高いとみてよく、これも優遇の表われといえる。没時については不明であるが、同六年末ないしは同七年正月に薨じたと推定される。同七年正月十五日、故人に正広参が贈られ、喪家に賻物が賜給された。百済王の氏名は持統朝に初めて善光に与えられ、以後の百済王氏の祖となったと伝えられる。

百済王南典 くだらのこにきしなんてん 六六七―七五八? 七世紀末―八世紀前半の官人。持統五年(六九一)正月、同族の善光・遠宝・良虞らとともに百済王族優遇の賜給を受けた。同十年正月には直大肆に叙せられ、その後も昇進を重ねて和銅元年(七〇八)三月にはすでに従四位下に達しており、この時、備前守に任ぜられている。在任中の同六年四月、下僚の介である上毛野(かみつけの)朝臣堅身とともに上申して備前国の北部六郡を分割し、新たに美作国を成立させたことが治績として伝えられている。その後、緩慢ながらも位階の昇進が行なわれ、天平九年(七三七)九月には従三位に達した。その間、養老五年(七二一)六月に播磨按察使(あぜち)に任命されたほかは任官のことは伝わらず、従三位昇進後も官に就くことはなかったようである。『公卿補任』は天平宝字二年(七五八)に九十二歳で薨じたかと伝える。

百済王明信 くだらのこにきしみょうしん ―八一五 南家藤原朝臣継縄の室。敬福の孫。理伯の女といわれる。宝亀元年(七七〇)十月、従五位下から正五位下に越階昇叙された。同六年八月、正五位上、そして同十一年三月には従四位下となった。これらは夫継縄の昇進に伴っての昇叙である。桓武天皇が即位した天応元年(七八一)十一月、従四位上に叙せられたが、延暦二年(七八三)十月、百済王氏の本拠河内国交野(かたの。大阪府交野市から枚方市にかけての一帯)へ行幸の時、供奉した一族の者とともに叙位され、正四位下を授けられたが、さらにその翌月、ただ一人正四位上に昇叙された。同六年八月、山背国高椅津(京都市南区吉祥院付近か)行幸の帰途、桓武が継縄の第に立ち寄った時、その室として従三位に叙せられた。同十三年、平安新京の家を作るためとして国稲を賜わり、同十六年正月、能登国羽咋・能登二郡の没官田と野七十七町を賜わったが、これは夫継縄が薨じたのを機に、尚侍として後宮に入ったことによるものと思われる。桓武にことのほか寵幸され、曲宴のとき作歌に苦しむ明信に桓武が代って歌を作ったという逸話もある。同十八年二月、正三位に昇叙されたが、弘仁六年(八一五)十月十五日に薨ずるまでの消息は不明である。時に散事従二位であった。いま大阪府枚方市に残る「官女塚」が墓であると伝えられている。

【参考文献】今井啓一「天子後宮における百済王氏の女人」(『百済王敬福』所収)

百済王良虞 くだらのこにきしろうぐ ―七三七 亡命百済王族昌成の子。善光の孫。敬福の父。百済王氏の嫡流に当る。名を郎虞にも作る。朱鳥元年(六八六)九月、天武天皇の崩御に際し、祖父善光に代わり(父昌成は早世)百済王族を代表して殯宮(もがりのみや)での誄(しのびごと)を言上。持統五年(六九一)正月、同族の善光・遠宝・南典らとともに王族優遇の賜給を受けた。大宝三年(七〇三)八月当時すでに従五位上を帯びており、その後昇進を重ねて霊亀三年(七一七)正月には従四位下に達し、同年十月にはほかの王臣とともに封戸の増加が認められた。この間、伊予守・摂津亮などに任ぜられたが、晩年は官を離れ、天平九年(七三七)七月十七日、散位で卒している。

口比売　くちひめ　仁徳天皇に仕えた丸邇(わに)臣口子の妹。仁徳の皇后石之比売に仕える。『古事記』によると、仁徳が皇后の留守に八田若郎女を宮中に入れたのを恨んで、皇后は宮中に還らない。これを説得するため口子が遣わされるが難航し、見かねて妹の口比売が口添えをしたという。『日本書紀』仁徳三十年十月条では、これを口持臣・国依媛兄妹の話とし、一説に、和珥(わに)臣の祖口子臣の名を掲げている。

口持臣　くちもちのおみ　仁徳天皇に仕えた人物で、的(いくは)臣の祖。『日本書紀』仁徳三十年十月条によると、仁徳が皇后の留守に八田皇女を宮中に入れたのを恨んで、皇后は山背の筒城にいて宮中へ還らない。そこで喚(め)し返すべく口持臣が遣わされるが、皇后は黙して答えない。この時、皇后に仕えていた妹の国依媛が歌でとりなし、ようやく皇后から宮中に戻る意志のない旨の返答を得て復奏したという。『古事記』では、これを口子臣・口比売兄妹の話としており、『日本書紀』の記事の中にも、一説として和珥(わに)臣の祖口子臣の名を挙げている。

久氏　くてい　初期日済関係史に登場する百済人。『日本書紀』は神功巻に日済関係の発端・展開を詳述しているが、久氏は百済側の中心的人物として語られている。それによると、甲子年(三六四)七月、久氏は弥州流(みつる)・莫古(まくこ)らとともに日本への路を求めて卓淳国(とくじゅんのくに。慶尚北道大邱)にいたったが、船舶の準備のためいったん帰国、神功四十七年四月、あらためて来日した。この折、同行した新羅使の貢物にくらべ、百済のそれが劣っていたため、久氏らに問うたところ、途中で自国の貢物が新羅によって奪われたと答えたため、千熊(ちくま)長彦を新羅に遣わし、その虚実を調べさせた。同四十九年三月、久氏は荒田別・鹿我別(かがわけ)らとともに新羅を襲うため卓淳国に集結、木羅斤資(もくらこんし)・沙沙奴跪(ささなこ)らの援軍をえてこれを破り、これによって比自㶱(ひしほ。慶尚南道昌寧)以下の加羅七国を平定し、忱弥多礼(とむたれ。済州島)を屠って百済に与えた。百済の肖古王・王子貴須は意流村(おるすき。比定地未詳)で荒田別・木羅斤資らと会見したが、千熊長彦のみは百済の都まで行き厚遇を受けた。同五十年五月、久氏は千熊長彦とともに日本に来り、朝貢を誓ったので、多沙城(たさのさし。蟾津江の河口付近)を与えられた。翌五十一年三月、久氏は朝貢使として来朝、帰りは千熊長彦が付き添った。同五十二年九月、久氏は千熊長彦に従って来朝、七枝刀一口、七子鏡一面などを献上した。久氏についての以上の所伝は主に百済史料によって書かれたものであり、その核に史実の存在していることは、この時の七枝刀が今日の石上(いそのかみ)神宮(奈良県天理市布留町)蔵の「七支刀」に当るとされていることによっても明らかである。しかし、たとえば多沙城の割譲や対新羅戦略における卓淳国の重要性などはいずれも継体・欽明朝の史実の反映とみられ、『日本書紀』の年代的枠からはずして所伝を研究する必要があろう。

【参考文献】津田左右吉「百済に関する日本書紀の記載」(『日本古典の研究』下所収)、池内宏『日本上代史の一研究』、末松保和『任那興亡史』、三品彰英『日本書紀朝鮮関係記事考証』上

国君麻呂　くにのきみまろ　—七七四　八世紀中頃の造東大寺司の官人。大仏造立に功績があった。国中連公麻呂(くになかのむらじきみまろ。公万呂とも)にも作る。君麻呂は天智二年(六六三)白村江の戦いに敗れて滅亡した百済から亡命した国骨富(こくこつふ)の孫。天平十七年(七四五)四月、君麻呂は正七位下から外従五位下に叙せられているが、この頃から金光明寺(のちの東大寺)の造営に関わっていたのであろう(この年八月には大仏の造立が開始された)。翌十八年十一月の「金光明寺造物所解」には造仏長官とあり、同十九

年正月には同じく造仏長官として金光明寺羂索像の光背制作のために鉄二十廷を申請した。これは現存する東大寺三月堂の不空羂索観音像に当り、君麻呂を同像の実作者に擬する向きもある。そののち、遠江員外介を兼ね、同二十年二月には従五位下に昇叙。翌天平感宝元年(七四九)四月、聖武天皇の東大寺大仏殿行幸に際して従五位上に叙せられたが、これは大仏造立の功によるものであろう(開眼供養は三年後の天平勝宝四年(七五二)四月)。天平宝字二年(七五八)本拠地の大和国葛下郡国中村(比定地未詳)に因んで国中連の氏姓を賜わり、また翌三年頃、名の君字を改めて公麻呂(公万呂)と名乗るようになったらしい。同五年六月、法華寺阿弥陀浄土院で催された光明皇太后一周忌の斎会に供奉した功をもって爵一級を賜わり、同年十月、造東大寺司次官に任ぜられた。時に正五位下とあり、またこの頃から公麻呂は造香山薬師寺所・造石山寺所とも関わりをもつようになる。天平神護三年(七六七)二月、称徳天皇の東大寺行幸に当って同寺造営の関係者に叙位があり、公麻呂も従四位下に昇った。同年七月頃に造東大寺司次官の職を退いたとみられ、翌神護景雲二年(七六八)十一月、但馬員外介に任ぜられた。宝亀五年(七七四)十月、散位従四位下で卒した。公麻呂は『東大寺要録』所引の「大仏殿碑文」に「大仏師」とあって、これを造仏の技術的指導者(彫刻作家)ととらえる見解もあるが、造仏長官・造東大寺司次官という地位からみて単なる仏工ではなく、造営事業を統轄した事務官人だったとみるべきであろう。

【参考文献】小林剛「国中連公麻呂」(『日本彫刻作家研究』所収)、浅香年木「国中連公麻呂に関する一考察」(『続日本紀研究』四ー一二)

国造雄万　くにのみやつこのおまろ　八世紀後半の美濃国方県郡(岐阜市北・西部)の豪族。旧本巣国造の系譜を引く方県郡の首長氏族出身。神護景雲二年(七六八)閏六月、貢献により外正七位下から外従五(六ヵ)位下に昇り、同四年四月にも方県郡少領外従六位下として美濃国分寺に私稲二万束を献じて外従五位下に昇った。大宝二年(七〇二)「御野国肩県郡肩々里戸籍」にみえる戸口九十六人を擁する有力戸主国造大庭の次男で七歳の「小万」と同一人物と考えられている。

【参考文献】門脇禎二『日本古代共同体の研究』

国造豊足　くにのみやつこのとよたり　八世紀前半の地方豪族。天平十一年(七三九)正月二十三日付で、左大臣家の税のことについて目代として報告する解文を出した人物。解文の内容は、左大臣家(贈左大臣藤原朝臣房前)の天平九年封戸租稲から出用した雑用・出挙稲などを計算し、その結果、同十一年春段階で豊足が納めるべき稲百八十束を倉一間で代納することを報告したもの。豊足は、左大臣家に隷属してその封戸租の出納・経営に当った目代としての地方豪族と考えられるが、一方、国衙・郡家の下級官人とする説もある。

【参考文献】高柳光寿「国造豊足の解文の研究」(『国史学』五六)、薗田香融「『国造豊足解』をめぐる二、三の問題」(『関西大学文学論集』八ー四)、虎尾俊哉「国造豊足解について」(『史学雑誌』七三ー三)、鬼頭清明「食封制の成立」(『日本史研究』九三)、加藤友康「律令制収奪と封戸」(『史学論叢』七)

国摩侶　くにまろ　豊後国直入県(大分県直入郡・竹田市付近)にいた土蜘蛛(土着民の首長)。『日本書紀』景行十二年十月条によると、景行天皇が九州を巡っていた時、速見邑の首長速津媛が、皇命に従わぬ土蜘蛛として国摩侶を含む五人の名を挙げる。景行は群臣と議(はか)ってこの土蜘蛛をことごとく滅ぼしたという。またこの時、景行は石を蹴って、賊の征討が成功するかしないかを占ったという。同様の話が『豊後国風土記』直入郡禰疑野と速見郡条にもみえる。

国見真人阿曇　くにみのまひとあずみ　八世紀後半の官人。名を安曇にも作る。天平宝字八年(七六四)十月、藤原朝臣仲麻呂追討の功績により正六位上から従五位下に昇り、天平神護二年(七六六)七月、越中介となった。この越中国在任中、神護景雲元年(七六七)の

「越中国東大寺荘惣券」や東大寺の「越中国新川郡大荆村(富山県中新川郡立山町泉・寺田付近か)墾田地図」等に署名しており、同国庁と東大寺との間で活躍した。

国康親王　くにやすしんのう　―八九八　仁明天皇の皇子。母は従五位下藤原朝臣福当麻呂(ふたぎまろ)の女従五位上賀登子。仁寿四年(八五四)正月、四品に叙せられ、同月に上野太守となるが、斉衡三年(八五六)四月、病弱で出仕に耐えられないのを理由に落髪し出家。出家と同時に四品の封は収公されたが、無品に准じ封・帳内・資人などが与えられた。寛平十年(八九八)三月十五日、薨じた。

熊曾建　くまそたける　伝説上の熊襲の首長。熊襲梟帥にも作る。熊襲の勇者を意味する普通名詞的な名前。熊襲は肥後国球磨郡(熊本県球磨郡と人吉市)一帯と大隅国贈於(そお)郡(鹿児島県国分市・垂水市・姶良郡福山町)一帯の地とそこに原住する人々を意味すると考えられている。『古事記』によると、兄建(えたける)・弟建(おとたける)という兄弟の熊曾建があり、いずれも小碓(おうす)命に誅滅されたが、弟建は殺されるときに小碓命の武勇に感じて、倭建(やまとたける)命という名を献呈したという。『日本書紀』には小碓尊の熊襲征討に先だって景行天皇の親征があり、厚鹿文(あつかや)・迮鹿文(さかや)という二人の熊襲梟帥が景行に討たれ、そののち再びそむいた熊襲を討つために小碓尊が出征し、取石鹿文(とろしかや)とも川上梟帥ともいう一人の酋長を殺し、川上梟帥は日本武皇子という名を献じたと記す。取石鹿文は大隅国始羅(あいら)郡鹿屋郷(鹿児島県鹿屋市)の、川上梟帥は肝属(きもつき)郡川上郷(鹿児島県肝属郡高山町)の首長を表わす名称であろう。

【参考文献】　井上辰雄『隼人と大和政権』、大林太良編『隼人』、中村明蔵『隼人の研究』

熊之凝　くまのこり　仲哀天皇の皇子忍熊王の配下。『日本書紀』神功元年二月条に、忍熊王と麛坂(かごさか)王が筑紫から戻る神功皇后と品陀和気(のちの応神天皇)を菟道(うじ。現在の京都府宇治市)で迎え撃って王位を奪おうとしたが、翌三月、神功側の武内宿禰と和珥(わに)臣の祖である武振熊の率いる数万の軍に対して熊之凝が忍熊王軍の先鋒として歌を高唱しながら軍を鼓舞したとある。熊之凝は『日本書紀』の割注によれば、葛野城首の祖で、一説には多呉吉師の遠祖でもある。

久米氏　くめうじ　軍事氏族の一つ。姓は直。『新撰姓氏録』によると、高御魂(たかみむすび)命の八世孫味耳(うましみみ)命の後裔とする氏(左京神別中)と、神魂(かみむすび)命の八世孫味日(うましひ)命の後裔とする氏(右京神別上)の二氏がある。久米部(来目部。くめべ)の伴造氏族。『日本書紀』神代下天孫降臨章一書には、大伴連の遠祖天忍日(あまのおしひ)命が来目部の遠祖天槵津(あめくしつ)大来目を率いて、瓊瓊杵(ににぎ)尊を先導して天降ったとあり、『新撰姓氏録』左京神別中の大伴宿禰条にも同様の記載がみられる。このことから久米直・久米部は大伴氏の配下にあって軍事的役割を有していたと考えられている。ただ、『古事記』には、天忍日命と天津久米命の二人が靫(ゆき)・大刀・弓矢などを持って降臨に供奉したとあり、大伴氏と久米氏を対等の立場のように扱っており、両氏の関係は一つの問題点となろう。また、神武天皇東征説話にみえる来目歌、そして戦闘歌舞の代表たる久米舞は、久米氏・久米部の性格を考える上で重要である。

【参考文献】　直木孝次郎「大伴連と来目直、来目部」(『日本古代の氏族と天皇』所収)

久米朝臣広縄　くめのあそんひろただ　万葉歌人。天平十七年(七四五)に左馬寮の少允(判官)だったことが『正倉院文書』の同寮の移の署名によって知られる。時に従七位上。のち天平二十年三月頃、越中国の掾(判官)として赴任(『万葉集』巻十八)、天平勝宝三年(七五一)八月頃まで在任し、のち程なく帰京したらしい。越中時代、国守に歌人の大伴宿禰家持がおり、家持の許で歌の筆録を行なったとみられ、それが『万葉集』巻十八となった。また、天平感宝元年(七四九)五月と天平勝宝三年八月に正税帳使となって上京、それ以外は任地にあって、都からの使者田辺史福麻呂を迎えたり(天平二十年三月)、家持や介の内蔵忌寸縄麻呂らと宴会をともにしたり、布勢水海(富山県氷見市の十二町潟)に遊んだり(天平二十年三月、天平勝宝二年四月)して作歌した。帰任の途次、越前掾大伴宿禰池主の家で折しも帰京の途にあった家持と三人で飲宴をもったのが、知られる最後の歌宴である。作歌は長歌一首、短歌八首(『万葉集』一八—四〇五〇・四〇五三、一九—四二〇一・四二〇三・四二〇九(長歌)・四二一〇・四二二二・四二三一・四二五二)。

久米連岑雄　くめのむらじみねお　九世紀後半の石見国那賀郡の郡司。もと村部氏であったが、貞観九年(八六七)那賀郡権大領の時、主帳村部福雄とともにもとの氏姓久米連に復した。仁和二年(八八六)邇摩郡大領伊福部(いおきべ)直安道とともに百姓二百十七人を武装させて国守上毛野(かみつけの)朝臣氏永を襲い、印匙・駅鈴を奪取した罪により贖銅九斤の罪に処せられた。時に郡大領。

久米連若女　くめのむらじわかめ　—七八〇　藤原朝臣百川の母。名を若売にも作る。天平十一年(七三九)石上(いそのかみ)朝臣乙麻呂との和姦の罪により下総国に配流されたが、翌年、恩赦により入京。この事件は乙麻呂失脚を狙う陰謀ともいう。入京後の動向は不明で、後宮に勤仕していなかったとみられるが、神護景雲元年(七六七)無位から従五位下に叙せられた。これには実子百川の尽力などがあったことが指摘されている。宝亀十一年(七八〇)卒。時に従四位下。

【参考文献】　高島正人『奈良時代諸氏族の研究』、角田文衛「宝亀三年の廃后廃太子事件」(『律令国家の展開』所収)、玉井力「光仁朝における女官の動向について」(『名古屋大学文学部研究論集』五〇—史学一七)

来目臣塩籠　くめのおみしおこ　—六七二　壬申の乱の際の河内守。『日本書紀』天武元年(六七二)七月条に、塩籠が大海人皇子(のちの天武天皇)側に加担すべく軍衆を集めていたが、これを知った近江朝廷側の将壱伎史韓国(いきのふひとからくに)が塩籠を殺そうとしたので、塩籠は謀がもれたことを知って自殺したとある。

久米仙人　くめのせんにん　大和国高市郡の久米寺(奈良県橿原市久米町)の創建者とされる伝説的人物。『久米寺流記』には、名を毛竪仙とする。久米仙人に関する話は、『七大寺巡礼私記』『久米寺流記』『元亨釈書』『扶桑略記』、また『今昔物語集』『徒然草』『発心集』その他、多くの書にひかれている。『今昔物語集』によると、大和国吉野郡の竜門寺で仙術の修業をしていた久米は、ようやく仙人となって空を飛んでいたところ、吉野川の岸辺で衣を洗っていた若い女のむき出しになった白い脛を見て欲情を起こしたとたん、地上に墜ちてしまう。そこでその女を妻とし、普通の人間となって暮らすが、高市郡へ遷都のための造営工事の時、仏菩薩の加護を得て多量の材木を空に飛ばして運んでみせた。この功徳によって免田三十町が与えられたので、これを資として久米寺を建立したという。なお、『七大寺巡礼私記』『久米寺流記』などでは、遷都の工事でなく、聖武天皇の東大寺造営の時とする。

来目皇子　くめのみこ　—六〇三　用明天皇の皇子。久米王・来目王にも作る。母は穴穂部間人(あなほべのはしひと)皇女。聖徳太子の同母弟で、殖栗(えくり)皇子・茨田(まんた)皇子の兄に当る。推古十年(六〇二)二月、新羅遠征の将軍となり、諸神部(もろもろのかんとものお)・国造・伴造からなる二万五千の軍勢を授けられ、同年四月、筑紫の嶋郡に赴き、そこで船舶を集めて食料を準備した。『肥前国風土記』逸文によれば、三根(みね)郡で皇子が大和からつれてきた忍海漢人(おしぬみのあやひと)に命じて兵器を作らせたので、漢部(あやべ)の地名ができたという。また、皇子の命令で物部の若宮部(わかみやべ)が、三根郡に物部経津主(ふつぬし)神を祭る社をたてたので、物部の地名を生じたという。ところが、来目皇子は、推古十年六月に病み、翌年二月に筑紫で没した。推古天皇は、土師(はじ)連猪手を遣わして、周防の娑婆(さば。山口県防府市)で殯(もがり)を行ない、のちに河内の埴生山に葬った。山口県防府市の桑山の山頂には殯のあとに作られたという塔ノ尾古墳跡が残されており、来目山が訛って桑山になったといわれている。皇子の子孫には登美(とみ)真人がある。

内蔵氏 くらうじ 令制前に財政を司った蔵のうち、特に皇室の財物を扱った内蔵の職(つかさ)に関わった氏族。東(倭)漢(やまとのあや)氏の同族。姓は初め直、東漢氏が、天武十一年(六八二)五月に連、同十四年六月に忌寸を賜わったのに伴って、この氏も同様の変遷をたどった。本宗のものは延暦四年(七八五)六月、坂上氏らの同族九(十)氏とともに宿禰の姓を賜わった。さらにこのうちの一部は承和六年(八三九)七月に朝臣の姓を賜わっている。『新撰姓氏録』右京諸蕃上に内蔵宿禰を載せ、坂上大宿禰氏と同祖であり、都賀(つか)直の四世孫東人(あずまひと)直の後と伝える。『丹波氏系図』には阿智王—高貴王—志拏直—駒子—東人の系譜が示され、東人を内蔵の祖と注している。なお、『古語拾遺』には、蘇我満智(まち)宿禰に斎蔵・内蔵・大蔵の三蔵を検校させ、漢氏に内蔵・大蔵の氏の名を賜わったという説話がみえる。

内蔵朝臣有永 くらのあそんありなが 九世紀後半の官人。元慶七年(八八三)十一月、伊勢斎内親王野宮の造営のために徴発された工夫の数が減定されたが、これより先、木工権大允・正六位上であった有永らは、五畿内・近江・美濃・丹波・但馬・播磨などの諸国の役民の徴発には公平を旨とし、美濃・但馬・播磨三国の人民は往還の煩が多いので停止するよう上申した。仁和元年(八八五)三月、山城国へ遣わされて官田を治めた。時に左衛門少尉であった。

内蔵忌寸縄麻呂 くらのいみきただまろ 姓を伊美吉、名を縄万呂・縄丸にも作り、「なわまろ」とも訓む。天平年間(七二九—七四九)の官人。『万葉集』に作を残す。天平十七年(七四五)十月の大蔵省の移に少丞で正六位上の署名がみえる。のち越中国の介として赴任したらしく、天平十九年四月以後に名がみえる(『万葉集』巻十八)。在任は天平勝宝三年(七五一)八月頃まで。その後程なく離任したであろう。同五年三月には造東大寺司の判官として、装束司の牒に署名している。越中国在任中は守として歌人の大伴宿禰家持がいたことからしばしば歌宴に参加し、またみずからも歌宴を催し、これらの歌を残す。天平勝宝二年には同僚と布勢水海(富山県氷見市の十二町潟)に遊んで作歌、また家持が遷任されて帰京する翌三年八月には中心となって餞別の宴を重ねた。参加した歌宴五回、作歌は短歌四首(『万葉集』一七—三九九六、一八—四〇八七・四二〇〇・四二三三)。

内蔵忌寸全成 くらのいみきまたなり 八世紀後半の官人。『正倉院文書』に天平勝宝六年(七五四)四月に正八位上・大学少属とみえるのが初見。その後、大外記・越後守(兼任)・勅旨少輔・陸奥守・鎮守副将軍(兼任)・大蔵大輔・内蔵頭などを歴任し、延暦六年(七八七)二月に讃岐守に任ぜられた記事を最後とする。また位階は宝亀十年(七七九)正月、正五位下に叙せられている。この間、天平宝字三年(七五九)二月、在唐中の天平勝宝度の遣唐大使藤原朝臣清河を迎える迎入唐大使使判官となり、まず渤海に渡るが、安史の乱で入唐の路次危険のため、大使高元度ら十一人のみが入唐することになり、全成はそのほかの使節および渤海の使者を伴って帰途につき、同年十二月、難波江口(淀川の右岸河口部にあった難波江の起点。大阪市東淀川区北江口・南江口付近)に帰着した。また宝亀五年三月・同十年十一月の二度大宰府に派遣され、来日新羅使に来朝の事由を尋問している。一方、天応元年(七八一)には陸奥で起きた伊治公呰麻呂(いじのきみあざまろ)の乱の平定に征東副使として従軍し、その労により同年九月、正五位上・勲五等を授けられている。なお、延暦四年七月以降、宿禰姓を称しているが、同年六月、坂上氏ら忌寸姓十氏とともに改賜姓されたものとみられる。

蔵氏 くらうじ 令制前に朝廷の財政を司った蔵の職(つかさ)に携わっていた氏族。倉・椋にも作る。姓は連・臣・首・史。『新撰姓氏録』和泉国神別に椋連を載せ、火明(ほのあかり)命の子天香山(あめのかごやま)命の後とする。ただし、椋連氏の人名は史上に全くみえず、代わって『日本書紀』白雉元年(六五〇)二月条に倉臣小屎(くらのおみおくそ)がみえ、大阪府堺市土塔町大野寺跡出土の古瓦銘にも「倉臣(欠名)」とみえる。倉臣氏と椋連氏の関係は明確でない。蔵首氏は西文(かわちのふみ)氏の同族。蔵史氏は西文氏の本拠地である河内国古市郡(大阪府羽曳野市)に一族の者が居住しているから、蔵首の関係氏であろう。

椋部秦久麻 くらべのはたのくま 七世紀前半の技官。推古三十年(六二二)二月の聖徳太子の没後、その死を悼む妃橘大女郎(たちばなのおおいらつめ)の願いによって作られた「天寿国曼荼羅繍帳」の製作責任者。采女や画師らを指揮した。

【参考文献】家永三郎『上宮聖徳法王帝説の研究』

倉墻直麻呂 くらかきのあたいまろ 七世紀後半の武将。壬申の乱で大海人皇子(のちの天武天皇)側に立って闘った。天武元年(六七二)七月、倭京将軍大伴連吹負(ふけい)の配下にあり、河内から飛鳥に進攻しようとする近江軍を迎え討つため、坂本臣財(たから)らとともに兵三百を率いて竜田(奈良県生駒郡三郷町立野の竜田大社西方の竜田山か)に向かった。

鞍橋君 くらじのきみ 筑紫の国造。『日本書紀』によると、欽明十五年(五五四)百済王子余昌(のちの威徳王)の築いた久陀牟羅塞(くだむらのそこ。慶尚北道西北部の山城)が新羅軍によって包囲され、救援に出動した父聖明王も戦死した折、勇戦して余昌を救出した。弓矢は鞍橋を射通すほどの力があったため、余昌から鞍橋君の名が与えられたという。

鞍作氏 くらつくりうじ 六、七世紀に大和で活躍した渡来系氏族。鞍部・按師・案部・鞍にも作る。姓は村主(すぐり)。雄略七年、百済から渡来して東(倭)漢(やまとのあや)氏の支配下に入り、大和国高市郡(奈良県高市郡・橿原市と大和高田市・御所市の一部)の上桃原・下桃原(桃原は高市郡明日香村島庄付近か)・真神原(明日香村飛鳥)に住まわされたと伝える今来才伎(いまきのてひと)の一人である鞍部堅貴(けんき)が初見。総合的な技術を要する鞍の製作に当ったものか。しかし、確実な氏祖は敏達朝に活躍した司馬達等(しばたっと)であり、敏達朝をさほど遡らない頃に百済から渡来したのであろう。堅貴との関係は不明。司馬達等は蘇我馬子宿禰のもとで仏法興隆に尽くし、女の島は初の出家者となり、息子の多須奈(たすな)も出家して南淵坂田寺(金剛寺。明日香村坂田。現在の金剛寺の北三百メートルの所に寺跡がある)を発願し、その子の鳥は仏師として名高く、止利派の仏像を残した。推古朝には僧都となった徳積(とくしゃく)、遣隋使通訳となった福利がおり、ほぼ同時期に遣高句麗留学生の得志(とくし)もいる。蘇我本宗家滅亡後は、その文化的活動も衰退していったが、氏寺の坂田尼寺は七、八世紀を通じて勢力を保持していた。本拠は大和国高市郡の坂田寺付近と思われるが、河内国渋川郡にも鞍作の地名(大阪市平野区)があり、この氏の居住地とみられる。

【参考文献】奈良国立文化財研究所飛鳥資料館編『渡来人の寺―檜隈寺と坂田寺―』、関晃『帰化人』

鞍作得志 くらつくりのとくし 七世紀前半の遣高句麗留学生。『日本書紀』皇極四年(六四五)四月条に伝える高麗学問僧の報告によると、高句麗で虎を友とし、枯山を青山に変えたり、黄地を白水に変えるなど種々の奇術を会得し、虎からは病気治癒の術に用いる針を授けられたが、のちその針は虎によって奪い去られ、みずからも帰国しようとして高句麗で毒殺されたという。

鞍作鳥 くらつくりのとり 七世紀前半の仏師。司馬鞍首止利にも作る。司馬達等(しばたっと)の孫で、多須奈(たすな)の子。『日本書紀』によると、推古十三年(六〇五)四月、推古天皇は聖徳太子および大臣・諸王・諸臣に詔してともに誓願をたて、銅繡丈六仏像各一軀を造ることにし、鳥を造仏工とした。翌年四月にこれらが完成し、丈六銅像を元興寺(飛鳥寺。奈良県高市郡明日香村飛鳥)金堂に安置しようとしたが、像が金堂の戸よりも高くて納まらなかった。そこで鳥は秀工をもって、戸を壊さず像を堂に入れた。そして五月には、祖父以来の仏法興隆に対する一族の功労や、鳥自身が「仏本」(ほとけのためし。仏像の雛型や原図)を献じたり、さきの像安置を成功させた功績がたたえられて、大仁位を授かり、近江国坂田郡の水田二十町を賜わった。鳥はこの田をもって、推古のために金剛寺(南淵坂田寺。明日香村坂田。現在の金剛寺の北三百メートルの所に寺跡がある)を造立したという。推古三十一年には、聖徳太子の母穴穂部間人(あなほべのはしひと)皇女と聖徳太子と太子の妃膳部臣菩岐々美郎女(かしわでのおみほききみのいらつめ)の冥福を祈って、法隆寺金堂の釈迦三尊像を造ったことがその光背銘に刻されている。これは、いわゆる止利派の像の典型とみられているが、銘文には疑義もある。また、元興寺金堂に安置されたとする像についても、現在の飛鳥寺本堂にある飛鳥大仏をさすか否かは定説がなく、飛鳥寺創建ないし仏像安置過程と関係して論争が続いている。

【参考文献】福山敏男「法隆寺の金石文に関する二三の問題」(『夢殿』一三)、毛利久「飛鳥大仏の周辺」(『日本仏教彫刻史の研究』所収)、久野健「飛鳥大仏論」(『美術研究』三〇〇・三〇一)、坪井清足「飛鳥寺創建諸説の検討」(奈良国立文化財研究所編『文化財論叢』所収)

鞍作福利　くらつくりのふくり　七世紀初めの遣隋使通訳。推古十五年(六〇七)七月、遣隋使小野臣妹子の通事となり、翌年九月、妹子が唐客裴世清(はいせいせい)の送使となった時も通事を務めて隋に渡ったが、そのまま帰国することはなかった。

鞍部堅貴　くらつくりのけんき　五世紀後半に百済から献上されたという新漢(いまきのあや)。『日本書紀』によると、雄略七年、吉備上道臣田狭(きびのかみつみちのおみたさ)の子弟君の婦樟媛と吉備海部(きびのあま)直赤尾に将いられて、他の今来才伎(いまきのてひと)らとともに来朝し、初め倭国吾礪広津邑(あとひろきつのむら)。のちの河内国渋川郡跡部郷。現在の大阪府八尾市跡部・渋川・植松付近)に住まわされたが、病死者が多いので、雄略天皇は大伴大連室屋に詔して東漢直掬(やまとのあやのあたいつか)に命じ、上桃原・下桃原(桃原は奈良県高市郡明日香村島庄付近か)・真神原(明日香村飛鳥)の三所に移住させたという。

鞍部村主司馬達等　くらつくりのすぐりしばたっと　多須奈(たすな)の父で、鳥の祖父。按師首達等あるいは案部村主司馬達止にも作る。『日本書紀』によると、敏達十三年(五八四)九月、百済から鹿深(こうが)臣が将来した弥勒石像一軀と、佐伯連が将来した仏像一軀を蘇我馬子宿禰が乞い請けた時、池辺直氷田(ひた)とともに達等を四方に派遣して、修行者を求めさせた。すると播磨国で高麗の還俗僧恵便を得て、馬子は師とした。次いで達等の十一歳の女である島を度せしめて善信尼とし、弟子二人をさらに度せしめ、馬子はこの三尼を氷田と達等に付けて衣食を供させた。馬子が自宅の東に仏殿を造って弥勒石像を安置し、三尼を屈請して大会設斎を行なった時、達等は斎食(いもい。斎食を盛った椀)の上に舎利を得て、馬子に献った。これを契機に、馬子と氷田と達等は仏法を深信し、修行を懈らなかった。翌年二月、馬子は塔を大野丘の北(奈良県橿原市和田の和田廃寺に比定する説があるが疑問)に建てて大会設斎したが、さきに得た舎利をその塔の柱頭に蔵めたという。『元興寺伽藍縁起幷流記資財帳』も類似の伝承をのせているが、相違するところも多い。敏達十二年、国内の災を契機に仏法を弘めることを発願した馬子は、針間国の脱衣の高麗老比丘恵便と老比丘尼法明を得て、達等の十七歳の女斯末売(しまめ)ら三女性を法明につけて学ばせ、出家させ、桜井道場(奈良県高市郡明日香村豊浦にあった豊浦寺の前身)に住まわせた。次いで、甲賀臣が百済から石の弥勒菩薩像を将来し、三尼はそれを供養礼拝した。時に飯食(おんじき。斎食)の際、達等は舎利を得て、馬子に献じたという。『扶桑略記』欽明十三年(五五二)十月条に引く『日吉山薬恒法師法華験記』所引の『延暦寺僧禅岑記』によると、「大唐漢人」の達等は継体十六年(五二二)壬寅の二月に来朝して大和国高市郡坂田原(明日香村坂田)に草堂を結び、本尊を安置し、帰依礼拝した。そこで世を挙げてこれを「大唐神」と称したという。もしこれが事実なら、いわゆる仏教公伝以前に達等が仏教を伝えていたことになるが、達等を中国人とするなどの疑問もあって、そのままは信じがたい。やはり百済から渡来したのであり、その時期は敏達天皇の代をさほど遡らないであろう。ただ、『禅岑記』の伝承は『坂田寺縁起』から採用された可能性もあり、仏教受容のまったくの初期の実情をある程度伝えているかもしれない。中国宋の元嘉二年(四二五)の遣宋使司馬曹達との関係も直接は認めがたいが、司馬は氏姓をさすのではなく、百済を含めて中国王朝の冊封をうけた諸国の都督(将軍)府の府官に司馬があって、外交使節の首席や次席になっているから、達等の祖先もそのような役職に携わっていたのであろうか。

【参考文献】　坂元義種「倭の五王の外交―司馬曹達を中心に―」(『古代東アジアの日本と朝鮮』所収)

鞍部多須奈　くらつくりのたすな　司馬達等(しばたっと)の子で、鳥の父。『日本書紀』によると、用明二年(五八七)四月、用明天皇の病気のために出家修道と丈六仏像ならびに寺の造立を申し出た。崇峻三年(五九〇)にいたり、出家して徳斉法師と称した。南淵坂田寺(金剛寺。奈良県高市郡明日香村坂田。現在の金剛寺の北三百メートルの所に寺跡がある)の木の丈六仏像と挟侍菩薩は、多須奈の発願という。

鞍部徳積　くらつくりのとくしゃく　初めての僧都と伝えられる人。『日本書紀』推古三十二年(六二四)四月条のいわゆる僧綱(『大宝令』前は三綱と称した)起源譚によると、僧尼集団統制ないし指導のために、初めて僧都に任命された。同時に、百済の観勒が僧正に、阿曇(あずみ)連が法頭に任命されている。『日本霊異記』は、この時、大信大部屋栖古(やすのこ)連も一緒に僧都になったと伝える。

桉作村主益人　くらつくりのすぐりますひと　八世紀前半の官人。天平六、七年(七三四―七三五)の頃、内匠寮の大属(だいさかん)であったことがあり、時に佐保川の傍に住み、自宅に内匠頭の佐為(さい)王(橘宿禰佐為)を饗応して『万葉集』に短歌一首を残す(六―一〇〇四)。これに先立つ神亀(七二四―七二九)初年に豊前国に赴任(目(さかん)か)、帰京に際して鏡山(福岡県田川郡香春町)への惜別の歌をよんだ(同三―三一一)。渡来人鳥(止利)仏師(鞍作鳥)の後裔であったため、鏡など調度・装飾のことにあたる内匠寮に属したものか。

倉橋部　くらはしべ　崇峻天皇の宮号に基づいて名づけられた名代部の一つ。椋橋部・椋椅部・倉椅部にも作る。武蔵・美濃・信濃・越前・丹後などの諸国に分布しており、その伴造とみられる氏に連姓・首姓の倉橋部氏があった。

倉橋部広人　くらはしべのひろひと　八世紀中頃の信濃国水内郡(長野県北部)の人。神護景雲二年(七六八)五月に、私稲六万束を供出して農民の負債稲を償還したことにより、終身の田租免除をうけることになった。いわゆる「力田者」の一人である。

倉橋部女王　くらはしべのおおきみ　万葉歌人。椋橋部女王にも作る。天平元年(七二九)に長屋王が自害させられた事件に関して、一首の挽歌を作った(『万葉集』三―四四一)。このことから王の妾の一人かという推測ができる。また長屋王の女賀茂女王の歌(同八―一六一三)も、本来倉橋部女王の作で、のち笠縫女王が口吟し賀茂女王に伝えられたものらしい。『万葉集攷証』は巻三―四四二の歌も倉橋部女王の作とするが、従い難い。

倉人氏　くらひとうじ　令制以前に朝廷の財政を担当した蔵の職(つかさ)に関係した氏族。蔵人・椋人にも作る。『新撰姓氏録』摂津国諸蕃に蔵人を載せ、石占(いしうら)忌寸と同祖で阿智王の後とする。同書右京諸蕃上には椋人を、阿祖使主の子である武勢(むせい)の後とするが、この阿祖は阿智の誤りかもしれない。このほか、神護景雲三年(七六九)六月に大和連と改氏姓された倉人氏もあった。同書摂津国神別は大和連を神知津彦(かむしりつひこ)命の十一世孫御物足尼(みもののすくね)の後としている。

久羅麻致支弥　くらまちきみ　『日本書紀』継体三年(五〇九)二月条所引の『百済本記』のなかにその名がみえ、任那の日本県邑に逃入している百済人を三、四世に遡って本国へ送還するため百済へ派遣された使者。倉持君説・車持君説などがある。

【参考文献】飯田武郷『日本書紀通釈』、弥永貞三「官家・弥移居考」(『名古屋大学文学部研究論集』三五)、北村文治「カバネの制度に関する新研究序説」(北海道大学『人文科学論叢』三・五)

倉見別　くらみわけ　仲哀天皇の皇子麛坂(かごさか)王の配下。犬上君の祖。『日本書紀』神功元年二月条によると、忍熊王と麛坂王が、筑紫から戻る神功皇后と品陀和気(のちの応神天皇)に叛し、播磨の赤石(のちの播磨国明石郡明石郷。現在の兵庫県明石市一帯)で待ち構えていた時、倉見別と吉師の祖である五十狭茅宿禰が麛坂王につき、将軍となって東国の兵を興した。その間、両王は菟餓野(とがの。大阪市北区兎我野町付近か)に狩をしたが、麛坂王が赤猪にくい殺されたため、忍熊王は倉見別にこのことは不吉な前兆であるからここで敵を待つべきでないとして住吉(のちの摂津国住吉郡。現在の大阪市南部の住吉区を中心とする一帯)に軍を引いたという。

栗原勝子公　くりはらのすぐりこきみ　八世紀後半の人。天応元年(七八一)七月、その先祖伊賀都(いかつ)臣が中臣氏の遠祖天御中主命の子孫であることを根拠に中臣栗原連への改氏姓を要請。子公ら男女十八人の改氏姓が認められた。当時、正六位上で平城右京に居住していた。なお、栗原勝の氏姓は、伊賀都臣が神功皇后の時代に百済に渡ってもうけた二子が我が国に帰って美濃国不破郡栗原(岐阜県不破郡垂井町栗原)を本拠地として賜わったことに因むという。

栗隈王　くるくまのおおきみ　―六七六　敏達天皇の孫王。栗前王にも作る。天智七年(六六八)七月、筑紫率(大宰帥)に就任。天武元年(六七二)六月の壬申の乱勃発時にもそのまま在任。近江朝廷の官にありながら大海人皇子(のちの天武天皇)に通じる人物であった。大友皇子はその点を懸念し、筑紫方面における兵力動員に当った興兵使の佐伯連男(おのこ)に対し、栗隈王に反意ありと認められたら速やかに殺害するよう予め命じておいた。その興兵使を迎えて、王は筑紫の兵力が外敵防禦のためにのみあることを理由に動員を拒否。かねての命令通り殺害されかけたが、二子(三野王・武家王)が剣を帯びて父の側を守り、難を免れた。乱後の同四年三月には兵政官(兵部省の前身)の長官に任ぜられ、同五年六月、病を得て薨じた。橘朝臣諸兄の祖父に当る。

栗栖王　くるすのおおきみ　六八二―七五三　天武天皇の孫。長親王の子。栗林王にも作る。養老七年(七二三)正月、無位から従四位下に直叙。その後、昇進して天平勝宝四年(七五二)七月には従三位に達した。官職も天平五年(七三三)十二月には雅楽頭に就任。以後、大膳大夫・中務卿を歴任した。風流人でもあったらしく、翌天平六年二月には男女二百数十名の歌垣に参加。聖武天皇の前で長田王・門部王・野中王らとともに頭として本末の掛合いに応じた。また政治家としては同十七年五月、難波京から平城右京の薬師寺に赴き四大寺(薬師寺・元興寺・興福寺・大安寺)の衆僧を集め、いずれの地を京とすべきかを問うて平城還都の総意をえた。天平勝宝五年十月七日、従三位中務卿で薨じた。

車持氏　くるまもちうじ　車持部の伴造氏族。姓は君。氏名は朝廷の車の製作に当り、輿輦のこともつかさどった車持部に基づく。天武十三年(六八四)十一月、朝臣の姓を賜わる。『新撰姓氏録』左京皇別下の車持公条には、豊城入彦(とよきいりひこ)命の八世孫射狭君の後で、雄略天皇の御世に乗輿を供進したので車持公の氏姓を賜わったとある。『日本書紀』履中五年十月条によると、車持君が筑紫国に行ってことごとく車持部を検校し、あわせて充神者(神戸)を奪ってしまった。履中天皇は車持君といえども、ほしいままに天皇の百姓を検校してはならない。以後は筑紫の車持部をつかさどってはならないと命じたという。『日本三代実録』元慶六年(八八二)十二月条によると、車持氏は宮内省主殿寮の殿部(とのもり)としてみえ、供御の輿輦などに従事している。『延喜式』践祚大嘗祭条にも、車持朝臣が菅蓋を取る役目をしたことがみえる。連・首姓および無姓の車持氏がおり、諸国に居住していた。

【参考文献】　志田諄一『古代氏族の性格と伝承』

車持朝臣千年　くるまもちのあそんちとせ　八世紀前半の万葉歌人。『万葉集』に「車持朝臣千年の作る」長歌一首・短歌三首がみえ(六―九一三〜九一六)、左注に、ある本に養老七年(七二三)五月、吉野離宮への行幸に従った時の作とある。また神亀二年(七二五)十月、難波宮行幸に際して作った歌がみえ(同六―九三一・九三二)、同五年に難波宮に幸した時の作歌(同六―九五〇〜九五三)の四首の左注にも千年の作とする説がみえる。

車持君(欠名)　くるまもちのきみ　車持部の管掌者。『日本書紀』によると、履中五年十月、履中天皇は神の祟で皇妃を亡くしたことを悔い、その咎を尋ねたところ、ある者が車持君が筑紫国の車持部を検校し、兼ねて充神者(神戸)を奪った罪だと申した。車持君に推問すると事実だったので、車持君であっても天子の百姓を検校したこと、すでに神祇に分け寄せた車持部を奪い取ったことの罪をあげ、筑紫の車持部を掌ることを禁じたという。

【参考文献】　志田諄一『古代氏族の性格と伝承』

黒坂命　くろさかのみこと　大(多)臣の一族で、国樔(くず)・蝦夷の征討に功のあった人物。『常陸国風土記』茨城郡郡号条によると、この地方には山の佐伯、野の佐伯と呼ばれる国樔がいて穴に住み、性格が邪悪で掠盗をなしてまつろうことなく、風習も異なったままであった。そこで黒坂命は、彼らが出歩いている間をうかがって、住いの穴に棘の生えている茨を入れておいたうえで、騎馬の兵に彼らを追わせた。すると佐伯たちは、常のごとくに穴へ逃げ込んだところで、茨の棘にひっかかって、皆殺されたという。また同じ条には、山の佐伯、野の佐伯が、衆徒を率いて国中を横行し、さかんに略奪・殺戮をなした。そこで黒坂命はこれを滅ぼすために、茨で城を造ったともある。いずれも茨城の名の起こりを説いた説話である。さらに同書逸文の信太(しだ)郡郡号記事に、信太の地名由来として、黒坂命が陸奥の蝦夷を征討したのちの病死および葬儀に関する話が記されている。

黒田別　くろだわけ　応神朝の播磨賀毛国造。『先代旧事本紀』国造本紀に、成務朝に市入別命が針間鴨(播磨賀毛)国造に定められたとあるから、その後裔に当る。『播磨国風土記』賀毛郡楢原里伎須美野条に、応神天皇の世、大伴連らがその地を請うた時、国造黒田別を召喚して、土地の様子を問われた。そこで、黒田別は、ここは人に知られてはいないが開墾された良い土地である旨を答えたとある。

黒比売　くろひめ　吉備海部直(きびのあまのあたい)の女。『古事記』仁徳段によると、仁徳天皇は黒比売の美貌を聞いて召し上げたが、黒比売は皇后石之日売(いわのひめ)の激しい嫉妬を恐れて本国へ逃げ帰った。その際、仁徳が黒比売の船を望見して歌を詠んだため皇后石之日売は怒り、黒比売を歩いて帰らせた。また仁徳は皇后を欺き、淡路を見るとして吉備にまで行き、黒比売に会ったという。

『古事記』ではこの経過が歌物語となっている。

細媛命　くわしひめのみこと　孝霊天皇の皇后。孝元天皇の母。「ほそひめのみこと」とも訓む。『日本書紀』には、磯城(しき)県主大目(おおめ)の女で、孝霊二年二月、立后、孝元即位後、皇太后とある。『古事記』には「細比売命」とあり、十市(とおち)県主の祖大目の女とする。『日本書紀』には孝霊の皇后について異説が分注で記されている。実在性については判断しがたい。

桑原直年足　くわばらのあたいとしたり　八世紀中頃の大和国葛上郡(奈良県御所市のほぼ全域)の人。姓は初め史(ふひと)。天平勝宝九歳(七五七)五月、「不比等(ふひと)」の名を諱避する勅が下され、改姓を迫られていたが、翌年六月これを機に、男女九十六名を代表し、また近江国神埼郡(滋賀県神崎郡と八日市市の一部)の人桑原史人勝ら男女千百五十五名とともに、当時数姓に分かれていた同祖(後漢の苗裔鄧言興・帝利)渡来系氏族を一挙に同氏姓とするよう申請。認められて大友桑原史氏らとともに桑原直の氏姓を賜わった。時に従八位上。

桑原直人勝　くわばらのあたいひとかつ　八世紀中頃の近江国神埼郡(滋賀県神崎郡と八日市市の一部)の人。姓は初め史(ふひと)。天平勝宝九歳(七五七)五月、「不比等(ふひと)」の名を諱避する勅が下され改姓を迫られていたが、翌年六月これを機に、男女千百五十五名を代表し、また大和国葛上郡(奈良県御所市のほぼ全域)の桑原史年足ら男女九十六名とともに、当時数姓に分かれていた同祖(後漢の苗裔鄧言興・帝利)渡来系氏族を一挙に同氏姓とするよう申請。認められて大友桑原史氏らとともに桑原直の氏姓を賜わった。時に正八位下。

桑原村主足床　くわばらのすぐりたりとこ　八世紀後半の官人。名を足得にも作る。天平十三年(七四一)六月の校経・写経生歴名に初めて現われる。天平勝宝二年(七五〇)七月頃までは、東大寺の写経事業に校生として従事したらしいが、天平宝字四年(七六〇)六月には甲斐目として東大寺の丈六観世音像造立に関わり、翌年十二月の甲斐国司解には正六位上員外目として署名している。同八年十月、外従五位下に叙せられ、天平神護二年(七六六)二月、村主姓から公姓に改められるが、先の天平宝字八年、外従五位下叙位の際には連姓をもって現われる。以後、天平神護三年二月に外従五位上に昇叙し、神護景雲四年(七七〇)六月、能登員外介に任官、宝亀八年(七七七)十二月に従五位上を授けられた。同九年八月に造西大寺司次官、天応元年(七八一)五月、造東大寺司次官に転じ、延暦二年(七八三)二月、伯耆介に任ぜられた。また、同八年十二月には中宮高野朝臣新笠の、翌年閏三月には皇后藤原朝臣乙牟漏の御葬司を務めた。

桑原連訶都　くわばらのむらじかつ　七世紀後半の医術家。名を加都にも作る。『日本書紀』によれば、天武十四年(六八六)四月、村主から連に改賜姓され、直広肆を授位されたが、この時、侍医であった。『続日本紀』は、その官を内薬官と記し、右の賜姓・授位を文武三年(六九九)正月のこととする。

桑原王　くわばらのおおきみ　―七七四　八世紀後半の官人。天平宝字七年(七六三)正月、無位から従五位下に直叙。その後、宝亀元年(七七〇)十一月には従四位下に昇進した。官職は縫殿頭・下総員外介・下野員外介・下総介・上総守を歴任。その間、宝亀元年八月の称徳天皇の崩御に際し、御前次第司長官として大葬運営に参加。同三年七月には衣縫内親王、同四年十月には難波内親王の薨去に伴う喪事をおのおの監護した。同五年八月十八日に卒去。

軍善　ぐんぜん　百済の使人。官位は恩率(第三位)。『日本書紀』皇極元年(六四二)七月条の百済使人大佐平智積(ちしゃく)らに朝堂で饗宴を賜わったとある本文の脚注として付されている「或本」の所伝のなかに同行者の一人としてその名がみえる。この一行は同年五月に難波に到着しており、同年八月に帰国している。翌二年四月には達率自斯(じし)を大使とする一行の副使として大宰に到着、同年六月、難波に泊る。翌七月、朝廷は大夫(まえつきみ)を難波郡に遣わして、その調と献物とを検し、その前例に違うところを問うたところ、軍善は大使自斯とともに「すみやかに備ふべし」と答えたという。

【参考文献】末松保和『任那興亡史』、鈴木靖民「皇極紀朝鮮関係記事の基礎的研究」(『国史学』八二)

け

恵　けい　—五九九　百済王。在位五九八—五九九。聖明王の第二子。威徳王の弟。『三国遺事』王暦に威徳王の子とあるのは誤りであろう。諱は季。欽明十六年(五五五)二月、前年の新羅軍との戦いにおける聖明王の戦死報告と援軍要請のため来朝。翌年正月、兵仗・良馬を賜わって帰国した。その際、阿倍臣・佐伯連・播磨直は筑紫国の舟師を、筑紫火君は勇士一千を率いて弥弖(みて。慶尚南道南海島弥助里か)まで護送した。『新撰姓氏録』左京諸蕃下では百済朝臣の祖としている。

【参考文献】今西竜『百済史研究』、末松保和『任那興亡史』

景戒　けいかい　八世紀後半の薬師寺の僧。『日本霊異記』の著者で法相宗。紀伊国名草郡(和歌山県海草郡と和歌山市・有田市・那賀郡・海南市の各一部)の人で大伴連氏の出身と推定されている。景戒は「きょうかい」「きょうがい」ともいう。『日本霊異記』によると景戒は、延暦六年(七八七)九月四日、慚愧(ざんき)の心を起こし、憂い嘆いて語った言葉の中に、「俗家に居て、妻子を蓄へ、養ふ物無く」とみえるので、はじめ私度僧として妻子を持ち、貧窮な俗生活を送っていたらしく、この日の夜に夢を見たのを切っ掛けに正式に出家する決意をしたもののようである。同十四年十二月、伝燈住位となり、同十六年十二月、男子が死ぬという不幸に見舞われ、同十九年正月十二日、および同月二十五日には景戒の飼馬が死ぬ災いに遭遇している。景戒が『日本霊異記』の著述を完成させた年は明確ではなく、弘仁年間(八一〇—八二四)とみるのが妥当のようである。

【参考文献】志田諄一「日本霊異記と景戒」(『日本霊異記とその社会』所収)、八木毅「日本霊異記の選述と景戒」(『愛知県立大学説林』一九)

景行天皇　けいこうてんのう　『古事記』『日本書紀』で第十二代とされる天皇。景行天皇という呼び名は漢風の諡号であり、和風の諡号は、大足彦忍代別(おおたらしひこおしろわけ)天皇(『日本書紀』。『古事記』では大帯日子淤斯呂和気天皇に作る)であると考えられる。垂仁天皇の第三子。母は皇后日葉酢姫(ひばすひめ)命。大帯日子淤斯呂和気命・大足彦尊とも呼ばれ、大足日子・大帯日子・大帯日古・大帯比古天皇にも作る。『日本書紀』によると、垂仁三十七年、立太子、同九十九年、父垂仁の崩後に即位した。景行二年、日本武(やまとたける)尊の生母播磨稲日大郎姫(はりまのいなびのおおいらつめ)を皇后とし、同四年、大和の纏向日代(まきむくのひしろ)宮(奈良県桜井市穴師付近)に都した。同十二年から同十九年まで、みずから九州に遠征して熊襲(くまそ)を平定し、筑紫を巡幸した。同二十七年、再び熊襲がそむいたので、日本武尊に命じてこれを征討させた。これよりさき武内宿禰に北陸・東方諸国を視察させていたが、同四十年、日本武尊に東方の蝦夷(えみし)を征討させ、同五十三年、尊が平定した地を巡幸した。同五十五年、彦狭島(ひこさしま)王にさらに東方の鎮撫を命じたが、王が途中で病没したため、翌年、その子御諸別(みもろわけ)王を代りに遣わし、ついに東方の経略に成功した。同五十八年、近江国の志賀の高穴穂(たかあなほ)宮(滋賀県大津市坂本穴太町付近か)に移り、同六十年、この宮で崩じた。時に百六歳(一説に百四十三歳、『古事記』では百三十七歳)。山辺道上(やまのべのみちのかみ)陵(『陵墓要覧』によれば所在地は奈良県天理市渋谷町)に葬られたという。『古事記』ではそのほとんどが日本武尊の西征・東征の伝承で占められているが、『記』『紀』ともに景行には八十人の皇子女があったとし、日本武尊および、播磨稲日大郎姫皇后薨後の皇后八坂入姫(やさかいりひめ)命所生の成務天皇・五百城入彦(いおきいりひこ)皇子以外の七十七人はみな地方に分封され、その苗裔が諸国の別(わけ)となったとも伝える。以上の所伝は、そのまま歴史的事実ではなく、天皇家による全国支配の確立を景行の時代におこうとする後世の構想に成るものと考えられる。『日本書紀』で知られる天皇の遠征や地方巡幸のことは、架空の英雄とみなされる日本武尊の説話に加上された後次的な所伝であり、七十七子地方分封のことも大和政権確立後につくられた物語であって、その苗裔が諸国の別(わけ)であるというのも史実とは認められない。ただしすべてが虚構ではなく、その核に、大和政権の成立期に天皇や皇子らがみずから国内征服に従事したことの記憶の断片があり、それが修飾され、説話化されたものと推定される。景行の和風諡号である「おおたらしひこおしろわけ」に含まれる「たらし」という称号が七世紀の実在の天皇の諡号にみられることから、景行自身も造作された天皇とみられているが、「おしろわけ」が実名を伝えているとすると、実在の可能性も残っている。

慧子内親王　けいしないしんのう　―八八一　文徳天皇の皇女。恵子内親王にも作り、「さとこ」とも訓む。母は藤原朝臣是雄の女列子(つらこ)。嘉祥三年(八五〇)七月、賀茂斎王となり、同四年四月十九日、三年の斎限に充たなかったので、賀茂神社の祭りに侍すことができなかった。仁寿二年(八五二)四月十九日、河浜で禊をし、この日初めて紫野斎院に入った。天安元年(八五七)二月二十八日、斎王を廃され、姉の述子内親王が斎王に立てられたが、『日本文徳天皇実録』に、「其の事、秘すれば、世之を知ること無し」とあるように、廃立の事情が秘密にされたのである。元慶五年(八八一)正月六日、薨じた。時に無品。『日本三代実録』には、「縁葬の諸司を任ぜず。喪家の辞を以てなり。朝を輟(とど)むること三日」とある。

稽主勲　けいしゅくん　八世紀前半の仏師。『扶桑略記』所引の「縁起文」によると、大和国城上郡の長谷寺の十一面観世音菩薩像は、藤原朝臣房前が神亀四年(七二七)三月、同寺での供養に当って、公家に奏聞し、大和国の稲三千束を下してもらい、稽主勲と稽文会の二人が作ったものであるという。

稽文会　けいぶんかい　八世紀前半の仏師。『扶桑略記』所引の「縁起文」によると、大和国城上郡の長谷寺の十一面観音菩薩像は、神亀四年(七二七)三月、同寺での供養の際、藤原朝臣房前が公家に奏聞し、大和国の稲三千束を受けて作り、その作者に稽主勲とともに稽文会がなったという。

景深　けいじん　九世紀前半の東大寺の僧。法進の弟子。最澄を批判した僧の一人。弘仁三年(八一二)四月、光定の受戒の際、所依師(羯磨師)となり、また大安寺の勤操・安澄の請によって『六巻抄』を講じた。時に伝燈大法師位。弘仁九年、最澄は『天台法華宗年分学生式』(六条式)・『勧奨天台宗年分学生式』(八条式)によって、また翌年の『天台法華宗年分度者回小向大式』(四条式)をとおして、みずからうけた小乗戒を棄捨し、天台宗の大綱を示して『梵網経』に基づく大乗円頓戒壇を比叡山に設立することを朝廷に請うた。これに対し、南都の諸寺・僧綱は強く反対、特に護命(ごみょう)らは連署して上表し、この戒壇の設立を拒否することを訴えた。この時、景深も『迷方示正論』を著わし、最澄の主張について二十八の誤りがあることを指摘し、厳しく論難した。これらの反対論に対し、最澄は同十一年二月『顕戒論』によってその批判に答え、自己の正統性を明らかにした。このなかに、景深の指摘に答えるところがあり、そこに東大寺僧、律師と記されている。

継体天皇　けいたいてんのう　武烈天皇の後を受け六世紀前半に在位。応神天皇の五世孫と伝える。その名は男大迹(おおど。袁本杼・乎富等にも作る)、またの名を彦太(ひこふと)という。『日本書紀』によれば、継体天皇の父の彦主人(ひこうし)王は近江国高嶋郡三尾の別業(滋賀県高島郡安曇川町三尾里付近)に、三国坂名井(越前国坂井郡。現在の福井県坂井郡三国町)から振媛(ふりひめ。垂仁天皇の七世孫)を妃として迎え、継体が誕生したという。彦主人王の死後、振媛は越前に帰り継体を養育した。武烈の崩ずるに及び、その継嗣がなかったために大伴金村大連らは丹波国桑田郡(京都府北桑田郡京北町・美山町と亀岡市の一帯)にいた仲哀天皇五世孫の倭彦(やまとひこ)王を擁立しようとしたが、王は怖れて逃げ、ここにおいて継体が越前から迎えられ、河内の樟葉宮(大阪府枚方市楠葉)で即位する(『古事記』はこの間の情況について武烈の崩後、継体が近江から迎えられたことを記すのみ)。継体はそののち、山背の筒城宮(京都府綴喜郡田辺町付近)・弟国宮(比定地未詳。京都府長岡京市の今里付近や京都市西京区大原野付近に比定する説がある)を転々とし、即位二十年目(一説に七年目)にして大和の磐余(いわれ)玉穂宮(奈良県桜井市池之内付近)に都した。継体は武烈の同母姉手白香(たしらか)皇女を皇后として、欽明天皇をもうけたが、尾張連氏出身の目子(めのこ)媛は継体即位前からの妃として安閑・宣化両天皇を生んでおり、継体の妃の出身地は畿内のほか、近江・尾張国にわたる。『日本書紀』に載せる継体朝の記事の多くは百済・任那に関するものであり、「任那四県」の百済への割譲、己汶(こもん)・帯沙(たさ)の地の譲渡、近江臣毛野の任那派遣など、この時期の倭国の朝鮮南部への介入をめぐる政治情勢の激動を物語る。筑紫君(筑紫国造)磐井が新羅と通じ、北九州地方の首長勢力の盟主として大和政権との間に大規模な武力衝突を起こしたのもこの時代(『日本書紀』では継体二十一年(五二七)から翌年にかけて)であった。従来から継体の応神五世孫伝承は疑わしく、越前・近江地方を地盤とした「地方豪族」としての継体が、武烈の崩後、大和政権の混乱に乗じて中央へ進出し、大王位をその実力により継承したという見解が出されており、応神から継体までの系譜を記す『上宮記』逸文の検討を含め、継体の出自の謎について議論が行なわれてきた。特に近年の王統譜研究の成果によって、応神以下五世紀王統譜の信頼性が揺らいできており、外国史料(『宋書』夷蛮伝)の検討から、五世紀においては異なる二つの王家が存在していたという指摘と関連して、継体は前世紀に大王を輩出したそれぞれの血縁集団とは別個の出自をもつ公算も低くないであろう。継体の「出身氏族」を近江の息長(おきなが)氏に比定する見解が注目をあびている。継体の死に関する史料には大きな問題点があり、『日本書紀』では『百済本記』により辛亥年＝継体二十五年(五三一)にその死を記すが、これによれば安閑即位の二十八年甲寅(五三四。この年に継体崩去の伝承も存在する)まで二年の空位が生じること、また、この『百済本記』には「日本の天皇及び太子皇子、倶に崩薨す」という異常な記載がみられること、安閑・宣化の治世を介して即位したとされる欽明が継体の死の直後に即位した形跡が他史料からうかがえることなどから、継体の死と関連した大和政権内における政変(辛亥の変)を想定し、安閑・宣化側と欽明側の王権分裂論を含む「継体・欽明朝の内乱」問題が提起されている。継体陵は摂津国三嶋の地に営まれたと伝え、『延喜式』ではその所在地は嶋上郡とされており、現在ではそれを大阪府高槻市郡家新町の今城(いましろ)塚古墳に比定する説(『陵墓要覧』は大阪府茨木市太田の太田茶臼山古墳を継体陵として比定している)が有力となっている。なお、癸未年(五〇三)の紀年をもつ隅田(すだ)八幡宮(和歌山県橋本市隅田町垂井)所蔵人物画像鏡銘にみえる「意柴沙加(おしさか)宮」の王を継体とみる説がある。

【参考文献】原島礼二『倭の五王とその前後』、大橋信弥『日本古代国家の成立と息長氏』、喜田貞吉「継体天皇以下三天皇皇位継承に関する疑問」(『国史と仏教史』(『喜田貞吉著作集』三)所収)、林屋辰三郎「継体・欽明朝内乱の史的分析」(『古代国家の解体』所収)、直木孝次郎「継体朝の動乱と神武伝説」(『日本古代国家の構造』所収)、藤間生大「いわゆる『継体・欽明朝の内乱』の政治的基盤」(原島礼二編『論集日本歴史』一所収)、同「継体天皇擁立の思想的根拠」(『歴史評論』一一四)、米沢康「越国と継体伝承」(『信濃』二〇ー一・二・三・五・六)、同「継体天皇の出身地をめぐる異伝について」(『信濃』三一ー六)、山尾幸久「隅田八幡鏡銘による継体天皇即位事情の考察」(『日本史学』一)、黛弘道「継体天皇の系譜について」(『律令国家成立史の研究』所収)、同「継体天皇の系譜についての再考」(同上書所収)、志田諄一「継体登場」(大場磐雄・下出積与編『古代の日本』6所収)、岡田精司「継体天皇の出自とその背景」(『日本史研究』一二八)、同「継体系王統の成立」(上田正昭・直木孝次郎・森浩一・松本清張編『ゼミナール日本古代史』下所収)、前川明久「継体天皇擁立の勢力基盤について」(『古代文化』二六ー一)、塚口義信「継体天皇と息長氏」(『神功皇后伝説の研究』所収)、小池良保「継体天皇出自に関する疑問点」(『日本歴史』三四〇)、大山誠一「継体朝成立をめぐる国際関係」(『史学論叢』一〇)、成清弘和「継体紀の『五世孫』について」(横田健一編『日本書紀研究』一三所収)

気入彦命　けいりひこのみこと　景行天皇の皇子。『新撰姓氏録』左京皇別上の御使(みつかい)朝臣条によると、命は応神天皇の詔を奉じて、逃亡した宮室の雑使らを三河国で捕え、功によって御使連の氏姓を賜わったという。同じく右京皇別下にも、御立史(みたちのふひと)が気入彦命の後とある。『古事記』『日本書紀』にこの命の名はみえないが、景行の皇子五百城入彦(いおきいりひこ)命と名が近いとして同一人物と考える説がある。

【参考文献】佐伯有清『新撰姓氏録の研究』考証篇一

気太十千代　けたのとちよ　八世紀中頃の女性官人。初め無姓、天平十九年十月、君(公)姓を賜わる。氏名を気多にも作る。『続日本紀』によると、天平十七年(七四五)正月、正六位下から外従五位下、天平宝字四年(七六〇)五月、正五位上となる。正倉院宝物中の紙箋三枚のうちに「気多十千代献」の墨書があり、天平勝宝五年(七五三)九月、『理趣経』書写のため紅紙を納めさせている気太命婦は同一人物であろう。その名から、但馬国気太郡(兵庫県城崎郡南部と豊岡市の一部)出身とする説もある。

【参考文献】須田春子『律令制女性史研究』

賢一　けんいつ　九世紀後半の僧。尊意の師。尊意の父母は有縁の僧のすすめで、観音に祈り、尊意を授かり、度賀尾寺(栂尾寺。京都市右京区梅ケ畑栂尾町にある高山寺の前身)の苦行僧である賢一に預け、その家師とした。賢一は『般若心経』をもって、その持呪となす僧で、清和天皇の代に呪縛業により得度受戒した。尊意は、賢一のもとで三年間の苦行をつんだ。賢一は、元慶二年(八七八)久しく住んだ寺を出て、越州白山(石川県・福井県・岐阜県にまたがる修験道の霊山)に赴くと尊意に告げ、その所持する薬師仏像を付与したという。

玄叡 げんえい ―八四〇 九世紀前半の西大寺の学僧。三論宗。西大寺の大僧都実敏の師。天長三年(八二六)九月に、権律師となり、同四年五月には、律師に任ぜられた。同七年に、淳和天皇の勅命を受けて、『大乗三論大義抄』四巻を著わした。延暦(七八二―八〇六)末年頃から、三論宗は法相宗の教理的攻勢の対象となり、圧迫をうけ続けていたが、桓武天皇の三論中興策もあって、大安寺勤操(ごんぞう)などの学僧も出現し、教理のうえから、次第に回復しつつあった。玄叡も、こうしたなかで、高い水準を示す撰述を行なったのであった。同書は、三論の教学的基礎である破邪顕正、八不中道の宗義により、法相・華厳・天台・真言の宗議を論破しようとした。新興の天台・真言を視野に入れつつ、法相宗の教理を徹底的に論破することに力を注いでいる。これらの点で、三論宗の宗義を知るうえで貴重なものである。承和七年(八四〇)に寂した。

賢応 けんおう ―八六八 九世紀中頃の元興寺の僧。大和国の人。法相宗の学僧で明詮に受業し、特に因明の学に優れていた。貞観五年(八六三)興福寺維摩会の講師を務める。同年、興福寺の長講筵において東大寺の三修と因明比量前宗後因の義について対論し、決着のつかぬまま三昼夜が過ぎたが、薬師寺の隆光の判により賢応の意見が正しいと認められた。この賢応・三修・隆光の三僧は、中古法相宗の翹才といわれた。賢応は翌六年正月に大極殿御斎会の講師を務めたが、同十年三月に短命にして寂したと伝えられる。

玄愷 げんがい 八世紀後半の東大寺の僧。法相宗。天平勝宝四年(七五二)八月、良弁(ろうべん)の命をうけて東大寺法性宗所へ唯識論を請う使となっている。この頃、東大寺では良弁・智憬(ちきょう)らによる六宗関係の経論章疏の整備を急いでおり、法相宗に関する写経事業の一翼を担ったと思われる。天平勝宝年間(七四九―七五七)とされる類収年月を欠いた「僧智憬章疏本奉請啓」(天平勝宝三年のものとする説がある)に、法相宗維那とあり、『東大寺要録』に法相宗大法師と記されていることから、東大寺内の宗組織が整備されるなかで、その地位を築いたとみられる。宝亀三年(七七二)正月に東大寺主とあり、同年九月に東大寺大寺主兼大学頭大法師と自署。同年十二月の「東大寺奴婢籍帳」に寺主伝燈大法師とある。また、同四年、寺主として貢上された経師について勘知している。東大寺法相宗の重要な担い手となることで、東大寺における地位向上がはかられたのである。

【参考文献】 井上光貞「南都六宗の成立」(『日本古代思想史の研究』所収)

玄虚 げんきょ 九世紀後半の広隆寺の大別当。貞観十五年(八七三)の『広隆寺資財帳』によると、仏物として熟銅の仏御鉢、平文経台・礼堂柱纏・料甲纈幡、法物として白銅香爐・金銅花瓶・平文楾・平文手洗・黒漆楾・黒漆手洗・著手巾平文杖などを同寺に奉納している。また仁和三年(八八七)の『広隆寺資財交替実録帳』によれば、上記のほかに貞観年中(八五九―八七七)に同寺金堂に懸半蔀を作り加えたことも知られるが、同帳にはすでに「故」と記されている。

賢璟 けんきょう 七一四―七九三 八世紀後半の興福寺の僧。出自は尾張国愛智郡成海郷(名古屋市緑区鳴海町付近)の荒田井氏。最澄は賢璟を尾張大僧都とよぶ。史料上の初見は、天平十五年(七四三)正月の「優婆塞貢進解」に、師主元興寺賢璟とあるものである。『東大寺要録』によれば、翌十六年には良弁(ろうべん)の要請に応じ、金光明寺で道融のもとで永厳とともに複師を務め、『六巻抄』を講じたという。時に僧都。鑑真渡来の際には、思託らと激しい論戦を交えたが敗北し、旧戒を捨ててあらためて受戒している。賢璟は師宣教から主として法相教学を学んだが、その学問に対する造詣は深く、戒明が請来した『釈摩訶衍論』を偽教と断定したほどであった。所属寺院は、いつの時点からかは不明だが、興福寺となっている。宝亀五年(七七四)二月、鏡忍とともに律師に任命された。同八年以後、怨霊と病気に悩む山部親王(のちの桓武天皇)のため、室生山中(奈良県宇陀郡室生村)において、浄行僧五人を請い延寿法が修せられたが、賢璟はその一員に加えられており、以後、山部親王との関係は親密さを加えている。同十年、少僧都となる。その後、室生山中に室生寺を建立し、元興寺の比蘇寺に対応する興福寺の山林道場とした。また、同十一年には多度神宮寺に三重塔を完成させており、ここに漸次盛んになりつつあった神仏習合思想の担い手としての賢璟の姿をみることができる。延暦三年(七八四)六月、大僧都に任ぜられるが、この時の僧綱は、長岡遷都賛成の僧によって構成されているといってよい。同四年四月の最澄戒牒や同七年の『多度神宮寺伽藍縁起并資財帳』には、ともに大僧都として署名している。藤原朝臣種継暗殺事件以後は、遷都反対派勢力との対応に苦慮したと思われるが、桓武天皇との関係では、相次ぐ不幸に苦悩する桓武の精神的支柱になっていたと考えられる。延暦十二年正月、平安遷都に際し、藤原朝臣小黒麻呂・紀朝臣古佐美らと地相を検している。入滅はこの年とされる。

【参考文献】福山敏男「室生寺の建立年代」(『日本建築史研究』所収)、薗田香融「草創期室生寺をめぐる僧侶の動向」(『平安仏教の研究』所収)、堀池春峰「宀一山図と室生寺」(『南都仏教史の研究』下所収)、佐久間竜「賢璟」(『日本古代僧伝の研究』所収)

玄日　げんじつ　八五〇―九二二　九世紀末―十世紀初めの延暦寺の僧。空日にも作る。『僧綱補任』によると、能登国の人、俗姓は巨勢氏。延喜十八年(九一八)二月、権律師に任ぜられ、時に天台宗、延暦寺、已講労、七十三歳とある。同二十二年八月、律師在任中に入滅。

玄宗　げんしゅう　九世紀中頃の元興寺の僧。貞観十二年(八七〇)七月、大僧都法眼和上位慧達らとともに河内国に遣わされて、築堤工事を労視した。

玄脩　げんしゅう　九世紀中頃の僧。貞観十年(八六八)六月、苦行して効験を得て、大宰府管内を巡り歩いていたことが知られるところとなり、大宰府に勅して玄脩を入京させたという。

玄昭　げんしょう　八四六―九一七　九世紀後半―十世紀初めの天台僧。三国氏の出身と伝える。円仁から『金剛頂経』および天台の章疏を学び、また長意から三部の密法を受け、瑜伽の諸軌に通じた。仁和四年(八八八)陽成上皇が皇太后五十の祝賀に高僧六十人を集めて諸宗の妙旨を講論させた際、玄昭は南都の勢範と因明の義について対論し、これを屈服させた。この時、仁和寺の聖宝は玄昭をして護摩王に加えて因明王と称すべしと讃えたという。延喜十一年(九一一)の秋に大内裏に鷺の怪が生じた時、勅を受けて豊楽殿で熾盛光仏頂法を修し、三日にしてこれを鎮めた。また同年八月に権律師に任ぜられた。同十七年二月、七十二歳で卒す。

元正天皇　げんしょうてんのう　六八〇―七四八　在位七一五―七二四。天武天皇の孫。草壁皇子の皇女。母は阿閇皇女(のちの元明天皇)。諱は氷高(日高)または新家。和風諡号は日本根子高瑞浄足姫(やまとねこたかみずきよたらしひめ)天皇という。和銅七年(七一四)正月、食封一千戸を加増されたが、時に二品内親王であった。同八年正月、一品に叙せられた。霊亀元年(七一五)九月、皇太子首(おびと)皇子(のちの聖武天皇)がいまだ幼弱なために、母元明天皇から譲位され、大極殿に即位し、霊亀と改元した。中継的天皇であったといわれる。神亀元年(七二四)まで九年間在位したが、律令制の矛盾があらわれ、その対策が課題であったといわれる。霊亀元年十月、飢饉に備え麦禾を植えさせ、粟の輪租を許し、同三年四月、調庸を改制したが、このような調庸の改制を以後数回行なっている。同月、僧行基の活動を禁じたが、僧尼統制強化策も以後行なっている。五月には百姓の浮浪を禁じ、諸国に諸帳簿の様式を頒下した。九月、美濃に行幸し、十一月、養老と改元した。翌養老二年(七一八)藤原朝臣不比等らによって、

『養老律令』各十巻が撰修された。同三年二月、和泉宮(宮跡は大阪府和泉市府中町か)に行幸、六月、皇太子首皇子が初めて朝政を聴いた。九月には諸国旱害のため賑恤したが、以後も何度か飢饉による対策がなされている。同四年二月には隼人の反乱、九月には蝦夷の反乱があり、鎮圧のため前者には大伴宿禰旅人を、後者には多治比(たじひ)真人県守らを派遣した。同年五月、舎人親王らが『日本書紀』三十巻、系図一巻を撰進した。八月、右大臣不比等のために大赦などを行なったが薨じたので、ただちに舎人親王を知太政官事に任じた。同五年正月、長屋王を右大臣に任じ、十月には詔して藤原朝臣房前を内臣とし、帝業を輔翼させた。十二月には元明太上天皇が崩じた。同六年三月、征隼人将軍らに勲位を授けたが、乱の鎮圧のためと思われる。翌四月、百万町歩開墾計画を計り、翌七年四月には三世一身法を発布した。翌神亀元年(七二四)二月には皇太子首皇子(聖武天皇)に譲位した。同三年六月から八月にかけ、聖武は太上天皇不予のために大赦などを行なった。天平元年(七二九)八月、聖武は、太上天皇の徳により瑞が現われたので天平に改元すると詔し、また同八年七月、太上天皇不予のため僧尼を度した。同年十一月、皇后宮で肆宴をなし、葛城王への賜姓橘(橘宿禰諸兄)を寿ぎ歌を作った。同十二年十二月、聖武の恭仁(くに)宮(宮跡は京都府相楽郡加茂町瓶原にある。相楽郡加茂町・木津町・山城町にかけて宮都が営まれた)行幸に皇后とともに幸し、新宮に移御した。同十六年二月、聖武の紫香楽(しがらき。宮跡は滋賀県甲賀郡信楽町にある)行幸に際し、橘宿禰諸兄とともに難波にいたが、難波宮(宮跡は大阪市東区法円坂を中心とした大阪城の南にある)を皇都となすよう宣させた。同年十一月、甲賀寺(信楽町にあった寺)と盧舎那仏造立に当り、難波から甲賀宮(紫香楽宮)に幸し、同十八年十月、聖武・皇后とともに金鐘寺(東大寺の前身)に幸した。同十九年十二月、枕席安からず天下に大赦が行なわれたが、翌二十年四月二十一日、寝殿で崩じた。時に六十九歳。同月二十八日、佐保の山陵(奈良市法蓮町)で火葬された。同年五月、七々日ごとに潔斎読経が諸国に命ぜられ、七月、写経が行なわれた。天平勝宝二年(七五〇)十月、奈保山陵(奈良市奈良阪町の弁財天山が山陵に比定されている)に改葬された。『延喜式』には、大和国添上郡の奈保山西陵とある。『万葉集』には、左大臣長屋王の佐保宅での歌一首(八―一六三七)、宇合の西海道節度使任命に際しての歌一首(六―九七四)、橘を寿ぐ歌一首(六―一〇〇九)、難波宮での歌二首(一八―四〇五七・四〇五八)、山村(奈良市山町)に幸した時の歌一首(二〇―四二九三)、霍公鳥(ほととぎす)の歌一首(二〇―四四三七)がある。天平勝宝八歳六月の『東大寺献物帳』に名があり、その宸翰の『孝経』一巻がみえる。『元亨釈書』には仏教上の事蹟が載せられている。

【参考文献】喜田貞吉「中天皇考」(『国史と仏教史』(『喜田貞吉著作集』三)所収)、上田正昭『日本の女帝』、井上光貞「古代の女帝」(『日本古代国家の研究』所収)、岸俊男「元明太上天皇の崩御」(『日本古代政治史研究』所収)、直木孝次郎「元正太上天皇と橘諸兄」(『飛鳥奈良時代の研究』所収)、美多実「元正天皇の即位事情」(『日本歴史』三九四)

玄津　げんしん　―八八五　九世紀後半の僧。元慶七年(八八三)十月、伝燈大法師位源仁らとともに律師となる。仁和元年(八八五)十月十日、卒す。時に律師・法橋上人位。没年齢不詳。

顕宗天皇　けんぞうてんのう　第二十三代に数えられる天皇。履中天皇の孫で、市辺押羽(いちのべのおしは)皇子の子。母は蟻臣(ありのおみ)の女荑(はえ)媛。億計(おけ)王(仁賢天皇)の同母弟。名は弘計(おけ)王・袁祁(おけ)命・袁祁之石巣別命、また弘計天皇・袁奚(おけ)天皇にも作り、別名を来目稚子というが、「おけ」が実名と考えられる。「け」の意味は明らかでないが、「お」は大・小、兄の大「け」(億計)に対する弟の小「け」であろう。和風の諡号は不詳だが、袁祁之石巣別命がそれに当るかと思われる。『日本書紀』によると、清寧天皇の崩後、乙丑年(四八五)近飛鳥八釣宮(『古事記』では近飛鳥宮。宮跡は奈良県高市郡明日香村八釣とする説や大阪府羽曳野市飛鳥にあてる説がある)に即位し、丘稚子王の女難波小野王を皇后に立て、在位三年で崩じて傍丘磐杯丘(かたおかのいわつきのおか)南陵(奈良県北葛城郡香芝町北今市が陵地とされる)に葬られたという。しかし『古事記』は治世を八年とし、三十八歳で崩じたことを伝え、また石木王の女難波王を娶ったが子はないとしており、確かなことはわからない。しかし、「おけ」の名、一名に含まれる別(わけ)などからみても、その実在までは否定できないであろう。ただし系譜上、父である市辺押羽皇子が雄略天皇の同世代の人物とされているから、即位の年は『日本書紀』の所伝よりやや遅く、五世紀末頃とみられる。即位以前の顕宗天皇について、『古事記』『播磨国風土記』『日本書紀』には、「おけ」二王の逃避譚ともいうべき、大同小異の伝承がみえる。それによると、億計・弘計の兄弟の王は、父市辺押羽皇子が近江国の蚊屋野(かやの。滋賀県蒲生郡日野町鎌掛の荒地)で雄略に謀殺されたので難を避け、日下部(くさかべ)連使主(意美)・吾田彦父子を供として逃げ、まず丹波国余社(よざ)郡(京都府与謝郡と宮津市の一帯)に行ったが、使主はさらに播磨国の縮見(志深。しじみ)山の石室(兵庫県三木市志染町窟屋の窟屋山の麓にある石室か)に遁走して自殺した。一方、二王は吾田彦を従え、ついに播磨国にいたり、縮見屯倉首である忍海部造細目に仕えたが、やがて播磨国に遣わされた山部連小楯によって細目の家の新築祝の席で発見され、宮中に迎えられたという。二王が迎えられた時期を、『古事記』は清寧の崩後とするが、『日本書紀』は清寧の治世中とし、子のない清寧が億計王を皇太子、弘計王を皇子に立てたと記している。なお『記』『紀』は共通して、清寧の崩後、飯豊王(皇女)が一時政治を代行したとし、飯豊王の薨後、二王は皇位を譲り合い、兄の言を入れた弟がまず即位したという話、即位後のこととしては、顕宗が亡父の遺骨を探し出して葬ろうとした時、そのありかを教えた老女置目(おきめ)を宮廷に召して慈しんだという話を載せている。『日本書紀』によると置目は市辺押磐皇子殺害に関わった狭狭城山君の韓帒(からぶくろ)宿禰の一族である倭帒(やまとふくろ)宿禰の妹で、兄は妹の手柄によって本姓に復されたという。これらの伝承は、そのすべてが創作ではないであろう。伝承の成立、その背後にひそむ当時の史実は明らかでないが、伝承にまつわる氏族の中に、その担い手ないしは関係したもののあったことは確かと考えられる。

【参考文献】　田中卓「顕宗天皇の即位をめぐる所伝の形成」(『社会問題研究』一〇ノ二)、吉井巖「倭の六の御県」(『万葉』七二)、北郷美保「顕宗・仁賢即位伝承雑考」(佐伯有清編『日本古代史論考』所収)

源仁　げんにん　八一七―八八七　九世紀中頃―後半の真言僧。南池院僧都・成願寺僧都・池上僧都などと呼ばれる。初め元興寺の護命に法相を、のち東寺の実恵(じちえ)に密教を学び、さらに真雅・宗叡から伝法灌頂を受けた。元慶二年(八七八)内供奉十禅師に任ぜられ、次いで同七年十月に律師、仁和元年(八八五)十月に少僧都と転じ、東寺二長者となる。南池院を建立して成願寺と名づけ、ここに常住して学侶のために宗義を開演した。のちに広沢流の祖と仰がれた益信(やくしん)および小野流の祖と仰がれた聖宝(しょうぼう)は、ともに源仁の付法の弟子である。仁和三年十一月、寂す。『灌頂通用私記』三巻はその著作と伝える。

玄賓　げんぴん　―八一八　八世紀末―九世紀初めの興福寺の学僧。法相宗。俗姓は弓削(ゆげ)氏。興福寺宣教の弟子。名利を嫌い、また同族の道鏡が称徳天皇に媚びたことを恥じて山中に入り修行を積んでいたが、延暦二十四年(八〇五)三月、桓武天皇の病に際して詔により京に召し出され、治病に務めた。その功によって同年七月、常騰らとともに度者を賜わり、さらに翌二十五年四月には大僧都に任ぜられたが、これを辞退して備中国の湯川寺(岡山県新見市湯川にあった寺か)に隠遁した。大同四年(八〇九)四月、嵯峨天皇の命により再び上京して平城上皇の治病に携わり、弘仁二年(八一一)五月、嵯峨から親書と法服を、また同年十一月には綿・布を賜わった。嵯峨の尊崇を受け、同三年五月にも法服と布を贈られたのを始め、その後、たびたび親書や綿・絁(あしぎぬ)・布などを賜わったが、同五年五月に贈られた「贈賓和尚」と題する嵯峨の御製詩が『凌雲集』に、また空海の作による「贈玄賓法師勅書」が『性霊集』に収められている。弘仁七年八月には当時玄賓が住していた備中国哲多(てた)郡(岡山県阿哲郡と新見市)からは法師存命中、庸米に代えて鉄を貢進するよう勅により命ぜられている。玄賓は同九年六月に八十余歳で卒した。この時、嵯峨がその死を悼み、「哭賓和尚」と題して詠んだ七言律詩が『文華秀麗集』に収められている。玄賓は弘仁年間(八一〇—八二四)に伯耆国会見郡(鳥取県米子市・境港市と西伯郡の一部)に阿弥陀寺(比定地未詳。鳥取県西伯郡大山町の大山寺阿弥陀堂とする説や西伯郡西伯町とする説がある)を建立したが、貞観七年(八六五)八月、清和天皇の勅により、この寺に伯耆国の百姓らが施入した十二町九段余の田に対して、免租の措置がとられた。後世、玄賓の遺徳が偲ばれ、法相六祖の一人としてその像が興福寺の南円堂内に安置された。

玄昉 げんぼう ―七四六 八世紀の法相宗の高僧。出自は阿刀(あと)氏。義淵に師事。霊亀三年(七一七)入唐し、智周につき法相教学を学び、玄宗皇帝から尊崇され、三品に准じて紫袈裟の着用を許されたと伝える。天平七年(七三五)来朝した菩提・道璿(どうせん)とともに帰国したが、その折、諸仏像と経論五千余巻を請来したという。この五千余巻とは、『開元釈教録』にみえる五千四十八巻であろう。これらはまず、興福寺の西門近くの唐院に収められ、翌八年からは、光明皇后の皇后宮職に属する写経機関によって書写が開始された。いわゆる『五月一日経』である。当時、飢饉と天然痘の荒れ狂うなかで、除災招福のため玄昉の活躍に大きな期待がよせられ、天平八年二月には封百戸、田十町、扶翼童子八人を賜わり、翌九年八月には僧正となり、宮中内道場にも供奉することとなった。同年十二月には藤原朝臣宮子の看病に成功し、絁(あしぎぬ)一千疋、綿一千屯、糸一千絇、布一千端を賜わった。また、天平十一年五月の『仏頂尊勝陀羅尼経』奥書には、勅により玄昉僧正疹疾平癒のため同経一千巻を書写するとあり、朝廷の玄昉に対する思いの深さを知ることができる。さらに橘宿禰諸兄も、吉備朝臣真備と玄昉を重用したが、これが原因となって、天平十二年九月には藤原朝臣広嗣の乱が起こる。乱は十一月には鎮定されたが、都は恭仁京(くにのみやこ。京都府相楽郡加茂町・木津町・山城町一帯。宮跡は加茂町瓶原にある)に移り、政治的混迷は続く。翌十三年二月になると、政治・社会の安定を祈念して国分寺建立詔が出されたが、玄昉はこれに深く関わったと思われる。その点、同年七月十五日に発願した『千手千眼経陀羅尼』の奥書に、玄昉が聖武天皇・元正太上天皇・光明皇后の聖寿恒永を祈り、皇太子・諸親王・文武百官・天下の兆民がおのおの忠孝を尽くさんこと、また、地獄・餓鬼・畜生の三悪道に沈む衆生が早く出離することをえて、同じく安寧を受けんことをと述べ、さらに、「遂に聖法の盛んなることは天地とともに永く伝はり、擁護の恩は幽明に被りて常に満たんことを」といっている点は、国分寺建立詔と同一であり注目される。このように玄昉は、仏教政策推進の中心となって活躍したが、その栄華の日々は永続しなかった。『続日本紀』の玄昉伝には、「栄寵日に盛んにして、稍く沙門の行にそむけり。時人これをにくむ」とある。玄昉に対する反感が高まったのである。『正倉院文書』には天平十七年十月十日の日付で「玄昉師物検使所」の記載があり、『続日本紀』同年十一月条には、「玄昉法師を遣わして筑紫観世音寺を造らしむ」「玄昉が封物を収む」とあることは、玄昉が処罰され大宰府へ追放されたことを物語る。玄昉は、天平十八年六月、配所で死去するが、人々は、藤原朝臣広嗣の霊に害されたと伝えた。翌十九年正月には、その弟子善意が、故玄昉のために『大般若経』を書写している。なお、奈良市高畑町にある頭塔を玄昉の首塚とする説があるが、それは全くの俗説で、神護景雲元年(七六七)に実忠が築いた土塔と考えられる。

【参考文献】堀一郎「玄昉法師の死」(『堀一郎著作集』三所収)、横田健一「安積親王の死とその前後」(『白鳳天平の世界』所収)、石田茂作『〈写経より見たる〉奈良朝仏教の研究』、皆川完一「光明皇后願経五月一日経の書写について」(坂本太郎博士還暦記念会編『日本古代史論集』上所収)

元明天皇　げんめいてんのう　六六一―七二一　在位七〇七―七一五。天智天皇の第四皇女。草壁皇子の妃。母は蘇我倉山田石川麻呂の女姪娘(めいのいらつめ)。軽皇子(のちの文武天皇)・氷高(日高)内親王(のちの元正天皇)・吉備内親王の母。諱は阿陪(阿閉)、和風諡号は日本根子天津御代豊国成姫(やまとねこあまつみしろとよくになりひめ)天皇。慶雲三年(七〇六)十一月、文武天皇不予に際しては禅位を固辞したが、同四年六月、文武崩後に遺詔により即位した。即位詔に天智天皇の定めた不改常典(かわるまじきつねののり)に基づくとあることから、嫡子継承実現のための中継的性格をもつ天皇とされている。治世中は、農民逃亡の禁止、出挙制、山野占拠の禁止など、律令制の整備・堅持に腐心している。慶雲五年正月に武蔵国から和銅が献上されたため、和銅と改元した。和銅元年(七〇八)二月、初めて催鋳銭司を置き、五月に和同開珎を施行した。同じく二月に平城新都造営を詔し、三月、石上(いそのかみ)朝臣麻呂を左大臣に、藤原朝臣不比等を右大臣に任じた。同二年三月、蝦夷の乱が起こり、東国の民を徴発して兵とし、将軍を任命して鎮定させた。同年十月、浮浪逃亡者の私使役を禁じ、翌三年三月には平城に遷都した。同四年七月、律令の励行を諸国に促し、九月には造都の役民の逃亡が多いので兵庫の防備を厳重にするよう命じた。十月、禄法を定め、十一月、出挙の利を規定し、十二月、親王以下豪強の家が山野を占拠することを禁じた。同五年正月、太(おお)朝臣安万侶に命じていた『古事記』が撰上された。五月には郡司の職務を定め、巡察使に国郡司の非違を検察させた。十月、諸国運脚の粮を制定したが、以後も運脚関連政策が多くみられる。同六年二月、度量・調庸・義倉など五カ条を制定した。同年五月、郡郷名に好字を用いさせ、『風土記』の撰上を命じた。同年十月、諸寺の制限以上の田野占有を収公した。同七年二月、諸国の産業の興隆・儲備を国郡里長に督励。同年六月、皇太子(首(おびと)皇子。のちの聖武天皇)に元服を加え、翌八年正月、皇太子が初めて拝朝した。同年五月、百姓の流亡を戒め、浮浪者に対する課役の制、いわゆる土断法を定め、輸調・義倉などの制を定めた。霊亀元年(七一五)九月、皇親の准位を定め、皇位を氷高内親王(のちの元正天皇)に譲った。その詔には、皇太子首皇子が年歯幼弱で深宮を離れえないので内親王に譲位するとある。在位七年であったが、そのほか律令官制の整備も多く、授刀舎人寮の設置、各省司らの増員、郡司らの補任の定制なども多い。養老二年(七一八)十二月、元正天皇は元明太上天皇不予のために天下に大赦し、同五年五月にも同じく大赦している。同年十月、元明は右大臣長屋王・参議藤原朝臣房前を召し入れ、崩後の葬送、諡号、廃朝の禁止などを遺詔し、さらに葬処に常葉樹を植え「刻字の碑」の建立を命じた。同年十二月七日、平城宮中安殿に崩じた。時に六十一歳。同月十三日、大倭国添上郡椎山陵に葬じたが、遺詔により喪儀は行なわれなかった。『延喜式』諸陵寮式には、大和国添上郡所在の奈保山東陵(奈良市奈良阪町の養老ケ峯が陵所に比定されている)とある。遺詔の「刻字の碑」は後世地中から掘り出され、春日社の境内に移されていたが、江戸時代に藤貞幹が元明天皇陵碑であることを断じ、幕末に陵上に移された。『万葉集』には、勢の山を越ゆる時の歌一首(一―三五)、もののふに対する歌一首(一—七六)、藤原京から寧楽宮に遷った時の歌一首(一—七八)がある。『元亨釈書』には仏教上の事蹟が載せられている。

【参考文献】喜田貞吉「中天皇考」(『国史と仏教史』(『喜田貞吉著作集』三)所収)、上田正昭『日本の女帝』、井上光貞「古代の女帝」(『日本古代国家の研究』所収)、岸俊男「元明太上天皇の崩御」(『日本古代政治史研究』所収)、福山敏男「元明天皇陵碑」(『史迹と美術』四一—七)、佐藤宗諄「元明天皇論」(『古代文化』三〇—一)、米田雄介「践祚と称制—元明天皇の場合を中心に—」(『続日本紀研究』二〇〇)

賢和 けんわ　九世紀中頃の元興寺の僧。「けんな」ともいう。久しく近江国野洲郡奥嶋(滋賀県近江八幡市北津田町の大島奥津島神社の地付近)に堂舎を構えて住していたが、嶋神(奥津島神社の神か)の夢告を受け、貞観七年(八六五)四月二日に上奏して所住の堂舎を神宮寺とすることを請い、詔により許可された。賢和はまた、近江国和邇(わに)泊(滋賀県滋賀郡志賀町)や播磨国魚住泊(兵庫県明石市魚住町)といった港湾の修理に携わったが、特に魚住泊については、三善宿禰清行が延喜十四年(九一四)に提出した『意見封事十二箇条』のなかでも、その功績が讃えられている。

こ

興 こう　倭の五王の一人。倭国王済の子。『宋書』孝武帝紀・倭国伝に、大明六年(四六二)三月、倭国王世子興が遣使朝貢し、安東将軍倭国王に除せられたとある。天皇系譜との対比によって安康天皇に比定する説が有力であるが、「世子」の語に注目し、有力な皇位継承者でありながら安康に滅ぼされた木梨軽(きなしのかる)皇子、雄略天皇によって滅ぼされた市辺押磐(いちのべのおしは)皇子に比定する説もある。

【参考文献】笠井倭人『研究史　倭の五王』、坂元義種『古代東アジアの日本と朝鮮』

孝安天皇 こうあんてんのう　孝昭天皇の皇子。母は皇后世襲足(よそたらし)媛。和風諡号は日本足彦国押人(やまとたらしひこくにおしひと)という。室秋津嶋(むろのあきづしま)宮(奈良県御所市室)に都し、姪の押媛を立てて皇后とし、孝霊天皇をもうけた。皇后については異伝があり、『日本書紀』の「一云」によると磯城県主(しきのあがたぬし)葉江の女長媛あるいは十市(とおち)県主五十坂彦(いさかひこ)の女五十坂媛と伝える。在位百二年にして百三十七歳(『古事記』では百二十三歳)で崩じ、玉手丘上陵(御所市玉手の円墳が山陵とされる)に葬られたという。事績は伝わらない。「やまとたらしひこ」はのちに付加された称号で、「くにおしひと」がもとの名であろう。名の末尾に「ひと」という語のついた神名は天熊人(あめのくまひと)・天押人など他にも例があることから推測すると、「ひと」という語がついていても「くにおしひと」は国造りの神の名であろう。したがって孝安天皇の原像は天皇や人間ではなく、国造りの神であり、孝安の和風諡号は、古い神名「くにおしひと」の上に「やまとたらしひこ」という称号を冠して男性化・荘厳化する作業を経て作られたと考えられる。

【参考文献】前之園亮一『古代王朝交替説批判』、同「『欠史八代』について(上)」(『学習院史学』二一)

光意 こうい　七三七—八一四　八世紀末—九世紀初めの僧。河内国石川郡(大阪府富田林市の東半と南河内郡の一帯)の人。俗姓は河内氏。その閑雅な態度と清亮な音韻により、諸席にのぞむごとに、道俗は傾聴した。大同年間(八〇六—八一〇)には最勝会の座首にもなった。『本朝高僧伝』によると、のちに、河内国に弘川寺(南河内郡河南町弘川)を開き学賓を接待した。その徳を賞せられ、伝燈大法師位を賜わった。弘仁五年(八一四)三月、七十八歳で入滅。弟子らによって、石塔婆がつくられた。

広円　こうえん　七五五―八〇八?　八世紀末―九世紀初めの大安寺の僧。延暦二十四年(八〇五)以前に、下野国講師などに補任されたらしく同国都賀郡大慈寺の僧広智や基徳・得念(徳念)・安証(徳円)らを教えた。同年九月、高雄山寺(神護寺)で最澄から三部三昧耶の灌頂を受け、また最澄が唐からもたらした天台山香爐峯の檉栢木の文尺一枚、および種々の由緒ある物品を授けられた。弘仁二年(八一一)頃の四月十八日、最澄が空海に送った書簡に、「徳念仏子は、広円禅師の御弟子なり」とみえる。これより前、大同三年(八〇八)六月十七日に「沙門広円遺言状」を書き、最澄から授けられた上記の文尺一枚などを広智らに付嘱させる旨を遺言した。時に五十四歳。この年に死没したか。

【参考文献】　小野勝年『円珍文書』と初期天台」(『仏教芸術』一四九)、佐伯有清「慈覚大師の師広智菩薩」(『慈覚大師伝の研究』所収)、同『円仁』(『人物叢書』)

皇極天皇　こうぎょくてんのう　五九四―六六一　在位六四二―六四五(六五五―六六一重祚、斉明天皇)。押坂彦人大兄皇子の子茅渟王の女。母は桜井皇子の女吉備姫王。同母弟に軽皇子(のちの孝徳天皇)がいる。諱は宝(たから)。この名は、財(たから)氏による資養をうけたか、財部(財日奉部)の領有に関わったか、いずれかに因むものであろう。和風諡号は天豊財重日足姫(あめとよたからいかしひたらしひめ)尊。即位時の宮居から明日香川原宮御宇天皇、重祚以後は後崗本宮御宇天皇と称された。初め用明天皇の孫高向(たかむこ)王に嫁し、漢(あや)皇子を生んだ。のちに父の異母兄弟田村皇子(のちの舒明天皇)に嫁ぎ、葛城(中大兄)皇子(のちの天智天皇)・間人(はしひと)皇女(のちの孝徳皇后)・大海人皇子(のちの天武天皇)の二男一女をもうけた。孫がのちに持統・元明両天皇として即位したので、皇祖母(すめみおや)尊と呼ばれた。舒明十三年(六四一)十月、舒明が崩ずると、翌年正月に即位した。この女帝の即位は、皇位継承の紛争激化を回避するための中継ぎの役割といわれる。皇極元年(六四二)九月、舒明朝以来の百済大寺(奈良県北葛城郡広陵町百済か)造営のために「近江と越の丁(よぼろ)」を、飛鳥板蓋(いたぶき)宮(奈良県高市郡明日香村岡が宮跡とされ、大規模な宮殿遺構が発掘されているが、板蓋宮跡かどうかは断定できない)造営のために「東は遠江を限り、西は安芸を限りて、宮を造る丁」を徴発、造寺・造宮への労働力編成を通じ、人民支配を強めた。同二年四月に飛鳥板蓋宮に移り、ここを皇居と定めた。同年十月には、朝堂庭での饗において授位のことを議し、各地に随時派遣されていた「国司」にその勤務励行を促した。このように皇極朝は、律令制的支配の進展を示す事績がみえる反面、皇極自身に、南淵の河上(高市郡明日香村稲淵の稲淵川)で四方を跪拝、雨乞いを成功させて「至徳天皇」と称せられるという巫女王の面影を示す伝承も残されている。同四年(大化元・六四五)六月、蘇我本宗家討滅が断行されたのを機に、軽皇子に譲位した。我が国における確実な譲位の初例である。やがて軍事大権の一部を掌握していた中大兄皇子と孝徳との間に不和が生じるが、皇極は一貫して中大兄支持の立場にあったらしい。白雉五年(六五四)十月、孝徳が難波長柄豊碕(ながらとよさき)宮(大阪市東区法円坂を中心とする大阪城の南の地にあった)で崩じると、斉明天皇として板蓋宮で再び即位した。斉明元年(六五五)の板蓋宮焼失後、飛鳥川原宮(高市郡明日香村川原)を経て、同二年、後飛鳥岡本宮(明日香村小山か)に移り住んだ。さらに同年には田身嶺(奈良県桜井市南部の多武峰)に両槻宮を造営、また香具山の西から石上(いそのかみ)山(奈良県天理市布留町の石上神宮付近の山)に至る渠を掘削、舟二百隻を使い石上山の石を運び、石垣を築造した。時人はこれを「狂心(たぶれごころ)の渠」と批判したという。同四年四月・五年三月・六年三月の三次にわたり、阿倍引田臣比羅夫(ひらぶ)に命じ、日本海沿岸部に住む蝦夷の経略が行なわれた。同四年十一月には孝徳の遺児有間皇子が「謀反」の疑いで処刑される事件が起こった。同五年七月、高句麗征討中の唐に第四次の遣唐使を派遣。同六年九月に、唐・新羅連合軍の前に百済が滅亡すると、百済遺臣団の請をうけ、人質として来日中の余豊璋の本国送還を決定。百済復興を通じ、朝鮮半島での統一戦争への介入に踏み切った。同七年正月、中大兄らとともに難波を進発、三月、娜の大津(福岡市の博多港)に入り、五月には朝倉橘広庭宮(福岡県朝倉郡朝倉町山田、同郡杷木町志波などにあてる説がある)を本営と定めたが、同年七月、病を得て崩じた。飛鳥の川原で殯(もがり)を行なったのち、天智六年(六六七)二月、間人皇女とともに小市岡上陵(越智崗上陵。奈良県高市郡高取町車木の車木ケンノウ古墳とされる)に葬られた。『万葉集』にみえる「中皇命」(一―三・四・一〇～一二)や『野中寺弥勒菩薩造像記』の「中宮天皇」を皇極・斉明にあてる説がある。

【参考文献】黛弘道「皇極女帝」(『古代史を彩る女人像』所収)

甲許母 こうきょも 八世紀前半の医術家。養老五年(七二一)正月、元正天皇の詔によって、百僚の内から、学業に優れ、師範にたえる者を選んで賞賜が加えられた折、医術によって、従六位下太羊甲許母にも絁(あしぎぬ)十疋、糸十絇、布二十端、鍬二十口が与えられたという。神亀元年(七二四)五月、城上(きのえ)連を賜わった正六位下胛巨茂とは同一人物であろう。

高金蔵 こうきんぞう 八世紀初頭の陰陽師。大宝元年(七〇一)八月、還俗して信成から本氏姓の高金蔵に復した。養老七年(七二三)正月、従五位下に叙せられた。慶雲・和銅年間(七〇四―七一五)頃の「官人考試帳」に「正七位下行陰陽師高金蔵〈年五十八、右京〉」とみえ、中上の評定をうけている。宝亀三年(七七二)の年代のみえる文書の軸裏に「弁中遍論合四巻、沙弥信成本、買直新銭八百貫」とある信成も高金蔵のことであろう。なお『新撰姓氏録』左京諸蕃下に、高氏は高麗国の人で、従五位下高金蔵(法名信成)の後であるとある。

【参考文献】井上光貞他校注『律令』(『日本思想大系』)、佐伯有清『新撰姓氏録の研究』考証篇五

高元度 こうげんど 八世紀中頃の迎入唐大使使。天平宝字三年(七五九)正月、正六位上から外従五位下に昇り、迎入唐大使使となる。同年二月、高麗国使楊承慶らの帰国に随って唐へ赴く。同年十月来日した渤海国使高南申がもたらした中台牒によれば、史思明の乱後の混乱で、九十九名の使人が害される恐れのあることを考慮して、高元度ら十一人だけを唐へ行かせ入唐大使藤原朝臣河清(清河)を迎えさせたという。同四年正月、能登守に任命されているが、元度が帰国したのは翌年の八月。その時の情報によれば、元度は渤海道を取り、賀正使揚方慶らに随って唐に入った。帰国に当って兵仗様、甲冑一具、伐刀一口、槍一竿、矢二隻を分付された。唐では残賊がまだ平らげられておらず、道中が危険であることを理由に藤原朝臣河清は皇帝の勅によって唐に止まることになり、元度は南路を取って先に帰国することになった。謝時和が元度らを率い蘇州に向かい、長さ八丈の船一隻を造り沈惟岳ら九人の水手(かこ)、陸張什ら三十人に送られて大宰府に帰着したという。元度が唐から帰国の際、唐の皇帝は安禄山の乱によって兵器が多く失われたので、弓を作るための牛角を唐に贈るよう依頼したのに答えて、同五年十月、遣唐使船四隻を安芸国で造らせ、東海・東山など六道諸国に命じて牛角七千八百隻を貢上させた。同年十一月、従五位上となり、同六年正月、参河守、同七年七月、左平準令に任命された。なお『日本紀略』延暦二十二年(八〇三)三月丁巳条によると元度が迎入唐大使に任ぜられた時の官職は散位助。円仁が登州の開元寺仏殿の壁上に見いだし、『入唐求法巡礼行記』に書きあげた「日本国人官位姓名」の中の「使下(外ヵ)従六(五ヵ)位下行散位(欠両字)度」は、高元度であ

る。

【参考文献】 佐伯有清「入唐求法巡礼行記にみえる日本国使」(『日本古代の政治と社会』所収)

高表仁 こうひょうじん 唐から来朝した最初の使節。舒明二年(六三〇)八月に派遣された遣唐使犬上君三田耜(みたすき)らの一行を送って、同四年十月、難波津に到着。我が国は大伴連馬養(うまかい)を遣わして盛大に歓迎したが、舒明天皇に謁見することなく、翌五年正月に帰国。『旧唐書』倭国伝は、この間の事情を「新州の刺史高表仁を遣はし、節を持して往きて之を撫せしむ。表仁綏遠の才無く、王子と礼を争ひ、朝命を宣べずして還る」と記している。

【参考文献】 池田温「裴世清と高表仁」(『日本歴史』二八〇)

孝謙天皇 こうけんてんのう 七一八―七七〇 在位七四九―七五八(七六四―七七〇重祚、称徳天皇)。聖武天皇の皇女で母は光明皇后。諱は阿倍、譲位後は高野天皇・高野姫尊とも称され、法名は法基。上台宝字称徳孝謙皇帝と諡された。天平十年(七三八)正月、先例のない内親王で立太子した。時に二十一歳。東宮学士は下道(しもつみち)朝臣(吉備朝臣)真備であった。同十五年五月、内裏でみずから五節を舞ったのは、皇太子としての存在を知らしめる目的もあった。天平勝宝元年(七四九)七月、聖武から譲りをうけ、三十二歳で即位したが、母光明は皇后宮職を拡大改組して紫微中台を創設、長官(令)に甥の藤原朝臣仲麻呂を任じて政治を実質的に領導した。同四年閏三、四月の頃、遣唐大使藤原朝臣清河に酒肴を賜わったときの御製二首が『万葉集』に載せられているが、歌はほかに一首ある(一九―四二六四・四二六五・四二六八)。同年四月、東大寺大仏の開眼供養会の帰途、仲麻呂の私邸田村第に還御して御在所とした。この頃の両者の親密な関係がうかがわれる。同六年正月、来朝した唐僧鑑真に伝燈大法師位を授け、四月、東大寺大仏殿前で受戒した。同年十一月、聖武・光明の両親の平安長生を祈り、四十九僧を請じて供養したが、同八歳五月、聖武は崩御、遺詔によって新田部親王の皇子道祖(ふなど)王を皇太子とした。しかし同九歳三月、不都合を理由に道祖王を廃し、仲麻呂の奏言により、仲麻呂と養父子の関係にある大炊王(のちの淳仁天皇)を皇太子とした。これに反発した橘朝臣奈良麻呂らは同志を糾合して謀反を企てたが、同年七月、それを未然に鎮めて与党を一掃し、天平宝字二年(七五八)八月、皇位を皇太子に譲った。人の子として母光明に孝養を尽くしたい、というのが譲位の理由であった。その光明が同四年六月崩じ、翌五年十月、平城宮改作のため離宮保良(滋賀県大津市国分付近か)へ移御したが、この地で淳仁との間に不和が生じた。女帝の看病に侍した僧道鏡を寵幸したことが原因であったという。同六年五月、平城へ還御して法華寺に入り、翌月、五位以上の官人を召集し、出家して仏道に入るも、以後国家の大事と賞罰のことはみずからが行なうと宣言した。したがって淳仁を擁する仲麻呂とは対立することになり、窮地に陥った仲麻呂は同八年九月、勢力挽回のための兵乱を起こした(藤原朝臣仲麻呂の乱)。これに対し、乱平定を祈願して西大寺の造営に着手するとともに反仲麻呂派の勢力を結集し、討滅に成功した。そして出家の天皇には出家の大臣がいてもよいと道鏡を大臣禅師に任じ、同年十月、淳仁を廃し、称徳として重祚、仏教偏重の政治を展開した。天平神護元年(七六五)閏十月、道鏡を太政大臣禅師に任じて政治の専断を許し、翌二年十月には法王の位を授けてその月料を供御に准ぜしめ、法王宮職を設置した。皇嗣未定のままでのこうした体制は、和気王の変・不破内親王巫蠱事件などにみられる皇位継承の混乱を引き起こしたが、それは神護景雲三年(七六九)九月、大宰主神が八幡神の託宣と称し、道鏡を皇位に即かせることを奏上する事件に発展した。八幡の神命を聞くため和気朝臣清麻呂を宇佐(大分県宇佐市)へ遣わしたが、清麻呂が道鏡を皇儲とする勿れと復命したため、これを妄語で、偽りを奏したものとして姉の法均とともに配流した。この事件を道鏡が皇位を覬覦したとはせず、むしろ称徳が道鏡を皇位に即けようとしたものであるとする見方もある。その立場が不利になった道鏡は積極的にその郷里河内へ称徳をいざない、離宮由義(ゆげ)宮(宮跡は大阪府八尾市八尾木北の由義神社または同市別宮付近か)を西京にさせるなどして権勢の保持につとめた。しかし神護景雲四年四月、前の藤原朝臣仲麻呂の乱で戦没した者の冥福を祈るため造らせた三重小塔百万基が完成した頃から病臥し、同年八月四日西宮寝殿で崩じた。時に年五十三。十七日、大和国添下郡佐貴郷の高野山陵(奈良市山陵町の佐紀高塚山古墳が陵墓に比定されている)に葬られた。

【参考文献】 北山茂夫『日本古代政治史の研究』、同『女帝と道鏡』、横田健一『道鏡』(『人物叢書』)、上田正昭『日本の女帝』、木本好信『藤原仲麻呂政権の研究』

孝元天皇 こうげんてんのう 孝霊天皇の皇子。母は皇后細媛。和風諡号は大日本根子彦国牽(おおやまとねこひこくにくる)という。軽境原(かるのさかいはら)宮(奈良県橿原市大軽町)に都し、穂積臣の遠祖鬱色雄(うつしこお)命の妹鬱色謎(うつしこめ)命を皇后に立てて大彦命・開化天皇らをもうけ、妃の伊香色謎(いかがしこめ)は彦太忍信(ひこふつおしのまこと)命を、埴安(はにやす)媛は武埴安彦を生んだ。大彦命は阿倍臣・膳(かしわで)臣らの始祖となり、彦太忍信命の孫の武内宿禰(たけしうちのすくね)は波多臣・巨勢(こせ)臣・蘇我臣・平群(へぐり)臣・紀臣・葛城臣・江沼臣らの祖となった。在位五十七年にして百十六歳(『古事記』では五十七歳)で崩じ、剣池(つるぎのいけ)嶋上陵(橿原市石川町の中山塚一—三号墳が山陵とされる)に葬られたという。事績は伝わらない。「おおやまとねこひこ」はのちに付加された称号で、「くにくる」がもとの名であろう。「くにくる」は綱をかけて国土(くに)をたぐりよせる(くる)ことを意味する名であり、孝元の原像は天皇や人間ではなく、国引きの神であろう。孝元の和風諡号は神名「くにくる」の上に「おおやまとねこひこ」を冠して男性化・荘厳化する作業を経て作られたと考えられる。

【参考文献】 前之園亮一『古代王朝交替説批判』、同『欠史八代』について(上)」(『学習院史学』二一)

光孝天皇 こうこうてんのう 八三〇—八八七 在位八八四—八八七。仁明天皇の第三皇子。母は贈太政大臣藤原朝臣総継の女贈皇太后藤原朝臣沢子。諱は時康。小松帝ともいう。平安左京の六条第で生まれ、承和十二年(八四五)清涼殿で元服。翌十三年に四品、同十五年、常陸太守となり、嘉祥三年(八五〇)中務卿、仁寿三年(八五三)三品に昇った。貞観三年(八六一)東大寺の無遮大会の会事を監修。同六年、上野太守、同八年、大宰帥を兼ねた。同十二年、二品となる。この年、上表して男子十四人が源朝臣を賜わった。同十五年、上野太守を兼ね、同十八年、式部卿に転じた。元慶元年(八七七)上表して辞職を請うたが許されなかった。同四年、常陸太守を兼ね、同六年、一品となる。同八年二月四日、陽成天皇の譲位をうけて践祚。藤原朝臣基経を実質的な関白とし、四月十三日、斎宮・斎院の二皇女を除く皇子女をことごとく臣籍に降下させ、皇太子も立てなかった。しかし、仁和三年(八八七)八月、重病におちいると、基経は、光孝の意をくんで、同月二十八日、第七皇子源朝臣定省を親王に復し、翌日皇太子(のちの宇多天皇)に立てた。その日光孝は仁寿殿で崩御。時に五十八歳。九月二日、京都市右京区宇多野の後田邑陵(小松山陵)に葬られた。寛平元年(八八九)八月五日、光孝天皇の諡号をおくられた。光孝は幼少より聡明で、好んで経史を読み、高橋朝臣文室麻呂から琴を習った。容姿は風趣に富み、謹みへりくだり穏やかで潤いがあり、情け深く寛容で、一家を親愛し、性風流多く、もっとも社会の事柄に長じており、太皇太后橘朝臣嘉智子は、甚だ親しみ重んじ、遊覧・宴会があるごとに命じて主(あるじ)役をさせた。嘉祥二年(八四九)渤海国大使の王文矩が、儀式に参加した諸親王の動作をみて、必ず天子の位につく貴人の相があるといったという。またよく人相を占うことのできる藤原朝臣仲直が、弟で親王に仕えていた宗直に、必ず天子の位につく人であるから、勉めて君主に仕えよと戒めたという。高野山真言堂および多宝塔、延暦寺千光院、仁和寺は天皇の御願。『古今和歌集』に二首が収められている。

興照　こうしょう　―八八三　九世紀後半の興福寺の僧。法相宗。修円から法相の学を受け、また他学にも渉ったという。貞観四年(八六二)興福寺維摩会講師、同五年、大極殿御斎会講師などを歴任して已講となり、同六年、権律師に任ぜられた。のち同十六年に少僧都、さらに元慶三年(八七九)には大僧都に昇任し、同七年正月に入滅。また、貞観元年より同十二年までの間、興福寺別当の任にあった。

光定　こうじょう　七七九―八五八　九世紀前半の天台僧。父は贄氏。武内宿禰の後裔という。母は風早氏出身。伊予国風早郡(愛媛県温泉郡中島町と北条・松山両市の各一部)に生まれた。幼少の時に両親に死別し、早く京に上った。最澄の評判を聞いてこれに師事し、義真から『摩訶止観』の要旨を聴学した。折から、官試に高得点で合格し、大同五年(八一〇)正月の宮中金光明会に際して、第一回の天台法華宗年分度者として得度した。弘仁三年(八一二)四月、東大寺戒壇で具足戒を受け比丘となった。また東大寺景深律師から『四分律行事鈔』の講説を聴受し、続いて最澄について天台教学を究めた。この年の末、高雄山寺(のちの神護寺。京都市右京区梅ケ畑高雄町)において最澄とともに空海から密教の灌頂を受けた。教学の蘊奥を究めた光定は、興福寺義延、続いてもと興福寺僧であった真苑宿禰雑物とも教義の論争を行ない、その才を高く評価された。弘仁九年夏、ひでりに際し、最澄とともに雨を祈って効があり、修行満位に推された。この年、最澄は一向大乗寺の構想を発表し、天台宗学生は大乗菩薩戒によって独自に得度受戒し、天台宗を菩薩僧の教団にすることを計画し、大乗菩薩戒の建立を奏上した。しかし南都僧綱の厳しい反対にあい、嵯峨天皇も裁可を下せない状態となり、光定は最澄の意を汲んでもっぱら朝廷と比叡山とを往来し、その熱意は最澄入滅後になって聴許をみるにいたった。弘仁十四年四月、比叡山大乗菩薩戒の最初の受者であった光定の戒牒は、嵯峨みずからしたためた宸翰で国宝として現存する。天長二年(八二五)法隆寺・四天王寺夏安居講師に天台宗僧が充てられ、光定がこれに任ぜられた。次いで内供奉十禅師・伝燈大法師位に叙せられ、嘉祥三年(八五〇)には止観業年分度者二人の加増に功があった。仁寿四年(八五四)四月、延暦寺総別当となり、天安二年(八五八)八月、八十歳で入寂。『伝述一心戒文』の著がある。

孝昭天皇　こうしょうてんのう　懿徳天皇の皇子。母は皇后天豊津(あまとよつ)媛。和風諡号は観松彦香殖稲(みまつひこかえしね)という。掖上池心(わきがみのいけごころ)宮(奈良県御所市池之内)に都し、尾張氏の遠祖瀛津世襲(おきつよそ)の妹世襲足(よそたらし)媛を皇后に立てて、天足彦国押人(あめたらしひこくにおしひと)命と孝安天皇をもうけ、天足彦国押人命は和珥(わに)・柿本氏らの祖となった。皇后については異伝があり、『日本書紀』の「一云」では磯城県主(しきのあがたぬし)葉江の女渟名城津(ぬなきつ)媛または豊秋狭太(とよあきさだ)媛の女大井媛と伝える。在位八十三年にして百十三歳(『古事記』では九十三歳)で崩じ、掖上博多山上陵(御所市三室字博多山の自然丘が山陵とされる)に葬られたという。事績は伝わっていない。「みまつひこ」はのちに追加された称号で、「かえしね」がもとの名であろう。その末尾の「ね」は神名の末尾につく「ね」と同語で、神霊概念を表わす語彙であることから推測すると、「かえしね」は本来神名であり、孝昭天皇の原像は天皇や人間ではなく、神であろう。性別すら不明瞭な古い神名「かえしね」の上に、「みまつひこ」という称号を冠して男性化・荘厳化する作業を経て、孝昭の和風諡号は作られたと思われる。

【参考文献】　前之園亮一『古代王朝交替説批判』、同「『欠史八代』について(上)」(『学習院史学』二二)

好太王　こうたいおう　三七四―四一二　在位三九一―四一二。高句麗の王。諱は談徳。『資治通鑑』では安とする。諡号は陵墓碑では国罡(岡)上広開土境平安好太王、『三国史記』では広開土王とする。王は十八歳で即位すると、年号を永楽と建て、永楽太王と呼ばれ、盛んに周辺に勢力を伸ばした。なかでも永楽六年(三九六)から百済を攻撃し、百済王の弟と大臣十人とを質にとり、百済の背後にいた倭の兵力を駆逐するとともに、新羅王の朝貢をも得た。また同二十年には東夫余を攻撃して支配下においた。王の在位中に攻取した城は六十四、村は一千四百にものぼり、これらの征服地域から都の国内城(現在の吉林省集安県)の王陵を守護する国烟三十戸、看烟三百戸を定めた。また、『三国史記』に即位二年に九カ寺を平壌に建てたことがみえ、平壌の充実に努めたらしく、次の長寿王が平壌に遷都する礎を築いた。王の陵墓は墓碑に近い太王陵に比定されるが、また墓碑の前道を北東へ約千六百メートル登る地にある将軍塚に比定する説もある。

【参考文献】　王健群『好太王碑の研究』、武田幸男「広開土王碑からみた高句麗の領域支配」(『東洋文化研究所紀要』七八)

広達　こうたつ　八世紀後半の僧。宝亀三年(七七二)三月、戒律、看病等により名声を博した十僧の一人として、禅師の称を許された。『日本霊異記』によれば、俗姓は下毛野(しもつけの)朝臣。上総国武射郡(あるいは畔蒜郡。武射郡は千葉県山武郡北部、畔蒜郡は千葉県君津市東部・南東部と木更津市東部)の人。聖武朝に吉野金峯山で修行。吉野郡の秋河(奈良県吉野郡下市町の秋野川)の橋にした木の悲鳴を聞き、その木から阿弥陀・弥勒・観音の像をつくり、同郡越部村岡堂(吉野郡大淀町越部)に安置したという。『三国仏法伝通縁起』に元興寺・法相宗の僧とある。

広智　こうち　八世紀末―九世紀初めの下野国都賀郡大慈寺の僧。最澄に師事する前の円仁の師。鑑真の第三代の弟子。道忠に師事し、徳行該博、戒定具足し、己に薄く、他には厚い人物であったので、国人から広智菩薩と崇められたという。大同五年(八一〇)五月、比叡山止観院妙徳道場で三部三昧耶を付され、弘仁八年(八一七)三月、最澄の東国巡化に際し大慈寺で徳円とともに円頓菩薩大戒を受け、さらに同年五月には上野国緑野寺法華塔前で胎蔵金剛両部灌頂を円澄とともに受けている。広智は最澄の本願であった『法華経』六千部の書写のうち東国分の下野国一千部八千巻の写経に尽力し、また空海からも真言密教の経典書写の援助要請を受けたことがあった。円仁が広智の門に入ったのは、延暦二十一年(八〇二)頃からであるが、承和二年(八三五)十一月に円澄から円仁が入唐することになったとの報せを受けており、広智が承和二年まで生存していたことが、これによってわかる。

【参考文献】　佐伯有清「慈覚大師の師広智菩薩」(『慈覚大師伝の研究』所収)、武内孝善「弘法大師をめぐる人々(一)―広智―」(『密教文化』一三一)

孝徳天皇　こうとくてんのう　五九六?―六五四　在位六四五―六五四。大化改新政治開始期の天皇。和風の諡号は天万豊日(あめのよろずとよひ)天皇、第三十六代に数えられる。名は軽(かる)皇子・軽王にも作る。父は舒明天皇の異母兄弟の茅渟(ちぬ)王。母は欽明天皇の孫吉備姫王。皇極天皇の同母弟。生年は確かでないが、推古四年(五九六)の誕生と推定される。皇后は舒明の女間人(はしひと)皇女。妃は阿倍臣内麻呂(倉梯麻呂)の女小足(おたらし)媛と蘇我倉山田石川麻呂臣の女乳娘(ちのいらつめ)。舒明十二年(六四〇)小足媛との間に有間皇子をもうけた。皇極元年(六四二)舒明の葬儀では弔辞を読む立場にあったが、粟田臣細目が代わって務めた。同二年、『上宮聖徳太子伝補闕記』によると、蘇我臣入鹿の山背大兄王追討軍に加わった。同三年正月頃、脚病で出仕しなかった時、好感をもち接近した中臣連鎌足を厚遇し、寵妃阿倍氏(小足媛か)に仕えさせたところ、鎌足が感激して軽皇子は天皇にふさわしい人物であると舎人に語ったのを伝聞して大いに喜んだという。大化元年(六四五)六月、皇極の皇子中大兄皇子(のちの天智天皇)や鎌足らが入鹿らの蘇我氏本宗家を倒し、改新政治が発足した際、即位をしきりに固辞したが、結局うけて孝徳天皇となった。時に五十歳か。先帝に皇祖母(すめみおや)尊の称号を献じ、皇太子の地位についた中大兄皇子の同母妹間人皇女を皇后に立てた。内麻呂を左大臣、倉山田石川麻呂を右大臣とし、鎌足を内臣に任ずるなど改新政府の陣容を整え、年号を定めて大化とし、同年十二月、都を飛鳥から難波の長柄豊碕(ながらとよさき。大阪市東区法円坂を中心とした地域)に移した。孝徳朝十年間に、版図は拡大し、官制も整い、白雉三年(六五二)には難波長柄豊碕宮も完成して改新政治は一応軌道に乗った。しかし天皇の力は弱く、国政は皇太子の領導するところであったため、両者はしだいに不和となり、やがて決定的な対立をみるにいたった。同四年、皇太子は大和への遷都を奏請し、孝徳が裁可しなかったにもかかわらず、皇祖母尊・間人皇后・同母弟大海人皇子(のちの天武天皇)以下、公卿大夫・百官人を率いて大和の飛鳥の河辺行宮(奈良県高市郡明日香村川原か)に移ってしまった。愛した皇后にまで去られ、深刻な衝撃をうけた孝徳は、これを恨んで退位も考え、山碕(京都府乙訓郡大山崎町か)に宮の造営を始めた。また皇后に一首「鉗(かなき)着け吾が飼ふ駒は引出せず吾が飼ふ駒を人見つらむか」を送ったが、やがて宮も完成しないうちに病気になったらしい。同五年十月一日、孝徳危篤の報をうけた皇太子は、また皇祖母尊らを従え、長柄豊碕宮に赴いた。同月十日、孝徳は自分に背を向けた近親・臣僚らの警固のうちに崩じ、十二月八日、大阪の磯長(しなが)陵(『陵墓要覧』は所在地を大阪府南河内郡太子町山田とする)に葬られた。孝徳は仏法を尊び、神道を軽視したが、温和な人柄で儒学を好み、貴賤を問わず、しきりに恩勅を下したというが、急激な改新政治の犠牲者の一人とみられる。

光仁天皇　こうにんてんのう　七〇九―七八一　在位七七〇―七八一。天智天皇の孫。施基親王(志貴皇子)の第六子。母は紀朝臣橡姫。即位前は白壁王と称した。天平九年(七三七)九月、無位から従四位下に叙せられ、同十八年四月、従四位上、天平勝宝九歳(七五七)五月、正四位下、天平宝字二年(七五八)八月、正四位上、同三年六月、従三位に進んだ。同四年六月、光明皇太后の葬儀には山作司を務め、同六年十二月、中納言となる。同八年九月十一日、藤原朝臣仲麻呂の乱が起こると、翌日、正三位となり、翌天平神護元年(七六五)正月、勲二等を受爵。同年十月、称徳天皇が紀伊国へ行幸する折には御前次第司長官を務め、翌二年正月、大納言となる。神護景雲四年(七七〇)八月、称徳が崩御すると、諸王中年齢が長じており、先帝の功があるという理由を記した遺宣を根拠に皇太子に立てられ、二ヵ月後の十月一日、即位。宝亀と改元した。時に六十二歳。『続日本紀』即位前条によれば、孝謙天皇以後皇位継承をめぐる政争で身を滅ぼす者が多いため、「酒を縦(ほしいまま)にして迹を晦(くら)ます」ことによって保身をはかってきたと記されるが、この間、藤原氏の大官と良好な関係をつくり上げ、左大臣藤原朝臣永手や同百川・良継らの強力な支持を背景に即位したとみられ、皇統は天武系から天智系に転換することになった。皇太子となった八月十七日、先帝を大和国添下郡(佐貴郷高野山陵。現在の奈良市山陵町の佐紀高塚山古墳が陵所に比定されている)に葬り、同月二十一日、令旨をもって道鏡の左遷を発表し、九月三日には繁多となった令外官の整理をはかった。即位後の宝亀元年(七七〇)十一月六日、聖武天皇第一皇女である妃の井上内親王を皇后とし、同二年正月、他戸(おさべ)親王を皇太子とした。しかし翌年三月、讒言を受けて皇后を廃し、その実子である皇太子も五月に廃した。同四年正月、夫人高野朝臣新笠の子山部親王を皇太子とした。そののち、この二人を中心に藤原氏諸流、とりわけ式家が政治的指導権をにぎったため、他氏族では天皇の外祖父という関係のある紀氏一族が活躍するのが目立つ程度である。政治面では道鏡時代の修正がはかられ、寺院・僧尼関係の対策が重視され、僧尼の本譜の調査、修行の自由公認、加墾禁止令(天平神護元年(七六五)発令)の廃止などが行なわれた。官制改革として国司制の改善にも手をつけている。しかし地方では国司の不正や豪族間の抗争などに起因する「神火」(正倉の焼亡)が頻発し、宝亀(七七〇―七八〇)初年頃から奥羽では蝦夷の反乱が相次ぐようになっていた。天応元年(七八一)四月、病により皇太子に譲位し、同年十二月二十三日、七十三歳をもってその生涯を閉じた。天宗高紹(あまむねたかつぎ)天皇と諡された。翌二年正月七日、広岡山陵(奈良市広岡町に所在。遺跡は不詳)に葬られたが、延暦五年(七八六)十月二十八日、田原陵に改葬。父施基親王の田原西陵(奈良市矢田原町東金坊の東にある円墳が陵所とされる)に対して田原東陵(後田原山陵、奈良市日笠町字おおのつかにある円墳が陵所とされる)という。その性格は「寛仁敦原にして意豁然たり」といわれ、即位前にも民間では「桜井に、白璧しづくや、好き璧しづくや、おしとど、としとど」云々という童謡がうたわれて、白壁王の天皇登極の徴があったといわれる。

【参考文献】北山茂夫「藤原種継事件の前後」(『日本古代政治史の研究』所収)、同『平安京』

皇甫東朝 こうほとうちょう 唐からの渡来人。天平八年(七三六)八月、入唐副使中臣朝臣名代とともに来朝。同年十一月、位を授かる。天平神護二年(七六六)十月、法華寺舎利会で唐楽を奏したことにより従五位下を賜わる。同三年三月、雅楽員外助兼花苑司正となり、神護景雲三年(七六九)八月、従五位上に昇進、宝亀元年(七七〇)十二月、越中介に任ぜられた。『正倉院文書』の「仏事捧物歴名」に「花薗正従五位上皇甫東朝 花一櫃」とある。

【参考文献】荻美津夫『日本古代音楽史論』

功満王 こうまんおう 太秦氏・秦氏などの祖先の一人。秦始皇帝の三世孫孝武王の子で仲哀八年に来朝したという。『日本三代実録』に載せる秦宿禰永原の言によると、功満は渡来の意志を持っていたが、新羅に路を阻まれて実現できないでいた。やがて倭が新羅を討ったので百二十七県の人民を率いて、応神十四年に渡来することができたと伝えている。ただし『新撰姓氏録』では、応神十四年の渡来は、子の弓月王(融通王)のこととしている。

光明皇后 こうみょうこうごう 七〇一―七六〇 聖武天皇の皇后。藤原朝臣不比等の第三女で諱は安宿(あすかべ)媛。母は県犬養橘宿禰三千代。幼少にしてすこぶる聡敏、その美しさが光りかがやくようだというので光明子とも称された。霊亀二年(七一六)十六歳で皇太子首(おびと)皇子の妃となり、養老二年(七一八)第一子阿倍内親王(のちの孝謙・称徳天皇)を生んだ。神亀元年(七二四)首皇子の即位に伴って聖武天皇夫人となった。同四年閏九月、皇子が誕生、同年十一月、皇太子に立てられたが、翌年九月に亡くなった。この年、いま一人の夫人県犬養宿禰広刀自に安積親王が生まれ、立太子の可能性があることから不比等亡きあと四家に分れた藤原氏は結束し、夫人安宿媛の立后策を企てた。当時の皇后が、国政に関与し、場合によっては皇位に即くこともあるという地位に着目したからである。そこで同六年二月、藤原氏の動きに批判的であった左大臣長屋王を陰謀をもって除き、こうして同年八月、光明子は皇族以外の者として先例にない皇后に立てられた。皇后としての湯沐二千戸、他に千戸の封戸が給される一方、父不比等の遺産をも相続、同年九月には不比等の旧宅内に皇后宮職を設置した。天平二年(七三〇)四月、ここに施薬院・悲田院を置いたが、千人洗垢の伝説を残す浴室もこの皇后宮内にあったという。こうした社会事業の基調になった仏教への帰依は、氏寺としての興福寺五重塔の建設や邸内の角寺(海竜王寺)の創設に始まり、母三千代の死と自身の病臥を契機により深められ、興福寺西金堂の創設から両親の菩提を弔うための『一切経』書写に始まる大規模な写経事業に展開した。さらに同十三年正月には藤原朝臣広嗣の乱を機に亡父の遺産の封戸三千戸を諸国国分寺へ施入し、丈六仏像を造る料にあてられたが、この国分寺を含めた東大寺の造営も皇后の勧めによるものであるといわれる。五年振りに平城へ還都した同十七年五月、旧皇后宮を宮寺としたが、病臥の聖武の快癒を祈念して新薬師寺の造営を開始したのはその二年後のことである。宮寺はのち法華寺と改められて大和国分尼寺となった。この間、疫瘡の流行で兄弟の藤原四卿を失ったが、その翌天平十年正月、阿倍内親王が先例のない内親王の皇太子に立てられた。天平勝宝元年(七四九)七月、阿倍皇太子が即位、孝謙天皇となるに伴い皇太后となったが、皇后宮職を改組・拡大強化して紫微中台を設置、その長官(令)に甥の藤原朝臣仲麻呂を任じて政治の主導権を掌握した。同六年四月、来朝した唐僧鑑真から聖武・孝謙とともに東大寺大仏殿前で戒を受けた。同八歳五月、聖武が崩じたのでみずからその冥福を祈る願文を草し、遺愛の品々とともに東大寺大仏に献じた。これらが東大寺正倉院御物の中心となっているが、このときの願文や『万葉集』の「天皇に奉れる御歌一首」(八―一六五八)などによって夫聖武に対する心情をうかがい知ることができる。また六十種の薬物を大仏に献納し、実際の用にあてることで冥福に資せんともした。歌はほかに『万葉集』に二首(一九―四二二四・四二四〇)、『拾遺集』に一首(一三四五)が載せられている。天平勝宝九歳七月、橘朝臣奈良麻呂が同志を糾合して謀反を企てた時、その行動をきつく戒めたが成功しなかった。天平宝字二年(七五八)八月、孝謙の譲りをうけて淳仁天皇が即位すると、百官僧綱の上表により中台天平応真仁正皇太后の尊号をうけた。同四年三月から病臥、六月七日、六十歳で崩じた。そのなきがらは聖武と並べて大和国添上郡佐保山陵(奈良市法蓮町が陵地とされる)に葬られた。

【参考文献】林陸朗『光明皇后』(『人物叢書』)、岸俊男「光明立后の史的意義」(『日本古代政治史研究』所収)、滝川政次郎「紫微中台考」(『律令諸制及び令外官の研究』所収)

弘耀　こうよう　八世紀後半の薬師寺の僧。弘曜にも作る。天平勝宝五年(七五三)三月の「薬師寺三綱牒」に寺主法師として自署。『七大寺年表』では天平神護二年(七六六)、『僧綱補任』では宝亀元年(七七〇)に律師となり、僧綱での活躍が始まる。同五年二月、少僧都、同十年十月、大僧都に任ぜられた。この年の『七大寺年表』の注記に初めての薬師寺別当となったとあるが、宝亀年中(七七〇―七八〇)に別当となったことが『東寺文書』にもみえる。延暦三年(七八四)四月、表を上って大僧都を辞し、許されて几杖を施された。『扶桑略記』所引の『延暦僧録』の伝には、経典を通論して選び定めて疑を去り、薬師寺を出て矢田寺(金剛山寺。奈良県大和郡山市矢田町)に入り、八十六歳で入滅したとある。

杲隣　ごうりん　七六七―八三七?　九世紀前半の真言宗の僧。空海十大弟子の一人。初め東大寺に住して法相・三論を学び、のち空海の弟子となるがその時期は明らかでない。大同三年(八〇八)具足戒を受け、弘仁三年(八一二)十二月、空海が高雄山寺(京都市右京区梅ケ畑高雄町にある神護寺の前身)に三綱をおいた時、上座に補された。同十二年十一月、空海が両相公に宛てた書状に、秘密大法の旨趣を会得した弟子の一人として実恵(じちえ)・泰範・智泉とともに杲隣の名もみられる。承和四年(八三七)四月、東寺の定額僧二十四口を定めた僧綱牒に「大法師位杲隣〈年七十一、臈卅一〉」とあり、同月、円行の入唐に託して実恵が空海の入定を青竜寺恵果和尚の墓前に報告した書翰に「伝燈大法師杲隣」とあるのを最後に、杲隣の名はみられない。付法の弟子に円行・真隆がいる。天長十年(八三三)空海に随って高野山に登り修善院を開き、のち伊豆に赴いて修善寺(修禅寺。静岡県田方郡修善寺町)を建立したと伝える。

【参考文献】 守山聖真編著『文化史上より見たる弘法大師伝』

孝霊天皇 こうれいてんのう 孝安天皇の皇子。母は皇后押媛。和風諡号は大日本根子彦太瓊(おおやまとねこひこふとに)という。黒田廬戸(いおと)宮(奈良県磯城郡田原本町黒田)に都し、磯城県主(しきのあがたぬし)大目の女細媛を皇后に立てて孝元天皇をもうけ、妃の倭国香(やまとくにか)媛は倭迹迹日百襲(やまとととひももそ)姫を、その妹絙某弟(はえいろど)は稚武(わかたけ)彦らを生み、稚武彦は吉備(きび)臣の始祖となった。后妃・皇子女については異伝がある。在位七十六年にして百二十八歳(『古事記』では百六歳)で崩じ、片岡馬坂陵(奈良県北葛城郡王寺町本町の自然丘が山陵とされる)に葬られたという。『日本書紀』には事績が記録されていないが、『古事記』によると大吉備津日子・若建吉備津日子に吉備を平定させたという。「おおやまとねこひこ」はのちに追加された称号で、もとの名は「ふとに」であろう。その末尾の「に」は神名の末尾につく「に」と同語であり、神霊概念を表わす語彙であることから推測すると、「ふとに」は本来神名であり、孝霊の原像は天皇や人間ではなく、神であろう。孝霊の和風諡号は性別すら明瞭でない古い神名「ふとに」の上に、「おおやまとねこひこ」を冠して男性化・荘厳化する作業を経て形成されたと思われる。

【参考文献】 前之園亮一『古代王朝交替説批判』、同「『欠史八代』について(上)」(『学習院史学』二一)

谷那庚受 こくなこうじゅ 八世紀初めの陰陽師。名を康受にも作る。『続日本紀』神亀元年(七二四)五月十三日条に従六位下谷那庚受に難波連を賜うとあり、『家伝』下には神亀年間(七二四―七二九)の優れた陰陽師の一人としている。『新撰姓氏録』右京諸蕃下に、「難波連は高麗国好太王より出づ」とある。

谷那晋首 こくなしんす 百済復興運動の挫折によって渡来した百済人。『日本書紀』天智二年(六六三)九月条によると、復興運動の拠点州柔(つぬ。全羅北道古阜付近)が唐軍に制圧されたのに伴い、佐平余自信(よじしん)・達率木素貴子(もくそきし)・達率憶礼福留(おくらいふくる)および国民たちとともに来日したという。天智十年正月の冠位・法度の事の施行に際し、達率谷那晋首に大山下を授くとあり、その脚注に「兵法に閑(なら)へり」とある。

木事命 こごとのみこと 反正朝頃の人。大宅臣・柿本臣・布留宿禰・大宅水取(もいとり)臣などの始祖。米餅搗大使主(たがねつきのおおみ)命の子。市川臣の父。丸邇(わに)之許碁登臣・大宅臣祖木事・八腹木事臣命にも作る。女の都怒郎女(津野媛)が反正天皇の妃となり甲斐郎女(香火姫皇女)・都夫良郎女(円皇女)を生んだと伝える。

高志内親王 こしないしんのう 七八九―八〇九 桓武天皇の第二皇女。異母兄に当る桓武の皇子大伴親王(のちの淳和天皇)の妃。母は藤原朝臣乙牟漏。同母兄には平城天皇・嵯峨天皇がいる。三品を授かる。子女に恒世親王、氏子・有子・貞子内親王がいる。大伴親王即位以前の大同四年(八〇九)五月七日に薨じ、一品を贈られる。時に二十一歳。弘仁十四年(八二三)四月の淳和天皇即位の直後同年六月に皇后を追贈された。『延喜式』によれば、墓所は石作(いしづくり)陵で、山城国乙訓郡にあったという(比定地未詳。石作は現在の京都市西京区大原野石作町付近)。

高志才智 こしのさいち 七世紀後半の渡来系氏族。河内国大鳥郡(大阪府堺市と高石市の一帯)の人。行基の父。字は智法。『行基大僧正舎利瓶記』によれば、百済王子王爾の後裔という。河内国大鳥郡の人蜂田首虎身の長女古爾比売を妻とする。『行基菩薩伝』には、行基の父を「高志史羊」或いは「佐陀智」と記し、史姓とある。

呉粛胡明 ごしゅくこめい 八世紀前半の医術家。名を呉明にも作る。養老五年(七二一)正月、学業にすぐれ師範たるに足る者の一人として、後学の励みとなるよう絁(あしぎぬ)十疋、糸十絇、布二十端、鍬二十口を賜わった。同時に従五位下から従五位上に昇叙。神亀元年(七二四)五月、御立(みたち)連の氏姓を賜わった。『続日本紀』は、当時の位階を従五位下とするが誤りか。

吾税児　ごぜいじ　八世紀後半の唐人。氏名を五にも作る。天平宝字五年(七六一)八月、日本に渡来。藤原朝臣清河召還を果たせなかった高元度らが唐から帰国するに際して、唐側から船一隻、水手(かこ)三十名とともにあてがわれた押水手官(水手の指揮官)九名の中の一人。初め大宰府に留めおかれ、のち入京。そのまま我が国に居留して延暦三年(七八四)六月には永国(長国にも作る)忌寸の氏姓を賜わり、また位階も授けられて最終的には正六位上に昇った。『新撰姓氏録』左京諸蕃上の長国忌寸条に渡来のことがみえる。

巨勢氏　こせうじ　武内宿禰後裔氏族の一つ。武内宿禰の子許勢小柄宿禰(こせのおからのすくね)を祖とする。許勢・己西・居勢にも作り、巨勢寺跡のある奈良県御所市古瀬とその周辺地域を本拠とする有力豪族。姓は初め臣、天武十三年(六八四)に朝臣を賜わった。六世紀に入り台頭した新興氏族とみられ、『日本書紀』では継体元年条の許勢男人の大臣留任記事以降、集中的に氏人の活動がみられるようになる。男人の大臣就任については、『古事記』に男人の名がなく、『続日本紀』天平勝宝三年(七五一)二月条に異伝を掲げることなどから疑わしい点が少なくないが、欽明朝には許勢臣(欠名)が任那日本府の卿となり、また日系百済官人の許勢奇麻(がま)の名を伝え、崇峻朝には許勢臣猿が任那再興の大将軍となるなど、朝鮮問題に関与し、それに伴って大和政権有数の軍事氏族に成長をとげたらしい。用明二年(五八七)の物部弓削守屋大連討伐、皇極二年(六四三)の上宮王家襲撃の際にも将軍として比良夫・徳太が加わっている。政界での地位も高く、蘇我氏政権下では大臣につぐ大夫(まえつきみ)を出す家格であったが、七世紀中頃以降に最盛期を迎え、大化五年(六四九)に徳太が左大臣に、天智十年(六七一)には比等(ひと)が御史大夫に任ぜられた。奈良朝から平安朝初期には麻呂・邑治・奈氏麻呂・堺麻呂・野足が公卿に補任され、名門としての伝統を維持することはできたものの、藤原氏の隆盛の前に次第に不振に陥り、野足よりのちは議政官に昇る者は皆無となった。『古事記』孝元段によれば、許勢小柄宿禰を祖とする氏族に巨勢臣のほか雀部(さざきべ)臣・軽部臣がある。ほかに巨勢楲田(ひだ)朝臣(臣)・巨勢斐太臣・巨勢神前臣・鵜甘部(うかいべ)首らが巨勢氏の同族である。このうち複姓の巨勢楲田(巨勢斐太氏と同氏)・巨勢神前の両氏は、七世紀に巨勢氏より分立し、大和国高市郡飛驒荘(奈良県橿原市上飛驒町)・近江国神前郡(滋賀県神崎郡と八日市市の一部)を拠点とした支族であろう。巨勢氏と巨勢部(己西部)の分布は、畿外では山陽道・南海道・西海道の諸国に特に顕著に認められるが、これは朝鮮半島へ出兵することの多かったこの氏の特性によると思われる。

【参考文献】　直木孝次郎「巨勢氏祖先伝承の成立過程」(『日本古代の氏族と天皇』所収)、今井啓一「巨勢氏について」(横田健一編『日本書紀研究』六所収)、和田萃「紀路と曾我川」(亀田隆之編『古代の地方史』三所収)、佐伯有清『新撰姓氏録の研究』考証篇二、高島正人『奈良時代諸氏族の研究』

巨勢朝臣馬主　こせのあそんうまぬし　八世紀後半の官人。宝亀二年(七七一)正月、正六位上から従五位下に昇進。同年閏三月、雅楽頭に就任。同年九月、上総介に転任した。翌年七月、任国の天羽郡(千葉県富津市)から牛の蹄をもつ馬を祥瑞として献上。ところがその蹄は人の手によってそれらしく刻まれたものであることが判明し、馬主以下五名の国司が責任を追及され、解任された。その後、同五年九月に能登守に任ぜられた。

巨勢朝臣邑治　こせのあそんおおじ　―七二四　八世紀初めの公卿。徳太の孫。黒麻呂の子。氏を許勢、名を祖父にも作る。持統七年(六九三)四月、監物の地位にあって官物の出納・管理に当っていたが、みずからは盗まなかったものの、人に物を盗ませた罪で冠位を二階級下げられて解任された。当時の官人にとって冠位の降級は一種の刑事処分に当る。その後、復帰したらしく、文武五年(七〇一)正月には務大肆・参河守で遣唐使の判官に起用され渡唐。慶雲四年(七〇七)三月には次官に昇格して帰国した。その間、位階も一挙に従五位下に昇叙されている。以後順調に昇進をかさねて和銅五年(七一二)正月には従四位下に達し、同八年正月、さらに従四位上に進んだ。官職も播磨守・右大弁を経て養老二年(七一八)三月、中納言に就任。同五年正月、従三位。神亀元年(七二四)二月、正三位に昇進。その間、帯刀舎人を与えられたり、封戸の増加、禄物の賜給も行なわれている。神亀元年六月六日、中納言在任のまま薨じた。甥の堺麻呂を養子としている。

巨勢朝臣金岡　こせのあそんかなおか　九世紀後半の絵師。菅原朝臣道真の『菅家文草』に「巨先生に寄せて、画図を乞ふ。〈時に先生、神泉苑の監(げん)と為り、適(たまたま)遊覧することを許されぬ。仍りて献じて乞ふ〉」と題する詩を載せ、「先生、幸ひに禁闈に遊ぶことを許さる」云々と賦している。道真のこの詩は、貞観十年(八六八)頃の作といわれているので、当時、金岡は神泉苑の監の任にあったことが知られる。さらに『菅家文草』に載せる「右親衛平将軍(平朝臣正範)、廏亭(きうてい)の諸僕を率ゐて、相国(藤原朝臣基経)が五十年を賀し奉る。宴座の後の屛風の図の詩五首。〈序を幷せたり〉」に、「(仁和)元年冬の杪(すえ)に密かに語(つげ)て云はく、相国今年五十に満つ。予諸僕を率ゐ、遊宴を設く可し。座の後に施(まう)ける所の屛風、妙絶を致さんと欲す。汝は詩を作り、藤将軍(藤原朝臣敏行)は書し、巨金岡画かば、予が願ひ足りなむといふ」とあり、仁和元年(八八五)十二月、基経の五十歳を賀する屛風に金岡は絵を描いた。この間、元慶四年(八八〇)には唐本によって孔子・顔回・九弟子の十一肖像を描き、『田氏家集』によれば、翌五年頃、大相府(基経)屛風を清書している。『日本紀略』仁和四年九月条には金岡に勅して御所の南庇の東西の障子に絵を描かせたことがみえ、その絵は「弘仁以後の鴻儒(こうじゅ)の詩に堪(た)ふる者」の形状を描かせたものであった。寛平七年(八九五)には源朝臣能有の五十の算賀を祝う小宴の座に用いられた屛風の絵を描いたことが『菅家文草』にみえ、それには「座に屛風を施(まう)けて、諸の霊寿を写す。……新様(新様式の絵画)は巨大夫が画図する所」とある。なお金岡を始祖として書きあげている『巨勢氏系図』に「釆女正。従五位下。元隼人正」とみえ、一本『巨勢氏系図』は金岡を巨勢朝臣野足の曾孫としている。

【参考文献】　家永三郎『上代倭絵全史』、同『上代倭絵年表　改訂版』

巨勢朝臣浄成　こせのあそんきよなり　八世紀の官人。名を清成にも作る。天平九年(七三七)九月、従六位下から従五位下に昇進。天平勝宝四年(七五二)五月、下総守に就任。同九歳六月、宮内少輔に転じた。天平宝字六年(七六二)正月、従五位上に昇進。同年四月には智部(宮内)大輔に昇任した。その後、美作守に転任。在任中の天平神護二年(七六六)五月、任国の勝田郡塩田村(岡山県和気郡佐伯町)の住民を行政上の利便から隣接の備前国藤野郡に編入するよう上申して認められた。神護景雲二年(七六八)二月、大蔵大輔に任ぜられて帰京。

巨勢朝臣子邑治　こせのあそんこおおじ　八世紀前半の官人。徳太の孫で、黒麻呂の子。名を児祖父・子祖父・小邑治にも作る。慶雲二年(七〇五)十二月、従六位下から従五位下に昇進。和銅四年(七一一)四月、さらに従五位上に昇叙され、同七年十月、伊予守に就任した。『続日本紀』天平宝字五年(七六一)四月癸亥条の巨勢朝臣関麻呂の薨伝に、関麻呂は小邑治の子とある。

巨勢朝臣古麻呂　こせのあそんこまろ　八世紀後半の官人。名を古万呂にも作る。天平勝宝二年(七五〇)当時、正七位上で但馬国の史生の地位にあって造東大寺司宛ての同国の文書に署名している。その後、位階は正六位上まで進み、天平宝字八年(七六四)正月にはさらに従五位下に達した。大和国平群郡九条三里三十二坪(奈良県大和郡山市額田部寺町の額安寺付近)にその宅地があったと伝えられる。

巨勢朝臣紫檀　こせのあそんしたの　―六八五　七世紀中頃―後半の官人。大海の子。名を辛檀努・志丹にも作る。大化元年(六四五)八月、東海・東山道方面の某地域にいわゆる東国国司の次官として派遣され、大化前代の国造らを統轄して地方政治の改革に当ったが、長官(穂積臣咋)が民家から不当に物を押収して一部着服した罪に関わり、翌年三月、上司の犯過を正さなかった責任を追及された。ただしその罪は大赦によってゆるされた。天武十三年(六八四)朝臣の姓を賜わり、翌十四年三月十六日、京職大夫のまま卒した。冠位は直大参。

巨勢朝臣少麻呂　こせのあそんすくなまろ　八世紀前半の官人。名を宿奈麻呂にも作る。神亀五年(七二八)五月、正六位下から外従五位下に昇進。その後、少納言に就任。在任中、同六年二月の長屋王の変においては舎人親王らとともに長屋王の佐保の邸宅(平城左京三条二坊。その邸宅とみられる遺跡が奈良市二条大路南一丁目で出土)に赴いて王の尋問に当った。同年三月、従五位下に昇叙。天平五年(七三三)三月にはさらに従五位上に進み、その後、右少弁に任ぜられたものと思われる。風流人でもあったらしく、『万葉集』に「巨勢朝臣宿奈麻呂の雪の歌一首」(八―一六四五)を載せるほか、天平九年二月、自宅に諸大夫を招いて宴を催した時の詠歌(六―一〇一六)を白紙に記して壁にかけ、これに「蓬莱の仙媛の化れる嚢蘰は風流秀才の士の為なり。これ凡客の望み見る所ならざらむか」という題を付したという。

巨勢朝臣堺麻呂　こせのあそんせきまろ　―七六一　八世紀中頃の公卿。藤原朝臣仲麻呂派の一人。徳太の曾孫。黒麻呂の孫。子邑治の子。伯父邑治の養子。名を関麻呂にも作る。天平十四年(七四二)正月、外従五位下から従五位下に昇叙。以後、順調に昇進し、天平勝宝元年(七四九)七月には早くも従四位下に達した。すでに天平十七年九月には式部少輔に任ぜられ、翌年十一月に大輔に昇任していたが、天平勝宝元年八月にはさらに藤原朝臣仲麻呂の勢力拠点であった紫微中台の次官(少弼)を兼任、仲麻呂派の旗幟を鮮明にした。その後、諸官を兼任しつつも紫微中台にとどまり、仲麻呂勢力を支えていくことになる。天平勝宝八歳七月には仲麻呂らとともに孝謙天皇の勅命をうけ、東大寺に屏風以下の献物を行ない、十二月にはやはり勅命によって皇太子道祖(ふなど)王とともに東大寺に赴き、『梵網経』を講読させるなどの活動が知られている。同九歳六月、薬方を尋ねるために答本忠節(とうほんちゅうせつ)宅を訪問。そこで忠節から仲麻呂暗殺の陰謀があること、および忠節がこれを右大臣藤原朝臣豊成に密告した際の豊成の緩慢な対応などを聞き込み、これらを逸早く孝謙に密奏。橘朝臣奈良麻呂らによるクーデター計画を未然に察知する貴重な情報となった。その功績により同年七月には従四位上から一挙に従三位に進み、兼任官も右大弁から左大弁に昇任したが、さらに八月にはついに参議に任ぜられて国政審議の一翼を担うにいたった。また、この頃、紫微大弼への昇任も行なわれたらしい。翌天平宝字二年(七五八)八月、仲麻呂の指導下にあって官名の唐風改正作業に参画。これによって紫微中台は坤宮官と改称されたが、堺麻呂は依然その坤宮大弼としても活躍した。同三年十月、幣帛を奉納する使者として伊勢神宮に赴いたことが知られ、また同四年五月までは公職にあったことが確実であるが、その後、病を得て退官したらしい。同五年四月九日、散位で薨じた。

巨勢朝臣多益須　こせのあそんたやす　六六三―七一〇　七世紀末―八世紀初めの官人・漢詩人。名を太益須・多益首にも作る。当初、大舎人として政界に入り、おそらくは大津皇子の側近に仕えたと思われるが、これが災いして朱鳥元年(六八六)十月、皇子の謀反事件に巻き込まれた。逮捕されたが、ただちに釈放。大津皇子の自害によってすでに事件は解決したからであろう。持統三年(六八九)二月、藤原朝臣不比等らとともに判事に就任。これは我が国における判事の初任と考えられる。なお、当時の冠位は務大肆。その後、務大参に進み同三年六月、皇族や貴族の子弟のための説話集である『善言』編纂に携わった。同七年六月、直広肆に昇叙されて上級官人の地位を獲得。その後、『大宝令』位階制で従四位上まで進んだ。慶雲三年(七〇六)七月、式部卿に就任。次いで和銅元年(七〇八)三月には大宰大弐に転じたが、これは左遷に等しい。同年四月、それまで式部省が行なってきた官僚採用事務に対し、太政官から厳しい譴責が加えられている。同三年六月二日、大宰大弐のまま四十八歳で卒した。『懐風藻』に春日・応詔の五言詩二首がみえる。

巨勢朝臣豊人　こせのあそんとよひと　八世紀後半の人か。通称正月(むつき)麻呂。大舎人の時、巨勢斐太朝臣嶋村の息子と並んで顔の黒いことを同僚の土師宿禰水通(みみち。通称志婢麻呂)に揶揄され「黒き色を嗤笑ふ歌」なる戯歌(『万葉集』一六—三八四四)を詠まれたが、「駒造る土師の志婢麻呂白くあればうべ欲しからむ　その黒き色を」の歌(同一六—三八四五)で切り返した。

巨勢朝臣奈氏麻呂　こせのあそんなてまろ　六七〇?—七五三　八世紀前半の公卿。大海の孫。比等の子。名を奈弖麻呂にも作る。天平三年(七三一)正月、外従五位下から従五位下に昇叙された。以後は順調に昇進。同九年九月には早くも従四位下に達し、同十一年四月、参議として議政官の地位に就いた時にはすでに民部卿・春宮大夫の要職を兼ねていた。その後、同十三年七月には左大弁・神祇伯を兼ねたが、そのほか橘宿禰諸兄政権下にあってしばしば臨時の使官としても起用され、同十三年四月の河内・摂津国境紛争の解決、同年九月の恭仁京(くにのみやこ。京都府相楽郡加茂町・木津町・山城町一帯。宮跡は加茂町瓶原にある)造営、同十四年以降繰り返された聖武天皇の行幸に伴う留守司、同十六年閏正月の遷都についての民意調査などに活躍した。当時、徐々に頭角をあらわし始めていた年少の藤原朝臣仲麻呂とともに事に当ることも多かった。同十五年五月、中納言に昇任。その間、同十四年二月に従三位に達し、さらに天平感宝元年(七四九)四月には従二位まで進み、官職も大納言に昇った。一方、巨勢朝臣氏の奴婢二百三名の良民化を奏して許されたり、安閑朝の大臣「巨勢男人」の氏の名を誤記によるものとし「雀部(さざきべ)」に訂正すべしと訴えた雀部朝臣真人のために巨勢氏としてみずからも証言するなどの逸話も伝わっている。天平勝宝五年(七五三)三月三十日、薨去。『公卿補任』によれば、時に八十四歳。『万葉集』に、同四年十一月二十五日「新嘗会の肆宴にして詔に応ふる歌六首」のうち一首(一九—四二七三)を載せる。また天平十八年正月、公卿参内の際に中納言として同行し、詔に応じて作歌しているが、これはその時、記されなかったために今に伝わらない。

巨勢朝臣野足　こせのあそんのたり　七四九—八一六　九世紀初めの公卿。堺麻呂の孫。苗麻呂の子。延暦八年(七八九)十月、正六位上から従五位下に昇進。ただちに陸奥鎮守副将軍に任ぜられた。同十年七月には坂上大宿禰田村麻呂らとともに征夷副使に任ぜられて、引き続き多難の蝦夷征討に当った。その後、位階を昇叙され、同二十一年十一月には従四位下に達した。東北から帰還後は中衛少将に任ぜられたが、以後も左衛士督・左兵衛督・左近衛中将・右近衛大将と、主に上級武官を歴任し、その間、大同二年(八〇七)の伊予親王謀反事件では兵士を指揮して親王の逮捕に当り、弘仁元年(八一〇)の藤原朝臣薬子の変では固関使(こげんし)の一員として鈴鹿関の防禦に赴くなど武官として活躍した。また右近衛大将在任時には左近衛大将と連名で左右近衛府の警備体制を見直すよう進言した。一方では武官以外の要職にも任ぜられ、弘仁元年三月には藤原朝臣冬嗣と並んで初代の蔵人頭に就任したほか、同年九月には参議に就任、同三年五月にはさらに中納言に昇任して国政審議に与った。位階も同二年六月に従三位、同七年十二月には正三位まで進んだが、同月十四日、中納言在任のまま六十八歳で薨去。生前帯びていた勲三等は蝦夷征討の従軍によるものであろう。

巨勢朝臣総成　こせのあそんふさなり　八世紀後半の官人。延暦二年(七八三)四月、遠江介に補任、時に従五位下。同五年十一月、遠江守、同八年二月、造酒正に補任。同十年正月、従五位上に昇叙。同年二月、主殿頭に任ぜられた。

巨勢朝臣文雄　こせのあそんふみお　九世紀後半の官人・学者。氏姓は初め味酒首(うまさけのおびと)で、貞観三年(八六一)九月、同族二名とともに巨勢朝臣への改氏姓を申請し許された。本貫は左京。前文章得業生・正八位下であった貞観二年六月に対策及第により位三階を加叙されたのを始めとして、大内記・民部少輔・文章博士・備後権介・次侍従・大学頭・阿波介・左少弁・右中弁・紀伊守・越前守などを歴任。元慶八年(八八四)二月、従四位下に叙せられている。この間、渤海国使の饗讌使(貞観十四年)、大嘗会の悠紀行事(元慶元年)、西寺への詔使(同三年)、山城国班田使(同三年)、斎宮識子内親王の奉迎使(同四年)、右相撲司(同六年)などを務めた。『二中歴』に「儒者弁」として挙げられているように儒者として知られ、献策も多く、田邑山陵(文徳天皇陵)の焼損対策(貞観十年)、太皇太后順子崩御後の錫紵期間(同十三年)、再建後の応天門の名号問題(同十三年)、大極殿の火災による廃朝の有無(同十八年)などに建言している。詩文にも優れ、元慶二年八月、貞保親王の読書始め後の宴では、藤原朝臣基経に召されて詩を草している。『江談抄』には三善宿禰清行を文雄の「弟子」とする所伝が記されている。

巨勢朝臣真人　こせのあそんまひと　八世紀前半の官人。『続日本紀』によれば、養老五年(七二一)正月の叙位で従五位下に昇叙。同年三月、大伴宿禰旅人を持節大将軍とする征隼人軍の副将軍に民部少輔のまま任ぜられ、同年七月、斬首獲虜合わせて千四百余人という戦果を挙げて凱旋。神亀三年(七二六)九月には聖武天皇の播磨国印南野(兵庫県の明石川・加古川の間に挟まれた台地)行幸に際しての装束司の一人となり、天平三年(七三一)六月には大宰少弐に任ぜられた。時に正五位下。

巨勢朝臣麻呂　こせのあそんまろ　―七一七　八世紀初めの公卿。万呂にも作る。飛鳥朝の京職(大夫)直大参志丹(紫檀。したの)の子。『日本書紀』によれば、持統七年(六九三)直広肆を授けられた。『続日本紀』によれば、慶雲二年(七〇五)四月、民部卿、和銅元年(七〇八)三月、左大弁、翌年三月には本官左大弁のまま陸奥・越後国の蝦夷征討の任に当る陸奥鎮東将軍に任ぜられる。同八年五月には中納言に任命され、霊亀三年(七一七)正月十八日、現任のまま薨じた。時に従三位。なお『本朝月令』の四月七日奏成選短冊項、および『河海抄』の空蟬にも記事がみえる。

巨勢臣薬　こせのおみくすり　七世紀後半の遣唐学生。豊足の子。『日本書紀』によれば、白雉四年(六五三)五月、大使吉士長丹(きしのながに)の船に遣唐学生として乗船した。

巨勢臣徳太　こせのおみとこだ　五九三―六五八　七世紀中頃の官人。名を徳陀・徳多・徳陀古・徳太古にも作り、また許世徳陁高臣とも記される。黒麻呂の父。『日本書紀』によれば、皇極元年(六四二)十二月、舒明天皇の葬儀の際に大派(おおまた)皇子の代わりに誄(しのびごと)を奉っている。同二年十一月、蘇我臣入鹿に命ぜられ、山背大兄王を斑鳩宮(奈良県生駒郡斑鳩町)に襲った。この事件については、『上宮聖徳太子伝補闕記』『聖徳太子伝暦』にも記されている。同四年(大化元年)六月、中大兄皇子(のちの天智天皇)らによって蘇我臣入鹿が殺された直後には、中大兄に反抗しようと立て籠った漢直(あやのあたい)らを説得して退散させるという活躍をしている(この経緯は『家伝』上にもみえる)。同年七月、朝貢してきた高麗使に、これからも長く往来せよとの詔を伝えている。大化五年(六四九)四月には大紫位を授けられ、左大臣に任命された。白雉元年(六五〇)二月、穴戸(長門国西南部の古称)国司が白雉を献上してきた際には、賀詞を述べている。翌二年、筑紫に来着した新羅の貢調使が唐服を着ていたことを咎めて追い返した際には、直ちに新羅を征討すべしとの意見を奏している。斉明四年(六五八)正月、左大臣に在任のまま薨じた。時に六十六歳。冠位は大繡まで昇っていたらしい(『続日本紀』神亀元年(七二四)六月癸巳・天平宝字五年(七六一)四月癸亥条)。なお、『法隆寺伽藍縁起幷流記資財帳』によれば、大化三年九月二十一日、徳太の宣命によって法隆寺に食封三百烟が施入されたという。さらに『公卿補任』によれば、左大臣に任命された時(大化五年)には五十歳(斉明四年、六十六歳で薨じたとあるのによれば五十七歳)であり、かつそれ以前に右大臣にも任ぜられていたことがあると伝えている。

巨勢臣人　こせのおみひと　七世紀後半の廷臣。名を比等・比登・毗登にも作る。大海の子。『日本書紀』によれば、大錦下の冠位を帯びていた天智十年(六七一)正月、賀正を奏し、御史大夫(『続日本紀』天平勝宝五年(七五三)三月辛未条では中納言とも)に任命された。同年十一月には病床にある天智天皇の股肱として、蘇我臣赤兄らとともに大友皇子を奉ずるとの誓いを行なった。翌年六月に起こった壬申の乱の際には、その誓い通りに近江朝廷方の将軍として不破(岐阜県不破郡)に陣する大海人皇子(のちの天武天皇)の軍を襲撃しようとしたが、内訌を生じて同行の山部王を殺し、蘇我臣果安は自殺してしまい、攻撃は失敗。同年八月、子孫とともに流刑に処せられた。

【参考文献】直木孝次郎『壬申の乱』

巨勢徳禰臣　こせのとこねのおみ　七世紀中頃の官人。『日本書紀』によれば、大化元年(六四五)八月に派遣された東国国司の一人であったが、同二年三月にいたり、百姓から不法に収奪し、また田部の馬を取ったとして糺弾されている。

【参考文献】井上光貞『日本古代国家の研究』

許勢小柄宿禰　こせのおからのすくね　武(建)内宿禰の子とされる人物。氏名を巨勢・己西、名を男柄・雄柄・男韓にも作る。『古事記』孝元段によれば、武内宿禰の七男二女の一人で、第二子に当り、許勢臣・雀部(さざきべ)臣・軽部臣の祖というが、『日本三代実録』には武内宿禰の第五男とする。『続日本紀』によると、小柄宿禰には三人の男子があり、星川建日子(ほしかわのたけひこ)は雀部朝臣ら、伊刀(いと)宿禰は軽部朝臣ら、乎利(おり)宿禰は巨勢朝臣らの祖であるという。小柄の後裔と称する氏族には右の三氏のほか、『新撰姓氏録』に巨勢楲田(ひだ)朝臣(臣)・巨勢斐太臣・鵜甘部(うかいべ)首があり、『越中石黒系図』に斐太朝臣、『蘇我石川両氏系図』に鵜甘・楲田・斐太の氏族名をあげる。小柄はこれら諸氏の祖先として名をとどめるだけで、その具体的な事績については何ら所伝がない。したがって実在性に疑いがもたれるだけでなく、武内宿禰の子とする所伝の成立期も、若子宿禰を除くほかの男子よりも遅れるとみられる。

【参考文献】直木孝次郎「巨勢氏祖先伝承の成立過程」(『日本古代の氏族と天皇』所収)、佐伯有清『古代氏族の系図』

許勢男人　こせのおひと　六世紀前半の官人。河上の子。氏名を巨勢・雀部(さざきべ)にも作る。『日本書紀』によれば、武烈天皇崩後の皇位継承問題の処理に当って、大臣という地位にあった男人は、大連大伴金村、同物部麁鹿火(あらかひ)とともに男大迹(おおど)王(のちの継体天皇)を推し、即位が実現すると継体元年(五〇七)二月には、もとのごとく大臣に任ぜられている。同二十一年六月、詔をうけて筑紫国造磐井の乱を鎮定する将軍の一人に任命された。同二十三年九月、大臣のまま薨じた。二人の女(紗手媛・香香有媛)は、ともに安閑天皇の妃となっている。なお、『続日本紀』天平勝宝三年(七五一)二月条に収める雀部朝臣真人の奏上によると、巨勢男人はもともと雀部男人と呼ばれるべきところ、誤って氏名を巨勢にされたものといい、朝廷側もこの主張を認めている。

【参考文献】日野昭「武内宿禰とその後裔」（『日本古代氏族伝承の研究』所収）、直木孝次郎「巨勢氏祖先伝承の成立過程」（『日本古代の氏族と天皇』所収）

許勢臣稲持　こせのおみいなもち　六世紀前半の廷臣。名を稲茂にも作る。『日本書紀』欽明元年（五四〇）九月条によれば、難波祝津（なにわのはふりつ）宮（比定地未詳）への行幸に従駕し、対新羅政策について諮問をうけている。『新撰姓氏録』右京皇別上には巨勢雄柄宿禰の四世の孫で、巨勢楲田（ひだ）朝臣らの祖とする。『日本書紀』持統三年（六八九）五月条に孝徳朝の遣新羅使とみえる巨勢稲持とは別人。

許勢臣猿　こせのおみさる　六世紀後半の廷臣。氏名を巨勢、名を猨にも作る。『日本書紀』および『聖徳太子伝暦』によれば、欽明三十一年（五七〇）越（こし）に漂着した高麗人を迎えるに当り、難波津にあった船を琵琶湖に運んで迎接する役目を果たしている。また、崇峻四年（五九一）十一月には任那再興を目指す軍隊の大将軍の一人として筑紫に派遣された。ただし、この時に派遣されたのは巨勢臣比良夫であるとする『日本書紀』の異本も存在する。

許勢奇麻　こせのがま　六世紀前半に活動した百済聖明王の臣。名を哥麻とする異本もある。『日本書紀』によれば、欽明五年（五四四）三月、奈率の官位を持つ使者として来日、任那日本府の官人たちが新羅に内通する旨を告げ、同年十月に帰国。奇麻のもたらした欽明天皇の勅をうけた聖明王は、日本府の臣や任那執事らを招集し、任那問題を討議させたという。さらに同八年四月には百済救援使に任命されたという。

巨勢楲田臣荒人　こせのひだのおみあらひと　七世紀中頃の土木技術者。稲茂の子。巨勢楲田朝臣・巨勢斐太臣の祖。『新撰姓氏録』右京皇別上によれば、皇極朝に大和の葛城の長田が開発された際、荒人の技術によって初めて水を灌漑することが可能となり、これを喜んだ皇極天皇は、楲田臣の氏姓を賜わったという。

許率母　こそちも　百済からの渡来人。母国の官位は達率。『日本書紀』天智十年（六七一）正月条に小山上を賜うとあり、「五経に明なり」の注が付されている。『懐風藻』には、学士として大友皇子（皇太子）の賓客となったとある。『近江令』の編纂に参加したとの説もある。

【参考文献】滝川政次郎『律令の研究』

巨曾倍朝臣津嶋　こそべのあそんつしま　八世紀中頃の官人。氏名を許曾倍、名を対馬にも作る。天平二年（七三〇）十二月には、正六位上行（大倭）介勲十二等として『大倭国正税帳』に署名、同四年八月には山陰道節度使判官として外従五位下に叙せられたことが『続日本紀』にみえる。同十年八月には長門守に在任し、右大臣橘宿禰諸兄宅で歌を詠んでいる（『万葉集』六―一〇二四、八―一五七六）。

社部臣大口　こそべのおみおおくち　壬申の乱の際の近江朝廷側の武将。『日本書紀』によれば、天武元年（六七二）七月、大海人皇子（のちの天武天皇）側の武将村国連男依らと近江国安（野洲）川のほとりで対戦したが、敗れて捕えられた。

社部臣訓麻呂　こそべのおみくにまろ　八世紀前半の出雲国の地方豪族。『出雲国風土記』嶋根郡条の末尾に、撰述および責任者の一人として「社部臣」と氏姓だけ署名しているが、この時、嶋根郡（島根県松江市北部から八束郡の一帯にかけての地域）の大領・外正六位下であった。また、同書秋鹿郡条は、その祖波蘇らが渡村（八束郡鹿島町佐陀宮内の仲田から江角にかけての一帯か）の稲田の川を掘り開いたという古老の話を伝えている。

軍君　こにきし　―四七七　百済東城王の父。昆支・琨支・現伎にも作る。百済文周王三年（四七七）内臣佐平となる。『日本書紀』によると、雄略五年四月、加須利君（かすりのきし。蓋鹵(こうろ)王は弟の軍君を日本へ遣わすに当り、自分の児を宿している婦を与えた。日本へ来る途中、筑紫の各羅島(かからしま。佐賀県東松浦郡鎮西町加唐島か)でその婦は一児を生んだので、嶋君(せまきし)と名づけて本国へ送った。これが武寧王である。七月に京に入った時、軍君にはすでに五子があり、その第二子末多(また)王は同二十三年に帰国して王位に即いた。これが東城王である。日本側文献が軍君を蓋鹵王の弟とするのに対し、『三国史記』では王子としている。『宋書』百済伝によると、四五八年、蓋鹵王が宋の孝武帝に送った上表文に行征虜将軍左賢王余昆とあり、君主に次ぐ左賢王の地位にあったことがわかる。『日本三代実録』貞観四年(八六二)七月条・同五年八月条では飛鳥戸造・百済宿禰・御春朝臣が現伎を祖としており、飛鳥戸造については『新撰姓氏録』河内国諸蕃にも同様にみえる。

【参考文献】池内宏『日本上代史の一研究』、末松保和『任那興亡史』、坂元義種『古代東アジアの日本と朝鮮』、山尾幸久『日本古代王権形成史論』

高麗氏 こまうじ　高句麗からの渡来氏族。巨万にも作る。六六八年(天智七)の高句麗の滅亡後に渡来し、駿河・甲斐・相模・上総・下総・常陸・下野の七国に居住していたが、霊亀二年(七一六)五月、武蔵国高麗郡(埼玉県入間郡日高町・飯能市を中心に狭山市・川越市などの一部を含む地域)に遷置された。このなかから行文・福信らが輩出するが、元来背奈公を称していた。天平十九年(七四七)六月に福信・大山・広山ら八人が背奈王の氏姓を賜わり、さらに天平勝宝二年(七五〇)正月に高麗朝臣の氏姓を賜わった。そののち宝亀十年(七七九)三月に福信の請いにより氏名を改めて高倉朝臣が与えられた。高麗朝臣氏には、天平勝宝六年(七五四)四月に遣唐使判官として叙位された大山、天平宝字六年(七六二)三月に遣唐副使に任ぜられた広山、宝亀八年五月、遣渤海使となった殿継など外交関係に関わった人物が多くみられる。その他の高麗氏としては、大宝三年(七〇三)四月に高麗王の氏姓を賜わった高麗若光や、天平宝字二年六月に多可連に改氏姓された高麗使主馬養・浄日らがいる。

【参考文献】佐伯有清『新撰姓氏録の研究』考証篇五

高麗朝臣石麻呂 こまのあそんいしまろ　八世紀後半の官人。福信の子。宝亀四年(七七三)二月、父福信が楊梅(やまもも)宮(平城宮の東張りだし部南半、かつての東宮、東院の跡に位置する。現在の奈良市法華寺町)を完成させた功により石麻呂は従五位下に叙せられた。同五年九月、中務員外少輔、さらに同九年二月、武蔵介に任ぜられた。延暦四年(七八五)三月には高倉朝臣として治部少輔に任ぜられていることから、宝亀十年三月に父福信が高倉朝臣を賜わったのと時を同じくして氏名を改めたものと思われる。延暦八年二月には美作介に任ぜられた。

高麗朝臣殿嗣 こまのあそんとのつぐ　八世紀後半―九世紀初めの官人。名を殿継にも作る。宝亀八年(七七七)五月、渤海使史都蒙の送使に任ぜられた。時に大学少允正六位上。同九年九月、使命を果たして越前の三国湊(福井県坂井郡三国町)に帰着した。直ちに入京し、同年十月、従五位下に叙せられた。翌年正月、殿嗣とともに来日した渤海使張仙寿の奏言によると、殿嗣の乗船は路を失って遠夷の境に漂着破損し帰国の術を失った。そのため渤海は船二艘を造り張仙寿をして送らせたという。その後同十一年三月には治部少輔に任ぜられているが、高倉朝臣殿嗣とあることから、前年三月、高麗朝臣福信とともに改氏姓したらしい。天応元年(七八一)五月に大判事、同二年三月に下総介、延暦五年(七八六)十月に玄蕃頭、同六年九月に左京亮に任ぜられた。同七年二月には大和介に転じ、同十八年二月に主計頭、同二十三年正月には駿河守となった。時に従五位上。その後同二十五年正月、肥後守となったのを最後に史書にみえなくなる。なお殿嗣の名には、施設としての殿を嗣ぐという観念が含まれているとの指摘がある。

高麗朝臣広山　こまのあそんひろやま　八世紀中頃の官人。氏姓は初め背奈公。天平十九年(七四七)六月、背奈公福信ら八人とともに背奈王の氏姓を賜わり、さらに天平勝宝二年(七五〇)正月には高麗朝臣の氏姓を賜わったと思われる。天平二十一年正月から閏五月まで写経所に上日し、或いは大寺に行って写経・礼仏をした。時に坊舎人で従八位上。以後、写経所関係文書に数多く署名をしている。天平宝字六年(七六二)四月に難波江口(淀川右岸河口部にあった難波江の起点。大阪市東淀川区北江口・南江口付近)において遣唐使船が破損したのに伴い遣唐使の入れ替えが行なわれ、広山が副使となった。時に正六位上。同八年正月、外従五位下に叙せられ、同年八月には右虎賁衛(右兵衛府)佐となっていたことが、「双倉雑物出用帳」および「施薬院解」によって知られる。

高麗朝臣福信　こまのあそんふくしん　七〇九―七八九　八世紀後半の公卿。氏姓は初め背奈公。福徳の孫。武蔵国高麗郡(埼玉県入間郡日高町・飯能市を中心に狭山市・川越市などの一部を含む地域)の出身で、伯父行文に伴われて上京。相撲巧者であることにより内豎所に侍し、最初右衛士大志に任ぜられ、天平十年(七三八)三月、従六位から外従五位下に叙せられ、以後、同十一年七月、従五位下、同十五年五月、従五位上から正五位下へと昇叙した。同十五年六月、春宮亮に任ぜられ、同十九年六月、一族八人とともに背奈王の氏姓を賜わった。同二十年二月、正五位上、天平勝宝元年(七四九)七月、従四位下に叙せられ、同年八月には中衛少将で紫微少弼となり、藤原朝臣仲麻呂の信を受けていたことをうかがわせる。紫微少弼としての行跡は、正倉院の『国家珍宝帳』『種々薬帳』『屛風花氈帳』および『法隆寺献物帳』に署名していることから知られる。天平勝宝八歳六月二十一日の『国家珍宝帳』では山背守を兼ねていたことが知られ、同七月八日付の『法隆寺献物帳』では武蔵守に転じている。これに先だつ天平勝宝二年正月には高麗朝臣の氏姓を賜わっている。同九歳五月には正四位下に叙せられた。同歳七月の橘朝臣奈良麻呂の乱において奈良麻呂に与した賀茂朝臣角足は、福信や坂上忌寸苅田麻呂らを招宴して飲酒させ、謀反の期に会させないよう足止めを策したが、結局福信は事件発覚の二日後、小野朝臣東人らの追捕に向かった。天平宝字四年(七六〇)正月、信部(中務)大輔、次いで同六年十二月、内匠頭、同七年正月、但馬守に任ぜられた。藤原朝臣仲麻呂の乱後の同八年十月の除目では元の但馬守に任ぜられていることから、この時には変節して、反仲麻呂の陣営に属していたと思われる。天平神護元年(七六五)正月には従三位に昇り、同三年三月には法王宮大夫を兼ね、時に造宮卿但馬守であった。神護景雲四年(七七〇)八月には故称徳天皇の御装束司、宝亀四年(七七三)には楊梅(やまもも)宮(平城宮の東張りだし部南半、かつての東宮、東院の跡に位置する。現在の奈良市法華寺町)の造作を専知し、同十年には息子石麻呂とともに高倉朝臣の氏姓を賜わった。天応元年(七八一)五月には弾正尹、同年十二月、光仁天皇崩御に際し山作司となり、延暦二年(七八三)六月には再び武蔵守を兼ねたが、同四年二月、上表して致仕し、同八年十月十日、八十一歳をもって薨じた。

【参考文献】　近江昌司「仲麻呂政権下の高麗朝臣福信」(林陸朗先生還暦記念会編『日本古代の政治と制度』所収)

高麗画師子麻呂　こまのえしこまろ　七世紀中頃の画家。白雉四年(六五三)僧旻の臨終の時、孝徳天皇に命ぜられて多くの仏菩薩を描いた画工狛竪部(こまのたてべ)子麻呂と同一人物と考えられる。高麗の使人を私邸に招いたという話も伝わっている。渡来系の画家であることは間違いないであろう。「天寿国曼荼羅繡帳」の下絵を描いた画家の一人に高麗加西溢(こまのかせい)がおり、子麻呂との関係は不明ながら、同族の画家と推定される。

高麗王若光　こまおうじゃくこう　―七四八　武蔵国高麗氏の始祖と伝えられる人物。

大宝三年(七〇三)四月、王姓を賜わる。時に従五位下。埼玉県入間郡日高町高麗神社の社伝によると、天武朝に来日、高麗人の首となって武蔵国高麗郡(埼玉県入間郡日高町・飯能市を中心に狭山市・川越市などの一部を含む地域)を創め、天平二十年(七四八)卒したとある。

【参考文献】『埼玉県史』二

護命 ごみょう 七五〇―八三四 八世紀後半から九世紀前半の法相宗の学僧。小塔院僧正と号す。美濃国各務郡(岐阜県各務原市の大半と岐阜市の一部)の人。俗姓は秦氏。十歳の時、同国国分寺の道興に従って『法華経』『最勝王経』の音訓に通じ、『百法論』や円測の『百法論疏』などを暗誦した。十五歳の時、元興寺万耀に師事、十七歳で得度し、月の前半は吉野に入って虚空蔵求聞持法を修して自然智の修得に努め、月の後半は同寺の勝虞(勝悟)について法相を研鑽した。十九歳で沙弥戒を受け、翌年、具足戒を受けた。延暦十三年(七九四)九月、叡山一乗止観院の落慶供養に散花師を務め、同十七年、威儀師。同二十年五月、法華寺浄土院で『涅槃経』を講じ、同二十四年正月、大極殿の最勝会の講師を務めた。同年六月、大法師位、大同三年(八〇八)山階寺維摩会講師となり、弘仁二年(八一一)壺坂寺(奈良県高市郡高取町壺阪)に師勝虞の追善のため『梵網経』を講じた。同六年正月、少僧都となり、同年四月、永忠とともに嵯峨天皇を崇福寺(寺跡は滋賀県大津市志賀里町長尾にある)に奉迎した。翌年、大僧都となり、僧綱の上首として最澄の大乗菩薩戒壇創設に反対、最澄の寂後、戒壇の建立が勅許されたため、同十四年、責任をとって僧綱を辞したが許されず、山田寺(奈良県桜井市山田)に隠棲した。天長四年(八二七)十一月、僧正に任ぜられ、同六年九月、空海・弟子仲継らは護命の八十歳を賀する詩を贈った。同七年、勅命により法相宗の要義を記した『大乗法相研神章』五巻を撰述し、承和元年(八三四)三月、叡山西塔院供養の導師を務めた。同年九月十一日、元興寺小塔院で示寂。時に八十五歳。「南寺の伝」すなわち元興寺の法相を「北寺の伝」すなわち興福寺の法相を凌駕する勢力とした平安初期を代表する碩学の一人であった。弟子に守寵・延祥・仲継・明詮らがいる。

【参考文献】薗田香融「古代仏教における山林修行とその意義」(『平安仏教の研究』所収)、同「南都仏教の動向」(家永三郎監修『日本仏教史』I所収)

惟岳氏 これおかうじ 貞観二年(八六〇)右京九条の人中臣朝臣福成に与えられた氏名。姓は宿禰。斉衡三年(八五六)中臣朝臣逸志らが官に申請して福成らを中臣朝臣籍から除籍したため、福成が惟岳宿禰の賜姓を願い認められた。『中臣氏系図』によれば、延暦十六・十七年(七九七・七九八)中臣氏に大中臣氏が与えられた際、一部の氏人が氏を改めず、そのため氏籍に混乱が生じたことが背景にある。

惟喬親王 これたかしんのう 八四四―八九七 文徳天皇の第一皇子。母は紀朝臣名虎の女更衣静子。承和十一年(八四四)文徳の第一子として出生したが、嘉祥三年(八五〇)十一月、藤原朝臣良房の女明子所生の皇子惟仁親王(のちの清和天皇)が九カ月で立太子したため、皇位継承の機会を逸した。『江談抄』や『大鏡』裏書などでは、文徳は聡明な惟喬親王を鍾愛し、惟仁親王を廃して立太子しようとしたが、結局右大臣源朝臣信の直諫によって実現しなかったとされている。天安元年(八五七)四月、勅許により帯剣を許され、同年十二月、元服し四品に叙せられた。同二年正月、大宰権帥、同年十月、大宰帥となった。貞観五年(八六三)二月、弾正尹、同六年正月から八月までと、同九年正月から同十年正月まで常陸太守を兼ね、同十四年二月、上野太守を兼ねる。同年七月、病気のため出家し、小野(山城国愛宕郡小野郷。現在の京都市左京区修学院・高野から八瀬・大原にかけての一帯。大原上野町に親王の墓と伝える五輪塔がある)に住み小野宮と号した。法名は素覚。同十六年、封百戸を賜わる。『伊勢物語』には風流を好み、水無瀬別業(大阪府三島郡島本町)などで在原朝臣業平や伯父紀朝臣有常などと詩歌の宴を催したことがみえる。『古今和歌集』『後撰和歌集』に和歌がある。京の邸宅小野宮(平安左京二条三坊)は藤原朝臣実頼に伝領された。寛平九年(八九七)二月二十日、薨去。時に五十四歳。のち木地屋の祖先に仮託され、各地に親王を祀った神社や墓地伝承がのこされている。

惟恒親王　これつねしんのう　―九〇四　文徳天皇の皇子。母は参議藤原朝臣守貞の女今子。貞観三年(八六一)四月、親王となり、同十三年正月、四品に叙せられた。同十四年二月、常陸太守。同十五年四月、勅により帯剣を賜わる。そののち上野太守・治部卿・弾正尹・上総太守・兵部卿を歴任し、延喜四年(九〇四)四月、薨じた。時に三品・兵部卿。

惟原氏　これはらうじ　天智天皇の皇子施基親王の子春日王の子孫。仁和元年(八八五)二月、春日王から出た氏宗王の子峯兄ら六人、氏世王の子俊実、浜並王の子有相、弥並王の子善益ら四人、富貞王の子恒並ら七人、合計十九人に賜与された氏名。

惟彦親王　これひこしんのう　八五〇―八八三　文徳天皇の第三皇子。母は参議滋野朝臣貞主の女奥子。貞観九年(八六七)正月、四品に叙せられ、同十年正月、常陸太守となる。そののち弾正尹・上総太守・中務卿・大宰帥を歴任、同十六年八月、公卿らが侍従局で宴会を開いた際、本康親王とともに招引され終日酣賞した。元慶七年(八八三)正月二十九日、三十四歳で薨じた。時に四品中務卿大宰帥。喪家の固辞により葬送諸司は任ぜられなかった。

惟道氏　これみちうじ　倭漢(やまとのあや)氏系の渡来氏族。道祖史(ふなどのふひと)の後裔。姓は宿禰。貞観四年(八六二)阿智使主(あちのおみ)の後裔とされる右京の人道祖史豊富に、同七年には百済国の人王孫許里の後裔とされる左京の人道祖史永主・高直に惟道宿禰の氏姓が与えられた。

惟宗氏　これむねうじ　氏名は初め秦。元慶七年(八八三)秦宿禰永原・秦公直宗・同直本・秦忌寸永宗・同越雄らが惟宗朝臣の氏姓を賜わって創始。特に直宗・直本兄弟の系統は明法の家として知られ、直宗・直本を始め、『本朝月令』の著者公方、『延喜格式』撰者の善経、『政事要略』編者の允亮や允正・道成などの優れた明法家を輩出した。長徳(九九五―九九九)末年頃、允亮・允正は令宗(よしむね)朝臣の氏姓を賜わっている。また秦氏からは、貞観六年(八六四)秦忌寸善子・安雄が氏姓を賜わり、伊統(これむね)朝臣・伊統宿禰となっている例もある。

【参考文献】　和田英松「惟宗氏と律令」(『国史説苑』所収)

惟宗朝臣直宗　これむねのあそんなおむね　九世紀後半の明法家。讃岐国香川郡(香川県高松市・香川郡の地域)の人。氏姓は初め秦公、元慶元年(八七七)十二月、弟直本と左京六条に移貫、同七年十二月、惟宗朝臣を賜わった。左少史・大判事・能登権介・勘解由次官・播磨大掾を歴任、この間、元慶八年頃まで明法博士を兼ね、従五位下に昇り、明法家惟宗氏の発展の基礎を築いたとされる。仁和四年(八八八)の阿衡の紛議に際しては橘朝臣広相の罪名を勘申している。

惟宗朝臣直本　これむねのあそんなおもと　九世紀末―十世紀初めの明法家。讃岐国香川郡(香川県高松市・香川郡の地域)の人。氏姓は初め秦公、元慶元年(八七七)十二月、兄直宗とともに左京六条に移貫、同七年十二月、惟宗朝臣を賜わった。元慶元年当時、弾正少忠、同七年当時、右衛門少志。のち右衛門少尉を経て仁和二年(八八六)から右衛門大尉となる。この間、検非違使の宣旨をうけたと推測されるが、在任中の寛平四―五年(八九二―八九三)別当藤原朝臣時平のために『検非違使私記』二巻を撰述(亡失)。こののち、勘解由次官(延喜二年(九〇二)当時)、主計頭(同四年当時)を経て主計頭兼明法博士(同七年)となった。また、私邸において律令を講ずべき宣旨を賜わる栄誉に浴している。著書には先の『検非違使私記』のほかに『令集解』五十巻、『律集解』三十巻(亡失)があり、特に前者は残欠であるものの律令研究に不可欠の史料である。また『令義解』『令集解』などに引用されている「基云」「基案」は直本の説を記したものとされ、『法曹類林』『源語秘訣』などには直本の勘申が引用されている。

【参考文献】滝川政次郎『定本令集解釈義』、利光三津夫他「惟宗直本に関する一考察」（『続日本紀研究』二二一）

惟良宿禰高尚　これよしのすくねたかひさ　九世紀後半の官人・学者。貞観十七年（八七五）少内記・正七位下とみえるのを始めとして、仁和年間（八八五―八八九）にかけて能登権介・勘解由次官・伊勢権介・土佐権守・大蔵大輔・民部大輔を歴任。元慶八年（八八四）十一月、正五位下に昇叙されている。仁和三年、藤原朝臣保則らと並んで出羽国府移転の当否を建言しているが、このときの保則の言により、高尚が以前出羽国司に補任され現地の事情に詳しかったことがうかがわれる。学才も豊かで、貞観十七年には清和天皇の『史記』講読の都講、元慶八年には光孝天皇の『文選』講読の都講を務めている。

惟良宿禰春道　これよしのすくねはるみち　九世紀前半の官人。詩人として名高い。天長九年（八三二）三月、従七位下から従五位下に昇叙。時に散位。『経国集』巻十・十一目録には、近江少掾・従八位上とあるので、これより前、近江少掾の任にあったことが知られる。承和四年（八三七）正月、伊勢介となる。同九年四月、渤海国使を朝集堂で饗した時、供養するため遣わされる。同十一年三月、従五位上を授けられた。『経国集』に「伴秀才入道に送る」と題する七言一首など八首を収め、『扶桑集』などにも詩が収録されている。

昆解宿禰沙弥麻呂　こんけのすくねさみまろ　八世紀後半の官人。名を佐美麻呂にも作る。『続日本紀』によれば、天平神護三年（七六七）正月の叙位で外従五位下に昇叙。神護景雲二年（七六八）七月には雅楽助、宝亀九年（七七八）五月には駿河介に任命されている。この間、宝亀六年八月に初めて宿禰の姓を与えられ、さらに延暦四年（七八五）五月にはあらためて鴈高（かりだか）宿禰の氏姓を賜わっている。時に右京の人、従五位下。

昆解宮成　こんけのみやなり　八世紀後半の官人。『続日本紀』天平神護二年（七六六）七月条によれば、時に散位従七位上であった宮成は白鑞に似たものを献上し、それは丹波国天田郡華浪山（京都府福知山市瘤木）出土の鉱石を原料とし、鋳造して諸器をつくれば唐錫に劣らないと言上した。そこで朝廷では、延べ数百人の役夫を動員して十余斤の原石を得、これを他の鋳工とともに精錬させたがうまくいかなかった。けれども宮成は白鑞と主張して譲らなかったという。神護景雲二年（七六八）には、褒賞の意味からか、外従五位下を授けられている。のち、宝亀八年（七七七）にいたって、入唐准判官羽栗臣翼（つばさ）が、この正体不明の金属を持って行って揚州の鋳工に見せたところ、それは鈍隠というもので私鋳銭を造る者が時々用いるものだという答えを得たという。

金鷲優婆塞　こんじゅうばそく　八世紀前半の行者。金熟優婆塞にも作る。『日本霊異記』に、諾楽（奈良）京の東の山に、金鷲寺という金鷲優婆塞の住む山寺があり、この寺が今の東大寺だが、それ以前の聖武天皇の世に、そこに執金剛神像がおかれ、光を放ち、その光が皇殿にもとどいたので、聖武は使を遣わしたところ、ひとりの優婆塞が礼拝悔過しており、報告をうけた聖武は、早速この者を召し、その望むところに従って得度を許し、金鷲と名づけ、世の人、これを誉めて金鷲菩薩と称したとある。『東大寺要録』巻一には、良弁（ろうべん）が金鷲菩薩で、天平五年（七三三）金鐘寺を建立したとある。しかし、金鷲優婆塞は、金勝陀羅尼（『金光明最勝王経』巻五）を呪する修行者とも解せられ、金粛菩薩にも作るとの説もある。この説話には、東大寺成立以前の行者の活動が集約され、東大寺創建の功労者良弁への関わりが意味づけられている。

【参考文献】横田健一「金鐘寺と金粛菩薩」（『橿原考古学研究所論集　創立三十五周年記念』所収）

金春秋　こんしゅんじゅう　六〇三―六六一　在位六五四―六六一。新羅第二十九代太宗武烈王。第二十五代真智王の孫で伊飡竜春の子。母は第二十六代真平王の女天明夫人。百済・高句麗との抗争のなかで、新羅の三国統一の基礎を築いた。善徳王十一年(六四二)百済に大耶城(慶尚南道陜川郡陜川面)を攻略されると、高句麗に援兵を請うため春秋が派遣された。しかし百済と連合する高句麗との折衝は不調に終わり、逆に拘留されたが、かろうじて脱出し、帰国。こののち新羅は唐に援助を求めて二国に対抗するが、春秋は六四七年(大化三・真徳王元)には日本の遣新羅使高向(たかむこ)黒麻呂らを送って来日し、孔雀・鸚鵡などを献じた。時に官位は大阿飡。容姿端麗で談笑を善くしたという。まもなく帰国し、翌年末には唐に赴き、太宗に百済の侵略を訴える一方では、唐の服制に倣うことを求めて許され、国学を見学するなど、唐の文物制度の輸入に積極的な姿勢をみせている。特進(正二品)を授けられて帰途についたが、子息を宿衛のために留めた。なお、この唐への奉使の際に日本から託された表文を唐に進めていることは注目される。六五四年に真徳王が没すると、初め群臣は上大等伊飡閼川を王に推したが、閼川が固辞したため、その推挙をうけた春秋が王位に即いた。その陰には春秋の夫人(文妃・文明夫人)の兄金庾信の策動があったとみられている。春秋は即位後も対唐関係を重視してしばしば子息らを唐に派遣し、その元年には律令を参考にして『理方府格』六十条を制定するなど、中央集権国家の建設を進め、一方では唐と連合して百済・高句麗に対抗し、ついに六六〇年七月、唐軍とともに百済の王都を攻めて義慈王を捕え、百済を滅ぼした。次いで高句麗との戦いを進める中、六六一年六月に没した。念願の三国統一は、春秋を嗣いだ次子法敏(文武王)の時に達せられるが、新羅史上では春秋の治政が古くから画期として注目され、『三国史記』では中代、『三国遺事』では下古の始まりとされている。なお、慶尚北道慶州市西岳洞に王陵と、碑身を欠くが美事な亀趺と螭首とが現存している。

【参考文献】三池賢一「金春秋小伝」㈠～㈢(『駒沢史学』一五～一七)

金仁問　こんにんもん　六二九―六九四　三国統一戦争に活躍した新羅太宗武烈王の第二子。字は仁寿。唐に宿衛すること七度、二十二年間に及ぶ。六六〇年の百済討滅戦には唐将蘇定方に従って参加、六六八年に実施された唐の第二次高句麗遠征には新羅軍を率いて平壌攻撃に参加した。百済・高句麗の旧領支配をめぐって新羅文武王と対立した唐の高宗は、仁問を王位に即けようとしたこともあった。唐都で薨じたが、翌年、慶州に帰葬され、太大角干位が追贈された。墓碑の断片が現存する。

【参考文献】池内宏『満鮮史研究』上世二

金庾信　こんゆしん　五九五―六七三　統一期新羅の勲功者。父は任那国の末裔舒玄。母は新羅王族の万明。妻は太宗武烈王の女。十五歳で花郎となる。六四七年、毗曇の内乱を鎮め、六五四年、太宗武烈王の擁立に成功。六六〇年、唐軍と協力して百済を滅ぼし、翌年の高句麗の都城平壌攻撃に際しても、新羅軍の総帥として活躍した。六六八年、太大角干となる。天智七年(六六八)九月、中臣連鎌足から船一隻を贈られたことが『日本書紀』および『家伝』上にみえる。慶州市西岳里に伝金庾信墓がある。

【参考文献】池内宏『満鮮史研究』上世二

勤操　ごんぞう　七五四―八二七　八世紀後半から九世紀前半の三論宗の学僧。石淵僧正・石淵贈僧正とも号す。大和国高市郡(奈良県高市郡・橿原市と大和高田市・御所市の一部)の人。俗姓は秦氏。母は島史。十二歳で大安寺信霊に、のち善議について三論教学を受学。宝亀元年(七七〇)宮中および興福寺で行なわれた千僧度者の一人として出家し、延暦十三年(七九四)叡山一乗止観院の落慶供養に興福寺修円と堂達を務めた。同十五年、同法の栄好の母の菩提を祈るため、高円山下の石淵寺(奈良市白毫寺町)で『法華経』を八座に分かって講ずる法華八講を創始し(石淵八講)、生涯に三百余会の八講を講じたという。同二十四年三月、度者二人を賜わり、同年七月、最澄請来の天台法文を修円・道証らと受学し、同年九月、勅により高雄山寺(京都市右京区梅ケ畑高雄町にある神護寺の前身)で修された最澄の灌頂を修円ら七人と受法した。弘仁四年(八一三)正月、最勝講後の紫宸殿内論義で、三論宗を祖君の宗、法相宗を臣子の教として法相を論破し、三論宗の復興に力を発揮して律師となる。同十年正月、少僧都に補せられ建造中の東寺別当となり、翌十一年十月には川原寺(弘福寺。奈良県高市郡明日香村川原)の別当として寺領の回復に当った。天長三年(八二六)大僧都に転じ、長恵に替わって平安京の西寺(右京九条一坊。寺跡は京都市南区唐橋西寺町にある)別当となり創建に当り、翌四年五月七日、西寺北院で示寂。時に七十四歳。荼毘の日に僧正位が贈られた。同五年の周忌に空海は、弟子の依嘱により「故贈僧正勤操大徳影讃并序」を撰した。

【参考文献】堀池春峰「弘法大師と南都仏教」(中野義照編『弘法大師研究』所収)

さい

最教 さいきょう ―八七二 九世紀中頃の東大寺の僧。律宗。戒壇和上と伝える。貞観六年(八六四)二月、僧綱位階の制定に伴い、法橋上人位律師に任ぜられた。同年、僧の受戒は四月十五日から行なうこと、度縁未授の者は官符が下されても受戒できないこと、受戒終了後、受戒僧の数を奏聞すること、戒壇院に印を設けて戒牒に捺すことなどの起請四事を申牒した。同十四年正月十五日に寂した。

最澄 さいちょう 七六六―八二二 八世紀末―九世紀初めの天台僧・宗祖。父は三津首百枝、母は藤原氏と伝える。天平神護二年(七六六)近江国滋賀郡(滋賀県大津市と滋賀郡の一帯)に生まれた。最澄の最初の伝記『叡山大師伝』によれば、神護景雲元年(七六七)の生誕で、これが定説となっていたが、最澄に与えられた度牒・戒牒の現存している記述からは、天平神護二年生誕と考えられる。十二歳で近江国分寺の行表(ぎょうひょう)のもとに学び、十五歳の宝亀十一年(七八〇)得度、延暦四年(七八五)二十歳で東大寺において具足戒を受けた。この年、最澄は比叡山に入山し、ここを修禅の地とし、一乗止観院を始めた。比叡山上に奈良諸宗の学匠十人を請じ、『法華経』の講説を行ない、また全国の僧に呼びかけて『一切経』の完備に務めた。これらはいずれも行表による「心を一乗に帰すべし」との教示に基づく行動と考えられる。こうした『法華経』ないし天台教学を志向した最澄は、延暦二十一年四月、和気朝臣広世・真綱の知己を得てその氏寺高雄山寺(のちの神護寺。京都市右京区梅ケ畑高雄町)で、奈良諸宗の学僧とともに、天台の教義を討究し、天台宗相伝のための入唐を嘱されるにいたった。同二十二年、還学生に任ぜられ、義真を訳語僧(おさそう)に伴うことを許され、一度失敗しながら、翌二十三年七月に肥前を出発して、九月に明州に着き、台州にいたって道邃に会い、天台法門の書写に便宜を得、続いて天台山で行満から天台法門を相伝した。また翌年、道邃から菩薩戒を受けた。そのほか、翛然(しゅくねん)から禅を伝え、惟象から仏頂尊の供養法を学んだ。帰国前に越州(紹興)に赴き、順暁から三種悉地の修法を中心とする密教の胎蔵界・金剛界に通じる奥義を受け、また明州で大素・江秘・霊光からさまざまな密教修法を学んだ。帰国後の最澄は、折しも桓武天皇の不予に当って、密教の相伝で評価され、宮中での修法や、奈良の学僧らへの灌頂伝法などを行なった。延暦二十五年一月、最澄の提案で、天台宗を含めて日本にすでに伝わっている仏教諸宗にあまねく年分度者を置くことになり、天台宗には『摩訶止観』と『大日経』専攻学生が認められた。しかしその運用上、多くの落伍するもの、他宗に移るものも出てきた。弘仁九年(八一八)最澄は、天台宗独自に菩薩戒により得度・受戒させ、菩薩教団を建設する計画をたてた。しかし奈良諸宗を代表する僧綱の反対にあい、一連の学生式と、『顕戒論』を著わした。また教理的には法相宗徳一の批判が続き、最澄は一乗仏教の真実性を主張し、『照権実鏡』以来、『守護国界章』『法華秀句』などを著わした。大乗菩薩戒建立の途次、弘仁十三年(八二二)六月四日、五十七歳で入滅。大乗戒は滅後七日目にして聴許された。貞観八年(八六六)に伝教大師と諡された。

【参考文献】　木内堯央『伝教大師の生涯と思想』、天台学会編『伝教大師研究』、塩入良道・木内堯央編『最澄』(『日本名僧論集』)、田村晃祐『最澄』(『人物叢書』)、薗田香融「最澄とその思想」(安藤俊雄・薗田香融『最澄』(『日本思想大系』所収)

狭井宿禰尺麻呂　さいのすくねさかまろ　七世紀後半から八世紀前半の官人。文武四年(七〇〇)六月、『大宝律令』撰定の功により、刑部(おさかべ)親王・藤原朝臣不比等らとともに賜禄に与った。時に追大壱。

狭井連檳榔　さいのむらじあじまさ　七世紀後半の官人。斉明七年(六六一)八月、百済救援軍に遣わされ、百済王子豊璋(余豊)を守護し、同年九月、秦造田来津とともに五千余の軍兵を率いて、豊璋を本郷に衛送した。時に大山下。翌天智元年(六六二)五月、豊璋は百済王に即位し、同年十二月、檳榔・田来津に遷都のことを諮問した。田来津は諫めたが、新王は聞きいれず、都を州柔(つぬ)城(錦江下流沿岸か)から避城(へさし。全羅北道金堤か)に遷した。

狭井連佐夜　さいのむらじさよ　物部氏の同族で、仁徳朝に仕えた人。『播磨国風土記』讃容郡中川里弥加都岐原条によると、驕ったふるまいをした伯耆の加具漏(かぐろ)、因幡の邑由胡(おおゆこ)の二名を捕えるために、佐夜が朝廷から派遣されたという。

佐伯氏　さえきうじ　軍事的伴造氏族の雄。主なものに㈠大伴氏と同祖といわれる佐伯連(のち宿禰)の系統と、㈡地方豪族で国造族を形成した佐伯直の系統があるが、ほかに㈢中央にいたと思われる佐伯造や㈣佐伯首などもある。佐伯の名の由来は、かつて佐伯部の伴造氏族であったことに基づくが、この佐伯部は大和朝廷に服属した蝦夷を以て編成されたとする説と、日本人たる農民を以てしたとする説があり、また「さへきべ」の訓みも、「さへき」(塞城)だとする説と「さばめき」(訕唬)・「さはく」(叫呼)からきたとする説があるが、ともに前者の説が有力である。いずれにしても佐伯部は軍事的任務につき、宮門警衛に当る役務を負う部であった。佐伯直は播磨・安芸・阿波・讃岐・伊予などの瀬戸内海地域諸国に散遣された佐伯部を統率して中央に上番し、この佐伯直を中央で管掌したのが佐伯連であるという関係が、大化前代にあったと考えられている。なお各地の佐伯直は、もと、それぞれ別の氏の名を持っていたであろう。㈠連(宿禰)系は、『新撰姓氏録』左京神別中に、大伴宿禰と同祖で、道臣命(日臣命)の七世孫大伴室屋大連の後とある。雄略朝に、室屋が衛門と開闔の任務を与えられたが、一身では重任に堪え難いとして、その子語(談)とともに左右を衛ることを望んで許され、のち大伴・佐伯の二氏が左右に分かれ衛門と開闔を掌ることになったという伝承をもつ。佐伯氏はいわゆる門号氏族で、宮城には佐伯門(のちの藻壁門)がある。宝亀二年(七七一)の大嘗会では大伴宿禰古慈斐とならんで佐伯宿禰今毛人(いまえみし)が開門の役を果たしている。天武十三年(六八四)に宿禰姓を賜わったが、連系には軍事面で活躍した人物が多く、大化改新で蘇我臣入鹿刺殺に当った佐伯連子(古)麻呂や藤原朝臣仲麻呂の乱で功をあげた佐伯宿禰伊多智がいる。橘宿禰(朝臣)奈良麻呂・藤原朝臣仲麻呂・藤原朝臣種継らの武力行使を伴う政治事件には大伴氏の人々と行動をともにするところがあり、両氏の同族意識は、大伴宿禰家持が「大伴と佐伯の氏は人の祖の立つることだて」(『万葉集』一八—四〇九四)と歌ったように、律令時代にあっても明瞭にくみとることができる。氏の中で最高位に昇ったのは東大寺造営に手腕を発揮した佐伯宿禰今毛人(参議・正三位)であるが、延暦四年(七八五)の種継暗殺事件のあとは氏族としての勢力は衰えていった。なお、神護景雲元年(七六七)豊後守となった佐伯宿禰久良麻呂が海部郡(大分県北海部郡・南海部郡・臼杵市・津久見市・佐伯市と大分市の一部)に住して威を振い、のちこの地に佐伯院、佐伯荘(大分県佐伯市と南海部郡の大半)が設けられたという。㈡直系は、『新撰姓氏録』右京皇別下によると、佐伯直は景行天皇の皇子稲背入彦命の後で、阿良都命(伊許自別)が応神朝に、国境を定めるために巡幸した際随行し、播磨国神崎郡で日本武尊東征の折に俘虜となった蝦夷の後裔を発見し、応神天皇からその支配を命ぜられ、氏を針間別佐伯直と賜わった(庚午の年に佐伯直となる)という伝承をもつ。直系の氏族は後世まで全国各地にその所在が知られるが、河内国および山城国の佐伯直は播磨国造族の流れであり、文献的所伝は播磨の佐伯直が最も明確である。歴史上の人物としては、天応元年(七八一)造船瀬所に稲を進めて外従五位下を与えられた佐伯直諸成がいる。この人はのち延暦元年(七八二)の籍に連の姓を冒すことがあったという。讃岐の国造家からは仏教界に大きな足跡を残した空海とその肉弟真雅僧正らを輩出している。平安時代には、直系からも宿禰を賜姓される者があり、また播磨・讃岐双方とも京貫に本居を移す者が出ている。安芸国では沼田郡(広島県竹原市・豊田郡本郷町と三原市西部)にあって勢力を張っていたが、平安末から鎌倉時代にかけて活躍した厳島の神主佐伯景弘はその後と考えられる。㈢造系は、『日本書紀』仁賢五年二月辛卯条によれば、国郡に散亡した佐伯部を求め、佐伯部仲子の後を佐伯造としたという。『新撰姓氏録』右京神別上に天雷神の孫天押人命の後として佐伯造を載せる。㈣首系は、『新撰姓氏録』河内国神別に、大伴室屋大連の後裔氏族がみえる。

【参考文献】　津田左右吉「上代の部の研究」(『日本上代史の研究』所収)、井上光貞「大和国家の軍事的基礎」(『日本古代史の諸問題』所収)、直木孝次郎『日本古代兵制史の研究』、佐伯有清『新撰姓氏録の研究』考証篇二・三

佐伯直阿俄能胡　さえきのあたいあがのこ　仁徳朝に仕えた人物。播磨国の佐伯部を率いたとみられる。『日本書紀』仁徳四十年二月条によると、仁徳天皇の意にそむき、雌鳥(めとり)皇女を妻として伊勢神宮へ逃走した隼別(はやぶさわけ)皇子の追討に向かい、伊勢国の蒋代野(こもしろのの。比定地未詳。二人はこのあと廬杵河の辺(雲出川の岸辺。三重県一志郡白山町北家城・南家城)に埋められたとあるから、その付近か)において二人を殺した。ところがこの時、仁徳からとめられていたにもかかわらず皇女の体から玉を盗んだ。その年の新嘗の宴の際、それが露見し、死罪となるべきところ、私地を献上して赦されたという。『播磨国風土記』神前郡条にも「阿我乃古」の名がみえる。

佐伯直子首　さえきのあたいこびと　八世紀前半の官人。天平二年(七三〇)筑前介であった。同年正月十三日に大宰帥大伴宿禰旅人の宅に官人たちが集まって梅花の宴を開いた際に詠んだ歌が『万葉集』巻五に収められており、その中に「筑前介佐氏子首」の歌一首(五—八三〇)がある。また、同三年四月の「筑前国司牒案」にも名がみられ、正三位上勲五等とあるが、正三位は正六位の誤りと考えられている。

佐伯直田公　さえきのあたいたきみ　八世紀後半の讃岐国多度郡(香川県善通寺市の大半と仲多度郡多度津町)の人。妻阿刀(あと)氏との間に空海が生まれた。ただし一説には空海は田公の子道長の子。讃岐佐伯氏は旧讃岐国造家の流れをくむ名門で、平安期にかけて

は空海のほか、守寵・実恵・道雄・真雅・真然らの僧侶を輩出している。『伴氏系図』によれば、田公は郡の少領を務めたという。子には空海のほかに真雅・鈴伎麻呂・酒麻呂・魚主がおり、酒麻呂の子豊雄の望みによる伴宿禰善男の奏によって、一族は貞観三年(八六一)十一月に宿禰姓を賜わった。

佐伯直諸成　さえきのあたいもろなり　八世紀末―九世紀前半の官人。本貫は播磨国揖保郡(兵庫県揖保郡と龍野市および姫路市の一部)。『続日本紀』によれば、天応元年(七八一)正月、稲を造船瀬所に献上した功を賞されて、大初位下から一気に外従五位下に昇叙された。延暦四年(七八五)には園池正、同十年には兵馬正に任命された。時に外従五位下。この間、延暦元年の造籍の際に姓を連と申告したことが同七年十一月に露見して改正されるという事件を起こしている。さらに『類聚国史』巻九十九によれば、天長四年(八二七)正月、正六位上から従五位下に昇叙されたらしい。延暦十年以降天長四年までの間に何らかの犯罪にからんで一度降位され、一方、姓は延暦七年以後天長四年までの間に直から宿禰にかわった可能性もあるが、天長四年従五位下になった宿禰姓の諸成は、別人であるとする説もある。

【参考文献】　直木孝次郎「佐伯直諸成のカバネについて」(『続日本紀研究』一〇―六・七)

佐伯古比奈　さえきのこひな　橘朝臣奈良麻呂の乱の際の謀計告白者。『続日本紀』天平宝字元年(七五七)七月条によれば、古比奈は勘問された時、高麗朝臣福信らの有力武将を酒宴に誘い出して事変に間に合わなくさせようなどとの賀茂朝臣角足の謀りごとを告白したという。

佐伯宿禰赤麻呂　さえきのすくねあかまろ　万葉歌人。経歴などは一切不明だが、娘子とかわした歌など三首が『万葉集』に残っている(三―四〇五、四―六二八・六三〇)。

佐伯宿禰東人　さえきのすくねあずまひと　八世紀中頃の官人。『続日本紀』によれば、天平四年(七三二)八月、外従五位下を授けられている。時に西海道節度使判官。その任にある時に妻とかわした歌が『万葉集』にみえる(四―六二二)。

佐伯宿禰伊多智　さえきのすくねいたち　八世紀後半の武将。名を伊多治・伊太智・伊多知・伊達・伊太知にも作る。『続日本紀』によれば、天平宝字八年(七六四)九月、藤原朝臣仲麻呂の乱勃発とともに従五位上を授けられ、衛門少尉として、宇治から近江国に逃れようとする仲麻呂に対し田原道(京都府城陽市市辺から滋賀県大津市瀬田にいたる古道)を通って先回りし、勢多橋を焼き、さらに越前にいたって仲麻呂の子で当時越前守であった辛加知を斬った。その後、進退きわまった仲麻呂が愛発(あらち)関(福井県敦賀市山中から疋田にかけての北陸道沿いにあった関)を目指すと、伊多智はこれを撃退するなど、仲麻呂の乱鎮定に活躍したため、天平神護元年(七六五)正月には勲二等を授けられ、同二年二月には功田二十町を与えられ、その田を子に伝えることを許されている。神護景雲二年(七六八)二月には上野員外介のまま左衛士督を兼ね、宝亀二年(七七一)閏三月には中衛中将のまま下野守に任ぜられている。時に従四位上。このほか『正倉院文書』の年月未詳「仏事捧物歴名」に右衛士督従四位上とみえ、『日本霊異記』に、生前の罪業が大きいため閻羅王に苦しめられているのを知った妻子が、『法華経』一部を写して伊太知の霊を救ったという説話をのせている。

佐伯宿禰今毛人　さえきのすくねいまえみし　七一九―七九〇　八世紀中頃―後半の官人。右衛士督従五位下人足の子。大蔵卿正四位下真守(まもり)の弟。名は初め若子、また今蝦蛦にも作り、東大寺居士と称せられた。養老三年(七一九)に生まれ、出仕の初めは舎人監舎人であった。天平十六年(七四四)に成選し、翌年四月、従七位下に叙せられた。この頃、優婆塞司にいたことが知られる。同十八年には大養徳(大和)国少掾で従七位上。同十九年七月には造寺司次官とみえるが、造東大寺司が整ったのは同二十年七月頃であり、同年九月の署には、造東大寺司次官兼大倭少掾で従七位上とある。同二十一年四月には六階を特授されて正六位上となり、天平勝宝元年(七四九)大和介に昇任。なお今毛人と東大寺との関係は、薨伝によれば天平十五年以来のことらしい。天平勝宝元年十二月、従五位下、同二年十二月には正五位上に昇叙。これらの急速な昇階は、東大寺造営について、その働きが「幹勇」と称されるほどのものであり、その労に報いんとしたためであろう。仏教信仰に篤く、天平十九年から天平勝宝四年の間に、私経書写依頼の文書が残されている。天平勝宝四年からは次官兼下総員外介とみえる。同六年七月、太皇太后宮子崩御の折、造山司となり、以後も聖武太上天皇(天平勝宝八歳)・光明皇太后(天平宝字四年・七六〇)・称徳天皇(宝亀元年・七七〇)崩御の際に山陵造営のことに従事している。天平勝宝七歳正月には造東大寺司長官となり、のち天平宝字七年・宝亀元年と三たび長官となっている。天平勝宝九歳五月には従四位下に昇叙、天平宝字三年十一月には摂津大夫に転じている。同七年、時の権力者藤原朝臣仲麻呂(恵美押勝)暗殺の謀議に関与したが、藤原朝臣良継(宿奈麻呂)が責めを一身に負ったので、難を逃れた。同八年正月、営城監に任ぜられて九州に赴き、同年八月には肥前守を兼ねた。天平神護元年(七六五)三月、築怡土城(城跡は福岡県糸島郡前原町にある)専知官となる。時に本官は大宰大弐。のち宝亀十年(七七九)と延暦五年(七八六)にも大弐および帥として大宰府に赴いている。天平神護三年二月、造西大寺司長官に任ぜられて帰京、次いで神護景雲元年(七六七)八月、左大弁となり、同三年三月には因幡守を兼ね、同年四月、従四位上に進み、同四年六月には兼播磨守となっている。宝亀二年十一月、光仁天皇践祚に伴う大嘗会には大伴宿禰古慈斐とともに開門の役を果たした。同六年六月、遣唐大使に任命され、翌七年四月に節刀を賜わったが、病のため渡唐しなかった。同八年十月には左大弁を辞している。同十年九月、大宰大弐に再任され、天応元年(七八一)四月には正四位上に昇った。同年六月、勅により左遷の員外帥藤原朝臣浜成にかわって今毛人が専ら大宰府の政を執った。翌二年四月、左大弁となって帰京。同年六月、大和守を兼ね、延暦三年五月には長岡遷都のため現地の視察に当り、同年六月、藤原朝臣種継らとともに造長岡宮使に任ぜられた。そして同年十二月、ついに佐伯氏では先後に例がない参議に昇った。同四年五月、赤雀の祥瑞について奏上し、出瑞により同年六月には正三位が授けられ、同年七月、民部卿となる。同五年四月、大宰帥となり、在任すること三年、同八年正月、七十歳になったので、致仕を願い出て許された。なお、これより以前、宝亀七年に起工し、兄真守とともに進めてきた氏寺たる佐伯院(香積寺)伽藍(平城左京五条六坊)は今毛人の生存中に完成をみたようである。延暦九年十月、七十二歳で薨去した。

【参考文献】　大庭脩「佐伯宿禰今毛人伝略考—奈良時代官人昇進の一例—」(『竜谷史壇』四)、角田文衛『佐伯今毛人』(『人物叢書』)

佐伯宿禰石湯　さえきのすくねいわゆ

八世紀初めの官人。大宝二年(七〇二)十一月、文武天皇が伊勢国に行幸した時、伊勢国守として封十戸を賜わった。時に従五位上。和銅二年(七〇九)三月、民部大輔正五位下で征越後蝦夷将軍に任ぜられ、同年八月、征夷が終わり入朝すると優寵を加えられた。同三年正月、朝賀の儀式に際し右将軍として朱雀路の西に騎兵を整列させ、隼人・蝦夷らを引率して進んだ。

佐伯宿禰毛人　さえきのすくねえみし

八世紀中頃の官人。天平六年(七三四)『尾張国正税帳』に同国の掾正七位下勲十二等とみえるのが初見。『続日本紀』によれば、同十五年にいたり従五位下を授けられ、尾張守に任ぜられた。その後、伊予守・紫微大忠・中衛少将・春宮大夫・右京大夫・常陸守を歴任し、位階は従四位上に昇る。天平宝字八年(七六四)正月には大宰大弐に任ぜられたが、やがて勃発した藤原朝臣仲麻呂の乱に連坐し、天平神護元年(七六五)正月、多褹嶋守に左遷された。

佐伯宿禰大成　さえきのすくねおおなり　八世紀中頃の官人。『続日本紀』によれば、天平勝宝六年(七五四)正月、従五位下を授けられ、同年九月には丹後守に任ぜられた。のち信濃守に転じたが、同九年七月、橘朝臣奈良麻呂の乱に連坐して任国に流された。

佐伯宿禰男　さえきのすくねおのこ　七世紀後半―八世紀初めの官人。姓は初め連、天武十三年(六八四)八色の姓制定に際し、宿禰を賜わったものとみられる。『日本書紀』によると、壬申の乱(六七二年)の際、近江朝廷方の使者として筑紫の栗隈王の許に援兵を請いに赴いたが拒否されている。『続日本紀』によれば、慶雲二年(七〇五)十二月に従五位下を授けられ、和銅元年(七〇八)三月には大倭守に任命され、さらに同二年九月には従五位上を授けられた。

佐伯宿禰浄麻呂　さえきのすくねきよまろ　―七五〇　八世紀中頃の武将。名を清麻呂・浄万侶にも作る。『続日本紀』によれば、天平八年(七三六)正月、外従五位下に叙せられ、同十年四月に左衛士督に任ぜられた。のち、大和守(天平十年「弘福寺田数帳」)・山背守・侍従(同十七年「優婆塞貢進解」)などを兼任。同十八年九月には皇后宮大夫に任ぜられたが、天平勝宝二年(七五〇)十一月、卒した。時に左衛士督正四位下。

佐伯宿禰久良麻呂　さえきのすくねくらまろ　八世紀後半の官人。名は久良万侶にも作る。天平勝宝二年(七五〇)四月の「美濃国司解」に正七位上少掾として署名している。天平宝字八年(七六四)十月、藤原朝臣仲麻呂追討の功により正六位上から従五位下に昇叙。神護景雲元年(七六七)八月、豊後守。宝亀二年(七七一)七月、民部少輔に任ぜられた。同五年正月、従五位上を授けられ、七月、近江介となり、同七年五月には陸奥鎮守権副将軍を兼ねた。同八年十二月の陸奥鎮守将軍紀朝臣広純の奏言によれば、出羽国の軍が志波村(出羽国とする説もあるが、のちの陸奥国斯波郡(岩手県紫波郡・岩手郡・盛岡市の一帯)か)の賊に敗れたので、久良麻呂を鎮守権副将軍に任じ、出羽国を鎮めさせたという。同九年二月、春宮亮となり、九月、征夷の功により従五位上勲七等から正五位下勲五等に昇叙。天応元年(七八一)正月、正五位上、四月、従四位下を授けられ、五月には中衛中将に任ぜられた。同二年二月、丹波守を兼ね、六月、丹波守兼任のまま衛門督となった。延暦三年(七八四)五月、遷都に備え藤原朝臣小黒麻呂らとともに山背国乙訓(おとくに)郡長岡村(京都府向日市)の地を視察した。同四年八月、従四位上に進み、同五年正月、左京大夫、九月、大和国班田右長官となった。

佐伯宿禰児屋麻呂　さえきのすくねこやまろ　―七二四　八世紀初めの官人。神亀元年(七二四)三月、海道の蝦夷の反乱のために殺された。時に陸奥大掾従六位上。四月、従五位下を贈られ、絁(あしぎぬ)十疋、布二十端、田四町を賻られた。

佐伯宿禰助　さえきのすくねたすく　―七七八　八世紀後半の中級官人。『続日本紀』によれば、天平宝字八年(七六四)九月に従五位下を授けられ、同年十月、淡路守に任ぜられた。時に淡路には廃帝(淳仁天皇)が監禁されていたが、天平神護元年(七六五)十月の廃帝逃走事件の際には兵を率いて阻止。廃帝は帰還の翌日に淡路の院中で薨じた。のち山背介・山背守・兵部大輔・肥後守を歴任。宝亀九年(七七八)十一月、散位従四位下にて卒去。

佐伯宿禰常人　さえきのすくねつねひと　八世紀前半の官人。天平九年(七三七)九月、外従五位下に昇り、同十年四月、丹波守となる。同十二年九月、藤原朝臣広嗣の乱に際して、勅命を受け、安倍朝臣虫麻呂とともに隼人二十四人、軍士四千人を率いて板櫃営(福岡県北九州市小倉北区到津地区)に鎮し、翌十月、広嗣の軍が攻めて来た時、隼人を使って官軍に反逆する者の罪は、その妻子親族にも及ぶと叫ばせ、戦果をあげた。同十七年正月、新京紫香楽(しがらき)宮(宮跡は滋賀県甲賀郡信楽町にある)での新年に当り、大伴宿禰牛養とともに大楯桙を立てた。同二十年二月、従四位上、翌二十一年四月、正四位下に昇った。

佐伯宿禰豊雄 さえきのすくねとよお 九世紀後半頃の書博士。姓は初め直。讃岐佐伯氏の流れをくむ。佐伯直田公の孫で、酒麻呂の子。貞観三年(八六一)十一月、豊雄は伴宿禰善男の協力を得て直姓であった讃岐佐伯氏の故田公の子故鈴伎麻呂・故酒麻呂・故魚主、鈴伎麻呂の子貞持・貞継・葛野、酒麻呂の子豊雄・豊守、魚主の子粟氏ら十一人に宿禰姓を賜わること、ならびに本貫を左京に移すことを願って許された。時に豊雄は正六位上。この賜姓は、善男の勢力伸張の動きと、讃岐佐伯氏の貴姓獲得の動きとが一致したものと思われる。

【参考文献】 佐伯有清『伴善男』(『人物叢書』)

佐伯宿禰永継 さえきのすくねながつぐ 七七〇―八二八 八世紀末―九世紀初めの上級官人。名は長継にも作る。右衛門佐従五位上継成の子。大同四年(八〇九)四月、従七位上から従五位下となり、同五年九月六日、平城上皇が重祚を企てて平城旧京への遷都を命じたのに対して、嵯峨天皇は同月十日に伊勢・近江・美濃三国に使を遣わして鎮固せしめた際、従五位下永継は巨勢朝臣野足とともに伊勢使となった。同月十六日に左兵衛佐で丹波介を兼ね、同月二十七日には右兵衛佐にあって下総介を兼ねた。弘仁四年(八一三)正月七日、従五位上に叙せられ、同月十日には左兵衛少将にあって兼阿波守、同六年正月に兼内蔵頭となり、翌七年正月、正五位下。以後、位が昇り、同十三年正月には正四位下。天長三年(八二六)正月、左衛門督・従三位・非参議。同五年十一月十二日、五十九歳で薨じた。時に従三位。

佐伯宿禰式麻呂 さえきのすくねのりまろ 八世紀前半の武人。『続日本紀』によれば、養老五年(七二一)正月、武芸に優れ師範たるに堪えると称えられ、絁(あしぎぬ)十疋などを授けられた。時に正七位下。

佐伯宿禰人足 さえきのすくねひとたり 八世紀中頃の武将。今毛人(いまえみし)の父。『続日本紀』によれば、天平三年(七三一)正月に外従五位下を授けられ、同年六月、右衛士督に任ぜられている。延暦九年(七九〇)十月乙未条の佐伯宿禰今毛人の薨伝によれば、のち入内して従五位下を授けられたものとみられる。

佐伯宿禰広足 さえきのすくねひろたり 七世紀後半の中級官人。姓は初め連、天武十三年の八色の姓制定の際に姓を宿禰と改められたらしい。『日本書紀』によれば、天武四年(六七五)四月、小錦下の位を持ち、風神を竜田立野(奈良県生駒郡三郷町立野の竜田大社)に祠っている。同十年七月、遣高麗大使に任命され、同年九月、拝朝して出発、翌十一年五月には帰国して復奏した。同十四年九月には直広肆の位を持つ筑紫使者として判官・史を率い、国司・郡司や百姓の消息を巡察することを命ぜられている。

佐伯宿禰全成 さえきのすくねまたなり ―七五七 八世紀中頃の官人。天平十八年(七四六)四月、正六位上から従五位下に、天平感宝元年(七四九)閏五月、陸奥介の時、貢金により従五位上に叙せられた。天平勝宝四年(七五二)四月、大仏開眼供養に際し久米舞舞頭を務め、五月には陸奥守となり、同九歳六月、陸奥鎮守副将軍を兼ねた。また、以前に橘朝臣諸兄の反状を佐味朝臣宮守が告げた時、全成も勘問されそうになったが、皇太后光明子の請いにより取り止めになった。しかし、同年七月に橘朝臣奈良麻呂の謀反が明るみに出ると、陸奥国に勅して全成を勘問させた。それによると、天平十七年以来何度も奈良麻呂から謀反への参加を要請されたが、道に背くとして断り続けてきたという。全成は勘問された後、自殺した。天平勝宝九歳(八月に天平宝字と改元)八月に出された勅では逆徒の一人として扱われている。

佐伯宿禰真守 さえきのすくねまもり ―七九一 八世紀後半の官人。人足の子で、今毛人の兄。名は麻毛流・麻毛利にも作る。天平宝字八年(七六四)七月、造東大寺司判官に在任。以後、造寺司関係の文書に散見する。

『続日本紀』によれば、天平宝字八年十月、藤原朝臣仲麻呂の乱の際の活躍を認められて従五位下に叙せられた。神護景雲元年(七六七)頃まで造寺司の判官であったらしいが、同年八月に常陸介に任ぜられたのち、右京亮・兵部少輔を歴任し、宝亀三年(七七二)十一月には兵部大輔のまま造東大寺司次官を兼ねた。同七年三月には今毛人とともに左京五条六坊に佐伯院を建立。同十年九月に河内守、延暦四年(七八五)正月に造東大寺司長官、同十年七月には大蔵卿に任ぜられたが、同年十一月三日、在任のまま卒した。時に従四位上。

佐伯宿禰三野　さえきのすくねみの　―七七九　八世紀後半の官人。名は美濃にも作る。天平宝字八年(七六四)九月、正六位上から従五位上に叙せられ、同月、謀反を起こした藤原朝臣仲麻呂と近江国高嶋郡三尾埼(滋賀県高島郡高島町)で戦った。時に造池使判官として淡海真人三船とともに近江国におり、勢多(滋賀県大津市瀬田)で賊徒を捕えた。天平神護元年(七六五)二月、右衛士佐となり、同二年二月、功田二十町を賜わり、子に伝えることを許された。同三年三月、下野守、宝亀元年(七七〇)十月、正五位下。同二年閏三月、従四位下・陸奥守兼鎮守将軍、同三年九月、右京大夫となり、同十年二月、散位で卒した。

佐伯宿禰美濃麻呂　さえきのすくねみのまろ　八世紀後半の官人。名を美乃麻呂にも作る。天平勝宝四年(七五二)十一月、従五位下を授けられ、大宰少弐に任ぜられた。同七歳十二月には越前守に任ぜられ、在任中の同九歳六月には橘朝臣諸兄の反状について問われているほか、天平宝字二年(七五八)二月および八月にはいったん東大寺領とされた田地の一部を墾田主に返させるよう裁定を下している。同五年十一月には西海道節度使副使、同七年正月には常陸介に任ぜられ、同年十月の調曝布墨書に専当国司介で従五位上とあり、同八年十月には出羽員外守、天平神護二年(七六六)五月には能登員外介に任ぜられている。

佐伯宿禰百足　さえきのすくねももたり　―七一八　八世紀前半の中級官人。『続日本紀』によれば、大宝二年(七〇二)十二月、従五位下で持統太上天皇葬儀の際の作殯宮司に、慶雲四年(七〇七)六月、文武天皇の葬儀においても従五位上で殯宮(もがりのみや)のことを奉仕している。和銅元年(七〇八)三月には下総守に任ぜられ、養老二年(七一八)四月、卒した。時に従四位下。なお、『本朝月令』の四月七日奏成選短冊項に和銅四年四月、正五位下昇叙の際の記事がある。

佐伯造御室　さえきのみやつこみむろ　六世紀後半に、物部弓削(ゆげ)守屋大連に命じられて廃仏活動を行なった人物。別名を於閭礙(おろげ)ともいう。『日本書紀』敏達十四年(五八五)三月条によれば、疫疾流行の原因を蘇我馬子宿禰の仏教崇拝に帰した物部弓削守屋大連の命令により、馬子が供していた善信らの尼を召喚する役目を果たした。そののち尼たちは三衣を奪われ禁錮され、海石榴市(つばきいち。奈良県桜井市金屋にあった市)の亭で笞打たれたという。『元興寺縁起』にも佐俾岐弥牟留古造(さへきのみむろこのみやつこ)の所行として同様の説話を収める。

佐伯連大目　さえきのむらじおおめ　―六九一　壬申の乱の時の功臣。『日本書紀』によると、大海人皇子(のちの天武天皇)の舎人であった大目は、天武元年(六七二)六月、皇子に従って東国に向かい出発した。持統五年(六九一)九月辛卯条によると、没した時には直大弐を贈られ、賻物を賜わっている。さらに『続日本紀』によれば、大宝元年(七〇一)七月、壬申の乱の際の功の等第が定められた際、中第と評価されて封戸八十戸を賜わり、『大宝令』に遵ってその四分の一を子に伝えることを許されている。

佐伯連子麻呂　さえきのむらじこまろ　―六六六　乙巳の変の功労者。氏名を佐伯部、名を古麻呂にも作る。皇極三年(六四四)正月、中臣連鎌足によって葛城稚犬養連網田とともに武勇の人として中大兄皇子(のちの天智天皇)に推挙された。翌年六月、蘇我倉山田石川麻呂臣が大極殿で「三韓の表文」を読みあげている最中、海犬養連勝麻呂が箱から剣を取り出して子麻呂と網田に授け、蘇我臣入鹿を斬れとの命が鎌足らからあったことを勝麻呂から告げられた。しかし子麻呂らは入鹿の威を恐れて進入できないでいると、中大兄皇子が声をあげて進み入り、入鹿に斬りつけた。入鹿が驚き立ちあがったところを子麻呂が脚を斬り、次いで網田とともに入鹿に止めを刺した。大化元年(六四五)十一月、中大兄皇子の命で、阿倍渠曾倍(こそべ)臣と兵四十人を率いて、古人皇子とその子とを斬った。天智五年(六六六)三月、天智天皇は病気の子麻呂を家に見舞い、その功を惜しんだ。死後、大錦上を贈られ、天平宝字元年(七五七)十二月には、子麻呂の乙巳年の功田四十町六段を上功田として三世に伝えさせた。

佐伯連丹経手 さえきのむらじにふて 六世紀後半の武将。『日本書紀』崇峻即位前条や『聖徳太子伝暦』によれば、用明二年(五八七)四月に用明天皇が崩じた直後の六月、蘇我馬子宿禰に奉じられた炊屋(かしきや)姫(のちの推古天皇)の詔を受けて、物部弓削(ゆげ)守屋大連の推す穴穂部皇子の宮を囲み、その結果、皇子は衛士に殺されたという。

佐伯部売輪 さえきべのうるわ 履中天皇の皇子市辺押羽(いちのべのおしは)皇子の帳内(とねり)。またの名は仲子(なかちこ)。安康天皇の崩後、雄略天皇は有力な皇位継承候補者であった市辺押羽を誘い出して殺した。その時、売輪は、皇子の死体を抱いたまま殺された。のち、皇子の子の顕宗天皇が即位するに及んで、父の骨を探し出したが、仲子の四肢と区別がつかず、同じ大きさの陵を二つ造って葬った。仁賢五年には、諸国に散亡した佐伯部を集め、仲子の子孫を佐伯造としたという。

佐伯部三国 さえきべのみくに 八世紀末の官人。『続日本紀』によれば、天応元年(七八一)五月、外従五位下を授けられ、同二年閏正月に駿河介に任ぜられた。延暦二年(七八三)六月、佐伯沼田連の氏姓を賜わったが、時に右京の人とある。

坂合黒彦皇子 さかいのくろひこのみこ 允恭天皇の皇子。境黒彦皇子・境之黒日子王にも作る。母は允恭の皇后忍坂大中姫。安康・雄略天皇とは同母兄弟。『日本書紀』によると、安康崩後、雄略によって皇子は殺されようとしたが、眉輪(まよわ)王とともに葛城円(かずらきのつぶら)大臣宅へ逃げた。大臣は娘と私地を献上して罪を贖おうとしたが、雄略は許さず、皇子らを焼き殺した。『古事記』では、安康が殺されても驚かなかったので、怒った雄略によって自宅で斬殺されたとしている。

坂合部氏 さかいべうじ 坂合部(境部・堺部)の伴造氏族。境部・堺部にも作る。坂合部の職掌については、国境や種々の境界の画定に当る部とする通説のほか、允恭天皇の子坂合黒彦皇子の名代・子代とする説、大和政権が南朝鮮の課税地区の農民を「境部」と称し、任那加羅の滅亡後は任那の貢調の収納・管理を掌る官人の家柄を指して呼んだとする説、隼人と渡来人を構成主体とし、入京する外国使節に対し衢(ちまた)で境界祭祀を執行し、かつ掌客者として外国使節の接待・饗応に当った外交儀礼従事の集団とする説などがある。これを統率する坂合部氏には、蘇我氏系(姓は臣)一氏、火明(ほのあかり)命の後裔とする尾張氏系(姓は連のち宿禰)一氏、大彦命の後裔とする阿倍氏系(姓は首および無姓)二氏、神八井耳(かんやいみみ)命の後裔とする多(おお)・小子部(ちいさこべ)氏系(姓は連)一氏、火闌降(ほのすそり)命の後裔とする隼人系(姓は宿禰および無姓)二氏、漢人(あやひと)系(姓は首)一氏の都合八氏がある。『日本書紀』によれば、坂合部氏の活躍は七世紀以降に集中し、外交および朝鮮への軍事行動がその大半を占める。またこの氏と坂合部の分布地域は大和・河内・摂津・和泉の畿内四カ国と播磨・美作国に限られる。これは坂合部の部としての特質によるものと考えられる。

【参考文献】本位田菊士「境部に関する若干の考察」(『日本古代国家形成過程の研究』所収)、加藤謙吉「境部の職掌について」(竹内

理三先生喜寿記念論文集刊行会編『律令制と古代社会』所収)

坂合部宿禰磐積　さかいべのすくねいわつみ　七世紀後半の入唐留学生・遣唐使。境部連石積にも作る。姓は初め連、天武十三年(六八四)宿禰を賜わる。白雉四年(六五三)の遣唐使に学生として加わり入唐。天智四年(六六五)には守君大石らとともに遣唐使となる。時に冠位は小山。この折の使節は同年九月に来朝した唐使劉徳高らの送使として派遣されたものであるが、翌年正月に挙行された唐の高宗の封禅の儀に参列する目的があったとする説や、発遣先は中国本土ではなく百済の熊津都督府とする説がある。天智六年に帰国。この時、冠位は大山下とある。天武十年(六八一)には封六十戸、絁(あしぎぬ)三十四、綿百五十斤、布百五十端、钁(くわ)百口を賜わったが、これは翌年『新字』一部四十四巻の編集を行なったことに対する褒賞であろう。天武十四年にも御衣袴を賜与されている。

【参考文献】　鈴木靖民「百済救援の役後の日唐交渉」(坂本太郎博士古稀記念会編『続日本古代史論集』上所収)、鬼頭清明『白村江』

坂合部宿禰大分　さかいべのすくねおおきた　八世紀前半の官人。文武五年(七〇一)正月、粟田朝臣真人を遣唐執節使とする遣唐使の副使に任命された。時に右兵衛率・直広肆。風浪のため渡海できず大宝二年(七〇二)六月に筑紫より発遣。この間、遣唐大使の高橋朝臣笠間が辞任し、大分が大使となっている。慶雲元年(七〇四)に粟田朝臣真人が帰国、同四年には副使の巨勢朝臣邑治が帰国したが、大分の消息は不明で、養老二年(七一八)次の遣唐使一行に従って漸く帰国を果たした。時に従五位上とあるが、翌三年正月、正五位下に叙せられた。

坂合部宿禰唐　さかいべのすくねから　七世紀末から八世紀初頭の官人・学者。文武四年(七〇〇)六月、勅をうけて刑部(おさかべ)親王・藤原朝臣不比等ら十八人とともに『大宝律令』の撰定を行ない、禄を支給された。時に位は勤大肆とある。律令に関する学識を買われての人選とみられる。慶雲元年(七〇四)七月、従五位上から正五位下を追贈されているので、その少し前に死去したのであろう。贈位は律令撰定の功によるものと思われる。

坂合部連稲積　さかいべのむらじいなつみ　七世紀後半の人。『日本書紀』斉明五年(六五九)条の分注所引の『伊吉連博徳書(いきのむらじはかとこのふみ)』によれば、同年発遣の遣唐使に加わり、大使坂合部連磐鍬の船に乗船。九月十五日に船は大海(東シナ海)で逆風をうけ、南海の島に漂着した。大使らは島人に殺害されたが、稲積ら五人は難をのがれ、島人の船を盗んで中国本土の括州(浙江省麗水)にいたり、州県の官人の保護のもとに洛陽京に送られたという。大使磐鍬の近縁のものであろうか。

坂合部連磐鍬　さかいべのむらじいわすき　―六五九　七世紀後半の遣外使臣。名は石布・石敷(いわしき)にも作る。斉明二年(六五六)遣高句麗使の副使に任命されたが、帰国の時期は不明。斉明五年には遣唐大使となった。時に冠位は小錦下。『日本書紀』同年条の分注所引の『伊吉連博徳書(いきのむらじはかとこのふみ)』には、磐鍬らの乗船が九月に百済南端の島から出港後、大海(東シナ海)で逆風に遭い南海の島に漂着、磐鍬らは島人に殺されたという。『続日本紀』天平宝字元年(七五七)条によれば、同年功田の品第を定め、坂合部宿禰石敷の唐に使し横死したことは、令の規定によると下功に当るとして、功田六町を子に伝領せしめた。姓を宿禰とするのは追記であろう。

坂合部連薬　さかいべのむらじくすり　―六七二　七世紀後半の廷臣・武将。氏名は境部にも作る。斉明四年(六五八)有間皇子の変に連坐し捕えられ、皇子らとともに紀の温湯(和歌山県白浜町)へ護送されたのち尾張国に流された。『日本書紀』分注の或本には、有間皇子・蘇我臣赤兄・塩屋連小戈・守君大石とともに短籍(ひねりふみ)を探り取って謀反を卜ったとある。天武元年(六七二)の壬申の乱には、近江朝側の将として、七月七日に村国連男依の軍と息長の横河(滋賀県坂田郡米原町醒ケ井・同郡山東町柏原付近)に戦い、敗れて斬殺された。これによれば、薬は比較的早く罪を赦されて政界に復帰したものと思われ、有間皇子の変との関わりも皇子を罪に陥れるための謀略であった疑いが持たれる。

坂合部連贄宿禰　さかいべのむらじにえのすくね　坂合部氏の祖に当る人物。允恭天皇の皇子坂合黒彦皇子の従者。『日本書紀』雄略即位前条によれば、安康天皇崩後、眉輪(まよわ)王とともに葛城円(かずらきのつぶら)大臣の宅に逃げ入った坂合黒彦皇子が、大泊瀬皇子(のちの雄略天皇)に焼き殺された時、皇子の屍を抱いて死に、舎人らによって新漢擬本南丘(いまきのあやのつきもとのみなみのおか。奈良県橿原市見瀬町・大軽町付近)に合葬されたという。『新撰姓氏録』左京神別下・右京神別下の坂合部宿禰条にその祖として記す火明(ほのあかり。火闌降(ほのすそり))命の八世孫の邇倍足尼(にえのすくね)と同一人物であろう。

【参考文献】　和田萃「見瀬丸山古墳の被葬者」(横田健一編『日本書紀研究』七所収)、加藤謙吉「境部の職掌について」(竹内理三先生喜寿記念論文集刊行会編『律令制と古代社会』所収)

境部臣雄摩侶　さかいべのおみおまろ　七世紀前半の征新羅大将軍。『日本書紀』推古三十一年(六二三)条に、数万の軍を率いて新羅へ出征したが、新羅王が恭順の意を示したのでこれを許したとある。冠位は大徳。時人はこの軍事を、境部臣らが新羅から賄賂を得ていたため、大臣蘇我馬子に勧め遣新羅使の帰国前に出兵したものと評したという。雄摩侶は摩理勢の近親(あるいは子)であろう。

【参考文献】　井上光貞「推古朝外交政策の展開」(『井上光貞著作集』五所収)、門脇禎二『蘇我蝦夷・入鹿』(『人物叢書』)

境部臣摩理勢　さかいべのおみまりせ　―六二八　六世紀末から七世紀前半の官人。毛津(けつ)・阿椰(あや)の父。『聖徳太子伝暦』には蘇我境部臣垸瀬に作り、蘇我臣蝦夷の叔父とするが、『日本書紀』も摩理勢を蝦夷の近親と記すので、稲目の子で馬子の弟とみて誤りないであろう。推古二十年(六一二)欽明天皇妃堅塩(きたし)媛の檜隈大陵(欽明陵)への改葬に際し、蘇我馬子宿禰は一族の代表として摩理勢に、「氏姓の本」の誄(しのびごと)を行なわせている。推古三十六年、推古天皇崩後に皇嗣決定のため蝦夷が群臣を召集した時、これに先立ち蝦夷は摩理勢に皇嗣を問うたが、摩理勢は山背大兄王を推し、その後も翻意をうながす蝦夷に同調しなかった。このため両者の対立は深まり、蘇我一族が馬子の墓の造営で墓所に集合した折、摩理勢は墓所の廬(いお)を壊し、蘇我の領地に退いて仕えず、さらに斑鳩の泊瀬仲王の宮に赴き住した。蝦夷は山背大兄王に摩理勢の身柄引き渡しを要求し、王もまた摩理勢を説得したため、やむなく摩理勢は家に帰り、蝦夷の軍により子の阿椰とともに滅ぼされた。長子の毛津も畝傍山で自殺している。蝦夷と摩理勢の対立は、馬子死後の蘇我氏の族長権継承をめぐる争いに起因すると思われる。『日本書紀』によれば、推古八年、大将軍となって新羅を撃った人物に境部臣(欠名)があるが、おそらく摩理勢のことであろう。

【参考文献】　日野昭「蘇我氏における同族関係」(『日本古代氏族伝承の研究』続所収)、門脇禎二『蘇我蝦夷・入鹿』(『人物叢書』)、加藤謙吉『蘇我氏と大和王権』

坂合部王　さかいべのおおきみ　八世紀前半の王族。天武天皇の孫。穂積親王の子。境部王にも作る。霊亀三年(七一七)正月、無位から従四位下を授けられ、同年十月、その封戸をふやされ、養老五年(七二一)六月、治部卿に任ぜられた。『懐風藻』には従四位上・治部卿で年二十五とあって、「五言。長王が宅にして宴す。一首」「五言。秋夜山池に宴す。一首」の二首を載せる。年二十五は享年であろう。『万葉集』に「境部王、数種の物を詠める歌一首」がみえ、「穂積親王の子なり」という注がある(一六―三八三三)。『本朝皇胤紹運録』に天武皇子長親王の子とあるのは誤りか。

嵯峨天皇　さがてんのう　七八六—八四二　在位八〇九—八二三。桓武天皇の第二皇子。母は藤原朝臣良継の女で皇后乙牟漏。平城天皇の同母弟。諱は賀美能(神野)。延暦五年(七八六)九月七日生まれ。幼い頃から聡敏で読書を好み、嵯峨には不思議な霊気がたちこめ、天子としての器量があり、父桓武から最も愛で慈しまれた。長ずるに及んで経書や史書を博覧し、践祚以前から南淵朝臣永河・朝野朝臣鹿取・小野朝臣岑守・菅原朝臣清人らを読書の折に侍らせた。延暦十八年、元服、同二十二年、三品・中務卿。同二十五年五月、弾正尹となり、同月、平城の践祚により皇太弟となった。大同四年(八〇九)四月、平城の譲位をうけて践祚し、皇太子には平城第一皇子高岳親王を立てた。しかし、その年の十二月頃から翌五年の正月にかけて病気となり、いったん回復したが七月から八月にかけて病気が再発し、平城上皇らの政治介入をゆるし、いわゆる「二所朝廷」と呼ばれる状況となった。そこで同年三月、側近の藤原朝臣冬嗣・巨勢朝臣野足らを蔵人頭に登用し、九月には藤原朝臣薬子の変に勝って、同月十三日、皇太子高岳親王を廃し、大伴親王(のちの淳和天皇)を皇太弟に立て、十九日、大同五年を弘仁元年(八一〇)と改元してようやく独自性を発揮できるようになった。そののち文人の菅原朝臣清公・勇山(いさやま)連文継らを登用し、しばしば神泉苑(平安左京三条一坊)その他へ行幸し、文人に詩を作らせ、みずからも多くの詩を作った。また内宴などの年中行事を創始し、弘仁九年には内裏諸門を唐風に改めたが、これらはいずれも嵯峨の意向によるものであろう。弘仁五年には、多くの皇子女を臣籍に降下させ、初めて源朝臣の氏姓を与えた。次いで、弘仁六年には、夫人従三位橘朝臣嘉智子を皇后に立てた。嵯峨の政策基調は桓武の政治を継承することにあったようで、『新撰姓氏録』『弘仁格式』の編纂や、弘仁十年から新しい国史の編纂を命じたのは、その一端を示すものであろう。弘仁十四年四月、冷然院(平安左京二条二坊)に遷御し、淳和に譲位したので、同月二十三日、淳和から太上天皇の尊号を贈られた。譲位後は冷然院に住み、家父長として君臨し、淳和の譲位後は嵯峨院(嵯峨天皇の離宮。京都市右京区嵯峨大沢町の大覚寺がその跡)に住み、天長元年(八二四)平城上皇が崩御すると、勅を発して薬子の変で左遷したり流罪に処した者の入京を許した。承和九年(八四二)七月十五日、嵯峨院において崩御。時に五十七歳。遺詔に従い、嵯峨の山北の幽僻の地を山陵に定めたが、現在京都市右京区北嵯峨朝原山町にあるものが、その山陵とされている。嵯峨は当時の代表的詩人で、みずから命じて撰進させた『凌雲集』に二十二首、『文華秀麗集』に三十四首、『経国集』に三十七首が収められている。空海らとも交わり、弘仁七年、病気になると、空海が加持祈禱した。同十三年、最澄が遷化すると、詩を賦して最澄の死をいたんだ。天長八年、良岑朝臣安世が死去すると、挽歌二首を作り、その死をいたみ、承和二年、空海が遷化すると挽歌を賜わるなど和歌もつくり、『類聚国史』に二首残っている。書は三筆の一人として有名で、「光定戒牒」などが残っている。また、箏・笛・和琴なども巧みであった。

坂名井氏　さかないうじ　信濃国の在地氏族。『日本三代実録』に坂名井子縄麻呂なる人物がみえる。なお、『利波臣氏系図』の真猪宿禰の尻付に江沼臣とともに坂名井臣があげられており、臣姓の坂名井氏がいたことが知られる。この氏姓は武内宿禰の後裔氏族で、越前三国の坂中井(さかない。越前国坂井郡。現在の福井県坂井郡と福井市の一部)を本拠とする氏族であったらしい。

【参考文献】　佐伯有清『古代氏族の系図』

坂名井子縄麻呂　さかないのこつなまろ　九世紀後半の信濃国の人。仁和元年(八八五)大原経佐とともに筑摩郡の人辛犬甘秋子(からいぬかいのあきこ)の家人八人を焼殺した事件により、勅使から推問され拘禁された。しかし秋子の訴えによれば、こののち国守橘朝臣良基は子縄麻呂らを放免し、秋子を枉禁して子縄麻呂らに責めさせ、秋子を殴傷させたという。

坂上氏　さかのうえうじ　渡来人系東(倭)漢(やまとのあや)氏の後裔氏族の一つ。飛鳥時代後期から平安時代前期の軍事的名門貴族。姓は初め直、天武十一年(六八二)に連、同十四年に忌寸、天平宝字八年(七六四)に大忌寸、延暦四年(七八五)に大宿禰と改めた。氏名は大和国添上郡坂上里(奈良市法華寺町付近)の地名によるといわれる。出自については延暦四年六月の坂上忌寸苅田麻呂の上表文に「後漢霊帝の曾孫阿智王の後」といい、『新撰姓氏録』右京諸蕃に「坂上大宿禰、後漢霊帝男延王より出づ」とする。『坂上系図』所引の『新撰姓氏録』逸文では阿智王孫、都賀使主(つかのおみ)の子志努直(成努費直)から出たとし、応神朝に渡来した東漢氏を祖とする。『日本書紀』欽明三十一年(五七〇)条に東漢坂上直子麻呂の名がみえるように、初め東漢坂上直を称し、七世紀後半に独立して坂上直となるが、それまでの系譜は不明。壬申の乱で大海人皇子(のちの天武天皇)側についた坂上直国麻呂・同熊毛・同老らが台頭し、八世紀には律令中級官人として同族中で最も勢力を得て基礎を固めた。老の孫犬養は聖武天皇に武才を認められて正四位上に昇り、子苅田麻呂は藤原朝臣仲麻呂の乱の功で大忌寸に改姓。宝亀三年(七七二)に高市郡(奈良県高市郡・橿原市のほぼ全域と大和高田・御所両市の各一部)郡司は同族檜前(ひのくま)忌寸に限るよう申請して許され、同族中で指導的立場にあったことをうかがわせ、延暦四年(七八五)従三位となり、同族忌寸姓九氏の宿禰への改姓を申請し、みずからは大宿禰となる。その子田村麻呂は征夷大将軍から大納言近衛大将として公卿に昇進。この父子は女を桓武天皇の夫人や妃として外戚関係もつくった。『続日本紀』延暦五年正月条に「家世弓馬を事とし、馳射を善くす」、『日本三代実録』元慶五年(八八一)十一月条に「坂氏之先、世将種を伝ふ」とあるように、武門の伝統が子孫に継承されたが、平安時代中頃には田村麻呂の三男浄野の系統は明法道の博士家へと転換した。地方へ下った子孫は在地豪族と結んで、「坂上党」を形成する者などがあった。

【参考文献】　関晃『帰化人』、高橋崇『坂上田村麻呂』(『人物叢書』)、佐伯有清『新撰姓氏録の研究』考証篇五・六、関晃「倭漢氏の研究」(『史学雑誌』六二—九)

坂上直国麻呂　さかのうえのあたいくにまろ　壬申の乱の際の高市皇子の従者。『日本書紀』によれば、天武元年(六七二)六月、近江を脱出して鹿深(滋賀県甲賀郡)を越え、大海人皇子(のちの天武天皇)との合流に成功した高市皇子と行を共にしている。

坂上直熊毛　さかのうえのあたいくまけ　壬申の乱の功労者。天武元年(六七二)六月当時、飛鳥古京守衛のために置かれていた留守司の官人であった熊毛は、大伴連吹負(ふけい)と密議し、一、二の同族とともに大海人皇子(のちの天武天皇)側に内応して戦った。天武十年、直姓を改めて連を賜わった。死後に大錦下を贈られ、霊亀二年(七一六)四月、子の宗大(むねお)が熊毛の功によって田を賜わり、天平宝字元年(七五七)十二月には、熊毛の壬申年の功田六町を中功田として二世に伝えさせた。

坂上忌寸犬養　さかのうえのいみきいぬかい　六八二—七六四　八世紀中頃の武将。大国の子で苅田麻呂の父。姓を伊美吉・大忌寸にも作る。『続日本紀』によれば、天平八年(七三六)正月、外従五位下を授けられた。以後順調に昇叙され、同十八年七月には正五位上左衛士佐兼近江員外介勲十二等であったが、同二十年には左衛士督に昇進し、以後、天平宝字七年(七六三)頃までその職にあったらしい。天平勝宝八歳(七五六)五月、聖武太上天皇が崩じた時、犬養は久しく太上天皇に近侍して恩寵を得たので、陵に奉ぜんことを請い、その忠誠を嘉されて正四位上を授けられた。同九歳七月には藤原朝臣永手とともに藤原朝臣仲麻呂派に属し、右大臣藤原朝臣豊成の子乙縄を捕縛している。天平勝宝九歳以来造東大寺司長官をも兼ねており、特に食封百戸を与えられた。以後、左右馬監・播磨守なども兼任したことがある。天平宝字七年正月には造東大寺司長官兼左勇士(衛士)督であったが、病を得ている。同月中に大和守に任ぜられ、翌八年十二月に卒した。時に年八十三、大和守正四位上。

坂上忌寸老　さかのうえのいみきおゆ　―六九九　壬申の乱の際の大海人皇子(のちの天武天皇)側の武将。『坂上系図』に弓束直の子とある。姓は初め直、東漢(やまとのあや)氏の改姓に伴い、天武十一年(六八二)に連、同十四年に忌寸と改姓したらしい。『日本書紀』によれば、壬申の乱(六七二年)の際、大伴連吹負(ふけい)の飛鳥古京占領の吉報を不破宮(岐阜県不破郡関ケ原町野上の行宮)の大海人皇子に奏した。『続日本紀』によれば、文武三年(六九九)五月に卒した際、直広肆を追贈され、特に詔を賜わっている。

坂上大宿禰苅田麻呂　さかのうえのおおすくねかりたまろ　七二八―七八六　八世紀後半の武将。犬養の子で田村麻呂の父。姓は初め忌寸、次いで大忌寸、さらに大宿禰と変わる。『続日本紀』によれば、天平勝宝九歳(七五七)七月、橘朝臣奈良麻呂の乱の際には既に有力な武将として奈良麻呂側に警戒され、酒宴に招いて活動を封じられようとした。天平宝字八年(七六四)九月の藤原朝臣仲麻呂の乱の際には、正六位上授刀(たちはき)少尉として仲麻呂の子の訓儒麻呂(くずまろ)を射殺するなど活躍し、即日従四位下を授けられ、大忌寸の姓を賜わった。同年十月には中衛少将に在任のまま甲斐守を兼ね、天平神護元年(七六五)正月、勲二等を授けられ、翌年二月には功田二十町を賜わり、その子に伝えることを許された。神護景雲四年(七七〇)八月には道鏡の奸謀を密告して正四位下を授けられ、九月には陸奥鎮守将軍、宝亀二年(七七一)閏三月には中衛中将兼安芸守に任命され、同八年十二月には中衛中将のまま丹波守を兼ねた。天応元年(七八一)五月、丹波守のまま右衛士督となり、同二年閏正月には氷上真人川継の謀反事件に連坐していったん解任されたが、同年五月には右衛士督に復し、延暦三年(七八四)三月、伊予守をも兼ねた。同年五月には藤原朝臣種継とともに長岡京予定地を視察。右衛士督に在任のまま七月には備前守を、翌四年正月には下総守を兼ねている。同年六月には先祖が後漢の霊帝の曾孫阿智王なのに姓が不当に低いと上表し、宿禰の姓を得たという。ただし、実際にはこれ以後大宿禰の表記がなされている。同年七月には右衛士督下総守のまま左京大夫を兼ね、十月には左京大夫右衛士督のまま越前守を兼ねた。翌延暦五年(七八六)正月、薨去。時に五十九歳、従三位。薨伝によれば、武芸に優れ、桓武天皇の寵遇を受け、特別に封戸五十戸を賜わったという。

【参考文献】　高橋崇『坂上田村麻呂』(『人物叢書』)

坂上大宿禰浄野　さかのうえのおおすくねきよの　七八九―八五〇　九世紀前半の官人。名は清野にも作る。田村麻呂の第四子。若くして家風に慣れ武芸に長じたという。嵯峨天皇が立太子した大同元年(八〇六)十八歳で春宮少進となり、弘仁十年(八一九)正月、従五位下に叙せられ陸奥鎮守将軍となった。同十一年、陸奥介、同十三年、右近衛少将となり、翌十四年十一月、従五位上に叙せられた。天長元年(八二四)薩摩守に左遷、次いで土佐権守に遷された。のち入京を許され、同十年三月、正五位下に叙せられ、陸奥出羽按察使(あぜち)となった。その在任中は蝦夷も民も和親し、関塞は無事であったという。承和三年(八三六)正月、従四位下を授けられ、同六年二月、右馬頭となり、同八年四月、高津内親王(桓武天皇の皇女。母は浄野の叔母全子)が薨じた時には美志真王らとともに葬事を監護した。同九年七月、右兵衛督となり、同十二年正月、従四位上を授けられ、七月、因幡守を兼ねた。嘉祥三年(八五〇)四月、文徳天皇の即位に伴う叙位で正四位下を授けられ、同年五月、右兵衛督のまま相模守に任ぜられたが、同年八月、卒した。時に六十二歳。

【参考文献】　高橋崇『坂上田村麻呂』(『人物叢書』)、大塚徳郎「古代みちのくに来た都人」(『みちのくの古代史―都人と現地人―』所収)

坂上大宿禰茂樹　さかのうえのおおすくねしげき　九世紀後半の官人。田村麻呂の孫で高道の子。元慶七年(八八三)四月、右衛門大尉正六位上で掌渤海客使となり、同八年六月、式部大丞の時、守が郡司らに襲われた事件を推問するため石見国へ遣わされた。同年十一月、光孝天皇の大嘗祭に際して従五位下を授けられ、同九年正月、出羽守に任ぜられた。仁和二年(八八六)五月、元慶八年の事件につき茂樹の推問に基づき、刑部省の断罪が下された。また同三年五月、出羽国府の移転について建議し、嘉祥三年(八五〇)の大地震で海水が迫ってきた出羽郡国府を最上郡に移転させたいと奏言したが許されず、旧国府近くの高地を選んで移転するように命ぜられた。同年六月には、磨り減った国印の改鋳を奏請し、新鋳の印を賜わった。

坂上大宿禰田村麻呂　さかのうえのおおすくねたむらまろ　七五八―八一一　八世紀末―九世紀初めの武将。苅田麻呂の子。母は畝火宿禰浄永の女といわれる。宝亀十一年(七八〇)二十三歳で近衛将監、延暦四年(七八五)十一月、従五位下、同六年九月、近衛少将となる。同十年正月、百済王俊哲と東海道諸国に征軍の準備調査に下ったのち、同年七月、征夷大使大伴宿禰弟麻呂配下四人の副使のうちに加えられた。胆沢地方(のちの胆沢・江刺両郡をあわせた広域地名。胆沢郡は現在の岩手県胆沢郡と水沢市、江刺郡は岩手県江刺市と水沢市の一部)で大敗を経験した官軍は同十三年、十万人ともいわれる征軍を発し、斬首四百余級、捕虜百五十人、焼亡集落七十五処などの成果を収めた。翌年正月の功賞で一躍従四位下に叙せられたことは田村麻呂の功績の大きさを示している。同十五年、陸奥出羽按察使(あぜち)兼陸奥守となり、鎮守将軍も兼任して陸奥における軍事行政上の全権力を掌握。この時期は伊治城(宮城県栗原郡築館町富野の城生野が城跡か)周辺の経営に傾注。同十六年十一月には征夷大将軍、翌年閏五月に従四位上、同十八年五月には近衛権中将となった。そののち諸国居住の蝦夷出身者の調査を実施した上で、同二十年、四万人の征軍を起こした。その実態は不明だが、この軍功により、同年十一月、従三位に昇進。翌二十一年、造胆沢城使となり、諸国浪人四千人を配して経営に尽力する中で、胆沢蝦夷の族長阿弖流為(あてるい)・母礼(もれ)の率いる五百余人の投降という画期的成果をみた。同年七月、この二人を連れて入京したが、助命申請は公卿の受け入れるところとならず、二人は河内国杜山(比定地未詳)で斬られた。翌年、志波城(岩手県盛岡市太田字方八丁)を築くため赴任。同二十三年、次の征軍準備が開始され、再び征夷大将軍に任命されたが、実動にはいたらず、別に造西寺長官ともなり、和泉・摂津両国行宮地検分の任にもついた。同二十四年六月、参議に就任。この年十二月、天下の徳政が論じられ、桓武天皇みずから意欲的に推進した大規模な軍事行動に終止符が打たれた。翌年四月、桓武の葬儀には誄辞を奉呈し、同月、中納言兼中衛大将となった。翌大同二年(八〇七)右近衛大将と改称し、侍従を兼ね、兵部卿を兼任。同四年三月、正三位に昇叙。弘仁元年(八一〇)平城上皇による遷都の議が起こると、嵯峨天皇側に立ち、大納言となって文室(ふんや)朝臣綿麻呂を配下に起用して奈良へ下り、上皇側の動き(藤原朝臣薬子の変)を抑えた。翌二年正月、渤海使節饗宴を最後に、公の場から退き、同年五月二十三日、粟田別業(京都市東山区)で五十四歳の生涯を閉じた。嵯峨は一日服喪、同月二十七日、従二位を追贈した。この日、勅命により甲冑武器を帯びた立姿で葬られたという。墓所は山城国宇治郡栗栖村(京都市山科区勧修寺東栗栖野町)にある。『田村麻呂伝記』によれば、国家の大事にはこの墓が響くという。『凌雲集』に小野朝臣岑守の「右衛大将軍故坂上宿禰を傷む御製に和し奉る」一首を載せる。名の判明する妻は三善高子。女春子は桓武の後宮に入り、葛井(ふじい)親王を生む。『坂上系図』に十一男を記すが、大野・広野・浄野ら子孫は陸奥国司や鎮守将軍などとなり、武門の家を継承。『今昔物語集』巻十一、第三十二話、『扶桑略記』『清水寺縁起』などによれば、延暦十七年(七九八)田村麻呂の発願で清水寺(京都市東山区清水)が建立されたという。『陸奥話記』『水鏡』『古今著聞集』や『吾妻鏡』文治五年(一一八九)九月二十一・二十八日条などに逸話や伝説が収められ、後世に多大な影響を与えている。

【参考文献】　高橋崇『坂上田村麻呂』(『人物叢書』)、大塚徳郎『平安初期の征夷と坂上田村麻呂』、亀田隆之『坂上田村麻呂』、角田文衛「田村麻呂の母」(『紫式部とその時代』所収)、同「田村麻呂の妻妾たち」(『王朝の明暗』所収)

坂上大宿禰当道　さかのうえのおおすくねまさみち　八一三―八六七　九世紀中頃の官人。右京の人。田村麻呂の孫で、広野の子。若い時から武事を好み弓馬をよくし、清貧に甘んじる性格であった。承和年間(八三四―八四八)に内舎人(うどねり)となり、右近衛将監・左兵衛大尉・左衛門大尉を歴任し、斉衡二年(八五五)正月、正六位上から従五位下に昇叙し、右衛門権佐に任ぜられた。天安二年(八五八)二月、左近衛少将のままで備前権介に任ぜられ、同月、左右馬寮の官人と近衛とを率いて京中の群盗を捕らえ、五月、備前介に昇進した。同年八月、文徳天皇が崩じた時、近衛の官人として東宮に供奉した。同三年正月、陸奥守、次いで鎮守府将軍を兼ね、五月には常陸権介を兼ねた。貞観元年(八五九)十一月、従五位上を授けられ、翌二年二月、上総権介を兼ねた。しかし同三年二月、陸奥守としての公廨稲(くがいとう。国司の俸給)を没収され、同九年三月、五十五歳で卒した。時に前陸奥守で、国司の任期が切れて四年になり、在国九年で没したという。なお『坂上系図』は、当道を広野の弟浄野の子とする。

【参考文献】　大塚徳郎「古代みちのくに来た都人」(『みちのくの古代史―都人と現地人―』所収)

坂上大宿禰好蔭　さかのうえのおおすくねよしかげ　九世紀後半の官人。田村麻呂の曾孫で当道の子。元慶二年(八七八)四月、陸奥権介に任ぜられた。時に従五位下。その頃、出羽国で起きた元慶の乱には、鎮守将軍小野朝臣春風に協力して活躍した。同年六月、官軍の大敗後、春風とともにそれぞれ精兵五百人を率いて出羽国へ派遣された。同年八月、陸奥路から上津野村(秋田県鹿角市・鹿角郡)に入り、賊を教喩し降伏させた。同月二十九日には賊三百人余りが秋田営に降伏してきたが、その日に好蔭は兵二千人を率い流霞道(りゅうかどう)から鼓を打ち鳴らして来て、旗や幟を立てて威を賊に示したという。

坂上宿禰斯文　さかのうえのすくねこれふみ　九世紀後半の官人。平安左京の人。山城安祥寺の別当。姓は初め伊美吉、貞観四年(八六二)七月、宿禰を賜わった。時に大学少允従六位上。貞観九年の『安祥寺伽藍縁起資財帳』には寺家別当右大史正六位上として署名しているが、同十三年八月、それを公験とするため請印する際には、左大史とみえる。同年閏八月の太政官牒に左大史正六位上として署名しているので、あるいは右大史は左大史の誤りかもしれない。元慶元年(八七七)四月には左京亮従五位下の地位にあり、大極殿構造の任に当っている。また翌二年正月には伊予介に任官しているが、以後の消息は明らかではない。

坂上王　さかのうえのおおきみ　八世紀後半の皇族。『続日本紀』によれば、藤原朝臣仲麻呂の乱の際の功により天平宝字八年(七六四)十月に従五位下を、翌天平神護元年正月に勲六等を授けられ、以後、大監物・左馬頭を歴任した。

酒人内親王　さかひとないしんのう　七五四―八二九　光仁天皇の皇女。母は井上内親王。異母兄の桓武天皇の妃。宝亀元年(七七〇)十一月、三品に叙せられ、同三年十一月、斎王となり、仮に春日(奈良市街東南部)の斎宮にいた。また同五年九月には伊勢に向かった。弘仁八年(八一七)までには二品となり、翌九年三月には、『大般若経』『金剛般若経』および美濃国厚見郡厚見荘・越前国加賀郡横江荘・越後国古志郡土井荘などを東大寺に施入した。『日本紀略』に載せる薨伝によれば、容姿は美麗、蒲柳の質でなまめかしく、桓武の後宮に入って大いに寵愛を受けたが、おごりたかぶった性格で、みだらな行ないは増すばかりであったという。子に朝原内親王がいるが、弘仁八年に薨じている。『性霊集』には空海の手になる弘仁十四年正月の「酒人内公主の為の遺言一首」がある。天長六年(八二九)八月二十日、薨去。時に七十六歳。

酒人忌寸刀自古　さかひとのいみきとじこ　光仁天皇の皇女酒人内親王(桓武天皇の妃)の乳母か。天応元年(七八一)十一月、従七位下から外従五位下に叙せられた。延暦九年(七九〇)八月の官符には、故従五位下刀自古の山背国久世郡(京都府久世郡と京都・宇治・城陽の諸市の各一部)と播磨国揖保郡(兵庫県揖保郡と龍野・姫路両市の一部)の位田各二町が、右大臣藤原朝臣継縄の職田に改められたとみえる。

坂本氏　さかもとうじ　武内宿禰の子紀角(きのつの)宿禰の後裔氏族。姓は臣。氏名は和泉国和泉郡坂本郷(大阪府和泉市阪本町)の地名に基づく。天武十三年(六八四)十一月、朝臣の姓を賜わる。坂本氏の祖は『古事記』安康段および『日本書紀』安康巻に根臣とあり、『日本書紀』雄略十四年四月条にも「根使主の後の坂本臣となること、是より始まれり」とするが、『紀氏家牒』には、清寧天皇が紀辛梶宿禰の弟建日宿禰の氏姓を改めて坂本臣を賜うとみえる。一族には新羅や百済に派遣されるものが多い。

坂本朝臣宇頭麻佐　さかもとのあそんうずまさ　八世紀前半の官人。氏名は坂下にも作る。神亀二年(七二五)閏正月、征夷将軍以下に勲位を賜わった時、勲六等と田二町を賜わった。時に従六位下。同五年五月、正六位上から外従五位下に、同六年三月、従五位下に、天平五年(七三三)三月、従五位上に昇叙。同九年正月、陸奥国から出羽柵(秋田市寺内の高清水丘陵にあった秋田城の前身。天平五年、山形県庄内地方より遷置)に達する直路を開くため、常陸守であった宇頭麻佐は持節副使として陸奥国に遣わされ、二月に多賀柵に達したが、そののち専ら玉造柵を鎮した。

坂本朝臣人上　さかもとのあそんひとかみ　八世紀中頃の下級官人。天平勝宝(七四九—七五七)頃には無位で造東大寺司に出仕していた。同七歳、遠江国史生の時、防人部領使を命ぜられ、筑紫国で人上が採録した防人の歌が『万葉集』に収められている(二〇—四三二一～四三二七)。

坂本臣財　さかもとのおみたから　—六七三　壬申の乱の際の大海人皇子(のちの天武天皇)側の武将。『日本書紀』天武元年(六七二)七月条によれば、財は将軍大伴連吹負(ふけい)に命じられて河内から来る近江朝廷側の軍勢を竜田(奈良県生駒郡三郷町付近か。三郷町立野から竜田山を越え大阪府柏原市高井田方面に出るいわゆる竜田越えの道筋に配置されたのであろう)で撃退した。次いで近江軍の拠る高安城(大阪府八尾市から奈良県生駒郡平群町久安寺・三郷町畑にかけて高安山を中心に築かれた朝鮮式山城)を攻略し、さらに新手の敵軍と衛我(えが)河(大和川に合流する大阪府藤井寺市国府周辺の石川の呼称)の西で戦ったが利あらず懼坂(かしこのさか。大阪府柏原市峠(亀瀬峠)か。竜田越えの道筋に当る)に退き、紀臣大音(おおと)の営に入っている。翌二年五月、卒した。時に大錦上。戦功を賞せられて小紫位を贈られた。

三枝部氏　さきくさべうじ　天津彦根命の後裔氏族の一つ。三枝部の伴造氏族。福草部にも作る。姓は初め造、天武十二年(六八三)九月、連を賜わった。顕宗朝の饗宴において、宮庭に「三茎之草」が生じていたのを顕宗天皇に献じたので、三枝部の氏名を賜わったとする所伝がある。三枝部については、顕宗もしくは市辺押羽(いちのべのおしは)皇子の名代とする説、率川社(奈良市本子守町)を祀る三枝祭に関わる部と見る説、三つ子の皇子女の養育料として定められた部とする説などがあるが、その実態は不明。『新撰姓氏録』は左京神別下・大和国神別に三枝部連の本系を掲げ、下総・甲斐・陸奥の東国諸国に三枝部(無姓)の氏人の分布が認められる。

【参考文献】 黛弘道「三枝(福草)部について」(『律令国家成立史の研究』所収)

桜井王 さくらいのおう 八世紀前半の皇親。天武天皇の曾孫、長親王の孫、川内王の子。『続日本紀』によれば、和銅七年(七一四)正月の叙位で従五位下を授けられ、以後順調に昇叙され、天平三年(七三一)正月には従四位下にいたった。『家伝』下によれば、風流侍従の一人として著名であったらしい。『万葉集』には、天平年間に遠江守として聖武天皇とかわした歌を残している(八―一六一四)。天平十一年四月の兄の高安王に対する大原真人の氏姓賜与とともに改氏姓したらしく、大原真人桜井と名乗った。同十六年二月には大蔵卿の任にあり、恭仁(くに)宮(宮跡は京都府相楽郡加茂町瓶原にある)の留守司になっている。『万葉集』によれば、天平勝宝八歳(七五六)十一月頃までは存命(二〇―四四七八)。なお『日本高僧伝要文抄』第三音石山大僧都伝によれば、弾正尹に任ぜられたこともあったか。

桜井田部氏 さくらいのたべうじ 河内国河内郡にあった桜井屯倉(大阪府東大阪市池島町・六万寺町・四条町付近。ただし屯倉の所在地を河内国石川郡桜井とする説があり、これによれば大阪府富田林市桜井付近となる)の田部の伴造氏族。『古事記』応神段には氏祖嶋垂根とあり、女の糸井比売(『日本書紀』では男鉏の妹糸媛とある)は応神天皇妃となる。天武十三年(六八四)宿禰の姓を賜わり、奈良時代には右京七条一坊に貫付された者がいる。

桜井田部連胆渟 さくらいのたべのむらじいぬ 物部弓削(ゆげ)守屋大連の部下。『日本書紀』崇峻即位前(用明二年・五八七)七月条によれば、胆渟は守屋が滅ぼされた戦いののち河内国餌香(えが)河(大和川に合流する大阪府藤井寺市国府付近の石川の呼称)の川原に数百の斬死体の一つとなっていたが、胆渟の飼犬は死体が収容されるまで傍を離れなかったという。

桜井田部連貞相 さくらいのたべのむらじさだすけ 九世紀後半の明法家。讃岐国三木郡(香川県木田郡三木町・牟礼町付近)の出身で、名は初め貞雄不麻呂、貞観十一年(八六九)貞相と改めた。同十五年に同族の貞世・豊貞とともに右京六条一坊に移貫。『日本三代実録』に貞観十一年から元慶二年(八七八)まで名がみえるが、一貫して大判事兼明法博士であり、貞観十五年頃に丹波権掾、元慶二年に美作権介を兼任、この間、外従五位下から従五位下に叙せられている。貞観十三年、太皇太后藤原朝臣順子の崩御に伴い、清和天皇から錫紵を服すべき日数について諮問され制服一日を答申。元慶元年には夜間の日蝕の場合の廃務の可否を諮問され、惟宗朝臣直宗とともに廃務すべきでないことを答申している。

酒君 さけのきみ 鷹甘(たかかい)部の起源説話にみえる百済の王族。『日本書紀』によると、仁徳四十一年、紀角(きのつの)宿禰を百済に遣わし、初めて国郡の堺を決め、物産を記録した時、百済王族の酒君が無礼を働いたので、葛城襲津彦(かずらきのそつひこ)につけて進上させ、来朝した酒君は石川錦織(にしごり)首許呂斯(ころし)の家に隠れたが、久しくして許され、同四十三年、依網屯倉(よさみのみやけ。大阪市住吉区から松原市天美地区にかけての一帯)の阿弭古(あびこ)が献上した鷹を酒君が養馴し、初めて鷹甘部が定められたという。『新撰姓氏録』右京諸蕃下では刑部(おさかべ)、同書和泉国諸蕃では百済公・六人部(むとべ)連の祖となっている。

佐佐貴山氏 ささきのやまうじ 近江国蒲生郡・神崎郡地域を本拠とする豪族。姓は君(公)。狭狭城山にも作る。氏名の由来は、佐佐貴についてはのちの蒲生郡篠笥郷(滋賀県近江八幡市東部から蒲生郡安土町東南部にかけての一帯)の地名により、山は山部・山守部の伴造氏族であったことに基づくとする説と、現在の五箇荘・能登川(以上滋賀県神崎郡)・安土(蒲生郡)三町の境の繖山(きぬがさやま)の古称である佐佐木山の地名によるとする説とがある。阿倍氏などと同じく大彦命の後裔氏族とされているが、同氏に関わる伝承として、『古事記』『日本書紀』の安康・顕宗天皇の条に、韓帒(からぶくろ)宿禰が雄略天皇による市辺押磐(いちのべのおしは)皇子謀殺に連坐し、山部連に隷けられたという記事と、倭帒(やまとふくろ)宿禰が妹の置目老媼(おきめのおみな)が押磐皇子の遺骨が埋められている場所を顕宗に教えた功により本氏姓狭狭城山君を賜わったという記事がある。佐佐貴山氏は八、九世紀を通じて蒲生・神崎両郡の大領を務めており、この地域の譜第郡司として君臨していたが、一方で宮中の女官にも同氏出身の者が数名みえるので、後宮との関係を通じて中央においても一族の地位を確保していたらしい。

【参考文献】佐伯有清『新撰姓氏録の研究』考証篇一、岡田精司「古代豪族佐々貴山君」(『蒲生野』二)

雀部氏 さざきべうじ 仁徳天皇(大鷦鷯(おおさざき)尊・大雀命)の名代部である雀部の伴造氏族。臣姓の雀部氏には巨勢氏系で武内宿禰の後裔と称する系統と多(おお)氏系で神八井耳(かんやいみみ)命の後裔と称する系統があり、前者は天武十三年(六八四)八色の姓制定に際し、朝臣を賜わっている。『新撰姓氏録』によれば、雀部朝臣の祖星河建彦宿禰が応神朝に皇太子大鷦鷯尊に代わって、木綿襷(ゆうたすき)をかけて、御膳(みけ)を掌ったので名を賜わって大雀臣と称したという。後世、大膳職や内膳司の膳部(かしわで)に任ぜられた者が多く、完人(ししひと)朝臣や高橋朝臣らとともに膳部になる負名氏の一員であったと考えられる。『新撰姓氏録』によれば、朝臣姓は左京・摂津国、臣姓は和泉国に分布し、その他造・連・君・直姓がみえ、東国を中心として名代部としての雀部が分布する。

【参考文献】佐伯有清『新撰姓氏録の研究』考証篇一

雀部朝臣真人 さざきべのあそんまひと 八世紀中頃の官人。天平十七年(七四五)四月、公粮を申請した内膳司解に正八位上内膳典膳として署名している。『続日本紀』天平勝宝三年(七五一)二月条によると、典膳正六位下の真人は、次のように奏言した。継体・安閑両天皇の世、雀部朝臣男人は大臣として仕えたが、誤って巨勢(こせ)男人大臣と記された。真人らの先祖巨勢男柄宿禰には三人の子があり、星川建日子は雀部朝臣らの祖、伊刀宿禰は軽部朝臣らの祖、乎利(おり)宿禰は巨勢朝臣らの祖で、天武朝に八色の姓を定めた時、雀部朝臣の氏姓を賜わった。したがって、巨勢氏と雀部氏はもと同祖ではあるが、氏姓を異にしたのちに男人が大臣に任ぜられた。今の聖運に当り改正できなければ、ついに骨名の緒を絶ち、永く無源の民となるので、望むらくは巨勢大臣の名を改めて雀部大臣とし、名を長代に流し、栄を後胤に示したいと請うた。大納言従二位巨勢朝臣奈弖麻呂(なてまろ)もそのことを証明したので、治部省に下知して請によって改正させたという。

貞数親王 さだかずしんのう 八七五―九一六 清和天皇の第八皇子。母は在原朝臣行平の女。貞観十八年(八七六)三月、二歳にして親王となり、元慶六年(八八二)三月、陽成天皇が皇太后四十歳を慶賀する宴を清涼殿で開いた時、八歳にして陵王を舞い満場涙を流して感嘆したという。仁和二年(八八六)正月、帯剣をゆるされ、散手を舞い、その剣を賜わった。元服して四品に叙せられ、のち、常陸太守・式部卿などを歴任、二品に進んで、延喜十六年(九一六)五月、四十二歳で薨去。その作歌は『新拾遺和歌集』などに収められている。

沙宅紹明 さたくじょうみょう ―六七三 天智朝に仕えた百済人。『家伝』上には、「小紫沙咤昭明、才思穎抜、文章冠世」のゆえ、藤原朝臣鎌足の碑を製したとある。『日本書紀』によると、天智十年(六七一)正月、大錦下を授けられており、同書の分注に法官大輔(『大宝令』の式部大輔)とある。天武二年(六七三)閏六月、卒した。外小紫位と本国の大佐平の位を賜わる。『懐風藻』には、学士として大友皇子(皇太子)の賓客となったとある。『近江令』の編纂に参加したとの説もある。

【参考文献】滝川政次郎『律令の研究』、岩橋小弥太『上代官職制度の研究』

貞純親王　さだずみしんのう　八七三？—九一六　清和天皇の皇子。母は棟貞王の女。貞観十五年(八七三)四月、皇子貞固ら兄弟とともに親王となった。その後、四品に叙せられ、『尊卑分脈』によれば、中務卿・兵部卿・上総太守・常陸太守を歴任し、延喜十六年(九一六)五月七日、薨じた。薨時の年齢に諸伝があるが、『本朝皇胤紹運録』の頭注に「按ずるに年四十四」とある説が妥当のように思われる。桃園親王と号したと伝えるのは、墓の所在地に関わるものか。

貞朝臣登　さだのあそんのぼる　仁明天皇の皇子。母は更衣三国氏。承和(八三四—八四八)の初め、源朝臣の氏姓を賜わったが、母の過失により属籍を削られ、出家入道して深寂と称した。貞観八年(八六六)二月、貞朝臣の氏姓と登の名を賜わり、正六位上に叙せられ、平安右京一条一坊に貫せられた。同九年正月、従五位下に昇り、同十九年正月、従五位上、のちに正五位下に昇ったが、この間、備中守などを務めた。その作歌が、『古今和歌集』にみえる。

貞元親王　さだもとしんのう　—九〇九　清和天皇の皇子。母は参議藤原朝臣仲統の女。閑院親王と号した。貞観十五年(八七三)四月、親王となり、仁和三年(八八七)正月、四品に叙せられ、同年二月、上総太守となる。延喜九年(九〇九)十一月二十六日、薨じた。『後撰和歌集』に「土佐かもとよりせをそこ侍りける返事につかはしける」歌一首がある。

貞固親王　さだもとしんのう　—九三〇　清和天皇の皇子。母は治部大輔橘朝臣休陰の女。貞観十五年(八七三)四月、親王となり、元慶八年(八八四)二月、四品に叙せられ、同年三月、常陸太守となる。仁和二年(八八六)十二月、光孝天皇の神泉苑(平安左京三条一坊にあった)および北野(京都市上京区から北区にかけての地域。洛北七野の一つ)への遊猟行幸に扈従した際、太政大臣藤原朝臣基経の奏言により帯剣をゆるされた。そののち弾正尹・大宰帥を歴任し、寛平四年(八九二)三月、中宮班子女王の六十賀に参列。延長八年(九三〇)五月十五日、薨じた。時に三品。

貞保親王　さだやすしんのう　八七〇—九二四　清和天皇の第四皇子。母は藤原朝臣長良の女高子。陽成天皇の同母弟。南院・南宮とも桂親王とも称された。貞観十五年(八七三)四月、親王となる。元慶二年(八七八)八月、初めて『蒙求』を読む。同六年正月、陽成と同時に元服が行なわれ、三品を授けられた。同年四月、上野太守となり、のち中務卿となる。仁和二年(八八六)六月、右相撲司別当に任ぜられた。寛平三年(八九一)母高子の五十御賀に屏風を奉る。延喜八年(九〇八)正月、元日節会において琴を掌る。そののち兵部卿となり、二品に叙せられ、次いで式部卿となった。天下無比の管絃奏者であり、勅命により同十一年から二十年まで横笛伝授をし、同二十年冬から二十一年秋には琵琶秘手の伝授を行なった。同二十一年頃には勅命をうけた横笛譜・琵琶譜を撰進したが、これが『新撰横笛譜』『南宮琵琶譜』である。のち管絃長者・尊者と称せられた。穴貴と称する高名の笛を吹奏したと伝えられる。延長二年(九二四)六月十九日、薨じた。時に五十五歳。南宮(花山院。平安左京一条四坊)に居住したが、この邸宅は藤原朝臣忠平に伝領された。

【参考文献】　福島和夫「新撰横笛譜序文並びに貞保親王私考」(『東洋音楽研究』三九・四〇合併号)、林謙三「南宮琵琶譜私考」(『雅楽界』五〇)

薩弘恪　さつこうかく　『大宝律令』の撰定に参画した唐人。続守言と同様に、鬼室福信が斉明朝に献上した唐人俘虜の一人か。持統三年(六八九)六月、続守言とともに稲を賜わり、同五年九月にも音博士として、続守言とともに銀二十両を賜わっている。文武四年(七〇〇)六月には『大宝律令』撰定の功により刑部(おさかべ)親王らとともに禄を賜わる。時に勤大壱。

【参考文献】　滝川政次郎『律令の研究』

薩妙観　さつみょうかん　八世紀の命婦。養老七年(七二三)正月、藤原朝臣宮子および女王・女官たちに叙位を賜わった折、従五位上を授けられ、翌神亀元年(七二四)五月に河上忌寸の氏姓を賜わり、天平九年(七三七)二月には正五位下が授けられている。『万葉集』には薛(せち)妙観としてみえ、先の太上天皇(元正)の霍公鳥(ほととぎす)の歌に対して「薛妙観の詔に応へて和(こた)へ奉(まつ)る歌一首」(二〇—四四三八)、天平元年、班田使葛城王の山背国からの贈歌に対し「薛妙観命婦の報(かへ)し贈る歌一首」(二〇—四四五六)が載せられている。持統朝に音博士としてみえている唐人の薩弘恪とは同族であろうか。
【参考文献】 須田春子『律令制女性史研究』、沢瀉久孝『万葉集注釈』二〇

薩摩氏 さつまうじ 南九州の隼人の豪族。薩麻にも作る。姓は公(君)。薩摩国薩摩郡(鹿児島県川内(せんだい)市の一部と串木野市・薩摩郡樋脇町・同入来町)一帯を本拠にして薩摩国の北半に盤踞していたが、肥後方面からの中央勢力の南下によって川内川以南に勢力を縮小されたらしい。薩摩国を代表する氏族として、八世紀に隼人を率いて朝貢し、俗伎などを奏上して叙位されている。天平八年(七三六)の『薩摩国正税帳』によると、薩摩郡のほか薩摩半島南部の阿多郡の郡司にもなっている。
【参考文献】 井上辰雄『隼人と大和政権』、中村明蔵『隼人の研究』

識子内親王 さとこないしんのう 八七四—九〇六 伊勢斎宮。清和天皇の第一皇女。母は従四位下藤原朝臣良近の女。貞観十八年(八七六)三月、三歳で内親王となり、同十九年二月、伊勢斎宮に卜食され、元慶二年(八七八)八月、御禊し野宮に入り、同三年九月、斎宮に入御した。同四年十二月四日、父清和崩御のため七日に帰京が決まり、翌五年正月二十八日、伊勢より退下する。延喜六年(九〇六)十二月二十八日、薨じた。時に三十三歳。

沙奈具那 さなぐな 七世紀中頃の蝦夷の首長。沙尼具那(娜)にも作る。斉明四年(六五八)四月、阿倍引田臣比羅夫が齶田(あぎた)・渟代(ぬしろ)・津軽方面の蝦夷を服属させた時、渟代郡(秋田県能代市付近)大領に任ぜられたらしく、七月には渟代郡大領として朝献し、小乙下を授けられ、鮹旗・鼓などの軍隊指揮・識別用具を賜わった。また、蝦夷・虜の戸口を調査するよう詔命を受けた。
【参考文献】 佐藤和彦「斉明朝の北方遠征記事について」(『歴史』五七)

讃岐氏 さぬきうじ 景行天皇の皇子神櫛別(かみくしわけ)命の後裔と伝える氏族。讃岐国寒川郡(香川県大川郡西半部)を本拠地とする讃岐国造氏である。姓は初め直、次いで公、朝臣と改姓。延暦十年(七九一)九月の讃岐国寒川郡の凡(おおし)直千継らの奏言によれば、その祖星直は敏達天皇の時代に国造の業を継ぎ紗抜大押直(さぬきのおおしのあたい)の氏姓を賜わったが、『庚午年籍』以後、讃岐直と凡直とにわかれたという。そこで千継らの請いにより、讃岐公の氏姓を賜わった。承和三年(八三六)三月、同郡の讃岐公永直らが朝臣姓を賜わり、右京に貫付された。さらに貞観六年(八六四)八月には、右京の讃岐朝臣高作らが和気朝臣の氏姓を賜わっている。

讃岐朝臣永直 さぬきのあそんながなお 七八三—八六二 九世紀前半の明法家。子の時人は氏姓を和気朝臣と改めた。女は光孝天皇の更衣となり皇子源朝臣旧鑒(もとみ)を生んだ。承和元年(八三四)正月、正六位上から外従五位下に昇叙、同三年三月、大判事明法博士の時、公姓を改めて朝臣姓を賜わり、本拠を讃岐国寒川郡から右京三条二坊に改めた。同八年二月、阿波権掾を兼ね、同十二年、法隆寺の僧善愷が檀越の登美真人直名を訴えた事件の際、善愷を支持した正躬王の側に立って私罪説を主張する伴宿禰善男と対立した。嘉祥元年(八四八)十二月、和気朝臣斉之の大不敬事件に坐して土佐国に流されたが、同三年三月、入京を許され、仁寿三年(八五三)五月に爵を復され、さらに斉衡二年(八五五)二月、明法博士、同三年十二月には明法博士の

ままで大判事となった。貞観元年(八五九)十一月、従五位下を授けられ、同四年八月、八十歳で卒した。『日本三代実録』に載せる卒伝によれば、性は聡明、大学で律令を学び、弘仁六年(八一五)明法得業生となり、数年後に奉試及第し、天長七年(八三〇)明法博士となった。左右の少史・勘解由(かげゆ)次官なども歴任し、判決の正確さには定評があった。晩年は、勅命により私邸で律令を講じた。『令義解』の撰者の一人で、『令集解』所引の「讃記」の著者に擬定されている。

【参考文献】　滝川政次郎「従五位下守大判事兼行明法博士讃岐朝臣永直伝」(『国家学会雑誌』四〇—三・四)、佐伯有清『伴善男』(『人物叢書』)、井上光貞「日本律令の成立とその注釈書」(『日本古代思想史の研究』所収)

讃岐田虫別　さぬきのたむしわけ　雄略朝の人。『日本書紀』によれば、雄略十八年八月、物部菟代(うしろ)宿禰・物部目連を遣わして伊勢の朝日郎(あさけのいらつこ)を討たせようとした時、菟代は朝日郎の弓勢を恐れて敢えて進まず、目が朝日郎を殺した。菟代はこれを恥じて復命しなかった。雄略が侍臣に理由を聞いたところ、讃岐田虫別が進み出て事の顛末を奏したので、雄略は怒り菟代の所有する猪使(名)部を奪い、目に賜わったという。

人康親王　さねやすしんのう　八三一—八七二　仁明天皇の第四皇子。母は藤原朝臣総継の女贈皇太后沢子。光孝天皇の同母弟。承和四年(八三七)六月、山城国空閑地一町を賜わり、同十二年二月、十五歳の時に時康親王(のちの光孝天皇)らと清涼殿で元服。同十五年正月、四品に叙せられ、以後上総太守・弾正尹・常陸太守を歴任したが、貞観元年(八五九)五月、病により二十九歳で出家。法名は法性。同五年四月には家田九十四町を伝法料として延暦寺に施入、翌六年十一月には詔により家の借財を免除された。同十四年(八七二)五月五日、四十二歳で薨じた。その女は藤原朝臣基経室で、時平・忠平らの母。

実世王　さねよおう　九世紀後半の官人。桓武天皇の孫。仲野親王の子。親王の子として四位に叙せられ、貞観十九年(八七七)二月、陽成天皇の即位と斎内親王の卜定を告げるための伊勢神宮使となる。時に従四位下散位。元慶二年(八七八)八月、大学頭に任ぜられる。同六年六月、四人の男子および後産の女子とともに平朝臣の氏姓を賜わる。時に摂津守。なお『日本三代実録』元慶六年六月二十五日条は、賜姓に与ったのは実世王の子供達だけとするが、翌七年正月七日条には「従四位下行摂津守平朝臣実世」とある。同七年正月、従四位上に昇り、その後、卒したとみられる。

狭野茅上娘子　さののちがみのおとめ　『万葉集』第四期の女流歌人。茅上を弟上とする古写本により「おとがみ」ともいう。『万葉集』巻十五の目録によると蔵部の女嬬であった。中臣朝臣宅守と交わした贈答歌群が『万葉集』に収められており(一五—三七二三～三七八五)、うち二十三首が娘子の作歌。中臣朝臣宅守は娘子を娶ったことを咎められ、天平十年(七三八)頃に越前国に配流されていた人物で、娘子の作歌には配流された宅守への激しい情愛の発露がみられる。

沙白蓋盧　さはくこうろ　『日本書紀』神功巻の新羅侵寇記事にみえる人物。同書によると、神功四十九年三月、荒田別(あらたわけ)・鹿我別(かがわけ)が将軍となり、百済の久氐(くてい)とともに卓淳(とくじゅん)国(慶尚北道大邱)に渡って新羅を襲おうとした折、兵力の不足を補うため沙白蓋盧が日本に派遣された。そこで朝廷は木羅斤資(もくらこんし)・沙沙奴跪(さささなこ)に精兵を率いさせ、沙白蓋盧とともに現地に送り、その結果、全軍は卓淳国に集結して新羅を撃破したという。沙白・蓋盧の二人とも考えられる。

【参考文献】　末松保和『任那興亡史』、三品彰英『日本書紀朝鮮関係記事考証』上

狭穂彦王　さほひこのおおきみ　垂仁天皇の皇后狭穂姫の兄。沙本毗古王にも作る。『古事記』開化段によると、開化天皇の皇子日子坐(ひこいます)王の子。母は春日建国勝戸

売(かすがのたけくにかつとめ)の女沙本之大闇見戸売(さほのおおくらみとめ)。『日本書紀』垂仁巻によると、妹の狭穂姫に垂仁を暗殺せよとすすめたが、姫は垂仁を裏切ることができず告白したので、かえって垂仁の討伐を受けるにいたった。狭穂彦は稲を積んで城をつくり(稲城)、かたく守ったのでなかなか破れず、狭穂姫も皇子誉津別(ほんつわけ)命を抱いて兄のもとに走り稲城に籠った。しかし垂仁の将八綱田(やつなた)によって火を放たれ、ついに兄妹ともに攻め殺されたという。『日本書紀』雄略十三年三月条には、狭穂彦の玄孫歯田根(はたね)命が釆女を奸し、馬と大刀でその罪を贖ったとある。『古事記』開化段および『新撰姓氏録』河内国皇別などには、日下部(くさかべ)連・甲斐国造の祖とみえる。

狭穂姫 さほひめ 垂仁天皇の皇后。沙本毗売命にも作る。またの名は佐波遅比売(さはじひめ)。『古事記』開化段によると、開化天皇の皇子日子坐(ひこいます)王の女。母は春日建国勝戸売(かすがのたけくにかつとめ)の女沙本之大闇見戸売(さほのおおくらみとめ)。垂仁の皇后となり、誉津別(ほんつわけ)命を生む。『古事記』『日本書紀』によると、兄の狭穂彦王から夫の垂仁と自分とどちらを愛するか問われ、兄と答えたところ、狭穂彦は垂仁を弑すべしといった。のち、垂仁が姫の膝枕で昼寝をした時、姫は今こそと思ったものの、ついに果たし得ず、思わず涙を流した。それを垂仁に問いただされ、兄の謀反を告白した。よって狭穂彦は垂仁の討伐を受けるにいたり、姫もまたその子とともに兄の稲城の中に入った。垂仁の軍が稲城を囲み、火を放って焼いた時、垂仁は姫と皇子を救おうとしたが、姫は覚悟を決めて兄とともに死に、皇子のみ垂仁のもとに取り戻されたという。

佐味氏 さみうじ 豊城入彦(とよきいりひこ)命の後裔氏族の一つ。狭身にも作る。上毛野(かみつけの)朝臣と同祖で、上野国緑野郡佐味郷(群馬県藤岡市平井一帯)から出た氏族。姓は初め君、天武十三年(六八四)十一月、朝臣を賜わった。『新撰姓氏録』は右京皇別上に収める。天武元年六月、佐味君宿那麻呂が壬申の乱で功績をあげている。越前国には君(公)姓および無姓の佐味氏がおり、丹生郡(弘仁十四年(八二三)の今立郡分立以前の郡域は福井県丹生郡・今立郡・鯖江市・武生市と福井市の一部)の佐味君は譜第の郡領家であった。

佐味朝臣宿那麻呂 さみのあそんすくなまろ 七世紀後半の官人。名は少麻呂にも作る。姓は初め君。壬申の乱で大海人皇子(のちの天武天皇)側の武将となり、天武元年(六七二)六月、大伴連吹負(ふけい)が倭の京を攻略すると、不破宮(岐阜県不破郡関ケ原町野上に作られた行宮)に赴き、大海人皇子に事の状を奏上した。同年七月、近江軍が河内から進軍するのを聞いて、数百人を率いて大坂(奈良県北葛城郡香芝町逢坂)に屯し、河内道を塞いだ。天武十三年十一月、朝臣姓を賜わり、同十四年九月に山陽使者として国司・郡司・百姓の消息を巡察し、持統三年(六八九)六月には撰善言司に任命されている。時に直広肆。

佐味朝臣宮守 さみのあそんみやもり 八世紀中頃の官人。天平勝宝七歳(七五五)十一月、聖武上皇不予の時、左大臣橘朝臣諸兄の祇承人であった宮守は、諸兄が飲酒の庭で言辞の礼なく、謀反の状があることを上皇に告げた。上皇は優容して咎めなかったが、諸兄はこれを知り致仕した。しかし、橘朝臣奈良麻呂の乱が発覚した同九歳七月、宮守の功が認められ、従八位上から従五位下に叙せられた。天平宝字元年(七五七)閏八月の「越前国司解」に越前介として自署している。同三年五月、左京亮となり、同七年正月、安房守、神護景雲二年(七六八)閏六月、越後守に任ぜられた。

佐味朝臣虫麻呂 さみのあそんむしまろ —七五九 八世紀前半の官人。神亀二年(七二五)十一月、中務少丞・従六位上であったが、これより先、播磨直弟兄が唐からもたらした甘子の種子を植えて実を結ばせたことにより、この時、弟兄とともに従五位下を授けられた。同六年二月、長屋王の変の時、衛門佐として、藤原朝臣宇合らとともに六衛府の兵を率い、王の邸宅を囲んだ。天平十五年(七四三)五月、従五位上、同十七年九月、越前守、同十九年九月、治部大輔を経て、同二十年二月、正五位下、天平勝宝九歳(七五七)五月、従四位下に進み、天平宝字三年(七五九)七月、備前守はもとのままで中宮大夫となった。同年十月、卒去した。

沙良真熊　さらしんゆう　新羅人で新羅琴の名手。武蔵国新羅郡(のちの新座郡。現在の埼玉県志木・朝霞・和光・新座の各市)の人。『日本文徳天皇実録』嘉祥三年(八五〇)十一月の治部大輔興世朝臣書主卒伝に、能く和琴を弾じ、大歌所別当となったのは新羅琴を能くする真熊について秘道を得た結果であるとみえ、天安二年(八五八)五月の宮内卿高枝王薨去の条にも、生前、空海の書迹とともに、真熊の琴調を習ったとある。

猿女氏　さるめうじ　天宇受売(天鈿女)命を祖とする氏族。猨女にも作る。姓は公(君)。氏名は、鎮魂祭に楽舞を奉仕する猿女を貢上したことによる。『古語拾遺』は「猿女君氏、神楽の事に供す」と記し、中臣・忌(斎)部・猿女の三氏の職は密接なものと説く。近江・大和国などに分布していたが、大和国添上郡稗田(奈良県大和郡山市稗田町)に居住した一族は稗田を称した。六世紀末に稗田阿礼(あれ)が出ている。この氏の勢力は早くに衰微し、猿女は長くその養田を管理していた小野・和邇部(わにべ)両氏から出されていたが、小野氏の申請により、弘仁四年(八一三)十月、両氏からの貢進を停廃し、猿女公の氏女を貢上することとなった。

【参考文献】田中日佐夫「日本神話と猿女氏」(『講座日本の神話』8所収)

佐魯麻都　さろまつ　六世紀中頃、安羅(慶尚南道咸安)日本府にあって親新羅政策を推進した韓腹系の倭人。その素姓と権勢について、欽明五年(五四四)三月の百済聖明王の上表文では「是れ小家の微者と雖も専ら日本府の政を擅(ほしいままに)す」「是れ韓腹と雖も、位大連に居り、日本の執事の間に厠(まじは)りて、栄班貴盛の例に入る」と記されている。『日本書紀』欽明五年二月条所引の『百済本記』の記述から、当時佐魯麻都と行動した河内直(加不至費直。かふちのあたい)・阿賢移那斯(あけえなし)、顕宗三年、百済との戦いに敗死した左魯那奇他甲背(さろなかたこうはい)たちと系譜的に繋がる可能性がある。佐魯麻都が安羅日本府を操る新羅派として百済の排斥を受けた六世紀中頃の任那は、すでに南加羅(慶尚南道金海)・卓淳(とくじゅん。慶尚北道大邱)・喙己呑(とくことん。慶尚北道慶山)などの国々が新羅の手に帰し、一方では、高句麗によって失った北方領土を補うべく、百済の南進が積極化していた時代であった。こうした状況下、安羅日本府は親新羅的な様態を示すことによって百済に牽制を加える政策をとったが、その代表的な策謀者が佐魯麻都であった。したがって百済は任那再建を口実として、佐魯麻都の追放を我が国に求め続けた。欽明二年(五四一)七月、安羅日本府が新羅と通計していることを知った百済は使を送り、その中心的人物と目された河内直・阿賢移那斯・佐魯麻都たちを責罵した。同四年十二月の百済の群臣会議は、これら人物の安羅からの追放を日本に要請することを決議し、翌年十一月には聖明王みずから日本府臣・任那諸国の執事を自廷に招集して任那政策の基本方針を提示するが、そのなかにも佐魯麻都らの本国送還が含まれていた。佐魯麻都らが新羅のみならず、高句麗とも通じているとの百済の訴えが『日本書紀』欽明十年六月条にみえるが、真偽の程は検討の要があろう。親新羅政策による百済への牽制を良策と考えていた我が国は、これらの人物の本国召還には終始消極的であったが、百済もまた五四八年の馬津(忠清南道礼山)の役を皮切りとして高句麗の攻勢が激化するに伴い、佐魯麻都らの問題も自然に終焉することになった。

【参考文献】笠井倭人「加不至費直の系譜に

ついて」(三品彰英編『日本書紀研究』五所収、山尾幸久『日本古代王権形成史論』

早良親王 さわらしんのう 七五〇—七八五 八世紀後半の皇太子。光仁天皇の皇子。母は高野朝臣新笠。桓武天皇の同母弟。天応元年(七八一)四月、桓武の即位に伴い、皇太子に立てられた。当時、桓武の皇子がまだ幼少であり、さらに光仁上皇の強い推輓もあって、皇太子に選ばれたと推測される。延暦四年(七八五)九月、造営中の長岡京で桓武の寵臣藤原朝臣種継が殺される事件が起こった。ところが下手人として逮捕された大伴宿禰継人・佐伯高成らは、春宮大夫でもあった故大伴宿禰家持が首謀者で早良の耳にも入れてあったこと、継人らも早良を擁立して君とする計画のあったことを自白したという。これにより早良は直ちに皇太子を廃され、乙訓(おとくに)寺(京都府長岡京市今里)に幽閉された。しかし早良はこののち十余日間全く飲食を断ち、淡路に移配される途中の高瀬橋(大阪府守口市高瀬町の淀川にかかる橋)頭でこときれた。それでも屍はなお淡路に送られて葬られ、同年十月には天智天皇の山科山陵、光仁天皇の田原山陵、聖武天皇の佐保山陵に廃太子を報告する使者が遣わされた。早良の死に方は異常であって、時の人にも不本意な憤死と映った。この連坐事件については、種継暗殺事件が政治的に利用され、早良をおいおとして桓武の嫡子安殿(あて)親王(のちの平城天皇)の立太子の実現を図ろうとする桓武周辺の動きと結合して唱えられたとみる説が有力である。そののち、延暦九年閏三月、桓武の皇后藤原朝臣乙牟漏の薨去による大赦で親王号を復されたらしく、淡路の墓にも守家一烟が宛てられ待遇が改められた。ところが同十一年、皇太子安殿の病が早良の祟りによるものと占われてから、早良の怨霊への畏怖感が強まり、鎮謝が盛んに行なわれるようになった。まず同年に冢墓の下に隍(ほり)をおき濫滅しないように改作され、同十六年に僧が遣わされて転経悔過により霊に謝している。次いで同十八年に奉幣し、同十九年七月には崇道(すどう)天皇の尊号を追贈するとともに墓を山陵と改称させた。同二十四年には淡路に崇道天皇のため寺をたてさせ、国忌と奉幣の例にも与らせることとし、また改葬崇道天皇司を任じて山陵の大和移転にも着手した。弘仁元年(八一〇)には早良と種継の間が好くなかったとした部分の『続日本紀』の記事を破棄する旨の告文が柏原陵に告げられている。貞観五年(八六三)五月に神泉苑(平安左京三条一坊)で御霊会が修せられたが、この鎮祀の対象となった御霊の一つにも数えられた。当事者の桓武を始めとして長く平安時代の皇貴族を悩ます怨霊の一つとして怖れられた。墓陵は大和国添上郡の八嶋山陵(奈良市八島町が墓陵の地とされる)。なお、『東大寺要録』などにみえる親王禅師は早良であることが明確にされており、また同書巻三末尾の書き入れは、崇道天皇を実忠の弟子とするが、東大寺の運営について早良が主導権を握っていたとみる説がある。

【参考文献】 北山茂夫「藤原種継事件の前後」(『日本古代政治史の研究』所収)、山田英雄「早良親王と東大寺」(『南都仏教』一二)、佐久間竜「実忠」(『日本古代僧伝の研究』所収)

讃 さん 倭の五王の一人。『宋書』倭国伝によると、四二一年、入貢して除授を賜い、四二五年、司馬曹達を遣わして方物を献じたという。『梁書』倭伝では賛と記す。我が国歴代への比定については応神・仁徳・履中天皇の各説が併存する。

【参考文献】 笠井倭人『研究史 倭の五王』、坂元義種『古代東アジアの日本と朝鮮』

算延 さんえん 文徳天皇の皇子。母は丹治比(たじひ)氏。母の氏名によって丹治比君とも称せられる。名は毎有。仁寿三年(八五三)六月、兄弟の能有・時有・本有らとともに源朝臣の氏姓を賜わった。斉衡三年(八五六)三月、文徳が円仁を冷然院に請じて両部灌頂を受けた時、毎有も灌頂を受けた。天安二年(八五八)三月、常寧殿で弟の時有とともに出家。時有の法号は素延。貞観年中(八五九—八七七)東寺の宗叡から空海所伝の悉曇

(しったん)を学び、また円珍について難陀三蔵所伝の悉曇を習学。算延はこの両悉曇音を斉詮に伝え、斉詮はこれを安然に伝えた。

【参考文献】 橋本進吉「安然の悉曇血脈中に見ゆる文徳天皇第二皇子算延」(『伝記・典籍研究』所収)、佐伯有清『慈覚大師伝の研究』

三修 さんじゅ 八二九—八九九 九世紀後半の東大寺の僧。法相宗・真言宗。俗姓は菅野氏。明詮から法相、宗叡から真言の教えを受ける。仁寿年中(八五一—八五四)近江国の伊吹山(滋賀県坂田郡と岐阜県揖斐郡の境にある伊吹山地の主峰)に入り、二十余年間修行を積んだ。仁明天皇の建立にかかる護国寺(伊吹山中にあった寺院。貞和三年(一三四七)伊吹山南麓の坂田郡山東町朝日に移る)に住したが、元慶二年(八七八)奏言してこの寺院が定額寺となるよう願い、許可された。寛平六年(八九四)維摩会の講師となり、翌七年には権律師に任ぜられた。昌泰二年(八九九)五月十二日、入寂。

三澄 さんちょう 九世紀中頃の僧。『大乗経』を学び、檀波羅蜜を行じたと伝える。摂津国嶋下郡所在の神岑山寺(かぶさんじ。竜王山山麓の大阪府茨木市忍頂寺にある)は三澄が国家のために建立した寺院で、春には『最勝王経』を演説し、秋には『法華経』を吼講していたが、貞観二年(八六〇)九月に奏言してこの寺院を御願真言一院とし、また寺名を忍頂寺とする旨を請願し、詔により許可された。

し

椎田氏 しいだうじ 宣化天皇の子孫。姓は君。『古事記』宣化段に、宣化天皇と川内の若子比売との子火穂王は志比陀君の祖とあり、『日本書紀』宣化元年三月条にも前の庶妃大河内稚子媛との子火焰(ほのお)皇子は椎田君の先とみえる。因みに、『先代旧事本紀』帝皇本紀、『本朝皇胤紹運録』は皇后橘仲皇女との子上殖葉(かみつうえは)皇子を(丹比)椎田君の祖とする。氏名は摂津国河辺郡の椎堂(兵庫県尼崎市椎堂)の地名に因むか。これとは別に『和泉監正税帳』の倉別の署名に令史、従八位下椎田連嶋麻呂の名がみえる。

椎根津彦 しいねつひこ 伝説上の人物。もとの名は珍(うず)彦。『古事記』は槁根津日子(さおねつひこ)に作る。『日本書紀』によると、神武天皇東征の途中、速吸之門(はやすいなと。豊予海峡)において出会った漁人(あま)で、みずから国神(くにつかみ)と名乗り、神武を奉迎し、先導役を務めた。「椎根津彦」はこの時、神武から賜わった名。倭直(やまとのあたい)の始祖であるとする。『新撰姓氏録』

にもこの名は散見し、また神知彦（かむしりつひこ）ともある。

慈雲　じうん　七五八―八〇六　八世紀後半の僧。『扶桑略記』大同元年（八〇六）八月条の卒伝に、右京の人、俗姓は長屋忌寸、神護景雲四年（七七〇）得度。学業とくに高く、無性摂証などを講じ、大和国普光寺伝法講師を務めたが、綱務は掌らなかった。没年四十九歳、伝燈大法師とある。『元亨釈書』には、姓長尾氏、平安城の人、無性摂論などを講じ、普光寺講師とあり、大同二年（八〇七）四十九歳で寂すと記されている。

塩屋氏　しおやうじ　武内宿禰の後裔氏族の一つ。姓は連。『日本書紀』大化二年（六四六）三月条に塩屋鯯魚（このしろ）という人物がみえ、斉明四年（六五八）十一月条に、有間皇子の事件に連坐して斬首されたとある。『新撰姓氏録』は河内国皇別に載せ、道守（ちもり）臣と同祖で、武内宿禰の男葛城曾都比古（かずらきのそつひこ）命の後裔とする。『続日本紀』養老五年（七二一）正月条以下に、明法家塩屋連古麻呂がみえる。一説に伊勢国奄芸郡塩屋郷（三重県鈴鹿市稲生町塩屋付近）の豪族という。

塩屋連鯯魚　しおやのむらじこのしろ　―六五八　七世紀中頃の官人。名を小戈にも作るが、小代あるいは木代の誤写ともいう。『日本書紀』によると、大化二年（六四六）三月、東国国司への功過に際して鯯魚ら六人は孝徳天皇に従順であったとして誉め讃えられた。しかし、斉明四年（六五八）十一月、有間皇子事件に守君大石・坂合部連薬らと連坐して捕えられ、紀の温湯（和歌山県白浜町湯崎温泉）に送られ斬首された。この時、「願はくは右手をして、国の宝器を作らしめよ」と言い残したという。

塩屋連古麻呂　しおやのむらじこまろ　八世紀前半の明法家。名を吉麻呂にも作る。養老五年（七二一）正月、従七位下の下級官人であったが、退朝ののち、東宮に侍して明法の学をもって進講し、同月、明法家として学業に優れ師範たるに堪える人物として絁（あしぎぬ）・糸・布・鍬などを賜わった。また、藤原朝臣不比等を中心に進められた『養老律令』の撰修に加わり、その功績により同六年二月、田五町を賜わり、以来、明法学の大家として令条の解釈などにも実力を発揮したらしく『令集解』にその名がみえ、刑部省判事・大学頭などを歴任した。しかし、天平十三年（七四一）正月、外従五位下の時、藤原朝臣広嗣の乱に連坐して配流された。のちに、天平宝字元年（七五七）十二月、先の『養老律令』撰修による功田を下功として子に伝えることを許された。『懐風藻』に、長屋王の宅で宴会があった時に作った五言詩一首が収められている。

塩焼王　しおやきおう　―七六四　天武天皇の皇孫新田部親王の子。不破内親王を妻とした。のちに臣下に降下して氷上真人の氏姓を賜わり、氷上真人塩焼と称した。天平五年（七三三）三月、無位から従四位下に叙せられ、同十二年正月、従四位上に昇り、同年十月、伊勢行幸の際に御前長官を務め、同年十一月、正四位下に昇った。同十四年八月、紫香楽（しがらき。宮跡は滋賀県甲賀郡信楽町にある）行幸の御前次第司を務めたが、同年十月、突然女孺らと下獄し、伊豆三嶋（伊豆国賀茂郡三嶋郷。比定地未詳。伊豆諸島の総称とする説がある）に配流された。同十七年、配流を解かれて帰京、翌十八年閏九月、本位正四位下に復された。天平勝宝九歳（七五七）四月、藤原朝臣豊成・永手らにより皇太子に推挙されたが退けられた。こののち橘朝臣奈良麻呂の乱に連坐したが免罪された。以後、従三位に昇り、礼部（治部）卿・参議・美作守・中納言・文部（式部）卿などを歴任、同八年九月、藤原朝臣仲麻呂が謀反を起こし、塩焼を立てて今帝と称したため誅殺された。

【参考文献】高島正人『奈良時代諸氏族の研究』

磯城県主　しきのあがたぬし　大和国磯城地方出身の豪族。志貴・師木にも作る。天武十二年（六八三）十月、連の姓を賜わる。磯城の氏名は大和国磯城（のちの城上郡（奈良県桜井市北部と天理市の一部など）・城下郡（奈良県磯城郡の大半と天理市の一部)の地名に由来し、この地には志貴御県坐神社(奈良県桜井市金屋)が鎮座する。磯城県主の祖については、『新撰姓氏録』大和国神別に、神饒速日(かんにぎはやひ)命の孫日子湯支命とするが、『先代旧事本紀』天孫本紀では、饒速日命の七世孫建新川命とも、建新川命の兄十市根命の子物部印岐美(いなきみ)連公ともする。また『日本書紀』には、神武天皇東征の時に活躍した弟磯城(おとしき)を磯城県主としたとある。なお、『古事記』『日本書紀』には、同氏の女性が綏靖(すいぜい)から孝安(こうあん)までの歴代天皇の皇妃となったという伝承がみえる。これを史実と認めることはできないとしても、磯城県主が古く朝廷と密接な関係をもっていたことがうかがわれる。

【参考文献】佐伯有清『新撰姓氏録の研究』考証篇四

施基皇子　しきのみこ　—七一六　天智天皇の第七皇子。母は越(こし)の道君伊羅都売。万葉歌人。志貴・芝基・志紀にも作る。光仁天皇(白壁王)・湯原王・榎井王らの父。光仁即位後の宝亀元年(七七〇)十一月、追尊されて春日宮天皇といい、田原天皇ともいう。天武八年(六七九)五月、天武天皇・皇后(のちの持統天皇)・草壁皇子・大津皇子らと千歳の無事を誓った。朱鳥元年(六八六)八月、各皇子の増封に際し、封二百戸を加えられ、持統三年(六八九)六月、撰善言司に任命された。大宝三年(七〇三)九月、近江国の鉄穴を賜わり、同年十月、持統の御葬送の造御竈長官となり、同四年正月、封百戸を加増された。慶雲四年(七〇七)六月、文武天皇崩御に際し殯宮(もがりのみや)に供奉した。和銅元年(七〇八)正月、三品を授けられ、同七年正月、封二百戸を増益、同八年正月、二品を授けられた。霊亀二年(七一六)八月、薨去。『万葉集』にいずれも著名な六首(一—五一・六四、三—二六七、四—五一三、八—一四一八・一四六六)が収められている。

【参考文献】金子武雄「天智天皇の諸皇子・諸皇女」(『万葉集大成』九所収)、大浜厳比古「志貴皇子」(久松潜一監修『万葉集講座』五所収)

磯城皇子　しきのみこ　天武天皇の皇子。母は宍人(ししひと)臣大麻呂の女檝媛娘(かじひめのいらつめ)。朱鳥元年(六八六)八月、施基(芝基)皇子とともに封二百戸を加えられた。『新撰姓氏録』左京皇別の三園真人条に、浄広壱(じょうこういつ)の位を冠し磯城親王として記され、後裔氏族として三園真人・笠原真人をあげている。磯城皇子の五代の孫に坂井王がおり、『日本三代実録』貞観四年(八六二)五月条に、清原真人の氏姓を賜わったことがみえる。

【参考文献】佐伯有清『新撰姓氏録の研究』考証篇一

慈訓　じくん　六九一—七七七　八世紀中頃の興福寺の僧。「じきん」ともいう。河内国の人。俗姓は船氏。天平勝宝七歳(七五五)七月の「写経所請経注文」に宮中講師とあり、同八歳五月、聖武太上天皇の看病禅師、特に太上天皇不予に際し、心力を尽くして昼夜に労勤した功により「華厳講師慈訓」として賞せられ、少僧都となった。藤原朝臣仲麻呂と結んで勢力を拡大し、天平宝字元年(七五七)興福寺別当にもなる。しかし、同七年九月、政を行なうに理に乖き、僧綱たるに堪えずとの理由で少僧都を解任され、代わって道鏡が就任した。神護景雲四年(七七〇)八月、道鏡失脚ののち少僧都に復任、宝亀八年(七七七)入滅。なお、慈訓の教学について『七大寺年表』は法相宗良敏の弟子とするが、『三国仏法伝通縁起』中巻・『続日本紀』に華厳講師という。これは新羅仏教の両宗兼学の影響とみられる。『東域伝燈目録』諸宗録・『梵網経上巻抄記』一巻の著書があるという。

【参考文献】佐久間竜「慈訓」(『日本古代僧伝の研究』所収)

滋岳朝臣川人　しげおかのあそんかわひと　—八七四　九世紀中頃の陰陽家。氏姓は初め刀岐直、仁寿四年(八五四)九月、滋岳朝臣を賜わった。時に陰陽権允兼陰陽博士正六位。以来、陰陽権助・陰陽頭、また播磨権介などを務め、貞観十六年（八七四）五月、卒した。時に従五位上安芸権介。その著書は多いが、ほとんど散逸し、書目が『類聚国史』『本朝書籍目録』に記されているのみである。なお、『今昔物語集』に見事な陰陽師ぶりを示す話がみえる。

【参考文献】　村山修一『日本陰陽道史総説』

滋野氏　しげのうじ　紀（直）氏と同系氏族。氏姓は初め楢原造、のちに勤（伊蘇志）臣、次いで滋野宿禰と改める。弘仁十四年（八二三）には朝臣姓を賜わった。『日本三代実録』貞観元年（八五九）十二月条に、滋野朝臣貞雄の卒伝を載せ、その父家訳（いえおさ）に延暦十七年（七九八）伊蘇志臣を改めて滋野宿禰を賜うとみえ、『日本文徳天皇実録』仁寿二年（八五二）二月条の滋野朝臣貞主の卒伝も同様の記事を載せる。『新撰姓氏録』は右京神別下に載せて「紀直と同祖、神魂命の五世孫、天道根命の後」とする。

滋野朝臣貞雄　しげののあそんさだお　七九五―八五九　九世紀前半の官人。尾張守滋野朝臣家訳（いえおさ）の子。兄に参議滋野朝臣貞主がいる。弘仁十四年（八二三）に宿禰から朝臣に改姓した。幼時から大学に遊び、詞賦に習熟した。弘仁七年以降、主殿少属・掃部権允・右衛門少尉を歴任、嵯峨天皇に召されて近侍した。承和五年（八三八）十一月、従五位上、同十三年正月、正五位下、嘉祥三年（八五〇）正月、従四位下に昇り、この間、丹波守・但馬権守・摂津守などを務め、貞観元年（八五九）十一月、従四位上に昇ったが、同年十二月二十二日、六十五歳で卒した。

滋野朝臣貞主　しげののあそんさだぬし　七八五―八五二　九世紀前半の学者。尾張守滋野朝臣家訳（いえおさ）の子。大学頭楢原造東人の曾孫。大同二年（八〇七）文章生試に及第し、弘仁二年（八一一）少内記となる。以後、大内記・図書頭・宮内大輔・兵部大輔・大蔵卿・式部大輔を歴任し、承和九年（八四二）参議に任ぜられた。この間、弘仁十一年には外従五位下を授けられ、翌年入内し、また同十四年には父とともに朝臣の姓を賜わった。承和十一年（八四四）城南の宅を捨てて寺とし、慈恩寺（平安右京九条一坊十一―十四町の西寺の南に位置し、九条大路南側にあった）と命名し西寺別院とした。翌年には「便宜十四事」を陳じた。嘉祥三年（八五〇）正四位下となり、宮内卿で相模守を兼ねた。仁寿二年（八五二）二月八日、毒瘡によって慈恩寺西書院で卒去。時に六十八歳。弘仁九年に『文華秀麗集』、同十二年に『内裏式』の編纂に参加し、天長四年（八二七）には『経国集』撰定の中心となる。また天長八年には勅により諸儒とともに類書『秘府略』一千巻の編纂をなし遂げた。貞主の長女縄子、二女奥子はともに仁明天皇の後宮に入り、皇子女をもうけた。

滋野朝臣縄子　しげののあそんつなこ　九世紀中頃の女官。仁明天皇の女御。参議貞主の女。性格は穏やかで素直、立居振舞は中庸だったので、ことに仁明の恩幸を受けた。天長十年（八三三）五月、その生んだ皇子に六歳で夭折されたが、本康親王・時子内親王・柔子内親王らを生み育てた。承和三年（八三六）四月、無位から正五位下を授けられた。その後さらに位階は昇進し、極位は従四位上であったらしい。

滋野朝臣岑子　しげののあそんみねこ　九世紀中頃の女官。文徳天皇の後宮。滋野朝臣貞雄の女。文徳の後宮に仕えて本有・載有・淵子・滋子の二皇子二皇女を生み、その皇子女らはみな源朝臣の氏姓を賜わった。貞観九年（八六七）正月、無位から従五位上に叙せられた。

滋水氏　しげみずうじ　光孝天皇の後裔氏族。姓は朝臣。「よしみず」とも訓む。仁和二年（八八六）十月、光孝の皇子で初め源朝臣の氏姓を賜わり、のちに過ちにより除籍され無姓となっていた清実に、滋水朝臣の氏姓を賜わり、平安右京一条に貫したのに始まる。

滋水朝臣清実　しげみずのあそんきよみ　光孝天皇の皇子。母は布勢氏。貞観十年（八六八）源朝臣の氏姓を賜わった。しかし、過失があって除籍され、無姓となって十年余を経過、二品本康親王らの上表により、仁和二年（八八六)十月、滋水朝臣の氏姓を賜わり、平安右京一条に貫付された。

滋世氏　しげようじ　於(うえ)公氏の後裔。姓は宿禰。『日本三代実録』貞観四年(八六二)五月条に、右京の人左弁官史生従六位下於公浦雄と弟菅雄・主雄ら三人に滋世宿禰の氏姓を賜わったとみえる。

慈恒　じこう　七六三―八二七　八世紀後半―九世紀初めの興福寺の僧。慈厚にも作る。山城国の人。俗姓は茨田(まんた)氏。興福寺の籍にかかり、唯識を学習した。因明に精通し、その才を多くあらわしたが、その行は少なかったため、世の人これを遺憾としたという。天長四年(八二七)二月、六十五歳で入滅。

宍人氏　ししひとうじ　大彦命の後裔氏族の一つ。阿倍氏と同祖。完人にも作る。姓は初め臣、天武十三年(六八四)八色の姓制定に際し、朝臣を賜わる。傍系では、天武十年に宍人造老が連を賜わった。宍人の氏名は、鳥獣の肉を調理する品部である宍人部を管掌したことに因む。『日本書紀』雄略二年十月条に、膳(かしわで)臣長野がよく宍膾(なます)を作ったことから宍人部として貢せられ、次いで厨人の菟田御戸部真鋒田・高天の二人が加え貢せられ、さらに大倭国造の吾子籠(あごこ)宿禰が狭穂子鳥別を貢し、臣・連・伴造・国造などの諸豪族も宍人部を貢進したとある。宍人朝臣氏の一族には大膳職や内膳司の官人となった者が多くみえる。宍人(部)は大和国宇陀郡・添上郡や山城・駿河・伊豆・武蔵・若狭・越前・伯耆などの諸国に分布する。

【参考文献】佐伯有清『新撰姓氏録の研究』考証篇一

思託　したく　八世紀の唐僧。鑑真の弟子。唐沂州の人。俗姓は王氏。瑯琊王仙人王喬の子孫という。もと開元寺に住し、のち天台山に入る。玄宗の勅により、参玄に与る。鑑真を受戒依学となし、天台と律を学んだ。鑑真が日本に渡り戒律を伝えることを決意した時から行をともにし、鑑真とともに幾度の苦難に出会った。この間十二年に及び、四度船を造り、五度海に入ったという。唐の天宝十二載(七五三)の日本渡航に参加、ついに天平勝宝六年(七五四)来朝を果たした。天平宝字元年(七五七)鑑真が備前国の水田百町と新田部親王の旧宅を勅により賜わった際、伽藍建立を鑑真に請い、同三年八月、唐招提寺(平城右京五条二坊内。奈良市五条町)の建立を果たした。また、同七年五月、鑑真入滅に際し、「五言、大和上伝燈日本にて逝くを傷む」の詩一首を詠じた。著書には、鑑真の不惜身命の熱意を述べ、その苦難の渡航を記したという『大唐伝戒師僧名記大和上鑑真伝』(略して『広伝』。現存しないが、それを略述したのが『唐大和上東征伝』)、日本最初の僧伝として『続日本紀』にもない記事を載せる『延暦僧録』(現在散逸、『扶桑略記』『日本高僧伝要文抄』『東大寺要録』に断片的に引用される)がある。

【参考文献】蔵中進「思託―渡来僧の生涯と文学―」(『唐大和上東征伝の研究』所収)

実恵　じちえ　七八六―八四七　九世紀前半の真言僧。実慧にも作る。空海の直弟子。讃岐国佐伯氏の出身。延暦二十三年(八〇四)受戒して比丘となり、大安寺泰基に師事、続いて空海に師事し、弘仁元年(八一〇)両部灌頂を受けた。同三年、高雄山寺三綱の寺主(てらしゅ)、のち高野山開創に努力。承和三年(八三六)には空海をついで東寺長者となる。同七年に少僧都、東寺春秋の結縁灌頂も始めた。そのほか初期真言宗教団の経営に尽力。承和十四年、卒した。時に六十二歳。

実忠　じっちゅう　七二六―　八世紀中頃―九世紀初めの東大寺の僧。出自は不明。一部には『東大寺縁起』当寺碩徳事条の天竺人の記載を容認する見解もあるが、これは書写の過程で、菩提との混同から起こったものと考えられる。東大寺や良弁(ろうべん)との関係がいつ始まったかは明らかでないが、天平宝字四年(七六〇)良弁の目代となり、天平神護二年(七六六)までその任にあった。時に良弁は東大寺別当・大僧都を兼任していた。天平宝字八年九月に藤原朝臣仲麻呂の乱が起こると、東大寺はあげて孝謙天皇・道鏡方についたが、実忠は彼自身の名で軍馬の蒭(まぐさ)を献上したという。また、乱後に行なわれた西大寺や西隆寺等の建立事業にも深く関与したと思われる。次いで実忠は目代から少鎮となる。『東大寺権別当実忠二十九ヶ条』では、神護景雲元年(七六七)から宝亀四年(七七三)までの七年間とするが、天平神護二年からとも考えられる。この鎮とは三綱の上に置かれたもので、当時実忠の上司には、有能な実務派の僧中鎮平栄がいた。実忠のこの時点での僧位は修学進守大法師で、東大寺内では、良弁・平栄につぐ地位にあった。宝亀四年十一月、良弁は死去するが、翌五年から九年にかけて実忠は寺主(てらしゅ)となる。この頃から、実忠の弟子という早良(さわら)親王が、東大寺の運営に大きな力を発揮し始める。天応元年(七八一)に早良親王は皇太子となるが、遷都問題が具体化していくなかで、反対派の東大寺が皇太子にかけた期待は大きかった。しかし、等定の別当就任以後は状況が悪化し、実忠はいっさいの実務を離れ、延暦八年(七八九)には造東大寺司さえ廃止されてしまう。だが、遷都問題が一段落すると実忠は再び東大寺の中枢にもどり、二度にわたって華厳供大学頭となり、三度上座を務め、さらに造東大寺司の後身造寺務所にも関与して、東大寺の修理・造営を一手にひきうけている。その上、大同四年(八〇九)六月の「東大寺地換地記」には修理別当とある。齢すでに八十歳をこえた実忠にこのような役が与えられたことは、長い東大寺での実績を物語っているといえよう。また、今に伝わる二月堂の十一面悔過は、実忠によって創始されたという。

【参考文献】森蘊「実忠和尚の業績」(『奈良を測る』所収)、松原弘宣「実忠和尚小論」(『続日本紀研究』一七七)、佐久間竜「実忠」(『日本古代僧伝の研究』所収)

実敏　じつびん　七八八―八五六　九世紀前半の西大寺・東大寺の僧。三論宗。俗姓は物部氏。尾張国愛智郡(愛知県愛知郡および名古屋市・豊明市の大半と瀬戸市の一部)出身。その母は室中に三重塔が建つ夢を見た後、実敏を懐妊したという。十三歳の時、伯父の中安大法師に従って平安京に入り、たちまちのうちに経論を修得したという。のち西大寺の玄叡律師に三論を学び、また玄叡の依頼をうけた安澄にも学び、二十歳で東大寺戒壇にのぼり具足戒をうけた。さらに入唐大僧都永忠を梵釈寺に訪ね、『大智度論』を学んで西大寺に帰る。弘仁十年(八一九)興福寺維摩会の竪義となり、衆僧あまねくそれに傾聴したという。『東大寺別当次第』によれば、承和五年(八三八)已講のまま別当となり、以後五年間その任にあったというが、この間の別当を円明とする異説もある。また同九年、大極殿最勝会の講師となり、仁明天皇に賞賛された。翌十年、律師となり(以後、僧綱に任ぜられた年次については異説が多いが、ここでは文書の署名から確認できる説をとる)、嘉祥元年(八四八)少僧都となった。同三年、清涼殿で四宗の講讃論議が開かれた時、実敏は三論宗を講じて名声をはせた。仁寿三年(八五三)大僧都にのぼり、斉衡三年(八五六)九月、入寂した。時に六十九歳、夏臈五十歳であった。

持統天皇　じとうてんのう　六四五―七〇二　称制六八六―六九〇、在位六九〇―六九七。七世紀末の女帝。天智天皇の第二皇女。母は蘇我倉山田石川麻呂の女遠智娘(おちのいらつめ)。皇后・称制・天皇・太上天皇の地位で律令国家体制の完成に努めた。和風諡号は初め大倭根子天之広野日女(おおやまとねこあまのひろのひめ)尊、次いで高天原広野姫(たかまのはらのひろのひめ)天皇。第四十一代に数えられる。鸕野讃良(うののさらら)皇女・鸕(菟)野皇女・沙羅羅皇女にも作る。斉明三年(六五七)十三歳で叔父大海人皇子(のちの天武天皇)に嫁し、よき伴侶となった。同七年、斉明天皇が唐と新羅に滅ぼされた百済再興のために九州に赴いた時、大海人とともにこれに随行し、翌天智元年(六六二)筑紫の娜(な)の大津(福岡市博多)で草壁皇子を生む。夫の大海人はながく兄天智の改新政治を助け、人望も高く、次期天皇と目されていたが晩年の天智が持統の異母弟大友皇子への譲位をはかるにいたって兄弟は対立し、同十年十月、危険を知った大海人は出家して近江大津宮を去り、吉野に入った。持統も草壁を連れて行をともにした。同年十二月、天智が崩じ、翌年六月、大海人は持統らを従え、東国に走って壬申の乱を起こし、約一カ月の戦闘ののち大友が主宰する近江朝廷を倒し、皇位を獲得した。翌年、大海人は飛鳥浄御原宮に即位して天武天皇となり、持統は皇后に立てられた。持統は政治家としての才能にすぐれ、天武をよく補佐した。天武朝に格段に前進した律令国家建設事業は両者の共同政治の成果とみられる。天武には嫡子草壁皇子のほか、持統の姉大田皇女の生んだ才幹抜群の大津皇子など十人の皇子があり、皇位争いを恐れ、皇太子の決定が遅れていたが、天武八年(六七九)五月、天皇・皇后と草壁ら六皇子の吉野宮(奈良県吉野郡吉野町宮滝か)での盟約を経て同十年二月にようやく草壁皇太子が実現した。持統の強力な働きかけがあったのであろう。朱鳥元年(六八六)九月、天武が崩ずると、持統は即位の式をあげずに政治をとり(称制)、皇太子とともに政治権力を掌握し、翌十月、大津皇子を謀反を理由に処刑した。しかし即位の期待された草壁皇子は持統三年(六八九)四月、病気のため二十八歳で薨じ、持統は大きな打撃をうけたが、草壁の遺児軽(かる)皇子(のちの文武天皇)の成長に望みをかけ、天武朝の政治の達成に努めた。同年六月、『飛鳥浄御原令』を施行し、翌年正月、即位の式をあげて九月に『庚寅年籍』の作成を始め、国家の諸制度を充実させ、同八年十二月、中国の都城にならって造営した藤原京に遷都。同十一年八月、譲位して軽皇子を文武天皇としたが、太上天皇として文武とともに政治をとった。大宝元年(七〇一)八月に『大宝律令』が成り、律令国家の体制が整った。その翌年十二月十二日、五十八歳で崩じ、天武の檜隈大内(ひのくまのおおうち)陵(奈良県高市郡明日香村野口)に追葬された。著名な歌人として、『万葉集』に数首(一―一二八、二―一五九～一六二、三―二三六?)を伝える。

【参考文献】北山茂夫『天武朝』、直木孝次郎『持統天皇』(『人物叢書』)、北山茂夫「持統天皇論」(『日本古代政治史の研究』所収)、上田正昭「持統天皇」(『人物日本の歴史』1所収)

倭文氏　しどりうじ　倭文部の伴造氏族。委文にも作る。氏名は倭文という織物に基づく。姓は初め連、天武十三年(六八四)十二月、宿禰を賜わる。『新撰姓氏録』大和国神別の委文宿禰条には「神魂(かみむすび)命の後、大味宿禰より出づ」とあるが、摂津国神別の委文連条には角凝魂命の男伊佐布魂命の後、同じく河内国神別の委文宿禰条にも角凝魂命の後とみえる。祖先神は『日本書紀』神代巻下に倭文神建葉槌命とするが、『古語拾遺』には天羽槌神を倭文の遠祖とし、「文布を織らしむ」とある。

司馬曹達　しばそうたつ　倭王讃の臣。『宋書』夷蛮伝、倭国の条によると、宋の元嘉二年(四二五)に倭王讃(履中天皇説・仁徳天皇説・応神天皇説がある)によって宋に遣わされ、文帝(在位四二四―四五三)に表を奉り、方物(地方の名産)を献上した。司馬を軍事に関する官職名とする説がある。

慈宝　じほう　七五八―八一九　八世紀末―九世紀初めの僧。勝悟の弟子。大和国平群郡(奈良県生駒郡と生駒市・大和郡山市の一部)の人。俗姓は朝戸氏。大僧都にもなった元興寺の勝悟に従って法相宗を学んだ。勝悟の卒伝には、護命・泰演らとともにその名を記され、これらの優れた僧を育てたとある。勝悟は慈宝の才の敏慧なるをみて、婉閨を設けたが、これにより、わざわいが生じることにもなったという。弘仁十年(八一九)十一月、六十二歳で入滅。『元亨釈書』は慈宝を評して、人は皆小さな疵があり、それによってその大いなる徳を匿してしまうが、慈宝は大いなる疵があっても、なお徳の大きさを匿しきれないゆえに、その伝を削ることをしなかったという。

嶋田朝臣清田　しまだのあそんきよた　七七九―八五五　九世紀前半の官人。正六位上嶋田臣村作の子。少時より学を好み、経史に通じ、文章生試験に及第して大学少属となった。のち、大宰少典・内蔵少属を歴任した。『日本書紀私記』弘仁私記序には、弘仁四年(八一三)の『日本書紀』の講書に関わったものとして無位嶋田臣清田の名がみえる。弘仁十四年、臣姓を改めて朝臣姓となり、少外記・大外記を務め、勘解由判官・下野権掾などを兼ね、天長六年(八二九)正月、従五位下に昇り、宮内少輔・治部少輔・伊賀守などを歴任したが、この間、『日本後紀』の編纂に参加した。仁寿元年(八五一)十一月、従五位下に昇り、斉衡二年(八五五)九月、七十七歳で卒去した。

嶋田朝臣忠臣　しまだのあそんただおみ　八二八―八九二　九世紀後半の文人。清田の孫。号は田達音。文章生出身。菅原朝臣是善の門下。天安三年(八五九)三月、渤海国副使周元伯が来朝した時、従七位下越前権少掾であったが、その客舎に出向いて詩を唱和した。のち少外記となり、同十一年正月、従五位下に昇り、同年二月、因幡権介となる。その後、大宰少弐に転じた。元慶三年(八七九)十一月、従五位上に昇り、同七年四月、美濃介の時、渤海使裴頲(はいてい)の来朝に際して菅原朝臣道真とともに応対した。寛平二年(八九〇)典薬頭に任ぜられ、同四年、従五位上伊勢介で卒した。漢詩文に長じ、『田氏家集』『百官唐名鈔』などの著作が知られている。

嶋田臣宮成　しまだのおみみやなり　八世紀末の官人。延暦二年(七八三)正月、外従五位下を授けられ、同年十一月、上野介となった。同四年十月、右京亮となり、同五年九月、畿内の班田使が任命された時、次官として大和国の班田に従事した。同七年三月、従五位下に昇り、同時に周防守となった。

下海上国造　しもつうなかみのくにのみやつこ　下総国海上郡一帯を支配した国造。天穂日(あめのほひ)命の後裔で応神朝に国造に任命されたという。海上郡は利根川下流右岸に位置し、この国造の本拠地は千葉県香取郡小見川(おみがわ)町にあったと推定されるが、その勢力は利根川をこえて常陸国鹿島郡南端に及んでいた。他田日奉部直(おさだのひまつりべのあたい)の氏姓を称したが、他田日奉部は敏達朝に置かれた部である。大化後も九世紀に至るまで海上郡の郡司として栄えた。他田日奉部直神護はこの国造の後裔である。

下毛野氏　しもつけのうじ　東国出身の大氏族で、古くは下毛野国造。氏名は下毛野国の地名に基づく。姓は初め君、天武十三年(六八四)十一月、朝臣を賜わる。崇神天皇の皇子で東国を治めることになった豊城命(豊城入彦命・豊木入日子命)を始祖とし、上毛野(かみつけの)君氏と同族。『先代旧事本紀』国造本紀は、難波高津朝(仁徳朝)に豊城命の四世孫奈良別が下毛野国造になったと伝える。奈良別は『新撰姓氏録』左京皇別下の大網(おおよさみ)公条に、豊城入彦命六世孫下毛野君奈良とみえる。一族には『大宝律令』の撰定に参加した下毛野朝臣子(古)麻呂や大学助教下毛野朝臣虫麻呂らのように、学問の分野で活躍した者がいる。『続日本紀』天平神護元年(七六五)三月条および延暦二年(七八三)三月条によれば、吉弥侯(きみこ)氏に下毛野公や下毛野朝臣の氏姓を賜わっている。

【参考文献】　佐伯有清『新撰姓氏録の研究』考証篇二

下毛野朝臣子麻呂　しもつけののあそんこまろ　―七〇九　七世紀後半―八世紀初めの官人。『大宝律令』撰定者。名は古麻呂にも作る。持統三年(六八九)十月、奴婢六百口を免ずることを奏して許された。時に直広肆。文武四年(七〇〇)六月、刑部(おさかべ)親王・藤原朝臣不比等・粟田朝臣真人・伊岐連博得・伊余部連馬養・薩弘恪・土部(はじ)宿禰甥・坂合部宿禰唐・白猪史骨・黄文連備・田辺史百枝・道君首長・山口伊美伎大麻呂・調伊美伎老人らと律令撰定の功により、勅して禄を賜わっている。時に直広参。大宝元年(七〇一)四月、親王、諸臣百官人に初めて新令を講じた。時に右大弁・従四位下。同年八月、律令成るによって禄を賜わる。同二年五月、朝政に参議す。同三年二月、律令撰定の功により、田十町、封五十戸を賜わる。同年三月、さらに功田二十町を賜わる。慶雲二年(七〇五)四月、兵部卿に任ぜられる。時に従四位上。同四年三月、下毛野朝臣石代の氏姓を下毛野川内朝臣とすることを請い許される。同年十月、文武天皇の大葬に際し、造山陵司となる。和銅元年(七〇八)三月、式部卿に任ぜられる。同年七月、二品穂積親王・左大臣石上朝臣麻呂・右大臣藤原朝臣不比等・大納言大伴宿禰安麻呂・中納言小野朝臣毛野・阿倍朝臣宿奈麻呂・中臣朝臣意美麻呂・左大弁巨勢朝臣麻呂らとともに御前に召されて勅を賜わり、正四位下に叙せられる。同二年十二月二十日、卒す。時に式部卿・大将軍・正四位下。天平宝字元年(七五七)十二月、律令撰定の功田十町を下功として、その子に伝えさせることとした。また大和宿禰長岡・陽胡(やこ)史真身・矢集(やつめ)宿禰虫麻呂・塩屋連古麻呂・百済人成らの『養老律令』撰定の功田も、下毛野朝臣古麻呂に比校して下功に定められ、それぞれの子に伝えさせることにした。なお『令義解』附録の天長三年(八二六)十月五日の官符には、「博士正四位下下毛野朝臣古麻呂」とみえる。

下毛野朝臣年継　しもつけののあそんとしつぐ　八世紀後半―九世紀前半の官人。延暦二年(七八三)三月、正六位上から従五位下となる。同四年八月、内掃部正となり、同年十月、大監物に任ぜられる。同七年二月、備中介となる。同二十三年二月、従五位上とみえ、諸陵助に任ぜられたが、同二十五年二月には官奴正となっている。

下毛野朝臣虫麻呂　しもつけののあそんむしまろ　八世紀前半の学者。養老四年(七二〇)正月、正六位上から従五位下に、同五年正月、従五位上に叙せられる。同月、文章にすぐれ師範たるに堪える故をもって、後生勧励のため絁(あしぎぬ)・糸・布・鍬などを賜わった。同年六月、式部員外少輔に任ぜられた。『懐風藻』には「大学助教従五位下下毛野朝臣虫麻呂。一首。〈年三十六〉」として長屋王宅で新羅客を宴した時の五言詩がみえ、『経国集』にも対策文二首を載せる。三十六歳で卒したものとみられる。

下道氏　しもつみちうじ　吉備(きび)の地方豪族吉備氏の一族。姓は初め臣、天武十三年(六八四)八色の姓制定に際し、朝臣を賜わる。備中国の高梁川流域を本拠とし、備前国西部の旭川流域を本拠とする上道(かみつみち)氏と、吉備氏の勢力を二分していたとみられる。『古事記』孝霊段に、大吉備津日子・若日子建吉備津日子の二皇子を吉備の平定に遣わし、それぞれ吉備上道臣と吉備下道臣・笠臣の祖となったとあり、『日本書紀』孝霊二年二月条にも、その皇子彦五十狭芹彦(ひこいさせりひこ)命のまたの名として吉備津彦命と注し、稚武彦命を吉備臣の始祖とする所伝があり、吉備氏が孝霊天皇にその出身を求めていたことを示している。また、応神二十二年九月条には、吉備六氏の五県分封記事があって、下道臣が川島県に封じられた吉備臣の祖御友別(みともわけ)の長子稲速別を始祖としたとあり、川島県(のちの備中国浅口郡。現在の岡山県浅口郡と倉敷市・笠岡市の各一部)を本拠としていたことがわかる。下道氏に関わる所伝としては、雄略七年八月条にみえる吉備下道臣前津屋(さきつや)のものが著名で、ひそかに小さな女や小さな鶏を雄略天皇になぞらえ、自分になぞらえた大きな女や鶏と闘わせ、小さい方が勝つとただちに殺すなど、不敬行為をはたらき、朝廷への叛意をもっていることが判明、物部の軍士により一族ことごとく滅ぼされている。前津屋の分注に国造吉備臣山とあり、下道氏が朝廷に服属することをいさぎよしとしていなかったことを反映している。下道氏に関する所伝はしばらく途絶えるが、天武十三年(六八四)十一月条に、八色の姓制定に伴い朝臣を笠臣とともに賜わっており中央貴族化への道を歩んでいたことが知られる。天平十一年(七三九)の『備中国大税負死亡人帳』にみえる下道臣牛や下道朝臣加礼比のように、本拠地備中国の窪屋郡(岡山県都窪郡と倉敷市・総社市の各一部)に居住するものもあるが、『続日本紀』宝亀六年(七七五)十月条にみえる、右衛士少尉となった下道朝臣圀勝や、その子で入唐留学生から帰国後登用され、右大臣従二位兼中衛大将勲二等の顕職にのぼりつめた下道(吉備)朝臣真備(まきび)のように、中央貴族として活躍しているものも多い。

【参考文献】 宮田俊彦『吉備真備』(『人物叢書』)、平野邦雄『和気清麻呂』(同上)

下道朝臣圀勝 しもつみちのあそんくにかつ　吉備朝臣真備(まきび)の父。名は国勝にも作る。『続日本紀』宝亀六年(七七五)十月条の真備の薨伝に、真備は右衛士少尉国勝の子とあり、備中国小田郡東実成村(岡山県小田郡矢掛町東三成)出土の銅製骨蔵壺銘に、和銅元年(七〇八)十一月、圀勝と弟圀依が、二人の母の遺骨をおさめたことが記されている。また、圀勝の妻楊貴(やぎ)氏の墓誌も、享保年間(一七一六―一七三六)に大和国宇智郡大沢村(奈良県五条市大沢町)から出土しており、中央へ本拠を移していた可能性もある。

寂仙 じゃくせん　―七五八　八世紀前半の僧。『日本霊異記』によれば、伊予国神野郡石鎚山(愛媛県西条市・周桑郡・上浮穴郡の境界にある石鎚山脈の主峰)で修行、世人はその浄行を貴び菩薩と美称した。天平宝字二年(七五八)臨終の日に録文を弟子に授け、二十八年後に国王の子として生まれ、名を神野とすと告げた。延暦五年(七八六)に生まれた桓武天皇の皇子神野親王(のちの嵯峨天皇)がこれであるという。『文徳天皇実録』嘉祥三年(八五〇)五月の嵯峨太皇太后崩御の条に、上仙とあり、故老の伝として同様のことが記される。

昔麻帝弥 しゃくまたいみ　蘇我氏発願の法興寺建立のため、百済から遣わされた瓦博士。『日本書紀』崇峻元年(五八八)是歳条に、百済から仏舎利が献上され、寺僧・寺工・鑪盤博士・瓦博士・画工などが渡来し、飛鳥の真神原(まかみのはら。奈良県高市郡明日香村飛鳥)に法興寺を作るとあるが、昔麻帝弥は瓦博士の一人。この記事の原史料と推定される『元興寺伽藍縁起并流記資財帳』所載の塔露盤銘には瓦師昔麻帝弥とある。

【参考文献】 福山敏男『日本建築史の研究』、西田長男「日本書紀の仏教伝来の記事」(『大倉山論集』一)

宗叡 しゅうえい　八〇九―八八四　九世紀の真言僧。父は池上氏。山城平安左京に生まれる。「しゅえい」ともいう。初め大学に学んだが、弘仁十三年(八二二)に出家し、内供奉載鎮・興福寺義演、さらには天台の義真・円珍にも学び、天長八年(八三一)に受戒、続いて菩薩戒をも受けた。しかしその後、東寺の真言宗教団にうつり、空海門下の実恵(じちえ)や真紹らに学んだ。また惟仁親王(のちの清和天皇)の侍僧となり、即位後崩御にいたるまでも引き続いて侍僧であった。なお元慶三年(八七九)五月、清和の出家の折には、その戒師となっている。貞観四年(八六二)頃、宗叡はインドをめざす真如親王とともに入唐した。その成果は『書写請来法門等目録』に盛られている。まず汴州の玄慶から金剛界灌頂を受け、五台山を巡礼して天台山に行く。大華厳(五台山)で千僧供を設け、長安に赴く。青竜寺法全に胎蔵界大法灌頂を受け、金剛杵や儀軌を伝えられた。また慈恩寺造玄・興善寺智慧輪にも密教の秘奥を学んだ。次いで洛陽に行き善無畏の旧蹟を巡り、ゆかりの経論・儀軌を伝えた。続いて唐の咸通六年(八六五)には六月から十月まで長安の西明寺にあって、さまざまな法門の章疏を書写した。十一月に明州望海鎮から唐商李延孝の船の便を得て、大宰府に戻った。もたらした経論・儀軌などは、上記の目録によれば百三十四部百四十三巻を数える。その他の道具とともに、その将来物はすべて東寺経蔵に納められた。貞観七年末には権律師から権少僧都に進み、東大寺別当となった。天皇への密法伝授や宮中修法院、持念堂の運営にも当った。貞観十八年、東寺二長者、元慶三年、後七日御修法を修した。その冬、僧正に任ぜられ、上皇について畿内の諸寺を巡礼し、或いは止雨に効験をあらわした。元慶八年三月、禅林寺(京都市左京区永観堂町)で入寂。禅林寺僧正と呼ばれ、『胎蔵界念誦次第』などを著わした。

修円 しゅうえん　―八三五　八世紀後半

―九世紀前半の興福寺の僧。法相宗。「しゅえん」ともいう。大和国の人。俗姓は小谷氏。賢憬の弟子。師とともに大和国室生寺(奈良県宇陀郡室生村)の創建に当る。延暦二十一年(八〇二)一月、最澄の高雄天台会に参加。弘仁元年(八一〇)律師、同三年、興福寺第三代別当、同寺伝法院を開山、深密会を興し、興福寺を中心に法相教学の全盛期をつくりあげた。天長四年(八二七)少僧都となり、承和二年(八三五)六月、室生寺で入滅。

【参考文献】福山敏男『日本建築史の研究』、薗田香融『平安仏教の研究』

寿興　じゅこう　八世紀末―九世紀初めの内供奉の僧。最澄の伝である『叡山大師伝』には内供奉とみえ、最澄が比叡入山直後に著わした『願文』を高く評価し、最澄を内供奉の補欠に推薦したらしい。修円の弟子で、徳一と同門と伝える。

寿常　じゅじょう　九世紀初めの東大寺の僧。弘仁二年(八一一)九月の「正倉院御物出納注文」に東大寺三綱「都維那」として署名しているのが初見。以後、同注文には同五年十月まで署名がみえ、犀角・麝香などの出納に当っている。同六年十月の「東大寺請納文」に「都維那住位僧」として署名しているのが最後。

修哲　しゅてつ　―八三一　八世紀末―九世紀前半の東大寺の僧。延暦十五年(七九六)八月の「東大寺三綱牒」への署名が初見。時に寺主。東大寺の発給文書や正倉院御物出納帳への署名によると、以後延暦二十年までは寺主法師、二十一年には寺主大法師、二十三年には別当大法師とあり、二十四年には律師兼別当法師とある。大同年間(八〇六―八一〇)には単なる別当大法師に戻り、弘仁二年(八一一)には律師兼別当修行大法師とある。『日本後紀』では「大法師脩哲」の律師任命を弘仁元年九月二十二日、『僧綱補任』では同年九月十七日とするが、『東大寺別当次第』にはその別当就任の記載はない(貞観以前の記述には誤りが多い)。そのためか『僧綱補任』には修哲について「本寺師主を知らず」とある。天長八年(八三一)入滅した。

守敏　しゅびん　九世紀前半の西寺(平安右京九条一坊内。京都市南区唐橋西寺町にあった)の僧。勤操(ごんぞう)等の諸師に従って、空有の法を学び、密教にも通じた。当時、空海とともに名声を博していたという。弘仁十四年(八二三)嵯峨天皇は、東寺(平安左京九条一坊内。京都市南区九条町)を空海に、西寺を守敏に授け、空海に対置せしめた。天長元年(八二四)畿内の旱魃により、上奏して祈雨を行なった。この時、守敏は諸竜を呪して一瓶の中に入れていたという。

寿霊　じゅりょう　八世紀後半―九世紀初めの東大寺の僧。『華厳五教章指事記』を著わす。この書は、唐の法蔵の『華厳五教章』を注釈したものであり、中国・朝鮮を通じて最初の注釈書であるという。その著述年代は、天平勝宝六年(七五四)から大同元年(八〇六)までの間と考えられている。本書には聖徳太子の『法華経義疏』の引用もあって注目されている。また寿霊はこの書の中で「又此の土(くに)の古徳、訓僧都(慈訓)等、名は一朝に高まり、学は六宗に普(あまね)し。近くは祥法師(審祥)に受け、遠くは蔵法師に依りて、彼の一乗宗を伝ふ」と述べ、慈訓らを日本における華厳学の大成者として崇めている。

【参考文献】島地大等「東大寺寿霊の華厳学に就いて」(『教理と史論』所収)

順暁　じゅんぎょう　八世紀後半から九世紀初めの唐泰嶽霊巌寺の僧。最澄(伝教大師)の師。出家して善無畏の弟子であった新羅の僧義林に師事し、密教を相承して霊巌寺の阿闍梨となった。鎮国道場大徳阿闍梨・内供奉となり、越州竜興寺に住して、ここで入唐求法僧最澄に会い、峰山道場で密教の灌頂を授け、三部三昧耶の印信、灌頂器物などを授けた。この時、最澄に授けられた唐の貞元二十一年(八〇五)四月十九日付の付法書は『叡山大師伝』『顕戒論縁起』などにみえるが、昭和四十年(一九六五)十二月の大阪四天王寺の文化財調査で、その原本といわれるものが発見されている。

【参考文献】木内堯央「伝教大師の胎金両部相承について」（塩入良道・木内堯央編『最澄』（『日本名僧論集』）所収）、三崎良周「伝教大師最澄の密教思想」（同上書所収）、大山仁快「最澄伝受順暁阿闍梨付法印信」（塩入良道・木内堯央編『伝教大師と天台宗』所収）

潤清　じゅんせい　九世紀中頃に大宰府管内に居住して交易に従事した新羅人。貞観十一年（八六九）五月、新羅船が豊後国の貢綿を掠奪すると、潤清ら新羅人三十人は共謀の嫌疑で身柄を拘束され、いったんは放還処分となったが、順風を得ず帰国できなかった。新羅への警戒心が高まると、翌年九月、新羅人二十人は東国に配されることになり、潤清ら十人は陸奥国に配されたが、潤清は優れた造瓦技術を認められて、陸奥国修理府の料の造瓦の事にあずかり、技術を指導した。

【参考文献】佐伯有清「九世紀の日本と朝鮮」（『歴史学研究』二八七）

淳和天皇　じゅんなてんのう　七八六―八四〇　在位八二三―八三三。桓武天皇の第三皇子。母は藤原朝臣百川の女の夫人旅子。諱は大伴。西院帝ともいう。延暦十七年（七九八）元服。同二十三年、度者一人を賜わった。時に三品・式部卿。大同元年（八〇六）五月、親王の称号を除くよう願ったが許されず、同月、治部卿。弘仁元年（八一〇）九月、藤原朝臣薬子の変が起こり、皇太子高岳親王が廃され、代わって皇太弟となり、同十四年四月十六日、嵯峨天皇の譲位をうけて践祚。この日、嵯峨は、淳和天皇の第一皇子恒世親王を皇太子に立てようとしたが、恒世親王が固辞したので、嵯峨の皇子正良親王を立てた。二十三日、嵯峨に太上天皇の尊号を奉った。五月一日、生母故藤原朝臣旅子に皇太后を追贈し、同月六日、外祖父故藤原朝臣百川に従一位・太政大臣を、外祖母尚縫従三位故藤原朝臣諸姉に正一位を、同年六月には高志内親王に皇后を贈った。淳和は側近を登用し、政治を行なった。弘仁十五年正月五日、天長と改元。天長元年（八二四）八月八日、詔書を下して意見を奉らせ、政治の刷新をはかった。同二年、外戚の大納言藤原朝臣緒嗣を右大臣にするため、久しく空席となっていた左大臣に藤原朝臣冬嗣を昇任させた。翌三年には側近の清原真人夏野の奏状に基づいて、上総・常陸・上野の三国を親王任国とした。同四年には正子内親王を皇后とした。淳和はまた法典整備や国史・詩文集の編纂にもつとめ、同年、『経国集』が撰進された。『令義解』の編纂を命じ、天長十年に完成。また、嵯峨朝に編纂された『内裏式』を改定し、これも同年に改定作業が成った。さらに、嵯峨朝に着手された国史の編纂を天長七年に再開し、同年、嵯峨朝に編纂された格式を施行した。天長十年二月二十四日、西院に遷御、二十八日、淳和院（西院に同じ。平安右京四条二坊）において、皇太子正良親王（仁明天皇）に譲位した。皇太子には、淳和の第二皇子恒貞親王が立てられた。淳和は、権中納言藤原朝臣吉野を遣わして、恒貞が皇太子に冊立されることを辞退したが聴されなかった。同年三月二日、太上天皇の尊号を奉られた。そこで嵯峨を先（または前）太上天皇といい、淳和を後太上天皇と呼ぶことになった。また、同月十五日には、権中納言兼右近衛大将藤原朝臣吉野は、右近衛大将を辞任し、淳和院に陪奉することになった。承和二年（八三五）三月、淳和上皇に封戸二千戸、皇太后正子内親王に一千戸が支給された。同年三月二十一日、空海が遷化すると、かねて親交のあった空海に弔書を送り、その遷化をいたんだ。同七年五月六日、病の重くなった淳和上皇は、恒貞親王に薄葬のこと、国忌（こき）や荷前（のさき）の例から除くことを、仁明天皇に伝えることを遺言し、さらに遺骨は砕いて粉となし山中に散ずることを遺言した。藤原朝臣吉野は遺骨の件については反対したが、淳和上皇は、嵯峨上皇に奏聞し裁下を得るよう命じ、八日、崩じた。時に五十五歳。十三日、遺骨を大原野の西山嶺（京都市西京区大原野の大原山（小塩山）とされる）に散じた。淳和は書をよくし、詩を好み、『凌雲集』に五首、『文華秀麗集』に八首、『経国集』に三首、『類聚国史』に和歌一首が残っている。

淳仁天皇　じゅんにんてんのう　七三三―七六五　在位七五八―七六四。天武天皇の孫で舎人親王の第七子。母は当麻(たいま)真人老の女山背。諱は大炊(おおい)王で、廃帝ののちに大炊親王・淡路親王・淡路廃帝・淡路公などとよばれた。天平勝宝九歳(七五七)三月、皇太子道祖(ふなど)王が、聖武太上天皇の諒闇中に不謹慎であるとして廃され、翌四月に孝謙天皇(女帝)が召集した立太子会議で、諸王のうち、長壮ではないが過悪を聞かずとして、大炊王の立太子が決められた。藤原朝臣仲麻呂は、かねて大炊王を自分の田村第に置き、亡男真従(まより)の婦であった粟田朝臣諸姉(もろね)を配侍させていたが、ここで子の薩雄(さちお)と中衛舎人らを遣わして宮中に迎え、立太子させた。同歳七月に橘朝臣奈良麻呂の反乱計画が発覚した。仲麻呂を打倒し、光明皇太后を傾けて、皇太子大炊王を廃し、塩焼・黄文・安宿(あすかべ)・道祖王のうちから、新君を立てようとしたのである。その処分後の天平宝字元年(七五七)十一月、内裏における肆宴で「右一首は皇太子の御歌」(『万葉集』二〇―四四八六)がみえるが、翌二年八月、大炊王は孝謙天皇の譲位をうけて淳仁天皇となった。同月、官号を唐風に変え、仲麻呂を大保(右大臣)に任じ、その氏姓に恵美の二字を加え、名を押勝と賜い、永世の功封・功田、その他の特典を与えた。しかし、近江国の保良宮(滋賀県大津市国分付近か)滞在中に、孝謙上皇を看病した道鏡の処遇をめぐって不和を生み、同六年五月に平城宮に還った時、上皇は法華寺、天皇は中宮院に帰り、翌六月に上皇は、「常祀小事」は淳仁天皇、「国家大事、賞罰二柄」はみずから執行すると宣言した。その後の大政執行権は事実上上皇にあったとみられる。同八年九月、押勝が反乱を起こすと、上皇は淳仁のもとにあった鈴印を収め、また押勝の官位・全処遇を剥奪し、藤原朝臣姓を除いて、追討を命じた。仲麻呂敗死後の翌十月、上皇は兵部卿和気王らの率いる兵で中宮院を囲ませ、仲麻呂と同心して上皇を除こうとしたとして、淳仁を廃して親王とし、淡路公として配所の一院に幽閉し、重祚して称徳天皇となった。次いで翌天平神護元年(七六五)十月、称徳は紀伊国へ行幸して廃帝を挑発し、幽憤に堪えかねた廃帝は、同月二十二日に逃亡を計って阻止され、翌二十三日に院中で三十三歳の生涯を閉じた。宝亀九年(七七八)三月、淡路国三原郡の墓を山陵と称せしめた。兵庫県三原郡南淡町賀集の天王森丘が陵所とされる。

【参考文献】　岸俊男『藤原仲麻呂』(『人物叢書』)

静安　じょうあん　―八四四　九世紀前半の元興寺の僧。法相宗。西大寺の常騰に従って法相宗を学んだ。元興寺に住し、のち近江国に移った。承和五年(八三八)律師となる。同年十二月、清涼殿において仏名懺悔を修するが、願安・実敏・願定・道昌らとともに導師となる。この仏名懺悔は、この時から開始された。同七年の四月八日(釈迦誕生日)に清涼殿で灌仏会が営まれたが、その時も導師となっている。また、かつて比良山(琵琶湖の西岸に並行する比良山地)にあって十二仏名経を読み、妙法・最勝の両寺(比良山中にあった。滋賀県滋賀郡志賀町に最勝寺野の地名が残る)を開いたことがあり、貞観九年(八六七)官寺になった。また、伝燈法師位にも叙せられた。没年については、『僧綱補任』に、承和十一年三月二日とあり、年齢については、この時、五十五歳とされるが、承和五年、律師となった際、「生年三十歳」とある。

勝位　しょうい　八世紀後半の東大寺の僧。勝緯にも作る。天平勝宝三年(七五一)東大寺写経所への返経使となり、天平宝字五年(七六一)十一月、東大寺の「大和国十市荘券」に相知僧として自署し、実務派としての活躍があらわれる。天平神護二年(七六六)八月、東大寺の越前国田使僧となり、三綱に報告を行なっている。それによれば、天平宝字五年に巡察使と国司が寺家の雑色供分田を割き取り、百姓らに給したこと、また溝堰の処を乞うても、判許するところもないこと、郡司百姓らは検田使を捕え打ち、寺の溝堰を掘り塞いで、水も通らぬ荒地が少なくないことなどが述べられている。同年十月の「越前国司解」に東大寺の検田使、知田事伝燈進守住位僧とある。延暦六年(七八七)六月の『正倉院御物目録』に、寺主伝燈大法師位とあり、東大寺の三綱の一員に加えられている。

成意 じょうい 九世紀後半―十世紀初めの延暦寺の僧。十禅師とある。『日本往生極楽記』によると、素性潔白にして染着するところがなく、持斎を好まなかった。弟子がその理由を尋ねたところ、あるがままに供米を食するだけであって、悟りを開く妨げとなるのはみずからの心であって、食することにはないといった。弟子はこの答えに大いに驚き、ものも言えなかったという。数年後、弟子の僧に、今日の食はいつもよりふやすよう命じ、鉢の中の飯を一両匙をもって、諸弟子に分けて、自分が食するのは今日かぎりであるといい、無動寺(延暦寺の東塔五谷の一つ無動寺谷にある)の相応和尚に、自分は今日極楽に詣る、かの界において奉謁すべしと伝えるようにいった。弟子は、その言葉は妄語に近いのではないかと述べたが、成意は、もし今日自分が死ななければ狂言であろうけれど、汝に何ら愧じるところはないと言った。弟子が相応のところへ行って帰って来るまでに、成意は、西に向かって入滅していたという。この伝は『扶桑略記』延喜十七年(九一七)条にもある。

承雲 じょううん 九世紀後半の延暦寺の僧。貞観二年(八六〇)十月、伝法灌頂を授けられる。この年、最澄建立の比叡山東塔南谷の堂宇を改築して三千院円融房と号し、また円仁の意を受けて文殊楼院の建立に従事した。この間、同六年二月に内供奉十禅師に任ぜられた。同十八年六月、文殊楼院をして朝廷誓護の処となす旨の官符が下されたが、承雲はこの月、天台座主円珍の奏により蘇悉地大法を授けられて三部大法阿闍梨となり、元慶三年(八七九)二月には清涼殿において修法をとり行なった。

定恵 じょうえ 六四三―六六五 七世紀中頃の僧侶。中臣連鎌足の長子。母は車持君国子の女与志古娘。藤原朝臣不比等の同母兄。貞恵(慧)にも作る。俗名は真人。孝徳天皇の白雉四年(六五三)五月、十一歳で第二次遣唐使に従い、入唐。同行の学問僧に道厳・道通・道光・恵施・覚勝・弁正・恵照・僧忍・知聡・道昭・道観、それに定恵の再従兄弟安達(許米の子)らがいた。一行は同五年に唐都長安に到着。定恵は、長安では懐徳坊(皇城の西第二街北より第六坊)にあった恵日道場に止住し、『倶舎論疏』『因明論疏』などの著述をもつ神泰法師に学び、和上(受戒の際、師表となる者)となった。在唐十余年の研鑽により、内外典に通暁し、また文章や書法にもみるべきものがあった。天智四年(六六五)九月、唐使劉徳高らの船に便乗し百済を経て帰国した。百済滞在中、「帝郷は千里を隔て、辺城は四望秋なり」の詩を誦したが、その詩句が絶妙で優れていたので、百済の才人もその末を続けることができなかった。百済士人は定恵の才能に嫉妬し、恨んだという。定恵は帰国直後の同年十二月、大原(奈良県高市郡明日香村小原)の第で二十三年の短い生涯を閉じたという。その死に際し、高句麗僧の道賢が壮重な誄詞を作成した。なお、定恵を孝徳天皇の落胤と見る説、多武峰(奈良県桜井市)の談山神社は定恵が亡父鎌足の墓所として開いたものとする所伝があるが、いずれも後世の俗説であり、信ずるに足りない。

【参考文献】横田健一「藤原鎌足と仏教」(『白鳳天平の世界』所収)、直木孝次郎「定恵の渡唐について」(『古代史の窓』所収)

性海 しょうかい 九世紀後半の延暦寺の僧。円仁(えんにん)の弟子。承和十三年(八四六)太政官牒・大宰少弐小野朝臣恒柯(つねえだ)の書などとともに朝廷からの黄金を円仁に贈るために入唐し、翌年十月、円仁とともに帰国。貞観二年(八六〇)閏十月、円仁の上表により、慈叡・南忠・承雲らとともに両部大法阿闍梨となり、伝法灌頂を修した。これが、比叡山における両部大法阿闍梨の初めとされる。貞観十五年、遍照のために阿闍梨位を請う文書に円珍とともにその名を連ね、伝燈大法師位とある。

【参考文献】 小野勝年『入唐求法巡礼行記の研究』四、佐伯有清『慈覚大師伝の研究』

正義 しょうぎ 九世紀前半の薬師寺の僧。『三国仏法伝通縁起』中巻によれば、慈訓の弟子、大威儀師であった。慈訓はもともと法相宗であったが、華厳宗を兼学した。正義は慈訓に従って華厳を学び、さらに、法相宗の学僧であった長朗を、奏上して官命により華厳宗に移させたという。これにより、薬師寺系統の華厳教学が形成されることになった。

常暁 じょうぎょう ―八六六 九世紀前半の入唐僧。山城国小栗栖(京都市伏見区小栗栖付近)の人。元興寺の豊安について法相を学ぶ。命により承和三年(八三六)・同四年の二度にわたって入唐を試みたが失敗。同五年、天台宗の円仁・円載、真言宗の円行らとともに入唐。不空三蔵の弟子恵応の付法弟子栖霊寺の文璨(ぶんさん)から密教を、華林寺の元照から三論を学ぶ。さらに、准南都督府広陵館に住したことにより、かつての入唐学問僧で、五台山で不遇の死をとげた霊仙(れいせん)の付法弟子と会い、大元帥法を修得した。これは常暁の弟子寵寿によると、霊仙の遺言により日本からの求法の人に与えられるべき深密の法で、国家の平安、国王の危難を防ぎ、国民の富饒を祈修するものであるという。この秘法を修めて同六年に帰国、朝廷に上表してその法を伝えようとした。同七年、仁明天皇の勅許により、十二月初めてこれを行ない、小栗栖に法琳寺(寺跡は伏見区小栗栖北谷町にある)を与えられた。こののち、大元帥法は律令制末期の重要な年中行事として恒例化した。貞観六年(八六四)権律師に任ぜられ、同八年(『本朝高僧伝』では同七年)十一月、入滅。著書に『常暁和尚請来目録』がある。

【参考文献】 堀池春峰「興福寺霊仙三蔵と常暁」(『南都仏教史の研究』下所収)

勝悟 しょうご 七三二―八一一 八世紀後半―九世紀初めの興福寺・元興寺の僧。法相。宗尊応の弟子。勝虞にも作る。俗姓は凡直(おおしのあたい)。阿波国板野郡(徳島県板野郡と鳴門市の一帯)の人。延暦十六年(七九七)三月、律師、同二十四年正月、少僧都、同二十五年四月、大僧都。弘仁二年(八一一)六月、八十歳で入滅。時に、伝燈大法師位。この間、護命・慈宝・泰演らの高僧を育て、元興寺を中心とする法相宗唯識の系譜をつくりあげる。また僧都としては、「其人を得たり。緇徒の中濫行聞えず」といわれた。

【参考文献】 薗田香融『平安仏教の研究』

肖古王 しょうこおう ―三七五 百済王。在位三四六―三七五。朝鮮史籍では近肖古王。『晋書』は余句、『古事記』は照古王に作る。比流王の子。『三国史記』によると、三七一年、高句麗の平壌城を攻めて故国原王を戦死させ、都を漢山(京畿道広州)に定めたとある。『日本書紀』には、神功四十七年、初めて使者を遣わして日本と国交を開き、同五十二年に七枝刀一口、七子鏡一面などを献上したとあり、『古事記』応神段には牡・牝馬各一匹を阿知吉師につけて貢上し、また横刀・大鏡を貢献したとある。三七二年、晋から鎮東将軍領楽浪大守に除せられた。

【参考文献】 末松保和『任那興亡史』、三品彰英『日本書紀朝鮮関係記事考証』上

承俊 しょうしゅん ―九〇五 九世紀後半―十世紀初めの東大寺の僧。興福寺にて入門したが、のちに畿内を渉歴し、東大寺で法相と真言とを学んだ。貞観年中(八五九―八七七)には貞観寺寺主(伝燈法師位)の地位にあったことが知られるが、以後、僧綱内にも地位を保ち、貞観九年には従儀師、元慶八年(八八四)には威儀師の任にあった。さらに大威儀師を経て延喜二年(九〇二)に権律師、同四年には律師に進んだ。昌泰三年(九〇〇)皇太后胤子の令旨によって建立された勧修寺(京都市山科区)の開山となる。同寺は延喜五年九月に定額寺となるが、その時の承俊の奏状が『類聚三代格』巻二にみえる。同年十二月七日、入滅した。

正進 しょうしん ―八七四 九世紀中頃の東大寺の僧。華厳宗。等定から華厳の教えを受けたという。承和十年(八四三)東大寺別

当となり、同十四年まで寺務を執った。斉衡三年(八五六)勅により東大寺華厳宗の僧としては初めて興福寺維摩会の講師を務め、貞観六年(八六四)には権律師に任ぜられた。長歳・興智の二人はともにその弟子で、華厳の研究に加えて唯識にも精通し、時人は正進をして日域因明の祖と称したと伝える。

祥勢　しょうせい　八一一―八九五　九世紀後半の東大寺の僧。律宗。貞観十三年(八七一)から同十七年まで、および元慶五年(八八一)から寛平二年(八九〇)までの二期にわたり、東大寺別当の任にあった。また、この間、元慶七年に律師に任ぜられ、寛平元年、少僧都、同二年、大僧都と転じて、同七年七月に寂した。

常済　じょうぜい　九世紀後半の延暦寺の僧。慈覚大師円仁(えんにん)を拝して剃髪・得度。長ずるに及んで慧亮(えりょう)について顕密を学ぶ。貞観四年(八六二)三月、延暦寺伝燈大法師位として、安慧とともに内供奉十禅師となる。同六年正月、円仁入滅の前日に密印灌頂を授与されたという。同十八年六月、円珍の上表により、両部大法阿闍梨となることを朝廷から許された。

承天　しょうてん　八世紀後半の東大寺の僧。天平宝字三年(七五九)十一月「越中国東大寺荘惣券」に知開田地道僧とあり、同国の礪波郡・射水郡・新川郡などでも、知墾田地道僧の任にあったことが『東大寺開田図』にみられる。これらは、荘園の管理の任にあたるものである。同五年十一月、東大寺の「大和国十市荘券」に東大寺三綱都維那とあり、この頃までに都維那となり、以降三綱の一員として要職にあった。同八年に小寺主法師とあり、天平神護二年(七六六)十月「越前国司解」には少寺主伝燈進守法師とある。この前後に越前・伊賀国の東大寺荘園の校田使・検田使・田使などに当っている。宝亀三年(七七二)八月、東大寺可信となり、同年十二月には可信伝燈法師とある。このように荘園管理の第一線に立ちつつ、東大寺の要職を歴任した。

勝道　しょうどう　七三五―八一七　八世紀後半から九世紀初めの僧。日光山の開創者。下野国芳賀郡(栃木県真岡市と芳賀郡の一帯)の人。俗姓は若田氏。少年の頃から仏門に入り、日光補陀落山(二荒山・男体山)への登山修行を決意し、天平神護三年(七六七)四月、初登頂を試みて山腹に二十一日間留まるが果たせず、天応元年(七八一)再度試みたが失敗。翌二年三月、三度目を決行し、経を写し仏を図して山麓に運び、七日間読経礼仏ののち二日にして登頂に成功、山上に庵を結び二十一日間留まった。延暦三年(七八四)三月、二、三の弟子と再度登攀し、中禅寺湖の南岸に神宮寺(中禅寺。栃木県日光市中宮祠)を建て、同七年四月、北岸に移り住んで修行に励んだ。延暦年中(七八二―八〇六)上野国講師に任ぜられ、都賀郡城山に華厳寺(寺跡は栃木県下都賀郡都賀町木字出井にある)を創建した。大同二年(八〇七)国司の要請を受けて補陀落山上で雨を祈り、験をえた。弘仁五年(八一四)八月、空海は勝道の意を受けた前下野博士である伊博士の懇請により「沙門勝道歴山水瑩玄珠碑并序」を撰し、二荒山の勝景および勝道の補陀落山初登頂を讃えた。同八年、八十三歳で示寂。

【参考文献】　星野理一郎『日光開山勝道上人』、益田宗他編『日光市史』上、中川光熹「日光山修験道史」(宮田登・宮本袈裟雄編『山岳宗教史研究叢書』八所収)

常騰　じょうとう　七四〇―八一五　八世紀後半―九世紀初めの僧。俗姓は高橋朝臣。京兆の人。博く経論を究め、『唯識枢要決』八巻、『唯識枢要抄』七巻、『金光明最勝王経註』十巻など六十三巻の注釈書を著わした。初め興福寺に入ったが、少僧都忠芬と隙を生じて西大寺に移り住んだ。延暦二十二年(八〇三)崇福寺(滋賀県大津市滋賀里町長尾にあった寺)検校に補されたと伝え、また翌二十四年には律師を経て少僧都となった。弘仁六年(八一五)九月、七十六歳で入寂。

聖徳太子　しょうとくたいし　五七四―六二二　六世紀末―七世紀初めの皇族・官人。父は大兄皇子(のちの用明天皇)。母は穴穂部間人(はしひと)皇女。両人とも父を欽明天皇、母を大臣蘇我稲目宿禰の女(堅塩(きたし)媛・小姉君)としたので、太子は父母双方から蘇我氏の血を濃厚に受け継いでいたことになる。実名は廏戸皇子。廏戸の名義は不明だが、地名と見るのが妥当か。母皇女が宮中諸司を巡行中、馬官の前で労せずに太子を産んだとの伝承がある。早くは太子が薨じた直後の殯(もがり)に発端すると思われる太子信仰により、聖徳太子のほか、廏戸豊聡耳(うまやどのとよとみみ)(八耳)・豊耳聡(とよみみと)・豊聡耳・上宮(うえのみや)廏戸豊聡耳太子・上宮王・上宮聖王・聖徳法王・東宮聖徳・上宮法皇・法大王・法王大王・法主法など、さまざまな称号が伝えられている。同母弟に来目(くめ)・殖栗(えくり)・茨田(まんた)の諸皇子が、異母兄姉に多米(ため)皇子・当麻(たいま)皇子・酢香手(すかて)姫皇女がいる。父皇子は敏達天皇の崩後、即位して磐余池辺双槻(いわれのいけべのなみつき)宮(奈良県桜井市阿部か)を営んだが、一度に八人(十人)の訴訟を聞き分け、未然をも予言する異能をもつ太子をことのほか寵愛したので、宮の南の上殿(上大殿)に住まわせたという。これがいわゆる上宮であるが、その遺構と推定される遺跡が桜井市上之宮で確認されている。太子は十代の半ば頃、この宮に最初の妃菟道貝鮹(うじのかいだこ)皇女を迎えたのであろう。用明二年(五八七)父天皇の崩後、次期天皇位をめぐる紛争がもとで蘇我・物部両氏が激突するにいたる。太子は敏達大后額田部皇女を奉じる大臣蘇我馬子宿禰の陣営に敏達系の諸皇子とともに加わった。時に十四歳であった。太子は物部側の強勢の前にたじろぐ味方に対し、みずから白膠木で四天王像を彫刻、四天王信仰を宣揚することで大いに士気を鼓舞、蘇我側を大勝利に導いたという。この戦勝の記念碑として建立されたのが難波の四天王寺(大阪市天王寺区四天王寺町)というが、『日本書紀』によれば、同寺の建立開始は戦争終結六年後のことであり、太子の積極的関与の徴証も今ひとつ明らかではない。物部氏没落後、擁立された崇峻天皇が人格・資質の点で支配層の支持を失い、馬子の刺客に殺害されると、次期天皇は欽明の子の世代の王として額田部皇女(のちの推古天皇)が選ばれた。『日本書紀』は推古元年(五九三)四月、太子が「皇太子」に冊立され「摂政」となったと記す。だが、太子が皇族の代表として国政に参画するようになるのは、皇位継承資格が太子と伯仲している押坂彦人大兄皇子や竹田皇子らが没したと思われる推古十年前後のことであり、その地位も後世の「皇太子」や「摂政」と同一視できるものではない。太子の二十代は、高句麗僧恵慈から仏教を、覚哿から儒教を学びながら、時に伊予にまで周遊の旅に赴くといった自由な研鑽の日々であった。三十歳前後で国政に参与する皇族となった太子は、その地位に相応しい居所とそれに付属する家政機関の経営を認められるようになる。推古九年に造営が始まった斑鳩宮(法隆寺東院伽藍の地)や、同十五年に設置された壬生部(みぶべ)と呼ばれる服属集団がそれである。太子はこの斑鳩宮の西傍に斑鳩寺(現在の法隆寺、若草伽藍)を建立した。法隆寺薬師如来坐像銘は、それを同十五年のこととする。太子が馬子の女刀自古郎女、膳臣傾子(かしわでのおみかたぶこ)の女菩岐々美郎女(ほききみのいらつめ)を娶ったのもこの頃である。上記の壬生部は「上宮乳部」と呼ばれ、斑鳩宮とともに、蘇我妃・膳妃の初生子、山背大兄王・舂米(つきしね)女王夫妻に伝領された。同十年、同母弟の来目を撃新羅将軍に起用、新羅出兵を断行したのが、太子の国政参画の初仕事であった。太子は次いで異母兄当麻を撃新羅将軍に任命し出兵計画の続行をはかるが、いずれも失敗に終わった。これらは「任那の調」の貢納を新羅に武力で強制しようとするもので、その連続の失敗は、以後太子の執政課題を、隋帝国に朝貢しながらも他方で朝鮮三国から朝貢をうける「東夷の小帝国」としての国家的威容を確立することに向けることになる。同十一年制定の大楯・靫、冠位十二階、同十二年制定の『憲法十七条』、宮門出入の際の跪礼・

葡萄礼、同十三年諸王・諸臣に着用が強制された褶、そして同八年、十五年、十六年に二度、十八年、二十二年の都合六回にわたり派遣された遣隋使等々は、上記の目的実現のための施策であった。これら諸政策が全て太子の独創・独断になるものと見るのは誤りで、推古天皇を中心とする権力核に豪族層の代表として参画した大臣馬子との共同の執政を想定すべきであろう。太子は執務の間隙をぬい、『勝鬘経』『法華経』の講義を行なったといわれ、その成果としての経疏は、『維摩経疏』とともに「上宮御製疏」「上宮聖徳法王御製」として法隆寺に伝えられたらしい。同二十八年、馬子とともに「天皇記及び国記、臣連伴造国造百八十部並びに公民等の本記」を録したという。これはのちに『古事記』『日本書紀』にまとめられていく内容をもつが、「天皇記」と「国記」の「あめ」と「くに」との対応からは、『隋書』倭国伝にみえる倭王の尊称「あめたらしひこ」と考え併せると、太子たちが中国の「天」の観念を独自に解釈し、「天」から降ってきた者の血筋との観念によって世襲政権の正当性を内外に宣揚しようとした意志が読み取れる。同年暮、母皇女を失い、ついで翌年二月には膳妃を亡くし、同月中、太子は彼女らを追うように斑鳩宮でこの世を去った。葦垣飽波宮(奈良県生駒郡安堵村東安堵・西安堵付近か)で薨じたとの伝えもある。晩年に太子妃となった位奈部橘王は、「世間虚仮、唯仏是真」との太子生前の言からすれば、太子の天寿国往生は間違いないとして、太子往生の姿を図像で見ることを祖母に当る推古に懇願したという。こうして作られたのが中宮寺に伝わる「天寿国曼荼羅繡帳」である。太子の亡骸は磯長墓に葬られた。現在大阪府南河内郡太子町の叡福寺境内にある三骨一廟(母皇女・膳妃との合葬)とされる磯長墓がこれである。太子の伝記は早いものでは『上宮記』にその一部が収められ、奈良時代には『明一伝』『七代記』などが、平安時代には『上宮皇太子菩薩伝』『上宮聖徳法王帝説』『上宮聖徳太子伝補闕記』などが作られ、『聖徳太子伝暦』で集大成された。太子の前世が中国衡州衡山の恵思禅師であるとする伝説や、太子が片岡山(奈良県北葛城郡王寺町付近か。片岡は北葛城郡の河合・王寺・上牧・香芝の各町から大和高田市にかけての一帯の総称)で出会った飢人を聖人と見抜いた物語などは、太子伝が書かれるたびに、述作者の太子讃仰の念により著しく増幅されていった所産である。

【参考文献】坂本太郎『聖徳太子』(『人物叢書』)、田村圓澄『聖徳太子』(『中公新書』)、聖徳太子研究会編『聖徳太子論集』、田村圓澄・川村宏教編『聖徳太子と飛鳥仏教』、黛弘道「舂米部と丸子部」(『律令国家成立史の研究』所収)、同「三枝(福草)部について」(同上書所収)、林幹弥「上宮王家」(『日本歴史』四一一)、加藤謙吉「上宮王家と膳氏について」(『続日本紀研究』一九三)、同「聖徳太子と平群氏」(『古代研究』五)、同「親上宮王家勢力の形成とその性格」(『東アジアの古代文化』四八)、仁藤敦史「『斑鳩宮』について」(『日本歴史』四五一)、同「斑鳩宮の経済的基盤」(『ヒストリア』一一五)、遠山美都男「『上宮王家』論」(『学習院大学文学部研究年報』三三)

証如 しょうにょ 七八一―八六七 九世紀の摂津国勝尾寺(大阪府箕面市粟生間谷)の僧。勝如にも作る。父は摂津国豊島郡(てしま)郡(大阪府豊中市・池田市・箕面市および吹田市の一部)の摂使左衛門府生時原佐通、母は出羽国府官藤原栄家の女。篤信の母のもとに生まれ、両親の前にあらわれた修行僧の導きにより、両親とともに剃髪し、戒を授けられ、念仏を勧められた。のち、勝尾山に登り、証道について顕密を学ぶ。入山五十年、その間、勝尾寺第四代座主にもなる。貞観八年(八六六)八月、断言の行をしていた証如のもとに播磨国賀古郡賀古駅(兵庫県加古川市野口町古大内付近)北辺の沙弥教信があらわれ、今日極楽往生をとげ、明年の同じ日に証如も往生すると告げた。弟子の勝鑑に調べさせると、教信は当地の人物で、往生をとげたところで、生前つねに念仏を唱えていたという。これにより、証如は断言の行が念仏に如かざるを悟り、聚落に出て、人々に教えを説いた。貞観九年八月十五日、教信が告げたと同じ日に、端坐して入滅。時に八十七歳。

聖宝　しょうぼう　八三二―九〇九　九世紀後半から十世紀初めの真言宗の僧。醍醐寺(京都市伏見区醍醐伽藍町)の開山。第八代東寺長者。小野流の元祖。左京の人。天智天皇六世の孫で、兵部大丞葛声(かどな)王の子。幼名は恒蔭(つねかげ)王。十六歳で東大寺に入り真雅を師として出家し、元興寺円宗・願暁に三論を、東大寺の平仁に法相、玄永(栄)に華厳を学んだ。貞観十一年(八六九)興福寺維摩会の竪義を務め、三論の立場から賢聖義・二空比量義を立てて衆義を論破し名声を得た。同十三年、真雅から無量寿法を始め密教の諸儀軌の伝授を受け、同十六年、霊告により笠取山(醍醐山)の頂に草庵と准胝・如意輪観音像の造立に着手し、同十八年に完成させ密教の道場とした(醍醐寺の創立)。真雅没後の元慶四年(八八〇)高野山で真然から両部大法を、同八年、東寺で源仁から伝法灌頂を受け、仁和三年(八八七)伝法阿闍梨となった。寛平二年(八九〇)貞観寺(寺跡は京都市伏見区墨染町付近か)座主となり、以降、弘福寺検校・東寺別当・東大寺東南院主などの要職を歴任した。一方、僧階は寛平六年十二月、権律師・権法務となり、同九年十二月、少僧都、昌泰四年(九〇一)正月、大僧都、延喜二年(九〇二)三月、権僧正を経て同六年三月、僧正・東寺長者となり後七日御修法・孔雀経法を修した。聖宝は若年から役君小角(えんのきみおづの)をしたって山林抖擻に励み、金峯山(奈良県吉野郡吉野町の吉野山から山上ケ岳を含む山岳地帯)に如意輪・多聞天・金剛蔵王像を祀り、道を開き、吉野川に渡し舟をおくなど、修験道の基礎を作ったことから修験道中興の祖と称される。また、寺塔・仏像の造立も盛んに行ない、延喜五年建立の東大寺東南院は三論宗の中心となり、東大寺中門二天像、東寺食堂千手観音・四天王像は代表作といわれる。延喜九年六月、深草普明寺(貞観寺の住房であったという)において病により示寂。時に七十八歳。宝永四年(一七〇七)八百回忌にあたり、東山天皇から理源大師の称号が贈られた。著書は『大日経疏鈔』『胎蔵界行法次第』など。弟子には観賢・延敒・済高・貞崇・峰禅らがいる。聖宝の法流は観賢・淳祐・元杲・仁海と相伝し、仁海が小野の地に曼荼羅寺(現在の随心院。京都市山科区小野御霊町)を建てて盛んに法流を宣揚したことから小野流と称した。仁海の弟子成尊から範俊・厳覚を経てその弟子増俊(随心院流)・宗意(安祥寺流)・寛信(勧修寺流)が一流を開いた(狭義の小野三流)。一方、成尊から義範・勝覚と相伝し、その弟子定海(三宝院流)・賢覚(理性院流)・聖賢(金剛王院流)が一流を開いた(狭義の醍醐三流)。この二つを合わせて小野根本六流と称し、聖宝を流祖とする。

【参考文献】　大隅和雄『聖宝理源大師』

聖武天皇　しょうむてんのう　七〇一―七五六　在位七二四―七四九。文武天皇の皇子。母は藤原朝臣不比等の長女藤原夫人宮子。皇后光明子(安宿(あすかべ)媛)も同じく不比等の三女。皇子・皇女には光明皇后腹の阿倍皇女(孝謙・称徳天皇)と基皇子、県犬養宿禰広刀自腹の安積親王・井上・不破両内親王らがいる。諱は首(おびと)。諡号は天璽国押開豊桜彦尊、尊号勝宝感神聖武皇帝。ほかに平城宮御宇後太上天皇・平城御宇太上天皇・平城宮御宇天皇ともいい、法名は勝満と称した。和銅七年(七一四)六月、十四歳で皇太子となる。文武天皇の崩後、不比等は女宮子から生まれた外孫首皇子が皇位に即くための宮廷環境を整えることに腐心し、幼少の間の事情をふまえ、その中継ぎに元明・元正と相続いて女帝を立て、その成長をまった。霊亀二年(七一六)六月には橘宿禰三千代との間に生まれた女安宿媛を皇太子妃とし、さらに宮廷支配の態勢を固めた。聖武は養老三年(七一九)皇太子として初めて朝政を聴き、国政に関与を始めたが、同四年六月、不比等の死によって高市皇子の息長屋王が右大臣となり、執政者に変更が生じた。神亀元年(七二四)二月、元明天皇の時と同じく天智天皇の「不改常典」に従い聖武は元正天皇から皇位を譲られたが、次いで母宮子を尊んで大夫人と称する勅を発したのに対し、時の左大臣長屋王らの奏言があって、改めて文には皇太夫人、語には大御祖(おおみおや)とするとの勅を出さざるを得ず、皇親勢力の掣肘を強く受けた。神亀四年九月には安宿媛の腹に基皇子が生まれ、十一月には立てて皇太子としたが、翌年夭折した。このこととからんでか、同六年二月、長屋王が左道を学び国家を傾けようとしているとの密告があり、王は尋問ののち自尽させられたが、これは藤原氏の巻き返し策による誣告事件であったと考えられている。ここにおいて不比等の長子武智麻呂が大納言に就任し、房前・宇合・麻呂らの兄弟とともに政治を領導することとなり、天平元年(七二九)八月には人臣皇后の初例ともいえる光明立后のことが行なわれ、中宮職の外に皇后宮職を設置して藤原氏の政治拠点の強化が図られた。ところが天平九年、九州からおこった疫病が都にも蔓延し、藤原四兄弟は相継いで没した。同十年正月、阿倍皇女が皇太子となり、皇后の異父兄たる橘宿禰諸兄が右大臣となって執政し、唐から帰朝していた僧玄昉と下道(しもつみち)(吉備)朝臣真備がこれを補佐した。このため藤原氏の退潮は止めがたく、同十二年には藤原朝臣広嗣が玄昉と真備を除くことを名目として九州に兵を挙げた。乱は一ヵ月余で鎮圧されたが、聖武は動揺・心痛の故か平城を離れ、以後都を恭仁(くに)・紫香楽(しがらき)・難波の間に転々と移し、同十七年九月、平城宮に還御するまで彷徨の時代が続いた。なお同月、難波宮において聖武が不予となった際、橘宿禰奈良麻呂を中心として黄文王(長屋王遺子)を皇位に立てる陰謀のあったことが伝えられている。この間、災異を鎮め国家を諸仏によって護るため、諸国に国分寺を造り、紫香楽宮に盧舎那仏像を造顕することを発願した。国力を傾注してこれに当り、行基も民衆を勧誘して完成のために働いた。同十八年十月、寺地を変更して大仏は平城で造立されることとなったが、未曾有の大事業のため容易に工事は捗らず、財政と民力の疲弊は計り難いものがあった。同二十一年二月、不足していた鍍金用の黄金が陸奥国から産出したので、同年四月、聖武は仏神の助けに感謝して、大仏の前にみずからを三宝の奴と称する詔を奏上し、天平感宝と改元、五月には薬師寺宮に遷御して御在所とし、太上天皇沙弥勝満と名乗るようになる。華やかな文化の盛期を現出した天平時代も、政争と社会不安に明け暮れた。七月、皇位を皇太子(孝謙天皇)に譲り、同月、さらに天平勝宝と改元した。これを機に皇后宮職が拡大改組されて紫微中台となり、大納言藤原朝臣仲麻呂がその長官紫微令を兼ね、皇太后と仲麻呂が実権を振うことになった。天平勝宝四年(七五二)四月、大仏開眼会が行なわれたが、聖武上皇は病床にあり、かわって僧正菩提僊那が開眼師を務めた。同六年四月、唐から伝戒のため来朝した鑑真から皇太后・孝謙天皇とともに戒を受けた。天平勝宝八歳五月、五十六歳の生涯を閉じ、佐保山南陵(奈良市法蓮町)に葬られた。遺詔により、新田部親王の子道祖(ふなど)王が皇太子に立てられた。天皇遺愛の品は多く盧舎那仏に献ぜられたが、これが今に残る正倉院御物である。

【参考文献】北山茂夫『万葉の世紀』、林陸朗『光明皇后』(『人物叢書』)、岸俊男『藤原仲麻呂』(同上)、川崎庸之「聖武天皇とその時代—天平十七年に至る—」(『南都仏教』二)、中川収「橘諸兄体制の成立と構成」(『日本歴史』三〇八)、同「聖武天皇の譲位」(『日本歴史』四二六)

勝猷 しょうゆう 九世紀初めの東大寺の僧。延暦二十年(八〇一)十一月、比叡山一乗止観院で開かれた十講法会の講師に、南都六宗十大徳の一人として招かれたことが『日本高僧伝要文抄』伝教大師の項にみえる。正倉院御物出納帳などでは、大同二年(八〇七)に可信としての署名がみえ、弘仁四年(八一三)以降六年までは上座法師として署名し、屏風などの出納に当っているが、以後は史料にみえなくなる。

将李魚成　しょうりのうおなり　八世紀中頃の伎楽面師。相李魚成にも作る。天平勝宝四年(七五二)四月九日の大仏開眼会関係の伎楽力士面(木彫面第二十四号)に「前一東大寺　将李魚成作天平勝宝四年四月九日」、酔胡従面(乾漆面第二十四号)に「東大寺相李魚成作天平勝宝四年四月九日」など伎楽面の墨朱書銘に名がみえる。その作面は、彫刻的にも優れ、顔の表情や皺の表現には真に迫るものがあると評されている。

【参考文献】石田茂作「正倉院伎楽面の作者」(『正倉院伎楽面の研究』所収)

相李田次麻呂　しょうりのたすきまろ　八世紀中頃の画師・仏師。天平勝宝四年(七五二)閏三月、三論宗第三厨子の彩色に従事し、天平宝字四年(七六〇)六月、丈六観世音菩薩像の造立に関わって絁(あしぎぬ)を受けた。『七大寺巡礼私記』に東大寺金堂塑造四天王像の作者としてみえ、「妙匠」と冠せられている。伎楽面師である将(相)李魚成の一族と考えられ、魚成が乾漆面の技術にも長じていたので、田次麻呂も乾漆像造立の技術を持っていたと推察できる。

【参考文献】田中嗣人『日本古代仏師の研究』

常楼　じょうろう　七四一―八一四　八世紀後半―九世紀初めの僧。山城国葛野郡(京都市西部)の人。俗姓は秦氏。興福寺伝燈大法師位とある。同寺の善珠(ぜんしゅ)の弟子となる。内教を請問し、同時に外伝を学んだ。二十歳の時、弘誓の願を発し、三十年間に『法華経』十二万余巻を転読し、毎日『般若心経』百巻、『無染著陀羅尼』百八遍を誦したという。延暦四年(七八五)勅により秋篠寺(奈良市秋篠町)に住した。弘仁五年(八一四)十月、律師勝義に対し、弘誓願を誦してのち入滅。時に七十四歳。

舒明天皇　じょめいてんのう　―六四一　在位六二九―六四一。敏達天皇の皇子押坂彦人大兄皇子の子。推古天皇の崩後、六二九年に皇位に即いた。母は父の異母妹の糠手姫(ぬかてひめ)皇女(田村皇女ともいう)。実名は田村皇子というが、これは母の拠地と思われる後の平城左京四条二坊の田村里(奈良市尼辻町付近)に因むものか。和風諡号は息長足日広額(おきながたらしひひろぬか)天皇。「息長氏が養育したてまつった額の広い聡明な天皇」の意とする説がある。そうだとすれば、皇極元年(六四二)十二月、舒明の喪で「日嗣」(王権継承の次第)を誄(しのびごと)した息長山田公は、舒明の湯人(養育担当者)であったと考えられる。舒明が父から譲り受けた領有民「押坂部(刑部)」も、息長氏の手で管理・維持されていたといわれる。高市天皇・岡本天皇とも称された。舒明は宝皇女(のちの皇極・斉明天皇)との間に葛城(中大兄)皇子(のちの天智天皇)・間人皇女(のちの孝徳天皇皇后)・大海人皇子(のちの天武天皇)を、蘇我馬子宿禰の女法提郎媛(ほうてのいらつめ)との間に古人大兄皇子を、吉備の蚊屋采女との間に蚊屋皇子をそれぞれもうけた。推古朝に舒明がすでに大兄として国政に参画していたとの説があるが、それは『隋書』倭国伝にみえる「太子」の称「利歌弥多弗利」のうち「多弗利」を舒明の実名と解するものである。その即位に当っては、同じ欽明曾孫の山背大兄王が推古の遺詔の解釈を楯に皇位を主張、この王を支持する境部臣摩理勢が、舒明を推す一族の大臣蘇我臣蝦夷によって殺害されるという紛争があった。即位後の舒明はまず飛鳥岡本宮(奈良県高市郡明日香村雷・奥山付近か)に居したが、岡本宮が被災したため一時、田中宮(奈良県橿原市田中町)に移り、舒明十一年(六三九)七月、百済大宮と百済大寺をのちの大和国広瀬郡百済(奈良県北葛城郡広陵町百済)の地に営んだ。舒明の治世中には、第一次遣唐使の派遣(同二年八月)、百済から人質として王子豊璋の受け入れ(同三年三月)、唐より答礼使高表仁の来日(同四年十月)、百済・新羅・任那の朝貢(同十年)、それに有馬・伊予両温湯(兵庫県神戸市北区の有馬温泉と愛媛県松山市の道後温泉)への行幸(同三年九月・十年十月・十一年十二月)などのことがあった。同十三年十月、舒明は百済大宮で崩じ、宮の北方で「百済大殯」

と呼ばれる盛大な喪葬儀礼が行なわれた。初め滑谷岡(なめはざまのおか。高市郡明日香村冬野の地か)に葬られたが、皇極二年(六四三)九月、押坂陵(押坂内陵。奈良県桜井市忍阪の段ノ塚古墳(八角墳)とされる)に改葬された。『万葉集』に「崗本天皇の御製一首并びに短歌」(四―四八五～四八七)、「岡本天皇の御製歌一首」(八―一五一一)がみえる。

【参考文献】薗田香融「皇祖大兄御名入部について」(『日本古代財政史の研究』所収)、大橋信弥『日本古代国家の成立と息長氏』、平林章仁「敏達天皇系王統の広瀬郡進出について」(横田健一編『日本書紀研究』一四所収)

白猪氏 しらいうじ　百済系の渡来氏族。欽明三十年(五六九)四月、王辰爾の甥の胆津(いつ)が白猪屯倉(岡山県真庭郡落合町大庭付近に比定する説があるが、吉備地方の五ヵ所に設置された五つの屯倉の総称とする説などもあって、詳細は未詳)の田部の籍を検定した功績により白猪史の氏姓を賜わった。養老四年(七二〇)五月に葛井(ふじい)連、延暦十年(七九一)正月に宿禰を賜わる。本拠は河内国志紀郡長野郷(大阪府藤井寺市および羽曳野市の一部)。葛井寺(藤井寺市藤井寺)は白猪氏の氏寺。『日本書紀』には欽明十六年七月条、同十七年七月条、同三十年正月・四月条、敏達三年(五七四)十月条、同四年二月条に白猪屯倉に関する一連の記事があり、現地でそれを管掌した白猪氏の家伝に基づいたものと思われる。白猪氏が行なったという定籍と、おそらくそれに先立って実施されたであろう編戸は、律令制的な統治方式の先駆をなすものとして注目される。これらの編戸・定籍はまず朝鮮からの渡来に対して行なわれたと考えられており、その実施手続の詳細も彼らによって伝えられたものであろう。白猪屯倉の田部を検定した胆津の伯父王辰爾は、敏達元年五月条に高句麗の新しい表記法を解読しえたとあることから、渡来後間もない渡来人と思われ、白猪氏はこの新来の技術、特に文筆技術をもって大和政権の新たな経済的基盤の確立に寄与したということができる。

【参考文献】阿部武彦「ミヤケに関する若干の考察」(『日本古代の氏族と祭祀』所収)、岸俊男「日本における『戸』の源流」(『日本古代籍帳の研究』所収)、笹川進二郎「白猪史と白猪屯倉」(日本史論叢会編『論究日本古代史』所収)、栄原永遠男「白猪・児嶋屯倉に関する史料的検討」(『日本史研究』一六〇)、黛弘道「大和国家の財政」(『律令国家成立史の研究』所収)、水野柳太郎「白猪史の改姓と『日本書紀』」(直木孝次郎先生古稀記念会編『古代史論集』上所収)

白猪史胆津 しらいのふひといつ　王辰爾の甥。延暦九年(七九〇)七月の百済王(くだらのこにきし)仁貞・津連真道らの上表文によれば、父は辰爾の兄の味沙とみられる。欽明三十年(五六九)正月、吉備の白猪屯倉(岡山県真庭郡落合町大庭付近に比定する説などあるが、詳細は未詳)を耕作する民がすでに課役負担年限に達しているにもかかわらず、丁籍の不備により賦課を免れていることが指摘され、胆津は派遣されてそれを検定した。同年四月、右の功績により白猪史を賜わり、田令(たつかい)に任命されて葛城山田直瑞子(みずこ)の副となった。敏達三年(五七四)十月、大臣蘇我馬子宿禰が吉備に派遣されて白猪屯倉と田部を増益し、胆津はその名籍を受け取った。

白猪史宝然 しらいのふひとほね　『大宝律令』の撰定者の一人。名を骨にも作る。天武十三年(六八四)十二月、入唐留学生として新羅を経て、百済の役の捕虜らとともに新羅送使に送られ帰国。文武四年(七〇〇)六月、『大宝律令』撰定の功により禄を賜わった。時に位階は務大壱。

白鳥村主清岑 しらとりのすぐりきよみね　承和(八三四―八四八)の遣唐使判官長岑宿禰高名の傔従。円仁の『入唐求法巡礼行記』に「村清」「白鳥村清岑」「白鳥清岑」などとみえ、唐の開成三年(八三八)十二月、遣唐大使藤原朝臣常嗣らとともに長安に赴いたことが知られる。

【参考文献】佐伯有清「承和の遣唐使の人名の研究」(『日本古代氏族の研究』所収)

白鳥村主元麻呂 しらとりのすぐりもとまろ 八世紀末頃の官人。延暦四年(七八五)正月、外従五位下を授けられ、同年十月、武蔵大掾となった。同六年閏五月、織部正となる。

沈惟岳 しんいがく 遣唐大使藤原朝臣清河(河清)を迎えるために入唐した高元度の帰国を送る大使として来日した唐人。天平宝字五年(七六一)八月、大宰府に到着。時に官職は押水手官・越州浦陽府折衝賞紫金魚袋。同六年正月、大宰府で饗を受けて禄を賜わる。同年五月、副使紀喬容以下三十八人によって収賄が告発され、大使の罷免が要求されたが、その地位に留まり、同年八月、風波が悪くて帰唐できないので、先例によって大宰府に安置供給されることになった。翌年正月、唐が荒乱して通じ難きゆえをもって、大宰府で安置優遇すべき旨の勅が下り、宝亀十一年(七八〇)十一月、正六位上から従五位下に叙せられ、翌十二月、清海宿禰の氏姓を賜わって左京に編付され、延暦八年(七八九)三月、美作権掾となった。『新撰姓氏録』左京諸蕃上に「清海宿禰は唐の人従五位下沈惟岳より出づ」とある。

【参考文献】関晃『帰化人』

心恵 しんえ 九世紀の東大寺の僧。華厳宗。承和元年(八三四)から同四年まで東大寺別当の任にあり、この間、同三年には東大寺真言院に灌頂道場が建てられて二十一僧が置かれた。元慶二年(八七八)権少僧都宗叡の奏により、華厳宗心恵ら四僧が真如(俗名高岳親王)の本願に随って超昇寺(寺跡は奈良市佐紀町の佐紀神社東北にある)に入住することとなり、また延喜二年(九〇二)には維摩会講師の任を病により辞退したとみえるが、その年代からして同一人物か否か疑わしい。

真慧 しんえ 九世紀中頃の僧。貞観六年(八六四)二月、伝燈大法師位慧叡らとともに法橋上人位・権律師に任ぜられた。

神叡 しんえい ―七三七 七世紀後半―八世紀初めの元興寺の僧。法相宗。持統七年(六九三)七月、新羅に赴く。養老元年(七一七)七月、律師となり、同三年十一月、その徳業により、道慈とともに食封五十戸を賜わった。当時この二人は釈門の中で特に秀でていたという。天平元年(七二九)十月、少僧都に任ぜられた。『七大寺年表』『元亨釈書』に天平九年(七三七)没とある。『扶桑略記』所引の『延暦僧録』では芳野現光寺(比蘇山寺。奈良県吉野郡大淀町比曾にあった)で三蔵を閲し、自然智を得たという。

【参考文献】薗田香融『平安仏教の研究』

真雅 しんが 八〇一―八七九 九世紀の真言宗の僧。第四代東寺長者。貞観寺僧正と号す。讃岐国多度郡(香川県善通寺市の大半と仲多度郡多度津町)の人。父は佐伯直田公。空海の実弟。のち宿禰の姓を賜わり左京に移貫。大同四年(八〇九)上京し、弘仁七年(八一六)高野山の開創に着手した空海に十六歳で師事して真言の法を学び、十九歳で具足戒を受けた。二十三歳の時、勅命により内裏で真言三十七尊の梵号を唱誦したところ、その珠を貫くがごとき声に嵯峨天皇を始め聴く者は酔いしれたという。これは空海が出仕した弘仁十四年十月、皇后院における息災法か、同年十二月、清涼殿における大通方広法の時のことであったと考えられる。天長元年(八二四)九月、高雄山寺(京都市右京区梅ケ畑高雄町)が定額寺となり、名を神護国祚真言寺として定額僧十四口を置いた時、円明・智泉らとその一員となった。同二年三月、空海から伝法灌頂を授けられ阿闍梨位となったといわれる(後世「天長の大事」と称す)が、確証はない。嘉祥元年(八四八)六月、権律師、同年九月、律師となった。同三年三月、藤原朝臣良房の請により染殿皇后(藤原朝臣明子)のために尊勝法を修し、皇子(のちの清和天皇)が無事誕生した。以後、良房と清和天皇の信任厚く、嘉祥寺西院(のちの貞観寺。寺跡は京都市伏見区墨染町付近か)を中心とする活躍の時代を迎える。仁寿二年(八五二)には良房と相謀って嘉祥寺(寺跡は京都市伏見区深草瓦町付近か)に西院を建立し、同三年十月、少僧都、斉衡三年(八五六)十月、大僧都に任ぜられた。天安三年(八五九)三月、真雅の奏請により、聖体安穏・宝祚長久を祈るために嘉祥寺西院に年分度者三人が置かれ、貞観二年(八六〇)真済示寂のあと、二長者真紹を超えて東寺長者となった。同三年三月、東大寺大仏の修理が終わり供養会が修されるに当り、真雅は本殿南簷の繍帷一条、舞衣九領、四の裳、一の袴を寄進した。同年十一月、書博士佐伯直豊雄など田公の子・孫十一人に宿禰の姓を賜わり左京に移貫したが、この裏には真雅の働きかけがあったものと考えられる。同四年七月、嘉祥寺西院が貞観寺と称されることとなり、同六年二月、真雅の奏上により僧綱の位階が定められ、僧正階を法印大和尚位、僧都階を法眼和上位、律師階を法橋上人位とした。この時、真雅は僧正・法印大和尚位に任ぜられ、その賞として輦車の宣旨を受けた。同年三月、空海・最澄に法印大和尚位が追贈された。同十四年三月、法務を兼ね、同年七月、嘉祥寺西院の年分度者が貞観寺年分度者に改称され、同十六年三月、貞観寺諸堂が完成し、諸宗の高僧百人を請じて大斎会が修された。これを機に真雅は同年七月から三たび僧正・法務の辞職を請うたが許されず、同年九月には貞観寺に定額僧十五人が置かれた。同十七年六月、大旱のため神泉苑(平安左京三条一坊にあった)で祈雨法を修し、法験をえた。翌十八年二月、上表して貞観寺に座主職を置き、僧綱の摂領から脱した。元慶二年(八七八)二月には嘉祥寺に定額僧七人が置かれ、僧綱の摂領をはなれて貞観寺座主・三綱の検知するところとなり、同年十一月、空海の十大弟子と法孫十二人を上奏した。同三年正月三日、貞観寺において示寂。時に七十九歳。文政十一年(一八二八)仁孝天皇から法光大師の称号を贈られた。付法の弟子に真然・源仁・真皎らがいる。著作には『胎蔵大法次第』二巻、『稲荷大神流記』『六通貞記』などがある。

【参考文献】守山聖真編著『〈文化史上より見たる〉弘法大師伝』、小山田和夫「『故僧正法印大和尚位真雅伝記』と『日本三代実録』真雅卒伝について」(『日本歴史』三六三)、松長有慶「真雅僧正の受法について」(『伊藤真城・田中順照両教授頌徳記念仏教学論文集』所収)

真暁　しんぎょう　九世紀前半の真言宗の僧。空海の弟子。『弘法大師弟子譜』によると、天長元年(八二四)大旱により空海が神泉苑(平安左京三条一坊にあった。京都市中京区の一帯)で祈雨を行なったが、この時、西寺(平安右京九条一坊。京都市南区唐橋西寺町にあった)の守敏が諸竜を呪して瓶に入れ、善女と称する竜が池にいると告げた。時に長蛇があらわれ、頂上に小金竜をいただいていた。この光景を、真暁始め七人の者が見ることができたという。こののち雨は降り大樹は潤った。承和二年(八三五)に空海の遺誡あり、真暁の名が、二十五条本の終りに記されているという。

神功皇后　じんぐうこうごう　仲哀天皇の皇后。名は「おきながたらしひめのみこと」といい、気長足姫尊(『日本書紀』)・息長帯比売命(『古事記』)などと書き、大帯日売命(『播磨国風土記』)・大足姫命皇后(『続日本後紀』)・息長帯比売天皇(『常陸国風土記』)などとも呼称される。なお、『日本書紀』神功六十九年条に気長足姫尊という名は崩後の謚号と記す。父は開化天皇の曾孫の気長宿禰王、母は葛城高顙媛(かずらきのたかぬかひめ)。『古事記』は葛木高額比売)。応神天皇の母。「おきながたらしひめ」の名については、近江国坂田郡の地名息長(滋賀県坂田郡近江町・米原町一帯)、もしくはその地を本拠とする息長氏に由来するとする説、或いは寿祝的な生命力の充溢の意とする説などがある。また、その名に七世紀前半の天皇の一般的呼称や舒明・皇極(斉明)天皇の謚号と同じ「たらし」の語を含んでいるので、仲哀ともども実在性はきわめて疑わしいとされている。『記』『紀』に共通する神功伝承を略述すると、仲哀の熊襲征討に従い筑紫に下った神功が神がかりし、神を祭って軍を進めれば、西方の宝の国(新羅)を服属できると託宣した。しかし、仲哀はこれを信用せず、神の怒りに触れて崩じた。神功は身ごもっていたが、天照大神と住吉三神の託宣の通りに神々を祭り、新羅と百済を親征した。神功は凱旋して筑紫で応神を生み、大和に向かったが、応神の異母兄の忍熊王の軍が神功らを迎え討った。神功の軍は忍熊王の軍を山背に破り、忍熊王は琵琶湖で自殺した。神功は応神に角鹿の笥飯(けひ)大神(福井県敦賀市曙町気比神社の祭神)を参拝させ、帰ると盛大な酒宴を催した。右の伝承は新羅征討物語として一括しうるが、『古事記』がこれを仲哀段におさめるのに対し、『日本書紀』は別に神功巻をたて、しかもこれを摂政前紀におさめ、以後六十九年間にわたり摂政として君臨したとする。『日本書紀』編者は、神功に後世の女帝的性格を与えながらも、即位は認めなかった。新羅征討物語については、(イ)水辺の少童と母神の信仰、ないし海神の祭儀、或いは八十島祭(やそじままつり)や大嘗祭を基底として構想されたとする説、(ロ)原像を「おおたらしひめ」に求め、息長氏の系譜伝承を核に、香椎宮(福岡市東区香椎)にまつわる「おおたらしひめ」の伝承や地方伝説を加え、舒明・皇極朝を画期に形成されたとする説、(ハ)推古朝以降の対新羅関係の険悪化のなかで、推古・斉明・持統などの女帝をモデルとして構想されたとする説などがある。また、『日本書紀』の紀年によると、神功は三世紀中頃の人物となるが、それは『日本書紀』編者が神功を『魏志』倭人伝の卑弥呼に擬定して治世年代を決定したためで、神功三十九年・四十年・四十三年の各条に分注で『魏志』倭人伝を引用、さらに晋の起居注の倭女王をも皇后に比定したことが知られる。『日本書紀』はまた『百済記』などの百済関係史料、新羅の于老・提上伝説などにより神功治世の日朝関係を記述しているが、一般的には干支二運、一部には三運繰り下った四、五世紀の史実と関わるとみられている。神功の陵墓について、『記』『紀』は「狭城楯列(さきのたたなみ)陵」、『延喜式』諸陵寮式は「狭城盾列池上陵、(大和国添下郡に在り。兆域東西二町、南北二町、守戸五烟)」と記す。『続日本後紀』承和十年(八四三)四月条には、これまで成務陵とした北陵を神功陵に、神功陵としてきた南陵を成務陵としたという記載がみえ、位置関係に混乱があったことが知られる。現在は奈良市山陵町にある佐紀古墳群中の五社神古墳(前方後円墳、墳丘長二七五メートル)に比定されている。

【参考文献】肥後和男『神功皇后』、塚口義信『神功皇后伝説の研究』、三品彰英『増補日鮮神話伝説の研究』(『三品彰英論文集』四)、大橋信弥『日本古代国家の成立と息長氏』、井上光貞『日本国家の起源』、池内宏『日本上代史の一研究』、末松保和『任那興亡史』、山尾幸久『日本古代王権形成史論』、直木孝次郎「神功皇后伝説の成立」(『日本古代の氏族と天皇』所収)

信行　しんこう　七世紀後半―八世紀初めの飛鳥寺・元興寺の僧。「しんぎょう」ともいう。『東域伝燈目録』『諸宗章疏録』に多くの著書が記され、『正倉院文書』にも書写された著書が載せられている。後者に記される著書に『略明法界衆生根機浅深法』一巻、『大般若経音義』三巻、『法華経音義』一巻などがある。また『類聚名義抄』(図書寮本)に「信云」「信行云」として引用するところが多々ある。なお、『日本霊異記』に、これとは全く別の沙弥信行について記している。

審祥　しんしょう　八世紀前半―後半の新羅学生、大安寺の僧。審詳にも作る。「しんじょう」ともいう。入唐して香象大師に華厳宗を学ぶ。天平十二年(七四〇)勅により金鐘寺(東大寺の前身)で華厳を講ずる。これは日本で最初の『華厳経』の講演であり、日本華厳の祖師とされる。多くの経論を所蔵し、華厳学匠として多大な影響を及ぼした。没年については『三国仏法伝通縁起』中巻に天平十四年とするが、これは誤りで、写経所の貸借の注記からみて、天平十七年一月から天平勝宝三年(七五一)一月の間であろうとされる。著書に『妙法蓮華経釈』一巻二部などがある。

【参考文献】堀池春峰『南都仏教史の研究』上、佐久間竜『日本古代僧伝の研究』

真紹　しんじょう　七九七―八七三　九世

紀の東寺・東大寺の僧。真言宗。山城禅林寺開山で禅林僧都・石山僧都とも号す。俗姓は池上氏か。十歳にして空海に師事し諸々の密軌を習学した。初め大安寺に住し、弘仁十二年(八二一)具足戒を受け、東大寺に隷す。天長元年(八二四)空海が神泉苑(平安左京三条一坊にあった)で祈雨の修法を行なった時、弟子のうち真紹ほか七人だけが竜を見ることができ、その名を馳せた。承和七年(八四〇)十二月、東寺の少別当に補せられ、同十二年には内供奉十禅師に抜擢された。その間に実恵(じちえ)によって伝法灌頂をうけ、本朝真言第三の阿闍梨の職位を賜わった。同十四年四月、権律師に進み、十一月には高藹道雄を超えて東寺二長者になった。これらの出世は師実恵の配慮によるという。しかし東寺一長者真済が入滅した時、その後任には師実恵と宗内を二分していた真雅が、年齢の差をこえて補任され、真紹は入滅するまで二長者にとどまった。嘉祥元年(八四八)六月、正律師に転じ、以後貞観六年(八六四)二月には法眼和上位権少僧都、同十一年正月には正に転じている。真紹は早く天長(八二四—八三四)の頃より河内国の山間にある観心山寺(大阪府河内長野市)に住しており、斉衡年間(八五四—八五七)には仁明天皇の聖恩にむくいるためそこで五智如来を造ったが、後代の修理の困難と永く真言の秘要を伝えることを考え、仁寿三年(八五三)に購入してあった藤原朝臣関雄の山荘(山城国愛宕郡。現在の京都市左京区永観堂町)を寺としてそこに移り、貞観五年には定額に預かり禅林寺と号した。また『禅林寺式』をも定めている。そのほか、音石山僧都明詮は死に臨んで真紹に「離別之書」を与え、また禅林寺宗叡は真紹から阿闍梨位灌頂を受けている。清和上皇も付法の一人。貞観十五年、禅林寺にて入滅した。なお神護寺に現存する貞観十七年銘の梵鐘に真紹の発願とみえる。

【参考文献】小山田和夫「真済について—実恵・真紹との関係—」(『立正史学』四二)、同「禅林寺創建と真紹」(『古代文化』三四—八)、同「神護寺梵鐘銘文小考」(立正大学史学会編『宗教社会史研究』II所収)

真済　しんぜい　八〇〇—八六〇　九世紀中頃の真言宗の僧。第三代東寺長者。高雄僧正・紀僧正・柿本僧正と号す。左京の人。俗姓は紀氏。父は巡察弾正正六位上紀朝臣御園。幼くして出家して大乗・外伝を学び、のち空海に師事し、天長元年(八二四)二十五歳で伝法灌頂を受けた。異例の若さで伝法阿闍梨となったので、人々は奇なりと称したという。同九年、空海から神護寺(京都市右京区梅ケ畑高雄町)を付嘱されて運営に尽力、承和三年(八三六)一重宝塔の建立を奏請した。同年七月、空海の入定を恵果墓前に報告し、密教を受法するため第十七次遣唐使の一行に加わり、真言請益僧として真然とともに入唐することになったが嵐に遇って果たすことができなかった。以後十二年間、神護寺を離れず、練行に努めたという。このことは嵯峨太上天皇にまで聞え、同七年正月、内供奉十禅師に任ぜられ、同年十二月、実恵(じちえ)に替わって神護寺別当となった。同十年十一月、権律師となり、新設の東寺二長者に任ぜられた。同十二年、五大虚空蔵像を安置した神護寺一重宝塔が完成、同十四年四月、律師、同年十一月、実恵に替わって東寺一長者となった。仁寿元年(八五一)七月、少僧都、同二年四月、真済の奏請により神護寺に年分度者三人が置かれ、同年十月、権大僧都となった。斉衡二年(八五五)十月、僧正に任ぜられたが、天安元年(八五七)十月、上表して辞退し、僧正位を空海に譲った。文徳天皇はいたく感動し、空海に大僧正位を追贈し、真済に僧正位を授けた。同二年八月、文徳が病気となり、真済は護持僧としてその平癒を祈ったが、文徳が崩御したため、以後神護寺に隠居した。貞観二年(八六〇)二月、示寂。時に六十一歳。真済は詩文をよくし、空海の漢詩文を集めて、『遍照発揮性霊集』十巻を編集した。著書に『高雄口訣』『胎蔵界念誦私記』などがある。

【参考文献】守山聖真編著『〈文化史上より見たる〉弘法大師伝』、坂本太郎「六国史と伝記」(『日本古代史の基礎的研究』上所収)、小山田

和夫「真済について―実恵・真紹との関係―」（『立正史学』四二）

真然　しんぜん　？―八九一　九世紀の真言宗の僧。第六代東寺長者。中院僧正・後僧正と号す。讃岐国の人。俗姓は佐伯氏。空海の甥。空海の室に出家し、天長八年（八三一）真雅に伝法灌頂を受けた。承和元年（八三四）空海から高野山を付嘱され、同二年三月、空海入定のあと東寺長者実恵（じちえ）の援助をえて、建設半ばの高野山伽藍の造営に当った。同三年、紀伊国司が金剛峯寺俗別当を兼ね、修繕料米十石、油一石が下賜されて、同五年頃、講堂（現在の金堂）が嵯峨上皇の御願として完成した。しかし、大塔・西塔の造営は地理的・経済的理由から進捗しなかった。同八年、実恵の奏請により燈分ならびに仏餉料二千八百束、金剛峯寺料五千六百十六束が下賜され、貞観三年（八六一）には大塔修理料として紀伊国税稲四千九百束、翌年さらに二千束が給され、大塔は真然の尽力により貞観（八五九―八七七）末に完成し、光孝天皇の御願として完成した西塔とともに仁和三年（八八七）落慶した。また真然は東寺にならって春の修学会、秋の練学会の伝法二会をおき、貞観十八年、伊都・那賀・名草・牟婁四郡に散在する三十八町の田畑が不輸租田となるなど、高野山の基礎を築いた。この間、承和三年、空海の入定を恵果の墓前に報告し密教を受法するため、真済とともに第十七次遣唐使に加わって入唐することになったが、嵐に遇って果たすことができなかった。貞観十六年、律師、元慶三年（八七九）権少僧都となり、翌四年、聖宝に両部大法を伝授した。同七年、東寺二長者、同八年二月、宗叡に替わって東寺長者となった。真然は高野山が真言宗の根本となるべきであるとの考えをもっており、同年、上表して真言宗年分度者の試度・得度を再度高野山で行なうこととした。また、貞観十八年に真雅から借覧し一度返却した東寺秘蔵の「三十帖策子」を高野山に持ち帰り、弟子の寿長・無空に伝えた。この「三十帖策子」は無空の時、高野山を衰微させる原因となった。仁和元年（八八五）少僧都に転じ、同四年、仁和寺（京都市右京区御室大内）落慶の導師を務めた。寛平元年（八八九）高野山に座主職を設けて弟子の寿長を任じ、以後座主は真然直系の僧をあてることとした。翌二年、僧正となり、同三年九月、示寂。弟子に寿長・無空・聖宝・源仁らがいる。著書には『無障金剛次第』などがある。

【参考文献】森田竜僊『（高野山第二世）伝燈国師伝』、守山聖真編著『（文化史上より見たる）弘法大師伝』

信忠　しんちゅう　八世紀後半の新薬師寺の僧。天平宝字二年（七五八）十一月の「香山薬師寺（新薬師寺）三綱牒」に小寺主として署名。同四年十一月の「摂津国西生郡美努郷庄地売買券」（美努郷は比定地未詳。大阪市北区・都島区・東区の境界付近か）に、この荘地を買う新薬師寺の寺主として署名している。さらに神護景雲三年（七六九）九月の「香山薬師寺鎮三綱牒」に摂津職東生郡（大阪市東部）の荘地売買に関して、上座伝燈満位僧として署名しており、いずれも実務的な面での活動が示されている。

真昶　しんちょう　八〇七―八八〇　九世紀の東大寺の僧。二十歳で東大寺に入る。『東大寺別当次第』には、第二十六代別当として、貞観元年（八五九）から同十二年までその任にあったことを記すが、『東南院文書』などの署名によると、早く嘉祥二年（八四九）九月にはすでにその地位にあったことが確実である。以後も宇治華厳院・玉滝杣などについての東大寺関係文書に「別当（伝燈大法師位）」という署名が頻出する。しかし貞観十三年、祥勢と交替したことは『東大寺別当次第』の記載通りであろう。この間、貞観二年には大仏御頭修補のための法会が、また翌三年にはその完成の供養会が営まれている。時の修理大仏使は藤原朝臣家宗であった。真昶は元慶三年（八七九）に別当に再任されるが、老年のため一年で辞し、翌四年、入滅した。別当死闕の替は安軌である。

真如　しんにょ　九世紀中頃の東大寺の僧。

俗名は高岳親王。平城天皇の第三皇子。母は伊勢朝臣継子。蹲居太子・入唐御三子・皇子禅師などと称される。大同四年(八〇九)四月、嵯峨天皇の即位に伴い皇太子となったが、翌弘仁元年(八一〇)九月の藤原朝臣薬子の変によって廃された。出家して東大寺に入り、真忠のち真如と号した。東大寺道詮から三論、興福寺修円から法相を受学し、また空海から真言密教を受け、阿闍梨位に昇る。承和二年(八三五)超昇寺(寺跡は奈良市佐紀町の佐紀神社東北にある)を建立し、斉衡二年(八五五)には修理東大寺大仏司検校となり、東大寺大仏の修理に携わった。貞観四年(八六二)宗叡・禅念らとともに入唐し、唐の咸通五年(八六四)長安に入って西明寺に住し、青竜寺の法全(はっせん)から伝法灌頂を受けた。のち天竺行の志を立て、咸通六年に広州を発して西に向かったが、その後、消息不明となる。入唐僧中瓘の元慶五年(八八一)の報告によると、マレー半島南端の羅越国で客死したという。

【参考文献】 橋本進吉「最古の真如親王伝」(『伝記・典籍研究』所収)、同「高岳親王の御事蹟に関する一二の研究」(同上書所収)、杉本直治郎『真如親王伝研究―高岳親王伝考―』

真平 しんぺい 九世紀中頃に大宰府管内に居住して交易に従事した新羅人。貞観十一年(八六九)五月に新羅船が豊後国の貢綿を掠奪した事件で、真平ら三十人の新羅人は共謀の嫌疑で身柄を拘束された。いったんは放還処分となったが、順風を得ず帰国できなかった。新羅への警戒心が高まると、翌十二年九月には新羅人二十人は東国に配されることになり、真平は潤清らとともに陸奥国に配されたが、真平は優れた造瓦技術を認められて陸奥国修理府の料の造瓦の事にあずかり、技術を指導した。

【参考文献】 佐伯有清「九世紀の日本と朝鮮」(『歴史学研究』二八七)

神武天皇 じんむてんのう 『古事記』『日本書紀』で第一代とされる神話・伝説上の天皇。神武天皇という呼び名は、八世紀後半に定められた漢風の諡号である。『古事記』に神倭伊波礼毗古(かんやまといわれひこ)命(天皇)、『日本書紀』に神日本磐余彦尊(天皇)とみえるのが、和風諡号と考えられる。神倭(神日本)は美称、伊波礼(磐余)は大和国の地名(奈良県桜井市中部から橿原市東南部にかけての地)である。神武は、高天原から日向国の高千穂の峰に天降った瓊瓊杵(ににぎ)尊の曾孫で、彦波瀲武鸕鷀草葺不合(ひこなぎさたけうがやふきあえず)尊の第四子。母は海神の女玉依(たまより)姫。手研耳(たぎしみみ)命・神八井耳(かんやいみみ)命・綏靖天皇らの父。諱を彦火火出見(ひこほほでみ)、幼名を狭野(さの)尊といい、また若御毛沼(わかみけぬ)命・豊御毛沼命・神日本磐余彦火火出見尊・磐余彦火火出見尊・磐余彦尊・磐余彦帝などとも呼ばれた。『日本書紀』によると、四十五歳のとき、東征を決意して日向国の高千穂宮を出発し、船軍を率いて瀬戸内海を東進して難波に上陸し、河内国の草香邑(くさかのむら。現在の大阪府東大阪市日下町)にいたり、生駒山越えで大和国に入ろうとしたが、土地の豪族である長髄彦(ながすねひこ)に妨げられていったん退き、海上を南に迂回して紀伊国に入り、熊野から吉野を経て、土豪たちを征服しつつ大和国に入り、ついに長髄彦を倒し、日向国を出てから六年目(『古事記』では十六年以上)で大和国の平定に成功し、辛酉の年正月一日に畝火(うねび)の橿原宮(宮跡は奈良県橿原市久米町と伝えられる。明治時代同地に橿原神宮が創祀された)で初めて天皇の位に即き、この年を天皇の元年と定め、姫蹈鞴五十鈴媛(ひめたたらいすずひめ)命を皇后とし、始馭天下之天皇(はつくにしらすすめらみこと)とたたえられ、在位七十六年、百二十七歳(『古事記』では百三十七歳)で崩じ、畝傍山東北陵(橿原市大久保町のミサンザイの地に比定されている)に葬られたという。神武は神話の世界に生まれ、人の世で活躍して建国の祖となったと伝えられるのであるが、『記』『紀』の構成において、神の代から人の代への連結者として位置づけられ、即位の辛酉の年(紀元前六六〇)は中国の讖緯(しんい)思想を背景として定められたものであり、事績にも神話的な色彩が濃いことなどから、その所伝は一種の英雄伝説とみられ、史実を伝えるものはほとんどないといわれる。神武伝説はいくつかの段階を経て形成され、最終的に『記』『紀』にみられる形にまとめられたのであろう。この伝説の成立について、崇神天皇が、神武の敬称である始馭天下之天皇が意味する「始めて国を治めた天皇」と同じ意味の敬称をもち、初代の天皇が二人伝えられることなどから、崇神こそ実質的な建国者ではなかったかとみる説、或いは北九州から大和に入った応神天皇をモデルとして造作されたとみられる説などさまざまな解釈があるが、神武伝説の核心をなす東征部分において、その起点がなぜ南九州の日向とされたかの解明を始め、残された課題は少なくない。

【参考文献】　植村清二『神武天皇』(『日本歴史新書』)、門脇禎二『神武天皇』、原島礼二『神武天皇の誕生』、星野良作『研究史　神武天皇』、同「神武東征の謎と応神王朝」(『歴史読本』二九―一〇)

す

推古天皇　すいこてんのう　五五四―六二八　在位五九二―六二八。崇峻天皇の崩後、我が国最初に即位した女帝。欽明天皇の皇女。母は蘇我稲目宿禰の女堅塩(きたし)媛。同母兄に大兄皇子(のちの用明天皇)がいる。実名は額田部皇女。これは皇女が額田部連氏の養育を受けたか、あるいは額田部という領有民を伝領していたことに基づくものであろう。和風諡号は豊御食(気)炊屋(とよみけかしきや)媛。この名は、五年三カ月の長期にわたった敏達天皇の殯(もがり)において、皇女が亡き敏達との共食による敏達霊の奉祀に従事したことによる命名ではなかったか。欽明三十二年(五七一)十八歳で異母兄に当る敏達の妃となった。敏達四年(五七五)十一月、敏達の正妃である大后(おおきさき)の広姫が崩じたので、翌五年三月、二十三歳で大后となった。大后としての皇女の宮に海石榴市(つばきいち)宮(奈良県桜井市金屋)があり、大后の地位に付属する領有民として私部(きさいべ)があった。敏達との間に菟道貝鮹(うじのかいだこ)皇女・竹田皇子・小墾田皇女・鸕鶿守(うもり)皇女・尾張皇子・田眼皇女・桜井弓張皇女の二男五女を生んだ。皇女は、菟道貝鮹皇女および尾張皇子の女位奈部橘王を蘇我系の廐戸皇子に、小墾田皇女を非蘇我系の押坂彦人大兄皇子に、田眼皇女を同じく非蘇我系の田村皇子(のちの舒明天皇)に、それぞれ嫁がせている。これは、母方に蘇我氏の血を引き、非蘇我系の敏達を夫にもつ皇女が、蘇我系・非蘇我系を結ぶ要としての位置にあったためであろう。敏達十四年、三十二歳で敏達と死別した皇女は、右の系譜上の位置から、以後、皇族中の長老的存在として君臨するようになる。敏達の後を継いだ用明が在位僅か一年七カ月で崩じると、政局は次期天皇をめぐり混迷の度を深めていった。この間、皇位を狙う異母弟の穴穂部皇子が、殯宮(もがりのみや)に籠る皇女に暴行しようとする事件が起きた。これは、皇女の配偶者となることが皇位継承上有利な条件であったことを示すものであろう。その後、皇女は大臣蘇我馬子宿禰に命じ、穴穂部皇子とその党類を殺害させ、さらに物部弓削大連守屋打倒の内乱が終わると、穴穂部の同母弟泊瀬部を崇峻天皇として即位させた。崇峻が資質人格の点で支配層の支持を得られず、馬子の刺客によって殺されると、遂に皇位は皇女のもとに巡ってきた。崇峻五年(五九二)十二月、皇女は豊浦宮(奈良県高市郡明日香村豊浦)で即位。のち推古十一年(六〇三)十月、小墾田宮(宮跡は高市郡明日香村豊浦字古宮とされてきたが、昭和六十二年に発掘された明日香村雷の雷丘東方遺跡から「小治田宮」と記す九世紀前半の墨書土器が出土しており、古宮から雷丘東方にかけての一帯が宮跡推定地として注目されている)に遷り、ここを皇居と定めた。推古元年四月、甥の廏戸皇子を皇太子に立て「摂政」に任じた。推古・廏戸・馬子の三人を中心に推し進められた推古朝政治の課題は、対外的には、任那復興問題を軸に朝鮮三国における「東夷の小帝国」としての倭国の立場を確立することであり、遣隋使もそのために派遣されたといえる。国内政治の面では、「東夷の小帝国」に相応しい国家的威容を整えるという課題があり、冠位十二階・『憲法十七条』の制定、服制・儀礼の整備などの成果が得られた。池溝開発とそれに伴う屯倉の設置や、「難波より京に至る大道」といった外交用の道路の設定が行なわれたのもこの時期である。同二十九年二月に廏戸が薨ずると、推古と馬子の協調関係にも破綻の萌しがあらわれる。同三十二年、馬子による「葛城県」返還要求を推古が拒絶したとの物語は、それを暗示している。同三十六年三月、推古は次期天皇について田村皇子と山背大兄王に遺詔、次いで早逝した我が子竹田との合葬を望んでこの世を去った。時に年七十五。遺命に従い竹田皇子を葬った大野岡上(奈良県高市郡)に葬り、後に科長大陵(磯長山田陵。大阪府南河内郡太子町山田の山田高塚古墳とされるが、同地の二子塚古墳とする説もある)に改葬された。法隆寺金堂薬師如来坐像銘や『法隆寺伽藍縁起』『元興寺伽藍縁起』などには、推古の造寺・造仏への関与を示す所伝が数多くみえる。

【参考文献】原島礼二「推古女帝と飛鳥」(『明日香風』六)、黛弘道「推古女帝と蘇我氏」(『古代史を彩る女人像』所収)

帥升 すいしょう 二世紀初頭の倭国王。師升(ししょう)にも作る。『後漢書』東夷伝条によると、後漢の永初元年(一〇七)に帥升らは生口百六十人を献上して安帝(在位一〇七―一二五)に面会を願った。

綏靖天皇 すいぜいてんのう 神武天皇の皇子。母は事代主(ことしろぬし)神の女媛蹈鞴(ひめたたら)五十鈴姫命(『古事記』では大物主神の女伊須気余理比売(いすけよりひめ))。和風諡号は神渟名川耳(かんぬなかわみみ)という。神武の死後、庶兄の手研耳(たぎしみみ)命は神八井耳(かんやいみみ)命と綏靖天皇をなきものにしようとしたので、綏靖は就寝中の手研耳を射殺した。神八井耳はその武勇に感じて弟の綏靖に皇位に即くことをすすめ、みずからは綏靖をたすけて神祇をつかさどることになった。葛城高丘(かずらきのたかおか)宮(奈良県御所市森脇)に都し、叔母(母の妹)の五十鈴依(いすずより)媛(『古事記』では師木県主の祖の河俣毗売(かわまたびめ))を皇后とした。在位三十五年にして八十四歳(『古事記』では四十五歳)で崩じ、桃花鳥田(つきだ)丘上陵(奈良県橿原市四条町の塚山古墳が山陵とされる)に葬られたという。事績は伝わっていない。「かんぬなかわみみ」の「かん」はのちに付加された美称。末尾の「み」は神名の末尾につく「み」と同語で、神霊概念を表わす語彙であることから推測すると、「ぬなかわみみ」はもとは川の神の名で、綏靖の原像は天皇や人間ではなく川の神と思われる。皇統譜形成過程で天皇につくり変えられ、神武と父子関係に結びつけられたのであろう。

【参考文献】前之園亮一『古代王朝交替説批判』、同「『欠史八代』について(上)」(『学習院史学』二一)

垂仁天皇 すいにんてんのう 崇神天皇の第三子。母は皇后御間城(みまき)姫。和風諡号は活目入彦五十狭茅(いくめいりひこいさち)。伊久米伊理毘古伊佐知にも作る。『日本書紀』によると、崇神は豊城入彦(とよきいりひこ)命と垂仁天皇に勅し、二人のうちいずれを皇嗣とするか夢卜により定め、三輪山に登り四方に縄を張って粟を食う雀を追い払う夢をみた垂仁を皇太子とした。垂仁二年、狭穂姫を皇后とし、大和国の纏向珠城(まきむくのたまき)宮(奈良県桜井市穴師付近か)に皇居を定めた。同五年、皇后の兄狭穂彦の謀反が発覚したので、上毛野(かみつけの)君の遠祖八綱田(やつなた)に命じてこれを討たせた。同七年、大和国の当麻蹶速(たいまのけはや)と出雲国の野見(のみ)宿禰に相撲をとらせ、勝った野見宿禰を褒賞した。これは相撲節会の起源である。同十五年、兄に殉じた狭穂姫のあとに丹波から丹波道主(たんばのちぬし)王の五人の女を召し出して日葉酢(ひばす)媛を皇后に、他の三人を妃に立てたが、末妹の竹野(たかの)媛は醜いという理由で本国へ送り返した。同二十三年、狭穂姫所生の誉津別(ほんつわけ)王は口がきけないので、天湯河板挙(あめのゆかわたな)に命じて鵠(くぐい。白鳥)を捕えさせ、これを見せたら物が言えるようになった。天湯河板挙の功を賞して鳥取造の氏姓を賜い、また鳥取部・鳥養部・誉津部を定めた。同二十五年、五大夫に命じて神祇を祭らせ、天照大神を皇女の倭姫命につけて伊勢神宮を創建し、翌年、物部連十市根をして出雲の神宝を検校させ、同二十七年、諸々の神社の神地・神戸を定めた。同三十二年、日葉酢媛が崩じたが、殉死の風をやめたいと考えた垂仁は、野見宿禰の進言をいれて埴輪を墓に立てさせ、野見宿禰を賞して土部職(はじのつかさ)に任じ、土師臣の氏姓を賜わった。「垂仁(仁を垂れる)」というこの天皇の漢風諡号は、殉死の風を禁じた事績に基づいて選定されたのであろう。同三十九年、皇子の五十瓊敷入彦(いにしきいりひこ)命は剣一千口を作って石上(いそのかみ)神宮に納めたので、皇子に石上神宮の神宝をつかさどらせた。同八十八年、新羅の王子天日槍(あめのひぼこ)のもたらした神宝を献上させた。同九十年、田道間守(たじまもり)に命じて常世国に非時香菓(ときじくのかぐのこのみ)という不老不死の木の実を求めに遣わしたが、その到着をまたず同九十九年に崩じた。時に百四十歳(『古事記』では百五十三歳)。菅原伏見陵(奈良市尼辻町の蓬莱山古墳に比定されている)に葬られた。そのほか『古事記』垂仁段には出雲大社を修造したことや、石棺を作ることを職務とした石祝作(いしきつくり。祝は棺の誤字か)の設定などが記され、『令集解』に垂仁の葬儀に奉仕した遊部(あそびべ)は垂仁の後裔であると伝えられている。垂仁の事績・伝承は祭祀・神社・死・墓・葬儀の起源に関わるものが少なくない(相撲、日葉酢媛、鳥取部・鳥養部、非時香菓の伝承も死・墓・葬儀と関係が深い)。垂仁の和風諡号に「いり」という独特な語彙が含まれているので、実在した三輪王朝(イリ王朝・崇神王朝ともいう)の王者であるとする見解も有力である。和気氏は垂仁の後裔と称する。

【参考文献】前之園亮一『古代王朝交替説批判』、樋口清之「垂仁天皇紀私考」(『国学院雑誌』七一ー一一)

末氏　すえうじ　天津彦根命の後裔と称する氏族。凡河内(おおしかわち)国造の同族。姓は使主(おみ)。末の氏名は、『日本書紀』崇神七年八月条にみえる「茅渟県陶邑(ちぬのあがたのすえむら)」の地名に因む。陶邑は和泉国大鳥郡陶器荘、現在の大阪府堺市東南部、陶器山からその西方にかけての地。五世紀以後、陶器技術の伝来に伴って成立した氏か。『新撰姓氏録』によると、和泉国に居住したが、また百済系の末使主が山城国にいたともいう。

酢香手姫皇女　すかてひめのひめみこ　用明天皇の皇女。母は葛城直磐村の女広子。『古事記』では須加志呂古郎女とし、母は当麻之倉首比呂の女飯女之子とある。『上宮聖徳法王帝説』は須加氏古女王に作る。『日本書紀』用明巻によると、用明即位直後に皇女を伊勢神宮に拝せしめ、日神の祀に仕えさせたという。なお、その分注に、皇女は用明から推古までの三代にわたり日神の祭祀に仕え、みずから葛城(奈良県御所市)に退いて薨じたとあり、また、或本には三十七年間、日神の祀に仕えたとある。

菅野氏　すがのうじ　百済系渡来氏族の一つ。姓は朝臣。敏達三年(五七四)に津史の氏姓を賜わった王牛(王辰爾の弟)の後裔氏族で、天平宝字二年(七五八)に津史秋主らが連に改姓、次いで延暦九年(七九〇)津連真道らが菅野朝臣の氏姓を賜わった。『新撰姓氏録』は右京諸蕃下に載せ、「百済国都慕王の十世孫、貴首王より出づ」と記している。また、『続日本後紀』承和元年(八三四)十二月、『日本三代実録』貞観五年(八六三)八月・同六年八月・元慶元年(八七七)十二月の各条にも、それぞれ菅野朝臣の氏姓を賜わった者の記事を載せている。

【参考文献】　佐伯有清『新撰姓氏録の研究』考証篇五

菅野朝臣惟肖　すがののあそんこれゆき　九世紀後半の官人。貞観十四年(八七二)四月に文章生・従八位下で領帰郷渤海客使に補任されたのを始めとして、元慶年間(八七七―八八五)に少内記・大外記・大内記を、仁和年間(八八五―八八九)に勘解由次官・播磨権大掾(兼任)・文章博士を歴任した。この間、元慶六年正月に従五位下に叙せられている。同八年、太政大臣の職掌を答申、承保二年(一〇七五)方略試申文では貞観期(八五九―八七七)に方略試を経て学才をうたわれた人物として滋野朝臣良幹とともに挙げられている。詩文にも優れ、元慶二年八月の貞保親王の御読書始後の宴では藤原朝臣基経に特に召されて詩を草し、『二中歴』詩人歴には『扶桑集』収載の作者七十六人の中に名が挙げられている。

菅野朝臣佐世　すがののあそんすけよ　八〇二―八八〇　九世紀の官人・学者。氏姓はもと御船宿禰であったが、貞観五年(八六三)八月、菅野朝臣を賜わった。斉衡三年(八五六)以来、助教・大学助・備後権介・越前権介・次侍従・大学博士・刑部大輔・安芸権守・摂津権守などを歴任。この間、天安二年(八五八)に釈奠の座主を務め、貞観六年に尚書題を発し、同十七年には清和天皇に五経の文を奉呈している。また、太皇太后藤原朝臣順子崩後の錫紵期間のことや、修復後の応天門の名号について建策を行なっている(貞観十三年)。元慶四年(八八〇)五月二十八日、従五位上摂津権守で卒去。七十九歳。『日本三代実録』卒伝によれば、礼経に通じ、天皇が『孝経』を読む際の侍講を務めたという。

菅野朝臣高年　すがののあそんたかとし　九世紀中頃の官人。「古事を知る者」とされ、承和十年(八四三)六月から翌年六月まで内史局において『日本書紀』を講じた。時に散位正六位上。同十二年正月、従五位下に昇叙。同十三年五月に造酒正、同年七月に図書頭、同十四年二月に内匠頭、嘉祥二年(八四九)正月に因幡介に任ぜられた。

菅野朝臣永岑　すがののあそんながみね　九世紀前半の官人。真道の子。天長八年(八三一)正月、正六位上から従五位下に昇叙。承和四年(八三七)二月、父真道が桓武天皇追福のために山城国愛宕郡八坂郷(京都市東山区祇園の八坂神社付近)に建立した道場院の四至を定めて一院とし(のちの雲居寺。京都市東山区の高台寺付近にあった)、僧一人を置くことを申請して許された。同六年正月、主殿頭・斎院長官で豊前守を兼任。同七年正月、主殿頭に伊予介を兼任。同八年十一月、従五位上に昇叙された。

菅野朝臣真道　すがののあそんまみち　七四一―八一四　九世紀初めの公卿。百済系渡来氏族で、父は津連山守。宝亀九年(七七八)二月に少内記に任ぜられてから、近江少目・右衛士少尉などを経て延暦二年(七八三)正月に恪勤の故に外従五位下に昇叙、同年五月に右衛士少尉兼近江大掾となり、右衛士大尉兼近江大掾・左兵衛佐を経て、同四年十一月に従五位下に進み、東宮学士兼左兵衛佐となった。さらに兼伊予介・兼図書助を歴任して、同八年正月に従五位上へ昇叙した。次いで図書頭兼皇太子学士・左兵衛佐・伊予介、兼伊予守を経て、同九年七月に上表して津連を改めて菅野朝臣の氏姓を賜わった。次いで治部少輔兼皇太子学士・左兵衛佐・伊予守となり、同十年七月に伊予国の白雀貢献により正五位下を特授され、治部大輔兼皇太子学士・左兵衛佐・伊予守から本官を民部大輔に遷し、同十三年七月には従四位下に昇叙した。同十四年二月に民部大輔兼皇太子学士・左兵衛督となったが、この頃、『続日本紀』編修の勅をうけ、同十六年二月にはその完成奏上によって従四位上に昇叙、翌三月には左大弁兼東宮学士・左兵衛督・伊勢守となり、同年九月に勘解由長官に任ぜられている。その後、諸官職を歴任して、同二十四年正月、正四位下左大弁兼東宮学士で、秋篠朝臣安人とともに参議に起用された。百済系渡来氏族を母とする桓武天皇の外戚的意識によるところが大きいが、同年十二月、参議左大弁の真道は、参議右衛士督藤原朝臣緒嗣と、殿上で現実の基本政策について論議している。次いで翌二十五年(八〇六)正月、参議兼大宰大弐となったが、同年五月十八日の平城即位・大同改元によって正四位上へ昇叙、翌大同二年(八〇七)四月、参議の号廃止によって山陰道観察使となり、兼刑部卿・兼民部卿を経て、同三年四月には東海道観察使のことを摂行した。その後、兼左大弁・兼大蔵卿を経て、同四年三月に従三位に昇叙、四月に東海道観察使に遷っている。その後も諸官職を兼任したが、同五年六月の参議制復活によって参議に復し、七月には参議兼宮内卿・常陸守となった。翌弘仁二年(八一一)正月に致仕を上表して許されたが、常陸守だけを留められ、同五年六月二十九日に従三位・常陸守で薨じた。時に七十四歳。

【参考文献】　野村忠夫「桓武朝後半期の一、二の問題」(『古代学』一〇ー二～四)

菅原氏　すがわらうじ　天応元年(七八一)土師(はじ)氏の改氏姓請願により分立した氏族の一つ。氏名は拠地の大和国添下郡菅原郷(奈良市菅原町一帯)の地名に基づく。姓は初め宿禰、延暦九年(七九〇)十二月、朝臣を賜わる。天応元年六月、土師宿禰古人・道長ら十五人は、祖業を思うに凶儀にのみ与るのは意とするところではないので拠地名によって菅原と改めたいと請願して許され、菅原宿禰の氏姓を賜わった。次いで延暦九年十二月、桓武天皇は詔して外祖母(土師宿禰真妹)が土師宿禰の出身であったため、土師氏に大枝・秋篠・菅原などの氏名と朝臣の姓を許したので、菅原宿禰道長らは朝臣の姓を賜わった。菅原氏の一族は八世紀末以降に文人・学者を多く輩出している。古人は『続日本紀』延暦四年十二月条によれば、生前には侍読の任にあった。古人の長子道長は、『万葉集』に作歌を残す「土師宿禰道長」(一七ー三九五五)と同一人物とみられる歌人であり、第四子の清公は延暦二十一年、遣唐判官となり、同二十三年に入唐し、一年後に帰朝し嵯峨朝の唐風模倣の政治を推進し、『令義解』『凌雲集』『文華秀麗集』などには撰者として名をつらね、文章院を創立し、承和九年(八四二)文章博士をもって薨じた。清公の第四子是善は『貞観格式』『日本文徳天皇実録』の編修に加わり、参議や儒門の要職を歴任したが、元慶四年(八八〇)薨じた。是善の第三子が道真であり、道真の経歴・学問については著名である。なお旧氏姓が日置(へき)臣・日置造・日置首で、菅原朝臣を賜わった氏族がおり、『日本三代実録』によれば、日置臣岡成・日置造久米麿・日置首永津・同今津は菅原朝臣を賜わっている。

【参考文献】　坂本太郎『菅原道真』(『人物叢書』)

菅原朝臣梶成　すがわらのあそんかじなり　ー八五三　九世紀前半の医術家。承和元年(八三四)菅原宿禰梶吉とともに朝臣の姓を賜わった。同五年、遣唐乗船知事として入唐し、医経の疑義を請問した。同六年、帰国の途につくが、暴風雨に遭って難破し、南海の一島に漂着した。一行のうち数人が賊に傷つけられるなかで仏神に祈願し、判官良岑朝臣長松らと協力して難破した船の材を集めて一船を造り、大隅国に還り着いた。承和十年、鍼博士となり、次いで侍医に任ぜられ、仁寿三年(八五三)正六位上から外従五位下に昇ったが、同年六月二日、侍医・外従五位下で卒去。

菅原朝臣清公　すがわらのあそんきよきみ　七七〇ー八四二　九世紀前半の学者。古人の第四子。是善の父。名は「きよとも」とも訓む。父古人は侍読として桓武天皇に仕え、その労により清公ら四人の遺児は学資の支給をうけた。幼少より経史に通じ、延暦三年(七八四)詔により東宮に侍して諮問にあずかり、同八年、文章生試に及第、同十七年には文章得業生となり、大学少允に任ぜられた。同二十一年、遣唐判官に任ぜられ、翌々年入唐し、同二十四年、帰朝、従五位下に叙せられ大学助となる。大同元年(八〇六)尾張介に任じ、赴任して治績をあげた。弘仁三年(八一二)左京亮・大学頭となり、以後、主殿頭・右少弁・左少弁・式部少輔・阿波守を歴任した。入唐で得た新知識で朝儀の整備に尽力し、儀式衣服の唐風採用、五位以上位記の唐風改正、諸宮殿院堂門閣の改称に関与した。弘仁十年、文章博士・侍読となり、『文選』を進講した。同十二年、式部大輔となり、以降、左中弁・右京大夫・播磨権守・文章博士・左京大夫などを歴任し、正四位下に昇る。承和二年(八三五)『後漢書』を進講し、同六年、従三位に進む。同九年十月十七日、薨去。時に七十三歳。『令義解』『凌雲集』『文華秀麗集』『経国集』の編纂に関与した。詩文集『菅家集』六巻があったが散佚した。

【参考文献】　井上薫「菅原清公伝二題」(『続日本紀研究』八ー九)

菅原朝臣是善　すがわらのあそんこれよし　八一二ー八八〇　九世紀の学者。清公の第四子。道真の父。学才すぐれ、幼時から父祖の家学を学び、弘仁十三年(八二二)童殿上として殿上に侍した。承和二年(八三五)文章得業生となり、同六年、対策に及第、次いで大学少允・大学助・大内記を歴任し、同十二年、文章博士となる。以後、大内記文章博士を兼ねたまま越後介・東宮学士・讃岐権介を歴任、嘉祥三年(八五〇)正五位下に昇った。仁寿三年(八五三)文章博士のまま大学頭に任ぜられ、のち左京大夫・修理東大寺大仏使長官・美作権守・伊予守・備前権守・播磨権守・弾正大弼・近江権守・刑部卿などを歴任した。この間、貞観二年(八六〇)従四位上に進み、同十二年、式部大輔となり、同十四年、参議に任ぜられた。元慶三年(八七九)従三位に叙せられたが、翌四年八月三十日、六十九歳で薨去。詩人・学者から公卿官人まで多くの門人を擁するとともに、文徳・清和両天皇に『文選』『漢書』『群書治要』などを進講した。『貞観格式』『日本文徳天皇実録』の編纂に参画するとともに、『東宮切韻』二十巻、『銀牓翰律』十巻、『集韻律詩』十巻などを著わしたが、すべて散佚して伝わらない。

菅原朝臣道真　すがわらのあそんみちざね　八四五ー九〇三　九世紀後半の学者・官人。是善の子。母は伴氏。幼名は阿古。菅原氏は代々高名な学者を輩出しており、道真も幼少から父の厳格な教育をうけた。詩文の指導は父の門人島田朝臣忠臣からうけた。十一歳の時、初めての詩「月夜に梅華を見る」を作ったという。貞観四年(八六二)五月、文章生に、同九年正月、文章得業生に補せられた。この頃からすでに文名高く、依頼されて文章の代作をしている。忠臣の女宣来子を娶ったのもこの頃である。同年二月、正六位上に叙せられ下野権少掾に任ぜられ、同十二年五月、方略試に及第。この時の問頭博士は都宿禰良香で成績は中上第と判定された。同年九月、正六位上。同十三年正月には玄蕃助、さらに少内記に任ぜられた。同十四年、存問渤海使を拝命。母の喪により解官したが、その文名が高いために特命をうけ、「渤海王に答ふる勅書」を作成した。同十六年正月、従五位下に叙せられ、兵部少輔ついで民部少輔に任ぜられた。元慶元年(八七七)式部少輔に任官、さらに文章博士を兼ねるにいたった。同三年正月には従五位上。同七年正月には加賀国に到着した渤海客使に応対するため加賀権守を兼ね、同年四月、かりに治部大輔の任を果たした。同八年五月、太政大臣の職掌の有無について下問されたのに対し、令文の正確な解釈と日唐の職制比較を踏まえ、太政大臣に職掌なしとする意見書を呈出。擁立の功臣として太政大臣藤原朝臣基経に国政を委ねようと考えていた光孝天皇の不興を買ったとされる。道真は父祖から私塾「菅家廊下」の経営をうけ継ぎ、秀才・進士となった百人に及ぶ門人たちを擁していた。そのため、学界での嫉視はなはだしく、仁和二年(八八六)正月には先年の意見書の不評も災いして、文章博士・式部少輔を解任され、讃岐守として一時都を追われることになった。讃岐に赴任中、阿衡紛議が起こったのを機に急遽入京、橘朝臣広相を擁護する意見書を基経に奉呈した。寛平二年(八九〇)帰京以後の道真は、宇多天皇の厚い信任を得て極めて順調に昇進を重ねていった。同三年の蔵人頭拝命を皮切りに式部少輔・左中弁、次いで同四年には左京大夫を兼ねた。同五年二月には参議となり、式部大輔を兼ねた。同年中に左大弁にうつり、さらに勘解由長官・春宮亮を兼任した。この年四月に敦仁(あつひと)親王が立太子したが、道真は冊立に関して独り宇多の諮問に与ったという。同六年八月、遣唐大使に任命されたが、唐の疲弊と使派遣の停止を述べた在唐僧中瓘の報告に基づき、翌九月、諸公卿間で遣唐使の停止について議論すべき旨を上奏。その結果この時の遣使は中止となり、舒明二年(六三〇)以来の遣唐使の歴史に終止符がうたれることになった。同年十二月、侍従を兼任。同七年正月、近江守を兼ねた。次いで同年十月、中納言に任ぜられ従三位に叙せられた翌月、春宮権大夫を兼任。この頃、宇多から譲位の意志をうち明けられたが、これを諫止したという。同八年七月、検税使派遣の非について上奏した。翌月、民部卿を兼ねた。同九年六月には権大納言に任ぜられ右大将を兼ね、翌七月、宇多が敦仁親王に譲位したのを機に正三位に叙せられ中宮大夫を兼官。宇多は譲位に当り新天皇(醍醐天皇)に、奏請・宣行はすべて左大将藤原朝臣時平と道真の二人に諮るよう命じた。時平と雁行するとはいえ、この道真への新天皇輔導の全面委託は、諸納言たちの反発と道真の孤立を引き起こさずにはおかなかった。昌泰二年(八九九)二月、時平の左大臣昇格に伴い右大臣を拝命、右大将は元の如しとされた。同三年十月、三善宿禰清行から、明年は辛酉変革の年に当るので止足の分を知り辞職すべき旨の勧告をうけた。同四年正月、従二位に叙せられたのも束の間、突如大宰権帥に左降された。道真の女は醍醐の弟斉世(ときよ)親王に嫁いでいたが、道真がこの斉世を天皇にしようと企てたとの嫌疑であった。宇多上皇の必死の弁護も空しく、同年二月一日には筑紫への出立を余儀なくされる。従うのを許されたのは年少の子女のみであったという。道真に連坐して、その男子・門人・党与の人々もそれぞれ処罰された。多くの疾病に苦しんだ二年余の配所生活の後、延喜三年(九〇三)二月、失意のうちに薨じた。年五十九。その埋葬の地は、のちの安楽寺(現在の太宰府天満宮。福岡県太宰府市大字太宰府にある)と伝える。同二十二年、本官に復され、さらに正暦四年(九九三)には正一位・左大臣、次いで太政大臣が贈られた。これらは道真の怨霊を鎮めるための措置であったが、このような怨霊への畏怖を背景に、道真を祀る社として北野天満宮(京都市上京区馬喰町)・太宰府天満宮が創建されるにいたった。道真には編著も多く、『後漢書』の講義に代表される中国史書への造詣をもとにした『日本三代実録』『類聚国史』撰修を始め、『菅家文草』『菅家後集』などの詩文集がある。また『慈覚大師伝』を執筆した。和歌の才も非凡なものがあり、『古今和歌集』『拾遺和歌集』などに道真の歌が数多く採録されている。配所への旅立ちに際し詠じたという「こちふかば」の絶唱は有名である。

【参考文献】坂本太郎『菅原道真』(『人物叢書』)、太宰府天満宮文化研究所編『菅原道真と太宰府天満宮』上・下、阿部猛『菅原道真』(『教育社歴史新書』)、弥永貞三「菅原道真の前半生—讃岐時代を中心に—」(川崎庸之編『日本人物史大系』一所収)、佐伯有清「慈覚大師伝と菅原道真」(『慈覚大師伝の研究』所収)

菅原朝臣峯嗣　すがわらのあそんみねつぐ　七九三—八七〇　九世紀前半から中頃の官人・医術家。出雲臣広貞の子。名は岑嗣にも作る。氏姓は初め出雲宿禰、のち朝臣を賜わる。さらに貞観十年(八六八)菅原朝臣と改めた。幼少から医術を学び、みずから申請して父の業を継ぎ、医得業生に補せられた。弘仁十三年(八二二)左兵衛医師に任ぜられ、同十四年、医博士となり、さらに天長四年(八二七)内薬佑、同七年、侍医を歴任し、同八年、摂津大目を兼ねた。同十年には内薬佑・侍医・摂津大目のままで春宮坊主膳正となる。承和二年(八三五)従五位下に叙せられ、のち尾張権介・美濃権介・越後守を歴任し、嘉祥二年(八四九)淳和皇太后(正子内親王)不予に当り薬湯を奉って効験があり、播磨介に任ぜられた。仁寿元年(八五一)従五位上に昇り、天安二年(八五八)典薬頭に任ぜられた。貞観五年(八六三)摂津権守となるが、官を辞し摂津国豊島郡(大阪府豊中市・池田市・箕面市と吹田市の一部)の山荘に隠棲し、俗と交わらず自適の生活を送る。同十年には出雲朝臣の氏姓を改め菅原朝臣となる。同十二年三月三十日、卒去。時に散位、七十八歳。医術に長じ、処治必ず効あり、針灸の道にも詳しく、種々の方注を加えた。清和天皇の勅により、数人の医術家とともに『金蘭方』五十巻を撰述した。残欠八巻が伝存する。

菅原朝臣善主 すがわらのあそんよしぬし 八〇三—八五二 九世紀前半の官人。清公の子。少時より聡明で、容止端麗、弁才があり、二十三歳の時、文章生の試験に及第した。承和(八三四—八四八)の初め弾正少忠となり、承和三年七月、藤原朝臣常嗣以下実際に入唐した最後の遣唐使が任命された時、その判官となり、帰国して、同六年九月、従五位下に昇った。同七年六月、兵部少輔となり、同年八月、伊勢権介、同八年閏九月、伊勢介、同十三年二月、主税頭となり、仁寿二年(八五二)六月、勘解由次官となって、同年十一月、五十歳で卒した。

菅原宿禰古人 すがわらのすくねふるひと 八世紀末の官人・文人。土師宿禰宇庭(はじのすくねうきにわ)の子で、土師宿禰道長・菅原朝臣清公・清岡・清人らの父。天応元年(七八一)従五位下遠江介となり、同年六月、拠地(大和国添下郡菅原郷。現在の奈良市菅原町一帯)の名により菅原氏に改めることを願い出て許された。『続日本紀』に延暦四年(七八五)十二月には故古人の男四人が、父の侍読の労により衣粮を与えられたことがみえ、『続日本後紀』承和九年(八四二)十月の清公の薨伝に、古人は「儒行世に高く、人と同ぜず家に余財なく諸児寒苦す」とある。

村主氏 すぐりうじ 古代朝鮮で族長をさす村主の称号に由来する氏族。主寸・主村にも作る。村主氏には、葦屋村主(あしやのすぐり)氏の同祖、意宝荷羅支王(おおからきおう)・大根使主の後裔と称する氏族、および漢の師建王・高受王の子孫という氏族がある。葦屋村主の同族と称する村主氏は摂津・和泉両国に分布し、漢系の村主氏は山城・大和二国に居住していた。采女となった村主宮道は、伊勢国の人。伊勢国には安濃郡に村主郷(三重県安芸郡安濃町浄土寺・曾根・清水および岡南付近)がある。

崇峻天皇 すしゅんてんのう —五九二 在位五八七—五九二。欽明天皇の皇子。用明天皇の崩後、五八七年に即位。実名は泊瀬部(はっせべ)。長谷部若雀(わかさざき)・長谷部天皇・倉橋天皇ともいう。母は蘇我稲目宿禰の女小姉君。妃の大伴連小手子(大伴連糠手子(ぬかてこ)の女)との間に、蜂子皇子・錦代皇女をもうけた。異母兄敏達天皇の崩後、同母兄穴穂部皇子と謀議をめぐらし、敏達の寵臣三輪君逆(さかう)を物部弓削守屋大連に殺害させたという。敏達の後を継いだ用明が在位二年足らずで崩ずると、敏達の大后であった炊屋(かしきや)媛(のちの推古天皇)と大臣蘇我馬子宿禰を中心に守屋追討のための軍勢が組織されるが、泊瀬部はこれに諸皇子の筆頭格で加わっている。穴穂部はすでに馬子によって倒されているので、泊瀬部はこの段階において、次期天皇候補として嘱目されていたのであろう。守屋が滅んだ後、炊屋媛や群臣の勧めを受けて即位。倉梯宮(『古事記』では倉椅柴垣宮。奈良県桜井市倉橋)の造営に着手した。椋橋部(くらはしべ)はこの天皇の宮に付属する名代か。或いは、欽明の子女の世代から名に某部をもつ者があらわれることに注目すれば、泊瀬(長谷)部と呼ばれる服属集団の領有も想定される。その治世中、馬子による飛鳥寺(法興寺。奈良県高市郡明日香村飛鳥)の造営工事が進捗したが、それには傍観的態度を保ったらしい。また、崇峻二年(五八九)七月には諸国の境を視察する使者を東国に派遣した。『日本書紀』崇峻五年十一月条にみえる「東国の調」はその成果の一つであろう。同四年十一月には、任那復興のため二万余の大軍を筑紫まで進駐させた。同五年十月、崇峻天皇は献上された山猪を見て、「何の時にか此の猪の頸を断(き)るがごとく、朕が嫌(ねた)しとおもふ所の人を断(きらむ)」と述べ、平常より武器を多く準備した。これを聞き警戒を強めた馬子は東漢直(やまとのあやのあたい)駒に命じ、翌十一月三日、崇峻を「東国の調」の貢進儀礼の場で殺害し、即日倉梯岡陵(桜井市倉橋の金福寺跡が陵とされるが、近世には倉橋の天王山古墳に比定されたこともある)に埋葬させた。『延喜式』諸陵寮式に「倉梯岡陵」がみえ、「大和国十市郡に在り。陵地ならびに陵戸無し」とある。なお先の崇峻の言を馬子に告げたのは、崇峻の寵の衰えたのを怨んだ妃小手子であったという。

崇神天皇　すじんてんのう　開化天皇の皇子。母は開化の皇后物部氏の遠祖大綜麻杵(おおへそき)の女伊香色謎(いかがしこめ)命。御間城入彦五十瓊殖(みまきいりひこいにえ)天皇・御間城天皇・水間城王ともいう。特に『古事記』では「所知初国之(はつくにしらしし)御真木天皇」、『日本書紀』では「始馭天下之(はつくにしらす)天皇」と呼んでいる。崇神天皇の皇后は御間城姫で、その間に活目入彦五十狭茅(いくめいりひこいさち)天皇、妃荒河刀畔の女遠津年魚眼眼妙(とおつあゆめまくわし)媛との間には豊城入彦・豊鍬入姫、また妃尾張大海媛との間には八坂入彦命をもうけた。都を大和の磯城水垣(奈良県桜井市金屋)においたという。『日本書紀』の伝承によれば、大田田根子をもって大物主大神、長尾市をもって倭大国魂神を祭らせ、疫病をとめ、五穀豊穣をもたらし、国を豊かにしたという。また「四道将軍」を北陸・東海・西海・丹波に派遣して政権拡充を計り、武埴安彦の反乱を鎮圧し、一方では男女の調を定めたことがみえる。在位は六十八年に及ぶ。陵は大和の山辺道上陵(奈良県天理市柳本町の柳本行燈山古墳が陵墓に比定されている)と伝えられる。崇神は「はつくにしらすすめらみこと」とみえるところから、実在性の強い最初の「天皇」として注目されている。最近では、王朝交替論のなかで崇神に始まる王家を崇神王朝・三輪王朝としてとらえる学説がある。また崇神を北方騎馬民族の王とし、朝鮮半島から北九州に上陸したとする騎馬民族説などもある。

【参考文献】　水野祐『増訂日本古代王朝史論序説』、井上光貞『神話から歴史へ』、上田正昭『大和朝廷』、江上波夫『騎馬民族国家』

鈴鹿王　すずかおう　―七四五　天武天皇の皇子高市皇子の子。長屋王の弟。和銅三年(七一〇)正月、無位から従四位下の位を授けられ、神亀三年(七二六)正月、従四位上に叙せられた。同六年二月、長屋王の変に縁坐すべきところ、王の宅に遣わされた勅使は赦除する旨を伝え、同年三月には正四位上に昇り、天平三年(七三一)八月、参議となる。同四年正月、従三位に昇り、同五年十二月、舎人親王の下で県犬養宿禰三千代に対する宣詔使を務め、同七年十一月、舎人親王の葬事を執行した。同九年九月、舎人親王の後を継いで知太政官事となり、同年十月、多数の官人らから提出させた薪を中宮の供養院に進めた。同十年正月、正三位に昇り、行幸の際の留守司などを務め、同十四年五月、越智山陵(斉明天皇陵。奈良県高市郡高取町車木にある車木ケンノウ古墳が山陵とされる)が崩壊した時、雑工を率いて修復した。同十七年九月四日、薨去。時に知太政官事兼式部卿・従二位。

住吉氏　すみのえうじ　豊城入彦命の五世孫である多奇波世君の後裔氏族。姓は朝臣。氏姓は初め池原公。『続日本紀』延暦十年(七九一)四月条の池原公綱主の奏言によれば、豊城入彦命の子孫である東国六腹の朝臣が拠地に因み氏姓を賜わったので、同じ命の子孫である池原氏にも拠地に因み氏姓を賜わりたいと述べ、住吉朝臣を賜わった。住吉の氏名は、『摂津国風土記』逸文などにみえる住吉(のちの摂津国住吉郡。現在の大阪市住吉区全域と同住之江区・東住吉区・平野区の一部)の地名によったのであろうか。『新撰姓氏録』左京皇別下に、この氏の本系を載せる。

住吉仲皇子　すみのえのなかつみこ　仁徳天皇の皇子。墨江之中津王にも作る。母は葛城襲津彦(かずらきのそつひこ)の女磐之媛(いわのひめ)命。履中・反正・允恭天皇は兄弟。皇子は仁徳崩後、皇太子去来穂別(いざほわけ。のちの履中天皇)の名をかたって去来穂別が妃としようとした黒媛を奸し、さらに去来穂別を殺そうとして兵を集め、その宮を焼いた。ところが去来穂別は脱出し、当麻径(大阪府南河内郡太子町山田と奈良県北葛城郡當麻町を結ぶ竹之内越の道)を越えて大和国へ入った。この時、仲皇子側についた阿曇(あずみ)連浜子の命で、淡路の野嶋(兵庫県津名郡北淡町野島付近)の海人が去来穂別を追ったがかえって捕えられ、また倭直吾子籠(あごこ)も仲皇子側であったものの去来穂別に詰問され、妹を献上することによって許された。さらに両皇子の弟の瑞歯別(みずはわけ。のちの反正天皇)が去来穂別に、仲皇子には人望がなく孤立している旨を告げたところ、去来穂別は瑞歯別に仲皇子の殺害を命じた。そのため瑞歯別は難波にいたり、仲皇子の近習隼人である刺領布(さしひれ)という者を用いて殺させた。刺領布は厠に入った仲皇子を矛で刺殺したという。

せ

正子内親王　せいしないしんのう　八一〇—八七九　淳和天皇の皇后。嵯峨天皇の皇女。母は橘朝臣嘉智子。天長四年(八二七)皇后となり、承和七年(八四〇)五月の淳和の崩後、落髪して尼となる。貞観二年(八六〇)五月、円仁から菩薩大戒を受け、法名を良祚と称した。同十八年二月、嵯峨の離宮であった嵯峨院を大覚寺(京都市右京区嵯峨大沢町)とし、子の恒寂(恒貞親王)をその開祖とした。元慶三年(八七九)三月二十三日、崩じた。嵯峨山(墓所未詳。京都市右京区嵯峨大覚寺門前登り町にある円山塚が内親王の陵といわれ、陵墓参考地とされている)に葬られる。時に七十歳。

斉詮　せいせん　九世紀後半の延暦寺の僧。済詮にも作る。文徳天皇の第二皇子算(筭)延から悉曇(しったん)を受学し、安然にそれを伝授。伝燈大法師位で総持院十禅師。貞観十九年(八七七)閏二月、安然・玄昭・観渓(漢)らと入唐求法のため大宰府に向かう。その際、陽成天皇および諸卿が多くの黄金を喜捨し、五台山の文殊師利菩薩を供養するための資とした。出発を前にして円珍に拝別したところ、円珍は黙り込み一言も発しなかったので恨みの心をいだいたという。斉詮が座を起つと、円珍は斉詮を評して、「才弁はあるが、空観(一切皆空を観想すること)を悟ってはおらぬ。入唐して有名になろうとしておる。おそらく険しい波浪を踰(こ)えられないだろう」と語ったという。斉詮だけが唐人の商船に乗り渡海したが、途中海賊のために殺害されたと伝えられている。

【参考文献】　橋本進吉「安然和尚事蹟考」(『伝記・典籍研究』所収)、小野勝年『入唐求法行歴の研究』智証大師円珍篇下

清寧天皇　せいねいてんのう　雄略天皇の第三皇子。母は葛城円(かずらきのつぶら)大臣の女韓媛。皇子女・后妃はなく、妹に伊勢斎宮の稚足姫(栲幡(たくはた)姫)皇女がいる。生まれながら白髪であったことから白髪(しらか)皇子・白髪天皇・白髪命とも号し、白髪大倭根子命・白髪武広国押稚日本根子天皇と諡される。父雄略は、清寧が幼くして白髪、長じては民を愛するので、諸子の中でも特に霊異を感じ皇太子とした。雄略二十三年にいたり、雄略は病臥すると、詔して万機を皇太子にゆだね、病がいよいよ重くなると遺詔して、大伴連室屋らに莫大な民部の私有を許しているのは危急の時に、皇室を護持することを期待するからであり、皇太子も仁孝の名声があり、その行業を思うに、朕の志を成すにたえるとして譲位を決意したという。また星川皇子は腹悪しく心荒いので、朕の没後は皇太子を害することがあろう。室屋らは民部が大変多いのであるから、努めて相助けよと命じたともいう。事実、星川皇子は雄略の没後、母の吉備稚媛にそそのかされ、天子の位に登るため大蔵官をとり、官物を自由に消費したので、室屋は東漢直掬(やまとのあやのあたいつか)とともに雄略の遺詔に従い皇太子を奉じて、軍士を起こし、大蔵を囲み、星川皇子を焼き殺した。一方、吉備上道(きびのかみつみち)臣(欠名)らは星川皇子を救うため、船師四十隻を率いて出航したが、途中で星川皇子が殺されたことを聞いて帰国したので、清寧は使を遣わして、吉備氏の領する山部を奪ったという。室屋は臣・連らを率いて、璽を皇太子に奉り、磐余甕栗宮(いわれのみかくりのみや。奈良県橿原市東池尻町付近か)に即位した。母の葛城韓媛を皇太夫人とし、雄略朝と同じく、大伴連室屋を大連、平群臣真鳥を大臣とした。清寧元年十月、雄略を丹比高鷲原陵(大阪府松原市西大塚・羽曳野市東大塚の河内大塚山古墳か)に葬り、同二年二月、皇后も皇子もないため、室屋を諸国に遣わして、舎人・膳夫・靫負の三種の白髪部を定めた。同年十一月、播磨国司伊与来目部小楯が赤石郡縮見(しじみ)屯倉(屯倉の所在地は兵庫県三木市志染町付近)首の忍海部(おしぬみべ)造細目の新室(にいむろ)で、市辺押磐(いちのべのおしは)皇子の子億計(おけ。のちの仁賢天皇)・弘計(おけ。のちの顕宗天皇)の二王を発見したので、これを迎えさせ、同三年四月、億計王を皇太子とし、弘計王を皇子とした。同五年正月、崩じ、河内坂門原陵(『陵墓要覧』は所在地を羽曳野市西浦とする)に葬られた。『本朝皇胤紹運録』によれば、允恭三十三年生まれで、四十一歳で崩じたとある。在位年数や諡号などの分析により、この天皇の即位を疑問とする説も存在する。

【参考文献】　水野祐『増訂日本古代王朝史論序説』、同『日本国家の成立』

成務天皇　せいむてんのう　景行天皇の皇子。名を稚足彦(わかたらしひこ)尊といい、若帯日子命にも作る。母は八坂入媛。『日本書紀』によれば、景行五十一年(四十六年ともいう)皇太子となり、同六十年、景行が崩じたため、翌成務元年正月に即位。同三年正月に武内宿禰を大臣に任じ、同四年二月に「国郡に長を立て、県邑に首を置いて、その国のふさわしい人をもってそれに任ぜよ」と詔し、同五年九月に諸国に命じて、国郡に造長(国造)を立て、県邑に稲置を置き、盾矛を賜わって表(しるし)とし、あわせて国県・邑里の境界を定めた。また同四十八年三月には甥の足仲

彦(たらしなかつひこ)尊(のちの仲哀天皇)を皇太子に立て、同六十年六月己卯(十一日)に百七歳で崩じたという。同書仲哀即位前条に、翌年九月、大和国の狭城盾列(さきのたたなみ)陵に葬られたとある。『古事記』成務段によれば、近淡海(近江)の志賀の高穴穂宮(滋賀県大津市坂本穴太町)において天下を治め、建内宿禰を大臣とし、大国・小国の国造を定め、国々の境界と大県・小県の県主を定めた。また穂積臣らの祖の建忍山垂根(たけおしやまたりね)の女弟財(おとたから)郎女を娶って和訶奴気(わかぬけ)王をもうけ、乙卯年三月十五日、九十五歳で崩御。陵は沙紀(さき)の多他那美(たたなみ)にあるという。『延喜式』諸陵寮式には、「狭城盾列池後陵〈志賀高穴穂宮御宇成務天皇。大和国添下郡に在り。北域は東西一町、南北三町。守戸は五烟〉」とある(『陵墓要覧』は奈良市山陵町とする)。成務天皇の諡号の「わかたらしひこ」は、「たらしひこ」が七世紀前半に用いられた天皇の称号と考えられることから、「おおたらしひこおしろわけ」(景行天皇)・「たらしなかつひこ」(仲哀天皇)、「おきながたらしひめ」(神功皇后)などの諡号とともに、七世紀前半に定められた可能性が高い。また国造・県主などを設置したという伝えは、景行朝における天皇や日本武尊による地方平定の説話をうけて、次の段階で地方支配制度が整ったことを示そうとしたものと考えられる。「わかたらしひこ」が固有名を示していないことからも、成務の実在性は乏しい。

【参考文献】 井上光貞『日本国家の起源』

聖明王　せいめいおう　―五五四　百済中興の英主。在位五二三―五五四。武寧王の子。聖王・明王にも作る。諱は明穠。五三八年、熊津(くまなり。忠清南道公州)から泗沘(しひ。忠清南道扶余)に遷都し南扶余と号す。五部五方の軍事的行政制度を制定し、四七五年に高句麗からうけた壊滅的打撃から復興を計る。五二四年、梁から持節都督(『梁書』は「持節督」とする)百済諸軍事綏東将軍百済王に除せられた王は南朝文化の輸入にも積極的で、涅槃等の経義、毛詩博士・工匠・画師などを受け入れている。日本への仏教公伝、五経・易・暦諸博士の上番は文化政策の結実を示すものである。しかし対外的には、新羅の任那侵略、高句麗の南進策に直面し多難な時代であった。任那諸国の離反を防ぐため日本に支援を求める一方、高句麗に対しては新羅と協同策をとることにした。五五一年、新羅と連合して北進し、高句麗の手中にあった平壌(南平壌、現在のソウル)を回復するが、翌年、この地は新羅によって占領されてしまった。五五四年、王はみずから兵を率いて新羅へ侵寇するが、伏兵に会って狗川(忠清北道沃川付近)で戦死した。

【参考文献】 今西竜『百済史研究』、末松保和『任那興亡史』

清和天皇　せいわてんのう　八五〇―八八〇　在位八五八―八七六。文徳天皇の第四皇子。母は藤原朝臣良房の女明子。諱は惟仁。水尾帝ともいわれる。嘉祥三年(八五〇)三月二十五日、良房の左京一条第(平安左京一条三坊)で誕生。同年十一月二十五日、皇太子に立てられた。天安二年(八五八)八月二十七日、文徳の崩御をうけて九歳で践祚。本朝幼帝の始めといわれる。これより先、文徳は紀朝臣名虎の女静子の生んだ第一皇子惟喬親王を最も寵愛しており、まず惟喬親王を皇位につけ、惟仁親王が成長してから皇位につけようと考えたが、太政大臣の良房を憚って言いだせず、左大臣源朝臣信に惟喬親王を皇太子にするよう命じたが拒否され、文徳は不快の念を表わしたといわれる。清和は容姿頗る美しく、厳かなること神のごとく、寛大で憐み思いやり、温和にして慈しみ、人の助言を得て初めて言葉を発し、行動に必ず節度を守り、好んで書伝を読み、思いを仏教に寄せ、鷹狩・魚とりなどの娯みは意にとどめず、人君としての器量があったという。空海の弟真雅は、清和誕生以来日夜侍奉し、宗叡も東宮時代から清和に侍奉した。また高橋朝臣文室麻呂から琴を習った。政治は藤原朝臣良房が行ない、清和はただ重要な問題に関与するだけであった。

天安三年(八五九)を貞観元年と改元、この年、内裏において円仁から菩薩戒を受けた。貞観六年(八六四)の元旦、元服したが、政治はやはり良房が行なった。同八年、応天門の変が起こったので、同年八月、勅して太政大臣の良房に政治を摂行させた。ここに臣下摂政の制度が始まった。同十一年、清和の第一皇子貞明親王を皇太子に立てた。同十四年、良房が薨ずると、清和はみずから政治をみたが、同年、大納言から右大臣に昇進した藤原朝臣基経が、その後万機を助理し、内外は粛然として治まったので後世の前事を談ずる者は、貞観の政治を思い浮かべない者はなかったといわれる。貞観十八年十一月二十九日、陽成天皇に譲位し、基経を摂政とした。同年、陽成から太上天皇の尊号と封戸二千戸をおくられた。それまで多くの皇子女に恵まれたが、譲位後は清和院(平安左京北辺四坊)に住み、これより世俗を断ち、元慶三年(八七九)五月四日、清和院から基経の山荘粟田院(京都市左京区岡崎・粟田口付近か)に遷御し、八日の夜出家した。法諱は素真。宗叡が侍奉した。同年十月二十三日、粟田院から粟田寺に移って宿泊し、翌早朝牛車で大和国へ行幸。これより大和・摂津国の諸名刹を廻り、元慶四年三月十九日、丹波国水尾山寺(京都市右京区嵯峨水尾清和の水尾山にあった寺。当時、水尾の地は丹波国に属していた)にいたり、そこを終焉の地と定めた。同年八月、水尾山寺に仏堂を造るため、源朝臣融(とおる)の山荘である嵯峨の棲霞観(京都市右京区嵯峨釈迦堂藤ノ木町、のちの清凉寺の地)に遷御し、仏道の修行に励んだ。その後、病を得て十一月二十五日、棲霞観から粟田山荘にある円覚寺に遷御。十二月四日、臨終に当り近侍の僧らに命じて金剛輪陀羅尼を誦さしめ、西方に向かって結跏趺坐し、定印を結び、そのまま崩御。なお生きているがごとくであったという。時に三十一歳。遺詔により火葬し、山陵を造らなかった。十二月七日夜、粟田山において葬儀を行ない、遺骨を水尾山上に奉置した。

背奈公行文　せなのきみゆきふみ　八世紀前半の学者。氏名を消奈にも作る。武蔵国高麗郡(埼玉県入間郡日高町・飯能市を中心に狭山市・川越市などの一部を含む地域)の人で、高麗朝臣福信の伯父。養老五年(七二一)正月二十七日、学業優秀であることを理由に、明経第二博士正七位上として賜品に与った。神亀四年(七二七)十二月、正六位上から従五位下に叙せられている。『懐風藻』には長屋王宅において新羅使を宴した時に作った五言詩二首がみえる。時に従五位下大学助。『続日本紀』延暦八年(七八九)十月の福信の薨伝によれば、行文は、福信の伯父として福信を連れて上京し、その官途を開いたことが知られる。『万葉集』に「佞人(ねじけひと)を誇る歌」一首を載せる(一六―三八三六)。六十二歳で卒去。

善栄　ぜんえい　八世紀後半の僧侶。俗姓は上村主(かみのすぐり)氏。五十公の子。宝亀三年(七七二)中律師に任ぜられた。ただし、中律師任命の時期は、神護景雲元年(七六七)など諸説がある。律師在任中の動向は、ほとんどわかっていないが、延暦十三年(七九四)以降、律師善栄の名が史料上から姿を消すので、この頃、律師を辞したか、或いは入寂したのであろう。

善往　ぜんおう　―七一一　七世紀後半―八世紀初めの僧侶。持統七年(六九三)十一月、近江国益須(やす)郡(滋賀県野洲郡と守山市)に遣わされ、法員・真義とともに、試みに醴泉を飲まされた。醴泉は、和名を古佐介(こさけ)といい、鉱泉の一種と考えられる。文武二年(六九八)三月、律師に任ぜられた。元興寺律師の始めとされる。次いで大宝二年(七〇二)正月、少僧都を経ずに大僧都に任ぜられ、和銅四年(七一一)に入寂したという。

善愷　ぜんがい　九世紀中頃の法隆寺の僧。承和十二年(八四五)法隆寺の檀越登美真人直名が同寺の奴婢や財物を勝手に処分し、代価を不当に所得したと告訴する。善愷の訴えを審理した参議左大弁の正躬(まさみ)王らは、直名が遠流の罪に相当すると判断したが、「世論嗷々」として問題は紛糾し、正躬王らは善愷のために私曲をなしたとして直名を弁護する伴宿禰善男らの側から提訴され、「公私相須」をめぐる法文解釈の論争にまで発展。その結果、正躬王らは処罰され、善愷も明確には伝えられていないが、笞四十の刑に処せられたらしい。

【参考文献】 薗田香融「法隆寺僧善愷訴訟事件に関する覚え書」(『平安仏教の研究』所収)、渡辺直彦「法隆寺僧善愷訴訟事件の研究」(『日本古代官位制度の基礎的研究』所収)、佐伯有清『伴善男』(『人物叢書』)

泉蓋蘇文 せんがいそぶん ―六六六(六六五?) 高句麗末期の権臣。『日本書紀』は伊梨柯須弥(いりかすみ)に作る。氏名の泉はもと淵と称していたが、唐の高祖の諱を避けて泉としたのであろうとされている。蓋蘇文は蓋金とも記される。六四二年、栄留王を殺害して王臧を位につけ(宝蔵王)、みずからは莫離支(まくりき)となって国事を専制、強硬な対外政策を推進した。六四三年、新羅から高句麗侵寇の訴えを受けた唐の太宗はその中止を命ずるが蓋蘇文はこれを拒否、そのため六四五年以来たびたび唐軍の侵寇を受けることになった。特に百済の滅んだ翌年の六六一年には、蘇定方の率いる大軍によって王都平壌を囲まれたが力戦してこれを退けた。しかしその死後、長子男生と弟の男建・男産との間に内訌が生じ、六六八年に高句麗は遂に唐によって滅ぼされた。栄留王殺害の事件は皇極元年(六四二)二月に高句麗の使人によって報告されているが、その年は六四一年となっている。

【参考文献】 池内宏『満鮮史研究』上世二

宣化天皇 せんかてんのう 継体天皇の第二皇子。母は尾張連草香の女目子(めのこ)媛。安閑天皇は同母兄、欽明天皇は異母弟。『日本書紀』継体元年三月条に、檜隈高田皇子、宣化即位前条に武小広国押盾天皇、崇峻二年六月条に檜隈天皇、欽明二年三月条に檜隈高田天皇、敏達十二年是歳条に檜隈宮御寓天皇とある。安閑二年十二月条に、安閑が嗣なく崩御したので、群臣の推戴により即位したとある。宣化元年正月条に、檜隈廬入野(奈良県高市郡明日香村檜前)に遷都し、仁賢天皇の皇女橘仲皇女を皇后とし、その間にのちの欽明の后石姫皇女、同妃稚綾姫皇女、同妃日影皇女(小石姫皇女)の三女と、丹比(たじひ)公・偉那公の祖上殖葉(かみつうえは)皇子をもうけ、また大河内稚子媛を妃として、その間に椎田君の祖となった火焔(ほのお)皇子をもうけた。用明二年六月条(崇峻即位前条)に、穴穂部皇子とともに殺された宅部皇子を、宣化天皇の皇子とするが、母は不明。『古事記』は、皇后橘中比売命の第三子に倉若江王をあげ、第四子は載せず、妃川内若子比売の第二子に、恵波王(上殖葉皇子)をあげている。治世は四年と短く、『日本書紀』宣化元年二月条に、大伴金村大連と物部麁鹿火大連を大連に、蘇我稲目宿禰を大臣に、阿倍大麻呂臣を大夫(まえつきみ)とした記事があり、同年五月条に那津官家(なのつのみやけ。福岡市南区三宅付近とする説が一般的であったが、六世紀前半代の倉庫建物の遺構が検出された同市博多区博多駅南五丁目の比恵遺跡が官家跡として、近年有力視されている)を修造し非常に備えたこと、同二年十月条に金村に詔して、任那救援の派兵を命じたことがみえる。同四年二月条に、檜隈廬入野宮に年七十三で崩じたとあり、同年十一月条に、大倭国身狭桃花鳥坂上陵(奈良県橿原市鳥屋町の鳥屋ミサンザイ古墳が宣化天皇陵に比定されている)に、皇后とその孺子(わくご)を合わせ葬ったとある。『延喜式』諸陵寮式には、「身狭桃花鳥坂上陵、檜隈廬(マヽ)入野宮御宇宣化天皇、在大和国高市郡、兆域東西二町、南北二町、守戸五烟」とみえる。その没年から、雄略十二年生まれとなり、六十八歳で即位したことになる。なお『日本書紀』の継体崩年から、安閑・宣化を経て、欽明の即位の年までは、紀年の錯簡と記事の混乱があり、継体が「辛亥の変」で崩じ、その後欽明朝と安閑・宣化朝の二朝が並立したとする見解もある。

【参考文献】 林屋辰三郎「継体欽明朝内乱の史的分析」(『古代国家の解体』所収)

善議　ぜんぎ　七二九―八一二　八世紀後半―九世紀初めの僧侶。善義にも作る。入唐請益僧。河内国錦部(にしごり)郡(大阪府河内長野市全域と富田林市の南部)の人。俗姓は恵賀(えが)連。出家入道し、大安寺に住し、道慈について三論の学を受けたという。入唐請益僧となり渡海したことが伝えられているが、渡航および帰朝の年時は未詳。延暦二十一年(八〇二)正月、日本で初めての天台会が高雄山(京都市右京区梅ケ畑高雄町)で開かれた時に招かれたという。弘仁三年(八一二)八十四歳で入寂した。時に伝燈大法師位。弟子に安澄・勤操(ごんぞう)がいる。

宣教　せんきょう　八世紀中頃の僧侶。伝記が伝わらず、経歴は未詳な部分が多いが、義淵の七上足の一人という。師の義淵から法相教学を受け、初め東大寺に住し、のち興福寺に移った。弟子僧に、湯川寺(岡山県新見市)の玄賓、興福寺の賢憬らがいる。宣教は、天平勝宝三年(七五一)頃、大徳と称されていたらしく、当時の仏教界にあってかなりの高僧と認識されていたらしい。また、河内国交野(かたの)郡(大阪府交野市全域と枚方市の大半)には、宣教を開基とする寺院が多数あり、宣教の本貫との関係が推測されている。

宣堅　せんけん　九世紀中頃に大宰府管内に居住して交易に従事した新羅人。貞観十一年(八六九)五月、新羅船が豊後国の貢綿を掠奪した事件で、宣堅ら三十人の新羅人は共謀の嫌疑で身柄を拘束された。いったんは放還処分となったが、順風を得ず帰国できなかった。新羅への警戒心が高まると、翌年九月には新羅人二十人が東国に配されたが、その中に宣堅の名は見えない。この年六月に新羅人三十人中の七人が逃竄しているから、宣堅は大宰府に拘束中に逃亡したのであろう。

【参考文献】　佐伯有清「九世紀の日本と朝鮮」(『歴史学研究』二八七)

善算　ぜんさん　七〇八―七六九　八世紀中頃の僧侶。善仲と双子の弟。摂津国の人。父は摂津守藤原致房(むねふさ)、母は紀伊守源懐信(かねただ)。一説には懐位(信・位はともに、「ただ」で通じる)の第八女という。ただし致房・懐信の名乗は、八世紀のものではなく、しかも源姓は弘仁五年(八一四)以降に成立したものであるから、この出自は、後世の仮託。『拾遺往生伝』『元亨釈書』によると、九歳で兄の善仲とともに四天王寺の栄湛について出家、十七歳で剃髪得度し菩薩戒を受けた。そののち師栄湛の許可を得ぬままに神亀四年(七二七)善仲とともに勝尾山に入り草庵をむすんで修行を続けた。この草庵が現在の勝尾寺(大阪府箕面市粟生間谷)の濫觴であるという。天平神護元年(七六五)光仁天皇の皇子開成に戒を授け、神護景雲三年(七六九)六十二歳で入寂。

善謝　ぜんしゃ　七二四―八〇四　八世紀後半の法相宗の学僧。美濃国不破郡(岐阜県不破郡と大垣市の一部)の人。俗姓は不破勝(すぐり)氏。初め理教大徳について法相を学んだ。天平勝宝六年(七五四)東大寺大仏殿前の戒壇において旧戒をすて鑑真から戒をうけ、延暦九年(七九〇)律師に任ぜられ、翌年、都伝修行燈大法師を授けられた。しかし、栄華を好まず、職を辞して閑居したという。延暦二十二年、度者三人を賜わり、翌二十三年五月に梵福山(梵福寺。奈良市鹿野園町)で入寂した。時に八十一歳、伝燈大法師位。

善珠　ぜんじゅ　七二三―七九七　八世紀後半の秋篠寺(奈良市秋篠町)の開山と伝えられる僧侶。大和国の人。俗姓は跡連氏、或いは安都宿禰氏。僧正玄昉が藤原朝臣宮子と密通して生まれた子という俗説がある。幼くして興福寺に入り、玄昉に師事し、法相の学を受け、以後興福寺に居住して研鑽を積んだ。天平勝宝五年(七五三)仁王会の講師となり、延暦十二年(七九三)には比叡山文殊堂供養の左方の堂達を、翌十三年には最澄に請われて延暦寺根本中堂の落慶供養の大導師を、それぞれ務めたという。同十六年正月、護持僧の労により僧正に任ぜられたが、同年四月、入寂した。時に七十五歳。善珠は、創建直後の秋篠寺で皇太子安殿(あて)親王(のちの平城天皇)の病気平癒を祈願したことにより、善珠の入寂後、皇太子は善珠の図像を秋篠寺に安置したという。秋篠寺が善珠を開基と伝えるのは、こうした事情によるものであろう。また、善珠には遺墨として『正倉院文書』中に、天平十八年(七四六)の『肇論疏』進送の書状が伝えられており、また『分量決』『因明論疏明燈抄』など、著書は極めて多い。

善信尼 ぜんしんのあま 六世紀後半の尼僧。日本最初の出家尼。俗名は嶋。斯末売にも作る。父は鞍部村主司馬達等(くらつくりのすぐりしばたっと)。敏達十三年(五八四)十一歳で出家、善信尼と称す。この時、その弟子二人も出家した。蘇我馬子宿禰は氷田直・司馬達等に命じて三尼に衣食を供させ、仏殿をみずからの宅の東につくり、百済渡来の石仏を安置、三尼に請うて大会の設斎を行なった。ところが、同十四年、疫病が流行したため、物部弓削守屋大連らは仏法によるものと主張した。これにより、三尼は衣を奪われ、禁錮・鞭打ちを受ける。用明二年(五八七)六月、馬子に百済にて戒を学ぶことを願い出、守屋追討ののち崇峻元年(五八八)、学問尼として百済に遣わされた。同三年三月に帰朝、桜井寺(奈良県高市郡明日香村豊浦にあった豊浦寺の前身)に住した。この年、大伴連狭手彦の女善徳尼ら十一名が出家している。推古十四年(六〇六)五月、鞍作鳥が元興寺(飛鳥寺。高市郡明日香村飛鳥)に丈六銅像を安置して推古天皇から賞せられた時、「汝の姨(おば)嶋女、初めて出家して諸尼を導き釈教を修行した」と讃えられた。『元興寺伽藍縁起并流記資財帳』では、出家の年齢を十七歳とし、用明天皇の時、馬屋門皇子(聖徳太子)が三尼を桜井道場に安置供養せしめたとある。

禅蔵尼 ぜんぞうのあま 六世紀後半の尼僧で、『日本書紀』が我が国最初の出家者とする三尼のうちの一人。漢人夜菩(あやひとのやぼ)の女。俗名は豊女。敏達十三年(五八四)善信尼の弟子として、恵善尼とともに高麗僧恵便を師として得度し、蘇我馬子宿禰の崇敬を受けて桜井道場(奈良県高市郡明日香村豊浦にあった豊浦寺の前身)に住んだ。敏達十四年三月、物部守屋大連らによって海石榴市(つばきいち)の亭(奈良県桜井市金屋)に禁固されたが、同年六月、馬子が病のため三宝の力によることを請い、三尼を再び桜井道場に安置して供養したという。『元興寺伽藍縁起并流記資財帳』には、阿野師保斯の女等已売、法名禅蔵とあり、三尼が百済への渡行を願い出て許され、崇峻元年(五八八)に渡海し、大戒を受けて同三年に帰国したとあり、馬子は三尼のために新たに法師寺(飛鳥寺)を建てたという。

善智 ぜんち 九世紀後半の僧。本寺不明。斉衡三年(八五六)六月の正倉院財物実録に際し僧綱より派遣され、同帳に「威儀師伝燈法師位」として署名したのが初見。以後、貞観五年(八六三)から九年にかけての僧綱関係文書に威儀師として署名を加えている。

善仲 ぜんちゅう 七〇八―七六八 八世紀中頃の僧侶。善算と双子の兄。摂津国の人。父は摂津守藤原致房(むねふさ)、母は紀伊守源懐信(かねただ。一説には懐位(信・位はともに、「ただ」で通じる))の第八女というが両者とも伝未詳。致房・懐信の名乗は、八世紀のものではなく、しかも源姓は弘仁五年(八一四)以降に成立したものであるから、この出自は、後世の仮託。『拾遺往生伝』『元亨釈書』によると和銅元年(七〇八)に生まれ、九歳で弟の善算とともに、四天王寺の栄湛について出家、十七歳で剃髪得度し菩薩戒を受けた。そののち善算と山中に遁ぜんことを師栄湛に入れられなかったので、神亀四年(七二七)ひそかに栄湛のもとを離れて勝尾山に入り草庵をむすび修行を続けた。この草庵が勝尾寺(大阪府箕面市粟生間谷)の濫觴であるという。さらに、天平神護元年(七六五)光仁天皇の皇子開成(一説には桓武天皇の皇子)が入山した際、これに戒を授けて出家させたという。神護景雲二年(七六八)六十一歳で入寂。

そ

相応　そうおう　八三一—九一八　九世紀後半—十世紀初めの延暦寺・無動寺の僧。天台宗。近江国浅井郡(滋賀県東浅井郡と伊香郡の一部)の人。俗姓は櫟井(いちいい)氏。天長八年(八三一)誕生。承和十二年(八四五)鎮操に従って比叡山に登り、同十四年に得度して十善戒を受けている。山上での精進が円仁に認められ、斉衡二年(八五五)には藤原朝臣良相(よしみ)の代度者となり、その一字をとって相応となり、籠山十二年の修行に入る。五年ほどして、円仁より不動法、ならびに別行儀軌・護摩法を授けられる。その後、薬師如来の示現により、比叡山南岳の地で、筆舌に尽くし難い苦行に入った。これが回峰修験の基礎になったといわれる。天安二年(八五八)には重病にあえぐ藤原朝臣良相の女のために加持し、貞観元年(八五九)三カ年を限り比良山の西阿都川の滝で修行し(葛川明王院の起源はここに求められる)、聖教の意は苦しまずとも体得できる境地にいたったという。同三年、内裏に入って阿比舎の法を行じ、再び良相の女のために加持し、翌四年、清和天皇の歯痛のため『理趣経』を読誦している。同五年には等身の不動明王を仏師仁算に造らせたが、相好円満にして霊験あらたかなので、同七年、仏堂を建立して安置し、この寺を無動寺と号している。翌八年、相応の尽力により最澄に伝教、円仁に慈覚の諡号が授けられた。元慶六年(八八二)無動寺を天台別院とし、翌七年、叡山虚空蔵尾にあった常行三昧堂を東塔に移建している。有験の僧としての活躍も続けられ、染殿皇后(藤原朝臣明子)を悩ます天狗を降伏させたり、延喜三年(九〇三)産月に当り邪気に悩む五条女御藤原朝臣穏子や、重病に沈む玄昭律師のために不動法を修して成功したことなどが伝えられている。相応は、すでに元慶七年に常行三昧堂で不断念仏を始めていたというが、延喜十一年、八十歳の時、今より以後は偏に万縁を拋って永く一室に籠らんといい、同十五年には不動明王に兜率天往生を祈願し、夢告により『法華経』読誦に専念した。同十八年十一月、焼香散花して西に向かい、唱名念仏しつつ往生したという。

【参考文献】　村山修一編『比叡山と天台仏教の研究』

増命　ぞうみょう　八四三—九二七　九世紀後半—十世紀前半の延暦寺の僧。第十代天台座主。平安京の人。左大史桑内宿禰(または連)安峰の子。斉衡二年(八五五)比叡山に登り、延最に師事。十六歳の時、東大寺戒壇院で具足戒を、貞観九年(八六七)比叡山で菩薩の大戒を受ける。円仁に師事して天台教学を学び、仁和元年(八八五)円珍より三部灌頂を受け、内供奉十禅師に任ぜられている。また、昌泰二年(八九九)園城寺長吏となる。延喜四年(九〇四)宇多上皇は増命の千光院に幸し、翌五年四月に比叡山戒壇院で増命を師として廻心戒を、さらに胎蔵・金剛両部の大法をも受けている。同六年、天台座主に任命されるが、宇多はこれを賀するため登山し、蘇悉地法を受けたという。同十年八月、法橋上人位を授けられたが、翌九月に宇多は重ねて上山し、三部大法灌頂の法を受けている。醍醐天皇から法眼和尚位を与えられたが、さらに宇多からは千光院で阿闍梨位を授けられた。増命は、有験の僧としても高く評価されており、延喜十三年には修法により雨を祈り、右大臣源朝臣光に対しては延命菩薩法を修して功を奏し、同十五年、疱瘡が流行して聖体不予となると、召されて加持を行ない、功により十月に少僧都となり、翌年四月には大僧都となっているが、この年の十月—十一月に宮中で怪があると、夜ごと殿上に侍して念誦している。また同二十三年三月に皇太子が急逝したり、妖怪が宮中で大暴れすると、百日余にわたって加持している。同年五月に天台座主職は解かれるが、翌六月には僧正となる。延長三年(九二五)また加持によって醍醐の瘧を平復させている。増命は、同五年二月には西塔常行三昧堂で、四面の壁や柱に極楽浄土を画かせている。この常行三昧堂は、すでに早く寛平五年(八九三)に増命により建立されたもので、以来、不断念仏が行なわれていた。このことからすると増命は、一方では験者として人々の信頼を集めつつ、同時にまた熱心な浄土教徒でもあった。延長五年十二月、西方を礼拝し、阿弥陀仏を念じつつ往生した。勅して静観と諡された。

増利 ぞうり 八三五(六)—九二八 九世紀後半—十世紀初めの僧。山城国の人とも紀伊国の人ともいう。俗姓は伴氏。興福寺の豊載と空操に師事して唯識を学び、天安元年(八五七)に東大寺戒壇院で受戒、貞観(八五九—八七八)末には大安寺の真然から密教を授けられたという。仁和二年(八八六)と寛平三年(八九一)には、仁和二年に新しく設けられた維摩会竪義(りゅうぎ)となり、延喜三年(九〇三)維摩会講師となる。同五年に維摩会場で、新たに維摩会進行の補佐役となった大安寺の観算と、三論教学をめぐって論戦を交え、これを屈服させたという。同六年十月に権律師、同十年正月、律師となる。翌十一年、また維摩会に関与して探題となり、同十六年、少僧都に昇進、延長三年(九二五)大僧都となったが、同六年七月、入滅した。時に九十二歳か九十三歳の高齢であったという。

蘇我氏 そがうじ 武内宿禰の後裔氏族の一つ。姓は臣。本拠は(イ)大和国高市郡曾我(奈良県橿原市曾我町)、(ロ)同国葛上郡(奈良県御所市一帯)、(ハ)河内国石川郡(大阪府富田林市の東半と南河内郡の一帯)の三説があり、(ハ)から(イ)の地へ移り、この地を本拠とした説もあるが、元来(イ)を本拠とみる説が有力。蘇我の氏名は「すが」(菅)に由来するとする説がある。六世紀の宣化朝に大臣となった稲目は、欽明朝に女を天皇家にいれて外戚関係を結んで用明・崇峻・推古の三天皇を生み、次いで馬子・蝦夷が大臣となり、皇極四年(六四五)蝦夷・入鹿誅滅により本宗が滅亡するまで勢威を振った。のち傍系は石川臣と改氏姓し、天武十三年(六八四)八色の姓制定に際し、朝臣を賜わった。稲目・馬子・蝦夷三代の間、蘇我氏が全盛を誇ったのは、天皇家との外戚関係の確立により政治的基盤が安定し、これが次代の大臣に継承され勢威を長く維持することができたためであり、天皇家や朝廷も外戚蘇我氏の援護によって権力を強化しえた。欽明朝の大臣稲目による吉備・大和・紀伊の屯倉経営や仏教受容の積極性は、次の大臣馬子に引き継がれ、推古朝には飛鳥寺(法興寺。奈良県高市郡明日香村飛鳥)の建立により仏教を興隆させた。推古天皇崩後の皇位継承紛糾のため、一族を分裂させ本宗滅亡を招いた大臣蝦夷も、造墓に上宮乳部の民を使役するなど、まだ稲目以来の権勢を保持していた。欽明朝以後蘇我氏が全盛を迎えたのは、それ以前にすでに勢力を蓄積していたことによる。『古語拾遺』には雄略朝になって蘇我満(麻)智宿禰に三蔵(斎蔵・内蔵・大蔵)を検校させ、秦氏に出納を、東文(やまとのふみ)氏・西文(かわちのふみ)氏に帳簿を勘録させたので、漢氏に氏姓を賜わり内蔵・大蔵としたが、これがいま秦・漢二氏を内蔵・大蔵の主鎰・蔵部とする由来であると記す。すなわち、蘇我氏は五世紀後半の雄略朝に三蔵を検校し、これを通じて秦・漢などの渡来系氏族と密接な関係をもっていた満智の時代に勢力を増大させた。雄略朝成立の際、蘇我氏と同族の葛城氏は没落したが、『日本書紀』神功五年条に、葛城氏の祖葛城襲津彦(かずらきのそつひこ)は南朝鮮攻略の時に連れ帰った捕虜を同氏の本拠の桑原・佐糜・高宮・忍海の四邑(奈良県御所市および北葛城郡新庄町南部)に住まわせ、彼らがのちに四邑漢人(あやひと)の祖となった伝承がみえるので、葛城氏は四邑の漢人系工人集団を領有していたことを推測させ、没落後は東漢(やまとのあや)氏が管理していた。雄略朝に三蔵検校を命ぜられ、東漢氏の管理下にあった漢人・秦人を支配した蘇我満智宿禰は、かつて葛城氏が領有していた四邑の漢人をも支配下におくことができ、勢威を強化させた。『紀氏家牒』『公卿補任』には、満智の子は韓子(からこ)、孫は高麗(『紀氏家牒』には馬背)とある。これらは朝鮮との関係を推測させる人名であり、蘇我氏と渡来系氏族とのつながりを想定させ、韓子は『日本書紀』雄略九年条に朝鮮派遣の将軍名としてみえるが、高麗は所伝がない。蘇我氏は五世紀後半の雄略朝の満智の時代に朝廷の財政・外交の権を握り、渡来系氏族と結んで蓄積し、その富が、六―七世紀における稲目・馬子・蝦夷三代の繁栄をもたらしたのである。

【参考文献】 門脇禎二『飛鳥―その古代史と風土』、同『葛城と古代国家』、井上光貞『飛鳥の朝廷』、田村圓澄『日本仏教史』1、加藤謙吉『蘇我氏と大和王権』、佐伯有清「蘇我氏と古代大王国家」(『日本古代氏族の研究』所収)、日野昭「武内宿禰とその後裔」(『日本古代氏族伝承の研究』所収)、新野直吉「蘇我氏の出自とその台頭」(『歴史』三三)、黛弘道「ソガおよびソガ氏に関する一考察―古代歌謡を手懸りに―」(『律令国家成立史の研究』所収)、星野良作「蘇我氏の改姓」(『法政大学工業高等学校紀要』二)、前川明久「蘇我氏の東国経営について」(『続日本紀研究』一〇―六・七)、阿部武彦「蘇我氏とその同族についての一考察」(『日本古代の氏族と祭祀』所収)、黒田達也「蘇我政権成立前史の一研究」(『大阪府立工業高等専門学校研究紀要』一八)、和田萃「紀路と曾我川」(亀田隆之編『古代の地方史』3所収)

蘇我稲目宿禰 そがのいなめのすくね ―五七〇 六世紀中頃の官人。名は伊那米・伊奈米にも作る。宿禰は足尼にも作り尊称。父は『紀氏家牒』には馬背(またの名を高麗)とみえ、『公卿補任』は高麗とする。欽明天皇妃の堅塩(きたし)媛、同じく小姉君、用明天皇妃の石寸名(いしきな)の父で、用明・崇峻・推古三天皇の外祖父。宣化元年(五三六)二月、大臣となり、同年五月、尾張氏に尾張国の屯倉の穀を筑紫那津(福岡市博多区。同市南区三宅付近が那津官家(みやけ)に比定されているが、近年、同市博多区博多駅南五丁目の比恵遺跡から、六世紀前半代の倉庫建物の遺構などが検出され、那津官家との関連が注目されている)へ運ばせた。欽明即位に際し再び大臣に任ぜられ、欽明二年(五四一)二月に堅塩媛は欽明妃となり、用明・推古天皇を含む七男六女を生み、小姉君も同天皇妃となり崇峻を含む四男一女を生んだ。同十三年十月、百済から仏像・経論が献上されたが、稲目は物部大連尾輿や中臣連鎌子と対立して崇仏を説き、崇仏論争が起こり、蘇我・物部両氏対立の契機となった。欽明は稲目に仏像などをあたえ、試みに仏像を拝むことを許し、稲目は仏像を小墾田家(奈良県高市郡明日香村豊浦・雷付近)に安置し、向原家(高市郡明日香村豊浦)を寺とした。『日本書紀』大化元年(六四五)八月条には、欽明十三年に百済から仏教伝来の際、群臣が仏の礼拝に反対した時、稲目は独りその法を受けたとある。のち疫病が全国に流行し、物部大連尾輿らは仏像を難波の堀江(難波の入江の水を大阪湾に放流するために開かれた水路。比定地未詳)に捨てて寺を焼いた。同十四年七月、勅により王辰爾に船賦を勘録させ、同十六年二月、百済王子に問いたずねて聖明王の功業をのべ、その死を悼んだ。同年七月、穂積臣磐弓らに命じて吉備五郡に白猪屯倉(岡山県真庭郡落合町大庭付近か)を置かせ、同十七年七月、備前国児島郡に屯倉(岡山市南端の児島半島東北部一帯か)を設定し、管理者として葛城山田直瑞子(みずこ)を派遣し、田令(たつかい)に任命した。なお、欽明三十年に白猪屯倉の田部の丁籍を定めたが、編籍にもれて課役を免れる者が多かったので、王辰爾の甥の白猪史胆津(いつ)を派遣し、農民を田戸として新しく課丁の籍を定めさせた。その功により胆津は白猪史の氏姓を賜わって田令となり、瑞子は副となった。同年十月、大和国高市郡に韓人大身狭・高麗人小身狭の屯倉(奈良県橿原市見瀬付近)を設置し、両屯倉の名に朝鮮からの渡来人名を冠しているのは、蘇我氏が屯倉経営において渡来人と関係が深かったことを示している。紀伊国には海部(あま)屯倉(和歌山市付近)を設定した。欽明二十三年八月、高麗を破り帰国した将軍大伴連狭手彦は、甲二領、金飾刀二口、銅鏤鍾三口、五色幡二竿とともに美女媛と従女吾田子を献上したので、この二女を納れて妻とし、軽曲殿(かるのまがりどの。橿原市大軽町付近)に侍らせた。欽明三十一年三月、薨じた。『元興寺縁起』には己丑年(欽明三十年)に薨じたとみえる。

【参考文献】 林屋辰三郎「継体・欽明朝内乱の史的分析」(『古代国家の解体』所収)、日野昭「蘇我三代」(『明日香風』七)、平林章仁「忌部氏と蘇我氏」(『古代文化』三八ー三)、黛弘道「ソガおよびソガ氏に関する一考察—古代歌謡を手懸りに—」(『律令国家成立史の研究』所収)、前川明久「蘇我臣氏と大和川」(『日本歴史』四三三)、田村圓澄「蘇我稲目と物部尾輿」(井上光貞編『大和奈良朝—その実力者たち—』所収)

蘇我馬子宿禰 そがのうまこのすくね —六二六 六世紀後半—七世紀初めの官人。稲目の子。名を馬古・汗麻古・有明子にも作り、宿禰は足尼とも書き尊称。飛鳥川の傍の邸宅に庭を設けて小島をもつ小池を造ったので嶋大臣といった。敏達元年(五七二)四月、敏達天皇即位に際し、大臣となった。同三年十月、吉備に派遣され、白猪屯倉(岡山県真庭郡落合町大庭付近か)の増益と定籍に当り、同四年、帰京した。同十三年、百済からの石仏像を宅の東に仏殿をたてて安置し、大会設斎し、翌年二月、大野丘の北に塔を建て(奈良県橿原市和田の和田廃寺に比定する説があるが未詳)、仏舎利を安置した。時に馬子は病にかかり石仏を礼拝したが、疫病が流行し死者が多かったため、大連の物部弓削守屋と中臣勝海連は仏教興行の故として馬子を責め、仏像・仏殿を焼いた。のちに敏達と守屋は瘡に病み、死者が国中にみちたため、守屋が仏像を焼いた罪に帰せられた。同十四年六月、馬子は三宝の力により病を癒さんと奏し、三尼をうけて精舎を造り供養した。同年八月、敏達は崩じ、殯宮(もがりのみや)を大和国広瀬(奈良県北葛城郡広陵町)に立て誄(しのびごと)した際、馬子と守屋は互いに相手をあざ笑ったので、ここに双方が怨を抱く危機が生じた。馬子は用明朝にも大臣となったが、用明元年(五八六)五月、馬子の甥の穴穂部皇子が守屋に命じ三輪君逆(さかう)の殺害を企てた時、馬子は天下の乱の近いことを予言し、炊屋(かしきや)姫とともに皇子を恨んだ。同二年四月、用明天皇不予に際し三宝帰依の詔を議したが、馬子は守屋らに反対して詔を奉ずることを主張した。用明崩後、守屋の支援した穴穂部皇子は皇位をねらったが、馬子は敏達皇后の炊屋姫を立てて皇子を殺し、諸皇子・群臣に勧めて守屋征討の軍を起こし、河内国渋川の家(大阪府八尾市跡部・渋川・植松付近)を襲って、衣揩(東大阪市衣摺)で守屋を殺した。時人は馬子の妻は守屋の妹で、妻の計により守屋を殺したと評した。崇峻朝にも大臣となり、この頃飛鳥の地に法興寺建立を企て、百済から仏僧・技術者を招き、善信尼らを百済に留学させた。崇峻五年(五九二)十月、馬子は崇峻天皇が自分を嫌っていることを知り、東国進調を詐って東漢直(やまとのあやのあたい)駒に命じて崇峻を殺させた。馬子や群臣の推挙により炊屋姫は推古天皇として即位したが、馬子は大臣となり聖徳太子の妃に女の刀自古郎女を、法提郎媛(ほうてのいらつめ)を田村皇子(のちの舒明天皇)妃にいれた。推古四年(五九六)十月、法興寺(奈良県高市郡明日香村飛鳥)は完成し、同十三年四月、推古の詔により誓願を立て、法興寺に丈六仏二軀を造り始めた。同二十二年八月、病をえたため男女一千人を出家させ、同二十八年、太子とともに「天皇記」「国記」などの史書編纂を議した。同三十一年、推古は新羅征討の謀を馬子と群卿に問い軍を出したが、新羅貢調使の来朝と行き違いになり早計を後悔した。翌三十二年四月、僧が自分の祖父を斧で打ったので、推古は馬子を召してその処置を問うた。同年十月、馬子は推古に葛城県(奈良県北葛城郡新庄町葛木付近か)は本拠であるため賜わって封県としたいと請うたが許されず、同三十四年(六二六)五月に薨じ、桃原墓(高市郡明日香村島庄の石舞台古墳か)に葬られた。『上宮聖徳法王帝説』では同三十五年六月に薨じたとし、『扶桑略記』には薨年七十六歳とある。

【参考文献】　黛弘道「推古女帝と蘇我氏」(『明日香風』六)、日野昭「蘇我三代」(『明日香風』七)、佐伯有清「蘇我氏と古代大王国家」(『日本古代氏族の研究』所収)、塚口義信「葛城県と蘇我氏」上・下(『続日本紀研究』二三一・二三二)

蘇我臣赤兄　そがのおみあかえ　七世紀後半の官人。馬子の孫。倉麻呂の子。『扶桑略記』は蘇我宿禰赤兄とする。斉明四年(六五八)十月、斉明天皇の紀の温湯(和歌山県白浜町湯崎温泉)行幸に留守官となったが、有間皇子に向かい斉明の三つの失政をあげて皇子に謀反を勧めたにもかかわらず、赤兄はこれを斉明に皇子の謀として密告、市経(いちふ。奈良県生駒市壱分町または高市郡高取町市尾とする説がある)にある皇子の家を囲んで皇子と守君(もりのきみ)大石らを捕えて紀伊に送った。中大兄皇子(のちの天智天皇)は有間皇子に謀反理由を問うと「天と赤兄が知る。自分は知らず」と答えたという。『日本書紀』或本に、赤兄は有間皇子・坂合部連薬・守君大石らと短籍(ひねりぶみ)を取り、謀反を卜ったと記す。天智七年(六六八)正月、天智天皇妃に女の常陸娘をいれて山辺皇女を生ませ、翌年、筑紫率に任ぜられ、同八年十月、中臣連鎌足が薨じた時、内大臣家への行幸に供奉し恩詔を奉宣した。同十年正月、宮殿の前に進んで巨勢臣人とともに賀正の事を奏した。時に大錦上。同月、大友皇子の太政大臣任命とともに左大臣となった。『扶桑略記』には天智十年正月、右大臣から左大臣に転じ、時に年四十九と記す。『中臣氏本系帳』には斉明天皇の時、左大臣・大錦上とある。天智十年十一月、天智不予の時、内裏西殿の織仏像の前で大友皇子・右大臣中臣連金ら五人の重臣と天智の詔に違反しないことを誓盟した。これ以前に、大海人皇子(のちの天武天皇)が天智に離反し、吉野に出発の時、左大臣として右大臣らと皇子を見送り、菟道(京都府宇治市)から帰京した。天武元年(六七二)六月、壬申の乱の時には大友皇子方につき、近江の瀬田(滋賀県大津市瀬田)で大海人皇子軍を防いだが敗れて捕えられ、同年八月、乱が終ると配流された。『公卿補任』には配流の時五十歳、在官二年、蔵大臣と号したと記す。『日本書紀』天武二年二月条に、赤兄の女太蕤娘(おおぬのいらつめ)が天武天皇の夫人となり、穂積皇子・紀皇女・田形皇女の一男二女を生んだとみえる。

蘇我臣入鹿　そがのおみいるか　—六四五　七世紀中頃の官人。蝦夷の子。林臣・林太郎・大郎・宗我大郎・鞍作ともいう。中臣連鎌足らとともに僧旻の教えをうけた。当時隋から帰朝した僧旻の塾には多数の王族や氏族の子弟が学んだが、『家伝』上によれば、入鹿は旻から「吾が堂に入る者に宗我大郎に如く者なし」と評されたという。『日本書紀』皇極元年(六四二)正月条には大臣蝦夷の子入鹿はみずから国政をとり、威は父に勝るとある。同年十二月、蝦夷は双墓を築造したが、小陵を入鹿の墓とした。同二年十月、病により出仕しなかった蝦夷は、私に紫冠を入鹿に授け大臣の位に擬した。同年、古人大兄皇子の即位を企て、十一月、斑鳩宮(奈良県生駒郡斑鳩町)にいた山背大兄王を襲撃して王と子弟妃妾を自害させた。蝦夷はこれを聞いて愚かで暴悪な行為ときめつけ、入鹿を怒りののしり、入鹿の身命に危険が迫っていることを予言したという。皇極三年六月、大和国志紀上郡(奈良県桜井市北部・天理市南部などの地域)からの奏言に謡歌がみえ、この歌には数年を経て上宮の王たちが鞍作のために胆駒山に囲まれた兆しがよみこまれていたという。同年十一月、蝦夷と入鹿は甘檮岡(あまかしのおか。奈良県高市郡明日香村豊浦にある丘)に家をならべて建て、大臣の家を上の宮門(みかど)、入鹿の家を谷の宮門といい、子女を王子と呼び、家の外に城柵、傍に兵庫を作り、力人に武器を持たせて守らせた。また漢直(あやのあたい)が二つの門に侍したという。皇極四年六月、中大兄皇子(のちの天智天皇)らは蝦夷・入鹿誅滅を企てた。三韓進調の日に参列した入鹿は疑い深く昼夜帯刀していたので、中臣連鎌足は俳優に教えて滑稽な動作をさせて入鹿を油断させ剣を脱がせた。進調の上奏文をよんだ蘇我倉山田石川麻呂臣と入鹿は従兄弟の間柄であったが、『家伝』上には仲が悪かったと記されている。儀式の途中、飛鳥板蓋(いたぶき)宮の大極殿で入鹿は中大兄皇子らに斬られた。入鹿は皇極天皇の御座に縋りついて「嗣位にましますべきは天の御子なり。臣罪を知らず」と訴えたが、中大兄皇子は皇極に「鞍作は天宗を尽くし滅して日(ひつぎ)の位を傾けむとす。あに天孫を以て鞍作に代へむや」と奏した。入鹿は佐伯連子麻呂・葛城稚犬養連網田に斬られたが、降雨のため屍は席障子(むしろしとみ)で覆われた。入鹿誅滅後、古人大兄皇子は「韓人、鞍作臣を殺す(三韓進調にことよせて誅せられた)。吾が心痛し」といい、家に籠ったという。入鹿の屍を蝦夷に賜わった時、漢直らは眷属を集め、蝦夷を助け軍陣を張ろうとしたが、中大兄皇子の遣わした巨勢臣徳陀(徳太)の説得によって退散した。蝦夷誅滅後、中大兄皇子は蝦夷・入鹿の屍を墓に葬り、哭泣することを許した。

【参考文献】 門脇禎二『蘇我蝦夷・入鹿』(『人物叢書』)、同「蘇我入鹿」(『明日香風』一六)、阿部武彦「蘇我蝦夷・入鹿」(『日本古代の氏族と祭祀』所収)、黛弘道「蘇我大臣家の滅亡と女帝の退場」(『明日香風』七)、星野良作「皇極二年時に於ける蘇我氏の権力—紫冠・物部大臣をめぐって—」(『日本歴史』二五三)

蘇我臣蝦夷 そがのおみえみし —六四五 七世紀前半—中頃の官人。馬子の子。入鹿の父。山背大兄王と古人大兄皇子は甥。名は毛人にも作り、豊浦大臣ともいう。推古十八年(六一〇)十月、新羅・任那の使人を朝廷に迎えた時、大伴咋連らとともに座を立ち進み出て庭に伏した。同三十四年五月、馬子が薨ずると大臣に任ぜられたらしい。同三十六年三月、推古天皇は蘇我氏の系譜に結びつかない田村皇子(のちの舒明天皇)と聖徳太子の長子山背大兄王に遺詔して崩じた。蝦夷はその嗣位の決定を迫られ、群臣の合議によって自分の推す田村皇子を皇位継承者と目論んでいたが、群臣の意見の一致をみず、叔父の境部臣摩理勢(まりせ)は山背大兄王を推し、対立した。この時、馬子の造墓に蘇我一族が動員されたが、墓所の廬を摩理勢が壊し、退去して蝦夷に反抗したので、蝦夷は怒ってその逆心を責めた。摩理勢は斑鳩(奈良県生駒郡斑鳩町)の山背大兄王に保護を求め、その異母弟の泊瀬王の宮にかくれると、蝦夷は山背大兄王に摩理勢の引き渡しを要求した。大兄王は摩理勢に蝦夷に背くことを戒め、泊瀬王も病死したので摩理勢は蝦夷の軍に殺された。舒明元年(六二九)正月、蝦夷は田村皇子を即位させた。同八年七月、蝦夷は、大派(おおまた)王が官人朝参の怠慢を責めたが従わず、皇極元年(六四二)皇極天皇即位に際し大臣となり、子の入鹿とともに権勢を振った。同年四月、百済大使翹岐を畝傍(奈良県橿原市畝傍町付近か)の家に招いて対話し、同年七月、大旱のためみずからも香炉をとって祈雨した。同年、祖廟を葛城高宮(奈良県御所市宮戸・森脇付近)に建てて八佾(やつら)の舞をなし、人民を使役して双墓を今来(奈良県御所市古瀬・吉野郡大淀町今木付近)に造り、蝦夷の墓を大陵、入鹿の墓を小陵といい、上宮乳部の民をことごとく集めて造墓に使役したので、上宮大娘姫王は激怒した。同二年二月、巫覡が蝦夷の橋を渡る時をうかがって神語をのべ、同年十月、病のため朝参せず私的に入鹿に紫冠を授けて大臣の位にあるかのようにさせ、入鹿の弟を呼んで物部大臣といったが、その理由は蝦夷の祖母が物部弓削守屋大連の妹で、母の財により世に勢力を振ったためであるという。同年十二月、蝦夷は入鹿が山背大兄王を斑鳩に襲撃した事件を聞き、子の愚行と暴挙を怒りののしった。皇極三年六月、剣池(橿原市石川町東部の石川池か)の蓮に一茎二萼のものがあり、蘇我氏繁栄の祥瑞として金泥で描き法興寺(飛鳥寺。奈良県高市郡明日香村飛鳥)丈六仏に献じた。この月、大臣が橋を渡る時多くの巫覡は神語をのべ、同年十一月、甘檮岡(あまかしのおか。高市郡明日香村豊浦にある丘)に建てた蝦夷の家を上の宮門(みかど)といい、武力でこれを守った。蝦夷は長直(ながのあたい)に命じて大丹穂山(高市郡明日香村入谷)に桙削寺を造らせ、畝傍山の東に家を建てて武器庫を造り、東方儐従者(あずまのしとべ)と呼ぶ五十人の兵士に警備させ、祖子孺者(おやのこわらわ)という諸氏の人々が門に侍し、漢直(あやのあたい)に二門を守らせた。同四年六月、入鹿は板蓋(いたぶき)宮大極殿で誅せられ、屍を蝦夷に賜わった。漢直らは一族を集めて蝦夷を助けて陣を張ったが、巨勢臣徳陀(徳太)の説得で退散した。同十三日、蝦夷は誅せられるに際し「天皇記」「国記」・珍宝を焼いて邸で自尽した。同日、屍を墓に葬り、哭泣することを許された。

【参考文献】　門脇禎二『蘇我蝦夷・入鹿』(『人物叢書』)、阿部武彦「蘇我蝦夷・入鹿」(『日本古代の氏族と祭祀』所収)、黛弘道「蘇我大臣家の滅亡と女帝の退場」(『明日香風』七)、日野昭「蘇我三代」(同上)、星野良作「皇極二年時に於ける蘇我氏の権力―紫冠・物部大臣をめぐって―」(『日本歴史』二五三)、肥後和男「蘇我氏の滅亡をめぐって」(京都大学読史会編『五十周年記念国史論集』一所収)、直木孝次郎「族長権の相続をめぐって―天智天皇と蘇我氏―」(『奈良時代史の諸問題』所収)

蘇我臣果安　そがのおみはたやす　―六七二　七世紀後半の官人。天智十年(六七一)正月、御史大夫に任ぜられ、同年十一月、天智天皇不予の時、内裏西殿の織仏像の前で、大友皇子・左大臣蘇我臣赤兄ら六人とともに天智の詔に違反しないことを誓盟した。これより前、大海人皇子(のちの天武天皇)が天智に離反し吉野に出発の時、大納言として左大臣らと見送り、菟道(京都府宇治市)から帰京した。天武元年(六七二)六月、壬申の乱の時、大友皇子方につき、同年七月、山部王・巨勢臣比等らと大海人皇子軍を不破(岐阜県不破郡)に襲撃しようとして、近江国の犬上川(滋賀県彦根市付近を流れる)に陣を設けたが、内訌により山部王を殺し、果安も犬上から帰って自尽した。同年八月、乱が終ると、果安の子は左大臣蘇我臣赤兄・巨勢臣比等およびその子孫や右大臣中臣連金の子とともに配流された。

蘇我臣日向　そがのおみひむか　七世紀後半の官人。倉麻呂の子。『上宮聖徳法王帝説』に曾我日向子臣、字は『日本書紀』に身刺・身狭臣、『上宮聖徳法王帝説』に無耶志臣、『家伝』上に武蔵に作る。皇極三年(六四四)正月、中大兄皇子(のちの天智天皇)が異母兄の蘇我倉山田石川麻呂臣の長女と中臣連鎌子の媒酌で婚約が成った夜、日向は長女を偸(ぬす)んだという。大化五年(六四九)三月、右大臣蘇我倉山田石川麻呂臣が中大兄皇子を害すると讒言した。同月、大伴狛連とともに将として衆を率いて石川麻呂を追い、石川麻呂がすでに三男一女とともに山田寺(奈良県桜井市山田)で自尽したことを聞き、丹比坂(大阪府羽曳野市・南河内郡美原町の旧丹比村付近)から帰ったが、翌日軍を率い山田寺を包囲した。同月、中大兄皇子は石川麻呂の心が貞浄であったことを知って後悔し、日向は筑紫大宰帥を拝した。世人はこれを隠し流しかと評した。『上宮聖徳法王帝説』には孝徳天皇の代に日向は筑紫大宰帥に任ぜられ、甲寅年(白雉五・六五四)十月、孝徳不予のため、般若寺(奈良市般若寺町の般若寺とする説が一般的であるが、福岡県筑紫野市塔原の塔原廃寺跡にあてる説が妥当であろう)を興すとみえる。

蘇我臣連子　そがのおみむらじこ　―六六四　七世紀中頃の官人。名は牟羅志・武羅自に作る。また石川朝臣連子ともみえる。『公卿補任』に蘇我倉山田石川麻呂臣の弟とする。『扶桑略記』には天智元年(六六二)正月、右大臣に任ぜられたとあるが、『続日本紀』和銅六年(七一三)十二月条・天平元年(七二九)八月条に近江(淡海)朝大臣、同天平宝字六年(七六二)九月条に後岡本朝大臣とあるので、斉明四年(六五八)正月、左大臣巨勢臣徳陀の薨後に就任したとみられる。『日本書紀』或本には天智三年五月(三月の誤りか)、大紫・大臣で薨じたとする。『扶桑略記』には同年三月、薨じ、年五十四とある。

蘇我臣安麻呂 そがのおみやすまろ 七世紀後半の官人。蘇賀臣安麻侶にも作る。連子の子。『日本書紀』天武即位前条によると、天智天皇は病が重くなったため、安麻呂を遣わして東宮大海人皇子(のちの天武天皇)を召したが、安麻呂は皇子に平素から好感をもち密かに皇子を顧みて注意して発言するように勧めたので、皇子は天智に深謀のあることを察し、皇位継承の詔を病と称して固辞し、出家して吉野に向かったという。『続日本紀』天平元年(七二九)八月の石川朝臣石足の薨伝に「少納言小花下安麻呂の子」とみえるが、その叙任時期は不明である。

蘇我韓子宿禰 そがのからこのすくね 五世紀後半に紀小弓宿禰・小鹿火宿禰・大伴連談(かたり)とともに新羅に派遣された将軍。『公卿補任』に満智の子、高麗の父とみえ、『紀氏家牒』にも、満智の子で馬背(高麗)の父とする。宿禰は称号。『日本書紀』雄略九年五月条に、戦死した紀小弓宿禰の子大磐と小鹿火との間に内紛が起こり、韓子は小鹿火の詐言を信じて大磐を憎み、百済国王から国境視察に誘われた時、共にきた大磐が河で馬に水を飲ませていたので、韓子は鞍几の後橋を射たが逆に河の中流で射堕され死んだとみえる。

蘇我満智宿禰 そがのまちのすくね 蘇我氏の祖。名は麻智にも作り、宿禰は称号。『日本書紀』履中二年十月条に平群木菟(へぐりのつく)宿禰と国事を執ったとあるが、信じがたい。『古語拾遺』には雄略朝に大蔵を建て満智に三蔵(斎蔵・内蔵・大蔵)を検校させ、秦・東文(やまとのふみ)氏・西文(かわちのふみ)氏はその出納と簿を勘録したとみえ、『公卿補任』や『紀氏家牒』には満智の子や孫に韓子(からこ)・高麗など朝鮮と関係ある人名がみえるので、五世紀後半に満智は朝鮮や渡来系氏族と結び、朝廷の財政・外交を掌握し、蘇我氏を台頭させたとみられる。満智を百済の木満致(もくまんち。木劦(もくら)満致)と同一人物とする説、蘇我倉氏後裔の石川氏の手により創出された人物とみる説もある。

【参考文献】加藤謙吉『蘇我氏と大和王権』、門脇禎二「蘇我氏の出自について—百済の木劦満致と蘇我満智—」(『日本のなかの朝鮮文化』一二)、鈴木靖民「蘇我氏は百済人か」(『歴史読本』二六—七)、同「木満致と蘇我氏—蘇我氏百済人説によせて—」(『日本のなかの朝鮮文化』五〇)、黛弘道「ソガおよびソガ氏に関する一考察—古代歌謡を手懸りに—」(『律令国家成立史の研究』所収)、佐伯有清「蘇我氏と古代大王国家」(『日本古代氏族の研究』所収)

宗我石川宿禰 そがのいしかわのすくね 『古事記』孝元段に建内宿禰の子とする蘇我氏ら七氏の始祖。蘇賀石河・蘇我石川にも作る。『日本書紀』応神三年条に百済へ派遣されたとみえ、『日本三代実録』元慶元年(八七七)十二月条の石川朝臣木村の奏言に、宗我石川は河内国石川(大阪府富田林市の東半と南河内郡の一帯)の別業に生まれ、石川を名とし、宗我(奈良県橿原市曾我町)の大家を賜わって居としたので、氏姓を宗我宿禰と賜わったと伝える。天平宝字六年(七六二)石川朝臣年足墓誌に「武内宿禰命の子宗我石川宿禰命」とある。

【参考文献】日野昭『日本古代氏族伝承の研究』、星野良作「蘇我石川両氏系図成立の時期について」(『法政史学』一七)、同「蘇我石川両氏系図の一考察—氏族関係記事をめぐって—」(『法政史学』一八)

蘇我倉山田石川麻呂臣 そがのくらやまだのいしかわまろのおみ —六四九 七世紀前半—中頃の官人。倉麻呂の子。入鹿は従兄弟に当る。蘇我山田石川麻呂・蘇我石川万侶・山田臣・山田大臣・蘇我倉山田麻呂・倉山田臣・麻呂臣などにも作る。蘇我倉氏は蘇我氏の分家。皇極三年(六四四)正月、中大兄皇子(のちの天智天皇)が入鹿誅滅を中臣連鎌子(鎌足)と企てた時、石川麻呂は長女を皇子妃にしようとしたが、異母弟の蘇我臣日向に奪われたため代りに妹娘を勧めた。叔父蝦夷や入鹿の立場に反し、中大兄皇子や中臣連鎌子と結んで入鹿誅滅に加わった。『家伝』上によれば鞍作(入鹿)と仲が悪かったという。翌皇極四年六月、中大兄皇子らは三韓進調の日に入鹿誅滅を企て、当日、石川麻呂は大極殿で上奏文を読んだが、声が乱れ手がわなないたといい、この間に中大兄皇子らは入鹿誅滅に成功した。同年、新政府が組織されて右大臣となり、孝徳天皇から金の策(みふた)を賜わった。大化元年(六四五)七月、娘の乳娘を孝徳の妃とし、左大臣阿倍臣倉梯麻呂とともに孝徳から施政について詔をうけた。同年九月、古人大兄皇子の叛を密告した吉備笠臣垂(しだる)は、『日本書紀』或本によれば阿倍大臣と蘇我大臣にみずからが叛に加わったことを告げたといい、古人大兄皇子は中大兄皇子に討たれた。大化二年二月、右大臣として天皇の詔を宣し、同三年、七色十三階の冠位制が定められたが、同四年四月に古い冠が廃止された後も左右大臣はこれを着用していた。大化五年三月、蘇我臣日向は、右大臣石川麻呂が皇太子中大兄皇子を害する意のあることを同皇子に讒言したため、孝徳は使者を派遣して虚実を問うと、まのあたり天皇の所に申さんと答えたので、再び使者を遣わして問うたところ前と同じ返答をしたため、孝徳は右大臣宅を兵で囲んだ。石川麻呂は二子法師と赤猪をつれ茅渟道(難波から茅渟(のちの和泉国)を経て大和へ向かう道か)から大和に入り、長子の興志が建立した山田寺(奈良県桜井市山田)に逃げた。興志は兵を集め防戦しようとしたが許さず、山田寺の衆僧や興志に人臣の道を説き、仏殿の戸を開いて「我、生生世世(よよ)に、君王を怨みじ」と無実を誓い、自経死した。『日本書紀』には妻子で死に殉ずる者は八人とあり、随身者にも自経する者が多かったとみえる。蘇我臣日向らは山田寺を兵で囲み、物部二田(ふつた)造塩に命じ石川麻呂の頭を斬らせ、石川麻呂の従者も処刑配流された。同月、石川麻呂の資財を収納した時、好い書物の上には皇太子の書と題し、貴重な財宝の上には皇太子の物と記してあったので、中大兄皇子は石川麻呂の心が貞浄であったことを知り、悔い恥じて悲しみ歎いたという。皇太子妃の造媛(みやつこひめ)は父が塩のために斬られたと聞き、傷心し塩の名を聞くことを悪(にく)み、近侍者も忌避し堅塩(きたし)といった。媛は傷心のため死んだので皇太子は歎き悲しんだという。

【参考文献】　加藤謙吉『蘇我氏と大和王権』、門脇禎二「いわゆる、大化の右大臣蘇我山田石川臣麻呂滅亡事件について」(井上薫教授退官記念会編『日本古代の国家と宗教』下所収)、篠川賢「乙巳の変と蘇我倉山田石川麻呂」(佐伯有清編『日本古代政治史論考』所収)、志田諄一「蘇我臣」(『古代氏族の性格と伝承』所収)

蘇我田口臣川堀　そがのたぐちのおみかわほり　七世紀前半の豪族。名は蝙蝠にも作る。蘇我臣の枝族の人。田口の氏名は、推古朝に大和国高市郡の田口村(奈良県橿原市田中町・和田町付近か)に居を構えたことに因むという。大化元年(六四五)九月、古人大兄皇子による謀反計画に、物部朴井(もののべのえい)連椎子・倭漢文(やまとのあやのふみ)直麻呂・朴市秦造田来津(えちのはたのみやつこたくつ)らとともに加わったとして、吉備笠臣垂(しだる)に告発された。蘇我本宗家の滅亡後、本宗家を強力な後楯とたのんだ皇子と蘇我枝族の川堀は、急速に接近したのであろう。川堀のその後は未詳。

続守言　ぞくしゅげん　百済復興運動の折、鬼室福信の俘虜となって献上された唐人。『日本書紀』斉明七年(六六一)十一月条の割注『日本世記』に、福信の獲た唐人続守言ら筑紫にいたるとあるほか、天智二年(六六三)二月是月条にも、佐平福信、唐の俘続守言らを上げ送るとあって、その渡来年次は正確に決め難い。来日後は朝廷に仕え、持統三年(六八九)七月には稲を、同五年九月には、音博士として銀二十両を、同六年十二月には水田四町をいずれも薩弘恪とともに与えられている。

素性　そせい　九世紀後半―十世紀初めの歌人。三十六歌仙の一人。桓武天皇の皇子良岑朝臣安世の孫宗貞(のちに出家し遍昭)の二男。俗名は良岑朝臣玄利。父遍昭の命により出家した。寛平八年(八九六)宇多天皇が雲林院(京都市北区紫野にあった)に行幸の際、宣命により度者二人を賜わった。雲林院の別当にもなった。宇多が嵯峨院(京都市右京区嵯峨大沢町にある大覚寺の前身)に行幸した時に歌を献じたり、勅命による御屛風の和歌も進上した。延喜六年(九〇六)二月には襲芳舎で、同九年十月には醍醐天皇の前で御屛風に和歌を書き、赤絹・綿・御馬などの禄を賜わった。『古今和歌集』には三十二首が載せられており、技巧的・理知的歌風で代表的歌人であった。『後撰和歌集』『続後撰和歌集』にも歌が載せられており、家集に『素性集』がある。

蘇那曷叱知 そなかしち 任那からの最初の朝貢使と伝えられる伝説上の人物。『日本書紀』によると、崇神六十五年に来朝、垂仁二年に帰国。帰国に際して賜わった品物を途中で新羅が奪ったため、両国の怨がこの時から始まったという。この垂仁二年の割注として、于斯岐阿利叱智干岐(うしきありしちかんき)の別名をもつ意富加羅(おおから)国(任那国)王子の都怒我阿羅斯等(つぬがあらしと)の渡来伝承が収録されているため、この両者を同一人物とみる見解が多い。たとえば白鳥庫吉は、蘇は朝鮮語の牛の訓ソ、那曷は朝鮮語の「出て来る」の意味をもつもので、蘇那曷(朱来)=于斯岐(牛来)であるとする。しかし三品彰英は朝鮮語の音訓から、蘇は金の訓ソ、那は国の訓ナに通じ、曷はカル・コルで大の意、叱知は首長の意であるとし、蘇那曷叱知の名義は「金官国(任那)邑君」であって、都怒我阿羅斯等とは別人とみている。

【参考文献】白鳥庫吉「任那朝貢の伝説について」(『史学雑誌』三六—一二)、三品彰英『日本書紀朝鮮関係記事考証』上

祚蓮 それん 七世紀後半の薬師寺の僧。大和国の人。薬師寺の創建に関与したという伝承がある。それによると、天武九年(六八〇)十一月、天武天皇は皇后(のちの持統天皇)の病のために寺院の建立を発願したが、造営する方法がわからなかった。そこで祚蓮は、入定して竜宮の伽藍をつぶさに観察し、入定が終わり、現世に復帰すると天武に造式を録奏した。これによって宏壮麗妙の薬師寺の伽藍を造営することができたという。

尊意 そんい 八六六—九四〇 九世紀末—十世紀前半の延暦寺の僧。第十三代天台座主。俗姓は息長丹生(おきながのにう)真人氏。平安左京の人。貞観八年(八六六)二月、誕生。十一歳で度賀尾寺に入り、三年間の修行をおえる。元慶三年(八七九)九月、比叡山に登って増全に師事、同六年四月に落髪出家し、その後処々の霊験聖跡を巡礼したという。仁和三年(八八七)四月、天台座主円珍から具足戒を受け、次いで増全には両部の大法を、玄昭からは三部の秘法を授けられて、効験無双とまでいわれた。延長三年(九二五)夏の大旱には延暦寺で尊勝法を奉修して雨乞いをし、翌四年五月、皇后難産に際しては不動法を修している。この月、天台座主に任命される。同七年三月に京畿諸国で疫癘が流行すると、三十人の沙門を伴い、宮中豊楽院で七日間にわたって不動法を修している。翌八年、阿闍梨となる。同年におそった旱魃に対しても尊勝法を修し、清涼殿への落雷で死者が出て醍醐天皇が畏怖し、不予になった時、禁中に召されて持念している。同年四月から十月にかけて地震が続いた時、公私を問わず、全国にある一万の仏塔に修補を加えるよう提言している。承平元年(九三一)僧綱の位階のうち僧都の階に当る法眼和尚位を与えられ、同五年、少僧都に任ぜられ、天慶元年(九三八)大僧都に昇任する。翌二年夏にまたもや日照りが続くと、承平六年、尊意によって作られた延命院で尊勝法を修して雨を降らせ、度者二十二人を賜わった。天慶三年二月、平朝臣将門調伏のため、比叡山の講堂で不動安鎮法という修法を行なっている。同月、尊意は入滅したが、その臨終に際してはまず沐浴浄髪し、弟子の恒昭に、自分は日ごろ極楽に往生したいと思っていたが、今は兜率天に生まれたいといい、薬叡らに葬法等について細かな指示を与えた。享年七十五。滅後、僧正を贈られた

と伝える。

尊応 そんおう　八世紀中頃の僧侶。天平十二年(七四〇)の光明皇后願経のうち、『持心経』や『深密解脱経』などの奥跋に、天平勝宝七歳(七五五)九月、その証読者となったことがみえ、また「大徳沙門尊応」と奥跋に記す経典も多くあり、八世紀中頃に中央仏教界で活躍した僧侶の一人であったらしい。弘仁二年(八一一)の大僧都伝燈大法師位勝悟の卒伝に、勝悟は尊応の弟子であり、尊応は芳野の神叡大徳の入室であるとみえる。

た

泰演 たいえん　八世紀後半―九世紀初めの西大寺の僧。元興寺の勝悟法師について法相教学を学び、大小乗に精通したが、中でも唯識を良くしたという。同門に、護命・慈宝らがいる。泰演は、議論にすぐれ、天下の義学であえて敵するものがなかったが、大安寺の安澄とは法相・三論それぞれの立場から抗論したという。大同年間の末(八〇九年頃)、西大寺に住し、西大寺の法相宗を大いに高めた。なお、『三国仏法伝通縁起』は泰演を律師とするが、泰演の律師任命について『僧綱補任』など他の史料は何も記しておらず、誤りであろう。

泰景 たいけい　七六四―八五一　九世紀前半の東大寺の僧。尾張国出身。承和二年(八三五)律師の地位につき(『僧綱補任』が「律師を経ざるか」とするのは誤り)、同四年までには少僧都に転じ、同七年、大僧都、同十年には僧正にのぼり以後嘉祥四年(八五一)の入滅まで在任。この間、延暦寺関係の史料にその名がみえ、承和元年には西塔院供養の引頭、同五年、四王院供養の導師、同十年には定心院供養の導師を勤めている。また嘉祥三年には僧正として、円珍を内供奉持念禅師に推挙している。

醍醐天皇 だいごてんのう　八八五―九三〇　在位八九七―九三〇。宇多天皇の第一皇子。母は藤原朝臣高藤の女胤子。元慶九年(八八五)正月、誕生。寛平元年(八八九)十二月二十八日、親王となり、同二年十二月、本名維城を敦仁に改めた。同五年四月、皇太子に立てられ、初めて東宮に移った。時に九歳。同七年六月、生母胤子が卒去したので、藤原朝臣基経の女温子(宇多女御)が養母となった。同九年七月、元服。同日、宇多の譲位をうけて践祚。時に十三歳。宇多は醍醐にいわゆる『寛平御遺誡』を与えるとともに、天皇いまだ長ぜざる間は、大納言藤原朝臣時平と権大納言菅原朝臣道真に万機を行なうよう命じた。七月十日、宇多に太上天皇の尊号を奉り、十九日、故藤原朝臣胤子に皇太后を追贈した。また昌泰三年(九〇〇)外祖父内大臣藤原朝臣高藤が薨じたので、太政大臣正一位を追贈した。同四年正月、藤原朝臣時平らの讒言により菅原朝臣道真を大宰権帥に左遷した。延喜三年(九〇三)十一月三日、基経の女穏子が第二皇子崇象を生んだ。そのため、時平は上表して皇太子を立てることを請うた。そこで、同四年二月、皇子崇象を親王とし、次いで皇太子に立てた(延喜十年、保明と改名)。同六年十一月、朱雀院(平安右京四条一坊)に行幸して、宇多法皇の四十歳の宝算を祝賀し、さらに同十六年にも、同じく朱雀院に行幸し、法皇の五十歳を祝賀した。同二十三年三月、皇太子保明親王が薨じ、世はあげて菅原朝臣道真の祟りによるとした。そこで四月二日、道真を右大臣に復し、正二位を贈った。二十六日には、女御藤原朝臣穏子を皇后に立てた。二十九日、保明親王の子慶頼王(母は藤原朝臣時平の女)を皇太子に立てた。延長二年(九二四)には、醍醐は四十歳になったので、宇多法皇を始め、延暦寺・興福寺の僧らが四十歳の宝算を祝賀したが、同三年六月三日に皇太子慶頼王も死去したので、改めて穏子の生んだ寛明親王を皇太子に立てた。翌四年、宇多法皇の六十歳の宝算を祝賀し、京辺七寺・南都七寺に、法皇の宝寿を増さんがために誦経を修せしめた。延長八年六月、雷が清涼殿に落ち、大納言藤原朝臣清貫らが薨ずるという事件があり、この事件を契機に醍醐は病気となり、いろいろな病気平癒の修法もむなしく、同年九月二十二日に麗景殿において譲位した。二十六日、麗景殿において、朱雀天皇に遺戒した。二十七日、病気が重くなったので、朱雀院に遷幸しようとしたが果たさず、右近衛府大将の曹司に移御し、二十九日、天台座主尊位を戒師として出家した。法名は宝金剛。同日、父宇多法皇に先立って崩御。時に四十六歳。十月十一日、宇治の山科山陵(京都市伏見区醍醐古道町が陵地とされる)に葬られた。醍醐は東宮時代から、時平・道真や藤原朝臣敏行ら、詩文・和歌に優れた人々に囲繞されており、醍醐自身も詩文をよくし、また和歌にも優れており、箏・和琴・琵琶にも巧みであった。その日記『醍醐天皇宸記』二十巻は多く失われて、一部と逸文を存するのみである。醍醐の時代は、後世、延喜の聖代と称された。

泰仙 たいせん 九世紀前半の大安寺の僧。俗名は阿牟公人足。工術をもって聞え、漏刻を製造した。弘仁二年(八一一)三月二十五日、嵯峨天皇は彼の巧思をほめて還俗させた上、外従五位下を授けたが、その漏刻は誤り易く用をなさなかったという。

泰澄 たいちょう 六八二―七六七 八世紀前半の加賀白山の開創者と伝えられる僧侶。越前国麻生津(福井市三十八社町。同地には泰澄の生誕地に建立したという泰澄寺がある)の人。俗姓は三神氏。父は安角、母は伊野氏。幼くして出家し、のち白山にいたって念仏修行を続け、ついに妙理大権現を感得。これが今日の白山神社の始まりであるという。養老六年(七二二)元正天皇の病気を癒した功により神融禅師の号を賜わり、天平年中(七二九―七四九)には聖武天皇の不予を加持し、大和尚位を受け、名を泰澄と改めたという。神護景雲元年(七六七)三月、八十六歳で入寂。『正倉院文書』には、天平二年(七三〇)六月、「根本説一切有部毘奈耶雑事」巻二十一を書写した僧として泰澄の名がみえるが、同一人物と思われる。

【参考文献】平泉澄「泰澄和尚伝記考」(下出積与編『白山信仰』所収)、下出積与「泰澄和尚伝説考」(同上書所収)、浅香年木「『泰澄和尚伝』試考」(同上書所収)

泰範 たいはん 七七八―八五八? 九世紀前半の真言僧。近江国出身といわれる。元興寺に属し、延暦二十一年(八〇二)東大寺で受戒。比叡山に登り最澄を補佐し、弘仁三年(八一二)総別当を嘱されたが、山内不和のため故郷に戻り、同年十二月、最澄の勧めでともに空海から灌頂を受け、以後空海に師事した。最澄の懇願もしりぞけ、承和四年(八三七)には東寺定額僧となった。八十歳で入滅したと伝えられる。

当麻氏 たいまうじ 用明天皇の皇子麻呂子王の後裔氏族。古くは「たぎま」といった。姓は初め公、天武十三年(六八四)八色の姓制定に際し、真人を賜わる。『日本書紀』用明元年正月条に、葛城直磐村の女広子が生んだ一男一女のうち麻呂子皇子は当麻公の先なりとみえ、『古事記』用明段には、当麻之倉首(たいまのくらのおびと)比呂の女である飯女之子が生んだ子に当麻王の名がある。母の所伝を異にするが、『上宮聖徳法王帝説』によると、葛木当麻倉首比里古の女子伊比古郎女が生んだ子が乎麻呂古王であると伝承される。当麻の氏名は、祖である麿古王の本名、当麻王に因む。当麻はのちの大和国葛下郡当麻郷(奈良県北葛城郡當麻町当麻付近)の地名で、母方の当麻之倉首氏の本貫地。麿古王は『南都七大寺縁起』『諸寺建立次第』『当麻寺日記』『古今著聞集』『上宮太子拾遺記』などによれば当麻寺を創建したと伝えられ、『広大和名勝志』所引『曼陀羅疏』に引く『或書』(了恵八巻抄)によれば、麿古王・当麻公豊浜・当麻真人国見の系譜が復原できる。淳仁天皇の母、清和天皇外祖母源朝臣潔姫(嵯峨天皇の皇女)の母は当麻氏出身。

【参考文献】佐伯有清『新撰姓氏録の研究』考証篇一

当麻公豊浜　たいまのきみとよはま　―六八一　七世紀後半の官人。『日本書紀』に、天武十年(六八一)二月、小紫位当摩公豊浜が薨じたとある。また、『広大和名勝志』所引『曼陀羅疏』に引く『或書』(了恵八巻抄)に「麻呂古親王御子当麻豊浜公、その御子当麻国見真人」とみえ、用明天皇の皇子麻呂古王を父としていたことが知られる。

当麻公広嶋　たいまのきみひろしま　―六七二　七世紀後半の吉備国守。天武元年(六七二)六月、壬申の乱に際し、吉備国守(総領か)であった広嶋は、築紫大宰の栗隈王とともに大海人皇子(のちの天武天皇)方に味方し、近江朝廷が遣わした興兵使樟使主磐手(くすのおみいわて)に従わず、符を授かる日に、あざむかれて殺された。

当麻蹶速　たいまのけはや　垂仁朝の力士で、野見宿禰と力競べをした伝説上の人物。当摩蹶速にも作る。垂仁七年七月、垂仁天皇近侍の人が当麻邑(奈良県北葛城郡當麻町・香芝町一帯)に当麻蹶速という勇悍士(いさみこわきひと)がいて、力が強く、角を砕き鉤(かぎ。兵器の名)を伸ばしてしまい、いつも人々に力自慢をしていると奏言した。垂仁は蹶速に匹敵する人物はいないものかと下問したところ、出雲国に野見宿禰という勇士がいると聞いているので、この人物と力競べをさせたらどうかと申し出た者があった。そこで倭直(やまとのあたい)の祖先の長尾市(ながおち)を遣わして野見宿禰を出雲国から呼び出した。蹶速と野見宿禰とに相撲をとらせた結果、野見宿禰が蹶速の腰を踏み折って、蹶速は殺されてしまった。蹶速の土地を奪い、野見宿禰に賜わった。当麻邑に腰折田(こしおれだ。腰は山麓に近い場所、折は曲りくねっている所で、田地の形状をあらわす地名か)という地があるゆえんであるという。

当麻真人鴨継　たいまのまひとかもつぐ　―八七三　九世紀中頃の官人。嘉祥二年(八四九)正月、正六位上から従五位下に叙せられ、翌三年正月、侍医のまま越後介を兼官。侍医については貞観二年(八六〇)までは在職が確認される。仁寿二年(八五二)正月、筑前介、斉衡三年(八五六)二月には筑前介のまま典薬頭を兼ね、天安二年(八五八)九月、主殿頭。以後、卒するまで主殿頭であった。貞観二年(八六〇)十一月、従五位上、同六年正月、阿波介を兼ね、同八年正月、阿波介から讃岐権介となり、同九年正月、正五位下。同十二年正月には従四位下に叙せられ、同十五年三月、従四位下行主殿頭兼伊予権守で卒した。

当麻真人国見　たいまのまひとくにみ　七世紀後半の官人。朱鳥元年(六八六)九月、天武天皇の殯(もがり)に際し、左右兵衛事を誄(しのびごと)した。位は直大参。持統十一年(六九七)二月、直広壱で軽皇子(のちの文武天皇)の東宮大傅に任ぜられ、文武三年(六九九)十月、大和国高市郡にある斉明天皇の越智山陵(『陵墓要覧』は奈良県高市郡高取町大字車木とする)へ、衣縫(きぬぬい)王・土師(はじ)宿禰根麻呂・田中朝臣法麻呂、判官四人、主典二人、大工二人などとともに派遣され、修理・造営を行なった。位は直大壱。『続日本紀』によると大宝元年(七〇一)七月、天武朝に壬申の乱の功により給わった功封百戸は、『大宝令』の禄令功封条に規定する中功に相当するとして、その四分の一を子に相続させることが許された。なお、この条のみは真人姓ではなく、天武十三年(六八四)以前の旧姓である公で表記されている。

当麻真人智徳　たいまのまひとちとこ　―七一一　七世紀後半の官人。名は智得にも作る。持統二年(六八八)十一月、直広肆の時に天武天皇の殯宮(もがりのみや)において皇祖らの騰極次第を誄(しのびごと)した。同六年三月、持統天皇の伊勢行幸に際し、広瀬王・紀朝臣弓張らとともに留守官となる。位は直広参とある。大宝三年(七〇三)十二月、持統の大葬の際、諸王・諸臣を率いて誄した。位は従四位上。慶雲四年(七〇七)十一月の文武天皇の大葬の時にも誄人を率いて誄を奉っている。この時も従四位上。天武・持統・文武の三天皇に対して誄を行なっているところから、帝皇日継に精通した人物と考えられる。和銅四年(七一一)五月、従四位下で卒したとあるが、従四位上の誤りであろう。

当麻真人永嗣　たいまのまひとながつぐ　八世紀の官人。名は永継にも作る。天平宝字六年(七六二)二月、「甲斐国司解」に仁部(民部)少丞・従六位下の署名がみえるが、天平神護三年(七六七)正月には、正六位上から従五位下に昇り、同年七月、刑部大判事、神護景雲三年(七六九)八月、左少弁に任ぜられた。宝亀元年(七七〇)十月、左少弁として土佐守を兼任、同二年九月、右少弁となり、土佐守も兼任、同四年正月、従五位上に昇叙。なお、同年二月と三月の「太政官符案」にはそれぞれ従五位下守右少弁兼行土佐守・右少弁とある。また、『神宮雑例集』にも同五年七月に従五位上・右少弁とみえる。同七年正月、山陰道検税使、同八年十月、大判事、同九年二月、出雲守、天応元年(七八一)五月、刑部大輔に任ぜられた。『日本後紀』延暦十六年(七九七)二月条によると、刑部大輔従五位上であった時、石川朝臣名足・淡海真人三船らとともに『続日本紀』の撰修に当り、文武元年(六九七)から天平宝字元年(七五七)まで六十一年間の曹案三十巻の修正を光仁天皇から命ぜられたが、三人は旧案に因循して、はかばかしい修正を行なわず、天平宝字元年紀一巻を紛失したという。延暦三年十月、尚蔵兼尚侍従三位阿倍朝臣古美奈の喪事を佐伯宿禰今毛人(いまえみし)・松井連浄山らとともに監護した。時に散位従五位上。

当麻皇子　たいまのみこ　用明天皇の皇子。母は葛城直磐村の女広子。麻呂子皇子ともいい、当麻公氏の祖。『古事記』用明段にみえる当麻王と同一人物か。ただし母を当麻之倉首(たいまのくらのおびと)比呂の女飯之子と伝える。推古十一年(六〇三)四月、征新羅将軍となり、同年七月、難波から発船。播磨にいたった時、従っていた妻の舎人姫王(とねりのひめのおおきみ)が赤石で薨じ、赤石の檜笠岡(ひかさのおか。兵庫県高砂市曾根町と姫路市大塩町にまたがる小丘)に葬り、征討に出かけないで帰還した。なお椀子皇子(まろこのみこ)の項を参照。

平氏　たいらうじ　平安時代に皇室から分かれた氏族の一つ。貴族になった平氏と武士になった平氏とがある。平氏といえば、一般的には、清盛らを出した伊勢平氏、あるいはそれに北条氏や三浦氏を含めた桓武平氏と考えられている。しかし、それ以外に多くの系統の平氏があったことに注目する必要がある。平安時代に律令財政が崩れ、経済的負担の多い皇族を臣下の列に下すことがしきりになされた。平は、臣籍に降下する皇族に与えられた氏の名の一つである。天長二年(八二五)に、桓武天皇の皇子葛原(かずらはら)親王の王子高棟(たかむね)王に平の氏名を与えたのが平氏のおこりである。高棟王の子孫は貴族として栄えた。特に、清盛の時代に高棟王の系統の時忠が清盛の引きたてをうけて権勢をほこったことは有名である。鎌倉幕府の成立とともに時忠の一家は没落するが、時忠の叔父の信範の子孫は、烏丸・安居院・西洞院・平松などの諸氏に分かれて朝廷の貴族として活躍している。高棟王の弟の高見王は無位のままで終り、高見王の子の高望王が平姓を与えられて平朝臣高望となった。高望は上総介となって東国に下り、そのまま土着した。高望の子の国香・良兼・良持・良文・良茂は、いずれも関東に本拠地をもち、中央の有力者とのつながりを保って受領に任命されたり、郡司の系譜をひく旧来の豪族を支配下にくみ込んだりして成長していった。平朝臣将門の乱は、そのような関東の平氏の内紛をきっかけにおこったものである。将門の乱のあとで、良文の子孫は千葉・畠山・上総の諸氏に、良将の子孫は三浦・大庭の諸氏に分かれて、関東の国衙の在庁官人として成長した。清和源氏の関東進出の折に、坂東八平氏と呼ばれる平氏の系譜を引く有力豪族は源朝臣頼義・義家父子と主従関係を結んだ。一方、平朝臣国香の子貞盛は、平朝臣将門を討つのに活躍したが、関東に勢力を張ることができなかった。貞盛の子維将は伊豆国に進出して北条氏の先祖となるが、鎌倉幕府成立以前の北条氏は関東の政情の指導ができるほどの力をもたなかった。維将の弟維衡は伊勢守となり、伊勢を本拠とした。これが伊勢平氏であり、維衡の曾孫正盛は朝廷に進出して清和源氏とならぶ武門の棟梁となった。これ以外の桓武平氏として、万多親王の子正躬(まさみ)王からおこるもの、万多親王の子正行王に出自するもの、万多親王の弟仲野親王からおこる系統、仲野親王の弟賀陽親王に出自する系統がある。これらはいずれも早く衰退した。そのほかに、仁明天皇の皇子本康親王からおこる仁明平氏、文徳天皇の皇子惟彦親王の子惟世王に出自をもつ文徳平氏があり、さらに光孝天皇の皇子是忠親王の子式瞻王の弟興我王の系統からなる光孝平氏がある。このような諸氏も早く衰退している。

【参考文献】　高橋昌明『清盛以前—伊勢平氏の興隆—』、同「伊勢平氏の成立と展開」(『日本史研究』一五七・一五八)

平朝臣惟範　たいらのあそんこれのり　八五五—九〇九　九世紀後半から十世紀初めの公卿。桓武天皇の孫大納言正三位平朝臣高棟(高棟王)の子。母は贈太政大臣藤原朝臣長良の女典侍贈従三位有子。貞観十六年(八七四)正月、叙爵を受け、同年十二月、蔵人となった。翌年八月、皇太后(藤原朝臣明子)宮権亮となり、明子が元慶六年(八八二)に太皇太后になってからも引き続き権亮に在任し、寛平九年(八九七)六月には権大夫。昌泰三年(九〇〇)の太皇太后の崩御とともにその職から離れ、延喜二年(九〇二)正月には参議となった。この間、大蔵卿・民部大輔・弾正大弼・式部大輔・備後権守などを兼ね、元慶七年五月には来日中の渤海国使に太政官牒を賜うため鴻臚館へ出向いた。さらに延喜八年正月には従三位中納言となり、左兵衛督・検非違使別当・右近衛大将などを兼ねた。また藤原朝臣時平とともに『延喜格』の撰上にも当った。また、文才豊かで漢詩に秀で、宇多天皇の命を受けて弘仁(八一〇—八二四)以後の詩を撰し、『日本紀略』によれば、仁和四年(八八八)には巨勢朝臣金岡が御所の南簷の東西の障子に描いた四人の弘仁以後の鴻儒にして詩をよくするものに名を列ねており、当代一流の教養人であった。延喜九年九月、五十五歳で薨じた。

平朝臣貞文　たいらのあそんさだふん　—九二三　九世紀後半から十世紀初めの歌人。名は定文にも作る。また平中とも呼ばれた。貞観十六年(八七四)十一月、祖父の茂世王(桓武天皇の孫。仲野親王の子)の上奏に対して清和天皇が詔許したことによって、父の好風とともに臣籍に下り平朝臣の氏姓を賜わる。寛平三年(八九一)右舎人、その後右馬権少允・右兵衛少尉・参河介・侍従・右馬助などを歴任し、延長元年(九二三)九月二十七日、従五位上・左兵衛佐で卒去。貞文は歌人として、『古今和歌集』に九首載せているほか、家集の『貞文集』を母体にしたといわれる歌物語『平中物語』の主人公としても有名である。

平朝臣実雄　たいらのあそんさねお　九世紀中頃の官人。桓武平氏。『尊卑分脈』は名を実範に作る。貞観九年(八六七)五月の平朝臣高棟薨伝により、桓武天皇の孫高棟の子であることが知られる。仁寿三年(八五三)正月、正六位上から従五位下へ、さらに貞観四年(八六二)正月には従五位上に昇進している。官職は仁寿三年七月に治部少輔に任官されたのを始めとし、以下、同月に信濃守、天安二年(八五八)二月に弾正少弼、貞観二年(八六〇)二月に式部権少輔、同五年二月に同少輔、三月に次侍従を歴任。なお、同七年四月、式部省で銓擬郡司の擬文を奏する際には、勅により仗下において簿を開いて読む役を務めている。

平朝臣季長　たいらのあそんすえなが　―八九七　九世紀後半の官人。桓武天皇の孫大納言正三位平朝臣高棟(高棟王)の子。貞観・元慶期(八五九―八八五)にかけて、式部少丞・兵部少輔・次侍従・左近衛権少将を歴任し、伊勢権介・陸奥守・上野権介を兼ねた。この間、掌渤海客使、伊勢斎宮識子内親王の禊の後次第司長官、橿日(福岡市東区香椎の香椎宮)・八幡神(大分県宇佐市南宇佐の宇佐神宮)などへの奉幣使にも任命された。仁和二年(八八六)六月、右中弁に転じ、寛平八年(八九六)四月には蔵人頭も兼ねた。また寛平年間(八八九―八九八)には問山城民苦使となり、その時の奏状により法令となった太政官符が『類聚三代格』に四例みえる。そののち右大弁兼蔵人頭となり、寛平九年七月に従四位下で卒した。

平朝臣高棟　たいらのあそんたかむね　八〇四―八六七　九世紀中頃の公卿。葛原(かずらはら)親王の長子高棟王。弘仁十四年(八二三)無位から従四位下に叙せられ、侍従となった。天長元年(八二四)大学頭となり、翌年閏七月、父葛原親王の上表によって平朝臣の氏姓を賜わった。同三年、中務大輔となったのに続き、四年に兵部大輔、五年に大舎人頭となり、七年には従四位上に昇り、大蔵卿となった。承和七年(八四〇)には刑部卿となり、同九年、正四位下に進み、再び大蔵卿となった。翌十年、従三位に昇叙、仁寿元年(八五一)参議となった。清和天皇の東宮時代、斉衡元年(八五四)から天安二年(八五八)までは春宮大夫も兼ねた。同年、清和天皇践祚直後の九月に権中納言に進み、十一月の即位当日、正三位に昇った。翌貞観元年(八五九)陸奥出羽按察使(あぜち)を兼任、同二年九月には中納言となっている。同六年正月、伴宿禰善男とともに大納言となったが、同九年五月、六十四歳で薨じた。高棟は貞観元年には山城国葛野郡(京都市西部)にあった別荘を道場として平等寺(寺跡は京都市右京区嵯峨野千代ノ道町にある)の額を賜わっているが、その晩年は釈経・読経に専心し、大納言となってからはその封禄の多くを仏事に資したという。

平朝臣等子　たいらのあそんともこ　光孝天皇の女御。元慶八年(八八四)二月に光孝が即位し、同年八月、女御となる。仁和二年(八八六)正月、無位から正五位下に叙せられた。『一代要記』には光孝の女御として従三位等子とあり、のちに従三位に叙せられたことが判明する。

平朝臣寛子　たいらのあそんひろこ　清和天皇の女御。貞観六年(八六四)八月、清和の女御となる。同八年正月、無位から正五位下に叙せられ、同十一年正月、従四位下となる。元慶三年(八七九)三月、清和太上天皇の勅により、太上天皇の女御ら十一人の季料月俸が停められたが、その中に正四位下平朝臣寛子とあり、この時点までに正四位下に昇っていたことが判明する。

平朝臣正範　たいらのあそんまさのり　九世紀後半の官人。桓武天皇の孫大納言正三位平朝臣高棟(高棟王)の子。貞観九年(八六七)正月、左近衛将監の時、従五位下となり、そののち近江権介・右近衛少将・播磨権介・阿波権守・讃岐権守・木工頭を歴任。位階も元慶八年(八八四)二月には従四位下に昇進。仁和二年(八八六)六月には右近衛中将となる。この時、蔵人頭も兼ねていた。この間、元慶四年十二月には清和上皇初七日に際し、常寂寺へ派遣され、同七年四月、渤海客の劾労使として宇治郡山階野(京都市山科区)へ赴いた。同八年二月には光孝天皇即位に当って鈴印匙鑰を内裏から東宮(光孝)の南門内西掖へ移す役を務め、仁和二年と三年には相撲右司にもなった。

高枝王　たかえのおう　八〇二―八五八

桓武天皇の皇子伊予親王の第二子。大同二年(八〇七)十月、父親王の事件に連坐して兄弟とともに遠流の刑に処せられたが、弘仁元年(八一〇)嵯峨天皇の即位によって赦されて帰京。大舎人頭・因幡守・越前権守などを歴任ののち、仁寿四年(八五四)正月、従三位に叙せられ、同年八月、大蔵卿に任ぜられた。天安元年(八五七)六月、宮内卿となり、翌年五月十五日、在官のまま薨じた。時に五十七歳。空海の書と沙良真熊の琴を学習したが、一道を得るまでにはいたらなかったという。承和九年(八四二)六月、清滝真人の氏姓を賜わった高枝王は別人で、忍壁(刑部。おさかべ)親王の六世の孫。右京の人という。

高丘氏　たかおかうじ　百済系渡来氏族の一つ。姓は初め連、のち宿禰。遠祖は大夫高侯のすえ広陵の高穆とされ、天智二年(六六三)に渡来した沙門詠の子孫。詠の子楽浪(さざなみ)河内は、文章に通じ大学頭に任じたとも伝え、神亀元年(七二四)五月に高丘連の氏姓を賜わる。河内の子高丘連比良麻呂は、大外記などを歴任、藤原朝臣仲麻呂の謀反を奏上し、天平神護三年(七六七)三月に宿禰の姓を賜わる。本拠地は河内国で、比良麻呂は同国古市郡(大阪府羽曳野市付近)の人。遠祖を同じくする氏族に大石・大山忌寸の両氏がある。

【参考文献】佐伯有清『新撰姓氏録の研究』考証篇五

高丘宿禰弟越　たかおかのすくねおとこし　九世紀前半の下級官人。名を第越にも作る。弘仁三年(八一二)正月、正六位上から外従五位下・山城介に叙任され、同五年二月、嵯峨天皇の栗前野(京都府宇治市大久保・広野付近にあった遊猟地)ほかの遊猟の際の奉献を賞されて、衣を賜わるとともに外従五位上を授けられ、翌年正月、従五位下に叙せられた。延暦元年(七八二)から弘仁五年の間の作品を集めた勅撰漢詩集『凌雲集』に、外従五位上行山城介として「三月三日神泉苑に侍す」「落花篇を賦す」の応詔二首を収める。

高丘連河内　たかおかのむらじこうち　八世紀前半の文人。百済系渡来人沙門詠の子。高丘連比良麻呂の父。氏名は初め楽浪(さざなみ)。神亀元年(七二四)五月、高丘連の氏姓を賜わり、以来、高丘連河内と称した。和銅五年(七一二)七月、播磨国大目で従八位上の時、正倉造営の功績により位一階を進め、絁(あしぎぬ)十疋、布三十端を賜わった。養老五年(七二一)正月、正六位下に昇っていたが、退朝ののち東宮に侍し、同月、学業に優れ師範たるべき人物として絁・糸・布・鍬などを賜わった。天平三年(七三一)正月、外従五位下に昇り、同年九月、右京亮となる。同十三年九月、散位の時、恭仁京(くにのみやこ。京都府相楽郡加茂町・木津町・山城町一帯が京域)に遣わされて百姓へ宅地班給を行ない、同十四年八月、紫香楽(しがらき。滋賀県甲賀郡信楽町)行幸に際し、造宮輔として造離宮司となる。同十七年正月、外従五位上、同十八年五月、従五位下に昇り、同年九月、伯耆守となった。天平勝宝三年(七五一)正月、従五位上、同六年正月、正五位下に昇る。この頃に大学頭に任ぜられた。『万葉集』に、天平十五年秋、恭仁京に旅した時に詠んだ短歌二首(六―一〇三八・一〇三九)が収められている。また、和銅六年当時、播磨国大目であったことから、『播磨国風土記』の撰者ともみられている。

【参考文献】井上通泰『播磨風土記新考』

高丘連比良麻呂　たかおかのむらじひらまろ　―七六八　八世紀中頃の官人。高丘連河内の子。名を枚麻呂にも作る。少時より大学に遊び、広く諸書を渉覧した。坤宮官少疏・同大疏・大外記などを歴任。天平宝字五年(七六一)正月、外従五位下で越前介となる。のち内蔵助などを兼ねたが、同八年九月、藤原朝臣仲麻呂の謀反を告げて、従四位下に叙せられた。天平神護元年(七六五)正月、勲四等を賜わり、同年九月、紀伊行幸の御装束司次官となり、同三年三月、初めて法王宮職が置かれた時、大外記遠江守として法王宮亮を兼ね、同月、宿禰の姓を賜わり、神護景雲二年(七六八)六月、卒した。

高尾張氏　たかおわりうじ　尾張地方の

雄族尾張氏の一族。氏姓は初め甚目(はため)連公、貞観六年(八六四)八月、高尾張宿禰を賜わる。火明(ほのあかり)命の後裔とする。

高坂王　たかさかおう　―六八三　壬申の乱の際の飛鳥京留守司。『日本書紀』によれば、天武元年(六七二)六月、初め大海人皇子(のちの天武天皇)の要請を断わり駅鈴の発給を拒否したが、のち大伴連吹負(ふけい)の攻撃を受けて屈服、大海人に寝返った。天武十二年(六八三)六月六日、薨去。時に三位。

高階氏　たかしなうじ　天武天皇の皇子高市皇子の後裔氏族。姓は真人、のちに朝臣。『新撰姓氏録』では左京皇別に収められており、同族に豊野真人・永原朝臣がいる。六国史に賜姓記事が四件みえ、宝亀四年(七七三)に長屋王の子安宿(あすかべ)王、承和十年(八四三)に五世孫春枝王の子の岑正王・是子女王・貞子女王と秋枝王の子の原雄王の四人、嘉祥元年(八四八)に豊野真人沢野の兄弟姉妹十人、貞観十五年(八七三)に成相王・後相王が、いずれも高階真人の氏姓を賜わっている。また『高階氏系図』『本朝皇胤紹運録』によれば、承和十一年に長屋王の玄孫峯緒が高階真人の氏姓を賜わっている。高階氏中最も活躍したのはこの峯緒の系統で、『本朝麗藻』の編者高階真人積善や院近臣として知られる高階真人為章・高階真人栄子などが出ている。また、峯緒の玄孫成忠は、中宮藤原朝臣定子の外祖であることにより正暦三年(九九二。系図では正暦二年)朝臣姓を賜わっている。

高階真人遠成　たかしなのまひとおなり　七五六―八一八　九世紀初めの遣唐判官。父もしくは祖父は長屋王の子安宿(あすかべ)王。宝亀四年(七七三)十月、安宿王は高階真人の氏姓を賜わる。このとき十八歳の遠成も王族から真人姓になったであろう。大同元年(八〇六)十月、空海・橘朝臣逸勢(はやなり)らを伴って唐から帰国。時に遣唐判官正六位上行大宰大監。在唐中の元和元年(大同元)正月、中大夫・試太子允の官職を賜わった勅書が『弘法大師行化記』に引用されており、また『旧唐書』日本国伝に「貞元二十年(八〇四)使を遣はして来朝す。留学生橘免(ママ)勢、学問僧空海。元和元年日本の国使高階真人上言す。前件の学生、芸業稍々成り、本国に帰らむことを願ふ。便ち臣と同じく帰らむことを請ふと。之に従ふ」とみえるほか『新唐書』などにもこの件が記されている。さらに同年十月二十二日付空海の「上新請来経等目録表」によると、遠成は空海から表文と目録を付託されて奏進した。遠成の帰国復命は同年十二月十三日。この日に従五位上を授けられた。弘仁二年(八一一)五月、主計頭となり、以後民部少輔・大和介を歴任。民部少輔の時、弘仁三年十二月十九日付の「民部省符案」に署判している。同七年正月、正五位下から従四位下に昇り、同九年三月二十一日、散位で卒した。時に六十三歳。

【参考文献】守山聖真編著『文化史上より見たる弘法大師伝』

高田氏　たかだうじ　渡来系の中小氏族。姓は首。高田の氏の名は大和国の地名に由来するか。『新撰姓氏録』右京諸蕃下に、「高麗国人、多高子使主(たこうしのおみ)より出づ」とあり、壬申の乱の功臣高田首新家(にいのみ)はその一族。この氏とは別に東漢(やまとのあや)氏の枝族で、都賀使主(つかのおみ)の子の山木直を祖とする忌寸姓の高田氏もある。

高田首新家　たかだのおびとにいのみ　―七〇三?　壬申の乱の功臣。首名の父。天武元年(六七二)六月、天智天皇の崩御に伴って大海人皇子(のちの天武天皇)が吉野から東国に向かった時、伊勢の鈴鹿(鈴鹿郡。現在の三重県鈴鹿郡関町・亀山市と鈴鹿市北部)で国司三宅連石床、介の三輪君子首、湯沐令田中臣足麻呂らとともに大海人を迎えた。乱後の同十四年十月、軽部朝臣足瀬・荒田尾連麻呂と行宮造営のため信濃国に派遣された。大宝三年(七〇三)に正六位上で死去したものとみられ、同年七月、壬申の乱の功をもって、従五位上を追贈された。さらに慶雲元年(七〇四)には功封四十戸の四分の一を無位の子首名に相伝することが許された。なお『続日本紀』天平宝字七年(七六三)十月条には、高田毗登足人が高田寺(奈良県桜井市高田字寺谷の寺跡にあてる説がある)の僧を殺害した罪によって封戸を没収されたことがみえているが、この封戸は美濃国の主稲に任ぜられていた足人の祖父が、壬申の乱に私馬をもって皇駕に供したので、天武が嘉して賜い、子に相伝することが許されたものであったとある。この足人の祖父を新家とすると、新家は壬申の乱当時、美濃国の主稲であったことになる。

高田首根麻呂　たかだのおびとねまろ　―六五三　七世紀中頃の廷臣。名を八掬(やつかはぎ)ともいう。『釈日本紀』所引の『越後国風土記』逸文に、脛の長さが八掬ある土酋の伝説があり、根麻呂の異称もこの身体的特徴による。孝徳朝の白雉四年(六五三)五月、遣唐大使として都合百二十人を率い進発した。時に大山下とある。同年七月、根麻呂ら一行は薩麻の曲(くま)・竹嶋(鹿児島県鹿児島郡三島村竹島)付近で海難に遭い、生存者五名の中に根麻呂は含まれていなかった。

高田毗登足人　たかだのひとたりひと　八世紀後半の官人。高田首新家の孫と思われる。天平宝字七年(七六三)十月、高田寺(奈良県桜井市高田字寺谷の寺跡にあてる説がある)の僧を殺害したことによって獄に下され、封戸を没収された。時に前監物主典従七位上。没収された封戸は、美濃国の主稲であった足人の祖父が壬申の乱に私馬をもって皇駕に供したので天武天皇が嘉して賜わり、子に伝えたものであるが、この祖父とは、天武元年(六七二)六月、吉野を去って東国に赴いた天武を伊勢において迎えた高田首新家と思われる。

高津内親王　たかつないしんのう　―八四一　嵯峨天皇の妃。桓武天皇の第十二皇女。母は坂上大宿禰苅田麻呂の女従五位下全子。業良親王・業子内親王の母。嵯峨即位の大同四年(八〇九)六月、三品を授けられ、妃に立てられた。薨伝によれば、ほどなく妃を廃せられたが、理由は「良(まこと)にゆゑあるなり」とみえる。子の業良に皇位継承の器量がなかったからとする説もある。承和八年(八四一)四月十七日、薨ずる。

高野氏　たかのうじ　桓武天皇の母和新笠(やまとのにいかさ)が改賜姓によって高野朝臣を称した。『続日本紀』は詳細を伝えないが、宝亀九年(七七八)以前の賜姓と考えられる。『公卿補任』は新笠の父和乙継を高野朝臣弟嗣と記しているが、一族中ほかにはこの氏姓を称する者がいない。このことから、乙継と新笠父娘に与えられたともみられるが、乙継に関しては追贈で、新笠にのみ高野朝臣が与えられたとの指摘もある。

【参考文献】　佐伯有清『新撰姓氏録の研究』考証篇五

高野朝臣新笠　たかののあそんにいかさ　―七八九　光仁天皇の妃。桓武天皇・早良親王などの母。父は和乙継、母は土師(はじ)宿禰(大枝朝臣)真妹。氏姓は初め和史、光仁即位後、高野朝臣と改め、桓武即位により皇太夫人と称せられたが、延暦八年(七八九)薨じた。皇太后を追贈され、天高知日之子姫尊と諡されて、山城国乙訓郡の大枝陵(京都市西京区大枝沓掛町が陵地とされる)に葬られた。桓武朝の渡来系氏族優遇の動きは、新笠の父系和氏が渡来系氏族であったことによるという。また平野神社の今木神を朝廷で奉斎することは新笠に始まるといわれるが、この点には批判もある。

【参考文献】　関晃『帰化人』、上田正昭『帰化人』、野村忠夫『後宮と女官』、平野邦雄『大化前代社会組織の研究』、義江明子「平野社の成立と変質」(『日本古代の氏の構造』所収)

高橋朝臣安麻呂　たかはしのあそんやすまろ　八世紀前半の官人。養老二年(七一八)正六位上から従五位下に叙せられ、神亀元年(七二四)にはさらに従五位上に進んだ。この間養老四年には宮内少輔に任ぜられたが、その後間もなく大輔に昇任した。神亀元年、陸奥海道(宮城県石巻市方面)の蝦夷の反乱に際し、征夷副将軍に任命され出征。翌年、征夷の功によって正五位下勲五等を授けられた。天平四年(七三二)に右中弁となり、同七年、阿倍朝臣帯麻呂の殺人事件の審理をめぐって過失を犯したが、詔により罪を宥されている。

天平九年に正五位上、翌年には従四位下に昇進、この間右大弁に昇任したが、天平十年には大宰大弐をも兼任するにいたった。

高橋連虫麻呂 たかはしのむらじむしまろ　八世紀前半の万葉歌人。天平四年(七三二)四月、藤原朝臣宇合が西海道節度使として派遣される時、その壮行を送った歌(『万葉集』六—九七一・九七二)を作っており、その前後に活躍した歌人と思われる。『正倉院文書』の「高橋虫麿優婆塞等貢進解」の中にみえる「天平十四年十二月十三日、少初位上高橋虫麿貢」を同一人物とする説があるが官位の上から疑問視する説もある。虫麻呂が『万葉集』にとどめる歌は、ほかに「高橋連虫麻呂の歌集」の歌三十二首(長歌十三首、短歌十八首、旋頭歌一首)があり、これらはすべて虫麻呂の作であろう。歌によると虫麻呂は東国に赴いたことがあり、不尽山の歌(三—三一九～三二一)を作り、上総の末(九—一七三八・一七三九)や下総の真間(九—一八〇七・一八〇八)の少女の歌、武蔵(九—一七四四)、常陸の那賀(九—一七四五)、手綱の浜(九—一七四六)、筑波山(八—一四九九、九—一七五三・一七五四・一七五七～一七六〇)、苅野(九—一七八〇・一七八一)の歌を作った。この赴任を養老三年(七一九)宇合の下で、常陸の国庁へ出向いたものとみる説があり、そこで『常陸国風土記』編集のことにも携わったという。また一説に天平六年(七三四)以降の赴任ともいう。東国はそもそも虫麻呂の故郷かもしれないという臆測もなりたつ。一方、都周辺でも河内(九—一七四二・一七四三)、難波(九—一七四七～一七五二。天平六年の難波行幸の折か)、菟原(九—一八〇九～一八一一)関係の歌をよみ、水江の浦島子の歌も難波での作と考えられ、虫麻呂がいかに生涯を旅に過ごしたかがわかる。しかし歌は旅を歌うのではない。歌そのものの中に漂泊感を濃く滲ませるもので、そのゆえに虫麻呂を旅の歌人とよぶことが可能である。人間のしがらみの中で自殺した少女たちの悲劇を歌ったり、生まれながらにして父母を知らないホトトギスの運命を歌ったり(九—一七五五・一七五六)するのも、虫麻呂が不安におびえる作家だったことを示している。

【参考文献】 森本治吉『高橋虫麻呂』、井村哲夫『憶良と虫麻呂』、中西進『旅に棲む　高橋虫麻呂論』

竹葉瀬 たかはせ　仁徳朝の遣新羅将軍。上毛野君(かみつけののきみ)氏の祖。多奇波世・竹合にも作る。『日本書紀』仁徳五十三年五月条に、新羅に遣わされ、新羅が朝貢しなかったことを問責したとある。途中、白鹿を獲て、帰還して仁徳天皇に献上。あらためて新羅へ行ったと伝える。のちに新羅の軍と戦った田道(たみち)の兄という。『新撰姓氏録』は豊城入彦(とよきいりひこ)命の五世の孫とし、多奇波世君に作り、上毛野朝臣・住吉朝臣・池原朝臣・桑原公・川合公・商長首など諸氏族の祖と伝えている。『弘仁私記』序には「諸蕃雑姓記」に注して、「田辺史・上毛野公・池原朝臣・住吉朝臣等の祖思須美(しすみ)・和徳(わとこ)の両人、大鷦鷯(おおさざき)天皇御宇の時、百済国自(よ)り化来して言ふ。己等の祖、是れ貴国の将軍上野公竹合(かみつけのきみたかはせ)なり」とある。

【参考文献】 佐伯有清『新撰姓氏録の研究』研究篇、志田諄一『古代氏族の性格と伝承』

高円朝臣広世 たかまどのあそんひろよ　八世紀後半の官人。一説に石川朝臣広成と同一人物とするが、別人。天平宝字五年(七六一)五月、従五位下で摂津亮となり、同年十月、尾張守、同六年四月、山背守となる。同八年正月、従五位上に昇り、同月、播磨守となる。神護景雲二年(七六八)二月、周防守、同三年六月、伊予守となり、この伊予守在任中、白鹿一頭を進め、位二階を賜わり、同国の神護景雲三年以往の正税の未納を免ぜられた。宝亀元年(七七〇)十月には正五位下に昇った。

高見王 たかみおう　八二四—八四八　桓武天皇の皇孫葛原(かずらはら)親王の子。無位無官のまま、嘉祥元年(八四八)八月、二十五歳で薨去した。その子高望王は平朝臣の氏姓を賜わり、その子孫には武人となる者が多かった。

高向氏　たかむこうじ　武内宿禰の後裔氏族の一つ。河内国錦部(にしごり)郡高向(大阪府河内長野市高向)がその本拠地。姓は初め臣、天武十三年(六八四)十一月、朝臣を賜わる。『古事記』孝元段は、武内宿禰の九人の子の一人蘇賀石河宿禰をその祖と伝えている。また、『新撰姓氏録』右京皇別に、高向朝臣を載せ、石川と同氏、武内宿禰六世の孫猪子臣の後とする。『日本書紀』舒明即位前条の高向臣宇摩が大夫(まえつきみ)、奈良朝初期の高向朝臣麻呂が参議・中納言を歴任するなど、七世紀から八世紀初頭にかけて、その政治的地位はかなり高かった。

高向朝臣公輔　たかむこのあそんきみすけ　八一七―八八〇　八世紀の僧。のち還俗して官人。もとの名を桑田麻呂という。少年にして出家。延暦寺僧となり、真言教を学び、阿闍梨となって仁寿年間(八五一―八五四)東宮に侍したが、乳母と私通、還俗させられた。のち天安三年(八五九)三月、正六位上から従五位下に昇り、中宮大進・式部権少輔などを歴任、貞観十二年(八七〇)十二月、次侍従となった。同十九年正月、従四位下に昇り、元慶四年(八八〇)十月、六十四歳で卒した。

高向朝臣家主　たかむこのあそんやかぬし　八世紀後半の官人。天平勝宝四年(七五二)四月の東大寺大仏開眼会に際し、治部少丞として唐散楽頭・開眼師施使を務めた。天平宝字八年(七六四)十月、藤原朝臣仲麻呂の乱の際の功績により正六位上から従五位下に昇った。天平神護二年(七六六)九月、巡察使として南海道に派遣され、神護景雲二年(七六八)三月までに帰京し、淡路国神本駅家(兵庫県三原郡三原町幡多か)の停止を奏し許された。のち、筑後守などを務めた。

高向漢人玄理　たかむこのあやひとげんり　―六五四　七世紀中頃の学者・官人。高向黒麻呂・高玄理にも作る。『日本書紀』によれば、推古十六年(六〇八)九月、唐客裴世清を送る遣隋使小野臣妹子に従って留学、舒明十二年(六四〇)十月、南淵漢人請安(みなぶちのあやひとしょうあん)や百済・新羅の朝貢使らとともに新羅経由で帰国した。大化改新の際、僧旻とともに国博士に任ぜられている。大化二年(六四六)九月、小徳の位を帯びて新羅に派遣され、人質を貢上させ、任那の調の方は罷めている。翌年、新羅の上臣金春秋(こんしゅんじゅう)に送られて帰国。同五年二月、僧旻とともに八省百官を置くと伝える。白雉五年(六五四)二月(五月という説もある)大錦上(一説に大花下ともいう)の冠位を帯びて遣唐押使として新羅経由で入唐。この時、姓は史(ふひと)。時の皇帝高宗にまみえたが、唐において客死。

高向臣(欠名)　たかむこのおみ　七世紀中頃の坂東の総領。高向大夫にも作る。『常陸国風土記』の総記によれば、孝徳朝に中臣幡織田連らと坂東を総領し、八カ国を分けたという。信太郡条には孝徳癸丑年(白雉四・六五三)に物部河内らの請いを容れて信太郡を割置いたとみえ、行方郡条には同年茨城国造壬生連麻呂らの請いを容れて行方郡を設置し、また同郡に枡池(茨城県行方郡玉造町芹沢の枡ノ池)を築いたとみえる。さらに香島郡条には己酉年(大化五・六四九)に中臣部兎子らの請いを容れて香島神郡を建てたとみえ、また多珂郡条にも癸丑年(白雉四・六五三)に多珂国造らの請いを容れて多珂郡・石城郡の二郡を建てたとみえるなど、孝徳朝の末年に総領として次々に郡(評)を設定していった人物として記憶されている。

【参考文献】　鎌田元一「評の成立と国造」(『日本史研究』一七六)

高向臣国押　たかむこのおみくにおし　七世紀後半の官人。摩呂の父。名を国忍にも作る。『日本書紀』によれば、皇極二年(六四三)十一月、山背大兄王を滅亡させようとした蘇我臣入鹿は、国押に命じて王が隠れていた胆駒(いこま)山(奈良県生駒市と大阪府東大阪市の境界にある山)に向かい王を捕えさせようとしたが、国押は皇極天皇の宮を守り敢えて外には出ないと拒否している。同四年六月、入鹿が殺された時には漢直(あやのあたい)らとともに反中大兄皇子(のちの天智天皇)側に立ったが、説得されて軍陣を解いた。このことは『大織冠伝』にもみえている。『続日本紀』和銅元年(七〇八)閏八月丁酉条の高向朝臣麻呂の薨伝によれば、国押は難波朝廷(孝徳朝)において刑部尚書大花上という地位にあったらしい。

高向臣摩呂　たかむこのおみまろ　―七〇八　八世紀初めの公卿。国押の子。名を麻呂にも作る。『日本書紀』によれば、天武十年(六八一)十二月、小錦下の冠位を授けられた。同十三年四月には遣新羅大使に任ぜられ、翌年五月、新羅王の献上物を持って帰国した際に姓が朝臣にかわっているのは、おそらく天武十三年十一月の改姓を受けたものであろう。さらに『続日本紀』によれば、従四位上の位を帯びていた大宝二年(七〇二)五月、朝政を参議することを命ぜられ、慶雲二年(七〇五)四月に中納言、和銅元年(七〇八)三月には摂津大夫となったが、同年閏八月、在任のまま薨じた。時に従三位。

高望王　たかもちおう　九世紀後半の官人。桓武天皇の孫無位高見王の子。子に国香・良持・良兼・良文らがあり、将門・貞盛などは孫に当る。寛平元年(八八九)平朝臣の氏姓を賜わって臣籍に降り、上総介となり、上総国武射郡(千葉県山武郡北部)に土着したらしい。これが基盤となり、以後、将門らその子孫が東国に根を張り、武士団として勢力を形成した。桓武平氏の中で清盛などを輩出し、後世最も栄えたのが高望王を祖とする高望流である。位階は従五位下であった。

高安氏　たかやすうじ　後漢光武帝孫の孝章の後裔と称し、河内国高安郡(大阪府八尾市東部)を本拠とする渡来系氏族。氏姓は初め高安公であったが、高安公陽倍がその名に因んで八戸史を与えられ、承和三年(八三六)に常澄宿禰、元慶三年(八七九)と五年に常澄・八戸両氏が高安宿禰に改められた。『新撰姓氏録』河内国諸蕃には八戸史の同族として神護景雲二年(七六八)に賜姓された高安造を挙げている。以上のほかに『新撰姓氏録』は、高句麗からの渡来氏族と称する高安漢人(あやひと)・高安下村主、阿智王の後裔と称し倭漢(やまとのあや)氏系と思われる高安忌寸をあげる。前者の所伝は高句麗を経て渡来した漢人系であることを示すと思われ、高安村主もこの系統に含まれよう。また平安中期に内蔵(くら)朝臣の氏姓を賜わった高安連は後者の系統であろう。

高安王　たかやすおう　―七四二　八世紀前半の皇親官僚。『本朝皇胤紹運録』は、天武天皇の曾孫、長親王の孫、川内王の子とする。和銅六年(七一三)正月の叙位で従五位上を授けられた。『万葉集』によれば、その後、紀皇女との密通事件を起こし(一二―三〇九八)、伊予守に左遷されたが、養老三年(七一九)七月には伊予守のまま按察使(あぜち)として阿波・讃岐・土佐三国を管している。天平二年(七三〇)頃には摂津大夫の地位にあり、大納言大伴宿禰旅人から袍を贈られている(『万葉集』四―五七七)。同四年十月、衛門督に任ぜられたのち、県犬養宿禰三千代や新田部親王の葬儀を監護、同十年十月の上表が認められて翌年四月、大原真人の氏姓を賜わった。同十四年(七四二)十二月十九日、卒した。時に正四位下。『万葉集』によれば、女子に高田女王があり(八―一四四四)、自身も数首を残している(四―六二五、一七―三九五二)。他に八―一五〇四も高安王の作であるとする説がある。

手研耳命　たぎしみみのみこと　神武天皇の皇子。綏靖天皇の庶兄。多芸志美美命にも作る。母は日向国吾田邑(鹿児島県日置郡金峰町)の吾平津(あひらつ)媛。『日本書紀』によると、神武天皇の東征に従い、熊野の荒坂津(三重県度会郡紀勢町錦か)で丹敷戸畔(にしきとべ)を討った。また神武没後に異母弟の神八井耳(かんやいみみ)命・神渟名川耳(かんぬなかわみみ)尊(綏靖天皇)を殺そうとしたが、逆に神渟名川耳尊によって射殺された。時に手研耳命は片丘(奈良県北葛城郡王寺町・香芝町・上牧町付近か)の大室で独り大床に臥っていたという。『古事記』には、当芸志美美命が三人の弟を殺そうとした時、神武の皇后伊須気余理(いすけより)比売が歌でその危難を知らせたという別伝がみえる。

託基皇女　たきのひめみこ　―七五一　天武天皇の皇女。母は宍人(ししひと)臣大麻呂の女檝媛娘(かじひめのいらつめ)。多紀・当耆にも作る。天武十五年(六八六)四月、伊勢神宮に遣わされた。これは新羅貢調物献上のためとも、父天武の病気平癒祈願のためともいう。文武二年(六九八)伊勢斎宮となる。天平勝宝元年(七四九)一品に昇進。同三年、薨じた。『万葉集』には志貴皇子の室で春日王の母とある。

田口氏　たぐちうじ　武内宿禰の後裔氏族の一つ。蘇我稲目宿禰―馬子宿禰の頃に蘇我氏から分立した枝族。推古朝に川堀(蝙蝠)が大和国高市郡田口村(奈良県橿原市田中町・和田町付近か)に居住したことに始まる。姓は初め臣、のちに朝臣となるが、賜姓の時期は未詳。天武十三年(六八四)同族の石川臣が朝臣を賜わったのと同時か。川堀が古人大兄皇子の変に、筑紫が蘇我倉山田石川麻呂臣の変にそれぞれ連坐したため、一時衰微したが、八世紀以降は多くの官人を輩出している。

田口円覚　たぐちのえんかく　九世紀後半の入唐僧。天台僧か。田円覚にも作る。田口は俗姓。円珍の天安三年(八五九)四月十八日付の『入唐求法目録』には、唐の開成五年(八四〇)五台山にいたるとあるが、円仁の『入唐求法巡礼行記』にはみえない。のち長安の竜興寺にあって、唐の大中九年(八五五)に円珍と出会い、聖教の抄写と曼荼羅を描くのに協力した。この年九月、青竜寺の法全から胎蔵灌頂を受けた。翌年、円珍と天台山へ行き、秋には広州に向かい、唐の咸通七年(八六六)真如親王とインドへ出発、消息を絶った。

【参考文献】杉本直治郎『真如親王伝研究』、小野勝年『入唐求法行歴の研究』智証大師円珍篇、橋本進吉「真如親王と共に渡天の途に上った入唐僧円覚」(『伝記・典籍研究』所収)

武内宿禰　たけしうちのすくね　景行・成務・仲哀・応神・仁徳天皇の五朝に仕えたとされる伝承上の忠臣。建内宿禰にも作る。『古事記』によれば、大倭根子日子国玖琉命(孝元天皇)の子比古布都押之信命が、木国造の祖宇豆比古の妹山下影日売を娶ってもうけたのが建内宿禰で、その子に七男二女があるという。男子は波多八代宿禰・許勢小柄宿禰・蘇賀(我)石河宿禰・平群都久宿禰・木角宿禰・葛城長江曾都毘古および若子宿禰で、女子は久米能摩伊刀比売・怒能伊呂比売である。このうち、男子はそれぞれ許勢臣・蘇我臣・平群臣など大和西南部の臣姓氏族を中心とする二十七氏の祖とされている。一方、『日本書紀』には、大日本根子彦国牽天皇(孝元)皇子彦太忍信命の子の屋主忍男武雄心命が、紀直の遠祖菟道彦の女影媛を娶り、武内宿禰をもうけたとある。景行朝に、北陸および東方諸国に遣わされ、その地形、百姓の消息を視察し、東国から帰ると蝦夷を討つべきことを奏上した。また、景行天皇が群卿を宴に招いた時、非常に備えるため皇子稚足彦(わかたらしひこ。成務天皇)とともに参じなかった。これにより、景行は稚足彦を皇太子、宿禰を棟梁の臣に任じた。やがて成務が即位すると、大臣となり、成務と同日生まれなので寵されたという。仲哀朝にいたり、仲哀天皇が神託を信じず九州遠征の途上崩じたので、神功皇后とともに喪を秘し、四大夫に命じて宮中を守らせ、みずからは密かに仲哀の屍を海路で穴門へ運び、豊浦宮(山口県下関市豊浦村付近か)で殯(もがり)した。そして仲哀に祟った神の名を知るため、神功は斎宮に入り、みずから神主となり宿禰に琴を弾かせ、神託を請うた。また、神功が儺河(福岡市で博多湾に注ぐ那珂川)の水を神田に引き入れるため溝を掘ったところ、大磐が塞がったので、宿禰を召し、剣・鏡を捧げて神に祈ると溝が通じたという。麛坂(かごさか)王・忍熊(おしくま)王が仲哀の崩御を聞き、反乱を企てた時、宿禰は神功の命をうけ皇子を懐いて南海を経て紀伊水門(和歌山市の旧名草郡または海部郡にあった海港か)に赴き、和珥(わに)臣の祖武振熊(たけふるくま)とともに、忍熊王を攻め、計を用いてこれを逢坂(京都市と滋賀県大津市の境の逢坂山)に破り、滅ぼした。次いで神功の命をうけ、太子を伴い角鹿の笥飯大神(福井県敦賀市曙町の気比神宮)を拝して帰り、神功が太子のために開いた酒宴で、宿禰は太子に代わって答歌した。また、新羅が百済の貢物を奪った時、その罪を問うため誰を遣わせばよいか天神に尋ねたところ、神は宿禰をして議を行なわしめよと答えたという。応神朝においては、高麗人・百済人・任那人・新羅人らが来朝した時、これら諸韓人を率いて韓人池を作った。さらに筑紫に遣わされ、百姓を監察した。この時、弟の甘美内(うましうち)宿禰が兄を廃そうとして、宿禰に野望があると応神天皇に讒言した。応神は使を遣わして宿禰を殺そうとしたが、壱伎直の祖真根子が宿禰とよく似ていたので身代わりとなって死んだ。宿禰自身は南海から紀伊を経て朝廷にいたり、無罪を訴えたので、応神は二人に探湯(くかたち)をさせたところ甘美内宿禰が敗れたという。仁徳天皇誕生の日、応神は自分の子と宿禰の子が同日に生まれ、しかもともに産屋に鳥が飛び込むという吉瑞があったのを喜び、双方の鳥の名を取り替え、皇子を大鷦鷯(おおさざき)、宿禰の子を木菟(つく)宿禰(平群氏の始祖)としたという。仁徳朝には、茨田(まんた)堤に雁が卵を生んだのを珍しがって、仁徳と宿禰の長生を讃えた問答歌がみえる。以上の物語によれば、宿禰は歴朝に奉仕した大臣または忠誠をつくした近侍の臣、神事に奉仕する霊媒者・男覡・長寿の人として描かれている。ただし、『古事記』には、子孫の系譜関係について詳しい記述があるものの、宿禰自身の物語は『日本書紀』に比較して少ないことから、明確な人物像が成立したのは「旧辞」よりものちのことで、蘇我馬子宿禰らの一族、または中臣連鎌足などを原型として、近侍の大臣たる武内宿禰伝承が成立したとされる。

【参考文献】津田左右吉『日本古典の研究』下、志田諄一『古代氏族の性格と伝承』、日野昭「武内宿禰とその後裔」(『日本古代氏族伝承の研究』所収)、直木孝次郎「神功皇后伝説の成立」(『日本古代の氏族と天皇』所収)、岸俊男「たまきはる内の朝臣」(『日本古代政治史研究』所収)

竹田王 たけだおう ―七一五 天武十年(六八一)三月、天武天皇の詔によって川嶋皇子・忍壁(刑部)皇子らと「帝紀」および上古の諸事を記し定める。同十四年九月、広瀬王・難波王・弥努王らと京・畿内に遣わされて人夫の兵を校した。また同月、大安殿で宮処王・難波王らとともに御衣・袴を天武から賜わる。持統三年(六八九)二月、判事に任ぜられ、時に浄広肆。和銅元年(七〇八)三月、刑部卿に任ぜられた。時に従四位上。同八年三月十五日、卒した。時に散位従四位上。

竹田皇子 たけだのみこ 敏達天皇の皇子。竹田王・小貝王にも作る。母は皇后の豊御食炊屋姫(とよみけかしきやひめ。推古天皇)。姉に菟道貝鮹(うじのかいだこ)皇女、弟に尾張皇子、妹に小墾田(おはりだ)皇女・鸕鷀守(うもり)皇女・田眼皇女らがいる。敏達の皇子の中で押坂彦人大兄皇子に次ぐ良い血筋にあったが、敏達崩御の時には共に若年のため即位できず、用明天皇が即位したが、用明二年(五八七)崩じたため、蘇我氏と物部氏との勢力争いもからんで、陰惨な皇位争いが起きた。その時、中臣勝海連は押坂彦人大兄皇子と竹田皇子とを呪詛したが、事の成しがたいのを知ってあきらめたという。次いで竹田皇子は蘇我馬子宿禰とともに物部弓削守屋大連攻撃軍に加わるが、守屋の滅亡後は崇峻天皇が即位する。皇子は崇峻朝もしくは推古朝の初期に薨じたのであろう。推古は崩後、皇子の陵に合葬するよう遺詔したという。

高市氏 たけちうじ 県主氏族の一つ。姓は初め県主、天武十二年(六八三)八色の姓制定に際し、連を賜わる。『古事記』に天津日子根(あまつひこね)命をその始祖と伝え、大化前代にあって大和国高市郡(奈良県高市郡・橿原市と大和高田市・御所市の各一部)の地に置かれた高市県(たけちのあがた)を管掌した。一族からは、壬申の乱中に神懸りして吉野方に神託を伝えた高市県主許梅(こめ)や、藤原京時代の歌人高市連黒人らが出ている。なお、『新撰姓氏録』によれば、和泉国にも天津日子根命後裔の高市県主がみえる。

【参考文献】 吉井巖「倭の六の御県」(『天皇の系譜と神話』二所収)

高市連大国 たけちのむらじおおくに 八世紀中頃の官人。大鋳師。大和国の人。名を真国にも作る。天平二十年(七四八)二月、正六位上から外従五位下に叙せられた。大国は、前年の九月から開始された東大寺大仏の鋳造に従事していたが、この時の叙位はそれとは直接関係のない定期的なものと思われる。同年八月には連姓を賜わった。これは、この頃に鋳造作業が一定の成果をあげたことに対する功賞の意味がある。天平感宝元年(七四九)四月十四日、仏像鋳造祈願のための聖武天皇の東大寺への行幸に際し、外従五位上を授けられた。同年十二月には従五位上に叙せられた。これは同年の十月に鋳造が完了、頭部の鋳型土を除去した結果、鋳上りが良好であったことによろう。同年十二月から同三年六月にかけて大仏の螺髻(らけい)の鋳造が進められているので、同二年十二月の正五位下への叙位はその功績に対するものであろう。『東大寺要録』縁起章は、従四位下まで昇り、東大寺の領掌で河内守を兼ねたとする。

【参考文献】 前田泰次「盧舎那仏鋳造」(角田文衛編『新修国分寺の研究』一所収)

高市連黒人 たけちのむらじくろひと 七世紀末—八世紀初めの万葉歌人。『万葉集』に「高市古人」の歌があり、注に「或る本では高市黒人の作」とあるので(一—三二・三三)、黒人は別に古人と呼ばれた可能性もある。高市県主の一族で、黒人とは夜の神事に仕える者の名とする説がある。大宝二年(七〇二)二月、持統太上天皇が吉野に行幸した時に一首の短歌を作り(同一—七〇)、同年十月、持統太上天皇が参河国に行幸した時にも供奉して一首の短歌を作った(同一—五八)。それ以外の作品はいつ作られたか不明だが、おおむねこの前後の作であろう。いずれも旅路の短歌。旅先は右のものを含めて三方面で東海道方面と北陸道方面のものが多く、畿内の歌が少数ある。東海道の歌は安礼の崎(愛知県宝飯郡の音羽川河口付近か。同一—五八)・桜田(名古屋市南区桜本町・元桜田町・桜台町付近か。同三—二七一)・四極山(比定地未詳。同三—二七二)・二見(宝飯郡御津町付近か。同三—二七六)・赤(比定地未詳。地名とみない説もある。同三—二七〇)でよまれた。別にもう一首、二見の歌の異伝もある。東山・北陸道の歌は近江旧都(同一—三二・三三、三—三〇五)・近江の海(琵琶湖。同三—二七三)・比良(滋賀県滋賀郡。同三—二七四)・高島(滋賀県高島郡。同三—二七五、九—一七一八)・婦負(越中国婦負郡。現在の富山県婦負郡と富山市の一部。同一七—四〇一六)の地名をもって作られる。ただし、三〇五番の歌は別に作者を「小弁」と伝える注がそえられていて、「小弁」なるものは何者かわからない。また婦負の歌は三国真人五百国(いおくに)が伝誦したという。次いで畿内の歌は上掲吉野の歌のほか高(京都府綴喜郡井手町多賀付近。同三—二七七)・猪名野(兵庫県尼崎市・伊丹市から大阪府池田市にかけての猪名川沿いの一帯。同三—二七九)・真野(神戸市長田区東尻池町付近。同三—二八〇)・得名津(大阪市住吉区・住之江区から堺市遠里小野町・香ケ丘町・浅香山町付近にかけての一帯。同三—二八三)でよまれ、真野の歌については「黒人の妻」が唱和した短歌(同三—二八一)が知られる。以上十九首の歌はすべてに地名をもつことによる異常なまでの土着性を示す。近江荒都の歌で国つ神がさびれたことによって都が荒れてしまったとよむことから考えると、地名は国魂(くにたま)をこめたものであったらしい。また婦負の野の歌は北陸道のさいはての歌で、極北をきわめた一首はこの歌人の歌が旅の孤愁を歌いつつ、魂の極北をきわめるものであることと、よく呼応している。

【参考文献】 佐佐木信綱『山部赤人・高市黒人・笠金村』、高崎正秀『万葉集叢攷』、池田弥三郎『高市黒人・山部赤人』

高市皇子 たけちのみこ 六五四?—六

九六　天武天皇の第一皇子。後皇子尊(のちのみこのみこと)とも称される。母は胸形君徳善の女の尼子娘。母の身分が低いため皇位継承順位という面では他の皇女腹の皇子たちにおくれをとるが、壬申の乱における功と年長の故に次第に重きをなし、持統朝で太政大臣を勤める。壬申の乱の起こった時、皇子は近江にいたが父天武に喚びよせられ、伊賀で合流する。そして父の命により美濃の不破(岐阜県不破郡)に行き、不破道を塞ぐ指揮をとる。その翌日には天武を不破へ迎えるが、その折に天武が、近江側には左右大臣・群臣が揃っているのに対し自分には相談の相手もなく、幼少の者ばかりがいるだけだと嘆くと、皇子が剣をとって進み出て、近江に群臣は多くとも天皇(天武)の威力には逆らえない。天皇は一人とはいっても、自分が神祇の加護のもとに天皇の命によって諸将を率いて討てば、誰もかなう者はない、と言う。これを聞いて天武は大いに喜び、以後軍の統帥を皇子に一任する。結局この戦いは天武方の勝利に終わり、その一カ月程あとには皇子が天武の命によって近江方の群臣の処罰を行なっている。そして天武の治世となり、天武十四年(六八五)の冠位改訂に当っては、皇太子草壁皇子、大津皇子に次ぐ浄広弐の位を授けられた。また朱鳥元年(六八六)八月には、最有力の草壁・大津両皇子と同じ封四百戸の加増を受けている。持統四年(六九〇)七月、太政大臣に任ぜられ、同じ年の十月には公卿百官を従えて藤原の宮地を視察している。同六年には封戸も計五千戸を得、翌七年正月には位階もかつての草壁皇子に並ぶ浄広壱を授けられるが、同十年七月十日に薨じた。『日本書紀』はその記事に後皇子尊の尊称を用いている。『公卿補任』は薨年を四十二、或いは四十三歳とし、『扶桑略記』は四十三歳とする。『万葉集』には皇子の殯宮(もがりのみや)の時の歌が柿本朝臣人麻呂によって詠まれており(二―一九九～二〇一)、そこには壬申の乱における皇子の勇壮な姿が描かれている。また皇子自身の歌も三首(二―一五六～一五八)が収められている。この皇子は長屋王・鈴鹿王らの父で、『新撰姓氏録』左京皇別には高市王とあり、高階真人・永原朝臣(左京)・豊野真人(右京)の祖とする。皇子の墓は、『延喜式』によると大和国広瀬郡(奈良県北葛城郡河合町・広陵町付近)にある三立岡墓。

【参考文献】　本位田菊士「高市皇子と胸形氏の伝承」(『続日本紀研究』一六一)、吉永登「高市皇子」(横田健一他編『講座飛鳥を考える』所収)

武渟川別　たけぬなかわわけ　伝承上の武将。『古事記』孝元段には建沼河別命に作り、孝元天皇の皇子大毗古(大彦)命の子で、阿倍臣らの祖とある。『日本書紀』崇神巻によると、いわゆる四道将軍派遣の際に大彦命が北陸、吉備津彦が西道、丹波道主命が丹波に派遣されたのに対し、武渟川別は東海に派遣されている。『古事記』崇神段においては東方十二道に遣わされたとあり、高志(越)へ向かった父の大毗古命と出会ったところが相津(福島県会津地方)であるとする。また、『日本書紀』崇神六十年条には、出雲の神宝を見ようとした崇神天皇に出雲の飯入根(いいいりね)が神宝を献じたところ、兄の出雲振根(いずものふるね)が怒り、弟を殺害した。そのことを知った崇神は吉備津彦と武渟河別を派遣して振根を誅殺したとある。垂仁二十五年条には和珥(わに)臣の遠祖彦国葺(ひこくにふく)ら五人の大夫(まえつきみ)のなかに阿倍臣遠祖武渟川別も含まれており、神祇祭祀のことを垂仁天皇から命じられている。『新撰姓氏録』には竹田臣がその後裔とある。

竹野女王　たけののじょおう　八世紀後半の宮人。天平十一年(七三九)正月、正四位下から従三位に叙せられ、次いで天平感宝元年(七四九)四月、正三位に、天平勝宝三年(七五一)正月、従二位に叙せられ、異例の昇進をしている。父母なども未詳であるが、女王を藤原朝臣武智麻呂の正妻で、聖武天皇の夫人藤原夫人の母とする説もある。

【参考文献】　角田文衛「竹野女王」(『平安人物誌』上所収)

武埴安彦命　たけはにやすひこのみこと　孝元天皇の皇子。『古事記』は建波邇安王・建波邇夜須毗古命に作る。母は河内青玉繋の女埴安媛。『日本書紀』崇神巻によると、四道将軍の一人として北陸へ派遣されることになった大彦命が、途中出会った童女の歌を怪しみ、崇神天皇に奏したところ、崇神の姑(おば)の倭迹迹日百襲姫(やまととひももそひめ)命が、即座にその歌を武埴安彦とその妻吾田媛の謀反の前兆であると察知した。間もなく、武埴安彦は山背から、妻は大坂(奈良県北葛城郡香芝町逢坂付近)から攻め入ったが、かえって敗れ、武埴安彦は和珥(わに)臣遠祖彦国葺(ひこくにふく)によって射殺された。

武生氏　たけふうじ　百済系渡来人王仁(わに。和邇吉師)の後裔氏族。河内国古市郡(大阪府羽曳野市付近)を本拠とする。姓は初め連、延暦十年(七九一)四月、宿禰を賜わる。天平神護元年(七六五)十二月、右京の外従五位下馬毗登国人、河内国古市郡の正六位上馬毗登益人ら四十四人に武生連の氏姓を賜わったとあるように、旧氏姓は馬毗登(史)であった。

【参考文献】佐伯有清『新撰姓氏録の研究』考証篇四

武振熊　たけふるくま　伝承上の武将。和珥(わに)臣の祖。『日本書紀』神功巻には神功皇后とその皇子(のちの応神天皇)を殺害しようとした忍熊(おしくま)王を討つべく、武内宿禰とともに皇后によって遣わされたとある。『古事記』仲哀段には難波根子建振熊命とする。また『日本書紀』仁徳六十五年条にも、飛驒国の宿儺(すくな)という体は一つで顔が二つの怪物が皇命に従わず人民を苦しめるので難波根子武振熊が遣わされ、これを誅伐したとある。

建王　たけるのみこ　六五一―六五八　斉明天皇の孫。天智天皇の皇子。母は天智の嬪蘇我倉山田石川麻呂臣の女遠智娘(おちのいらつめ)。同母姉に天武天皇の皇后でのち持統天皇として即位する鸕野(うの)皇女がいる。『日本書紀』天智七年(六六八)二月条によると建皇子は口をきくことが不自由であったという。また斉明四年(六五八)五月の薨去記事に続いて、寵愛していた幼い皇孫を失った斉明の悲しみを述べる歌三首が記されている。同年十月条にも紀の温湯(和歌山県白浜町湯崎温泉)で建王を追憶悲泣する斉明の歌三首がみえる。

建部氏　たけるべうじ　軍事関係氏族の一つ。姓は君・臣・首など。そのうち有力なのは建部君氏と思われる。『日本書紀』景行四十年条には日本武尊のために武部を定むとあるので、名代・子代の部を管掌する氏族のようにも考えられるが、現在では建部を軍事的職業部とし、その伴造氏族として建部君氏などをとらえる意見が強い。建部氏は藤原宮以降の宮城門と関係あるいわゆる門号氏族の一つでもあり、朝廷守衛の任を有していたのであろう。

【参考文献】直木孝次郎『日本古代兵制史の研究』、上田正昭『日本武尊』(『人物叢書』)

建部公貞道　たけるべのきみさだみち　九世紀後半の筑後国司。仁和元年(八八五)筑後前掾藤原朝臣武岡・左京の人大宅朝臣近直が数十人を率いて夜陰筑後守都朝臣御酉の館を襲撃し、御酉を射殺する事件が起こったが、貞道は事件の謀首である掾藤原朝臣近成の共謀者(従犯)として官当除名に処せられた。時に従七位上筑後少目。

健部朝臣人上　たけるべのあそんひとがみ　八世紀後半の官人。氏姓は初め建部公、のちに阿保朝臣。円仁の『入唐求法巡礼行記』開成五年(八四〇)三月七日条に、登州開元寺の僧伽和尚堂の北壁に墨書されていた日本国使の歴名中「建必感」とあるのは、同一人物。したがって人上は、天平宝字三年(七五九)二月、迎藤原朝臣河清使高元度のもとに録事として入唐したことが知られる。時に正六位上。同八年十月、藤原朝臣仲麻呂の乱での功績により外従五位下に叙せられ、続いて朝臣の姓を賜わった。延暦三年(七八四)十一月、始祖息速別皇子が伊賀国阿保(伊賀国伊賀郡阿保郷。現在の三重県名賀郡青山町阿保)に住したことにより後世阿保君の氏姓を賜わった故事を引いて本姓阿保朝臣への改氏姓を申請し許された。因幡掾・勅旨大丞・同少輔・武蔵守・大学頭・陰陽頭などを歴任。この間二度にわたり正倉院御物を検校した記録がみえ、また『東域伝燈目録』には武蔵前司阿保朝臣人上集として「花厳経序私記一巻」が載せられている。

【参考文献】 佐伯有清「入唐求法巡礼行記にみえる日本国使」(『日本古代の政治と社会』所収)

多治比氏 たじひうじ ㈠宣化天皇の皇子上殖葉(かみつうえは)皇子を祖とする皇親氏族。氏名を多治・丹比・丹にも作る。天長九年(八三二)以降、氏名を丹墀に改めたが、貞観八年(八六六)に、旧に復し、多治比の比の字を省き、多治を氏名とした。姓は初め公、天武十三年(六八四)八色の姓制定に際し、真人を賜わった。『日本三代実録』貞観八年二月条によれば、上殖葉皇子の孫で、十市王の子の多治比古王(たじひこおう。多治比王にも作る)の誕生の際に、多治比の花が、湯沐の釜に浮かんだために多治比古王と名づけ、成長後臣籍降下して多治比公の氏姓を賜わったとするが、『日本書紀』や『新撰姓氏録』右京神別下の丹比宿禰条に、反正天皇(多遅比瑞歯別天皇)の生誕にまつわる同様の話を伝えており、多治比古王の話はその焼き直しにすぎず、本来この所伝は、反正の名代である丹比(多治比)部の伴造であった丹比氏(連、のち宿禰)の間に言い伝えられたものである。氏名の由来は、正しくはこの丹比氏(連)が多治比古王の母、もしくは乳母の一族であったことによるものであろう。多治比氏の氏人が史料に現われるようになるのは天武朝中頃からで、麻呂ついで嶋の活動が記されるが、嶋は多治比古王の子、麻呂もその近親とみられる。嶋は持統・文武朝に右大臣、次いで左大臣となり、当時の政界の頂点を極めたが、その子らは、元正朝から孝謙朝に池守(従二位大納言)・県守(正三位中納言)・広成(従三位中納言)・広足(従三位中納言)と相次いで議政官の地位に昇り、多治比氏の全盛期を現出した。しかし天平勝宝九歳(七五七)七月、橘朝臣奈良麻呂の乱に一族の国人・犢養(こうしかい)・礼麻呂(いやまろ)・鷹主らが参加して断罪され、翌月、中納言の広足も同族を導き得ず賊徒となした責任を問われ、中納言を解任されるに及んで、多治比氏は致命的な打撃をうけることになった。その後、宝亀元年(七七〇)に嶋の孫の土作(はにつくり)が、延暦八年(七八九)には池守の孫の長野が、それぞれ参議に補任されているが、在任期間はいずれも一年足らずであり、議政官を一族で相承した往時の勢いはみられない。弘仁八年(八一七)には土作の子の今麻呂が参議に就任、在官十年に及び、同十一年には長野以来久々にこの氏から従三位に叙せられているが、多治比氏の氏人で台閣に列したのは、今麻呂が最後である。なお多治比氏の氏族的特性として、奈良朝の県守(遣唐押使)・広成(遣唐大使)・小耳(送高麗人(渤海人)使)・浜成(送唐客使判官)、平安朝の貞成(造船使長官)・文雄(船頭判官)・高主(遣唐准録事)らのごとく、外交官的任務につく者の多かったことがあげられる。㈡丹比部の伴造氏族。姓は連。氏名は多治比(丹比)瑞歯別天皇(反正天皇)の名代部に基づく。多治比にも作る。河内国丹比郡(大阪府松原市・大阪狭山市・南河内郡美原町の全域と大阪市・堺市・羽曳野市の各一部)の地を本拠とする。『続日本紀』宝亀八年(七七七)五月条によると、丹比新家連稲長らが丹比宿禰の氏姓を賜わっている。

【参考文献】 佐伯有清『新撰姓氏録の研究』考証篇一、高島正人『奈良時代諸氏族の研究』、森克己『遣唐使』

多治比真人県守 たじひのまひとあがたもり 六六八―七三七 八世紀前半の公卿。氏名は丹比にも作る。左大臣嶋の子。慶雲二年(七〇五)十二月、従五位下に昇り、和銅八年(七一五)五月、造宮卿となる。霊亀二年(七一六)遣唐押使に任ぜられ、養老元年(七一七)渡唐、翌二年に帰着。同三年正月の朝儀の際、皇太子を賛引、七月には按察使(あぜち)となって武蔵国守正四位下として相模・上野・下野三国を管した。翌四年九月には播磨按察使であったが、蝦夷の反乱に対し持節征夷将軍となり、赴く。同五年には帰還し、六月、中務卿となった。神亀六年(七二九)二月、長屋王の変の際は大宰大弐として権に参議に任ぜられ、のち従三位に昇った。大宰大弐から民部卿に遷任する時の帥大伴宿禰旅人の贈歌が『万葉集』にある(四—五五五)。天平三年(七三一)八月、諸司の挙により参議となった。同年十一月、山陽道鎮撫使に任ぜられ、翌四年正月、中納言となるが、八月にはまた山陰道節度使に任ぜられて因幡・伯耆・出雲・石見・安芸・周防・長門などの諸国の警固式を作っている。同六年正月、正三位となり、同七年二月には新羅使入朝の旨を問い、使者を返している。同年十一月、舎人親王薨去の際、贈太政大臣の詔を宣し、閏十一月にも諸国朝集使らに勅を宣した。同九年六月二十三日、中納言・正三位で薨じた。『家伝』下は天平初年の参議高卿として名をあげている。『公卿補任』によると薨年七十。

多治比真人今麻呂　たじひのまひといままろ　七五三—八二五　八世紀末から九世紀初めの官人。参議土作(はにつくり)の八男。延暦十六年(七九七)正月、従五位下に叙せられ、以後、肥後介・式部権少輔・右少弁大宰少弐・式部大輔・大蔵卿・左京大夫・摂津守などを歴任。弘仁八年(八一七)十月の参議昇任後は宮内卿・大宰帥などに任じ、従三位に昇った。天長元年(八二四)には諸氏の子孫を大学寮で学ばせ才用に応じて任ずる官人の資質向上策を奏上しており、平安初期のいわゆる良吏政治の推進者の一人に数えられよう。天長二年八月二十九日、薨去。時に七十三歳。

多治比真人邑刀自　たじひのまひとおおとじ　八世紀後半の女官。名は大刀自にも作る。延暦八年(七八九)正月、無位から従五位上に、同十年十二月、従四位下に叙せられた。同十四年十二月、度七人を賜わり、同十六年三月には、長岡京地五町を賜わった。

多治比真人賀智　たじひのまひとかち　八世紀後半の官人。延暦五年(七八六)正月、正六位上から従五位下へ昇叙。同月、信濃介となり、同八年十二月、皇太后高野朝臣新笠(にいかさ)の崩御に際し林連浦海らとともに養民司、同九年閏三月の皇后藤原朝臣乙牟漏の崩御の際も浦海とともに養民司を務めた。延暦十年七月、宮内少輔に任ぜられた。

多治比真人門成　たじひのまひとかどなり　—八五三　九世紀中頃の官人。氏名は丹墀にも作る。豊長の子。女に淳和天皇の後宮に入った池子がいる。大同(八〇六—八一〇)初年に巡察弾正に補任されて以来、少判事・大和少掾・大和大掾・丹波介・治部少輔・備前介・弾正少弼・刑部大輔・宮内大輔・武蔵権守・武蔵守・大和守を歴任。この間、承和九年(八四二)七月の承和の変では山城国大原道(平安京から高野川沿いに若狭に向う交通路)の警固、翌十年十一月、大和校田使次官、嘉祥三年(八五〇)四月には仁明天皇御斎会の供僧司を務めた。仁寿三年(八五三)三月二十二日、卒去。『日本文徳天皇実録』の卒伝では剛直な性格で才学無きものの治国の能力に優れていると評し、丹波・武蔵・大和国の在任時代の治績が賞揚されている。最終の官位は大和守・正五位下であった。

多治比真人清貞　たじひのまひときよさだ　—八三九　九世紀前半の官人。氏名は丹墀にも作る。弘仁十一年(八二〇)正月、正六位上から従五位下に昇り、天長十年(八三三)正月には従五位上となる。同年三月、右少弁に任ぜられ、同年五月、左少弁に遷任。承和元年(八三四)正月、伊勢守に任ぜられ、二月には赴任に際して特に殿上に召され御襖子を賜わった。同三年正月、正五位下。同五年正月、従四位下に叙せられ、同六年正月二十三日、従四位下・伊勢守のまま卒去した。詩文を能くし、『凌雲集』に従八位上播磨権少掾当時の二首「御製春朝雨晴に和し奉り製に応ふ」「菅祭酒に和し朱雀衰柳に賦して作る」、『文華秀麗集』に一首「北山寺に遊ぶ」が収載されている。『二中歴』詩人歴に「非成業」として名があげられている。

多治比真人国人　たじひのまひとくにひ

と　八世紀中頃の官人。天平八年(七三六)正月、従五位下に昇り、同十年閏七月、民部少輔に任ぜられた。同十五年には出雲国守従五位下勲十二等とあり、優婆塞二人を貢進している。のち播磨守・大宰少弐を歴任、天平勝宝三年(七五一)正月、従四位下に叙せられた。同七歳五月には右大弁とみえ、宅において左大臣橘宿禰諸兄の宴をもち、歌の贈答を行なったことが『万葉集』にみえる(二〇―四四四六)。天平宝字元年(七五七)には摂津大夫、さらに遠江守となるが、同年七月、橘朝臣奈良麻呂の乱に連坐し、伊豆国に配流された。ほかに『万葉集』に作歌(三―三八二・三八三、八―一五五七)を伝える。

多治比真人嶋　たじひのまひとしま　六二四―七〇一　七世紀後半の公卿。宣化天皇の曾孫多治比(古)王の子。池守(第一子)・県守・広成(第五子)・広足らの父。氏名を丹比、名を志麻・志摩にも作る。天武十一年(六八二)四月、筑紫大宰として大鐘を貢じ、翌十二年正月にも筑紫大宰として祥瑞の三足雀を献じている。同十三年十月、八色の姓制定に際し、丹比公は真人姓を賜わり丹比真人となった。持統三年(六八九)閏八月、直広弐から直広壱を授けられ、封戸百戸を加えられた。翌四年正月、持統天皇即位の拝朝の時、賀騰極(ひつぎよろこぶること)を奏した。同年七月には正広参を授けられ、右大臣となっている。同五年正月、封戸三百戸を増封され、前と合わせて五百戸とされた。同十年十月、致事を哀しんで輿・杖を賜わり、また仮に資人百二十人をも賜わっている。この時、右大臣正広参。文武四年(七〇〇)正月にも、左大臣として高年のため霊寿杖および輿儓(従者)を賜わった。大宝元年(七〇一)三月、正広弐から正正二位に叙せられたが、同年七月二十一日、左大臣正二位として薨じた。文武天皇の詔により、喪事を監護する使とともに、刑部(おさかべ)親王・石上(いそのかみ)朝臣麻呂が弔賻のため私第に遣わされており、公卿の誄(しのびごと)や百官の誄のような儀礼も行なわれている。『公卿補任』によれば薨年は七十八。妻の家原連音那(おんな)は、和銅五年(七一二)九月、夫の政務を助けてその亡後も身が固いとして貞節を賞され、元明天皇の詔により邑五十戸と連の姓を賜わっている。子の大納言従二位池守・中納言正三位県守・中納言従三位広成・散位従三位広足らの薨伝中にも左大臣正二位嶋の子とそれぞれ記載されている。また、貞観八年(八六六)二月、丹墀真人貞峯らが丹治真人に改めるよう願った上表中に、八色の姓制定時に嶋が真人姓を賜わったこと、そして嶋は丹墀真人貞峯の高祖父に当ることがみえる。

多治比真人長野　たじひのまひとながの　七〇六―七八九　八世紀末の公卿。大納言池守の孫で、散位家主の子。天平神護元年(七六五)正月、正六位上から従五位下に昇り、同二年九月・十月の越前国東大寺領荘園文書の国判に従五位下行介として署している。神護景雲元年(七六七)刑部大判事、造東内次官を経て同三年八月、大和介となり、同年十一月、従五位上、宝亀二年(七七一)十一月、正五位下に昇った。同三年、参河守、同七年、正五位上・出雲守、翌八年、民部大輔を歴任、同九年正月、従四位下に叙せられた。翌十年、摂津大夫、天応元年(七八一)伊勢守を経て、延暦二年(七八三)刑部卿。次いで同三年、従四位上・伊勢守、同四年、正四位上、同五年、近江守を経て、同六年、従三位に昇った。同七年には兵部卿となり近江守もとの如しとされ、翌八年正月、参議に任ぜられたが、同年十二月二十二日、参議兵部卿従三位として薨じた。『公卿補任』によると慶雲三年(七〇六)生まれで、薨年八十四。延暦九年八月八日付官符から、位田が山背・摂津・河内諸国に存在したことがわかる。また女子の真宗は桓武天皇の後宮に入り、六親王を生んだ。

多治比真人土作　たじひのまひとはにつくり　―七七一　八世紀中頃―後半の官人。左大臣嶋の孫。天平十二年(七四〇)正月、正六位上から従五位下に昇り、同十五年、検校新羅客使として筑前に赴き新羅使調が常礼を失することを言上した。同年、摂津亮、同十八年四月、民部少輔となり、天平勝宝元年(七四九)八月には紫微大忠を兼ねた。同三年頃、大納言藤原朝臣仲麻呂家における入唐大使藤原朝臣清河送別の宴に加わり、作歌一首を『万葉集』に伝えている(一九―四二四三)。天平勝宝六年四月、尾張守となり、同九歳五月、従五位上に昇る。天平宝字五年(七六一)十一月、西海道節度使副使となり、同七年正月、正五位下、同八年四月、文部(式部)大輔、天平神護二年(七六六)十一月、従四位下に任叙されている。神護景雲二年(七六八)二月には左京大夫となり、讃岐守もとの如しとされた。同年七月、治部卿にも任ぜられ、同四年七月、参議となり、従四位上に叙せられたが、翌宝亀二年(七七一)六月十日、卒した。時に参議治部卿従四位上。『公卿補任』には嶋の孫で水守の子とし、神護景雲二年、相模守兼任の異伝がみえる。

多治比真人広足　たじひのまひとひろたり　六八一―七六〇　八世紀中頃の公卿。左大臣嶋の子。霊亀二年(七一六)正月、従五位下に昇り、同三年八月、美濃行幸の行宮造営に当り、神亀三年(七二六)九月にも播磨国印南野(兵庫県の明石川と加古川の間に挟まれた台地)行幸の造頓宮司となった。天平年間(七二九―七四九)に上総守・武蔵守・刑部卿・兵部卿を歴任、天平勝宝元年(七四九)七月に中納言となり、翌二年正月には従三位に叙せられた。同四年四月の大仏開眼会には東宮の留守官とみえる。同六年、太皇太后(藤原朝臣宮子)葬送の造山司となり、また薬師寺にて僧行信配流の詔を宣した。同八歳五月にも聖武太上天皇大葬の山作司となっている。同九歳三月には孝謙天皇・光明皇太后・藤原朝臣豊成・同仲麻呂らとともに策して皇太子道祖(ふなど)王を廃し、大炊(おおい)王(のちの淳仁天皇)を皇太子に立てた。しかし、天平宝字元年(七五七)八月、橘朝臣奈良麻呂の乱に同族から多く連坐者を出したことから中納言を解かれ、散位として私第に帰され、同四年正月二十一日、散位従三位で薨じた。『公卿補任』に薨年八十とある。

多治比真人広成　たじひのまひとひろなり　―七三九　八世紀前半の公卿。左大臣嶋の第五子。氏名は丹墀にも作る。和銅元年(七〇八)正月、従六位上から従五位下に進み、同七年十一月、新羅使を迎える左副将軍となり、霊亀三年(七一七)正月、正五位下。養老三年(七一九)越前守として按察使(あぜち)に任ぜられ、能登・越中・越後三国を管した。同四年正月、正五位上、神亀元年(七二四)二月、従四位下、天平三年(七三一)正月、従四位上へと進み、同四年八月、遣唐大使となった。翌五年三月、遣唐大使従四位上として拝朝、閏三月には聖武天皇に辞見して節刀を授けられ、四月に難波津から四船で進発した。出発前の同五年三月三日、一日に対面した山上臣憶良から献じられた好去好来の送別歌が『万葉集』に収められている(五―八九四～八九六)。入唐後、同六年十一月に多禰島(鹿児島県の種子島)に帰着、同七年三月には帰京して無事節刀を進めている。入唐使判官平群(へぐり)朝臣広成の天平十一年十一月の帰国時の記事によると、天平五年、大使以下入唐し、六年十月に帰国の時、四船そろって蘇州から出発したが、悪風のため平群朝臣広成の船は漂流したことがみえる。また僧玄昉は天平七年、大使の広成に随って経論五千余巻と諸仏像を伴い無事帰国したことが、その卒伝にみえる。帰国した同七年四月、正四位上に叙せられ、同九年八月には参議となり、さらに同年九月、中納言に任ぜられた上、従三位に昇った。翌十年、中納言従三位で式部卿を兼任することとなったが、同十一年四月七日、中納言従三位のまま薨じた。従三位中納言丹墀真人広成として、「吉野山に遊ぶ」「吉野之作」「述懐」の三首の詩を『懐風藻』に伝えている。貞観八年(八六六)二月、丹墀真人貞峯らが多治真人に改めることを願った上表文に、天平六年に遣唐使正三位行中納言兼皇太子傅式部卿の広成が入唐して丹墀と改称し、帰朝後再びもとの多治比を用いたとする。『唐大和上東征伝』には聘唐大使丹墀真人広成とあり、天平五年、沙門栄叡・普照らを伴い入唐したとみえ、『波羅門僧正碑并序』には使人として学問僧理鏡とともに菩提僊那の来日を懇志をもって要請したことがみえる。また『東大寺要録』にも、副使大中臣朝臣名代らと唐国を三ヵ年経歴したことなどを伝えている。

多治比真人水守 たじひのまひとみずもり ―七一一 八世紀初めの官人。左大臣嶋の子で、土作(はにつくり)の父か。大宝二年(七〇二)十一月、尾張行幸の際、尾張守従五位下で、封戸十戸を賜わった。同三年、再度尾張守となる。慶雲四年(七〇七)正五位下で河内守、和銅元年(七〇八)三月、近江守に任ぜられ、翌二年正月、従四位下に昇る。同年九月、近江守としての政績を賞せられ、当国田十町、穀二百斛、衣一襲を賜わった。同三年四月、宮内卿となり、翌四年四月十五日、宮内卿従四位下で卒した。『公卿補任』は土作は嶋の孫で水守の子とする。

多治比真人三宅麻呂 たじひのまひとみやけまろ 八世紀初めの官人。大宝三年(七〇三)正月、従六位上で東山道巡察の使となった。翌四年正月、従五位下に昇り、慶雲四年十月、文武天皇大葬の御装司となる。和銅元年(七〇八)催鋳銭司、翌二年、造雑物法用司に任ぜられ、同四年三月の「多胡碑」(群馬県多野郡吉井町池御門に所在)には左中弁正五位下とみえる。霊亀元年(七一五)左大弁、養老三年(七一九)河内国摂官となり、同五年正月、正四位上に叙せられた。同六年正月、謀反誣告で斬刑となったが、皇太子奏により死一等を降して伊豆島に配流された。

多治比真人家主 たじひのまひとやかぬし ―七六〇 八世紀初め―中頃の官人。池守の子。長野の父。養老七年(七二三)九月、出羽国司正六位上にあり、功ある蝦夷らのため賞爵を申請した。天平九年(七三七)二月、従五位下に昇り、同年、因幡守として赴任の際に従九人と但馬国を経過している。同十三年、鋳銭長官となり、天平勝宝三年(七五一)正月、正五位下に叙せられた。同六年正月の五位以上の宴の際、特に孝謙天皇の御前に召され、四位の当色を賜わって四位に列せられ、従四位下を授けられた。天平宝字四年(七六〇)三月二日、散位従四位下で卒した。

多治比真人八千足 たじひのまひとやちたり 八世紀後半―九世紀前半の官人。延暦十六年(七九七)二月、少納言に任ぜられた。時に従五位下。同二十四年三月、従五位上に昇叙。同二十五年二月および大同三年(八〇八)七月にも少納言、同年九月、大蔵大輔、同四年三月、下総守に任ぜられた。

丹比真人池守 たじひのまひといけもり ―七三〇 八世紀初めの公卿。氏名は多治比にも作る。左大臣嶋の第一子。家主の父で、長野の祖父。持統七年(六九三)六月、直広肆となる。和銅元年(七〇八)三月、従四位下で民部卿となり、九月には造平城京司長官に任ぜられた。同三年、平城遷都後には右京大夫となったか。同七年正月、従三位に昇り、翌八年五月、大宰帥となった。霊亀三年(七一七)二月には大宰帥としての善政に対し綾十疋、絹二十疋、絁(あしぎぬ)三十疋、綿三百屯、布百端の褒賞を賜わっている。翌養老二年(七一八)三月に中納言、同五年正月には大納言に任ぜられ、同七年正月には正三位に昇った。神亀元年(七二四)二月、聖武天皇即位の際に封戸五十戸を加えられた。また同二年十一月の冬至賀では特に霊寿杖・絁・綿を賜わった。同四年正月、従二位に昇り、十一月には百官史生以上を率いて太政大臣第で皇太子を拝している。同六年二月の長屋王の変では、舎人親王らとともに王宅に赴いて窮問に当った。天平二年(七三〇)九月八日、従二位大納言で薨じた。

多治真人貞峯 たじひのまひとさだみね 七九九―八七四 九世紀中頃の官人。氏名は初め丹墀。名は貞岑にも作る。嶋の玄孫。天長九年(八三二)以来丹墀氏であったが、貞観八年(八六六)二月、多治への改氏を申請し許された。上表文によれば、天長九年には貞峯らは氏長(うじのおさ)でなかったために改氏の私議に与らず、改氏にも不満であったという。幼少にして学才があり、文章生出身。天長十年、兵部少丞、承和元年(八三四)同大丞、同五年頃、播磨介、同五年、加賀介、同九年、刑部少輔、同十四年、民部少輔、嘉祥三年(八五〇)駿河守、斉衡三年(八五六)大学頭、天安二年(八五八)左少弁(『日本三代実録』卒伝では天安元年に刑部少輔、同二年に民部少輔から左少弁へ遷任という)、貞観五年(八六三)右中弁、同十年、伊勢守を歴任。駿河守当時、政は清明と評され、伊勢守に任ぜられた時には任国へ赴任しなかった。この間、嘉祥三年に仁明天皇御斎会の来定寺使、天安二年に文徳天皇葬儀の装束使、斎宮晏子内親王の奉迎使、貞観七年に右相撲司を務め、同十二年には瑞祥一茎二花の蓮を献上した。散位従四位下の同十六年十一月九日、卒去。時に七十六歳。卒伝によれば、晩年は閑居して家事を問わず、酒三昧の生活を送ったという。

多治真人藤善　たじひのまひとふじよし　九世紀後半の官人。氏名は丹墀、名は藤吉にも作る。貞観六年(八六四)正月、正六位上から従五位下に昇叙、官は左馬助。同七年正月、丹波権介を兼任。同十二年十一月、葛野鋳銭所近傍の五神に新鋳の貞観永宝を奉納する使に任ぜられ、同年十二月、次侍従。同十九年正月、従五位上。元慶四年(八八〇)十二月、太上天皇(清和天皇)崩御に伴い厳警の命を伝える使として左右馬寮に遣わされた。時に加賀守。同九年正月、大蔵大輔から摂津守に遷任したが、拝除後も任国に赴任しないため仁和二年(八八六)二月に召問され、同年五月、勅断により位一階を降された。

丹墀真人真総　たじひのまひとまふさ　九世紀後半の刑部省官人。貞観元年(八五九)前越後守伴宿禰竜男が書生物部稲吉を殺害した事件、前豊後守石川朝臣宗継が部内百姓の財物を略取した事件、左馬寮官人が私馬を官馬と交換した事件のいずれもが刑部省により犯人赦免の処置がとられたことが太政官で問題とされたが、調査の結果刑部省の処置は真総の判断に従ったものであることが明らかになったので、非法を主張して罪人を放免した罪により官当解任に処せられた。真総は当時、刑部大丞兼中判事で正六位上であった。

丹福成　たじひのふくなり　九世紀前半の人。最澄が延暦二十三年(八〇四)から翌年にかけて入唐した際の傔従。唐の貞元二十年(八〇四)九月十二日付「明州牒」に「従者丹福成」、翌二十一年二月付「最澄牒」および同年四月六日付「明州牒」に「行者丹福成」、同年二月十九日付「僧最澄将来目録」および同年五月十三日付「最澄目録」に「日本国求法傔従丹福成」とみえる。

但馬国造阿胡尼命　たじまのくにのみやつこあこねのみこと　応神朝の但馬国造。『播磨国風土記』餝磨郡安相(あさこ)里条によると、応神天皇が但馬から播磨地方へ巡行の時に、播磨国造豊忍別に不手際があって罪せられたのを、但馬国造阿胡尼命が申訳をして赦されたという。また、阿胡尼命は播磨国の英保村(兵庫県姫路市阿保付近)の女を娶り、その地で没したので、墓を造って葬ったが、のちに遺骸は本国へ持ち去られたという。

但馬皇女　たじまのひめみこ　―七〇八　天武天皇の皇女。『日本書紀』によれば、母は藤原朝臣鎌足の女氷上娘(ひかみのいらつめ)。和銅元年(七〇八)六月に薨じた。異母兄の高市皇子の妻だったらしいが、同じく異母兄の穂積皇子と恋愛し、この恋愛事件が広く世に喧伝されて三首の恋歌が『万葉集』に残されている(二―一一四～一一六)。また皇女の死を悼む穂積皇子の悲歌(二―二〇三)がある。別に子部王(こべのおおきみ)の作かと注のある歌一首(八―一五一五)があり、また安倍女郎の作とする一首(四―五〇五)が『歌経標式』に皇女の作として残る。

田道間守　たじまもり　新羅の天日槍(あめのひぼこ)の末裔で三宅連の始祖。『日本書紀』垂仁三年三月条の天日槍来日説話中に、天日槍が但馬出石(いずし。のちの但馬国出石郡。現在の兵庫県出石郡と豊岡市の一部)の人の女の麻多烏を娶り生まれた但馬諸助の子が但馬日楢杵で、日楢杵の子清彦にできた子が田道間守とある。田道間守は垂仁九十年、垂仁天皇の命により非時香菓(ときじくのかくのみ。橘)を取りに常世国(とこよのくに)に行き、非時香菓を得て帰った時にはすでに垂仁は崩じた後であった。田道間守はこれを嘆き悲しみ、天皇陵で叫哭してみずから命を絶った。『古事記』には応神段に多遅麻毛理とみえている。

手白香皇女 たしらかのひめみこ 仁賢天皇の皇女。継体天皇の皇后。母は雄略天皇の皇女春日大娘(かすがのおおいらつめ)皇女。同母弟に武烈天皇がいる。『古事記』は手白髪郎女に作る。継体との間に欽明天皇を生んでいる。『日本書紀』継体元年(五〇七)二月条に大伴大連金村の勧めにより立后するとある。『古事記』分注では皇女を大后(おおきさき)とする。武烈に皇嗣がいなかったため、継体が応神天皇五世の孫として越前の三国(福井県坂井郡三国町。『古事記』では近江)から迎えられたが、ここで王家の血統が絶えたとする見解がある。しかし継体が大和に入り皇位に即きえた理由として、前代以来の血統を受け継ぐ手白香皇女を皇后とし、それによって正統性を確保したとする見方もある。のちに手白香皇后の子の欽明の系統が皇位に即く点にも注意されよう。一方、『播磨国風土記』美嚢郡(兵庫県三木市を中心とする地域)条には、於奚(おけ。のちの仁賢天皇)・袁奚(おけ。のちの顕宗天皇)両皇子が身分を明かした時、山部連少楯が両皇子の母を手白髪命といっている。これは『記』『紀』と全く異なる所伝である。

【参考文献】 黛弘道『律令国家成立史の研究』、岡田精司「継体天皇の出自とその背景」(『日本史研究』一二八)

忠良親王 ただよししんのう 八一九—八七六 嵯峨天皇の第四皇子。母は百済王(こにきし)俊哲の女で女御貴命。承和元年(八三四)二月十四日、元服し、四品に叙せられた。同月二十六日、紫宸殿で仁明天皇への朝覲拝舞が行なわれ、御被および襖子を賜わる。上総太守・上野太守・兵部卿・式部卿・大宰帥を歴任。猟を得意とし、承和十二年二月、仁明が山城国乙訓郡の河陽宮(京都府乙訓郡大山崎町大山崎)に遊猟行幸した際、御贄を献じ、貞観二年(八六〇)閏十月には私鷹二聯をもって五畿内国禁野辺での狩猟をゆるされ、同八年十一月にも鷹と鶂をかうことをゆるされている。承和十五年五月と嘉祥三年(八五〇)十月の二度、剣を賜わり、貞観三年二月には田を賜わる。同十八年二月二十日、五十八歳で薨じた。時に二品式部卿大宰帥。

多々良氏 たたらうじ 任那国主爾利久牟王の後裔と称する氏族。田又利にも作る。姓は公。『新撰姓氏録』は山城国諸蕃に収め、欽明朝に投化して金の多々利・乎居などを献じたことから、欽明天皇から多々良公の氏姓を賜わったという。しかし、多々良の氏名は、『日本書紀』神功巻の「蹈鞴津」、敏達巻の「多多羅邑」、推古巻の「多多羅城」などとみえる任那の地名(慶尚南道多大浦)に由来する。周防国にはのちに大内氏を称する多々良氏が居住するが、これは百済王余豊璋の子琳聖の後裔という。

橘氏 たちばなうじ 八、九世紀の名門貴族。源平藤橘のいわゆる四大氏の一つであるが、十世紀以後、実際には振わなかった。姓は初め宿禰、天平勝宝二年(七五〇)正月、朝臣を賜わる。橘の氏名は、県犬養橘宿禰三千代の橘に基づいている。敏達天皇の孫または曾孫という栗隈王の子美努王の妻で、のちに藤原朝臣不比等の室となった県犬養宿禰三千代は、和銅元年(七〇八)十一月、元明天皇即位の大嘗会に際し、天武朝以来歴代の天皇の後宮に仕えた功績を賞せられ、杯に浮かぶ橘をいただき、それに因んで橘宿禰の氏姓を賜わった。この由来により橘宿禰三千代とよばれるようになった。三千代の没後、美努王との間の二子葛城王と佐為王は、異父妹の安宿(あすかべ)媛(光明子)が皇后になるという栄誉をえたうえ、かれらの妹牟漏(むろ)女王が不比等の子房前の妻となったことなども幸いして、天平八年(七三六)十一月、母の氏姓に因んで橘宿禰を賜わり、橘氏の殊名を伝えたい旨を上表して認められ、臣籍に列した。名を橘宿禰諸兄・同佐為と改めた。これが橘氏の起源である。諸兄らの意図は母三千代の巨財の相続者となり、かつ藤原氏との縁を強化して政界に勢力を拡張することにあったと思われる。天平九年、藤原氏は、不比等の子武智麻呂・房前・宇合・麻呂の四兄弟が次々に天然痘にたおれ、にわかに勢力を失墜した。このような情勢のなかで参議であった諸兄は、大納言に昇格して廟堂の実権を掌握し、左大臣にまで進んだ。これを不満とした宇合の子広嗣は、天平十二年九月、北九州で反乱を起こしたが失敗し、斬首された。しかし、藤原氏の権力奪回は徐々に進み、やがて武智麻呂の子仲麻呂が進出して圧迫された。近侍者の密告によって諸兄は、天平勝宝八歳(七五六)二月に辞任し、翌年正月、失意のうちに没した。諸兄の子奈良麻呂は早くから仲麻呂打倒計画を立て、同志を盛んにつのっていたが、同九歳七月、謀議発覚して一味とともに獄につながれた。おそらく殺されたのであろう。この事件によって八世紀後半には橘氏の勢力は一時後退を余儀なくされたが、九世紀に入り、奈良麻呂の子の世代になって、次第に復活の兆しをみせ始めた。しかし、大同二年(八〇七)十月の伊予親王事件に巻き込まれ、奈良麻呂の子安麻呂や、奈良麻呂の孫永継は縁坐して打撃を受けた。だが、そののち奈良麻呂の子清友の女嘉智子が嵯峨天皇の後宮に入り、やがて皇后(檀林皇后)となり、仁明天皇を生むにいたって再び隆盛をとり戻した。嘉智子は弟氏公を右大臣に昇進させ、また橘氏のために学館院を創設して一族の子弟の教育に意を用いた。けれども、奈良麻呂の孫逸勢(はやなり)は三筆の一人と讃えられる書家であったが、承和九年(八四二)七月、承和の変に巻き込まれて伊豆国へ配流となり、また氏公が承和十四年十二月死去して以後、氏の勢力は次第に下降線をたどった。参議となった博覧(広相)は、その女義子を宇多天皇の後宮に入れて宇多の信頼をかちえていたが、仁和三年(八八七)―四年の阿衡事件で失脚した。こののち橘氏は急速に衰え、時として大納言好古や能因法師のような逸材を出したが、藤原氏におされて多くは平安朝廷の中級以下の貴族たるにとどまり、実務官人層として世襲的地位を保つこととなった。摂関時代には学館院の管理はもちろん、氏爵の推挙を行なう橘氏是定(ぜじょう)まで藤原氏の公卿にゆだねざるをえない状態であった。氏寺は山城国相楽郡の井手寺(京都府綴喜郡井手町井手が寺跡とされる)、氏神は平安京郊外の梅宮神社(京都市右京区梅津フケノ川町)である。

【参考文献】佐伯有清『新撰姓氏録の研究』研究篇・考証篇一、胡口靖夫「美努王をめぐる二、三の考察」(『国史学』九二)、横田健一「橘諸兄と奈良麻呂」(『白鳳天平の世界』所収)、北山茂夫「天平末葉における橘奈良麻呂の変」(『日本古代政治史の研究』所収)、阿部猛「藤原南家の没落―大同二年の伊予親王事件―」(『日本歴史』二四四)、岡崎裕子「橘氏公考」(『国史学』八七)、玉井力「承和の変について」(『歴史学研究』二八六)、福井俊彦「承和の変についての一考察」(『日本歴史』二六〇)、夏目隆文「橘逸勢の研究」上・中・下(『愛知大学綜合郷土研究所紀要』一〇～一二)、弥永貞三「仁和二年の内宴」(坂本太郎博士還暦記念会編『日本古代史論集』下所収)、同「阿衡の紛議」(『日本と世界の歴史』六所収)、目崎徳衛「阿衡問題の周辺」(『新訂増補国史大系月報』21)、大島幸雄「橘氏是定小考」前・後(『史聚』一六・一七)、胡口靖夫「橘氏の氏寺について―伝橘諸兄建立の井手寺を中心として―」(『古代文化』二九ノ八)、義江明子「橘氏の成立と氏神の形成」(『日本史研究』二四八)

橘朝臣安吉雄　たちばなのあそんあきお

九世紀中頃の官人。奈良麻呂の曾孫。常主の子。承和十四年(八四七)正月、従五位下に叙せられ、同十五年五月、侍従となる。のち嘉祥三年(八五〇)正月、伊予権介、斉衡二年(八五五)正月、上野介、貞観三年(八六一)正月、信濃権守に任命された。同六年正月、従五位上に昇叙し、信濃守となる。同十年二月、治部大輔となり、翌十一年正月、摂津守にうつる。橘朝臣良基の卒伝に「摂津守安吉雄の子なり」とある。

橘朝臣海雄　たちばなのあそんあまお

九世紀中頃の官人。奈良麻呂の曾孫。長谷雄(長谷麻呂)の子。承和八年(八四一)二月、従五位下で民部少輔となり、同年四月、右衛門権佐にうつる。同九年六月、左京釆女町(平安左京北辺三坊)の西北の地四分の一を賜わる。翌七月十七日、同族の橘朝臣逸勢(はやなり)らが謀反の疑いで逮捕され、拷問を受けるが、その渦中の七月二十五日、刑部少輔に任ぜられた。刑部少輔の在任は、わずか半月で終わり、八月十一日、兵部少輔に転任した。その後、同十年三月、弾正少弼、同十三年七月、備前守、同十四年二月、左少弁、嘉祥二年(八四九)正月、右少弁となり、同年五月、渤海使に勅書と太政官牒を伝達した。仁寿二年(八五二)二月、右中弁となり、同三年四月、左中弁に転じ、同四年正月、正五位下に叙せられた。斉衡三年(八五七)正月、正五位下から一階こえて従四位下となり、越前守に任ぜられ、天安三年(八五九)二月、右京大夫にうつる。なお、以上の正史にみえるもののほか『尊卑分脈』には、左衛門佐・内蔵頭・図書頭・正四位下などの官歴・位階がみえる。

橘朝臣入居 たちばなのあそんいりい ―八〇〇 八世紀後半の官人。橘宿禰諸兄の孫。奈良麻呂の子。延暦二年(七八三)正月、従五位下に叙せられ、同年五月、近江介に任ぜられた。のち同四年十月に中衛少将、同七年六月に遠江守となる。同十四年七月、左兵衛佐で若狭・近江両国の駅路を調査する。同十五年三月、従五位上で左少弁兼左兵衛佐にあった時、斎王を迎えるために派遣される。同年八月、従五位上左兵衛佐で右中弁を兼ねる。卒伝に「しばしば上書して便宜を言ふ。補益すること多し。徴して右中弁となす。言ふ所の政務はなはだ省納せられ、奏して刪定令を撰す」とあり、なかなかの能吏であったと思われる。同十六年二月、正五位下播磨守(左兵衛佐・右中弁はもとのまま)となり、同十八年四月に正五位下で左京大夫(右兵衛佐・右中弁・播磨守はもとのまま)に任命された。同十九年(八〇〇)二月、従四位下右中弁で度二人を賜わる。その七日後の二月十日、卒した。

橘朝臣氏公 たちばなのあそんうじきみ 七八三―八四七 九世紀前半の公卿。奈良麻呂の孫。清友の第七子(『公卿補任』『尊卑分脈』は三男とする)。母は粟田小松泉子。氏公の位階からみると弘仁六年(八一五)正月、従五位下に叙せられて以来、同八年正月、従五位上、同十年正月、正五位下、同十一年正月、従四位下、同十三年正月、従四位上、同十四年四月、正四位下、天長十年(八三三)正月、従三位と叙位をかさね、承和十二年(八四五)正月には従二位に達した。特に嵯峨天皇の弘仁年間(八一〇―八二四)は二年未満に一階の早い昇叙をえていることが注目される。官歴を参議就任以前からみると、弘仁四年(八一三)正月、左衛門大尉、同年十一月、右近衛将監、同六年正月、左衛門佐、同七年正月、兼因幡介、同年十一月、兼美作守、同八年正月、但馬守、同十年二月、右馬頭、同十一年正月、右衛門督、同十三年十一月、右近衛中将、天長二年(八二五)正月、刑部卿、同三年七月、宮内卿、同六年正月、兼但馬守に任ぜられている。一時、武官の任を離れることもあったが、天長十年三月には非参議で右近衛大将の顕職についた。氏公はこのように武官を中心に昇進した経歴の持主であるが、一方、弘仁元年(八一〇)三月の昇殿以来、同五年正月に蔵人、同十三年正月に蔵人頭(翌十四年正月辞任)と、終始嵯峨の側近にあって重んじられた。特に藤原朝臣薬子の変直前の蔵人所設置と時機を接して昇殿を許されたことは、橘朝臣嘉智子の弟として嵯峨の信任が厚かったことを意味し、これが氏公をして衛府に累進せしめた要因であろう。氏公は天長十年六月、従三位右近衛大将で参議に任ぜられたが、その後の官歴をみると、承和五年(八三八)正月、中納言(兼右大将)、同九年三月、大納言(兼右大将)を経て同十一年七月、右大臣に昇り、世に井手右大臣といわれた。同十四年十二月、従二位右大臣をもって六十五歳で薨じ、従一位を贈られた。氏公のこのような栄達には、姉が嵯峨皇后(檀林皇后)であり、かつ仁明天皇の母である関係を除外しては考えられない。薨伝には「太后弟をもってこの顕要を歴る」とある。なお、氏公は姉と図り、橘氏の子弟のために大学別曹学館院を設立した。氏公の経済的基礎の一端は、『続日本後紀』承和十二年正月二十七日条の「上表して食封一千戸を返すことを請ふ」という記事にうかがわれる。

【参考文献】　岡崎裕子「橘氏公考」(『国史学』八七)、玉井力「承和の変について」(『歴史学研究』二八六)、福井俊彦「承和の変についての一考察」(『日本歴史』二六〇)

橘朝臣氏人　たちばなのあそんうじひと　―八四五　九世紀前半の官人。奈良麻呂の孫。清友の子。弘仁十三年(八二二)十一月、従五位下となり、以後天長五年(八二八)正月、従五位上、同十年三月、正五位下、同年十一月、従四位下に累進。承和三年(八三六)二月、大蔵大輔に任ぜられ、同六年正月、従四位上に叙せられた。同八年正月、左京大夫兼尾張守となる。承和の変後の同九年八月、尾張守はもとのままで刑部卿に任ぜられた。同十年二月、尾張守兼神祇伯となり、同十一年正月、正四位下に叙せられ、翌十二年七月、卒した。時に正四位下神祇伯。なお、『職事補任』仁明天皇条に、蔵人頭として列記されている。

橘朝臣嘉智子　たちばなのあそんかちこ　七八六―八五〇　嵯峨天皇の皇后。橘宿禰諸兄の孫橘朝臣清友の女。母は田口氏の女。仁明天皇ならびに正子内親王(淳和天皇の皇后)の母。檀林皇后ともいう。嘉智子の人となりは寛和・容姿美麗にして手は膝下におよび、髪は地にとどき、見る者は皆驚いたと伝える。嵯峨がまだ親王の時、その妃となり、嵯峨即位ののち弘仁六年(八一五)七月、皇后となるが、その数日前に仏の瓔珞を着る夢をみたという。嵯峨譲位後は、夫太上天皇とともに冷然院(冷泉院。平安左京二条二坊)、嵯峨院(京都市右京区嵯峨大沢町の大覚寺の前身)に住む。承和九年(八四二)七月の承和の変の際には、その摘発者となる。夫太上天皇の崩後、太皇太后として重きをなし、離宮朱雀院(平安右京四条一坊)を経営した。嘉智子は仏教を篤く信じ、つねに多くの宝幡・繡文袈裟などを作り、のち、僧恵蕚(えがく)を唐に派遣して、これらを唐の僧侶や五台山寺に喜施したが、一方、京都西郊の嵯峨野に檀林寺(比定地未詳)を創建した。また弟の右大臣橘朝臣氏公と図り、橘氏の子弟のために大学別曹学館院を設立するなどのことがあり、当時の人々は勢威を漢の鄧皇后と比べたという。嘉祥三年(八五〇)五月、薨じた。時に六十五歳。なお、嘉智子の財力の一面が『日本紀略』弘仁十四年(八二三)六月二日条にみえる封戸一千烟にうかがわれる。

【参考文献】　玉井力「承和の変について」(『歴史学研究』二八六)、西田直二郎「檀林寺遺址」(『京都史蹟の研究』所収)、林屋辰三郎「後院の創設―嵯峨上皇と檀林寺をめぐって―」(日本史研究会史料研究部会編『中世日本の歴史像』所収)、目崎徳衛「政治史上の嵯峨上皇」(『日本歴史』二四八)、同「平安時代初期における奉献」(『平安文化史論』所収)

橘朝臣清友　たちばなのあそんきよとも　七五八―七八九　八世紀後半の官人。奈良麻呂の子。嵯峨天皇の皇后橘朝臣嘉智子の父。名は浄友にも作る。若くして沈厚、書籍を渉猟し、身長六尺二寸、眉目画くがごとく、挙止はなはだ雅であったという。宝亀八年(七七七)二十歳の若さで選ばれて接待した渤海大使史都蒙は、その人相をみて子孫は繁栄するが三十二歳で災厄があると語った。のち田口氏の女を娶って嘉智子をもうけ、延暦五年(七八六)内舎人となったが、同八年、三十二歳で病没。のち太政大臣正一位を贈られた。『延喜式』に、墓所は山城国相楽郡の加勢山墓(加勢山は京都府相楽郡木津町鹿背山)にありというが、定かではない。

橘朝臣古那可智　たちばなのあそんこなかち　―七五九　聖武天皇の夫人。橘宿禰佐為の女。県犬養橘宿禰三千代は祖母に、橘宿禰諸兄は伯父に当る。天平九年(七三七)二月、無位から従三位に叙せられた。聖武の夫人になったのはこの頃であろう。この時、父は従四位上から正四位下に昇る。のち古那可智は天平二十一年四月、橘夫人と記され、正三位から従二位に昇叙した。橘朝臣奈良麻呂の乱の起こった約二カ月後の天平宝字元年(七五七)閏八月に妹真都我や同族とともに本氏姓を改めて広岡朝臣を賜わる。天平宝字三年七月、薨じた。時に夫人正二位とある。この時も夫人正二位広岡朝臣古那可智とみえる。古那可智は橘夫人と称して天平十四年二月に韓櫃などの調度を、また同十八年五月に『薬師経』などをそれぞれ法隆寺に施入している。また、天平勝宝四年(七五二)四月の大仏開眼会にも刀子・琥碧誦数を献ずるなど、仏教を篤く信じていたようである。大和国添上郡広岡(奈良市法蓮町)にある普光寺は、古那可智が聖武のために建立した寺と伝えられている。なお、聖武との間に子どもはなかったらしく、諸書に伝えられていない。

【参考文献】 須田春子「橘宿禰古那可智と普光寺」(『律令制女性史研究』所収)、木本好信「正倉院文書『人々進納銭注文』と橘夫人について」(『史聚』一七)

橘朝臣貞雄 たちばなのあそんさだお 九世紀中頃の官人。『尊卑分脈』『橘氏系図』などにみえず、続柄は未詳。承和七年(八四〇)正月、従五位下に叙せられ、斉衡三年(八五六)十二月に宮内少輔、天安元年(八五七)六月に兵部少輔に任ぜられた。同二年正月、従五位上に昇り、同年二月、宮内大輔にうつる。また、同年八月二十七日、この日崩じた文徳天皇の葬儀のため養役夫司となった。

橘朝臣常蔭 たちばなのあそんつねかげ 九世紀の官人。『尊卑分脈』『橘氏系図』などにみえないため、続柄は未詳。承和十五年(八四八)正月、従五位下に叙せられ、嘉祥三年(八五〇)四月、讃岐権介、仁寿元年(八五一)四月に次侍従、同二年正月に讃岐介、同四年二月に大判事に任ぜられた。斉衡三年(八五六)正月に従五位上に叙せられ、同年七月に刑部少輔となったが、翌月には縫殿頭にうつる。天安元年(八五七)二月、右兵衛権佐に任ぜられた。

橘朝臣常主 たちばなのあそんつねぬし 七八七―八二六 九世紀初めの官人。奈良麻呂の孫。嶋田麻呂の六男。母は淡海真人三船の女。弘仁七年(八一六)正月、蔵人に任命され、三月、式部大丞に転ずる。同八年正月、従五位下に叙せられ、二月、少納言となる。同九年正月、蔵人頭、六月、左中弁となる。同十一年正月、従五位上となり、十月、左近衛少将に任ぜられる。同十二年正月、正五位下、四月、従四位下に昇叙。同十三年三月、従四位下で修理大夫兼式部大輔のまま参議の列に加わる。橘氏では奈良麻呂以来六十数年ぶりの参議就任である。同十五年四月、式部大輔兼弾正大弼となる。天長三年(八二六)六月、四十歳で卒した。時に従四位下参議弾正大弼兼下野守。『公卿補任』『尊卑分脈』は、「世に云ふ。件の常主は薪を積み其上に居して焼死す。勅使有りて問せらる」という尋常な死に方ではなかったような風評を記録している。なお、常主の業績として、嵯峨天皇の命で藤原朝臣冬嗣らとともに『弘仁格式』の編纂に参加したことがあげられる。しかし、天長七年の撰上をみずして死去した。

橘朝臣永名 たちばなのあそんながな 七八〇―八六六 九世紀中頃の公卿。奈良麻呂の孫。入居の第四子(『公卿補任』は二男とする)。天長二年(八二五)正月、四十六歳で従五位下に叙せられ、大蔵少輔に任ぜられた。同三年、春宮大進兼丹波権介にうつる。そののち同九年、従五位上、同十年三月、正五位下、同年十一月、従四位下という早さで昇叙され、翌十二月には刑部大輔となる。承和(八三四―八四八)の初め頃、播磨守となり、承和四年十二月、右兵衛督を兼ね、同八年十一月、従四位上となる。しかし、承和九年七月、弟逸勢(はやなり)が承和の変で逮捕されたため、自首して解任され、京外に配された。のち逸勢の復権過程と歩調を合わせるかのように弾正大弼・神祇伯を歴任、貞観二年(八六〇)十一月、従三位に昇叙。貞観八年五月、八十七歳で薨じた。

【参考文献】 福井俊彦「承和の変についての一考察」(『日本歴史』二六〇)

橘朝臣奈良麻呂　たちばなのあそんならまろ　七二一―七五七　八世紀中頃の公卿。橘宿禰諸兄の長男。母は藤原朝臣不比等の女多比能。妻は大原真人明娘で、その間には安麻呂(第一子)がいた。その他の子に嶋田麻呂・清友・入居がいる。天平十二年(七四〇)五月、聖武天皇が父の相楽別業に行幸した時、無位から従五位下を授けられ、同年十一月、従五位上に昇叙し、同十三年七月、大学頭に任ぜられた。『続日本後紀』承和元年(八三四)十月条に「橘朝臣奈良麻呂家書四百八十余巻」とみえ、奈良麻呂が蔵書家であり学問上に蘊蓄の深かったことがうかがえる。その後、位階は天平十五年五月に正五位上、同十九年正月に従四位下、同二十一年四月に従四位上へと叙位を重ねた。一方、官職は天平十七年九月の摂津大夫、同十八年三月の民部大輔、天平感宝元年(七四九)閏五月の侍従を経て、同年七月(七月に天平勝宝と改元)にはついに参議の要職を占めた。高位高官に昇るにしたがい、藤原朝臣仲麻呂との間に確執を生じていった。仲麻呂は聖武が退位し、孝謙天皇の即位した天平勝宝元年(七四九)七月、参議から一挙に大納言に昇進した。また、光明皇太后の大権行使のために皇后宮職を紫微中台に発展改組したが、その長官に仲麻呂が就任した。このように光明皇太后と仲麻呂が着々と実権を掌握していくことに奈良麻呂はあせり、反仲麻呂勢力の結集をはかっていった。奈良麻呂の官位のその後をみると、天平勝宝四年十一月、但馬因幡按察使(あぜち)に任ぜられ、かねて伯耆・出雲・石見諸国の非違を検断した。この時以後、姓は宿禰ではなく朝臣とある。同六年正月、正四位下に叙せられ、翌天平勝宝七歳五月頃、兵部卿であったらしいが、同九歳六月、右大弁に任ぜられ、次第に政界に重きをなしたが、仲麻呂の比ではなかった。しかもこれより前の天平勝宝七歳十一月、父の左大臣諸兄が近侍者に密告され、翌八歳二月、辞職し、同九歳正月にその生涯を閉じたことも奈良麻呂の危機感を増幅させたであろう。さらに仲麻呂は聖武太上天皇の遺詔で立太子した道祖(ふなど)王を天平勝宝九歳三月に廃し、女婿の大炊(おおい)王(のちの淳仁天皇)を立太子させ、同年五月、紫微内相となって軍事権をも掌握した。このように仲麻呂の進出がめざましいなかで、奈良麻呂はいよいよ仲麻呂打倒を決意し、その計画を実行に移そうとした。反仲麻呂勢力はしばしば奈良麻呂の家などで秘密に会合していたが、同年六月中に行なわれた謀議が仲麻呂に密告され、決起予定の七月二日、上道臣斐太都(かみつみちのおみひたつ)の密告によって一党は一網打尽に逮捕され、事は成就しなかった。すぐに訊問が開始された。黄文王・道祖王・大伴宿禰古麻呂・小野朝臣東人・多治比真人犢養(こうしかい)・賀茂朝臣角足らの中心人物は拷問によって杖下に死し、安宿(あすかべ)王・大伴宿禰古慈斐(こしび)その他多数が流罪に処せられた。しかし、奈良麻呂はその終りを『続日本紀』に記されていない。『公卿補任』天平勝宝九年条に「七月二日謀反伏誅(或本遠流者如何)」とある。おそらく殺されたのであろう。『尊卑分脈』は三十七歳で誅されたと記す。『日本霊異記』では橘朝臣諾楽麻呂とみえ、諸々の悪事を好んだ人物と伝えられている。子清友の女嘉智子が嵯峨天皇の皇后となってから名誉を回復し、承和十四年(八四七)十月には太政大臣正一位を贈られた。『万葉集』には、その作になる短歌三首(六―一〇一〇、八―一五八一・一五八二)が収められている。

【参考文献】岸俊男『藤原仲麻呂』(『人物叢書』)、今井啓一「橘氏の獄とその後」(『滝川博士還暦記念論文集』日本史篇所収)、北山茂夫「天平末葉における橘奈良麻呂の変」(『日本古代政治史の研究』所収)、前川明久「橘奈良麻呂と弥勒会」(『続日本紀研究』七―七)

橘朝臣逸勢　たちばなのあそんはやなり　―八四二　九世紀前半の官人。書の名人。奈良麻呂の孫。入居の子。延暦二十三年(八〇四)空海・最澄らとともに遣唐使に従って留学したが、唐の文人はその才をほめて橘秀才と呼んだという。帰国後、従五位下に叙せられたが、老病のゆえをもって出仕しなかった。

承和七年(八四〇)四月、但馬権守となる。同九年七月、嵯峨太上天皇が重態におちいった時、伴健岑(こわみね)とともに皇太子恒貞親王を擁して東国に入ろうと謀ったという理由で、七月十七日、逮捕され拷問にかけられたが、罪に服することを拒否した。同月二十八日、死を減じて伊豆国へ遠流となった。しかも逸勢だけは本氏姓を除かれ非人に改められての配流であった。途中、遠江国板築駅(静岡県引佐郡三ヵ日町)で八月十三日、病没した。嘉祥三年(八五〇)五月、正五位下、仁寿三年(八五三)五月、従四位下を追贈され、貞観五年(八六三)五月の神泉苑(平安左京三条一坊にあった。京都市中京区の一帯)での御霊会では崇道天皇(早良親王)・伊予親王らとともに祭られた。書をよくし、嵯峨天皇・空海とともに三筆と称せられる。逸勢の書については『日本文徳天皇実録』嘉祥三年五月条に「尤も隷書に妙なり。宮門の榜に題す。手迹見に在り」と記され、存命当時から能筆家として評価されている。しかし、「伊都内親王願文」など逸勢の筆と伝えられているものは、その確証がないといわれており、現在、実際の書跡で確認することはできない。

【参考文献】 玉井力「承和の変について」(『歴史学研究』二八六)、福井俊彦「承和の変についての一考察」(『日本歴史』二六〇)、夏目隆文「橘逸勢の研究」上・中・下(『愛知大学綜合郷土研究所紀要』一〇～一二)

橘朝臣広相 たちばなのあそんひろみ 八三七―八九〇 九世紀後半の学者。奈良麻呂の五世の孫。岑範の二男。母は藤原末永の女。名は初め博覧、貞観十年(八六八)広相と改名した。字を朝綾という。早熟の秀才で菅原朝臣是善に師事し、貞観二年(八六〇)四月、文章生となり、ここから出身する。同六年四月、蔵人に任ぜられ、八月、対策に及第。同九年正月、従五位下に叙せられ、二月、文章博士となり、同十一年二月、東宮学士に任命される。同十九年正月、東宮学士の功により従五位上から一階越えて正五位上に昇叙し、二月、蔵人頭となり、同年十一月(四月に元慶と改元)にはさらに従四位下へと叙位を重ね、次第に確実な地歩を占めた。元慶八年(八八四)二月、従四位上に累進し、四月、光孝天皇の侍読となり、五月には文章博士(もう一人は菅原朝臣道真)に再任され、十二月、参議に昇進。仁和二年(八八六)六月、左大弁に進み、参議・勘解由長官・文章博士を兼ねて政界に重きをなした。広相は、仁和元年の刑部省断案に対する公卿奏状において、中納言在原朝臣行平とともに少数意見に固執して譲らず、半年後の同二年五月にようやく加署を承諾している。広相・行平以外は藤原氏七、源氏六をもって構成された仁和二年初頭の廟堂の中で、頑として自説を主張した点に、広相の剛直な政治姿勢がうかがえるが、文華を好んだ宇多天皇の信任厚く、女義子は宇多の女御となって二皇子をもうけた。仁和三年十一月、宇多の即位とともに藤原朝臣基経が関白となったが、命により広相の起草した勅答に「よろしく阿衡の任をもって卿の任となすべし」の句があった。基経は家司藤原朝臣佐世の言をいれ、ここに阿衡事件を生じた。広相はその責任を問われる危機的な立場に追いこまれたが、菅原朝臣道真の奔走や宇多が基経に譲歩したことなどもあり、急転直下解決し、翌四年十月、詔によってその罪を免ぜられた。事件落着後一年を隔てて寛平二年(八九〇)五月、五十四歳で卒した。死後、侍読の労によって中納言従三位を追贈され、また穀倉院の絹布などを喪家に給わるという破格の厚遇を受けた。『蔵人式』『橘氏文集』以下著述は多いが、いずれも散逸した。広相の撰した「神護寺鐘銘」の序文は有名である。

【参考文献】 坂本太郎『菅原道真』(『人物叢書』)、目崎徳衛「阿衡問題の周辺」(『新訂増補国史大系月報』21)、同「在原業平の歌人的形成」(『平安文化史論』所収)、弥永貞三「阿衡の紛議」(『日本と世界の歴史』六所収)、同「菅原道真の前半世」(川崎庸之編『日本人物史大系』一所収)、同「仁和二年の内裏」(坂本太郎博士還暦記念会編『日本古代史論集』下所収)

橘朝臣真都我　たちばなのあそんまつが　八世紀後半の後宮の女官。名を麻都賀・麻都我・真束・麻通我にも作る。橘宿禰佐為の四女。聖武天皇の夫人橘宿禰古那可智(こなかち)の妹。橘宿禰諸兄は伯父。姓は初め宿禰。藤原朝臣武智麻呂の子乙麻呂に嫁して許(人)麿を生み、また乙麻呂の子是公の妾となって雄友・真友・弟友を生んだ。橘朝臣奈良麻呂の乱の起こった約二カ月後の天平宝字元年(七五七)閏八月、姉古那可智や同族とともに本氏姓を改めて広岡朝臣を賜わった。時に無位。天平宝字五年正月、無位から従五位下に叙せられた。時に橘宿禰真都我とみえる。以後累進して延暦五年(七八六)正月、従三位まで昇った。この時、橘朝臣真都賀とある。『公卿補任』延暦九年条に藤原朝臣雄友は「右大臣是公の三男、母は……尚蔵三位麻通我朝臣」とあり、同書延暦十三年条にも藤原朝臣真友は「右大臣是公の二男」で、母は雄友と同じとするが、この時は「尚侍従三位麻乙朝臣」と記す。『尊卑分脈』には「尚蔵従三位麻通我」とある。

橘朝臣岑継　たちばなのあそんみねつぐ　八〇四―八六〇　九世紀中頃の公卿。奈良麻呂の曾孫。氏公の長子。母は田口継麿の女真仲であり、仁明天皇の乳母であった。岑継の位階の点からみると、天長九年(八三二)正月、従五位下を授けられ、以後承和三年(八三六)正月、従五位上、同六年正月、正五位下、同七年正月、従四位下、同十四年正月、従四位上、嘉祥二年(八四九)正月、従三位と昇叙し、斉衡二年(八五五)正月、正三位に昇った。特に仁明朝の前半における位階の上昇はめざましいものがある。岑継が少年時代に仁明から寵幸をうけたことが薨伝に次のように記されている。岑継は身長六尺に余る偉丈夫であったが、幼少の頃から愚鈍で文書を好まず、仁明はこれを惜しみ、岑継は大臣の子孫であって私の外戚の家の者である、もし才識あらば公卿の位にも進むことができるのにどうして書を読まないのかと歎いたという。岑継はこのことをひそかに聞いて深く反省し、のち専心学問に志すにいたったという。その努力は岑継の官歴に反映している。天長六年(八二九)三月、内舎人となり、同七年正月に蔵人、同月に常陸少掾に任ぜられ、六月、相模掾を経て、同九年正月、相模権守にうつる。そして、仁明即位の初め、同十年三月、右近衛少将となったが、父氏公が右近衛大将を拝任したため一時左兵衛佐にうつり、十一月、左近衛少将に任ぜられた。承和三年(八三六)正月、左近衛少将兼丹波守となり、同年七月、伊勢国壱志郡の空閑地百三十町を賜わっている。同七年三月、左近衛少将兼兵部大輔となるが、六月、兵部大輔兼左近衛中将に昇進する。その後、同九年正月に蔵人頭の要職に補され、同十一年正月、参議(従四位下)に任命された。同十三年正月、参議兼右衛門督、同十五年二月、さらに相模守を兼ね、嘉祥二年(八四九)正月、権中納言を経て、斉衡三年(八五六)十一月、中納言に昇任する。貞観二年(八六〇)十月、五十七歳で薨じた。時に正三位中納言であった。岑継は武官を遷任する一方で、蔵人・蔵人頭を歴任して仁明の側近にあって重んじられ、参議・中納言へと昇進するという出世コースをたどった。これは父氏公や伯母橘朝臣嘉智子(嵯峨天皇の皇后。仁明の母)の存在が大きいが、母が仁明の乳母であった影響もその大きな原因であろう。

【参考文献】　福井俊彦「承和の変についての一考察」(『日本歴史』二六〇)、岡崎裕子「橘氏公考」(『国史学』八七)

橘朝臣安麻呂　たちばなのあそんやすまろ　七三九―八二一　八世紀後半―九世紀初めの官人。奈良麻呂の第一子。橘宿禰諸兄の孫。母は大原真人明娘。延暦六年(七八七)正月、従五位下に叙せられ、以後、甲斐守・少納言・内蔵頭などを歴任。同二十四年正月、従四位下にいたり、同月、左中弁となる。さらに同年九月、常陸守に転じたが、母の病により申請して同年十月四日、備前守にうつり、同月十一日、播磨守となる。大同二年(八〇七)伊予親王の外戚という理由で伊予親王事件にまきこまれて解任され、京に還った。しかし、のち弘仁元年(八一〇)十一月、従四位上、さらに同十年正月、正四位上に叙せられたが、同十二年七月、卒去。時に八十三歳。卒伝に「頗る礼節を守り、兼ねて古事を知る」とある。

【参考文献】 阿部猛「藤原南家の没落―大同二年の伊予親王事件―」(『日本歴史』二四四)

橘朝臣良基 たちばなのあそんよしもと 八二五―八八七 九世紀の官人。常主の孫。安吉雄の子。仁寿三年(八五三)左京少進に任ぜられ、次いで民部少丞にうつった。天安年間(八五七―八五九)の初め、大宰大弐であった正躬(まさみ)王に少監就任を請われたが、応じなかった。このため文徳天皇の怒りにふれ、官を解任された。しかし、このことは以後の昇進に大きな障害とはならなかったようである。天安二年(八五八)清和天皇が即位すると、貞観元年(八五九)木工少允に復活し、次いで式部大丞に昇進。同六年正月、従五位下に叙せられ、伊予権介となり治績があがった。同十一年正月、従五位上常陸介、同十六年頃、越前守へと累進。元慶三年(八七九)頃、丹波守にうつる。政績によって同六年正月、正五位下から従四位下へと一階をこえて昇叙。同八年五月、信濃守に任ぜられ、以後卒するまでこの職にあった。ここでも律令制を維持しようとするその治政には、大いにみるべきものがあり、良吏の名をほしいままにした。しかし、直情径行的な硬骨漢のためか仁和元年(八八五)四月、たまたま詔使対捍の行為に出て、刑部省で訊問されたが、推断の終わらないうちに仁和三年六月、卒去した。時に六十三歳。清廉をもって治政の信条とし、清貧に甘んじたため家に寸儲なく、わずかに中納言在原朝臣行平の賻するところの絹布をもって殯葬することができたという。

【参考文献】 佐藤宗諄「平安初期の官人と律令政治の変質」(『平安前期政治史序説』所収)、目崎徳衛「在原業平の歌人的形成」(『平安文化史論』所収)、亀田隆之「良吏の一考察―橘良基の動きを通して―」(『日本歴史』三七三)

橘宿禰佐為 たちばなのすくねさい ―七三七 八世紀前半の官人。敏達天皇の孫または曾孫という栗隈王の孫。美努王の子。母は県犬養橘宿禰三千代。諸兄(葛城王)の弟。光明皇后と同母の兄妹。古那可智(こなかち。聖武天皇の夫人)・真都我(まつが)の父。初め佐為王といい、和銅七年(七一四)正月、無位から従五位下を授けられ、養老五年(七二一)正月、従五位上に昇り、同月、詔により退朝ののち東宮に侍した。同年九月、元正天皇が内安殿に御し、幣帛を伊勢大神宮に供するため、皇太子の女井上内親王を斎王として北池辺新造宮に移した際、兄の葛城王とともに前興長となった。天平八年(七三六)十一月、葛城王とともに臣籍に下って母の氏姓橘宿禰を賜わるよう上表し、それが許された。翌九年二月、橘宿禰佐為として正四位下を授けられたが、同年八月、卒した。藤原四子を急死させた、折からの天然痘の流行による病死であろう。時に中宮大夫兼右兵衛率正四位下であったが、中宮大夫任官の記事は『続日本紀』にみえない。また、内匠寮長官に任ぜられたことは、『万葉集』によって知られる(六―一〇〇四の左注)。なお、『家伝』下に「風流侍従」の一人としてみえる狭井王は佐為王と同一人物であろう。

【参考文献】 佐伯有清『新撰姓氏録の研究』考証篇一

橘宿禰諸兄 たちばなのすくねもろえ 六八四―七五七 八世紀前半から中頃の公卿。敏達天皇の孫または曾孫という栗隈王の孫。美努王の長子。母は県犬養橘宿禰三千代。光明皇后の異父兄であり、また藤原朝臣不比等の女多比能を妻とし、奈良麻呂をもうけた。初め葛城王(葛木王にも作る)と称した。和銅三年(七一〇)正月、無位から従五位下に叙せられ、同四年十二月、馬寮監に任ぜられる。累進して神亀六年(七二九)三月、正四位下となり、同年(八月に天平と改元)九月、左大弁に任命された。天平三年(七三一)八月、諸司の推挙により藤原朝臣宇合・麻呂とともに参議の列に加わり、同四年正月、従三位に昇叙した。同八年十一月、弟の佐為王とともに上表して、母三千代が和銅元年にその忠誠を嘉せられて賜わった橘宿禰の氏姓を継ぐことを請い、許された。諸兄がその臣籍降下に際して、真人や朝臣ではなく宿禰姓のあとを継ぐべく願いでた意図は、不比等と再婚した母三千代のあとを継ぎ、その巨財の相続者となり、かつ藤原氏との縁を強化して政界に勢力をのばすことにあったと思われる。もっとも、のち天平勝宝二年(七五〇)正月、朝臣姓を賜わった。天平九年、天然痘の大流行によって不比等の四子が相次いで病死したため廟堂が壊滅状態になったあと、同年九月、生き残った参議鈴鹿王は知太政官事に、同じく参議であった諸兄は大納言となって政権を担当した。翌十年正月、阿倍内親王の立太子と同時に正三位に叙せられ、右大臣へと躍進して政治上の実権を確実に掌握した。唐から帰国した新知識人の僧玄昉や吉備朝臣真備は、諸兄と結んでそのブレーンとなり、政界の新興勢力を形成した。同十二年九月、藤原朝臣宇合の子大宰少弐広嗣が筑紫で反乱を起こした。乱は月余で鎮定されたが、広嗣の主張するところは玄昉と真備を排除することにあった。諸兄政権に対する藤原氏の反発のあらわれである。聖武天皇と諸兄らの受けた衝撃は大きかったようで、同十二年十月、聖武は東国へ避難し、伊勢・美濃国などを経て山背国にいたった。諸兄の主唱によってそののち同年十二月、恭仁宮(くにのみや。井手にあった諸兄の相楽別業から約十キロメートル南にある。宮跡は京都府相楽郡加茂町瓶原にある)へ行幸し、新都造営を開始する。以後五年間、平城京を留守にする。同十五年五月、従一位に叙せられ、左大臣に任ぜられたが、この頃から次第に台頭しつつあった藤原朝臣武智麻呂の子仲麻呂との確執が強くなる。一方、大仏鋳造に資する目的などのために同年五月、墾田永年私財法が出されたが、これに前後する一連の政策の中に諸兄政権にまつわる非律令的性格を認めようとする学説もある。天平感宝元年(七四九)四月、正一位に累進し、諸兄は依然として台閣の首班の地位を確保していたが、政治上の実権は光明皇太后の信任をえた仲麻呂の手に移っていた。天平勝宝七歳(七五五)十一月、聖武太上天皇が重態となった時、祇承人(近侍者)の佐味朝臣宮守に左大臣諸兄は飲酒の席で不遜の言辞を述べ、やや謀反の状があると密告された。しかし、太上天皇は優容してこれをとがめなかったが、諸兄は密告されたことを知って同八歳二月、辞任を余儀なくされた。翌九歳一月、失意のなかに七十四歳をもって薨じた。その直後に橘朝臣奈良麻呂らの仲麻呂打倒計画の謀議が発覚した。『万葉集』に短歌八首を残しているが、諸兄の邸宅ではしばしば歌宴が催され、大伴宿禰家持・書持(ふみもち)の兄弟、大伴宿禰池主その他が参加したらしい。『尊卑分脈』『公卿補任』などに、井手左大臣・西院大臣と号したとある。

【参考文献】　川崎庸之「橘諸兄」(『記紀万葉の世界』(『川崎庸之歴史著作選集』一)所収)、岸俊男「郷里制廃止の前後」(『日本古代政治史研究』所収)、直木孝次郎「橘諸兄と元正太上天皇」(『夜の船出』所収)、同「天平十八年の任官記事をめぐって」(同上書所収)、中川収「橘諸兄体制の成立と構成」(『日本歴史』三〇八)、横田健一「橘諸兄と奈良麻呂」(『白鳳天平の世界』所収)

橘皇女　たちばなのひめみこ　仁賢天皇の皇女。宣化天皇の皇后。母は春日大娘皇女。『古事記』宣化段には橘之中比売命とある。『日本書紀』宣化元年三月条によると皇子一人、皇女三人を生んでおり、皇女の一人石姫(いしひめ)は欽明天皇の皇后となっている。同四年十一月条には宣化の陵墓である身狭桃花鳥坂上(むさのつきさかのうえ)陵(『陵墓要覧』によれば、奈良県橿原市鳥屋町の鳥屋ミサンザイ古墳とするが、同市の見瀬丸山古墳を宣化陵に比定する説もある)に皇后を合わせ葬ったとあり、分注に、皇后の崩年は伝記に載せずとある。

田中氏　たなかうじ　武内宿禰の後裔氏族の一つ。蘇我石川宿禰の子孫といい、蘇我氏の同族。『新撰姓氏録』によれば、蘇我稲目宿禰から分岐したという(右京皇別上)が、これはほぼ史実を伝えていると思われる。姓は初め臣で、天武十三年(六八四)朝臣を賜わった。本拠地は大和国高市郡田中(奈良県橿原市田中町)。氏人の名は推古朝から現われるが、蘇我氏の血縁親族であるため、当初から大夫(まえつきみ)を出す有力な家柄であった。しかし奈良朝以降は不振で、宝亀九年(七七八)に没した田中朝臣多太麻呂の右大弁正四位下が氏人の最高位である。

【参考文献】 加藤謙吉『蘇我氏と大和王権』、阿部武彦「蘇我氏とその同族についての一考察」(『日本古代の氏族と祭祀』所収)

田中朝臣浄人　たなかのあそんきよひと　八世紀末から九世紀前半の官人。名を清人にも作る。延暦十六年(七九七)二月、従五位下で造酒正となり、同月、宮内少輔に任ぜられた。弘仁元年(八一〇)九月、造西寺長官となり、同年十月、左京亮に任ぜられ、同年十一月、従五位上に昇り、翌二年七月、大蔵少輔となった。

田中朝臣多太麻呂　たなかのあそんただまろ　―七七八　八世紀後半の官人。名を多太万呂にも作る。天平勝宝九歳(七五七)五月、従五位下に昇り、翌六月、中衛員外少将となる。天平宝字四年(七六〇)正月、従五位上に昇り、同五年十一月、節度副使として東海道に派遣された。以後、陸奥守となり、鎮守副将軍などを兼ね、神護景雲元年(七六七)十月、伊治城(宮城県栗原郡築館町富野の城生野に比定される)を築いた功績により正四位下に昇った。同四年六月、民部大輔となり、八月には称徳天皇大葬の御装束司を務め、宝亀二年(七七一)二月には左大臣藤原朝臣永手の喪事に従った。さらに美濃守に任ぜられ、同八年十月、右大弁となり出雲守を兼任したが、翌九年正月、卒去した。

田中朝臣法麻呂　たなかのあそんのりまろ　七世紀末の官人。持統元年(六八七)正月、直広肆の時、天武天皇の喪を告げるため新羅に派遣され、同三年正月、帰朝した。しかし、この時、新羅の勅を奉る人が前例と違い蘇判の位であったので詔を奉宣することができなかったという。のち伊予総領となり、同年八月、讃吉(岐)国御城郡(香川県木田郡三木町・牟礼町の一帯)で捕えた白燕を放養し、また同五年七月、今度は伊予国司として宇和郡御馬山(愛媛県北宇和郡三間町付近の山。同町成家の小字金山に比定する説がある)の白銀・鉚(あらかね)を献上した。文武三年(六九九)十月、直大肆に昇っていて、越智山陵営造使となるが、以後の消息はみえない。

田辺氏　たなべうじ　文筆を職掌とした氏族。姓は史。漢王ののち、知惣から出たとする一族と豊城入彦命の四世孫大荒田別命の後裔とする一族がある。氏名は大阪府柏原市田辺の地名に基づく。『新撰姓氏録』左京皇別下の上毛野(かみつけの)朝臣条に、「文書を解するをもって田辺史と為す」、天平勝宝二年(七五〇)「改めて上毛野公を賜ふ」、弘仁元年(八一〇)「改めて朝臣姓を賜ふ」とあり、上毛野氏と密接な関係にあった。

【参考文献】 佐伯有清『新撰姓氏録の研究』研究篇、志田諄一「上毛野氏と帰化系氏族」(『日本上古史研究』三―四)

田辺史首名　たなべのふひとおびとな　『大宝律令』撰定者。『続日本紀』文武四年(七〇〇)六月条に、刑部(おさかべ)親王らとともに律令撰定の功により、禄を賜わったとある。時に進大弐。天平十年(七三八)の『和泉監正税帳』に、「天平四年前監所給借貸未納伍伯陸拾陸束伍把(故正田辺史首名二百廿束五把……)」とみえるので、首名は天平四年当時、和泉正(和泉監長官)の任にあり、借貸の稲若干束を賜わり、二百二十束五把を未済のまま、まもなく死亡したことが知られる。

【参考文献】 滝川政次郎「田辺史首名について」(『日本上古史研究』五―一一)

田辺史福麻呂　たなべのふひとさきまろ　八世紀前半の万葉歌人。『万葉集』によれば、天平二十年(七四八)三月、造酒司令史の官にあった福麻呂は、左大臣橘宿禰諸兄の使者として越中に赴き、越中守大伴宿禰家持や掾久米朝臣広縄の館で饗宴をうけ歌を詠んでいる(一八―四〇三二~四〇三五・四〇五二)。また太上天皇(元正)が難波宮(大阪市東区法円坂を中心にした大坂城の南の地)に在る時、橘宿禰諸兄宅に宴した日の歌や、江をのぼり遊宴した日の歌もみえる(一八―四〇六一・四〇六二)。巻六や巻九にも、「福麻呂の歌集に出づ」として多くの歌をのせる。

田辺史伯孫　たなべのふひとはくそん　河内国飛鳥戸郡(大阪府柏原市南部と羽曳野市南東部)の人。陵辺君百尊にも作る。『日本書紀』によると、雄略九年七月、伯孫の女が古市郡(羽曳野市付近)の書首加竜の妻となり出産したので、聟の家に行って祝賀し、月夜に帰る途中、誉田陵(応神陵)の下で赤馬に乗った人に出逢い、馬を交換して帰った。翌朝その馬は土馬(埴輪の馬)に変っていた。怪しんで誉田陵に行くと、自分の馬が土馬の中にいたので、また取り換えて帰ったという。

田辺史広浜　たなべのふひとひろはま　八世紀後半の官人。天平宝字元年(七五七)以後、上毛野(かみつけの)君に作る。『続日本紀』によれば、天平勝宝元年(七四九)八月、従六位上から外従五位下、天平宝字元年五月、従五位下に、同二年十一月、由機(紀)の国司播磨介として従五位上に叙せられた。同五年十月、安芸国で遣唐使船を造り、同六年正月、左京亮、同八年正月、近江介となる。また『東大寺要録』には大仏建立に際し銭一千貫を寄進したとある。

田辺史百枝　たなべのふひとももえ　『大宝律令』撰定者。文武四年(七〇〇)六月、律令撰定の功により禄を賜わる。『懐風藻』に大学博士従六位上とあり、「五言。春苑、応詔。一首」として、「聖情汎愛に敦く、神功も亦陳べ難し。唐鳳台下に翔り、周魚水浜に躍る。松風の韻詠に添へ、梅花の薫身に帯ぶ。琴酒芳苑に開き、丹墨英人点く。適に遇ふ上林の会、悉くも寿く万年の春」の詩がみえる。

田部氏　たべうじ　屯倉の屯田(御田)の耕作に従事した田部の伴造氏族。姓は臣・連・直・忌寸など多様で、地方では出雲国に臣、豊前国に勝、摂津国に宿禰、周防国に連、伊予国に直姓がそれぞれ分布する。田部は各地の人民や渡来人を必要に応じて編成したため、その構成は多様で、伴造氏族たる田部氏の姓が雑多であることにもそれが反映している。『日本書紀』には、欽明朝において吉備五郡に白猪屯倉(岡山県真庭郡落合町大庭付近か)および田部が設定され、そこに蘇我氏が田令(たつかい)を派遣して田部の丁籍を作成したという伝承がみえる。

玉作正月麿　たまつくりのむつきまろ　九世紀後半の俘囚。名を正月丸にも作る。元慶二年(八七八)三月、出羽国の俘囚が国司の圧政に抗して反乱を起こし、政府は藤原朝臣保則らを派遣して鎮圧をはかったが、その中で、同年七月、深江弥加止(三門)らと俘囚二百余人を率いて夜襲して賊八十人を殺し、その食糧・舎宅を焼いた。その軍功により、翌三年正月、外正八位下から外従五位下に叙せられた。

【参考文献】高橋富雄『蝦夷』

玉作部　たまつくりべ　勾玉・管玉・平玉など玉類を製作貢納した品部。伴造氏族には、玉祖(たまのや)連・玉作造などがいる。『日本書紀』神代巻に玉作部の遠祖豊玉に玉を造らせたことがみえ、垂仁三十九年十月条の「一云」に、玉作部など十箇品部を五十瓊敷(いにしき)命に賜うとみえる。摂津・遠江・駿河・上総・周防など諸国に分布する。

玉手氏　たまてうじ　武内宿禰の後裔氏族の一つ。葛城襲津彦(かずらきのそつひこ)の子孫という。姓は初め臣、天武十三年(六八四)八色の姓制定に際し、朝臣を賜わる。氏名は、『古事記』孝安段に玉手岡、『日本書紀』孝霊即位前条に玉手丘とあり、のちの大和国葛上郡玉手(奈良県御所市玉手)の地名に因む。平安右京・大和国添上郡(奈良県添上郡・奈良市東部と大和郡山市・天理市・山辺郡の各一部)などにも分布する。『古事記』孝元段には、的(いくは)臣・生江臣・阿芸那(あぎな)臣らと同祖とある。

玉祖氏　たまのやうじ　玉作部の伴造氏族。玉屋にも作る。姓は初め連、天武十三年(六八四)八色の姓制定に際し、宿禰を賜わる。『古事記』天孫降臨段に玉祖命は玉祖連らの祖とみえる。『日本書紀』神代巻には羽明玉・天明玉・豊玉・玉屋命・櫛明玉神などと表記され、玉作部の遠祖豊玉、玉作の上祖玉屋命ともみえる。祖神の神名を記念して氏名としたものか。『新撰姓氏録』には右京と河内国の各神別に玉祖宿禰氏がみえ、大伴氏と同じく高皇産霊(たかみむすび)尊の後裔と称する。周防国の玉祖神社(山口県防府市大崎)の神官玉祖は有力な支族である。

田道　たみち　仁徳朝の征新羅・蝦夷将軍。「たじ」とも訓み、止美(とみ)連氏などの祖。『日本書紀』仁徳五十三年五月条に、竹葉瀬(たかはせ)の弟としてみえ、精兵を授けられて新羅に遣わされたと伝える。新羅人の強い抵抗に会ったが、新羅の軍卒一人を捕え、守備の弱い左側方面のことを聞き出して、精騎をつらねて攻撃し、新羅の軍を破り、数百人を殺し、四邑(よつのむら)の人民を捕虜として帰還したという。同五十五年には、蝦夷がそむいたので、遣わされたが、戦いに敗れ伊峙水門(いしのみなと。上総国夷灊(いしみ)郡、現在の千葉県夷隅郡・勝浦市。陸奥国牡鹿郡石巻、現在の宮城県石巻市とする説もある)で死んだという。死後、田道の従者が手にまいていた玉を持ち帰り、田道の妻にあたえたところ、妻はその玉を抱いて縊死したので、当時の人々は悲しんだと伝えている。その後、蝦夷が襲撃してきて田道の墓を掘ると、大蛇が出てきて蝦夷を食い殺し、また大蛇の毒のために多くの蝦夷が死亡したという。『日本書紀』は、時の人の言として、「田道、既に亡(し)にたりと雖(いへど)も、遂に讎(あだ)を報ゆ。何ぞ死にたる人の知(さとり)無からむや」と記している。『新撰姓氏録』河内国皇別の止美連条に荒田別命の子としてみえ、百済国に遣わされて、止美邑(とみむら)の呉女(くれめ)を娶り、持君(もちのきみ)を儲けたといい、その三世の孫の熊次・新羅らが欽明朝に渡来したとする。

【参考文献】志田諄一『古代氏族の性格と伝承』、三品彰英「荒田別・田道の伝承」(『朝鮮学報』三一)

多米氏　ためうじ　宮廷の炊飯の仕事に携わった伴造氏族。田目にも作る。姓は初め連、天武十三年(六八四)八色の姓制定に際し、宿禰を賜わる。『政事要略』所引の『新撰姓氏録』逸文によれば、成務天皇の世、この氏の祖小長田が大炊寮に仕え、御飯の香りがうるわしかったのでその氏名を賜わったとある。食物の総称である「ためつもの」(味物)の「ため」に基づく。本宗である平安右京・大和国の多米宿禰のほか、平安左京・山城・摂津・河内国などに連姓の多米氏も分布する。

田裳見宿禰　たもみのすくね　津守連の祖。『日本書紀』神功摂政前条に、新羅征討軍に従った表筒男・中筒男・底筒男の三神が神功皇后に荒魂(あらみたま)を穴門(あなと。のちの長門国西南部)の山田邑に祭るように誨した時、穴門直の祖である践立(ほんたち)と津守連の祖の田裳見宿禰が、神の欲する地を定めて、践立を神主にすべきであると奏上した。そこで神功は祠を穴門山田邑に立てたとある(山口県下関市楠乃にある住吉神社)。『住吉大社神代記』には手搓足尼・手搓見足尼・多毛弥足尼とあって、三筒男神を祭り、さらに渟名椋(ぬなくら)の長岡の玉出狭(たまでのお。兵庫県神戸市東灘区住吉とする説もあるが、住吉大社のある大阪市住吉区住吉町の地とみられる)に住し、住吉大神を祭り住吉国と称して神主となったとある。

垂水氏　たるみうじ　摂津国豊島郡垂水村(大阪府吹田市豊津)に地縁をもつ氏族。『新撰姓氏録』には垂水史(左京皇別下)と垂水公(右京皇別上)とがみえるが、前者は史の姓から推して渡来系の氏族であろう。後者については孝徳朝に公姓を賜わり、垂水神社を掌ったとある。

【参考文献】佐伯有清『新撰姓氏録の研究』考証篇二

丹波氏　たんばうじ　(一)東漢(やまとのあや)氏系渡来氏族。後漢霊帝の後裔と称する。但波にも作る。姓は史(ふひと)。『丹波氏系図』によれば、後漢霊帝の子孫で坂上氏を賜わった志拏直が丹波国に居住したことに因み、その孫孝日王が丹波史の祖であると伝承される。また、同系図(続群書類従本)によれば、丹波史の子孫康頼が宿禰姓を賜わり、その孫忠明が朝臣姓を賜わったとあるが、信頼性に欠ける。(二)丹波国造。尾張氏の一族。姓は直。丹後国丹波郡(京都府中郡峰山町)の地名に因むが、広く丹波・丹後両国に分布する。『先代旧事本紀』国造本紀には建稲種命四世孫の大倉岐命、天孫本紀には火明(ほのあかり)命六世孫の建田背命がその祖とみえる。なお、大化の東国国司の一人に丹波臣がみえる。

丹波道主命　たんばのみちぬしのみこと　開化天皇の皇孫。いわゆる四道将軍の一人。開化の皇子彦坐(ひこいます)王の子とするが、『日本書紀』垂仁五年十月条分注には「一云」としてやはり開化の皇子彦湯産隅(ひこゆむすみ)王の子という所伝を掲げる。『古事記』開化段には、日子坐王が天之御影神の女息長水依比売(おきながみずよりひめ)と婚姻して生まれた子丹波比古多々須美知能宇斯(ひこたたすみちのうし)王とある。『日本書紀』崇神十年九月条の四道将軍派遣記事においては丹波道主命を丹波に遣わすとあり、垂仁五年十月条には、皇后の狭穂姫が謀反を起こした兄とともに死ぬ直前、自分にかわって丹波道主王の五人の女を後宮に入れるべきことを垂仁天皇に進言している。垂仁は五人のうち日葉酢(ひばす)媛を皇后とし、竹野媛を本国に返したという。日葉酢媛は大足彦(おおたらしひこ)尊(のちの景行天皇)・倭姫命などを生んでいる。

段楊爾　だんように　百済から遣わされた五経博士の一人。『日本書紀』によると、継体七年(五一三)六月、百済は姐弥文貴(さみもんき)・州利即爾(つりそに)両将軍と前年百済に使していた穂積臣押山に副えて五経博士段楊爾を貢上、同十年九月に同じ五経博士の漢高安茂と交代させたという。五経博士の上番はその後も続くが、文献による限り、段楊爾が最初の人物である。段楊爾の上番は、前年の任那四県の請求の代償であろうとする説がある。

【参考文献】　末松保和『任那興亡史』

ち

少子部氏　ちいさこべうじ　少子部の伴造氏族。小子部・小児部にも作る。姓は連。氏名は、小さな子供によって組織され、宮廷内にあって雷神制圧や祭祀に従事した部に基づく。また、少年をもって編成され、天皇に近侍して雑事の処理と護衛の任に当る軍事的組織、あるいはそれに属する部に基づくとする説がある。天武十三年(六八四)十二月、宿禰の姓を賜わる。『日本書紀』によると、雄略六年三月、雄略天皇は后妃に養蚕をすすめようと、蜾蠃(すがる)に命じて国内の蚕を集めさせた。蜾蠃は誤って嬰児を集め、雄略に献じた。雄略は大いに笑い、嬰児を蜾蠃に賜わり、宮墻のほとりで養わせ、少子部連の氏姓を賜わったという。『日本霊異記』にも小子部栖軽が雄略の命をうけて雷を捕えた話がみえる。『新撰姓氏録』左京皇別上の小子部宿禰条に、神八井耳(かんやいみみ)命の後で大泊瀬幼武(雄略)天皇の御世に蚕を集めるのに誤って小児を集めて貢上したので、氏姓を小児部連と賜わったとある。『古事記』神武段にも、神八井耳命は小子部連らの祖とみえる。一族では壬申の乱での尾張国司守少子部連鉏鉤(さいち)が有名。近年、藤原宮跡・平城宮跡から「少子部門」「小子門」と書かれた木簡が出土し、少子部氏の名がつけられた宮城門が藤原・平城両宮にあったことが確実となった。氏名が門号になっていることからすると、少子部氏も大化前代以来の伝統による門部の負名氏の一員であったと考えられる。

【参考文献】志田諄一『古代氏族の性格と伝承』、直木孝次郎「小子部について」(『日本古代兵制史の研究』所収)、同「木簡と小子門」(『日本歴史』四一六)、今泉隆雄「平城宮の小子門について」(『平城宮木簡』三所収)

少子部連鉏鉤　ちいさこべのむらじさいち　―六七二　七世紀後半の地方官。尾張国司守。天武元年(六七二)六月、壬申の乱に際し伊勢国桑名郡家(桑名郡は現在の三重県桑名市と桑名郡。郡家の所在地は未詳)に駕をとどめていた天武天皇に対し、高市皇子は使を遣わし御在所が遠く離れていると軍の指揮をとるのに不便なので、近い場所においでいただきたいと奏言した。天武はその日のうちに皇后をとどめたまま美濃国不破(岐阜県不破郡と大垣市の一部)に入った。郡家(不破郡垂井町宮代付近)に着こうとするところ、尾張国司守の鉏鉤が二万の衆を率いて天武に帰順した。天武は鉏鉤をほめ、その軍兵を分けて各方面の道の守りにつかせた。同元年八月、高市皇子に命じて近江の群臣の罪状を人々に告げ知らしめた。重罪八人を極刑に処し、蘇我臣赤兄・巨勢臣比等(ひと)およびその子孫、中臣連金の子、蘇我臣果安の子を流罪に処した。これよりさき、鉏鉤は山にかくれてみずから命を断った。天武は鉏鉤は軍功があり、罪がないのになぜ自殺したのか、それともなにか隠された事情があったのかといったという。

少子部連蜾蠃　ちいさこべのむらじすがる　少子部連の祖。名を栖軽にも作る。『日本書紀』によると、雄略六年三月、雄略天皇は后妃に養蚕をすすめようとし、蜾蠃に命じて国内の蚕を集めさせた。その時、蜾蠃は誤って嬰児を集めて献じた。雄略は大いに笑い、嬰児を蜾蠃に賜わり、宮墻のほとりで養わせ、少子部連の氏姓を賜わった。同七年七月、雄略は蜾蠃に詔し、大和国三諸岳(三輪山)の神の形をみたいのでとらえてくるように命じた。蜾蠃は三諸の岳に登り、大蛇(おろち)をとらえて献じた。ところが雄略は斎戒しなかったので、大蛇は雷のような音をひびかせ、目をかがやかせた。雄略は畏れて目をおおって殿中にかくれ、大蛇を岳に放させ、改めて名を賜わって雷としたという。『新撰姓氏録』左京皇別上に、小子部宿禰は多(おお)朝臣と同祖で神八井耳(かんやいみみ)命の後とあり、雄略の世に諸国に遣わされ、蚕を集めるべきなのに誤って小児を集めて貢上した。雄略は大いに笑って氏姓を小児部連と賜わったとみえ、山城国諸蕃にも雄略の命をうけた小子部雷が、大隅・阿多隼人らを率いて諸国の秦の民九十二部、一万八千六百七十人を得たとある。『日本霊異記』に小子部栖軽は、雄略の随身にして肺脯(しふ)の侍者であった。詔により雷を請けるため、緋の縵を額につけて赤い幡桙をささげて馬に乗り、阿倍の山田(阿倍は奈良県桜井市阿部、山田は同市山田)の前の道と豊浦寺(奈良県高市郡明日香村豊浦)の前の路とから走り往き、軽の諸越の衢(奈良県橿原市大軽町)に至り、雷を請けんと叫び、走りかえる時に豊浦寺と飯岡(比定地未詳)の間に落ちた雷をみた栖軽は、神司を呼び輿籠に入れて、大宮に向かい、雄略に献じた。時に雷は光を放って明るく輝いた。雄略はこれをみて恐れ、幣帛を供えて雷を落ちたところに返させた。そこをいま、雷の丘(高市郡明日香村雷にある小丘。同村豊浦にある甘檮岡に比定する説もある)と呼んでいる。のち栖軽が卒したので、雄略は勅して七日七夜留め、その忠信をしのび、雷の落ちたところに墓を作って碑文の柱をたて、雷を取りし栖軽が墓と記したという。久安五年(一一四九)三月十三日の「多神宮注進状」草案にも、蜾蠃の話がみえる。

【参考文献】志田諄一『古代氏族の性格と伝承』、同『日本霊異記とその社会』

千熊長彦　ちくまながひこ　神功摂政期に百済・新羅との外交に登場する人物。『日本書紀』によると、神功四十七年四月、新羅によって貢物が奪われたとする百済使の言を検するため新羅に派遣され、同四十九年三月には辟支山(全羅北道金堤)・古沙山(全羅北道古阜)で百済王は千熊長彦に朝貢を誓った。同五十一年、ふたたび百済へ渡り、同五十二年九月の帰国に際し、百済は久氐(くてい)を副え、七枝刀一口、七子鏡一面などを献じたという。同書四十七年四月条の割注には「千熊長彦は分明に其の姓を知らざる人なり。一に云はく、武蔵国の人、今は是れ額田部槻本(ぬかたべのつきもと)首等が始祖なりと。百済記に職麻那々加比跪(ちくまなかひこ)と云ふは、蓋(けだ)し是れか」とある。
【参考文献】津田左右吉『日本古典の研究』下、池内宏『日本上代史の一研究』、末松保和『任那興亡史』、三品彰英『日本書紀朝鮮関係記事考証』上

智憬　ちけい　八世紀中頃の東大寺の僧。智璟・知憬にも作る。良弁(ろうべん)の弟子として、天平十四年(七四二)頃出家して沙弥となり、同十九年頃に受戒したらしい。律蔵に精通し、請われて『行事鈔』を講じ、以来世間で漸く律蔵が講ぜられるようになったという。また、東大寺の創建に良弁を補佐して活躍し、特に東大寺華厳宗の草創に大きな役割を果たした。天平二十年から天平勝宝四年(七五二)まで東大寺の羂索堂に住したが、この間一時的に飛鳥の岡寺(竜蓋寺。奈良県高市郡明日香村岡)にいた時期もあったらしい。天平勝宝元年から四年にかけて、澄叡・春福を複師として『華厳経』六十巻、疏二十巻を講じたという。入寂の時期は不明であるが、天平勝宝五年八月以降、智憬の名が史料上から姿を消すので、これをあまり下らない時期であろう。なお、『東域伝燈目録』および『諸宗章疏録』に、興福寺智憬という人物がみえるが、同一人物・別人両説あって決し難い。
【参考文献】井上光貞「東大寺華厳の浄土教家、智憬」(『日本浄土教成立史の研究』所収)

智光　ちこう　七〇九—　八世紀中頃の元興寺の学僧。河内国の人。俗姓は鋤田連。母は飛鳥部造。九歳で出家し、元興寺の智蔵について三論の深旨を学んだ。また浄土教にも精通していたらしい。道慈・頼光(礼光ともみえる)とともに智蔵の三上足とされる。初め河内国安宿(あすかべ)郡の鋤田寺(大阪府羽曳野市駒ケ谷付近)に居住したが、のちに元興寺に移り、仙光院を建て、また元興寺に極楽坊(奈良市中院町)を建立し、坊内に阿弥陀浄土図を安置したという。この曼荼羅がいわゆる「智光曼荼羅」で、智光が同門頼光の死後、夢で頼光が浄土に往生したのを知り、のち画工に描かせたものという。また、『日本霊異記』に、智光は天平十六年(七四四)に行基が大僧正に任ぜられたのを妬んで謗ったために死して地獄の責苦をうけたが、のちに蘇って己が罪を悔い、法を弘め教を伝えたという説話がみえる。光仁天皇の世(七七〇—七八〇)に入寂したというが詳らかでない。なお、智光には多くの著作があり、『般若心経述義』一巻、『浄名玄論略述』五巻などが有名である。

智泉　ちせん　七八九—八二五　九世紀初めの僧侶。空海の十大弟子の一人。讃岐国の人。俗姓は菅原氏。母は佐伯氏で空海の姉。母が死して地獄に堕ちたのを知り、師空海に救いを求めて地蔵軌を授けられ、これを救ったという。弘仁三年(八一二)十二月、空海が高雄山寺(京都市右京区梅ケ畑高雄町にある神護寺の前身)に三綱を置いた時、羯磨陀那に任ぜられた。また、天長元年(八二四)の高雄山寺の最初の定額僧二十一名中に智泉の名がみえる。同二年二月、高野山で入寂。時に三十七歳。

知聡　ちそう　(一)六世紀中頃の渡来人。智聡にも作る。呉国主照淵の孫で和薬使主(やまとのくすしのおみ)の祖。欽明朝に、大伴連佐弖比古(さてひこ)に従って、内外の典、薬の書、明堂図など百六十四巻、仏像一軀、伎楽調度一具などを持って来朝した。孝徳朝には、その男善那使主が牛乳を献り、和薬使主の氏姓を賜わった。(二)七世紀中頃の大唐学問僧。

白雉四年(六五三)五月、吉士長丹(きしのながに)を大使とする遣唐使に従って入唐。『日本書紀』白雉五年二月条所引の「伊吉博徳(いきのはかとこ)言」のなかに「海にして死せぬ」とある。

智宗　ちそう　七世紀後半の大唐学問僧。白雉五年(六五四)二月、高向史玄理を押使、河辺臣麻呂を大使とする遣唐使に従って入唐。持統四年(六九〇)九月、新羅船に乗って義徳・浄願らと筑紫に帰り、翌十月十日、京師にいたった。

智蔵　ちぞう　七世紀中頃の入唐僧。俗姓は禾田(あわた)氏。一説には、呉国の人で福亮法師在俗の時の子という。幼くして出家し、初め元興寺に入り、慧灌について三論を学んだ。福亮から三論を学んだという所伝もある。のち、入唐して吉蔵について重ねて三論を学んだというが、入唐および帰朝の年時は未詳。一説には、入唐を天智朝、帰朝を持統朝とする。帰朝後、法隆寺に住し、衆僧に三論の旨を講誘したという。『三国仏法伝通縁起』は、智蔵を三論宗の第二伝とする。その後、僧正に任ぜられたとされるが、大化二年(六四六)・白雉元年(六五〇)など、任命の時期に諸説があって特定し難い。『僧綱補任抄出』は、天武二年(六七三)のこととする。弟子に大安寺の道慈、元興寺の智光・礼光らがいる。

智達　ちたつ　七世紀中頃の法相宗の僧。斉明三年(六五七)間人連御廐(はしひとのむらじみうまや)・依網連稚子(よさみのむらじわくご)らとともに新羅の国使の案内で唐に入国することを要請する遣新羅使が派遣され、智達らがこれに随伴したが、新羅がこれを断わったため、智達らは帰国した。翌四年七月、智通とともに勅を奉じて新羅船に乗って入唐し、法相宗を玄奘のもとで学んだ。

智通　ちつう　七世紀中頃の入唐僧。斉明四年(六五八)七月、勅を奉じて智達とともに新羅船に乗って入唐し、玄奘について無性衆生の義(法相宗)を学び、帰朝してこれを伝えた。我が国法相宗の第二伝とされる。のち天武朝(一説には白鳳元年・六五〇)に僧正に任ぜられ、平城京に観音寺(奈良県大和郡山市観音寺町)を建立したという。

珍努氏　ちぬうじ　珍・血沼・茅渟にも作る。姓は県主。『新撰姓氏録』和泉国皇別によると、豊城入彦(とよきいりひこ)命の三世孫御諸別(みもろわけ)命の後裔、佐代公と同祖という。氏名は茅渟県(のちの和泉国)の地名に由来し、姓の県主は、かつての職掌である茅渟県の県主に由来すると考えられる。

知弁　ちべん　七世紀中頃の入唐僧。智弁にも作る。詳しい経歴は未詳。白雉四年(六五三)五月、遣唐使吉士長丹(きしのながに)・道厳・道通・道光・恵施・知聡・道照・定恵らが入唐した際、義徳とともにそれらに増員され入唐したという。さらに『善隣国宝記』所引の『海外国記』によると、天智三年(六六四)唐使郭務悰らが対馬島にいたった時、采女通信とともに遣わされ、別館に唐客を呼んで表書ならびに献物の存否を問うた。よって唐使は牒書一函を智弁に授けて奉上した。同年九月、津守連吉祥・伊岐史博徳らと筑紫大宰の辞と称して勅旨の内容を唐使郭務悰に告げ、唐使の来状を見るに、天子の使者ではなく、百済鎮将の私使であった。そこで、使者にその牒は私辞であるから、使人は入国できるが、書は朝廷に上らないと言ったという。

智鳳　ちほう　八世紀前半の新羅僧。大宝三年(七〇三)勅命により智鸞・智雄とともに入唐し、法相宗第三祖の濮陽(ぼくよう)智周大師に法相宗を学び、帰朝後大いに宗学を弘めた。よって道昭・智通・智達につぐ、我が国へ法相宗を伝えた第三伝者と称される。入唐した時、二十六歳であったと伝える。慶雲三年(七〇六)維摩講師となり、義淵はその門下であるという。

道守氏　ちもりうじ　武内宿禰の後裔氏族で、八多矢代宿禰の後と称する系統と、開化天皇の皇子武豊葉列別(たけとよはずらわけ)命の後と称する系統の二つがある。姓は初め臣、天武十三年(六八四)八色の姓制定に際し、朝臣を賜わったのは、いずれの系統か未詳。ただし、天智朝に道守臣麻呂が遣新羅使となり、官船を船引山で造り、引き下させたという『日本書紀』や『播磨国風土記』の伝承を重視するならば、外交面で活躍する紀臣・角臣・坂本臣などと同族である前者の可能性が高い。氏名は山守・野守・津守などと同類で道路を守る職掌か、或いは越前国足羽郡道守村(福井市の旧足羽郡社村地域)の地名に基づく。『新撰姓氏録』によれば、前者の系統は左京・河内・和泉国、後者の系統は左京・右京・山城・摂津国にそれぞれ分布する。そのほか美濃・越前・山城・大和の諸国などに分布し、大宝二年(七〇二)の『御野国戸籍』には無姓の道守や道守部もみえる。

【参考文献】　佐伯有清『新撰姓氏録の研究』考証篇二

道守床足　ちもりのとこたり　八世紀後半の越前国足羽郡岡本郷(福井市の旧吉田郡岡保村地域か)の戸主。名は徳太理にも作る。天平宝字三年(七五九)五月、東大寺領荘園の経営について、足羽郡下任として開溝、好田九段、上下産業所、春定稲など四ヵ条の啓がある。下任は郡の下級官人の卑称で、床足も郡衙の官人であったことが知られる。同四年三月にも調使家令馬直五百束、勝部烏収納稲四百束、生江子老所稲など遺稲についての啓があり、前年の十一月から脚病にかかって歩行できず、郡衙へ参向できなかったとある。さらに天平神護二年(七六六)十月の「越前国司解」には、道守村(福井市の旧足羽郡社村地域)西北一条十一上味岡里一坪葦原田の墾田二段を直稲四十八束で東大寺へ売却したとある。そこには岡本郷戸主とみえる。

智雄　ちゆう　八世紀初めの法相宗の僧。大宝三年(七〇三)智鳳・智鸞らとともに入唐し、濮陽(ぼくよう)の智周大師(六六八―七二三)に謁して法相を受学して帰国したという。

仲哀天皇　ちゅうあいてんのう　日本武尊(『古事記』は倭建命)の皇子。王名は「たらしなかつひこ」で、『日本書紀』では足仲彦、『古事記』では帯中日子などと書く。母は垂仁天皇の皇女両道入姫命(ふたじのいりびめのみこと。『古事記』は布多遅能伊理毗売命)。后妃には神功皇后、叔父彦人大兄の女大中姫、来熊田造(くくまたのみやつこ)の祖大酒主の女弟媛(『古事記』にはみえず)があり、応神天皇・麛坂(かごさか)皇子・忍熊(おしくま)皇子・誉屋別(ほんやわけ)皇子(『古事記』にはみえず)をもうけた。王名に「たらし」の語を含むが、「たらし」は七世紀前半の天皇の一般的呼称と関わるか、もしくは舒明・皇極(斉明)天皇の諡号と共通するものがあり、また「なかつ」は「中の」の意で実名らしいものがないことから、後世に造られた王名と考えられている。父の日本武尊、大后(皇后)の神功の両者ともに伝承上の人物であり、仲哀もまたきわめて実在性の乏しい天皇である。『日本書紀』仲哀元年条によると、父日本武尊の霊を慰めるために、諸国から白鳥を貢ぜしめたが、それを妨害した異母弟の蘆髪蒲見別王(あしかみのかまみわけのみこ。『古事記』は足鏡別王)を誅殺したと伝える。また、『日本書紀』仲哀巻に、熊襲が叛いて朝貢しなかったので、行幸先の徳勒津(ところつ)宮(和歌山市新在家付近)から海路征討に向かい、穴門豊浦宮(山口県下関市)を経て筑紫の橿日宮(福岡市東区香椎の香椎宮の地)にいたり、熊襲平定を協議した時、神功が神がかりして、神を祭って軍を進めるならば、熊襲よりも豊かな、西方の宝の国、新羅を服属させることができると託宣した。しかし、仲哀は神託を信じなかったため神の怒りにふれて急死したとある。また「一云」として熊襲との闘いで、矢にあたったため崩じたという別伝を記している。この熊襲征討の伝承は、神功の新羅征討物語の出発点をなし、『古事記』にもほぼ同様の記載がみえる。仲哀の急死は、百済救援の役に際して斉明天皇が、同じく北九州出征中に神の怒りがあったことにふれて斉明七年(六六一)七月に急に崩御したことを『日本書紀』は伝えており、しかも崩後に朝鮮出兵が決行されるなど類似点が多く、その伝承成立には斉明朝の史実が影響しているという見解がある。陵墓は『延喜式』諸陵寮式に、「恵我長野西陵〈河内国志紀郡に在り。兆域東西二町、南北二町、陵戸一烟、守戸四烟)」とある。現在、大阪府藤井寺市にある岡ミサンザイ古墳(前方後円墳、墳丘長二四二メートル)が仲哀陵に比定されている。

【参考文献】直木孝次郎『日本古代の氏族と天皇』、井上光貞『日本国家の起源』

忠恵　ちゅうえ　八世紀後半の華厳宗の僧侶。忠慧にも作る。良弁(ろうべん)の弟子。同門に実忠・安寛・鏡忍らがいる。出家の事情など、経歴は不明の部分が多いが、天平宝字三年(七五九)鑑真の伝えた『法励四分得疏』と『鎮国道場壇餝崇義記』とを近江国において講じたという。のち、律師に任ぜられたようであるが、時期は未詳。宝亀五年(七七四)永興律師の後を継いで東大寺別当に任ぜられ、四年間その職にあった。

忠延　ちゅうえん　九世紀前半の真言宗の僧。空海の弟子。父を藤原朝臣良房とする伝えがあり、母は宗方朝臣氏。東大寺戒壇院で具足戒を受け、のち空海に随って東寺で両部灌頂を受けた。天長元年(八二四)円明らとともに神護寺(高雄山寺)の定額僧となる。承和三年(八三六)五月五日付の唐の青竜寺義明宛ての実恵書状には神護寺の僧として忠延の名がみえ、翌四年四月六日に円行の入唐請益に際して託した書状に真忠らとならんで署名している。時に伝燈大法師位。空海の『性霊集』には、「忠延師が先妣の為に理趣経を講ずる表白文」がみえ、その文に「先妣宗方朝臣の氏、我を生める功五岳よりも高く、我を育する徳四瀆よりも深し」とあるので、忠延の母が宗方朝臣氏であったことが知られる。その母の死去した年月は不明であり、この文に「星霜改変して諱の日斯に臨む」とあるのによれば、その死から歳月が移り変わった忌日に際しての表白文であって、忌日に「先妣の奉為(おんため)に大三摩耶理趣経を写し奉り、并に文義を講演し、兼ねて大曼荼羅を陳列して、随力(ずいりき。財力に応じて)の珍供を奉献」したのであった。

【参考文献】守山聖真編著『〈文化史上より見たる〉弘法大師伝』

中瓘　ちゅうかん　九世紀後半—十世紀初めの僧。元慶五年(八八一)十月、その在唐中に、貞観四年(八六二)に入唐した真如(俗名高岳親王)が中国から天竺へ向かう旅の途中、羅越国(現在のシンガポール付近の国)で死去したという便りを聞き、これを日本に知らせてきた。さらに寛平五年(八九三)遣唐使の派遣を停止すべき旨を唐から報告し、延喜九年(九〇九)何らかの情報を伝えて牒状とともに砂金百両を贈られた。

【参考文献】竜粛「寛平の遣唐使」(『平安時代—爛熟期の文化の様相と治世の動向—』所収)、鈴木靖民「遣唐使の停止に関する基礎的研究」(『古代対外関係史の研究』所収)

中継　ちゅうけい　—八四三　九世紀前半の薬師寺・元興寺の僧。法相宗。仲継にも作る。勝虞または護命の弟子と伝える。天長三年(八二六)維摩会講師となる。同四年、伊予親王追悼のために田および仏具が橘寺に施入され、法華講会が催されたが、この時、ほかの高僧とともに聴法の上首を務めた。また同七年九月、中納言直世王の奏によって薬師寺の『最勝王経』講会(最勝会)が毎年催されることになるが、一説では同六年に中継の行なった同会勤修とその恒例化の奏請が認められ、毎年三月朔日から七日間名徳を招いて修されることになったとされる。同九年、律師に任ぜられ、承和十年(八四三)寂した。中継は法相宗の棟梁と称され、薬師寺を主領して大いに法相教学を弘布し、そのため当時の学侶は競ってその門下に入ろうとしたが、明詮・真慧・隆光の三人は、なかでもその高弟といわれる。

長意　ちょうい　八三六—九〇六　九世紀後半の天台宗の僧。第九代天台座主。和泉国大鳥郡の人。俗姓は紀氏。斉衡二年(八五五)円澄から菩薩大戒を授けられ、次いで円仁から伝法密灌を受けた。昌泰二年(八九九)十月、天台座主に補任される。時に伝燈大法師位。翌年十月、内供奉十禅師となり、延喜三年(九〇三)法橋となった。同六年七月三日、七十一歳で卒した。翌年もしくは翌々年四月、僧正法印大和尚位を贈られた。世に露地和尚といわれた。

長恵　ちょうえ　九世紀前半の僧侶。大同五年(八一〇)九月、大法師から律師となり、弘仁十四年(八二三)十二月、大僧都として少僧都勤操(ごんぞう)・大法師空海らとともに清涼殿に請じられ、大通方広の法を終夜行じた。

長焉　ちょうえん　九世紀中頃に大宰府管内に居住して交易に従事した新羅人。貞観十一年(八六九)五月に新羅船が豊後国の貢綿を掠奪すると、長焉ら新羅人三十人は共謀の嫌疑で身柄を拘束された。いったんは放還処分となったが、順風を得ず帰国できなかった。新羅への警戒心が高まると、翌年九月には新羅人二十人が東国に配されることになり、潤清ら十人とともに陸奥国に配されたが、優れた造瓦技術を認められて陸奥国修理府の料の造瓦の事にあずかり、技術を指導した。

【参考文献】佐伯有清「九世紀の日本と朝鮮」(『歴史学研究』二八七)

長訓　ちょうきん　七七四—八五五　八世紀末—九世紀中頃の興福寺の僧。法相宗。少僧都玄憐に師事し、延暦年中(七八二—八〇六)に具足戒を受けた。天長九年(八三二)大極殿御斎会の講師となり、以降維摩会講師・律師・少僧都・大僧都を歴任して、仁寿三年(八五三)僧正となる。斉衡二年(八五五)九月二十三日に八十二歳で寂した。幼い頃より長ずるまで戒律を持し、また博愛を先としたため、世人はその慈行を称讃したと伝える。

長源　ちょうげん　九世紀後半の元興寺の僧。法相宗。法相の教学に精通し、元興寺法相宗の高僧として知られる。貞観十三年(八七一)興福寺維摩会の講師に任ぜられ、次いで翌十四年の正月には大極殿御斎会の講師を務め、のち薬師寺最勝会の講師の任を経て已講と称された。一説では、こののち僧綱を歴任したと伝えるが、定かではない。

趙元宝　ちょうげんぽう　初期遣唐使時代に入唐した人物。『日本書紀』白雉五年(六五四)二月条所引の「伊吉博得(いきのはかとこ)言」のなかに、別倭種趙元宝が、使人とともに今年帰ってきたとみえる。元宝の出自を表わす別倭種について、中国の婦との間に生まれたとする説、日本人とする説があって一定しないほか、今年の年次についても、白雉五年説、天智七年(六六八)説などが存在する。

【参考文献】坂本太郎「日本書紀と伊吉博徳」(『日本古代史の基礎的研究』上所収)、北村文治「伊吉連博徳書考」(坂本太郎博士還暦記念会編『日本古代史論集』上所収)

長審　ちょうしん　九世紀後半の東大寺の僧。貞観十四年(八七二)二月の太政官牒により、基蔵が東大寺上座に転任したあとをうけて寺主の地位についた。時に伝燈住位僧。貞観十八年三月、秩満となり、その地位を長玄に譲った。

張宝高　ちょうほうこう　—八四一　九世紀前半の新羅の政商。別名弓福といい、張保皐にも作る。初め唐の徐州に渡り、武人となったが、帰国して沿海を荒らしていた海賊の取締りに当り、八二八年、清海鎮(全羅南道康津郡)大使に任ぜられた。清海鎮を拠点として強力な水軍を編成すると同時に、新羅・唐・日本の三国間の海上貿易にも従事し、独自の勢力をたくわえた。当時の遣唐使を始め入唐する日本人は、その援助を頼りにすることが多く、入唐僧円仁の『入唐求法巡礼行記』などにも消息が伝えられている。興徳王の死後、王位継承・簒奪の争いの中で、金均貞の子祐徴(神武王)を援助して、八三九年、王位に登らせた。この功績により鎮海将軍に任ぜられ、八四〇年(承和七)十二月、日本の大宰府に使者を派遣して馬鞍など方物を献上して通交を求めたが、日本側は翌年二月の太政官処分により、これを退けた。これと相前後して、その女子を文聖王の妃にしようとして果たせず、反乱を起こし、刺客閻長により殺された。

【参考文献】今西竜『新羅史研究』、佐伯有清『慈覚大師伝の研究』

張友信　ちょうゆうしん　九世紀の中頃に日唐間を往来した唐商で、大宰府の大唐通事。『入唐五家伝』には張支信に作る。承和十四年

(八四七)入唐僧の恵雲・仁好・恵蕚らを同船させて来日、貞観三年(八六一)には頭陀親王(平城天皇の第三皇子高岳親王、法名真如、遍明)入唐のため造船一隻を命ぜられ、翌年に僧俗六十人を乗せ肥前国値嘉島(長崎県の平戸島・五島列島の総称)を出帆している。『日本三代実録』貞観六年八月十三日条に「大宰府言」として、大唐通事張友信の留守中、唐僧法恵を観音寺(福岡県太宰府市)に住まわせ、張友信の代役としたいという記事がみえる。

【参考文献】 秋山謙蔵『日支交渉史研究』、木宮泰彦『日華文化交流史』

長利 ちょうり 七世紀後半の僧。のちの上野国に蟠踞した豪族出身。大児臣の子。亡母黒売刀自の埋葬に当り、天武十年(六八一)十月、自身が、母方からは佐野の三家(みやけ)の設置に与ったという健守命の血統を、父方からは新川臣の血筋を、それぞれ継承していることを主張する系譜を母の墓碑に刻んだ。群馬県高崎市山名町の山ノ上古墳の傍に現存する「山ノ上碑」がそれである。長利が止住した放光寺はその一族の氏寺であり、これを同県前橋市の山王廃寺に比定する説もある。

長朗 ちょうろう 八〇三―八七九 九世紀後半の薬師寺の僧。法相宗・華厳宗。大和平城京の人。俗姓は上毛野(かみつけの)氏。中継の弟子と伝え、もと法相宗の優秀な学僧であったが、同寺の師僧正義の意向により中継に従って華厳宗を学んだという。貞観十年(八六八)興福寺維摩会の講師となり、次いで翌十一年正月、大極殿御斎会の講師を務めたが、この時、諸山の高僧と対論して屈しなかったと伝える。同十六年十二月、権律師に補され、任にあるまま元慶三年(八七九)に寂した。この間、長朗の先祖で川原寺(奈良県高市郡明日香村川原)の僧であった道明が国家のために建立した大和国長谷寺(奈良県桜井市初瀬)で、毎年の安居の際に朝廷警護を目的として同寺の居住僧らに『最勝王経』と『仁王経』を講演させ、またその布施供養には寺家物を用いることを申牒し、貞観十八年五月に認可された。

智鸞 ちらん 八世紀初めの法相宗の僧。大宝三年(七〇三)智鳳・智雄らとともに入唐し、濮陽(ぼくよう)の智周大師(六六八―七二三)のもとで法相を学び帰国したという。

珍 ちん 五世紀前半の大王。倭王讃の弟。『宋書』倭国伝によれば、宋の元嘉二年(四二五)讃が宋に遣使したが、讃の死後、珍が遣使貢献し、安東将軍・倭国王に除正された。珍はまた倭隋等十三人に平西・征虜・冠軍・輔国の将軍号の除正を求めて許された。『梁書』には弥とある。反正天皇に比定するのが大勢である。

【参考文献】 藤間生大『倭の五王』、坂元義種「倭の五王」(『古代東アジアの日本と朝鮮』所収)

珍賓長 ちんぴんちょう 清和朝に対馬島の奪取を企てた新羅人。貞観八年(八六六)七月十五日の大宰府奏言のなかにみえる人物で、肥前国基肄(きい)郡擬大領山春永とともに新羅に渡って兵器製造の技術を学び、同国藤津郡領・高来(たかく)郡擬大領・彼杵(そのき)郡の人らと共謀し、射手四十人を率いて対馬島の奪取を計画したが未然に発覚した。郡司層が私兵を養っていたことを示す事件としても重要である。

【参考文献】 米田雄介『郡司の研究』

つ

津氏 つうじ　百済系の渡来氏族。氏名は港津の管掌に由来する。敏達三年(五七四)十月、船史王辰爾の弟の牛が津史を賜わったのに始まり、天平宝字二年(七五八)八月に連姓を、延暦十年(七九一)正月には宿禰姓を賜わる者もあった。河内国丹比郡(特に大阪府羽曳野市の高鷲・野々上付近)が一族の本貫地。
【参考文献】　佐伯有清『新撰姓氏録の研究』考証篇五

津史秋主 つのふひとあきぬし　―七七三　八世紀後半の官人。天平宝字二年(七五八)八月、史から連の姓を賜わり、同七年四月、尾張介、同八年十月、尾張守、宝亀四年(七七三)五月、造西大寺次官となり、同年閏十一月、卒去。時に造西大寺次官従四位下勲六等。『正倉院文書』天平十七年(七四五)四月二十一日付の「右兵衛府移」に正六位下行少直の署があり、同じく神護景雲三年(七六九)から宝亀元年(七七〇)の頃と推定される「仏事捧物歴名」に尾張守従四位下の肩書きで油一升、米五斗とみえている。

都加使主 つかのおみ　倭漢直(やまとのあやのあたい)の祖阿知使主(あちのおみ)の子。都賀使主にも作る。『日本書紀』によると、応神二十年、阿知使主とともに党類十七県を率いて来帰、三十七年、阿知使主と呉に遣わされ、呉の王から兄媛・弟媛・呉織(くれはとり)・穴織(あなはとり)の工女を与えられた。『古事記』応神段には漢直の祖参り渡るとあるだけで、人名はみえない。『日本書紀』雄略巻では東漢直掬(やまとのあやのあたいつか)に作り(または東漢掬直)、同七年、大伴大連室屋(むろや)に詔し、掬に命じて新漢手伎(いまきのあやのてひと)たちを上桃原(かみつももはら)・下桃原(桃原は大和国高市郡か)・真神原(まかみのはら。奈良県高市郡明日香村飛鳥)に遷居させ、同二十三年八月には雄略天皇の遺詔によって、室屋とともに皇太子白髪(しらか)皇子(のちの清寧天皇)を援けて星川皇子を滅ぼしている。『坂上系図』所引の『新撰姓氏録』逸文によると、雄略朝に直姓を賜わり、その子の山木直は兄腹の祖、志努直は中腹の祖、爾波伎直は弟腹の祖とある。『新撰姓氏録』右京諸蕃上によると、檜原宿禰・内蔵(くら)宿禰・山口宿禰・平田宿禰・佐太宿禰・谷宿禰・畝火宿禰・桜井宿禰・文忌寸などが、都賀直と系譜的繋がりをもっている。
【参考文献】　関晃『帰化人』、平野邦雄『大化前代社会組織の研究』、佐伯有清『新撰姓氏録の研究』考証篇五

調氏 つきうじ　百済からの渡来系氏族。姓には忌寸・連・首・君・曰佐・吉士・勝などがある。大宝元年(七〇一)九月の時点で調首淡海としてみえていた人物が和銅二年(七〇九)正月には調連淡海としてみえるので、この間に首姓の調氏の一部は連姓を賜わったらしい。『新撰姓氏録』によれば、左京諸蕃下の調連、河内国諸蕃の調曰佐は百済国努理使主の子孫とされ、調忌寸は阿智使主(あちのおみ)の子都賀使主(つかのおみ)の第三子である爾波伎を祖とすると伝える。同じく『新撰姓氏録』の調連の条には、顕宗天皇の時に蚕織して絁絹(きぬ)の様(かた)を献上したとあり、調氏の名は調(みつき)に関する職掌名に基づくものであろう。分布地域としては、河内国石川郡(大阪府富田林市の東半と南河内郡の一帯)に曰佐姓を持つ者がいて『新撰姓氏録』と一致するほか、近江国愛智郡(滋賀県愛知郡とその周辺部)に調首、豊前国上三毛郡(福岡県豊前市と築上郡の一部)に調勝がみえる。

調忌寸老人 つきのいみきおきな　七世紀末の官人。『大宝律令』編纂者の一人。姓は伊美伎にも作る。持統三年(六八九)六月、勤広肆の時に撰善言司に任ぜられた。のちに直広肆に昇進し、文武四年(七〇〇)六月には『大宝律令』の撰定の功により禄を賜わっている。しかし間もなく没したらしく、翌大宝元

年(七〇一)八月には律令撰定に参加した功により正五位上を追贈され、また同三年二月には老人の子に功田十町、封百戸を賜わった。このうち功田十町については天平宝字元年(七五七)十二月に先朝(聖武天皇)の定めるところにより、下功としてその子に伝えしめることが定められた。また『懐風藻』には正五位下・大学頭として「五言、三月三日、応詔、一首」が載せられている。なお、天長三年(八二六)十月五日の「令律の問答私記を撰定すべき事」には贈正四位上とみえ、上述の記事に一致しない。

調忌寸古麻呂 つきのいみきこまろ 八世紀前半の学者。養老五年(七二一)正月、明経第二博士・正七位上の時、学業に優れ師範たるに堪える者として、絁(あしぎぬ)十五疋、糸十五絇、布三十端、鍬二十口を賜わった。また『懐風藻』には皇太子学士・正六位上として、初秋、長屋王の宅で新羅客に宴した時の詩一首を載せる。

調首新麻呂 つきのおびとにいまろ 八世紀末から九世紀初め頃の近江国愛智郡大国郷(滋賀県愛知郡愛知川町から湖東町にかけての一帯)の戸主。延暦―弘仁年間(七八二―八二四)に愛智郡十条五里・六里にわたる墾田一町余を大国郷・八木郷(愛知郡秦荘町下八木・北八木付近)の農民から買得集積した。しかし、これらの土地は貞観年間(八五九―八七七)にいたるまでに依知秦(えちのはた)公浄男・東大寺僧安宝らの手に移っており、新麻呂の土地経営は失敗に帰したようである。なお、弘仁九年(八一八)の時点では従八位上とみえる。

【参考文献】 宮本救「律令制村落社会の変貌―近江国大国郷を中心として―」(坂本太郎博士古稀記念会編『続日本古代史論集』下所収)

調吉士伊企儺 つきのきしいきな 六世紀中頃の武人。任那官家滅亡の際、新羅征討の副将軍河辺臣瓊缶(にえ)とともに新羅軍に捕えられた。しかし伊企儺は人となり勇烈でついに降服しなかったので、新羅の軍将は伊企儺を斬り殺す前に、褌を脱がせて尻を日本に向け「日本の将、我が尻をくらえ」と言わせようとしたが、逆に「新羅の王、我が尻をくらえ」と叫んだ。これによって伊企儺は殺され、子の舅子(おじこ)も父を抱えて死に、妻の大葉子(おおばこ)も捕えられた。

舂米氏 つきしねうじ 饒速日(にぎはやひ)命の後裔氏族の一つ。姓は初め連、天武十三年(六八四)十二月、宿禰を賜わった。氏名を搗米にも作り、舂米(しょうまい)に従事する舂米部を管掌した伴造氏族。舂米部については、『日本書紀』仁徳十三年九月条に、茨田(まんた)屯倉(のちの河内国交野郡三宅郷。現在の大阪府交野市から四条畷市田原地区にかけての一帯か)の設置に伴い定められたことがみえるので、屯倉に付属・上番する部民であったことがうかがえる。舂米氏・舂米部の行なう搗米作業を、外征などの非常時における軍事的なものとみなす説もあるが、同系氏族に氷宿禰・穂積朝臣・水取(もいとり)連などがいることからみれば、食物供献、或いはその儀礼としての搗米であった可能性もあろう。美濃・越中・周防・筑前国に分布が認められる。

【参考文献】 黛弘道「舂米部と丸子部」(『律令国家成立史の研究』所収)

槻本氏 つきもとうじ 応神天皇の皇子稚渟毛二派(わかぬけふたまた)王を祖とする氏族。近江国に居住した。姓は初め公。八世紀後半に出た老が、他戸(おさべ)親王・井上皇后事件に際して、奸状を摘発した功により、その子奈弖麻呂らが延暦二十二年(八〇三)正月、宿禰姓を賜わった。そののち、拠地により坂田宿禰と改め、さらに朝臣姓となった。『新撰姓氏録』左京皇別上の坂田宿禰条によれば、天武朝、息長(おきなが)氏から出た法名信正という者が、槻本公転戸の女を娶って生まれた石村が母の氏姓につき槻本公を名乗ったという。公姓以外には村主姓の槻本氏がおり、天武十五年(六八六)六月に槻本村主勝麻呂が連姓を賜わったのち、槻本連を称するようになった。

槻本公老 つきもとのきみおゆ 八世紀後半の官人。天平神護二年(七六六)の「越前国足羽郡司解」によると、天平勝宝元年(七四九)八月、足羽郡(福井県吉田郡と福井市・足羽郡の一部)擬主帳無位の老は東大寺野占使と墾田地を占定している。宝亀九年(七七八)正月、正六位上から外従五位下、同年三月、右兵衛佐。『類聚国史』巻七十九によると、延暦二十二年(八〇三)正月、槻本公奈弖麻呂と弟の豊人・豊成に叙位があり、宿禰の姓を賜わっている。奈弖麻呂の亡父老は光仁天皇の旧臣であった。他戸(おさべ)親王が皇太子の時、暴虐で、光仁を遇するに無礼であった。老は心をつくして光仁を奉じたので、他戸親王と井上内親王(皇后)はこれを怒り、老を切責することが多かった。井上皇后の巫蠱の事の時、老はその獄に按験し、多く奸状を発して母子ともに廃され、国家は安きをえた。桓武天皇はその情を追恩し子に叙位・賜姓があったのだという。『新撰姓氏録』左京皇別上に槻本公石村の子とみえる。

筑紫君葛子　つくしのきみくずこ　六世紀の北九州の地方豪族。磐井の子。磐井は、継体天皇が近江臣毛野(おうみのおみけの)に新羅遠征を命じた折に、新羅と結んで毛野の渡海をさえぎり反乱を起こした。継体二十二年(五二八)十一月、継体が物部麁鹿火(あらかひ)らを送って磐井を討つと、その子葛子はその年の十二月、父の罪に連坐することを恐れて糟屋(かすや)屯倉(福岡県粕屋郡・福岡市東区の付近)を献上して死罪をあがないたいと乞うて許されたという。糟屋屯倉は、朝鮮との交通上の要地に位置しており、これを得たことが大和朝廷の屯倉経営を躍進させるきっかけになったといわれる。葛子の子孫筑紫君はかなりのちまで活躍している。

都市牛利　つしごり　卑弥呼(ひみこ)が使を魏に派遣した際の次使。『三国志』魏志東夷伝倭人条によれば、魏の景初三年(二三九)卑弥呼に派遣されて大夫難升米(なんしょうめ)とともに帯方郡太守劉夏の遣わした吏に送られて魏の都洛陽にいたり、明帝に男生口四人、女生口六人、班布二匹二丈を献上した。その際、明帝は卑弥呼に「親魏倭王」の称号と金印紫綬を仮に授け、また難升米を率善中郎将、都市牛利を率善校尉とし、銀印青綬を仮に授け、その労をねぎらい卑弥呼への贈り物を託して帰国させた。

角氏　つぬうじ　武内宿禰の子紀角(きのつの)宿禰を祖とする氏族。都奴・都努・都濃にも作る。姓は初め臣、天武十三年(六八四)十一月、朝臣を賜わる。『古事記』孝元段では木角宿禰を都奴臣の祖とし、『新撰姓氏録』では左京皇別上に角朝臣を載せ、紀朝臣と同祖、紀角宿禰の後とする。また、『先代旧事本紀』国造本紀の都怒国造条にも「難波高津朝、紀臣と同祖、都怒足尼の児田鳥足尼を国造に定め賜ふ」と記す。ただし、『日本書紀』雄略九年五月条には、小鹿火(おかひ)宿禰が紀小弓宿禰の喪により新羅から帰る途中、紀大磐宿禰とともに朝廷に仕えるのに堪えないとして、ひとり角国(のちの周防国都濃郡。現在の山口県都濃郡と徳山市・下松市・新南陽市の一帯)に留まり、その国での居留が認められたことから、角臣と名づけたという伝承を載せ、右の所伝と氏名の由来伝承を異にする。一族は新羅との外交に関わり、天武十三年四月に都努臣牛甘(うしかい。牛飼)、天平四年(七三二)正月に角朝臣家主が、それぞれ遣新羅使に任ぜられている。

【参考文献】岸俊男「紀氏に関する一試考」(『日本古代政治史研究』所収)

都怒我阿羅斯等　つぬがあらしと　崇神朝に渡来したと伝える意富加羅(おおから)国(任那国)の王子。またの名は于斯岐阿利叱知干岐(うしきありしちかんき)。任那の人蘇那曷叱智(そなかしち)の帰国を記す『日本書紀』垂仁二年是歳条に分注として、二種の所伝が収録されている。その一つは、御間城(みまき)天皇(崇神天皇)の世、角の生えている都怒我阿羅斯等が穴門(あなと。のちの長門国の西南部)から出雲国を経て笥飯浦(けいのうら。福井県敦賀市曙町付近)に来着、垂仁朝に帰国するに際して崇神の諱「みまき」を国名にするよう詔があった。この時に賜わった赤絹を新羅が奪ったので、この時から両国の怨が始まったというものであり、いま一つの所伝は、阿羅斯等が国において、黄牛の代償として得た白石が童女と化し、合(まぐわい)をしようとしたところ、その童女は男のもとを去って日本へ入り、難波と豊国(大分県)国前(くにさき)郡の比売語曾(ひめごそ)社(難波の社は大阪市東成区、国前の社は大分県東国東郡姫島村所在)の神となったというものである。この阿羅斯等は、その出自、来朝と帰国の時期、言語的共通性、さらには所伝の収録されている場所から考え、蘇那曷叱知と同一人物とする説がある。なお第二の所伝は天日槍(あめのひぼこ)伝説にみえるものと同工異曲のものである。

【参考文献】白鳥庫吉「任那朝貢の伝説について」(『史学雑誌』三六―一二)、三品彰英『日本書紀朝鮮関係記事考証』上

恒貞親王　つねさだしんのう　八二五―八八四　淳和天皇の第二皇子。母は嵯峨天皇の皇女正子内親王。天長十年(八三三)二月、九歳で仁明天皇の皇太子となり、同年四月には『孝経』始読、翌承和元年(八三四)正月には『最勝王経』を聴講している。同五年十一月に紫宸殿において元服する。同九年に起こった藤原朝臣良房の画策による承和の変は、伴健岑(こわみね)と橘朝臣逸勢(はやなり)が恒貞親王を奉って逆謀しようとしたというものであるが、恒貞親王は無実を認められながらも、同年七月に皇太子を廃され、翌月には仁明と藤原朝臣冬嗣の女順子との間に生まれた道康親王(のちの文徳天皇)が皇太子となった。嘉祥二年(八四九)正月には三品を授けられたが、この頃出家して恒寂と称した。また大覚寺(京都市右京区嵯峨大沢町)の開祖とされる。元慶八年(八八四)九月、六十歳で薨じた。伝記『恒貞親王伝』によれば、琴をよくし、絵を好んだという。

常康親王　つねやすしんのう　―八六九　仁明天皇の第七皇子。母は紀朝臣種子。諸皇子のなかで特に父仁明に寵愛され、嘉祥三年(八五〇)に仁明が崩ずるや、悲嘆のあまり翌仁寿元年二月、出家して僧となり、雲林院(京都市北区紫野にあった)に居住した。このため雲林院宮とも称された。貞観十一年(八六九)二月、雲林院を僧遍昭に付して、以後精舎として天台の教えを伝えて先皇(仁明)の恩に報いようとしたという。『帝王編年記』には、同年五月十四日に死去したと伝える。

円目王　つぶらめおう　垂仁天皇の庶子。『令集解』喪葬令遊部事条の「古記」によると、円目王は伊賀比自支和気の女を妻とした。比自支和気は雄略天皇の殯宮(もがりのみや)に奉仕していたが、雄略崩御の際、供奉する者がいなかったので、雄略の魂が害をなした。そこで、円目王の妻を召したところ、女の身で奉仕することは無理であると申し出たので、夫の円目王がかわって雄略の魂を鎮めた。その時、今後は「手足の毛、八束の毛と成るまで遊べ」という詔があり、それで遊部君と名づけられたという。

津守氏　つもりうじ　火明(ほのあかり)命を祖とする氏族の一つ。氏名は摂津の住吉(大阪市南部周辺)の津を守ったことによる。姓は初め連であったが、本宗は天武十三年(六八四)十二月、宿禰を賜わった。『日本書紀』神功摂政前十二月条に「津守連の祖田裳見宿禰」、『新撰姓氏録』摂津国神別に「津守宿禰、尾張宿禰と同祖、火明命の八世の孫大御日足尼の後なり」とある。本貫の摂津国のほかに和泉国にも居住していた。『令集解』神祇令相嘗祭条の令釈に「住吉〈津守〉」と記されるように、住吉大社(大阪市住吉区住吉町)の神主職を世襲し、同社の祭祀権を掌握していた。しかし、元来は大海神社(住吉大社境内にある)を氏神としており、同氏が住吉大社に関係してくるのは、難波が朝廷の外港として重視されて以降のことであろう。一族はまた朝廷の外交に深く関わっていた。欽明朝には津守連己麻奴跪(こまぬこ)が百済王に詔書を伝え、皇極朝に津守連大海が高句麗に遣わされ、斉明朝には津守連吉祥(きさ)が遣唐副使となっている。さらに住吉大社の古文書や『津守氏系図』によれば、津守宿禰客人・池吉・男足・国麻呂らが遣唐・遣渤海神主(主神)とな

っているほか、住吉郡司の譜第家として大領職を継承している。

津守連吉祥　つもりのむらじきさ　七世紀後半の官人。斉明五年(六五九)七月、第四次遣唐使の副使として、大使坂合部連石布らとともに唐に渡った。時に大山下。その旅程は『伊吉連博徳書(いきのむらじはかとこのふみ)』に詳しい。それによると、七月三日、難波三津浦(大阪市南区三津寺町付近)を出帆し、北路を通って越州にいたり、閏十月十五日、駅馬を用いて長安に入京した。二十九日、洛陽に到着。翌日、高宗に謁見し、召問により天皇の消息、同行した蝦夷の風俗などについて奉答した。十一月一日、冬至の節会に列し、再び高宗に閲した。列席した諸蕃のなかで倭客が最も勝れていたという。その後、唐の百済出兵に遭って抑留されたが、翌年八月に百済が滅んだため、九月十二日、本国への帰還が許された。十九日に長安を発ち、途次耽羅(とむら)島(済州島)の王子ら九人を伴い、七年五月、帰国した。『善隣国宝記』所引の『海外国記』によると、天智三年(六六四)九月、対馬にいたった唐大使郭務悰らに筑紫大宰の辞と称して勅旨を伝えた。時に大山中。『住吉大社神代記』は、右大弁の吉祥が渡航直前に、同書の原資料を書き置いたとするが、史実ではない。

津守連己麻奴跪　つもりのむらじこまぬこ　六世紀中頃の外交官。欽明四年(五四三)十一月、百済に遣わされ、国主聖明王に、任那の下韓にある百済郡令・城主を日本府に付けるべきこと、早く任那を復興すべきこと、任那復興ののち、河内直は撤退することを記した詔書を伝えた。百済は任那復興を議すため、任那執事と日本府執事を召したが、応じなかったので、翌五年二月、施徳馬武(せとくめむ)らを任那に遣わし、日本府と任那の旱岐らに欽明天皇の詔書と己麻奴跪の言を伝え、百済に参集すべきことを命じた。しかし、なお百済への到来を拒否したため、同年三月、百済は己麻奴跪をとどめ、別に「疾き使」として阿乇得文(あとくとくもん)らを日本に送り、日本府にいる的(いくは)臣・吉備臣・河内直らが新羅と通じていること、阿賢移那斯(あけえなし)・佐魯麻都(さろまつ)の二人が日本府の政をほしいままにし、任那で専横しているため、欽明に奉答できないことを上表した。同年十一月、再び百済は日本府の臣と任那の執事を召し、参集した吉備臣らに詔勅と己麻奴跪の言を伝え、任那復興の方策を議した。

て

天智天皇　てんじてんのう　六二六―六七一　称制六六一―六六八、在位六六八―六七一。皇太子・称制・天皇の地位で律令体制の成立を推進した。和風諡号は天命開別(あめのみことひらかすわけ)天皇、第三十八代に数えられる。名は葛城皇子・開別皇子、通称は中大兄皇子。舒明天皇の皇子。母は皇后宝皇女。舒明十三年(六四一)十月、父舒明の葬儀で弔辞を読んだ。時に十六歳。皇位を継ぐ資格はあったが、母が即位して皇極天皇となった。当時、東アジアでは朝鮮をめぐって国際環境が急転回し、皇極元年(六四二)唐の圧迫のもとで起こった高句麗の政変、高句麗・百済対新羅の紛争を発端として七世紀後半には日本も巻き込む大動乱に発展する動乱の時代に突入しつつあり、日本も強大な唐に対抗して国力強化の必要があった。同二年十一月、皇位継承の有資格者山背大兄王が蘇我臣入鹿に滅ぼされ、切迫した情勢の中で中大兄は中臣連鎌足と語らって政治改革の準備を進め、同四年六月、乙巳の変によって国政を領導してきた蘇我氏本宗家を倒して政権を握り、退位した皇極の後に叔父の孝徳天皇を立て、自分は皇太子となって新政府の陣容を整え、初めて年号を定めて大化とし、都を飛鳥から難波に移して国政改革に着手した。大化二年(六四六)正月、私地私民の廃止など四ヵ条からなる改新の詔が発布され、皇太子中大兄は率先して所有する部民と屯倉を献上した。改新の詔には造作部分が多いが、公地公民制と中央集権制をめざす新政の基本方針が示されたことは確かであろう。大化年代に、渟足(ぬたり)柵(新潟市沼垂)・磐舟(いわふね)柵(新潟県村上市岩船)が置かれて版図は拡大し、冠位も十九階となり、官制は整えられ、新政は一応軌道に乗った。白雉五年(六五四)十月、孝徳が崩ずると都を飛鳥に帰し、翌年、再び母を立てて斉明天皇とし、なお皇太子のまま政治をとった。一方、朝鮮では斉明六年(六六〇)に百済が唐と新羅に滅ぼされ、中大兄は百済再興の援軍を送ったが、天智称制二年(六六三)八月、白村江で大敗した。この間斉明七年七月には斉明が崩じ、即位の式をあげずに政務をとった(称制)。唐の来襲に備えて大宰府に水城(みずき)、要衝の地に朝鮮式山城を築き、天智称制六年三月、都を近江の大津宮(滋賀県大津市錦織)に移し、翌年正月、正式に即位して同母弟大海人皇子(のちの天武天皇)を皇太子(皇太弟)とした。前後して唐・新羅と国交を回復し、改新政治を前進させ、天智九年(六七〇)に『庚午年籍』を作り、同十年には『近江令』を施行したといわれる。同年十月、大海人皇子を吉野に退け、後継者とした長子大友皇子の将来に不安を抱きながら、十二月三日、病で崩じた。天智は改新政治の推進過程で、対立する怖れのある者は容赦なく排除し、政治にも専制色が濃いが、律令体制の成立に果たした功績は大きい。『日本書紀』に一首、『万葉集』に四首(一―一三～一五、二―九一)を伝え、皇太子時代に製造し、天智十年に初めて用いたという水時計の遺構が昭和五十六年(一九八一)に奈良県明日香村で発見された。天智の山科陵は京都市山科区御陵上御廟野にある。

【参考文献】亀田隆之『壬申の乱』、直木孝次郎「天智天皇」(『人物日本の歴史』1所収)

天武天皇 てんむてんのう ―六八六

在位六七三―六八六。壬申の乱に勝って皇位を獲得し、律令国家の建設を強力に推進した天皇。第四十代に数えられる。和風諡号は天渟中原瀛真人(あまのぬなはらおきのまひと)天皇、名は大海人(おおあま)皇子。父は舒明天皇。母は皇極・斉明天皇。天智天皇・孝徳天皇皇后間人(はしひと)皇女の同母弟。生年は明らかではないが、天智より数歳下とみられ、大海(凡海。おおしあま)氏に養育されたらしい。成人すると、天智の皇太子時代から長くその国政改革事業に協力し、天智七年(六六八)皇太弟(皇太子)に立てられた。時すでに三十七、八歳で、天智の後継者としての実力は自他ともに認めるところであったに違いない。しかし間もなく、天智が長子大友皇子を後継者と考えるようになったため、天智・大友と大海人との間に対立が生じた。大友の妃は大海人がはやく娶った額田女王との間にもうけた十市皇女であった。対立は激化し、翌年、藤原朝臣鎌足が薨ずると破局に向かった。同十年正月、天智は大友を太政大臣に任じ、十月、大海人は危機的な状況の中で皇位継承権を放棄し、出家して吉野に隠棲した。同年十二月、近江朝廷では天智が崩じ、大友がこれを主宰した。翌年六月、吉野の大海人は朝廷方の軍事的な動きを察知して決起し、美濃入りを敢行して反乱を起こした。約一ヵ月の激戦ののち朝廷軍は敗れ、大友は自殺に追い込まれ、勝利は大海人方に帰した。この壬申の乱は大海人が計画的に起こしたとみる説が有力であるが、異論もある。翌天武二年(六七三)二月、大海人は飛鳥浄御原宮(奈良県高市郡明日香村飛鳥)に即位し、天智の女で、妃である鸕野讃良(うののさらら)皇女を皇后とした。天武は壬申の乱を経て、有力豪族の勢力が後退し、急速に高まった天皇の権威を背景に権力を集中し、皇后の補佐を軸に皇族中心の政治を行ない、隋・唐的な律令制に基づく中央集権国家の建設に向けて努力した。律令官人制整備のために、官人の任官・昇進の法を定め、同十三年十月、八色(やくさ)の姓(かばね)を制定して皇室中心の身分制を設け、翌年、爵位六十階制を施行し、皇子女といえども天皇の臣として位置づけた。また同四年二月、天智朝に公認された豪族私有の部曲(かきべ)を廃止し、王臣らの山野とともに収公して公地公民制を推進した。地方支配では諸国境域の画定を進め、国造を地方行政官である評督とし、国・評制を確立した。なお律令や国史の編纂事業の開始など、天武の施策は多方面にわたった。外交面では、治世の間に新羅が八回来朝し、遣新羅使が四回送られて新羅から文化的恵与を得たことが特徴である。天武十五年五月、病が重くなり、七月、政治を皇后と嫡子草壁皇太子に任せ、九月九日に崩じた。天武の檜隈大内(ひのくまのおおうち)陵は奈良県高市郡明日香村大字野口にある。『万葉集』に作歌四首(一—二一・二五(二六)・二七、二—一〇三)のほか関係の歌が多く伝わる。

【参考文献】川崎庸之『天武天皇』(『岩波新書』)、北山茂夫『天武朝』

と

道鏡　どうきょう　—七七二　八世紀後半の僧。河内国若江郡(大阪府八尾市・東大阪市の各一部)の人。俗姓は弓削連氏。その祖先については物部弓削大連守屋とする説と、天智天皇の孫で施基王の子とする説があり一定していないが、後者の説は造作の可能性がある。天平十九年(七四七)六月、東大寺写経所の請経使となり、良弁(ろうべん)のもとに赴いたとあり、これが史料上の初見である。この頃、僧として梵文にわたり、禅行をもって聞え、これにより内道場に入り、禅師に列したとある。天平宝字五年(七六一)孝謙上皇の近江保良宮(宮跡は滋賀県大津市国分付近か)行幸に際し、時に看病に侍して寵幸されるに及んだ。このため、上皇と淳仁天皇との不和が生じたという。同六年六月、上皇は朝堂に五位以上の貴族を集め、出家して仏道に帰して仏弟子となるとのべ、以後、常の祀の小事は天皇(淳仁)が行ない、国家の大事、賞罰の二つは上皇が行なうと宣した。これにより、藤原朝臣仲麻呂に代わって道鏡の進出が具体的に明らかになった。ただし、同月の段階では、東大寺一切経司所の牒にあるように、「法師道鏡」にすぎなかった。しかし、同七年九月、さきの上皇の宣をうけて、「行政理にそむき、綱たるにたへず」との理由を付して先ず慈訓を少僧都から退任させ、代わって道鏡がこの任に当った。この事態を危機とみた仲麻呂は、同八年九月、道鏡排斥を試みたが、敗死した。この時、「この禅師、昼夜朝庭を護り仕へ奉る」こと、その行ないをみるに「至りて浄く、仏の御法を継ぎ隆めよと念ほし」たことにより、大臣禅師に任ぜられた。道鏡は上表してこの職を辞したが、許されなかった。こののち十月、孝謙上皇は淳仁天皇を廃し、再び称徳天皇として重祚した。天平神護元年(七六五)十月、弓削(ゆげ)行宮(のちの由義宮。八尾市八尾木北の由義神社付近とする説や同市別宮にあてる説がある)にいたった称徳は、弓削寺(寺跡は八尾市東弓削にある)に行幸し、閏十月、詔して道鏡に太政大臣禅師を授けた。同二年十月には隅寺(のちの海竜王寺。平城左京一条二坊内。現在の奈良市法華寺町)の毗沙門像から舎利が現われ、これを法華寺(平城左京一・二条二坊内。現在の奈良市法華寺町)に請じた。よって法王の位を賜わり、これに功績のあった基真には法参議・大律師の任が与えられた。これにより、法王道鏡の月料は供御に准じ、道鏡の弟子大僧都円興は大納言、基真は参議に准ぜられた。ところが、神護景雲二年(七六八)十二月、基真は左道を学び、舎利出現も基真の策略とわかり、飛驒国へ配流、道鏡もこれを利用したと指弾されているが、この事件は基真ひとりに責を帰せられた結果となっている。同三年九月、大宰主神中臣習宜(なかとみのすげ)朝臣阿曾麻呂が宇佐八幡教を矯めて、道鏡が皇位に即けば天下太平と上奏。よって、和気朝臣清麻呂を宇佐(大分県宇佐市)に派遣した。しかし、清麻呂は臣をもって君とすること未だあらずとの神託をうけて帰京、道鏡は清麻呂の本官を解いて因幡員外介とし、さらに除名の上、大隅国に配流した。神護景雲四年八月、称徳崩御し、道鏡は称徳の葬礼後、梓宮に奉じて陵下にとどまった。しかし、皇太子(白壁王)の令旨により、道鏡は舐糠(しこう)の心を挟むこと久しく、陵土の乾かぬうちにその奸謀があらわれたとし、天皇の厚恩をうけたことにより刑に処することをやめ、下野国薬師寺(栃木県河内郡南河内町薬師寺にあった)の別当に任ぜられ、その政権は終息した。宝亀三年(七七二)四月、同寺別当として死去した。

【参考文献】 横田健一『道鏡』(『人物叢書』)

道顕 どうけん 七世紀中頃の高句麗僧。来朝の年時など経歴は未詳。天智元年(六六二)四月、鼠が馬の尾に子を生んだことから占い、高句麗の滅亡を予言したという。『日本書紀』の原史料の一つとして『日本世記』の存在が知られているが、道顕はその著者であろうと推測されている。

【参考文献】 橋川正「日本世記の著者高麗沙門道顕」(『歴史と地理』六ー五)

道公 どうこう 摂津国四天王寺の僧。『法華経』の誦持を業としたという。『元亨釈書』によると、ある年、熊野山で夏安居を行ない、それが終わって本寺に帰る途中、夕暮になったので大樹の下で宿した。すると、夜半に不可思議な出来事に遭い、夜明けとともにあたりを見廻すと、樹の下に小神祠があった。そこで、次の晩もそこに宿したところ、霊告を蒙ったので、その神祠の前で三日間『法華経』を誦経した。すると霊験があったという説話が伝えられている。他の経歴は未詳。『元亨釈書』感進一の配列からすると平安初期の人らしい。

道光 どうこう 七世紀後半の僧。白雉四年(六五三)五月、遣唐大使吉士長丹(きしのながに)の発遣に際し、道厳・道通・恵施・知聡・道照・定恵らとともに入唐した。一説には、天武天皇の代に入唐して律を学び、天武七年(六七八)に帰朝し、『依四分律抄撰録文』一巻を作ったという。その序文に、戊寅年(六七八)九月十六日、大倭国浄見原天皇(天武)大御命(おおみこと)して大唐学問僧道光律師に勅し、行法を撰定せしめたとみえる。律師任命の時期は未詳。持統八年(六九四)四月、賻物を贈られた。この時にも律師とみえる。

道興 どうこう 八世紀中頃の唐僧。天平十四年(七四二)鑑真が来朝を決意した際、随伴することを請い、翌十五年に鑑真とともに来朝した。来朝後の動向は未詳であるが、のち美濃国国分寺(寺跡は岐阜県大垣市青野の国分寺山の裾野にある)に住んだようである。なお、のちに大僧都になった護命は、十七歳の時、美濃国国分寺にいた道興について業を受けたという。

道慈 どうじ ー七四四 八世紀前半の高僧。大和国添下郡(奈良市から奈良県大和郡山市・生駒市にかけての一帯)の人。俗姓は額田氏。『続日本紀』や『懐風藻』所載の僧伝によれば、幼くして出家し、聡敏にして学を好み、その英材明悟ぶりは誰しも認めるところであったという。大宝二年(七〇二)入唐し、長安の西明寺に止住。学問修行の様子については、『続日本紀』に「渉く経典を覧、尤も三論に精し」とあり、『懐風藻』には「明哲を歴訪し、講肆に留連す。妙しく三蔵の玄宗に通じ、広く五明の微旨を談ず」と記す。さらに唐の宮中で、『仁王般若経』を講ずべき義学の高僧百人のなかに選ばれたとも伝える。養老二年(七一八)帰国した。道慈に対する評価には、『懐風藻』にいうように「性甚だ骨鯁、時に容れられず」という面もあったが、その学問については、『続日本紀』卒伝に釈門の秀たる者といい、養老三年十一月の詔では、「戒珠満月を懐くがごとく、慧水滄溟に写すがごとし」として食封五十戸を賜わった。天平元年(七二九)律師に任ぜられ、仏教政策の推進に大きな役割を果たす。『愚志』という著書があるが、『続日本紀』卒伝からみるその内容は、唐の仏教に比して虚設の多い我が国仏教界に批判を加え、僧尼のあり方などについて論じたものと推察される。天平五年に戒師招請の使を派遣したことや、翌六年に得度の最低条件を示したことは、かかる思いをもった道慈の提唱になるものと思われる。また、『続日本紀』卒伝によれば大安寺の平城京移建に関与し、「法師尤も工巧に妙なり。有らゆる匠手歎服せざるなし」というが、『扶桑略記』や「大安寺碑文」はその移建時を天平元年とする。天平八年二月、扶翼童子六人を賜わり、同九年四月、上表して、災害をさけるために諸国の調庸各三段の物をとって布施となし、僧百五十人を請じて『大般若経』を転読し、これを恒例としたいと願い出て許されている。さらに同年十月、大極殿で『金光明経』を講じている。『懐風藻』には二首の漢詩が収められ、『日本書紀』編纂にも参加したといわれる。天平十六年十月、七十余歳で入滅した。

【参考文献】 田村圓澄「末法思想と道慈」(『続日本紀研究』一二四)、水野柳太郎「日本書紀仏教伝来記事と道慈」(『続日本紀研究』一二七)、中井真孝「古代仏教史論」(『日本史を学ぶ』1所収)、井上薫「道慈」(『日本古代の政治と宗教』所収)、佐久間竜「道慈伝の一齣」(『日本古代僧伝の研究』所収)

等定 とうじょう　七二一—八〇〇　八世紀の東大寺の僧。河内国の人。天平(七二九—七四九)の中頃、東大寺に入り実忠について華厳教学を学び、東大寺天地院(東大寺の東の山中にあった)に住して修行。光仁天皇の第二皇子早良(さわら)親王はこの間の弟子という。その後、河内国西琳寺(大阪府羽曳野市古市)の大鎮僧となり、西僧坊東第一房に住した。のちにこの房は等定房と称され、等定の没後、空海が宿したという。この西琳寺は、西文(かわちのふみ)氏を始めとする王仁(わに)の後裔氏族が帰依する寺院で、或いは等定もそうした氏族の出自であったかもしれない。延暦二年(七八三)東大寺別当となり、同六年までその任にあった。同九年、七十歳の時、律師に任ぜられて僧綱に列した。翌十年十二月二十八日付の最澄修行入位の「僧綱牒」に「師、伝燈大法師位等定」の署名がみえる。同十二年、少僧都、翌十三年三月、豊前国の八幡(宇佐神宮)、筑前国の宗形、肥後国の阿蘇の三神社に遣わされて読経した。時に少僧都伝燈大法師位。同十六年、大僧都となる。僧綱在任中の等定の動向は不明な点が多いが、平安遷都や、延暦十年代に強力に推進された僧尼統制政策に関与したものと思われる。延暦十八年、高齢による身体の不調を理由に、大僧都辞任を申し出て許されたが、梵釈寺(滋賀県大津市南志賀の南志賀廃寺跡とする説や大津市滋賀里町長尾の崇福寺跡とする説があるが、未詳)のことは休息の閑に検校を加えることを命ぜられた。この梵釈寺は、延暦五年、桓武天皇の発願により建立された寺院であるが、等定は桓武の師と称され、桓武と強い信頼関係があったらしく、そうした点から梵釈寺の検校が命ぜられたのであろう。延暦十九年(八〇〇)入寂。時に年八十有余というが、八十歳で没したか。

【参考文献】 佐久間竜「等定」(『日本古代僧伝の研究』所収)、西口順子「梵釈寺と等定」(『史窓』三六)

道昌 どうしょう　七九八—八七五　九世紀の真言僧。山城法輪寺の開山。俗姓は秦氏。延暦十七年(七九八)三月八日、讃岐国香河郡(香川県高松市西部から香川郡にかけての一帯)に生まれた。幼時から自立の風があり、十四歳で元興寺明澄に師事して三論宗を学ぶ。弘仁八年(八一七)年分度者の試を経て得度し、翌年、東大寺で具足戒を受けた。以後、諸宗の講場を遍歴して名を馳せ、天長五年(八二八)神護寺(京都市右京区梅ケ畑高尾町)で空海から両部の灌頂を受けた。翌年五月、葛井寺(大阪府藤井寺市藤井寺)に留まること百日にして、出現した虚空蔵を一木に刻し寺に安置したという。同七年閏十二月、初めて宮中仏名懺悔の導師となった時、淳和天皇に対し、帝王の殺生の罪は臣下よりも重いと答えたため淳和は遊猟用の山沢独占を緩めたという。この導師の役は以後一年も欠かすことがなかった。承和三年(八三六)正月、広隆寺別当となり中興の業を遂げる。また檀林寺落慶供養の導師を勤めたともいう。嘉祥元年(八四八)七月、嵯峨上皇の命日に当り、実敏らとともに宮中にて『法華経』を講じた。貞観元年(八五九)大極殿御斎会・興福寺維摩会・薬師寺最勝会の講師を務め、僧中の大業を畢(お)える。同六年、権律師。のち律師を経て同十六年、少僧都となる。これは恒例の仏名懺悔導師を務めた時、清和大いに歓喜してみずから勅を下したことによるという。この年、貞観寺の道場落慶の大斎会の導師に迎えられた。また葛井寺を修営して規模を改め、法輪寺と称した。同十七年正月、法輪寺落慶供養ののち、二月に隆城寺の別室に遷化した。承応三年(一六五四)後光明天皇から特に大僧正を追贈されている。また道昌は世務の才幹もあったと伝えられ、承和年中(三年か)大井川(京都市西部を南流する大堰川)洪水の時、詔あって道昌みずから率先して堤防を修造したので、まさに行基菩薩の再来といわれたという。このほか『続古事談』には薬師仏に関する説話などが多く伝えられている。

【参考文献】小山田和夫「『法輪寺縁起』所載道昌略伝について」(『立正史学』四五)

道昭 どうしょう 六二九―七〇〇 七世紀後半の高僧。俗姓は船氏。河内国丹比郡(大阪府松原市・南河内郡美原町・大阪狭山市の全域と羽曳野・堺・大阪の諸市の各一部)の人。父は船史恵釈。道照にも作る。船氏は王辰爾の後裔氏族の一つで、同族に津・白猪両氏がある。舒明元年(六二九)に生まれ、飛鳥寺(法興寺。奈良県高市郡明日香村飛鳥)で得度し、摂論宗を学んだと思われる。白雉四年(六五三)五月、道光・恵施・定恵らとともに遣唐使に従って入唐し、玄奘に師事する。八年の留学を終え、斉明七年(六六一)帰国したと考えられる。そのもたらした教学内容については諸説あるが、一応、凝然の言うごとく法相第一伝としてよいであろう。また、道昭の請来した経典は、「書迹楷好にして、並びに錯誤あらず」、平城遷都後は右京の禅院に所蔵され、禅院寺本として大切にされた。帰国後、元興寺東南隅に禅院を建立し、弟子の育成に当るが、ほどなく民間を周遊し、社会事業を開始する。その期間は十有余年といわれているから、天智朝の五―六年(六六六―六六七)から、天武八年(六七九)十月の勅に、「凡そ諸の僧尼は、寺内に住し、以て三宝を護れ」といっている時までかもしれない。道昭の三十八、九歳から五十二歳頃までのもっとも活動的な時代だったといえる。その活躍の舞台は、大和・山背・摂津・河内などの諸国に及び、道昭は新帰朝の化主として、民衆教化と社会事業に全力を投入したと思われる。『続日本紀』道昭示寂伝にみえる宇治橋(京都府宇治市の宇治川に架かる橋)造橋伝説も、大化二年(六四六)とするのは困難だが、道昭が知識を率いて造橋に当った可能性は十分にある。その後の活躍については具体的史料に欠けるが、禅院を中心としての学問修行と弟子の育成に専念していったことはまちがいない。また、持統六年(六九二)には薬師寺に招かれて繡仏の開眼講師を務めたといい、文武二年(六九八)には大僧都に任命されたと伝える。だが、大僧都就任のことは疑わしい。同四年三月、道昭は縄床に端坐したまま、波瀾にとんだ七十二年の生涯を終えた。

【参考文献】富貴原章信『日本唯識思想史』、藪田嘉一郎『日本上代金石叢考』、田村圓澄「摂論宗の日本伝来について」(『南都仏教』二五)、井上光貞「王仁の後裔氏族と其の仏教」(『日本古代思想史の研究』所収)、水野柳太郎「道照伝考」(『奈良史学』一)、佐久間竜「道昭」(『日本古代僧伝の研究』所収)

道証 どうしょう 七五六―八一六 九世

紀初めの僧侶。俗姓は百済氏。阿波国の人。学業にすぐれ、弘仁(八一〇—八二四)の初めに大宰府の講師に任ぜられ、筑前国観世音寺(福岡県太宰府市)に居住した。その在任中、専ら仏事に専念して儲蓄を行なわなかったので、人々は「貴」であると称したという。弘仁七年十一月、入寂。時に六十一歳。

道場法師　どうじょうほうし　敏達朝の元興寺の僧。尾張国阿育知(あゆち)郡片蕝(かたわ)里(愛知県名古屋市中区古渡町)の人。『日本霊異記』によると、雷から与えられた子供で、長じて超人的な大力の持主として数々の不思議をなした。また同書は、聖武朝に道場法師の孫という大力女がいたという。

道詮　どうせん　—八七六　九世紀中頃の法隆寺の僧。東大寺の玄耀に三論を学び、また虚空蔵求聞持法を修して自然智を得たという。弘仁年中(八一〇—八二四)『釈摩訶衍論』の真偽が問題になった時、道詮は『箴誨迷方記』を著わしてこれを真論と判じた。嘉祥三年(八五〇)三月、仁明天皇の臨終に際して戒を授ける。斉衡元年(八五四)には興福寺維摩会の講師を務め、天安元年(八五七)六月の御前論議の際には座主となった。さらに貞観元年(八五九)大極殿における『最勝王経』講説の際、第二座の講師を務めた。同年五月、聖徳太子ゆかりの法隆寺東院の修理料ならびに忌日転念功徳料として大和国平群(へぐり)郡(奈良県生駒郡と生駒市南部および大和郡山市の一部)の私水田七町四段を施入することを奏上し許可された。同六年二月には法橋上人位権律師に任ぜられた。同十八年十月(一説には同十五年三月)入滅。道詮は晩年、大和国の福貴寺(生駒郡平群町富貴。同地の普門院はその跡)に隠居したことから、福貴の道詮と称された。また後世その像が造られて法隆寺夢殿に安置された。入唐僧として著名な真如法親王(高岳親王)は道詮の付法の弟子である。

道璿　どうせん　六九九—七五七　八世紀前半の唐僧。唐の許州の人。俗姓は衛氏。衛霊公の後という。洛陽大福光寺の定賓について受戒得度し、律を学ぶ。のち華厳寺の普寂から禅および華厳を受ける。天平八年(七三六)八月、栄叡・普照らに請われて戒を伝えるために、遣唐副使中臣朝臣名代の船に乗り、波羅門僧正らとともに来朝し、同年十月、ともに時服を賜わった。大安寺西塔院に住し、『梵網経』『四分律行事鈔』などを講じ、律蔵を伝えたという。天平勝宝三年(七五一)律師に任ぜられ、翌四年の大仏開眼会では呪願師となる。同六年、鑑真来朝の際、河内国に弟子僧善談を遣わして迎労した。そののち俄に病を得て吉野の比蘇山寺(奈良県吉野郡大淀町比曾)に隠退し、天平勝宝九歳閏四月、入寂。時に五十九歳。その著には、『集註菩薩戒経』三巻、『集註梵網経』三巻がある。なお、入寂後の天平宝字三年(七五九)吉備朝臣真備は、道璿の伝記『唐福光寺沙門道璿行実』を著わしたと伝える。

【参考文献】　常盤大定「伝教大師の法祖道璿の日本仏教史に於ける位置を闡明す」(『寧楽』一〇)

道蔵　どうぞう　七世紀後半の百済僧。天武十二年(六八三)・持統二年(六八八)の旱天に雩(あまごい)して効験があったという。養老五年(七二一)六月、法門の領袖で年八十をこえ、気力衰耄の故を以て賜禄された。『成実論疏』十六巻(一説には十巻)の著がある。なお、同時期に活動した道寧と同一人物の可能性もあろう。

道忠　どうちゅう　七三五?—八〇〇?　下野国都賀郡の大慈寺(寺跡は栃木県下都賀郡岩舟町小野寺にある)の僧。武蔵国の出身と思われ、のちに鑑真に師事。鑑真の持戒第一の弟子と称され、また鑑真の神足とも称えられる。天平宝字五年(七六一)下野国の薬師寺(栃木県河内郡南河内町薬師寺にあった)に戒壇が設けられた際、授戒する有資格僧として同寺に派遣されたのではないかとみられている。延暦十六年(七九七)最澄からの要請により『一切経』を書写。この時、大小経律論二千余巻を助写したという。道忠門下に円澄(第二代天台座主)を始め、円仁(第三代天台座主)の師である大慈寺の僧広智、ならびに大慈寺の僧基徳・鸞鏡・徳念、上野国の浄土寺（緑野寺。群馬県多野郡鬼石町浄法寺）の僧教興・道応・真静らがおり、天台宗延暦寺と在地東国で活躍する僧侶を数多く輩出させた。

【参考文献】　田村晃祐『最澄』（『人物叢書』）、同「道忠とその教団」（『二松学舎大学論集』昭和四十一年度、のちに同編『徳一論叢』に抄録所収）、由木義文「東国出身の天台座主と道忠教団」（『東国の仏教』所収）

道登　どうとう　七世紀中頃の元興寺の僧。山背の恵満の家（一説には山尻恵満の家）から出たという。高句麗に留学したらしいが、渡航・帰朝の年時は未詳。大化元年（六四五）八月、福亮・恵雲・僧旻らとともに十師に任ぜられているので、これ以前には帰朝していたのであろう。十師は、大化元年に設置され、大化・白雉年間（六四五―六五四）を通じて存在したらしく、仏教界の高僧による自治的統制機関と考えられている。大化二年、山背の国に宇治橋（京都府宇治市の宇治川に架かる橋）を造り、人畜を済度したという。さらに、この時、髑髏が奈良山（奈良盆地北辺と京都府相楽郡の境界を東西に走る丘陵）の渓にあり、それを従者の万呂に命じて木の上に置かしめたところ、髑髏が甦って万呂に謝したという説話が伝えられている。白雉元年（六五〇）二月、穴戸（あなと。長門国西南部の古称）国司が白雉を献じた時、孝徳天皇の問に答えて白雉が祥瑞であるといったとみえる。なお、山背の宇治橋は、道昭の造立とする所伝もあるが、道登と道昭を混同したものであろう。

【参考文献】　藪田嘉一郎「宇治橋造橋碑」（『日本上代金石叢考』所収）、佐久間竜「道昭」（『日本古代僧伝の研究』所収）

道徳　どうとく　八世紀の僧侶。俗姓は辛矢田部造米麻呂、またの名は子若。播磨国揖保郡（兵庫県揖保郡と龍野市・姫路市の各一部）の人。斉明二年（六四六）の生まれという所伝があるが、造作であろう。良弁（ろうべん）を師として出家し、道明とともに長谷寺（奈良県桜井市初瀬）を創建したという。長谷寺の創建年代は、確実な資料を欠き諸説があるが、聖武天皇の代（七二四―七四九）と推定されている。なお、道徳は、後世に作られた長谷寺の縁起などに、「徳道」とみえており、それらはいずれも長谷寺の創建に深く関与した人物としているが、すべて虚構であり、「徳道」（道徳）の存在も造作とみる説もある。

道寧　どうねい　七世紀中頃の百済僧。来朝の年時は未詳。『元亨釈書』によると、白鳳十二年（六六二）八月、旱（ひでり）に際して、勅を受け雩（あまごい）したところ、効あって大雨となり、天智天皇は悦んで優賞をあたえたという伝説がある。さらに白鳳十四年、その老を養うために封三十戸を賜わった。なお、同時期に道寧と同様な活動を行なった僧に道蔵がおり、或いは道寧・道蔵はもともと同一人物であった可能性もあろう。

答㶱春初　とうほんしゅんしょ　七世紀後半の百済系渡来の官人。百済滅亡直後に我が国に渡来した。氏名は塔本にも作る。白村江での敗戦後、唐・新羅連合軍の来攻に対する緊張が高まる中で、天智四年（六六五）八月、のちの長門国での築城を命ぜられた。この段階ではまだ、百済の達率の官位を帯したままである。この時に築造された山城については、山口県下関市前田の茶臼山・同市長府の唐櫃山などが比定されている。同十年正月、「兵法」による政権への奉仕が認められ、大山下を授けられた。ここにようやく日本の官人体制へ組み込まれるにいたったのである。『懐風藻』によれば、沙宅紹明（さたくじょうみょう）・吉太（大）尚（きちだいじょう）・許率母（こそちも）・木素貴子（もくそきし）らとともに、大友皇子から「学士」として賓客の礼を受けたという。その後の動静は不明である。

答本忠節　とうほんちゅうせつ　八世紀中頃の百済系渡来の官人。侍医。天平勝宝三年（七五一）十月、正六位上から外従五位下に叙せられた。天平宝字元年（七五七）の橘朝臣奈良麻呂の乱で逆徒の一人として断ぜられたが、その最期は不明。忠節は、奈良麻呂派の大伴宿禰古麻呂と小野朝臣東人の動きを察知したにもかかわらず、それを直接藤原朝臣仲麻呂に告げず、仲麻呂の兄の右大臣豊成に報告したのちに薬方を問うために忠節を訪れた仲麻呂派の巨勢朝臣堺麻呂にそのことを話したことから奈良麻呂派の計画は明るみになった。これだけのことから忠節を奈良麻呂派としてあえて処断したのは、仲麻呂が豊成を奈良麻呂派と結びつけて失脚させるためであったといわれている。

【参考文献】 福原栄太郎「橘奈良麻呂の変における答本忠節をめぐって」(『続日本紀研究』二〇〇)

道明　どうみょう　八世紀長谷寺(奈良県桜井市初瀬)の開基僧。弘福寺(ぐふくじ。川原寺。奈良県高市郡明日香村川原)の僧。俗姓は六人部(むとべ)氏。僧道徳とともに長谷寺を建立したという。また、降婁(戌の年)漆菟(七月)には、天武天皇のために千仏多宝塔を豊山(泊瀬)の地に敬造した。これらはいずれも時期について諸説があって特定し難い。そのため、道明の活動期は未詳であるが、長谷寺の創建を聖武朝(七二四―七四九)、千仏多宝塔の造塔を宝亀元年(七七〇)とする説が妥当とすれば、道明は八世紀半ば―後半の僧侶ということになろう。

道雄　どうゆう　―八五一　九世紀前半の法相宗・華厳宗・真言宗三宗兼学の僧。海印寺根本。俗姓は佐伯氏。讃岐国多度郡(香川県仲多度郡と善通寺市の中・西部)の人。初め慈勝に師事して唯識を学び、のち長歳に従って華厳および因明を学び、さらに空海から真言の教えを受けた。天長四年(八二七)に行なわれた法華講会では、真言宗僧として他宗の高僧とともに聴法の上首を務めた。承和十四年(八四七)律師に任ぜられ、次いで嘉祥三年(八五〇)権少僧都に進んだ。早くから造寺の志を抱き、夢に現われた山城国乙訓郡木上山(京都府長岡京市奥海印寺)の地に十院を建立して海印三昧寺(海印寺)と名づけ、ここに住した。仁寿元年(八五一)この寺院を定額寺として公卿を別当に任じ、特に年分度者二人を置き、受戒ののち十二年間籠山して華厳三昧を修せしめ、優れた僧を座主とすることを請願して認められた。また同年、華厳宗年分度者の試問に用いる論疏の改定を願い出て許された。同年六月、入寂。

道融　どうゆう　八世紀中頃の学僧。俗姓は波多氏。母の喪にあって出家し、以来、精進苦行して修行し、特に戒律に精通した。古来から日本に伝来していた道宣律師の『四分律鈔』は、道融が講説することによって、ひろく弘通するようになったという。さらに天平年中(七二九―七四九)に、良弁(ろうべん)僧正に請われて説戒師となり、布薩法を行なった。また、幼い頃から文をよくし、淡海真人三船と併称される程であったらしい。『懐風藻』に漢詩二首が収録されている。著書に『受大乗菩薩戒羯磨』一巻がある。

十千根　とおちね　伝説上の人物。物部連氏の遠祖。物部十千根大連ともある。『新撰姓氏録』には饒速日(にぎはやひ)命七世の孫とし、止智尼大連、また十千尼大連とある。『日本書紀』垂仁二十五年二月条によれば、阿倍臣遠祖武渟川別(たけぬなかわわけ)・大伴連遠祖武日(たけひ)らとならんで五大夫とされ、神祇祭祀を怠らないよう詔を受けている。同二十六年八月には、垂仁天皇から出雲国の神宝を検校するよう勅を受け、十千根はみずから出雲に出向いている。そののち、垂仁から神宝をつかさどらされたとある。また、同八十七年二月条には五十瓊敷(いにしき)命が石上(いそのかみ)神宮(奈良県天理市布留町)の神宝の管掌を妹の大中姫にまかせようとしたところ、姫は物部十千根大連に授けて治めさせたとある。以後、石上の神宝は物部連の管掌下となったという。『先代旧事本紀』天孫本紀には饒速日命の七世孫建胆心大禰命の弟として十市根命とある。

十市皇女　とおちのひめみこ　―六七八　大友皇子(弘文天皇)の妃。天武天皇と額田女王との間の子で、天武が女王を「初め娶(め)して」とあることから、天武の第一子だったかと想像される。大化四年(六四八)もしくはやや以前の出生か。長じて大友皇子の妃となったのは、大友皇子が天智天皇最愛の皇子であるところから、天智に望まれてのことだったと思われる。天智八年(六六九)の頃、葛野(かどの)王を出産。この三年後の壬申の乱によって夫を失う。天武四年(六七五)二月、阿閉(あえ)皇女(のちの元明天皇)とともに伊勢神宮に赴き、途中、波多(三重県一志郡一志町)の地で吹芡刀自(ふふきのとじ)が十市皇女への寿歌を献じた(『万葉集』一―二二)。同七年四月、宮中で急死。自害の疑いももたれる。乱の心痛からであろう。死後、高市皇子が悲痛な挽歌をよせ(同二―一五六～一五八)、両者の恋愛関係を想像させる。天武も大和赤穂の地での葬儀に臨み、みずから哀(ね)を発した。この赤穂を『大和志』は広瀬郡赤部村(奈良県北葛城郡広陵町三吉)とし、一方、奈良市の赤穂とする見方もある。

【参考文献】若浜汐子『十市皇女』

十世王 とおよおう 八三三―九一六 桓武天皇の皇子仲野親王の子。元慶八年(八八四)二月に従四位下、仁和元年(八八五)正月に中務大輔となる。同三年に加賀権守を兼ね、同年四月には落馬した奉石清水八幡大菩薩宮幣使基棟王に代わって幣物を奉った。また同四年二月、意見六箇条を奉る。寛平二年(八九〇)正月に従四位上、同三年十二月に宮内卿、同五年十一月に伊予権守を兼ね、同八年正月に正四位下となり、また越前権守を兼ねた。同九年六月、参議、昌泰元年(八九八)備後権守、延喜三年(九〇三)正月、再び伊予権守を兼ね、同八年正月には越前権守を兼ねた。同十年正月、従三位となり、同十三年正月、播磨守を兼ねる。延喜十六年七月三日、薨去。時に八十三歳。子に時世王・時相王がいる。

時子内親王 ときこないしんのう ―八四七 仁明天皇の皇女。母は参議滋野朝臣貞主の女の女御縄子。承和二年(八三五)七月、讃岐国三野郡空閑地百余町を、同年十月、河内国荒廃田八十五町を、同三年十一月、同じく河内国荒廃田三十三町を、同十年十一月、摂津国嶋上郡古荒田十八町八段を賜わる。同十四年二月十二日、薨じた。時に無品。兵部大輔従四位下豊江王らが喪事監護のために派遣された。

刀岐直清浜 ときのあたいきよはま ―八三三 九世紀前半の陰陽寮暦博士。天長十年(八三三)外従五位下で卒したが、後継者がなかったため、恒例では十一月の進暦がこの年は十二月に遅延した。また、同八年に夜間日食を予め密奏しなかったことが、元慶元年(八七七)にいたって、「事疎漏に渉る」と批判されている。

時原宿禰春風 ときはらのすくねはるかぜ 九世紀後半の官人。氏姓は初め秦忌寸。山城国葛野郡(京都市西部)の人。貞観五年(八六三)九月、時原宿禰の氏姓を賜わった。時に従六位上図書大允。元慶元年(八七七)十一月、外従五位下となり、この時以降、すべて采女正として現われる。同八年十一月、従五位下。仁和三年(八八七)七月、朝臣の姓を賜わるが、春風の言によると、その先祖は秦始皇帝十一世孫功満(王)で、帯仲彦(仲哀天皇)の四年に帰化入朝し、珍宝・蚕種などを献上したという。

徳一 とくいつ 八世紀後半―九世紀前半の法相宗の学僧。徳壱・徳溢・得一にも作り、俗に会津徳一という。藤原朝臣仲麻呂の第六子刷雄と同一人物、或いは同母兄弟とする所伝があるが、疑わしく未詳。最澄は徳一のことを「麤食者(そじきしゃ。徳一に対する貶称)、弱冠にして都を去り、久しく一隅に居す」と評しており、もともと都の人であったらしい。幼くして出家し、興福寺の修円僧都について法相教学を学び、のち東大寺に移り法相教学の研鑽に努めた。そののち関東に下り、常陸国に筑波山寺(中禅寺。茨城県筑波郡筑波町筑波)を創建、さらに会津の慧日寺(恵日寺。福島県耶麻郡磐梯町磐梯)に住し、沙門の奢侈を嫌って麁食幣衣で暮らし、そこに没したという。この徳一の名を高めたのが最澄との間に行なわれた仏性に関する論争である。最澄は、弘仁八年(八一七)東国で伝道を行ない、上野国緑野(みどの)郡の浄土寺(緑野寺。群馬県多野郡鬼石町浄法寺)や下野国都賀郡の大慈寺(寺跡は栃木県下都賀郡岩船町小野寺にある)を中心に法華経長講を行なった。これに対して、当時慧日寺に住していたらしい徳一は、『仏性抄』を撰述して最澄の主張に批難を加えて論争が開始された。一般的に三一権実論争と呼ばれるこの論争は、考え方の根本的相違に基づく教学上の一大論争であった。すなわち、最澄は、華厳・天台宗がその拠り所とする一乗論の立場に立ち、「一切衆生、ことごとく仏性あり」として仏性の平等を説いたのに対し、徳一は法相唯識の立場から、仏性に菩薩・声聞・縁覚・不性・無性の区別を設ける五性各別を説き、さらに声聞・縁覚・菩薩の別に応じた教えがあるとする三乗論を主張した。この論争は、弘仁十二年に著わされた最澄の『法華秀句』によって一応終わりをつげるが、日本における最初で最後の本格的仏性論争と評されている。なお、徳一には他に『中辺義鏡』『法華肝心』『法相了義燈』などの著書がある。

【参考文献】田村晃祐「徳一著作考」(天台学会編『伝教大師研究』所収)、同「最澄・徳一論争の発端」(橋本博士退官記念仏教研究論集刊行会編『仏教研究論集』所収)、薗田香融「徳一伝考」(田村晃祐編『徳一論叢』所収)

徳円　とくえん　七八七―?　九世紀前半の天台宗の僧。下総国猨嶋郡余戸倉樔郷(茨城県猿島郡三和町)の人。俗姓は刑部(おさかべ)稲麿。初め安証(あんしょう)と称し、大同三年(八〇八)六月十七日付の「広円遺言状」によれば、かつて下野国都賀郡大慈寺の僧広智とともに広円の弟子であったことが知られる。のちに最澄に師事し、弘仁二年(八一一)六月、最澄から金剛界五部の灌頂を受けた。翌三年正月、二十六歳の時に止観業の年分度者として得度。同八年三月、最澄の東国巡錫の際に下野国大慈寺で広智とともに灌頂を受け、また同寺において円仁とともに円頓菩薩大戒を最澄から授けられた。さらに同年五月、上野国緑野寺において円澄・広智らと同時に最澄から金剛胎蔵両部の灌頂を受けた。翌九年、比叡山根本法華院の寺主となり、同十四年四月、延暦寺で菩薩大戒を受けた。同年六月、法華会に際して複講師を務めた。天長六年(八二九)九月、下野国講師に補任。時に伝燈住位。翌七年閏十二月、広智から三昧耶戒の印信を授けられ、同八年九月、円澄らと連名で真言密教の受法を請う書簡を空海へ送っている。同九年十二月、円仁らとともに伝燈満位となる。承知九年(八四二)五月、さきに広智から授けられた三昧耶戒の印信を、さらに円珍に施した。時に梵釈寺鎮国道場十禅師比叡山延暦寺天台法華宗沙門伝燈法師位。この年、唐の長安に滞在していた円仁は、徳円が送った「疑問」を受け取ったらしいが、その「疑問」にたいする長安醴泉寺の僧宗頴の「決答」は、唐の会昌五年(八四五)三月になされており、ともに「徳円疑問宗頴決答」として『唐決集』に収められている。徳円の「疑問」の内容は、すぐれたものとして評価されている。円珍自筆の「徳円受僧階歴次」に、「叙大法(年五十九。臈卅)」とあるのによれば、徳円が伝燈大法師位となったのは承和十二年(八四五)五十九歳の時のことになる。某年四月十五日付の「徳円金剛宝戒示文」にみえる肩書には、現在伝戒師梵釈寺十禅師天台沙門伝燈大法師位とある。その後の消息は未詳。

【参考文献】仲尾俊博『日本初期天台の研究』、佐伯有清『慈覚大師伝の研究』、同『円仁』(『人物叢書』)、小野勝年『円珍文書』と初期天台」(『仏教芸術』一四九)

得清　とくせい　八世紀後半の西大寺の僧。徳清にも作る。唐の大暦七年(七七二)誠明らと入唐、聖徳太子撰『勝鬘経義疏』を中国にもたらし、明空の『勝鬘経疏義私鈔』撰述の因をなした。円珍『義釈目録』、安然『八家秘録』によると、『大日経』の一行撰疏釈の異本『大毘盧遮那経義記』十四巻を日本に将来したという。

利基王　としもとおう　八二二―八六六　桓武天皇の皇孫で、賀陽(かや)親王の第六子。少年の頃から学の道に入り、史漢に通じた。承和(八三四―八四八)末年、文章生となり、天安三年(八五九)正月、侍従となった。貞観五年(八六三)正月、従四位上に昇り、同七年二月、神霊池水の沸騰により勅を受け、文徳天皇の田邑山陵(京都市右京区太秦三尾町にある円墳が山陵とされる)に出向した。同年五月、下野権守となり、翌八年正月、四十五歳で卒した。

鳥取氏 ととりうじ 鳥取部の伴造氏族。氏名は白鳥を捕えて貢上する鳥取部に基づく。鳥取部ともいう。姓は初め造、天武十二年(六八三)九月、連を賜わる。『日本書紀』によると、垂仁二十三年九月、垂仁天皇の皇子誉津別(ほんつわけ)王は三十歳になり、八掬髯鬚(やつかひげ。多量のひげ)が伸びるまでになったのに赤子のように泣き、ものを言わなかった。垂仁は群卿にそのわけを協議させた。十月、鵠(白鳥)が大空を飛ぶのをみて皇子は口をきいた。垂仁は喜び、この鳥を捕えることを命じた。鳥取造の祖である天湯河板挙(あめのゆかわたな)は、鵠を追い尋ねて出雲国に行き、その鳥を捕えた。ある説では但馬国で捕えたともいわれる。十一月、湯河板挙が鵠を献上すると、誉津別命はこの鳥をもてあそび、ついにもの言うことができた。垂仁は湯河板挙をあつく賞し、氏姓を賜わって鳥取造といい、また鳥取部・鳥養部・誉津部を定めたという。『新撰姓氏録』右京神別上の鳥取連条にも、同じような話がみえる。

【参考文献】 志田諄一『古代氏族の性格と伝承』

捕鳥部万 ととりべのよろず 物部弓削守屋大連の資人。『日本書紀』によると、用明二年(五八七)七月、蘇我馬子宿禰らが守屋を攻めた時、百人を率いて守屋の難波の宅(比定地未詳)を守った。守屋が滅んだことを聞いて茅渟(ちぬ)県(のちの和泉国)の有真香邑(大阪府貝塚市久保付近。同地に延喜式内社阿理莫神社がある)の山中にかくれ、数百の衛士を相手に弓矢をもって戦った。三十余人を殺したが、遂に自殺した。その屍は八つに斬られ、梟された。時に万の飼犬が頭をくわえて古家に収め、臥して飢え死んだので、万の族は墓を並べ造って万と犬を葬ったという。

利波氏 となみうじ 越中国礪波郡(富山県東礪波郡・西礪波郡・礪波市・小矢部市と高岡市の一部)の譜第郡司氏族。姓は臣。その氏族の由来については『古事記』孝霊段に孝霊天皇の皇子日子刺肩別(ひこさしかたわけ)命は、高志(越)の利波臣の祖であるとみえ、豊国の国前臣、五百原君、角鹿の海直と同祖とするが、それよりのちに作成されたと考えられる『越中石黒系図』では、その始祖について孝元天皇の皇子彦太忍信(ひこふつおしのまこと)命の子武内宿禰を経て、その子若子宿禰から分かれたものとしている。そしてその子伊弥頭国造大河音宿禰を経て、その孫が一人は射水(いみず)臣の祖たる麻都臣、一人は継体朝に利波評を賜わった波利古臣で、後者の四代後の山万呂の時、『庚午年籍』で利波臣の氏姓を負い、その子千代の時、礪波郡の大領になったと伝えている。波利古臣あたりまでの系譜は信憑性が薄いが、こうした系譜の変更は承和年間(八三四―八四八)に、新興氏族の台頭が顕著になるなかで、利波氏が郡領の地位を守るために、自己の家柄を国造の系譜を引く家柄として飾る必要に迫られ、隣接する射水郡の国造家射水臣氏の系譜と結合させた結果ではないかとされている。『越中国官倉納穀交替帳』によって礪波郡における歴代郡司を調べていくと、譜第郡司制の続く天長四年(八二七)までは利波臣氏が郡領を独占するが、そこでまず少領の地位を失い、貞観四年(八六二)をもって大領からも姿を消しているが、『越中石黒系図』によれば、元慶年間(八七七―八八五)以後も三代にわたって郡領職を受け継いでいたことが知られ、衰退したとはいってもなお根強い勢力を保持していたらしい。一族中では、この『越中石黒系図』には現われないが、八世紀に東大寺領越中荘園などで活躍した利波臣志留志がもっとも著名である。

【参考文献】 佐伯有清『古代氏族の系図』、米沢康『越中古代史の研究』、磯貝正義『郡司及び采女制度の研究』

礪波臣志留志 となみのおみしるし 八世紀中頃―後半の越中国の人。地方豪族から官人に登用された。氏名を利波にも作る。天平十九年(七四七)九月、米三千石を盧舎那仏知識に献上し、無位から外従五位下に叙せられた。この時、献上した米について、『東大寺要録』所引の『造寺材木知識記』には五千石とみえる。天平神護三年(七六七)三月、越中員外介に任ぜられ、同月、墾田百町を東大寺に寄進して従五位上に昇った。また、この越中員外介として、越中国の礪波・射水・新川三郡の東大寺田、および同国の東大寺墾田野地ならびに園地などの検校を行ない、宝亀十年(七七九)二月、伊賀守に任ぜられた。

【参考文献】 米沢康「利波臣志留志をめぐる諸問題」(『越中古代史の研究』所収)

舎人氏　とねりうじ　天皇・皇族に近侍し、その護衛の任に当った令制前の舎人制度と関係する氏族。宮廷に舎人を出仕させた豪族が、新たに舎人の氏名を帯したのであろう。姓は臣・連・造および無姓。分布地域の判明するものは、越前を除き出雲・讃岐・周防・筑前など西国に集中する。壬申の乱の功臣で、天武十年(六八一)十二月に連姓を賜わった舎人造糠虫(ぬかむし)も西国出身者であろう。これは金刺(かなさし)舎人・他田(おさだ)舎人など複姓型の氏名を持つ氏が東国に偏在するのと対照的であり、複姓型舎人が、名代・子代の一種として、六世紀後半頃までに成立したのに対し、それ以降西国の豪族からも、舎人が採用されたことに基づくと思われる。東国の舎人同様、国造級豪族の子弟が舎人とされたのであろう。出雲国には舎人臣・舎人に加えて舎人部の氏姓を持つ者も存するが、これは舎人の資養に当った舎人部(部民)の系譜をうけつぐもので、大化前代の出雲国に舎人臣―舎人―舎人部という支配関係が存したことを意味する。なお『新撰姓氏録』未定雑姓、河内国の条には百済国人、利加志貴王(りかしきおう)の後裔とする舎人氏(無姓)の名を掲げるが、詳細は未詳。

【参考文献】 直木孝次郎『日本古代兵制史の研究』

舎人親王　とねりしんのう　六七六―七三五　天武天皇の皇子。母は天智天皇の皇女新田部皇女。大炊(おおい)王(のちの淳仁天皇)・御原王・船王・池田王らの父。持統九年(六九五)正月、浄広弐を賜わったのが初見。これは天武の皇子の一般的な初叙冠位である。養老二年(七一八)正月、二品から一品に叙せられた。この頃には新田部親王とともに皇室の長老格になっていた。同四年五月、これ以前(その時期は未詳)から行なわれていた『日本書紀』編纂作業が完了し、この時に奏上された。舎人親王はその事業の筆頭に挙げられているが、具体的にどの程度編纂作業に関わったかは未詳で、名誉職的な色彩が強い。同年八月、右大臣藤原朝臣不比等の死去直後に知太政官事に任ぜられた。その後、一品知太政官事のまま、長屋王の変、光明立后などの事件を経て、天平七年(七三五)十一月十四日に薨じ、この時、太政大臣を贈られた。天平宝字三年(七五九)六月、子の大炊王が即位するに及んで、崇道尽敬皇帝と追号された。慶雲元年(七〇四)以降、徐々に加封され、神亀元年(七二四)二月の時点では二千五百戸に及んだ。天平七年閏十一月の『相模国封戸租交易帳』により、その内の三百戸は相模国足上郡岡本郷・足下郡高田郷・余綾郡・鎌倉郡尺度郷・同郡荏草郷にあったことが確認できる。『万葉集』に短歌三首を残しており(二―一一七、九―一七〇六、二〇―四二九四)、舎人親王に献ぜられた歌もある(同九―一六八三・一六八四・一七〇四・一七〇五・一七七四・一七七五)。また、これらの歌から、藤原宮時代の皇子の宮は「多武の山」(多武峯)西北方の、現在の奈良県桜井市高家(たいえ)付近にあったとする説がある。

舎人皇女　とねりのひめみこ　―六〇三　六世紀後半―七世紀初めの皇族。舎人姫王にも作る。欽明天皇の皇女で、『日本書紀』によれば、蘇我稲目宿禰の女堅塩(きたし)媛所生の七男六女の第十三子。用明天皇の皇子当麻皇子の妻。推古十一年(六〇三)二月、撃新羅将軍の来目皇子の薨去に伴い、同年四月に夫の当麻皇子が征新羅将軍に任ぜられ、舎人皇女も従って七月に難波を出帆したが、播磨の赤石(のちの播磨国明石郡明石郷。現在の兵庫県明石市一帯)にいたって薨じた。そのため当麻皇子は、舎人皇女を檜笠岡の上(比定地未詳)に葬り、新羅征討を断念して引き返した。

舎人王　とねりのみこ　―六八〇　七世紀後半の皇親官僚。天武九年(六八〇)七月、天武天皇は病気で危篤の舎人王に対して高市皇子を遣わして訪わしめ、さらに翌日薨ずると、高市皇子・川島皇子を派遣し、殯(もがり)に臨んで挙哀(こあい)をせしめた。百寮の者はこれによって悲しみ泣いた。時に納言兼宮内卿・五位。

迹見首赤檮　とみのおびといちい　六世紀末の政変で活躍した舎人。用明二年(五八七)四月、物部弓削守屋大連と蘇我馬子宿禰とが争った時、守屋に従っていた中臣勝海連は、守屋を裏切り、押坂彦人大兄皇子についたが、赤檮は彦人大兄皇子のもとから退出する勝海を斬殺した。次いで同年七月、馬子と諸皇子・群臣の守屋討伐軍に加わり、守屋を朴の股から射落としてその子供たちをも倒し、その功により一万代(しろ)の田を与えられた。

登美真人直名　とみのまひとただな　―八五三　九世紀前半の官人。藤津の子。法隆寺檀越。弘仁十三年(八二二)主膳正任官を皮切りに、以後、美濃大掾・近江大掾・大和介・大判事・散位頭を歴任、承和十一年(八四四)少納言を拝命し、位階も従五位下にいたった。同十二年、法隆寺僧善愷(ぜんがい)により、同寺の奴婢・財物を売却し、その過取の直銭を隠匿したとして訴えられた。太政官での審理の結果、職制律監主受財枉法条を適用され、遠流と処断されたが、父の代から親交のあった伴宿禰善男が、善愷の訴訟の受理・審理には違法があったと弁護し、救われた。同十五年正月には早くも大宰少弐として返り咲く。嘉祥二年(八四九)には豊後守となった。この時、謀反を計画したというが、翌年には赦免されている。

【参考文献】　薗田香融「法隆寺僧善愷訴訟事件に関する覚え書」(『平安仏教の研究』所収)、佐伯有清『伴善男』(『人物叢書』)

登美真人藤津　とみのまひとふじつ　九世紀初頭前後の官人。用明天皇の皇子来目王の後裔正月(むつき)王の子。初め藤津王。藤津王の時、父の遺志を継いで賜姓を請願、延暦十年(七九一)七月、拠地大和国添下郡登美郷(奈良市三碓町付近から生駒市北部にかけての一帯)に因んで登美真人の氏姓を賜わった。同十八年二月、左大舎人助となる。時に従五位下。同年八月、少納言に、弘仁元年(八一〇)九月、越前介に任ぜられた。越前介として赴任した際、平城上皇の変に呼応した前任の介阿倍朝臣清継に監禁されるという一幕もあった。同年十月、従五位上、同二年正月、治部大輔、同年五月、兵部大輔、同五年正月、越中守に任ぜられた。『類聚三代格』に収める天長二年(八二五)二月八日の官符によれば、法隆寺の檀越として、親交のあった延暦寺俗別当の伴宿禰国道の意を受け、四天王寺・法隆寺の毎年の安居講師に天台宗の僧尼を採用することを申請し、宗勢の挽回をはかる比叡山に協力している。

【参考文献】　薗田香融「法隆寺僧善愷訴訟事件に関する覚え書」(『平安仏教の研究』所収)、佐伯有清『伴善男』(『人物叢書』)

伴直真貞　とものあたいまさだ　九世紀の中頃、浅間明神の託宣を伝えた人。貞観七年(八六五)甲斐国八代郡擬大領無位伴直真貞が神がかりして「我は浅間明神なり。この国に斎き祭らるるを得んと欲す。すべからく早く神社を定め、かねて祝、禰宜を任じ、宜しく潔斎して祭り奉るべし」との託宣をした。国司がこれを卜筮に求めても同じ結果をえたので、真貞を祝(はふり)、同郡の人伴秋吉を禰宜とし、郡家以南に神宮を作り建て、鎮謝した。同年十二月、勅によって浅間明神の祠を立てて官社に列し、祝・禰宜をおくことが許された。

伴清縄　とものきよただ　大納言伴宿禰善男家の僕従。応天門の変に際し、貞観八年(八六六)八月、善男家の僕従であった生江恒山の共謀者として検挙された。拷問の杖の下で二人はついに「善男はみずからは放火しなかったけれど、息子の中庸らが応天門につけ火したのだ」と自白した。これが突破口となって善男らに対する断罪は決定した。同年九月、善男・中庸・清縄ら五人は斬刑に処すべきところ、特に死一等を降して遠流にするという判決が、善男の否認のままくだされた。善男は伊豆国、中庸は隠岐国、清縄は佐渡国へ配流された。

【参考文献】佐伯有清『伴善男』(『人物叢書』)

伴健岑　とものこわみね　九世紀前半の官人。春宮坊帯刀舎人として仁明天皇の皇太子恒貞親王(淳和天皇の皇子)に仕えた。承和九年(八四二)七月十日、嵯峨太上天皇が重態におちいった際、変事を恐れた健岑が阿保親王のもとに来て「国家の乱が起こるのは必定である。恒貞親王を奉じて東国へ行ってもらえまいか」と誘った。しかし、阿保親王はその内容を封書にして嵯峨太皇太后橘朝臣嘉智子に上呈したため、中納言藤原朝臣良房と仁明の知るところとなり、嵯峨太上天皇の崩後七月十七日、但馬権守橘朝臣逸勢(はやなり)とともに私邸で捕えられた。翌十八日から左衛門府で取調べが始まったが、健岑らはあくまでも罪状を否認したので、二十日には拷問にかけられたが、拷問にも屈しなかった。七月二十三日、皇太子恒貞親王を廃する詔が発せられ、二十八日、謀反の首謀者とされた健岑は隠岐国へ、逸勢は伊豆国へ配流された。貞観七年(八六五)五月、健岑は恩赦によって放免されたとして一時入京したが、勅によって出雲国へ遷配となった。

【参考文献】佐伯有清『伴善男』(『人物叢書』)、玉井力「承和の変について」(『歴史学研究』二八六)、福井俊彦「承和の変についての一考察」(『日本歴史』二六〇)

伴宿禰河男　とものすくねかわお　九世紀後半の官人。『伴氏系図』の一本に善男の弟とするものがある。仁寿四年(八五四)正月、従五位下に叙せられ、周防守・鋳銭長官・下野介を歴任。貞観八年(八六六)九月、大納言伴宿禰善男が、応天門放火の罪で伊豆国へ遠流された時に連坐して能登国へ配流の刑をうけた。時に従五位上下野守。業績については、下野介在任中、五畿七道諸国の医師・博士の解由を責めることを奏言して、これを実現させていることがしられる。能吏としての片鱗がうかがえる。

【参考文献】佐伯有清『伴善男』(『人物叢書』)

伴宿禰吉備麿　とものすくねきびまろ　九世紀後半の下級官人。貞観十九年(八七七)閏二月、美作・備前両国から銅が進められた。これは初め従七位上伴宿禰吉備麿が美作国真嶋郡加夫良和利山(岡山県真庭郡勝山町か)と大庭郡比智奈井山(真庭郡湯原町か)、および備前国津高郡佐佐女山(比定地未詳)の銅を掘り、その標本の銅を献上したことが機縁となっている。これにより内匠大允正六位上布勢朝臣安岑が勅によって現地に派遣され、それぞれの国宰と協力して検校し、採掘した銅を進上した。

伴宿禰竜男　とものすくねたつお　九世紀中頃の官人。承和十三年(八四六)正月、従五位下紀伊守となり、以後仁寿二年(八五二)弾正小弼、同四年、従五位上越後守。粗野な性格であったようで、紀伊守であった嘉祥二年(八四九)閏十二月に国造紀宿禰高継と対立し、従僕を分遣して衆庶をおどしたり、天安二年(八五八)閏二月、越後守であった当時の故殺を告発されて獄に下っている。その後、放免されて貞観三年(八六一)には上総介となったが、翌年三月、前任の和朝臣豊永と交代する時、官物を多く欠失させたとして、豊永を禁固した。この粗暴な振舞を最後に記録が絶えている。

【参考文献】佐伯有清『伴善男』(『人物叢書』)

伴宿禰常雄　とものすくねつねお　九世紀中頃の太政大臣藤原朝臣良房の家司。良房第における皇太后藤原朝臣順子の催した盛大な歓宴の賞によって貞観三年(八六一)二月、正八位下から外従五位下を授けられた。この頃、常雄は伴大田宿禰を氏姓としていたが、伴宿禰を賜わるよう請願し、同年八月、認可された。その際、正三位中納言であった伴宿禰善男が、常雄の述べている祖先のことは虚偽ではないので、大田の二字を削って伴宿禰の氏姓を賜わるよう奏言の労をとり、同族に迎え入れた。同年十月、従五位下となった。

【参考文献】佐伯有清『伴善男』(『人物叢書』)

伴宿禰中庸 とものすくねなかつね 九世紀中頃の官人。善男の子。父と応天門の変に関わって配流。斉衡四年(八五七)正月、正六位上から従五位下に昇り、翌天安二年(八五八)三月、侍従、九月に右衛門佐となる。貞観二年(八六〇)十一月、従五位上に叙せられ、同八年九月、父善男と共謀して応天門に放火したという罪で隠岐国へ配流。子の元孫・叔孫の二人も同行。元慶五年(八八一)七月、石見国に遷配。宅地は平安右京五条一坊にあった。

【参考文献】佐伯有清『伴善男』(『人物叢書』)

伴宿禰成益 とものすくねなります 七八九―八五二 九世紀中頃の官人。父は伴宿禰宇治人。大学に学んで文章を習う。進士に及第。弘仁十四年(八二三)左京少進となり、天長九年(八三二)冬、従五位下に叙せられた。承和三年(八三六)夏、大蔵少輔となり、同年冬、右少弁にうつる。同九年七月の承和の変の際、藤原朝臣良房側に属し、同族伴健岑(こわみね)逮捕などの直接行動に参加したと思われる。同十一年六月、左中弁となり、同十二年正月、従四位下に昇叙。しかし、同十三年、法隆寺僧善愷(ぜんがい)訴訟事件で右少弁伴宿禰善男から成益ら五人の担当弁官が鋭く弾劾された。結局、善男の主張が全面的に通り、成益らは全員解官となった。嘉祥三年(八五〇)五月、丹波権守に任ぜられ、在任中の仁寿二年(八五二)二月、六十四歳で卒した。時に従四位下。

【参考文献】佐伯有清『伴善男』(『人物叢書』)、青木和夫「伴大納言」(和歌森太郎編『人物・日本の歴史』2所収)

伴宿禰宗 とものすくねむね 七九二―八五五 九世紀前半の法律家。氏姓は初め伴良田連。伴吉田連にも作る。嘉祥二年(八四九)中に伴宿禰を賜わったと考えられる。若くして大学で律令を学び、のちに大宰明法博士・大判事・明法博士などの職を歴任し、従五位下にいたる。斉衡二年(八五五)正月二十八日、卒す。時に六十四歳。『令集解』職員令所引の「伴記」は、宗の私記であるといわれている。

【参考文献】布施弥平治『明法道の研究』

伴宿禰善男 とものすくねよしお 八一一―八六八 九世紀中頃の公卿。応天門放火の罪で伊豆国に配流。大伴宿禰国道の子。伴宿禰中庸の父。天長七年(八三〇)校書殿に祗候。以後、仁明天皇の知遇を受ける。承和八年(八四一)二月、大内記、同九年正月、蔵人。同年七月の承和の変後、式部大丞となる。同十年正月、従五位下に叙せられ、二月、讃岐権介、翌年二月、右少弁に進む。同十三年、法隆寺の僧善愷(ぜんがい)が檀越の登美真人直名(とみのまひとただな)の不法を訴えたのに対し、直名を弁護して左大弁正躬(まさみ)王らと争った。翌年、従五位上に叙し、蔵人頭・右中弁に任ぜられた。同十五年正月、従四位下となり、二月、参議・班河内和泉田使長官・右大弁となる。嘉祥・仁寿年間(八四八―八五四)に下野守・右衛門督・検非違使別当・式部大輔・中宮大夫・美作守・讃岐守などを歴任。斉衡二年(八五五)正月、従三位に昇り、二月、右大臣藤原朝臣良房らと『続日本後紀』の編纂に従事。貞観元年(八五九)四月、正三位となり、この年の末、民部卿に任ぜられる。翌年正月、中納言、同六年正月、大納言となる。この頃から左大臣源朝臣信(まこと)らと対立を深め、太政大臣藤原朝臣良房の重病を機に、源朝臣信・融(とおる)ら兄弟に反逆の心ありと非難する。貞観八年閏三月十日、応天門が焼け、棲鳳(せいほう)・翔鸞(しょうらん)の両楼も類焼。時に右大臣藤原朝臣良相(よしみ)とともに善男は、左大臣源朝臣信が応天門放火の犯人であると言い立てた。しかし大宅首鷹取が応天門を焼いたのは、善男・中庸父子の共謀によるものと訴え、にわかに善男らの身辺は不利な情況に追い込まれ、ついに放火の犯人として断罪されるにいたった。同年九月、善男は伊豆国、子の中庸は隠岐国、そして関係者の多くが配流された。応天門の変と呼ばれるこの事件は、当時の政情が複雑にからんでおり、真相の究明は困難であるが、事件を最大限に利用したのは藤原朝臣良房・基経であったことに間違いない。配流後、没収された善男の資財田宅が莫大であったことは、関係史料によって知られる。

【参考文献】　佐伯有清『伴善男』(『人物叢書』)

台与　とよ　倭の女王。壱与にも作る。三世紀中頃に卑弥呼が没すると男王が立ったが国中が従わず、内乱状態になって千余人が死んだという。人々が卑弥呼の宗女台与、歳十三なる少女を擁立し、倭の女王とすることによって倭国は安定したという。その後、台与は大夫率善中郎将掖邪狗ら二十人の使者を魏に派遣し、男女生口三十人などを献上している。また西晋の武帝泰始二年(二六六)西晋に使者を派遣した倭の女王も台与であろう。

豊江王　とよえおう　七九六―八六三　九世紀前半の官人。光仁天皇の皇子薭田親王の孫。高橋王の子。弘仁十三年(八二二)正月、従五位下に叙せられ、天長二年(八二五)秋、少納言兼侍従に任ぜられた。その後、順調に昇進を続け、承和九年(八四二)七月には従四位下。翌十年正月、中務大輔、同十一年には兵部大輔に就任した。この兵部大輔在任中に、時子内親王(仁明天皇の皇女)・崇子内親王(淳和天皇の皇女)・尚侍百済王(くだらのこにきし)慶命・秀子内親王(嵯峨天皇の皇女)ら四人の葬儀の監督・警護の任に当った。その間、嘉祥二年(八四九)正月には従四位上に叙せられた。仁寿元年(八五一)四月、出居侍従に転じ、同年十一月、正四位下を授けられ、斉衡三年(八五六)五月、右京大夫、同四年正月、下総権守、翌天安二年(八五八)には下野守となり、同年八月の文徳天皇崩御に際しては、山作司となる。同年十一月、宮内卿に昇進した。貞観四年(八六二)老病により官を辞し、翌年七月十六日、卒去。時に六十八歳。

豊城入彦命　とよきいりひこのみこと　崇神天皇の皇子。豊木入日子命・豊城命にも作る。母は紀伊国の荒河戸畔(あらかわとべ)の女遠津年魚眼眼妙(とおつあゆめまくわし)媛。ただし、大海宿禰の女八坂振天某辺(やさかふるあまいろべ)を豊城入彦命の母とする異説がある。同母の妹に豊鍬入姫命がいる。『日本書紀』崇神四十八年正月条によると、崇神天皇は皇太子を選ぶため夢占いを試み、命と活目(いくめ)尊の二皇子に沐浴して夢を見させた。その時の夢では、命はみずから御諸(みもろ)山(三輪山)に登り、東に向かって八回槍を突き出し、八回刀を撃ち振ったのに対して、活目尊は、御諸山に登って四方に縄をわたし、粟を食う雀を追い払った。これを聞いた崇神は、兄の豊城命は東国を治め、弟は皇位を継ぐように命じた。命の孫の彦狭島王、曾孫の御諸別(みもろわけ)王もともに東国の鎮定に向かったとあり、『古事記』にも豊木入日子命は上毛野(かみつけの)・下毛野(しもつけの)君らの祖とあって、東国との関係が深い。『新撰姓氏録』には命を祖とする氏が少なからず見うけられる。

豊国法師　とよくにほうし　六世紀末に活躍した僧。用明二年(五八七)四月、用明天皇は病気のため三宝に帰すことを群臣にはかった。その折、物部弓削守屋大連と中臣勝海連とが大反対したが、大臣蘇我馬子宿禰は詔を尊重すべきだと強く主張したので、穴穂部皇子は豊国法師をひきいて内裏に入ったという。

豊前王　とよさきおう　八〇五―八六五　舎人親王の後裔で、四世孫の栄井王の子。少時より博学で、天長三年(八二六)大学助となった。同十年十一月、正六位上から従五位下に昇り、承和十四年(八四七)正月、従五位上、仁寿三年(八五三)正月、正五位下、貞観元年(八五九)十一月、従四位下に昇った。この間、天長五年に父の、天安元年(八五七)に母のそれぞれ喪に服して解官したほかは、式部大丞・諸陵助・大宰大監・大膳大夫・参河守・大蔵輔・班田使次官・伊予守・大和守・左京権大夫・民部大輔などを歴任。良吏として知られ、特に時政に対する意見を求められたりしたが、貞観六年正月、従四位上に昇り、翌七年二月、六十一歳で卒した。

豊階真人安人　とよしなのまひとやすひと　七九七—八六一　九世紀中頃の学者・官人。氏姓は初め河俣公。もと河内国大県郡(大阪府柏原市)の人。延暦十九年(八〇〇)豊階公の氏姓を賜わり、仁寿二年(八五二)豊階真人を賜わると同時に左京に移貫された。ひろく史伝を読み、特に『漢書』に精通した。道康親王(のちの文徳天皇)・惟仁親王(のちの清和天皇)二代の東宮学士を務め、その間、丹波権守・次侍従・尾張権守・図書頭・掃部頭・大学頭などを歴任。天安二年(八五八)十一月、正五位上、貞観三年(八六一)二月、刑部大輔に就任した。宮中における仁寿元年(八五一)四月の『孝経』講義と、貞観二年(八六〇)二月の『文選』教授の際には、文徳・清和から都講に任命された。貞観三年九月二十四日、在官のまま卒した。時に六十五歳。

豊鍬入姫命　とよすきいりひめのみこと　崇神天皇の皇女。天照大神の祭祀に当った。豊耜入姫命・豊鉏入日売命・豊鉏比売命にも作る。豊城入彦命と同母兄妹で、母は紀伊国の荒河戸畔(あらかわとべ)の女遠津年魚眼眼妙(とおつあゆめまくわし)媛。一説には大海宿禰の女八坂振天某辺(やさかふるあまいろべ)。『日本書紀』崇神六年条によると、天照大神・倭大国魂の二神を天皇の大殿の内に祭るのは畏れ多いとし、崇神天皇は天照大神を豊鍬入姫に託して倭の笠縫邑(かさぬいのむら。比定地未詳)に祭らせた。よって磯堅城の神籬(ひもろき)を立てたという。『日本書紀』垂仁二十五年三月条には、天照大神を豊耜入姫命から離し、倭姫命に託したとあって、こののち倭姫命は大神を奉斎しつつ、伊勢に行き着く。これからみれば、倭姫命ほど顕著ではないにしろ、豊鍬入姫命も神に仕える巫女的存在としてとらえられよう。邪馬台国大和説にあっては、豊鍬入姫命を卑弥呼の宗女壱与(台与)に比定する考え方もある。

刀利宣令　とりのせんりょう　七世紀末頃から八世紀前半の渡来系文人。刀利は刀理・土理にも作り、宣令は「のぶよし」「みのり」とも訓む。養老五年(七二一)正月、従七位下であったが、退朝ののち、その学芸をもって東宮に侍した。以来その消息はみえないが、『懐風藻』目録によれば、のちに正六位上に昇り、伊予掾となったことが知られる。また同書に「年五十九(或は七)」との注記があることから、神亀年間(七二四—七二九)に五十九歳で卒したものと考えられる。和漢の学に通じた人物らしく、『懐風藻』の五言詩二首を始め、『経国集』に、和銅四年(七一一)三月五日付の対策文二篇を残し、『万葉集』に短歌二首(三—三一三、八—一四七〇)を残している。

曇徴　どんちょう　七世紀初めの高句麗僧。推古十八年(六一〇)三月、嬰陽王の命により、法定とともに我が国に渡来した。曇徴は五経に通じ、彩色・紙墨・碾磑(うす。碾は精米機、磑は精粉機か)の製作技術を伝えたという。彩色と紙墨は、寺院・仏像の彩色や写経など初期仏教文化の発展に貢献したであろう。碾磑について『日本書紀』は、「蓋し碾磑を造ること、是の時に始まるか」とする。『聖徳太子伝暦』にも曇徴渡来の話がみえ、聖徳太子の斑鳩宮(奈良県生駒郡斑鳩町の法隆寺東院伽藍の地)に召された曇徴と法定が、前世において太子の前身である衡山の恵思禅師の弟子であったと述べたので、法隆寺に止住することになったとする。

な

直世王　なおよおう　七七五?—八三四

九世紀初めの公卿。天武天皇の五世王。長田王の孫。浄原王の子。才能あり、内外の学問の道に達していたといわれる。大同五年(八一〇)正月、従五位下に叙せられ、弘仁二年(八一一)六月、従五位上となる。同五年には中務大輔兼相模守で正倉院御物出納使となる。同七年十一月、蔵人頭に任ぜられ、同九年九月、従四位下に昇る。同十二年正月、参議となり、左大弁を兼ね、天長七年(八三〇)六月、従三位中納言に昇進し、八月には中務卿も兼任。同年九月、祖先天武天皇建立の薬師寺で、天子の千秋万歳を祈り、毎年『最勝王経』を講じるよう奏上して許され、以来恒例の国家仏事となった。また淳和上皇の詔により、編纂者の薨逝のため手薄になった『日本後紀』の編纂に加わる。天長十年三月には弾正尹、同月、再び中務卿にうつる。承和元年(八三四)正月四日、薨去。諸史料には五十八歳または五十九歳とあるので、『公卿補任』が宝亀六年(七七五)生まれとするのは誤記の可能性がある。

中麻績氏　なかおみうじ　崇神天皇の皇子豊城入彦(とよきいりひこ)命を祖とする氏族。姓は公。伊勢国に居住し、神官に献上する麻を績ぐ仕事に携わった氏族と考えられるが、麻績(おみ)連・神麻績連との関係は定かでない。貞観五年(八六三)八月、伊勢国多気郡の百姓、外少初位下麻績部愚麻呂と麻績部広永ら十六人が訴えて、本氏姓の中麻績公に復している。

中科宿禰巨都雄　なかしなのすくねこつお　八世紀後半の学者。菅野朝臣真道・秋篠朝臣安人らとともに『続日本紀』の撰上に携わっている。氏姓は初め津連(つのむらじ)。延暦十年(七九一)正月、ほかの津連が朝臣姓を賜わっているなかで、道依・今道・吉道らと同様連姓に滞っていた理由から、兄弟姉妹七人とともに中科宿禰の氏姓を賜わった。時に少外記。そののち大外記に昇進。同十六年正月七日、正六位から外従五位下に授位され、十三日には常陸少掾を兼ねている。同年二月、『続日本紀』撰修の完成に伴って、勅により従五位下に昇進した。『続日本紀』の後半部はすでに前年撰修奏上し終わっていたが、前半部に関しては撰修した案こそあれ、語が細かくわずらわしかったり、疎漏だったりした上に、天平宝字元年(七五七)条が欠けていた。それを巨都雄らが七年間かけて二十巻にまとめ、ようやくこの時に完成し、『続日本紀』撰修はついに終了した。

中磯皇女　なかしのひめみこ　履中天皇の皇女。母は草香幡梭(くさかのはたび)皇女。仁徳天皇の皇子大草香皇子の妻となり、夫の死後、安康天皇の皇后となる。中蒂(なかし)姫命・長田(ながた)大娘皇女にも作る。『日本書紀』雄略即位前条などによると、安康は、皇后中蒂姫と前夫大草香皇子との子である眉輪(まよわ)王に殺害されたとする。また同書允恭二年二月条には允恭天皇の皇女として名形(ながた)大娘の名がみえ、中磯皇女の別名と一致するが、それらの異同は未詳。

中嶋連大刀自咩　なかじまのむらじおおとじめ　近江国浅井郡湯次郷(滋賀県東浅井郡浅井町湯次付近)の戸主的(いくは)臣吉野の戸口。名は大刀自女にも作る。弘仁十四年(八二三)十二月には近江国坂田郡長岡郷(滋賀県坂田郡山東町長岡付近)の秦富麻呂から、天長十年(八三三)三月には右京九条二坊の八木造大庭麿から、承和二年(八三五)二月には近江国坂田郡駅家郷(坂田郡米原町醒ヶ井から山東町柏原にかけての一帯)の小長谷造福成から、同三年三月には近江国坂田郡大原郷(坂田郡山東町西半部)の秦継麿から、それぞれ墾田を購入し、立券文している。また、「近江国大原郷長解写」にみられる中嶋連大刀自古も同一人物の可能性がある。

長髄彦　ながすねひこ　『日本書紀』神武巻に見られる伝承上の大和の豪族。登美能那賀須泥毗古(とみのながすねひこ)、或いは登美毗古にも作る。妹に三炊屋(みかしきや)媛がおり、物部氏の遠祖とされる饒速日(にぎはやひ)命の妻となっている。『日本書紀』神武即位前条によると、神武天皇が胆駒山(奈良県生駒市と大阪府東大阪市の境界にある山)を越えて大和国に入ろうとしたところ、長髄彦は兵を起こして孔舎衛坂(くさえのさか。東大阪市日下町の坂)で戦い、阻止しようとした。この時、神武の兄の五瀬(いつせ)命は矢で射られ、のち紀国にいたって死去した。神武は日神の子孫が太陽の方向に向かって攻めてはならぬとし、熊野(和歌山県新宮市新宮付近)を迂回した。そして再び長髄彦を撃ったが難戦であった。その時、金鵄が飛来し、神武の軍を助けた。そこで長髄彦は自分は天神の子である饒速日命に仕えているとして命の天羽羽矢・歩靫(かちゆき)を見せたところ、神武もまた同じものを見せた。そのため長髄彦は、ますますかしこまったが、すでに勢いを押さえることができなかったため、饒速日命は長髄彦を殺し、衆を率いて帰順したという。

長田王　ながたおう　㈠―七三七　八世紀前半の歌人。和銅四年(七一一)四月、従五位上から正五位下に昇り、同八年四月、正五位上、霊亀二年(七一六)正月、従四位下に昇り、同年十月、近江守となる。神亀六年(七二九)三月、正四位下に昇り、同年九月、衛門督となり、天平四年(七三二)十月、摂津大夫となった。同六年二月、朱雀門前における歌垣では栗栖王らとその頭を務め、唱和して難波曲・浅茅原曲・広瀬曲・八裳刺曲などを演じ、同九年六月、卒した。また、『万葉集』には、和銅五年四月、伊勢斎宮へ、のちに筑紫へそれぞれ派遣されたことがみえる。『万葉集』に、その短歌六首(一―八一～八三、三―二四五・二四六・二四八)が収められており、『歌経標式』に、「長田王恋婦歌」一首がみえるが、これらの中に、同名別人の作が混入しているとの疑いもある。㈡長親王の孫。栗栖王の子。天平七年(七三五)四月、無位から従四位下に叙せられ、同十二年十一月、従四位上に昇った。同十三年八月、刑部卿となる。『日本三代実録』貞観元年(八五九)十月二十三日条に、尚侍広井女王の薨伝記事を載せ、「広井は、二品長親王の後なり。曾祖二世従四位上長田王、祖従五位上広川王、父従五位上雄河王」とみえ、その系譜関係が知られる。㈢九世紀中頃の官人。承和十三年(八四六)六月、左京四条四坊戸主正六位上広田王戸口として他の王四十六人とともに清原真人の氏姓を賜わるが、嘉祥二年(八四九)十一月にも再度賜姓されている。天長十年(八三三)三月、伊勢守、その後大和守・民部大輔を経て、承和十一年(八四四)正月、正五位下、同年十二月、伊勢大神宮への止雨奉幣使となる。同十四年正月、従四位下となり、讃岐守・弾正大弼を歴任し、嘉祥三年三月、仁明天皇葬送の装束司、四月七日、御斎会の供僧司となる。斉衡三年(八五六)正月、従四位上となり、そののち大宰大弐・刑部大輔・下野守・加賀守を歴任。

中皇命　なかつすめらみこと　皇極(斉明)天皇のことか。他に間人皇女などに比定する諸説がある。『万葉集』に「天皇(舒明)、宇智の野に遊猟したまふ時、中皇命の間人連老をして献らしめたまふ歌」(一―三・四)、「中皇命、紀の温泉に往(いでま)しし時の御歌」(一―一〇～一二)などと中皇命の名がみえる。なお皇極天皇の項を参照。

仲姫命　なかつひめのみこと　応神天皇の皇后。景行天皇の皇子五百城入彦(いおきいりひこ)の孫。仁徳天皇の母。『古事記』は中日売命に作り、父を品陀真若(ほんだまわか)王とする。系譜上の位置づけは『古事記』『日本書紀』ともに等しいが、仲姫は三人姉妹の二人目で、姉妹とも応神の妃となっている。仲姫の子には仁徳のほか、荒田皇女・根鳥皇子がいる。

中臣氏　なかとみうじ　天児屋(根)命の後裔氏族。姓は初め連、天武十三年(六八四)十一月に朝臣を賜わった。宮廷の神事・祭祀を掌る伴造。元来は卜部を名乗っていたと思われるが、「中臣氏延喜本系帳」によれば、鎌足の曾祖父の常盤が中臣連の氏姓を賜わった。中臣という氏名の名義は、神と人とのなかをとりもつ巫覡に由来するという。中臣氏は河内国河内郡の枚岡神社(大阪府東大阪市出雲井町)付近に本拠をもち、物部氏と深い関わりを有していたようである。継体朝以後次第に宮廷における地位が向上し、欽明朝の鎌子は、系譜的には不明な点があるものの物部大連尾輿とともに仏教礼拝を否定し、敏達・用明朝の中臣勝海連も大夫(まえつきみ)として物部弓削守屋大連とともに国津神にそむいて崇仏を主張する蘇我馬子宿禰に対立するなど、宮廷祭祀の中心的氏族としての自負と成長がうかがえる。また地方の祭祀をつかさどる首長たち(中臣鹿島連・中臣幡織田連・中臣伊勢連など)との間に政治的な関係を取り結ぶ一方で、各地の中臣部や太陽神を奉る日祀部を統率した。推古・舒明朝になると、鎌足の父の弥気や叔父の国子が活躍する。二人は祭官であるとともに前事奏官として前例などを天皇に奏上するという職務をもって朝議に参加し、中臣氏は祭祀をつかさどる氏族というだけでなく国政にも重要な地位を占める氏族となっていた。皇極朝になって頭角をあらわした鎌足は、「宗業」につくことを心よしとせずに、中大兄皇子(のちの天智天皇)と結んで蘇我氏本宗家討滅を断行し、いわゆる大化改新を推進した。鎌足は天智八年(六六九)死に臨み、天智から藤原姓を賜わった。この藤原姓は、鎌足を中心とした四親等の関係にある大島・意美麻呂らにも及んだが、文武二年(六九八)八月、藤原姓は不比等の直系が名乗るところとなり、意美麻呂らは神事に供するゆえをもって旧氏姓に復した。さらに神護景雲三年(七六九)には中臣朝臣清麻呂が再度神祇官に任ぜられて失することがなかったので、大中臣朝臣の氏姓を賜わり、清麻呂の子諸魚以後も神祇伯となって神事に携わる者が多く出た。

【参考文献】上田正昭「祭官の成立」(『日本古代国家論究』所収)、志田諄一「中臣連」(『古代氏族の性格と伝承』所収)、横田健一「中臣氏と卜部」(『日本古代神話と氏族伝承』所収)、井上辰雄「大化前代の中臣氏」(『古代王権と宗教的部民』所収)、前川明久「中臣氏の歴史地理的考察」(『日本古代氏族と王権の研究』所収)、中村英重「中臣氏の出自と形成」(佐伯有清編『日本古代中世史論考』所収)、前之園亮一「中臣氏について」(『東アジアの古代文化』三六)

中臣朝臣東人　なかとみのあそんあずまひと　八世紀前半の官人。意美麻呂(おみまろ)の長男。大中臣朝臣清麻呂の兄。『中臣氏系図』によれば、母は藤原朝臣鎌足の女斗売娘。和銅四年(七一一)四月、正七位上から従五位下に叙せられ、養老二年(七一八)九月、式部少輔に任ぜられた。同四年正月、従五位上に進み、同年十月、右中弁に任ぜられた。翌五年九月の伊勢神宮幣帛使の発遣に際し、中臣氏を代表して奉仕した。神亀元年(七二四)二月には正五位下、同三年正月には正五位上に昇叙し、天平四年(七三二)十月、兵部大輔に任ぜられた。さらに翌五年三月、従四位下に叙せられた。『万葉集』には、阿倍女郎との間に交歓した歌がみえる(四―五一五・五一六)。『日本三代実録』貞観六年(八六四)八月十日条に大中臣朝臣豊御気の言として、豊御気の父の麻呂は故刑部卿従四位下東人の玄孫であったことがみられ、また『尊卑分脈』『中臣氏系図』などによれば、東人は祭主神祇伯左中弁刑部卿であったことが知られる。なお『古今和歌集目録』所引の『新撰姓氏録』逸文に、孝昭天皇の二十二世孫従八位下智麻呂の子に中臣東人の名をあげるが、これは別人。

【参考文献】高島正人「奈良時代の中臣朝臣氏」(『奈良時代諸氏族の研究』所収)、佐伯有清『新撰姓氏録の研究』研究篇

中臣朝臣逸志　なかとみのあそんいちし　七九四―八六七　九世紀中頃の官人。左京の人。伊賀守従五位下益継の子。承和十五年(八四八)二月に内蔵頭、また貞観二年(八六〇)十一月、神祇伯となった。同九年正月、従四位上にて卒去。時に七十四歳。『日本三代実録』に卒伝がある。元慶元年(八七七)十二月、逸

志の子伊度人は大中臣朝臣を賜わっている。なお、『中臣氏系図』所引の「延喜本系」によれば、逸志らは中臣連糠手子(ぬかてこ)の末裔であったが、延暦十六年(七九七)十月・翌十七年六月の中臣朝臣宅成ら五百十五人に対する大中臣朝臣賜姓の後も、逸志の祖父道成らが依然もとの氏姓にとどまっていたとする。

中臣朝臣意美麻呂　なかとみのあそんおみまろ　―七一一　七世紀後半―八世紀初めにかけての官人。国足の子。臣万呂・臣麻呂、また葛(藤)原朝臣にも作る。天武天皇崩御と相前後して大津皇子の謀反が発覚し、皇子に欺かれたものとして朱鳥元年(六八六)十月、三十余人が捕えられた。そのなかに大舎人として臣麻呂の名がみえる。皇子の処刑後、赦免され、持統三年(六八九)二月に務大肆の臣麻呂は判事に任ぜられている。そののち同七年六月、引田朝臣広目などとともに直広肆を授けられた。『続日本紀』文武二年(六九八)八月条によると、鎌足に賜わった藤原朝臣の氏姓は鎌足の子の不比等につがせ、意美麻呂らは神事に供するによって旧姓に復すべしとあり、この時以降、改めて中臣朝臣の氏姓を名乗ることになった。同三年十二月、鋳銭司が新設された際には意美麻呂が長官となり、大宝二年(七〇二)三月、正五位下から位一階を進められている。次いで慶雲二年(七〇五)四月、新設の中納言に粟田朝臣真人らを任ずるとともに、中臣朝臣意美麻呂は左大弁に任ぜられている。時に、従四位上。和銅元年(七〇八)三月にいたり神祇伯に任ぜられているのは、中臣氏の代表的立場からいって、いわば当然であろう。この時、同時に中納言に任ぜられている。同年七月には左右大臣らとともに元明天皇の御前に召され、勅を賜わったのち、正四位下に叙せられ、和銅四年四月、正四位上に昇叙されたものの、同年閏六月二十二日、中納言と神祇伯を兼任したまま卒した。『二所太神宮例文』祭主次第に在任三十七年とあり、『尊卑分脈』にも在任三十六年とあるので、およそ六十歳前後で卒したと考えられ、孝徳朝の出生と推測できる。また『尊卑分脈』には意美麻呂が鎌足の猶子であったとするが、真偽は未詳である。意美麻呂の子女としては東人・安比等・広見・長人・清麻呂ら八名の名が伝えられている。

【参考文献】　高島正人「奈良時代の中臣朝臣氏」(『奈良時代諸氏族の研究』所収)

中臣朝臣名代　なかとみのあそんなしろ　―七四五　八世紀前半の官人。島麻呂の子。伊賀麻呂の父。神亀五年(七二八)五月、外五位の制が定められたことにより、従六位下から外従五位下に叙せられ、さらに同六年三月、従五位下となった。天平四年(七三二)八月、遣唐副使に任ぜられ、同五年三月には従五位上となって、四月、難波から進発した。『唐丞相曲江張先生文集』十二などによると、帰国に際して唐帝玄宗から勅書を賜わった。同八年八月、唐僧道璿(どうせん)ら唐人三人と波斯人李密翳を伴って帰国した。一方、天平八年八月六日の『伊予国正税帳』には「従五位上行守勲十二等中臣朝臣〈大唐使〉」とみえており、名代が伊予守を兼任していたことがうかがえる。同年十一月、遣唐使としての功を賞されて従四位下に叙せられた。同九年七月、藤原朝臣武智麻呂の喪事を監護した。同十年五月、橘宿禰諸兄らとともに伊勢大神宮に神宝を賷(もたら)した時には神祇伯に任ぜられていたが、同十二年九月に起こった藤原朝臣広嗣の乱に際しては、広嗣に与し、同十三年正月に配所に送られ、同十七年九月、卒した。時に散位従四位下。

【参考文献】　高島正人「奈良時代の中臣朝臣氏」(『奈良時代諸氏族の研究』所収)、佐伯有清『新撰姓氏録の研究』研究篇

中臣朝臣人足　なかとみのあそんひとたり　八世紀前半の官人。島麻呂の子。慶雲四年(七〇七)二月、従六位上から従五位下に叙せられ、和銅元年(七〇八)九月、造平城京司次官に任ぜられた。同四年四月に従五位上、同八年正月、正五位下に昇叙し、霊亀二年(七一六)二月、出雲国造出雲臣果安の神賀事を神祇大副であった人足が元正天皇に奏聞した。同三年正月、正五位上に叙せられ、同年十月

には阿倍朝臣宿奈麻呂ら七人とともに封戸が増され、この時には従四位下に昇叙しているが、以後正史にはみえない。『懐風藻』には「従四位下左中弁兼神祇伯中臣朝臣人足。二首。〈年五十〉」と吉野で作った五言の詩が収録されており、五十歳で卒去したことが知られる。一方、『尊卑分脈』によれば、人足は島麻呂の第一子で名代の兄に当り、「左少弁　従四上祭主　神祇伯」とあり、『中臣氏系図』は、「祭主　従四位上　神祇伯兼右中弁」とする。『大中臣氏系図』では、人足を名代の弟としている。

【参考文献】　高島正人「奈良時代の中臣朝臣氏」(『奈良時代諸氏族の研究』所収)、佐伯有清『新撰姓氏録の研究』研究篇

中臣朝臣宅守　なかとみのあそんやかもり　八世紀中頃の官人。『中臣氏系図』などによれば、東人の七男。『万葉集』巻十五の目録によれば、越前国に流罪となっているが、その時期は、『続日本紀』によると天平十二年(七四〇)六月の大赦に際して、赦免にならなかった者の中に宅守の名がみえるから、天平十二年春、或いはそれ以前ということになる。流罪になった原因は未詳であるが、配所にあった宅守と女孺狭野茅(弟)上娘子との熱烈な贈答歌が『万葉集』に六十三首(うち宅守の作歌四十首)みられる(一五―三七二三~三七八五)。その後、赦されたようで、天平宝字七年(七六三)正月には従六位上から従五位下に叙せられた。『中臣氏系図』には、神祇大副であったが翌八年九月の藤原朝臣仲麻呂の乱によって除名されたとある。

【参考文献】　高島正人「奈良時代の中臣朝臣氏」(『奈良時代諸氏族の研究』所収)、佐伯有清『新撰姓氏録の研究』研究篇

中臣烏賊津使主　なかとみのいかつのおみ　同一人名が『日本書紀』神功摂政前条、および允恭巻などにみえる。また神功摂政前条には神功皇后が神託を受けようとした時、烏賊津使主は審神者(さにわ)とされており、仲哀巻などには烏賊津連とある。允恭巻では允恭天皇の舎人とされ、允恭が衣通郎姫(そとおしのいらつめ)を召した際、命を受けて姫のもとに行き、姉の皇后の嫉妬を心配する姫に対して身命を賭して説得し、京に連れ来たったとする。

中臣勝海連　なかとみのかつみのむらじ　六世紀後半の廷臣。敏達十四年(五八五)二月、蘇我馬子宿禰が、大野丘の北に塔(奈良県橿原市和田の和田廃寺に比定する説があるが、誤りとみられる)を築いて鞍作村主司馬達等(くらつくりのすぐりしばたっと)が得た仏舎利を安置したが、その途端に疫病が流行し人々が死んだ。そこで物部弓削守屋大連と大夫(まえつきみ)の勝海は、蘇我氏が仏法を崇拝するためであると奏上し、仏像の廃棄を行なうなど、欽明朝以来の崇排仏論争が続いていた。さらに用明二年(五八七)四月には用明天皇が病を得ると、三宝に帰依して平癒を祈ることを群臣に諮ったが、守屋と勝海が「どうして国神にそむいて、他神を敬うということがあろうか」と反対し、崇仏を主張する馬子と対立した。しかし蘇我氏の力は強大化し、守屋は武力によって大勢を挽回せねばならず、河内の阿都の別業(のちの河内国渋川郡跡部郷。現在の大阪府八尾市跡部・渋川・植松付近)に入り、勝海と連合した。勝海は押坂彦人皇子と竹田皇子の像をつくり厭魅したが、ことのなり難いことを悟って寝返り、水派(みまた)宮(奈良県北葛城郡河合町川合、或いは同郡広陵町大塚付近か)の彦人皇子に帰付しようとしたところ、その道すがら舎人の迹見首赤檮(とみのおびといちい)に斬り殺されてしまった。

中臣金連　なかとみのかねのむらじ　―六七二　天智朝の右大臣。壬申の乱の際、大友皇子の近江朝廷側の要人であったため、敗戦後処刑された。父はいわゆる中臣氏三門の三番目である糠手子(ぬかてこ)大連公。『中臣氏系図』所引の「延喜本系」によると母は化手麿古(けたのまろこ)の女真依子娘。異母弟に中臣朝臣許米(こめ)がおり、鎌足とは従兄弟に当る。『日本書紀』天智九年(六七〇)三月条に、「諸神の座を敷き幣帛(みてぐら)を班ち、中臣金連祝詞を宣る」とあるのが初見で、翌

年正月には天智天皇の命により神事を宣べている。時に大錦上で、右大臣に任ぜられている。因みにこの時、太政大臣に大友皇子、左大臣に蘇我臣赤兄、御史大夫に蘇我臣果安・巨勢臣人(ひと)・紀臣大人(うし)が任ぜられた。また、天智の病が重くなった天智十年十一月には大友皇子が内裏西殿の織仏像の前で左大臣蘇我臣赤兄・右大臣金連ら六人で、天智の詔に違わぬことを誓っている。翌年六月、いわゆる壬申の乱が勃発すると、金連は近江朝廷、すなわち大友皇子側の枢要の立場にあったと思われる。大海人皇子(のちの天武天皇)は吉野脱出後、美濃国の不破(岐阜県不破郡関ケ原町)を拠点として近江朝廷攻略に当ったが、近江国瀬田(滋賀県大津市瀬田)の戦いにおいて大友皇子側の軍を敗り、ここに大海人皇子の勝利は確定した。右大臣金連も大友皇子とともにあったが、皇子はみずから縊死し、金連も捕えられ、同年八月、近江国浅井郡田根(滋賀県東浅井郡浅井町)において斬殺された。その子も配流となったという。なお『中臣氏系図』所引の「延喜本系」には、斉明朝に、すでに右大臣であったとし、また小紫位(従三位に相当)と注している。金連の刑死後、糠手子大連の系統は金連の弟許米の子孫に継承されることになる。

中臣連大島 なかとみのむらじおおしま　―六九三　天武・持統朝の官人。神祇伯。氏姓は藤原朝臣・中臣朝臣・葛原(ふじわら)朝臣にも作る。父は中臣朝臣許米(こめ)。壬申の乱の際の近江朝廷側の右大臣中臣金連の甥に当る。天武十年(六八一)三月、天武天皇は、川島皇子・忍壁(刑部。おさかべ)皇子らに詔して「帝紀」および上古の諸事を記し定めさせた。その時、大島も加わり、特に大島は平群臣子首(へぐりのおみこびと)とともにみずから筆を執って録した。これは『日本書紀』編述の出発点と考えられている事業である。時に大島の位階は大山上(正六位相当)。同年十二月、小錦下に昇叙され、同十二年十二月には伊勢王らとともに諸国を巡り、国々の境界を定めている。また、天武十四年九月には御衣袴を賜わっているが、時に藤原朝臣とある。朱鳥元年(六八六)正月、新羅の使節金智祥を饗応するため、川内王らとともに筑紫に派遣された。時に直大肆(従五位上に相当)。同年九月、天武は崩御し、その殯(もがり)においては、直大肆の藤原朝臣大島は兵政官のことを誄(しのびごと)している。持統元年(六八七)八月、持統天皇の命により大島は飛鳥寺(奈良県高市郡明日香村飛鳥)において天武の御服をもって縫い作った袈裟を三百の高僧たちにほどこしている。『日本書紀』持統四年正月条の持統即位式についての記述によれば、神祇伯の中臣大島朝臣が天神寿詞(あまつかみのよごと)を読んでいる。翌五年十一月の大嘗祭の際にも神祇伯の大島は天神寿詞を読んでいる。同七年三月条には直大弐(従四位上相当)の葛原朝臣大島に賻物を賜うとあり、この時に大島は死去したと推測される。『懐風藻』には大納言直大二として大島の漢詩二首がみえ、『中臣氏系図』には糠手子(ぬかてこ)大連公の孫の大島に、祭主・中納言・直大弐・神祇伯と注されている。

中臣連鎌子 なかとみのむらじかまこ　六世紀の廷臣。欽明十三年(五五二)十月、百済の聖明王が金銅仏像・幡蓋・経論を献じた。いわゆる仏教が公に伝えられたとする時に、欽明天皇は大いに喜んだが、その礼拝のいかんをみずから断ずることなく群臣に諮った。群臣の意見は二つに分かれ、蘇我稲目宿禰は「西蕃の諸国も仏教を信仰しているから、わが国も倣うべきである」と崇仏を唱え、鎌子は物部大連尾輿とともに「天皇が天下の王たるは、百八十神と春秋を祭祀することによってであり、今改めて蕃神を拝することはかえって国神の怒りを招く」と仏教受容に反対した。だが欽明はいずれとも決せず、試みに稲目にのみ仏像の礼拝を許した。ところがたちまち国中に疫病が蔓延し、多くの死者が出たため、尾輿と鎌子は仏教を受容したからと仏像の破棄を奏した。『日本書紀』には鎌子が排仏派に与し、日本古来の神祇を重んずる人物として記述されているが、これは鎌子が後の中臣・

藤原氏とは別系統の一族であったため、『日本書紀』の編者が不名誉な排仏派として記述したとの見解もある。なお中臣連鎌足(藤原朝臣鎌足)も鎌子と称する場合がある。

【参考文献】 加藤謙吉「中央豪族の仏教受容とその史的意義」(川岸宏教編『論集日本仏教史』一所収)

中臣連鎌足 なかとみのむらじかまたり 六一四—六六九 七世紀中頃の官人で、藤原氏の祖。中臣連弥気(御食子)の子。母は大伴夫人。藤原朝臣不比等・定恵・氷上娘(ひかみのいらつめ)・五百重娘(いおえのいらつめ)の父。一名鎌子。字は仲郎。『家伝』上によると大倭国高市郡(奈良県高市郡・橿原市と大和高田市・御所市の各一部)の人で、推古二十二年(六一四)藤原第(奈良県高市郡明日香村小原)に生まれたとあるが、一説には常陸国で出生したともいう。中臣氏に生まれた鎌足は、祭官として神事に携わり、かつ大夫(まえつきみ)として朝議に参加すべきであったと思われるが、舒明朝の初めには「宗業」につくことを快しとせず、神祇伯を固辞して受けようとしなかったという。幼時から好学にして広く書伝にわたっていたものの、特に太公望(呂尚)の兵法書『六韜』を読むのに優れていたということからも、神事よりもむしろ国政への志が強かったといえよう。舒明十三年(六四一)舒明天皇が崩じ、かわって皇極天皇が即位するが、鎌足は王室の衰微を憂い、最初軽皇子(のちの孝徳天皇)との親交を結んだが、軽皇子の器量不足から雄略英徹と評判の高い中大兄皇子(のちの天智天皇)に近づいた。鎌足と中大兄は、山背大兄王一族を滅ぼすなど君臣長幼の序を乱し、国家をうかがうような権勢を振う蘇我臣入鹿の打倒を目指して密かに謀り合ったという。皇極四年(六四五)六月、鎌足と中大兄皇子は入鹿を殺害し、ついに蘇我氏本宗家を滅ぼした(乙巳の変)。大化二年(六四六)正月には改新の詔が示され、以後政治改革が推進された。この間の事情は、『日本書紀』孝徳巻に詳しいが、史料批判が進み『日本書紀』の潤色が解明されるに従って、改新の詔を始めとした大化改新そのものが問題にされるようになった。蘇我氏本宗家滅亡ののち、皇極天皇は中大兄皇子に位を譲ろうとしたが、鎌足は軽皇子を皇位に即けることを中大兄に薦め、中大兄は皇太子に立てられた。鎌足は大錦冠を授かり、内臣となって皇太子を補佐した。斉明元年(六五五)皇極が再び即位して斉明天皇になると、鎌足は大紫冠を授けられ、封五千戸を加増された。斉明七年正月、百済の鬼室福信らの援軍要請により、外征に備えて斉明自身筑紫に赴いたが、同年七月、朝倉宮(福岡県朝倉郡朝倉町)で崩じ、中大兄が称制することになった。鎌足と中大兄の間は以前に増して緊密となったが、天智二年(六六三)八月の白村江の戦いで日本は新羅・唐連合軍に敗退。緊迫した国際情勢の中で、翌三年には甲子の宣を公表し、制度改革による国内支配体制の確立を目指し、さらに同六年三月には近江の大津に遷都した。『家伝』上には翌七年のこととして天智は鎌足に礼儀を撰述し、律令を刊定することを命じ、鎌足は時の賢人と旧章を損益して条例をつくったとある。すなわち『近江令』の制定に功があったが、『近江令』の実体には疑問を示す見解もある。一方、中大兄は天智七年、正式に即位し、群臣を召して琵琶湖畔で酒宴を開いたが、大海人皇子(のちの天武天皇)は天智の不興を買い、鎌足の取り成しで大事にはいたらなかった。『家伝』上によれば、以後大海人が鎌足を厚く信頼するようになったという。しかし天智八年十月、鎌足の病は重くなり、天智みずから私第に見舞い、次いで大海人を遣わして大織冠を授け、大臣に任じ、藤原氏を賜わったが、日ならずして薨じた。『日本書紀』所引の『日本世記』によると、春秋五十六歳であった。なお近年、大阪府高槻・茨木両市境にある阿武山古墳を鎌足の墓とする見解が示されている。

【参考文献】 田村圓澄『藤原鎌足』(『塙新書』)、横田健一『白鳳天平の世界』、青木和夫「藤原鎌足」(『日本古代の政治と人物』所収)

中臣連国 なかとみのむらじくに 推古

朝の将軍。新羅征討を主唱。名を国子にも作る。『中臣氏系図』所引の「延喜本系」によると、父は中臣可多能祜大連公。母は山部歌子連の女那爾毛古娘という。推古三十一年(六二三)新羅が任那を討ち、そのため任那は新羅に付いた。推古天皇は新羅を討とうとして諸臣にはかったところ、田中臣は、急ぎ新羅を討つのはよくないとしてまず使者を派遣し、状況を把握すべきことを主張した。これに対し中臣連国は、任那はもともと我が内官家(うちつみやけ)であったのを新羅が伐ったのだから、我が国としては新羅を討って任那をとり戻し、これを百済に付すべしと説いた。田中臣は、百済に任那を付することに反対し、いったんは征新羅を取り止めた。そして新羅に吉士磐金(きしのいわかね)、任那に吉士倉下(きしのくらじ)を遣わし、二人の使者は両国の調(みつぎ)とその使者を伴って、帰国しようとしたが、その時には境部臣雄摩侶と国を大将軍とする数万の兵が渡海していた。新羅・任那両国の調をもった使者は戻り、新羅は大軍の来たったことを聞いて服したという。この時、国の冠位は小徳であって冠位十二階の第二位に当る。『日本書紀』推古巻の右のような記述からみると、国は親百済・反新羅の急先鋒ともいうべき立場である。『中臣氏系図』所引の「延喜本系」には小徳冠前事奏官兼祭官とあり、「一云」として国形卿・国巣子卿の別称を伝え、岡本朝廷、すなわち舒明天皇に仕えたとする。『尊卑分脈』の記述もほぼ同様。子に国足、孫に中納言・神祇伯の中臣朝臣意美麻呂(おみまろ)がいる。

中臣連国足 なかとみのむらじくにたり 七世紀中頃の官人。神祇祭祀の任に当った。父は推古朝の将軍中臣連国。『尊卑分脈』の中臣氏系図には大錦上・奏官とあり、同系図や『中臣氏系図』所引の「延喜本系」によれば、大和国添下郡(奈良市から奈良県大和郡山市・生駒市にかけての一帯)にあった法光寺(中臣寺)は国足が創建したものという。子に中納言・神祇伯となった中臣朝臣意美麻呂(おみまろ)がいる。

中臣連弥気 なかとみのむらじみけ 藤原朝臣鎌足の父。御食子(みけこ)大連にも作る。父は中臣可多能祜大連公、母は山部歌子連の女那爾毛古娘。中臣連国は同母弟に当る。『中臣氏系図』所引の「延喜本系」によると、御食子・国子・糠手子(ぬかてこ)の三兄弟の系統を三門と称している。推古天皇崩後、皇位継承をめぐって聖徳太子の子山背大兄王を推す者と、田村皇子(のちの舒明天皇)を推す者との二派に分かれた。大臣の蘇我臣蝦夷は群臣を集めて阿倍臣摩侶に推古の遺言を述べさせ、田村皇子擁立をはかった。その際、大伴連鯨(くじら)は推古の遺言を尊重すべしといい、弥気を始め釆女臣摩礼志・高向臣宇摩・難波吉士身刺の四臣も賛同した。これを聞いた山背大兄王が直接、叔父である蝦夷の意向を聞こうとしたものの蝦夷は答えられず、弥気をはじめ諸臣を集めた上で、彼らを山背大兄王の斑鳩宮(奈良県生駒郡斑鳩町の法隆寺東院伽藍の地)に赴かせた。山背大兄王は諸臣らにみずから聞いたところの推古の遺言を言い聞かせたが、それによると山背大兄王が皇位を継ぐべきであるという内容であった。また、病に臥す推古を見舞った山背大兄王を宮中から出迎えたのは弥気であったという。そこで山背大兄王の異母弟に当る泊瀬仲王は弥気らを呼び、蝦夷に頼っている旨を告げた。これに対して蝦夷は阿倍臣・中臣連らを遣わして、山背大兄王に直接話をすること、遺勅を誤らないことを述べさせた。また、蝦夷は中臣連らに伝えて境部臣の意見を問いただしている。そののち、あくまでも山背大兄王を推す境部臣が蝦夷に殺され、田村皇子の即位(舒明天皇)にいたる。この経過からすれば弥気は蝦夷側の有力者の一人として終始行動しているように受け取れよう。『中臣氏系図』所引の「延喜本系」には御食子を小徳冠前事奏官兼祭官とし、推古・舒明両朝に仕えたとする。鎌足はその長子としている。『家伝』上(『大織冠伝』)においては弥気のことを美気祜卿としている。

【参考文献】上田正昭「祭官の成立」(『日本

古代国家論究』所収)、岡田精司「日奉部と神祇官先行官司」(『古代王権の祭祀と神話』所収)

中臣伊勢連老人　なかとみのいせのむらじおきな　―七八九　八世紀後半の官人。天平勝宝四年(七五二)六月十五日付の「買物解」があり、老人は屏風・鏡・金鋺などを買っている。時に右舎人で大初位上。天平宝字八年(七六四)九月、従六位下から従四位下に叙せられ、かつ朝臣の姓を賜わったが、藤原朝臣仲麻呂の乱における功績を賞したものであろう。同年十月には参河守に任ぜられ、神護景雲元年(七六七)八月には従四位上となっている。この時は伊勢朝臣の氏姓で記されていることから、天平神護二年(七六六)十二月頃に改氏姓したものとみられる。神護景雲元年八月二十九日には造西隆寺(平城右京一条二坊にあった寺。寺跡は奈良市西大寺東町にある)長官に任ぜられた。同二年六月には本国の伊勢国造となったが、『続日本紀』によれば時に外衛中将兼造西隆寺長官参河守勲四等であった。しかし同年七月に修理長官に任ぜられた時には中衛員外中将はもとの如しとあって、官職に相違がみられる。宝亀二年(七七一)正月には皇后宮亮を兼任し、同五年三月には遠江守を兼ね、同九年三月、中衛中将となった。天応元年(七八一)には主馬頭、同年九月には正四位下となったが、同二年閏正月の氷上真人川継の謀反に連坐して京外に移された。しかし延暦五年(七八六)には許されて縫殿頭、同七年二月には遠江守、同年六月には木工頭に任ぜられ、同八年四月、卒した。『類聚三代格』巻十五所収の延喜九年(九〇九)八月付の太政官符により、老人の位田二町が山背国久世郡にあったことが知られる。

中臣習宜朝臣阿曾麻呂　なかとみのすげのあそんあそまろ　八世紀後半の官人。天平神護二年(七六六)六月、正六位上から従五位下に叙せられ、翌神護景雲元年(七六七)九月、豊前介に任ぜられた。『続日本紀』同三年九月条などによれば、大宰主神の時、道鏡に媚びて八幡神の教えと偽って、道鏡が即位すれば天下泰平となるであろうと述べたので、称徳天皇が尼法均のかわりに和気公清麻呂を宇佐(大分県宇佐市)に遣わして神命を聞かせたところ、託宣では臣をもって君となすことはないとあったので、阿曾麻呂の偽りが明らかとなり、道鏡の即位はならなかったという。なお大宰主神への栄進は、道鏡の弟大宰帥弓削連浄人のひきたてによるという。神護景雲四年八月、道鏡の配流に際して多褹嶋守に左遷され、同三年六月には大隅守となっている。

【参考文献】　横田健一『道鏡』(『人物叢書』)

中臣宮地連烏摩侶　なかとみのみやどころのむらじおまろ　推古朝の官人。『日本書紀』によると、推古十六年(六〇八)六月、唐の使人をもてなす役目を負い、同二十年二月には皇太夫人堅塩(きたし)姫の葬儀に当って大臣の辞を誄(しのびごと)している。

長忌寸意吉麻呂　ながのいみきおきまろ　持統朝の宮廷歌人。名を奥麻呂・興麿にも作る。柿本朝臣人麻呂と同時に宮廷にあって作歌したが、人麻呂が長歌に長じたのに対して意吉麻呂は短歌をもっぱらとし、諧謔味を身上とした。持統天皇に従って難波宮に赴き、句の頭に母音を並べた即吟をするなど(『万葉集』二―二三八)はその典型である。天皇行幸に従った歌は、このほか大宝元年(七〇一)の紀伊国行幸の折(同九―一六七三)、同二年の参河国行幸の折(同一―五七)のものが残されている。このほか、磐代(いわしろ。和歌山県日高郡南部町)での有間皇子哀悼歌(同二―一四三・一四四)も行幸に従った時のものか。またいくつかの物の名を歌によみこむ、いわゆる物名歌(もののなうた)に長じ、時としては即座に、目にふれたものをよみこんで歌を作った(同一六―三八二四~三八三一)。これは『古今和歌集』以降に物名の伝統をつたえ、笑いの文学の最初の人としての座を占める。宮廷歌人の実体をよく示す歌人でもあろう。作は以上のほかに『万葉集』の一首(二―二六五)を加えて計十四首。

中野氏　なかのうじ　百済系渡来人の後裔

氏族。氏名は初め答他(とうた)。姓は造。『続日本紀』天平宝字五年(七六一)三月条に、「答他伊奈麻呂ら五人に中野造を賜う」とみえ、『新撰姓氏録』右京諸蕃下に中野造を載せ、百済人杵率答他斯智の後とする。

長皇子　ながのおうじ　—七一五　天武天皇の皇子。長親王・那我親王にも作る。栗栖王・文室真人浄三・同邑珍・広瀬女王らの父。母は天智天皇皇女の大江皇女。同母弟に弓削皇子がいる。持統七年(六九三)正月、弓削皇子とともに浄広弐の位を授けられ、大宝四年(七〇四)正月には、舎人・穂積・刑部(おさかべ)の各親王とともに封戸二百戸が増給された。この時の位は二品。和銅七年(七一四)正月に同じく封戸二百戸が益されたが、この時も二品。なお、新たに増封された二百戸は封租全給であり、封租全給はこの時に始まるという。翌八年六月四日、薨じた。『続日本紀』にその時、一品とあるが、天平勝宝五年(七五三)十月の栗栖王ならびに宝亀十一年(七八〇)十一月の文室真人邑珍の薨去条では「二品長親王」、天平神護元年(七六五)十月の広瀬女王薨去条では「二品那我親王」となっている。しかし、宝亀元年十月の文室真人浄三薨去条では「一品長親王」としている。なお『万葉集』には、五首の作歌が残されている(一—六〇・六五・七三・八四、二—一三〇)。

仲野親王　なかのしんのう　七九二—八六七　桓武天皇の第十二皇子。母は藤原朝臣大継の女従四位下河子。弘仁五年(八一四)四品、天長七年(八三〇)大宰帥、承和九年(八四二)弾正尹などを経て、同十四年正月、二品、嘉祥三年(八五〇)五月、式部卿となる。また仁寿三年(八五三)常陸、貞観三年(八六一)上総の太守を兼任し、同五年、大宰帥に復任した。同九年正月十七日、薨去。七十六歳。墓所は山城国葛野郡の高畠墓(京都市右京区太秦垂箕山町にある前方後円墳が陵墓とされる)。藤原朝臣緒嗣から伝えられた奏寿宣命の道に通達し、当時の模範とされ、藤原朝臣基経と大枝朝臣音人に伝習した。女の班子所生の宇多天皇の即位により、仁和三年(八八七)外祖父として一品・太政大臣を追贈された。

長幡部氏　ながはたべうじ　伴造氏族。内幡(うつはた)生産を管掌した。姓は連。開化天皇の皇子神大根王の後裔と称し、美濃本巣国造と同祖関係にある。武蔵・常陸国に長幡部神社(埼玉県児玉郡上里町長浜、茨城県常陸太田市幡町)があり、『常陸国風土記』は独自の伝承を記す。また渡来系氏族にも長幡部を称するものがある。

【参考文献】式内社研究会編『式内社調査報告』東海道六、佐伯有清『新撰姓氏録の研究』考証篇六、竹内理三「古代帰化人の問題に就て」(『日本歴史』一〇)

中原氏　なかはらうじ　(一)臣籍に降下した皇族賜氏姓の一つ。姓は真人。仁寿元年(八五一)九月二十六日に従五位下弘宗王がその男子八人に中原真人の氏姓を賜わらんことを奏請して許された。中原真人氏としては正基と長城(大宰少監)が知られるが、正基は左京の人で舎人親王の後裔とみえ、貞観十六年(八七四)二月二十三日に清原真人に改められている。(二)卑姓の学者家が賜わった氏姓の一つ。(1)氏姓は物部中原宿禰。大判事として『弘仁格』『弘仁式』編纂に従事した物部敏久が、弘仁四年(八一三)正月五日に物部中原宿禰を賜わる。敏久はこのあと天長(八二四—八三四)初年に興原宿禰に改氏姓している。(2)姓は朝臣。明経家で、のちに大学博士に任ぜられた占部連月雄が、元慶四年(八八〇)二月から同七年正月までの間に中原朝臣を賜わる。(3)姓は朝臣。氏姓は初め、安寧天皇の第三皇子磯城津彦命の後裔十市首から出たとされる十市(十市部)宿禰。平安時代中期以後に明経道の博士家となり、外記局務を世襲した家柄で、南北朝時代以降押小路氏を称する。天禄二年(九七一)九月に博士有象・助教以忠らが中原宿禰に改められ、さらに天延二年(九七四)十二月に朝臣の姓を賜わる。

【参考文献】今江広道「法家中原氏系図考証」(『書陵部紀要』二七)

中原朝臣月雄　なかはらのあそんつきお　八三八—八九六　九世紀後半の明経家。氏姓は初め占部連であったが、元慶四年(八八〇)二月から同七年正月までの間に、中原朝臣を賜わった。元慶元年二月、前讃岐掾・正八位下として少外記大春日朝臣安名とともに存問渤海客使となり、三月、領客使を兼ねた。同四年二月の釈奠では、明経道の教官の直講として『礼記』を講じている。同七年正月、外従五位下に叙せられたが、この時、助教とみえ、以後寛平三年(八九一)に大学博士に任ぜられるまでこの任にあった。元慶八年十一月、越前介、六月、讃岐権掾を兼任している。この間、元慶八年、光孝天皇即位後の五月に藤原朝臣基経の太政大臣の職掌につき光孝の諮問をうけ、また仁和四年四月、宇多天皇即位直後に起こった阿衡の紛議に際しては、大学博士善淵朝臣愛成と連名で勘文を提出、阿衡の任に職掌はないとして、藤原朝臣佐世・三善宿禰清行・紀朝臣長谷雄らとともに、勅答の起草者橘朝臣広相と意見を異にした。不確実ではあるが『松尾社系図』は、父伊伎宿禰是雄、母大学頭和気好道の女、寛平八年六月十四日卒、五十九歳とする。

【参考文献】桃裕行『上代学制の研究』、佐伯有清『新撰姓氏録の研究』考証篇六、坂本太郎『菅原道真』(『人物叢書』)

永原氏　ながはらうじ　天武天皇の後裔氏族。姓は真人・朝臣。『新撰姓氏録』左京皇別上には天武天皇の皇子高市王の後とみえる。大同三年(八〇八)十二月、従五位上藤原朝臣子伊太比、同恵子は永原朝臣を賜わっているが、これ以前、同年六月には従五位下永原朝臣最弟麻呂(いやおとまろ)の諸陵頭補任の記事もみられる。高市皇子(高市王)の孫で長屋王の子山背王が天平宝字元年(七五七)母の氏姓(母は藤原朝臣不比等の女)により藤原朝臣、名は弟貞を賜わり、延暦十五年(七九六)以降大同三年以前にその子孫が永原朝臣に改氏姓、さらに承和二年(八三五)に従五位下に叙せられた永原朝臣貞主が、同十三年には真人の姓を帯するから、この間に貞主ら氏人の一部が真人姓を賜わったものとみられる。

永原朝臣亭子　ながはらのあそんていじ　九世紀中頃の淳和天皇女御。永原氏は天武天皇の皇子高市王の後裔。貞観五年(八六三)正月、大納言正三位兼行右近衛大将源朝臣定(さだむ)の薨伝によれば、定の父は嵯峨天皇、母は鎮守府将軍百済王(こにきし)教俊の女慶命。誕生とともに源朝臣を称し、寵愛をうける。のち淳和の猶子となり、淳和の寵姫であった亭子をもって母となし、愛育された。それ故、定は二父二母ありと世にいわれたという。

長岑氏　ながみねうじ　渡来系氏族で漢族魯公の後裔という。姓は宿禰。氏姓は初め白鳥村主または民首。本貫は河内国。天長十年(八三三)三月、河内国の人大外記外従五位下長岑宿禰茂智麻呂ら五人が右京に貫付されているが、茂智麻呂は天長元年までは白鳥村主の氏姓を名乗り、この間に改氏姓が行なわれたとみられる。承和二年(八三五)十月、左京の人従六位下民首氏主は長岑宿禰の氏姓を賜わった。氏主らは白鳥村主と同祖、魯公伯禽の後裔という。

長岑宿禰氏主　ながみねのすくねうじぬし　九世紀前半の官人。氏姓は初め民首、承和二年(八三五)十月、長岑宿禰を賜わる。時に左京の人で従六位下。氏主らは白鳥村主と同祖で、魯公伯禽の後裔と称していた。円仁の『入唐求法巡礼行記』にみえる「長岑留学」「紀伝留学生長岑宿禰」は、氏主のことと考えられる。

【参考文献】佐伯有清「承和の遣唐使の人名の研究」(『日本古代氏族の研究』所収)

長岑宿禰高名　ながみねのすくねたかな　七九四―八五七　九世紀中頃の官人。渡来系氏族で、漢族魯公の後裔という。右京の人。天長十年(八三三)兄の従五位下茂智麻呂ら五人が河内国から右京に本貫を移している。大学に入り、二十一歳で文章生となる。この間、家貧しく兄に養われた。弘仁十二年(八二一)式部少録に任ぜられ、民部少録・右少史・左少史・左大史を経て承和二年(八三五)二月、遣唐使准判官となる。同年、外従五位下・大膳亮・美作権介に叙任。同三年、第十七次遣唐使として筑紫を発し、大使藤原朝臣常嗣の下で雑事を務める。時に遣唐判官。入唐中の活躍の様子は、円仁の『入唐求法巡礼行記』につぶさに記されている。同六年、帰国し、従五位上に叙せられ、嵯峨院別当・山城守・阿波守・伊勢守などを歴任。立性清直にて能く民政をおさめる。同十二年九月十日付「民部省符案」、同年十一月十五日付「伊勢国符」などに伊勢守当時の署名がみえ、それには「正五位下行守兼斎宮権頭」とあり、またこれらの文書に関してふれている応徳三年(一〇八六)七月付「東寺領伊勢国川合荘文書進官目録案」、康和元年(一〇九九)閏九月十一日付「明法博士中原範政重勘文」などに高名についての記載がある。承和十五年、従四位下、嘉祥三年(八五〇)播磨守に任ぜられ、天安元年(八五七)九月三日、正四位下右京権大夫兼山城守で卒去。時に六十四歳。平生、子孫に命じて、吾が家は清貧にして、かつて斗儲もなし。瞑目の日にいたっては必ず薄葬の義に従えと語っていたという。

長屋王 ながやおう ―七二九 天武天皇の孫。高市皇子の子。鈴鹿王の兄で、膳夫(かしわで)王・黄文王・安宿(あすかべ)王・山背王らの父。慶雲元年(七〇四)無位から正四位上に叙せられ、和銅二年(七〇九)宮内卿となる。この時、位は従三位。同三年、式部卿となり、同五年、文武天皇の崩御をいたみ『大般若経』六百巻を書写させた。これは、『和銅経』とよばれ、そのなかの二百二十余巻が現存する。和銅七年、封戸百戸を与えられ、封租を全給された。封租の全給は、この時に始まる。霊亀二年(七一六)正三位にすすみ、養老元年(七一七)多治比真人三宅麻呂とともに、左大臣石上(いそのかみ)朝臣麻呂を弔う使者となった。翌二年、大納言に任命され、太政官で藤原朝臣不比等につぐ地位を占めた。同四年、不比等が没すると、長屋王が事実上、国政を把握することになった。ただし、王の独走をおさえるために、不比等の没後まもなく、王の叔父舎人親王が知太政官事に任命された。同五年、長屋王は従二位右大臣となった。王は、衛士・仕丁の三年一替制をとったり、陸奥国の兵衛・采女などを放還したり、百万町歩開墾計画を立てたりして、農民の負担の軽減と農民の生活の向上とをはかったという。また、王は中国の学問に詳しく、災異説を好んで用いていた。養老六年、長屋王は、稲十万束、籾四百斛を賜わった。神亀元年(七二四)聖武天皇の即位に際して正二位に叙せられ、左大臣となった。その年、藤原夫人(ぶにん。宮子)を、勅に大夫人とせよとあるが令によれば皇太夫人とすべきであると言上し、勅により、文字では皇太夫人、ことばでは大御祖(おおみおや)とするように改定させた。そのことは、長屋王が藤原氏の勢力拡大に不満をもつ皇親勢力の意向を代弁するかたちでなされたといわれる。同五年、長屋王は『大般若経』六百巻を書写させた。これが『神亀経』で、現在、僅かに三巻が伝わっている。天平元年(七二九)二月、漆部(ぬりべ)造君足・中臣宮処(みやどころ)連東人は長屋王が左道を学び国家を傾けようとしていると密告した。激怒した聖武は兵をもって家を囲ませ、舎人親王らに窮問させ、同月十二日、長屋王は、妃の吉備内親王、息子の膳夫王・桑田王・葛木王・鉤取(かぎとり)王とともに死を賜わった。長屋王の和歌(『万葉集』一―七五、三―二六八・三〇〇・三〇一、八―一五一七)や詩(『懐風藻』の「元日の宴、応詔」「宝宅にして新羅の客を宴す」「初春作宝(さほ)楼にして置酒す」の五言詩三首)が伝わっている。また、長屋王はしばしば文人を自邸に招いて詩歌をつくらせている。さらに、『唐大和上東征伝』には、鑑真は、長屋王が千の袈裟をつくり中国の大徳衆僧に来施したといい、これをもって思量すると、日本はまことに仏法興隆有縁の国であると栄叡・普照の二僧に語る場面がある。近年、長屋王の邸宅跡とみられている地(奈良市二条大路南)から出土した三万点にのぼるという多量の木簡のなかに、「長屋親王宮鮑(あわび)大贄(おおにえ)十編」など「長屋親王」と表記したものがあり、また「長屋皇宮(ながやのみこのみや)」と記したものも出土している。

【参考文献】北山茂夫「長屋王」(『立命館文学』九三)

永世氏 ながようじ 天智天皇の皇子大友皇子の後裔。姓は真人・朝臣・宿禰など。貞観十五年(八七三)五月、左京の人正六位上永世真人志我・永世真人仲守・右京の人文章生正八位上永世朝臣有守・陰子正六位上永世朝臣宗守ら九人が淡海朝臣の氏姓を賜わったが、その先は大友皇子の苗裔とみえる。また弘仁十三年(八二二)の史料に永世宿禰の人名がみえ、宿禰姓もあったようだが、真人・朝臣の永世氏との関係は未詳である。

奈貴王 なきのおう —七七八 八世紀中頃の中級官人。奈紀・奈癸にも作る。天平勝宝九歳(七五七)七月、橘朝臣奈良麻呂の乱に際して、奈良麻呂の与党賀茂朝臣角足は、王ら藤原朝臣仲麻呂派の人物が、クーデター決行に当って邪魔にならぬよう額田部の宅(大和国平群郡額田郷(奈良県大和郡山市南部と生駒郡安堵村の一部)にあった角足の宅か)で酒を飲ませたという。天平宝字元年(七五七)八月、無位から従五位下に叙せられ、内礼正・大炊頭・石見守・侍従・大膳大夫・正親正・伯耆守などを歴任。神護景雲四年(七七〇)八月、称徳天皇の作山陵司となり、宝亀三年(七七二)七月、衣縫内親王の喪事を監護した。同四年正月、従四位下に進み、同九年、卒した。

名草氏 なぐさうじ 紀伊国名草郡(和歌山県海草郡と和歌山市・有田市・那賀郡・海南市の各一部)の地名を氏名とする氏族。姓は初め直。承和六年(八三九)九月、紀伊国の人名草直豊成・安成らが宿禰姓を賜与されたが、もと右京の人宗形横根が紀伊国の人名草直弟日の女を娶って豊成らの祖父嶋守を生み、養老五年(七二一)母の氏名を冒し名草氏となったという。宝亀八年(七七七)三月には、名草郡の人の直諸弟ら二十三人が紀名草直の氏姓を賜わっており、名草郡を拠点とする紀直(紀伊国造)氏の同族とみられる。

名草宿禰豊成 なぐさのすくねとよなり 七七二—八五四 九世紀前半の学者・官人。姓は初め直。天長七年(八三〇)大学博士、承和四年(八三七)直講となり、同六年九月、宿禰の姓を賜わる。この時、紀伊国から右京四条四坊に貫付された。祖父嶋守が母の氏名を名乗り、名草氏となったという。同八年、助教となり、外従五位下に叙せられた。同十一年正月、教授の資として駿河介を遙授され、仁寿四年(八五四)正月、従五位下。同年八月二十五日、八十三歳で卒した。

那須氏 なすうじ 下野国那須郡一帯を支配した豪族。姓は直。氏名の那須は下野国那須郡那須郷(栃木県大田原市の大半と那須郡黒羽町の一部)の地名に基づく。那須郡湯津上村の笠石神社の神体とされている「那須国造碑」によると、唐の永昌元年(六八九)那須国造で追大壱の那須直韋提(いで)が評督に任ぜられ、文武四年(七〇〇)に亡くなったことが知られる。かつてこの墓碑の場所にあった塚を韋提の墓とし、那須直氏の本拠は湯津上村付近にあったとみる見解があるが、那珂川中流域の小川町から湯津上村にかけては駒形大塚・那須八幡塚(以上小川町)・上侍塚・下侍塚(以上湯津上村)など前期から中期にかけての前方後方墳を始め、多くの古墳が分布し、いずれも那須国造に関わるものと推定されている。『先代旧事本紀』国造本紀には景行朝に建沼河命の孫大臣命を国造に任じたとみえる。建沼河命は『古事記』にみえる阿倍臣らの祖建沼河別命と同一人物とみられるが、大臣命はほかにみえない。一方、「那須国造碑」中の「広氏」を豊城入彦命の後裔の広来津公(ひろきつのきみ)と解し、韋提を豊城入彦命の後裔とする見解などもある。なお、承和十五年(八四八)五月、那須郡に隣接する陸奥国白河郡(福島県白河市と西白河郡・東白河郡の全域)大領那須直赤竜らは阿倍陸奥臣の氏姓を賜わっており、那須直氏が阿倍臣と同祖関係にあったことが主張されている。

【参考文献】斎藤忠・大和久震平『那須国造碑・侍塚古墳の研究』

七掬脛 ななつかはぎ 日本武尊の東征にしたがった膳夫(かしわで)。『古事記』景行段では、七拳脛に作り、久米直(くめのあたい)の祖とする。『日本書紀』によれば、景行四十年七月、日本武尊の東征に際し、景行天皇の命により膳夫になった。『古事記』によれば、七拳脛は倭建命が国の平定にめぐった時、常に膳夫として奉仕したという。七掬脛を尾張氷上社(名古屋市緑区大高町)の祠官久米氏の祖とする『古事記伝』の説がある。

難波氏 なにわうじ 難波を冠する氏族としては、㈠難波吉士、㈡難波忌寸、㈢難波、㈣難波連があり、氏名の難波は難波国の地名(大阪府の一部)に基づく。㈠難波吉士の吉士(きし)は古代朝鮮における首長を意味する語に由来し、渡来系氏族とみられる。『古事記』仲哀段は、その祖を難波吉師部の祖伊佐比宿禰(いさひのすくね。『日本書紀』神功元年条には吉師の祖五十狭茅宿禰)と伝える。『日本書紀』に難波吉士と記される者が日香蚊(ひかか)を始め十四人みえるが、その多くは対外関係の職務についている。ところが『日本書紀』天武元年(六七二)条の難波吉士三綱(みつな)以後は、難波吉士の氏姓がみえなくなることから、その後は単に吉志(吉士・吉師)氏を称したとみる見解が有力であるが、難波吉士は、難波連大形が修史事業に参画するなかで、自家の祖として仮託した名称にすぎないとする説もある。㈡難波忌寸は大彦命の後裔氏族の一つ。『日本書紀』雄略十四年条に難波吉士日香香(蚊)の子孫に大草香部吉士を賜わったこと、天武十年(六八一)条に草香部吉士大形に難波連を、さらに天武十四年条に難波忌寸を賜わったことがみえる。なお、弘仁四年(八一三)には宿禰を賜姓されている。『新撰姓氏録』河内国皇別に大彦命の後裔、すなわち阿倍氏と同祖としているが、これは吉士集団が阿倍氏の配下であったことから擬制されたものとみられている。一族には摂津国の人とみられる従八位上の浜足、摂津国東生郡擬大領の浜勝、河内国の人の氏主らがいる。㈢無姓の難波の一族には『日本書紀』大化二年(六四六)三月条にみえる難波癬亀(くひかめ)、『正倉院文書』にみえる天平十六年(七四四)東大寺の請経使となった難波万呂らがいる。『新撰姓氏録』河内国皇別では難波忌寸と同祖、大彦命の孫波多武彦命の後裔とする。㈣難波連の旧氏姓は難波薬師(くすし)。天平宝字二年(七五八)難波薬師奈良らの奏上により難波連の氏姓を賜わった。その奏上文によると、遠祖徳来は高句麗人で、雄略朝に百済から日本に渡来した。徳来の五世孫恵日が中国に渡り医術を学び、薬師と号したことから、これが姓になったという。一族には奈良・広名・広成ら医薬関係の官職に就いた者が多い。その後、貞観五年(八六三)に薭麻呂らが朝臣を賜姓された。『新撰姓氏録』右京諸蕃下に、高句麗好太王の後裔とある。なお、神亀元年(七二四)に、従六位下谷那庚受(こくなこうじゅ)が難波連を賜わっているが、谷那氏は百済系渡来人であり、上記とは別系である。

【参考文献】三浦圭一「吉士について」(『論集日本歴史(1)大和王権』所収)、藤間生大「大和国家の機構―帰化人難波吉士の境涯を例として―」(『歴史学研究』二一四)、大橋信弥「難波吉士について」(『続日本紀研究』一九六)、請田正幸「吉士集団の性格」(『続日本紀研究』二二七)、佐伯有清『新撰姓氏録の研究』考証篇二・五

難波吉士木蓮子 なにわのきしいたび 六世紀後半の外交官。吉士木蓮子にも作る。任那滅亡後、任那問題、すなわち任那の調(みつぎ)実現のための対外交渉に当った。『日本書紀』敏達四年(五七五)四月条によると、木蓮子は任那に、下文の吉士金と同一人物と思われる吉士金子(かね)は新羅に、吉士訳語彦(おさひこ)は百済に派遣されたという。この対外交渉により、任那四邑の調の貢進を新羅に約束させたとみられている。同十三年二月条にも、木蓮子は新羅に派遣され、「遂に任那に之(ゆ)く」とみえる。任那の調実現のために新羅に派遣されたが、至りえず任那に赴いたの意か。崇峻四年(五九一)十一月条には、対新羅強硬策がとられ、紀男麻呂宿禰ら四人を大将軍とする二万余の軍を筑紫に駐留させる一方、木蓮子を任那に、吉士金を新羅に派

遣して任那のことを問わしめたとみえる。また、推古八年(六〇〇)二月条によると、境部臣を大将軍とする万余の軍が新羅に出兵し、さらに木蓮子を任那に、難波吉士神(みわ)を新羅に派遣して、事情を調査させたという。その結果、任那の調の進貢が再確認されたとみられている。

【参考文献】　末松保和『任那興亡史』、鬼頭清明『日本古代国家の形成と東アジア』

難波吉師日香蚊　なにわのきしひかか　五世紀前半の人。吉師は吉士にも作る。安康元年二月、大草香皇子が根使主(ねのおみ)の讒言で安康天皇に征討された際、日香蚊は二人の子とともに皇子に殉死した。そののち雄略十四年四月、根使主が雄略天皇に討たれると、日香蚊の子孫は大草香部吉士の氏姓を賜わった。

難波連奈良　なにわのむらじなら　八世紀中頃の官人。姓は初め薬師(くすし)。天平宝字二年(七五八)四月、内薬司佑兼出雲国員外掾正六位上。この時、推古朝の留学生薬師恵日の子孫と称し、薬師の姓を改め、連の姓を賜わっている。同年七月、外従五位下に叙せられた。同五年頃の「官人歴名」に、内薬頭・典薬助とみえる。同八年十一月、従五位下で常陸員外介に任ぜられた。

難波王　なにわおう　(一)顕宗天皇の皇后。難波小野王ともある。允恭天皇の曾孫。磐城王の孫。丘稚子(おかのわくご)王の女(一説には、石木王の女)。顕宗元年正月、皇后に立てられる。仁賢二年九月、仁賢天皇の皇太子時代に不敬をはたらいたことにより、誅殺されることを恐れ自殺した。(二)聖徳太子の王子山背大兄王の子か。天武十四年(六八五)九月、宮処王・広瀬王・竹田王・弥努王らとともに、京および畿内に遣わされ、人夫の兵を校閲した。同月、天武天皇が王卿らを大安殿前に呼び集め、博戯せしめた日に、宮処王以下のあわせて十人に御衣袴を賜わったが、その中に王の名もみえる。持統六年(六九二)五月、持統天皇の命をうけ、藤原宮地を鎮祭した。時に浄広肆であった。『聖徳太子平氏伝雑勘文』所引の『上宮記』や『本朝皇胤紹運録』によると、山背大兄王の長子とある。

難波皇子　なにわのみこ　敏達天皇の皇子。難波王・難波親王にも作る。母は春日臣仲君(なかつきみ)の女老女子夫人(おみなごのおおとじ)。同腹の弟に春日皇子と大派(おおまた)皇子、妹に桑田皇女がいる。用明二年(五八七)七月の物部弓削守屋大連征討戦には、春日皇子とともに大臣蘇我馬子宿禰に従った。のちに大派皇子が大臣蘇我臣蝦夷に忠言していることをあわせ考えると、難波皇子の一族が蘇我氏の本宗と親しかったことがうかがえる。難波皇子は、路真人・守山真人・甘南備(かんなび)真人・飛多(ひた)真人・英多(あがた)真人・大宅真人の祖先に当り、さらに皇子の子の大俣王または栗隈王の子孫は橘朝臣(宿禰)になっている。

名辺王　なべおう　垂水王の甥。天平勝宝三年(七五一)正月、三嶋真人の氏姓を賜わる。この名辺王と三嶋真人名継を同一人物とする説もあるが、史料の上でそれを裏付けることはできない。

並山王　なみやまおう　九世紀中頃の官人。承和十一年(八四四)正月、従五位下に叙せられ、同年二月、斎宮頭となる。そののち内膳正・中務卿を歴任、嘉祥二年(八四九)正月、従五位上。同年六月、円珍の伝燈大法師位の位記の奉者として署名。同三年三月、仁明天皇初七日の来定寺(京都市東山区泉涌寺雀ケ森町付近が寺跡か)使となる。仁寿二年(八五二)二月、内匠頭、天安元年(八五七)二月、少納言となる。貞観元年(八五九)十月、斎内親王の決定を告げるため、伊勢神宮に遣わされた。同二年三月、紀伊守となるが、同五年二月に太政官処分により前司介山口伊美吉西成の放還与不の状を期限を過ぎても言上しなかったため公廨(くがい)を没収された。

楢氏　ならうじ　朝鮮半島から渡来した氏族。奈良・奈羅・柞にも作る。大和国添上郡(奈良県添上郡・奈良市東部と山辺郡・天理市・大和郡山市の一部を含む地域)を本拠とした楢己智(こち)氏、通事・訳語(おさ)を職掌として推古十六年(六〇八)の遣隋留学生恵明を出した楢曰佐(おさ)氏などがあり、大宝二年(七〇二)の「豊前国上三毛郡塔里戸籍」には楢勝の氏姓の者がみえる。また、宝亀七年(七七六)に秦忌寸長野らに与えられた秦氏系の奈良忌寸氏があり、ほかに奈良薬師(くすし)氏や楢画師氏もある。なお、これら渡来系氏族とは別に、天平勝宝三年(七五一)に大井王が賜わった皇親系の奈良真人氏も存在した。奈良己智氏の氏人で、出羽国河辺郡の百姓外従五位下勲八等奈良己智豊継ら五人は、承和十年(八四三)十二月、大滝宿禰の氏姓を賜わったが、その先祖は百済国の人という。

【参考文献】　今井啓一『帰化人』、佐伯有清『新撰姓氏録の研究』考証篇五

楢原造東人　ならはらのみやつこあずまひと　八世紀中頃の儒家。勤臣(いそしのおみ)の氏姓を賜わる。伊蘇志臣ともいう。孫に滋野朝臣家訳(いえおさ)、曾孫に滋野朝臣貞主・同貞雄がいる。神亀五年(七二八)頃、宿儒の一人に数えられ、天平十年(七三八)四月、近江大掾とみえ、同年閏七月、大宰大典従六位上で大宰府から進上する『法華経』の部領使として京へ向かった。同十七年正月、正六位上から外従五位下に昇叙、同十八年正月、元正上皇の御所で雪見の宴をした時、詔に応じて歌を詠んだが、その時、記録しなかったので漏失したという。同年五月、従五位下を授けられ、同十九年三月、駿河守に任ぜられたが、在任中の天平勝宝二年(七五〇)三月、駿河国廬原郡多胡浦浜(静岡県庵原郡蒲原町の海岸)で獲った黄金を献じたことにより勤臣の氏姓を賜わり、十二月、従五位上、天平宝字元年(七五七)正五位下を授けられた。『日本文徳天皇実録』に載せる滋野朝臣貞主の卒伝によれば、曾祖父の東人は大学頭兼博士正五位下で九経に通じ「名儒」と号されたという。

難升米　なんしょうめ　邪馬台国の大夫。魏の景初二年(二三八)六月、倭の女王卑弥呼(ひみこ)の使者として帯方郡にいたり、天子に朝献を求め、郡太守劉夏(りゅうか)に送られて魏都洛陽にいたった。同年十二月の魏王の詔書によれば、次使都市牛利(つしごり)とともに、男生口四人、女生口六人、班布二匹二丈を奉献したので、王は遠路の勤労を嘉し、難升米を率善中郎将に、牛利を率善校尉とし、あわせて銀印青綬を仮してあつくもてなし帰したという。この時、女王には「親魏倭王」の称号を送り、金印紫綬を仮授したとある。魏の正始六年(二四五)には難升米に黄幢を下賜し、郡に付して仮授した。また同八年、女王国と狗奴国男王との争いを郡に報じたところ、魏王は詔書・黄幢を難升米に拝仮し、檄をつくって告喩したという。『日本書紀』神功巻所引の『魏志』には帯方郡への派遣を景初三年のこととし、また難斗米と記している。

に

新田部親王　にいたべしんのう　―七三五　天武天皇の第七皇子。母は藤原朝臣鎌足の女である夫人五百重娘(いおえのいらつめ)。文武四年(七〇〇)正月、新田部皇子として浄広弐位を授けられたが、大宝元年(七〇一)の『大宝令』施行に伴って親王になったとみられる。同四年正月、三品親王として封百戸を賜わり、慶雲四年(七〇七)十月、文武天皇の大葬に当っては二品とみえる。次いで和銅七年(七一四)正月、兄の舎人親王らとともに封二百戸を加えられ、また封戸の租を全給されているが、養老三年(七一九)十月には、舎人親王とともに、首(おびと)皇太子を扶翼する皇親の重鎮として、内舎人(うどねり)二人、大舎人四人、衛士二十人と封戸五百戸を賜わった。封戸は通計千五百戸になったことになる。そして同四年八月三日、右大臣藤原朝臣不比等が薨ずると、翌日に知五衛及授刀舎人事となり、神亀元年(七二四)二月、聖武天皇即位に伴って一品に叙せられている。次いで同六年二月の長屋王の変では、王の罪を窮問する

一員となり、天平三年(七三一)十一月、民衆の動揺に対処して畿内大惣管・副惣管、諸道鎮撫使が設けられた時、親王は畿内大惣管に任ぜられ、京・畿内の兵馬差発権を与えられた。この地位を『家伝』下では「知惣管事」とよんでいる。同七年九月三十日に薨じたが、時に一品で、聖武は高安王らを遣わして葬事を監護させ、また舎人親王を遣わして弔問させた。やがて天平勝宝九歳(七五七)七月の橘朝臣奈良麻呂の乱で、親王の子である道祖(ふなど)王・塩焼王が連坐したが、塩焼王は謀議の場に会せず、また父新田部親王の忠勤の故をもって罪を免ぜられている。ここで没官地になった親王の旧宅は、勅によって鑑真に与えられて戒院とされたが、天平宝字三年(七五九)八月に私に唐招提の寺名をたて、のちに官額を請うた。現在の唐招提寺の地(奈良市五条町)である。

新田部皇女　にいたべのこうじょ　―六九九　天智天皇の皇女。母は孝徳朝の左大臣阿倍倉梯麻呂(くらはしのまろ)の女橘娘(たちばなのいらつめ)。おそらく壬申の乱後に、叔父に当る天武天皇の後宮に入って妃となり、舎人皇子(大宝令制施行で親王)を生んだ。文武三年(六九九)九月に薨じたが、王臣百官の人々が会葬した。なお『本朝皇胤紹運録』には同年八月に薨じたとしている。

新家氏　にいのみうじ　物部氏系の氏族。姓は連。『先代旧事本紀』天孫本紀によれば、饒速日(にぎはやひ)命の十一世の孫の物部竺志(つくし)連公を祖とする。『日本書紀』宣化元年(五三六)五月条には、大連物部麁鹿火(あらかひ)の命により新家屯倉の穀を筑紫に運んだ新家連の名がみえ、新家の氏名はこの屯倉の所在地名に基づくものとみられる。新家屯倉は、伊勢国壱志郡新家(三重県久居市新家町)の地であろう。伊勢の新家氏は『皇太神宮儀式帳』や『太神宮諸雑事記』によれば、度会郡(三重県度会郡と伊勢市)の郡領家であった。ほかに汙麻斯鬼足尼(うましきのすくね)命の後裔とする首姓(『新撰姓氏録』未定雑姓、河内国)、都賀使主(つかのおみ)の子山木直を祖とする東漢(やまとのあや)氏系で忌寸姓(『坂上系図』所引の『新撰姓氏録』逸文)の新家氏があるが、この両氏は河内国志紀郡新家郷(大阪府藤井寺市小山付近)を本拠としたものと思われる。さらに『日本三代実録』貞観十六年(八七四)九月条によれば、伊賀国に公姓の新家氏が存するが、詳細は未詳。

【参考文献】　佐伯有清『新撰姓氏録の研究』考証篇六

丹生氏　にううじ　朱砂の採取に従事した氏族。丹生の氏名は、水銀の原鉱で赤色顔料として用いられる朱砂(辰砂・丹砂=硫化水銀)の産出に由来する。日本各地に残る丹生の地が、古代の朱砂の採取地であったことは、水銀の微量分析によってほぼ確認されており、丹生の地名のある所に丹生直らの氏族が散在していることから、丹生氏は丹生人・丹人・丹人部を管理し、朱砂の採取・貢納に従事していたと推定される。なお、丹生の地に、秦氏が重複して居住することから、丹生氏を古墳時代の施朱風習下における朱砂管掌者とし、六世紀中頃以後は、アマルガム鍍法による鍍金・鍍銀の技術を導入した秦氏が、代って朱砂管掌者となったとされている。丹生直氏が越前国丹生郡・遠江国磐田郡に、丹生公氏が伊勢国に、丹生祝(はふり)氏が紀伊国伊都郡に、丹生氏が伊勢国多気郡・若狭国遠敷郡などに散在しており、複姓氏族として、平安左京に稲城壬(丹)生公、近江国坂田郡を本拠とする息長丹生真人があり、そのほかに丹生人を氏名とする氏族が越前国足羽郡にみられる。

【参考文献】　松田寿男『丹生の研究―歴史地理学からみた日本の水銀―』、市毛勲『朱の考古学』、加藤謙吉「ミブ・ニフ二題―六・七世紀に於ける秦氏の職掌について―」(『続日本紀研究』一八二)、直木孝次郎『日本古代国家の構造』

饒速日命　にぎはやひのみこと　物部氏の祖神。邇芸速日命にも作る。『先代旧事本紀』天孫本紀には、別名として火明(ほのあかり)命の名を掲げ、父は天照大神の子天押穂耳尊、母は高皇産霊(たかみむすび)尊の女豊秋幡豊秋津師姫栲幡(たくはた)千々姫命として天孫に付会するが、天照大神の子孫ではなく、他の天神の子であるともいう。「にぎ」は物の豊饒をさす形容詞で、「はやひ」は雷を表わすとする説、太陽を表わすとする説がある。初め天磐船(あめのいわふね)に乗り、天神から授けられた十種の天璽瑞宝を奉じ、三十二神を率いて河内国河上の哮峰(たけるがみね。大阪府交野市私市の磐船神社付近の天野川上流とする説と南河内郡河南町平石の磐船神社付近の山とする説がある)に天降り、さらに大和国鳥見白庭山(とみのしらにわやま。奈良県桜井市外山の鳥見山か)に遷り住んだ。そして在地の土豪長髄彦(ながすねひこ)の妹御(三)炊屋姫(みかしきやひめ。登美夜毘売・鳥見屋媛・長髄媛にも作る)を妃として可美真手命(宇摩志麻遅(治)命・味間見命にも作る)を生んだという。神武天皇が東征の際、河内から大和に入ろうとした神武に対して、長髄彦は饒速日命を奉じてこれを阻止した。神武は紀伊に出て、熊野から大和に入ろうとしたが再び長髄彦と対峙した。この時、長髄彦は神武が天神の子であることを知って畏み恐れたが、恭順の意を表わすにいたらなかった。これをみた饒速日命は長髄彦を殺し、神武に帰順した。神武はこれを賞して、以降深く寵用したという。饒速日命が船に乗って山頂に天降り東に移動する、つまり垂直移動を経て水平移動するという構図は、瓊瓊杵(ににぎ)尊が日向高千穂峰に天降り、神武が東征するという天皇家の祖先伝承と一致する。降臨神話は、他に天忍穂耳尊の弟で出雲国造の祖とされる天穂日(あめのほひ)命の例があるだけで、他の氏族伝承にはみられない特殊なものである。また『日本書紀』神武三十一年条には、饒速日命が降臨に際して国見をし、「虚空見日本国(そらみつやまとのくに)」と名付けたというが、天皇・皇祖神以外の国見説話は『古事記』『日本書紀』『風土記』を通じて極めて稀である。さらに饒速日命は天皇家に先立って大和に居住しており、一度は天皇軍と戦ったと伝えることは、同じく武門をもって天皇家に仕えたとされる大伴氏の祖神天忍日(あめのおしひ)命が最初から天皇に従っていたと伝えるのと大きく異なる。これらの伝承には物部氏の祖神を天皇家の祖神と同列に扱おうとする意図がみられ、かつて物部氏がそれを主張しうるような政治的位置を占めていたことがうかがわれる。

【参考文献】志田諄一『古代氏族の性格と伝承』、津田左右吉『日本古典の研究』上、肥後和男『風土記抄』、松本信広『日本の神話』、畑井弘『物部氏の伝承』、横田健一「物部氏祖先伝承の一考察」(同編『日本書紀研究』八所収)、松倉文比古「物部氏の系譜」(『竜谷史壇』七六)

錦部氏 にしごりうじ 伴造氏族。錦・綾の製作を管掌した。錦織にも作る。『新撰姓氏録』によると「韓国人(からくにのひと)」を祖とする錦織村主、百済系の錦部連(姓は初め首、後に造)がおり、物部氏と同祖を主張する首姓氏族もいる。『坂上系図』所引の『新撰姓氏録』逸文は、阿智王来朝の際、率いてきた集団の中に錦部村主の祖がいたとする。また『日本書紀』は、雄略七年に新漢(いまきのあや)錦部定安那錦(じょうあんなこん)らを真神原(まかみのはら。奈良県高市郡明日香村飛鳥)などに移住させたことを伝える。以上のことから、錦部氏は渡来系工人集団の長であり、いわゆる今来才伎(いまきのてひと)であることが知られる。新漢・今来才伎の理解には諸説あるが、彼らは南朝系の百済人であり、倭漢(やまとのあや)氏の指揮下に組織されたという。錦・綾など高級織物の伝来は五世紀の中頃から後半とされ、その技術に関する解明もなされている。河内国錦部郡(大阪府河内長野市全域と富田林市の南部)・同国若江郡錦部郷(大阪府八尾市北部から東大阪市若江にかけての一帯)などを本拠地とするが、このほか各地に錦部・錦織の地名が散見され、同氏および工人集団の存在を推測させる。

【参考文献】関晃『帰化人』、上田正昭『帰化人』、平野邦雄『大化前代社会組織の研究』、佐伯有清『新撰姓氏録の研究』考証篇三・

五・六、山尾幸久『日本古代王権形成史論』

錦部刀良　にしごりのとら　讃岐国那賀郡(香川県仲多度郡・善通寺市・丸亀市などの一部)の人。白村江の戦いの際、唐兵に捕えられ、官戸となり、唐で四十余年を過ごしたが、慶雲元年(七〇四)許されて遣唐使粟田朝臣真人に従って帰国。同四年、多年の勤苦により衣穀などを賜わった。

日羅　にちら　—五八三　六世紀の倭人系百済官人。火葦北国造刑部靫部阿利斯登(ひのあしきたのくにのみやつこおさかべのゆげいありしと)の子。もともと日本人であったが、大伴大連金村により父阿利斯登が百済へ派遣され、百済で生まれた子の日羅もその才により達率(だちそち。百済の官位十六階の第二)の官位を与えられ、百済王に仕えた。敏達十二年(五八三)任那を再興しようとする敏達天皇の命により、紀国造押勝・吉備海部直(きびのあまのあたい)羽嶋らが百済へ派遣され、日羅を召そうとしたが、百済国王は日羅の才を惜しみ帰国させなかった。そこで、再度、羽嶋を派遣し、王に強く迫り、ようやく日羅は、徳爾(とくに)・余怒(よぬ)らの百済使、および水手(かこ)らとともに日本に帰ることができた。帰路、吉備児嶋屯倉(岡山市南端の児島半島北部一帯か)にいたった時、大伴連糠手子(ぬかてこ)の出迎えをうけ、難波館でも大夫(まえつきみ)たちの訪問をうけた。その後、敏達から阿斗桑市(あとのくわいち。河内国渋川郡跡部の地。現在の大阪府八尾市跡部・植松付近)の館を与えられ、阿倍目臣・物部贄子(にえこ)連・大伴連糠手子らから国政について諮問をうけた。日羅は、これに答えて、今は兵事よりも朝廷に仕える臣・連・国造・伴造から百姓にいたるまでを富ませて国力を充実すべき時である、しかるのちに、事を起こせば自然に百済は日本に帰服するであろうとのべ、さらに百済に九州侵略の野心のあることを暴露し、日本側の対応策について進言した。そのために、同行してきた百済使の徳爾らの手によってこの年の十二月に謀殺されたが、一度蘇ってみずからの部下の所業であることを告げて死んだという。敏達は贄子と糠手子に詔し、日羅の遺骸を小郡(おごおり)の西のほとりの丘の前(日羅の墓と伝える塚跡が大阪市北区同心町にある)に葬らしめ、その妻子を石川(河内国)の百済村(大阪府富田林市南部から河内長野市北部にかけての一帯か)に、水手らを石川の大伴村(富田林市北大伴・南大伴)に移り住まわせ、徳爾ら百済使を捕え、下百済河田(しもつくだらのかわた)村(富田林市甲田付近か)で推問し、これらを日羅の眷属に賜い、情のままに決罪せしめた。そこで眷属らは徳爾らを皆殺しにして弥売島(姫島。大阪市西淀川区姫島付近)にすて、日羅を葦北(熊本県葦北郡津奈木町赤崎と八代郡坂本村久多良木に日羅の墓と称するものがある)に移葬したという。これらは『日本書紀』が伝えるもので、その詳細については信じ難い部分も多いが、その中心は古い伝承によっていると考えられ、また、任那に関する記述は、『日本書紀』の編纂段階における付加とする指摘もある。

如宝　にょほう　—八一五　八世紀後半の胡国人僧。安如宝。如保にも作る。天平勝宝五年(七五三)鑑真とともに来日、時に優婆塞。東大寺戒壇院で受戒ののち、一時、下野国薬師寺(栃木県河内郡南河内町薬師寺にあった)に住したが、天平宝字七年(七六三)帰京する。鑑真は如宝と法載・義静を呼び、自分の死後の寺の運営を依頼したという。延暦十六年(七九七)三月、律師に抜擢される。同二十三年正月に、唐招提寺(奈良市五条町)には「経律ありといへども、未だ披講を経ず」として、講律を永代の例とするよう申請し許されている。また、『建立縁起』によれば、この頃より如宝の唐招提寺充実のための活躍は本格化したと思われ、如宝造立と記すものに、西小子房一宇や西北後房一宇、西北後小子房一宇、さらに仏舎利や仏菩薩像・経律論疏一切宝物などを納めた経楼一基や鐘楼、鍾一口などがあげられる。延暦二十五年四月に、律師から少僧都となるが、この前後からはさらに有縁の壇主らを率いて、金堂の建立に着手したのではないかと思われる。その上、薬師丈六像や千手観音像、壁画や木造の梵天・帝釈・四天王像の造立のためにも奔走した。弘仁三年（八一二）七月、唐招提寺に封五十戸が施入されたのも、如宝の尽力によったと考えられる。このように如宝は、唐招提寺の充実に大きな役割を果たしたのであるが、弘仁初年以後には、空海との交わりを深めていったようである。『性霊集』には、弘仁三年の施入に対する「大徳如宝が為に恩賜の招提の封戸を謝し奉る表」があり、『高野雑筆集』には、同四年九月の空海から如宝への書簡が収められている。『日本後紀』によれば、如宝は弘仁六年正月七日入滅とあり、その卒伝には、戒律を固持し、呪願にいたっては天下に並ぶものなく、大国の風あり、一代の檀師に堪える者と評されている。享年は、『本朝高僧伝』には九十余歳とするが、『性霊集』に収める「招提寺の達嚫文」からは、八十歳以上であったこと以外はわからない。

【参考文献】 久野健「唐招提寺と安如宝」（井上光貞博士還暦記念会編『古代史論叢』中所収）

忍基 にんぎ 八世紀後半の僧。大安寺唐院に住した。『本朝高僧伝』はその氏は不詳だとしつつ、「或曰」として唐国人ではないかともし、初め道璿（どうせん）に業を受け、鑑真渡来ののちはこれに随従したという。『唐大和上東征伝』には天平勝宝六年（七五四）四月、旧戒を捨てて重ねて鑑真の戒を受ける八十余僧の中の一人として忍基の名が出ている。また同書には、法励の『四分律疏』『鎮国記』等を鑑真の門人思託から学び、天平宝字三年（七五九）には東大寺東院においてこれらを講じたとある。このことによってか『招提千歳伝記』は忍基を思託律師の門人としている。また『唐大和上東征伝』には、天平宝字七年の春、夢の中に講堂の棟梁が摧折するのをみて、これを大和上の遷化の相と知り、諸弟子を率いて大和上の御影を摸せしめたとある。

仁賢天皇 にんけんてんのう 履中天皇の孫。市辺押羽（いちのべのおしは）皇子の子。母は蟻臣（ありのおみ）の女荑（はえ）媛。同母弟に顕宗天皇（弘計（おけ）王・袁祁王）がいる。武烈天皇の父。諱を億計（おけ）・意富祁、別名を大脚・大石尊・大為、字を島郎子・島郎という。安康三年、父の市辺押羽皇子が、蚊屋野（滋賀県蒲生郡日野町付近）において雄略天皇に殺害されたので、弟の弘計王とともに逃げ、帳内日下部（くさかべ）使主とその子吾田彦に奉ぜられ、丹波余社（よさ）郡（京都府与謝郡と宮津市の一帯）に難を避けたが、使主はさらに播磨国縮見（しじみ）山（兵庫県三木市志染町窟屋の窟屋山）の石室（いわや）に逃れて自経したので、子の吾田彦だけが従い、播磨国赤石郡にいたり、二王は名を丹波小子と改め、縮見屯倉（三木市志染町付近）首に仕えた。清寧二年に、たまたま大嘗会供奉料調達のため、播磨に遣わされた伊与来目部小楯は、縮見屯倉首である忍海部（おしぬみべ）造細目の新室の酒宴で、二王を見つけ、皇子のいない清寧天皇はこれを宮中に迎え入れ、億計王を皇太子、弘計王を皇子とした。清寧が崩じると、二王は互いに位を譲りあい、空位が続いたので、姉の飯豊青（いいとよのあお）皇女が忍海角刺宮（つのさしのみや）で臨朝秉政（みかどまつりごと）したが、皇女はやがて薨じ、百官は皇位を議した。その時、皇太子億計は新室宴で勇気をふるって名乗り出た弟の弘計が皇位に即くべきだと主張し、弘計は兄の意に違わじとして即位した（顕宗天皇）。顕宗元年、億計王は父王の死をいたみ、弟の顕宗とともに古老を集めて、父王の骨を求め、近江国蚊屋野でその骨を発見することができた。翌年、顕宗は仇敵雄略の陵をこわし、骨をくだいて投散しようとしたが、億計王は諫めてそれをやめさせた。さらに翌年、顕宗が崩御すると、石上（いそのかみ）広高宮（奈良県天理市）で即位した。宮は川村と縮見の高野（いずれも三木市志染町付近か）にあったとする異伝もみえる。仁賢天皇（億計）は、幼くして聡くすぐれ、才敏多識、壮にして仁恵、謙恕温慈であったという。仁賢元年、雄略の皇女春日大娘皇女を皇后とし、高橋大娘皇女・朝嬬皇女・手白香皇女・樟氷(くすひ)皇女・橘皇女・武烈・真稚皇女の一男六女をもうけた。また和珥(わに)臣日爪の女糠君娘は、春日山田皇女を生んだという。顕宗を傍丘磐杯(かたおかのいわつき。『陵墓要覧』は奈良県北葛城郡香芝町大字北今市とする)に葬り、同三年、石上部舎人を置き、同五年、かつて父市辺押磐皇子の難に佐伯部仲子が帳内(とねり)として殉じたことにより、全国に佐伯部をもとめて仲子の子孫を佐迫造とした。同六年、日鷹吉士を高麗に遣わし、巧手者を求めさせた。同七年、小泊瀬稚鷦鷯(おはっせのわかさざき)尊(武烈天皇)を皇太子としたが、同十一年八月、崩御し、埴生坂本陵(『陵墓要覧』は大阪府藤井寺市青山三丁目とする)に葬られたという。

【参考文献】 水野祐『増訂日本古代王朝史論序説』、北郷美保「顕宗・仁賢即位伝承雑考」(佐伯有清編『日本古代史論考』所収)

仁秀 にんしゅう ―八〇八 八世紀後半の興福寺の寺主僧。法相宗。のち威儀師となる。俗姓は物部氏。伊予国の人。『本朝高僧伝』によると、慈訓に従って学び、『元亨釈書』によると、学業は超邁なるも操行は精ならずといわれたという。『興福寺別当次第』には、師の慈訓と行賀に隙ある間、弟子の仁秀が一人で寺務を執行したとある。『帝王編年記』によれば、宝亀八年(七七七)に慈訓が入寂してのち興福寺別当の補任なき間、寺主たる仁秀が寺務をとったという。宝亀十年『西大寺資財流記帳』に威儀師伝燈法師位として署がある。

仁徳 にんとく 九世紀前半の天台僧。俗姓は和気公氏。讃岐国の人。園城寺蔵本『和気氏系図』には天台座主智証大師円珍の父因支(いなき)首宅成の弟とある。『天台宗延暦寺座主円珍伝』によると、仁徳は子供の頃の円珍を見て、非凡の才器であり、自分にはその深浅の程は測り難いが、碩学に預けて大成を期したいと、天台の第一座主義真和尚のもとに連れていったという。『叡山大師伝』には、最澄滅後の弘仁十四年(八二三)のこととして、すでに伝澄の階を抜け、講師・複講の座に上った者として、義真・円澄・円仁らとともに仁徳の名があげられている。

仁徳天皇 にんとくてんのう 応神天皇の皇子。名を「おおさざき」と称し、『日本書紀』は大鷦鷯、『古事記』は大雀に作る。母は仲姫命(『古事記』は品陀真若王の女中日売命)。異母兄弟に額田大中彦皇子・大山守皇子・菟道稚郎子(うじのわきいらつこ)皇子・稚野毛二派(わかのけふたまた)皇子らがいる。『記』『紀』に共通する后妃として、磐之媛命(『古事記』に葛城之曾都毗古(かずらきのそつひこ)の女石之日売命)・日向の髪長媛(かみながひめ。『古事記』に日向の諸県君牛諸(もろがたのきみうしもろ)の女髪長比売)、仁徳の異母妹矢田(八田)皇女(『古事記』に八田若郎女)がおり、『日本書紀』仁徳三十八年条には皇后(大后)磐之媛命の薨後、八田皇女を皇后としたとみえる。履中天皇・住吉仲皇子・反正天皇・允恭天皇の父。王名の「さざき」はみそさざい(小鳥の名)のこととされる。仁徳元年条には、仁徳天皇の生まれた日に木菟(つく。みみずく)が産殿に飛び込んできたが、同日生まれた武内宿禰の子の産屋にも鷦鷯が飛び込んできた。そこで応神と武内宿禰は鳥の名をとりかえて、子に名づけたという伝承を記す。名前の交換により絆を固める習俗は世界各地に散見する。仁徳の父応神も角鹿の笥飯(けひ)大神(福井県敦賀市曙町の気比神宮の祭神)と名を換えたと伝える。一方、仁徳の名は鳥名によるのではなく、陵墓を「みささぎ」ということに由来し、「おおさざぎ」、すなわち巨大な陵墓の意とする説がある。『日本書紀』仁徳即位前条、および『古事記』応神段によると、仁徳は異母弟太子菟道稚郎子を殺して王位を奪おうとした大山守皇子を誅滅したのち、太子菟道稚郎子と王位を譲りあい、長幼の順を固守した太子の自殺によって難波高津宮(のちの大坂城の地と推定されているが所在地未詳)で即位したと伝える。この伝承は長幼の序を重んじ、賢者が即位すべしという儒教思想により、構想・潤色されたものとみられている。このように仁徳を仁君・聖帝とすることは、人民の窮乏を知り、みずから倹約して課役を免じ、或いは宮室を質素な作りとし、そのために宮室が朽ちると、人民は進んでこれを造営した、等々の説話にもみられる。『古事記』も同様に仁徳を聖帝としている。このことは、『日本書紀』に、応神・仁徳王統最後の武烈天皇が暴逆な王と記されているのと対照的であり、中国の易姓革命の思想により、王統の始祖を応神・仁徳として、対比的に構想されたものと考えられている。治世中の事績として、池堤の築造、大溝の開鑿などの大土木工事を進めたと伝える。また、説話中には皇后磐之媛の嫉妬をよぶ妻問い(求愛)物語が多くみられる。なお、仁徳と父応神の説話中には類似する説話が多くみられることから二人は元来同一人格で、本来の名が「ほんだわけ」、別称が「おおさざき」であったものが、父子二人の天皇に分化されたとする説がある。ところで、仁徳は倭の五王中の讃、或いは珍に比定されている。このうち有力なのは讃に比定する説で、「おおさざき」の「さ」と讃が表音同一とされる。『宋書』夷蛮伝によると讃は四二一年と四二五年に遣使しており、同書本紀の四三〇年の遣使も、讃によるとみられるので、これに従えば仁徳は五世紀初頭に実在した王ということになる。なお『宋書』に讃の死後、弟の珍が立ったと記されることから、讃・珍を履中・反正の兄弟に比定する説があり、讃を仁徳、珍を前王(履中)の弟の反正とする説と併立している。陵墓については『日本書紀』は百舌鳥野(もずの)陵と記し、『古事記』はその所在を毛受之耳原と記す。また『延喜式』諸陵寮式は「百舌鳥耳原中陵(和泉国大鳥郡に在り。兆域東西八町、南北八町、陵戸五烟)」と記す。現在は大阪府堺市大仙町にある大山(だいせん)古墳(前方後円墳、墳丘長四八五メートル)に比定されているが、考古学上の明証を欠き、五世紀中頃から後半の築造とする見解も出されており、仁徳陵をミサンザイ(石津丘)古墳(現在の履中陵)に比定する説もある。

【参考文献】津田左右吉『日本古典の研究』下、直木孝次郎『飛鳥奈良時代の研究』、志水正司「倭の五王に関する基礎的考察」(『史学』三九―二)、坂元義種『倭の五王』

仁明天皇　にんみょうてんのう　八一〇―八五〇　在位八三三―八五〇。嵯峨天皇の第二皇子。母は皇后橘朝臣嘉智子。諱は正良(まさら)。深草帝ともいう。弘仁十四年(八二三)四月十八日、淳和天皇の皇太子となり、天長十年(八三三)二月十八日、践祚。同月三十日、淳和の第二皇子恒貞親王を皇太子に立て、三月一日、淳和に太上天皇の尊号を奉り、四月二十二日、初めて内裏に遷御。仁明天皇は嵯峨上皇や仁明の側近を登用して政治を推進したが、奢侈生活により国家財政が破綻したといわれる。承和二年(八三五)空海が遷化すると、内舎人を遣わしてその喪を弔し、喪料を施入し、また比叡山に定心院を建てた。承和九年に承和の変が起こり、皇太子恒貞親王を廃し、藤原朝臣順子の生んだ第一皇子道康親王を皇太子に立てた。嘉祥二年(八四九)四十歳になったので、興福寺の大法師らが聖像四十を造り、『金剛寿命陀羅尼経』四十巻を書写するなどして祝賀したが、翌嘉祥三年、病気となり、同年三月十九日、落飾入道、三月二十一日、崩御した。二十五日、山城国紀伊郡の深草山陵(京都市伏見区深草東伊達町)に葬られた。仁明の母橘朝臣嘉智子は、かつて敷いてある円座をみずから片付けようとして積みあげ、その高さの極まることを知らず、一円座を積み加えるごとに三十三天(さんじゅうさんてん)を誦した夢をみ、その後仁明を生んだという。三十三天はここでは皇位を意味し、皇位につくような人を生もうとしていたという意味である。仁明は、身体が弱かったが聡明かつ多芸で、最も経史に耽り、講誦して倦まなかった。また漢音に練達し、清音・濁音が区別でき、老荘の説、『群書治要』など多くの書を通覧し、文藻を愛し、書をよくし、淳和天皇の草書を学び、人々は淳和の書か仁明の書か区別できなかったほどであった。さらに弓射にも巧みで、しばしば射場に出御した。鼓琴吹管にいたっては、中国の舜や漢代の成帝にも劣らなかったという。医学にも通じて、ことごとく神仙の術をそらんじており、当時の名医もあえて仁明の言に反論することはなかったといわれる。『経国集』に一首が残っている。

仁耀　にんよう　七二二―七九六　八世紀後半の東大寺の僧。華厳宗。俗姓は石寸(いわき)氏。大和国葛城上郡(奈良県御所市一帯)の人。幼くして東大寺に入り、のち得度受戒した。体がことのほか小さく、路ゆく人に侮られても意に介さず、またその風体もかまうことなく、仏法に専心し、夏夜の修行にも蚊帳をはらず、裸形で虫が膚をくうにまかせたという。延暦十五年(七九六)七十五歳で卒した。『日本霊異記』によれば、聖武朝の大安寺南塔院の沙弥に仁耀がいたが、同一人物かどうかは未詳。

ぬ

額田今人　ぬかたのいまひと　九世紀前半の明法家。或いは額田今足の誤伝か。貞観四年(八六二)八月に卒した明法博士讃岐朝臣永直の伝のみに現われる。それによると、かつて今人が明法博士として大判事興原宿禰敏久(みにく)らと刑法の難義数十事を抄出し、唐に使者を派遣して解決しようとした時、永直がその義を詳解し、長年の疑問が一時に氷解したため、遣使のことは取り止めになったという。もっとも、今人の名は他の史料に全く現われないことから、敏久とほぼ同時期の人物で、弘仁(八一〇―八二四)後期から天長(八二四―八三四)初年にかけて明法博士として活躍した額田宿禰(国造)今足の誤りと考えられている。

【参考文献】　布施弥平治『明法道の研究』、新野直吉「額田国造今足をめぐって」(『日本歴史』二六〇)

額田宿禰今足　ぬかたのすくねいまたり　九世紀前半の明法家。弘仁十三年(八二二)正月、従六位下から外従五位下に叙せられたのが初見。同年十一月には明法博士として「田租束積」に関する勘文を残しており、これは田租制・班田制研究上、重要な史料となっている。天長三年(八二六)には律令の注釈を公定すべきことを請願し、このことが『令義解』撰修の発端となった。この時点までは、額田国造として登場するが、同六年正月に従五位下を授けられた時には宿禰姓を有していた。同十年二月、『令義解』が撰進されるが、その序には今足の名がみえず、この時までに没していたものと思われる。このほか今足の勘文は『法曹類林』に収載され、『令集解』所引の説も今足の説とみられるように、当時の明法界において重きをなす人物であった。なお、『日本三代実録』に載る讃岐朝臣永直卒伝に登場する明法博士額田今人も同一人物で、今足の誤りと考えられている。

【参考文献】　布施弥平治『明法道の研究』、新野直吉「額田国造今足をめぐって」(『日本歴史』二六〇)

額田大中彦皇子　ぬかたのおおなかつひこのみこ　応神天皇の皇子。母は応神の皇后仲姫の姉高城入姫(たかきのいりひめ)。弟に大山守皇子・去来真稚(いざのまわか)皇子、妹に大原皇女・澇来田(こむくた)皇女がいる。『古事記』には、応神が品陀真若王の女高木之入日売を娶って生んだ子とある。『日本書紀』仁徳即位前条によると、応神崩御後、皇位が容易に定まらないのに乗じてみずから倭屯田(やまとのみた)と屯倉を掌ろうとし、屯田司(みたのつかさ)の出雲臣の祖淤宇(おう)宿禰の管掌を停止させようとした。大鷦鷯(おおさざき)尊は屯田の由来に詳しい倭直吾子籠(やまとのあたいあごこ)を召し問い、皇子のよこしまな企図を挫折させたが、皇子を罪しなかったという。そこで大山守皇子はこれを怨んで反乱を起こしたと伝える。この話は『古事記』にはなく、また、額田大中彦皇子を主人公とするのも話の筋から考えておかしいところがある。なお、『日本書紀』仁徳六十二年是歳条に、皇子が闘鶏(つげ。奈良県山辺郡都祁村)の野中で氷室を発見し、その氷を仁徳天皇に献じた話がある。

額田女王 ぬかたのひめみこ 大海人皇子(のちの天武天皇)の妃。額田部姫王ともいう。女王は姫王とも王とも書かれ、「おおきみ」とも訓まれる。鏡王の女、或いは『万葉集』に登場する鏡女王の妹とみる説もある。鏡王は近江の鏡の里(滋賀県蒲生郡竜王町)に住み、同国の沙額田(滋賀県坂田郡および長浜市一帯)で育ったかとする説がある。別に大和の額田部(奈良県大和郡山市)を出身地とする説もある。生年は舒明朝の初年(六三〇頃)であろう。『薬師寺縁起』には「三采女」の一人として額田をあげる。天武が額田を召して十市皇女を生んだと『日本書紀』天武二年二月条にあるのは皇極朝末年、大化初年(六四五前後)のことであろう。これに相当する歌(『万葉集』一―七)がある。額田女王の歌は「額田物語」として伝誦されたもので、すべてを事実とすることはむつかしいが、斉明四年(六五八)斉明天皇が紀の温湯に行幸するのに従って歌を作り(同一―九)、同七年、斉明一行が伊予の港を出航するに際して一首の歌をよんだ(同一―八)。天智六年(六六七)近江遷都に伴う歌(同一―一七)、翌年蒲生野(滋賀県八日市市の糖塚・野口・三津屋・市辺町から蒲生郡安土町の内野・蒲生野にかけての一帯)での大海人皇子との贈答歌(同一―二〇)を作り、この頃、天智天皇を慕う歌(同四―四八八、八―一六〇六に重出)、春秋争いの長歌(同一―一六)を詠んでいる。十市皇女が天智の皇子大友皇子に嫁したのもこの頃で、天智八年には葛野王が生まれたと思われる。やがて迎えた天智の死(天智十年・六七一)には後宮の女の一人として殯宮(もがりのみや)の挽歌(同二―一五一)、御陵の喪事をおえて退散する時の長歌(同二―一五五)を歌った。次いで翌年の壬申の乱で聟の大友皇子を失い、天武七年(六七八)には、おそらく乱に起因すると思われる死が女の十市の上に訪れた。孫の葛野王は四歳ほどである。しかし持統朝には静かな晩年を送り、天武への思慕を、弓削皇子の歌にさそわれて歌う(同二―一一二)。同時に持統天皇からも長寿を祈る歌がよせられ、感謝の念をこめて返歌した(同二―一一三)。死は程なく訪れたであろう。六十年に余る生涯だった。

【参考文献】谷馨『額田王』、神田秀夫『初期万葉の女王たち』

額田部氏 ぬかたべうじ 額田部なる部民を管掌した伴造氏族。中央伴造は額田部連。地方には臣・直・君・首姓もみえる。中央の額田部連は天武十三年(六八四)に宿禰を賜姓されたが、『日本書紀』は額田部連を天津彦根命の後裔と伝え、このほか『新撰姓氏録』に角凝魂(つぬこりむすび)命の神系の明日名門(あすなど)命後裔の額田部宿禰の名を掲げる。額田部は名代の一つとみられるが、田部の一種・特種とする説(境界祭祀という特殊な職掌を考える説を含む)、鋳物の型を作る部とする説などの異論があり、さらには額田首の私有部民にその名義を求めた説もみえる。額田部湯坐(ゆえ)連を始めとして額田部氏系の複姓氏族が存在する。昭和五十九年(一九八四)島根県松江市の岡田山一号墳出土の鉄刀に「各田ア臣」(額田部臣)の四字を含む銀象嵌銘文が発見された。

【参考文献】田中巽「額田部に就いて」(『兵庫史学』二一)、落合重信「額田部とその性格」(『兵庫史学』三一)、山田弘道「額田部小考」(『国語教育』七)、本位田菊士「額田部連・額田部について」(『続日本紀研究』二三

八)、狩野久「額田部連と飽波評」(岸俊男教授退官記念会編『日本政治社会史研究』上所収)、岸俊男「『額田部臣』と倭屯田」(末永先生米寿記念会編『末永先生米寿記念献呈論文集』坤所収)

額田部連比羅夫　ぬかたべのむらじひらぶ　七世紀前半の官人。推古十六年(六〇八)八月、隋使裴世清(はいせいせい)を海石榴市(つばきいち。奈良県桜井市金屋にあった市)に迎えて礼辞を告げ、同十八年十月には新羅の使人への荘馬の長となる。また、同十九年五月、菟田野(うだの。奈良県宇陀郡榛原町足立に比定する説や同郡菟田野町古市場の宇陀野とする説がある)の薬猟(鹿の若角をとる猟)における後部領を務めている。『隋書』倭国伝に記す「大礼哥多毗」は、比羅夫を指すとみられる。

糠手姫皇女　ぬかてひめのひめみこ　―六六四　敏達天皇の皇女。別名田村皇女。『古事記』敏達段では宝王、またの名を糠代比売王に作る。母は伊勢大鹿首小熊の女で采女の菟名子夫人(うなこぶにん)。『日本書紀』舒明即位前条によれば、押坂彦人大兄皇子の妻となり舒明天皇を生んだ。天智三年(六六四)六月にかなりの高齢で薨去した際には、島皇祖母(しまのすめみおや)命とみえる。大和国城上郡の舒明天皇押坂内陵(『陵墓要覧』によると所在地は奈良県桜井市忍坂)の内の押坂墓に埋葬された。

淳名城入姫命　ぬなきのいりびめのみこと　崇神天皇の皇女。『古事記』は沼名木之入日売命に作る。母は尾張大海媛(『古事記』は尾張連の祖意富阿麻(おおあま)比売)。『日本書紀』崇神六年条によると、天照大神と倭大国魂神の二神を崇神天皇の居所の中に祭っていたが、これを国内不安の原因と考えた崇神は、天照大神を豊鍬(とよすき)入姫命につけて倭の笠縫村(奈良県磯城郡田原本町秦庄や桜井市三輪の檜原神社の地にあてる説がある)に祭らせ、日本(倭)大国魂神を淳名城入姫命につけて祭らせたが、姫は髪がぬけ落ち、身体が痩せ細って祭ることができなかったという。また、同書垂仁二十五年三月条「一云」には、中臣探湯主(くかぬし)のトに従い、淳名城稚姫命に命じて、大倭大神の神地を穴磯邑(あなしむら。奈良県桜井市穴師)に定めて、大市(大和国城上郡大市郷。現在の桜井市芝付近)の長岡岬で祠らせたが、姫は身体痩弱して祭ることができなかったので、大倭直の祖長尾市(ながおち)宿禰に命じて祭らせたと伝える。この二つの伝承は重出記事で、淳名城稚姫命は淳名城入姫命と同一人物とされる。大倭神社の起源伝承をなすが、崇神の血統では倭の国魂の祭祀ができないことや倭国造の祭祀との繋がりが強調されている。

布師氏　ぬのしうじ　武内宿禰の後裔氏族の一つ。葛城襲津彦(かずらきのそつひこ)命の子孫という。布敷・布忍にも作る。姓は首・臣。氏名は、のちの摂津国兎原郡布敷郷(兵庫県神戸市中央区布引町一帯)の地名に基づくという説もある。『新撰姓氏録』によると、布師氏は左京および摂津・河内・和泉国に、また『日本霊異記』や長岡京一〇六号木簡によると讃岐国に分布する。『新撰姓氏録』では、的(いくは)臣・生江臣・坂本朝臣と同祖とする。

奴理能美　ぬりのみ　山代の筒木(のちの綴喜郡綴喜郷。現在の京都府綴喜郡田辺町普賢寺一帯か)の韓人。『新撰姓氏録』では、努利使主・怒理使主・乃理使主に作る。同書左京諸蕃下によれば、応神朝に日本に渡来し、子孫が顕宗朝に調(つき)首の氏姓を賜わったとあり、調連の祖とする。また同書左京・右京・山城国諸蕃に民首の祖とあり、山城国諸蕃に伊部造の祖、河内国諸蕃に水海連と調曰佐(つきのおさ)の祖とする。『古事記』仁徳段に、皇后石日売(いわのひめ)命に三色(みくさ)に変わる奇しき虫(蚕)を献じた逸話が記されている。

漆部氏　ぬりべうじ　漆を精製し塗布することを掌る伴造系の豪族。㈠国造などの一族。姓は直。相模の国内に設けられた朝廷の漆部を管理するため、国造家の一族が割き出されたらしい。そこで伴造的豪族でありながら直姓となった。出雲にも漆部直がいるが、この場合、国造家は臣姓で合わない。国造家より下位の在地豪族を任じたか。㈡伴造系の一族。姓は連・造で、のち一部が宿禰。諸国におかれた漆部を現地管理する地方伴造が漆部造で、大和・遠江両国のほかにも分布していたであろう。この地方伴造を中央で統轄したのが漆部連である。『先代旧事本紀』天孫本紀によると、氏祖は饒速日(にぎはやひ)命の四世孫の三見(みつみ)宿禰命とあり、この氏は物部氏の一族である。なお天武十三年(六八四)八色姓の制定に際し、連から宿禰に改姓され、その後慶雲年間(七〇四—七〇八)には造姓の人が宿禰をうけた例もみられる。

漆部直伊波　ぬりべのあたいいわ　八世紀中頃の官人。氏姓はのちに相模宿禰。東大寺大仏殿の建立に協力し、材木知識として商布二万端を寄進した。天平二十年(七四八)二月、この知識物を進めたことで従七位上から特に外従五位下を授けられ、官界進出の糸口をつかんだ。佐渡守・贓贖正となり、天平宝字八年(七六四)の藤原朝臣仲麻呂の乱に際し追討の功で内位にうつり、また勲六等をうけた。さらに右兵衛佐・大和介を経て、神護景雲二年(七六八)二月、相模国造となり、相模国造家の宗家の地位についた。またこの時、相模宿禰に改氏姓した。以後も修理次官・玄蕃助・鼓吹正を歴任し、宝亀五年(七七四)四月には尾張守となる。なお、天平宝字四年十一月の時点で、摂津国西成郡美努郷(比定地未詳)の東大寺荘地の西に土地を所有していた。

ね

根使主　ねのおみ　和泉国の豪族坂本臣の祖で、安康朝の呉使饗応役を務めた人。根臣にも作る。『日本書紀』安康元年二月条によると、允恭天皇が崩じて即位した安康天皇は、弟の大泊瀬皇子(のちの雄略天皇)の妃に、叔父大草香皇子の妹草香幡梭(くさかのはたび)皇女を迎えようと、坂本臣の祖根使主を遣わしたところ、皇子は大いに喜び、応諾のしるしとして、その宝とする押木珠縵(おしきのたまかずら)を託すが、珠縵に目のくらんだ根使主は、それを着服し、詐って大草香皇子が応諾しなかったと報告したため、怒った安康は兵をあげて皇子を殺したという。雄略元年三月条には、雄略が草香幡梭皇女を皇后にしたことがみえ、同十四年四月条には、呉使の饗応に当った根使主が美しい珠縵をつけていることを知った雄略は、根使主に饗応の時と同じ装いをさせて宮廷で引見したところ、皇后が、兄の大草香皇子が自分に与えようとした珠縵であることを指摘したため、根使主を死罪にしようとしたが、日根(のちの和泉国日根郡。現在の大阪府泉南郡と泉南市・泉佐野市および貝塚市の一部)に逃走し、そこで殺されたとある。その子孫は二分し、大草香部民と茅渟県主の負嚢者(ふくろかつぎひと)にしたという。坂本臣(のち朝臣)は、『古事記』孝元段や『新撰姓氏録』によれば、紀臣(朝臣)と同祖で、紀角(きのつの)宿禰の後裔とする。

の

能登女王　のとのひめみこ　七三三—七八一　光仁天皇の皇女。母は高野朝臣新笠で、桓武天皇の姉。川島皇子の孫安貴王の王子市原王の室となり、五百井女王と五百枝王を生んだ。宝亀元年(七七〇)光仁の即位に伴い従四位下から四品に叙せられて内親王となり、同七年、三品に昇叙されたが、病のため天応元年(七八一)二月十七日、四十九歳で薨じた。光仁はいたく悲しみ、追慕して一品を贈り、その子らを二世王にあげ、皇孫として待遇することを宣詔した。

野中氏　のなかうじ　河内国に蟠踞していた氏族の一つ。姓は不明であるが、八世紀末に野中史(欠名)なる人名がみえ、或いは史姓であったかもしれない。本拠は、丹比郡野中郷(大阪府藤井寺市野中から羽曳野市野々上にかけての一帯)。『新撰姓氏録』右京皇別下に孝昭天皇の皇子彦国押人(ひこくにおしひと)命後裔の野中氏(無姓)を掲げるが、野中郷が百済系渡来氏族の船氏の本貫地でもあり、その周辺に渡来系氏族の集住していることなどから、野中氏も渡来系氏族である可能性が高い。その他の点については未詳。

野見宿禰　のみのすくね　土師(はじ)氏の祖先とされる人物。土師弩美宿禰にも作る。垂仁七年七月、出雲国から召されて大和の当麻邑(奈良県北葛城郡當麻町当麻)の当麻蹶速(たいまのけはや)という勇士と力比べをしてそのあばら骨・腰骨を踏みくじいて倒した。これが相撲の起源であるといわれる。同三十二年七月、皇后の日葉酢(ひばす)媛命が薨じた。その頃、貴人の葬礼には殉死が行なわれていたが、垂仁天皇はその習俗をいとわしく思い、群臣に皇后の葬儀をいかにすべきかと聞いた。すると、野見宿禰が埴輪を作って殉死に代えるのがよろしいと奏上し、出雲国の土部(はじべ)百人をよんで人馬以下種々の焼き物を作らせたので、垂仁は大いに喜んで野見宿禰に土部臣の氏姓を与えたという。野見宿禰は出雲臣の一族で、天穂日(あめのほひ)命の十四世の孫といわれる。また、野見宿禰の三世の孫の身臣が仁徳天皇から土部臣にかわって土部(土師)連の氏姓を与えられたという。『播磨国風土記』には、野見宿禰が出雲との往来の途中、播磨国揖保郡で没したため、出雲の人々がやって来て川の小石を手渡しに運んで墓を作ったとある。

【参考文献】　直木孝次郎「土師氏の研究」(『日本古代の氏族と天皇』所収)

儀子内親王　のりこないしんのう　―八七九　九世紀中頃の賀茂斎王。在任十七年一カ月。文徳天皇の皇女。母は藤原朝臣良房の女明子（あきらけいこ）。清和天皇は同母兄。貞観元年（八五九）十月、賀茂斎王となり、十二月、賀茂川で禊を行ない、初斎院に入る。その後、三年目に斎院（本院）に入り、院内での祭儀、賀茂祭に奉仕。同十年十月、皇太后藤原朝臣明子の四十の算を奉賀。同十八年五月、病により紫野斎院（京都市北区紫野）を出て皇太后宮染殿宮（平安左京北辺四坊）にうつる。同年十月、病が重くなって斎王を辞し、同日、斎院司は休官となる。同十九年正月、二品、十一月、一品を授けられ、元慶三年（八七九）閏十月五日、薨去。

は

裴世清　はいせいせい　六世紀後半―七世紀前半に、隋・唐二朝に仕えた貴族官僚。唐代に十七人の宰相を生んだ河東の大姓裴氏の支族中眷裴氏の出で、父の名は著。子には、斉州司馬嘉陵がいる。隋朝では文林郎・鴻臚寺掌客、唐朝に入っては主客郎中・江州刺史を務めたことが知られる。推古十六年（六〇八）四月、遣隋使小野臣妹子を送って、下僚十二人とともに筑紫に到着する。同年六月、難波津にいたり、同月、難波江口（淀川右岸河口部にあった難波江の起点。大阪市東淀川区北江口・南江口付近）で飾船三十艘に迎えられ、八月、海石榴市（つばきいち）の街（奈良県桜井市金屋付近）では、飾馬七十五疋（一説には二百余騎）による迎えをうけ、額田部連比羅夫から礼辞を宣せられる。同月、朝廷に召され、使の旨を奏上し、大唐の信物を貢上したという。その時、提出された国書のなかには、倭皇が蘇因高（妹子）を遣わし、朝貢したことを嘉し、鴻臚寺掌客裴世清を遣わして意を述べ、物を送る旨がみえる。また、倭王と会った世清は、「皇帝、徳は二儀に並び、沢は四海に流る。王、化を慕ふの故をもつて、行人を遣はして来らしめ、此に宣諭す」と述べたという。こののち、世清は館につき、王に使を遣わし、「朝命既に達せり。請ふ即ち塗を戒めよ」と述べ、さらに方物を貢したという。同月、朝廷で饗応をうけ、同年九月、難波大郡（のちの摂津国東成郡（大阪市中西部）とみられるが、地名ではなく外交用迎賓施設とする説もある）で饗され、小野臣妹子を大使とする遣隋使とともに帰国した。世清の日本への遣使については、妹子が隋にもたらした国書に「日出ずる処の天皇、書を日没する処の天子にいたす」とあったので、隋の皇帝煬帝がよろこばず、しかもその意気をあやしみ、その国風を視察させるためであったとする説もある。また『元興寺伽藍縁起幷流記資財帳』所引の丈六光銘にも、大隋国使主鴻臚寺掌客裴世清と使副尚書祠部主事遍光高らの来朝の旨が記されている。

【参考文献】池田温「裴世清と高表仁」（『日本歴史』二八〇）

裴頲　はいてい　九世紀後半の渤海国の官人。元慶六年（八八二）十一月、渤海国入覲使の大使として使節百四人を率いて来朝する。翌七年四月末に入京。五月二日、渤海国王の啓および信物を進上し、同月四日、従三位を授けられる。なお、この時の本国での官位は、文籍院少監正四品賜紫金魚袋であった。同月十日、朝集堂での宴会で、詩章を題送しようとして筆硯をもとめたが、接待をしていた官人が作文に自信がなく席を外したため、裴頲は筆硯をもとめるのを止めたという。陽成天皇は、さっそく御衣一襲を賜い、裴頲の高才で風儀あることを賞したという。五月十二日、鴻臚館を出て帰国の途についた。寛平六年(八九四)五月、裴頲は渤海使として再び来朝。同年十二月、伯耆国に到着し、翌七年五月、入京して数度の饗応をうけ、また位階などを叙せられたのち、五月十六日、帰国した。

羽栗氏　はくりうじ　山城国久世郡羽栗郷(京都府久世郡久御山町佐山付近)を本拠とした氏族か。姓は臣。ほかに無姓の羽栗氏もいる。『古事記』孝昭段では、天押帯日子(あめおしたらしひこ)命の後裔で、春日臣・小野臣氏などと同祖とする。『新撰姓氏録』左京皇別下では建穴命の後で、和安部朝臣氏と同祖、また、山城国皇別(無姓)では彦国葺命の後で、小野朝臣氏と同祖とする。『尾張国風土記』逸文には、天武六年(六七七)に葉栗臣人麻呂が、尾張国葉栗郡(愛知県一宮市・江南市・葉栗郡から岐阜県羽島市と羽島郡にかけての一帯)に光明寺を建立したとあり、同所にも分布していたことを示す。ほかに近江国犬上郡尼子郷(滋賀県犬上郡甲良町)・山城国乙訓郡(京都府向日市・長岡京市から京都市西南部にかけての一帯)にもその分布が知られる。

羽栗臣翔　はくりのおみかける　八世紀中頃の官人・遣唐録事。吉麻呂の次子で、翼(つばさ)の弟。母は唐の女性。長安に生まれ、少年時代を同地で過ごした。天平六年(七三四)父兄とともに帰国し、官途についた。天平宝字三年(七五九)二月、唐国に仕えていた藤原朝臣河清(清河)を迎えるため、高元度を迎入唐大使とする使節団が派遣されたが、この時、翔は録事として入唐した。しかし、この使節団は、安史の乱の影響で所期の目的を果たせないまま帰国し、翔のみ唐に残留した。以後の翔の動向は不明であるが、唐で客死した可能性が強い。なお、『入唐求法巡礼行記』には、承和七年(八四〇)に円仁が登州の開元寺に詣でた際、その仏殿の壁面に日本国使の官位姓名が残されていたのを写しとったものが記載されており、そのなかの「録事正六位上羽豊翔」は羽栗翔を誤写したとみる説が有力である。

【参考文献】佐伯有清「入唐求法巡礼行記にみえる日本国使」(『日本古代の政治と社会』所収)、角田文衛「葉栗臣翼の生涯」(『平安人物志』上所収)

羽栗臣翼　はくりのおみつばさ　七一九―七九八　八世紀の官人。吉麻呂の長子で、母は唐の女性。翔(かける)の兄。長安に生まれ、少年時代を同地で過ごし、天平六年(七三四)十六歳の時に父とともに帰国した。その後、出家して僧侶となったが、朝廷はその才能を惜しんで還俗させた。その後、官途についたが、愛顧を受けていた玄昉(げんぼう)が失脚していたために不遇であったらしく、宝亀六年(七七五)にいたっても、官位は正七位上に止まっていた。同年、遣唐使の録事、さらには准判官となり、外従五位下を授けられた。翌七年、大外記で勅旨大丞を兼ね、光仁天皇の側近に仕え、臣の姓を賜わった。同八年、遣唐副使小野朝臣石根らとともに入唐し、翌年、帰国の際に『宝応五紀暦経』を将来し、また昆解宮成(こんけのみやなり)の献じた白鑞を唐の鋳工に示し、それが「鈍隠」であったことを報告した。また、医薬に明るく、天応元年(七八一)には朴消(貴重薬か)を調剤するために難波へ派遣され、延暦五年(七八六)七月には、内薬正兼侍医に任ぜられた。このほか、延暦元年二月には丹波介、同七年三月には左京亮、同八年には内蔵助にそれぞれ任ぜられ、同十六年に正五位下に叙せられたが、翌年五月に卒した。

【参考文献】角田文衛「葉栗臣翼の生涯」(『平安人物志』上所収)

土師氏　はじうじ　埴輪や土器の製作、葬礼・陵墓などを管理した土師部の伴造氏族。姓は初め連、天武十三年(六八四)八色の姓制定に際し、宿禰を賜わる。『日本書紀』垂仁三十二年七月条に野見宿禰は殉死にかえて埴輪を陵墓に立てることを進言し、初めて日葉酢(ひばす)媛命の墓に埴輪を立て、野見宿禰を土部(はじべ)職に任じ、これにより土部(師)連が天皇喪葬を掌ることになったという職掌の由来伝説がみえる。一族には葬礼に与り、令制では諸陵司や喪儀司の官人になった者が多い。『養老令』職員令、治部省諸陵司条にみえる正・佑・史のもとに伴部の土部十人が所属しているが、これは土部の負名氏が土師宿禰であることを示している。『日本書紀』には大海人皇子(のちの天武天皇)の軍に従った土師連馬手のように軍事的活動をしたもの(天武元年六月条)、土師連菟のように新羅の導者となり(推古十八年(六一〇)十月条)、軍事・外交に従う者もみえ、しだいに本来の職掌とは別の方向を求めて官人化する動きが推古朝以降顕著となった。大化二年(六四六)薄葬令の施行による墳墓の築造規制や火葬の普及により、八世紀には伝統的職掌は衰微し、叙位も五位止まりで外位におかれたので、不遇挽回のため天応元年(七八一)・延暦元年(七八二)の二回にわたり、土師氏は菅原・秋篠などと改氏姓したいことを請願し許された。『続日本紀』延暦九年十二月条に土師氏に四腹(腹は血筋を意味する)ありとみえるが、大化前代にはその一腹の大枝(おおえ)朝臣を賜わった桓武天皇中宮母家の毛受(もず)腹は和泉国の百舌鳥(もず)の地、ほかの三腹は大和国菅原と秋篠(楯並古墳群)、河内国志紀・丹比両郡(古市誉田古墳群)の地を本拠とする系統をさし(百舌鳥は大阪府堺市百舌鳥、菅原・秋篠は奈良市菅原町・秋篠町、志紀・丹比両郡は特に大阪府藤井寺市道明寺付近と堺市日置荘もしくは松原市立部付近)、それぞれ古墳群の所在地を本拠とする四腹(支族)に分立していた。土師氏・土師部は、右記の諸国のほか畿内では山城、ほかに出雲・遠江・武蔵・下総・常陸・美濃・若狭・丹後・但馬・因幡・石見の国々に分布し、土師郷は上野・下野・備前・筑前国にあり、阿波国には埴土郷がある。

【参考文献】直木孝次郎「土師氏の研究」(『日本古代の氏族と天皇』所収)、前川明久「土師氏と帰化人」(『日本歴史』二五五)、上田正昭「土師の舞人」(『日本古代国家論究』所収)、黒沢幸三「土師氏の伝承と歌謡」(『文化』三一―四)、小出義治「大和・河内・和泉の土師氏」(『国史学』五四)、同「土師雑考」(『国学院雑誌』六〇―一)、小島俊次「土師氏四腹と古墳」(末永先生古稀記念会編『古代学論叢』所収)、田村吉永「平城遷都と土師氏」(『史迹と美術』二一五)、村津弘明「土師氏の研究」(『史泉』二二)、米沢康「土師氏に関する一考察」(『芸林』九―三)、同「土師氏の改姓」上・下(『芸林』一二―五・六)、佐伯有清「高松塚古墳壁画と朝鮮系氏族」(『古代史の謎を探る』所収)、田村圓澄「土師考」(『続日本紀研究』五―九)、土橋寛「箸ノ墓物語と土師氏」(『古代歌謡をひらく』所収)、同「ヤマトタケルの葬歌物語と土師氏」(同上書所収)

土師宿禰馬手 はじのすくねうまて ―七一一 七世紀末―八世紀初めの官人。姓は初め連。壬申の乱の折、天武元年(六七二)六月、東国に向かう大海人皇子(のちの天武天皇)が菟田の吾城にいたった時、屯田司(みたのつかさ)舎人として一行に食を供し、次いで皇子が伊勢国朝明郡にいたった時、東山道の軍を発する使者となった。天武十三年十二月、宿禰と改姓し、文武二年(六九八)正月、新羅の貢物を大内陵に献ずる使者となった。時に位は直広参。翌三年十月、山科陵の造営使となり、大宝三年(七〇三)十月、持統太上天皇葬送の造御竈(みかまど)副官となった。時に正五位下。和銅二年(七〇九)正月、従四位下に叙せられ、同四年二月、卒した。

土師宿禰甥 はじのすくねおい 七世紀末―八世紀初めに活躍した官人・文人。氏は土部にも作る。天武十三年(六八四)十二月、大唐学問生として新羅使に送られて帰朝。文武四年(七〇〇)六月、『大宝律令』撰定の功により、禄を与えられた。時に位は勤広参。和銅二年(七〇九)正月、正六位上から従五位下に叙せられた。『菅家御伝記』に、甥は菅原朝臣道真の先祖に当るとある。

土師宿禰水通　はじのすくねみみち　万葉歌人。名は御通にも作る。大舎人の時、同じ大舎人の巨勢朝臣豊人と巨勢斐太朝臣（欠名）の二人の色が黒いのを笑う歌（『万葉集』一六―三八四四）を作り、大宰帥大伴宿禰旅人の梅花の宴に列して歌一首をよみ（同五―八四三）、筑紫から京に上る海路で和歌を二首作っている（同四―五五七・五五八）。

土師忠道　はじのただみち　九世紀中頃の下級官人・武人。左大臣源朝臣信（まこと）に仕えたが、貞観七年（八六五）信が謀反の疑いをうけた時、信の家人の左馬少属忠道は甲斐権掾に、清原春滝は日向掾に、日下部遠藤は肥後権大目にうつされたが、それは信身辺の武力を弱める政策であったという。

土師連猪手　はじのむらじいて　―六四三　七世紀前半の豪族。土師娑婆連猪手にも作る。推古十一年（六〇三）二月、筑紫で薨じた来目皇子の殯（もがり）を周防の娑婆（さば。山口県防府市付近）で執り行なったことにより、猪手の子孫は娑婆連と称したという。皇極二年（六四三）九月、詔により吉備島皇祖母（きびのしまのすめみおや）命の喪礼を執り行なった。同年十一月、蘇我臣入鹿の命令で巨勢臣徳太（とこだ）とともに山背大兄王らを斑鳩に攻めた時、王の奴の三成の箭に当って没した土師娑婆連は猪手のことか。

土師連富杼　はじのむらじほど　七世紀後半の豪族。百済救援の役で唐軍に捕われ、天智三年（六六四）氷（ひ）連老（老人）らとともに唐人の計画を告げに帰国しようとしたが、衣粮に窮し、大伴部博麻（はかま）が身を売った代金でようやく日本にたどりついた。

間人氏　はしひとうじ　間人の伴造氏族。間人の職掌は明らかでないが、天皇と臣下、異国人の間をとりつぐ役目とする説がある。間人氏には、『新撰姓氏録』左京皇別上にみえる仲哀天皇の皇子誉屋別（ほんやわけ）命の後裔と称する間人宿禰と、同書左京神別中に、神魂（かみむすび）命五世孫玉櫛比古命の後孫とある間人宿禰があって、弁別し難いのを始め、同書山城国皇別の間人造、天平十一年（七三九）の『出雲国大税賑給（たいぜいしんごう）歴名帳』にみえる間人臣、『続日本紀』神護景雲元年（七六七）三月条の間人直などがあって、無姓で間人を称するものや、間人部もみえる。また複姓氏族として、『新撰姓氏録』左京皇別上にみえる阿閉（あえ）間人臣、『日本書紀』白雉五年（六五四）二月条の中臣間人連、『続日本紀』大宝二年（七〇二）正月条にみえる丹比（たじひ）間人宿禰がある。間人宿禰は、『日本書紀』天武十三年（六八四）十二月条に、間人連が宿禰を賜姓されたことがみえ、また推古十八年（六一〇）十月条に、任那使人の導者とみえる塩蓋、斉明三年（六五七）是歳条に新羅使に付して唐に派遣されたとある御廐、天智二年（六六三）三月条に、征新羅の前将軍に任命されたとある大蓋などが連姓を称し、宿禰姓のものでは、『万葉集』にみえる大浦（三―二八九・二九〇）や、天平十年の『周防国正税帳』にみえる玉浦のほか、多くみえる。なお七世紀の間人氏が、対外関係で活躍しているのは注目される。

【参考文献】藪田嘉一郎「釈『間人』」（『日本古代文化と宗教』所収）

間人連大蓋　はしひとのむらじおおふた　七世紀後半の百済救援軍の前将軍。『日本書紀』によれば、天智二年（六六三）三月、同じく前将軍に任命された上毛野（かみつけの）君稚子や中将軍・後将軍らとともに兵二万七千を率いて百済救援に赴いた。これが白村江の戦いの主力軍である。敗戦後、生還。天武四年（六七五）四月、曾禰連韓犬とともに広瀬の河曲（奈良県北葛城郡河合町川合の広瀬神社）に大忌（おおいみ）神を祭った。時に小錦中。これは大忌祭の初見であり、『年中行事秘抄』なども大蓋の名を伝えている。

【参考文献】鬼頭清明『白村江』、八木充「百済の役と民衆」（京都大学読史会編『小葉田淳教授退官記念国史論集』所収）

埿部穴穂部皇女　はしひとのあなほべのひめみこ　―六二一　欽明天皇の第三皇女。母は蘇我稲目宿禰の女小姉君（おあねのきみ）。『日本書紀』所引の「一書」に第二皇子と伝える埿部穴穂部皇子の同母姉。穴太部間人王・孔部間人公主・穴穂部間人皇女・間人穴太部王にも作る。異母兄にあたる用明天皇(大兄皇子)の大后となり、廏戸(聖徳太子)・来目・殖栗(えぐり)・茨田(まんた)の諸皇子を生んだ。諸司巡行中、馬官の廏の前で労せずして長子廏戸を出産したとの伝承は有名である。用明崩後、用明と稲目の女石寸名(いしきな)との間に生まれた田目(豊浦)皇子と結ばれ、佐富女王を生んだという。法隆寺金堂釈迦三尊像光背銘に見える「鬼前太后」を皇女に比定する説がある。それに従えば、皇女は廏戸とその妃「干食王后」(膳部臣菩岐々美郎女(かしわでのおみほききみのいらつめ)か)が没した前年の「辛巳年(推古二十九)十二月」に亡くなったという。「天寿国曼荼羅繡帳」銘にも同様の所伝が見える。また、中世以前は現在位置(奈良県生駒郡斑鳩町法隆寺)から東方約五五〇メートルの地にあったという中宮寺は、かつて皇女の宮であったとの伝承がある。それによれば、中宮の名義は、葦垣宮・岡本宮・斑鳩宮のほぼ中心に位置する宮ということになるが、確かではない。

埿部穴穂部皇子　はしひとのあなほべのみこ　—五八七　欽明天皇の皇子。母は蘇我稲目宿禰の女小姉君(おあねのきみ)。泊瀬部皇子(のちの崇峻天皇)の同母兄。用明天皇の皇后埿部穴穂部(穴穂部間人(はしひと))皇女の同母弟。天香子(あまつかこ)皇子・住迹(すみと)皇子・三枝部(さきくさべ)穴太部王・須売伊呂杼(すめいろど)ともいう。『日本書紀』によれば、敏達天皇崩後、敏達大后であった炊屋姫(かしきやひめ。のちの推古天皇)を奸そうとして殯宮(もがりのみや)に乱入し、それを防いだ三輪君逆(さかう)を斬り殺した。さらに用明崩後、物部弓削守屋大連の支持を得て皇位に即こうとしたが、泊瀬部皇子・前大后炊屋姫を奉じる大臣蘇我馬子宿禰の遣わした佐伯連丹経手(にふて)・土師(はじ)連磐村・的臣真嚙(いくはのおみまくい)らにより、宅部皇子とともに攻め殺されたという。名の埿部(三枝部)穴穂部は、欽明の子女から部名を帯する者が多く現われるという一般的傾向に合致するが、このように二種の部名を持つのは異例。穴穂部を地名とする説もあるが、部名＋地名の例がないことから疑問である。また、須売伊呂杼というのは本来は天皇の同母弟という意味であるが、穴穂部皇子の同母兄には皇位に即いたものはおらず、何故このような称が発生したのか疑問を残す。

間人皇女　はしひとのひめみこ　—六六五　舒明天皇の皇女。孝徳天皇の皇后。間人大后ともみえる。『日本書紀』舒明二年(六三〇)正月条に、舒明と皇后宝皇女(のちの皇極・斉明天皇)との間に所生した二男一女の第二子としてみえる。兄に天智天皇、弟に天武天皇がいる。大化元年(六四五)七月条に、立后記事があり、白雉四年(六五三)皇太子中大兄皇子(のちの天智天皇)が、難波宮から倭京への遷都を孝徳に進言したが入れられず、中大兄は母皇極天皇と妹間人皇后・弟大海人皇子(のちの天武天皇)とともに倭飛鳥河辺行宮(比定地未詳。奈良県高市郡明日香村川原とする説がある)に移った。これを恨んだ孝徳は、山崎(京都府乙訓郡大山崎町大山崎、或いは大阪府三島郡島本町山崎とみられる)に宮を造らせ、皇后に歌を贈ったとある。白雉五年十月条には、死の床にある孝徳を、中大兄・皇極とともに難波宮へ見舞ったとある。天智四年(六六五)二月条の薨伝には間人大后とある。同年三月条には、大后のため三百六十人を度せしめたとあり、同六年二月条に、皇極とともに、小市岡上陵(奈良県高市郡高取町の車木ケンノウ古墳が山陵に比定されている)に合葬したとみえる。『延喜式』諸陵寮式には、「竜田清水墓、間人女王、大和国平群郡に在り。兆域は東西三町、南北三町。墓戸二烟」(奈良県生駒郡斑鳩町小吉田にある吉田寺の本堂西の墳墓が竜田清水墓と伝えられる)とある。

【参考文献】吉永登『万葉—文学と歴史のあいだ』

丈部氏　はせつかべうじ　軍事的部民であった丈部という部民名に基づく氏族。姓は、臣・直・造・首・忌寸などがある。『新撰姓氏録』には、阿倍氏・大春日氏・紀氏・鴨(県主)氏などの同族で、皇別・神別系のものがあげられているが、人名史料から出雲臣氏や平群(へぐり)氏ら、ほかの氏族と同族と考えられるものも多い。これらの丈部氏族の分布状況をみると、東国地方に多く、大化前代丈部が東国に重点をおいて設置されたことがわかり、国造ら地方豪族の一族が伴造に任ぜられたことがうかがえる。丈部と称する氏族は、丈部の伴造氏族であろう。

【参考文献】 佐伯有清『新撰姓氏録の研究』考証篇二・三、大塚徳郎「丈部・吉弥侯部について」(『歴史』五)、佐伯有清「丈部氏および丈部の基礎的研究」(同編『日本古代史論考』所収)

丈部直不破麻呂 はせつかべのあたいふわまろ 八世紀中頃の官人。武蔵国足立郡(東京都足立区と埼玉県南東部)出身で、神護景雲元年(七六七)十二月、武蔵宿禰の氏姓を賜わり、武蔵国造となる。天平宝字八年(七六四)十月、藤原朝臣仲麻呂追討の功により、正六位上から外従五位下に昇叙。以後、近衛員外少将・下総員外介・上総員外介などを歴任し、神護景雲三年八月、従五位上。宝亀四年(七七三)二月、左衛士員外佐従五位上で修理佐保川堤使に任ぜられた。

丈部大麻呂 はせつかべのおおまろ 天平産金の功労者。上総国の人。陸奥国小田郡(宮城県遠田郡の東部)において金を獲た殊功により天平感宝元年(七四九)閏五月、無位から従五位下に直叙され、その後、斎宮頭・造長岡京使・織部正・隠岐守を歴任し、従五位上にいたった。その間に位階を奪われ、延暦二年(七八三)二月、従五位下に復されているが、位階を剝奪されたのは藤原朝臣仲麻呂の乱に連坐したからであろう。

【参考文献】 谷島一馬「上総国人丈部大麻呂についての若干の考察」(『市原地方史研究』一〇)、同「丈部大麻呂に於ける官位剝奪の背景について」(同上一二)

丈部路忌寸石勝 はせつかべのみちのいみきいわかつ 八世紀前半の下級官人。養老四年(七二〇)六月、大蔵省漆部司の令史で従八位上であった時、直丁の秦犬麻呂とともに、同司で扱う漆を盗んだため流罪の判決を受けた。ところが、子の祖父麻呂(おおじまろ)・安頭麻呂(あずまろ)・乙麻呂らが、自分たちを官奴とすることで父の罪を贖うことを願い出たので、元正天皇は詔して石勝を赦した。後日、祖父麻呂らも赦されて良となった。

羽田氏 はたうじ 応神天皇の皇子稚野毛二俣(派)王を祖とする氏族の一つ。八多・波多にも作る。姓は初め君または公、天武十三年(六八四)十月、真人を賜わった。『古事記』応神段に、応神天皇の御子若野毛二俣王の子大郎子、またの名意富富杼王(おおほどのおおきみ)は三国君・波多君・息長坂君・酒人君・山道君らの祖とある。『新撰姓氏録』左京皇別の八多真人の条には、「応神天皇の皇子稚野毛二俣王より出づ」とある。稚野毛二俣王と意富富杼王は、『釈日本紀』所引の『上宮記』の、乎富等大公王すなわち継体天皇につながる系譜中にもみえ、羽田氏がもと継体と深い因縁をもった氏族であることを示唆している。羽田の氏名は、近江国栗本郡羽田庄(滋賀県八日市市上・中・下羽田町付近)の地名に基づいており、天武元年七月、壬申の乱に加わった、「近江将軍羽田公矢国、其の子大人(うし)等」は、近江・越(こし)の戦闘で活躍した。羽田氏は、湖東および越出身の息長氏・坂田酒人氏・山道氏・三国氏らと同じく、本来は在地豪族の一つであり、継体擁立に加わった関係から、皇別氏族の一員となった蓋然性が大きい。

羽田公八国 はたのきみやくに ―六八六 壬申の乱の武将。名を矢国にも作る。天武元年(六七二)の壬申の乱の時、近江朝廷の将軍であったが、内訌が起こるに及んで、その子の大人(うし)とともに、一族を率いて吉野軍に投降し、斧鉞(まさかり)を授けられて、将軍となった。ただちに北方の越(こし)に入り、のち出雲臣狛とともに三尾城(滋賀県高島郡安曇川町三尾里、同郡高島町拝戸・明神崎付近)を攻略した。天武十二年十二月、伊勢王らとともに天下を巡行し、諸国の境界を定めた。時に大錦下。翌十三年十月の八色の姓制定に際し、真人の姓を賜わったらしく、朱鳥元年（六八六）三月には真人とあり、この時、病に伏し、度僧三人を下賜された。官は大弁官、位は直大参とみえ、死去した時、壬申年の功によって直大壱の位を贈られた。

波多氏　はたうじ　武内宿禰の後裔氏族の一つ。八多・羽田にも作る。姓は初め臣、天武十三年（六八四）十一月、朝臣を賜わった。大和国高市郡波多郷（奈良県高市郡高取町南部）を本貫とする。六世紀末から八世紀初め頃が盛期。同系氏族に岡屋公氏がある。

波多八代宿禰　はたのやしろのすくね　波多氏およびその同族の伝説上の氏祖。羽田矢代・波多矢代・八多八代・八太屋代にも作る。『古事記』孝元段に、建内宿禰の子九人の筆頭に波多八代宿禰をあげ、波多臣・林臣・波美臣・星川臣・淡海臣・長谷部君の祖であるとする。また、『新撰姓氏録』左京・河内国・和泉国の各皇別条では、道守朝臣・道守臣の祖でもあるといい、いずれも建内宿禰の男としている。さらに、『日本三代実録』には、貞観六年（八六四）八月、左京の人故外従五位下岡屋公祖代に八多朝臣の氏姓を賜わった時、その先祖は八太屋代宿禰から出たとある。『日本書紀』応神三年是歳条によると、百済国の辰斯王が即位して応神天皇に礼を失したので、紀角（きのつの）宿禰らとともに遣わされ、その無礼の状を責めた。百済国は辰斯王を殺して謝罪したので、宿禰らは阿花王を立てて帰国したという。次に履中即位前条では、履中天皇がまだ皇太子であった時、宿禰の女黒媛を立てて妃としようとしたが、住吉仲皇子が不倫を働いたので、皇子を攻め殺したとある。なお、『古事記』履中段には、黒比売を葛城の葦田宿禰の女とする別伝を載せている。

秦氏　はたうじ　初期の有力渡来人集団。主流の一族の姓は造。天武十二年（六八三）に連、同十四年に忌寸に改姓。『新撰姓氏録』や『日本三代実録』などにみえる伝承によれば、秦の始皇帝の子孫の功満王が仲哀朝に来朝、『日本書紀』によれば、その子の弓月君（ゆづきのきみ）が応神十四年に百二十県の百姓を率いて来朝したという。絹・綿・糸の生産に従事する多くの部民（秦部・秦人部）や秦人を配下に、大きな経済力を蓄えて漢（あや）氏に拮抗する勢力を築いた。山城国葛野郡（京都市西部）を本拠とし、秦を名乗る者は全国に分布する。秦造河勝が建立したという広隆寺（現在の寺地は京都市右京区太秦蜂岡町）は、飛鳥時代からの氏寺。

【参考文献】関晃『帰化人』、今井啓一『秦河勝』、平野邦雄『大化前代社会組織の研究』

秦忌寸朝元　はたのいみきちょうげん　八世紀前半の医師・学者。僧弁正の子で、朝慶の弟。父弁正は俗姓秦氏、仏教学に優れ、大宝二年（七〇二）の遣唐使に同伴して入唐、在唐中に朝慶・朝元の二子をもうけたが、弁正と兄朝慶は唐で卒した。朝元は養老二年（七一八）の遣唐使とともに帰朝したとみられ、翌三年四月、忌寸を賜姓された。同五年正月、医術に秀れ、その道の師範たるにふさわしい人物として褒賞された。時に従六位下。天平二年（七三〇）三月、漢語に堪能なことから通訳養成の任を命ぜられ、弟子二人に漢語を教授、翌三年正月、外従五位下に昇叙。同五年十二月、入唐判官として生まれ故郷の唐に赴き、玄宗皇帝から父の縁故をもって厚遇され、同七年に帰国、外従五位上に昇叙、同九年、図書頭、同十八年三月、主計頭に任命された。『万葉集』巻十七の三九二二〜三九二六の左注には、左大臣橘宿禰諸兄が元正太上天皇の御在所における雪見の宴席で、朝元に謔（たわむ）れて、歌を作ることができなかったら麝香をもって贖えといったところ、朝元は黙していたと伝える。なお、『尊卑分脈』は藤原朝臣萱継の母を「秦（養）源女」とし、『公卿補任』は種継の母を「従五位下秦朝元之女」とする。

【参考文献】横田健一「『懐風藻』所載僧伝考」（『白鳳天平の世界』所収）、橋本政良「秦忌寸朝元について」（『続日本紀研究』二〇〇）

秦忌寸都理　はたのいみきとり　松尾社

(京都市西京区嵐山宮町)の創建伝承に関わる人物。川辺腹(腹は血筋を意味する)の秦氏の一族。山背国葛野郡(京都市西部)の在地有力者であったと考えられる。『本朝月令』所引の『秦氏本系帳』によれば、大宝元年(七〇一)に日埼岑(松尾大社背後の松尾山山頂)から筑紫胸形(福岡県宗像郡)の中部大神を松尾に勧請したという。以後、松尾社の神祇職に秦氏は深く関係していくことになる。

秦大津父　はたのおおつち　山背国紀伊郡深草里(京都市伏見区)の人。『日本書紀』欽明即位前条によれば、欽明天皇は幼時夢をみて、大津父を寵愛すれば壮大に及んで天下をとるであろうと告げられた。欽明は使を遣わして大津父を探し求めて近侍者とし、践祚するに当り大蔵の官に任命したという。欽明元年(五四〇)八月、秦人・漢人(あやひと)らの投化者を召し集め、国郡に安置し戸籍に編貫し、七千五十三戸の秦人を大津父に統制させ、大津父を秦伴造とした。

秦公伊侶具　はたのきみいろぐ　秦中家(はたのなかつや)忌寸らの祖。名を伊呂具にも作る。『延喜式』神名帳の頭注所引の『山城国風土記』逸文にみえる伏見稲荷神社(京都市伏見区)の社名起源譚によれば、伊侶具は稲を積んで富裕であったが、餅を弓の的としたところ、餅が白鳥となって飛翔し、山の峯で稲と化したので伏見稲荷の社名としたとある。また『河海抄』二所引の『山城国風土記』逸文によれば、伊呂具の的の餅が鳥となって飛び去ったところの森を鳥部といったという。

秦酒公　はたのさけのきみ　秦氏の伝説上の人物。『日本書紀』に秦造酒、『新撰姓氏録』に秦公酒にも作る。酒公に関する所伝は『古事記』にはみえない。『日本書紀』雄略十二年条に、酒公は雄略天皇に近侍し、雄略が無実の木工闘鶏御田(つげのみた)を処刑しようとした時、琴を弾いて歌い、雄略に誤りを悟らせたとみえる。また同十五年条には、酒公を寵愛した雄略が、分散して豪族に駆使されていた秦の民を集めて酒公に賜わったところ、酒公は百八十種勝(ももあまりやそのすぐり)を率いて、庸・調の絹・縑(かとり。高級絹織物)を奉献してうず高く積んだので禹豆麻佐(うつまさ)、一説に禹豆母利麻佐(うつもりまさ)という姓を賜与されたと記す。この伝承は五世紀後半に機織関係の部が設定され、それらを管理する伴造として秦氏が任命されたことから造作されたとする解釈もあるが、秦氏が機織の伴造であったという所伝はなく、秦と機(はた)とを結びつけて造作されたものとみられている。或いは秦氏の遠隔地交易活動が反映されたものであろうか。「うつまさ」の語義については、秦氏の出身地に由来するとみて朝鮮の于柚村(慶尚北道蔚珍)の意とする説や古代朝鮮語の「ウツ(貴)マサ(勝)」、すなわち族長の意とする説などがある。なお酒公の所伝は『古語拾遺』や『新撰姓氏録』にもみえ、『新撰姓氏録』山城国諸蕃秦忌寸条には、酒は普洞王の男で、雄略朝に大蔵の長官となったという、『日本書紀』よりも一層発展した伝承がみえる。

【参考文献】　関晃『帰化人』、三品彰英『日本書紀朝鮮関係記事考証』上、佐伯有清『新撰姓氏録の研究』考証篇四、平野邦雄「秦氏の研究㈡」(『史学雑誌』七〇ー四)

秦宿禰都岐麻呂　はたのすくねつきまろ　九世紀初めの官人。姓は初め忌寸、延暦十五年(七九六)七月から大同元年(八〇六)二月までの間に宿禰を賜わる。延暦十五年七月、外従五位下として平安京造営の少工となり、大同元年三月、桓武天皇の葬儀の作方相司となる。同三年十一月、外従五位上、弘仁元年(八一〇)外正五位下から従五位下に叙せられた。この間、造西寺の次官となっており、同二年四月には伯耆権介を兼帯している。

秦継麿　はたのつぐまろ　近江国坂田郡大原郷(滋賀県坂田郡山東町西半部)戸主。弘仁十年(八一九)二月から承和三年(八三六)三月にかけての大原郷売券に現われ、継麿の活動から房戸的家族による墾田経営の実態をうかがい知ることができる点で貴重な人物である。それらの売券によると、大原一条二里には秦継麿とその妻秦美佐米、その子有伍倍とその妻中嶋連小成咩らによる同居同財的な経営体が存在していたらしい。逆に売券から知られる戸籍上の戸の関係、すなわち有伍倍とその戸主秦浄継、或いは建部(たけるべ)縄公とその戸主秦継麿とは、実態とは異なり、別財と考えられることも知られている。

秦永成　はたのながなり　九世紀中頃の下級官人。「山城国葛野郡班田図」大井里(京都市西京区嵐山山田町)の記載に「高田郷戸主秦忌寸永成」とみえるのは同一人物の可能性が高い。永成は斉衡二年(八五五)閏四月の高田郷(京都市右京区嵯峨野高田町)の家地相博券文に中納言正三位民部卿安倍朝臣(安仁)家知事とみえる。この時、中宮少属秦永岑と家地を交換しているが、こうした下級官人達の一族がこの付近で営田活動を行なっていたらしい。この地はのちの桂大納言源朝臣経信家領の源流になるものである。なお先の相博券文によれば、永成の家地の中には酒屋があったことが知られるが、これによって酒造業を兼業していた可能性も指摘されている。

【参考文献】　畑井弘『律令・荘園体制と農民の研究』、岸俊男『日本古代籍帳の研究』

秦春貞　はたのはるさだ　九世紀後半の備前国上道郡(岡山市東部)の人。白丁。『日本三代実録』仁和元年(八八五)十二月二十三日条によると、同郡の人で同じ白丁の山吉直と二人で、讃岐国鵜足郡(香川県綾歌郡西半と丸亀市・坂出市の一部)の人宗我部秀直・建部(たけるべ)秋雄らを闘殺したため、備前国の権守源朝臣加(くわう)の断罪をうけ、吉直が首謀者とみなされ絞刑に処せられたのに対し、春貞は従犯とみなされ、徒三年の刑に処せられたという。

秦毗登浄足　はたのひときよたり　八世紀の越中目。天平神護二年(七六六)三月、伊予国の人従七位下浄足ら十一人は、父の氏姓である阿倍小殿朝臣へ改めることを許された。その奏言によれば、浄足らの父祖大山上安倍小殿小鎌は、孝徳朝に朱砂採取のために伊予国に派遣され、その地の秦首の女を娶って伊予麻呂を生んだが、伊予麻呂は、母の氏姓秦毗登(秦首)を名乗ったので、その後裔である自分たちは父の氏姓に改めたいというのである。浄足らは阿倍小殿朝臣を称することにより、在地に重きを加えようとしたものとみられる。また、この上奏により、伊予の秦氏が朱砂の採取に従事していたことがうかがわれる。翌三年五月、正七位下・越中目。同年(八月に神護景雲と改元)十一月、正七位上、時に調使とみえる。

【参考文献】　加藤謙吉「複姓成立に関する一考察」(『続日本紀研究』一六八)、同「ミブ・ニフ二題—六・七世紀に於ける秦氏の職掌について」(『続日本紀研究』一八二)

秦造河勝　はたのみやつこかわかつ　六世紀末—七世紀前半の秦氏の族長。厩戸皇子(聖徳太子)の側近。名を川勝にも作り、葛野(かどの)秦造河勝・川勝秦公とも記す。『日本書紀』によれば、推古十一年(六〇三)厩戸皇子所有の仏像を授かり、これを安置するため蜂岡寺(広隆寺。現在の寺地は京都市右京区太秦蜂岡町)を造立したという。ただ『朝野群載』所引の承和五年(八三八)の『広隆寺縁起』には、推古十一年に仏像を受け、推古天皇の壬午の歳(推古三十年)に厩戸皇子のために広隆寺を建立したとあり、『広隆寺資財交替実録帳』にも同年建立と記すから、河勝の広隆寺造営は推古三十年頃とすべきであろう。推古十八年の新羅・任那の使人入京の際には、土師連菟とともに新羅使の導者となり、使者を南門から小墾田宮(奈良県高市郡明日香村豊浦・雷付近)の庭中に引率した。皇極三年(六四四)には、東国不尽河(富士川)の辺の人大生部多(おおふべのおお)が、虫を祭り、これを常世の神と称し、村々の巫覡も常世神を祭ることを勧め、都鄙の人々がこぞってこれを信仰したため、河勝は民の惑わされるのを憎んで大生部多を討ち取ったとある。この事件は常世神信仰の実態を我が国固有の信仰とみるか、中国民間道教の系譜をひく信仰とみるかで、これを抑圧した河勝の宗教的立場についても種々の解釈が可能となるが、政治的には政情不安を背景に、反蘇我的・反中央的な気運のなかで起こった東国地方の騒擾を、河勝が中央勢力を代表して鎮圧したことを意味しよう。『日本書紀』同年条に掲げる歌謡に河勝のことを「太秦（うずまさ）」（禹都麻佐）と記すが、これは秦氏の族長を指す称号とみられ、山背秦氏の本拠地は河勝の頃に深草地方（京都市伏見区）から葛野地方（京都市西部）に移り、やがて族長の居住地をも「太秦」（京都市右京区太秦）と称するにいたったらしい。『上宮聖徳太子伝補闕記』には、河勝が用明二年（五八七）の物部弓削守屋大連征討戦に「軍政人」として廐戸皇子を守護し従軍して、廐戸の矢を受けて倒れた守屋の首を斬ったと伝え、『聖徳太子伝暦』には「軍允」と記している。これらの所伝は河勝が廐戸皇子の側近であり、その率いる軍隊が時に廐戸の私兵的役割を果たした事実を示唆するものであろう。広隆寺の縁起についても上記二書は、廐戸皇子が山代楓野（葛野）にいたり、蜂岳の下に設けた宮を河勝に賜わり寺としたとするなど異伝を多く掲げている。冠位は、『上宮聖徳太子伝補闕記』に冠位十二階制定の際に大仁、次いで小徳に叙せられたとし、『聖徳太子伝暦』にも小徳とするが、『広隆寺縁起』『広隆寺資財交替実録帳』には大花上（大化五年（六四九）制定）とある。

【参考文献】今井啓一『秦河勝』、下出積与『日本古代の神祇と道教』、佐伯有清『新撰姓氏録の研究』考証篇五、向井芳彦「広隆寺草創考」（『史迹と美術』二二九〜二三二）、平野邦雄「秦氏の研究」（『史学雑誌』七〇ー三・四）、和田萃「山背秦氏の一考察」（京都大学考古学研究会編『嵯峨野の古墳時代』所収）

秦下嶋麻呂　はたのしものしままろ　―七四七　造宮省の官人。『続日本紀』によれば、天平十四年（七四二）八月、恭仁宮（くにのみや）の大宮垣をつくった功により正八位下から一躍従四位下に叙せられ、太秦（うずまさ）公の氏姓ならびに銭一百貫、絁（あしぎぬ）一百疋、布二百端、綿二百屯を賜わる。時に造宮録。同十七年五月、造宮輔従四位下。この頃、伊美吉（忌寸）に改姓したが、『続日本紀』や『正倉院文書』には改姓前後の嶋麻呂の氏姓を秦公・秦伊美吉（忌寸）に作る。同十九年三月、長門守に任ぜられ、同年六月、卒した。時に長門守従四位下。『尊卑分脈』『公卿補任』に、女は藤原朝臣葛野麻呂の母とある。

秦人氏　はたひとうじ　中国系を称する朝鮮からの渡来氏族。『新撰姓氏録』右京諸蕃上に太秦（うずまさ）公宿禰と同祖で、秦公酒の後裔、また摂津・河内国諸蕃に秦忌寸と同祖で弓月王の後裔とあり、いずれも秦氏の同族としている。しかし、秦人の氏名は、もと秦氏に従属していたことに由来し、「人」が姓に類する政治的地位・身分を示す称号とされることから秦人部・秦部を直接管理する小豪族であったとみられている。『古事記』仁徳段に、秦人を使役して茨田（まんた）堤（大阪府枚方市から大阪市旭区にいたる淀川左岸に比定する説や寝屋川市から門真市にいたる古川右岸とする説があるが未詳）と茨田三宅（大阪府交野市から四條畷市西部にかけての一帯か）とを作らせたとみえ、また、『日本書紀』欽明元年（五四〇）八月条には、秦人を国郡に安置して戸籍に編貫し、秦人の戸数は七千五十三戸であったとある。そして大蔵掾（秦大津父をさすか）を秦伴造としたとある。この秦人は、秦氏の率いる人々、秦の民の意で、小豪族としての秦人のみならず、秦人部・秦部までを含む称呼であろう。秦人氏の分布は上野国多胡郡、美濃国加毛郡・本簀郡・肩県郡・各務郡、若狭国遠敷郡、近江国愛智郡、山背国愛宕郡、摂津国西成郡、河内国、紀伊国安諦郡、播磨国賀茂郡、周防国玖珂郡、丹波国船井郡、阿波国板野郡など広範にわたる。そのほか、秦人氏には広幡を氏名に加えた複姓氏族秦人広幡氏が山背国愛宕郡の地に居住していた。

【参考文献】関晃『帰化人』、佐伯有清『新撰姓氏録の研究』考証篇五、平野邦雄「秦氏の研究」（『史学雑誌』七〇ー三・四）

爪工氏　はだくみうじ　伴造氏族。翳（さしば。貴人の背後からさしかける長柄の団扇状の儀器）の製作に当った爪工部を管掌した。姓は初め連、天武十三年（六八四）十二月、宿禰を賜わる。『新撰姓氏録』には、神魂(かみむすび)命の子多久都玉命の三世孫天仁木命の後裔で、雄略朝に紫の蓋、爪を造り御座を飾ったことから爪工連の氏姓を賜わったとある。京内のほか和泉・尾張・伊勢の諸国に連姓の者がおり、ほかに造姓の氏族があった。爪工部は遠江・美濃・信濃国に分布がみられる。【参考文献】佐伯有清『新撰姓氏録の研究』考証篇三・四

甚目氏　はためうじ　尾張国海部郡(愛知県海部郡・津島市と名古屋市中川区の一帯)を本貫とする地方氏族。姓は連。貞観六年(八六四)八月、同族十六人が高尾張宿禰の氏姓を賜わり、元慶元年(八七七)十二月、本貫を山城国に移した。尾張氏と同じく火明(ほのあかり)命の後裔と称する。

蜂田氏　はちだうじ　和泉国大鳥郡蜂田郷(大阪府堺市八田寺町付近)を本拠とする氏族。姓は初め首、のちに連となったと思われる。『新撰姓氏録』では中臣氏と同祖とするが、「蜂田薬師(くすし)」を称する一族が渡来系であるので、同氏も本来渡来系氏族であったとする説もある。僧行基の母系氏族である。【参考文献】井上薫『行基』(『人物叢書』)、佐伯有清『新撰姓氏録の研究』考証篇四・六、吉田靖雄『行基と律令国家』

泥部　はつかしべ　土作りに関わった部民。埿部・泊橿部にも作る。令制下では宮内省所管の官司に土工司があり、職員令に、「正一人。(土作、瓦埿(かわら)を営(つ)くり、并せて石灰を焼く等の事を掌る)」とあり、「泥部廿人。使部十人。直丁一人。泥戸」とあって、泥戸(品部)とその伴部の泥戸の属していたことが知られる。『新撰姓氏録』山城国神別に西埿部がみえ、伴造氏族としては、『日本書紀』天武十二年(六八三)九月条に連姓を賜わった泥部造や羽束造などが知られる。

泊瀬仲王　はっせのなかつみこ　聖徳太子の王子山背大兄王の異母弟。泊瀬王・長谷王・己乃斯重王・長谷部王・近代王にも作る。『上宮聖徳法王帝説』『上宮記』によれば母は膳部臣加多夫古(傾子。かしわでのおみかたぶこ)の女菩岐々美郎女(ほききみのいらつめ)。『日本書紀』舒明即位前条にみえる田村皇子(のちの舒明天皇)と山背大兄王の間で生起した皇位をめぐる紛争において、山背大兄派に加担している。中臣連・河辺臣などとはかり、三国王・桜井臣和慈古を通じて、蘇我臣蝦夷に田村皇子擁立を再考するよう働きかけるが拒否され、その後、山背大兄派の中心人物、境部臣摩理勢が仲王の宮に滞在、蝦夷が大いに怒って、山背大兄王を通じて、退去を通告したため、摩理勢は家に戻り、間もなく蝦夷により滅ぼされてしまう。仲王もたちまち病を得て薨じたとみえる。王の死には、不審な点が多く、摩理勢と同じ頃、蝦夷により暗殺された可能性が大きい。

長谷部　はっせべ　雄略天皇の名代部。泊瀬部にも作る。『古事記』雄略段に、長谷部舎人を定めるとある。雄略天皇の名である大長谷若建命か、その宮居長谷朝倉宮に因むものとみられる。長谷部の分布は、伊勢・尾張・美濃・下総など東国に著しく、『新撰姓氏録』大和国神別にみえる長谷部造は、その中央における管掌者であろう。他に首・公姓の長谷部氏がある。欽明天皇の皇子泊瀬部皇子(のちの崇峻天皇)、天武天皇の皇女泊瀬部皇女のように、皇子女の名にみえる点も注目される。

服部氏　はとりべうじ　機織(はたおり)を職とする服部の伴造氏族。姓は連。『新撰姓氏録』摂津国神別の服部連条に、允恭天皇の世に織部司に任ぜられ、諸国の織部を総領したので、服部連と号したとする伝承がある。服部氏は大和・山背・摂津・和泉・播磨・近江国など、主として畿内とその近国に居住し、服部は武蔵・安房・美濃・越前・佐渡・因幡・隠岐・備中・阿波国に分布する。天武十二年(六八三)九月に連の姓を賜わった殿服部造氏、同十三年十二月に宿禰に改姓した神服部連氏があるが、同族ではなさそうである。

祝部氏　はふりべうじ　祭祀氏族の一つ。祝部の氏名は神に仕える祝部の職掌名に由来する。『新撰姓氏録』によると、建角身(たけつのみ)命の後裔と呉(くれ)国の人田利須々

(たりすす)の後裔の二系があった。前者は山城国愛宕郡の賀茂神社(京都市北区上賀茂本山の上賀茂社)の祝部であるが、後者は大和国高市郡の呉津孫(くれつひこ)神社(奈良県高市郡明日香村栗原)の祝部であったことによるものか。

林氏　はやしうじ　㈠百済人の木貴公(もくきこう)を祖とする百済系渡来氏族。姓は連。平安左京に住んでいた。大石林氏(無姓)および㈡・㈢とは同族。㈡木貴公を祖とする百済系渡来氏族。無姓。平安右京に住んでいた。㈢木貴公を祖とする百済系渡来氏族。姓は史。摂津国に住んでいた。㈣百済の直支(とき)王を祖とする百済系渡来氏族。姓は連。河内国に住んでいた。㈤武内宿禰の子波多八代宿禰の後裔氏族の一つ。姓は初め臣、天武十三年(六八四)八色の姓制定に際し、朝臣を賜わった。平安左京に住んでいた。㈥武内宿禰の後裔氏族の一つ。姓は初め臣、延暦六年(七八七)六月に朝臣を賜わる。河内国志紀郡(大阪府藤井寺市・柏原市・八尾市の各一部)に住んでいた。㈤の支族であろう。㈦大伴宿禰と同祖。大伴連室屋の子御物(みもの)宿禰の後裔氏族。姓は初め連であったが、神護景雲三年(七六九)二月、宿禰を賜わった。同氏は河内国に住んでいた。なお、同族に承和二年(八三五)十月に伴宿禰を賜わった林連氏がいる。以上㈠～㈦の林の氏名は、いずれも河内国志紀郡拝志(はやし)郷(藤井寺市林付近)の地名によるものと思われる。

林連浦海　はやしのむらじうらうみ　八世紀後半の官人。延暦四年(七八五)六月、皇后宮職の少属、正六位上であった時、皇后宮に瑞鳥である赤雀が現われたのを賀して、外従五位下を授けられ、同年八月、大属に昇進。同五年正月、民部省に転じて主計助となった。同七年二月、安芸国の介を拝命。同八年十二月には皇太后高野朝臣新笠の喪に当り養民司に、翌九年閏三月の皇后藤原朝臣乙牟漏の喪でも養民司にそれぞれ任ぜられている。

隼総別皇子　はやぶさわけのみこ　応神天皇の皇子。隼別皇子・速総別王にも作る。母は応神の妃で桜井田部連男鉏の妹糸媛とある。『日本書紀』によれば仁徳四十年二月、仁徳天皇は雌鳥皇女を妃にしようと隼別皇子を媒としたが、皇子は密かにみずから娶って復命しなかった。仁徳は雌鳥皇女の殿に行き、織女達の歌で皇子と密かに婚(たわ)けることを知って恨んだが、皇后をはばかって罪しなかった。ある日、皇子の問いに皇女が、鷦鷯(さざき。仁徳)より隼(皇子)が捷いと答えたのを聞きおよんだ仁徳は、また恨んだ。その時、皇子の舎人達が、隼が鷦鷯を取ると歌うのを聞き、仁徳は皇子を殺そうと決意した。皇子は雌鳥皇女をつれ伊勢神宮へ参ろうとしたが、仁徳は皇子が逃走したことを聞き、吉備品遅部雄鯽(きびのほんちべのおふな)と播磨の佐伯直阿俄能古(あがのこ)を遣わした。雄鯽は伊勢蔣代(こもしろ)野(比定地未詳)で二人を殺し、盧杵(いおき)河の辺(雲出川中流域の三重県一志郡白山町北家城・南家城付近)に埋め復命したという。『古事記』は、応神が桜井田部連の祖嶋垂根の女糸井比売を娶い生まれたとし、仁徳段は、仁徳が速総別王を媒として庶妹女鳥王女を乞うたが、女鳥王女が大后の嫉妬を恐れて皇子の妻になったとする。

治田氏　はりたうじ　彦坐(ひこいます)王の後裔氏族。姓は連。『新撰姓氏録』左京皇別下に開化天皇の皇子彦坐命の四世孫彦命が、近江国浅井郡(滋賀県東浅井郡と伊香郡西浅井町、および坂田郡伊吹町の一部)の地を賜わり、墾田とし、子孫がその地を開墾して居地となしたことがみえ、そののち熊田らが行なうわざによって治田連の氏姓を賜わったとある。開墾して墾田としたことによる氏名とも、浅井郡の地名に基づく氏名とも考えられる。

【参考文献】　佐伯有清『新撰姓氏録の研究』考証篇二

播磨氏　はりまうじ　播磨地方の豪族。針間にも作る。『新撰姓氏録』左京皇別下の佐伯直の条に、景行天皇の皇子稲背入彦命の子御諸別(みもろわけ)命が針間国を中分して賜わり、針間別と号したとある。この「別」は、地名を氏名とする地方豪族の称号。『先代旧事本紀』国造本紀には稲背入彦命の孫伊許自別命が国造になったとあり、国造の姓をもつ。また直の姓も同族である。のちに播磨直氏は宿禰の姓を賜わったようで、平安時代に宿禰姓をもつ人名がみえる。

【参考文献】佐伯有清「日本古代の別(和気)とその実態」(『日本古代の政治と社会』所収)

春氏　はるうじ　嵯峨天皇の後裔。元慶五年(八八一)六月、嵯峨の皇子故源朝臣信(まこと)の子尋(たずぬ)に春朝臣の氏姓を賜わった。尋は「天資朱愚」のため父により廃され、系譜から削除されていた。父薨後、兄弟の平(たいら)・恭(つつしむ)・保らの申請により、尋に春朝臣の氏姓を賜わったものである。

春枝王　はるえおう　七九八―八五六　九世紀前半の王族。高市皇子の四世孫従五位下仲嗣王の第八男。左京の人。幼少の頃、嵯峨天皇に仕え、承和(八三四―八四八)の初め越後介として政績をあげ、同十年正月、嵯峨上皇の諒闇に当って、治国の人として特に従五位下・能登守に叙任された。在任中の三年間に、荒廃した国内を復興、また定額大興寺(寺跡は石川県七尾市国分町にある)を国分寺とし、安居講を起こした。そののち中務少輔・正親正を歴任、仁寿四年(八五四)正月、従五位上、斉衡二年(八五五)下総守となったが、病中により赴任せず、翌三年九月十三日、卒した。時に五十九歳。なお子岑正王らは承和十年に高階真人の氏姓を賜わっている。

春澄朝臣善縄　はるずみのあそんよしただ　七九七―八七〇　九世紀の学者。『続日本後紀』撰修者の一人。字は名達。氏姓は初め猪名部造で、伊勢国員弁郡(三重県員弁郡全域と桑名市の一部)出身。祖父の財麿は員弁郡少領、父の豊雄は周防国大目であった。幼少より聡明で、骨格は常ならず、祖父は奇童であることを認め、意を加えて養育し、孫のために産を傾けて惜しむところはなかった。弱冠にして、群籍を耽読し、博覧強記で、時の好学の徒も、善縄の学問には及ばなかったという。天長元年(八二四)奉試に及第し、俊士に補せられ、同四年、大初位下で常陸少目となり、秩俸を研精の資に充てた。同五年、兄弟姉妹五人とともに、猪名部造の氏姓を改め、春澄宿禰を賜わり、俊士の号を停めて文章得業生に補せられた。同七年、対策に丙第で及第し、同年六月に少内記となった。同九年に従五位下、同十年三月までに大内記に進み、東宮学士を兼ね、承和九年(八四二)正月に従五位上、同年七月、嵯峨太上天皇崩後、承和の変により皇太子恒貞親王が廃されると、東宮学士から周防権守に左遷された。同十年二月、文章博士にうつり、同十五年正月に正五位下、嘉祥三年(八五〇)四月に従四位下、仁寿元年(八五一)四月、出居侍従、同三年十月、宿禰の姓を改めて朝臣を賜わり、同四年九月に刑部大輔、天安二年(八五八)正月に従四位上、貞観二年(八六〇)正月、参議を拝し、同三年正月、式部大輔を兼ね、同四年正月に正四位下、同七年六月、臨時に右相撲司となり、同十二年二月七日、病篤きをもって従三位が与えられたが、十九日、七十四歳で左京の自邸に薨じた。この間、常陸少目を始めとして、播磨少目・摂津介・但馬介・周防権守・備中介・備中守・但馬守・伊予守・右京大夫・播磨権守・近江守などの外官をも歴任している。また、承和十四年(八四七)五月、仁明天皇に『漢書』を、仁寿元年(八五一)四月、文徳天皇に『文選』を講じ、斉衡元年(八五四)には重陽節に文人らが奉った詩を評するなど、当代一流の学者であったことが知られる。特に、斉衡二年から貞観十一年にかけては詔を承けて『続日本後紀』二十巻の編集を担当しており、その序文には「参議正四位下行式部大輔臣春澄朝臣善縄」とみえる。薨伝によれば、性質は周慎謹朴で、己を誇らず、当時学者が互いに門戸を張り、人を謗ることを常としたのに、善縄はそれに加わらず、人から悪く言われることはなく、年老いても聡明さは少しも衰えず、文章はますますその美しさを加えた。ただし、その家風を継ぐ子はいなかったとある。

【参考文献】坂本太郎『六国史』

春原氏　はるはらうじ　㈠臣籍に降下した

皇族賜氏姓の一つ。姓は朝臣、または真人。天智天皇の皇子施基皇子の子孫の五百枝王が、大同元年(八〇六)五月、上表して春原朝臣の氏姓を賜わった。これ以前、永世王・末継王が延暦二十四年(八〇五)二月、春原真人の氏姓を賜わり、のち弘仁十四年(八二三)までに朝臣姓に改められている。『新撰姓氏録』左京皇別は、天智の皇子河島王の末と伝える。(二)姓は連。高宮村主田使・同真木山らが延暦三年(七八四)七月、春原連の氏姓を賜わるが、翌年三月、高村忌寸に改められている。

【参考文献】佐伯有清『新撰姓氏録の研究』考証篇一

班子女王　はんしじょおう　八三三(八五三)—九〇〇　光孝天皇の女御。桓武天皇の皇子仲野親王の女。母は贈正一位当宗(まさむね)氏。時康親王の妃で、従四位下であったが、元慶八年(八八四)時康親王が即位(光孝天皇)するとすぐに従三位に進んで、さらに女御となった。また仁和三年(八八七)正月、従二位となり、子の定省親王が同年十一月に即位(宇多天皇)すると同時に皇太夫人となった。寛平九年(八九七)七月には皇太后となり、洞院太后と称せられた。同八年三月二日付「太政官符」によると、班子女王の発願によって山城国葛野郡に浄福寺(京都市上京区笹屋町二丁目)が建立され、年分度者二人が置かれて定額寺に列せられ、延喜七年(九〇七)五月二日付「太政官符」には、浄福寺は班子女王の御願で、定額僧四口、聴衆立義各一人が置かれたとある。『世継物語』には、みずから市に出て買物をしたという逸話も伝えられている。宇多のほか是忠親王・是貞親王・忠子内親王・簡子内親王・綏子内親王・為子内親王・源朝臣元長の母である。昌泰三年(九〇〇)四月一日、崩じた。『日本紀略』には時に四十八歳とするが、『伏見宮御記録』は寛平四年に班子女王が六十歳であったと記すから、その崩年は六十八歳とするのが妥当か。墓所は山城国葛野郡の頭陀寺(京都市右京区の福王子神社付近にあった寺)の付近。

【参考文献】山岸徳平「清少納言と班子女王」(『国語と国文学』六ー一〇)

反正天皇　はんぜいてんのう　仁徳天皇の皇子。『日本書紀』では多遅比瑞歯別(たじひのみずはわけ)、『古事記』では蝮之水歯別(たじひのみずはわけ)命と記す。母は葛城襲津彦(かずらきのそつひこ)の女磐之媛命。同母兄弟に履中天皇・住吉仲皇子・允恭天皇がある。后妃に大宅臣の祖木事の女津野媛(『古事記』は丸邇(わに)許碁登臣の女都怒郎女とする)、その妹の弟媛(『古事記』は弟比売)があり、四人の皇子女があった。王名中の「たじひ」は河内国丹比郡(大阪府松原市・大阪狭山市・南河内郡美原町の全域と羽曳野市・堺市・大阪市の一部にわたる地域)の地名、「みずは」は歯並びの特徴に基づく名とみられるが、「は」は刃の意で王権と関わる名とする説もあり、本来の意味は未詳。『日本書紀』反正即位前条に淡路宮(所在未詳)に生まれたとある。また、仁徳崩後の去来穂別(いざほわけ。のちの履中天皇)と住吉仲皇子との皇位継承紛争に際し、反正天皇は仲皇子の近習の隼人刺領巾(さしひれ。『古事記』は曾波訶理)を欺き仲皇子を刺殺せしめ、去来穂別に忠誠を示したという。『記』『紀』ともに反正の治世に関わる「旧辞」はなく、反正の活躍は兄の履中の即位にいたる物語に含まれている。反正は即位後、丹比柴籬宮(『古事記』に多治比之柴垣宮)に宮居したと伝えるが、その所在地については、大阪府羽曳野市丹比付近、松原市上田町付近とする説などがある。なお、『宋書』にみえる倭王珍を、「みずは」の「みず」は瑞に通じ、珍と表義同一であるとして、反正に比定する説が有力である。これに従えば、珍の遣使した四三八年前後には実在したことになる。また近年まで熊本県の江田船山古墳(玉名郡菊水町江田)出土大刀銘の「治天下獲□□□鹵大王世」は、「治天下獲宮弥都鹵大王」と判読され、反正に比定されていたが、埼玉県稲荷山古墳(行田市埼玉)出土鉄剣銘の発見により「獲加多支鹵大王」と読み直され、雄略天皇とする見解が有力である。陵墓は『日本書紀』允恭五年条に耳原陵、『古事記』反正段に「毛受野(もずの)に在り」とみえ、『延喜式』諸陵寮式に「百舌耳鳥原北陵〈和泉国大鳥郡に在り。兆域東西三町、南北二町。陵戸五烟〉」と記されている。現在、堺市三国ヶ丘町の田出井山古墳(前方後円墳、全長一四八メートル)が反正陵に比定されているが、これを疑問視し、土師ニサンザイ古墳(大阪府堺市百舌鳥西之町)や大山古墳(現在の仁徳陵。堺市大仙町)を反正陵に比定する説がある。

【参考文献】　笠井倭人『研究史　倭の五王』、川口勝康「瑞刃刀と大王号の成立」(井上光貞博士還暦記念会編『古代史論叢』上所収)

ひ

氷氏　ひうじ　河内国を本拠とする物部氏の同族の一つ。姓は初め連、天武十三年(六八四)八色の姓制定に際し宿禰を賜わる。物部大前(おおまえ)宿禰の後裔と伝え、供御の氷と氷室のことを掌った。

氷連老人　ひのむらじおきな　七世紀後半の入唐留学生。名を老にも作る。真玉の子。白雉四年(六五三)五月、遣唐使吉士長丹(きしのながに)に従って留学し、翌年、帰国。斉明七年(六六一)百済救援軍に加わったが、唐軍に捕えられた。天智三年(六六四)におよび、土師連富杼(ほど)・筑紫君薩夜麻・弓削連元宝の児とともに唐人の計画を告げに帰国しようとしたが衣粮に窮して果たせず、大伴部博麻(はかま)が身を売った代金でようやく日本にたどりついたという。

肥氏　ひうじ　神八井耳(かんやいみみ)命の後裔氏族の一つ。氏名を火にも作る。姓は君および直で、肥君氏が一族の本宗に当る。崇神朝に、のちの肥後国益城(ましき)郡朝来名(あさくな)峰(熊本県上益城郡益城町福原の朝来山とされる)の土蜘蛛を勅命をうけて誅滅した健緒組(たけおくみ)が、火君の氏姓を賜わって肥氏の始祖となったとする伝承が存する。筑紫火君(某)なる人名や大宝二年(七〇二)の「筑前国嶋郡川辺里(福岡県糸島郡志摩町馬場付近か)戸籍」の記載などから、筑紫地方にも勢力を伸張した九州の雄族であったことが知られるが、その本拠地は肥後国八代郡肥伊郷(熊本県八代郡鏡町・宮原町・竜北町・東陽村一帯)と推定されている。大和の多(太。おお)氏と系譜上、同祖関係にある。

肥君猪手　ひのきみいて　八世紀初めの筑前国嶋郡の大領。大宝二年(七〇二)「筑前国嶋郡川辺里(福岡県糸島郡志摩町馬場付近か)戸籍」に「戸主追正八位上勲十等肥君猪手、年伍拾参歳」とみえる。その戸は現在三断簡に分かれて記されているが、北山茂夫の復原によれば、庶母宅蘇吉志須弥豆売や四人の妻妾とその子、兄弟や従父兄弟とその妻子など、百二十四名の戸口からなっており、このなかには寄口十四名、奴婢三十七名が含まれている。このような多数の戸口を含む戸は古代の籍帳中においてはきわめて稀であるといえるが、猪手の戸は戸口数の多さという点だけではなく、いくつかの注目すべき特徴をもっている。たとえば数多い奴婢のうち八名が戸主母奴婢となっているが、これは『大宝令』戸令応分条の「妻家所得奴婢」に当るものと考えられている。また戸主奴婢と戸主私奴婢とが区別して記されており、前者を同じく応分条の氏賤にあてる説もある。一方、百以上の戸口を抱え正丁数も十三(有位者である戸主を除く)を数えるにもかかわらず、兵士を一人しか出していない点も、造籍を通じた編戸に対する郡司の関わり方を考える上で見逃せない特徴の一つであろう。肥君猪手の戸にみえるこのような特徴は、大宝二年「御野国肩県郡肩々里戸籍」(肩(方)県郡肩々里は岐阜市城田寺・長良福光付近)の国造大庭の戸にも共通してみられるものであり、郡司ないしは郡司になりうるような階層(国造大庭の子小万はのちに方県郡少領となっている)の性格を明らかにしていくための貴重な史料といえる。

【参考文献】　門脇禎二『日本古代共同体の研究』、北山茂夫「大宝二年筑前国戸籍残簡について」(『奈良朝の政治と民衆』所収)

薭田親王　ひえだしんのう　七五一―七八一　光仁天皇の第三皇子。母は尾張女王。葛野王・高橋王らの父。宝亀六年(七七五)二月、無位から四品に、天応元年(七八一)四月、三品となる。同年十二月十七日、三十一歳で薨じた。桓武天皇は壱志濃王らを遣わして葬事を監護せしめた。

稗田阿礼　ひえだのあれ　七世紀後半の舎人。『古事記』序にしか登場しない。その序文によれば、天武天皇が諸家の保持している「帝紀」や「本辞」(皇室の系譜やさまざまな神話・伝承)が多くの誤りを含んでいることを嘆き、正しい所伝を定めようとしていた時、聡明な舎人の阿礼に注目した。時に二十八歳であったという。阿礼は難解な文字が読め、記憶力が優れていたことが強調されている。よって天武は阿礼に勅語して「帝皇日継」「先代旧辞」を「誦み習」わした。しかし、正しい所伝を定める作業はその時には行なわなかった。その後、和銅四年(七一一)九月にいたって、元明天皇は太(おお)朝臣安万侶に詔して、阿礼の誦む「勅語旧辞」を撰録することを命じ、その作業は翌年正月に完了して『古事記』三巻が献上された。以上のような『古事記』の成立過程において、阿礼が具体的にいかなる役割を果たしたかについては、序文の読み方や『古事記』の内容にも深く関わることであって、明解に断じ難いが、天武朝に阿礼が暗記したものが和銅期に筆録され、文字化されたという基本的な流れは崩れないであろう。阿礼はその抜群の記憶力を買われて、数多い舎人の中から起用されたもので、独自の所伝を持っていたとか、諸説を検討して正説を定めるといった主体的な作業を行なったのではなかろう。和銅当時生存していながら、上表文の末尾に名を連ねなかったのは、出自が低いことが関係するのであろう。稗田氏は『西宮記』裏書や『弘仁私記』序などの記載によって、天鈿女(あめのうずめ)命を祖とする猿女君(公)氏の一族であることが知られる。現在の奈良県大和郡山市稗田町付近を本拠としたか。なお、阿礼を女性であるとする説もあるが、『古事記』序に「舎人」とあることから、男性と解するのが自然であろう。

氷上氏　ひがみうじ　塩焼王とその一族。塩焼王は天武天皇の孫。新田部親王の皇子で天平勝宝九歳(七五七)の橘朝臣奈良麻呂の乱に直接くみすることはなかったが、事に坐した廃太子道祖(ふなど)王の兄としての罪は遠流に相当した。しかし功労のあった新田部親王の一門が絶えるにしのびないとして赦され、天平宝字二年(七五八)八月、氷上真人の氏姓を賜わった。塩焼王は藤原朝臣仲麻呂の乱に坐して斬られ、その子志計志麻呂・川継の二人も、のちそれぞれ皇位継承にからむ事件を起こして配流に処せられたが、川継はのちに赦されて入京した。『新撰姓氏録』には左京皇別として載せられている。

【参考文献】　高島正人「奈良時代の氷上真人氏」(『奈良時代諸氏族の研究』所収)、佐伯有清『新撰姓氏録の研究』考証篇一

氷上志計志麻呂　ひがみのしけしまろ　八世紀後半の賜姓皇族。新田部親王の孫。塩焼王の長子で氷上真人川継の兄。母は聖武天皇の皇女不破内親王。天平宝字八年(七六四)九月、藤原朝臣仲麻呂の乱に坐して塩焼王が

斬られ、その子として縁坐すべきところ、母が皇女であるため罪を赦された。神護景雲三年(七六九)五月、称徳天皇が皇嗣を定めず、僧道鏡を重用することから不破内親王の母方の一族、県犬養宿禰姉女が首謀者となり、志計志麻呂を皇位につける企てをなし、不破内親王のもとで佐保川から拾ってきた髑髏に称徳の髪を盗み入れ、命を縮める厭魅呪詛を三回もなしたという事件が発覚した。厭魅は重罪であったが罪を減ぜられ、姉女は犬部姉女、不破は厨真人厨女と改氏姓させられ配流に処せられた。そして志計志麻呂も縁坐して土佐国へ流された。宝亀二年(七七一)八月、この事件は誣告であったことが判明したとして姉女が赦され、同三年十二月には、不破の属籍が復されたが、志計志麻呂の消息は全く不明、或いは事件後間もなく没したか。

【参考文献】　林陸朗「奈良時代後期宮廷の暗雲—県犬養家の姉妹を中心として—」(『上代政治社会の研究』所収)、中川収「神護景雲三年五月の巫蠱事件」(『日本社会史研究』一五)

氷上真人川継　ひがみのまひとかわつぐ　八世紀末—九世紀初めの賜姓皇族。新田部親王の孫。塩焼王の次子で氷上志計志麻呂の弟。母は聖武天皇の皇女不破内親王。名を河継にも作る。天平宝字八年(七六四)九月、塩焼王が藤原朝臣仲麻呂の乱に坐して斬られ、その子として縁坐すべきところ、母が皇女であったことで罪を赦された。宝亀十年(七七九)正月、無位から従五位下に叙せられ、天応二年(七八二)正月、因幡守に任ぜられたが、一ヵ月後の閏正月十日、謀反の企てが露見した。この夜、川継の資人大和乙人が兵杖を帯びて密かに宮中へ闌入して捕えられ、問いただされて川継の陰謀を白状したため、事の発覚を知って後門から逃走したが、十四日にいたって大和国葛上郡(奈良県御所市)で捕えられた。桓武天皇は詔して、川継逆乱の罪は極刑にあたるが、光仁天皇の諒闇中であるため死一等を減じてその妻法壱とともに伊豆国三嶋(賀茂郡三島郷。比定地は未詳であるが、伊豆諸島にあてる説がある)へ、不破内親王と川継の姉妹を淡路(兵庫県の淡路島)へ配流した。この事件は天武天皇の皇統を正統とする勢力が天智皇統の桓武を否定し、武力で皇統の回復を企てたもので、連坐する者も多く、三十五名にも及んだ。川継の妻の父藤原朝臣浜成も与するものとして参議・侍従を解任、大宰帥から員外帥に貶され、また、参議左大弁大伴宿禰家持も解任されている。延暦十五年(七九六)十二月、流人川継の課役は勅免され、同二十四年三月、桓武不予に伴う恩赦により、その罪を赦された。同二十五年三月、桓武崩御の前日、従五位下に復し、大同四年(八〇九)二月、典薬頭、弘仁三年(八一二)正月、伊豆守に任ぜられたが、以後の消息は明らかでない。

【参考文献】　林陸朗「奈良時代後期宮廷の暗雲—県犬養家の姉妹を中心として—」(『上代政治社会の研究』所収)、阿部猛「天応二年の氷上川継事件」(『平安前期政治史の研究』所収)、中川収「桓武朝政権の成立(上)」(『日本歴史』二八八)

氷上娘　ひかみのいらつめ　—六八二　天武天皇の夫人。藤原朝臣鎌足の女。但馬皇女を生んだ。天武十一年(六八二)正月十八日、宮中において薨じた。二十七日に赤穂に葬るとあるのは、大和国添上郡の地(『延喜式』神名帳に添上郡赤穂神社がみえ、現在の奈良市高畑町に鎮座)と推定されている。『万葉集』に藤原夫人の歌一首(二〇—四四七九)があり、字(あざな)を氷上大刀自(おおとじ)というとあるので、氷上娘の作歌とわかる。氷上娘の妹五百重娘(いおえのいらつめ)も同じく天武の夫人となっている。

引田朝臣虫麻呂　ひけたのあそんむしまろ　八世紀前半の官人。神亀五年(七二八)二月、従六位下で送渤海客使となり、同年五月に出発、天平二年(七三〇)八月、帰朝した。時に正六位上とみえ、翌九月に渤海郡王からの信物を献じている。同三年正月には外従五位下に昇叙、六月に主殿頭に任ぜられた。次いで同十年閏七月、斎宮長官となり、同十二年十一月には聖武天皇の東国行幸に陪従した功で外従五位上に昇叙、翌十三年十二月、摂津亮に任ぜられた。時に外従五位下とみえるが、外従五位上の誤りか。同十五年六月に土佐守に任ぜられ、同十八年四月には、真人・朝臣姓および門地的な宿禰姓氏は原則として内階に叙するという、内・外階区分基準の変更に関わって、従五位下に入内(にゅうない)している。次いで同年六月に木工頭に任命されたのを最後に、史料上から姿を消している。

引田部赤猪子　ひけたべのあかいこ　五世紀頃の大和国の女性。まだ子どもの頃、雄略天皇が美和河(三輪山付近の初瀬川)に遊行した時、河辺で衣を洗っていた。非常に美しかったので、雄略に名を問われ、嫁がずにいれば宮中に召すといわれ、そのまま八十年を過ごした。ついに黙っていられずに雄略にそのことを述べに参内すると、雄略は忘れていたのであったが、歌を賜わった。

彦五十狭芹彦命　ひこいさせりひこのみこと　孝霊天皇の皇子。母は孝霊の妃倭国香(やまとのくにか)媛、またの名は絙某姉(はえいろね)。『日本書紀』孝霊二年二月条には彦五十狭芹彦命のまたの名を吉備津彦命といい、『古事記』孝霊段には、比古伊佐勢理毗古命のまたの名を大吉備津日子命と伝える。『日本書紀』崇神十年九月条によると、四道将軍の一人として西道に派遣されることとなったが、武埴安彦とその妻吾田媛の謀反に遭遇し、媛とその軍卒を大坂(奈良県北葛城郡香芝町穴虫)で遮り殺したという。同年十月、畿内が平定されたので将軍らは発路し、翌年四月、戎夷を平らげた状を奏したという。『古事記』では孝霊段に派遣伝承がみえ、若日子建吉備津日子命とともに、針間氷河の前(比定地未詳)に忌瓮を据え、針間を道口として吉備国を言向け和したとされる。『続日本紀』天平神護三年(七六七)五月条に、播磨国賀古郡(兵庫県加古郡と加古川・高砂両市)の人馬養造人上は、吉備津彦の苗裔上道(かみつみち)臣息長借鎌の後で、印南野臣の氏姓を賜わったとみえ、また、備中国賀夜郡(岡山県総社市・岡山市の各一部)の名神吉備津彦神社(吉備津神社。岡山市吉備津)が命を祭っていることから、古くは「吉備政権」を構成する諸部族の始祖として崇められていたのであろう。『日本書紀』崇神六十年七月条には武渟河別(たけぬなかわわけ)命とともに出雲振根(いずものふるね)を誅したとあり、吉備と出雲との政治的交流をうかがわせている。

彦坐王命　ひこいますのみこのみこと　開化天皇の皇子。彦坐命・彦今簀命・日子坐王にも作る。『日本書紀』開化六年正月条に、開化天皇は和珥(わに)臣遠祖姥津命の妹姥津媛を妃として、彦坐王を生んだといい、垂仁五年十月条の分注には、垂仁天皇の妃となった丹波五女の父丹波道主(たんばのちぬし)王は、彦坐王の子とある。『古事記』開化段によれば、開化が丸邇(わに)臣の祖日子国意祁都(おけつ)命の妹意祁都比売命を娶って生んだ子であり、日子坐王は、山代之荏名津比売を娶り、大俣王・小俣王・志夫美宿禰王を生み、春日建国勝戸売の女沙本之大闇見戸売を娶り、沙本毘古王・袁邪本王・沙本毘売命・室毘古王を生み、近淡海の御上祝が奉斎する天御影神の女息長水依比売を娶って、丹波比古多多須美知能宇斯王・水之穂真若王・神大根王・水穂五百依比売・御井津比売を生み、王の母の妹袁祁都比売命を娶り、山代之大筒木真若王・比古意須王・伊理泥王を生んだ。日子坐王の子はおよそ十一王であるという。また、崇神段には、旦波国に遣わされ、玖賀耳之御笠を殺したと伝える。以上によっても明らかなように、日子坐王は、春日・沙本・山代・淡海・旦波などの諸豪族を血縁で結ぶ要の位置を占め、古く畿内北辺に形成された広域的政治連合の存在を暗示する。

彦主人王　ひこうしのおおきみ　継体天皇の父。応神天皇四世の孫。『釈日本紀』所引の『上宮記』逸文には汙斯王(うしのおおきみ)とあり、父を平非王(おひのおおきみ)、母を牟義都国造伊自牟良君の女久留比売命と伝える。『日本書紀』継体即位前条によると、王は、越前三国の坂中井(さかない。福井県坂井郡三国町)に住む振媛が端麗優美なるを聞き、近江国高嶋郡三尾(滋賀県高島郡安曇川町三尾里、同郡高島町拝戸・明神崎付近)の別業(なりどころ)から使を遣わして、召し入れて妃とし、継体をもうけたが、継体がまだ幼いうちに王は他界したという。

彦国葺　ひこくにふく　和珥(わに)臣の遠祖。日子国夫玖命・彦訓服命にも作る。崇神十年九月、武埴安彦とその妻吾田媛が謀反を起こしたので、崇神天皇は大彦命と彦国葺とを山背国に派遣し、忌瓮(いわいべ)を和珥武鐰坂(わにのたけすきのさか。奈良県天理市和爾町付近の坂)の上に据え、輪韓河(わからがわ。京都府相楽郡木津町木津付近の木津川)に進んで埴安彦と対陣した。彦国葺は埴安彦に向かい、無道にして王室を傾けようとする者は義兵をあげてこれを討つと言い、ついに埴安彦を誅し、軍衆を追跡して攻め滅ぼしたという。『日本書紀』垂仁二十五年二月条によると、阿倍臣・中臣連・物部連・大伴連の遠祖らとともに、五大夫(まえつきみ)の一人として、神祇祭祀を励行せよとの詔を受けた。『新撰姓氏録』左京皇別下には、孝昭天皇皇子天帯彦国押人命の四世孫で、塩垂津彦命の祖父に当り、吉田連の祖とある。右京皇別下では、天足彦国押人命の三世孫で、大口納命の父に当り、真野臣・和邇部・安那公の祖という。また山城国皇別では、粟田朝臣・葉栗の祖とする。これらの伝承は、大化前代の和珥氏の勢力と、その活躍の舞台をよく反映しているといえる。

彦狭嶋王　ひこさしまおう　上毛野(かみつけの)氏の伝説上の祖先。崇神天皇の皇子豊城入彦(とよきいりひこ)命の孫。彦狭嶋(島)命にも作る。『日本書紀』によれば、景行五十五年二月、王は東山道十五国の都督となったが、春日の穴咋(あなくい)邑(比定地未詳。奈良市古市町横井字穴栗(あなくり)の穴吹神社の地とする説がある)にいたって病死する。時に、東国の百姓は王の来ぬことを悲しみ、その遺骸を盗んで上野国に葬ったという。同五十六年八月には、景行天皇の命により王子の御諸別(みもろわけ)王が代わって東国を治めたことがみえており、その子孫は東国にいるという。王は『新撰姓氏録』左京皇別下に垂水(たるみ)史の祖とされ、『先代旧事本紀』国造本紀には上毛野国造の祖たる彦狭嶋王が、崇神朝に東方十二道を平定し、封となしたことがみえている。

【参考文献】黛弘道『上毛野国と大和政権』

日子八井命　ひこやいのみこと　神武天皇の皇子。彦八井耳命にも作る。『古事記』神武段によると、神武が、狭井河のほとり(奈良県桜井市三輪の狭井神社の付近か)に住む伊須気余理比売の家に行幸し、一夜を共にした。のちに比売が参内した折、神武はその時を回想して御歌を詠んだが、こうした由縁から命が生れたという。『日本書紀』には命の名を伝えておらず、『新撰姓氏録』などでは、神武の皇子神八井耳命の子とする。『古事記』では茨田(まんた)連・手島連が、また『新撰姓氏録』によれば、茨田連(右京・山城)、豊島連・松津首(以上摂津)、茨田宿禰・下家連・江首・尾張部(以上河内)らが命の後裔であるとする。

日鷹吉士堅磐　ひだかのきしかたいわ　大和朝廷の渡来系外交官。吉士の一族。難波日鷹吉士にも作る。おそらく難波を本拠としていたのであろう。『日本書紀』によると、雄略七年、雄略天皇は、上道(かみつみち)臣弟君らに命じて新羅を討たせ、同時に西漢才伎(かわちのあやのてひと)歓因知利をそえて百済の才伎を求めようとした。けれども弟君は詔命を実行せず、才伎を大嶋(慶尚南道の南海島か)にとどめて月日を経た。弟君の妻はこれを憎んで夫を殺したので、雄略は堅磐と固安銭を派遣して復命させ、才伎らを倭国吾礪広津邑(あとのひろきつのむら。大阪府八尾市跡部・渋川・植松付近)に安置したという。また、同九年二月、凡河内直香賜(おおしかわちのあたいかたぶ)と采女を派遣して胸方神(福岡県宗像郡大島村沖ノ島・大岸、玄海町田島にある宗像大社の祭神)を祭った時、不詳事が発生したので、雄略は日鷹吉士に命じて香賜を殺させようとした。仁賢六年九月、高麗に巧手者(てひと)を求める使者となり、工匠須流枳・

奴流枳を献上した。継体六年(五一二)十二月、大伴大連金村らが百済に任那四県の割譲を許した時、勾大兄皇子(のちの安閑天皇)はこれを知って驚き、日鷹吉士を遣わして前勅を撤回させようとしたが、百済使はこれを聞き入れなかったという。

敏達天皇　びだつてんのう　―五八五　在位五七二―五八五。欽明天皇の第二皇子。諱を渟中倉太珠敷(ぬなくらふとたましき)尊といい、訳語田(おさだ)渟中倉太珠敷尊・沼名倉太玉敷命・訳語田天皇・他田(おさだ)朝御宇敏達天皇・訳語田宮御宇敏達天皇ともいう。兄箭田珠勝大兄(やたのたまかつのおおえ)皇子の薨後に皇嗣となる。母は宣化天皇の皇女石姫皇后。敏達は、息長真手(おきながのまて)王の女広姫を皇后に立てて、押坂彦人大兄(おしさかのひこひとのおおえ)皇子らをもうけている。そのほかに、春日臣仲君の女老女子と伊勢大鹿首小熊の女で采女であった菟名子(うなこ)とを夫人(ぶにん)にしており、彼女たちもいく人か皇子女を生んでいる。さらに、広姫の薨後、異母妹の額田部皇女を皇后に立て、竹田皇子・尾張皇子らをもうけている。額田部皇女はのちに即位して推古天皇となる。敏達は、同母兄の箭田珠勝皇子の薨後まもない欽明十五年(五五四)に皇太子になったといわれるが、欽明二十九年に皇太子になったという異伝もある。欽明は、亡くなる時、皇太子(のちの敏達天皇)に新羅を討って任那を復興せよと遺言した。敏達元年(五七二)高麗(高句麗)の使者が来日したので、敏達は親交を望んだが、吉備海部(きびのあま)直難波が高麗の副使を殺したため、高麗との国交はうまくいかなかった。敏達三年、蘇我馬子宿禰に命じて吉備の白猪屯倉(しらいのみやけ)を増益させた。翌四年、訳語田宮(奈良県桜井市戒重付近)をつくり、そこに移った。敏達六年、日祀部(ひまつりべ)と私部(きさいべ)をおいた。同十年、蝦夷の魁帥を召して忠誠を誓わせた。同十二年、任那復興策をはかるために、百済から日羅を召したが、日羅は、百済人に謀殺されてしまった。同十三年、百済から仏像がもたらされたので、蘇我馬子宿禰が石川精舎をつくり、それを祭った。ところが翌年、疫病が起こったので、敏達は物部弓削守屋大連らに破仏を命じた。それからまもなく、敏達と守屋とは疫病にかかり、敏達は馬子の求めで、馬子にひとり仏法を行なうことを許したが、敏達はまもなく崩じた。その殯(もがり)は五年八ヵ月の長きにわたって行なわれ、崇峻四年(五九一)母石姫皇后の磯長(しなが)陵(大阪府南河内郡太子町太子の太子西山古墳が山陵とされる)に合葬された。

飛騨国造祖門　ひだのくにのみやつこおやかど　八世紀後半の官人。飛騨国の人。延暦二年(七八三)十二月、飛騨国造に任ぜられた。時に従七位上。同族の飛騨国造高市麻呂は、飛騨国大野郡(岐阜県大野郡と高山市)大領であった天平勝宝元年(七四九)閏五月、当国国分寺に知識の物を献じたことにより、外従五位下に叙せられ、神護景雲二年(七六八)二月、造西大寺大判官に任ぜられた。また天平勝宝二年(七五〇)から同三年にかけて治部大録・従六位下であったことが知られる飛騨国造石勝も同族である。

秀良親王　ひでながしんのう　八一七―八九五　嵯峨天皇の皇子。仁明天皇の同母弟。母は皇后橘朝臣嘉智子。天長九年(八三二)二月、元服して三品を授けられた。そののち中務卿・弾正尹・大宰帥などを歴任。承和七年(八四〇)正月、二品に進み、同九年正月、上野太守に任ぜられた。寛平七年(八九五)正月二十三日、七十九歳で薨去。朝廷からしばしば、多量の没官の書物(罪人から没収した書物)や田を賜わったことが史書にみえる。

檜前氏　ひのくまうじ　東漢(やまとのあや)系諸氏族の総称。姓は初め直、天武十一年(六八二)五月に連を賜わり、八色の姓制定により、同十四年六月、忌寸を賜わる。『続日本紀』宝亀三年(七七二)四月条および『坂上系図』所引の『新撰姓氏録』逸文などによると、応神朝に渡来した阿智使主(あちのおみ)が大和国高市郡檜前村(のちの高市郡檜前郷。現在の奈良県高市郡明日香村檜前)を賜わって居住したことに始まる。その子孫は、書(文。ふみ)・坂上・民など数多くの諸氏に分裂し、高市郡を中心に発展した。八世紀になると、『続日本紀』天平神護元年(七六五)二月条・宝亀三年(七七二)四月条にあるように、高市郡にいる東漢系諸氏は檜前忌寸と総称されるようになり、代々高市郡司に任ぜられた。『新撰姓氏録』摂津国諸蕃条によると、平安時代初期には摂津国にも檜前忌寸の存在したことがわかり、斉衡四年(八五七)正月、ほかの東漢系諸氏族とともに忌寸を伊美吉姓に改め、そののち宿禰の姓を賜わったらしい。また、阿智使主が渡来する際に伴って来た七姓の漢人(あやひと)の子孫と称する氏の一つに檜前村主(すぐり)がある。

【参考文献】　佐伯有清『新撰姓氏録の研究』考証篇五、関晃「倭漢氏の研究」(『史学雑誌』六二ー九)

檜隈民使博徳　ひのくまのたみのつかいはかとこ　雄略朝の史部。朝鮮系漢人(あやひと)の渡来人。大倭檜隈(のちの高市郡檜前郷。現在の奈良県高市郡明日香村檜前)を本拠とした。身狭村主青(むさのすぐりあお)とともに雄略天皇に寵愛せられた。雄略八年二月・同十二年四月、青とともに呉国へ使し、帰国したことがみえる。

日葉酢媛命　ひばすひめのみこと　垂仁天皇の皇后。景行天皇の母。丹波道主(たんばのちぬし)王の女。日葉洲媛命・日葉酢根命にも作る。垂仁十五年、皇后となり、三男二女を生み、同三十二年、薨じた。『日本書紀』によれば、その葬は、野見宿禰の進言により、殉死を禁止し、出雲国の土部(はじべ)百人に土で人馬や種々の物を作らせて陵墓に立てることとした。これが埴輪の起源であるという。『古事記』にも、この大后の時、石祝作(いしきつくり)と土師部(はじべ)を定めたとある。

日奉氏　ひまつりうじ　日奉(祀)部(ひまつりべ)の伴造氏族。姓は初め造、のちに連を賜わった。日奉部は朝廷で行なわれる太陽神の祭祀にかかわるものであったとする説と、斎宮の名代とする説とがある。『日本書紀』には敏達六年(五七七)条に日祀部の設置記事があり、日奉部の中に他田(おさだ)日奉部のように敏達天皇の宮号(他田宮)を冠するものがあることから、この記事は事実を伝えたものであろう。日奉部の分布は京周辺を除いては辺境地帯に偏在しており、六世紀に祭官制という新しい官司制的な祭祀体制が整備された際、その品部として設定されたと考えられている。『新撰姓氏録』は日奉氏を高魂(たかみむすび)命の後裔とする。一族には、他田・財(たから)・郡・佐伯・大など複姓をなすものの存在が知られている。

【参考文献】　岡田精司「日奉部と神祇官先行官司」(『古代王権の祭祀と神話』所収)、井上辰雄「日奉(祀)部の研究」(『古代王権と宗教的部民』所収)

卑弥呼　ひみこ　『魏志』倭人伝に記される邪馬台国の女王。卑弥呼については「ひみこ」「ひめこ」と訓む説が併立している。『魏志』倭人伝によると、倭の邪馬台国は元来男子を王としていたが、「住(とど)まること七、八十年」にして倭に争乱が生じ、そのため共立して卑弥呼を女王にしたという。争乱の時期に関する『魏志』の記述は明確でないが、以前に遣使のあった一〇七年を起算とし、一七七—一八七年とする説が穏当であろう。『後漢書』は、「桓・霊の間」、すなわち後漢の桓帝と霊帝の時代(一四七—一八八)のこととし、『梁書』や『太平御覧』所引の『魏志』は霊帝の光和年中(一七八—一八三)とする。いずれにしても二世紀後半に争乱があり、「鬼道に事(つか)へ、能く衆を惑(まど)はす」能力をもつシャーマン的女王卑弥呼の共立によって争乱は終息した。なお、共立の主体については邪馬台国内部の勢力とみる説と倭の諸小国の首長とする説が対立している。また、「鬼道」については、近年、土着の南方的な憑依型シャーマニズムを外来の道教的要素を触媒として再組織した新興宗教的性格をもつとする見解などが出されている。この卑弥呼の巫女王的側面を『魏志』は、成年に達してからも夫がなく、弟が輔佐して国を治めていた。女王となって以来、その姿を目にした者は稀で、婢千人が仕え、一人の男子だけが飲食物を運び、言葉をとりつぐために出入した。宮室や楼観には、城柵が厳重に造られ、常に武装した兵が警固していると記す。憑依する神霊への畏怖と神の意思を媒介する女王への神聖視は、公衆の面前に姿を見せてはならない禁忌によって卑弥呼をしばり、それゆえ治国に当る男弟との二元的支配が行なわれた。しかし、対外的には外交を推進する主体であった。魏が遼東の公孫氏を倒した翌年の景初三年(二三九、『魏志』に景初二年とあるのは誤りとされる)卑弥呼は難升米(なんしょうめ)らを帯方郡に派遣、魏都洛陽にいたり、生口などを献上した。同年十二月、魏の少帝(曹芳)は卑弥呼に「親魏倭王」の称号と金印紫綬、銅鏡百枚など種々の品物を仮授、翌正始元年(二四〇)帯方郡の使者により卑弥呼のもとに届けられた。同四年、卑弥呼は再び使者を魏都に派遣しているが、その後まもなく邪馬台国と南の狗奴(くな)国との戦端が開かれたとみられ、同六年、魏の少帝は邪馬台国を支援するために、難升米に黄幢を賜与することにした。同八年、卑弥呼は帯方郡に使者を派遣、狗奴国と戦闘状態にあることを報告した。ここにようやく詔書と黄幢がもたらされ、難升米に仮授された。『魏志』は争乱記事に続き卑弥呼が死んだことを伝えるが、その没年を明記していない。正始八年に詔書と黄幢が難升米に仮授されていることから、すでに卑弥呼は死んでいたか、実権を失っていたとされる。或いは不利な戦況が呪術力の衰えとみなされ、殺された可能性も指摘されている。卑弥呼が死ぬと、径百余歩の冢に葬られ、奴婢百余人が殉葬されたという。中国では墓を表わすのに墳と冢の文字が使われるが区別が明確でない。果たして周溝墓のたぐいか、古墳なのか不明である。さらに『魏志』は、卑弥呼の死後、男王を立てたものの国中が服さず、争乱が起こったが、卑弥呼の宗女(一族)台(壱)与を女王に立てて収まったと記す。邪馬台国の位置については、畿内説と九州説とが対立しているが、畿内説の立場から卑弥呼を神功皇后や倭姫命・倭迹迹日百襲姫(やまとととひももそひめ)命にあてる説があり、また箸墓古墳(前方後円墳、墳丘長二七八メートル、奈良県桜井市箸中)を卑弥呼の墓とする説がある。

【参考文献】三品彰英編『邪馬台国研究総覧』、佐伯有清『研究史　邪馬台国』、同『研究史　戦後の邪馬台国』、山尾幸久『新版・魏志倭人伝』、大庭脩『親魏倭王』、大林太良『邪馬台国』、森浩一編『倭人の登場』(『日本の古代』1)、佐伯有清『古代の東アジアと日本』、田辺昭三『増補版　謎の女王卑弥呼』

卑弥弓呼　ひみここ　狗奴国の男王。狗奴国は三世紀、倭地において、邪馬台国を頂点とする三十余からなる倭国に対立する唯一の国として中国に知られ、その所在地は倭国の南とされていた。狗奴国の男王卑弥弓呼のもとには狗古智卑狗という官があった。卑弥弓呼と卑弥呼は長期にわたり対立していたが、魏の正始八年(二四七)に入ると全面戦争に突入したらしく、卑弥呼は魏に使者を送り援助を求めている。

日向氏　ひむかうじ　日向地方の豪族。『古事記』『日本書紀』は、景行天皇が九州遠征中に日向の佳人である御刀(みはかし)媛を娶ってもうけた豊国別皇子を始祖とする。『先代旧事本紀』国造本紀によれば、応神朝に豊国別皇子の三世孫老男が日向国造に任ぜられたという。有数の古墳群が展開する西都原一帯(宮崎県西都市)が本拠地に比定されている。

【参考文献】乙益重隆「熊襲・隼人のクニ」(鏡山猛・田村圓澄編『古代の日本』3所収)

媛蹈鞴五十鈴姫命　ひめたたらいすずひめのみこと　神武天皇の皇后で綏靖天皇の生母。『古事記』では富登多多良伊須須岐比売命とも比売多多良伊須気余理比売ともいう。『日本書紀』は、神代巻上「宝剣出現章」第六の「一書」に、大三輪の神の子、或いは事代主(ことしろぬし)神が八尋熊鰐となって三島の溝樴(みぞくい)姫(または玉櫛姫)に通って生まれた子とし、神武即位前条では事代主神と三島溝橛耳神の女玉櫛媛との間の子、そして綏靖即位前条に事代主神の長女としている。神武即位の前年に、勧める者があって神武の正妃となり、即位に伴って立后し綏靖と神八井耳命を生む。『古事記』神武段では美和大物主神が丹塗矢と化して三島湟咋の女勢夜陀多良比売に通じて生まれたとする。そして神武が大久米命の仲立ちによりこの比売を娶り、綏靖を含む三人の皇子を生む。神武の崩後、比売には継子に当る当芸志美美(たぎしみみ)命が比売を娶るが、この命が神武と比売との間の三人の皇子を殺そうと謀っているのを知り、比売は歌をもって皇子たちに危急を知らせたので、綏靖は当芸志美美命を滅ぼして即位したという。

平恩 ひょうおん ?—八八九 九世紀後半の西大寺の僧。三論宗。貞観八年(八六六)正月、大極殿の最勝会の講師を務めた。時に伝燈大法師位。同十六年十二月、已講の労として真然・円宗とともに律師に任ぜられた。元慶七年(八八三)十月には円宗とともに少僧都(法橋上人位)となり、仁和元年(八八五)十月、大僧都(法眼和尚位)に補せられた。同五年(八八九)正月二十六日、示寂。『本朝高僧伝』には、「法相を了別し、倶舎論に通じ、西大寺に住してしばしば唯識を講じた」とあり、「西大寺・三論宗」とする『僧綱補任』の記述と異なる。

広井女王 ひろいじょおう —八五九 天武天皇の皇子長親王の後裔。父は従五位上雄河王。仁寿四年(八五四)従三位となり、天安元年(八五七)尚侍となる。貞観元年(八五九)十月二十三日に薨去。時に八十有余歳。歌、特に催馬楽(さいばら)をよくし、その薨去は人々に悼まれたという。

尋来津氏 ひろきつうじ 広津・広来津にも作る。氏名は『日本書紀』雄略七年条に「倭国吾礪広津邑(あとのひろきつのむら)」と記すのちの河内国渋川郡跡部郷(大阪府八尾市跡部・渋川・植松付近)内の地名による。『新撰姓氏録』では、この氏名を有する氏族として、次の三氏族をあげている。㈠尋来津首氏は神饒速日(かんにぎはやひ)命の六世孫伊香我色雄(いかがしこお)命の後裔氏族であり、平安右京に住んでいた。㈡広津連氏は百済国近貴首王を出自とする渡来系氏族で、平安右京に住んでいた。㈢広来津公氏は崇神天皇の皇子豊城入彦(とよきいりひこ)命の四世孫大荒田別命の後裔氏族で、大和・河内両国に居住していたことが知られている。広来津の地が百済からの渡来人を安置した場所であったことなどを考えると、㈠・㈢も渡来系氏族であった可能性もある。また、このほかに無姓の尋来津氏の存在も知られている。

広階氏 ひろしなうじ 魏の太祖曹操の子陳思王植を出自とする渡来系氏族。「ひろはし」とも訓む。氏姓は初め上村主(かみのすぐり)、平安初頭に広階連に改めた。高根朝臣真象の卒伝によると、天長元年(八二四)には宿禰姓に改められ、同三年、広階宿禰を改めて高根朝臣とされたという。『新撰姓氏録』では、平安右京を本貫としている。斉衡二年(八五五)・貞観八年(八六六)広階宿禰を与えられた旧氏姓上村主や河原連などの傍流氏族がいる。

広瀬王 ひろせおう —七二二 七世紀末—八世紀初めの官人。広湍王にも作る。天武十年(六八一)三月、詔をうけ川島皇子らと「帝紀」および上古の諸事の記定作業に従事。同十三年二月、都の造営地を求めて畿内を視察し、翌年には畿内の民衆が所有する兵器の校閲を行なった。持統六年(六九二)三月の伊勢行幸には留守官となり、大宝二年(七〇二)十二月、持統太上天皇崩御の際には造大殿垣司となった。和銅元年(七〇八)三月、大蔵卿となり、養老二年(七一八)正月、正四位下を授けられた。同六年正月二十八日、卒す。時に散位正四位下。『万葉集』に「小治田の広瀬王の霍公鳥の歌一首」(八—一四六八)がある。

広田氏 ひろたうじ 百済国の人辛臣君(しんしんくん)の後裔氏族。天平宝字二年(七五八)九月、辛男床ら十六人が広田連を賜わった。広田の氏名は摂津の地名あるいは美称によるらしい。『新撰姓氏録』によると、平安の左右両京に分布していたことが知られる。

弘道王 ひろみちおう 九世紀中頃の諸王。

貞観九年(八六七)正月、散位として従五位下に叙せられ、同十一年、新羅の海賊が博多津(福岡市の博多港)に来て豊前国の年貢を奪った事件の時、伊勢奉幣使として遣わされた。同十二年、玄蕃頭、同十六年、蝗虫害により伊勢奉幣使を務め、同十九年三月、前伊勢斎内親王を迎える使となった。時に刑部大輔。元慶元年(八七七)四月、改元により同年七月、諸社への奉幣使となる。同年十一月、従五位上。同二年、新羅の侵寇に備え、冥助祈請のため伊勢大神宮へ遣わされる。同四・五・六年、武蔵権守で伊勢奉幣使を務め、仁和三年(八八七)内膳正に任ぜられた。

弘宗王　ひろむねおう　九世紀中頃の諸王。天武天皇の後裔。承和八年(八四一)従五位下に叙せられ、長門守に任ぜられた。同十三年、従五位上。仁寿元年(八五一)九月、奏して子男八人に中原真人の氏姓を賜わる。翌年、丹後守・讃岐権守に任ぜられる。斉衡四年(八五七)正月、讃岐国百姓らの訴えにより詔使によって国に囚禁されたが、逃亡ののち右京職に散禁される。貞観二年(八六〇)左京大夫・大和守、同四年正月、従四位下、同年十二月、国守として「頗る治名有り」と評される。同五年、左中弁、同七年、越前守、同十三年十月、出挙の数を増し、その息利を私物化したとして越前国百姓に訴えられたが、すでに没していたため罪を免れた。

【参考文献】　原秀三郎「八・九世紀における農民の動向」(『日本史研究』六五)、佐藤宗諄「『前期摂関政治』の史的位置」(『平安前期政治史序説』所収)、亀田隆之「万農池修造をめぐる諸問題」(弥永貞三先生還暦記念会編『日本古代の社会と経済』下所収)

ふ

武　ぶ　五世紀後半の倭国王。『宋書』によると兄興の没後王位に即き、宋の順帝の昇明二年(四七八)宋朝に上表して安東大将軍倭王に封ぜられた。また、南斉高帝の建元元年(四七九)には鎮東大将軍に進められたことが『南斉書』にみえる。松下見林の『異称日本伝』以来、武は雄略天皇(大泊瀬幼武)に比定されている。

【参考文献】　笠井倭人『研究史　倭の五王』

深江弥加止　ふかえのみかど　九世紀後半の出羽国俘囚。名は三門にも作る。元慶二年(八七八)三月、不穏騒乱の動きをみせていた出羽夷俘らが秋田城(城跡は秋田市寺内の高清水丘陵にある)を攻撃。同年七月、藤原朝臣保則のもとで本格的な征夷作戦が展開された。このなかで実質的な活躍をしたのが弥加止ら俘囚部隊であった。弥加止は俘囚二百余人を率いて夜襲をかけ、賊八十人を殺し、その粮食や舎宅を焼き払う功をたてた。これは政府が雄勝・平鹿・山本の三郡(秋田県南東部の横手盆地に位置する)の不動穀を放出して、三郡と添河(秋田市添川)・覇別(秋田市内。比定地未詳)・助川(秋田県河辺郡河辺町)の三村の俘囚に賑給(しんごう)し、彼らの心を慰諭し感じ入らせたことに、弥加止らが恩を感じた忠勤であった。翌年正月、弥加止は軍功によって外従五位下に叙せられた。

吹黄刀自 ふきのとじ 天武朝の万葉女流歌人。吹芡(ふふき)刀自にも作る。『万葉集』に三首の歌(一—二二、四—四九〇・四九一)を残す。二十二番歌の題詞、左注および『日本書紀』天武四年(六七五)条の記事により、天武天皇の女十市皇女が天武四年二月、天智天皇の女阿閉(あべ)皇女(のちの元明天皇)とともに伊勢神宮へ参詣した折に随行していたことが知られる。またその歌の内容からして、ある特定の場において、歌をもって一同の心を代弁する役割を果たすべき女性であったことがうかがわれる。

福亮 ふくりょう 高句麗から渡来の僧。『元亨釈書』には、呉国の人で、三論を嘉祥大師から受けたとある。『日本書紀』によると、大化元年(六四五)仏教興隆の詔が出された際、十師に任ぜられたという。この十師は、同時に任ぜられた百済寺の寺主恵妙らとともに、衆僧の修行が仏法にかなうよう教導する役目を負うものであった。また『元亨釈書』には、斉明四年(六五八)に内臣中臣連鎌子の請いにより陶原家精舎(京都市山科区大宅付近)において『維摩経』を講じたとある。なお同書智蔵伝によると、白鳳元年(六五〇)に僧正となった呉国の人智蔵は福亮法師在俗の時の子であるという。『三国仏法伝通縁起』の三論宗の項には、恵灌僧正が三論宗をもって福亮僧正に授け、福亮は智蔵僧正に授け、さらに智蔵は入唐して重ねて三論を日本に伝えたとある。ただし福亮の僧正就任のことは『日本書紀』『僧綱補任』にみえない。「法起寺塔露盤銘」には戊戌年(舒明十年・六三八)に弥勒像一軀を造り、金堂を構立した人物として福亮僧正の名がみえる。

武芸王 ぶげいおう —七三七 在位七一九—七三七。渤海国の第二代の王。姓は大、諱は武芸。諡号は武王。唐の開元七年(七一九)に建国者の大祚栄が薨去し、桂婁郡王の大武芸が即位、唐の玄宗はこれを左驍衛大将軍渤海郡王忽汗州都督と冊立した。同十四年、北接する黒水靺鞨(まっかつ)が唐に入朝すると、玄宗はその地を黒水州と定めて長史を派遣して監督したので、大武芸は唐と黒水靺鞨とが渤海を挟撃する危険を読んで、弟の大門芸に黒水靺鞨の攻撃を命じた。ところが、門芸は唐の朝廷に長く宿衛していたこともあって、この策を諫めたので、武芸は怒り、門芸にかえて従兄の大壱夏に攻撃させ、門芸を殺害しようとした。そこで、門芸は開元十八年頃、唐に亡命した。武芸は執拗にも玄宗に上表して門芸を責め殺すことを請うたが、玄宗は門芸を安西に移し、武芸には門芸を嶺南に流配したと伝えた。この方便を知った武芸は、再び玄宗に門芸の暗殺を請うたがならず、開元二十年、張文休将軍に命じて山東半島の登州を海路攻撃させた。そこで、玄宗は門芸に渤海征討を命じ、これにあわせて新羅には渤海の南境を討たせたが、冬期にかかって兵士の疲弊はひどく、成功しなかった。一方、武芸は刺客を洛陽に送って門芸の殺害をはかったが、門芸は危うく難を脱した。やがて開元二十五年に武芸が病死すると、子の大欽茂(文王)が即位した。以上は『旧唐書』渤海靺鞨伝によるが、『旧唐書』玄宗本紀と『資治通鑑』は武芸の薨去を開元二十六年とする。また、『新唐書』渤海伝には、武芸は領土を広く開き、東北の諸族がこれに服従し、年号を仁安と建てたとする。なお、武芸は大祚栄の建国の事業を継いで、高句麗以来の対日本通交を再開させた。すなわち、神亀四年(七二七)に寧遠将軍郎将の高仁義を正使とする二十四人を日本に遣わして国書を進上したが、それには、渤海が高句麗を継承して旧来のごとく日本と交聘を求むとある。

【参考文献】 新妻利久『渤海国史及び日本との国交史の研究』、石井正敏「第一回渤海国書について」(『日本歴史』三二七)、古畑徹「大門芸の亡命年時について」(『集刊東洋学』五

一）

房世王　ふさよおう　―八八三　九世紀後半の諸王。桓武天皇の孫。贈一品仲野親王の王子。承和十三年(八四六)従四位下に叙せられ、治部大輔・宮内大輔・次侍従・中務大輔・武蔵権守・越中権守・越前権守を歴任。貞観五年(八六三)八月、上表して平朝臣の氏姓を賜わる。その後、弾正大弼・河内権守・河内守・摂津守を経て、元慶七年(八八三)八月二十一日、正四位下因幡守にて卒去。

葛井親王　ふじいしんのう　八〇〇―八五〇　桓武天皇の第十二子。母は大納言贈正二位坂上大宿禰田村麻呂の女従四位下春子。親王は幼くして機警、六歳の時、帯剣を賜わった。弘仁十年(八一九)四品兵部卿、天長三年(八二六)上野太守、承和七年(八四〇)常陸太守、翌年、三品に進む。親王は武伎射芸を得意とし、外祖父田村麻呂に愛される。また声楽糸管を耽愛し、晩年には飲酒に耽る。嘉祥三年(八五〇)大宰帥に任ぜられ、同年四月二日、五十一歳にて薨去。二十余人の子をのこす。

葛井連大成　ふじいのむらじおおなり　八世紀前半の下級官人。神亀五年(七二八)五月に正六位上から外従五位下に昇叙されたが、天平二年(七三〇)正月、大宰帥大伴宿禰旅人の宅で管下の官人らが梅花宴を催した時、筑後守として歌一首を詠じている(『万葉集』五―八二〇)。また旅人が大納言に任ぜられて帰京したのち、筑後守外従五位下の大成が悲嘆して作った歌(同四―五七六)、遥かに海人の釣船を見て作った歌(同六―一〇〇三)がある。

葛井連河守　ふじいのむらじかわもり　八世紀後半の下級官人。藤井川守にも作る。天平神護元年(七六五)正月、藤原朝臣仲麻呂の乱の論功行賞的な叙位で、正七位上から外従五位下に昇叙され、翌二月に右衛士少尉に任ぜられた。次いで神護景雲元年(七六七)八月、伊賀守に任命され、同三年六月には遠江介とみえる。宝亀三年(七七二)十一月に木工助、同十一年三月には三河介に任命されたが、外従五位下のままで史料上から姿を消している。

葛井連子老　ふじいのむらじこおゆ　八世紀前半の下級官人。天平八年(七三六)に阿倍朝臣継麻呂を大使とする遣新羅使の一員として壱岐嶋にいたり、雪(伊吉・伊支)連宅満(やかまろ。宅麻呂)が鬼病(えやみ)によってたちまちに死去した時、長歌一首、短歌二首の挽歌を作っている(『万葉集』一五―三六九一～三六九三)。この遣新羅使は帰路に大使が対馬で病没し、副使も病で入京できなかったが、翌九年正月に大判官以下が入京している。

葛井連広成　ふじいのむらじひろなり　八世紀前半の官人。氏姓は初め白猪史(しらいのふひと)、養老四年(七二〇)五月に葛井連を賜わったか。養老三年閏七月、大外記従六位下で遣新羅使に任ぜられ、『家伝』下には、神亀年間(七二四―七二九)頃の文雅の一人とされ、『懐風藻』に五言詩二首がある。天平二年(七三〇)大宰帥大伴宿禰旅人の宅で擢駿馬使大伴宿禰道足を饗した時、人々の要望に応えた駅使葛井連広成の歌がみえる(『万葉集』六―九六二)。同三年正月、正六位上から外従五位上に昇叙、同八年十二月には雅楽寮の王臣らが広成の家で宴飲した時の歌二首(同六―一〇一一・一〇一二)がみえる。同十五年三月、筑前国に遣わされて新羅使の供応のことを検校したが、同年六月、備後守に任ぜられ、翌七月に従五位下、同二十年二月、従五位上と昇叙した。同年八月、広成の宅に聖武天皇の行幸があり、宴飲して宿泊したが、散位従五位上広成とその室従五位下県犬養宿禰八重に正五位上が特授されている。次いで天平勝宝元年(七四九)八月、中務少輔に任ぜられたのを最後に史料上から姿を消している。

葛井連道依　ふじいのむらじみちより　八世紀後半の官人。天平神護元年(七六五)正月、藤原朝臣仲麻呂の乱の論功行賞で正七位上から外従五位下に昇叙され、翌二年正月、従五位下に進み、同年三月には勅旨少丞で近江員外介を兼ねた。次いで同三年三月、道鏡の法王宮職が設けられると、勅旨大丞で法王宮職大進を兼ね、神護景雲元年(七六七)八月には勅旨員外少輔兼法王宮大進に昇任した。同三年十月、称徳天皇の由義(ゆげ)宮(大阪府八尾市八尾木北の由義神社付近もしくは同市別宮付近か)行幸に供奉して正五位下に昇叙され、同四年八月の称徳の大葬には御装束司を務めた。宝亀五年(七七四)三月、勅旨少輔となり、同年九月、内匠頭・右兵衛佐を兼ねたが、同九年三月に勅旨少輔兼甲斐守で中衛少将を兼ねた。天応元年(七八一)十二月、光仁太上天皇の大葬でも御装束司となり、延暦元年(七八二)九月には内匠頭で中宮亮を兼ねている。同四年正月に越後守、同九年正月には春宮亮となったが、同十年正月、正五位下春宮亮として、船連今道らと奏言し、同祖の葛井・船・津連氏のうち、先に津氏だけが朝臣姓を賜わり、他の二氏は連姓に止まっているとして改氏姓を願い、葛井宿禰を賜わった。

葛井連諸会　ふじいのむらじもろえ　八世紀前半の官人。『経国集』に和銅四年(七一一)三月の対策文がみえ、天平七年(七三五)九月には正六位下右大史であったが、美作守阿倍朝臣帯麻呂らが四人を故殺したとする訴えを処理しなかった罪に坐したが、詔によって宥(ゆる)されている。次いで同十三年六月の「山背国司移」に正六位上山背介勲十二等として署があり、同十五年四月の「弘福寺田数帳」の国判にも、同様の記載がみえる。天平十七年四月、正六位上から外従五位下に昇叙されたが、翌十八年正月の大雪の日に、左大臣橘宿禰諸兄・中納言藤原朝臣豊成らの諸王臣が元正太上天皇の御在所に参入して、酒宴を賜わった時、詔に応じた諸会の歌一首が『万葉集』にみえる(一七―三九二五)。次いで同十九年四月には相模守に任ぜられ、天平勝宝九歳(七五七)五月に従五位下に昇叙されたのを最後に史料上から姿を消している。

藤河別命　ふじかわわけのみこと　景行朝の宣命伝使。『政事要略』所引の『高橋氏文』の景行七十二年八月条に、膳(かしわで)臣らの祖磐鹿六雁(いわかむつかり)命が薨じたため、これを悲しんだ景行天皇は、親王式に准じて葬することを許し、その宣命を伝える使として、藤河別命と武男心命を派遣したとある。その系譜的位置については明らかでない。

葛津氏　ふじつうじ　肥前国の豪族。この氏族については『日本三代実録』貞観八年(八六六)七月条に、肥前国藤津郡(佐賀県藤津郡と鹿島市)領として葛津貞津の名がみえるだけであるが、『先代旧事本紀』国造本紀には、成務朝に紀直同祖大名草彦(おおなぐさひこ)命の子若彦命を葛津立(ふじつのたち。立は直の誤字で傍書の衍入したものかとする説がある)国造に任じたとの伝承がみえており、葛津氏はこの国造の末裔である可能性が考えられる。

藤野別真人広虫　ふじのわけのまひとひろむし　七三〇―七九九　八世紀後半の女官。備前国藤野郡(岡山県和気郡・備前市付近)の人。平麻呂の女。和気朝臣清麻呂の姉で、法名は法均。葛木連戸主と結婚したあと孝謙天皇の女孺として供奉。孝謙の信任すこぶる厚く、天平宝字六年(七六二)六月、孝謙が淳仁天皇と不和となって出家したとき、これに従って出家、孝謙の腹心として進守大夫尼位を授けられ、四位の封と位禄・位田を賜わった。同八年十二月、藤原朝臣仲麻呂の乱で斬刑に処せられるべき者三百七十五人を孝謙を切に諫めて流と徒に減刑させ、また戦乱による棄児を収養して八十三人を養子にした。天平神護元年(七六五)正月、仲麻呂の乱の功により従五位下・勲六等を叙授され、三月、吉備藤野和気真人の氏姓を賜わった。神護景雲二年(七六八)十月、大尼として従四位下に準ぜられ、翌三年五月、輔治能真人を賜わった。この年、大宰主神が八幡神の託宣と称し、道鏡を皇位に即かしめんことを奏上した時、宇佐八幡の神命を聞く役に選ばれたが、身体軟弱で遠路に堪え難いとして弟の清麻呂が代わった。同年八月、清麻呂が神託は道鏡を退けることであったと復命したので、広虫は清麻呂と妄語をつくり偽りを奏した罪により還俗させられ、別部広虫売(狭虫ともある)と改氏姓させられて備後に流された。同四年九月、配所から召しかえされ十月、光仁天皇即位に伴って従五位下に復された。光仁は、諸侍従の臣は毀誉さまざまであるがまだ法均が他人の過ちを語るのを聞かないといって信任、宝亀五年(七七四)九月、和気朝臣の氏姓を賜わった。天応元年(七八一)四月、即位した桓武天皇も、その人となり貞順で節操に欠けるところがないとして重用、この年十一月、従四位下に叙して典蔵に任ぜられた。延暦四年(七八五)正月、従四位上に昇叙、同八年六月には典侍の地位にあった。同十三年七月、平安新京の家を造るため十五人の女王・女官の一人として稲を賜わり、同十五年九月、山城国紀伊郡(京都市南部)の陸田二町を賜わった。同十八年正月二十日、七十歳で卒した。時に典侍・正四位上。弟清麻呂と財を同じくし、その仲のよいことは当時から称賛されていたが、死の直前、清麻呂に自分が死んでも七日ごとの忌日やその後の追福の法事などは不必要、二、三の僧と静座し、仏を礼拝するに留めて、子孫たちへの手本としたいと語ったという。淳和天皇の天長二年(八二五)正三位を追贈された。

【参考文献】平野邦雄『和気清麻呂』(『人物叢書』)

普照　ふしょう　八世紀の僧。入唐して鑑真を招来した。母は白猪与呂志女。名を業行にも作る。渡唐前について、興福寺住とするもの(「高僧沙門釈普照伝」)、大安寺住とするもの(『招提千歳記』)、興福寺と大安寺を往き来したとするもの(『本朝高僧伝』)の三説がある。天平五年(七三三)四月、遣唐使多治比(たじひ)真人広成に従って興福寺僧栄叡とともに入唐。洛陽にいたり、伝戒の志を奏し、勅によって福先寺の定賓律師によって受戒した。唐国諸寺の三蔵大徳は皆戒律をもって入道の正門とし、戒を持することがなければ僧中に列せられないことから、日本に伝戒の師が必要であることを知り、洛陽の大福光寺の沙門道璿(どうせん)律師に請い、自分達より先に日本に向かってもらい、みずからはさらに十年唐土に留まった。唐の天宝元年(天平十四・七四二)十月、栄叡・玄朗・玄法らとともに揚州に下り、大明寺で衆僧のため律を講じていた鑑真の足下に頂礼し、伝戒の師の渡東を請うた。翌年、仏法東帰の意義を認めた鑑真はみずから赴くことを決意し、乾粮等を整えたが、僧如海の誣告にあい、普照は栄叡らとともに獄に入れられた。のち疑がはれ釈放されたが、第一回はかくて失敗に終った。次いで同年十二月、再度準備を整え出発にこぎつけたが、風浪に船は撃破されて失敗した。天宝三年、鄮山阿育王寺にある時、和上が日本に往こうとしているのを知った越州の僧らの密告により捕えられたが、栄叡の病により釈放された。のち再び捕えられることがあったが屈せず、天宝七年六月、渡航の準備をし、揚州新河から乗船したが、風浪によって漂流し、全員遭難の危機に瀕し、ようやく遥か南の振州に漂着した。この苦難によってついに同伴僧栄叡は遷化し、また鑑真も失明した。さらに困難をこえて天宝十二年、遣唐大使藤原朝臣清河の一行とともに日本に向かうことになり、同年十一月、鑑真らは副使大伴宿禰古麻呂の船に乗船し、普照は副使吉備朝臣真備の第三船に同乗した。翌十二月に益久嶋(鹿児島県屋久島)に着き、明けて天平勝宝六年(七五四)正月、紀伊国牟漏崎(和歌山県東牟婁郡太地町の太地半島突端)に到着することができた(『唐大和上東征伝』『続日本紀』)。帰朝ののちは東大寺に住し、同年三月には僧位と施物を賜わった。同月、業行(普照)大徳から『新花厳経』(八十巻本)が花厳講師所に貸し出された文書が残っている。天平宝字三年(七五九)六月、奏上して、往来の百姓のため畿内七道諸国に果樹を栽種することを進言。天平神護二年(七六六)二月、普照の戒師招来の功によってか、その母正六位上白猪与呂志女に従五位下が授けられている。宝亀十一年(七八〇)十二月に作成された『西大寺資財流記帳』に西大寺大鎮伝燈大法師位普照の署がみえる。

【参考文献】安藤更生『鑑真』(『人物叢書』)

藤原氏　ふじわらうじ　七世紀後半に、神祇祭祀を掌った中臣氏から出た新興貴族官人氏族。大化前代において神祇関係を掌った中臣連氏の一系流であったが、その氏名は、乙巳の変に始まる内政改革に功績のあった鎌子(鎌足)が、天智八年(六六九)十月、臨終の床で藤原という称を賜わったことに始まる。この藤原は、現在の奈良県橿原市高殿町付近の地名で、鎌足はこの地で生まれたが、氏名を賜わった当初は、中臣藤原連と称していたとみられ、天武十三年(六八四)八色の姓制定に際し、中臣連氏として朝臣を賜姓されている。持統五年(六九一)八月、十八氏に祖先の墓記を提出させた時、中臣氏を含めて藤原朝臣と称しているように、鎌足の傍系親族にまで及んでいたが、文武二年(六九八)八月、鎌足の政治的後継者である不比等の系流だけが、藤原朝臣を氏姓とすることが認められ、神事に供する意美麻呂(おみまろ)らは、もとの中臣朝臣を称することになった。ここに貴族政治氏族としての藤原朝臣氏が確定したのであるが、不比等は『大宝律令』の実質的な編纂主任となり、また『養老律令』への改修を企図・主宰した典型的な律令官人貴族として、律令国家の完成に指導的役割を果たし、また女の宮子を文武天皇の後宮に入れて、外戚的地歩を獲得するなど、藤原氏発展の基礎を築いた。その四人の男子は、長男武智麻呂が南家、次男房前が北家、三男宇合が式家、四男の麻呂が京家の祖となり、それぞれが他氏と並ぶ貴族官人氏としての地歩を占めた。また四子の妹に当る安宿(あすかべ)媛は、天平元年(七二九)人臣で初めて聖武天皇の皇后に立てられ、やがて光明皇太后として大政の実権を握って藤原氏の地歩を支えた。藤原四家では、奈良時代後半から平安時代初めにかけて、南家の豊成・仲麻呂(藤原恵美朝臣押勝)、式家の良継(宿奈麻呂)・百川(雄田麻呂)・種継・緒嗣、京家の浜成(浜足)らが、それぞれ一時期、政府首班や政界実力者、また権勢的権力者の地歩を占めたが、やがて地歩を後退させていった。ここで北家だけが繁栄して藤原氏の中核となり、その主流となっていったが、平安初期の冬嗣以降は、天皇家との婚姻関係を維持し、その外戚的関係を利用しつつ、他氏を圧倒・排除していった。冬嗣の子良房は、貞観八年(八六六)の応天門の変で大納言伴宿禰善男を排除し、公的に最初の人臣摂政となり、またその甥で養子の基経は、最初の関白の座についた。次いで安和二年(九六九)の安和の変で、左大臣源朝臣高明を失脚させた後、実頼が摂政に就任して以降、北家による摂政・関白が常置されて、北家の全盛時代を迎えた。道長・頼通の二代にわたって摂関家が栄華を極め、摂関家を中心にした政治体制が形づくられて、後世、藤原時代ともよばれることになるが、摂関家を外戚としない後三条天皇が即位すると、摂関家の権勢は急速に衰え始め、やがて院政の時代に進むのである。なお、鎌倉時代以降、摂政・関白になるべき地歩を占めた近衛・鷹司・九条・二条・一条の五摂家は、いずれも道長の後裔である。

【参考文献】 田村圓澄『藤原鎌足』(『塙新書』)、岸俊男『藤原仲麻呂』(『人物叢書』)、青木和夫「藤原鎌足」(川崎庸之編『日本人物史大系』一所収)

藤原朝臣秋常 ふじわらのあそんあきつね 九世紀前半の官人。南家雄友の子。母は石上(いそのかみ)朝臣宅嗣の女。天長十年(八三三)十一月の従五位下叙位を初見とする。承和六年(八三九)正月、少納言となり、同年六月には仁明天皇女御藤原朝臣沢子の喪事を監護した。同九年七月、承和の変で恒貞親王の近侍者として連坐し、石見権守に左遷、配流された。同十二年七月には入京を許されたが、その後は、嘉祥四年(八五一)正月に従五位下で因幡守任官をみるのみで、その姿を消してしまう。

藤原朝臣明子 ふじわらのあそんあきらけいこ 八二八―九〇〇 文徳天皇の女御。太政大臣藤原朝臣良房の女。母は嵯峨天皇の皇女源朝臣潔姫。良房の邸染殿(平安左京北辺四坊)に住んでいたので染殿の后ともよばれる。文徳が東宮の時に入内し、のち女御となり、惟仁親王(のちの清和天皇)・儀子内親王の母となる。時に父良房は外戚として活躍し、『古今和歌集』巻一には長い年月ののちにここまできて、私はもはや老人であるが、今が満開の花のようなわが女明子さえみていれば、すべての悩みは消え失せると、女と自分の栄達を祝う気持を詠んだ歌が収められている。仁寿三年(八五三)従三位、天安二年(八五八)には従一位に叙せられ、清和即位とともに皇太夫人となる。貞観六年(八六四)皇太后、元慶六年(八八二)太皇太后となり、藤原氏専権の基礎をつくる。昌泰三年(九〇〇)五月二十三日、崩御。時に七十三歳。

藤原朝臣朝獦　ふじわらのあそんあさかり　—七六四　八世紀中頃の官人。南家仲麻呂の三男。名を朝猟・朝狩にも作る。天平勝宝九歳(七五七)七月、正六位上から従五位下に叙せられ、橘朝臣奈良麻呂の乱でその党与と疑われた佐伯宿禰全成の後任として陸奥守となった。天平宝字二年(七五八)八月、父仲麻呂らとともに姓中に恵美の二字を加えられ、藤原恵美朝臣と称した。同三年六月、正五位下、同四年正月、陸奥国按察使(あぜち)兼鎮守府将軍として荒夷を教導・皇化に馴従せしめ、一戦も労することなく雄勝城(城跡は秋田県雄勝郡羽後町足田付近か)を造成、また大河に跨り峻嶺を凌いで牡鹿郡に桃生城(城跡は宮城県桃生郡河北町飯野新田付近か)を造って賊の肝胆を奪った功により正五位下から従四位下に越階特昇、同年九月、その手腕を買われ新羅使来朝の由を問う使者となった。同五年十月、仁部(民部)卿、十一月には東海道節度使として新羅征討計画に伴い管内の船・兵士などを検定した。翌六年十二月、孝謙太上天皇と対立関係に陥った仲麻呂の政権補強策の一翼を担って参議に任ぜられた。同八年七月、勅により召されて禁内に入り、文室真人浄三(ふんやのまひときよみ)の副として紀寺(奈良市西紀寺町の璉城寺がその跡という)の奴益人らの籍帳についての訴えを勘定したが、同年九月に起こった仲麻呂の乱に父と行動をともにし、途中でその父から三品に叙せられたものの合戦に敗れ、近江国勝野の鬼江(滋賀県高島郡高島町勝野)で捕えられて斬られた。

【参考文献】　岸俊男『藤原仲麻呂』(『人物叢書』)

藤原朝臣愛発　ふじわらのあそんあらち　七八七—八四三　九世紀前半の公卿。北家内麻呂の第七子。母は山城国愛宕郡の人依當(常は當の誤写で、『山背国愛宕郡計帳』にみえる依當忌寸と同氏で、「えたき」と訓むか)忌寸大神の女。大同四年(八〇九)文章生、弘仁元年(八一〇)東宮大進、同四年に蔵人、同六年に従五位下ののち、少弁・中弁や兵部・中務・民部の少輔・大輔などを歴任、天長元年(八二四)従四位下・蔵人頭となる。同三年、参議に列し、中務大輔、次いで大蔵卿を兼任、同五年に東宮(のちの仁明天皇)大夫、同七年に左大弁、同九年に左兵衛督を兼任した。同年、従三位・中納言となり、民部卿を兼任、承和七年(八四〇)正三位・大納言に達した。実務に通暁し、天長十年の『令義解』の起請校読にも参加したが、承和九年七月に起きた承和の変で、伴健岑(こわみね)・橘朝臣逸勢(はやなり)らの謀反を知る立場にいた者としてともに捕えられ、免官の上、京外に追放された。女が廃太子恒貞親王妃であったことによる。翌十年九月十六日、山城国久勢郡の別墅(別業。京都府久世郡久御山町藤和田に比定する説がある)で失意のうちに薨じた。時に五十七歳。

藤原朝臣有蔭　ふじわらのあそんありかげ　八二四—八八五　九世紀後半の官人。高扶の子。仁寿元年(八五一)五月、入唐のため大宰府に到着した円珍が便船を待つ間、大宰少監として円珍への月粮支給の勾当を正六位上筑前介の紀朝臣愛宕麻呂とともに務めた。時に正六位上。同三年七月一日付の「延暦寺僧円珍牒」に、「勅勾当官使鎮西府少監藤有蔭」と署名している。円珍が唐の大中十二年(八五八)閏二月に記した「乞台州公験状」にも、「本曹判官藤有蔭」として円珍に糧食を供したことがみえる。同年にあたる天安二年閏二月、正六位上から従五位下に昇り、貞観四年(八六二)正月、肥前守従五位下として民部少輔に任ぜられている。同五年二月、上野介、さらに同月、大宰少弐となる。この時も民部少輔従五位下。翌三月、近江介を兼ねる。『政事要略』所引の『善家異記』によると、貞観六年、伴宿禰世継が穀倉院交易使として帰来する時、近江介の有蔭の館に宿ったところ、有蔭は陰陽師の弓削連是雄を招いて、属星を祭らしめたという。同十一年正月、散位従五位下として伊勢権守となり、同年十一月にも再任。元慶四年(八八〇)十二月、固近江関使となる。時に散位従五位上。同十二月、木契をもたらして復命。同八年二月、正五位下に昇叙。この時は信濃守の任にあった。同年五月、左少弁となり、同年十一月、従四位下を授けられる。『尊卑分脈』の伝えるところでは、仁和元年(八八五)十二月、六十二歳で卒している。なお円珍は、『阿闍梨大曼荼羅灌頂儀軌』の裏書に、「東七条故左少弁藤原有蔭朝臣宅」と記しているので、居宅が東(平安左京)七条にあったことが知られる。

【参考文献】 佐伯有清『智証大師伝の研究』

藤原朝臣有子 ふじわらのあそんありこ ―八六六 九世紀中頃の女官。北家長良の子。母は難波連淵子と推定されている。仁寿四年(八五四)正月、従五位下に叙せられ、天安二年(八五八)典侍となったのち、貞観二年(八六〇)十一月に従四位下、同六年正月には従四位上に進んだ。また、大納言平朝臣高棟に嫁し、右大将惟範を始め二男二女を生んだ。貞観八年五月、従四位上典侍で卒し、従三位を贈られた。

藤原朝臣有貞 ふじわらのあそんありさだ 八二七―八七三 九世紀中頃の官人。南家三守の第七子。母は飯高弟光の女。幼少の頃仁明天皇に近侍し、姉の女御貞子の縁もあって仁明に寵愛され、承和十一年(八四四)に従五位下・丹波介に叙任されたが、後宮の寵姫との私通が露見し、翌年、常陸権介にうつされた。その後、縫殿頭・左右兵衛佐・右近衛少将、或いは伊勢・阿波・讃岐の権介や因幡・備中の守などを歴任、貞観十五年(八七三)三月二十六日、従四位下・前近江権守で卒した。時に四十七歳。

藤原朝臣有実 ふじわらのあそんありざね 八四七―九一四 九世紀末―十世紀初めの公卿。北家冬嗣の子良仁の二男。母は藤原朝臣浜主の女。貞観八年(八六六)左近衛将監、同九年、蔵人兼讃岐権掾を経て、同十年、従五位下・左近衛少将に叙任された。翌年、次侍従に補せられ、加賀守・讃岐権介・近江介・阿波権介・伊与権守などを兼任ののち、元慶五年(八八一)には蔵人頭兼左近衛中将。翌年、参議に列し、以後三十三年間この任にあり、傍ら近江権守・太皇太后宮大夫を兼任、寛平六年(八九四)従三位に叙せられ、左近衛中将を停め、九年には陸奥出羽按察使(あぜち)を兼ね、さらに延喜十三年(九一三)まで左衛門督を兼任、伊与・近江守なども兼任した。この間、藤原朝臣基経の上表に対する勅答使を貞観十四年(右大臣)・元慶五年(太政大臣)の両度務め、また度々の相撲司や、仁和二年(八八六)廃位後の陽成院の宮衛役などの武官として活躍する一方、公卿の一員として、元慶八年、田原天皇(施基皇子)の国忌を廃し皇太后沢子の国忌(こき)をおく件、仁和三年、定省親王(のちの宇多天皇)立太子の件などの朝儀に参画している。延喜十四年五月十二日、正三位で薨じた。六十八歳。女には宇多天皇皇女誨子・季子両内親王の母がいる。

藤原朝臣有穂 ふじわらのあそんありほ 八三八(八三七?)―九〇七 九世紀末―十世紀初めの公卿。備前守従五位上直道の第一子。母は陰陽助継雄の女。貞観十一年(八六九)主蔵正に任ぜられ、そののち、讃岐権掾・春宮少進・内蔵権助・侍従・右衛門権佐・備前権介・左近衛少将・左右中弁を歴任し、仁和二年(八八六)伊勢斎内親王繁子の装束司・行禊陪従となり、蔵人頭に補任。同三年、従四位下中宮大夫、寛平三年(八九一)右大弁、同五年、参議に任ぜられた。河内権守・備前守・治部卿を兼ね、延喜二年(九〇二)従三位中納言民部卿。同五年八月、左大臣藤原朝臣時平に『延喜式』の編纂の詔命が下り、有穂ら十二名が編纂委員となる。同六年、春宮大夫を兼ねる。同七年十一月、『延喜格』が完成し、翌年十二月に施行される。だが『延喜式』のほうは遅々として進まないまま、有穂は同七年十二月二十一日に薨去。七十歳(または七十一歳)。時に中納言従三位民部卿。

藤原朝臣家依　ふじわらのあそんいえより　七四三?―七八五　八世紀後半の上級官人。北家永手の長男で、母は永手の兄鳥養の女。天平神護元年(七六五)十一月、美濃介の時、美濃国が大嘗会由伎国に卜定されたので正六位上から従五位下に叙せられた。神護景雲二年(七六八)二月、侍従、次いで式部少輔となったが、翌年二月、父永手の第に行幸あって正五位下に叙せられ、同年八月、大和守を兼任し、十一月、由義(ゆげ)宮(大阪府八尾市八尾木北の由義神社付近または同市別宮付近か)行幸ののち正五位上に昇叙。同四年六月、式部大輔、七月、従四位下に叙せられ、八月、称徳天皇の大葬で御装束司を務めた。同年十月、永手が正一位に叙せられた同日に従四位上に昇叙され、宝亀二年(七七一)正月、皇后宮大夫そして近江守を兼ねた。同年二月、永手が薨じたあともその嫡男として重用され、同五年三月、治部卿、同七年正月には正四位上に昇進して衛門督を兼ね、翌八年十月、参議に任ぜられた。桓武天皇即位直後の天応元年(七八一)五月、兵部卿・侍従で下総守を兼任し、さらに十月、従三位に進んだ。この頃正倉院検校使でもあった。延暦四年(七八五)六月二十日に薨じたが、時に四十三歳とも、また四十六歳ともいわれる。『日本霊異記』に死後、閻羅王のもとで苦しむ父永手を救う話が載せられている。

【参考文献】　高島正人「奈良時代中後期の藤原北家」(『奈良時代諸氏族の研究』所収)

藤原朝臣石津　ふじわらのあそんいしづ　八世紀中頃の賜姓皇族。はじめ石津王を称したが系譜は不明。天平勝宝元年(七四九)十月、無位から従五位下に叙せられ、同五年四月、紀伊守に任ぜられた。同九歳正月、藤原朝臣の氏姓を賜わり、藤原朝臣仲麻呂の養子となったが、その理由も以後の消息も不明。天平宝字八年(七六四)九月の藤原朝臣仲麻呂の乱で、仲麻呂一族とともに斬られた仲真人石伴が当人であるという説もあるが定かではない。

【参考文献】　薗田香融「恵美家子女伝考」(『史泉』三二・三三)

藤原朝臣今川　ふじわらのあそんいまがわ　七四九―八一四　八世紀末―九世紀初めの中級官人。父は南家巨勢麻呂。中納言貞嗣の兄。延暦六年(七八七)正月、従五位下に叙せられ、同九年、伊勢介に任ぜられた。そのち伊勢守・美濃守・越前守を歴任し、弘仁三年(八一二)正月、従四位上、翌二月、左京大夫に任ぜられ、越前守を兼ねる。同五年七月二十四日、左京大夫従四位上にて卒去。六十六歳。

藤原朝臣胤子　ふじわらのあそんいんし　八七六―八九六　宇多天皇の女御。醍醐天皇の母。父は高藤。母は宮道朝臣弥益の女列子(れっし)。仁和四年(八八八)九月、橘朝臣義(美)子とともに更衣となり、禁色を許される。寛平五年(八九三)正月、義子とともに女御となる。この時、従五位上。同八年六月三十日、二十一歳で卒した。時に従四位下。翌九年七月、醍醐の即位直後、皇太后と追尊され、同年十二月、忌日の六月三十日が国忌(こき)とされた。陵墓は小野陵(京都市山科区勧修寺北大日)。『延喜式』諸陵寮式に「山城国宇治郡小野郷に在り。陵戸は五烟。四至は東は百姓口分并びに勧修山を限り、南は小栗栖寺山并びに道を限り、西は檻尾山の岑を限り、北は松尾山尾并びに百姓口分を限る」とみえる。

藤原朝臣魚名　ふじわらのあそんうおな　七二一―七八三　八世紀後半の官人。北家房前の第五子で、母は房前の異母姉片野朝臣か。河(川)辺大臣ともよばれ、もと魚麻呂にも作る。天平二十年(七四八)二月、従五位下に昇叙、天平勝宝元年(七四九)十一月、宇佐八幡大神の入京に当って侍従の任にあって迎神使を命ぜられ、また同六年二月、来朝した唐僧鑑真らが、河内国守魚名の庁にいたったとされる。天平勝宝九歳五月、従五位上に昇叙、天平宝字二年(七五八)四月、備中守となり、同三年六月には正五位上に進み、十一月、上総守に任ぜられた。同五年正月、従四位下に昇叙され、藤原朝臣仲麻呂の乱鎮定直後の同八年九月、宮内卿となり、翌天平神護元年(七六五)正月、正四位下、翌二年十一月には従三位に昇叙されている。神護景雲二年(七六八)二月、大蔵卿で参議に起用され、翌三年八月にはさらに左京大夫を兼ねた。同四年八月、参議大蔵卿で但馬守を兼ね、光仁天皇即位・宝亀改元の同年十月朔に正三位に昇叙、翌宝亀二年(七七一)三月には大納言に昇任した。同五年九月、中務卿を兼ねたが、同八年正月、従二位に昇叙し、三月には魚名の曹司に行幸があり、三男の従六位上末茂に従五位下が授けられた。次いで十月、大納言近衛大将で大宰帥を兼ね、翌九年三月には内臣に任ぜられて近衛大将・大宰帥を兼ね、同月さらに忠臣と改称されたが、美称とみられる。同十年正月に内大臣に任ぜられ、天応元年(七八一)正月には正二位を授けられたが、右大臣大中臣朝臣清麻呂の致仕によって、同年六月に左大臣兼大宰帥に任ぜられた。しかし、翌二年六月、事に坐して左大臣を免ぜられ、大宰帥として赴任することになったが、摂津国で発病し、勅して摂津の別業で癒えるを待って進発させることにした。延暦二年(七八三)五月の勅で帰京を許され、同年七月二十五日、大宰帥正二位で薨じた。時に六十三歳。桓武天皇は同月末の詔で、本官の左大臣を贈り、延暦元年六月に下した解官の詔勅・官符はすべて焼却させている。なお『延暦僧録』には守真居士とみえる。

藤原朝臣氏雄　ふじわらのあそんうじお　九世紀中頃の官人。北家並人の子。園人の孫。承和五年(八三八)二月、縫殿頭任官が初見。時に従五位下。同七年三月、再び縫殿頭に任官、同年六月、石見守に転じ、同十三年七月、兵部少輔を経て、翌年正月、従五位上を授けられた。仁寿四年(八五四)正月、大蔵大輔となり、天安二年(八五八)正月、正五位下に昇進、同年二月に治部大輔に任ぜられた直後、大和守に転じ、以後国史にみえない。

藤原朝臣氏宗　ふじわらのあそんうじむね　八〇七(八一〇)—八七二　九世紀中頃の公卿。中納言葛野麻呂の七男。母は和気朝臣清麻呂の女。天長九年(八三二)上総大掾に任ぜられてから蔵人などを経て、承和五年(八三八)正月、従五位下に叙せられた。そののち、式部少輔・左近衛少将・右少弁・美濃守などを経て、同九年十月、陸奥守となる。その翌日、赴任賞として従五位上に叙せられていることから、任地へ赴いたことが判明する。同十三年二月、式部少輔となり、同十五年正月、正五位下、二月には春宮亮となる。嘉祥二年(八四九)二月、右中弁に任ぜられ、同三年正月、従四位下、同年四月、文徳天皇即位とともに蔵人頭となり、五月には右近衛中将、十一月には右大弁となる。仁寿元年(八五一)七月、宣旨により禁色を許され、十二月、参議となった。そののち検非違使別当を経て同三年正月、従四位上に叙せられ、左大弁・左近衛中将・左衛門督などを歴任。天安二年(八五八)八月に文徳が崩じると山作司となり、十一月五日、清和天皇即位告文を桓武天皇柏原山陵(京都市伏見区桃山町永井久太郎の地とされる)にもたらす使者となった。七日、即位すると正四位下に叙せられた。翌貞観元年(八五九)十一月、越階して従三位となる。同三年正月、中納言となり、同五年二月、右近衛大将、同六年正月には権大納言に昇進した。同七年六月、諸臣の意見奏状の中で要切のものを択んで施行するよう奏上した。同八年九月には伴宿禰善男配流報告のための山陵使を務め、十二月には左近衛大将となった。同九年正月、正三位、二月には大納言となる。同十一年二月、皇太子傅となり、四月、勅により藤原朝臣良相のあとをうけて行なっていた『貞観格』の撰を完了し奏進した。同十二年正月、右大臣となる。同十三年八月、同じく『貞観式』を奏進。同十四年二月七日、薨じた。六十三歳とも六十六歳ともいう。同日、贈正二位の勅書告身がもたらされたが、遺命により受けなかった。氏宗が晩年を過ごした東山の邸第は妻の尚侍藤原朝臣淑子によって円成寺(京都市左京区鹿ケ谷宮ノ前町付近にあった)が建立され、延喜六年(九〇六)には氏宗子孫の僧が寺中雑務を領知するよう太政官符が出されている。

藤原朝臣内麻呂　ふじわらのあそんうちまろ　七五六―八一二　八世紀末から九世紀初めの公卿。北家真楯の三男。母は阿倍朝臣帯麻呂の女。のち長岡大臣ともいう。天応元年(七八一)十月、従五位下に叙せられ、翌二年閏正月、甲斐守、延暦二年(七八三)右衛士佐、同四年、中衛少将に任ぜられ、越前介を兼ね、従五位上に叙せられ、同五年、正五位上・越前守となった。同六年五月、従四位下、同八年、右衛士督となり、越前守もとのごとく、同九年三月、内蔵頭を兼ね、同十一年、刑部卿を兼ね、右兵衛督・越前守はもとのごとくであった。同十三年、南家の従四位上藤原朝臣雄友におくれること四年にして参議となり、同十五年、従四位上、さらに正四位下、同十六年三月、近衛大将を兼ねた。同十七年、従三位雄友と同時に中納言となり、従三位に叙せられた。同十八年、造宮大夫民部卿和気朝臣清麻呂が薨去すると、同年四月、造宮大夫を兼ね、大同元年(八〇六)正三位雄友とともに大納言となり、正三位に叙せられ、初めて雄友を越えて右大臣に昇進、大同四年正月、従二位となった。弘仁三年(八一二)十月六日、薨去。同日、従一位左大臣を贈られた。時に五十七歳。延暦二十二年(八〇三)の『諸国交替式』編纂に当り検校とあり、桓武朝の格式編纂に当った。また興福寺のために不空羂索観音像と四天王像を造った。内麻呂は、若い時からおだやかな性格で誉高く、みながよろこび服したという。桓武・平城・嵯峨の三天皇に仕え、みな信重され、天皇の問うところがあれば、必ずしも天皇の気に入るような答えはせず、もしそれが容れられなくても、不快な顔をしなかった。枢機にあずかること十有余年、一つも誤りはなかったといわれる。昔、他戸(おさべ)親王は皇太子であった時、好んで家柄のよい人を傷めつけた。他戸は、乗ると必ずあばれる悪馬に内麻呂を乗らせ、内麻呂が傷つけられるのを見ようとした。しかし、その悪馬は内麻呂を見ると、頭をたれて動かず、鞭うたれて廻りめぐるのみであった。これを見た時の人は内麻呂を、普通の人とは異なる器の人物と思ったといわれる。

藤原朝臣宇比良古　ふじわらのあそんうひらこ　―七六二　八世紀中頃の上級官人。名は袁比良・袁比良売(女)にも作る。父は北家の祖房前で、従父兄に当る藤原朝臣仲麻呂(のち藤原恵美朝臣押勝)の室となって真先(まさき)を生み、また仲麻呂の政権を背後から支えた。天平感宝元年(七四九)四月、従五位上から正五位下に昇叙、同年改元後の天平勝宝元年(七四九)九月、従四位下に進められた。正倉院中倉にある大仏への献物牌(はい)には、藤原朝臣袁比良売とみえる。天平宝字四年(七六〇)正月、仲麻呂の第への行幸に当って、従三位から正三位に進められ、同年十二月の勅によって、尚侍・尚蔵の封戸・位田・資人を男性官人と同じく給することにしたのは、仲麻呂の室である宇比良古が尚蔵兼尚侍の座にあったためと推測できる。同六年六月二十三日、正三位尚蔵兼尚侍で薨じ、賻物(はぶりもの)を賜わった。その薨去は仲麻呂政権衰退の一因となった。

【参考文献】角田文衛「藤原袁比良」(『律令国家の展開』所収)

藤原朝臣宇合　ふじわらのあそんうまかい　六九四―七三七　八世紀初めの上級官人。不比等の第三子で、母は右大臣蘇我武羅自古(むらじこ。蘇我臣連子)の女石川朝臣娼子。式家の祖で、名はもと馬養に作る。慶雲三年(七〇六)十月、文武天皇の難波行幸に従った時の歌一首が『万葉集』にみえる(一―七二)。霊亀二年(七一六)八月、遣唐副使に任ぜられ、同月、正六位下から従五位下を特授され、養老元年(七一七)入唐、翌二年十二月に帰京した。同三年正月、正五位下に昇叙し、同年七月には常陸守正五位上で安房・上総・下総国を管轄する按察使(あぜち)となった。同五年正月、長屋王の右大臣就任に伴って一挙に正四位上に昇叙、神亀元年(七二四)四月、海道の蝦夷が反して陸奥国大掾が殺害されると、式部卿宇合は持節大将軍として征討に当った。同年十一月、その入京の途次、内舎人(うどねり)が近江国に遣わされて慰労をうけ、同月末に鎮狄将軍小野朝臣牛養らとともに入京している。翌二年閏正月に征夷の功で従三位・勲三等を授けられ、同三年十月には式部卿従三位で知造難波宮事となったが、この時期に詠じたとみられる歌一首(同三―三一二)がある。次いで神亀六年二月の長屋王の変に当って、式部卿宇合らは六衛の兵を率いて、長屋王の第を囲んでいるが、天平三年(七三一)八月には、ほかの五人とともに参議に起用されて議政官の座に就いた。同年十一月、畿内に惣管、諸道に鎮撫使が設けられると畿内副惣管となり、翌四年八月には西海道節度使に任ぜられて、在任中に警固式を作っている。同五年十二月、舎人親王らとともに、正月に薨じた正三位県犬養宿禰三千代の第に遣わされ、従一位を贈っている。翌六年正月、正三位に進み、同九年八月五日、参議式部卿兼大宰帥正三位で薨じた。時に四十四歳。『懐風藻』に五言詩四首と七言詩二首、『経国集』に棗賦一首がみえる。兄武智麻呂・房前のもとで、東奔西走の生涯であった。

藤原朝臣枝良　ふじわらのあそんえだよし　八四五―九一七　九世紀後半―十世紀初めの官人。緒嗣の子右兵衛督春津の八男。忠文の父。母は紀朝臣御依の女。元慶七年(八八三)二月、太皇太后宮少進となり、仁和三年(八八七)正月、従五位下に叙せられた。そののち中務少輔・同大輔・民部少輔を歴任し、寛平九年(八九七)正月、太皇太后宮亮に転じ、権右少弁・左少弁となり、同年七月、従五位上に叙せられた。昌泰二年(八九九)正月、讃岐守となる。延喜二年(九〇二)正月、右中弁、同三年正月、正五位下となる。同四年二月、春宮大進、同六年正月、同七年正月、修理大夫に任ぜられる。同十三年正月、従四位下に昇り、同年十月、春宮権亮、同十三年正月、従四位上に叙せられ、六十九歳で参議に就任した。そののち相模守・讃岐守を経て、延喜十七年(九一七)五月二十七日、卒した。時に修理大夫・讃岐守、七十三歳。

藤原朝臣大津　ふじわらのあそんおおつ　七九二―八五四　九世紀中頃の官人。北家内麻呂の第九子。良縄の父。身長は低かったが意気は高く、歩射をよくした。十八歳で大舎人大允となり、常陸大掾・右近衛将監を経て、天長三年(八二六)従五位下・備後守となる。以後大監物・散位頭・左馬助・信濃守・陸奥守・伊予守・備前守などを歴任。国司の治績はすぐれており、備後守としては声誉あり、民庶が恩を感じ、伊予守時代は豊稔で百姓が富んだという。承和九年(八四二)七月の承和の変では山城の宇治橋を守った。仁寿元年(八五一)十一月、正五位下、同五年十月九日、卒した。時に六十三歳。

藤原朝臣岳守　ふじわらのあそんおかもり　八〇八―八五一　九世紀前半の中級官人。南家三成の長子。母は藤原朝臣真夏の女。仁明天皇の東宮時代から近侍し重用されて内舎人となり、即位後、内蔵助・左馬頭・右近衛中将などを歴任、また美作守・近江守などを兼任して人民に慕われたが、栄達を望まず、仁寿元年(八五一)九月二十六日、散位・従四位下で卒した。四十四歳。年少より大学に遊び、史伝に渉り、また草隷を習い、承和五年(八三八)大宰少弐として赴任した時、『元白詩筆』を得て奏上したという。

藤原朝臣興邦　ふじわらのあそんおきくに　八二一―八六三　九世紀中頃の中級官人。北家常嗣の子。母は藤原朝臣緒嗣の女。承和年中(八三四―八四八)内舎人から右衛門少尉・同大尉、また近江大掾・備前掾と累進、斉衡二年(八五五)正月、従五位下に叙せられ、その後、図書頭・右衛門佐・内蔵権頭・東宮大進・同亮、また筑前守などを歴任、清和天皇の受禅・即位に伴い正五位下に昇ったが、貞観五年(八六三)正月五日、従四位下・内蔵権頭で卒した。四十三歳。

藤原朝臣興範　ふじわらのあそんおきのり　八四四―九一七　九世紀後半―十世紀初めにかけての公卿。『延喜格』の撰者の一人。字は常生。式家縄主の曾孫で、正世の九男。

母は山背氏。貞観十五年(八七三)文章生となり、同十九年、官途について大宰少監、以後、大舎人大允、治部・民部・式部の少丞などを経て、仁和三年(八八七)従五位下・掃部頭に叙任され、筑前守を兼帯。そののち豊前守・大宰少弐などを兼ねて、昌泰三年(九〇〇)右中弁。延喜二年(九〇二)大宰大弐となり赴任する。同七年十一月に奏上された『延喜格』の序には「左京大夫従四位下」とみえる。同九年、式部大輔を経て、同十一年二月、参議に列し、同年四月、大宰大弐を兼任、同年九月、殿上に召されて給銭に与り、正四位下に昇叙された。同十六年には弾正大弼、同十七年には近江守を兼任したが、同年十一月一日、在官のまま卒した。七十四歳。碩儒大蔵伊美吉善行の門下で、延喜元年の藤原朝臣時平第における師の七十賀に和した詩が『雑言奉和』に収められている。

藤原朝臣小黒麻呂 ふじわらのあそんおぐろまろ 七三三—七九四 八世紀後半の公卿。北家鳥養の二男。母は大伴宿禰道足の女。天平宝字八年(七六四)藤原朝臣仲麻呂の乱後、従五位下・伊勢守に叙任され、式部少輔・中衛少将・左京大夫・右衛士督、また上野・出雲・常陸守などを経て、宝亀十年(七七九)十二月、参議に列し、翌年、持節征東大使として東下、蝦夷征討に当り、この間陸奥按察使(あぜち)・兵部卿・民部卿を兼帯、翌天応元年(七八一)八月、入京し、特に正三位に叙せられた。必ずしも功が挙がらず、責を副使大伴宿禰益立に負わせたともいう。光仁天皇の葬儀の御装束司となり、また誄(しのびごと)を奉る。延暦三年(七八四)正月、中納言、同九年二月、大納言に任ぜられ、中務卿・皇后宮大夫・美作守をも兼帯。同三年、長岡京造営の、同十二年、平安京造営の相地役や、同四年、早良(さわら)親王廃太子の時、山科山陵使、同七年、夫人藤原朝臣旅子の喪事の監護、同八年、中宮高野朝臣新笠(桓武天皇生母)、同九年、皇后藤原朝臣乙牟漏葬儀の山作司など、桓武天皇初期政治に重任を果たした。延暦十三年、特に正倉院の雑薬を給せられたが、七月一日、薨じた。六十二歳。従二位を追贈される。女の上子は桓武の皇女滋野内親王の母。

【参考文献】 高橋崇『坂上田村麻呂』(『人物叢書』)

藤原朝臣緒嗣 ふじわらのあそんおつぐ 七七四—八四三 九世紀前半の公卿。式家百川の子。母は伊勢直大津の女。父百川が桓武天皇擁立の功臣であったため、緒嗣は早くから桓武の特別の恩寵を受けた。延暦七年(七八八)殿上に召されて加冠され、正六位上内舎人に任ぜられたのを最初として、同十年、従五位下・侍従、同十二年、中衛少将、同十五年、常陸介・内廏頭を兼ね、次いで衛門佐に遷任、同十六年、内蔵頭を経て衛門督に任ぜられ、次いで出雲守を兼ね、翌十七年、造西寺長官を兼任、同二十年、右衛士督に転じ、同二十一年、参議に任ぜられるなど急速な昇進を遂げた。同二十三年、兼山城守、大同元年(八〇六)兼但馬守。同年の観察使設置に伴い山陰道観察使・畿内観察使に任ぜられ、同二年、兼左大弁、同三年、兼刑部卿から東山道観察使兼陸奥出羽按察使(あぜち)。弘仁元年(八一〇)右兵衛督に任ぜられ美濃守を兼ね、次いで右衛士督(右衛門督)に遷任。同三年に近江守、同五年に宮内卿、同七年に河内守を兼ね、同八年には中納言。同九年、民部卿を兼ね、同十二年、大納言。同十四年、兼東宮傅。天長二年(八二五)右大臣に任ぜられ、同九年、左大臣に転じ、同十年に正二位に昇った。天長三年七月の冬嗣の薨去以来、緒嗣が承和十年(八四三)七月二十三日に七十歳で薨ずるまでの十七年間にわたり台閣筆頭の座にあった。政策面では、延暦二十四年に菅野朝臣真道と政治の得失を論じ、征夷と造都の中止を建言したことに代表されるように民生と地方政治の安定に努め、観察使制も緒嗣が推進したとされる。大同年間(八〇六—八一〇)には、畿内観察使として畿内諸国の事力(じりき)の停止、東山道観察使兼按察使として軍毅職田の給付、国司鎮官の年粮舂運と担夫への運粮賃加給などを献策し、またこのときの経験に基づき弘仁十三年(八二二)には駅戸への借貸・口分田給付による駅制の維持を、同十四年には淳和天皇践祚の大嘗会に際して人民の疲弊を理由として冗費を省くことを奏上するなど、現地官人の待遇改善や民生安定策を多く発議している。また天長元年には賢徳の人を登用することを奏上するなど、平安初期の「良吏」による地方政治を推進した中心人物の一人であった。『日本三代実録』所載の薨伝によれば、政術に暁達し国の利害に関しては知って奏せざることはなかったが、反面先人の談を偏信して後人の説を容れぬかたくななところがあり、そのため他の批判を受けるところがあったという。『公卿補任』承和十年条には、号して山本大臣と称し、当時第一の富人といわれたとある。また、墓は法性寺の巽(東南の間)にあり、今は観音寺と号すとある。『元亨釈書』によれば、緒嗣は斉衡三年(八五六)に法輪寺(現在の泉涌寺。京都市東山区泉涌寺山内町)を建立したと伝えるが、その寺の北にある観音寺が墓地か。この寺も、緒嗣が天長年間(八二四—八三四)に伽藍を造立したという伝えがある。なお、在官中『日本後紀』『新撰姓氏録』の編纂に関与している。薨後、従一位を追贈された。

【参考文献】佐伯有清『新撰姓氏録の研究』研究篇、阿部猛「平安初期の一貴族の生涯—藤原緒嗣小伝—」(『平安前期政治史の研究』所収)、林陸朗「藤原緒嗣と藤原冬嗣」(『上代政治社会の研究』所収)

藤原朝臣弟貞　ふじわらのあそんおとさだ　—七六三　八世紀中頃の賜姓皇族。高市皇子の孫。長屋王の子。母は藤原朝臣不比等の女長娥子(ながこ)。初め山背王と称した。神亀六年(七二九)二月の長屋王の変のとき、その母が不比等の女であるという理由で兄妹とともに罪を赦され、天平十二年(七四〇)十一月、特に皇孫の蔭を適用されて無位から従四位下に叙せられた。同十八年九月、右大舎人頭。天平勝宝八歳(七五六)五月、聖武太上天皇の葬儀の山作司を務め、大安寺に遣わされて『梵網経』を講じさせた。時に出雲守。同九歳五月、従四位上に昇叙、六月、但馬守に任ぜられたが、直後に橘朝臣奈良麻呂らの謀反の企てを密告し、その功により七月、従三位に越階昇叙、八月、母方の藤原朝臣の氏姓を賜わり、名を弟貞と改めた。このことから藤原朝臣仲麻呂の信用を得て、天平宝字四年(七六〇)正月、但馬守で坤宮(紫微中台)大弼に任ぜられ、六月、光明皇太后の葬儀の装束司となった。同六年十二月、孝謙太上天皇と対立関係に陥った仲麻呂の政権補強策の一翼を担って参議に任ぜられたが、翌七年十月十七日、薨じた。時に参議礼部(治部)卿。

【参考文献】角田文衛「不比等の娘たち」(『律令国家の展開』所収)

藤原朝臣乙縄　ふじわらのあそんおとただ　—七八一　八世紀後半の官人。南家豊成の第三子。母は路真人虫麻呂の女。名を弟縄にも作る。天平勝宝九歳(七五七)七月、橘朝臣奈良麻呂らの謀反が発覚したとき、奈良麻呂と親交があったため、その逆党であるとして日向員外掾に左遷され、父豊成も右大臣を免ぜられた。天平宝字八年(七六四)九月、藤原朝臣仲麻呂の乱で豊成は右大臣に復し、乙縄も乱終結後、従五位下に叙せられた。天平神護三年(七六七)二月、大蔵大輔、十二月、大判事となって神護景雲二年(七六八)正月、従五位上に昇叙。同四年八月、従四位下に昇叙され、九月、土佐守、次いで間もなく美作守となり、宝亀三年(七七二)四月、弾正尹に任ぜられ、五月、下総守を兼ねた。同九年正月、従四位上に叙せられ、翌十年九月、刑部卿で参議に任ぜられたが、桓武天皇が即位した直後の天応元年(七八一)六月六日、卒した。

【参考文献】高島正人「奈良時代中後期の藤原南家」(『奈良時代諸氏族の研究』所収)

藤原朝臣乙友　ふじわらのあそんおととも　八世紀後半の下級貴族官人。名は弟友にも作る。南家是公の三男。母は橘宿禰佐為(さい)の女麻通我(まつが)。延暦三年(七八四)閏九月、父右大臣是公の田村第に行幸があって宴飲の際に従五位下を授けられ、翌四年正月、侍従に任ぜられた。その後、宮内少輔・侍従を経て、同十年正月、大判事兼侍従となった。『尊卑分脈』によると、従五位上に昇叙し、阿波守に任ぜられたらしい。

藤原朝臣乙麻呂　ふじわらのあそんおとまろ　―七六〇　八世紀中頃の上級官人。南家武智麻呂の第四子。母は大納言紀朝臣麻呂の女。名を乙万呂・弟麻呂にも作る。天平九年(七三七)九月、従六位上から従五位下に叙せられた。以後越前守・兵部少輔・同大輔を歴任し、同十九年正月、従五位上に叙せられた。自宅に写経所を設け、同二十年十月には東大寺写経所から『一切経』目録を借用している。時に造宮少輔。天平勝宝元年(七四九)十一月、正五位上に叙せられ、翌二年三月、大宰少弐に任ぜられたが、ここで宇佐八幡と何らかの関わりを持ったらしく、十月には八幡大神の教により一躍従三位に叙せられ、大宰帥に任ぜられた。しかしその職掌は二年にして解かれ、同九歳六月、橘朝臣奈良麻呂の乱の直前、美作守となり、天平宝字三年(七五九)十一月、武部(兵部)卿に任ぜられ、藤原朝臣仲麻呂の政権に加えられたものの、翌四年、光明皇太后を佐保山に葬った同じ日の六月十七日に薨じた。

【参考文献】　高島正人「奈良時代中後期の藤原南家」(『奈良時代諸氏族の研究』所収)、木本好信「仲麻呂政権下における南家の動向」(『藤原仲麻呂政権の研究』所収)

藤原朝臣乙牟漏　ふじわらのあそんおとむろ　七六〇―七九〇　桓武天皇の皇后。式家良継の子。母は尚侍阿倍朝臣古美奈。平城・嵯峨両天皇と高志内親王の母。桓武天皇の東宮時代に妃となり、宝亀五年(七七四)安殿(あて)親王(のちの平城天皇)を生む。桓武の即位により延暦二年(七八三)二月、無位から正三位に叙せられて夫人となり、同年四月、皇后に冊立された。同五年、賀美能親王(のちの嵯峨天皇)を生む。同九年閏三月十日、病により崩じた。時に三十一歳。誄(しのびごと)を奉り、天之高藤広宗照姫之尊の諡号を贈られ、山城国乙訓郡長岡山陵(京都府向日市寺戸町大牧の円墳が陵墓とされる)に葬られた。大同元年(八〇六)皇太后、次いで太皇太后を追贈され、毎年、荷前(のさき)の班幣に与る。

藤原朝臣雄友　ふじわらのあそんおとも　七五三―八一一　八世紀末―九世紀初めの公卿。南家乙麻呂の孫。是公の第二子。母は中宮大夫橘宿禰佐為の四女尚蔵従三位真都我(まつが)。延暦二年(七八三)正月、従五位下を授けられ、二月には美作守に任ぜられた。同四年正月、美作守に兵部少輔を兼任。同年八月、従五位上に加階され、九月にはさらに左衛士権督を兼帯する。同五年正月、正五位上に昇り、二月には兵部大輔兼左衛士督となる。同六年五月、従四位下に昇進。同七年七月には、前官のまま左京大夫を兼ね、同八年二月にはさらに播磨守を兼ねる。同九年二月、参議となり、同年閏三月には皇后の御葬司に任ぜられる。同十五年七月、正四位下に叙せられ、十二月には中衛大将を兼ねる。同十六年二月、大宰帥となり、同十七年、従三位・中納言となる。同十八年二月、中務卿を兼ねるが、六月には民部卿の兼任となる。同二十三年十月、正三位に昇る。同二十五年三月、桓武天皇の崩御に際し、御装束司となり、同年四月には誄(しのびごと)を奉っている。同月、大納言を拝した。しかし、大同二年(八〇七)伊予親王の変において、親王の舅であることをもって伊予国に流された。弘仁元年(八一〇)九月、罪を許され本位正三位に復し、弾正尹に任ぜられた。同二年四月、宮内卿となるが、四月二十三日、薨じた。時に年五十九。即日大納言を贈られた。温和な性格で、みだりに喜怒を表わさず、また、容姿もよく、声も清朗で、賀正宣命にいたっては、雄友を推して師となしたという。

藤原朝臣緒夏　ふじわらのあそんおなつ　―八五五　嵯峨天皇の夫人。北家内麻呂の女。嵯峨の即位に伴い、弘仁元年(八一〇)十一月、無位から従五位上、さらに同三年正月、従四位下に叙せられ、同六年七月十三日に夫人に立てられ、翌々日、従三位を授けられた。弘仁三年に父をうしなって庇護をなくし、また子女をもうけなかったために栄達せずに終わった。斉衡二年(八五五)十月十一日に薨去。正二位を追贈された。

藤原朝臣小湯麻呂　ふじわらのあそんおゆまろ　―七六四　八世紀中頃の官人。南家仲麻呂の第五子。名を小弓麻呂・湯麻呂にも作る。天平宝字二年(七五八)頃、父仲麻呂らとともに氏名のなかに恵美の二字を加えられ、藤原恵美朝臣と称した。翌三年六月、正六位上から従五位下に叙せられ、同八年正月、従五位上に昇叙。仲麻呂の伝によれば、その兄弟とともに衛府や関国司に任ぜられたとあるが、具体的なことは明らかでない。同年九月に起こった仲麻呂の乱では父と行動をともにし、十八日、近江国勝野の鬼江(滋賀県高島郡高島町勝野)で捕えられて斬られた。

【参考文献】岸俊男『藤原仲麻呂』(『人物叢書』)

藤原朝臣雄依　ふじわらのあそんおより　八世紀後半の官人。北家永手の第三子。母は式家良継の女。名を小依にも作る。天平神護三年(七六七)正月、正六位上から従五位下に叙せられ、右衛士督・内豎少輔・備前守などを歴任し、神護景雲三年(七六九)二月、父永手の第に行幸の時、従五位上を賜わった。光仁朝が成立した宝亀元年(七七〇)十月、正五位下に叙せられ、翌二年閏三月、内廏頭で備前守を兼ねた。同五年正月、正五位上に昇叙、次いで右衛士督・播磨守を経て同七年三月、左京大夫に任ぜられ、翌八年正月、従四位下に昇叙、同九年二月、讃岐守、さらに侍従を兼ね、同十一年二月、宮内卿に昇進した。天応元年(七八一)四月、桓武天皇即位の日、従四位上に叙せられ、延暦四年(七八五)五月には大蔵卿、同年八月、正四位下に昇叙されたが、九月に起こった藤原朝臣種継暗殺事件に連坐して隠岐に流された。同二十四年、赦されて入京し、同二十五年三月、本位の従四位上に復されたが、以後の消息は不明。

【参考文献】高島正人「奈良時代中後期の藤原北家」(『奈良時代諸氏族の研究』所収)、北山茂夫「藤原種継事件の前後」(『日本古代政治史の研究』所収)

藤原朝臣楓麻呂　ふじわらのあそんかえでまろ　―七七六　八世紀中頃の上級官人。北家房前の第七子。母は阿波采女(粟凡直若子)。名を楓万呂にも作る。天平宝字二年(七五八)正月、正六位上で西海道問民苦使となり、八月、従五位下に叙せられ、九月、民の疾苦二十九件を上申した。さらに同四年正月、文部(式部)少輔で東海道巡察使となる。同八年九月、藤原朝臣仲麻呂が乱を起こすと追討に当り、乱後の十月、美濃守に任ぜられ、天平神護元年(七六五)正月、勲四等を賜わった。同年七月、右兵衛督に任ぜられ、以後、大宰大弐・右大弁・信濃守を歴任し、神護景雲四年(七七〇)八月、従四位下で称徳天皇の大葬の御装束司を務める一方、道鏡の下野国下向を促す任にも当った。時に弾正尹。同月、伊勢守。同年十月、従四位上。宝亀二年(七七一)五月、右衛士督で讃岐守を兼ね、十一月、正四位下に叙せられ、同三年四月、参議に任ぜられた。同五年正月、従三位に昇進、翌六年十一月、大蔵卿で摂津大夫を兼任したが、同七年六月十三日、薨じた。

【参考文献】高島正人「奈良時代中後期の藤原北家」(『奈良時代諸氏族の研究』所収)

藤原朝臣梶長　ふじわらのあそんかじなが　大舎人頭正六位上諸貞の次男。兄に参議従四位上行式部大輔貞守がいる。元慶二年(八七八)三月、出羽国で俘囚が反乱を起こすに際し(元慶の乱)、陸奥大掾であった梶長は押領使に任ぜられ、兵三千を率いて出羽国に救援に赴き、出羽権介藤原朝臣統行・同権掾小野朝臣春泉・文室真人有房らと同国兵二千を率いて賊徒に対したが、同年四月、秋田河(雄物川)の付近で強力な賊衆の急襲にあって敗れた。梶長は、五日も食べず深く草の間に隠れ、賊の去った後、ひそかに山道を徒歩で陸奥国に逃げ帰ったという。

藤原朝臣縵麻呂　ふじわらのあそんかずらまろ　七六八―八二一　八世紀末―九世紀初めの官人。式家種継の第二子。母は鴈高宿禰佐美麻呂の女。延暦四年(七八五)九月、父種継が暗殺されたあと、同年十一月、安殿(あて)親王(のちの平城天皇)立太子の日に兄仲成とともに正六位上から従五位下に叙せられた。翌五年正月、皇后宮大進に任ぜられ、その後、相模介から相模守、さらに大判事で因幡守を兼ね、同二十三年正月、正五位下から正五位上となり、次いで豊前守に任ぜられた。平城朝の大同三年(八〇八)五月、従四位下美濃守で大舎人頭となり、弘仁二年(八一一)五月、大舎人頭に任ぜられたが、以後、同十二年九月二十一日、五十四歳で卒するまでの消息は明らかでない。卒伝によれば、その性愚鈍にして書記に便ならず、大臣の後胤たるをもって内外の職を経歴したが、名を成すところなく、ただ、酒色をのみ好んで他の考えはなかったという。

藤原朝臣葛野麻呂　ふじわらのあそんかどのまろ　七五五—八一八　八世紀末—九世紀初めの公卿。北家小黒麻呂の長子。母は従四位下秦忌寸嶋麻呂の女。延暦四年(七八五)正月、従五位下に叙せられる。同五年九月に摂津班田次官、同六年二月に陸奥介、同十年七月に少納言、同年十一月に右少弁に任ぜられ、同十二年九月には新京宅地班給の任に当る。同十三年正月、従五位上に進階され、二月に春宮亮を兼ね、三月に左少弁を兼ね、十月には正五位下を授けられた。同十四年二月に右中弁となり、七月には左中弁に転じる。同十五年四月、従四位下に叙せられた。同十六年二月、右大弁に春宮大夫・伊与守を兼ね、同十八年正月、大宰大弐となる。同二十年八月、遣唐大使に任ぜられ、右大弁・越前守を兼ねた。同二十二年四月、辞見し、節刀を授けられ進発するが、暴風雨に遭い、途中で引き返した。同二十三年正月、従四位上に叙せられ、三月、節刀を授けられ、再び唐に向かい、八月に到着。同年十二月、徳宗に謁見し、翌二十四年六月に帰朝した。この間、同年正月に刑部卿に任ぜられている。同年七月に節刀を返上し、唐国答信物を献上。同月、従三位に昇叙、同二十五年二月、春宮大夫に任ぜられた。同年三月、桓武天皇崩御に際しては、御装束司を務めた。翌四月、参議となり、式部卿を兼ねる。同年五月、東海道観察使、大同三年(八〇八)二月、中納言となる。翌四年三月、正三位に昇り、四月には皇太弟傅を兼ねる。弘仁元年(八一〇)九月、藤原朝臣薬子の変に際しては、平城上皇を諌めたが、聞きいれられず、変後、薬子との姻戚関係をもって重罪を科せられるところを許された。同二年正月、渤海使の接待にあたる。同三年九月、辞職を願い出た右大臣藤原朝臣内麻呂第に勅使として派遣された。同年十二月、民部卿を兼ねる。『弘仁格式』の編纂に加わっていたが、その完成をみることなく、弘仁九年(八一八)十一月十日、六十四歳で薨じた。

藤原朝臣門宗　ふじわらのあそんかどむね　九世紀後半の官人。民部少輔従五位下浜雄の子。母は中納言従三位藤原朝臣乙叡(たかとし)の女。貞観八年(八六六)二月、散位従五位下であったが刑部少輔に任ぜられ、以後、春宮亮・備後権介・次侍従・右近衛少将・播磨権介を歴任し、同十九年正月、従五位上から正五位上に、さらに同年十一月、左近衛少将兼播磨権介として従四位下に昇叙された。その後、左京権大夫・右馬頭・肥後権守などを歴任し、元慶八年(八八四)二月、従四位上に昇った。なお、元慶四年の大極殿落成の際の大原野社(京都市西京区大原野南春日町)への報賽の奉幣使や、仁和二年(八八六)八月の伊勢内親王行禊次第司の行禊陪従なども務めている。

藤原朝臣佳美子　ふじわらのあそんかみこ　—八九八　光孝天皇の女御。元慶八年(八八四)六月、女御となる。時に従四位下。仁和三年(八八七)正月、正四位下を授けられ、昌泰元年(八九八)七月、従三位で薨じた。その父母は伝わらないが、藤原朝臣基経の女で清和天皇女御の佳珠子と名が類似すること、光孝の即位直後に女御になりえたということから、佳美子も、当時、事実上の関白であった基経の女とみる説がある。

【参考文献】角田文衛「藤原高子の生涯」(『王朝の映像』所収)

藤原朝臣辛加知　ふじわらのあそんから

かち ―七六四 八世紀中頃の官人。南家仲麻呂の第七子という。天平宝字二年(七五八)八月、父仲麻呂らとともに藤原恵美朝臣の氏姓を賜わり、同五年正月、従五位下に叙せられ、十月、左虎賁衛(左兵衛府)督、同八年正月、越前守に任ぜられた。翌二月の東大寺領越前諸荘券に同守従五位下の署があり、同年九月、父の反乱に際し、任国で殺された。

藤原朝臣吉子 ふじわらのあそんきっし ―八〇七 桓武天皇の夫人。伊予親王の母。南家是公の女。大納言雄友(おとも)の妹。延暦二年(七八三)二月、従三位に叙せられ、桓武の夫人となる。大同二年(八〇七)十月、北家藤原朝臣宗成が伊予親王に謀反を勧めたことが発覚、翌十一月、吉子は坐して親王とともに捕えられ、川原寺(奈良県高市郡明日香村川原)に幽閉され、飲食を断たれたので同月十二日、親王とともに毒薬を仰いで自殺した。時の人はこれを哀れんだという。『延喜式』諸陵寮式によると、墓は山城国葛野郡大岡郷(京都市西京区樫原・御陵付近)にあり、大岡墓と称された。この事件は式家藤原朝臣仲成が宗成をあやつって、平城天皇とその側近に対立する勢力を排除し、皇太弟神野親王(のちの嵯峨天皇)の勢力を押えようとした陰謀事件とみられている。大同五年(八一〇)七月、嵯峨天皇は伊予親王のために十僧、吉子のために二十僧を得度せしめた。また、承和六年(八三九)九月、本位の従三位、翌十月には祟があるとの理由で従二位を追贈された。のち貞観五年(八六三)五月、神泉苑の御霊会(ごりょうえ)に際し、その霊を加え祭られた。

【参考文献】 目崎徳衛『平安文化史論』、高島正人『奈良時代諸氏族の研究』

藤原朝臣清河 ふじわらのあそんきよかわ 八世紀中頃の遣唐大使。北家房前の第四子。母は房前の異母妹従四位下片野朝臣。天平十二年(七四〇)十一月、従五位下に叙せられ、中務少輔・大養徳守を経て天平勝宝元年(七四九)参議となる。時に従四位下。翌二年九月、参議民部卿で遣唐大使に任ぜられ、同四年閏三月、節刀を賜わり、正四位下に叙せられ、次いで副使大伴宿禰古麻呂・吉備朝臣真備らと入唐の途についた。『万葉集』に、この間における入唐大使清河の歌二首を収める(一九―四二四一・四二四四)。唐では明州・越州を経て長安に入り、玄宗に謁見した。玄宗は清河らの態度作法を賞讃し、大使・副使の肖像を描かせて秘庫に納め、清河に特進(正二品)を授けた。唐における行事を終え、唐朝の官人となっていた留学生阿倍朝臣仲麻呂を伴って帰途につき、唐の天宝十二年(天平勝宝五・七五三)十一月、遣唐船四隻の第一船に仲麻呂とともに乗り、蘇州を出帆した。なお、清河らは十月にひそかに延光寺にいたり、鑑真に東航を承諾させたが、この時、鑑真・思託らは第二船に同乗し来日している。第一船は阿児那波(沖縄とみられる)まできたところで逆風に遭い、安南の驩州に吹き戻され、現住民のために乗員多数が殺害されたが、清河・仲麻呂らは脱出して長安に戻った(七五五年頃)。再入唐後の清河は唐朝に仕え、名を河清と改め、官は秘書監(従三品相当)にいたっている。一方、日本の朝廷では清河を迎えるため、天平宝字三年(七五九)高元度を大使とする迎入唐大使使を派遣し、元度らは渤海を経て入唐したが、玄宗は清河を寵愛し、安史の乱で路次不穏であることを理由に清河の帰国を認めなかった。この時、清河は涙を流して悲しんだという。こののち、清河は渤海・新羅を通じて日本に消息を送り、また朝廷も渤海および遣唐使に託して帰国を勧める書状や砂金などを送る一方では、文部(式部)卿・仁部(民部)卿・常陸守・従三位などに叙任している。しかし清河は帰国することなく唐で薨じた。宝亀十年(七七九)従二位、延暦二十二年(八〇三)正二位、承和三年(八三六)従一品を贈られている。その没年について『日本紀略』延暦二十二年三月丁巳条の贈位記事に、「遂に大暦五年(七七〇)正月を以て薨ず。時に年七十三」とあるが、これは阿倍朝臣仲麻呂に関する記事とみられるのでとることはできず、清河の最後の書状が、宝亀五年三月に来日した新羅使によって齎されていること、『続日本紀』宝亀十年二月乙亥条に、遭難して再入唐後「十余年」で没したとあることなどから、七七三年(宝亀四・唐大暦八)頃と推測されている。また生年については、すぐ上の異母兄真楯(七一五年生)と叙爵が同年であるところから、霊亀元年(七一五)頃とみられる。なお清河は再入唐後、唐の女性との間に女喜娘をもうけ、喜娘は清河の死後来日している。清河の子女について、『尊卑分脈』には女子、前田家本『帝皇系図』所引の「藤氏系図」には人数朝臣(母藤原朝臣宇合女、従三(ママ)位)・唐吾公の二名が記されている。

【参考文献】長野正「藤原清河伝について」(和歌森太郎先生還暦記念論文集編集委員会編『古代・中世の社会と民俗文化』所収)

藤原朝臣清経　ふじわらのあそんきよつね　八四六―九一五　十世紀初めの公卿。北家長良の六男。基経の同母弟。母は贈太政大臣総継の女。貞観八年(八六六)正月、右衛門少尉に任ぜられ、同九年正月、大尉に転じる。同十一年正月、従五位下を授けられ、二月、春宮大進に任ぜられた。同十八年十二月、右近衛権少将となる。同十九年正月、従五位上に進階され、左近衛権少将に転じ、四月には禁色を聴される。元慶二年(八七八)正月、播磨介を兼ね、同五年三月、右近衛少将となり、七月、備中守を兼ねる。同六年正月、正五位下に叙せられ、同七年二月、讃岐介を兼ねる。仁和二年(八八六)正月、従四位下に昇叙され、同三年二月、兼周防権守、寛平三年(八九一)四月、右近衛中将、同四年正月、兼伊勢権守、同五年二月、左近衛中将などの官を歴任し、同六年正月には従四位上を授けられた。同九年正月、兼備中守、五月、兼太皇太后宮大夫、十二月、兼右兵衛督となる。昌泰三年(九〇〇)二月、参議に任ぜられ、延喜四年(九〇四)正月、正四位下に叙せられた。同八年正月、右衛門督にうつされる。同九年四月、備前権守を、同十四年正月には讃岐守を兼ねる。同十五年正月、従三位に昇るが、その年の五月二十二日、年七十にして薨じた。清経は、延喜六年閏十二月の日本紀竟宴に出席し、その時の歌が一首残されている。

藤原朝臣清成　ふじわらのあそんきよなり　七一六―七七七　式家種継の父。名を浄成にも作る。『尊卑分脈』によれば、式家宇合の第三子。母は従四位上高橋笠(間脱カ)朝臣の女阿禰娘。宝亀八年(七七七)九月に没し、時に六十二歳とあるが、没年・享年は誤りであろう。『類聚国史』天長八年(八三一)三月条の藤原朝臣世嗣の卒伝に無位清成の孫とあるので、無位のまま終わったのであろう。

藤原朝臣薬子　ふじわらのあそんくすこ　―八一〇　式家種継の女。兄の仲成と共謀し、いわゆる平城上皇の変、薬子の変をもたらしたとされる。『続日本紀』天平宝字四年(七六〇)正月四日条に、女孺として無位から従五位下に叙せられたと記されている「藤原朝臣薬子」があるが、その年には父の種継が二十四歳であったので、この薬子のこととは考えられない。薬子は藤原朝臣縄主の妻で、三男二女があった。長女が、延暦十七、八年(七九八―七九九)頃、皇太子安殿(あて)親王(のちの平城天皇)の妃となる。これをきっかけに薬子は皇太子に近づき、寵愛されて東宮坊宣旨となり正式に皇太子のもとに出仕したが、醜聞を嫌った桓武天皇により放逐された。大同元年(八〇六)五月、平城が即位すると、召されて後宮に戻り、典侍、次いで尚侍に任ぜられた。巧みにとりいったのでその寵愛ぶりは大変なもので、いうことはすべて聴き入れられ、側近であることを利用して何もかも思いどおりになるような状態であった。この間、大同三年十一月、従四位下から正四位下に、同四年正月、従三位に昇り、ほどなく正三位に昇進。大同四年の春から平城は病気になり、嵯峨天皇に譲位し、居を平城古京に遷した。薬子は常に平城太上天皇の側に侍り、威権をほしいままにし、太上天皇の名を借りて好き勝手にふるまい、朝廷が二所あるような状態になっていたが、嵯峨も太上天皇に遠慮して薬子の悪事をどうすることもしないでいた。しかし、平城古京への遷都を太上天皇が決定するに及んで、弘仁元年(八一〇)九月十日、嵯峨により官位を剝奪され、宮中から追放されることとなった。そしてそれまでのいきさつが桓武の柏原陵に報告された。十一日、平城太上天皇はこのことを聞いて怒り、兵を発した。薬子は太上天皇と同じ輿で東国に入ったが、兄仲成はこの日、宮中で射殺された。太上天皇側の軍は態勢も整わない有様で、十二日、平城京に戻った太上天皇は剃髪入道し、薬子は毒を飲んで死んだ。史料が伝える薬子は、平城太上天皇を操った奸臣で、平城遷都も太上天皇の意志ではなかったとされ、すべての責任を負わされている。しかし、それは平城太上天皇に傷をつけないという配慮をしたためであって、事件の原因は薬子の個人的な資質に帰せられるべきではなかろう。

【参考文献】 黛弘道『古代史を彩る女人像』

藤原朝臣久須麻呂 ふじわらのあそんくずまろ ―七六四 八世紀中頃の公卿。名を訓儒麻呂・葛万呂にも作る。また法号を浄弁という。南家武智麻呂の孫。仲麻呂の子。母は藤原朝臣房前の女袁比良。朝獦(あさかり)・小湯麻呂らの兄。天平宝字二年(七五八)正月、正六位下で東海・東山道問民苦使となる。同年八月、父仲麻呂とともに藤原恵美朝臣の氏姓を称した。同月、従五位下。同三年五月、美濃守、同年六月、従四位下。同四年六月、光明皇太后大葬の装束司、同五年正月、大和守。同六年八月当時、左右京尹(長官)、十二月に参議となり、翌七年四月、丹波守を兼任した。父の権勢を背景に異例の昇進を遂げたが、同八年九月、父の反乱に際し、中宮院の鈴印を奪おうとして射殺された。久須麻呂は父の写経事業の一環として天平勝宝年間(七四九―七五七)から写経を行なっているが、左右京尹在職中、自宅に写経所を有し、死の直前まで写経を行なっていたことが知られる。また『万葉集』に大伴宿禰家持との贈答歌七首、うち久須麻呂の報歌二首(四―七九一・七九二)がみえ、家持の女に求婚し、断わられたことが知られる。作歌年代は家持が越中国に赴任する天平十八年(七四六)六月以前とされている。

【参考文献】 薗田香融「恵美家子女伝考」(『史泉』三二・三三)、岸俊男『藤原仲麻呂』(『人物叢書』)、高島正人『奈良時代諸氏族の研究』

藤原朝臣国経 ふじわらのあそんくにつね 八二八―九〇八 九世紀末―十世紀初めの公卿。北家長良の長男。母は従五位下難波淵子。天安二年(八五八)十月、蔵人に補せられる。貞観元年(八五九)十一月、左衛門大尉・正六位上であったが、従五位下に叙せられた。同三年正月、備後権介、同四年正月、播磨介、同五年二月、兼侍従、同八年正月、右兵衛権介などを歴任し、同九年正月、従五位上に進んだ。同十三年正月、備後権介、同十六年正月には播磨介を兼ねた。同十七年正月、正五位下、同十九年正月には従四位下に叙せられ、同月、左馬頭に任ぜられ、二月には蔵人頭に補せられた。元慶二年(八七八)二月には中宮大夫を兼ね、翌三年十一月には従四位上に叙せられる。なお、この年の八月には、送伊勢内親王使を務めた。同六年正月、皇太后宮大夫となり、二月、参議に任ぜられ、前官をそのまま兼任。同年三月には正四位下を授けられる。同七年正月、備中守、同九年正月、播磨守、仁和五年(八八九)正月、近江権守を兼ねる。なおこの間、元慶七年八月・仁和二年八月には伊勢内親王行禊の陪従を務めている。寛平六年(八九四)正月、従三位に昇叙される。同年四月、新羅の賊が対馬を寇するに当って、その討平のため大宰権帥に任命される。同年五月には、その上に権中納言の官を加えられ、左右近衛・左右兵衛を随身として賜わる。同八年九月、皇太后宮大夫の官を解かれ、同九年六月、大宰権帥のまま中納言の正官につく。延喜二年(九〇二)正月、大納言に任ぜられ、同三年正月には正三位に昇る。同七年正月には按察使(あぜち)を兼ねる。同八年六月二十九日、八十一歳で薨じた。国経は、『今昔物語集』や『十訓抄』など、文学作品にも広く登場し、その歌も『古今和歌集』(一三―六三八)や、『日本紀竟宴和歌』『平中物語』などに残されている。

藤原朝臣倉下麻呂　ふじわらのあそんくらじまろ　七三四—七七五　八世紀中頃の公卿。蔵下麻呂にも作る。式家宇合の第九子。母は従五位上佐伯徳麻呂の女家主娘。広嗣・百川らの弟。子に縄主・綱継らがいる。内舎人から出雲介となり、天平宝字二年(七五八)正月から正六位上で山陽道問民苦使。同七年正月、従五位下少納言。翌八年正月、備前守。同年八月、藤原朝臣仲麻呂の反乱に際し追討将軍として功あり、一躍従三位に昇叙された。同年十月、淳仁天皇が廃されると、廃帝を淡路へ護送、一院に幽閉した。時に右兵衛督。翌天平神護元年(七六五)正月、功により勲二等を授けられ、二月には近衛大将に任ぜられた。その後、左京大夫、伊予・土佐按察使(あぜち)、兵部卿、春宮大夫などを歴任し、その間神護景雲四年(七七〇)八月、称徳天皇の崩後、藤原朝臣永手・良継らと白壁王(のちの光仁天皇)を擁立した。宝亀二年(七七一)五月、大宰帥、同五年五月、参議に任ぜられ、同六年七月一日、参議大宰帥従三位勲二等をもって薨じた。『尊卑分脈』は年四十三とするが『続日本紀』薨伝の年四十二に従う。

【参考文献】　高島正人『奈良時代諸氏族の研究』

藤原朝臣元利万侶　ふじわらのあそんげんりまろ　九世紀後半の官人。式家種継の孫。大隅守従五位下藤生の子。円珍の『行歴抄』によると、天安二年(八五八)十二月、右大臣藤原朝臣良相が入京した円珍を慰問するため元利万侶を派遣。時に右京少進。位は正七位下で、良相の家令か。貞観五年(八六三)正月、正六位上・式部大丞であったが、従五位下を授けられた。同年二月、右少弁から大宰少弐に任ぜられたが、六日後、再び右少弁にもどされた。同七年十月、次侍従となる。同九年正月、右少弁から大宰少弐にうつされた。同十二年十一月、新羅国王と共謀して謀反を行なったと密告され、追禁された。時に、大宰少弐従五位下であった。

【参考文献】　佐伯有清『最後の遣唐使』

藤原朝臣巨勢麻呂　ふじわらのあそんこせまろ　—七六四　八世紀中頃の公卿。名を許勢麻呂・巨勢万呂にも作る。南家武智麻呂の子。母は勤大肆小治田功麻呂(おはりだのいさまろ)の女阿禰娘。豊成・仲麻呂らの異母弟。子に今川らがいる。天平十二年(七四〇)正月、正六位上から従五位下に昇叙、同十五年六月、中宮亮となり、兄仲麻呂の権勢を背景に以後順調に昇進し、天平宝字二年(七五八)八月、従四位上に昇叙せられるとともに参議に列した。翌三年五月、播磨守、同四年正月、従三位、同六年十一月、新羅征討のため香椎廟奉幣使となる。時に参議・従三位・武部(兵部)卿。異母兄弟の乙麻呂亡きあと軍政を担当したとみられる。同八年九月、兄仲麻呂の反乱に坐し、斬殺された。なお『続日本紀』はこの天平宝字八年九月癸亥条のみ「恵美巨勢麻呂」と記すが、恵美を称するのは仲麻呂の子女に限るとみられることから、誤記の可能性も指摘されている。

【参考文献】　岸俊男『藤原仲麻呂』(『人物叢書』)、高島正人『奈良時代諸氏族の研究』、薗田香融「恵美家子女伝考」(『史泉』三二・三三)

藤原朝臣是公　ふじわらのあそんこれきみ　七二七—七八九　八世紀後半の公卿。南家武智麻呂の孫。乙麻呂の長子。母は石川建麻呂の女。号は牛尾大臣。初め黒麻呂と称す。天平宝字五年(七六一)正月、正六位上から従五位下に叙せられ、神祇大副に任ぜられた。翌六年十一月、新羅征討計画が具体化する時に伊勢大神宮奉幣使に選ばれた。時に左勇士(左衛士)佐。同八年十月、藤原朝臣仲麻呂の乱の直後、播磨守、十一月、山背守に任ぜられたが、叙勲にあずかることはなかったから、直接戦闘に関わりを持たなかったようである。天平神護元年(七六五)正月、従五位上、二月、左兵衛佐、九月、左衛士督に任ぜられたが、この頃から是公の名を用いている。同二年二月、従四位下、十月、従四位上に昇叙。同三年七月、内豎大輔に任ぜられ、左衛士督と下総守はそのまま。神護景雲二年(七六七)十一月、侍従兼内蔵頭、次いで下総守に任ぜられた。その人となり長大にして兼ねて威容あり、時務に暁習して割断滞ることなしとその伝にあるように、この昇進の速度は個人的な力量が評価された結果で、光仁朝になっても変わることはなかった。宝亀四年(七七三)正月、正四位下に叙せられ、翌五年三月、式部大輔に任ぜられたが、時に山部皇太子(のちの桓武天皇)の春宮大夫と左衛士督、そして侍従を兼ね、五月には、参議に任ぜられた。同八年正月、正四位上に昇叙、十月、左大弁を兼ねた。時に春宮大夫・左衛士督・侍従はもとのまま、翌九年二月、さらに大和守を兼任した。同十年正月、従三位に昇進し、天応元年(七八一)桓武即位の日、正三位に叙せられ、六月、式部卿と中衛大将を兼任、九月には中納言となり、さらに翌年六月、大納言に昇進した。延暦二年(七八三)二月、女の吉子が桓武夫人となり、七月には、右大臣に任ぜられて廟堂の首座に就いた。同三年正月、従二位に昇叙、閏九月、私邸田村第に行幸があった。翌四年六月、皇后宮に赤雀の瑞祥が現われたので百官を率いて慶瑞の表を上り、長岡京遷都への気運を盛りあげるのに大きな役割を果たしている。延暦八年九月十九日、六十三歳で薨じ、従一位を贈られた。

【参考文献】 高島正人「奈良時代中後期の藤原南家」(『奈良時代諸氏族の研究』所収)

藤原朝臣貞子 ふじわらのあそんさだこ　—八六四　仁明天皇の女御。南家三守の子。第八皇子成康親王、親子・平子両内親王の生母。仁明の皇太子時代にその後宮に入る。天長十年(八三三)十一月、従四位下に叙せられ、承和六年(八三九)正月、従三位となり、嘉祥三年(八五〇)七月には正三位を授けられたが、翌年二月、先に崩じた仁明のために出家した。貞観六年(八六四)八月、薨じた。従二位を贈られ、深草(仁明)陵(京都市伏見区深草東伊達町が山陵の地とされる)の兆域内に葬られた。薨伝によると、后位には昇らなかったが、仁明の寵愛深く、後宮におけるその権勢は他に比すものがなかったという。

藤原朝臣貞嗣 ふじわらのあそんさだつぐ　七五九—八二四　九世紀初めの公卿。名は貞継にも作る。南家巨勢麻呂の第十子。母は藤原朝臣永手の女。延暦十三年(七九四)従五位下に叙せられ、民部少輔・備前守・典薬頭・左少弁・右中弁・丹後守・近江守・右京大夫・皇后宮大夫を歴任し、弘仁七年(八一六)蔵人頭に任ぜられた。同九年、伊予守、同十年、参議治部卿。この年、大納言藤原朝臣冬嗣ら三人とともに『日本後紀』の撰修を命ぜられた。同十一年、右大弁、同十二年、中納言宮内卿、同十五年正月四日、『日本後紀』の完成をみずに薨去。時に中納言宮内卿従三位、六十六歳。なお『続日本紀』の撰者継縄とは従兄弟である。

藤原朝臣貞敏 ふじわらのあそんさだとし　八〇七—八六七　九世紀中頃の官人。琵琶の名手。歌論書『歌経標式』の著者参議従三位浜成の孫。刑部卿従三位継彦の第六子。若くして音楽を耽愛し、好んで鼓琴を学び、善く琵琶を弾いた。承和二年(八三五)美作掾で第十七次遣唐使准判官に任ぜられ、長安で琵琶の名手劉二郎に砂金二百両を贈り妙曲を学ぶ。帰国に当り譜数巻と琵琶二面を贈られた。同七年、参河介、そののち、主殿助・雅楽頭・備前介・掃部頭・備中介を歴任し、貞観九年(八六七)十月四日、従五位上掃部頭にて卒去。六十一歳。

【参考文献】 佐伯有清『最後の遣唐使』

藤原朝臣貞守 ふじわらのあそんさだもり　七九八—八五九　九世紀中頃の官人。参議従三位楓麻呂の曾孫。従五位下大舎人頭諸貞の長子。母は松野氏。卒伝には器宇は凝峻にして頗る学渉ありとある。天長元年(八二四)大学少允に任ぜられ、そののち大学大允・内匠助・皇太后宮大進・右少弁・式部少輔・讃岐介・春宮亮・豊前守・信濃介を歴任。承和九年(八四二)春宮亮の時、藤原朝臣良房による恒貞親王廃太子事件、すなわち承和の変に連坐して越後権守に左遷された。同十五年、備中守に任ぜられ、その後は式部少輔・備前守・右中弁・蔵人頭・左中弁・右大弁を経て、仁寿三年(八五三)参議に任ぜられ、右大弁を

兼ねる。時に従四位下。翌年、下野守を兼務。斉衡二年(八五五)従四位上・式部大輔に叙任。貞観元年(八五九)五月一日、卒去。時に六十二歳、参議従四位上行式部大輔。

藤原朝臣薩雄　ふじわらのあそんさちお　—七六四　八世紀中頃の下級官人。南家仲麻呂の子。天平勝宝九歳(七五七)四月、内舎人の身分で、新皇太子に決定された大炊(おおい)王を田村第から宮中に迎える任務を果たし、天平宝字二年(七五八)八月、淳仁天皇の即位に当り、父仲麻呂らとともに藤原恵美朝臣の氏姓を賜わった。同三年六月、従五位下に昇叙、十一月には越前守に任ぜられ、同年十二月の「越前国東大寺開田図」には、越前国守従五位下とみえる。越前守在任中に、父の宣によって、坂井郡大領品遅部(ほんちべ)君広耳が東大寺に寄進した寺田と、百姓の口分田・墾田との交換を許可しなかった。同八年正月、右虎賁率(右兵衛督)になったが、同年九月に父の反乱の時に敗れ、近江国の琵琶湖北西岸で斬られたとみられる。時に従五位下。なお、『尊卑分脈』では仲麻呂の第六子に当り、刷雄(よしお)と同一人物とする説があるが、別人とみるべきであろう。

藤原朝臣滋実　ふじわらのあそんしげざね　—九〇一　九世紀後半の武官。従四位下左兵衛権佐陸奥守興世の子。母は大中臣実阿の女。従五位下内匠頭朝鑑の父。元慶二年(八七八)三、四月、滋実の父出羽守藤原朝臣興世は夷俘たちによる秋田城(城跡は秋田市寺内の高清水丘陵にある)焼討ち反乱を上奏。これに応じて五月、藤原朝臣保則を出羽権守に任じ、援兵をもって討たすとともに、七月、正七位下左馬大允滋実らを遣わし、不動穀を俘囚に給して彼らの心を慰め、俘囚深江弥加止(みかど)らに反乱の夷俘を討たせる策をとり、事態を収めた。八月、出羽国権掾文室真人有房とともに単騎で夷俘の所へ直行し、賊徒らの降伏の願いをきく。同三年正月、遣わされて、過ちを悔い無抵抗で降伏の願いを出した夷俘を慰撫した。延喜元年(九〇一)従四位下陸奥守左近衛将監にて卒した。『菅家後集』に菅原朝臣道真の誄詩がある。

藤原朝臣順子　ふじわらのあそんじゅんし　八〇九—八七一　仁明天皇の女御。名は「のぶこ」とも訓む。父は北家冬嗣。母は藤原朝臣美都子。仁明が東宮の時に結婚し、天長四年(八二七)八月、道康親王(のちの文徳天皇)を生む。同十年の仁明践祚とともに従四位下の女御となる。承和十一年(八四四)正月、従三位、嘉祥三年(八五〇)四月、文徳天皇即位とともに皇太夫人、仁寿四年(八五四)四月、皇太后となる。東五条(平安左京五条四坊)の第に住んでいたので五条后といわれる。仁明即位は、順子の父冬嗣が外戚として権力を持つこととなり、北家が栄える契機となった。しかし天安二年(八五八)八月には文徳は三十三歳で崩じ、順子の兄良房が清和天皇の外祖父として権勢を誇り、順子も祖母として一時幼少の清和の擁護に当ったらしいが、貞観三年(八六一)二月、入道した。六月には大乗戒・菩薩戒を受けた。すでに嘉祥元年(八四八)安祥寺(京都市山科区御陵平林町)建立を発願し、山五十町を施入するなど信仰が厚かった。貞観六年正月、太皇太后となり、同十三年九月二十八日、崩御。後山階陵(京都市山科区御陵沢ノ川町)に葬られた。

藤原朝臣末茂　ふじわらのあそんすえしげ　八世紀後半の下級官人。北家魚名の三男。母は式家宇合の女。宝亀八年(七七七)三月、父大納言魚名の曹司へ行幸の際、従五位下を授けられ、図書頭・美濃介・肥後守・左衛士員外佐兼肥後守を経て、同十一年九月、中衛少将となった。天応二年(七八二)六月、父とともに事に坐して土佐介に左遷、延暦二年(七八三)七月に上京を許され、翌三年七月、伊予守になったが、同年十月、また事に坐して日向介に左降された。同七年三月、内匠頭に任ぜられ、同九年二月、従五位上に昇叙、三月には美濃守に任ぜられている。

藤原朝臣菅雄　ふじわらのあそんすがお　九世紀中頃の官人。式家種継の孫。正五位下刑部卿山人の子。母は参議菅野朝臣真道の女。阿衛事件を起こし、また『日本国見在書目録』

の著者である文章博士佐世の父。承和十一年(八四四)従五位下、翌年、常陸介、嘉祥三年(八五〇)固関使(こげんし)として美濃国へ遣わされ、民部少輔・木工頭に任ぜられた。仁寿二年(八五二)近江介、天安二年(八五八)固関使として伊勢へ遣わされ、貞観三年(八六一)民部大輔、同五年、正五位下に叙せられた。

藤原朝臣菅根 ふじわらのあそんすがね

八五六―九〇八 十世紀初めの中級官人。従四位上右兵衛督良尚の第四子。母は従四位下菅野朝臣高年の女。元慶八年(八八四)文章生から出身し、因幡掾・少内記・勘解由次官・式部少輔・文章博士・備中権介・蔵人頭・右近衛少将を歴任。延喜元年(九〇一)藤原朝臣時平と謀って菅原朝臣道真を排斥した。道真の大宰権帥左遷の決定に抗した宇多上皇は、内裏に馳せ参じたが、菅根らはこれを阻止。上皇は晩景におよびやむなく還御。菅根は上皇を無理におし止めたことにより大宰大弐に左遷となるが、翌日には許され、式部少輔・蔵人頭に任ぜられた。そののち備前守・春宮亮・式部大輔などを経て延喜五年、首班時平のもとで『延喜式』の編纂を命ぜられた。同六年、従四位上、同七年、侍従、同八年正月、参議に任ぜられたが、同年十月七日、五十三歳にて卒去。同月、従三位を贈られる。菅根の死は道真の祟りであったという。

藤原朝臣佐世 ふじわらのあそんすけよ

八四七―八九七 九世紀後半の官人・文人。式家菅雄の子。母は伴氏。室の一人は菅原朝臣道真の女。父は藤氏儒士の初めとも伝え、道真の父是善の門人で、紀伝道出身。貞観十四年(八七二)文章得業生・越前大掾・従七位下として大学頭・文章博士の巨勢朝臣文雄と渤海使を鴻臚館に饗し、同十六年、文章得業生試に及第、民部少丞に任じ、元慶元年(八七七)従五位下に叙せられた。その後、同二年に弾正少弼、同五年に右少弁、同八年に大学頭、仁和二年(八八六)には左少弁・式部少輔に任ぜられた。その間、元慶三年の陽成天皇御読書始に都講を務める。また権力者藤原朝臣基経の家司となり、その侍読を務め、仁和三年、基経のブレーンとなって阿衡の紛議を起こした。基経は同年十一月、即位直後の宇多天皇から関白に任ぜられ、慣例に従って辞退の表を上った。閏十一月、それに対する参議左大弁文章博士橘朝臣広相起草の勅答が出されたが、その勅答中の「よろしく阿衡の任をもつて卿の任となすべし」という文言の「阿衡」につき、佐世はただの名誉職であって職掌はないと論じた。これを容れた基経が出仕を止め政務を放棄し、さらに善淵朝臣愛成・中原朝臣月雄・紀朝臣長谷雄・三善宿禰清行らの学者・文人官僚達も佐世の説に賛同し、政界・学界をまきこむ政争に発展した。こうして翌年六月、宇多に自分の本意ではないと釈明の詔書を出させ、また共通の利害関係にあった橘朝臣広相を失脚させ、文章博士の任に就くことにも成功した。しかし逆に宇多の不興を蒙ることとなり、この間、左近衛権少将・大蔵権大輔・常陸権介と累進していたが、寛平三年(八九一)正月、基経薨去直後の春、陸奥守(兼上野権介)に左遷され、宇多の在位中は多賀国府(宮城県多賀城市市川)に謫居を余儀なくされた。同九年秋、醍醐天皇即位ののち右大弁(従四位下)に任ぜられ、帰洛の途中に卒した(『尊卑分脈』は翌昌泰元年(八九八)十月二十七日卒とする)。時に五十一歳。著作に『古今集註孝経』九巻(寛平六年勘了)と、貞観十七年の冷然院(平安左京二条二坊)焼亡後、勅命によって撰進した『日本国見在書目録』がある。

【参考文献】 坂本太郎『菅原道真』(『人物叢書』)

藤原朝臣関雄 ふじわらのあそんせきお

八〇五―八五三 九世紀中頃の官人・文人。北家内麻呂の孫。真夏の第五子。幼少より文才があったが、生来閑退を好み、東山進士と呼ばれていた。承和元年(八三四)秋、淳和上皇に人となりを見込まれて出仕することになり、翌二年、勘解由判官となる。少判事・刑部少輔および仁明天皇初七日の拝志寺(はやしでら。山城国紀伊郡拝志郷(京都市東山区の東福寺から南区の東寺南・伏見区の城南宮付近にかけての地)にあった寺)使や六七日御斎会興福寺使・諸陵頭・治部少輔などを歴任。鼓琴に秀で、淳和から秘譜を賜う。また能書家で、南池(平安右京四条二坊)・雲林(京都市北区紫野)両院壁書を書す。東山の旧宅は禅林寺(京都市左京区永観堂町)となる。仁寿三年(八五三)二月十四日、卒した。時に治部少輔兼斎院長官従五位下、四十九歳。『古今和歌集』に歌が収められている。

藤原朝臣園人　ふじわらのあそんそのひと　七五六—八一八　九世紀初めの公卿。北家房前の孫。楓麻呂の子。母は藤原朝臣良継の女。前山科大臣とも称す。宝亀十年(七七九)無位から従五位下、次いで美濃介となり、その後、備中守・安芸守・大宰少弐・豊後守・大和守などの地方官を十有八年にわたって歴任。みな良吏と称され、百姓追慕し、祠を立てたこともあった。京官としては少納言・右少弁・治部大輔・右大弁・大蔵卿・宮内卿などを経て延暦二十五年(八〇六)四月、参議に昇進。時に従四位上。五月、賀美能親王(のちの嵯峨天皇)が皇太弟となると皇太弟傅となり、また同月、山陽道観察使となり、しばしば重要な政策を提案。大同三年(八〇八)民部卿を兼ね、弘仁三年(八一二)に及んだ。大同四年九月、中納言、翌年には大納言、弘仁三年、右大臣となった。時に正三位。この間、弘仁元年九月に出挙利率を引き下げることを奏上したり、弘仁二・三年、郡司の制度を改めることを奏上し、ともに認められ、その後もしばしば奏上を行ない、嵯峨朝の政治に極めて重要な役割を果たした。弘仁九年十二月十九日、薨去。時に従二位、六十三歳。嵯峨天皇はその死を痛惜することことに甚だしく、正一位・左大臣を贈った。空海は書状をおくって哀悼した。『新撰姓氏録』の編者の一人であり、『類聚国史』に和歌一首が残っている。

【参考文献】　角田文衛「山科大臣藤原園人」(『平安人物志』上所収)

藤原朝臣帯子　ふじわらのあそんたいし　—七九四　平城天皇の皇后。式家百川の女。平城が東宮の時に妃となったが、延暦十三年(七九四)五月二十八日、急病で崩去。平城即位後の大同元年(八〇六)六月、皇后の称号を追贈された。

藤原朝臣高子　ふじわらのあそんたかいこ　八四二—九一〇　清和天皇の女御。陽成天皇の生母。二条の后と称された。北家長良の女。母は藤原朝臣総継の女乙春。貞観元年(八五九)十一月、無位から従五位下に叙せられ、同八年十二月、女御となり、同十年十二月には第一皇子貞明親王(のちの陽成天皇)を生んだ。このの ち貞保親王・敦子内親王を生んでいる。貞観十三年正月には従三位を授けられた。同十九年正月、陽成の即位に伴い皇太夫人となり、元慶六年(八八二)正月には皇太后となるが、同八年二月、陽成が廃されると、内裏から二条院(平安左京二条二坊)に移った。二条の后の号はこの里第の名に由来する。その後、寛平九年(八九七)六月に皇太后を廃され、延喜十年(九一〇)三月、六十九歳で崩じた。天慶六年(九四三)五月、皇太后の号を復されている。『古今和歌集』に歌一首を残す(第一、春歌上)。また、『伊勢物語』『大和物語』などが伝えるところの入内以前の歌人在原朝臣業平との恋愛物語は有名である。

【参考文献】　角田文衛「藤原高子の生涯」(『王朝の映像』所収)

藤原朝臣乙叡　ふじわらのあそんたかとし　七六一—八〇八　八世紀末—九世紀初めの上級官人。南家豊成の孫。継縄の第二子。母は百済王(くだらのこにきし)明信。延暦三年(七八四)五月、正六位上から従五位下に叙せられ、七月、侍従に任ぜられた。翌四年正月、権少納言、さらに同五年正月、従五位上、六月、少納言となる。同六年三月、右衛士佐、五月、中衛少将に転じ、十月、正五位下に叙せられ、翌七年二月、下総守を兼任。同八年十一月、大蔵少輔、同九年三月、信濃守を兼ね、さらに兵部大輔に転じて右兵衛督を兼任、同十年十月、従四位下に叙せられた。同十一年二月、その第に行幸あり、同十二年五月、左京大夫、翌十三年十月、参議に任ぜられた。

左京大夫を兼ねる一方、この間、侍従の任も継続し、同十四年二月、山城守を兼ね、翌十五年正月、伊予守、六月、右衛士督を兼任。同十六年正月、従四位上に昇叙、二月、越前守を、三月、中衛大将を兼任、同十八年正月、正四位下に叙せられ、六月、兵部卿に任ぜられた。翌十九年正月、従三位に昇叙、八月、山城守、同二十二年十月、権中納言に任ぜられたが、この時の兼任は中衛大将と近江守であった。こうしたほぼ毎年ともいえる顕要の官職の歴任は、右大臣にまで昇進した父継縄との関わりによるものであり、継縄没後は尚侍として桓武天皇の寵幸を得た母明信の存在がことのほか大きかったと思われる。同二十五年三月の桓武の崩御に際しては、山陵造営の山作司、さらに四月の大葬前の誄(しのびごと)では右方を務めた。そして同月、百官が皇太子安殿(あて)親王(のちの平城天皇)に即位を重ねて啓上した日に中納言に昇進し、兵部卿に再任されたが、得意の時代はこれで終わることとなった。大同二年(八〇七)、伊予親王事件に連坐してすべての官職を解任された。平城天皇が皇太子時代に酒宴の席でうけた無礼を根に持ち、事件に関係ありとして処分されたという。このことが衝撃となったのか、同三年六月三日、失意のうちに四十八歳で生涯を閉じた。伝によるとその人となりは頑驕で女性を好み、また山水に臨む別荘を多く営んだという。

【参考文献】 高島正人「奈良時代中後期の藤原南家」(『奈良時代諸氏族の研究』所収)、阿部猛「大同二年の伊予親王事件」(『平安前期政治史の研究』所収)、大塚徳郎「平城朝の政治」(『平安初期政治史研究』所収)

藤原朝臣鷹取 ふじわらのあそんたかとり ―七八四 八世紀後半の官人。北家魚名の長子。母は式家宇合の女。宝亀二年(七七一)閏三月、従五位下に昇叙、中務少輔・左京亮などを経て、同六年六月、遣唐副使となったが、のち免ぜられた。その後、左少弁・左中弁・造宮卿・左京大夫・越前守・左兵衛督を歴任、官位も累進して、天応元年(七八一)十一月、正四位下に昇叙、翌年五月、中宮大夫侍従・越前守となったが、翌六月、父とともに事に坐して石見介に左遷された。延暦二年(七八三)七月、入京を許され、翌三年五月十日、左京大夫正四位下で卒した。

藤原朝臣高房 ふじわらのあそんたかふさ ㈠八世紀中頃の公卿。『東大寺要録』巻四、諸院章に、天平勝宝六年(七五四)五月一日、唐僧鑑真の来朝をうけて、戒壇院建立の命が下り、二十一カ国によって造立されたが、中納言藤原朝臣高房を勅使として、壇四角内の金銅四天王立像を造ることを命ぜられ、同七歳九月に造りおわったとみえる。ほかには全く所見がなく、また天平勝宝年間頃に中納言藤原朝臣高房はみえないので、おそらく誤記とすべきであろう。㈡七九五―八五二 九世紀前半の良吏。北家魚名の孫参議藤嗣の第三子。身長六尺、人なみ秀でた膂力(りょりょく)をもち、豪放明快な性格であった。弘仁十三年(八二二)右京少進となり、式部大丞を経て、天長四年(八二七)春、従五位下に昇叙し、美濃介に任命されて赴任した。その在任中、農民の土俗的な迷信を排して、安八郡の灌漑用水池の堤防を修理し、また民衆の心をとらえていた席田郡の妖巫一類を追捕して、厳しく処分を加えたことにより、この呪術的宗教は姿を消すにいたった。そののち、承和八年(八四一)十一月、従五位上に昇叙、備後守・肥前守を経て、嘉祥二年(八四九)正月、越前守に任ぜられ、翌三年四月、文徳天皇の即位に伴って正五位下に昇叙した。仁寿二年(八五二)二月、越前守正五位下で、背中にできた悪質の腫物によって卒した。時に五十八歳。諸国守を歴任した良吏であった。

藤原朝臣高藤 ふじわらのあそんたかふじ 八三八―九〇〇 九世紀末の公卿。北家冬嗣の孫。内舎人良門の二男。母は高田沙弥麻呂の女春子。小一条または勧修寺内大臣と号した。勧修寺流の祖。貞観四年(八六二)正月、右近衛将監、同七年十月、蔵人に補せられ、同十年正月、従五位下に叙せられた。そののち播磨権介・備中権介・右兵衛権佐・尾張権守・左近衛少将・兵部大輔などを歴任し、仁和四年(八八八)禁色雑袍をゆるされ、寛平二年(八九〇)二月、従四位下となる。同六年四月、高藤の女で宇多天皇女御胤子所生の敦仁親王(のちの醍醐天皇)が立太子する前後から昇進が急に早まり、同六年正月、三階を越えて従三位、翌七年十月、参議となった。醍醐即位の同九年には六月に中納言、七月に正三位となる。昌泰二年(八九九)二月には大納言、翌三年正月には久しく設置されなかった内大臣に任ぜられたが、三月十二日、六十三歳で薨じ、十四日に正一位太政大臣を追贈された。舅宮道朝臣弥益の家を勧修寺(京都市山科区勧修寺仁王堂町)としたが、この寺が勧修寺流の氏寺となった。胤子の生母宮道朝臣列子との出会いが『今昔物語集』などの説話集に収録されている。山城国宇治郡小野郷の墓地(京都市山科区勧修寺下ノ茶屋町の鍋岡山山頂墓が高藤の墓とされる)は、荷前(のさき)奉幣の対象となった。

藤原朝臣高松　ふじわらのあそんたかまつ　九世紀後半の官人。南家武智麻呂の後裔で巨勢麻呂の曾孫忠主の子。元慶元年(八七七)十一月、従五位下に叙せられたが、時に備中権掾とある。仁和三年(八八七)二月、越中権介から左京亮にうつった。同年五月、出羽守坂上大宿禰茂樹の言上による出羽国府遷建を検討するために、太政大臣藤原朝臣基経・右大臣源朝臣多(まさる)らから召され、惟良(これよし)宿禰高尚・小野朝臣春風とともに左仗頭で国府移建の利害をのべた。『尊卑分脈』に出羽介とあるから、これは以前の経歴によるものと思われる。結局、国府は茂樹の主張の場所ではなく、旧国府付近に遷建されることになった。

藤原朝臣沢子　ふじわらのあそんたくし　―八三九　仁明天皇の女御。藤原朝臣総継の女。母は藤原朝臣数子。仁明の寵愛を一身にうけ、宗康・時康・人康の三親王と新子内親王をもうけた。承和六年(八三九)六月三十日、にわかに病気となり、内裏をでて里第にいたって死去。時に従四位下であったが、従三位を贈られた。元慶八年(八八四)二月、時康親王が即位して光孝天皇となるに及び、皇太后を贈られ、六月の命日が国忌とされ、十一月、山陵(『日本三代実録』に鳥戸山陵・中尾山陵、『延喜式』に中尾陵とあり、『陵墓要覧』は所在地を京都市東山区今熊野宝蔵町とする)の四至が定められ、十二月、その山陵が荷前(のさき)を奉る十陵五墓の中に入れられた。

藤原朝臣助　ふじわらのあそんたすく　七九九―八五三　九世紀中頃の公卿。北家内麻呂の第十一子。少時、大学にて史伝を学ぶ。弘仁十三年(八二二)九月、少判事に任ぜられ、大学助などを経て、天長四年(八二七)正月、春宮少進となり、蔵人を務める。同六年正月、正六位上から従五位下に叙せられた。同八年七月、春宮亮となり、蔵人頭に補せられた。同十年二月、右近衛少将、次いで権中将・中将と昇任。承和元年(八三四)正月、従四位下、同六年正月、従四位上と進み、同九年七月、右衛門督を拝任。同十年二月、参議を拝命し、同十一年十月、班摂津国田使長官に任ぜられた。同十三年正月、治部卿、同十五年正月、左兵衛督を拝任。嘉祥三年(八五〇)四月、正四位下に叙せられ、同四年正月、信濃守、仁寿三年(八五三)正月、近江守を兼任。同年五月二十九日、五十五歳で卒した。しばしば、山陵使など遣使を務めたことが正史からうかがえる。心性清直にして、毀誉を憚らず、朝廷の士らから甚だ恐れられたという。

藤原朝臣縄主　ふじわらのあそんただぬし　七六〇―八一七　八世紀末―九世紀初めの公卿。式家蔵下麻呂の子。母は従五位上粟田朝臣馬養の女。延暦二年(七八三)四月、正六位上から従五位下に叙せられ、同年六月、中衛少将となる。そののち少納言・近衛少将・左中弁などを歴任。同十七年八月、参議に任ぜられ、春宮大夫・式部大輔・近衛中将などを兼任。桓武天皇行幸の際には装束司長官となる。桓武崩後、大同元年(八〇六)五月、従三位に進み、大宰帥を拝任し、西海道観察使となった。弘仁三年(八一二)十二月、中納言に昇り、兵部卿を兼任。同八年九月十六日、五十八歳で薨じた。その伝記によれば、酒を嗜んだが、職務は怠らず、親族に敬慕せられたという。妻尚侍藤原朝臣薬子(贈太政大臣種継の女)との間に三男二女があったが、長女が平城天皇の後宮に選ばれたことが契機となり、のちの薬子の変がもたらされることになった。天長元年(八二四)従二位を追贈された。

藤原朝臣縄麻呂　ふじわらのあそんただまろ　七二九―七七九　八世紀後半の公卿。南家豊成の第四子。母は北家房前の女。名は縄万呂・綱麻呂にも作る。天平感宝元年(七四九)四月、従五位下に昇叙、侍従・兵部少輔・備中守・礼部(治部)大輔などを経て、天平宝字八年(七六四)九月、藤原朝臣仲麻呂の乱に際し従四位下に昇叙、翌天平神護元年(七六五)正月、勲三等を授けられ、この頃、正四位下に昇叙された。民部卿から参議民部卿・勅旨大輔・侍従・近江守となり、神護景雲二年(七六八)正月、従三位、翌二月には近江按察使(あぜち)を兼ねた。同四年八月、称徳天皇が崩じると、左大臣藤原朝臣永手らとともに白壁王(のちの光仁天皇)を擁立し、宝亀二年(七七一)二月、中納言となったが、その後、皇太子傅・勅旨卿を兼ねたらしい。同十年七月、参議藤原朝臣百川が薨じると、九月に中納言兼中衛大将・勅旨卿・侍従となって、政界の実力者の地歩を占めたが、同年十二月十三日、中納言従三位兼勅旨卿・侍従勲三等で薨じた。時に五十一歳であり、従二位大納言を贈られた。

藤原朝臣種継　ふじわらのあそんたねつぐ　七三七―七八五　八世紀末の公卿。式家宇合の孫。清成の子。母は秦忌寸朝元の女。名は種嗣にも作る。天平神護二年(七六六)十一月、従五位下に昇叙。神護景雲二年(七六八)二月の美作守を始め、近衛員外少将兼紀伊守・兼山背守を経て、宝亀五年(七七四)正月、従五位上に進み、翌六年九月、近衛少将兼山背守に任ぜられた。同八年正月、正五位下に昇叙、翌九年二月には左京大夫、同十一年三月、左京大夫兼下総守となった。同年十二月、正五位上、天応元年(七八一)正月、従四位下に昇叙、同年四月には桓武天皇即位に伴う叙位で従四位上を特授された。翌五月には左衛士督で近江守を兼ねたが、同年七月にも近江守で左衛士督に任ぜられたとみえる。同二年三月、参議に起用され、同年六月には正四位下に昇叙されている。延暦二年(七八三)正月の「最澄度縁案」には参議正四位下行左衛士督兼近江守とみえ、同年四月、従三位に昇叙された。同年七月、参議式部卿兼近江按察使(あぜち)・左衛士督となったが、この頃から政界実力者の地歩を占め、同三年正月、中納言に昇進している。次いで同年五月、中納言藤原朝臣小黒麻呂らと、山背国乙訓郡長岡村(京都府向日市)に新都の地を相したが、翌六月、造長岡京使に任ぜられ、その遷都造営を主導して、十二月には造営の功によって正三位に叙せられた。しかし、同四年九月二十二日の夜、炬を掲げて造営工事を催検中に箭を射かけられて傷つき、翌二十三日、薨じた。時に中納言正三位兼式部卿で、四十九歳。桓武天皇甚だ委任して、中外の事皆決を取ったとされ、正一位左大臣を贈られた。犯人の捜索によって、大伴宿禰継人・大伴竹良(つくら)ら、与党数十人が逮捕・処分されたが、二十数日前に没した中納言大伴宿禰家持も関わりがあったとして除名され、庶人として葬られた。なお『延暦僧録』には、種継は真木尾居士、法号円戒とみえる。

【参考文献】北山茂夫「藤原種継事件の前後」(『日本古代政治史の研究』所収)

藤原朝臣旅子　ふじわらのあそんたびこ　七五九―七八八　桓武天皇の夫人(ぶにん)。淳和天皇の母。式家百川の第一女。延暦の初めに桓武の後宮に入り、延暦四年(七八五)十一月、無位から従三位に叙せられた。同五年正月、夫人となり、この年、大伴親王(のちの淳和天皇)を生む。同七年五月四日、薨じ、同十三日に正一位が追贈された。時に三十歳。弘仁十四年(八二三)五月、淳和即位により贈皇太后となる。天長元年(八二四)三月の詔で、昇遐日に近い五月五日の節会が停止されたが、淳和在位中は同様な処置がされたと思われる。

天安二年(八五八)三月に国忌が廃された。山城国乙訓郡に宇波多山陵(京都市西京区大枝塚原町が山陵の地とされる)があり、天安元年までは年終荷前(のさき)奉幣の対象山陵であった。『延喜式』では遠陵とされている。

藤原朝臣多比能　ふじわらのあそんたひの　橘宿禰諸兄の室。不比等の女。母は県犬養宿禰三千代。諸兄の長男奈良麻呂の生母。『尊卑分脈』『公卿補任』によると従三位であったが、『続日本紀』には全く現われず、その経歴は不明である。もっとも、『続日本紀』に三度登場し、天平感宝元年(七四九)四月に従四位上から従三位に叙せられた藤原朝臣吉日(よしひ)を多比能と同一人物とみる説もある。

【参考文献】　角田文衛「不比等の娘たち」(『平安人物志』上所収)

藤原朝臣田麻呂　ふじわらのあそんたまろ　七二二―七八三　八世紀後半の公卿。式家宇合の第五子。母は小治田朝臣牛養の女。名を太満侶にも作る。天平十二年(七四〇)兄広嗣の反乱に坐して隠岐に配流、同十四年に召還されたが、蜷淵山(奈良県高市郡明日香村)中で仏道に専念した。天平宝字五年(七六一)正月、従五位下に昇叙、礼部(治部)少輔・造保良宮使・南海道節度副使・左虎賁衛(左兵衛)督を歴任し、同六年三月、遣唐副使に任ぜられたが、乗船の故障で渡唐せず、美濃守・陸奥出羽按察使(あぜち)・右中弁兼外衛中将・外衛大将を経て、天平神護二年(七六八)七月、従四位下外衛大将兼丹波守で参議に起用された。また大宰大弐・左衛士督兼参河守・兵部卿兼参河守を経て、宝亀二年(七七一)十一月には従三位に昇叙された。さらに参議で摂津大夫・中務卿兼中衛大将を歴任、同十一年二月、中納言に進み、兼中務卿・東宮傅・大納言兼近衛大将を経て、天応二年(七八二)六月に右大臣に昇ったが、延暦二年(七八三)三月十九日、右大臣従二位兼近衛大将・皇太子傅で薨じた。時に六十二歳。『続日本紀』の薨伝では、さらに正二位に進んだとする。性恭謙と評された温厚な官人であった。

藤原朝臣多美子　ふじわらのあそんたみこ　―八八六　清和天皇の女御。右大臣贈正一位良相の女。姉の多賀幾子は文徳天皇の女御。性は安祥にして容色妍華とある。貞観五年(八六三)従四位下を授けられる。同六年正月、清和元服ののち選ばれて後宮に入り、専房の寵を得、しばらくして女御となる。同年八月、従三位、同九年には正三位、元慶元年(八七七)従二位、同七年、正二位を授けられる。清和が多美子を寵むこと他姫に異なり、清和入道の日、出家して尼となる。持斎勤修し、清和崩御ののち平生賜わったところの消息を収拾して色紙にすかせ、もって『法華経』を書写し、大斎会を設けて恭敬供養した。その日、大乗戒を受ける。仁和二年(八八六)十月二十九日、薨去。

藤原朝臣近成　ふじわらのあそんちかなり　九世紀後半の官人。仁和元年(八八五)筑後掾従八位上の時、少目建部公貞道・大宅朝臣宗永・在原朝臣連枝らと謀って、前掾藤原朝臣武岡・大宅朝臣近直らに数十人を率いさせ、夜、筑後守都朝臣御西の館を襲わせて、御西を射殺した。詔により弾正少弼安倍朝臣肱主(ひじぬし)らが大宰府へ推問のために派遣された。刑部省は近成を斬刑と断じたが、同年十二月二十三日、太政官がその由を奏聞したところ、詔が下り、一等を減じて遠流に処せられることとなった。

藤原朝臣継縄　ふじわらのあそんつぐただ　七二七―七九六　八世紀後半の公卿。南家豊成の次男。母は路真人虫麻呂の女。桃園右大臣、または中山と号した。天平宝字七年(七六三)正月、正六位上から従五位下に叙せられた。時に三十七歳。翌八年正月、信濃守に任ぜられ、九月、藤原朝臣仲麻呂の乱後、仲麻呂の子辛加知の後任として越前守に転じた。翌天平神護元年(七六五)正月、従五位上に昇叙、さらに越前国が大嘗会須伎国に卜定されたため従四位下に叙せられ、同二年七月、右大弁兼越前守で参議に任ぜられた。神護景雲二年(七六八)十一月、外衛大将に任ぜられて、同四年八月、称徳天皇不予に際して伊勢奉幣使、次いで大葬の御後次第司長官を務めた。この年十月、従四位上、宝亀二年（七七一）正月、正四位上、十一月、従三位に叙せられた。以後、大蔵卿・宮内卿・兵部卿などを歴任、同十一年二月、中納言に昇進し、翌月、陸奥で伊治公呰麻呂（あざまろ）が反乱を起こすと征東大使に任ぜられた。しかし度重なる督促にもかかわらず軍備を整えるためと称して現地へ行かなかったので解任されてしまった。ところが桓武天皇の即位とともに再び動きが活発になり、天応元年（七八一）五月、中務卿、七月、左京大夫を兼ね、九月、正三位に叙せられ、延暦二年（七八三）七月、中務卿兼務で大納言に昇進した。同四年七月、大宰帥を兼ね、さらに十一月、安殿（あて）親王（のちの平城天皇）立太子に伴って東宮傅を兼ねた。そして翌五年四月、従二位に昇叙、同九年二月、右大臣となり、同十三年十月、正二位に叙せられた。この間、皇太子元服の折には手ずから冠を加え、また長岡京を放棄し、自分の別業（京都市南区吉祥院付近か）のあった葛野への遷都を建議、平安遷都を実現させた。その別業への行幸は多く、妻の百済王（こにきし）明信が尚侍として寵幸を得る機会をつくった。さらに勅を奉じて国史（『続日本紀』）十四巻を撰進する任にも当っている。延暦十五年七月十六日、七十歳で薨ずるまで東宮傅と中衛大将を兼任していた。謙恭みずから守り、政迹聞えず、才識なしといえども世の譏りを免れえたとその伝に記されている。従一位を贈られ、翌十六年、冥福を祈るため供養経が書写された。

【参考文献】高島正人「奈良時代中後期の藤原南家」（『奈良時代諸氏族の研究』所収）、佐伯有清「長岡・平安遷都とその建議者達」（『日本古代の政治と社会』所収）

藤原朝臣嗣宗 ふじわらのあそんつぐむね　七八八―八四九　九世紀前半の官人。肥後守従五位下永貞の長子。少時、学館に学び、天長元年（八二四）正月、従五位下に叙せられ、宮内少輔を拝任。中務少輔・散位頭などを経て、同四年十月、少納言に任ぜられた。承和六年（八三九）正月、右中弁、次いで左中弁となる。同七年八月、従四位下に進み、越前守となる。同十三年九月、右中弁に再任。同十四年正月、左中弁に転じ、同十五年正月、従四位上にいたる。嘉祥元年（八四八）蔵人頭に補せられ、同二年十一月二十九日、六十二歳で卒した。忠勤なるをもって仁明天皇から寵された。

藤原朝臣綱継 ふじわらのあそんつなつぐ　七六三―八四七　九世紀前半の公卿。『尊卑分脈』では名を縄継に作る。式家倉下麻呂（蔵下麿）の子。母は掃守王の女乙訓女王。延暦十六年（七九七）二月、春宮少進に任ぜられ、翌年閏五月、大進に転じる。そののち民部大丞・兼播磨少掾を歴任。同二十二年正月、従五位下に昇叙。播磨介・治部少輔を経て、同二十五年四月、少納言となる。翌月、従五位上に叙せられ、以後、美濃守・左衛門督・侍従・因幡守・民部大輔・大舎人頭・右京大夫・播磨守・兵部大輔・神祇伯など内外の官職を歴任。その間弘仁五年（八一四）正月、従四位下となる。同十四年四月に従四位上、同年八月に左兵衛督、天長元年（八二四）六月には蔵人頭となる。翌年七月一日、参議となり、藤原朝臣冬嗣を左大臣とする台閣に列した。以後、兵部卿を経て、同五年正月、正四位下に叙せられ、同年五月、致仕した。参議を致仕してから山井里第に閑臥したという。綱継の山井里第は、『拾芥抄』にみえる藤原朝臣永頼の山井殿（平安左京三条四坊。現在の京都市中京区上白山町・亀屋町・橘町の一部）の地と同所か。同七年正月、従三位を授けられ、承和八年（八四一）十一月、正三位に昇る。同十四年（八四七）七月二十六日、八十五歳で薨じた。『公卿補任』には「七月廿四日薨。贈正二位」とある。

藤原朝臣綱手 ふじわらのあそんつなて　―七四〇　八世紀前半の下級官人。式家宇合の子。『尊卑分脈』では広嗣・良継・清成・田麻呂の弟、百川（雄田麻呂）・蔵下麻呂の兄とみえる。無位の内舎人であったらしく、天平十二年（七四〇）九月の兄広嗣の乱に当って、兄の大宰少弐広嗣とともに北九州にあって、反乱では筑後・肥前国の軍士五千余人を率いて、豊後国から進む計画であったという。同年十月一日に大将軍大野朝臣東人の命で肥前国松浦郡で斬られた。

藤原朝臣常嗣　ふじわらのあそんつねつぐ　七九六―八四〇　九世紀前半の公卿。遣唐大使。北家出身。延暦の遣唐大使を務めた中納言正三位葛野麻呂の子。母は菅野朝臣池成の女従五位下浄子。少時大学に学び、文章・隷書に堪能であった。弘仁十一年(八二〇)二月、右京少進に任ぜられ、蔵人も務めた。同十四年正月、正六位上から従五位下に叙せられ、下野守・右少弁・式部少輔・勘解由次官などを歴任。蔵人頭を経て、天長八年(八三一)正月、従四位下に進み、同年七月、参議に任ぜられた。そののち勘解由長官・下野守・右大弁などを兼任。同十年に完成した『令義解』の編纂にも携わった。承和元年(八三四)遣唐大使を拝命。同三年・四年の二度、風浪のため渡航に失敗するが、同五年六月に出発して入唐を果たした。その間、左大弁・大宰権帥などを兼任。副使小野朝臣篁(たかむら)が船舶の割当問題により下船した事件は有名である。入唐中の動向は円仁の『入唐求法巡礼行記』に詳しくみえる。翌六年八月に帰国し、殿上に召されて仁明天皇から労をねぎらわれ、従三位に叙せられた。同七年四月二十三日、四十五歳で薨じた。父子二代にわたって遣唐大使に任命されたのは、この一門だけと評された。『叡山大師伝』には外護の檀越の一人としてみえ、『経国集』に「秋日叡山に登り澄上人に謁す」の詩を載せる。

【参考文献】　佐伯有清『最後の遣唐使』、小島憲之「釈最澄をめぐる文学交流」(天台学会編『伝教大師研究』所収)

藤原朝臣遠経　ふじわらのあそんとおつね　―八八八　九世紀後半の官人。北家長良の子。母は従五位下難波淵子。基経の異母兄。貞観八年(八六六)正月、従五位下に叙せられ、同九年二月、太皇太后宮大進となる。同十四年二月、右衛門権佐に転じ、右少弁兼中宮亮を経て、元慶二年(八七八)二月、右近衛少将を拝任。左近衛少将兼権左中弁などを経て、同六年正月、従四位下に進み、蔵人頭に補せられた。同八年、光孝天皇即位後、再び蔵人頭となり、仁和二年(八八六)左中弁・右大弁と昇任。そののち従四位上にいたり、同四年十月二十六日、卒した。

藤原朝臣時平　ふじわらのあそんときひら　八七一―九〇九　九世紀末―十世紀初めの公卿。基経の第一子。母は人康親王の女。弟に忠平がいる。仁和二年(八八六)元服の際には、加冠の役を光孝天皇みずから行ない、正五位下に叙せられた。位記は橘朝臣広相の作で、そこには「名父の子」「功臣の嫡」と記されていた。蔵人頭・讃岐権守などを経て、寛平二年(八九〇)従三位、同三年三月、参議となる。この年、基経が薨じ、大納言源朝臣能有が実質的に太政官の首班となり、宇多天皇は藤原朝臣保則・菅原朝臣道真を登用して政治を主導した。寛平五年二月、中納言となり、四月には春宮大夫を兼任し、同九年六月、右大臣能有が薨ずると、時平が大納言、道真が権大納言となって太政官の中心的位置を占めた。同年七月に宇多は譲位し、藤原朝臣胤子を母とする醍醐天皇が即位して時平は外戚となったが、宇多は譲位に際して『寛平御遺誡』を醍醐に与えており、これが法的規制力を有してその後の政治も宇多上皇主導で行なわれた。昌泰二年(八九九)二月、左大臣。この時、道真も同時に右大臣に昇進している。同四年正月、従二位となる。同月、道真は大宰権帥に左降された。宇多上皇らと謀って女婿である斉世(ときよ)親王を擁立しようとしたというのが理由である。真相は不明確だが、藤原氏や源氏という門閥貴族による公卿の独占状態の中で、道真の昇進は全く異例であり、多くの貴族から反感をかっていたことは確かであろう。ともかく、醍醐の側近にあった上皇系の官人もそのほとんどが追放され、時平が政治の実権を掌握した。時平は妹の穏子を女御として入内させた。延喜二年(九〇二)三月、時平は国政の改革をめざす一連の太政官符を出している。その内容は、元慶(八七七―

八八五)以来、途絶えていた班田を、一紀一班で励行すること、王臣家の荘園を整理し、院宮諸家が地方の豪族と結んで国司の支配に対捍したり山川藪沢を独占したり、私的に使者を派遣して国郡司の支配権を冒したりすることを禁断、租庸調の徴収・送納を厳格にすることなどであった。これらの政策は現実にかなり実施され、班田が行なわれた国が数カ国確認されるし、荘園整理に関する格は、これ以後の新立荘園を「格後の荘園」として整理する際の一つの基準となるものであった。時平は律令制の立て直しを強引に行なおうとしたが、これは、律令体制を維持しようとする古代貴族の最後の努力であった。時平は『日本三代実録』『延喜格』『延喜式』の編修・撰修に携わり、また『古今和歌集』の撰進にも関係したとみられる。延喜八年、正二位となり、翌九年四月四日、薨じた。三十九歳の若さであった。一説には、道真の怨霊によって薨じたとする。正一位・太政大臣を贈られた。なお、『大鏡』大臣列伝には、時平は、過差の制を厳格に行なうため率先して質素に努めたこと、笑癖のこと、道真の雷神に対して「いきても我つぎにこそものし給しか、今日、神となり給べりとも、この世には我にところをき給べし、いかでかさらではあるべきぞ」といってにらみつけたところ、雷神は鎮まったことなどの話を載せている。

【参考文献】 所功「道真と時平」(横田健一編『平安貴族』所収)

藤原朝臣利基 ふじわらのあそんとしもと 九世紀後半の中級官人。北家良門の子。母は飛鳥部名村の女。貞観二年(八六〇)十一月、左衛門大尉の時、従五位下に叙せられ、同四年、内匠頭、同五年、備前権介・次侍従、同八年、左衛門佐を歴任。同十九年正月、右近衛少将とみえる。元慶二年(八七八)正月、備前権介を兼任。仁和元年(八八五)三月以降、左馬頭とみえ、同二年正月、従四位上となり、同三年二月、相模守を兼任。その後、寛平年中(八八九―八九八)に従四位上・右近衛中将で卒したという。

藤原朝臣敏行 ふじわらのあそんとしゆき ―九〇一 九世紀後半の中級官人・能書家・歌人。南家富士麻呂の一男。母は紀朝臣名虎の女。室は名虎の子有常の女で、その姉が在原朝臣業平の室であったために業平と親交があった。能書により貞観八年(八六六)内舎人から少内記に任ぜられ、同十五年、従五位下に叙せられ、以後、中務少輔・図書頭・右兵衛権佐・右近衛少将・権中将などを歴任、寛平七年(八九五)蔵人頭・東宮亮を経て、同九年に従四位上・右兵衛督に叙任され、昌泰四年(九〇一)。一説に延喜七年(九〇七)卒した。小野朝臣道風・空海と並称された能書家で、三絶と讃えられる神護寺鐘銘(橘朝臣広相詞、菅原朝臣是善銘)、藤原朝臣基経五十賀の屛風(菅原朝臣道真詩、巨勢朝臣金岡絵)、渤海国への勅書・太政官牒などを書す。また三十六歌仙の一人で、『古今和歌集』の「秋きぬと目にはさやかに見えねども風の音にぞ驚かれぬる」など十九首のほか、勅撰集に二十九首収歌され、『敏行朝臣集』が編まれた。好色と不浄のうちに『法華経』を書写して地獄に堕ちたという説話も伝わり、また『伊勢物語』に、敏行が在原朝臣業平の家にいた女性に求愛した話がみられる。家伝『敏行朝臣』一巻があったが亡佚。

【参考文献】 村瀬敏夫「藤原敏行伝の考察」(早稲田大学平安朝文学研究会編『岡一男博士頌寿記念論集・平安朝文学研究―作家と作品―』所収)

藤原朝臣豊成 ふじわらのあそんとよなり 七〇四―七六五 八世紀中頃の公卿。南家武智麻呂の長子。母は阿倍朝臣貞吉の女貞媛娘。難波大臣また横佩大臣とも号す。若くして博士の門に学び、才学あって名は衆に聞えたという。神亀元年(七二四)二月、正六位下から従五位下に叙せられ、兵部少輔に任ぜられた。天平四年(七三二)正月、従五位上、同九年二月、正五位上に昇叙されたが、その後、疫瘡が流行して父武智麻呂を始め房前・宇合・麻呂の四卿が相次いで没したため、藤原氏の嫡流として同年九月、従四位下に叙せられ、同年十二月、参議に任ぜられた。時に兵部卿。同十一年正月、正四位下に越階昇叙、その後、中衛大将をも兼任したが、同十五年五月、皇太子阿倍内親王(のちの孝謙天皇)の五節奏舞に臨んで従三位に叙せられ、中納言に任ぜられた。『万葉集』によると同十八年正月、白雪多く降り積もること数寸の時、大臣諸王臣らとともに元正太上天皇の御在所中宮西院に参入、供奉して雪を掃い、詔により酒宴を賜わった。勅して雪を賦せしめられ、豊成も応じて歌を詠んだが、失ったという(一七―三九二六左注)。この年四月、東海道鎮撫使を兼任した。同二十年三月、従二位を授けられて大納言に任ぜられ、翌天平感宝元年(七四九)四月、東大寺大仏殿行幸の日に右大臣となった。しかしこの年、孝謙が即位、それに伴って光明皇太后のもとに紫微中台が創設され、実弟仲麻呂がその長官に任ぜられて政治を領導するようになったので、その政治的活動の範囲はきわめて制約されたものとなった。天平勝宝九歳(七五七)三月、勅により皇太子道祖(ふなど)王を廃する議に加わり、新たに立てる皇太子について塩焼王を推したが成らなかった。この直後、橘朝臣奈良麻呂らの謀反計画が発覚し、その与党の勘問の任にあたったが、三男乙縄が奈良麻呂と親交があったということ、さらに謀反計画の中で豊成も一味に加えられていたことが判明したため、陰謀を知りながら奏上せず、事が発覚するに及んでも肯究しなかったという理由で大宰員外帥に左降された。しかし難波の別業にいたり、病と称して赴任しなかった。天平宝字八年(七六四)九月、藤原朝臣仲麻呂が乱を起こすや右大臣に復され、さらに従一位に叙せられて左降に関する勅書・官符の類をことごとく焼却する旨の勅を賜わった。翌天平神護元年(七六五)四月、仲麻呂の事件の責任を感じ、上表して父祖相伝の功封二千戸を辞し、栄山寺(藤原朝臣武智麻呂の創建と伝え、奈良県五条市小島町にある)にも土地を施入した。同年十一月二十七日、六十二歳で薨じた。多数の経論を所持し、その写経所も盛んであったという。

【参考文献】高島正人「奈良時代中後期の藤原南家」(『奈良時代諸氏族の研究』所収)、北山茂夫「天平末葉における橘奈良麻呂の変」(『日本古代政治史の研究』所収)

藤原朝臣鳥養　ふじわらのあそんとりかい　八世紀前半の官人。『尊卑分脈』によれば、北家房前の第一子。母は従五位下春職首老(春日倉首老か)の女という。『続日本紀』によれば、天平元年(七二九)八月、従五位下に叙せられている。『公卿補任』宝亀十年(七七九)条の藤原朝臣小黒麻呂の伝によれば、小黒麻呂は鳥養の第二子で、母は正四位下伴宿禰道足の女という。

藤原朝臣執弓　ふじわらのあそんとりゆみ　―七六四　八世紀中頃の官人。南家仲麻呂の次男。母は北家房前の女。名を弓取にも作り、のち真光(先ヵ)あるいは真前に改めた。天平勝宝九歳(七五七)五月、正六位上から従五位下に叙せられ、天平宝字二年(七五八)父仲麻呂が姓中に恵美の二字を加えられたことに伴い、藤原恵美朝臣を称した。大和守、美濃・飛驒・信濃按察使(あぜち)、兵部大輔などを歴任し、同六年正月、参議となり、正四位上に昇叙されて大宰帥に任ぜられ、仲麻呂政権末期の主力となった。同八年九月、仲麻呂の挙兵に従い、弟朝獦とともに父から三品に叙せられたが十八日の合戦で坂上忌寸苅田麻呂に射殺された。

【参考文献】岸俊男『藤原仲麻呂』(『人物叢書』)

藤原朝臣長娥子　ふじわらのあそんながこ　八世紀前半の宮人。長屋王の妾。不比等の二女。母は不明だが、宮子と同母、加茂朝臣比売とも推測される。長屋王との間に安宿(あすかべ)王・黄文王・山背王(藤原朝臣弟貞)・教勝の三男一女をもうけた。神亀元年(七二四)二月、従四位下から従三位に叙せられた。天平元年(七二九)の長屋王の変で、正妻吉備内親王、その所生の膳夫(かしわで)王らは長屋王とともに自経して果てたのに対し、長娥子およびその所生の子は、不比等の血をひくことをもって特に助命された。

【参考文献】 高島正人『奈良時代諸氏族の研究』、角田文衛「不比等の娘たち」(『平安人物志』上所収)

藤原朝臣永手 ふじわらのあそんながて 七一四―七七一 八世紀中頃の公卿。北家房前の第二子。母は美努王の女無(牟)漏女王。長岡大臣と号した。天平九年(七三七)九月、従六位上から越階して従五位下に叙せられた。天平感宝元年(七四九)四月、東大寺に行幸、大仏を拝した日に越階して従四位下を授けられ、天平勝宝二年(七五〇)正月には従四位上に昇叙された。この間の官歴は明らかでない。同四年十一月、大倭守に任ぜられた。この年の新嘗祭の肆宴の時に応詔した歌一首が『万葉集』に載せられている(一九―四二七七)。同六年正月、従三位に越階昇叙、左京大夫兼侍従で大倭守の任にあった。同八歳、初例の権中納言に任ぜられて式部卿を兼ね、翌九歳、皇太子道祖(ふなど)王が廃され、新たに皇太子を立てるに当って藤原朝臣豊成とともに塩焼王を推し、成らなかったが、五月、中納言に昇進した。その直後に発覚した橘朝臣奈良麻呂らの謀反事件では与党の勘問に当り、さらに連坐した藤原朝臣乙縄をその父豊成の第に臨んで召す任をも務めている。天平宝字七年(七六三)正月、武部(兵部)卿を兼ね、翌八年九月、藤原朝臣仲麻呂の乱では追討する側にあって正三位に昇叙、大納言に任ぜられた。翌天平神護元年(七六五)追討の論功で勲二等を賜わり、さらに従二位へ昇進。同二年正月、右大臣に任ぜられ、その直後私邸に行幸があって正二位に叙せられたが、さらに十月、左大臣に任ぜられて廟堂首座の席に就いた。しかし政治の実質は法王となった道鏡のもとへ移行しており、独自の政策を展開する余地はなくなっていた。神護景雲三年(七六九)二月、私邸へ再度の行幸があり、従一位に叙せられたが、翌四年、称徳天皇の不予が長引くことから近衛・外衛・左右兵衛のことを摂知した。この年の八月、称徳が崩ずるや藤原朝臣良継・百川らと策して天智天皇の孫の白壁王(のちの光仁天皇)を皇太子に立て、道鏡を除いて光仁朝成立の主導的役割を果たした。宝亀元年(七七〇)十月、光仁天皇の即位により正一位に叙せられ、山城国相楽郡出水郷の山二百町を賜わったが、翌二年二月二十二日、にわかの病で五十八歳をもって薨じた。光仁は甚だこれを痛惜して太政大臣の位を賜わった。『日本霊異記』に急死にまつわる話が載せられている。

【参考文献】 高島正人「奈良時代中後期の藤原北家」(『奈良時代諸氏族の研究』所収)、林陸朗「奈良朝後期宮廷の暗雲―県犬養家の姉妹を中心として―」(『上代政治社会の研究』所収)

藤原朝臣仲成 ふじわらのあそんなかなり 七六四―八一〇 八世紀末―九世紀初めの官人。式家種継の男。母は粟田朝臣道麻呂の女。薬子の兄で、共謀していわゆる平城上皇の変を起こしたとされる。延暦四年(七八五)四月、父種継が暗殺された。同年十一月、正六位上から従五位下に叙せられ、出羽守に任官。翌十二月、出雲守に、同五年正月、衛門佐となったが、同九年三月には出雲介に左遷されたらしい。その後、延暦十六年に従五位上、同二十年には従四位下となり、大同三年(八〇八)頃までに従四位上に昇進。この間、左右少弁・左中弁・越後守・山城守・治部大輔・主馬頭・大宰大弐・大和守・兵部大輔・左右兵衛督・左衛士督・右大弁を歴任し、大同元年三月、桓武天皇陵の山作司となった。同四年四月、北陸道観察使に、同月、兼常陸守、続いて五月、右兵衛督、六月、兼大蔵卿、八月、伊勢守に任ぜられ、十一月、平城太上天皇の平城宮造営の中心となって働いた。妹薬子が平城天皇の側近であったので、その威勢をたのみ、先帝の親王・夫人(伊予親王とその母藤原朝臣吉子)を凌侮したなど数えきれない罪悪を犯したということで、大同五年九月十日、嵯峨天皇の詔により、薬子の官職追放と同時に佐渡権守に左遷され、右兵衛府に監禁された。嵯峨が太上天皇の平城遷都に対処している動きの中で、十一日夜、遣わされた紀朝臣清成らに御所で射殺された。『尊卑分脈』によれば時に四十七歳。薬子は翌日服毒して自殺した。仲成・薬子ら兄妹は、公式上、平城太上天皇の立場を守ろうとする朝廷によって、すべての責任を転嫁されて史料に記されている。仲成の子は連坐して遠国に配流されていたが、天長十年(八三三)六月、大赦によって薬子の変で配流された安倍朝臣清継らとともに近国に入るのを許された。

藤原朝臣仲麻呂　ふじわらのあそんなかまろ　七一六―七六四　八世紀中頃の公卿。南家武智麻呂の第二子。母は安倍朝臣貞媛娘。名は仲満・仲万呂・仲丸にも作り、のち押勝と改められ、反乱後にまた仲麻呂とされた。氏姓はのち藤原恵美朝臣と改められ、反乱後には恵美とされた。幼少から性聡敏と称せられ、ほぼ書記に渉り、ことに算に精通したという。内舎人から大学少允となり、天平六年(七三四)正月、正六位下から従五位下に昇叙、累進して同十二年正月には正五位下に進み、藤原朝臣広嗣の乱に伴う同年十月の東国行幸には前騎兵大将軍となり、同年十一月、正五位上を特授、翌十三年閏三月には従四位下に昇叙、同年七月、民部卿に任ぜられた。さらに同十五年正月、従四位上に昇叙、参議兼民部卿となったが、同月の「墾田永年私財法」の発令には一定の発言力が推測できる。同十七年正月、正四位上に進み、九月には参議民部卿で近江守を兼ねたが、この頃から政治的地歩を上昇させ、翌十八年三月には式部卿にうつって、翌四月に東山道鎮撫使を兼ね、従三位に昇叙された。次いで同二十年三月、正三位に進み、天平勝宝元年(七四九)七月には大納言に任ぜられ、光明皇太后のための紫微中台長官である紫微令を兼ね、この年さらに中衛大将をも兼ね、政治の実権を握った。翌二年正月、従二位に昇叙、天平勝宝八歳七月の『東大寺献物帳』には従二位大納言兼紫微令中衛大将近江守と署名しているが、翌九歳三月に皇太子道祖(ふなど)王が廃されると、翌四月の立太子会議で、孝謙天皇と意を通じて、その田村第に住まわせていた大炊(おおい)王を擁立した。次いで同年五月、紫微内相に任ぜられて内外諸兵事をつかさどり、処遇は大臣に准じられた。同年七月、橘朝臣奈良麻呂らの反仲麻呂クーデターを未然に処理し、兄の右大臣豊成をも政界から逐って、名実ともに政権を確立した。次いで天平宝字二年(七五八)八月、皇太子大炊王は孝謙から譲位されて淳仁天皇となったが、仲麻呂は大保(右大臣の唐風官名)に任ぜられ、氏姓に恵美の二字を加え、名を押勝と賜わった。また功封・功田を賜わり、鋳銭(じゅぜん)・挙稲などの特典を与えられている。また官号を唐風に改め、太政官を乾政官、紫微中台を坤宮官などとした。同四年正月、従一位を授けられ、大師(太政大臣の唐風官名)に任ぜられて、権勢家的相貌を深めた。しかし、押勝を上から支えた光明皇太后が同年六月に世を去ると、その政権にかげりが生じた。同六年二月、正一位に昇叙、近江国に鉄穴を賜わるなどの特典を与えられたが、保良宮(滋賀県大津市国分)滞在中に、道鏡の処遇をめぐって孝謙と淳仁との間に不和が生じ、ついに同年六月、太上天皇が事実上の復位宣言を行ない、また押勝を裏から支えた正室の尚蔵兼尚侍藤原朝臣宇比良古(うひらこ)が世を去ると、押勝の権勢衰退は否めなかった。同八年六月、女婿で腹心の藤原朝臣御楯が没すると、九月二日に四畿内、三関、近江・丹波・播磨等国兵事使に就任して軍事的な維持を図ったが、ついに同月十一日に反乱を起こして官位を剝奪され、藤原朝臣の氏姓と押勝の名を除かれて恵美仲麻呂とされた。また諸特典・処遇を没収され、同月十八日、琵琶湖北西岸で一軍士に斬られて没した。時に五十九歳。

【参考文献】岸俊男『藤原仲麻呂』(『人物叢書』)、野村忠夫「仲麻呂政権の一考察」(『岐阜大学学芸学部研究報告』人文科学六)

藤原朝臣仲統　ふじわらのあそんなかむね　八一八―八七五　九世紀中頃の公卿。名を仲縁にも作る。南家三守の二男。母は大伴宿禰長村の女従四位下友子。承和三年(八三六)従五位下に叙せられ、侍従・右兵衛佐・左近衛少将、また伊与介・伊勢守・備前介・備前権守などを歴任し、斉衡三年(八五六)左馬頭、天安元年(八五七)民部大輔兼加賀守、同二年、兵部大輔に任ぜられ、美作守・紀伊守・備前守を兼任、貞観十二年(八七〇)蔵人頭、翌十三年、治部卿を経て、同十四年、参議に列し、治部卿・備前守を兼ねる。同十六年、正四位下に叙せられ、翌十七年正月、右兵衛督を兼任したが、同年六月六日、薨じた。時に五十八歳。天安二年の文徳天皇の葬儀に際して装束司となり、貞観十四年の藤原朝臣良房の葬儀では大納言源朝臣多(まさる)らと柩前の宣制を行なうほか、仁寿二年(八五二)の止雨奉幣使や貞観十六年の清和天皇不予祈禱の奉幣使など、諸社使をたびたび務めている。女は貞観十五年に源朝臣の氏姓を賜わった清和天皇の皇子貞元を生む。

藤原朝臣長良 ふじわらのあそんながら 八〇二―八五六 九世紀中頃の公卿。北家冬嗣の長子。母は南家真作の女尚侍贈正一位美都子。良房・良相の同母兄。本名は八束。枇杷殿と称される。弘仁十二年(八二一)昇殿を許され、内舎人・蔵人となる。仁明天皇の東宮時代から朝夕に近侍し、天長元年(八二四)従五位下に叙せられ、侍従・左衛門佐などに任ぜられる。仁明の即位とともに正五位下に叙せられ、左右馬頭・蔵人頭・左兵衛督を経て、承和十一年(八四四)参議に列し、同十五年、左衛門督を兼任。嘉祥三年(八五〇)仁明崩ずるや追慕悲泣すること父母の死のごとくであったという。斉衡元年(八五四)権中納言、同三年、従二位に昇叙されたが、同年七月三日、薨じた。時に五十五歳。墓は山城国宇治郡(京都府宇治市と京都市の一部)にあり、室の藤原朝臣総継女の墓は山城国紀井郡(京都市伏見区・南区付近)にある。弟たちのように権勢欲はなく高位高官には昇らなかったが、人に慕われて名臣と称された。第三子基経が良房の養子となって北家の正嫡を継ぎ、女高子は清和天皇の皇子の陽成天皇を生んだ。陽成即位により外祖父として、元慶元年(八七七)正一位・左大臣、同三年、太政大臣を追贈され、室墓とともに荷前(のさき)の班幣に与った。

藤原朝臣浜成 ふじわらのあそんはまなり 七二四―七九〇 八世紀後半の公卿。京家麻呂の子。母は因幡国八上郡釆女で稲葉国造気豆の女。初名は浜足。天平勝宝三年(七五一)正月、正六位上から従五位下に昇叙。同九歳六月、大蔵少輔となってから官歴を重ねるが昇叙なく、天平宝字八年(七六四)九月、藤原朝臣仲麻呂の乱後、正五位下、同年十月、従四位下となり、翌天平神護元年(七六五)正月、勲四等を授けられた。宝亀二年(七七一)十一月、従四位上、同三年四月、参議に任ぜられ、五月には和歌四式の一に数えられる『歌経標式』を著わし、この頃、名を浜成に改めたらしい。その後、連年叙を加え、宝亀七年正月、従三位に叙せられた。しかし、天応元年(七八一)桓武天皇即位とともに失脚、大宰帥から員外帥に左降された。さらに翌二年、氷上真人川継の謀反事件に、川継の室法壱の父親であることから連坐、参議・侍従を解却され、大宰員外帥のみ許され、延暦九年(七九〇)任所に薨じた。時に大宰員外帥・従三位、薨年六十七。『歌経標式』の著作や、『東域伝燈目録』に『唯識問答』四巻は浜成の問いに興福寺善修の答えたものとあることなどから、文学・仏教に通暁していたことが知られる。なお『天書』の著書に浜成を擬したのもその学才のゆえであろう。

【参考文献】 高島正人『奈良時代諸氏族の研究』

藤原朝臣春景 ふじわらのあそんはるかげ 九世紀後半の官人。右大臣正二位氏宗の長子。母は従五位上菅原朝臣門守の女。春影にも作る。貞観三年(八六一)散位正六位上であったが、存問兼領渤海客使に任ぜられ、使の間は但馬権介を称することが許された。同九年正月、従五位下に昇り、翌二月、式部大丞から民部少輔にうつり、さらに三月、備前介に転じた。同十四年七月、近江介従五位上の地位にあり、国司の官物出納の連帯責任制の弊を訴え、不正をはたらいた者のみ処罰するよう改正を求めた。元慶元年(八七七)四月、従五位上守権左中弁であった春景は、ほかの四人とともに大極殿構造の行事となる。同年十一月、正五位下に昇叙。同三年七月、伊勢斎内親王装束司に任ぜられ、八月には長送伊勢斎内親王使となる。この時の官は、権左中弁兼行木工頭であった。さらに同年十一月には、従四位下に昇っている。同四年十二月、清和太上天皇崩御の初七日に際し、粟田寺(京都市左京区北白川大堂町の北白川廃寺に比定する説が有力)への使となり、仏・僧に布施を支給した。同五年四月、公卿の病欠のため擬階奏がなされなかったため、式部大輔として、式部省のなすべきことの指示をうけた。仁和元年(八八五)五月には、やはり式部大輔として諸国銓擬郡司文を奏上の際、これを読み上げた。

藤原朝臣春津　ふじわらのあそんはるつ　八〇八―八五九　九世紀初めから中頃の官人。左大臣正二位緒嗣の第二子。『尊卑分脈』によると、母は正六位上蔵塩忌寸仚の女とある(「蔵塩」は蔵垣の誤りか)。天長(八二四―八三四)の初め左近衛将監に抜擢され、同七年(八三〇)に皇太后宮大進にうつる。翌年には従五位下に叙せられた。承和元年(八三四)備中権守に転じ、同五年、侍従となり、同九年、正五位下に進められ、同年七月、右馬頭に任ぜられた。同十年正月、父緒嗣の致仕により特に従四位下に昇叙される。嘉祥三年(八五〇)母の喪に服すため職を辞すが、間もなく官を復せられ右兵衛督となる。仁寿(八五一―八五四)の初め、刑部卿兼但馬守となり、従四位上に加階された。斉衡四年(八五七)但馬守から備前守にうつるが、いずれも任国には赴かなかった。春津は風姿美麗にして清警寛雅、家柄もよく、生まれながらにして富み、日本第一の富人とも称された。しかし財利を貪ることなく、ただ馬をこよなく愛好し、敢て出仕することもなく、里第にひきこもることが多かったため、清和天皇は戯れに、「春津は是れ南山の玄豹なり」と近臣に語ったという。貞観元年(八五九)七月十三日、五十二歳で卒した。

藤原朝臣広嗣　ふじわらのあそんひろつぐ　―七四〇　八世紀前半の官人。式家の祖宇合の長子。天平九年(七三七)八月の父の急死の翌月、従六位上から従五位下に昇叙され、同十年四月、大養徳(大和)守に任ぜられた。また、これ以前から式部少輔の官にあったらしい。同年十二月、大宰少弐に任命される。少弐は従五位下の相当官であり、同時に大弐に任命された高橋朝臣安麻呂は赴任しなかったと考えられるので、大宰府の事実上の統轄者となったが、これは明らかに左遷であった。広嗣の挙兵後、大宰府管内に散布された勅符に、広嗣は「小来凶悪、長じて詐奸を益す」とあり、右の人事異動は、広嗣が京中にあって親族を讒言し、改悛するところがなかったための措置であるという。同十二年八月下旬、大宰府から時政の得失を指して天地の災異を陳べた上表を行ない、玄昉と下道(吉備)朝臣真備の追放を要求した。この時の上表文と称するものが『松浦廟宮先祖次第幷本縁起』にみえるが、軍備縮小政策に対する批判という件の信憑性を除けば、本文の内容は明らかに後世の作であり、史実を論議できる材料ではない。八月末日、上表に対する中央からの返答を待たずに挙兵に踏み切る。全軍を、みずからが率いる大隅・薩摩・筑前・豊後諸国の兵五千人、弟の綱手率いる筑後・肥前諸国の兵五千人、多胡古麻呂率いる軍勢(兵数未詳)の三軍に分け、それぞれ鞍手道、豊後国、田河道を経由して、登美(福岡県北九州市小倉北区富野にあてる説や築上郡吉富町とする説がある)・板櫃(北九州市小倉北区の旧到津村付近)・京都(みやこ。豊前国京都郡のうち。比定地未詳)の三鎮を目指して進撃を開始。中央政府軍の九州上陸を迎撃せんとした。九月二十日頃、広嗣率いる一軍のみ目的地の鎮所に到着、その途次、遠賀郡家(福岡県遠賀郡岡垣町吉木付近か)を前進基地として、管内募兵のため烽火を挙げたという。綱手の率いる軍勢もまもなくこれに合流。この頃、上陸した政府軍は三鎮陥落に成功、広嗣・綱手らは一時敗退を余儀なくされた。十月五日頃、退勢挽回を期して板櫃川西岸に進軍、政府軍陣取る東岸への渡河作戦を敢行した。だが、一時敗退後の政府軍による「逆人」広嗣との誹謗の宣伝工作、広嗣軍への投降呼びかけもあり、まず隼人の投降が相次いだ。さらに勅使との問答における広嗣の醜態により、決戦は大敗北に終わる。一路値嘉嶋(五島列島)まで敗走し、そこから発船、四日後には耽羅(とむら)嶋(済州島)まで達した。しかし逆風のため一昼夜を船上で明かし、等保知駕嶋の色都嶋(比定地未詳)に押し流されてしまう。この時の風浪の船上で、「我は大忠臣なり、神霊我を棄てむや」と呼び、捧げもった駅鈴一口を海中に投じたという。その後、同月二十三日、肥前国松浦郡値嘉嶋長野村(宇久島(長崎県北松浦郡宇久町)の小浜郷長野か)において安倍朝臣黒麿に捕縛され、翌月一日、聖武天皇の処断を待たず、大将軍大野朝臣東人により綱手とともに斬刑に処せられた。広嗣の刑死後、その「霊」「逆魂」なるものが現われ、玄昉や真備の運命を狂わせたという。『万葉集』に「藤原朝臣広嗣、桜花を娘子に贈れる歌一首」(八―一四五六)がある。

【参考文献】宮田俊彦『吉備真備』(『人物叢書』)、北山茂夫「七四〇年の藤原広嗣の叛乱」(『日本古代政治史の研究』所収)、横田健一「天平十二年藤原広嗣の乱の一考察」(大阪歴史学会編『律令国家の基礎構造』所収)、八木充「藤原広嗣の叛乱」(『山口大学文学会志』一一―二)、坂本太郎「藤原広嗣の乱とその史料」(『古典と歴史』所収)、竹尾幸子「広嗣の乱と筑紫の軍制」(鏡山猛・田村圓澄編『古代の日本』3所収)、栄原永遠男「藤原広嗣の乱の展開過程」(九州歴史資料館編『大宰府古文化論叢』上所収)

藤原朝臣弘経　ふじわらのあそんひろつね　八三九―八八三　九世紀後半の官人。贈太政大臣正一位長良の五男。母は贈太政大臣総継の女。太政大臣基経の同母弟。貞観三年(八六一)讃岐権掾に任ぜられ、以後、同権介・侍従・左衛門佐・加賀権守などを歴任。元慶六年(八八二)十二月、久病悪化して危篤になるに及び、陽成天皇は外舅である弘経を特に愍んで従四位下を授け、続いて同七年正月、越前権守に任ぜられたが、四日後の正月十五日、四十五歳で卒した。卒伝によると、普段は口数は少なく、ゆったりとしていたが、語るとなると饒舌となり、清談をさまたげたという。

藤原朝臣房雄　ふじわらのあそんふさお　―八九五?　九世紀後半の官人。遠江守従五位下達良麿の子。母は紀宅主の女。貞観八年(八六六)正月、正六位上左近衛将監であったが、従五位下に加階された。同年十月、左近衛将監に讃岐権掾を兼ねていたが、同国での殺人事件で無罪の者を処罰したとして他の国司とともども、その責任を問われたが、遥任で直接現地の審判には加わっていなかったため許された。同九年正月、紀伊守にうつり、さらに翌年正月には伊予権介に転じた。同十四年九月、太政大臣藤原朝臣良房薨去に際し固関使(こげんし)を務めた。元慶二年(八七八)正月、散位従五位上であったが、民部大輔に任ぜられた。同年四月、次侍従となる。さらに同年十二月には、任期の終わる坂上宿禰竜守に代わって新羅の侵攻を警固するために大宰権少弐兼左近衛少将に任ぜられ、翌三年正月、少弐の正官に任ぜられたうえで左右近衛八人を随身としてひきつれ、大宰府に向かって出発した。しかし、引率した近衛たちが乱暴をはたらいたため民衆の反感をかい、警固のできる状態ではないとして、同四年五月、肥後守に左遷された。しかし、房雄の意を慰めるため、その翌月、正五位下に昇叙された。『尊卑分脈』によれば、寛平七年(八九五)五月に卒したという。

藤原朝臣房前　ふじわらのあそんふささき　六八一―七三七　八世紀初めの公卿。不比等の次男。『尊卑分脈』によれば、母は蘇我臣武羅自古(連子)の女石川朝臣娼子。武智麻呂の弟で、宇合・麻呂の兄。子に鳥養・永手・真楯・清河・魚名・御楯・楓麻呂らがいる。一歳違いの兄武智麻呂に雁行して順調に出世し、早くからその才腕を嘱望された。継母橘

(県犬養)宿禰三千代は房前の才能を見込んで、先夫美努(みの)王との間にもうけたひとり女牟漏女王を与えているが、その子真楯が後の摂関家の祖となっているところからすれば、三千代の眼力に狂いはなかったといえよう。養老元年(七一七)兄に先立って朝政に参議することとなったが、これは父不比等が彼を自己の政治上の後継者に選定したことを意味する。同四年、父を失ったが、翌年十月、元明太上天皇の不予に当り、右大臣長屋王とともに召され、参議として遺詔を承り、次いで元正天皇の詔により、内臣となって内外を計会し、勅に准じて施行し、帝業を輔翼して永く国家を寧んぜよと命ぜられた。元正母娘の信は房前に対して最も厚かったようである。神亀元年(七二四)聖武天皇の即位により正三位に叙せられ、同五年、藤原氏の軍事的基盤として中衛府が新設されると、房前は初代長官として中衛大将に任ぜられた。以後の事績は多くは伝わらないが、これは聖武の即位とともに、これまで東宮傅であった兄武智麻呂が次第に優遇され、中納言・大納言・右大臣と順調に昇進していったのと対蹠的である。天平四年(七三二)東海・東山二道節度使、その前後に民部卿に任ぜられたが、同九年四月十七日、当時流行の疫病により四兄弟のうち最も早く薨じた。享年五十七。同年十月、正一位・左大臣を贈られ、食封二千戸を二十年を限りその家に賜わった。天平宝字四年(七六〇)さらに太政大臣を贈られた。墓は大和国添上郡隅山村(奈良市大安寺町)にあったという。文藻に富み、『万葉集』『懐風藻』にその詩歌が収載されている。

藤原朝臣藤嗣　ふじわらのあそんふじつぐ　七七三―八一七　八世紀末―九世紀初めの官人。北家魚名の孫。中務大輔従五位上鷲取の二男。母は藤原朝臣良継の女。大納言紀朝臣古佐美の女を妻とし、越前守正五位下高房はその間に生まれた子である。延暦十二年(七九三)五月に常陸掾に任ぜられ、以後、中務少丞・式部大丞を歴任し、同十八年五月、従五位下に叙せられ、その後、因幡守・権右少弁・大宰少弐を歴任し、同二十五年五月、従五位上、同年六月、従四位下に昇叙された。大同三年(八〇八)正月、右京大夫となり、同年五月、兵部大輔を兼ねた。同四年四月、従四位上に昇り、春宮大夫に任ぜられ、同年六月、右大弁に転じた。同五年七月、嵯峨天皇の病気平癒を祈る伊勢大神宮奉幣使に任命された。同年八月、陸奥出羽按察使(あぜち)に任ぜられ、春宮大夫を兼任。また九月には、右近衛中将に任ぜられて摂津守を兼任した。弘仁二年(八一一)五月、さらに右京大夫も兼ねた。翌三年正月、参議兼大宰大弐となり、同八年、右衛門督を兼ねたが、同年三月二十五日、四十五歳で卒した。

藤原朝臣富士麻呂　ふじわらのあそんふじまろ　八〇四―八五〇　九世紀前半の官人。南家流の村田の第二子。『続日本後紀』によれば、大学に学び史漢に通じ弓馬にも巧みであった。天長十年(八三三)正月、春宮少進に任ぜられ、同年二月、従五位下に叙せられて右近衛少将に任じ、承和四年(八三七)正月、阿波介を兼ね、同九年正月、従五位上に昇叙。同年七月、正五位下に昇叙し、中将に転じた。同十二年正月、従四位下、同十三年七月、陸奥出羽按察使(あぜち)、同年九月、相模権守。嘉祥三年(八五〇)二月、四十七歳で卒した。なお、卒伝と一致しない叙位記事が、天長十年三月条にある。

藤原朝臣不比等　ふじわらのあそんふひと　六五九―七二〇　七世紀末―八世紀初めの公卿。鎌足の次子。僧定恵の弟。母は車持君与志古娘。車持君の同族山科(京都市山科区)の田辺史に養われたため史(ふひと)と名づけられたという。天智皇胤説は後世の付会であろう。十一歳で父と死別。壬申の乱ではわずか十四歳で局外中立。以後は生前の鎌足を徳とした天武天皇に庇護され、天武九年(六八〇)天智朝の大臣蘇我臣連子(むらじこ)の女との間に長男武智麻呂を、次いで二男房前(ふささき)・三男宇合(うまかい)を、のちには天武の末亡人である異母妹五百重娘(いおえのいらつめ)との間に四男麻呂をもうけた。この四子が後に南家・北家・式家・京家を興し、藤原氏興隆の基礎を築く。女子では文武夫人宮子・左大臣長屋王妾長娥子(カ)・聖武皇后光明子・左大臣橘宿禰諸兄室・大伴宿禰古慈斐(こしび)室らがいる。持統三年(六八九)判事に任ぜられて初めて正史に登場するが、この時すでに直広肆(従五位下)で貴族に列していた。因みに判事は今と同じで法律に通暁する者から任用された。同年、草壁皇太子が夭折するが、この時、草壁は愛用の佩刀を不比等に授け、我が子軽(のちの文武天皇)の将来を託したという。同十一年、持統天皇から孫文武へと皇位の直系相続実現に奔走した不比等は、次いで長女宮子を入内させることに成功するが、これを機にパートナーとして協力した女官県犬養宿禰(橘宿禰)三千代を美努(みの)王から奪って後妻に据えた。翌年、勅によって鎌足の賜わった藤原姓はその子不比等に限り、一門は旧によって中臣姓を称すべきことと定められたから、以後、鎌足の政治的遺産は不比等が独占的に継承することとなった。文武四年(七〇〇)副総裁として『大宝律令』撰定事業を領導することとなった不比等は、職員に田辺史氏を二人まで加えている。翌大宝元年(七〇一)律令の完成とともに正三位大納言に叙任したが、同年、宮子に首(おびと)皇子(のちの聖武天皇)、三千代に光明子が生まれ、不比等の前途はまさに洋々たるものがあった。慶雲四年(七〇七)文武が二十五歳で世を去ると、不比等は外孫首皇子の将来を慮り、文武の生母元明天皇を「不改常典」を口実に強引に即位させた。翌和銅元年(七〇八)元明即位とともに右大臣、同三年、気の進まぬ元明を説得して平城遷都を実現し、新京の四大寺に氏寺興福寺を割り込ませた。養老元年(七一七)左大臣石上(いそのかみ)朝臣麻呂が没しても転昇せず、事実上の第一人者として太政官を牛耳り、あわせて他氏の大臣昇任を妨げた。やがて、みずから総裁となって『養老律令』の編纂に乗り出したが、その完成を待たずに同四年八月三日、六十二歳をもってその生涯を閉じた。没後間もなく太政大臣・正一位を追贈されたが、天平宝字四年(七六〇)孫仲麻呂の発案で近江国十二郡を追封され、淡海公と称されるにいたった。『延喜式』に墓は多武峯(とうのみね。奈良県桜井市)にあるというが、定かでない。

【参考文献】上田正昭『藤原不比等』(『朝日評伝選』)、黛弘道「藤原不比等」(『人物日本の歴史』一所収)、同「女帝と藤原不比等」(『古代史を彩る女人像』所収)、同「橘三千代」(同上書所収)

藤原朝臣文山 ふじわらのあそんふみやま ―八四一 九世紀前半の官人。南家雄友の子。母は大納言石上(いそのかみ)朝臣宅嗣の女。弘仁元年(八一〇)十一月、従五位下に叙せられ、玄蕃頭・宮内少輔などを経て、同五年七月、侍従となる。嵯峨朝には蔵人も務めた。天長二年(八二五)正月、従四位下に進み、右京大夫となる。同十年三月、従四位上にいたる。承和三年(八三六)二月、内蔵頭に任ぜられ、そののち、右京大夫に転じた。同八年三月二十一日、散位で卒した。

藤原朝臣冬緒 ふじわらのあそんふゆお 八〇八―八九〇 九世紀後半の公卿。京家出身。従五位下豊後守豊彦の子。母は従五位下伴宿禰永主の女。承和十年(八四三)十月、勘解由判官に任ぜられた。式部大丞・蔵人などを経て、同十四年正月、正六位上から従五位下に進み、右少弁となる。春宮亮・左少弁・肥後守などを経て、貞観元年(八五九)右中弁となり、大宰大弐・弾正大弼などを兼任。同九年、右大弁に任じ、勘解由長官・美濃権守などを兼任。同十一年十二月、参議に任ぜられ、大宰大弐・民部卿・伊予権守などを兼任。同十八年正月、従三位に昇り、元慶元年(八七七)十月、中納言に任ぜられる。同三年十一月、正三位にいたり、同六年正月、大納言に昇任し、民部卿・弾正尹を兼任。仁和三年(八八七)四月、致仕。寛平二年(八九〇)五月二十三日、八十三歳で薨じた。有能な官吏として知られ、大宰大弐および民部卿在任中に上奏した提案事項はことごとく採用された。また、学問にもすぐれ、清和天皇の時に『孝経』や

『史記』の講席に侍した。露蜂房を服して長命を保ったことが『政事要略』にみえる。

藤原朝臣冬嗣　ふじわらのあそんふゆつぐ　七七五―八二六　九世紀初めの公卿。北家内麻呂の二男。母は百済宿禰永継。閑院大臣ともいう。延暦二十年（八〇一）大判事。翌年、左衛士大尉、大同元年（八〇六）従五位下となる。この年、皇太弟となった賀美能親王（のちの嵯峨天皇）の春宮大進となる。翌大同二年、春宮亮、同四年、侍従・右少弁を兼ね、同年四月十三日の嵯峨即位の日に正五位下、翌日、従四位下に叙せられ、まもなく左衛士督となる。同五年三月、蔵人頭となって機密に与った。同年九月の藤原朝臣薬子の変のあと式部大輔、同年十一月には従四位上に昇り、翌弘仁二年（八一一）参議となる。嵯峨の信任極めて厚く、同五年、冬嗣の邸宅閑院（平安左京三条二坊）に行幸があり、嵯峨みずから詩を作り、群臣も詩を献じ、冬嗣は従三位に叙せられた。同七年、権中納言、同八年、中納言、同九年、大納言となり、正三位に叙せられた。同十二年、右大臣、翌十三年、従二位、同十四年、正二位に昇った。また弘仁二年以降は左近衛大将を兼ねた。冬嗣は『弘仁格式』の編纂に従事、弘仁十一年、撰進、次いで翌十二年には『内裏式』を撰進した。これより以前、弘仁十年から『日本後紀』の編纂に着手し、みなその最高責任者となった。弘仁八年頃から薨ずるまでの天長三年（八二六）にかけては政界の中心的役割を果たした。天長元年には、淳和天皇の諮問に応じて地方政治刷新の方法と公卿の人材登用などの意見を奏上し採用された。なお、弘仁四年、藤原氏のために氏寺興福寺に南円堂を建て、父内麻呂の造った不空羂索観音像と四天王像を安置、空海をして鎮壇法を修せしめた。弘仁八年、初めて内麻呂のために南円堂で法華会を行なった。弘仁十四年、比叡山に戒壇院建立勅許を得るため努力した。一方、藤原氏一族の学問奨励のために、弘仁十二年、勧学院（平安左京三条一坊）を建てている。天長三年、長い間空席になっていた左大臣となったが、七月二十四日、薨去。同月二十六日、正一位を贈られ、山城国愛宕郡の深草山（京都市伏見区深草の七面山・二石山などの山々の総称）に葬られた。時に五十二歳。嘉祥三年（八五〇）文徳天皇の外祖父のゆえをもって太政大臣を追贈された。穏やかな性格で見識豊か、文武兼ねそなえ、人心収攬の才があった。『凌雲集』に三首、『文華秀麗集』に六首、『経国集』に一首、『後撰和歌集』に四首が残っている。なお『大鏡』は、天皇を文徳から書き起こしているが、大臣は冬嗣から書き起こしている。

【参考文献】　林陸朗「藤原緒嗣と藤原冬嗣」（『上代政治社会の研究』所収）

藤原朝臣古子　ふじわらのあそんふるこ　文徳天皇の女御。北家冬嗣の女。嘉祥三年（八五〇）七月、女御となる。当時、すでに従四位下であった。仁寿三年（八五三）正月、正四位下から従三位に昇り、天安二年（八五八）十一月、清和天皇即位の日に従一位を授けられた。貞観三年（八六一）二月、姉の皇太后順子の落飾入道に従い出家するが、その後の消息は明らかでない。

藤原朝臣真楯　ふじわらのあそんまたて　七一五―七六六　八世紀中頃の公卿。北家房前の第三子。母は美努王の女無（牟）漏（むろ）女王。名は初め八束と称した。生来、度量弘深にして公輔の才があったという。若くして歌を詠み、天平五、六年（七三三―七三四）頃から八、九年頃までの歌が『万葉集』に収められている（六―九八七、八―一五四七・一五七〇・一五七一）。ほかに「梅の歌二首」もある（同三―三九八・三九九）。また山上臣憶良とも親交があった（同六―九七八左注）。初め皇太子阿倍内親王（のちの孝謙天皇）の春宮大進であったが、天平十二年（七四〇）正月、正六位上から従五位下に叙せられ、同年十一月、従五位上へ昇叙し、翌十三年十二月、右衛士督に任ぜられた。同十五年五月、皇太子阿倍内親王の五節奏舞に臨み、正五位上に越階昇叙されて式部大輔を兼任、安積親王が真楯の宅に宴した時、大伴宿禰家持の作った歌一首が『万葉集』にみえる（六―一〇四〇）。この頃、左少弁でもあったらしい。翌十六年十一月、従四位下に叙せられ、同十九年三月、治部卿、翌二十年には参議に任ぜられた。天平勝宝四年(七五二)四月、摂津大夫に任ぜられたが、この年、左大臣橘朝臣諸兄の宅の肆宴において詠んだ歌、さらに新嘗祭の肆宴の時の応詔歌が『万葉集』に載っている(一九―四二七一・四二七六)。時に右大弁であった。その伝によると、官にあっては公廉にして慮私に及ばず、聖武天皇の寵遇とくに厚く、詔して奉宣吐納に参ぜしめられ、明敏にして時に誉あり、そのため従兄藤原朝臣仲麻呂は心にその能をねたんだので、それを知って病と称し、家居して書籍を翫んだという。天平宝字元年(七五七)八月、従四位上から正四位下に叙せられ、翌二年八月、仲麻呂の官号改易に参加している。さらに同四年正月、正四位上から従三位に昇叙され、大宰帥に任ぜられた。真楯の名を賜わったのはこの頃だともいわれているが、渤海大使揚承慶帰国の宴餞で大使をして称歎せしめたというのも大宰帥の時代である。同六年十二月、中納言に昇進して信部(中務)卿を兼ねたが、同八年の仲麻呂の乱のときには追討する側に立ち、同年九月、正三位に叙せられ、翌天平神護元年(七六五)正月の論功で勲二等を賜わった。翌年正月、大納言に昇進して式部卿を兼ねたが、同二年三月十二日、五十二歳をもって薨じた。称徳天皇から大臣の葬を賜わり、弔使を遣わされている。

【参考文献】 高島正人「奈良時代中後期の藤原北家」(『奈良時代諸氏族の研究』所収)

藤原朝臣真作 ふじわらのあそんまつくり 八世紀末の官人。南家巨勢麻呂の子。『尊卑分脈』は母を正四位上丹墀(たじひ)吉部の女とする。同母兄弟に、長川・今河・河主らがあり、子女に村田・春宮亮三成・右大臣三守・左大臣冬嗣室美都子らがある。延暦三年(七八四)正月、正六位上から従五位下に昇叙、次いで皇后宮大進となり、翌四年六月、従五位上に昇叙。翌七月、石見守、同九年七月、大蔵大輔、その後、参河守などを経て、時期は不明であるが、従五位上阿波守をもって卒した。なお、『尊卑分脈』はその子女として六男一女、妻妾四人を記している。

【参考文献】 高島正人『奈良時代諸氏族の研究』

藤原朝臣真夏 ふじわらのあそんまなつ 七七四―八三〇 九世紀前半の公卿。北家内麻呂の長子。母は女孺百済宿禰永継。延暦二十二年(八〇三)従五位下に叙せられ、中衛権少将兼春宮権亮となる。右近衛中将などを経て、大同四年(八〇九)四月、山陰道観察使に任ぜられた。翌弘仁元年(八一〇)九月、藤原朝臣薬子の変に坐して備中権守に左降された。同三年十二月、本官に復し、同十三年正月、従三位に進んだ。大和守・刑部卿などを歴任。天長七年(八三〇)十一月十日、五十七歳で薨じた。平城天皇の春宮時代から退位後まで一貫して、第一の側近であった。

藤原朝臣衛 ふじわらのあそんまもる 七九九―八五七 九世紀前半の官人。北家内麻呂の第十子。母は左大臣藤原朝臣永手の女。十八歳で文章生試に及第。弘仁十三年(八二二)十一月、従五位下に叙せられ、そののち遠江守・右少弁・式部大輔・大宰大弐・弾正大弼・勘解由(かげゆ)長官などを歴任。仁寿四年(八五四)正月、正四位下に昇り、天安元年(八五七)六月、右京大夫に任ぜられたが、十一月五日、五十九歳で卒した。学識と硬骨をもって知られた。

藤原朝臣真従 ふじわらのあそんまより 八世紀中頃の官人。仲麻呂の子。天平二十一年(七四九)四月、正六位下から従五位下に昇叙。同年(七月に天平勝宝と改元)八月、中宮省の少輔に任ぜられた。『続日本紀』淳仁即位前条には、父の仲麻呂が大炊(おおい)王(のちの淳仁天皇)と亡き子の真従の婦粟田諸姉(あわたのもろね)とを結婚させ、私邸に居住させたとある。仲麻呂が大炊王を田村第に迎えて皇太子に立てたのは、天平勝宝九歳(七五七)四月のことであったから、真従の死去は、それ以前であったことになる。真従が卒したのは、天平勝宝元年八月以後間もないころのこととする説がある。『尊卑分脈』には仲麻呂の子として真従の名がみえないが、同書の藤原朝臣好雄の尻付に、母は従五位下真従父(文)の女とあることによって、仲麻呂の子真文(まいと)が真従と同一人物であろうとみなす見解がある。真従父(文)は、あるいは真従のことかもしれないが、真文は『尊卑分脈』に、「以上の四人は、父に縁坐するに依つて誅戮(ちゅうりく)せらる」とあることによれば、天平宝字八年(七六四)九月まで生存していたことになり、真従とは明らかに別人である。

【参考文献】　岸俊男『藤原仲麻呂』(『人物叢書』)

藤原朝臣麻呂　ふじわらのあそんまろ

六九五—七三七　八世紀前半の公卿。不比等の第四子で京家の祖。母は不比等の異母妹五百重娘(いおえのいらつめ)。名を万里にも作る。養老元年(七一七)改元に際して従五位上に叙せられた。時に美濃介。同五年正月、従四位上に昇叙、同年六月、左京大夫に任ぜられた。京家の名称はこの任官に由来している。神亀三年(七二六)正月、正四位上、同年九月、聖武天皇の播磨行幸の装束司に任ぜられ、同六年三月、従三位、天平三年(七三一)八月、兵部卿のまま参議に任ぜられ議政官の一員となり、同年十一月、山陰道鎮撫使を兼任。兵部卿当時にかかわることを記した同八年(七三六)八月二日付の木簡が平城京二条大路跡(奈良市法華寺町)から出土しており、それには「中宮職移兵部省卿宅政所」云々とある。その出土地点から推して麻呂の邸宅は左京二条二坊五坪にあったことが判明した。同九年正月、陸奥持節大使に任ぜられ、大野朝臣東人と計って、出羽国の多賀柵(宮城県多賀城市市川)から雄勝村(秋田県雄勝郡羽後町)にいたる道をひらいたが、同年七月、当時流行した伝染病によって薨じた。時に四十三歳。その子に浜成・百能らがいる。なお麻呂は、詩歌に長じ、『万葉集』に短歌三首(四—五二二～五二四)、『懐風藻』に詩五首、詩序一編が収録されており、また、万葉歌人として有名な大伴坂上郎女は、麻呂の妻であったらしい。

藤原朝臣御楯　ふじわらのあそんみたて

七一五—七六四　八世紀後半の公卿。北家房前の第六子。母は美努王の女牟漏(むろ)女王。名は初め千尋(ちひろ)。天平感宝元年(七四九)四月、従五位下に昇叙、同年七月の天平勝宝改元の日に従五位上に昇叙し、美濃守を経て、天平宝字二年(七五八)八月、従四位下に進んだが、この頃に御楯と改名した。翌三年六月、従四位上昇叙とともに参議に起用され、同四年六月、光明皇太后の葬送には御装束司に奉仕し、翌五年六月には授刀督で伊賀・近江・若狭按察使(あぜち)を兼ねて、衰退の兆しをみせる藤原朝臣仲麻呂政権を支える一翼を担ったが、同年八月に御楯の第に行幸・宴飲の時、正四位上を授けられ、室の藤原恵美朝臣児従(こより)には正四位下が授けられた。同年十月の近江国保良宮(滋賀県大津市国分)行幸では、近江按察使として従三位に叙せられたが、同八年六月九日、参議従三位授刀督兼伊賀・近江按察使で薨じ、仲麻呂政権崩壊の一因となった。時に五十歳。神護景雲二年(七六八)五月、御楯の越前国の没官地百町が西隆寺に施入された。

【参考文献】　野村忠夫「永手・真楯(八束)・御楯(千尋)」(大野博士古稀記念会編『日本古代政治史と仏教史』所収)

藤原朝臣道継　ふじわらのあそんみちつぐ

七五六—八二二　八世紀末—九世紀初めの官人。北家小黒麻呂の第二子。延暦十年(七九一)正月、正六位上から従五位下に叙せられた。時に三十六歳。同年三月、大監物に任ぜられたが、三カ月あまりで右大舎人助に転じた。弘仁元年(八一〇)九月、従五位上で左兵衛佐に任ぜられたが、この間の動きは記録の欠けている時期もあって必ずしも明らかでない。同二年六月、正五位下に叙せられ、翌三年正月、下野守に任ぜられた。同四年正月、五位以上が宮中豊楽院で宴を賜わった時、越階して従四位下に昇叙された。同六年正月、大舎人頭に任ぜられ、その六カ月後に右京大夫に転じたが、以後の官歴は明らかでない。弘仁十三年二月二十四日、六十七歳で卒したときは散位であった。その伝によると、才能はあまりなく、武芸が少しばかり得意であったが、酒と鷹が好きで、年老いてからはますますそれに熱中していたという。

藤原朝臣三守　ふじわらのあそんみもり　七八五―八四〇　九世紀前半の公卿。阿波守従五位上真作の第五子。母は御井氏。名は「ただもり」とも訓む。大同元年(八〇六)東宮時代の嵯峨天皇に主蔵正として仕え、同四年、従五位下に叙せられ、右近衛少将となった。弘仁二年(八一一)二月、蔵人頭となり、内蔵頭・春宮亮・式部大輔・左兵衛督などを歴任。同七年十月、参議に任ぜられる。同十二年、従三位に進み、権中納言を拝任。同十四年三月、大伴宿禰国道とともに延暦寺別当となり、同年四月、光定に授けた戒牒に署名している。最澄は生前、三守を「諸賢公」の一人として畏敬し、三守は延暦寺の創建に力を尽くした。この年、中納言となり、正三位に叙せられたが、嵯峨譲位後は嵯峨院(京都市右京区嵯峨大沢町の大覚寺の前身)に侍した。そののち天長五年(八二八)三月、大納言を拝命し、兵部卿・弾正尹などを兼任。同十年三月、従二位に昇り、皇太子傅となる。承和五年(八三八)正月、右大臣を拝任。同七年七月七日、五十六歳で薨じ、従一位を追贈された。後山科大臣と号す。幼少から大学に入って学び、嵯峨の東宮時代から仕えて、即位後は栄寵を賜わった。『弘仁格式』『内裏式』の編纂に従事。妹美都子は嵯峨の尚侍で、藤原朝臣冬嗣の室。妻の橘朝臣安万子は嵯峨の皇后橘朝臣嘉智子の姉。女貞子は仁明天皇の女御となった。

藤原朝臣宮子　ふじわらのあそんみやこ　―七五四　文武天皇夫人。聖武天皇の生母。不比等の女。母は加茂朝臣比売。文武元年(六九七)八月、夫人となり、大宝元年(七〇一)首(おびと)皇子(のちの聖武天皇)を生んだ。養老七年(七二三)正月、従二位を授けられ、翌年二月、聖武の即位とともに生母宮子を尊んで大夫人とする勅が出された。時に正一位。ところが、令条と違うこの尊号は長屋王らの反発をかうところとなり、同年三月、先の勅は撤回され、文には皇太夫人、語には大御祖(おおみおや)と称することで一応解決するが、この事件はのちの長屋王の変の伏線となった。天平九年(七三七)十二月、聖武と初めて対面した。聖武の誕生以来心身の不調に悩み、人事を廃すること久しかったが、玄昉の看護によって回復し、ここにいたったという。しかし、天平勝宝六年(七五四)にはまた健康がすぐれず、七月には平復を願って大赦、得度がなされたが、同月、中宮に崩じた。時に太皇太后。翌八月、諡して千尋葛藤高知天宮姫之尊とされ、佐保山陵(奈良市法蓮町付近。比定地未詳)に火葬された。『延喜式』諸陵寮式に佐保山西陵として伝えられる。

【参考文献】　野村忠夫『後宮と女官』、角田文衛「不比等の娘たち」(『平安人物志』上所収)、黛弘道「聖武天皇と光明皇后」(『古代史を彩る女人像』所収)

藤原朝臣武智麻呂　ふじわらのあそんむちまろ　六八〇―七三七　八世紀前半の公卿。不比等の長男。母は蘇我臣連子の女石川朝臣媼子。豊成・仲麻呂の父。南家の祖。天武九年(六八〇)四月、大原(奈良県高市郡明日香村小原)の第に生まれ、幼くして母を失い、病弱にして学問を好み仏教に心を寄せたと伝える。大宝元年(七〇一)二十二歳の時、正六位上に叙せられ、選ばれて内舎人に任ぜられ、翌二年正月、刑部省の中判事にうつり、奏上して条式を定めた。同三年四月、病を得て職を休み、同四年三月、大学助となる。慶雲二年(七〇五)十二月、従五位下に叙せられ、同三年七月、大学頭となり、和銅元年(七〇八)三月、図書頭にうつり、侍従を兼ねた。その間、図書経籍を検校し、壬申の乱以来の官書の零落、欠少を民間に訪ね、写し取らせるなど整備に努めた。同四年四月、従五位上に叙せられ、同五年六月、近江守となり、赴任して善政を敷いたという。同六年正月、従四位下に昇叙、同八年正月、従四位上に昇り、霊亀二年(七一六)五月、近江守在任中、寺家・仏法の復興を言上して認められた。同年十月、式部大輔、養老二年(七一八)九月、式部卿となり、翌三年正月、多治比真人県守(たじひのまひとあがたもり)とともに皇太子(のちの聖武天皇)を助け先導した。同月、正四位下に叙せられ、同年七月、東宮傅となり、文学をもって皇太子を教導したという。同五年正月、従三位に叙せられ、同時に中納言となり、同年三月、帯刀資人四人を賜わった。同年九月、造宮卿を兼ね、工匠らを指揮して平城宮の改作に当った。同年十二月、元明太上天皇の喪儀に、長屋王とともに御装束の事をつかさどり、神亀元年(七二四)二月、正三位に叙せられ、封を増し、物を賜わった。同五年七月、播磨守にうつり、按察使(あぜち)を兼ね、同六年二月、長屋王の事件に際して王の窮問に当り、同年三月、大納言となった。天平三年(七三一)九月、大宰帥を兼ね、同五年十二月、県犬養橘宿禰三千代への贈位使となり、翌六年正月、従二位に叙せられ、右大臣に任ぜられた。右大臣当時にかかわることを記した石見(いわみ)国那賀郡からの荷札木簡が、平城京二条大路跡(奈良市法華寺町)から出土しており、その木簡の宛先となっている「右大殿(みぎのおおとの)」は、右大臣の武智麻呂。同九年七月、天然痘の流行により、房前・麻呂と弟たちの急逝に次いで発病、正一位に叙し、左大臣に任ぜられたが、薨去した。時に五十八歳。天平宝字四年(七六〇)八月、太政大臣を追贈された。伝記に、その子仲麻呂が家僧延慶に書かせた『武智麻呂伝』があり、『藤氏家伝』下巻を構成している。

【参考文献】 横田健一『白鳳天平の世界』

藤原朝臣統行 ふじわらのあそんむねつら 九世紀後半の武官。従五位下豊後介安城(主)の子。母は陸奥国の人。元慶二年(八七八)二月、従五位下で出羽権介に任ぜられ、同年六月、秋田城(城跡は秋田市寺内の高清水丘陵にある)を焼討ちした夷俘らを五千の兵で攻撃したが、敗退の上、息男は戦死。そののち夷をもって夷を征する策に出て事態を収拾し、同三年正月、遣わされて降伏の願いを出した夷俘らを慰撫する。同年六月、乱後の処理に当る。同四年五月、武蔵介に任ぜられたが、父の安主が豊後介を辞したのち、彼地にあって落魄しているのを憂えて官を辞し、代わって父の豊後介再任を請い、許されている。

藤原朝臣基経 ふじわらのあそんもとつね 八三六―八九一 九世紀後半の公卿。北家長良の三男。北家良房の養嗣子。ただし、養嗣子となった時期は不明。母は藤原朝臣綱継の女乙春。仁寿二年(八五二)蔵人として出仕。同四年十月、従五位下。翌月、侍従。天安二年(八五八)蔵人頭。貞観三年(八六一)従四位下。同六年正月、参議に任ぜられた。同八年の応天門の変は、藤原朝臣良相(よしみ)と伴宿禰善男が相談して源朝臣信(まこと)を放火の犯人に仕立てあげようとする陰謀であったが、良房とともにこれを阻止し、良房に有利な政治情勢をつくり出したことで、同年十二月には異例の昇進を遂げて中納言に就任し、同十二年正月に大納言、同十四年八月には右大臣となった。同年九月、良房が薨じているが、『公卿補任』ではこの直後に基経が摂政になったとしている。貞観十八年十一月、清和天皇が退位し、基経の妹高子を母とする陽成天皇が即位すると、右大臣のまま摂政に就任した。元慶二年(八七八)畿内校田を行ない、同三年には、藤原朝臣冬緒・同山陰を班田使として畿内に派遣した。班田の実施は五十年ぶりのことであり、元慶官田四千町を設定した。また、出羽の俘囚の反乱には藤原朝臣保則を出羽権守に登用して功績をあげた。同四年十二月、太政大臣となった。乱行が絶えなかった陽成は、同八年、退位させられ、当時五十五歳であった仁明天皇の皇子時康親王(光孝天皇)が即位した。光孝天皇は基経の処遇に気を遣い、菅原朝臣道真や善淵朝臣愛成ら諸博士に太政大臣の職掌や唐での相当官を勘奏させた。結局、太政大臣には明確な職掌はなく、摂政に准ずる地位を与えようと考えた場合、太政大臣のみでは不充分であったので、「万政を頒行し」「奏すべきこと下すべきこと必ず先ず諮稟せよ」として職務内容を明示した。実質上の関白就任である。基経は光孝の外戚ではなく良房とは違ってその地位は不安定なものであったので、職務内容の明示は必要なことであった。このことは、のちの阿衡事件の場合も同様である。長男時平の元服に際し、光孝みずから加冠を行なったことからもわかるように、基経と光孝の間はきわめて良好で、基経も得意の絶頂にあった。仁和三年(八八七)光孝が崩ずる直前に、臣籍に下っていた第七子源朝臣定省が皇太子に立てられ、崩後、即位して宇多天皇となった。ここに阿衡事件が起こる。宇多は基経に正式に関白就任を要請するため、「それ万機の巨細、百官己に総べ、みな太政大臣に関白し、然る後に奏下すること一に旧の如し」という有名な詔を出し、基経は慣例によってこれを辞退したので、改めて橘朝臣広相作の勅答が出された。そこに「宜しく阿衡の任をもつて卿の任となせ」とあった。「阿衡の任」について疑問をもった基経は、家司藤原朝臣佐世の「阿衡は位貴きも職掌なく、官職を解かれたも同然である」という進言をいれて、政務を行なわず、宇多は苦境に立ち、同四年十月に宇多は屈服することになる。広相が宇多の意に反して起草したという形で決着した。この際、事件の解決に菅原朝臣道真の進言が効果があったともいわれる。この事件の直後に基経の女温子は入内している。なお、基経は学問を好み、元慶二年(八七八)から始まる『日本書紀』の講書には積極的に参加した。学者を家司とし「阿衡」に拘泥したことも、学問を追究する基経らしい一面である。『日本文徳天皇実録』の編纂も行なった。さらに基経は、初の藤氏長者と考えられている。寛平三年(八九一)正月十三日、五十六歳で生涯を閉じた。越前国に封ぜられ、昭宣公を諡された。墓は山城国宇治郡(京都府宇治市木幡)にあるという。

【参考文献】　坂本太郎「藤原良房と基経」(『歴史と人物』所収)、目崎徳衛「関白基経」(『王朝のみやび』所収)、弥永貞三「仁和二年の内宴」(坂本太郎博士還暦記念会編『日本古代史論集』下所収)

藤原朝臣百川　ふじわらのあそんももかわ　七三二―七七九　八世紀後半の公卿。式家宇合の第八子。母は久米連奈保麻呂の女若女(わかめ)。名は初め雄田麻呂で、雄田万呂・雄田丸にも作る。天平宝字三年(七五九)六月、従五位下に昇叙、同七年四月の智部(宮内)少輔を始め、山陽道巡察使・正五位下左中弁兼侍従・内匠頭・武蔵介兼右兵衛督・左中弁兼内匠頭・右兵衛督・武蔵守などを経て、神護景雲二年(七六八)十月、正五位上から従四位下に昇叙、同年十一月、左中弁兼中務大輔・内匠頭・武蔵守となり、検校兵庫副将軍などを経て、同三年三月、内豎大輔を兼ねた。同年九月、輔治能(ふじの)真人清麻呂が宇佐神教事件で配流されると、備後国の封郷二十戸を割いて配所へ送った。次いで同年十月、道鏡のために河内国に弓削(由義。ゆげ)宮(大阪府八尾市八尾木北の由義神社付近もしくは同市別宮付近か)が造営されると、河内守に任命された。時に左中弁兼右兵衛督・内匠頭。同月、由義宮行幸に供奉して従四位上を特授され、他の官職はそのままで河内大夫に任ぜられた。同四年八月、称徳天皇が崩じた後の立太子会議では、左大臣藤原朝臣永手、兄宿奈麻呂(のち良継)らの背後にあって、白壁王(のちの光仁天皇)を立太子させる宣命を偽作・宣制させて右大臣吉備朝臣真備に舌を巻かせたという。同月、左中弁兼内豎大輔・内匠頭・右兵衛督で越前守を兼ね、次いで本官は右大弁にうつり、同年十月朔の光仁天皇即位・宝亀改元に伴って正四位下に昇叙。左大臣永手薨後の宝亀二年(七七一)二月、諸官はもとのままで大宰帥となったが、この頃、百川と改名したらしい。同年十一月、参議に起用され、翌月には参議正四位下右大弁兼右兵衛督・越前守とみえる。同五年正月、正四位上、五月、従三位に昇叙、同八年十月には参議従三位式部卿兼右兵衛督となったが、同九年二月、右兵衛督から中衛大将にうつり、翌十年七月九日、参議中衛大将兼式部卿従三位で薨じた。時に四十八歳。幼少から器度ありとされ、要職を歴任して恪勤を称せられ、兄良継の薨後は光仁の信任が厚く、内外の機務にはすべて関知したが、ことに春宮山部親王に期待し、その病には医薬・祈禱に力を尽くしたという。延暦二年(七八三)二月、右大臣を贈られ、同十六年二月には山城国相楽郡に墓地を賜わった。また弘仁十四年(八二三)五月、淳和天皇の外祖父として、太政大臣・正一位が贈られた。

藤原朝臣百能　ふじわらのあそんももよし　七二〇―七八二　藤原朝臣豊成の室。京家麻呂の女。母は当麻氏。中将姫はその所生とする説もある。天平感宝元年(七四九)四月、陸奥国産金の報告のため東大寺に行幸の日、無位から従五位下に叙せられて内命婦となった。天平宝字八年(七六四)藤原朝臣仲麻呂の乱で夫豊成が復権したのに伴い、同年九月、従三位に叙せられ、尚侍となった。豊成が薨じたあともその志を守り、後宮に供奉して貞固と称され、宝亀九年(七七八)八月、正三位から従二位に昇叙されたが、天応二年(七八二)四月十七日、六十三歳で薨じた。

【参考文献】　高島正人「奈良時代における藤原氏一門の女性」(『奈良時代諸氏族の研究』所収)

藤原朝臣諸姉　ふじわらのあそんもろあね　―七八六　藤原朝臣百川の室。式家良継の女。神護景雲三年(七六九)十月、称徳天皇の河内由義(ゆげ)宮(大阪府八尾市八尾木北の由義神社付近もしくは同市別宮付近か)行幸に供奉し、無位から従五位下に叙せられて内命婦となる。時に夫百川は河内大夫。光仁朝成立とともに、光仁天皇擁立に関わった父および夫の関係で昇進著しく、桓武天皇にも重用された。特に所生の女旅子が夫人に立てられた延暦五年(七八六)には従三位・尚縫であったが、この年の六月二十九日に薨じた。外孫に当る淳和天皇が即位した弘仁十四年(八二三)四月の翌月、正一位を追贈された。

【参考文献】　高島正人「奈良時代における藤原氏一門の女性」(『奈良時代諸氏族の研究』所収)

藤原朝臣諸成　ふじわらのあそんもろなり　七九三―八五六　九世紀中頃の官人。南家巨勢麻呂の曾孫。正六位上助川の長子。母は平群秋津の女。弘仁年中(八一〇―八二四)に文章生から出身。『文選』上帙を暗誦し、聡悟にして学中三傑とよばれた。弘仁十二年(八二一)修理少進に任ぜられ、そののち、民部少丞・式部大丞・相模権介・右少弁・大宰少弐・治部少輔・式部少輔・勘解由次官・春宮亮・右中弁・備前守を歴任し、斉衡三年(八五六)四月十八日、頓逝する。時に右京大夫従四位下、六十四歳。卒伝には才学人より優れ、資性は恪勤を宗とし、参議に登らざるを恨むとある。

藤原朝臣保則　ふじわらのあそんやすのり　八二五―八九五　九世紀後半の官人。南家貞雄の子。祖父は乙叡。母は安倍朝臣弟富(當)の女。斉衡二年(八五五)三月、治部少丞となり、民部・兵部・式部の丞を歴任。昇進は早くはないが能吏としての官歴にはふさわしいといえよう。貞観八年(八六六)正月、従五位下。同年十月、備中権介となり、同十三年正月、備前介(『公卿補任』では備中守)、同十六年正月、備前権守となる。三善宿禰清行著『藤原保則伝』によると、この両国において同じように徳化仁政を行ない、ある時、備後国で調絹を盗んだ者が備前国で保則の治化の様子を聞いて感服し、保則の前に自首して出たという。また、備前国司を離任する際には、里老村嫗が名残りを惜しんで押しかけて際限がないので、小舟でこっそり脱出したともいう。貞観十八年正月、右衛門権佐、同十九年正月、右中弁となり、元慶二年(八七八)五月、出羽権守を兼ねた。この年、出羽国では三月に秋田城(城跡は秋田市寺内の高清水丘陵にある)下の俘囚が蜂起し、秋田城や郡の施設、周辺の民家などを焼き払う大規模な反乱が起きた。原因は、自然災害と国司の苛政にあったらしい。この反乱を出羽国府は鎮定できず、藤原朝臣基経は、保則を権守に、小野朝臣春風を鎮守府将軍に任命して解決を計った。保則は着任すると、まず上野の兵六百余を秋田川(雄物川)の南に屯して敵を防ぐとともに、秋田川以南の三カ村の俘囚村に対する懐柔策をとり、これが功を奏して状況は好転し、秋田川以北の十二ヵ村でも投降者が急速に増加した。そこで、翌三年三月、保則は政府に休戦を申請し、俘囚側の言い分を容れる形での一種の妥協によって反乱は鎮静化した。同六年二月には讃岐守となって赴任した。讃岐国の人々は法律をよく学び、訴訟好きであったというが、保則の前では譲りあって平和になったという。後任の菅原朝臣道真も保則の治績を賞讃している。さらに、仁和三年(八八七)八月に就任した大宰大弐としても多くの治績をあげている。藤原朝臣基経の死後、保則の人物と力量を高く評価していた宇多天皇は、寛平三年(八九一)四月、保則を左大弁に起用した。翌年、参議となり、同五年二月には民部卿を兼ねた。この前後の四年間は保則が直接朝政に参画した時期であり、地方行政関係の現実的な施策も民部卿時代に出されているので、菅原朝臣道真とともに寛平の治を推進する中心的存在であったといえよう。寛平七年四月二十一日、卒去。時に従四位上、七十一歳。『藤原保則伝』では、保則は理想的な官人であり、勝れた洞察力をもち、仏心の篤い人間であったことが強調されている。

【参考文献】 佐藤宗諄「蝦夷の反乱と律令国家」(『平安前期政治史序説』所収)、所功「『藤原保則伝』の基礎的考察」(『芸林』二一—三)

藤原朝臣山陰 ふじわらのあそんやまかげ　八二四—八八八　九世紀末の公卿。越前守正五位下高房の第二子。母は参議藤原朝臣真夏の女。名は山蔭にも作る。仁寿四年(八五四)左馬大允に任ぜられ、右衛門少尉・春宮大進・右近衛権将監・備後権介を歴任。貞観元年(八五九)大和国吉野郡高山(金峯山)に遣わされて薫仲舒祭法を修し、同二年、右近衛権少将に任ぜられた。そののち伊予介・美濃守・備前守などを経て、同十四年、渤海客を迎えた。同十七年、蔵人頭、同十九年、右大弁、元慶三年(八七九)十月、従四位上で参議に任ぜられた。同年十二月、摂津国の班田を検校、同六年、左大弁・播磨権守、同八年四月、旧儀を尋検し、久しく絶えていた諸国銓擬郡司擬文上奏のことを復活させ、読奏を務めた。同年十月、大嘗会御禊装束司長官を務め、仁和二年(八八六)中納言従三位、同三年、民部卿、同四年二月四日、薨去。時に六十五歳。吉田に山蔭祠を建てて春日明神を祀り(京都市左京区吉田神楽岡町吉田山の吉田神社)、また摂津国総持寺(大阪府茨木市総持寺一丁目)を建てたが、その観音像は同国富原に夜々光る梅の木で造ったものという。また大宰帥となって任地に下る船中で、かわいがっていた子息が継母に海に落し入れられたが、かつて鵜飼船に捕えられていたのを救った亀が、報恩のために子息を救ってくれたという話も伝えられている。

藤原朝臣刷雄 ふじわらのあそんよしお　八世紀後半の下級貴族官人。南家仲麻呂の第六子。天平勝宝四年(七五二)閏三月、遣唐使に節刀を授けた時、入唐留学生として無位から従五位下を特授され、大使藤原朝臣清河らと渡唐。刷雄の帰国は、同六年四月か。天平宝字二年(七五八)八月に父仲麻呂らとともに藤原恵美朝臣の氏姓を賜わった。同八年九月、父の反乱による処分で、第六子刷雄だけは、若い時から禅行を修めたとして、死罪を免じて隠岐国に配流された。宝亀三年(七七二)四月、本位従五位下に復され、七月には恵美から本氏姓藤原朝臣に復された。次いで同五年三月、但馬介に任ぜられたのを始め、但馬守・刑部大判事・治部大輔・上総守・大学頭・右大舎人頭などを歴任、その間、宝亀九年正月、従五位上に昇叙された。延暦十年(七九一)には陰陽頭に任ぜられている。淡海真人三船撰の『唐大和上東征伝』に、天平宝字七年(七六三)五月に没した鑑真を悼む五言詩がある。『尊卑分脈』では仲麻呂の第八子に当り、薩雄(さちお)と同一人物とする説があるが、別人とみるべきであろう。

藤原朝臣良縄 ふじわらのあそんよしただ　八一四—八六八　九世紀中頃の公卿。北家内麻呂の孫。備前守正五位下大津の子。母は正五位下紀朝臣南麻呂の女。贈太政大臣正一位冬嗣は叔父に当る。字は朝台。風容は閑雅にして挙止は詳審。幼少の時の占相によれば、必ず卿相に登るが短命とある。承和四年(八三七)内舎人。東宮(のちの文徳天皇)に愛され、蔵人に抜擢された。その後、左馬大允・内蔵権助・蔵人頭・侍従・春宮亮・右中弁・播磨介・備前権守・左右近衛中将・右大弁・勘解由長官・讃岐守を歴任し、天安二年(八五八)従四位下で参議に補任。左大弁・右衛門督・検非違使別当・太皇太后宮大夫を経て、貞観十年(八六八)二月十八日、正四位下で卒去。時に五十五歳。文徳天皇の信任が厚く、内外の事を委任される。素性は寛厚にして、忠孝兼備の人格者として「称賛重愛」されたという。

藤原朝臣良近　ふじわらのあそんよしちか　八二三—八七五　九世紀後半の官人。式家綱(縄)継の孫。吉野の第四子。容貌は清美にして、学術なしといえども政理をもって推見するという。天安二年(八五八)刑部大丞に任ぜられ、式部少丞・伊勢権介・左右少弁・越前権守・左右中弁・土佐権守・美濃権守を歴任し、貞観十七年(八七五)八月、神祇伯に任ぜられた。時に従四位下。同年九月九日、五十三歳で卒去。牛車をおし止めるほどの強力の持主であった。

藤原朝臣良継　ふじわらのあそんよしつぐ　七一六—七七七　八世紀後半の公卿。式家宇合の第二子。母は蘇我倉山田石川麻呂臣の女国咸(くにみな)大刀自。名は初め宿奈麻呂(すくなまろ)、のち良継と改めた。天平十二年(七四〇)兄広嗣の反乱に坐して伊豆国に流され、同十四年にゆるされて少判事となり、同十八年四月、従五位下に昇叙された。その後、越前守・上総守を経て、天平勝宝四年(七五二)十一月、相模守となり、在任中の同七歳二月、相模国防人部領使として防人歌八首を進めた。同九歳五月、従五位上に昇叙、翌六月の民部少輔を始め、右中弁・上野守・造宮大輔兼上野守などを歴任したが、所在に治績なしと評された。ここで藤原恵美朝臣押勝(藤原朝臣仲麻呂)に不臣の行為があり、また押勝の子三人が参議に起用されて、宿奈麻呂はその下位に立たされたので、天平宝字七年(七六三)初め頃、佐伯宿禰今毛人(いまえみし)・石上(いそのかみ)朝臣宅嗣・大伴宿禰家持らと政権を奪おうと企て捕えられ、みずから謀首であり、他人は預かり知らないと主張して、姓を除かれ、位階を奪われた。翌八年九月の押勝の乱では追討に活躍し、功によって従四位下を授けられ、翌十月、さらに正四位上に進み、大宰帥に任ぜられた。翌天平神護元年(七六五)正月には勲四等を授けられている。翌二年十一月、従三位に昇叙、神護景雲二年(七六八)十一月、兵部卿兼造法華寺長官となったが、同四年七月、参議に起用された。同年八月、称徳天皇崩後の立太子会議では、左大臣藤原朝臣永手らとともに白壁王(のちの光仁天皇)を擁立した。同月、参議兵部卿兼大宰帥・造法華寺長官となったが、『公卿補任』はこの時期に中納言になったとしている。翌九月に兼式部卿となり、十月朔の光仁天皇即位・宝亀改元に伴って正三位に昇叙されたが、この頃、良継と改名した。同二年(七七一)三月、内臣に任ぜられ、勅して内臣の処遇を大納言と同じくし、食封は一千戸とされたが、その後、政を専らにし、志を得て升降自由であったという。同五年正月、従二位に昇叙、同八年正月、内大臣となったが、同年七月に病にかかり、同年九月十八日、内大臣従二位勲四等で薨じ、従一位を贈られた。時に六十二歳。なお『延暦僧録』には感神功臣大夫居士とみえる。墓は大和国宇智郡阿陁郷(奈良県五条市小島町付近)にあった。

藤原朝臣吉野　ふじわらのあそんよしの　七八六—八四六　九世紀前半の公卿。式家蔵下麻呂の子綱継の一男。母は綱継の異母妹の妹(姉)子。幼少より学問に秀で、柔和な性格で孝養を尽くした。弘仁四年(八一三)主蔵正から美濃少掾に任ぜられ、同七年、春宮少進となり、同十一年正月には従五位下となる。その後、駿河守・中務少輔・左近衛少将・左少弁・伊勢守などを経て、天長三年(八二六)二月、蔵人頭、同四年正月に従四位下に叙せられ、二月には淳和天皇の皇后正子内親王(恒貞親王生母)の皇后宮大夫となる。同五年閏三月、右兵衛督、五月、参議に昇進。同七年八月、越階して正四位下、同九年十一月、権中納言。同十年三月、仁明天皇即位と同時に正三位に叙せられたが、三月十五日には右近衛大将を辞して淳和上皇に陪従した。同十一年二月、中納言となる。承和三年(八三六)五月には藤原氏出身公卿らとともに施薬院財政について奏上した。同七年五月、淳和上皇が散骨を皇太子に遺教した時、奏上して戒めた。同九年七月、皇太子恒貞親王が廃されたいわゆる承和の変では幽閉され、大宰員外帥に左降された。同十二年正月、山城国にうつされたが、同十三年八月十二日、六十一歳で薨じた。

藤原朝臣吉日　ふじわらのあそんよしひ　八世紀中頃の女官。不比等の四女。光明皇后の妹といわれる。また『公卿補任』や『尊卑分脈』にみえる多比能と同一人物で、橘宿禰諸兄の室、奈良麻呂の母ともいわれるが確証はない。天平九年(七三七)二月、無位から従五位下に叙せられて内命婦となった。同十一年正月、従四位下に越階昇叙され、さらに延暦二十一年(七四九)正月、陸奥国産金の報告のため東大寺に行幸の日、越階して従三位に昇叙されたが、その後の消息は明らかでない。

【参考文献】　角田文衛「不比等の娘たち」(『平安人物志』上所収)、高島正人「奈良時代における藤原氏一門の女性」(『奈良時代諸氏族の研究』所収)

藤原朝臣良尚　ふじわらのあそんよしひさ　八一八―八七七　九世紀の官人。常陸介従五位上春継の子。参議従四位上菅根の父。容姿が美しく、武芸を好み、膂力(りょりょく)が人よりすぐれていた。嘉祥三年(八五〇)右近衛権将監に任官と同時に文徳天皇の蔵人として近習の臣となり、次いで右近衛少将に昇進。清和天皇即位ののちも徴され、天安三年(八五九)正月、左近衛少将となり、貞観二年(八六〇)三月、右京の地一町を小野朝臣千株とともに賜わる。以後、累進して同十七年正月には従四位上・右兵衛督兼相模守となる。同十九年三月十日、卒す。時に六十歳。祖父黒麻呂以来の上総国藻原荘(荘域は千葉県茂原市街を中心とした一宮川北岸)・田代荘(荘域は千葉県長生郡長柄町田代を中心とする地域)を継承し管領したが、興福寺施入を念じており、没後に子の菅根らが果たした。

藤原朝臣良仁　ふじわらのあそんよしひと　八一九―八六〇　九世紀中頃の官人。北家冬嗣の第七子。母は嶋田朝臣麿の女で清田の姉。容姿が美しく上品で潔清、馬を愛玩した。幼少から大学で学び、読書に没頭した。承和十年(八四三)蔵人となり、主蔵正・春宮大進を経て同十三年、従五位下に叙せられ、春宮亮にうつり、嘉祥二年(八四九)十一月、皇太子入覲の日に従五位上に叙せられた。同三年四月、文徳天皇即位により正五位上となり、中宮亮・右兵衛権佐となる。仁寿四年(八五四)正月、従四位下に叙せられ、右近衛中将・大舎人頭・木工頭・左京大夫などを歴任した。天安元年(八五七)九月、越前権守に左遷されたが、同二年二月、兵部大輔にうつり、十一月、中宮大夫に任ぜられた。孝心厚く、母の死にあって哀啼哭泣し、血を吐いて気絶したが、しばらくして蘇ったという。悲しみに絶えきれず、母の服喪中である貞観二年(八六〇)八月五日、病気で卒した。時に四十二歳。

藤原朝臣良房　ふじわらのあそんよしふさ　八〇四―八七二　九世紀の公卿。通称は白河殿・染殿。北家冬嗣の第二子。母は従五位上阿波守藤原朝臣真作の女尚侍美都子。同母の弟妹に右大臣正二位良相、仁明天皇女御で文徳天皇の母順子(五条后といわれる)がいる。兄は贈太政大臣正一位長良。天長三年(八二六)蔵人に任ぜられる。この頃、嵯峨天皇の皇女潔姫を迎える。嵯峨は風操のすぐれた良房を寵し、勅して潔姫を嫁がせたという。同五年、従五位下に叙せられ、大学頭・春宮亮・越中権守・加賀守を歴任したが、同十年、仁明の即位とともににわかに昇進がはやまる。同年二月、左近衛少将、三月、蔵人頭従五位上、八月、正五位下、十一月、左近衛中将従四位下となり、翌年の承和元年(八三四)三十一歳で参議となる。同二年には七人を超えて権中納言に補せられ、従三位に叙せられた。同三年、左兵衛督、同六年、按察使(あぜち)を兼ね、同七年、中納言、同九年、大納言正三位に叙任となり、右近衛大将・民部卿を兼ねる。この間、妹順子は東宮時代の仁明の妃となって道康親王(のちの文徳天皇)を生み、天長十年(八三三)仁明即位により女御となる。良房は道康親王を皇太子とするため、承和九年七月、春宮坊帯刀伴健岑(こわみね)・但馬権守橘朝臣逸勢(はやなり)らを謀反の罪で捕え、皇太子の淳和天皇第二皇子恒貞親王を廃し、八月、道康親王を皇太子にたてる、いわゆる承和の変を起こした。良房の大納言就任は、変に坐して免官となった叔父の大納言愛発(あらち)の跡を受けたもので、同じく恒貞親王と親密な関係にあった中納言正三位藤原朝臣吉野も同日免官となっている。同十一年、按察使を兼ね、同十五年正月、右大臣となり、嘉祥二年(八四九)従二位に叙せられる。同三年、良房の専横におされ、病身の仁明は崩御し、道康親王が即位して文徳天皇となる。仁寿元年(八五一)十一月、正二位となり、室の潔姫には従三位、続いて同三年、正三位が授けられた。斉衡元年(八五四)左大臣源朝臣常(ときわ)の薨去に伴い、良房は五十一歳で朝臣の首班となり、左近衛大将を兼ねる。同二年、『続日本後紀』の編纂に当り、貞観十一年(八六九)完成。斉衡四年二月、白鹿・木連理の瑞に因んで天安と改元。この瑞祥出現に関連して良房は左大臣を超えて太政大臣に任ぜられ、従一位に叙せられた。天安二年(八五八)良房の専権に苦しんだ文徳が三十三歳で崩御。良房の女明子所生の惟仁親王が即位して清和天皇となる。時に九歳。良房は太政大臣として万機の政を摂行した。貞観六年、十五歳になった清和は元服。前年来の諸国蔓延の咳逆病がこの年もおそい、世上騒然としたなかで良房は生死のほども知れない病に罹り、政局は不安定となる。同八年、応天門放火をめぐる疑獄事件により大納言正三位伴宿禰善男を没落させ、有能な弟良相を抑え込み、みずからは摂政となった。また猶子の基経(良房の兄長良の三男)を異例の従三位中納言に特進させた。同十三年、三千戸の封戸を給わり、随身兵仗・帯仗資人・年官准三宮などの待遇を与えられた。同十四年三月、病により度者八十人を賜わり、天下大赦となる。九月二日、東一条第(平安左京一条三坊)で薨去。時に六十九歳。正一位を贈られ、忠仁公の諡号を賜わり、美濃国に封ぜられた。この年八月、基経は正三位右大臣に任ぜられ、良房の確立した地盤を継承することになる。

【参考文献】　坂本太郎「藤原良房と基経」(『歴史と人物』所収)、上原栄子「藤原良房と伴善男」(竹内理三編『平安王朝—その実力者たち—』所収)、目崎徳衛「惟喬・惟仁親王の東宮争い」(『日本歴史』二一二)、福井俊彦「藤原良房の任太政大臣について」(『史観』七五)、同「承和の変についての一考察」(『日本歴史』二六〇)

藤原朝臣良相　ふじわらのあそんよしみ　八一七(八一三?)—八六七　九世紀中頃の公卿。北家冬嗣の第五子。母は藤原朝臣真作の女尚侍美都子。同母の兄に摂政太政大臣良房、同母の姉に仁明天皇女御で文徳天皇の母藤原朝臣順子(五条后といわれる)がいる。妻である相模権掾従六位下大枝朝臣乙枝の女との間に大納言正三位常行・文徳女御藤原朝臣多賀幾子・清和天皇女御藤原朝臣多美子ら九人の子をもうけた。初め大学に学び、仁明に重用されて禁中に侍し、承和元年(八三四)蔵人、続いて右衛門大尉・右兵衛権大尉・内蔵頭・因幡守・左少将などを歴任。同九年、承和の変に際し、左少将として兵を率い皇太子直曹を囲守。同十年、正五位下阿波守、同十一年、蔵人頭、同十三年、従四位下左近衛中将、嘉祥元年(八四八)参議となる。この頃、妻をなくし、以後は後妻を迎えることなく念仏を事とした。同二年、相模守・陸奥出羽按察使(あぜち)・右大弁、翌年、春宮大夫・左大弁を兼ね、同年三月、仁明崩御により仏事を円仁に依頼した。かつて仁明が薬五石を煎煉し、近侍の者に服薬させようとした時、良相のみが服し、君臣の義を忘れざる者と仁明は感じ入ったという。仁寿元年(八五一)権中納言従三位、斉衡元年(八五四)権大納言・右大将、同二年、正三位。この年、仁明一代の歴史『続日本後紀』の編纂を良房らとともに命ぜられた。同三年、文徳とともに円仁から両部灌頂を受け、また『相応和尚伝』によれば、円仁の弟子相応は良相の祈願僧であった。天安元年(八五七)右大臣従二位左大将、貞観元年(八五九)正二位。同年、邸宅(平安左京六条四坊)のなかに藤原氏の子女で自存不能の貧窮者を収養する崇親院と、これとは別に藤原氏の病患者を収養する延命院を勧学院(平安左京三条一坊)に付設し、その費用を負担して同族の結合をはかった。また文学の士を愛好し、大学中の貧寒の学生に援助を与えた。同八年、応天門の変に際して兄良房に抑え込まれた。これ以後、仏道に入ることを願って上表したが、左大将の辞任にとどまった。同九年十月十日、薨去。時に五十一歳(一説に五十五歳)。贈正一位。西三条大臣と称され、内典を学び真言に精熟し、篤信の人であった。

【参考文献】 小山田和夫「崇親院と藤原良相の仏教」(石川松太郎・久木幸男編『講座日本教育史』一所収)

藤原朝臣良世 ふじわらのあそんよしよ 八二四(八二二?)—九〇〇 九世紀後半の公卿。北家冬嗣の八男。母は大庭女王。仁寿元年(八五一)十一月、従五位下に叙せられ、同二年二月、右兵衛権佐に任ぜられた。斉衡四年(八五七)正月、従五位上となり、天安二年(八五八)九月、左近衛少将に転じ、十一月、正五位下となる。貞観二年(八六〇)八月、従四位下・皇太后宮大夫。同六年、従四位上で蔵人頭を兼ね、のち正四位下。同十二年正月、参議となる。同十四年二月、讃岐守を兼任し、八月、中納言・従三位、同十七年二月、右近衛大将。同年十一月、女の意佳子が春日大原野斎宮に卜される。同十八年十二月、上表して大将を辞すが許されず、この後、再三上表している。同十九年正月、陽成天皇即位と同時に正三位となり、元慶四年(八八〇)正月、按察使(あぜち)を兼ね、同六年正月、大納言、仁和五年(八八九)正月、左近衛大将に転じ、寛平三年(八九一)三月、右大臣に昇る。同月二十九日には氏長者となる。同五年正月、従二位、同八年七月、左大臣となるが、十二月に致仕し、致仕大臣と号された。翌九年六月には氏長者が時平に移る。昌泰三年(九〇〇)六月、『興福寺縁起』を撰進するが、祖父内麻呂の遺財であり子孫が分有していた鹿田荘(岡山市南部、旭川右岸一帯にあった荘園)を興福寺長興会の費用のために施入した。同年十一月十八日に薨じ、従一位を贈られるが、時に七十七歳とも七十九歳ともある。

藤原五百重娘 ふじわらのいおえのいらつめ 天武天皇の夫人。鎌足の女。藤原夫人あるいは大原大刀自ともいうが、居所による通称らしい。天武二年(六七三)二月、姉の氷上娘(ひかみのいらつめ)とともに天武の夫人となり、新田部皇子を生んだ。『万葉集』の伝える、天武が夫人に贈った歌「わが里に大雪降れり大原の古(ふ)りにし里に落(ふ)らまくは後(のち)」(二—一〇三)によって、当時の居宅は父の住んだ大原(奈良県明日香村小原)の地にあったことが知られる。また、右の歌にこたえた夫人の一首「わが岡の龗(おかみ。竜蛇の神、水を司る神)に言ひて落らしめし雪の摧(くだ)けし其処に散りけむ」(二—一〇四)から、彼女が諧謔に富む女性であったことがうかがわれる。なお「藤原夫人の歌一首」(八—一四六五)を残すが、その注に「字を大原大刀自といへり」とある。のち、おそらく天武の崩後、異母兄の不比等に再嫁して京家の祖となった麻呂を生んでいる。

藤原郎女 ふじわらのいらつめ 八世紀前半に恭仁京(くにのみやこ。京都府相楽郡加茂町・木津町・山城町一帯)にいた女性。宮仕えしていたのであろう。恭仁京に在った大伴宿禰家持が、平城京に残っている坂上大嬢をしのび歌った歌をきいて和した歌一首が『万葉集』にみえる(四—七六六)。

藤原琴節郎女 ふじわらのことふしのいらつめ 応神天皇の孫。『古事記』応神段によると、応神の皇子若野毛二俣王が、母方の叔母百師木伊呂弁(ももしきのいろべ。または弟日売真若比売命)を娶って生んだ子。『日本書紀』にこの名はないが、允恭七年十二月条ではこの女性は允恭后忍坂大中姫命の妹に当り、弟姫・衣通郎姫(そとおしのいらつめ)と称している。容姿が秀れ、美しさが衣を通して輝いたところから衣通の名で呼ぶが、『古事記』では允恭皇女軽大郎女を衣通郎女とする。『日本書紀』允恭十一年三月条に、衣通郎姫のために藤原部を定めたとある。

藤原夫人　ふじわらのぶにん　藤原氏の出で天皇の夫人となった女性。この称の用いられた女性は六名が知られており、名のわかっているのは、氷上娘(ひかみのいらつめ。氷上大刀自)・藤原五百重娘(いおえのいらつめ。大原大刀自)・藤原朝臣宮子・光明皇后の四名。名の伝わらない二名はともに聖武天皇の夫人で、『続日本紀』天平九年(七三七)二月十四日条によると、「夫人無位藤原朝臣二人(闕名)」が同時に正三位に叙せられたことが記されている。そして同二十年六月四日条には「正三位藤原夫人薨ず。贈太政大臣武智麻呂の女なり」とあり、また天平宝字四年(七六〇)正月二十九日条に「従二位藤原夫人薨ず。贈正一位太政大臣房前の女なり」とあって、両名の素姓が知られる。

藤原恵美氏　ふじわらのえみうじ　南家仲麻呂とその一族。天平宝字二年(七五八)八月、仲麻呂に擁立されて即位した淳仁天皇が、紫微内相としての仲麻呂の勲功に報いるため「汎恵の美これより美なるはなし」として氏名に「恵美」の二字を加えること、また橘朝臣奈良麻呂の謀反を未然に鎮圧した功をたたえて名を「押勝」と称することを勅した。以来、仲麻呂は藤原恵美朝臣押勝と称し、その子らも藤原恵美の複姓を用いることになったが、同八年九月、仲麻呂の乱で六男刷雄(よしお)を除くすべてが没して絶えた。刷雄は本氏姓藤原朝臣を許された。

【参考文献】岸俊男『藤原仲麻呂』(『人物叢書』)

藤原恵美朝臣執棹　ふじわらのえみのあそんとりさお　—七六四　八世紀中頃の官人。南家仲麻呂の第九子。母は未詳。天平宝字七年(七六三)正月、正六位上から従五位下に叙せられた。孝謙太上天皇と仲麻呂の対立が決定的になった翌八年正月、仲麻呂政権護持の役割を担って美濃の国守となったが、九月の乱では父仲麻呂と行動をともにし、同月十八日の近江国勝野(滋賀県高島郡高島町勝野)の鬼江で戦いに敗れ、捕らえられて斬罪となった。

【参考文献】岸俊男『藤原仲麻呂』(『人物叢書』)

藤原部等母麻呂　ふじわらべのともまろ　武蔵国埼玉郡(埼玉県東部。南・北埼玉郡のほか周辺諸市を含む)の防人。『万葉集』に、天平勝宝七歳(七五五)二月、上丁として筑紫に向かった際、足柄坂で詠じた歌(二〇—四四二三)と、これに和した妻物部刀自売の歌(二〇—四四二四)が収められている。武蔵国は当時、東山道に属していたので同国出身の防人は本来、東山道を通行すべきであるが、等母麻呂の歌から、この時、東海道を通行したことがわかり、注目される。

布勢氏　ふせうじ　阿倍氏の支族。姓は初め臣、天武十三年(六八四)八色の姓制定に際し、明記はないが阿倍氏として朝臣を賜わったとみられる。氏名は富制・阿倍普勢にも作る。『日本書紀』持統八年(六九四)正月条に、布勢朝臣御主人(みうし)を氏上(うじのかみ)にしたことがみえ、以後、阿倍朝臣と称している。ただし、御主人以外は、依然として布勢氏を名乗っている。布勢氏の初見は、大化二年(六四六)三月条の富制臣(欠名)であるが、『公卿補任』に御主人の父としてみえる布勢麿古臣は、推古三十二年(六二四)十月条の阿倍臣摩侶、舒明即位前条の阿倍麻呂臣と同一人物とみられ、推古朝頃、阿倍氏から布勢氏が分枝したとみられる。その本拠は、安閑二年五月条にみえる紀国経湍(ふせ)屯倉(比定地未詳。和歌山市布施屋にあてる説がある)に因むとする見解と、難波とする見解がある。布勢氏には、天智朝の新羅使応接役耳麻呂、元明朝の迎新羅使使人、孝謙朝の第十一次遣唐使判官人主、光仁朝の送唐客使清直など対外関係に関与するものが多く、本宗の阿倍氏と同様、六、七世紀における大和政権の対外関係統括者としての伝統を示すものといえよう。

【参考文献】 佐伯有清『新撰姓氏録の研究』考証篇一

布勢朝臣大海 ふせのあそんおおあま

八世紀末の官人。初見は『続日本紀』延暦二年(七八三)七月条で、正六位上であった大海に従五位下を賜う記事である。この日、大納言・中衛大将藤原朝臣是公を右大臣に、中納言・中務卿藤原朝臣継縄を大納言に、春宮大夫大伴宿禰家持を中納言に任じており、大海が桓武新体制に当って、登用されていることが知られる。同月、典薬頭、同四年正月、主殿頭、同年七月、美作介になったとある。同八年九月、主税頭に任ぜられ、順調に昇進していることが知られる。

布勢朝臣清直 ふせのあそんきよなお

八世紀後半の官人。宝亀九年(七七八)十二月、送唐客使となり、翌年五月、唐使孫興進を送って入唐。天応元年(七八一)帰朝した。『新唐書』などの中国史料は、七八〇年、入唐した日本の使者「真人興能」が書を善くすることを伝える。一般にこの興能は清直であろうというが、この時、判官として入唐した甘南備(かんなび)真人清野のこととする説もある。帰国後、兵部大輔・民部大輔・上総守を歴任、正五位下まで昇った。

【参考文献】 山尾幸久「遣唐使」(井上光貞・西嶋定生他編『日本律令国家と東アジア』所収)

布勢朝臣御主人 ふせのあそんみうし

六三五—七〇三 七世紀後半の公卿。布勢麻呂古臣の子。阿倍朝臣とも阿倍普勢臣ともみえる。『日本書紀』によると、朱鳥元年(六八六)九月、天武天皇の崩御に際し、太政官の事を誄(しのびごと)した。時に直大参。持統元年(六八七)正月、殯宮(もがりのみや)で誄した。時に納言。同二年十一月、天武の葬送の日に、大伴宿禰御行とたがいに進み誄した。同四年正月、持統天皇の即位の儀に丹比(たじひ)真人嶋と賀騰極を奏した。同五年正月、封八十戸を増され、三百戸となった。時に直大壱。同八年正月、正広肆を授けられ、封二百戸を増し、五百戸となり、氏上(うじのかみ)となった。同十年十月、阿部朝臣とみえ、正広肆・大納言として八十人の資人を仮賜された。次いで『続日本紀』によると、文武四年(七〇〇)八月、正広参を授けられ、大宝元年(七〇一)三月、正従二位に叙せられ、右大臣に任ぜられた。また右大臣・従二位として絁(あしぎぬ)五百疋、糸四百絇、布五千段、鍬一万口、鉄五万斤、備前・備中・但馬・安芸国の田二十町を賜わった。同三年閏四月、薨じた。文武天皇は石上(いそのかみ)朝臣麻呂らを遣わして弔賻せしめた。慶雲元年(七〇四)七月、御主人の功封百戸の四分の一を子の従五位上阿倍朝臣広庭に伝えさせた。天平四年(七三二)二月、中納言従三位広庭の薨伝に「右大臣従二位御主人の子なり」とみえ、天平宝字五年(七六一)三月、参議正四位下安倍朝臣嶋麻呂の卒伝にも、「藤原朝右大臣従二位御主人の孫、奈良朝中納言従三位広庭の子なり」とみえる。『公卿補任』持統天皇条に「元年正月中納言。(中略)初任の年未詳。後に阿倍朝臣と為る。今案ずるに安倍御主人朝臣是か。布勢麻呂古臣の男」とみえ、大宝元年条に「三月廿一日正三位に叙し、大納言に任ず。元中納言。同日従二位に叙し、右大臣に任ず。本姓布勢。大臣に任ずるの後大納言を兼ねるの由扶桑記に見ゆ」とあり、大宝三年条に薨年六十九と記し、「安倍氏陰陽の先祖なり」とみえる。

布勢内親王 ふせないしんのう —八一二

伊勢斎宮。桓武天皇の皇女。母は『日本後紀』に丸(わに)朝臣氏とし、『本朝皇胤紹運録』に中臣豊子とする。布施にも作る。延暦十六年(七九七)四月、伊勢斎宮となる。同年八月には葛野川に祓して野宮に入り、同十八年九月、野宮から伊勢に赴いた。父桓武の崩御によって同二十五年四月、斎宮を退下した。

弘仁三年(八一二)八月、薨じ、四品を賜わった。資性婉順にして貞操殊勵であったという。同年十一月、墾田七百七十二町を東西二寺に施入した。

両道入姫命　ふたじのいりびめのみこと　垂仁天皇の皇女。日本武尊の妃。仲哀天皇の生母。『古事記』では、布多遅能伊理毘女命に作る。『日本書紀』景行五十一年条によると日本武尊の最初の妃で、仲哀を含む四人の皇子女を生む。同書仲哀即位前条は日本武尊の皇后とする。『古事記』垂仁段に、垂仁が山代大国淵の妹苅羽田刀弁(かりはたとべ)を娶って生んだ子とあり、景行段は倭建命が娶って仲哀を生んだとする。『住吉大社神代記』にも『日本書紀』と同じ系譜関係が記されている。

仏哲　ぶってつ　八世紀初めの林邑僧。仏徹にも作る。天平八年(七三六)大宰府を経て難波に来着。菩薩抜頭等の舞および林邑楽を伝えた。天平勝宝四年(七五二)の大仏開眼会に雅楽の師となり、菩薩舞、部侶・抜頭等の儛を伝習せしめた。『志摩国風土記』逸文には行基が婆羅門僧正・天竺僧仏哲に請い、三角(みつの)柏を植えて大神宮の御園とし、天平九年十二月に(柏酒の)御祭の務めをしたとある。

船木氏　ふなきうじ　造船関係を主な職掌としたと考えられる氏族。『和名類聚抄』その他によれば、姓は宿禰・臣・連・直。『住吉大社神代記』の「船木等本記」には、船木氏の遠祖大田田命と神田田命が、その領地から伐取した樹で船三艘を造って神功皇后に仕えたという祖先伝承が記されている。尾張・遠江・下総・美濃・近江・丹後・安芸国に船木郷があり、伊賀・伊勢・越前・能登国などにも船木氏の存在が知られる。

道祖氏　ふなどうじ　(一)百済系渡来氏族の一つ。鯽魚戸にも作る。姓は史。応神朝に阿智使主(あちのおみ)らと渡来した主孫許里(須々許里・須曾己利)公の後裔氏族。造酒司酒部氏の負名氏の一員か。本拠地は右京。氏人中に貞観四年(八六二)・同七年に惟道宿禰の氏姓を賜わった者がいる。(二)秦二世皇帝胡亥より出た諸歯王の後裔氏族の一つ。姓は首。宝亀十一年(七八〇)に伊勢国大目の公麻呂らは三林公の氏姓に改められる。『新撰姓氏録』は本貫を大和国とする。同系氏族に山城・大和両国諸蕃の長岡忌寸・桜田連がある。

【参考文献】佐伯有清『新撰姓氏録の研究』考証篇五

道祖王　ふなどのおおきみ　―七五七　八世紀中頃の廃太子。天武天皇の孫。新田部親王の子。天平九年(七三七)九月、二世王として無位から従四位下を授けられ、翌十年閏七月、散位頭となり、同十二年十一月には聖武天皇の東国行幸陪従の功で従四位上に進んだ。同二十年四月、元正太上天皇の大葬に当って山作司に奉仕したが、天平勝宝五年(七五三)正月に石上(いそのかみ)朝臣宅嗣の家で宴飲した時の歌(『万葉集』一九―四二八四)には大膳大夫とみえる。次いで同八歳五月、聖武太上天皇の遺詔によって、中務卿従四位上から立太子したが、翌九歳三月に孝謙天皇は、道祖皇太子が諒闇中に不謹慎で、教勅を加えても改悛しないとして、群臣にはかる形をとって廃太子し、王の身分に戻した。次いで翌四月、舎人親王の子大炊(おおい)王(のちの淳仁天皇)が立太子されている。次いで七月、橘朝臣奈良麻呂の反乱計画が発覚して、奈良麻呂が擁立をはかった諸王の一人として捕えられ、名を麻度比(まどひ)と改められたが、拷問によって死亡した。

船氏　ふねうじ　渡来系氏族。姓は初め史、天武十二年(六八三)十月、連を賜わり、延暦十年(七九一)正月、宮原宿禰と改めた。その後、傍流の船連氏で菅野朝臣・御船宿禰の氏姓を賜わったものがいる。『日本書紀』によれば、欽明十四年(五五三)七月、大臣蘇我稲目宿禰が勅を受け、王辰爾に船の賦(船に関する税。津の関税、港湾税の類か)を数え録させた。これによって王辰爾は船長(ふねのつかさ)となり、氏姓を船史と賜わったという。この伝承や氏名から、同氏を海運、特に東アジア諸国からの貢納品・輸入品を管掌した氏族とする説があり、また蘇我氏との関係も注目される。王辰爾の親族を祖とするものには白猪(葛井)氏・津(菅野)氏がある。延暦九年(七九〇)津氏が改氏姓請願の上表文で述べている始祖伝承は西文(かわちのふみ)氏の祖王仁(わに)の伝承と酷似するが、両者が同祖関係にあるとは認め難い。酷似の理由は『日本書紀』の王仁伝承の形成に船氏が深く関与していたためであろう。船氏の本拠地は河内国丹比郡野中郷(大阪府藤井寺市・羽曳野市の一部)。野中寺(羽曳野市野々上)はその氏寺。

【参考文献】関晃『帰化人』、佐伯有清『新撰姓氏録の研究』考証篇五、山尾幸久『日本古代王権形成史論』、井上光貞「王仁の後裔氏族と其の仏教」(『日本古代思想史の研究』所収)、請田正幸「フヒト集団の一考察—カハチの史の始祖伝承を中心に—」(直木孝次郎先生古稀記念会編『古代史論集』上所収)

船王後首 ふねのおうごのおびと —六四一 七世紀後半の官人船氏の中祖。王智仁首の孫。那沛故首の子。『船首王後墓誌』によれば、敏達朝に生まれ、推古・舒明両天皇に仕えた。才異あり功勲あるにより、舒明朝に官位大仁品第三を賜わった。辛丑年(舒明十三・六四一)十二月に没し、戊辰年(天智七・六六八)十二月に河内国松岳山(大阪府柏原市国分市場)上に妻の安理故能刀自と合葬され、その大兄刀羅古首の墓も並べて作られたという。

【参考文献】関晃『帰化人』、井上光貞『日本古代思想史の研究』、東野治之「船王後墓誌」解説(奈良国立文化財研究所飛鳥資料館編『日本古代の墓誌』所収)

船史恵尺 ふねのふひとえさか 僧道昭の父。船氏の祖王辰爾の子または孫という。名は恵釈にも作る。『日本書紀』によれば、皇極四年(大化元・六四五)六月、中大兄皇子(のちの天智天皇)・中臣連鎌足らによって蘇我臣入鹿が殺害されたのち、その父蝦夷は死に臨んで「天皇記」「国記」などを焼いた。この時、恵尺は火中から「国記」を取り上げ、中大兄に献上したという。このことから、恵尺が「国記」などの編纂に当ったとする説があり、また西文(かわちのふみ)氏の祖王仁(わに)の伝承もこの頃、船氏によって作られたとする説もある。『続日本紀』文武四年(七〇〇)三月条の道昭卒伝によれば、恵尺の冠位は小錦下であった。

【参考文献】関晃『帰化人』、山尾幸久『日本古代王権形成史論』、井上光貞「王仁の後裔氏族と其の仏教」(『日本古代思想史の研究』所収)

船連田口 ふねのむらじたぐち 八世紀後半の陰陽寮官人。天応元年(七八一)四月、桓武天皇即位後の叙位で正六位上から外従五位下に叙せられ、長岡京遷都に際し、延暦三年(七八四)五月、藤原朝臣小黒麻呂・同種継らに率いられ、陰陽助として山背国乙訓郡長岡村(京都府向日市付近)の地を相した。当時の陰陽頭栄井宿禰蓑麻呂は経師出身の事務官僚で、また八十歳を超える高齢であったため、田口が実務に当ったものと思われる。

船連副使麻呂 ふねのむらじふくしまろ 九世紀後半の明経家。百済系渡来氏族で河内国丹比郡(大阪府松原市・大阪狭山市・南河内郡美原町の全域と大阪市・堺市・羽曳野市・藤井寺市の各一部)の人。貞観五年(八六三)八月の秋奠で直講・従七位下として『礼記』を講じ、同八年八月には『春秋左氏伝』を講じている。同九年正月、外従五位下に叙せられ、本貫を右京職に移す。同十八年四月、助教・従五位下とみえ、元慶元年(八七七)十二月、山城権介として菅野朝臣の氏姓を賜わる。貞観十三年、応天門の門名、同十八年、大極殿火災の際の廃朝の有無、元慶元年、平子内親王薨後の服喪の有無などの件について諮問に与っている。

武寧王 ぶねいおう 四六二—五二三 百済国の王。在位五〇一—五二三。『三国史記』百済本紀には諱は斯摩、或いは隆、牟大王(東城王)の第二子とあり、蓋鹵(こうろ)王の曾孫に当る。その身長は八尺、眉目は描いたようにすずやかで、慈悲深くおだやかな性格で、そのため人民は王に帰服していたとある。『日本書紀』には蓋鹵王の子とあり、また『百済新撰』には琨支王(こにきおう)の子で、末多王(琨支王の第二子で、のちの東城王)の異母兄とする。また案文では武寧王は蓋鹵王の子で、末多王は琨支王の子であり、異母兄とするのは詳らかでないとしている。王の出生については、『日本書紀』によれば、雄略五年六月に百済の加須利君(かすりのきし。蓋鹵王のこと)の弟の軍君(こにきし)が蓋鹵王の子を孕んだ婦人を伴い日本へ向かう途次、筑紫の各羅嶋(佐賀県東松浦郡鎮西町の波戸岬北方の玄界灘沖にある加唐島か)でその子が誕生し、これに因んで嶋君(せまきし)と名づけて、百済に返したという。また、武烈四年(五〇二)に末多王がさかんに人民に暴虐を加えたため、末多王は国人に廃されて嶋王が即位した。これが武寧王である。継体十七年(五二三)五月、武寧王は薨去して翌十八年正月に太子の明、すなわち聖明王が即位したとある。一方、『三国史記』には武寧王の在位中、高句麗と靺鞨に対して攻防戦を重ね、即位二十三年(五二三)春二月に漢城に行幸し、高句麗に対する備えを固くし、同年三月、都の熊津(今の公州)に戻って五月に薨じたとある。また『梁書』武帝紀には天監十一年(五一二)百済は梁に朝貢し、方物を献じたことがみえ、また、『梁書』百済伝には普通二年(五二一)に余隆(余は百済王室の姓、隆は諱)が使者を遣わして上表し、高句麗をたびたび破ったのちに、これと初めて好(よしみ)を通じたと述べた。梁の高祖は、武寧王の誠意を喜び、王を使持節都督百済諸軍事寧東大将軍百済王に冊立したが、同五年、王は薨じたとある。王の冊立には、この度の遣使が新羅の使者を随伴し、初の新羅の朝献を導いたことが評価されたのであろう。ところで、一九七一年、韓国忠清南道公州市の宋山里古墳群から武寧王の陵墓が確認され、その塼室内から二個の誌石が発見された。その一つには「寧東大将軍百済斯麻王年六十二歳癸/卯年(五二三)五月丙戌朔七/日壬辰崩到乙巳年(五二五)八月/癸酉朔十二日甲申安厝/登冠大墓立志如左」とあり、武寧王が五二三年に六十二歳で薨去し、二年後に埋葬されたことが確実となったので、五二四年に薨じたとする『梁書』の記事が誤りであることがわかった。また他の誌石には「丙午年(五二六)十一月百済国王大妃寿/終居喪在酉地己酉年(五二九)二月癸/未朔十二日甲午改葬還大墓立志如左」とあり、武寧王の妃は王の薨去の三年後に薨じ、また三年後に陵墓に合葬されたことがわかる。この誌石の裏面にはまた「銭一万文右一件/乙巳年(五二五)八月十二日寧東大将軍/百済斯麻王以前件銭訟土王/上伯土父母上下衆官二千石/買申地為墓故立券為明/不従律令」と、陵墓の地を土地神から買う証文が刻まれている。なお、『新撰姓氏録』左京諸蕃下には和(やまと)朝臣は百済国都慕王十八世孫の武寧王の後裔とあり、『続日本紀』にも延暦八年(七八九)十二月の皇太后高野(和)朝臣新笠の薨伝に、皇太后は武寧王の子の純陀太子の後裔とある。

【参考文献】大韓民国文化財管理局編『武寧王陵』

船王 ふねのおう 八世紀中頃の皇族。天武天皇の孫。舎人親王の子。神亀四年(七二七)正月、蔭皇親により無位から従四位下に叙せられた。天平十五年(七四三)五月、皇太子阿倍内親王(のちの孝謙天皇)の五節奏舞に臨み従四位上に昇叙、同十八年四月、弾正尹に任ぜられた。その後、治部卿に転じ、天平勝宝四年(七五二)四月、東大寺大仏開眼供養会で伎楽頭を務めた。同九歳四月、皇太子道祖(ふなど)王が廃され、新たに皇太子が定められる時、勅により閨房修まらずという理由でその候補から除外され、弟の大炊(おおい)王が立てられた。その直後の五月、正四位下に叙せられ、大宰帥に任ぜられたが、この年に起こった橘朝臣奈良麻呂らの謀反事件ではその与党を拷掠窮問し、道祖王や黄文(きぶみ)王らを死にいたらしめ、同年八月、正四位上に昇進した。翌天平宝字二年(七五八)八月、皇太子大炊王が即位して淳仁天皇になるに及んで従三位、同三年六月、淳仁の兄弟が親王となったことから三品を賜わった。同四年正月、信部(中務)卿に任ぜられ、同六年正月、二品を賜わったが、同八年九月の藤原朝臣仲麻呂の乱に積極的な関わりを持って捕らえられ、同年十月、諸王に下されて隠岐国に流された。後の大赦でも王の一族は許されなかった。歌に優れ『万葉集』に三首が載せられ(六—九九八、一九—四二七九、二〇—四四四九)、『日本霊異記』にも説話がある。

【参考文献】 北山茂夫「天平末葉における橘奈良麻呂の変」(『日本古代政治史の研究』所収)、同「藤原恵美押勝の乱」(同上書所収)

史戸氏 ふひとべうじ 朝廷の文筆を掌る史を資養する部民である史戸の子孫と、かつてその部民を管掌していた渡来系氏族。史部にも作る。『日本書紀』によれば、雄略二年十月に史戸は河上舎人部とともに設置された。『新撰姓氏録』摂津国諸蕃に、漢城(大韓民国京畿道広州にあった百済の都城)の人で韓氏鄧徳の後とある。この一族の本拠地は、摂津国西成郡安良郷(大阪市住之江区安立から天王寺区茶臼山・元町にかけての地域)付近と考えられるが、備中国都宇郡(岡山県都窪郡・岡山市・倉敷市などの一部)・賀夜郡(岡山市・総社市の各一部)にも史戸氏がおり、また天平宝字二年(七五八)に桑原直の氏姓を賜わった桑原史と同族の史戸氏や、天平神護二年(七六六)に高安造の氏姓を賜わった河内国の史戸(毗登戸)氏も存した。

【参考文献】 岸俊男「日本における『戸』の源流」(『日本古代籍帳の研究』所収)

文氏 ふみうじ ㈠王仁(わに)の後裔氏族の一つ。書にも作る。姓は初め首、天武十二年(六八三)九月に連を賜わり、同十四年六月、忌寸となる。のち延暦十年(七九一)四月、宿禰の姓を賜わった。『日本書紀』応神十五年七月条に、百済王の遣わした阿直岐(あちき)という者がよく経典を読んだので、これを太子菟道稚郎子(うじのわきいらつこ)の師としたが応神天皇は阿直岐に対して、汝に勝る博士がいるかと尋ねたところ、王仁という者が秀れていると申したので、上毛野(かみつけの)君の祖荒田別・巫別(かんなぎわけ)を百済に遣わして、王仁を招いたとあり、同十六年二月条には、王仁が来朝したので太子はこれを師とし、諸典籍を習って通達しないところはなく、また王仁は書首らの始祖と記されている。『古事記』にも同様の伝承がみえ、『論語』『千字文』を和邇吉師(わにのきし)に託して貢進したとあり、王仁は文首らの祖と伝承される。『懐風藻』の序文に「王仁始めて蒙を軽島に導き……」とあるように、この伝承は仏教伝来の記事と並んで、儒教・書籍・学問の初伝として重要視されている。延暦十年(七九一)にいたると、文・武生(たけふ)両氏は王仁の遠祖は漢の高帝の子孫と称し、東漢(やまとのあや)氏や船・葛井・津などの諸氏と同様の宿禰に改姓している。『新撰姓氏録』左京諸蕃上には文宿禰は漢高皇帝の後、鸞王より出たとあり、文忌寸も文宿禰と同祖で、宇爾古首の後と伝承する。代々文筆の業務を職とし、大和国の東漢(やまとのあや)氏に対して河内国の西文(かわちのふみ)氏とも称した。両氏の子弟は学令大学生条によれば、五位以上の子孫と並んで大学に入学することが許されていた。本拠は河内国古市郡古市郷(大阪府羽曳野市古市)の西琳寺周辺で、同系氏族には馬史(武生連・厚見連)・桜野首・栗栖首・高志首などがみえる。㈡阿智使主(あちのおみ)の後裔氏族の一つ。書・倭漢書・倭漢文にも作る。姓は初め直、天武十四年(六八五)六月に同族の倭漢連氏とともに忌寸姓を与えられたと推定され、延暦四年(七八五)六月、同族の坂上忌寸・内蔵(くら)忌寸ら九氏とともに宿禰の姓となる。なお、養老三年(七一九)五月と同四年六月に文部氏の一部が文忌寸の氏姓を賜わっているが、㈠の系統とも考えられる。斉衡四年(八五七)正月には、民忌寸・文忌寸など五十九氏が伊美吉の姓となっている。『坂上系図』所引の『新撰姓氏録』逸文によると、都賀使主(つかのおみ)の子爾波伎直は、山口宿禰・文山口忌寸・桜井宿禰・調忌寸・谷忌寸・文宿禰・文忌寸・大和国吉野郡文忌寸・紀伊国伊都郡文忌寸・文池辺忌寸ら八氏の祖という。ただし、『新撰姓氏録』には右京諸蕃上に坂上大宿禰と同祖で、都賀直の後を称する忌寸姓の文氏しかみえず、本宗の文宿禰氏はみえない。なお、河内国の文氏とともに大学に入学することが許され、大祓の際に横刀を献上する儀式において東西の文部氏は呪文を漢音で誦するならわしとなっていた。

【参考文献】井上光貞「王仁の後裔氏族と其の仏教」(『井上光貞著作集』二所収)、関晃『帰化人』

文直成覚　ふみのあたいじょうかく　壬申の乱の功臣。『続日本紀』によれば、霊亀二年(七一六)四月、子の古麻呂が父の功により田若干を賜わった。時に成覚は贈小錦下とある。天平宝字元年(七五七)十二月、その功田四町は中功田として二世に伝えられた。この時も贈小錦下。壬申年に「戎場を歴渉して忠を輸(いた)し事に供し、功を立てること異なり」とある。

文忌寸馬養　ふみのいみきうまかい　八世紀前半の官人。壬申の年の功臣書忌寸禰麻呂の子。名は馬甘にも作る。霊亀二年(七一六)四月、父の功により田を賜わった。時に正七位下。天平九年(七三七)九月、正六位上から外従五位下に昇叙、同年十二月、皇太夫人藤原朝臣宮子の病気平癒に際し、中宮少進として外従五位上を授けられた。同十年閏七月、主税頭、同十七年九月、筑後守、天平勝宝九歳(七五七)六月、鋳銭長官となり、天平宝字二年(七五八)八月、従五位下にいたる。以後の動静は不明だが、「壬申年将軍」といわれて左衛士督まで務めた父とはおよそ対照的な文官としての生涯であった。天平十年八月、右大臣橘宿禰諸兄の家宴に列した時の詠歌が『万葉集』にみえる(八―一五七九・一五八〇)。

文忌寸博勢　ふみのいみきはかせ　七世紀末―八世紀初めの下級官人。名を博士にも作る。持統九年(六九五)三月、下訳語(しものおさ)諸田らとともに多禰(鹿児島県種子島)に遣わされ、調査に当った。時に務広弐。文武二年(六九八)四月、覓国(くにまぎ)の使となり、武器を与えられて南島(南西諸島)に派遣された。この時も務広弐とある。同三年十一月、刑部(おさかべ)真木らとともに帰還、位を進められたが、これに先立つ同年七月、多褹(禰)・夜久(屋久島)・菴美(奄美大島)・度感(徳之島)の人々が来貢したのは、博勢らの派遣の成果であったといわれる。

書直智徳　ふみのあたいちとこ　壬申の乱の功臣。氏姓を文直にも作り、名を知徳にも作る。『日本書紀』によれば、天武元年(六七二)六月、壬申の乱に際し大海人皇子(のちの天武天皇)に従って吉野から東国に赴いた。時に舎人。同十年十二月、小錦下を授けられ連姓を賜わり、同十四年、忌寸姓を賜わったらしい。持統六年(六九二)五月に没し、直大壱を贈られ、賻物(はぶりもの)を賜わる。『続日本紀』によれば、大宝元年(七〇一)七月、壬申年の功により功封一百戸を賜わり、四分の一を子に伝えた。霊亀二年(七一六)四月、子の塩麻呂が父の功により田若干を賜わった。天平宝字元年(七五七)十二月、その功田四町を中功田として二世に伝えることを許された。

書忌寸根麻呂　ふみのいみきねまろ　―七〇七　壬申の乱の功臣。王仁(わに)の後裔氏族西文(かわちのふみ)氏出身の官人で、名を根摩呂・尼麻呂・禰麻呂にも作る。姓は初め首、次いで連・忌寸と改める。天武元年(六七二)六月、壬申の乱の勃発に際し、舎人として大海人皇子(のちの天武天皇)に従い、吉野から東国に赴いた。同年七月、村国連男依らと数万の軍を率いて不破(岐阜県不破郡と大垣市の一部)から近江に進撃、戦闘に活躍した。天武十二年九月に連姓、同十四年六月に忌寸姓を賜わる。また、大宝元年(七〇一)七月、壬申の乱の功により中功封百戸を賜わり、令の規定によりその四分の一をその子(馬養)に伝えさせた。奈良県宇陀郡榛原町八滝出土の墓誌には「壬申の年の将軍、左衛士府の督、正四位上文禰麻呂忌寸、慶雲四年歳次丁未九月廿一日卒す」とみえ、慶雲四年(七〇七)九月に没したことが判明する。『続日本紀』には慶雲四年十月二十四日、従四位下で卒したので、功により正四位上の位と賻物(はぶりもの)を贈ったという記載がみえるが、贈位の日にかけて根麻呂の死を記したものとみられる。その後も壬申の乱の功臣として厚遇され、霊亀二年(七一六)四月、子の馬養に田を賜わり、天平宝字元年(七五七)十二月には功田八町を中功として二世に伝えることを許された。

【参考文献】　東野治之「文祢麻呂墓誌」解説(奈良国立文化財研究所飛鳥資料館編『日本古代の墓誌』所収)

書首加竜　ふみのおびとかりょう　河内国古市郡(大阪府羽曳野市の一部)の人。河内国飛鳥戸郡(大阪府柏原市南部と羽曳野市南東部)の人田辺史伯孫の女婿。『日本書紀』によれば、雄略九年七月、妻が一児を生み、舅の伯孫がこれを賀して帰る途中、誉田(こんだ)陵(応神陵)の近くで不思議な人物と出会い、自分の馬をその人物が乗る駿馬ととりかえたが、翌朝になると埴輪の馬になっていたという。

文部黒麻呂　ふみべのくろまろ　八世紀前半の官人。『続日本紀』によれば、養老四年(七二〇)六月、文忌寸の氏姓を賜わり、天平十二年(七四〇)十一月、外従五位下に叙せられ、同十三年七月、主税頭に任ぜられ、同年九月、恭仁京(くにのみやこ。京都府相楽郡加茂町・木津町・山城町一帯)の百姓宅地班給使となった。この時も主税頭。同十九年五月、再び主税頭に任ぜられた。時に外従五位下。『東大寺要録』巻二、供養章三に天平勝宝四年(七五二)四月、大仏開眼会の際に楯伏舞(たてふしのまい)頭を奉仕した「外従五位上文忌寸□麿」は、黒麻呂のことか。

振媛　ふりひめ　継体天皇の母。垂仁天皇の七世孫に当り、父は乎波智君、母は阿那爾比弥。布利比弥命・布利比売命にも作る。振媛の美しいことを聞いた彦主人王(ひこうしのおおきみ)に、三国の坂中井(福井県坂井郡)で召されて妃となり、継体を生んだ。彦主人王は継体が幼いうちに薨じたので、独りでは養育できないとして親のいる本国の高向村(福井県坂井郡丸岡町)に帰って育てたという。

布留氏　ふるうじ　天足彦国押人(あめたらしひこくにおしひと)命の七世孫米餅搗大使主(たがねつきのおおおみ)命の後裔と称する氏族。旧氏姓は物部首。『新撰姓氏録』大和国皇別によれば、姓は初め臣であったが、大臣蘇我臣蝦夷によって斉明朝(皇極朝の誤り)に物部首とされたという。天武十二年(六八三)に連と改められ、さらに翌年に宿禰の姓を賜わった。氏名は布瑠にも作り、同氏が斎き祭った布都努斯神社(石上(いそのかみ)神宮)が石上郷御布瑠村(のちの大和国山辺郡石上郷のうち、現在の奈良県天理市布留町)にあったことによる。同祖系譜をもつ氏族には、春日氏・柿本氏などがある。

布瑠宿禰道永　ふるのすくねみちなが　九世紀中頃から後半の官人。貞観元年(八五九)十二月、刑部大録従七位上であった時、刑部省が罪人を放出した責任を追及されたが、すべては大丞正六位上兼中判事丹墀真人真総(たじひのまひとまふさ)の言から出たこととして許された。同十一年四月の『貞観格』の撰進記事と同十三年八月の『貞観式』の撰進記事にその名がみえ、双方の編纂に関わっていたことが知られる。時に正六位上行弾正少忠であった。

古人皇子　ふるひとのみこ　―六四五　舒明天皇の皇子。大兄皇子・古人大兄・古人大市(おおち)・吉野太子・吉野古人・古人太子とも称す。母は蘇我馬子宿禰の女法提郎媛(ほうてのいらつめ)。天智・天武天皇の異母兄。皇極二年(六四三)蘇我臣入鹿は古人皇子を皇位継承者に擬し、対立する有力候補の山背大兄王を斑鳩宮(奈良県生駒郡斑鳩町)に襲い、斑鳩寺(同上)で自殺させた。しかし、皇極四年六月の乙巳の変で、入鹿は古人皇子の面前で殺害され、蘇我臣蝦夷もまた自殺した。この事件を契機に皇極天皇が退位すると、先帝舒明天皇の所生で、しかも年長の古人皇子は皇位に推されたが、入鹿に支持された古人皇子は宮廷内に留まることの危険を察知し、出家して皇位継承の意志のないことを表明して吉野山に入った。大化(皇極四年六月十九日建元)元年(六四五)九月(一説に十一月)吉備笠臣垂(しだる)の密告により、古人皇子は蘇我田口臣川堀らと謀反をはかったかどにより殺害された。なお、古人皇子の女倭姫王は天智の皇后となっている。

【参考文献】　林陸朗「古人大兄皇子」(『明日香風』八)、門脇禎二『「大化改新」論』

武烈天皇　ぶれつてんのう　仁賢天皇の皇子。母は雄略天皇の皇女春日大娘皇后。皇后は春日娘子。皇子女はない。諱は小泊瀬稚鷦鷯(おはっせのわかさざき)または小長谷若雀命。仁賢七年、皇太子となる。成長してからは罪人を罰し理非を判定することを好み、法令に精通し、日暮れまで政治を行ない、無実の罪は必ず見抜いてはらし、罪をさばくこと情を得たが、またしきりに諸悪をなし、一善すら修めず、およそ諸の酷刑は、自身すべて見たので、国内の人民は皆震え怖れたという。ただし、この説明には『芸文類聚』などによる潤色があり、そのまま信用できない。仁賢が崩ずると、大伴大連金村と謀って大臣の平群(へぐり)臣真鳥・鮪(しび)親子を討伐した。真鳥は国政を専らにし、日本の王たらんとし、太子のためと称して宮を営み、完成すると自分がそこに居住、臣下としてのわきまえがなく、またその子鮪は太子と物部麁鹿火(あらかひ)大連の女影媛を争ったとあり、親子ともに礼がないことが討伐の理由とされている。大伴大連金村の推挙により、泊瀬の列城宮(奈良県桜井市初瀬付近)で即位し、同日、金村を大連に任じた。『日本書紀』には武烈元年、春日娘子を立てて皇后としたとあるが、『古事記』にはみえない。武烈三年、大伴連室屋に詔して、信濃国の男丁を発して、水派の邑(奈良県北葛城郡広陵町)に城の像を作り、城上と称した。同六年、継嗣のないため、旧例により小泊瀬舎人を置いた。同年、百済国は麻那君(まなきし)を派遣して調を進めたが、武烈天皇は百済が毎年調を進上しなかったので麻那君を留めて帰さなかった。翌年、百済は再び調進し、先使の麻那君は国王の一族ではないので、一族の斯我君(しがきし)を遣わして仕えさせる旨、上表した。同八年、列城宮に崩じたとある。また、『日本書紀』継体即位前条には、崩御の時、男子なく継嗣が絶えたこと、武烈の在位中は政道が衰えたこと、傍丘の磐杯丘陵(『陵墓要覧』は奈良県北葛城郡香芝町今泉とする)に葬られたことなどがみえる。また同書武烈巻には、武烈が「妊婦の腹を割き胎児をとり出してその形を見た」とか「生爪をはぎとって薯蕷(いも)を掘らせた」などの暴虐行為が多数記されている。しかし、『古事記』にはその記載がないことから、武烈と継体の間に皇位継承上における断絶が存在したことを合理化するため、仁徳天皇が聖帝であったことに対比して、武烈が暴君で、継嗣がなかったことをことさらに強調したものと考えられている。さらに進んでその実在を疑う説もある。

【参考文献】　水野祐『増訂日本古代王朝史論序説』、同『日本国家の成立』

不破氏　ふわうじ　美濃国不破郡(岐阜県不破郡と大垣市の一部)を本拠とした渡来系氏族。『新撰姓氏録』右京諸蕃下では、連姓のものと勝姓のものとを載せ、前者は百済国の都慕王の後、毗有王の後裔、後者は百済国の人淳武止等(じゅんむとと)の後裔と伝える。不破勝の前身は淳武氏とみられるが、改氏姓の時期は不明。美濃国加毛郡(岐阜県加茂郡と美濃加茂市・関市・恵那市の一部)には族姓の不破勝族氏がいた。

【参考文献】　田中卓「不破の関をめぐる古代氏族の動向」(『壬申の乱とその前後』所収)

不破内親王　ふわのないしんのう　聖武天皇の皇女。母は夫人県犬養宿禰広刀自で、井上内親王・安積親王の妹。塩焼王(氷上真人塩焼)の妃となり、氷上志計志麻呂・氷上真人川継らを生んだ。天平宝字七年(七六三)正月、夫塩焼が、その政権末期の藤原朝臣仲麻呂と結んで官位を昇進させたことに伴い無品から四品を賜わった。塩焼が翌八年の仲麻呂の乱に際し、仲麻呂と行動をともにして天皇に偽立され、誅されたことに縁坐したが、聖武の皇女ということで内親王の名を削られただけにとどまった。神護景雲三年(七六九)称徳天皇が皇嗣を定めないまま僧道鏡を重用して仏教偏重の政治を行なったことから、母方の同族県犬養宿禰姉女が中心となって、密かに氷上志計志麻呂を皇嗣に立てることを企てた。やがて佐保川から拾ってきた髑髏に称徳の髪を盗み入れ、命を縮める呪詛を不破内親王のもとで三回もなしたと告げられた。しかし称徳は、その犯す厭魅の罪は八虐に当るが、思うところがあって特に許した。ただし同年五月、厨真人厨女の氏姓で臣籍に降され、封四十戸と田十町を与えられて京外へ追放となった。やがて、この厭魅事件は誣告であったことが判明し、宝亀三年(七七二)十二月、内親王の属籍に復された。翌四年正月、本位四品を授けられ、さらにこの年五月、三品に昇叙された。桓武天皇が即位した天応元年(七八一)その大嘗会が終わったあと二品に叙せられたが、翌年、桓武の皇統を否定する氷上真人川継はみずから天武天皇の皇胤を主張して逆乱を謀り、それが発覚したため、近親として縁坐した。しかしこれも前年に崩じた光仁天皇の諒闇中であるということで、川継の姉妹とともに淡路国に流されるだけにとどまった。その後、延暦十四年(七九五)になって和泉国にうつされたが、同二十四年、謀反大逆を犯した者、それに縁坐して配流に処せられている者などが赦され、伊豆に流されていた川継の罪も赦された。しかし内親王についての記録は全くない。おそらく、和泉国の配所で、すでに生涯を閉じていたものと思われる。

【参考文献】　林陸朗「奈良朝後期宮廷の暗雲—県犬養家の姉妹を中心として—」(『上代政治社会の研究』所収)、阿部猛「天応二年の氷上川継事件」(『平安前期政治史の研究』所収)、中川収「神護景雲三年五月の巫蠱事件」(『日本社会史研究』一五)、同「桓武朝政権の成立(上)」(『日本歴史』二八八)

文室氏　ふんやうじ　天武天皇の第四皇子一品長親王の後裔。姓は真人・朝臣。文屋にも作る。長親王の子智努王・大市王が天平勝宝四年(七五二)九月、文室真人の氏姓を賜わり、また宝亀三年(七七二)正月には長谷真人於保が文室真人の氏姓を賜わった。智努王(文室真人浄三)の子大原王(文室真人大原)、孫の文室朝臣綿麻呂・秋津らは武官として活躍。大原王・綿麻呂らは延暦十一年(七九二)氏姓を三諸朝臣と改め、さらに綿麻呂らは大同四年(八〇九)氏名を三山と改めた。もっとも仁和三年(八八七)八月の散位従四位上文室朝臣巻雄の卒伝によれば、父の綿麻呂が大同四年、文室朝臣の氏姓を賜わったとあり、綿麻呂の弟の秋津は弘仁七年(八一六)にはなお文室真人の氏姓を称しているから、綿麻呂・秋津らの一族が文室朝臣の氏姓に定着するまでの改氏姓過程には不明の点が少なくない。長親王の後裔以外にも文室真人の氏姓を賜わる多くの諸王のいたことが『日本文徳天皇実録』や『日本三代実録』天安元年(八五七)六月・貞観十五年(八七三)九月条などにみられ、ほかにも承和七年(八四〇)礒原朝臣に、斉衡三年(八五六)清原真人の氏人にそれぞれ文室真人の氏姓を賜わり、また、承和十四年の豊原真人広滝、同十五年の長親王後裔の春常王らに対して文室朝臣の氏姓を賜わった例がある。

【参考文献】　佐伯有清『新撰姓氏録の研究』考証篇一

文室朝臣秋津　ふんやのあそんあきつ　七八七—八四三　九世紀前半の官人・武官。文室真人大原の子。武官で有名な文室朝臣綿麻呂の弟。弘仁元年(八一〇)右衛門督に任ぜられ、右近衛将監・蔵人を経て、同七年、従五位下。そののち甲斐守・武蔵介・因幡守・木工頭・左中将・蔵人頭を経て、天長七年(八三〇)正月、従四位下で参議に任ぜられ、右大弁・左近衛中将を兼ねた。武蔵守・左大弁・春宮大夫・検非違使別当・右衛門督・丹波守を歴任。卒伝によれば、非違を監察するに最もその人を得たりとし、武芸を論ずるに驍将と称するに足るという。ただし、酒は弱く酔泣の癖があったという。承和九年(八四二)七月、嵯峨上皇崩御の直後、春宮坊帯刀舎人伴健岑(こわみね)・但馬権守橘朝臣逸勢(はやなり)らによる謀反が発覚。春宮坊大夫であった秋津は連坐幽閉され、出雲員外守に左遷となる。これは皇太子恒貞親王(淳和天皇の第二皇子)を廃し、藤原朝臣良房の甥に当る道康親王(のちの文徳天皇)を皇太子に立てるための陰謀事件であった。翌年三月二日、配所で卒去。時に五十七歳。

文室朝臣助雄　ふんやのあそんすけお　八〇七—八五八　九世紀中頃の官人。天武天皇の皇子一品長親王の後裔。中納言従三位直世王の第二子。字は王明。大学で経史を学び、承和元年(八三四)正月、従五位下に叙せられ、同十二年八月、斎宮頭に任ぜられた。そののち大蔵少輔・左少弁・遠江守・左中弁・丹波守を歴任。天安二年(八五八)三月十四日、従五位上で卒去。時に五十二歳。

文室朝臣巻雄　ふんやのあそんまきお　八一〇—八八七　九世紀中頃の武官。中納言従三位綿麻呂の第九子。幼年から勇力があって読書を好まず、弓馬を習い馳射を得意とした。帯刀舎人から出身し、仁寿三年(八五三)相模掾に任ぜられ、右兵衛大尉・播磨大掾・主殿権助・左衛門佐・左近衛権少将・伊予介・左近衛少将・美濃守・備前守・因幡守を歴任し、元慶六年(八八二)相模守となったが、守を辞して代わって息男房典が近江少掾に補任。巻雄は身体がいたって軽捷で、ある時は牛車の牛の額を踏み、跳躍して車の後に降り立ち、また少将であった時、東宮屋上を走る狐を追いかけて斬殺するなど、驍勇比類なき人物であり、宿衛の務めにおいては「当時に双び無し」といわれた。仁和三年(八八七)八月七日、散位従四位上で卒去。時に七十八歳。

文室朝臣宮田麻呂　ふんやのあそんみやたまろ　九世紀中頃の官人。承和六年(八三九)従五位上、同七年、筑前守に補任。同九年正月には前筑前守とみえ、前年来日の新羅の廻易使李忠らのもたらした雑物を受領している。当時、新羅は張宝高の死後、豪族が割拠して衰退をたどっており、我が国では同年八月、不慮の災をおそれて新羅人の入国を禁断する処置がとられている。同十年十二月、散位従五位上であった宮田麻呂は従者の陽侯(やこ)氏雄により謀反の企てのあることを密告され、京および難波宅の捜求をうけて兵具を没収された上、伊豆へ配流の身となる。息男の内舎人忠基は佐渡、無官安恒は土佐、従者二人は越後・出雲国へそれぞれ配流となった。しかし、謀反の企てにしては兵具が少なく、有力な共犯がいないところから単独の事件とは思われず、前年の承和の変の余波と考えられる。藤原朝臣良房による廃太子陰謀事件では文室朝臣秋津が連坐している。なお、貞観五年(八六三)五月には朝廷が神泉苑(平安左京三条一坊にあった)で怨霊を慰める御霊会を催しているが、ここに怨霊として崇道天皇(早良(さわら)親王)らとともに宮田麻呂の名があげられており、冤罪であったことが知られる。同年八月には、庶人宮田麻呂の近江国滋賀郡・栗太郡などにあった家十区、地十五町、水田三十五町が勅により貞観寺(寺跡は京都市伏見区墨染町付近か)へ施入されている。

【参考文献】戸田芳実「国司級官人の土地所有形態(Ⅰ)—筑前守文室宮田麻呂の場合—」(『日本領主制成立史の研究』所収)

文室朝臣綿麻呂　ふんやのあそんわたまろ　七六五—八二三　九世紀初めの武官・公卿。文室真人大原の長子。文室朝臣巻雄の父。延暦十四年(七九五)二月、従五位下、同年七月、右大舎人助に補せられ、近衛将監・近江大掾・出羽権守・播磨守・侍従・中務大輔・右兵衛督・右京大夫・左大舎人頭などを経て、大同四年(八〇九)正月、氏姓三諸朝臣を改め三山朝臣を賜わり、次いで文室朝臣を賜わった。その間、左兵衛督・大膳大夫に任ぜられた。弘仁元年(八一〇)の藤原朝臣薬子の変では、初め平城上皇側にあったため京に召還され禁固の身となったが、坂上大宿禰田村麻呂の奏請により罪を許され、同年九月、田村麻呂とともに上皇の東国への退路を断った功により参議に任ぜられ、大蔵卿・陸奥出羽按察使(あぜち)を兼ねることとなった。同二年、田村麻呂の死によって征夷事業の中心は綿麻呂となる。同年正月、陸奥国に三郡を設置し、三月には征夷の大軍を動かし、十月、平定した。その功により同年十二月、従三位勲五等に昇叙。綿麻呂は胆沢(岩手県水沢市佐倉河に胆沢城跡がある)から斯波(岩手県盛岡市太田に志波城跡がある)にまで伸長した開拓線を確保するため、主に俘囚軍をもって防備につとめ、郡治域の充実安定をはかった。同四年十二月、左衛門督、その後は右衛門督・備前守・右京大夫・右大将・兵部卿・中納言・大膳大夫を歴任し、同十四年四月二十四日、従三位中納言兵部卿で薨去。時に五十九歳。

文室真人有房 ふんやのまひとありふさ

九世紀後半の武官。元慶二年(八七八)三、四月、出羽守藤原朝臣興世の上奏によれば、かねてから不穏騒乱の動きをみせていた夷俘たちが秋田城(城跡は秋田市寺内の高清水丘陵にある)にまで焼討ち攻撃をかけてきたので、出羽権掾正六位上有房らに精兵を授けて戦わせたところ、衆寡敵せず敗退、援兵を乞うたという。有房らは隣国からの援兵をもって秋田の屯営に在陣し殊死して戦ったが敗北。この時、矢傷を負った。六月になって鎮守将軍小野朝臣春風が赴陣。力戦の功により従五位下を授けられた。翌七月、秋田に布陣し、夷をもって夷を制する策に出て事態を収拾に向かわせた。八月には有房と藤原朝臣滋実の二人が単騎で賊の所へ直行し、賊徒らの降伏の願いを聞いた。同三年正月、遣わされ、過ちを悔い無抵抗で降伏の願いを出した賊を慰撫した。同年六月、乱後の処理がなされ、援兵はそれぞれの国に帰った。時に有房は雄勝城(城跡は秋田県雄勝郡羽後町足田か)城司従五位下行出羽国権掾。

文室真人大市 ふんやのまひとおおち

七〇四—七八〇 八世紀後半の公卿。天武天皇の第四皇子一品長親王の第七子。智努王(文室真人浄三)の弟。邑知王・邑珍にも作る。天平十一年(七三九)正月、無位から従四位下に叙せられ、同十五年六月、刑部卿、同十八年四月、内匠頭、天平勝宝三年(七五一)正月、従四位上、同四年四月、大仏開眼の日、内楽頭を奉仕。同年、文室真人の氏姓を賜わる。同六年九月、大蔵卿。天平勝宝以後、一族の坐罪に陥る者が多く、みずから髪を削って沙門となり、身を全うせんと図ったという。天平勝宝九歳六月、弾正尹、以後、節部(大蔵)卿・出雲守・民部卿を歴任し、天平神護元年(七六五)正月、従三位、同二年七月、参議となる。時に出雲国按察使(あぜち)。神護景雲二年(七六八)十月、新羅交易物を買うため大宰綿四千屯を賜わる。時に中務卿。同四年八月、称徳天皇崩御により装束司を務める。崩後、皇嗣について吉備朝臣真備は天武の皇孫文室真人浄三を推したが、浄三は固辞し、よって弟の大市を立てようとしたが、左大臣藤原朝臣永手・内大臣藤原朝臣良継・右大弁藤原朝臣百川らは天智天皇皇孫の白壁王(のちの光仁天皇)を立てようとし、称徳遺詔として永手が宣命をもって決定した。宝亀二年(七七一)三月、大納言、そののち弾正尹・治部卿を経て、同五年七月、致仕を乞うて許され御杖を賜わった。同年十一月、正二位、同十一年十一月二十八日、薨去。時に七十七歳。

文室真人大原 ふんやのまひとおおはら

—八〇六 八世紀後半の武官。天武天皇の第四皇子一品長親王の孫。智努王(文室真人浄三)の第九子。蝦夷鎮圧で武功をあげた文室朝臣綿麻呂の父。延暦四年(七八五)正月、正六位上から従五位下に昇り、右兵衛佐に任ぜられた。そののち下総介・治部少輔を経て同十年、陸奥介で鎮守副将軍を兼ねる。当時、桓武天皇初世の征夷事業は不振を続け、この期にいたって長期計画のもとで出兵の準備が始められていた。すなわち、同九年三月には按察使(あぜち)兼陸奥守に多治比(たじひ)真人浜成を任じ、同年から翌十年にかけて百済王(くだらのこにきし)俊哲・坂上大宿禰田村麻呂らを諸道に派遣して軍備の用意をさせ、同十年七月には大伴宿禰弟麻呂を征夷大使に、続いて征夷副使の俊哲に陸奥鎮守将軍を兼任させ、同十一年、大原に代わって鎮守副将軍の巨勢朝臣野足が陸奥介に就任し、田村麻呂の征夷が開始された。大原は田村麻呂の征夷事業を準備したにとどまる。同年、大原は三諸朝臣と改め、同二十三年二月、従四位下で播磨守、翌年十月、備前守。大同元年(八〇六)十一月、散位従四位下で卒去。

文室真人智努　ふんやのまひとちぬ　六九三―七七〇　八世紀中頃の公卿。天武天皇の第四皇子一品長親王の子。名を智奴・珎努・珍努にも作り、のち浄三(きよみ)に改めた。初め智努王と称し、霊亀三年(七一七)正月、蔭皇親により無位から従四位下に叙せられた。神亀五年(七二八)十一月、この年に夭折した皇太子のために山房が造られることになり、その造山房司長官に任ぜられた。天平十三年(七四一)九月には木工頭から恭仁京(くにのみやこ)遷都に伴い造宮卿となり、左右両京を定めて百姓らに宅地の班給をし、翌十四年八月には紫香楽(しがらき)宮造営の造離宮司を兼ね、この時期の一連の造宮工事に功績をあげた。同十九年正月、従三位に昇進し、天平勝宝四年(七五二)九月、文室真人の氏姓を賜わった。この年、左大臣橘朝臣諸兄の宅に行幸があったとき、肆宴に列して詠んだ歌一首が『万葉集』に載せられている(一九―四二七五)。自宅に写経所を設け、またこの頃、亡夫人茨田郡(まんたのこおり)王(法名良式)のため檀主となって仏足石を作らせ、それが奈良の薬師寺に現存している。同六年四月、摂津大夫に任ぜられたが、太皇太后(藤原朝臣宮子)、それに続く聖武天皇の大葬の折には御装束司を務めた。同九歳四月、皇太子道祖(ふなど)王を廃する議に列席、新たに皇太子を立てる時には池田王を推したが成らなかった。この年六月、治部卿に任ぜられ、翌天平宝字二年(七五八)六月、参議となって出雲守を兼任した。同年八月、藤原朝臣仲麻呂の官号改易の議にあずかった。同三年六月、慈訓と僧尼の粛正を請う封事を奉っている。同四年正月、中納言に任ぜられ、同年六月、光明皇后崩御に伴って山作司となる。翌五年正月、正三位に昇叙されたが、このときから浄三と改名している。同六年正月、御史大夫(大納言)に昇進し、年老い力衰えるをもって特に宮中で扇・杖を用いることを許された。この年十二月、神祇伯を兼ねた。同八年正月、従二位に昇叙されたが、同年九月、仲麻呂が乱を起こす直前、老齢を理由に致仕を願い出て許されたが、詔により几杖・新銭十万文を賜わり、また職分なども全給されて厚遇された。神護景雲四年(七七〇)八月、称徳天皇崩御に伴って起こった皇嗣問題では、吉備朝臣真備によって皇太子候補に推されたが固辞、この年の十月九日、七十六歳で薨じた。死に臨み、薄葬して鼓吹をうけざれと遺言し、諸子はこれに遵奉したという。『日本高僧伝要文抄』に沙門釈浄三菩薩伝があり、伝燈大法師位を授けられたとある。

【参考文献】　高島正人「奈良時代の文室真人氏」(『奈良時代諸氏族の研究』所収)

文室真人与伎　ふんやのまひとよき　八世紀後半の官人。天武天皇の第四皇子一品長親王の孫。従二位大納言智努王(文室真人浄三)の子。従四位下文室真人弟直の父。名は与企にも作り、のち那保企(なほき)と改めた。宝亀十一年(七八〇)正月、正六位上から従五位下に昇叙。天応元年(七八一)十二月、光仁天皇崩御に際して装束司となる。延暦二年(七八三)正月、従五位上、同年二月、相模介、同三年二月、持節征東副将軍となる。これは、桓武天皇初世の征夷不振のなかで、局面打開をめざした人事である。持節征東将軍には武門の名族大伴宿禰家持が任ぜられたが、家持は翌年任地で死去し、征夷政策は一頓挫する。同三年三月、与伎は相模守となり、そののち右中弁・大宰大弐を歴任し、同九年四月、正五位上に叙せられた。その間、中宮高野朝臣新笠、皇后藤原朝臣乙牟漏の御葬司、中宮周忌御斎会司となる。弟直の卒伝には、父は大宰大弐従四位下与伎、母は従四位下平田孫王とある。

文屋康秀　ふんやのやすひで　九世紀後半の歌人。縫殿助宗于の子。歌人の大舎人大允朝康の父。六歌仙の一人で文琳と称した。『古今和歌集目録』によれば、貞観二年(八六〇)三月、刑部中判事に任ぜられ、三河掾を経て元慶元年(八七七)正月、山城大掾、同三年五月、縫殿助に補任。『古今和歌集』に五首、『後撰和歌集』にも一首ある。歌は機知を主軸に身の不遇を歌ったものが多い。『古今和歌集』の紀朝臣貫之の仮名序は、康秀の歌を言葉の使い方は巧みだが内容はよくなく、いってみれば商人が立派な衣を身にまとったようなものであると評している。

へ

平栄　へいえい　八世紀後半の東大寺の僧。僧綱の佐官および東大寺三綱を歴任。平永にも作る。天平十五年(七四三)に平栄師・平栄師所として経典の貸借文書に名が出てくるが、天平十九年十二月には東大寺知事僧として婢二名の買得文書に署名している。天平感宝元年(七四九)五月、寺家野占使となって越前国足羽郡(福井県福井市と足羽郡美山町の一部)の寺地を占定し、同月、東大寺の占墾地使として越中国に赴いたことが『万葉集』にみえ、時の国守大伴宿禰家持はこれを歓待し、酒を僧に送る歌一首を詠んでいる(一八—四〇八五)。天平勝宝三年(七五一)八月には東大寺倶舎衆の牒に、「寺主法師平栄」と署し、すでに東大寺三綱の正員に就いていたことが知られる。同年十一月の律宗の牒および倶舎衆の牒には知事として署名している。天平勝宝七歳二月には僧綱所の佐官僧として名がみえる。このの ち平栄は天平勝宝八歳八月に上座、天平宝字五年(七六一)十一月には寺主、神護景雲元年(七六七)八月には知事と、東大寺内での役職がうつっているが、天平宝字六年まで佐官僧を続任していたことが確認される。この間にも天平宝字二年、越前国への寺田勘使、同三年、越中国への検田使を務めている。神護景雲四年(七七〇)五月に中鎮進守大法師平栄とみえるのが最後である。

【参考文献】佐久間竜『日本古代僧伝の研究』

平城天皇　へいぜいてんのう　七七四—八二四　在位八〇六—八〇九。桓武天皇の第一皇子。母は皇后藤原朝臣乙牟漏。奈良帝ともいう。延暦二年(七八三)小殿親王を安殿(あて)親王と改め、同四年の藤原朝臣種継暗殺事件で、皇太弟早良(さわら)親王が廃され、代わって皇太子となった。同七年、元服。九年、病気となり、十一年、占って早良親王の祟りであることがわかった。皇太子時代、藤原朝臣縄主と藤原朝臣薬子との間に生まれた長女が妃となった時、薬子は東宮宣旨となって、皇太子と通じたので、桓武は薬子を追放した。同二十五年三月、桓武の崩御をうけて践祚。同年五月十八日に即位の儀式をあげ、その日、大同と改元し、賀美野親王(のちの嵯峨天皇)を皇太弟に立てた。同年六月九日、外祖父藤原朝臣良継に正一位太政大臣を、外祖母安倍朝臣古美奈に正一位を、藤原朝臣百川の女帯子に皇后を追贈した。翌日、手詔により観察使のことを定め、桓武とは異なる政治を行なった。平城は聡敏で落ち着きがあり、謀りごとにたけ、みずから政治を行ない、精励して冗費を省き、法令はよく行なわれ、みな粛然として古の先哲に比較して劣ることはなかったといわれるが、寛容度にかけ、大同二年(八〇七)伊予親王事件が起こると、伊予親王とその母藤原朝臣吉子を死に追いやった。そののち再び薬子を寵愛し、革新政治は後退し、また同四年四月一日には病気のため譲位した。しかし、嵯峨天皇が即位後ほどなくして病気になると、平城上皇は平城旧都に移り、官人の一部を平城宮に勤務させ、さながら「二所朝廷」が存在するような状態となった。上皇は弘仁元年(八一〇)九月、さらに平城宮への遷都を強行しようとしたので、嵯峨側は断固とした処置をとった。上皇は挙兵して川口道(後世の伊勢北街道(初瀬街道)。奈良県桜井市初瀬から青山峠を越えて三重県一志郡白山町の川口にいたる)を経由して、東国に入ろうとしたが、遮られて平城宮に引き返し、落飾した。しかし、平城宮諸司の一部は、その後も残された。弘仁十三年、空海から三昧耶戒を受け、灌頂を授かった。天長元年(八二四)七月七日、崩御。時に五十一歳。天推国高彦天皇の称号を贈られ、同月十二日、楊梅(やまもも)陵(比定地については諸説ある。奈良市佐紀町の平城宮大極殿跡の北にある円丘が楊梅陵に比定されているが誤り)に葬られた。平城は経書を博綜し、文藻に巧みなりといわれているが、『凌雲集』に一首、『経国集』に四首、『古今和歌集』に和歌一首が収められ、『類聚国史』に一首が残るのみである。

【参考文献】目崎徳衛『平安文化史論』

平仁　へいにん　㈠僧。天平宝字二年(七五八)六月、伊予次官殿門あてに、散位寮散位少初位下若倭部益国(天平二十年(七四八)から宝亀五年(七七四)まで経師としての活躍が見られる)を『金剛般若経』東大寺奉写所の経師として貢進している。㈡東大寺の僧。法相宗。凝然の『三国仏法伝通縁起』には三修律師・明一大徳らとともに平仁已講は東大寺法相宗の僧とある。㈢東大寺の僧。華厳宗。『東大寺要録』巻四、諸院章の天地院師資次第に等定大僧都の資として平仁已講の名がみえるが、等定は良弁(ろうべん)僧正の弟子実忠の上足で『三国仏法伝通縁起』には東大寺を興隆し華厳を顕揚した人とあるから平仁も華厳宗の僧であろう。なお『東大寺要録』には平仁已講は兼律宗とある。同書唐禅院の法進の弟子十人の師資次第には、第五弟子の一人明俊の資に平仁已講の名がみえる。なお、㈠と㈡とは同一人物か否か明らかでないとする(㈢には触れていない)説があるが、㈡と㈢は法相宗と華厳宗の違いはあるが、東大寺は華厳と法相を兼ねて弘める所と凝然もいっており、同寺内にあって已講とあるから同一人物としてよいかもしれない。

日置氏　へきうじ　日置部の伴造氏族。幣岐にも作る。姓は初め君(公)、『新撰姓氏録』右京皇別下に日置朝臣とあるので、同書の編纂までに朝臣を賜わったと考えられる。日置部の職掌については諸説あって一定しないが、神霊を迎えるためにともす聖火の祭料製作や費用調達をその職掌としたとする見解もある。日置部の分布は畿内および西日本に多く、六世紀に祭官制という新しい官司制的な祭祀体制が整備された際、そのもとに設定されたと推定されている。『古事記』は幣岐君を応神天皇の皇子大山守命の後裔とするが、それ以外に渡来系の日置倉人・日置造、土師(はじ)氏系の日置臣・日置造・日置首の存在が知られている。

【参考文献】上田正昭「祭官の成立」(『日本古代国家論究』所収)、井上辰雄「日置部の研究」(『古代王権と宗教的部民』所収)

日置造道形　へきのみやつこみちかた　八世紀後半の官人。名を通形にも作る。宝亀八年(七七七)四月、氏姓を栄井宿禰と改めた。天平神護三年(七六七)六月、伊勢介在任中に守阿倍朝臣東人らとともに外宮(三重県伊勢市豊川町にある豊受大神宮)上の瑞雲出現を奏上したことにより、同年八月、神護景雲と改元の日に正六位上から外従五位下に昇叙された。以後、木工助・主税助・北陸道覆検使・大和国佐保川堤修理使・主計助、光仁天皇大葬時の養役夫司、さらに備中守・内蔵助・造兵正などを歴任し、実務官僚として活躍した。延暦九年(七九〇)八月までに卒したらしく、この時「元故従五位下栄井宿禰道形位田」が太政大臣職田に改められている。

日置造蓑麻呂　へきのみやつこみのまろ　七〇四―　八世紀中頃―後半の官人。名を実能万呂にも作る。左京三条三坊戸主日置造男成の戸口。天平宝字八年(七六四)四月、氏姓を改めて栄井宿禰となる。初め経師、天平勝宝三年(七五一)頃には少初位下となり、以後、丹波員外目・大内記・東大寺検財使・内史(図書)助・丹波介・丹波守・図書頭・東宮学士・大学頭・造法花寺長官などを歴任した。この間位階も順調に昇進し、天平神護元年(七六五)には従五位下に叙せられている。延暦二年(七八三)正月、八十歳となったが、学問と人柄が後進の手本となるものであるとして絁(あしぎぬ)・布・米・塩を賞賜された。時に陰陽頭正五位下。

平群氏　へぐりうじ　武内宿禰の後裔氏族の一つ。姓は初め臣、天武十三年(六八四)十一月に朝臣を賜わった。『古事記』孝元段に建内宿禰の九人の子をあげ、その一人に平群都久宿禰がみえる。『日本書紀』仁徳元年正月条には、大鷦鷯(おおさざき)皇子と木菟(つく)宿禰は同日に誕生し、各々の産屋に飛び入った瑞鳥の名を交換して命名したと伝え、木菟宿禰を平群臣の始祖とする。応神朝には百済・新羅に派遣されて活躍したことがみえ、履中朝には住吉仲(すみのえのなか)皇子の謀反の平定に功を立て、また、この朝に国事を執ったとする。雄略元年以後、大臣平群臣真鳥とその子鮪(しび)が漸く国政を専擅するにいたり、威勢大いに振ったが、大伴大連金村の誅罰をうけて族運衰退に向かったという。崇峻・推古両朝には神手・宇志らが大夫(まえつきみ)として朝政に参与し、天武朝には子首(こびと)が『日本書紀』編纂事業に参画した。大和国平群郡平群郷(奈良県生駒郡平群町)付近を本拠とし、斑鳩(生駒郡斑鳩町)の上宮王家とも親密であったらしい。木菟宿禰の後裔と称する平群氏の同族には、早良(佐和良)臣・馬工(馬御織。うまみくい)連・平群文室(ふんや)朝臣・都保(つほ)朝臣・額田首・韓海部(からのあま)首・味酒首(臣)らがいる。

【参考文献】　辰巳和弘「平群氏に関する基礎的考察」上・下(『古代学研究』六四・六五)、笹山晴生「たたみこも平群の山」(『ぱれるが』二二五)

平群朝臣清麻呂　へぐりのあそんきよまろ　八世紀末の官人。延暦四年(七八五)正月、正六位上から従五位下に叙せられ、同月、典薬頭となる。同年十一月、大膳亮に転任。同九年三月、信濃介に任ぜられた。

平群朝臣広成　へぐりのあそんひろなり　―七五三　八世紀前半の官人。遣唐使。氏名は平郡にも作る。天平四年(七三二)八月、遣唐使判官に任ぜられ、同五年四月、難波津から出発。同六年十月、帰国の途についたが、暴風のため崑崙国に漂着。崑崙王にまみえ、安置供給されたが、同七年、ひそかに唐国へ戻った。我が国の学生阿倍朝臣仲麻呂に会い、渤海路をとって帰朝することを唐の天子に奏上して許され、船粮を賜与された。同十年、渤海の使とともに帰途についたが、難風にあい渤海大使らが没したため、残された者を率いて出羽国に到着。同十一年十月、渤海客とともに入京、十一月、拝朝。在唐中の天平九年九月、正六位上から外従五位下に叙せられたが、帰朝後の同十一年十二月、正五位上に進み、同十五年六月、刑部大輔に任ぜられた。そののち同十六年九月、東山道巡察使、同十八年に式部大輔・摂津大夫を歴任。同十九年正月、従四位下に叙せられ、天平勝宝二年(七五〇)正月、従四位上に昇る。同四年五月、武蔵守となり、同五年正月二十八日、卒した。

平群臣子首　へぐりのおみこびと　七世紀後半の官人。『日本書紀』によれば、天武十年(六八一)三月、詔により川嶋皇子・忍壁(刑部。おさかべ)皇子・中臣連大嶋らとともに、「帝紀」および上古の諸事の記定作業に参加し、大嶋とともにみずから筆をとって録した。昭和六十年(一九八五)三月の飛鳥京跡百四次調査の際に「□子首」と記した木簡(整理番号六二七)が出土している。或いは同一人物か。

平群臣鮪　へぐりのおみしび　大臣平群臣真鳥(まとり)の子。名を志毗にも作る。『日本書紀』武烈即位前条によれば、武烈天皇は太子時代、大連物部麁鹿火(あらかひ)の女影媛を妃にしようとして人を遣わした。影媛はすでに鮪と通じていたが、海柘榴市(つばきいち)の巷(奈良県桜井市金屋付近)において太子と鮪は影媛をめぐって争いの歌をかわした。この時、鮪と影媛の関係が太子の知るところとなり、太子は怒って大伴連金村と計って鮪を乃楽(なら)山(奈良盆地北辺を東西に走る丘陵)で殺したという。『古事記』は争いの相手を顕宗天皇、女を菟田首等の女大魚とする。また『日本書紀』はことごとに太子に礼を失した父真鳥の征討を合わせて記し、政治性が強いのに対し、『古事記』は鮪と大魚にかけられた歌物語・歌垣伝承の要素が強い。『古事記』の伝承に多くの氏族の伝承を重ね、政治的に内容を豊かにしたものが『日本書紀』の伝承であろうという。なお、『古事記』は鮪を平群臣の祖としている。

【参考文献】日野昭『日本古代氏族伝承の研究』、辰巳和弘「平群氏に関する基礎的考察」上・下(『古代学研究』六四・六五)

平群臣真鳥　へぐりのおみまとり　『日本書紀』にみえる伝承的人物。雄略朝から仁賢朝にかけての大臣。『日本書紀』武烈即位前条にも引き続き大臣の職にあったことがみえる。しかし、ここでは真鳥は国政をほしいままにして専横を極めた人物であり、武烈天皇の太子時代、真鳥の子鮪(しび)が大連物部麁鹿火(あらかひ)の女影媛を太子と争って殺された後、真鳥も大伴連金村の攻撃を受けて殺されたとある。真鳥は死に臨んで海の塩を呪ったので、以後、武烈は真鳥が呪い忘れた敦賀(福井県敦賀市)の塩のみを食したという。『古事記』には真鳥の名はみえず、鮪の殺害のみを記す。しかし『日本書紀』では大臣真鳥を征討する物語に比重が移っており、極めて政治的である。この人物は政治的意図の下に造作されたもので、その実在性は認め難いと考えられている。また、塩を呪う伝承から、平群氏が天皇の食用の塩を管理していたのではないかとする説もある。

【参考文献】日野昭『日本古代氏族伝承の研究』、前之園亮一『古代王朝交替説批判』、辰巳和弘「平群氏に関する基礎的考察」上・下(『古代学研究』六四・六五)

平群木菟宿禰　へぐりのつくのすくね　武内宿禰の子。都久にも作る。『日本書紀』仁徳元年条によれば、仁徳(大鷦鷯(おおさざき))天皇と木菟が同日に生まれ、双方の産屋に鳥が飛びこんだのでこれを瑞とし、それぞれの鳥の名を交換して仁徳と木菟に命名したという。応神巻には百済に遣わされて辰斯王の無礼を責めたほか、精兵を率いて加羅へ出兵するなど対外的に活躍したことが記される。また履中巻には住吉仲(すみのえのなか)皇子の乱を平定したこと、蘇我満智(まち)宿禰らとともに国事を執ったことなどがみえる。それらからは応神・仁徳・履中の三朝百三十年にわたり天皇に忠誠を尽くした人物像が浮かぶが、いずれの記載も父とされる武内宿禰のものと類似することなどから、極めて政治的に造作された伝承的人物であるといわれる。なお、その命名伝承などから、平群氏を含む武内宿禰後裔氏族が食膳奉仕に関わったとする説もある。『古事記』孝元段は平群臣・佐和良(さわら)臣・馬御樴(うまみくい)連の祖とし、『新撰姓氏録』は平群朝臣・平群文室(ふんや)朝臣・都保(つほ)朝臣・馬工(うまみくい)連・早良(さわら)臣・額田首・韓海部(からのあま)首の祖とする。

【参考文献】日野昭『日本古代氏族伝承の研究』、前之園亮一『古代王朝交替説批判』、堅田修「平群氏に関する一考察」(『大谷史学』一二)、辰巳和弘「平群氏に関する基礎的考察」上・下(『古代学研究』六四・六五)

遍照　へんじょう　八一六―八九〇　官人、のち出家して天台僧となる。元興寺座主で僧正。遍昭にも作り、花山僧正ともいう。俗名は良岑朝臣宗貞で、大納言良岑朝臣安世の八男。歌人としても有名。官人であった間、仁明天皇の寵遇を受けた。承和十二年(八四五)正月、従五位下に叙せられ、左兵衛佐となる。翌年正月、兼左近衛少将。嘉祥二年(八四九)四月、渤海国使を迎えるため勅使として鴻臚館に赴く。同三年正月には従五位上。同年三月、仁明崩御に際し装束司となる。同月、出家して僧となる。後年、権僧正を辞退した折の抗表に、自分は仁明に近侍し寵遇を受けたので哀慕にたえず薙髪したと述べている。時に年三十七。叡山に登り、慈覚大師円仁に円頓戒を受け、のち智証大師円珍に三部大教を受けた。刻苦して徳望のきこえあり、貞観十一年(八六九)二月、法眼和尚位を授けられた。『僧綱補任』では少僧都の下、律師の上位に記入されている。法眼和尚位のみで『僧綱補任』に記入された最初である。同じ年、中宮(藤原朝臣高子)が陽成天皇を出産する時、遍照が誠心に祈願した功によって元慶寺(京都市山科区北花山河原町)が草創されたが、同寺は元慶元年(八七七)十二月、定額寺となり、年分度者が三人置かれることになった。同三年十月、権僧正に任ぜられた。時に六十三歳。同六年六月、「起請七ケ条」を出して僧綱所の権威の保持や殺生のことなどの提言をし、政治的行動力のあったことを示している。仁和元年(八八五)十月、僧正に転じ、十二月には七十の慶賀を光孝天皇から受けている。なお、天台僧徒で僧正に任ぜられたのは遍照が最初である。同二年三月、封百戸を賜わって輦車を許された。天台僧で輦車が許された最初である。同年四月、雲林院が元慶寺の別院とされた。宗義の秘奥はことごとく弟子の惟首(僧正)と安然(五大院)の二大徳に付嘱してのち花山に住み、寛平二年(八九〇)正月、七十五歳で入滅。六歌仙・三十六歌仙の一人で、『古今和歌集』を始め勅撰和歌集に三十五首入集している。

【参考文献】　目崎徳衛「僧侶および歌人としての遍照」(『平安文化史論』所収)

弁正　べんじょう　㈠―七三六　七世紀―八世紀の入唐学問僧。のち僧正。弁浄・弁静などにも作る。白雉四年(六五三)五月、遣唐大使吉士長丹(きしのながに)に随従し、学問僧道厳・道昭らと入唐。帰朝の年は不明であるが、霊亀三年(七一七)七月、少僧都に任ぜられ、天平元年(七二九)十月、大僧都、同二年十月、僧正に昇任。天平八年、入滅。㈡八世紀初めの入唐学問僧。俗姓は秦氏。少年の時出家。大宝二年(七〇二)遣唐使に従って入唐。即位前の李隆基(玄宗皇帝)に会い、囲碁をもって親交があり、しばしば賞遇された。朝慶・朝元の二子があったが、弁正と朝慶は唐で客死し、朝元のみが養老二年(七一八)に帰朝して秦忌寸朝元を名乗ることになる。朝元は初め医術をもって仕え、のち天平五年度の遣唐使の判官として渡唐し、玄宗皇帝に謁見した折、父弁正との故縁をもって特に優詔あり、厚く賞賜せられた。なお弁正には漢詩「五言、朝主人に与ふ」「五言、唐に在りて本郷を憶ふ」の二首があり『懐風藻』に載せられている。

【参考文献】　横田健一「『懐風藻』所載僧伝考」(『白鳳天平の世界』所収)

弁聡　べんそう　七世紀末の飛鳥寺の僧。出自は大原氏で、もと百済の人という。法隆寺所蔵『観音菩薩像記』には、甲午年(持統八・六九四)に鵤大寺(法隆寺)の徳聡法師および片岡王寺の令弁法師とともに、所生の父母への報恩のため観世音菩薩像を造ったとあり、銅板裏面には、その族は大原博士と同じく、百済にあっては王であり、日本にては王姓を称するとある。

ほ

豊安　ほうあん　―八四〇　九世紀前半の唐招提寺の僧で当寺第五世。律宗。大僧都・追贈僧正。参河国の人。幼くして招提寺に入り如宝僧都に師事し、死後そのあとを襲った。弘仁七年(八一六)五月、律師、天長四年(八二七)少僧都となり、天長年間(八二四―八三四)に『戒律伝宗旨問答記』三巻を撰して献上した。天長九年正月、最勝会が終って僧正護命以下少僧都豊安も参内して論義に加わった。承和二年(八三五)三月、大僧都に昇任、同四年七月の「僧円珍伝燈法師位授位記」には大僧都伝燈大法師位豊安の署がみえる。同七年九月、入滅。翌年、僧正位が贈られた。平城天皇の信任篤く、僧尼の新たに受戒するものはことごとく豊安によって戒律を学ぶべしとの詔が出されたと諸書は伝えるが、『招提千歳伝記』はこれを天長二年大僧都の時とし、『律苑僧宝伝』は弘仁三年とするなど、混乱していて確かなことはわからない。その著に『鑑真大和上三異事』『戒律伝来記』がある。

法栄　ほうえい　八世紀中頃の医僧。筑前国宗像郡(福岡県宗像郡と宗像市)の人。天平勝宝四年(七五二)十一月、同郡から宗形部国足年十七を優婆塞として貢進している。同八年五月、孝謙天皇の勅に、禅師法栄は清潔持戒第一で医薬のことに長じているので辺地より宮中に召され、聖武太上天皇に侍し、多くの効験を示し、他医を用いずというほどに信任され、聖武崩御ののちは山陵に侍して冥路を資けんとの誓いを立てたので、孝謙はその志を尊んで禅師が生まれた所の一郡を復して遠年役することなからしめたという。同年六月、太政官処分によって、太上天皇の供御の米塩の類は鑑真和上と法栄の二人に充て永く供養させることとした。

【参考文献】佐久間竜『日本古代僧伝の研究』

豊栄　ほうえい　八一一―八八四　興福寺の僧。法相宗。権律師。貞観十三年(八七一)正月の御斎会で『最勝王経』を大極殿で斎講する講師となり、同十六年十二月、権律師に任ぜられた。時に伝燈大法師位とある。『僧綱補任』に、已講の労によるものとある。時に六十四歳。元慶八年(八八四)七十四歳で権律師のまま入滅。『本朝高僧伝』には、豊栄は家業辛勤して維摩会講師を務めて伝燈大法師位に任ぜられ、興福寺において衆学を警訓し、貞観十三年の禁殿最勝会で講師を務めた際、その演義は座中を驚かしたとある。『東大寺要録』巻四、諸院章の唐禅院の項、法進の資師次第のなかに、法進大僧都の弟子十人の第五平基の弟子として豊栄律師の名がみえる。

峰延　ほうえん　八四三―九二二　九世紀―十世紀にかけての僧。東寺の十禅師で鞍馬寺の別当。寛平年中(八八九―八九八)東寺止住の頃、紫雲にさそわれて鞍馬寺にいたり、氏人藤原峰直(鞍馬寺の草創者藤原朝臣伊勢人の孫)に会い、師壇の契りを結んで寺務を執行することとなる。呪験力があった故か、大威徳ならびに毗沙門天大呪によって大蛇を縛したとの伝説がある。また峰延は権化の行者であり、延喜年中(九〇一―九二三)に藤原朝臣在衡が右大臣に昇るべき人であることを予言したという。また鞍馬寺の堂舎の整備は峰延に濫觴があったという。『扶桑略記』『本朝高僧伝』の伝えるところでは、悪鬼や大蛇を亡ぼした伝説は大中大夫(従四位上)藤原朝臣伊勢人との関係で語られ、伊勢人との縁で鞍馬寺に止住することになったとしている。しかしこれでは大同・弘仁(八〇六―八二四)頃の伊勢人に対して、『真言伝』や『本朝高僧伝』に延喜二十二年(九二二)入滅、歳八十とする峰延と年代が矛盾する。

報恩　ほうおん　―七九五　八世紀後半の呪験僧。大和国高市郡子嶋寺(奈良県高市郡高取町観覚寺)の開山。桓武天皇の内供奉。なお『本朝高僧伝』は備前国津高県(岡山県御津郡と岡山市の一帯)の人という。『元亨釈書』によると、報恩は十五歳の時、家を離れ、三十歳にして吉野山へ入り観世音呪を持し、四、五年のうちに霊感を得、天平勝宝四年(七五二)天皇の不予により報恩に勅して加持せしめたところ疾は癒えたという。『本朝高僧伝』は天皇を孝謙とするが、『続日本紀』にはこの年の正月、聖武上皇の不予を記すのみで孝謙不予のことはない。この治病によっていまだ沙弥であった彼に報恩の名を与えて得度させようとしたが、辞して本山にかえり、天平宝字四年(七六〇)大和国高市郡子嶋神祠の畔に伽藍を建てて子嶋寺と号した。また桓武が長岡宮にあって沈痾に苦しんで諸巫医に効なき時、報恩が参内して根本呪五十遍を呪して病を治し、恩賞のことがあったが、いくばくもなく密かに山上にかえった。桓武は勅して親族に官禄を賜わり、報恩には封戸を与えたという。しかし『続日本紀』の延暦元年(七八二)から十年の間に天皇不予の記事はない。『僧綱補任抄出』には、延暦十四年(七九五)六月、内供奉報恩入滅とある。

法載 ほうさい 八世紀後半渡来の中国僧。唐の衢州霊耀寺に住した。鑑真が伝戒のため東行するに際し、初期から行をともにし、天平勝宝六年(七五四)来朝。天平宝字三年(七五九)鑑真とともに唐招提寺に住した。鑑真の臨終に当り、義静・如宝とともに後事を託された。法載は以後寺の衆務をとり、三者のうち上首たるをもって招提寺の二世となる。門人に真璟らがいる。なお「招提寺解」によれば、相承住寺次第では招提寺第二住持を如宝とし、血脈相承では法載を招提寺第二としている。『伝律図源解集』には鑑真伝来の門人で法進・法載ら六僧は天台を兼ねた知解の名哲としている。

法師君 ほうしきし 初期の百済系渡来人。『日本書紀』によれば、武烈七年四月、百済王は王族斯我君(しがきし)を遣わして調を進め、本朝に仕えさせた。その子を法師君といい、倭君(やまとのきみ)の祖とある。

奉実 ほうじつ 七三七―八二〇 八世紀後半―九世紀初めの僧。尾張国の人。俗姓は荒田氏。生まれながらに物事に精通し、心も清朗で、像法の時代にもかかわらず仏教の奥深い教理をあきらかにし、仏法を紹隆させた。八十歳になって初めて密教を学び、寝食を忘れて密教の研鑽に努め、密教に出逢うのが遅かったことを大いに悔やんだという。弘仁十一年(八二〇)示寂。時に八十四歳。一説に大安寺に住し、性相(法相・倶舎)に通暁していたといい、『元亨釈書』巻二、慧解の項に義淵・道慈・智光・良弁(ろうべん)・善珠・善議・勤操(ごんぞう)・護命らとともに収載されている。

法進 ほうしん 七〇九―七七八 八世紀後半に戒律を伝えた中国の僧。初め唐揚州白塔寺の住僧。俗姓は王氏。申州羅山県西鏡山東南界の人。鑑真の弟子として来朝。鑑真渡海の計画に参じ、幾度かの失敗にもめげず天平勝宝六年(七五四)来朝することを得た。戒師招請の目的を果たすことなく唐地で栄叡が倒れたが、その直後に法進は鑑真から福州の船具や粮用の調達を命ぜられた。その時も失敗に終ったが唐の天宝十二年(七五三)入唐副使大伴宿禰古(胡)麻呂の船に同乗し、まず阿児奈波嶋(沖縄)に着き、次いで大宰府に赴いた。天平勝宝六年二月、入京し、伝戒渡航の目的を果たした。鑑真・法進ら二十四人は東大寺に住した。天平勝宝八歳五月、学業優富・戒律清浄をもって褒賞を受け、慶俊とともに律師に任ぜられた。同九歳五月、東大寺供養の際、少僧都慈訓が講師を、法進が読師を務めている。天平宝字三年(七五九)鑑真が僧綱を辞し大和上として招提寺を建て、ここに退いたのに伴い、鑑真の先の居所東大寺の戒壇院と唐禅院は法進にまかされることとなった。天平宝字四年七月、大僧都良弁(ろうべん)らとともに僧位四位十三階設置について奏上している。同七年には初代戒和上となり、天平神護二年(七六六)七月、少僧都に昇進、宝亀五年(七七四)二月には大僧都に任ぜられたが、同九年九月、七十歳で入滅した。著作には『東大寺授戒法軌』『沙弥十戒並威儀経疏』『註梵網経』がある。

【参考文献】　安藤更生『鑑真』(『人物叢書』)

法成　ほうせい　八世紀後半の唐竇州(とうしゅう)開元寺の僧。鑑真の弟子。天平勝宝五年(七五三)十一月、遣唐判官大伴宿禰古(胡)麻呂の船に乗り、鑑真に随って来朝した揚州白塔寺の法進、台州開元寺の思託など二十四人のうちの一人。

法蔵　ほうぞう　㈠七世紀後半の百済僧・陰陽博士。天武十四年(六八五)十月、優婆塞(うばそく)益田直金鐘とともに美濃に遣わされ、白朮(おけら)を煎じ、絁(あしぎぬ)・綿・布を賜わった。同年十一月、白朮煎を献じた。持統六年(六九二)二月、来る三月三日伊勢に行幸すべき詔が出され、道基とともに銀二十両を賜わった。時に陰陽博士とある。㈡八世紀前半の勧進僧。天平二年(七三〇)『智度論』一部六百巻を、同七年には『大般若経』一部六百巻、『花厳経』一部八十巻を、天朝のために知識と書写し、法隆寺に献納した。㈢八世紀前半の唐潤州三昧寺の僧。天平十四年(七四二)十月、鑑真が入唐留学僧普照らの招請に応えて我が国への渡航を決意した時、祥彦・思託らとともに随伴を願い出た僧二十一人の一人。㈣八世紀後半の東大寺の僧。法相宗。『金剛般若経秘頤』四巻、『理趣分秘頤』四巻を撰した。

法智　ほうち　八世紀後半の僧。鑑真の弟子。鑑真が中納言氷上真人塩焼の招待をうけ、故新田部親王の旧宅地(平城右京五条二坊)に行き、ひそかにそこの土を嘗め、寺を建てるに相応しいことを知り、弟子の法智に「これ福地なり。伽藍を立つべし」と語った。天平宝字元年(七五七)その地を賜い、同三年八月、唐招提寺を建てたという。天平勝宝七歳(七五五)十二月には東大寺写経所から唐院へ『止観文』七巻を返す使を務めた。時に沙弥。

豊智　ほうち　八二一―　九世紀後半の天台僧か。円珍の入唐に際して従僧として同行し、小師と称されている。『行歴抄』のほか、「入唐公験」には、仁寿三年(八五三)に「年卅三、臈十三」と出ているから、逆算して、弘仁十二年(八二一)の生まれで、承和八年(八四一)の受戒となる。円珍将来の「胎蔵旧図様」の批記には、唐の大中八年(八五四)十一月、円珍とともにこれを越州において描いたと記すが、潼関にいたって智聡と仮りに改名したともみえる。円珍らが潼関にいたったのは翌九年五月十五日。改名の理由は未詳。唐の咸通五年(八六四)十二月、越州を出発した真如親王らとともに長安へ向かった。『日本三代実録』によると、在唐二十余年にして、元慶元年(八七七)十二月、帰国。『智証大師伝』には、初め円載とともに李延孝の船に乗り渡海したが悪風で遭難、円載らは溺死、智聡は助かって温州に漂着し、他船に乗って帰国できたという。帰国後、安然に唐の音韻について説明したことが安然の『悉曇蔵』によって知られる。

【参考文献】　杉本直治郎『真如親王伝研究』、橋本進吉「入唐僧智聡と悉曇蔵の聡法師」(『伝記・典籍研究』所収)

房忠　ぼうちゅう　八三二―八九三　九世紀後半の興福寺の僧。興福寺別当。法相宗。興福寺の寿朗・孝忠を師として法相を学び、元慶六年(八八二)維摩会講師を務め、翌七年正月、大極殿の最勝会において『最勝王経』を講じた。時に伝燈大法師位。この時、陽成天皇は臨幸され、親しく講経を聴聞された。同年十月、已講の労により隆海とともに権律師に任ぜられ、仁和元年(八八五)十月、律師に転じた。同二年、興福寺別当に補せられ、寛平四年(八九二)十二月、少僧都となり、同五年七月二十一日、入滅。時に六十二歳。

法提郎媛　ほうてのいらつめ　蘇我馬子宿禰の女。田村皇子(のちの舒明天皇)との間に推古二十年(六一二)頃、古人大兄皇子を生む。舒明二年(六三〇)正月、夫人とされた。田村皇子との婚姻関係は、皇位をめぐり上宮王家と蘇我氏一族との関係にとって大きな波紋をよんだものと考えられる。

法明　ほうみょう　㈠六世紀後半の尼僧。敏達十二年(五八三)蘇我馬子宿禰が仏法を弘めようとして出家すべき者を求めた時、わずかに針間国に高麗老比丘恵便と老比丘尼法明の二人を得た。時に按師首達等の女斯末売(しまめ)、阿野師保斯の女等已売(とよめ)、錦師都瓶善の女伊志売(いしめ)ら三人は、法明に随って仏法を学び、のち出家してそれぞれ善信・禅蔵・恵善と称した。㈡七世紀後半の百済の尼僧。斉明二年(六五六)中臣連(藤原)鎌足が病に罹った時、法明は「維摩居士の像を作り、『維摩経』を読誦すべし」と奏した。斉明天皇は詔して、法明に講ぜしめたところ、講じ終らないうちに鎌足の疾は癒えたという。

法蓮　ほうれん　八世紀前半の僧。医術に精しく、その褒賞として大宝三年(七〇三)九月には豊前国の野四十町を、養老五年(七二一)六月には三等以上の親族に宇佐君の氏姓を賜わった。

穆子内親王　ぼくしないしんのう　―九〇三　光孝天皇の皇女。「あつこ」とも訓む。母は桂心女王。元慶六年(八八二)四月、卜定されて賀茂斎院となり、同年七月、鴨川で修禊、斎院に入った。同八年三月、光孝即位により新しい斎院が卜定されたが、もとのままとされ、四月九日、内親王となった。同月二十一日、絹五十疋、綿二百屯、細布二十端、調布百端、商布三百端、貞観銭二十貫文、韓櫃二十合を賜わる。仁和元年(八八五)六月、鴨川に臨み修禊して紫野院(京都市北区紫野)に入り、同三年、光孝崩去により斎院を退いた。延喜三年(九〇三)十二月五日、薨じた。

星川氏　ほしかわうじ　大和国山辺郡星川郷(奈良県山辺郡都祁村吐山付近とする説と天理市南六条町・二階堂上之庄町・荒蒔町付近とする説がある)付近を本拠地とした氏族。姓は初め臣、天武十三年(六八四)八色の姓制定に際し、朝臣を賜わる。『古事記』孝元段は建内宿禰の子波多八代宿禰を祖とし、『新撰姓氏録』大和国皇別には、敏達朝に居によって星川臣の氏姓を賜わったとある。

星川臣麻呂　ほしかわのおみまろ　―六八〇　壬申の乱の功臣。『日本書紀』によれば、天武九年(六八〇)五月、小錦中で卒したが、壬申年の功により大紫の位を贈られたという。『続日本紀』によれば、霊亀二年(七一六)四月、子の黒麻呂は父の功により田若干を賜わり、天平宝字元年(七五七)十二月、壬申年の功田四町を中功として二世に伝えることを許された。

星川建彦宿禰　ほしかわのたけひこのすくね　武内宿禰の子孫。星川建日子にも作る。『新撰姓氏録』左京皇別の雀部(さざきべ)朝臣条によれば、応神朝に皇太子大鷦鷯(おおさざき)尊にかわって、木綿襷(ゆうたすき)をかけ、御膳を掌った。よって大雀(おおさざき)臣の氏姓を賜わったという。『続日本紀』天平勝宝三年(七五一)二月、典膳雀部朝臣真人の奏言によれば、巨勢男柄(こせのおから)宿禰の三人の男子の一人で、雀部朝臣の祖となったという。

星川皇子　ほしかわのみこ　雄略天皇の皇子。星川稚宮皇子・星川王にも作る。『日本書紀』雄略元年三月条によれば、母は吉備上道(きびのかみつみち)臣の女稚媛、一説に吉備窪屋臣の女とするが、もと吉備上道臣田狭(たさ)の妻(同書雄略七年是歳条)とする所伝がある。同母兄に磐城皇子がいる。星川の名は大和国山辺郡星川郷(奈良県山辺郡都祁村吐山または天理市南六条町・二階堂上之庄町・荒蒔町付近)の地名に由来するとみられている。『日本書紀』雄略二十三年条によると、雄略は崩御にのぞみ、星川皇子が王位に即けば天下に害をなすので皇太子(のちの清寧天皇)を助けよ、と大連大伴連室屋と東漢掬(やまとのあやのつか)直とに遺詔したという。また、同書清寧即位前条によると、雄略の崩後、稚媛は皇子に、王位に即こうと思うならばまず大蔵の官を取れとすすめた。皇子は母の教えに従い大蔵を占領したが、室屋・掬らの軍兵に燔殺された。吉備上道臣らは船師四十艘を率いて応援にきたが、皇子がすでに燔殺されたことを聞いて引き上げた。即位した清寧は上道臣らを責めて、その支配下の山部を奪ったという。星川皇子謀反伝承は清寧即位の事情を説明するものであるが、『古事記』には謀反伝承はもとより、皇子の名もみえない。

【参考文献】大橋信弥「〝吉備氏反乱伝承〟の史料的研究」（『日本史論叢』三）

菩提僊那　ぼだいせんな　七〇四―七六〇　八世紀中頃の南天竺からの渡来僧。婆羅門出身で僧正になったため婆羅門僧正ともいわれる。姓は波羅遅、諱が菩提僊那。林邑楽を伝えた林邑僧仏徹（哲）および伝戒の師である唐僧道璿（どうせん）とともに天平八年（七三六）五月、筑紫の大宰府に到着。同年八月、摂津国を経て入京し、勅によって大安寺（奈良市大安寺町）に住した。この間、前後三度行基と相会し、旧知のごとく相謁したと伝えるが、天平十五年以前の行基は国家を代表するような立場にはなく、この伝えは疑問である。菩提僊那の来朝は遣唐大使多治比（たじひ）真人広成と学問僧理鏡の懇請によるという。来朝以後天平勝宝三年（七五一）四月の僧正就任までは、わずかに天平十四年の「優婆塞貢進解」に大安寺僧菩提とみえるのみで、その消息は定かでない。天平勝宝四年四月、聖武天皇が疲弱で起居がままならない故をもって請われ代わって大仏の開眼師となった。同六年五月、鑑真が来朝すると、道璿律師とともに東大寺に慰問した。天平宝字二年（七五八）八月、先帝孝謙と光明皇太后に尊号をたてまつる際、百官とともに僧綱も菩提僧正に率いられて上表文を奉った。同四年二月、入滅。春秋五十七という。臨終に際し、弟子たちに阿弥陀浄土、如意輪菩薩像、八大菩薩像を造るように告げ、弟子たちはその遺言を守ったという。なお菩提僧正が天竺から流沙をこえて唐にいたり、さらに滄波を渡って日本に来たのは、文殊菩薩に会うためであり、行基が文殊菩薩の化生で、それを問訊するためであるとの伝説が付帯している。

【参考文献】井上薫「流沙を渉り来唐・来日した菩提僊那」（堀池春峰編『霊山寺と菩提僧正記念論集』所収）、堀池春峰「波羅門菩提僧正とその周辺」（同上書所収）

法勢　ほっせい　九世紀の延暦寺の僧。義真の高弟。『元亨釈書』によると、常に『観音経』普門品を誦したといい、比良明神がその誦経を所望したとの伝説がある。『日本三代実録』によると、貞観十年（八六八）正月、宮中最勝会で講師を務めた。時に天台宗伝燈大法師位であった。

穂積氏　ほづみうじ　饒速日（にぎはやひ）命の後裔氏族の一つ。姓は初め臣、天武十三年（六八四）十一月に朝臣を賜わった。『古事記』神武段に、邇芸速日（にぎはやひ）命が登美毘古（長髄彦）の妹登美夜毘売（三炊屋（みかしきや）媛）を娶って生んだ宇摩志麻遅命は、物部連・穂積臣・釆女臣の祖とあり、『新撰姓氏録』左京神別上の穂積朝臣条に、神饒速日（かんにぎはやひ）命五世孫伊香色雄（いかがしこお）命の後とあり、同じく、穂積臣条には、伊香賀色雄の子大水口宿禰の後とみえる。さらに『日本書紀』崇神七年八月条に、「穂積臣遠祖大水口宿禰」と記し、また、垂仁二十五年三月条に、「倭大神、穂積臣の遠祖大水口宿禰に著（かか）りたまひて、誨へて曰」とある。以上の所伝を総合すると、穂積氏は物部・釆女両氏と同族で、始祖を饒速日命としたことがわかる。しかし、『古事記』孝元段には、「穂積臣等の祖、内色許男命」という所伝がみえ、『日本書紀』開化巻にも「穂積臣の遠祖鬱色雄命」とあって、氏祖に関し有力な別伝のあったことは注目に値する。穂積氏の本拠は、大和国山辺郡穂積郷（奈良県天理市前栽付近）一帯にあり、氏祖伝承に関わる大倭神社（鎮座地に移動があるが、現在地は天理市新泉町星山）・石上（いそのかみ）神宮（天理市布留町布留山）は、ともに同郡内に近接する位置を占めている。

穂積朝臣老　ほづみのあそんおゆ　―七四九　八世紀前半の官人。大宝三年（七〇三）山陽道巡察使。和銅二年（七〇九）従五位下となり、累進して養老二年（七一八）正五位上・式部大輔となる。同六年正月、乗輿を指斥する罪（天皇を明らさまに非難する罪）に坐して斬刑を宣せられたが、皇太子（のちの聖武天皇）の奏により、死一等を降して佐渡島に配流された。元明太上天皇崩後の政治不安の一つの現われであろう。天平十二年（七四〇）恩赦により入京し、同十六年、聖武天皇の難波行幸に際し、恭仁京(くにのみやこ)留守官となった。時に大蔵大輔・正五位上。天平勝宝元年(七四九)八月に卒したが、翌年四月にはその冥福を祈るため『維摩詰経』が書写されて今に伝わる。『万葉集』には「穂積朝臣老、佐渡に配せられし時、作れる歌」二首を含めて三首(三―二八八、一三―三二四〇・三二四一)の歌がみえるほか、天平十八年(七四六)左大臣橘宿禰諸兄に率いられて元正太上天皇の御所に詣り、詔に応じて歌を作ったが漏失したとある。

穂積朝臣賀祜 ほづみのあそんかこ 八世紀末の官人。延暦二年(七八三)正月、正六位上から従五位下に叙せられ、同年二月、主税頭に任ぜられた。同三年七月、散位頭となった。

穂積忍山宿禰 ほづみのおしやまのすくね 日本武尊の妃弟橘媛の父。景行四十年十月、日本武尊の東征の折、相模から上総に渡ろうとして、海上で暴風に遭い船が漂蕩して渡ることができなくなった時、弟橘媛が身を海中に投じて暴風を鎮めたという。『日本書紀』のこの部分では、弟橘媛について「穂積氏忍山宿禰の女」と記している。また『古事記』成務段に見える穂積臣らの祖建忍山垂根と同一視する説もある。

穂積臣五百枝 ほづみのおみいおえ 壬申の乱における近江朝廷の武将。天武元年(六七二)六月、壬申の乱勃発するや、近江朝廷は穂積臣百足・同五百枝・物部首日向を興兵使として倭京(飛鳥古京。ほぼ現在の奈良県高市郡明日香村に含まれる)に派遣し、飛鳥寺(高市郡明日香村飛鳥)の西に軍営を設け、兵器を近江京に運送させようとした。しかし、大海人皇子(のちの天武天皇)側につく大伴連吹負(ふけい)らの奇策にかかり、兄の百足は斬殺され、五百枝と日向は捕えられたが、しばらくあって赦され、軍中にとどめ置かれたという。

穂積臣押山 ほづみのおみおしやま 朝鮮の哆唎(たり)に駐在した大和朝廷の執政官。継体六年(五一二)四月、百済に使し、同年十二月、百済の任那四県割譲要求を是とし、大伴大連金村に上奏した。ついに任那四県は百済に帰したが、金村と押山は百済の賂(まいない)を得たとの流言が立った。同七年六月、百済は姐弥文貴将軍らに押山を副えて、五経博士段楊爾(だんように)を献上した。同二十三年三月、百済が朝貢の津路を加羅の多沙津に変更することを要請した時、押山は奏聞し、朝廷は加羅王の反対を無視して津を百済に与えた。そのため加羅は新羅と結び日本を怨んだという。

穂積臣咋 ほづみのおみくい 七世紀中頃の廷臣。名を囓にも作る。大化元年(六四五)八月、東国国司の一員となって新政に参加し、翌年三月の朝集使の陳状に、咋は、百姓の戸ごとに公私の物を追求し、他からとがめられて本人に返還したが、すべてを返さなかったとあり、次官富制(ふせ)臣、巨勢臣紫檀(こせのおみしたの)とともに過罪を指摘されたが、大赦で許された。同五年三月、右大臣蘇我倉山田石川麻呂臣が同族の讒言によって謀反の嫌疑をかけられた時、皇極天皇の命により、大伴狛連・三国麻呂公とともに石川麻呂の邸に派遣され、反状の虚実を問うた。石川麻呂は直接御前に陳弁したいと答えたので、再度遣わされたが、前言と同様であったため官兵を興すにいたった。石川麻呂はやむなく本拠山田寺(奈良県桜井市山田にあった寺)に逃亡し、妻子らとともに自経して果てた。咋は、石川麻呂の伴党田口臣筑紫らを捕え、枷を着けて縛りあげ、また軍兵を率いて山田寺を包囲し、物部二田造塩(もののべのふつたのみやつこしお)に命じて石川麻呂の頭を斬り落とさせたという。

穂積臣百足 ほづみのおみももたり ―六七二 七世紀後半の廷臣。『大安寺伽藍縁起并流記資財帳』によれば、斉明天皇の時、阿倍倉橋麻呂とともに寺司に任ぜられ、百済大寺(比定地未詳。奈良県橿原市法花寺町西百済・東百済とする説や北葛城郡広陵町百済、或いは高市郡明日香村奥山の奥山久米寺に比定する説などがある)の造営に当ったというが、これは皇極朝の誤りであろう。天武元年(六七二)六月、壬申の乱勃発するや朝命を被り、弟五百枝、物部首日向とともに倭京(飛鳥古京。ほぼ現在の奈良県高市郡明日香村に含まれる)に急行し、飛鳥寺(高市郡明日香村飛鳥)の西に軍営を設置、小墾田兵庫(小墾田は現在の明日香村豊浦・雷付近)の武器を近江に運送しようとした。しかし、大海人皇子(のちの天武天皇)側の将大伴連吹負(ふけい)の奇策にあって軍営を奪われ、斬殺された。

穂積皇子　ほづみのみこ　—七一五　天武天皇の皇子。悲恋物語の主人公として知られる。穂積親王ともいう。『続日本紀』霊亀元年(七一五)七月丙午条には、天武天皇第五皇子とある。『日本書紀』天武二年(六七三)二月条によると、母は蘇我臣赤兄の女大蕤娘(おおぬのいらつめ)で、同母の妹に紀皇女と田形皇女があった。持統五年(六九一)正月、浄広弐で封戸五百戸を与えられ、大宝二年(七〇二)十二月、持統天皇崩御の折には二品で作殯宮司に任ぜられ、翌三年十月九日には葬送の御装長官となった。同四年正月に二百戸の封戸を加えられ、慶雲二年(七〇五)九月、知太政官事となり、翌三年二月、右大臣に准ずる季禄が与えられた。元明天皇の和銅元年(七〇八)七月、百寮に率先して努めるようにとの詔をうける。以後七年間台閣の第一の座を占め続けて同八年正月にはついに一品に叙せられたが、これは死の近いことによったのであろうか。同年七月二十七日、薨じた。『公卿補任』では七月十三日の薨去とする。ごく若いころの異母妹の但馬皇女との恋愛が世に喧伝されたのは、但馬皇女が高市皇子の妻だったからで、しかも皇女の積極的な恋(『万葉集』二—一一四〜一一六)が話題となったらしい。高市皇子が薨ずる持統十年(六九六)以前のことで、封戸のみえる持統五年以後のことであろうか。この恋愛の結果、勅勘をこうむって穂積は志賀の山寺(崇福寺。寺跡は滋賀県大津市滋賀里町長尾にある)に遣わされたと思われる(単なる赴任とみる説もある)。但馬は和銅元年六月二十五日に薨去し、半年を経た同年の冬、穂積は墓の中の但馬を思って歌をよんだ(同二—二〇三)。晩年には十代半ばの坂上郎女を娶ったらしい(同四—五二八左注)が程なく没したであろう。熱烈な恋愛のその後の心境を託したと思われる歌を、酒宴でよく口ずさんだという(同一六—三八一六)。なお自然をよんだ歌二首も『万葉集』にみえる(八—一五一三・一五一四)。

浦東君　ほとうのきみ　弓月(ゆづき)君の子。普洞王にも作る。秦氏の祖。『新撰姓氏録』山城国諸蕃の秦忌寸条によれば、応神十四年、弓月君が百二十七県の民を率いて渡来し、大和の朝津間の腋上(わきがみ)の地(奈良県御所市池之内)にいたが、その子普洞王(浦東君)は、仁徳朝に姓を賜わり波陀(はた)と称した。雄略朝にその子秦公酒は、普洞王の時、秦の民が劫略せられ、見在するものは十に一もなしと奏したので、雄略天皇は秦の民を捜括鳩集し、九十二部一万八千六百七十人を酒公に賜わったという。

火焔皇子　ほのおのみこ　宣化天皇の皇子。火穂王・火焔王・火焔親王にも作る。母は大河内稚子媛(『古事記』では川内若子比売)。椎田君の祖(『古事記』では志比陁君の祖)、『新撰姓氏録』右京皇別では為奈真人、摂津国皇別にも為奈真人、川原公の祖とある。火焔皇子の後裔と称する川原公の記事は、『日本三代実録』貞観五年(八六三)十月条と元慶四年(八八〇)十月条にみえる。

本牟智和気命　ほむちわけのみこと　垂仁天皇の皇子。母は皇后狭穂姫。品牟都和気命・誉津別命にも作る。『古事記』によると、狭穂姫が兄の狭穂彦の謀反に坐して垂仁に攻められた時、燃える稲城の中で本牟智和気を生み、この皇子を稲城の外に出してみずからは兄とともに死んだ。火の燃えるなかで誕生したので本牟智和気と命名されたが、大人になっても物が言えなかった。空行く鵠(くぐい。白鳥)の声をきいて口を動かしたので、垂仁は山之辺大鶙(やまのべのおおたか)に鵠の捕獲を命じ、大鶙は鵠を捕えて献上したものの本牟智和気は物を言わなかった。垂仁が憂えて寝についたところ、夢に出雲大神が現われ、本牟智和気が物を言えないのは我が祟りのゆえであって、もし我が社を皇居と同じく壮大に修造すれば、必ず物が言えるだろうと告げたので、曙立(あけたつ)王と菟上(うなかみ)王を本牟智和気に副えて出雲へ遣わした。出雲大神を拝してのち、還り上る途中、斐伊川(中国山地の船通山北麓に発し、島根県東部を北流して宍道湖に注ぐ川)の中に造られた仮宮において本牟智和気は初めて物を言うことができた。さらに本牟智和気を檳榔(あじまさ)の長穂宮(比定地未詳)に移し、この宮において本牟智和気は一夜肥長比売(ひながひめ)と婚したが、比売の正体が蛇であるのを見て大和へ逃げ帰った。垂仁は菟上王を再び出雲へ派遣し、約束に従って神宮を修造させ、さらに鳥取部・鳥甘(とりかい)部・品遅部(ほんちべ)・大湯坐(おおゆえ)・若湯坐を定めたという。『日本書紀』では天湯河板挙(あめのゆかわたな)という者の捕えた鵠をもてあそんでいるうちに口がきけるようになったといい、出雲大神の祟りや出雲行きのことは記されていない。また『尾張国風土記』逸文によると、皇子が物を言えないのは、出雲の阿麻乃弥加都比売(あまのみかつひめ)という女神の祟りが原因であったという。なお『出雲国風土記』神門郡高岸郷条と仁多郡三沢郷条に口のきけない阿遅須枳高日子(あじすきたかひこ)命という神の話が記され、出雲には本牟智和気命に因んで設定されたという品治部(ほんちべ)が少なからず分布する。神秘的な伝承を有するこの皇子は、崇神王朝の後継者として作られた架空の人物であるとする説や、『釈日本紀』所引の『上宮記』逸文の継体天皇の祖先系譜の「凡牟都和希」を「ほむつわけ」と訓んで本牟智和気命に比定し、継体王朝の始祖とみる見解も存する。

【参考文献】吉井巌「ホムツワケ王」(『天皇の系譜と神話』二所収)、阪下圭八「ホムチワケの物語」一・二(『東京経済大学人文自然科学論集』五八・五九)

品恵　ほんえ　七四四―八一八　八世紀後半―九世紀初めの僧。俗姓は大原氏。平安京の人。十四歳で出家し、二十歳の時に僧綱の課試によって「大義十条」のうち八以上に通じたことにより受戒した。論義・講説に秀で、機会あるごとに講師に推され、六十八歳の時には興福寺で毎年十月十日から行なわれる『維摩経』を講説する維摩会の講師になったという。『元亨釈書』などにその伝がみえる。

品陀真若王　ほんだまわかのみこ　景行天皇の皇子五百木入日子(いおきいりひこ)命の子。母は尾張連の祖建伊那陀宿禰の女志理都紀斗売。『古事記』応神段によれば、その女高木之入日売・中日売命・弟日売命を応神天皇の后妃に入れ、このうち中日売は仁徳天皇の母となっている。『日本書紀』応神二年三月条に、同様の記載がある。応神新王朝論の立場からみると、真若王の存在は、崇神・垂仁の王朝と結ぶ結節点をなしており、応神が旧王朝に入婿する形で、新しい王朝を開いたことになる。ただ、その名が応神の和風諡号に類似するところから、王統の一系的な統合をはかるため、作為されたとする見解もある。なお、『先代旧事本紀』天孫本紀は、母を饒速日(にぎはやひ)命十三世孫尾綱真若刀婢命とし、妃を真若刀婢命の妹金田屋野姫命としている。

品治牧人　ほんちのまきひと　備後国葦田郡(広島県府中市・福山市・芦品郡新市町付近)大山里(比定地未詳)の人。『日本霊異記』によれば、宝亀九年(七七八)買物の途路竹原(比定地未詳)に泊った折、髑髏の供養をした。帰途同所で髑髏が霊となって現われ、いきさつを語り、供養の恩に報いたという。

品治部　ほんちべ　垂仁天皇の皇子本牟智和気(ほむちわけ)命の名に因む部民。品遅部・凡治部にも作る。『古事記』によると、物のいえない本牟智和気が大和国から出雲大神を参拝に行ったとき、その途中の地ごとに設定したという。出雲国に多く、尾張・越中から周防・阿波の諸国にかけて分布するが、東国や九州にはみられない。品治部と日置神社の分布は重複する場合が少なくないという指摘がある。

【参考文献】 米沢康「古代の日置神社をめぐって」(『信濃』三四―六)

品治部君広耳 ほんちべのきみひろみみ 八世紀中頃の越前国坂井郡(福井県坂井郡と福井市の一部)の郡司。品遅部にも作る。『東南院文書』によると、天平五年(七三三)には坂井郡主帳とみえるが、『続日本紀』天平宝字元年(七五七)八月条には、坂井郡大領・外正六位上とあり、東大寺に墾田一百町を寄進したとみえる。同三年五月までは、その地位にあったことが確認されるが、天平神護二年(七六六)十月の文書には故大領とあって、すでに死亡していたことが判明する。広耳の寄進した墾田百町は、のちの東大寺領国富荘・鯖田荘(福井市旧森田地区と坂井郡春江町中筋・寄安付近とみられる)に当り、東大寺が八世紀中頃から九世紀初めにかけて、北陸に設定した、いわゆる初期荘園の代表例である。これにより広耳が、東大寺による大規模な墾田開発に便乗して、独自の経営を進めていたことがわかる。ただ広耳の墾田は、散在する零細な墾田群の集積という、古い形態をもつもので、東大寺進出以前の越前国における開発の状況がうかがえる。

【参考文献】 藤間生大『日本庄園史』、岸俊男『日本古代政治史研究』、藤井一二『初期荘園史の研究』

炑日比子 ほんにちひし 百済の人。天智十年(六七一)正月、賛波羅(さんはら)・金羅金須(こんらこんす)・鬼室集信(きしつしゅうしん)らとともに薬を解することをもって、大山下の位を授けられたという。白村江(大韓民国の錦江河口付近)での敗戦後の亡命者か。

ま

勾氏 まがりうじ 勾大兄(のちの安閑天皇)の名代である勾舎人部・勾靫部に由来する氏族。飛驒国荒城郡(岐阜県吉城郡)の人で散位寮散位、従八位下(のちに従八位上)の勾猪万呂は、木工として天平宝字六年(七六二)に活躍。勾部猪麻呂にも作る。また木工の勾羊(まがりのひつじ)も、猪万呂と同様、飛驒国の人であろう。天武十二年(六八三)に連を賜姓された勾筥作(まがりのはこつくり)造は、木工を率いた飛驒国の伴造氏の系統の一族か。近年、平城宮跡出土の神亀(七二四―七二九)から天平(七二九―七四九)初めに宮内で行なわれた造営工事関係の木簡に「勾葦椅」「勾五百足」の人名を記したものがあり、それらの木簡に「二人柱作」「□枝絁□作□二」「柱一枝」などとあるので、彼ら勾氏も木工であったことは確実。また長岡京跡から出土した木簡に「勾大伴乃福主」と記されたものがあり、勾大伴という氏族が存在していたことが判明した。

末錦旱岐 まきんかんき 加羅諸国の中

の卓淳(とくじゅん)国(慶尚北道大邱)の王。神功四十六年三月、日本から斯摩(しま)宿禰が遣わされて卓淳国にいたると、末錦旱岐は斯摩宿禰に、去る四十四年七月に百済の使人の久氐(くてい)ら三人が来て日本へ朝貢する道案内を求めてきたので、末錦旱岐は航海の困難を伝え、久氐らはもし日本の使人が来たならば、百済にもそのことを通知するよう言い残して帰ったことを告げた。そこで斯摩宿禰は従者を百済に送って、日本へ朝貢しようとした百済王の誠意を慰労した。百済の肖古王(近肖古王)は歓喜して使者らを厚遇し、翌四十七年四月、久氐らを遣わして日本に朝貢した。末錦旱岐が百済の日本への朝貢を仲介したわけである。末錦が未錦であれば未錦は広開土王碑にみえる新羅の王号の寐錦(むきむ)と同音の異表記となって、未錦旱岐はただ新羅と加羅の王号を結んだだけのものとなる。

莫古 まくこ 日本・百済間の修好起源伝承にみえる百済の使者。『日本書紀』によると、甲子年(神功四十四)百済の莫古は久氐(くてい)・弥州流(みつる)らとともに卓淳(とくじゅん)国(慶尚北道大邱)にいたり、日本との通交を求めて道を尋ねたが、国王は知らなかったので、日本の使者が卓淳国に来た際に連絡してくれるよう依頼して帰国した。二年後の神功四十六年三月、日本から卓淳国に派遣された斯摩(しま)宿禰はこれを聞き、百済に使者を派遣した。翌年、百済の肖古王(近肖古王)は莫古らを日本に派遣・朝貢した。途中莫古らは新羅人に捕えられ、殺害されそうになったが、呪詛したために助かった。新羅は百済の貢物を奪い、自国の貢物にすりかえ、莫古らとともに日本に朝貢したという。この伝承は神功皇后の加耶(任那)七国平定伝承の端緒をなす。百済は三六九・三七一年に高句麗と戦い、勝利をおさめているが、それ以前に後方の日本と修好をはかったことを語るものであろう。なお、莫古は『三国史記』百済本紀近仇首王即位前条にみえる将軍莫古解(ばくこかい)と同一人物の可能性があることが指摘されている。

【参考文献】三品彰英『日本書紀朝鮮関係記事考証』上

万昆氏 まこんうじ 出自未詳。渡来系氏族であろう。一族の多くが天平―神護景雲年間(七二九―七七〇)に経師として活躍、万昆石万呂・万昆公麻呂のように図書寮書生になった者もいる。

正躬王 まさみおう 七九九―八六三 桓武天皇の皇子万多(まんた)親王の子。幼少から聡敏で聞こえ、大学に入学して『史記』『漢書』を渉読、弘仁七年(八一六)文章生試に及第した。天長六年(八二九)従四位下に叙せられ、同八年に侍従、同九年、弾正大弼、同十年、刑部大輔、同十一年に右京大夫、承和六年(八三九)正月、丹波守などと順当に官位を進め、翌年八月、和気朝臣真綱とともに参議に列した。同八年正月、大和守を兼帯、怪異や仁明天皇不予の祈禱の柏原山陵使を務めた。同九年正月、従四位上に叙せられ、左大弁を兼任、同年七月の承和の変に際しては、右大弁の真綱と左衛門府で橘朝臣逸勢(はやなり)・伴健岑(こわみね)らの謀反の勘問を行ない、その日記を奏上、さらに逸勢らにたいして拷問を重ね、また廃太子恒貞親王の淳和院(平安右京四条二坊)への送付役を務めるなど活躍した。同十年には、楯列陵怪異の実検使、国家昌泰祈禱の賀茂奉幣使、挍畿内田使山城国長官を歴任、同十一年五月には遠江守を兼帯、同年十月、領班田使山城国長官となる。同十二年正月には讃岐守を兼帯するなど、実務官僚としての本領を発揮した。このように才能と地位に恵まれ、将来を嘱望される立場にあったが、同年、法隆寺僧善愷(ぜんがい)が檀越の登美真人直名の不法を訴えた際、それを違法に受理した罪に問われ、翌十三年、真綱ら四名の弁官とともに失脚した。すなわち直名と親しい右少弁伴宿禰善男にその違法性を糾弾され、明法家らの私曲相須の激論に及んだが、同十三年正月十三日に左大弁を解かれ、十一月六日に参議ほかの官位も除かれ、官議の決した同月十四日には贖銅を科せられることになった。翌十四年五月には位記も毀たれたが、そののち嘉祥元年(八四八)十二月、位一等を降し従四位下・前参議(治部卿)として復職。同三年の仁明天皇の葬儀に山作司となり、仁寿元年(八五一)次侍従・従四位上。同三年、丹波守の任中には、その清簡を称えられた。斉衡二年(八五五)正月、正四位下・大宰大弐に叙任され、同年五月、赴任して在府すること六年、貞観二年(八六〇)に帰京した。翌三年正月、参議に復し、二月には弾正大弼を兼ね、同五年二月に刑部卿・越前権守を兼任したが、同年五月一日、在官のまま卒した。時に六十五歳。なお貞観四年に上表して子孫に平朝臣の氏姓を賜わっている。

【参考文献】佐伯有清『伴善男』(『人物叢書』)

当宗氏　まさむねうじ　後漢献帝の四世孫山陽公の後裔氏族。姓は忌寸、のち弘仁六年(八一五)頃から天長十年(八三三)までの間に、家主が宿禰の姓を賜わった。本拠地は氏社当宗神社のある河内国志紀郡(大阪府羽曳野市誉田)であるが、家主は弘仁六年に左京職に移貫された。仲野親王室当宗氏は宇多天皇の外祖母。

【参考文献】佐伯有清『新撰姓氏録の研究』考証篇四・五

雅望王　まさもちおう　仁明天皇の皇子一品式部卿本康親王の子。元慶五年(八八一)十二月、侍従・従四位下として陽成天皇の元服を告げる山階山陵使となり、同六年六月には父親王が別当であった相撲司右司となるが、翌月、病気によって辞退。同八年二月、従四位上に叙せられ、仁和二年(八八六)八月、伯父光孝天皇即位後の伊勢斎宮群行で弾正大弼の官にあって前駆を務め、翌三年二月、美作権守、次いで同年五月、神祇伯に任ぜられた。また、これ以前、従四位下・左(右)馬頭にも任ぜられたようである。子の希世・随時は、平朝臣の氏姓を賜わっている。

正行王　まさゆきおう　八一六—八五八　桓武天皇の皇子万多(まんた)親王の子。兄の正躬(まさみ)王とともに大学で明経を受業し、嵯峨上皇に特に召されて嵯峨院に直候した。天長十年(八三三)従四位下・侍従となり仁明天皇の寵遇をうけ、承和五年(八三八)十一月、越中守、同九年、左馬頭を経て、同十三年正月、従四位上・右京大夫に叙任され(翌年左京大夫に転任か)、嘉祥三年(八五〇)四月、仁明の葬儀には初七日の誦経使、七七忌御斎会の荘厳堂司となる。斉衡二年(八五五)二月、弾正大弼となり、天安二年(八五八)二月、美作権守を兼帯したが、同年七月十日、在官のまま卒した。時に四十三歳。文酒に耽り、鷹馬の類を愛翫したという。子孫は平朝臣の氏姓を賜わっている。

真舌媛　ましたひめ　十市県主らが祖の女。『日本書紀』孝霊二年二月条の分注一書によれば、孝霊天皇の皇后となって孝元天皇を生んだという。『和州五郡神社神名帳大略注解』巻四補闕所引の『十市県主系図』では、倭真舌媛とあり、五十坂彦の子大日彦の子となっており、『日本書紀』本文で孝霊の妃として彦狭嶋命・稚武彦命を生んだ絙某弟(はえいろど)と同一人物としている。

馬次文　ましもん　百済の官人。馬進文にも作る。官位は固徳(ことく)。『日本書紀』によれば、欽明十年(五四九)六月、使者として入朝していたが帰国を請うた。同十一年二月、欽明天皇は百済に詔して、馬次文らの奉った表をみて百済の政情にふれ、百済王の股肱の臣である馬武(まむ)を大使として派遣朝貢するように求めた。

益田氏　ますだうじ　越前国の氏族。姓は直・連・忌寸。天平神護元年(七六五)三月、従五位下益田縄手が連姓を賜わっている。また、弘仁―天長年間(八一〇―八三四)には益田忌寸満足が連姓にかわっている。縄手は越前国足羽郡(福井県吉田郡と足羽郡・福井市の一部)の人。『和名類聚抄』では近江・飛驒・石見国に益田郷がみられ、大和国その他に益田の地名がある。

益田直金鐘　ますだのあたいこんしょう　七世紀後半の優婆塞(うばそく)。天武十四年(六八五)十月、百済僧法蔵とともに美濃へ遣わされ、白朮(おけら)を煎じ、それにより絁

(あしぎぬ)・綿・布を賜わった。翌十一月、同じく法蔵とともに、煎じた白朮を献じた。益田直金鐘は、金鐘という名から、東大寺の前身となった金鐘寺との関係が指摘されている。また、『日本霊異記』の説話中で、東大寺の創建と関連づけられている金鷲(こんす)行者は、金鐘を伝説化したものとの指摘もある。

益田連縄手　ますだのむらじなわて　東大寺造営の技官。旧氏姓は益田(無姓)。越前国足羽郡(福井県吉田郡と足羽郡・福井市の一部)の人。造東大寺司史生で、のち越前国足羽郡大領となった生江(いくえ)臣東人、越前国史生・造東大寺司主典安都(あと)宿禰雄足との関わりで東大寺造営に起用されたと思われる。その時期は明らかでないが、天平勝宝八歳(七五六)二月には大仏殿院工事を担当する「造大殿所」において、現場の統率指揮官である大工として従事していた。同九歳五月、聖武太上天皇の周忌に、東大寺造営功労者の一人として正六位上から外従五位下に叙せられた。天平宝字二年(七五八)造大殿所から勅旨大般若経の知識銭三百文を進め、同六年には経師秦男公を貢進しているが、大工に関する技術にすぐれて、この年、石山寺(滋賀県大津市石山寺辺町)の造営工事に関して意見を求められた。同八年十一月、従五位下に叙せられ、天平神護元年(七六五)三月、連の姓を賜わった。この年の西大寺(奈良市西大寺芝町)造営にも関わっている。神護景雲二年(七六八)六月、遠江員外介に任ぜられ、翌三年四月、従五位上に昇叙された。技術をもって内位に昇進した特異な官人である。

【参考文献】井上薫『奈良朝仏教史の研究』

真苑宿禰雑物　まそののすくねさいもち　九世紀前半の官人。もと孝成と名乗る興福寺の僧。氏姓は初め玉作(無姓)。氏名真苑は真薗にも作る。弘仁六年(八一五)三月、天台宗の光定と宮中で対論する。この時は興福寺の僧としてか。光定の『伝述一心戒文』には法相宗の教義に通達していたとある。『類聚国史』によれば、この年、還俗したらしく翌七年正月、玉作佐比毛知として従七位下から外従五位下に昇る。『叡山大師伝』によると、同十年(八一九)三月、最澄が嵯峨天皇に献上した「四条式」を賜わり、宣旨を承けて僧綱にこれを回付した。翌十一年二月、最澄が宮中に奉進した『顕戒論』を賜わり、これを見た雑物は、心中で憤り、言うべき言葉もなく僧綱に送ったという。この時、雑物は玉作の氏名を称し、図書助外従五位下。この頃『伝述一心戒文』が雑物に冠している玄蕃頭に任ぜられたものか。同十三年(八二二)三月十七日、桓武天皇の国忌(こき)の日に、嵯峨の前で雑物は、最澄自筆の大戒勅許の奏請をうながす雑物に宛てた書を持ち、最澄を西大寺(奈良市西大寺芝町)に招き、諸法師らと『顕戒論』を覆読したのち大戒の可否を定めたいとの護命らの主張を言上した。同年十一月、従五位下に叙せられる。『類聚国史』には、この時の叙位記事に「真苑宿禰雑物」とあるので、玉作の氏名を改め、真苑宿禰の氏姓を賜わったのは、弘仁十一年(八二〇)二月以降、同十三年十一月以前となる。そののち承和元年(八三四)正月、従五位上となり、同月、因幡守に任ぜられた。『日本文徳天皇実録』天安二年(八五八)八月戊戌(十日)条の光定卒伝には、弘仁年間の光定と雑物の対論について「帝屢(しばしば)光定をして、散位従五位下真苑宿禰雑物と、経義を討論せしむ。彼此相難じ、頗ぶる俳優を致す。帝時に以て戯弄の事と為す」という評言がみえる。ちなみに通常、『叡山大師伝』にみえる玉作雑物と『伝述一心戒文』に記されている真苑宿禰雑物とは別人とされているが、両名は同一人物であるとしてよい。

末多王　またおう　百済の昆支(こにき)王の王子。諡号を東城(とうせい)王という。『日本書紀』雄略二十三年四月条に、百済の文斤(もんこん)王(三斤王)が薨じたので、雄略天皇は昆支王の第二子末多王を百済王とし、筑紫国の軍士をして守り送らしめた、これが東城王であるとみえる。この記事によれば、末多王は日本に居住していたことになるが、ほかにはみえない。『三国史記』には「東城王、諱は牟大、或いは摩牟に作る。文周王の弟昆支の子」とみえ、『三国遺事』百済王暦には「名は牟大、一に麻帝、また余大という、三斤王の堂弟」とみえる。末多・牟大・麻帝は通音借字、余大は百済の国姓余氏と王名の牟大を略称したものとされる。中国史書には四八〇年に牟都、四九〇・四九五・五〇二年に牟大の遣使朝貢、或いは除正記事がみえるが、この牟都と牟大は同一人物であろう。『南斉書』が牟大を牟都の孫とし、『梁書』が牟都の子とするのは誤りであろう。また、『日本書紀』武烈四年是歳条所引の『百済新撰』に、末多王は無道にして暴虐であるため、国人に廃されたと記す。『三国史記』などによると、四九三年に新羅と婚を結び、同盟して高句麗の南下を防ぎ、南方に領土を拡大したが、衛士佐平苩加のために暗殺されたという。

【参考文献】　末松保和『任那興亡史』、三品彰英『日本書紀朝鮮関係記事考証』上、津田左右吉『日本古典の研究』下、三品彰英遺撰『三国遺事考証』上

真玉女　またまめ　紀寺(平城左京五条七坊にあった。奈良市西紀寺町の璉城寺がその跡という)の婢。紀伊国氷高(ひたか)評(のちの日高郡。現在の由良町を除く和歌山県日高郡の一帯と御坊市)の内原直牟羅(うちはらのあたいむら)の子孫。天平宝字八年(七六四)七月、紀寺の奴の益人らは従来誤って紀寺の賤民とされてきた旨を訴えて認められたが、その際に真玉女ら五十九人には内原直の氏姓が与えられ、京戸に編付されることになった。しかし、宝亀四年(七七三)七月、真玉女を含め、天平宝字八年に良民とされた紀寺の奴婢は益人を除きすべて旧に復された。

【参考文献】　角田文衛「紀寺の奴―奈良時代における私奴婢の解放問題―」(『律令国家の展開』所収)

馬丁安　まちょうあん　百済から派遣された五経博士。官位は固徳。『日本書紀』によれば、欽明十五年(五五四)二月、新たに百済から上番した王柳貴とかわって帰国した。

松屋種　まつやたね　周防国沙麼(さば。山口県防府市)県主の祖。『日本書紀』神功摂政前条によれば、仲哀天皇が熊襲征討のために筑紫の橿日宮(福岡市東区香椎)にいた時、内避高(うつひこ)・国避高(くにひこ)・松屋種の三人に神託があって、もし宝の国(新羅)を得たいと思えば現に授けよう、琴を将(も)て来て神功皇后にたてまつれといったので、神功は神言のままに琴をひいたという。内避高国避高松屋種で一人の人名とみる説もある。

松浦佐用比売　まつらさよひめ　伝説上の女性。大伴大連金村の三男大伴連狭手彦(さてひこ)に愛される。『万葉集』(五―八七一)の題詞によると、朝命を受けて任那へ派遣される狭手彦との別離を悲しみ、山に登って狭手彦の船へ向かって領巾(ひれ)を振った。そこでその山を領巾麾嶺(ひれふりのみね。佐賀県唐津市鏡にある鏡山)と称したという。『肥前国風土記』松浦郡鏡渡と褶(ひれ)振峯条では篠原村(唐津市宇木・半田付近)にいた弟日姫子といい、狭手彦との別離ののちに三輪山型の伝説が続く。『肥前国風土記』逸文では乙等比売と称する。

円方女王　まとかたのおおきみ　―七七四　長屋王の女。天平九年(七三七)十月、従五位下から従四位下に、天平宝字七年(七六三)正月、従四位上から正四位上に昇った。さらに同八年十月、従三位に、神護景雲二年(七六八)正月、正三位に昇ったが、宝亀五年(七七四)十二月、薨去した。『万葉集』に天平勝宝八歳(七五六)頃の作歌として「智努女王卒後、円方女王悲傷作歌一首」(二〇―四四七七)がある。『法隆寺伽藍縁起并流記資財帳』にみえる円方王と同一人物の可能性がある。

真砥野媛　まとのひめ　垂仁天皇の妃。丹波道主命の女。『古事記』では円野比売命に作る。『日本書紀』垂仁五年十月および同十五年二月条によると、反逆者狭穂彦と運命をともにした皇后狭穂姫の遺言により、丹波道主命の女五人を妃とするために召したが、その第三女に当る。そしてこの五人のうち第五女竹野媛を醜いので返したとするが、『古事記』垂仁段では、四人を召したうち、円野比売命を第四女とし、第三女歌凝比売命とともに返

されたが、これを恥じた円野比売命は、山代国の弟国(のちの乙訓郡。現在の京都府乙訓郡・向日市・長岡京市と京都市の一部)にいたり深い淵に落ちて死んだとする。

麻那君 まなきし 武烈朝の百済の使者。君は首長の意か。武烈六年十月、百済王に遣わされて日本へ調進したが、永く百済が調進を欠いていたことを責められて帰国を許されなかった。そこで、百済は翌年四月に斯我君(しがきし)を遣わして調進し、表文を奉って、前年に調進した麻那君は百済王の骨族ではないので、謹んで斯我君を朝廷に仕えさせると奏した。継体二十三年(五二九)三月に百済の聖明王が安羅(慶尚南道咸安)に遣わして継体天皇の勅を承けさせた麻那甲背(まなこうはい。甲背は姓の類か)と、『日本書紀』欽明二年(五四一)四月条にみえる城方甲背昧奴(じょうほうこうはいまな)、さらに同四年十二月に聖明王が、百済の郡令と城主を日本府に付けよとの欽明天皇の詔を諸臣に諮った時に、諸臣の一人であった木劦麻那(もくらまな)は麻那君と同一人物ともみられる。

麻奈文奴 まなもんぬ 百済の瓦博士。崇峻元年(五八八)に百済が恩率(おんそち。官位第三位)の首信らを日本へ遣わして仏舎利・僧・寺工・鑪盤博士・画工のほか瓦博士四人を献じたうちの一人。『聖徳太子伝暦』では「造瓦師」とある。蘇我馬子宿禰は僧らを請じて法興寺(飛鳥寺。奈良県高市郡明日香村飛鳥)を建立したが、『元興寺伽藍縁起幷流記資財帳』所引の「元興寺塔露盤銘」には「瓦師麻那文奴」とある。

【参考文献】 福山敏男「飛鳥寺の創建」(『日本建築史研究』)、田村圓澄「法興寺の創建」(家永三郎教授東京教育大学退官記念論集刊行委員会編『古代・中世の社会と思想』所収)

真野氏 まのうじ 近江国滋賀郡真野郷(滋賀県大津市真野町付近)を本拠地とした氏族。姓は臣。『新撰姓氏録』右京皇別下には、天足彦国押人(あめたらしひこくにおしひと)命の三世孫彦国葺(ひこくにぶく)命の後で、庚寅年(持統四・六九〇)に真野臣姓となったとあるが、本来は渡来系の氏族で、同書右京諸蕃下などにみえる百済系の民(みたみ)首と同族と思われる。また、同書右京諸蕃下にはやはり百済系の真野造がみえるが、その姓は初め首であったか。

真野首弟子 まののおびとでし 七世紀初めの芸能者。大市首の祖。『日本書紀』によれば、推古二十年(六一二)少年として大和国桜井において百済から帰化した味摩之(みまし)に従って伎楽(くれがく)の儛を伝習したという。

真間手児奈 ままのてこな 下総国の国府の付近に住んでいたという伝説の美女。『万葉集』に山部宿禰赤人がその墓を過ぎる時に作った歌一首幷短歌、『高橋連虫麻呂歌集』からとったという一首幷短歌、東歌中に二首、真間手児奈を歌ったものがみえる(三―四三一～四三三、九―一八〇七・一八〇八、一四―三三八四・三三八五)。葛飾(勝鹿)真間手児奈とよばれ、手児名・手古名にも作る。「てこな」は東国で女子の愛称であり、名ではない。葛飾真間は現在の千葉県市川市真間である。

【参考文献】 今井福治郎「ママとテコナ」(『房総万葉地理の研究』所収)

馬武 まむ 七世紀後半の都加留蝦夷の族長。津軽郡(青森県の津軽地方とする説や秋田県の地名とする説などがあり未詳)大領。斉明四年(六五八)七月に小領青蒜(あおひる)・渟代郡(秋田県能代市)大領沙尼具那(さにぐな)・少領宇婆左らとともに蝦夷二百余人を率いて朝献した。この時に大乙上を授けられ、沙尼具那と同じく鮹旗二十頭、鼓二面、弓矢二具、鎧二領を賜わる。これより先四月に阿倍引田臣比羅夫(あべのひけたのおみひらぶ)の北行があり、齶田(あぎた)浦(秋田市の雄物川河口付近か)・有馬浜(比定地未詳)で蝦夷への叙位・賜饗を行ない、渟代・津軽両郡郡領を定めているので、この事件を契機とする入京であったとみられる。

【参考文献】 新野直吉『古代東北の開拓』、坂本太郎「日本書紀と蝦夷」(『日本古代史の基礎的研究』上所収)

眉輪王　まよわのおおきみ　仁徳天皇の皇孫。大草香皇子の子。母は履中天皇の皇女中蒂(なかし)姫。『日本書紀』によれば、父大草香皇子は根使主(ねのおみ)の讒言によって安康天皇に殺され、皇子の妻中蒂姫は安康の妃、さらには皇后とされた。眉輪王はその母によって罪を免れ、宮中で養育された。しかし、王は楼の下に遊び、安康と母が語るのを聞いて父が殺されたことを知り、昼寝をしている安康を刺殺して坂合黒彦皇子とともに葛城円(かずらきのつぶら)大臣の宅に逃れた。雄略天皇はただちに大臣の宅を包囲したが大臣が二人を出さなかったため、その宅に火を放ち、眉輪王・黒彦皇子・大臣を焼き殺したという。『古事記』は目弱王に作り、母を長田大郎女とするほか、細部において内容の異なる部分がある。これらの伝承については、倭の五王研究、古代王権研究などの面から所伝の分析がなされた結果、一連の事件が後世の述作である可能性が高くなり、眉輪王の実在性も疑わしくなった。しかし、葛城円大臣滅亡の部分など、検討を要すべき課題もある。

【参考文献】　山尾幸久『日本古代王権形成史論』、門脇禎二『葛城と古代国家』、原島礼二『倭の五王とその前後』、日野昭『日本古代氏族伝承の研究』続篇、大橋信弥「雄略朝前夜の政治過程」(『日本史論叢』五)

丸子氏　まるこうじ　陸奥を中心に東国に分布する氏族。連姓・部姓・無姓の者がいる。丸子を「わにこ」と訓む説もあるが、これには批判が多い。六世紀から七世紀前半の諸皇子の中に「まりこ」「まろこ」を称する者が多いことから、これら皇子と同氏との関連が考えられる。諸皇子共有の名代・子代が丸子部であるともいうが、多くの丸子・丸子部を同一視することには疑問も出されている。陸奥国牡鹿郡(宮城県牡鹿郡と石巻市の一帯)の丸子氏は八世紀、牡鹿連からさらに道嶋宿禰と改氏姓、律令政府の蝦夷政策推進に大きく関わった。

【参考文献】　大塚徳郎『平安初期政治史研究』、同『みちのくの古代史』、同「蝦夷服属についての一考察」(伊東信雄教授還暦記念会編『日本考古学・古代史論集』所収)、井上光貞「陸奥の族長、道嶋宿禰について」(『日本古代国家の研究』所収)、黛弘道「春米部と丸子部」(『律令国家成立史の研究』所収)、高橋富雄「陸奥大国造」(伊東信雄・高橋富雄編『古代の日本』8所収)、伊藤玄三「道嶋宿禰一族についての一考察」(高橋富雄編『東北古代史の研究』所収)

麻鹵　まろ　六世紀前半の百済の臣。六世紀初め、朝鮮半島では新羅が通婚などを通じて任那諸国への進出を始めた。『日本書紀』継体二十三年(五二九)条によると、百済聖明王は将軍尹貴(いんき)・麻那甲背(まなこうはい)・麻鹵らを安羅(慶尚南道咸安)に派遣して任那再興の詔勅をきかしめようとした。欽明二年(五四一)四月条には「下部中佐平(かほうしそさへい)麻鹵」とある。下部とは百済の五部の一つで、佐平は百済の官位十六階の第一である。

椀子皇子　まろこのみこ　六世紀―七世紀前半の諸皇子にみえる名。麻呂古にも作る。この名を称する皇子には、㈠継体天皇の皇子。母は三尾君堅楲(かたひ)の女倭媛。三国公の祖。㈡宣化天皇の皇子上殖葉(かみつうえは)皇子の別名。母は仁賢天皇の皇女橘仲皇女。㈢欽明天皇の皇子。母は蘇我稲目宿禰の女堅塩(きたし)媛。㈣欽明天皇の皇子橘麻呂皇子(『古事記』には麻呂古王)。母は春日日抓臣の女糠子。㈤敏達天皇の皇子押坂彦人大兄皇子の別名。母は息長真手(おきながのまて)王の女広姫。㈥用明天皇の皇子(『上宮聖徳法王帝説』には乎麻呂古王)。母は葛城直磐村の女広子。当麻公氏の祖。㈦聖徳太子の王子。母は膳部(かしわで)臣加多夫古(傾子)の女菩岐々美郎女(ほききみのいらつめ)。㈧山背大兄王の王子。母は聖徳太子の女春米女王、がいる。これら複数の皇子が同一の名を称することについては、「まろこ」を元来貴人の子弟を呼ぶ普通名詞であるとする説がある。また「まろこ」の別称をもつ皇子達によって「丸子部」が共有または伝領されたともいわれている。

【参考文献】 黛弘道「春米部と丸子部」(『律令国家成立史の研究』所収)

茨田氏 まんたうじ 河内国茨田郡出身の豪族。継体妃を出した。姓は初め連、天武十三年(六八四)八色の姓制定に際し、宿禰を賜わる。茨田の氏名は河内国茨田郡茨田郷(大阪府門真市門真付近か)の地名に由来する。『新撰姓氏録』に彦八井耳命の後裔とし、平安右京・山城・河内国に居住していた。茨田屯倉の管掌者であった。天平十三年(七四一)六月の「山背国司移」の茨田連族小墨の例や天平勝宝三年(七五一)三月の「茨田久比麻呂解」から、茨田連族、無姓の茨田氏の存在が知られ、ほかに渡来系の茨田勝や敏達天皇の孫大俣王の後裔とする茨田真人があった。

茨田連衫子 まんたのむらじころものこ 河内国の人。『日本書紀』によると、仁徳十一年十月、河内国に茨田堤(淀川左岸の大阪府枚方市伊加賀から大阪市旭区付近にかけて築堤されたものか)を築いたが、二カ所が壊れて修復し難かった。ある時、仁徳天皇の夢に神があらわれ、衫子と武蔵国の人強頸(こわくび)の二人を河神に捧げたならば、堤を必ず修復できるだろうと教えたので、二人を求めて河神を祭った。強頸は悲泣しつつ水中に没して死に堤は完成したが、衫子は二つの匏(ひさご)を水中に投げ入れて神に請い、「河神が祟って自分を犠牲にするというが、自分をどうしても必要とするならば、この匏を沈めよ。そうすれば、まことの神と知って水中に入ろう。もし沈めることができないならば、偽の神であるから、どうして我が身を亡ぼす必要があろうか」と言った。時に、飄(つむじ)風が起こったが、匏はついに沈まず遠くへ流れていった。衫子は死ぬことなく、堤は修復された。そこで、当時の人はその二カ所を名付けて、強頸の断間(たえま)、衫子の断間といったという。

茨田王 まんたおう ㈠用明天皇の皇子。茨田皇子にも作る。母は、皇后の穴穂部間人(あなほべのはしひと)皇女で、その第四子である。㈡八世紀中頃の皇族。天平十一年(七三九)正月、無位から従五位下に叙せられた。同十二年十一月、従五位上に昇叙される。同十六年二月、少納言の官にあって、恭仁(くに)宮(宮跡は京都府相楽郡加茂町瓶原にある)の駅鈴・内外印を難波宮に運んだ。同十八年九月、宮内大輔に任ぜられる。同十九年十一月、越前守となる。天平勝宝五年(七五三)正月、石上(いそのかみ)朝臣宅嗣家の宴席での歌が一首『万葉集』に残されている(一九―四二八三)。時に、中務大輔。天平宝字元年(七五七)十二月には越中守・従五位上であった。同三年十一月の越中国東大寺荘園惣券、開田図に「従五位上行守　王〈朝集使〉」とみえるのも、やはり茨田王のことであろう。

茨田郡王 まんたのこおりのおう 智努(ちぬ)王の夫人。法名は良式。薬師寺所蔵『仏足石記』によれば、天平勝宝五年(七五三)七月、智努王は亡夫人従四位下茨田郡王のため、檀主となって仏足石を刻したという。

万多親王 まんたのしんのう 七八八―八三〇 桓武天皇の第五皇子。母は北家藤原朝臣鷲取の女小屎。初め茨田親王と称した。延暦十四年(七九五)六月、周防国の田百町と山八百町を賜わり、同二十年十一月、十四歳で加冠した。同二十三年正月、茨田を万多に改めている。大同四年(八〇九)十月、嵯峨天皇へ譲位した平城太上天皇が遷御、御座所とした東院において奉献した。時に中務卿四品であった。好学の人であったらしく嵯峨の勅により、藤原朝臣園人・同緒嗣らと『新撰姓氏録』の編纂に従事し、本文三十巻、目録一巻を弘仁五年(八一四)六月に完成、翌六年に奏進した。同八年正月、三品を授けられ、同十四年九月、式部卿に任ぜられた。天長五年(八二八)正月、大宰帥を兼ね、同七年四月、二品に昇進したが、その直後の四月二十一日、四十三歳で薨じた。淳和天皇は詔して一品を贈った。王子の正躬(まさみ)王・正行王・雄風王はいずれも父の素質を受けついで学問を好んだという。

【参考文献】 佐伯有清『新撰姓氏録の研究』研究篇

満米　まんべい　九世紀の僧侶。満慶にも作る。『本朝高僧伝』によれば、その師僧は不明。もとの名は満慶。のち琰米(えんまい。玉のような光沢をもった米)を得たことから満米と改名した。真言宗大和国金剛山寺(俗称は矢田寺。奈良県大和郡山市矢田町)の僧で、小野朝臣篁(たかむら)は満米を崇めて弟子の礼をとったという。

満耀　まんよう　八世紀後半の元興寺の大法師。万耀にも作る。『続日本後紀』の護命僧正卒伝によると、護命が年十五で美濃国から上京した折、元興寺の万耀法師に師事して吉野山に苦行を積んだといい、また『日本高僧伝要文抄』には、護命は満耀法師の薦挙により、僧綱に対面して試第を受け、甲科に登ったとある。

み

三尾氏　みおうじ　北近江から北陸地方に勢力をもった地方豪族。姓は君。垂仁天皇の皇子磐衝別(いわつくわけ)命(『古事記』は石衝別王)を祖とする。『釈日本紀』所引の『上宮記』一云によれば、三尾氏は継体天皇の出自に深く関わり、また『日本書紀』によれば、継体の妃の中に三尾氏が二名いる。これらの点から同氏の継体即位への関与が推定されている。本拠地は近江国高島郡三尾郷(滋賀県高島郡安曇川町三尾里付近)とも、越前国坂井郡三尾駅(福井県坂井郡金津町か)付近ともいう。羽咋君・加我国造と同祖関係にある。
【参考文献】　山尾幸久『日本古代王権形成史論』、大橋信弥『日本古代国家の成立と息長氏』、黛弘道「継体天皇の系譜について」(『学習院史学』五)、米沢康「三尾君に関する一考察」(『信濃』三〇―五)

美海　みかい　日本に入質された新羅の奈勿王の第三王子。味叱喜にも作る。『三国遺事』の奈勿王・金堤上条に、王の即位三十六年庚寅(三九一)に、倭王の求めに応じて十歳の美海は倭国に質として送られた。次の訥祇(とつぎ)王は弟の美海を呼び戻そうとして金堤上を倭国に送り、美海は堤上の策略で三十年ぶりに帰国できたが、堤上は倭王によって火刑に処せられ、美海は堤上の女を夫人に迎えたという。同工異曲の伝承は『日本書紀』に微叱己智波珍干岐(みしこちはちんかんき)として、また『三国史記』には未斯欣(みしきん)の名で伝えられている。
【参考文献】　三品彰英遺撰『三国遺事考証』上

三炊屋媛　みかしきやひめ　神武天皇に抗して戦った長髄彦(ながすねひこ)の妹。『日本書紀』神武即位前条には、またの名として長髄媛・鳥見屋媛をあげる。物部氏の祖神である櫛玉饒速日(にぎはやひ)命の妻となって、可美真手(うましまで)命を生んだという。『古事記』神武段にも同様の話を伝え、登美能那賀須泥毘古の妹で登美夜毘売と書く。『先代旧事本紀』天孫本紀では御炊屋姫と書き、饒速日尊は死後、夢で三種の神宝を登美白庭邑におさめるよう姫に指示したという。

甕襲　みかそ　丹波国桑田村の里人。『日本書紀』垂仁八十七年条によると、昔、丹波国桑田村(『和名類聚抄』の桑田郡桑田郷。現在の京都府亀岡市保津町・篠町一帯)に甕襲という人がいた。家に足往(あゆき)という名の犬を飼っており、ある時、この犬が牟士那(むじな)という山獣を食い殺した。獣の腹から八尺瓊(やさかに)の勾玉が出てきたので、朝廷に献上し、その玉は今、石上(いそのかみ)神宮(奈良県天理市布留町)にあるという。

三方王 みかたおう 八世紀後半の官人。宝亀三年(七七二)正月、無位から従五位下に叙せられ、同年八月、淳仁天皇を淡路国に改葬する使となる。同五年正月、従五位上、同年三月、備前守、同八年正月、正五位下、同十年正月、従四位下。天応二年(七八二)閏正月、氷上真人川継の謀反に与し、日向介に左降された。同年三月、妻弓削(ゆげ)女王・山上朝臣船主と三人で共謀し、桓武天皇を厭魅した大罪に坐し、弓削女王とともに日向国に配流された。

三形王 みかたおう 八世紀中頃の官人。御方王にも作る。天平感宝元年(七四九)四月、無位から従五位下に叙せられ、天平宝字三年(七五九)六月、従四位下、同年七月、木工頭となる。天平勝宝九歳(七五七)六月と同年十二月(八月に天平宝字と改元)に三形王の宅において宴を催しており、六月には大伴宿禰家持の歌一首、十二月には甘南備真人伊香と家持各一首と主人三形王一首(『万葉集』二〇—四四八八)がある。天平宝字二年(七五八)二月には中臣朝臣清麻呂の宅の宴で「山斎を属目して作る歌」一首(同二〇—四五一一)を作る。年月未詳の写経のこともみえる。

御方大野 みかたのおおの 八世紀中頃の官人。天平十年(七三八)頃の官人歴名では、東史生・無位。同十六年七月、東宮少属として宣を出し、造寺司から筆墨を奉送させている。同十九年十月、春宮少属・従八位上の時、姓を賜わるよう願ったが、大野の父は浄御原朝廷で皇子の列にあったが、徴過によって廃退されているという理由で許されなかった。『新撰姓氏録』左京皇別下には甲能(こうの。無姓)の祖とある。天平勝宝元年(七四九)七月、正六位上から従五位下に叙せられ、同年八月、図書頭に任ぜられた。東宮少属の時、宣を下し、山辺君諸公に『陁羅尼集経』六巻の題書をさせている。大野の子とみられる広名は、天平宝字五年(七六一)十月、宿禰を賜姓されている。

【参考文献】佐伯有清『新撰姓氏録の研究』考証篇二

三方沙弥 みかたのしゃみ 万葉歌人。七世紀末—八世紀前半の人。三形沙弥にも作る。妻帯の時期があったらしく、『万葉集』に「三方沙弥、園臣生羽の女に娶ひて」(二—一二三〜一二五)とか、「三方沙弥、妻苑臣を恋ひて作れる歌」(六—一〇二七)があり、また藤原朝臣房前との関係を伝える歌(一九—四二二七・四二二八)もある。山田史御方とは別人であろう。

甕依姫 みかよりひめ 筑紫君の祖とされている神聖な甕(壺)を依代(よりしろ)とする神を祀る巫女。『筑後国風土記』逸文の、筑紫国号説話の一つに、昔、筑前・筑後両国の境にある山(佐賀県三養基郡基山町にある基山)に荒ぶる神がいて、通る人の半分は死に半分は生きるという状態だった時、筑紫君・肥君たちが占った結果、甕依姫を祭司として祭らせることにしたところ、荒ぶる神の害はなくなったとある。

三国氏 みくにうじ 越前国坂井郡三国(福井県坂井郡三国町一帯)付近を本拠地とする地方豪族。姓は初め君(公)、天武十三年(六八四)八色の姓制定に際し、真人を賜わる。祖を、『古事記』は意富富杼(おおほど)王、『日本書紀』『新撰姓氏録』は継体天皇の皇子椀子(まろこ)皇子としており、矛盾する。これについては諸説あり、一説には地方豪族三国君氏と畿内氏族三国公(真人)氏を別系とする考えもある。従来、三国氏は継体の母系氏族とされてきたが、これは三国真人氏の所伝であって、事実ではないともいわれる。

【参考文献】山尾幸久『日本古代王権形成史論』、大橋信弥『日本古代国家の成立と息長氏』、黛弘道「継体天皇の系譜について」(『学習院史学』五)

三国公麻呂 みくにのきみまろ 七世紀中頃の貴族。『日本書紀』大化五年(六四九)三月条には、蘇我臣日向が蘇我倉山田石川麻呂臣を讒言した時、孝徳天皇の命により、大伴狛連・穂積嚙(咋。くい)臣とともに石川麻呂のもとに赴き、虚実を尋問したとある。また再度の尋問にも麻呂が遣わされた。さらに白雉元年(六五〇)二月、穴戸国司草壁連醜経(しこふ)が白雉を献上した時、猪名公高見・三輪君甕穂(みかほ)・紀臣平麻呂岐太とともに雉の輿を執って殿前に進んだという。

三国真人広見　みくにのまひとひろみ　八世紀後半の官人。『続日本紀』における初見は天応元年(七八一)四月で、この時、従六位上から従五位下に叙せられた。同年五月、主油正、同二年六月、越後介、延暦三年(七八四)三月、能登守に任ぜられた。同四年十一月、謀反を誣告した罪に連坐して斬首されるべきところ、死一等を減じて佐渡に配流された。この事件は藤原朝臣種継暗殺、安殿(あて)親王(のちの平城天皇)立太子の間に起こっており、種継暗殺に関係した処置と思われる。【参考文献】栄原永遠男「藤原種継暗殺後の任官人事」(中山修一先生古稀記念事業会編『長岡京古文化論叢』所収)

三国命　みくにのみこと　継体天皇の母振媛(『釈日本紀』巻十三所引の『上宮記』では布利比弥命)の祖。『日本書紀』継体即位前条によれば、応神天皇五世の孫彦主人王(ひこうしのおおきみ。『上宮記』は汙斯王)は、垂仁天皇七世孫の振媛が美人であることを知り、近江国高島郡の三尾(滋賀県高島郡安曇川町三尾里から同郡高島町にかけての一帯)の別業から使を遣わして、越前国三国の坂中井(『上宮記』は三国坂井県。現在の福井県坂井郡三国町)で結婚して、男大迹王(おおどのおおきみ。のちの継体天皇)を生んだ。ところが間もなく彦主人王が薨じると、振媛は嘆き悲しみ、養育の難しさを考えて越前国高向(坂井郡丸岡町付近)に帰り、同地に王を迎えて育てた。『上宮記』は高向を多加牟久村とし、祖三国命の居地としている。

三毛入野命　みけいりののみこと　彦波瀲武鸕鶿草葺不合(ひこなぎさたけうがやふきあえず)尊を父、玉依姫を母として生まれた第三子。『日本書紀』神代巻によると、神武天皇の兄に当るという。ただ、一書第一は同じであるが、同第二は三毛野命に作り第二子、同第三は稚三毛野命として第四子、同第四には第四子という。また、『日本書紀』神武即位前戊午年六月条には、弟の神武天皇の東征に従い、私の母と姨(おば)は海神であるのにどうして私達を溺れさせるのかと恨んで、波頭をふんで常世郷に渡ったという説話がある。同様の説話は『古事記』神代段にみえるが、御毛沼(みけぬま)命とある。なお、「み」は敬称、「け」は食物のことである。

味沙　みさ　百済の貴須王の孫辰孫王の後裔。白猪史胆津(しらいのふひといつ)の父と思われる。延暦九年(七九〇)七月の百済王仁貞・津連真道らの上表文によれば、百済の十六世貴須王の孫の辰孫王が応神朝に入朝し、皇太子の師となり文教を盛んにした。仁徳朝にその長子の太阿郎(たあら)王は近侍となり、その子亥陽君、その子午定君と続き、午定君の三男のうち、長子を味沙という。味沙は他の二子とともに別氏をたて、葛井(ふじい)氏の祖となった。『新撰姓氏録』右京諸蕃下に葛井宿禰は塩君の男味散君の後とあるが、味沙と同一人物であろう。

微叱己智波珍干岐　みしこちはちんかんき　日本に入質された新羅の王子。微叱己知波珍干岐・微叱許智伐旱(みしこちほつかん)にも作る。波珍干岐は官位第四位の波珍飡。仲哀九年十月に神功皇后が新羅を討つと、新羅王の波沙寐錦(はさむきん)は微叱己知波珍干岐を質として、金・銀彩色および綾・羅・縑絹(かとりのきぬ)と併せて我が国に献上したという。神功五年三月、新羅王は毛麻利叱智(もまりしち)らを朝貢使として我が国に送り、微叱己智を呼び戻そうとした。微叱己智は神功を欺き帰国を許された。対馬にたどりつくと、毛麻利叱智らの策略で新羅に逃げ帰ることができたが、毛麻利叱智らは捕えられて火刑に処せられたという。『三国史記』には実聖王元年(四〇二)に倭国と好を通じて、先王の奈勿王の子未斯欣(みしきん)を倭国に入質し、未斯欣は訥祇(とつぎ)王二年(四一八)に逃げ帰ったが、同王十七年五月に死亡して官位第一位の舒弗邯を贈られたとある。また、『三国遺事』奈勿王・金堤上条には、奈勿王の王子の美海(未叱喜にも作る)とある。微叱己智の智は尊称の字であるから、微叱己智・未斯欣・美海(未叱喜)の三者は同名の異字表記である。

【参考文献】末松保和『任那興亡史』

三嶋氏　みしまうじ　県主氏族の一つ。摂津国嶋上郡(大阪府三島郡島本町と高槻市の一帯)の郡領。姓は初め県主、神護景雲三年(七六九)二月に三嶋県主広調(ひろつき)らが、また、同四年七月に三嶋県主宗麻呂が、宿禰を賜わった。『新撰姓氏録』右京神別上の三嶋宿禰の条には、「神魂命十六世孫、建日穂命の後なり」とある。三嶋氏は、古来摂津国嶋上・嶋下(大阪府茨木・摂津両市の全域と吹田市・箕面市・豊能郡豊能町の一部)両郡域一帯を本拠とする豪族で、かつて三嶋県の県主として大王の内廷に直結し、安閑朝に設置されたと伝える三嶋竹村屯倉(茨木市倉垣内・丑寅、摂津市乙辻・小坪井・鶴野付近か)は、三嶋県主が朝廷に献上した田地を基に成立した。

三嶋県主飯粒　みしまのあがたぬしいいぼ　六世紀前半の地方豪族。『日本書紀』安閑元年(五三四)閏十二月条に、安閑天皇が摂津三嶋に行幸した時、随従した大伴大連金村をして、県主飯粒に良田を問わしめた。よろこんだ飯粒は上御野・下御野・上桑原・下桑原・竹村の地四十町を献上した。そこで、これを嘉した安閑は金村に命じ、前に勅旨を軽んじて田の献上を惜しんだ大河内直味張を以後郡司とすることを禁じたので、喜び、かしこまった飯粒は、その子鳥樹を金村の僮豎(しとべわらわ。少年の従者)として献じたとある。

三嶋県主豊羽　みしまのあがたぬしとよはね　造東大寺司の属官。左大舎人。摂津国の人。天平宝字六年(七六二)造石山院所(石山寺(滋賀県大津市)の増改築工事を担当。造東大寺司の下部組織)および田上山作所(大津市田上にあった石山寺造営のための材木供給地)の領として活躍し、天平神護二年(七六六)・神護景雲二年(七六八)にも造東大寺司の使となった。時に史生とある。

三嶋真人名継　みしまのまひとなつぐ　七四八—八一〇　八世紀末—九世紀初めの官人。延暦二年(七八三)正月、従五位下に昇叙。翌三年十二月、長岡造宮の功で従五位上へ進み、内廐頭兼山背介・兼山背守・兼美作守などを歴任。この間、延暦九年正月、高野皇太后(新笠)の周忌御斎会司を務めた。同十五年十二月に従四位下で左衛士督となり、大和国の荒田一町を賜わった。その後、大和守・中務大輔兼衛門督などを経て、同二十三年八月には和泉・摂津国の行宮の地選定に派遣され、同年十月にその功で正四位下を特授されている。次いで同二十五年正月、越前守に任命されたが、大同五年(八一〇)四月二十一日、左京大夫兼摂津守正四位下で卒した。時に六十三歳。名継を天平勝宝三年(七五一)に三嶋真人の氏姓を賜わった名辺(なべ)王と同一人物とする説もあるが、史料上でそれを裏付けることはできない。

三嶋王　みしまのおう　八世紀中頃の皇族。天武天皇の孫。舎人親王の子。養老七年(七二三)正月、蔭皇親により無位から従四位下に叙せられた。天平二年(七三〇)頃、松浦佐用姫の歌に追和して詠んだという一首が『万葉集』に載せられている(五—八八三)。相模国大住郡埼取郷(神奈川県平塚市四之宮付近)に食封の五十戸があったことが、天平七年の同国の「封戸租交易帳」にみえる。生涯官途に縁がなかったらしく、その後の消息も明らかでない。

水江浦嶋子　みずのえのうらしまのこ　伝承上の人物。『日本書紀』に瑞江浦嶋子、『丹後国風土記』に筒川嶼子(つつかわのしまこ)と記す。『釈日本紀』述義八所引の『丹後国風土記』逸文、与謝郡日置里条によると、雄略天皇の時に、この里の筒川村(京都府与謝郡伊根町付近)で日下部(くさかべ)首らの先祖に当る筒川の嶼子が釣をして五色の亀を得たが、寝ていると娘となった。嶼子はこの娘、すなわち亀比売に誘われ海中の仙都(とこよ)

にいたり、夫婦となって三年を過ごすが、両親恋しさに郷里に還ったところ、すでに三百余年を経過しており、知る人もいない。亀比売の開けてはならないという注意を忘れ玉匣(たまくしげ)を開くと、嶼子の若々しい姿は消え、亀比売に会えなくなった後悔の涙にむせび歌を作ったという。この伝承は海底を仙境とする神仙思想の影響が濃い。『日本書紀』雄略二十二年秋七月条には、丹波国余社郡管川(つつかわ)の人瑞江浦嶋子の伝承を簡略に記して「語は別巻に在り」とする。また『万葉集』に「水江浦島子を詠める」という長歌(九—一七四〇)と短歌(九—一七四一)が収載されているが、年代は未詳。場所は墨江(大阪市の住吉か)とし、亀のことはみえない。『丹後国風土記』逸文により伊予部連馬養(うまかい)が浦嶼子伝承を記録していたことが知られるが、『日本書紀』のいう「別巻」との関係や、馬養の関与した『善言』の編纂との関わりなどは明確でない。

【参考文献】　水野祐『古代社会と浦島伝説』、重松明久『浦島子伝』、下出積与『神仙思想』、佐伯有清『日本古代氏族の研究』

三田氏　みたうじ　屯田の管理を担当した伴造氏族か。大和国忍海郡(奈良県北葛城郡新庄町南部と御所市の一部)と豊前国にその分布が知られる。姓は初め首(毗登)、宝亀元年(七七〇)家麻呂ら四人が道田連の氏姓を賜わった。道田連は『新撰姓氏録』左京諸蕃下によると、任那の賀羅賀室王の後裔と伝えられる。

三田兄人　みたのえひと　大宰少弐藤原朝臣広嗣の従者。本貫が大和国である可能性が大きく、広嗣が大和守から大宰少弐に転任になった折に同行したものと思われる。天平十二年(七四〇)広嗣の乱に加わり、広嗣が板櫃川(福岡県北九州市の小倉北区・八幡東区を流れる川)の合戦に破れて海上へ逃走するのに従った。船は逆風にあって出発地へ戻り、捕えられた。広嗣が斬られたあと大将軍大野朝臣東人の陣営に連行され、この間の事情を陳述した。乱の時の、豊前国企救郡板櫃鎮(北九州市小倉北区到津地区付近)の大長三田塩籠(しおこ)と同族と思われる。どのような処分をうけたか明らかではない。

【参考文献】　横田健一「天平十二年藤原広嗣の乱の一考察」(『白鳳天平の世界』所収)

三田首五瀬　みたのおびといつせ　八世紀初頭の大倭国忍海郡(奈良県北葛城郡新庄町南部と御所市の一部)の人。大宝元年(七〇一)八月に対馬嶋に派遣され、黄金を冶成して、その功績により正六位上に叙せられ、封五十戸、田十町、絁(あしぎぬ)・綿布・鍬を賜わり、雑戸を免じられた。おそらく、造兵司または鍛冶司に属する精錬技術をもった鍛戸であったのであろう。なお、『続日本紀』の記事の分注にみえる『年代暦』によると、後年これは五瀬の詐偽であったことが明らかになり、紹介者の贈右大臣大伴宿禰御行(みゆき)が欺かれたとある。

三田塩籠　みたのしおこ　八世紀中頃の人。天平十二年(七四〇)の藤原朝臣広嗣の乱において、豊前国企救郡板櫃鎮の大長として軍兵を指揮し、大野朝臣東人を大将軍とする征討軍に対した。しかし、同年九月に箭二隻を背負い逃亡し、翌日に同国の百姓豊国秋山らに逆賊として殺された。板櫃は福岡県北九州市小倉北区到津付近に比定され、関門海峡を守備する当時の要地であった。その鎮の大長であった塩籠の本貫は、豊前国よりも畿内と考えたほうがよいであろう。

【参考文献】　横田健一「天平十二年藤原広嗣の乱の一考察」(『白鳳天平の世界』所収)、橋本裕「大宰府管内の軍団制に関する一考察」(『関西学院史学』一七)

道氏　みちうじ　北陸地方に勢力をもった地方豪族。『先代旧事本紀』国造本紀には「高志(越)国造」とある。姓は公(君)。従来その本貫地は加賀国石川郡味知郷(石川県石川郡尾口村・吉野谷村・鶴来町付近)とされてきた。しかし「道」は、地名から発生したものではなく、白山信仰の司祭権・弾定道を掌握したことから称したもので、本貫は現在の金沢市北郊であるとする説もある。八世紀には越前国加賀郡(石川県河北郡と金沢市の一部)の郡司層となった。中央官僚の道氏は枝族という。孝元天皇の皇子大彦命を祖として阿倍氏などと同祖関係を持つ。出羽・越中・佐渡国に同族と思われる道氏がいる。

【参考文献】　浅香年木『古代地域史の研究』、佐伯有清『新撰姓氏録の研究』考証篇四、藤間生大「いわゆる『継体・欽明朝の内乱』の政治的基盤」(『歴史学研究』一三九)、米沢康「江沼臣と道君」(『信濃』二一―一)

道君(欠名)　みちのきみ　六世紀後半の越(こし。今の北陸方面)の国造か。欽明三十一年(五七〇)、越の人江渟臣裙代(えぬのおみもしろ)は、高句麗の使が越の国に漂着したが道君はそのことを隠していると奏上した。高句麗使の来日を知った欽明天皇は、饗使として膳臣傾子(かしわでのおみかたぶこ)を越に派遣した。傾子が朝廷からの使であることを知ると、高句麗使は道君がみずからを天皇であると称して高句麗の調物を詐取していたことを悟り、道君にその返還を迫った。このことを聞いて傾子は、道君の隠匿した調物を探し求めて使者に返し与え、京に帰ってその旨を奏上したという。『日本書紀』は道君は郡司であったとするが、そこは編者が国造を後世風に郡司と書きかえたものであろう。

道君伊羅都売　みちのきみいらつめ　七世紀後半の宮人。『日本書紀』には、天智天皇の寵愛を受け施基(しき)皇子を生んだとある。光仁天皇の祖母、桓武天皇の曾祖母に当り、これによって延暦四年(七八五)太皇大夫人の称と朝臣姓を追贈された。『日本書紀』に「越道君伊羅都売」とあるのは、「越の道君」の意であろう。阿倍氏を介して伊羅都売を貢上した道氏の枝族が天智政権に接近し、中央に進出したとの説もある。

【参考文献】　浅香年木『古代地域史の研究』、佐伯有清『新撰姓氏録の研究』考証篇四

道君首名　みちのきみおびとな　六六三―七一八　七世紀中頃―八世紀初めの官人。『大宝律令』の撰定に参加。のちに遣新羅大使・筑後守を歴任。正五位下にいたり、養老二年(七一八)四月、卒した。卒伝には筑後守(肥後国兼治)時代、灌漑事業を推進して人々に利を与え、死後は祠られたとある。貞観七年(八六五)良吏のゆえに従四位下を追贈された。首名の一族を北陸地方の豪族道氏の枝族とし、阿倍氏らとの関係を基軸に中央に進出したとする説もある。『懐風藻』には五言の詩一首が収められており、年五十六とあるが、これは彼の享年であろう。

【参考文献】　浅香年木『古代地域史の研究』、佐伯有清『新撰姓氏録の研究』考証篇四

路氏　みちうじ　敏達天皇の皇子難波皇子の後裔氏族。姓は初め公、天武十三年(六八四)八色の姓制定に際し、真人を賜わった。路氏の本貫地は未詳であるが、大和国添上郡(奈良県添上郡・奈良市東部と大和郡山市・天理市・山辺郡の各一部)内とする説がある。『新撰姓氏録』は同祖関係の氏族として、守山真人・甘南備真人・飛多真人・英多真人・大宅真人の五氏をあげる。なお、同じ「路」を称する氏族には、直から連・忌寸・宿禰と改姓した倭漢(やまとのあや)氏系の渡来系氏族がいる。

【参考文献】　佐伯有清『新撰姓氏録の研究』考証篇一・五・六

路直益人　みちのあたいますひと　七世紀後半の官人。壬申の乱の功臣。天武元年(六七二)六月、大海人皇子(のちの天武天皇)が吉野を脱出して伊勢国に入り、三重の郡家(三重県四日市市釆女町)に宿泊した時、鈴鹿関(三重県鈴鹿郡関町古廐付近か)司が山部王・石川王が来帰したので関に留め置いてあると奏上して来た。そこで大海人皇子は益人を遣わして両王を召させようとしたが、翌々日、益人は関に留められたのは両王ではなく大津皇子であったと奏し、皇子を導いて御在所にいたった。しかし、この関司の報告は誤報ではなく、山部王は大海人皇子に従うつもりで鈴鹿関まで来たが都合により近江に立ち還ったのであり、のち犬上川(滋賀県彦根市中部を流れる川)に陣した折、同じ近江方の将蘇我臣果安(はたやす)らに殺害されたのも大海人皇子方につこうとする意図が発覚したからだという

説がある。それに対して、大津皇子一行が山部・石川二王の名を詐称したのであるという説もある。なお、益人は大海人皇子方についていることは間違いないであろうが、皇子に最初からつき従ったいわゆる「元従者」の一人か、或いは地理に明るい現地の人か、にわかに決し難い。

【参考文献】 北山茂夫『壬申の内乱』

路真人豊永　みちのまひととよなが　八世紀の官人。道鏡の師。名を豊長にも作る。『日本後紀』延暦十八年(七九九)二月乙未条の和気朝臣清麻呂の薨伝によれば、神護景雲三年(七六九)九月、宇佐八幡の神託事件が起こり、清麻呂が勅使となった時、豊永は清麻呂に語り、道鏡がもし天皇の位に即けば自分は何の面目をもって彼の臣下になることができようか、自分は数人の子とともに今日の伯夷(はくい)となるだけであると言ったという。伯夷とは中国周の人で、臣道に背いて天下を統一した周の武王を批判し、周の禄を食むことを恥じて弟の叔斉(しゅくせい)とともに首陽山に隠れて蕨を食べて餓死した人物である。清麻呂はその言葉を深く心にとどめて八幡神の神託を奏上、道鏡の野望を挫いたという。延暦十年正月、正六位上から従五位下に叙せられ、翌月、左京亮に任ぜられた。なお、道鏡の師とあるが何の学問の師であったのかは不明である。俗人であるから仏教の師とは考えられず、伯夷・叔斉の故事を引用して自己の信念を語っていることから、儒教の師であった可能性もある。

道嶋氏　みちしまうじ　八世紀後半—九世紀にみえる陸奥国牡鹿(宮城県牡鹿郡・石巻市)・桃生(宮城県桃生郡)両郡地方出身の氏族。初め丸子氏、のち牡鹿連の氏姓を賜わり、さらに道嶋宿禰に改氏姓。天平神護元年(七六五)道嶋宿禰三山が初見。陸奥国北辺の律令化政策のもとで、郡司・国司・鎮守府官人などとなり、黄金産出や蝦夷経営に活躍した。律令制下の国造に任ぜられる氏族でもあり、道嶋宿禰嶋足のように中央顕官に昇進し、陸奥大国造となる者もいた。平安中期には衰退したとみられる。その出自をめぐっては蝦夷系とする説と、内民系譜第層とする説がある。

【参考文献】 高橋富雄『蝦夷』、新野直吉『古代東北史の人々』、高橋崇『蝦夷』、井上光貞「陸奥の族長、道嶋宿禰について」(『日本古代国家の研究』所収)

道嶋大楯　みちしまのおおだて　—七八〇　八世紀後半の陸奥国牡鹿郡大領。宝亀十一年(七八〇)按察使(あぜち)参議紀朝臣広純が、胆沢地方(のちの胆沢・江刺両郡をあわせた広地域。胆沢郡は現在の岩手県胆沢郡と水沢市の一部、江刺郡は岩手県江刺市と水沢市・北上市の一部)の蝦夷制圧のために俘軍を率いて覚鱉(かくべつ)柵(岩手県一関市付近か)を造営する際に、上治郡(宮城県栗原郡)大領伊治公呰麻呂(いじのきみあざまろ)らとともに参画。この時、呰麻呂を事ごとに夷俘として凌侮したために反感をかい、同年三月、俘軍を誘引して決起した呰麻呂に殺された。事件の直接的原因は、大楯が早くに中央顕官に昇り陸奥大国造となった同族の嶋足や、鎮守軍監から陸奥員外介になった三山らの権威を背景として、新来の蝦夷族長層を侮蔑したことによるとみられる。しかし、これより先、天平宝字三年(七五九)に桃生城(城跡は宮城県桃生郡河北町飯野新田にある)が、神護景雲元年(七六七)には伊治城(城跡は栗原郡築館町城生野にある)が完成し、現地の律令化が急速に進められる中で、宝亀元年(七七〇)には帰服の蝦夷の反乱が生起し、同五年には桃生城が攻撃されるという社会的緊張状態の続く中で起きた事件で、現地社会の矛盾が深まっていたといえる。この族長間の対立を契機に、平安初期にいたる全面的動乱が始まる。

【参考文献】 新野直吉『古代東北の開拓』、井上光貞「陸奥の族長、道嶋宿禰について」(『日本古代国家の研究』所収)

道嶋宿禰嶋足　みちしまのすくねしまたり　—七八三　八世紀後半の陸奥国牡鹿郡出身の官人。天平勝宝五年(七五三)八月、大初位下丸子嶋足から牡鹿連の氏姓を賜わり、そののち上京して武人として台頭。同九歳七月の橘朝臣奈良麻呂の乱では陸奥守兼鎮守副将軍佐伯宿禰全成(まさなり)や按察使(あぜち)鎮守将軍大伴宿禰古麻呂らが奈良麻呂側に与していたのに対し、高麗朝臣福信(こまのあそんふくしん)・坂上忌寸苅田麻呂らとともに藤原朝臣仲麻呂側の武力として注目されていた。天平宝字八年(七六四)九月の仲麻呂の乱の時は授刀将曹の任にあって、少尉坂上忌寸苅田麻呂と仲麻呂の子訓儒麻呂(くずまろ)を射殺。この功により従七位上から一躍従四位下に叙せられ、宿禰に改姓し、功田二十町を加賜された。翌天平神護元年(七六五)二月、近衛員外中将となり、次いで道嶋氏を称し、翌年には正四位下、正四位上と加階された。神護景雲元年(七六七)に伊治城(城跡は宮城県栗原郡築館町城生野にある)が完成し、現地の同族陸奥少掾道嶋宿禰三山が陸奥国造になると、嶋足は大国造になり、同三年三月には陸奥国内諸郡の六十余人の改氏姓の申請を行なって許可された。同元年八月、蝦夷宇漢迷公宇屈波宇(うかめのきみうくはう)が律令支配への反旗を翻すに及んで、虚実検問のため現地に派遣された。宝亀五年(七七四)には牡鹿郡の要衝桃生城(城跡は宮城県桃生郡河北町飯野新田にある)が蝦夷に攻撃され、同十一年には伊治城で伊治公呰麻呂(いじのきみあざまろ)の乱が起こって牡鹿郡大領道嶋大楯が殺害され、多賀城(城跡は宮城県多賀城市市川にある)も攻略されているので、嶋足の調査の成果は不明である。この時期に正四位上近衛中将を本官として、相模守・下総守・内廏頭・播磨守などを務めているものの、宝亀―延暦期(七七〇―八〇六)の律令国家の大規模な征討軍派遣との具体的関係は不明。嶋足が大国造という地位に就き、陸奥国内の豪族層の上に立つことができたのは、彼自身が現地社会の中で築き上げた実力によるものではなく、中央出仕後の武官として発揮した優れた軍事的力量と、官人として急速に台頭したことによると考えられる。延暦二年(七八三)正月八日、卒した。『続日本紀』の卒伝によると、その性格は「体貌雄壮にして、志気驍武、素(もと)より馳射を善くす」と評されたという。

【参考文献】新野直吉『古代東北の開拓』、同『古代東北史の人々』、井上光貞「陸奥の族長、道嶋宿禰について」(『日本古代国家の研究』所収)

道嶋宿禰御楯 みちしまのすくねみたて 八世紀末―九世紀初めの武人。延暦八年(七八九)征東将軍紀朝臣古佐美指揮下の別将として胆沢(のちの胆沢・江刺両郡を含む広地域)攻略戦に参加し、のち征夷大将軍坂上大宿禰田村麻呂の征討軍に加わり高い信頼を得、同二十一年、鎮守軍監外従五位下から陸奥大国造となり、同二十三年正月には征夷副将軍に任ぜられた。大同三年(八〇八)六月には鎮守副将軍ともなる。現地族長層を代表して桓武・平城両朝の蝦夷社会経営に重要な役割を果たした。

道嶋宿禰三山 みちしまのすくねみやま 八世紀後半の陸奥国出身国司・官人。天平神護元年(七六五)十二月、従六位下から外従五位下に叙せられ、同三年七月には陸奥少掾に任ぜられている。同年、政府は蝦夷社会の律令化をはかるために伊治城(城跡は宮城県栗原郡築館町城生野にある)を造営し栗原郡(宮城県栗原郡)を設置するが、現地にあってこれを推進し、同年十月(八月に神護景雲と改元)、その功によって特に従五位上に叙せられた。同年十二月に同族の道嶋宿禰嶋足が陸奥大国造となると、三山は国造に任ぜられた。翌神護景雲二年(七六八)二月、陸奥介田口朝臣安麻呂が鎮守副将軍となると、そのもとにあって大掾から鎮守軍監を兼ね、同三年二月には陸奥員外介となった。すでに天平宝字元年(七五七)から三年にかけて牡鹿郡(宮城県牡鹿郡と石巻市の一帯であるが、のちに独立する桃生郡(現在の宮城県桃生郡)も郡域に含まれた)に桃生城(城跡は宮城県桃生郡河北町飯野新田にある)が築かれ、伊治城と併せて蝦夷社会経営の拠点が相次いで構築される時期にあって、嶋足が中央政府の顕官に昇りつつあるのに対して、三山は陸奥国府と鎮守府の要職について現地社会の律令化を推進した人物といえよう。

【参考文献】 新野直吉『古代東北の開拓』、井上光貞「陸奥の族長、道嶋宿禰について」(『日本古代国家の研究』所収)、虎尾俊哉「律令国家の奥羽経営」(高橋崇編『古代の地方史』六所収)

道主日女命 みちぬしひめのみこと 播磨国託賀郡賀眉里荒田村に鎮座する神(兵庫県多可郡加美町的場に式内社荒田神社がある)。『播磨国風土記』同村条によると、この地に鎮座する道主日女命は、父親の不明な子を生んだ。そこで、その父親を知るため占いに使う酒を造ろうと、七町の田を作ったところ、七日七夜で稲が実ったので、その稲で酒を醸し、神々を集めてその子に、父と思う神に酒を捧げさせた。すると、天目一(あめのまひとつ)命に向かって捧げたので、父親が判明した。その後、その田は荒れてしまったので、その地を荒田の村と名づけたという。

道臣命 みちのおみのみこと 大伴氏の祖。高魂(たかみむすび)命九世孫で、日臣命が本来の名称(『伊勢国風土記』逸文には大部日臣命)。『日本書紀』神武即位前戊午年六月条によれば、命は神武天皇に従って大来目部を率い、八咫烏(やたがらす)が向かう方向に熊野山中を踏み分け、ついに菟田下県(大和国宇陀郡。現在の奈良県宇陀郡)に達した。神武は先導した命をほめて、道臣の名を賜わったという。同年八月には菟田県の賊首兄猾(えうかし)を殺し、同年九月には神武みずからが高皇産霊(たかみむすび)尊の顕斎を行なおうとした際、斎主となった。同年十月、神武が八十梟帥(やそたける)を国見丘(比定地未詳。奈良県桜井市と宇陀郡の堺にある経ケ塚山などに比定する説がある)に討った折、策略で宴饗を設け、大来目部を率いて敵を討った。辛酉年正月にも大来目部を率い、神武の密かな策をうけて諷歌倒語をもって妖気を払い、神武二年二月には築坂邑(奈良県橿原市鳥屋町付近)に宅地を賜わった。こうした伝承は、のちにも回顧されるが(継体二十一年(五二七)八月、同二十四年二月)、大伴氏と来目部との関係、同氏の軍事的性格をうかがわせる。『古事記』神武段にも大伴連の祖とあり、『古語拾遺』にも同様の記載がみえる。命の後裔氏族として『新撰姓氏録』にみえるものは、佐伯宿禰・大伴連(以上左京神別中)、高志連・高志壬生連(以上右京神別上)、仲丸子(大和国神別)、大伴山前連(和泉国神別)などがある。

【参考文献】 直木孝次郎『日本古代氏族の研究』、高橋富雄「大伴氏と来目部」(『日本歴史』一六六)

三津氏 みつうじ 滋賀漢人の傍系の渡来系小氏族。最澄の出身氏族。御津にも作る。『新撰姓氏録』にはみえないが、『叡山大師伝』によれば、後漢の孝献帝の裔、登万貴王の後であり、応神朝に来朝して近江国滋賀郡の三津(滋賀県大津市下阪本町付近の琵琶湖岸一帯)に居地を賜わった。氏名はその居地に由来し、姓は首。

三津首浄足 みつのおびときよたり 八世紀後半の近江国滋賀郡古市郷(滋賀県大津市膳所・石山付近)の戸主。宝亀十一年(七八〇)十一月十日付「近江国府牒」には滋賀郡古市郷戸主正八位下三津首浄足とあり、その戸口の三津首広野(最澄)が得度したことが知られる。また、延暦二年(七八三)正月の「最澄度縁案」および同四年四月の「僧綱牒」にも同様の記載がみられる。最澄の父は三津首百枝であったことを考えると、浄足は最澄の祖父か伯父であったとみることができよう。

【参考文献】 薗田香融「最澄とその思想」(安藤俊雄・薗田香融校注『最澄』(『日本思想大系』)所収)

三津首百枝 みつのおびとももえ 八世紀後半の近江国滋賀郡の人。最澄の父。『叡山大師伝』によれば、性格は敬順・仁譲で、仏典や外典をともに学んで土地での鑑であった。礼仏誦経を常日頃行ない、私宅を寺として修行につとめていたという。子供に恵まれず、男子を得たいため比叡山の左側の麓の神宮の右脇にいたると、突然すばらしい香りが巖の曲り入ったところにただよっていた。その源を求めて草庵を造り、至心に懺悔したところ、四日目の明け方、夢に好相を感じ最澄を得ることができた。この場所が神宮禅院であると伝えている。百枝は巨枝の誤写で、巨枝は「きょし」と読み、浄足と同音と考えられるから、宝亀十一年(七八〇)十一月十日付「近江国府牒」にみえる三津首広野(最澄)の戸主三津首浄足は、百枝と同一人物であるとする説があるが、浄足は「きよたり」と訓むべきであるから百枝が巨枝の誤写で浄足と同一人物とする説は成り立たない。おそらくこの両者は、父子か兄弟の続柄であったであろう。

【参考文献】仲尾俊博『伝教大師最澄の研究』、福井康順「新修伝教大師伝考」(天台学会編『伝教大師研究』別巻所収)

御使氏 みつかいうじ 景行天皇の皇子気入彦(けいりひこ)命の後裔氏族。三使にも作る。姓は初め連、神護景雲二年(七六八)九月に朝臣を賜わった。もと御使部の伴造氏族。参河・遠江・駿河などの東国と、安芸・筑紫国に御使部が設置されていた。

三使連浄足 みつかいのむらじきよたり 八世紀中頃の人。天平勝宝二年(七五〇)三月、駿河国盧原郡多胡浦浜(静岡県庵原郡蒲原町の海岸一帯)で黄金を得て献上し、同年十二月、功によって無位から一挙に従六位下に叙せられ、併せて絁(あしぎぬ)四十疋、綿四十屯、正税二千束を賜わった。神護景雲二年(七六八)九月に、朝臣の姓を賜わった左京の人正七位上御使連清足と同一人物か否かは不明。

弥州流 みつる 百済国の人。『日本書紀』神功四十六年条に、甲子年(神功四十四年)七月のこととして、百済人久氐(くてい)・弥州流・莫古(まくこ)三人が卓淳(とくじゅん)国(慶尚北道大邱にあった加羅諸国中の一国)にいたり、その王に、百済王は東方に貴国日本あるを聞き、臣らを派遣して通交の路津を卓淳の君主に求めたのだと告げた。卓淳王は、日本との通交はなく、海遠く浪嶮しいので大船を準備する要を説いた。そこで、弥州流らはいったん通交をあきらめ、船舶の備えを期することにし、もし日本の使者がいたれば必ず百済に報じるように要請して去ったという。次に、神功四十七年条によると、百済王が弥州流らを日本に派遣して朝貢させたが、その時、新羅調使が同行していた。皇太后と太子誉田別(ほんだわけ)尊は大いに喜んで貢物を検校したところ、新羅貢物は珍奇なものが多く、百済のは劣っていたので理由を正すと、弥州流らは来朝の途次新羅に捕えられ、三月後に殺そうとされた。また、貢物も奪われ、新羅使はそれを自国の貢物として偽って献上したのだと訴えたので、皇太后らは新羅使を責め、使を遣わして事の虚実を調査させたという。

弥都侶伎命 みつろきのみこと 天穂日命八世の孫。美都侶岐命にも作る。『先代旧事本紀』国造本紀は、成務朝に、命の子比奈羅布命が新治国造に任命され、また命の孫大伴直大滝が阿波(安房)国造に、同じく孫の弥佐比命が高(多珂)国造に任ぜられたと伝える。『常陸国風土記』にも類似の所伝がみえ、大化前代において、これら三国造の間に、弥都侶伎命を系譜上の始祖とする何らかの結合関係が生じていたらしい。

御友別 みともわけ 吉備臣の祖。応神天皇妃兄媛(えひめ)の兄。『新撰姓氏録』右京皇別下に、吉備臣は稚武彦(わかたけひこ)命の孫御友別命の後とし、『日本三代実録』元慶三年(八七九)十月二十二日条には、御友別命は吉備武彦命の第二男とある。『日本書紀』応神二十二年三月条によると、応神が難波の大隅宮(大阪市東淀川区大道南付近にあったか)に行幸して高台から遠望した時、妃の兄媛は西方を望んで父母を恋うる情にたええなかったので、応神は妃を許して吉備に帰郷させた。同条に、兄媛は吉備臣の祖御友別の妹とある。同年九月、応神は淡路から転じて吉備に遊幸し、葉田葦守宮(岡山市足守付近か)に移居した時、御友別がその兄弟子孫を膳夫(かしわで)として御饗に奉仕したので、その功労に感悦して吉備国を割き、子らをおのおのに封じた。すなわち、川嶋県(岡山県浅口郡と倉敷市・笠岡市の一部)を長子稲速別に、上道県(岡山市東部)を中子仲彦に、三野県(岡山市北半)を弟彦に、波区芸県(比定地未詳)を弟の鴨別に、苑県(岡山県吉備郡真備町の北部)を兄の浦凝別に賜わり、織部を兄媛に賜わったという。彼らの子孫下道臣・上道臣・香屋臣・三野臣・笠臣・苑臣らが、今、吉備国にあるのはこうした因縁によるのであるとしている。

弥騰利　みどり　六世紀前半の百済国の廷臣。官位は恩率(おんそち)。『日本書紀』継体二十三年(五二九)四月条によると、任那王の己能末多干岐(このまたかんき)が来朝し、大伴大連金村を通じて、新羅がしばしば境界を越えて来侵するので救助して欲しいと奏聞した。朝廷は干岐を本国へ送致するとともに、任那に駐留していた近江臣毛野(けの)に詔し、実情を調査して任那・新羅相互の猜疑を和解せしめるように命じた。時に熊川(くまなれ。慶尚南道昌原郡熊川面)に宿った毛野は、新羅・百済両国王を召集しようとしたが、新羅は久遅布礼(くじふれ)を派遣し、百済は弥騰利を来参させ、国王みずからは来なかった。激怒した毛野は、微臣を使者としたことを問責し、もし王みずからが来会しても勅を発せず、追却するであろうと言った。久遅布礼と弥騰利は心に怖畏を懐き、帰国して王を召し寄せようとした。新羅は新たに上臣を派遣し、多多羅原(慶尚南道多大浦)を始めとする四村を抄掠したとあるが、百済の動きについては伝えがない。

御長真人広岳　みながのまひとひろおか　九世紀初めの中級官人。淳仁天皇廃位の際、連坐した池田親王の子孫。氏名を御中にも作る。延暦十五年(七九六)五月、正六位上・上野介の時、これより先に来朝した渤海国使呂定琳らの帰国を送る送渤海客使となり、十月二日、非礼を正した渤海王の啓を携え帰国、その功により同月四日、従五位下に叙せられた。同十八年、大学助、大同元年(八〇六)左中弁、桓武天皇の葬儀で御装束司となり、同三年、宮内大輔に任ぜられ、弘仁元年(八一〇)薬子の乱後に従四位下・伊勢守に叙任された。

南淵朝臣秋郷　みなぶちのあそんあきさと　九世紀後半の地方官人。元慶二年(八七八)当時、上野国押領使・同国権大掾・従七位上。同年三月に起こった出羽国の俘囚の反乱の鎮撫に参加、大功をたてた。反乱の初め出羽・陸奥国の兵力があてられたが、俘囚の猛勢が伝えられ、同年四月、上野・下野両国の兵力をもあてることとなり、秋郷は七月、上野国の兵六百余(のち八百余とも)を押領し、出羽権守藤原朝臣保則らの指揮下に入り、俘囚を撃破、その降下に成功し、翌年勅許を得て、六月末までに陣を解き帰国した。

南淵朝臣年名　みなぶちのあそんとしな　八〇八―八七七　九世紀中頃の文人・公卿。因幡守永河の一男。氏姓は初め坂田朝臣、弘仁十四年(八二三)南淵朝臣を賜わる。天長九年(八三二)文章生から少内記・式部少丞・蔵人などを経て承和八年(八四一)正月、従五位下・筑前守となり、永年式部少輔・大輔の任にありながら、尾張守・次侍従・蔵人頭・春宮亮・右京大夫・信濃守などをも歴任、貞観元年(八五九)勘解由使長官、同三年、右大弁を兼任、同五年、左大弁となり、同六年、参議に列し、左大弁ほかを兼任した。同九年、民部卿、同十一年、東宮大夫、また右衛門督・伊予守・近江守などを兼任ののち、同十四年、従三位・中納言に叙任された。この間、貞観八年、応天門の変の際の伴宿禰善男らを鞫問、同十一年『貞観格』、同十三年『貞観式』、同十七年『左右検非違使式』や『日本文徳天皇実録』の編纂従事など、藤原朝臣良房政権下の実務官僚として実力を発揮し、貞観十四年九月、良房の葬儀に際し枢前宣制の役を務めた。同十八年十二月、大納言に昇り、同十九年正月、正三位に叙せられたが病を得、同年四月八日、上表して致仕を願い出たまま薨じた。七十歳。『菅家文草』に菅原朝臣道真が書いた致仕表ほかを収める。

【参考文献】　川口久雄『平安朝日本漢文学史の研究』上

南淵朝臣永河　みなぶちのあそんながかわ　七七七―八五七　九世紀前半の文人・官人。坂田朝臣奈弖麻呂の子。南淵朝臣年名の父。氏姓は初め息長真人、弘仁十四年(八二三)兄弘貞とともに南淵朝臣を賜わる。嵯峨天皇在藩の時、侍読の任に当り、大同元年(八〇六)少外記、平城天皇の即位に伴い民部少丞に任ぜられ、弘仁四年、従五位下・但馬介に叙任された。以後、民部・治部少輔、備後守を経て、同十年に権左少弁、同十一年に右近衛少将・右中弁、同十二年に左中弁・治部大輔と昇進し、同十四年、嵯峨の譲位に際して従四位下・内蔵頭に叙任され、勅により冷然院別当・越前守を兼ねた。天長十年(八三三)従四位上、承和四年(八三七)備前守・大宰大弐に任ぜられて赴任し、同六年、遣唐使帰国後の問題を処理した。またその仁愛の故に民庶に仰恭されたという。同十年、帰京して刑部卿兼播磨守に任ぜられ、同十二年、近江守。仁寿元年(八五一)下野守に任じた際は、老齢により遙任を許され、同三年・天安元年(八五七)の両度因幡権守に任ぜられた。同年十月十二日、八十一歳で卒した。『経国集』に「従四位下行越中守」として「太上天皇の春堂五詠に和し奉る」四首ほかを収める。

南淵朝臣弘貞　みなぶちのあそんひろさだ　七七七—八三三　九世紀前半の文人・公卿。坂田朝臣奈弖麻呂の子。氏姓は初め息長真人、弘仁十四年(八二三)弟の永河とともに南淵朝臣の氏姓を賜わった。年少より大学に遊び百家に通じたことから、二十歳以前で推して文章生に補され、大同元年(八〇六)少内記。そののち少外記・大内記・式部大丞・蔵人などを歴任。弘仁七年、従五位下・但馬介に叙任され、同十一年、主計頭、同十二年、伊勢介・備中守などを経て、同年、淳和天皇東宮時代の学士となり、主税頭・右少弁に転じた。翌十三年、左少弁、同十四年、伊予守・式部少輔・右近衛権少将となり、天長元年(八二四)式部大輔、翌二年、参議に列した。同五年、下野守、同六年、宮内卿、同七年には刑部卿・右兵衛督を兼帯、同八年、従三位に叙せられたが、在官(兼信濃守)のまま同十年九月十八日、五十七歳で薨じた。この年撰進された『令義解』の撰者の一人で、同年二月の起請の校読にも参加している。また同八年四月、陰陽寮が夜間日食を奏さなかったのを不当とし、以後奏上の恒例を開いたという。天長四年撰の『経国集』の編纂にも参画した。

南淵漢人請安　みなぶちのあやひとしょうあん　七世紀前半の入隋留学僧。名を清安にも作る。南淵は大和国高市郡の地名(奈良県高市郡明日香村稲渕)で、その地に居した東漢(やまとのあや)氏系の渡来人である。推古十六年(六〇八)遣隋使小野臣妹子に従って高向漢人玄理(たかむこのあやひとげんり)・僧旻(みん)ら七人とともに隋に渡った。中国に留まること三十余年、この間隋の滅亡、唐の隆盛を目の当りにして、舒明十二年(六四〇)玄理とともに新羅経由で帰国した。『日本書紀』皇極三年(六四四)正月条によると、中大兄皇子や中臣連鎌足らは、南淵先生に周孔の教(儒教)を学び、その往還に蘇我氏打倒の策を議したというが、この南淵先生は請安であろう。大化元年(六四五)中大兄・鎌足らは蘇我臣蝦夷・入鹿を倒して新政府を樹立、留学生の玄理・僧旻らは国博士として新政府のブレーンとなったが、請安の名はみえない。あるいはその直前に没したのであろうか。

御名部皇女　みなべのひめみこ　天智天皇の皇女。御名部内親王ともいう。『日本書紀』天智七年(六六八)二月条によれば、母は蘇我倉山田石川麻呂臣の女で天智天皇の嬪となった姪娘(めいのいらつめ。姪娘は通称で同じ嬪の遠智(おち)娘の同母妹である)。また、阿陪皇女(のちの元明天皇)の同母姉に当り、一般には高市(たけち)皇子の妃と推定されている。大宝四年(七〇四)正月、封一百戸を加増され、和銅元年(七〇八)作の元明天皇にこたえ奉った歌が『万葉集』にある(一—七七)。斉明四年(六五八)の出生と推定する説もある。

源氏　みなもとうじ　平安時代における代表的な皇族賜姓の一つ。弘仁五年(八一四)五月、嵯峨天皇の皇子信(まこと)ら男女八人に源朝臣の氏姓を賜わり、臣籍に下ったことに始まる。国庫の負担を軽減するための施策とされる。以後、仁明・文徳・清和・陽成・光孝・宇多・醍醐・村上天皇らの流れをくむ源氏が成立し、各天皇の名前を冠して呼ばれることになった。㈠嵯峨源氏は全員皇子・皇女で、源氏賜姓者と親王の区別は生母の身分によった。男子は一字名を特色とする。男子十七名のうち半数は公卿となり、とりわけ信・常(ときわ)・融(とおる)の三人は左大臣にいたって仁明・文徳朝において一定の政治勢力をなしたが、風雅を好む貴公子型の人物が多く、二世以下は振わず、弘(ひろむ)の孫ら(三世源氏)以後は公卿に昇る者は絶えた。㈡仁明天皇以降、二世王に対する源氏賜姓が始まった。二世の源氏賜姓の初例は、仁明の皇子時康親王(のちの光孝天皇)が貞観十二年(八七〇)所生王子に賜姓を申請し許された例である。仁明源氏の一世は全員男子で一字名であり、多(まさる)・光(ひかる)は右大臣にいたったが、二世では人康(さねやす)親王の子興基が参議に任ぜられたのみである。㈢文徳源氏は、一世男子は「有」字を通字とし、なかでは能有が右大臣に昇り、その子当時(まさとき)も中納言となった。㈣清和源氏のうちでは、二世源氏である貞純親王の子経基の系統が後世武士として栄え、経基の子満仲は安和の変で摂関家と結び、その子頼光・頼親・頼信は摂津源氏・大和源氏・河内源氏の祖となった。鎌倉幕府を開いた源朝臣頼朝は頼信の系統から出ている。ただし、経基の系統を陽成源氏とする説もある。㈤陽成源氏のなかでは、一世賜姓の清蔭が大納言となった。㈥光孝天皇は、即位の初め所生子女を全員賜姓源氏としたが、その子宇多天皇は即位後、同母兄弟姉妹を親王と称することとした。光孝源氏のうち公卿となったのは、のち親王となった是忠を含めて四人であるが、『三宝絵詞』の作者為憲はこの系統の子孫である。㈦宇多源氏以降は、一世源氏が減り、二世賜姓が原則となる。宇多源氏のなかでは、敦実親王の子雅信の系統が栄え、雅信の女倫子は藤原朝臣道長の正室となった。㈧醍醐源氏は醍醐天皇の皇子兼明親王ら、および高明・自明ら四人の皇子、兼子ら二人の皇女、さらに克明親王ら八人の親王の子が源氏姓を賜わったのに始まる。のちに親王に復した兼明と高明とが史上で名高い。㈨村上源氏のなかでは、具平親王の子師房の子孫が繁栄し、師房の子俊房・顕房は左右大臣を占め、白河院政下で藤原氏と勢力を二分し、その後も清華家・大臣家として朝廷での地位を保った。以上のような源氏諸流を統轄する源氏長者が存在し、初めは嵯峨源氏の系統の人が任ぜられることになっていたが、そののち源氏中の最高官位の公卿が任ぜられることとなり、実質的には村上源氏によって独占された。皇族賜姓としては、ほかに平氏もあるが、二世王以下に対するもので、一世に対しては源朝臣の氏姓を賜わることが平安時代における原則であった。村上源氏以降も、花山源氏・三条源氏・後三条源氏などが断続的にみえるが、すべて二世王以下が対象であった。

【参考文献】 川崎庸之「時代と人物・古代」(同編『日本人物史大系』一所収)、林陸朗「嵯峨源氏の研究」(『上代政治社会の研究』所収)、同「賜姓源氏の成立事情」(同上書所収)

源朝臣明 みなもとのあそんあきら 八一四―八五二 嵯峨天皇の皇子。母は更衣飯高氏。弘仁五年(八一四)五月、源朝臣の氏姓を賜わって臣籍に下り、翌六年六月、左京に貫付せられた。父嵯峨の勧めにより、大学生山田連春城とともに学問に励む。天長九年(八三二)従四位上大学頭に任ぜられ、承和十三年(八四六)正月、正四位下刑部卿にいたる。嘉祥二年(八四九)二月、参議となったが、翌三年、兄仁明天皇の崩御にあい、同年十二月に出家し、法名を素然と称して横川(比叡山三塔の一。東塔・西塔に対する北塔)に住んだ。号は横川宰相入道。仁寿二年(八五二)十二月二十日、三十九歳で入滅した。

源朝臣生 みなもとのあそんいける 八二一―八七二 嵯峨天皇の皇子。母を『公卿補任』は笠朝臣継子、『本朝皇胤紹運録』は大原真人全子とする。承和五年(八三八)十一月、従四位上を授けられ、同十年正月、加賀守、同十二年正月、備後守となる。嘉祥三年(八五〇)三月、仁明天皇の葬儀に際して装束司となり、同年四月、仁明の七七日御斎会の時には御斎会行事となる。この時ともに散位。同四年二月、左京大夫に任ぜられ、同月、仁明の御忌斎会に当って左京大夫として壮厳堂舎司となる。同年四月一日、出居(でい)侍従に任ぜられ、仁寿四年(八五四)正月、左京大夫のまま美作守を兼任。斉衡二年(八五五)二月、治部卿となる。天安二年(八五八)十一月、正四位下に昇り、貞観二年(八六〇)二月、治部卿から大蔵卿に転じた。以後、筑前守・讃岐権守を兼ね、同六年正月、参議となった。その後、相模守・讃岐権守・右衛門督を兼任し、同十四年七月、病気のため右衛門督を辞することを上表したが許されなかった。この月、再度の上表をして辞任を認められた。病気中に落髪して僧となったという。同年八月二日、五十二歳で卒した。

源朝臣興基 みなもとのあそんおきもと 八四五—八九一 仁明天皇の皇孫。光孝天皇同母弟の四品弾正尹人康(さねやす)親王の子。貞観八年(八六六)正月、無位から従四位下に叙せられ、侍従・信濃権守・播磨権守などを歴任。同十六年正月、従四位上に進み、弾正大弼・左馬頭兼伊勢守を歴任。元慶四年(八八〇)二月、子女の忠相(ただみ)王・敏相王・宜子女王らとともに源朝臣の氏姓を賜わり、臣籍に下った。同五年、左近衛権中将に任ぜられ、備前守を兼任。蔵人頭となり、同八年十一月、正四位下にいたった。仁和三年(八八七)禁色をゆるされ、伊勢権守を兼任。寛平三年(八九一)三月、参議となり、同年四月、宮内卿を兼任。同年九月、四十七歳で卒した。元慶六年・仁和二年には、相撲司に任ぜられた。父人康親王は、藤原朝臣基経とは母方の従兄弟に当り、興基の姉妹には、基経の室となり、時平・仲平・忠平らを生んだ女子がいる。

源朝臣興 みなもとのあそんおこす 八二八—八七二 嵯峨天皇の皇孫。左大臣常(ときわ)の子。承和十二年(八四五)正月、従五位下に叙せられ、同十三年正月、侍従となった。左兵衛権佐・右兵衛権佐などを歴任。斉衡三年(八五六)左近衛権少将、天安元年(八五七)右近衛中将となり、筑前守・美作守などを兼任。貞観五年(八六三)正月、従四位上に進む。伊勢守・阿波守などを兼任し、同八年には蔵人頭となった。同十四年十一月十九日、四十五歳で卒した。

源朝臣潔姫 みなもとのあそんきよひめ —八五六 嵯峨天皇の皇女。母は正六位上当麻真人治田麻呂の女。太政大臣正一位藤原朝臣良房室。良房が弱冠の時、その風操のすぐれているのが嵯峨の目にとまり、勅して潔姫を嫁がせたもので、文徳天皇の女御で清和天皇の母である藤原朝臣明子(あきらけいこ)はその長女。潔姫は琵琶にすぐれ、承和八年(八四一)正四位下、仁寿元年(八五一)従三位、同三年、正三位を授けられる。斉衡三年(八五六)六月二十五日、薨去。賀楽岡白川の地(京都市左京区吉田神楽岡町)に葬られた。

源朝臣加 みなもとのあそんくわう 嵯峨天皇の皇孫。参議生(いける)の子。貞観二年(八六〇)十一月、正六位上から従五位下に叙せられた。同九年二月、侍従に任ぜられ、元慶元年(八七七)十一月、従五位上に進む。時に加賀権守。同八年三月、備前権守となり、同年十一月、正五位下に叙せられた。仁和元年(八八五)には備前国上道郡(岡山市東部)の人山吉直らが讃岐国鵜足郡(香川県北西部。綾歌郡の一部)の人宗我部(そがべ)秀直らを闘殺する事件が起こり、加が権守として罪を断じたことが正史にみえる。

源朝臣是貞 みなもとのあそんこれさだ —九〇三 光孝天皇の皇子。母は仲野親王の女皇大夫人班子女王。貞観十二年(八七〇)二月、源朝臣の氏姓を賜わり、臣籍に下る。元慶八年(八八四)六月、父光孝即位に際し、改めて源朝臣の氏姓を賜わり、左京一条に貫付された。同年十一月、従四位上に叙せられ、左近衛中将などを歴任。寛平三年(八九一)十二月、親王となり、四品に叙せられた。延喜三年(九〇三)七月二十五日、三品大宰帥をもって薨じた。「是貞親王家歌合」の和歌が、

『古今和歌集』以下にみえる。

源朝臣是忠 みなもとのあそんこれただ 八五七—九二二 光孝天皇の皇子。母は仲野親王の女皇大夫人班子女王。貞観十二年(八七〇)二月、源朝臣の氏姓を賜わり、臣籍に下った。同十七年正月、従五位下に叙せられ、侍従などを歴任。元慶八年(八八四)六月、父光孝即位に当り、改めて源朝臣の氏姓を賜わって左京一条に隷せられた。同月、帯剣を勅授され、参議を拝命。そののち近江守などを兼任。仁和三年(八八七)十一月、従三位に昇り、寛平二年(八九〇)九月、左衛門督を兼任。同三年三月、中納言に昇任し、七月、検非違使別当となったが、十二月、親王に立てられ、三品に叙せられた。同五年、新羅の賊が来寇した時には、当時大宰帥であった親王が勅符を賜わり、大弐らに追討の命を下した。延喜四年(九〇四)式部卿で大学別当に補せられ、同八年正月、勅によって輦車で宮中に出入することと、節会の行列に立たなくてよいことをゆるされた。同二十年、出家。当時、一品式部卿。同二十二年十一月二十二日、六十六歳で薨じた。その邸宅に因んで、南院親王、或いは南宮と号した。延喜六年の日本紀竟宴で詠じた和歌が残っており、薨時、大法師浄蔵に除病法を修せしめ、一時蘇生したことが、『拾遺往生伝』などにみえる。

源朝臣貞恒 みなもとのあそんさだつね 八五七—九〇八 光孝天皇の皇子。名は貞経にも作る。貞観十二年(八七〇)二月、源朝臣の氏姓を賜わり、臣籍に下る。元慶七年(八八三)従五位下に叙せられ、そののち美濃守・右近衛中将などを歴任。寛平五年(八九三)二月、参議となり、大蔵卿・右衛門督などを兼任。延喜二年(九〇二)正月、中納言に任ぜられ、同六年十一月、正三位に昇った。同八年正月、大納言にいたったが、八月一日、五十二歳で薨じた。同六年閏十二月、日本紀竟宴に列して詠じた和歌が残っている。

源朝臣定 みなもとのあそんさだむ 八一五—八六三 嵯峨天皇の皇子。母は百済王(くだらのこにきし)慶命。弘仁五年(八一四)の詔により、誕生とともに源朝臣の氏姓を賜わり、臣籍に下った。天長八年(八三一)元服し、同九年正月、従三位に叙せられ、美作守となる。同十年八月、参議を拝命し、治部卿・中務卿・播磨守などを兼任。承和七年(八四〇)淳和上皇崩御の折、辞職を請い、参議の任を解かれた。同十四年正月、再び参議に任ぜられ、中務卿・尾張守を兼任。嘉祥二年(八四九)正月、中納言を拝任。同三年四月、先帝の時と同様に帯剣を勅賜され、正三位に昇る。仁寿三年(八五三)左兵衛督を兼任。天安元年(八五七)六月、要請して左兵衛督の任を解かれる。同二年十一月、右近衛大将を兼任。貞観元年(八五九)十二月、大納言に昇任。同三年二月、詔によって鷹鶻を私有して山城・河内国などの禁野外において遊猟することをゆるされた。同五年正月三日、四十九歳で薨じ、従二位を追贈された。嵯峨上皇は定を淳和上皇の子とし、淳和は定を寵愛して親王としようとしたが、嵯峨は聴さなかった。世俗の艱難を知らず、性温雅にして、音楽を愛好し、世に四条大納言・賀陽院大納言と称された。

源朝臣覚 みなもとのあそんさとる 八四九—八七九 仁明天皇の皇子。母は山口氏。源朝臣の氏姓を賜わって臣籍に下り、貞観十一年(八六九)正月、従四位上に叙せられた。そののち但馬守・右京大夫・丹波守・美濃守などを歴任。元慶元年(八七七)十月、宮内卿に任ぜられ、同年十一月、陽成天皇即位後の大嘗会に際しては悠紀行事を務め、正四位下に昇った。同三年十月二十日、三十一歳で卒した。官人として有能であったが、学問にもすぐれ、清和天皇の時、『群書治要』の講席に侍したことがみえる。

源朝臣冷 みなもとのあそんすずし 八三五—八九〇 仁明天皇の皇子。源朝臣の氏姓を賜わり、臣籍に下った。嘉祥元年(八四八)清涼殿において元服し、同二年正月、従四位上に叙せられた。讃岐守・出居(でい)侍従を経て、仁寿四年(八五四)八月、右馬頭に任ぜられた。そののち但馬守・近江守・伊勢守・播磨権守・相模守などを経て、貞観十三年(八七一)正月、正四位下に進み、同十五年正月、宮内卿に任ぜられ、元慶元年(八七七)十月、右兵衛督を兼ねた。同六年二月、参議を拝命し、宮内卿・右兵衛督を兼任。同七年正月、伊予権守を兼ね、仁和三年(八八七)正月、従三位に昇り、同四年九月、左衛門督となった。同五年正月、美濃権守、同年二月、美濃守を兼任。寛平二年(八九〇)二月二十五日、五十六歳で薨じた。貞観五年・仁和二年の二度にわたり、母氏の過失によって皇族の籍を削られていた仁明天皇の皇子登と光孝天皇の皇子清実の賜姓を請う上表を本康親王らとともに提出し、許された。

源朝臣平 みなもとのあそんたいら 嵯峨天皇の皇孫。左大臣信(まこと)の子。文徳朝に蔵人となり、仁寿三年(八五三)正月、正六位上から従五位下に叙せられた。天安二年(八五八)九月、左兵衛佐に任ぜられ、貞観五年(八六三)四月、次侍従となる。同十九年正月、従四位下に進む。時に丹波権守。元慶四年(八八〇)十二月、清和上皇崩御に際しては、左右馬寮の監護に遣わされた。同八年二月、従四位上にいたる。仁和二年(八八六)二月、相模権守に任ぜられ、同三年六月には大膳大夫となった。

源朝臣尋 みなもとのあそんたずぬ 嵯峨天皇の皇孫。左大臣信(まこと)の子。尋は、「天資朱愚(先天性障害児)」であったため、父は子と認めず、系譜からも削除したが、なお不憫に思い、尋を呼びよせた。しかし、尋が赴かないうちに、父は薨じてしまった。そこで尋の兄弟である従四位下源朝臣平(たいら)らが、元慶五年(八八一)六月、尋に春朝臣の氏姓を賜わり本坊に編付されることを願い出て、詔によって許された。

源朝臣湛 みなもとのあそんたたう 八四五―九一五 嵯峨天皇の皇孫。左大臣融(とおる)の長子。母は贈太政大臣藤原朝臣総継の女。貞観五年(八六三)正月、従五位下に叙せられ、同十二年二月、侍従となった。同十八年十二月、左兵衛佐となり、元慶九年(八八五)正月、右近衛少将に任ぜられた。仁和三年(八八七)閏十二月、禁色・雑袍を許され、昇殿した。同四年十一月、五位蔵人となり、寛平二年(八九〇)従四位下に叙せられ、蔵人頭となる。内蔵権頭・内蔵頭・左近衛権中将などを歴任。同五年二月、参議に任ぜられ、同八年正月、従四位上に進む。弾正大弼・讃岐権守・刑部卿などを兼任。昌泰四年(九〇一)正四位下に進み、延喜八年(九〇八)正月、中納言を拝命し、従三位に昇る。同九年正月、陸奥出羽按察使(あぜち)を兼任。同十二年十二月、致仕を請うたが許されず、同十三年正月、大納言を拝命。同十四年八月、致仕。同十五年五月二十一日、七十一歳で薨じた。『雑言奉和』に、右近衛少将の時に作った漢詩一首がみえる。また『拾芥抄』によれば、宇多院(平安右京北辺三坊)は、元来、湛の邸宅であったという。

源朝臣有 みなもとのあそんたもつ 嵯峨天皇の皇孫。左大臣信(まこと)の子。文徳朝に蔵人を務め、天安二年(八五八)十一月、従五位下に叙せられた。貞観二年(八六〇)四月、次侍従となり、同五年正月、従五位上に進む。同十二年正月、相模権守となり、そののち正五位下に進み、因幡守となる。元慶六年(八八二)正月、従四位下に叙せられ、仁和二年(八八六)八月には斎内親王が伊勢大神宮に入る時の前駆に選ばれた。同三年二月、尾張権守に任ぜられ、そののち従四位上右馬頭にいたった。

源朝臣周子 みなもとのあそんちかこ ―九三五 醍醐天皇の更衣。近江の更衣と称した。右大弁従四位上唱の女。子は左大臣源朝臣高明ら三男四女(または五女)が知られる。醍醐の後宮に入って更衣となり、延喜三年(九〇三)正月二十二日、禁色を許され、同日より内宴に陪膳として奉仕する。次いで従四位下に叙せられた。同四年、初めて勤子内親王を生み、以後、都子内親王・雅子内親王・時明親王・高明(賜姓源氏)・兼子(賜姓源氏)・盛明親王を生む。『皇胤系図』では敏子内親王も周子の子とする。承平五年(九三五)の冬に卒去。醍醐との贈答歌が、『後撰和歌集』(六―

二七七)・『新古今和歌集』(一三—一一七二)・『玉葉和歌集』(九—一三六〇)などに収載されている。

源朝臣近善　みなもとのあそんちかよし　—九一八　光孝天皇の皇子。貞観十二年(八七〇)二月、源朝臣の氏姓を賜わり、臣籍に下った。元慶元年(八七七)十一月、正六位上から従五位下に進み、信濃権守となる。同八年五月、父光孝即位により従四位上に叙せられ、同年六月、改めて氏姓を賜わって左京一条に隷せられ、戸頭となった。仁和三年(八八七)五月、越前権守となり、延喜十一年(九一一)従三位に昇る。そののち治部卿となり、同十八年七月十四日、薨じた。

源朝臣恭　みなもとのあそんつつしむ　嵯峨天皇の皇孫。左大臣信(まこと)の子。初名は謹。文徳朝に蔵人を務め、斉衡二年(八五五)従五位下に叙せられた。貞観元年(八五九)雅楽頭となる。同十八年、名を恭と改めることを奏請し、ゆるされた。時に正五位下陸奥守。元慶二年(八七八)出羽国の蝦夷の乱に際し、陸奥国から兵を派遣して救援した。その後、民部大輔となり、同三年、従四位下に進み、大和守に任ぜられた。

源朝臣勤　みなもとのあそんつとむ　八二四—八八一　嵯峨天皇の皇子。左大臣融(とおる)の同母弟。母は正五位下大原真人全子。源朝臣の氏姓を賜わり、臣籍に下った。承和十四年(八四七)正月、無位から従四位上に叙せられ、山城守・阿波守を歴任。仁寿四年(八五四)九月、右近衛中将となり、斉衡二年(八五五)正月、伊予守を兼ねた。同四年正月、右兵衛督を経て天安二年(八五八)七月、宮内卿に任ぜられ、右兵衛督・相模守を兼任。貞観二年(八六〇)十一月、正四位下に進み、同八年正月、備中権守を兼ねた。同十二年正月、参議に任ぜられ、右兵衛督・近江守・右衛門督を兼任。同十七年正月、従三位に昇った。元慶二年(八七八)正月、播磨権守を兼任。同五年五月十六日、五十八歳で薨じた。西七条宰相と号した。文徳天皇崩後の固関(こげん)には左右馬寮を監護し、陽成天皇即位後の大嘗会御禊の御後次第司長官を務めたほか、しばしば山陵使に任命された。貞観六年には兄源朝臣信(まこと)・融(とおる)らとともに反逆を起こそうとしているとの密書が投ぜられ、伴宿禰善男により信の失脚が謀られたが、勤は事なきをえた。

源朝臣融　みなもとのあそんとおる　八二二—八九五　嵯峨天皇の皇子。母は正五位下大原真人全子。源朝臣の氏姓を賜わり、臣籍に下った。仁明天皇の皇子となり、承和五年(八三八)十一月、内裏において元服し、正四位下に叙せられ、天皇御筆の位記を賜わった。同六年閏正月、侍従となり、相模守・近江権守などを兼任。同十五年二月、右近衛中将に任ぜられ、嘉祥三年(八五〇)正月、従三位に進み、右衛門督となる。斉衡三年(八五六)参議を拝命し、貞観元年(八五九)正三位に叙せられ、同五年、左衛門督に遷任。同六年、中納言に任ぜられ、陸奥出羽按察使(あぜち)を兼任。同十二年、大納言、同十四年、左大臣に進む。同十五年、従二位に昇り、東宮傅を兼任。元慶元年(八七七)正二位に叙せられ、同八年、勅授帯剣し、勅によって文章博士菅原朝臣道真らを召し、太政大臣の職掌を詮議させた。仁和三年(八八七)従一位に昇る。同四年、宇多天皇の命で橘朝臣広相(ひろみ)・藤原朝臣佐世(すけよ)らの勘文によって阿衡の疑義を判じた。同五年、輦車で宮中に出入することをゆるされ、寛平二年(八九〇)腰輿をゆるされ、同六年には、乗車をゆるされた。同七年八月二十五日、七十四歳で薨じ、正一位を贈られた。河原左大臣と号す。陽成天皇譲位に際し、皇位を望んで藤原朝臣基経に止められたことが『大鏡』などにみえる。また、『日本三代実録』によると、源朝臣信(まこと)・勤らとともに、反逆を起こそうとしているとの密書を投ぜられたこともあり、貞観(八五九—八七七)末年から元慶年間(八七七—八八五)にかけては閑居していた。その邸宅河原院(平安左京六条・七条四坊)は、東六条院とも号す名園で、陸奥国塩釜浦(宮城県塩竈市)を模し、海水を運んで池に汲み入れたことで有名である。没後は宇多法皇に献じられた。また、嵯峨には、棲霞観(のちの棲霞寺。京都市右京区嵯峨釈迦堂藤ノ木町にあった)と称す山荘を所有し、清和上皇の御幸を仰いだ。『古今和歌集』『後撰和歌集』などに、和歌が選ばれている。河原院で、宇多法皇が融の霊に出会った話が、『江談抄』『古事談』『今昔物語集』などにみえている。

源朝臣常 みなもとのあそんときわ 八一二―八五四 嵯峨天皇の皇子。母は更衣飯高氏。弘仁五年(八一四)五月、源朝臣の氏姓を賜わって臣籍に下り、翌六年六月、左京に貫付された。天長五年(八二八)正月、従四位下に叙せられ、同七年六月、従四位上に進み、兵部卿となる。同八年正月、従三位に昇り、同九年十一月、参議を経ずに中納言に任ぜられた。同十年三月、正三位に叙せられ、承和四年(八三七)六月、左近衛大将を兼任。同五年正月、大納言となる。同七年八月、右大臣に昇進し、恒貞親王の東宮傅を兼ねた。同八年十一月、従二位に昇り、同九年八月、承和の変後、新たに道康親王の東宮傅となった。同十一年七月、左大臣に転じ、嘉祥三年(八五〇)四月、正二位に昇る。仁寿四年(八五四)六月十三日、四十三歳で薨じ、正一位を贈られた。『令義解』『日本後紀』の編纂に携わり、『古今和歌集』にその和歌が採録されている。東三条左大臣と号し、双丘(京都市右京区御室にある丘陵)の南には山荘を有していた。操行深沈なるをもって父嵯峨天皇に寵愛され、容儀閑雅・言論和順にして丞相の器と称された。

源朝臣舒 みなもとのあそんのぶる 八三二?―八八五 九世紀後半の公卿。父は嵯峨天皇の皇子明(あきら)、母は右大臣橘朝臣氏公(うじきみ)の女。承和十二年(八四五)正月、蔵人(くろうど)となり、同十四年に辞退。翌年正月、従五位下を授けられる。時に無位。斉衡二年(八五五)正月、美濃権介となり、天安二年(八五八)四月、雅楽頭に任ぜられた。同年四月十一日、天下の平安を祈るため右近衛中将源朝臣興(おこす)らとともに大神社に遣わされた。同年九月、左兵衛権佐となり、同年十一月、従五位上に昇叙された。貞観二年(八六〇)十二月、次侍従に任ぜられ、同五年二月、左近衛少将となる。翌六年正月、正五位下に昇り、同月十六日、備中権守を兼任。同七年六月、左相撲司となり、同八年正月、近江権介を兼ね、同九年正月、従四位下に昇った。翌十年正月、左近衛中将に転じ、同十二年正月、備中権守となる。時に左近衛中将従四位下。翌十三年三月、蔵人頭に補任。同十四年五月、鴻臚館に遣わされ、渤海国の大使楊成規(ようせいき)らがもたらした渤海国王の啓(上書)および信物を検領した。同十五年正月、従四位上となり、翌十六年二月、右大弁に任ぜられた。同十七年(八七五)九月七日、参議となり台閣に列した。翌十八年正月、伊予権守を兼任し、翌月には改めて近江権守を兼ねることになった。同年七月、奇鳥一羽を獲て献上した。その奇鳥の大きさと体形は鴨のようで、羽毛や觜(くちばし)および脚は、みな赤色であったという。勅によってその奇鳥は北山(京都市北区大北山一帯の山)に放たれた。同十九年正月、正四位下に叙せられ、同年二月、左大弁に転じた。元慶元年(八七七)四月二十六日、この年十一月に行なわれる大嘗会に備えて検校大嘗会事となった。また翌十二月二十一日付で藤原朝臣保則を東大寺別当に補任する「太政官牒」に署名している。翌二年正月、左近衛中将に再任され、同年三月、幣馬を諸大神に奉るため使者が分遣された時、平野大神に派遣され、天下の平安と五穀の豊稔とを祈った。この年二月二十五日付で聖宝(しょうぼう)を弘福寺別当に補任する「太政官牒」に署判を加えている。同三年二月、陽成天皇の命をうけて清和院に行き、天皇の表を奉った。この年十二月、検校山城国班田使となる。ただし京師にとどまっていて現地には赴かず、その処分は国司に委ねた。元慶五年(八八五)二月、讃岐守となり、同年七月、右衛門督に任ぜられたが、同年十一月二十九日、五十歳で卒した。『公卿補任』は、享年を五十四歳とする。蔵人に任ぜられた年から察すると五十四歳で没したとするほうが正しいか。

源朝臣昇　みなもとのあそんのぼる　八四八―九一八　嵯峨天皇の皇孫。左大臣融(とおる)の子。貞観十七年(八七五)正月、従五位下に叙せられた。元慶三年(八七九)十一月、従五位上に進み、土佐権守・右馬助を経て、同九年二月、左兵衛佐となる。左衛門権佐・近江介を歴任して寛平二年(八九〇)侍従を兼任。同三年四月、右中弁に任ぜられた。同四年から五位蔵人を務め、同五年、従四位下に進み、蔵人頭となり、左中弁に転じた。同六年十二月、侍従を兼任。同七年、参議を拝命。勘解由長官・伊予権守・右兵衛督などを兼任。同九年七月、従四位上、延喜四年(九〇四)正月、正四位下と進み、同八年、中納言となり、従三位に叙せられた。同九年四月、民部卿を兼任。同十四年、大納言を拝命。同十五年十二月には大納言藤原朝臣道明とともに、官奏に候せしむべしという宣旨が下された。同十六年三月、正三位に昇る。同十七年十月には宇多法皇が河原院(平安左京六条・七条四坊)において、昇の七十の賀を行なった。同十八年六月二十九日、七十一歳で薨じた。河原大納言と号す。作歌が『古今和歌集』『後撰和歌集』にみえる。

源朝臣光　みなもとのあそんひかる　八四六―九一三　仁明天皇の皇子。源朝臣の氏姓を賜わり、臣籍に下った。貞観二年(八六〇)十一月、従四位上に叙せられ、同三年五月、次侍従となる。同七年、美作守、同十四年、相模権守、同十五年、讃岐権守を経て同十八年正月、正四位下に進み、左兵衛督に任ぜられた。元慶五年(八八一)相模権守、同六年、播磨権守を兼任。同八年四月、参議を拝命。仁和四年(八八八)三月、相模権守、同五年正月、備中権守を兼任。寛平三年(八九一)中納言に任ぜられ、従三位に進む。同四年、民部卿、同五年、左兵衛督を兼任し、検非違使別当に補せられた。同九年、権大納言となり、陸奥出羽按察使(あぜち)を兼任。昌泰二年(八九九)二月、大納言に昇任。同四年正月、正三位に叙せられ、菅原朝臣道真左遷後、右大臣に任ぜられた。延喜三年(九〇三)正月、従二位に進み、同四年、東宮傅、同六年、右近衛大将、同九年、左近衛大将を兼任。同十年正月、正二位に昇る。同十三年三月十二日、狩猟中に泥中に馳せ入り、六十八歳で薨じ、正一位を追贈された。西三条大臣と号す。道真左遷に際しては、藤原朝臣定国・菅根らとともに藤原朝臣時平に加担したことが、『北野縁起』『太平記』などにみえる。延喜六年の日本紀竟宴の折に作った和歌が残る。また、家で前栽合を行なったことが『拾遺和歌集』巻五にみえる。『扶桑略記』によると、夢の告げによって、元来五十九歳であった命を延ばすため、観音法や菩薩法を修せしめたという。また、才智賢明の評があり、醍醐天皇の時代、五条の道祖神の柿の木に金色の仏が現われた際、屎鵄であることを見破ったという説話が、『今昔物語集』や『宇治拾遺物語』に残されている。

源朝臣啓　みなもとのあそんひらく　八二九―八六九　嵯峨天皇の皇子。母は更衣山田宿禰近子。源朝臣の氏姓を賜わり、臣籍に下った。仁寿元年(八五一)十一月、正六位上から従四位上に叙せられ、斉衡三年(八五六)正月、越中守を拝任。そののち加賀守・相模守・越前守を歴任したが、現地には赴かなかった。貞観十一年(八六九)八月二十七日、四十一歳で卒した。父嵯峨天皇に寵愛され、勅によって兄左大臣源朝臣常(ときわ)の子となった。文章を好み、射をもよくし、人と為り謹厚で推敬せられた。信仰心も深く、病気のため落髪したのち卒した。

源朝臣弘　みなもとのあそんひろむ　八一二―八六三　嵯峨天皇の皇子。母は上毛野(かみつけの)朝臣氏。弘仁五年(八一四)五月、源朝臣の氏姓を賜わって臣籍に下り、翌六年六月、左京に貫付された。天長五年(八二八)正月、従四位下に叙せられ、同七年八月、従四位上に進み、宮内卿となる。播磨権守・信濃守を兼任。承和二年(八三五)五月、刑部卿に任ぜられ、信濃守・美作守を兼任。同五年八月、治部卿に転じ、同九年七月、参議を拝命。そののち尾張守・左大弁を兼任。同十三年十二月には、班山城田使長官に任命された。同十四年正月、従三位に進み、同十五年正月、中納言となる。仁寿元年(八五一)十一月、正三位に昇り、貞観元年(八五九)十二月、大納言に任ぜられた。同五年正月二十五日、五十二歳で薨じた。広幡大納言と号した。「性と為り寛厚にして、……政体に通暁」していた。幼時から、経史を読み、隷書をよくした。父嵯峨天皇は、弘の好学を喜び、特に多くの経籍を賜わった。

源朝臣信 みなもとのあそんまこと 八一〇—八六八 嵯峨天皇の皇子。母は広井宿禰氏。弘仁五年(八一四)五月、源朝臣の氏姓を賜わって臣籍に下り、翌六年六月、弟弘・常(ときわ)らとともに左京に貫付され、戸主となった。天長二年(八二五)十月、従四位上に叙せられた。同三年、侍従を経て治部卿となる。同五年、播磨権守を兼任。同八年七月、参議を拝命。同九年正月、正四位下に進み、同年十一月、左兵衛督となる。同十年三月、従三位に昇る。承和二年(八三五)正月、正三位に進み、近江守を兼任。同年四月、左近衛中将にうつる。同四年六月、左衛門督となった。同八年七月、武蔵守を兼任。同九年七月、中納言を拝命。同十五年正月、大納言に昇任。嘉祥三年(八五〇)四月、従二位に昇り、同年十一月、東宮傅を兼任。仁寿四年(八五四)八月、右近衛大将を兼任。斉衡四年(八五七)二月、左大臣に任ぜられた。天安二年(八五八)十一月、正二位に昇る。貞観十年(八六八)閏十二月二十八日、五十九歳で薨じた。同十一年、正一位を追贈された。北辺大臣と号す。書伝を読み、草隷・図画に巧みであった。また音楽の道にも通じ、射猟をも好んだ。貞観元年には、遊猟の地として摂津国河辺郡為奈野(兵庫県尼崎市北部から伊丹市などにかけての猪名川流域の地)を賜わり、同八年には、勅によって鷹三聯・鷂二聯を飼うことを許されている。貞観初年の頃から大納言伴宿禰善男との間に隙が生じ、貞観六年冬には信が弟の融(とおる)・勤らとともに反逆を謀っているとの投書があり、善男はこれに乗じて信を陥れようとした。同七年春には信の家人清原春滝ら武勇にすぐれた者が地方官に任ぜられ、信の家の武力が削がれた。同八年春になると、善男は右大臣藤原朝臣良相(よしみ)と相談し、信の家を包囲しようとしたが、急を知った太政大臣藤原朝臣良房の上奏によって事なきを得た。『大鏡裏書』では、この事件を応天門の焼失(閏三月十日)後とし、良相と善男が応天門焼失を信の仕業と断じたとする。そののち応天門の変によって、善男は失脚したが、信も門を閉ざして敢えて外出せず、憂情を慰めんがため摂津国へ赴き、狩猟中、落馬したことが原因で薨じた。

【参考文献】 佐伯有清『伴善男』(『人物叢書』)、青木和夫「伴大納言」(『人物日本の歴史』二所収)

源朝臣当時 みなもとのあそんまさとき 八五七—九二一 文徳天皇の皇孫。右大臣能有の子。元慶六年(八八二)正月、従五位下に叙せられ、同八年三月、侍従となる。周防介・美濃介を歴任。寛平二年(八九〇)閏九月、左京亮となる。右馬助・右衛門権佐を歴任。同七年八月、左少弁に任ぜられ、同八年、権右中弁となり、木工頭を兼任し、右中弁に転ずる。同九年五月、左中弁に任ぜられ、昌泰四年(九〇一)四月、雑袍をゆるされ、延喜二年(九〇二)正月、従四位下に進む。同八年正月、右兵衛督となる。同十一年、参議を拝命し、右兵衛督を兼任。検非違使別当となる。播磨権守・近江権守を兼ね、同十五年正月、正四位下に進んだ。同十九年、讃岐守・右衛門督を兼任。同二十一年正月、中納言を拝命、従三位に叙せられた。同年五月四日、六十五歳で薨じた。『類聚雑例』によると、葬送後、骸骨を粉として一器に入れ、東山住僧蓮舟法師の私寺に安置したという。延喜六年、日本紀竟宴の際に作った和歌が残る。

源朝臣多 みなもとのあそんまさる 八三一—八八八 仁明天皇の皇子。源朝臣の氏姓を賜わり、臣籍に下った。嘉祥二年(八四九)正月、従四位上に叙せられた。同三年正月、阿波守となったが、仁明の落飾に従って出家した。そののち還俗し、仁寿三年(八五三)再び阿波守となり、宮内卿に任ぜられた。美作守・備中守を兼任し、同四年八月、参議を拝命。宮内卿・備中守を兼任し、斉衡二年(八五五)正月、越前権守を兼ねる。天安元年(八五七)六月、左兵衛督となり、同二年、信濃守・伊勢守を兼任、正四位下に昇る。貞観三年(八六一)正月、備前守を兼ね、同六年三月、左衛門督となった。同八年正月、従三位に叙せられ、同十年正月、近江守を兼任。同十二年正月、中納言を拝命し、左衛門督を兼任。同十四年八月、大納言を拝命。同十五年四月、勅授帯剣。同十七年正月、正三位に進み、同年二月、陸奥出羽按察使(あぜち)を兼任。同十九年二月、左近衛大将となる。元慶三年(八七九)従二位に叙せられる。同六年正月、右大臣を拝命。職封半減を上表して許された。仁和三年(八八七)十一月、正二位に昇ったが、同四年十月十七日、五十八歳で薨じ、従一位を追贈された。正史によれば、元慶年間(八七七―八八五)には、四月擬階奏の儀式などに天皇の出御がない時は、多が奉勅して行事を行うなど、さまざまな儀式や政務に活躍していたことがうかがえる。『菅家文草』には、大納言の時に菅原朝臣道真に依頼して作らせた職封返納を請うた奏状が残されている。また、『政事要略』巻六十七に収める延喜十七年(九一七)三善朝臣清行の奏状に、仁和年間(八八五―八八九)禁止されていた深紅色の褂子を着用していたのを検非違使にとがめられ、褫(は)ぎ去られたことがみえる。元慶六年(八八二)の日本紀竟宴の際に作った和歌が残る。

源朝臣益　みなもとのあそんまさる　―八八三　九世紀後半の人。嵯峨天皇の皇孫散位従五位下蔭の子。母は陽成天皇の乳母従五位下紀朝臣全子。元慶七年(八八三)十一月十日、殿上に侍していたところ、格殺された。禁中における事件のため秘密にされていたが、『尊卑分脈』源蔭の項や『玉葉』承安二年(一一七二)十一月二十日条などによれば、陽成によって殺されたという風聞もあった。

源朝臣希　みなもとのあそんまれ　八四九―九〇二　嵯峨天皇の皇孫。大納言弘の子。陽成朝に蔵人となり、元慶八年(八八四)二月、正六位上から従五位下に叙せられ、同年三月、内蔵助となった。民部少輔・右衛門権佐を経て仁和二年(八八六)正月、右少弁に任ぜられ、斎院長官・近江権介を兼任。同四年十一月、従五位上に進む。寛平二年(八九〇)侍従・大蔵大輔を兼任。同三年、右近衛少将となり、禁色をゆるされた。時に五位蔵人で左少弁を兼任。同四年正月、右近衛権中将に昇任。同五年正月、伊予守を兼ね、従四位下に進む。権左中弁から右大弁へと転じ、蔵人頭に補せられた。修理大夫・右兵衛督を兼任。同六年、左近衛中将となり、侍従を兼ねる。同七年十月、参議を拝命。右大弁・左中将・播磨守・侍従などを兼任。同九年五月、左大弁に転じ、同年七月、従四位上に進んだ。昌泰二年(八九九)中納言に任ぜられ、従三位に昇る。民部卿・侍従を兼任。延喜二年(九〇二)正月十九日、五十四歳で薨じた。

源朝臣本有　みなもとのあそんもとあり　文徳天皇の皇子。母は摂津守滋野(しげの)朝臣貞雄の女。仁寿三年(八五三)六月、源朝臣の氏姓を賜わり、左京に貫付された。貞観十年(八六八)正月、無位から従四位上に叙せられた。同十二年正月、次侍従となり、越前権守に任ぜられた。元慶六年(八八二)正月、正四位下に進む。時に周防権守。同九年正月、治部卿を拝命。仁和二年(八八六)八月には、送伊勢斎内親王使に任ぜられた。

源朝臣旧鑒　みなもとのあそんもとみ　―九〇八　光孝天皇の皇子。母は従五位下大判事讃岐朝臣永直の女。貞観十二年(八七〇)二月、源朝臣の氏姓を賜わり、臣籍に下った。元慶八年(八八四)父光孝即位後、時服月俸に与り、無位から従四位上に叙せられた。仁和二年(八八六)正月、備前守、そののち左京大夫などを経て正四位下大蔵卿となる。延喜八年(九〇八)二月に卒した。女封子は醍醐天皇の更衣となり、克明親王らを生んだ。

源朝臣行有　みなもとのあそんゆきあり

八五四―八八七　文徳天皇の皇子。母は布勢(ふせ)氏。貞観三年(八六一)四月、源朝臣の氏姓を賜わり、臣籍に下った。同十七年正月、従四位上美作守となった。そののち周防権守・左京大夫を歴任。元慶六年(八八二)治部卿に任ぜられ、美作守・武蔵権守を兼任。同八年二月、陽成天皇譲位の固関(こげん)の折には、左馬寮を監護した。仁和元年(八八五)正月、大宰大弐となり、在任中の同三年六月二十日、三十四歳で卒した。

源朝臣能有　みなもとのあそんよしあり　八四五―八九七　文徳天皇の皇子。母は伴宿禰氏。仁寿三年(八五三)六月、源朝臣の氏姓を賜わって臣籍に下り、左京に隷せられた。貞観四年(八六二)正月、無位から従四位上に叙せられ、同十一年二月、大蔵卿となる。同十四年八月、参議を拝命し、左兵衛督などを兼任。同十八年正月には左近衛中将を兼任。元慶元年(八七七)十一月、従三位に進み、同二年正月、左衛門督を兼ね、その後検非違使別当となった。同六年正月、中納言に昇任。仁和四年(八八八)九月、民部卿を兼ねた。寛平元年(八八九)右近衛大将となり、東宮傅を兼任。同二年正月、正三位に昇り、同三年三月、大納言に昇任。同四年五月、初めて弁官の雑事を奏した。同五年、左近衛大将に転じ、東宮傅・民部卿を兼任。同七年十二月、五畿内諸国別当に補せられ、同八年七月、右大臣に任ぜられた。同九年六月八日、五十三歳で薨じ、正二位を追贈された。近院大臣と号した。妻は藤原朝臣基経の女で、女昭子は藤原朝臣忠平室となり、師輔らを生んだ。宇多天皇の信任厚く、詔により『日本三代実録』の編纂に当ったが、完成をみずに没した。母伴氏の法会の願文を菅原朝臣道真に依頼したことが『菅家文草』にみえ、また、『古今和歌集』以下に作歌が収録されている。

三成　みなり　―六四三　七世紀中頃の人で、山背大兄王の奴。皇極二年(六四三)十一月に蘇我臣入鹿は巨勢臣徳太・土師娑婆連を遣わして、王を攻めた。その際、三成は数十の舎人とともに奮戦して土師娑婆連は箭に当り死んだ。その有様を攻め手の人々は、一人で千人にも当るとは三成のことであろうか、と話し合ったという。王はその間に胆駒山(生駒山。奈良県と大阪府との境にある生駒山地の主峰)に逃れることができたが、三成は王に私的に仕える従者であったのであろう。

水主氏　みぬしうじ　火明(ほのあかり)命の九世孫玉勝山代根古命の後裔氏族。水取氏と同じく「もいとり」とも訓む。姓は直。水部の伴造氏族か。本拠地は山城国で、久世郡水主郷(京都府城陽市水主付近)に式内大社水主神社が鎮座。同族が美濃国本簀郡(岐阜県本巣郡)にも分布する。同系氏族に雀部(さざきべ)連・軽部造・蘇宜部(そがべ)首らがいる。

【参考文献】佐伯有清『新撰姓氏録の研究』考証篇三

水主内親王　みぬしないしんのう　―七三七　天智天皇の皇女。母は栗隈首徳万の女黒媛娘。霊亀元年(七一五)時に四品で封百戸を益せられ、天平九年(七三七)二月、三品に叙せられたが、同年八月二十日、薨じた。仏教の信仰に篤く、天平六年、大和国広瀬郡(奈良県北葛城郡河合町・広陵町付近)内の水陸田などを購入し、弘福寺(奈良県高市郡明日香村川原)に施入した。また所有の経疏『水主宮経』は、写経のため各所に貸し出され、その目録も作成された。なお『万葉集』(二〇―四四三九)に、内親王の病をなぐさめるため雪を賦する歌を詠むよう太上天皇(元正上皇か)が侍嬬らに命じた時、石川命婦(坂上郎女の母)一人これに応じたことがみえる。

水間氏　みぬまうじ　のちの筑後国三瀦(みぬま)郡三瀦郷(福岡県三瀦(みずま)郡三瀦町)を本拠とする氏族か。姓は君。『日本書紀』雄略十年九・十月条に、筑紫国で水間君の犬が呉の献った鵝鳥を殺したため、その贖罪として水間君が鴻(かり)と養鳥人を献じて許された記事がある。また、神代巻にみられる水沼君と同族とする説がある。景行巻の水沼別や水沼県主と同系か。

水沼県主猿大海　みぬまのあがたぬしさるおおみ　筑後国の水沼県(三瀦(みぬま)郡。

現在の福岡県三潴(みずま)郡・大川市と筑後市・柳川市・久留米市の各一部)の県主(水沼県主は水沼君の一族か)。景行十八年七月、景行天皇が筑紫後(つくしのみちのしり)国の八女県(福岡県八女郡・筑後市・八女市の一帯)にいたり、藤山(久留米市藤山町付近の山か)を越えて南方の粟岬(比定地未詳)を見下した際、山々には神がいるかと尋ねた。猿大海は、八女津媛という女神がいると答えたという。これは八女国の地名起源説話であるが、『住吉大社神代記』には、垂仁朝に八女県の藤山において上奏し、八女津媛という女神が山中にいて大神に仕えていると述べたとある。

弥努摩女王　みぬまじょおう　―八一〇　光仁天皇の皇女。桓武天皇・早良(さわら)親王らの妹。美努摩・美弩摩・弥奴磨にも作る。宝亀元年(七七〇)十一月、従四位下から四品となり、さらに同十一年十一月、三品となる。時に内親王とある。延暦二十四年(八〇五)僧侶五十九人を賜わる。天智天皇の皇子施基皇子の孫に当る神王の妻という。大同五年(八一〇)二月、薨じた。

三野氏　みのうじ　三野県主の後裔氏族。美努・三努・美奴・美弩にも作る。姓は初め県主、天武十三年(六八四)八色の姓制定に際し、連を賜わる。氏名は、『延喜式』神名帳(河内国若江郡条)の御野県主神社(大阪府八尾市上之島町南)の地名に由来し、三野県(八尾市北東部から東大阪市南東部にかけての一帯)が本拠地であったと考えられる。また、同氏には外交や学問で名を残す者が多く、大きな特色となっている。この氏にはほかに三野真人氏・三野臣氏、摂津国西成郡三野郷(大阪市西淀川区から此花区高見にかけての一帯)の地名に基づく三野造氏などの三野氏が知られる。

三野県主小根　みののあがたぬしおね　五世紀後半の河内国の豪族。三野県(大阪府八尾市北東部から東大阪市南東部にかけての一帯)を管理した氏族であろう。雄略二十三年八月、星川皇子の乱が平定された折、皇子らは焼き殺されたが、小根は草香部吉士漢彦を介して大伴連室屋に助命を乞うた。室屋はそれを許したが、小根はその恩に報いるため、室屋に難波の来目邑(比定地未詳)の大井戸の田十町、漢彦に田地を献じたという。『延喜式』神名帳(河内国若江郡条)に御野県主神社二座(大阪府八尾市上之島町南に鎮座)が記されており、小根の出身は同地付近であろう。

美努連岡麻呂　みののむらじおかまろ　六六二―七二八　八世紀初めの中級官人。氏姓を三野連、名を岡万にも作る。姓は初め県主、天武十三年(六八四)連を賜わる。文武天皇の大宝元年(七〇一)五月、第七次遣唐使の一員となり、「小商監従七位下中宮少進」として執節使粟田朝臣真人・大使高橋朝臣笠間らに随行入唐した(渡海は翌年六月)。霊亀二年(七一六)正月、正六位上から従五位下に昇叙され、のち主殿頭に任ぜられたが、神亀五年(七二八)十月二十日、卒した。六十七歳。『万葉集』に、渡唐に際し手向けに送った春日蔵首老の歌一首(一―六二)がみえ、その功を顕彰した天平二年(七三〇)十月□日付の墓誌が遺存する。明治五年(一八七二)に大和国平群郡萩原村龍王(奈良県生駒市萩原町)からの出土と伝え、現在東京国立博物館に所蔵されるが、その銘文中には「其の人と為り、心を小(せ)めて帝に事(つか)へ、孝を移して忠と為す。忠帝の心に簡ばれ、能臣下に秀づ。功を成して業を広くし、一代の高栄を照す。名を揚げて親を顕はし、千載の長跡を遺す。令聞尽き難く、余慶窮り無し。仍て斯の文を作り、中墓に納め置く」とある。

【参考文献】奈良国立文化財研究所飛鳥資料館編『日本古代の墓誌』、佐伯有清『新撰姓氏録の研究』考証篇四

美努連清名　みののむらじきよな　九世紀後半の明経家。河内国若江郡(大阪府八尾市・東大阪市付近)の人。長く明経道の教官の直講を務め、貞観十四年(八七二)従六位下で、菅原朝臣道真とともに存問渤海客使となり、同領客使を兼ね、同十八年には正六位上、元慶元年(八七七)には外従五位下であった。同三年正月に従五位下に叙せられ、同年閏十月、子女らとともに許されて本貫を平安左京三条

に移す。貞観十八年、大極殿火災による廃朝の有無、元慶元年、平子内親王薨後の服喪、同年、夜間日食の廃朝の有無などにつき諮問をうけ、明経家として意見を具申している。

美努連浄麻呂 みののむらじきよまろ 八世紀前半の中級官人・学者。三野県主の後裔。氏名は美弩にも作る。慶雲二年(七〇五)従六位下から従五位下に叙せられ、翌三年八月には、遣新羅大使に任ぜられて同副使の従六位下対馬連堅石らとともに新羅に使いした。その際の新羅王に賜わった勅書が『続日本紀』同年十一月癸卯条にみえるが、それには「大使従五位下美努連浄麻呂」とその官位姓名が明記されている。翌四年五月、学問僧の義法(のち陰陽頭にも任ぜられた大津連意毗登)・義基・惣集・慈定・浄達らを伴って帰国した。そののち和銅元年(七〇八)三月、遠江守に任ぜられている。また浄麻呂は、補任の年月は不明であるが大学寮の教官の大学博士に任ぜられており、我が国最初の漢詩集『懐風藻』には「大学博士従五位下」として、「五言、春日、応詔」一首を載せる。

三野王 みののおう ―七〇八 七世紀後半―八世紀初めの官人。敏達天皇の孫または曾孫という栗隈王の子。妻はのち離婚し、藤原朝臣不比等の室となった県犬養橘宿禰三千代であり、その間に橘宿禰諸兄(葛城王)・橘宿禰佐為(佐為王)・牟漏(むろ)女王をもうけた。弥努王・美努王・美弩王・美奴王にも作る。天武元年(六七二)六月、壬申の乱に際し、弟の武家王とともに父の筑紫大宰栗隈王に従って筑紫国にいた。近江朝廷(大友皇子)側の使者佐伯連男が、軍兵をことごとく徴発するために筑紫に到着した。男は出発する時「栗隈王はもともと大海人皇子についていた男だ。もし命令にそむくようすが見えたら即座に殺せ」といわれていた。栗隈王は命令の文書を受け取ると「筑紫国は、辺境を外敵から守ることを任務としております。いま命令によって軍勢を発したなら国の備えはなくなります」と答えて拒否した。この時、三野王と武家王は、剣をはいて父のそばに立ち、退こうとしなかった。男は剣をしっかと握って進み出ようとしたが、あべこべに二王に殺されるのを恐れ、任務を果たせずにむなしく帰途についた。天武十年三月、川嶋皇子(天智天皇の皇子)らとともに、詔をうけ「帝紀」および上古の諸事の記録・校定に従い、同十四年九月、宮処王らとともに京および畿内に遣わされ、人々の用意した武器を校閲した。持統八年(六九四)九月、父の歴任した筑紫大宰率に任命された。時に浄広肆(令制従五位下)であった。大宝元年(七〇一)十一月、初めて造大幣司の任官があり、従五位下引田朝臣爾閉とともに正五位下で長官となる。同二年正月、左京大夫に転じたが、この時も同じく正五位下であった。慶雲二年(七〇五)八月、摂津大夫に任ぜられた時は、従四位下とある。和銅元年(七〇八)三月、治部卿となったが、同年五月に卒した。時に従四位下。この王の死去に際して、『万葉集』に「百小竹の 三野の王 西の廐 立てて飼ふ駒 東の廐 立てて飼ふ駒 草こそば 取りて飼ふといへ 水こそば 汲みて飼ふといへ 何しかも 葦毛の馬の 嘶え立ちつる」という挽歌一首(一三―三三二七)がみえる。なお藤原宮出土の木簡に「弥努王等解(平群大坂)二処」とある。美濃王(みののおう)と同一人物とする説もあるが、確実ではない。美濃王の項を参照。

【参考文献】 佐伯有清『新撰姓氏録の研究』考証篇一、原島礼二「上毛野『伝承』採用の条件―七世紀後半の上毛野氏の地位から―」(『日本歴史』一五四)、同「八色姓と天武政権の構造」(『史学雑誌』七〇―八)、胡口靖夫「美努王をめぐる二、三の考察」(『国史学』九二)、松崎英一「天武紀考証二題」(『日本歴史』三二一)、鈴木治「三野王について」(『天理大学学報』九八)、百江和昭「ミノ王に関する諸問題―若干の憶説を含む基礎的考察―」(『古代史の研究』六)

美濃王 みののおう 七世紀末の皇親。「美濃」王と記される人物は名を御野王にも作り、天武元年(六七二)六月二十四日、大海人皇子(のちの天武天皇)が吉野で挙兵後、東国へ向かう際、大和の甘羅村(奈良県宇陀郡大宇陀町神楽岡の地か)においてこれに従軍。壬申の乱終結後、天武二年十二月、造高市大寺司に任ぜられ、また同四年四月、竜田の立野(奈良県生駒郡三郷町立野の竜田大社の地)に風神を祠っている。しかし、『日本書紀』『続日本紀』には、「三野」「弥努」「美努」などと表記される「みの」王が散見する。そのなかには、壬申の乱の頃、父栗隈王に従って筑紫にあったと思われる「三野」王、天武朝の諸事業に参加した「三野」王、「弥努」王、県犬養宿禰三千代の先夫で橘朝臣諸兄の父である「美努」王がいる。「美濃」王を含め、これらの「みの」王の理解については諸説があるが、ほぼ同時期に二人の「みの」王が存在したとする説が有力である。しかし一人説もあり、また二人説の場合も、どの記載をもっていずれの「みの」王とするか問題とされる。

【参考文献】胡口靖夫「美努王をめぐる二、三の考察」(『国史学』九二)、鈴木治「三野王について」(『天理大学学報』九八)、百江和昭「ミノ王に関する諸問題—若干の憶説を含む基礎的考察—」(『古代史の研究』六)

三野狐　みののきつね　聖武朝に美濃国片県郡小川の市(岐阜市古市場か)にいた力女。『日本霊異記』によれば、同国の狐を母として生まれた人の四代目の孫に当り、大柄で力が強かったという。小川の市内に住み、往還の商人を迫害して物を取り上げて生活していた。これを聞いた尾張国愛智郡片輪里(愛知県名古屋市中区古渡町付近)の小柄な力女(元興寺の道場法師の孫)は、鞕で三野狐を打ち、あやまらせて市から追放したという。本説話は、『今昔物語集』に継承される強力譚であるが、三野狐は『日本霊異記』の美濃国の狐直の血縁であろう。

御刀媛　みはかしひめ　景行天皇の妃。『古事記』は日向美波迦斯毘売(ひむかのみはかしびめ)に作る。『日本書紀』景行十三年五月条によると、景行天皇が襲国を平定した時、その国に御刀媛という佳人がいたので、召して妃とし、豊国別皇子を生み、この皇子が日向国造の始祖となったとするが、同書景行四年二月条の后妃子女の記事の中にはみえない。『古事記』景行段の后妃子女には、日向美波迦斯毘売の名とその御子豊国別王がみえる。

三原朝臣弟平　みはらのあそんおとひら　八世紀末—九世紀初めの官人。天武天皇の皇子一品新田部親王の後裔。三原朝臣春上の父。三原朝臣の氏姓を賜わるまで乙枚王(乙平王)という。延暦十年(七九一)正月、無位から従五位下を授けられ、同年三月、造酒正となる。同十八年二月、内蔵助。時に従五位下三原朝臣弟平。したがってこれより以前に三原朝臣となる。弘仁四年(八一三)二月、尾張守に任ぜられる。時に従五位上。『新撰姓氏録』の編纂に参加し、弘仁六年七月二十日付の同書「上新撰姓氏録表」に「従五位上行尾張守臣三原朝臣弟平」と署名している。

【参考文献】佐伯有清『新撰姓氏録の研究』研究篇・考証篇一

三原朝臣春上　みはらのあそんはるがみ　七七四—八四五　九世紀前半の官人。天武天皇の皇子一品新田部親王の後裔。従五位上行尾張守弟平の一男。大同四年(八〇九)六月、弾正大忠、弘仁二年(八一一)正月、民部大丞、同年四月、式部大丞を経て同十一年正月、従五位下に叙せられた。同年十一月、伊賀守に任ぜられ、中務少輔・右少弁・主殿頭・下総守・兵部大輔・蔵人頭・弾正大弼を歴任し、天長五年(八二八)三月、従四位下で参議に任ぜられた。そののち右大弁・相模守・式部大輔・治部卿を経て、承和元年(八三四)正四位下に叙せられ、同六年十月、弾正大弼で伊勢守を兼ねる。同七年五月、淳和院崩御に際し装束司となり、同十年四月、参議正四位下で致仕。参議を十六年間務め、その間、承和元年正月・同六年十二月には慶(瑞)雲の出現についての上表に関わり、同十二年十一月十八日、卒去。時に七十二歳。

御原王　みはらのおう　—七五二　八世紀初め—中頃の皇族。天武天皇の孫。舎人親王の王子。三原王にも作る。霊亀三年(七一七)正月、蔭皇親により無位から従四位下に叙せられ、封戸若干を加えられた。神亀六年(七二九)三月、従四位上に昇叙。天平九年(七三七)十二月、弾正尹に任ぜられた。同十二年、藤原朝臣広嗣反乱の報により、伊勢大神宮への奉幣使に選ばれたが、時に治部卿。同十八年三月、大蔵卿に転じ、翌四月、正四位下に叙せられ、翌十九年正月、正四位上、同二十年二月には従三位に昇進した。この年四月の元正太上天皇大葬では山作司を務めている。天平勝宝元年(七四九)八月、中務卿に任ぜられ、同年十一月、正三位に叙せられたが、同四年七月十日に薨じた。『万葉集』に歌一首(八—一五四三)が載せられている。王子に山口王・長津王・和気王・細川王・小倉王などがおり、山口・長津の両王は天平宝字八年(七六四)三長真人の氏姓を賜わって丹後国へ配されているが、宝亀二年(七七一)七月、その属籍が復された。

御春朝臣有世　みはるのあそんありよ　九世紀後半の官人。百済国の比有王の後裔という。氏姓は初め百済宿禰。貞観四年(八六二)七月、皇太后宮少属正八位上の時、本貫の地を河内国安宿(あすかべ)郡(大阪府柏原市南部と羽曳野市の南東部)から左京に移す。同六年八月、御春朝臣の氏姓を賜わる。時に正七位上。元慶四年(八八〇)八月、安宿郡にある『延喜式』式内社飛鳥戸(あすかべ)神社(羽曳野市飛鳥)の春秋祭祀費用を氏人の百済宿禰有雄らとともに請い、田一町を賜わった。時に主殿権允正六位上とある。仁和二年(八八六)正月、主殿権允で従五位下に叙せられた。

水光姫　みひかひめ　吉野連の祖。白雲別神の女。神武天皇が吉野(奈良県吉野郡)に行幸して神瀬にいたった時、人に水を汲みに行かせたところ、帰ってきて井に光る女ありと報告するので召して問うと、「我は天より降った白雲別神の女で、豊御富(とよみほ)という」と答えた。そこで神武は水光姫と名づけた。加弥比加尼ともいったらしい。これが、のちに吉野連の祭る水光神であるという。以上は『新撰姓氏録』の記事で、『古事記』『日本書紀』は井氷鹿・井光で男神になっている。

壬生氏　みぶうじ　皇子の養育料を負担する壬生部(乳部・生部ともいう)を管掌する伴造氏族。姓は臣・連・公・直・造・首・吉志など。各皇子ごとに置かれていた名代・子代は一つにまとめられ、推古十五年(六〇七)諸国の国造の民を割き、壬生部が設置された。壬生部は大化改新を経て食封化し、やがて『延喜式』の東宮湯沐へと変わっていった。壬生氏は相模・常陸・武蔵・甲斐・伊豆・駿河・伊賀・上野・下野・美濃・紀伊・若狭・大和・河内・山城・備前・備中・出雲などの諸国にみられる。

壬生直夫子　みぶのあたいおのこ　七世紀中頃の常陸国那珂(那賀ともいう)の国造。『常陸国風土記』行方(なめかた)郡条によれば、孝徳朝の白雉四年(六五三)茨城国造の壬生連麻呂らとともに八国を総轄統治する惣領高向大夫(たかむこのまえつきみ)・中臣幡織田大夫(なかとみのはとりだのまえつきみ)らに請い、茨城国造の所領八里と那珂国造の所領七里とを合わせて七百余戸(一里が五十戸であるから七百五十戸か)を割き、行方郡の郡家を別置したという。時に夫子は大建(天智三年(六六四)制定の冠位二十六階中の第二十五階)。

壬生直小家主女　みぶのあたいおやかぬしめ　八世紀後半の女官。名は子家主女・小家主にも作る。常陸国筑波郡(茨城県筑波郡・つくば市・下妻市の一帯)から貢進された采女。天平宝字五年(七六一)正月、正七位上から外従五位下に叙せられ、天平神護元年(七六五)正月には内位に進み、従五位下となった。また同日、勲五等を授けられているが、女性への叙勲は珍しい。これは藤原朝臣仲麻呂の乱鎮定、孝謙上皇擁立に深く関わったためであろう。この頃、連に改姓したものとみられる。同三年三月に宿禰の姓を賜わり、神護景雲二年(七六八)六月には常陸国造に任ぜられた。時に掌膳。宝亀七年(七七六)四月、従五位上から正五位下に昇った。地方豪族出身の女として郷土の輿望を担って後宮に仕え、天皇の寵幸・信頼をうけて舞台裏から一族の政界進出や在地での実家の地位向上をたすけることが当時ままあったが、小家主女もその一人であろう。宿禰姓を賜わり常陸国造に就任したことで在地での小家主女の実家壬生直氏の支配力がより安定し、特にその一家は権威をもち、重んぜられることになったであろう。なお天平宝字七、八年(七六三、七六四)頃の平城宮跡出土木簡に「竹波命婦」とみえる人物は小家主女であると考えられている。

壬生直国依　みぶのあたいくにより　八世紀初めの地方豪族。神亀元年(七二四)二月、私穀を陸奥国鎮所(宮城県多賀城市の多賀城の前身)に献じた功によって外正八位上から外従五位下に叙せられた。のちに鎮守府と呼ばれた鎮所には養老六年(七二二)八月、諸国から選ばれた柵戸千人が配属されているが、同年閏四月の太政官奏には、奥羽辺郡の民生安定のため住民の課役を軽減し、陸奥国鎮所に食糧を献じた者に位を授け、鎮所の儲粮を行なうべきことがいわれている。壬生直は常陸国茨城・那珂郡付近の氏姓国造が伴造として負っている氏姓であり、東北への進出をうかがう豪族であったと思われる。

壬生使主宇太麻呂　みぶのおみうだまろ　八世紀前半の官人。名を宇陁麻呂・宇太万侶・于太万呂にも作る。天平六年(七三四)四月の『出雲国計会帳』に正七位上少外記勲十二等とみえるのが初見。同八年二月に任命された遣新羅使の大判官となり、四月に拝朝、六月に難波を発した。翌年正月、帰国して入京した。時に従六位上。大使阿倍朝臣継麻呂は対馬で病没し、副使大伴宿禰三仲も病気で入京が遅れた。この頃流行して猛威を振った天然痘に罹ったものであろう。無事に帰京した宇太麻呂らは、新羅が日本使節に対して常礼を用いず、使命を受け付けなかった旨を報告した。そこで朝廷では官人・諸司に意見を求めたところ、出兵して征討すべしとの強硬意見も出された。結局これは実現しなかったが、日羅関係が悪化し始めた時期の厳しい状況下の奉使であった。なお、『万葉集』には、この時の遣新羅使の往路難波から対馬までの間に読まれたものを中心とする、一行にかかわる歌が百四十五首収められており、宇太麻呂の作歌も五首「大判官」の作としてみえている。備後国水調郡長井浦(広島県尾道市長江町、或いは三原市糸崎町糸崎に比定される)における一首(一五—三六一二)、筑前国志麻郡の韓亭(福岡市西区宮浦付近か)における一首(一五—三六六九)、同郡の引津亭(福岡県糸島郡志摩町の引津湾沿岸の地とみられる)における二首(一五—三六七四・三六七五)、対馬島竹敷浦(長崎県下県郡美津島町竹敷)における一首(一五—三七〇二)などである。新羅から帰国後の宇太麻呂は、天平十年四月、上野介(使主于太万呂とある)、同十八年八月、右京亮、天平勝宝二年(七五〇)五月、但馬守、同六年七月、玄蕃頭と転任し、位階も天平十八年四月に正六位上から外従五位下に昇叙されている。なお天平勝宝二年六月二十六日付「但馬国牒」に「守外従五位下勲十二等壬生使主『宇太万侶』」の自署がみえる。

壬生連麻呂　みぶのむらじまろ　七世紀半ばの常陸茨城の国造。『常陸国風土記』行方(なめかた)郡条によれば、孝徳朝の白雉四年(六五三)那珂国造の壬生直夫子(おのこ)らとともに、惣領の高向大夫(たかむこのまえつきみ)・中臣幡織田大夫(なかとみのはとりだのまえつきみ)らに請い、茨城国造の所領八里と那珂国造の所領七里とを合わせて七百余戸を割き、行方郡の郡家を別置したという。時に麻呂は小乙下(天智三年(六六四)制定の冠位二十六階中の第二十四階)。また同書同条には、継体朝に箭括(やはず)氏の麻多智(またち)が開墾した谷田を、孝徳朝になって壬生連麻呂が占め椎井池(茨城県行方郡玉造町玉造字泉にある井泉か)の堤を築かせたところ、夜刀(やつ)の神が池の辺の椎樹にのぼり集まって去らなかったので、麻呂は大声で、この池を修めるのは民を活かすためである。何の神が皇化に従わないのかと言い、役民に目に見る雑の物、魚虫の類は恐れることなくみな殺せと命じたところ、あやしき蛇はかくれたとある。

【参考文献】　関和彦『風土記と古代社会』

壬生諸石　みぶのもろし　七世紀後半の

肥後国皮石郡(熊本県菊池郡南部と熊本市東北部)の人。久しく唐の地に苦しむことをねぎらうため、持統十年(六九六)伊予国風速郡(愛媛県北条市と温泉郡・松山市の一部)の人物部薬とともに追大弐を授けられ、あわせて絁(あしぎぬ)四匹、糸十絇、布二十端、鍬二十口、稲千束、水田四町を賜わり、また戸の調役をゆるされた。百済を救援するために派遣された際、捕えられて唐の地に連れて行かれ、長い間、俘虜の生活を強いられていたものと思われる。

御間城姫　みまきひめ　崇神天皇の皇后で垂仁天皇の生母。大彦命の女。『日本書紀』によると崇神元年二月に皇后に立てられたが、立后までに垂仁を含む六人の皇子女を生んでいる。また垂仁即位前条では、垂仁の母御間城姫は大彦命の女とし、『先代旧事本紀』天皇本紀に垂仁の母を御間城入姫とし、大彦皇子命の女とする。ところが『古事記』によれば、崇神の妃のなかで垂仁の母は同じく大毗古命の女とするが、その名を御真津比売命としていて、「き」と「つ」と一音だけ異なったものになっている。しかも御真津比売の名は、その前代の開化の皇子女の中にもみえ、それは崇神の同母妹に当っている。これには、御間城入彦五十瓊殖(いにえ)という名の天皇(崇神)に配するには御間城姫の名がふさわしいとする見解があり、『古事記伝』でも、御真津比売命が御真木入日子印恵命の同母妹となっているところから、この名が本来は「みまきひめ」であった可能性を示唆している。

味摩之　みまし　七世紀前半に渡来した百済人。推古二十年(六一二)に渡来し伎楽儛を伝えた。『日本書紀』によれば、味摩之は中国南朝の呉で伎楽を学び、桜井(比定地未詳。豊浦寺のあった奈良県高市郡明日香村豊浦付近の桜井か)において伎楽を少年らに伝授したとある。また、真野首弟子・新漢済文(いまきのあやのさいもん)の二人も学び、その儛を伝えたという。なお、養老職員令雅楽寮条によれば、伎楽は伎楽師や腰鼓師によって演じられ、楽戸に伎楽四十九戸があることがわかる。

御真津比売命　みまつひめのみこと　開化天皇の皇女で崇神天皇の同母妹。または大毗古命の女で崇神天皇の妃。『古事記』開化段に、開化が伊迦賀色許売(いかがしこめ)命を娶って生んだ子にこの名があり、崇神段には崇神の妃の一人に大毗古命の女としてこの名がみえ、垂仁天皇以下六人の皇子女を生んだとある。しかし『日本書紀』にこの名はみえず、崇神元年条および垂仁即位前条によると崇神の皇后としては、大彦命の女御間城姫がいる。

御馬皇子　みまのみこ　五世紀後半の皇族。履中天皇の妃黒媛(葦田宿禰の女)が生んだ第二皇子。兄に市辺押羽(いちのべのおしは)皇子、妹に青海(飯豊)皇女がいる。眉輪(まよわ)王の安康天皇殺害事件に端を発する一連の紛争において、兄市辺押羽が大長谷幼武皇子(のちの雄略天皇)に近江の蚊屋野(滋賀県蒲生郡日野町鎌掛にあった荒野)で謀殺されるに及んで、以前から親しかった三輪君身狭を頼ろうとしたが、身狭の宅に向かう途次、三輪の磐井(大和国城上郡。現在の桜井市北半部)で待ち構えていた追討軍に捕殺された。皇子は死に臨み、磐井を指して「此の水は百姓のみ唯飲むことを得む。王者は独り飲むこと能はじ」と呪詛したという。

三統宿禰真浄　みむねのすくねまきよ　九世紀中頃の官人。左京の人。氏姓は初め日置(へき)宿禰、承和十一年(八四四)十月、三統宿禰を賜わった。時に玄蕃助従六位上。同十四年正月、正六位上から外従五位下に叙せられ、備後介を経て嘉祥三年(八五〇)四月、従五位下に進み、中宮大進となる。時に中宮は藤原朝臣順子。周防守を経て仁寿三年(八五三)四月、中宮大進に再任。斉衡元年(八五四)美濃介を兼ね、次侍従となる。天安二年(八五八)九月、中宮亮に昇任。貞観元年(八五九)四月、皇太后順子の右大臣藤原朝臣良相(よしみ)第御幸に際し、皇太后宮亮として従五位上に叙せられた。同三年正月、伊勢介を兼任。

三統宿禰理平　みむねのすくねまさひら　八五三―九二六　九世紀後半―十世紀初めの

学者・官人。大蔵伊美吉善行から教えを受け、同寛平三年(八九一)方略試を奉じ及第した。同六年、重陽宴に応制の詩を献じた。同七年、渤海客存問使となる。同八年正月、少内記・備中権掾から少外記に任ぜられる。同十年正月、大外記に昇任。対策文の覆勘を請い、許された。昌泰四年(九〇一)正月、正六位上から従五位下に叙せられ、同年二月、越前介となり、藤原朝臣時平の城南石水亭で行なわれた大蔵伊美吉善行の七十賀に応教の詩を作った。そののち大内記を拝任し、延喜四年(九〇四)『日本紀』の講筵に列す。同六年、日本紀竟宴には序ならびに和歌を作る。時に従五位下大内記兼周防権介。同八年、菅原朝臣淳茂の対策の問頭博士となった。同十年、従五位上で文章博士に任ぜられた。同十七年の「花宴」には召されて詩を賦すなど、漢詩にすぐれていた。延長四年(九二六)四月四日、七十四歳で卒した。時に式部大輔従四位下。『日本三代実録』の編纂に携わり、『延喜格』の撰定に当った。『本朝書籍目録』によれば、伝記一巻の存在が知られる。

御諸別王　みもろわけのおう　彦狭嶋王の子。名を大御諸別命・御諸別命・弥母里別命にも作る。崇神天皇の皇子豊城入彦(とよきいりひこ)命の曾孫。『日本書紀』景行五十六年八月条に、父彦狭嶋王が任地に赴く前になくなったので、かわって東国の統治を命ぜられ、善政をしいたことがみえる。蝦夷が騒動を起こした時、すみやかに平定して東国は平和になったともある。景行五十五年二月条には、父彦狭嶋王が東山道十五国の都督に任ぜられたとあり、東国への途次春日の穴咋邑(比定地未詳。奈良市古市町の穴吹神社の地とする説がある)で薨じ、それを悲しんだ東国の百姓は、上野国に墓をつくり、埋葬したとある。彦狭嶋王の祖父豊城命(豊城入彦命)は、崇神元年二月条に崇神と紀伊国の荒河戸畔の女遠津年魚眼眼妙(とおつあゆめまくわし)媛(一説に大海(おおしあま)宿禰の女八坂振天某辺(いろべ))との間に所生したとみえ、同四十八年正月条に、豊城命・活目(いくめ)命(のちの垂仁天皇)の二人が夢占いをし、その結果によって、活目命を皇太子に、豊城命に東国を治めさせたこと、上毛野(かみつけの)君・下毛野(しもつけの)君の始祖になったことがみえる。『新撰姓氏録』によれば、御諸別王は韓矢田部造・珍県主・葛原部の祖とある。

御諸別命　みもろわけのみこと　景行天皇の皇子稲背入彦命の子。『古事記』『日本書紀』にはみえず、『新撰姓氏録』右京皇別下、佐伯直の条に、成務天皇の時、針間国を中分して賜わり、針間別と号したとあり、その子阿良都命(伊許自別命)が応神朝に針間別佐伯直の氏姓を賜わったとする。なお『先代旧事本紀』国造本紀には伊許自別命が成務朝に針間国造になったと記している。

三宅氏　みやけうじ　新羅国王子天日槍(あめのひぼこ)の後裔氏族。三家にも作る。姓は連。『日本書紀』垂仁巻に、天日槍の子孫田道間守(たじまもり)を常世国に遣わして橘を求めさせたが、田道間守が三宅連の始祖であるとする。『古事記』にもほぼ同様の所伝がみえる。三宅の氏名は、かつて屯倉(みやけ)の管掌者であったことに基づく。『新撰姓氏録』摂津国諸蕃に三宅連があり、同氏は難波屯倉(難波狭屋部邑子代屯倉。現在の大阪市南区高津町付近)と関わりをもったらしい。このほか、三宅連は平城右京・大和国山辺郡・尾張国愛知郡・同春部郡・越後国蒲原郡・備前国児嶋郡・筑前国早良郡・同那賀郡などに分布するが、郡領級の地方豪族が多い。藤原・平城両宮出土の調塩荷札木簡から、若狭国に三家首・三家人の濃密な分布が知られ、屯倉の事務を扱った三家人を三家首が管掌した事実が指摘されている。令前の屯倉には、三宅連(首)・三宅人の官司制的機構が存したのである。なお、河内国高安郡には三宅郷(大阪府八尾市恩智付近もしくは同市大窪付近)があり、この地の屯倉を管理した三宅史氏がいたが、三宅連氏とは系統を異にする。

三宅臣藤麻呂　みやけのおみふじまろ　八世紀前半の官人。名を勝麻呂にも作る。和銅七年(七一四)二月、詔によって紀朝臣清人とともに国史を撰することを命ぜられた。時に正八位下。この時撰ばれた国史とは、現在の『日本書紀』とは別の『和銅日本紀』であったとする説もあるが、この記事はやはり天武十年(六八一)以来続けられていたとされる『日本書紀』編纂事業への編修員の追加任命を意味すると考えるべきであろう。

三宅連石床 みやけのむらじいわとこ —六八〇 七世紀後半の官人。『日本書紀』天武元年(六七二)六月条に、壬申の乱に際し、大海人皇子(のちの天武天皇)の一行が伊賀・伊勢国境の大山(三重県の鈴鹿山脈を越える加太越)を越え鈴鹿にいたった時、国司守三宅連石床、介三輪君子首、湯沐令(ゆのうながし)田中臣足麻呂、高田首新家らが鈴鹿郡家(比定地未詳)に参遇したとある。当時、石床は伊勢国の長官であったらしい。天武九年七月、小錦下で卒し、壬申年の功により大錦下位を贈られた。

三宅連麻佐 みやけのむらじまさ 八世紀前半の地方豪族。『万葉集註釈』巻第一所引の『尾張国風土記』逸文によれば、尾張国愛知郡の郡家(比定地未詳。名古屋市熱田区神戸町に郡家が存在したとする説がある)の南九里余のところに日下部郷伊福村(日下部郷・伊福村ともに比定地未詳。日下部郷の郷域については名古屋市西区の南部或いは名古屋市天白区の北部とする説がある)があり、神亀元年(七二四)愛知郡主政で外従七位下の地位にあった三宅連麻佐が、同地に福興寺(俗称三宅寺)を造立したという。造営者である麻佐の氏の名に因むものであることを示し、また、三宅連の氏寺であったらしい。

三家家刀自 みやけのいえとじ 八世紀前半の地方豪族の婦人。上野国群馬郡下賛郷(群馬県高崎市下佐野町付近)高田里に住んだ。神亀三年(七二六)二月、同族と思われる池田君目頰(めつら)刀自、その子加那刀自、孫の物部君午足、馴(ひづめ)刀自、乙馴刀自、および三家毛人(えみし)、知万呂、鍛師礒部君身麻呂らとともに知識を結び、祖先父母の菩提安穏を天地に誓願する旨を記す石碑を建てた。この高田里結知識碑(金井沢碑)は、群馬県高崎市山名町金井沢に現存する。家刀自はこれら九名から成る知識の筆頭格で、七世紀後半に「山ノ上碑」を刻んだ長利僧の母系の族団(佐野三家)の子孫と思われる。

【参考文献】 尾崎喜左雄『上野三碑の研究』、同「上野三碑と那須国造碑」(杉原荘介・竹内理三編『古代の日本』7所収)、関口裕子「日本古代家族の規定的血縁紐帯について」(井上光貞博士還暦記念会編『古代史論叢』中所収)

神宅臣全太理 みやけのおみまたたり 八世紀前半の出雲国秋鹿(あいか)郡(島根県松江市西北部に八束郡と平田市の一部を加えた地域)の人。名を金太理とする写本もある。天平五年(七三三)二月に勘造された『出雲国風土記』の最終筆録編纂者として、全般的責任者である出雲臣広嶋とともに同書の最後に署名をしている。

都氏 みやこうじ 桑原氏(公姓)の後裔氏族。氏名は、平安の都を意味する美称に基づく。御間城入彦五十瓊殖(みまきいりひこいにえ)天皇(崇神天皇)の後、上毛野(かみつけの)・大野・池田・佐味・車持朝臣と同祖とする。弘仁十三年(八二二)桑原公腹赤(はらか)・貞継の兄弟が申請し、都宿禰に改氏姓した。また元慶元年(八七七)十二月、左京の人都宿禰御酉・良香・因雄・興道の四人が朝臣の姓を賜わった。

都朝臣良香 みやこのあそんよしか 八三四—八七九 九世紀の漢詩人・官人。桑原公貞継の子。父と伯父腹赤(はらか)が弘仁十三年(八二二)上請して都宿禰の氏姓を賜わり、元慶元年(八七七)十二月、良香の時に朝臣を賜わった。初期の名は言道(ときみち)、貞観二年(八六〇)文章生に補せられ、同十一年六月、対策に及第して名を挙げ、同十二年二月、小内記に任ぜられ、『日本文徳天皇実録』の編纂に加わった。同十四年四月、掌渤海客使となり、そのため名を良香と改めるよう要請して許された。同十五年正月、従五位下に叙せられ、大内記に転じ、同十七年二月、文章博士となり、四月に侍従に補せられ、のち越前権介を歴任した。元慶三年(八七九)二月二十五日、四十六歳で卒した。史伝に精通しており、諸儒の議奏の際には常に召じられ、また宮廷の宴にも招かれて詩を詠じた。その才能は京中に広まっていたが、貧しく財はなかったといわれる。『都氏文集(としもんじゅう)』六巻があったが、三巻現存している。また『富士山記』『道場法師伝』がのこっている。『扶桑集』に詩が六首のこされており、『古今和歌集』に一首入っている。

都宿禰腹赤　みやこのすくねはらか　七八九—八二五　九世紀初めの漢詩人。桑原公秋成の子。都朝臣良香の伯父。氏姓は初め桑原公、弘仁十三年(八二二)弟の貞継とともに都宿禰と改めることを上奏して許された。大学寮に学び、弘仁五年(八一四)大初位下文章生相模権博士で、同九年、従七位下守少内記兼行播磨少目の時、『文華秀麗集』の編纂に参画した。同十一年、正六位下から外従五位下に昇り、また文章道における貴族優遇政策がとられたのに反対してこれを論難した。翌十二年、文章博士従五位下兼行大内記の時、『内裏式』の編纂に関わった。また同十四年には改元に当り菅原朝臣清公・南淵朝臣弘貞らとともに天長の年号を撰申した。天長二年(八二五)七月七日、正五位下文章博士で卒去。時に三十七歳。『凌雲集』に二首、『文華秀麗集』に十首、『経国集』に一首が載せられている。また勅撰三集の詩人としては珍しく『扶桑集』に詩が収められたが、今日に伝わらない。

宮道氏　みやじうじ　倭健命(日本武尊)の子建貝児(たけかいこ)王の子孫と伝える宮道別の後裔氏族か。山城国宇治郡(京都市・宇治市の一部)を本拠とした宿禰姓の同族が著名。承和二年(八三五)十一月、吉備麻呂・吉備継らが朝臣姓を賜わる。宇治郡大領であったと伝える主計頭弥益の女列子(吉備継の女、弥益の妹とも伝える)は、藤原朝臣高藤との間に胤子を生み、醍醐天皇の外祖母となった。

宮道朝臣弥益　みやじのあそんいやます　九世紀後半の山城国宇治郡の大領、のちに中央官人。醍醐天皇の外祖父。貞観十九年(八七七)正月、外従五位下から従五位下に昇る。時に漏刻博士。元慶六年(八八二)正月、従五位上に昇叙。時に主計頭兼越後介。仁和三年(八八七)二月、主計頭従五位上として伊予権介を兼官する。以後の消息は不明。『今昔物語集』巻二十二の「高藤内大臣語」には、「其ノ郡(宇治郡)ノ大領宮道ノ弥益トナム云ヒケル」とみえ、その女が藤原朝臣高藤の妻となり、胤子を儲けた。胤子は宇多天皇の女御となり、醍醐天皇を産み奉った、などとある。さらに「其ノ後、弥益ガ家ヲバ寺ニ成シテ、今ノ勧修寺(かじゅうじ)此レ也」とみえる。『勧修寺旧記』の本堂についての記述には、「伝へて云く、件の堂は彼の弥益が鷹屋の跡」とある。

宮道朝臣列子　みやじのあそんれっし　—九〇七　醍醐天皇の外祖母。父は弥益。藤原朝臣高藤の妻となり胤子・定国・定方らを生む。宇多天皇の女御となる胤子を儲けた話は『今昔物語集』巻二十二の「高藤内大臣語」に詳しくみえる。延喜七年(九〇七)十月十七日に薨じた。時に従三位。『延喜式』諸陵寮式に、「後小野墓。贈正一位宮道氏。山城国宇治郡小野郷に在り」とある。『宇治郡名勝誌』は、勧修寺栗栖野(京都市山科区勧修寺西栗栖野町)に葬ったことを記す。

宮簀媛　みやずひめ　尾張氏の女。『古事記』では美夜受比売に作る。『日本書紀』景行四十年条によると、日本武尊は東征の帰途、尾張へ入り尾張氏の女宮簀媛を娶って滞在した。やがて近江の五十葺(伊吹)山に荒ぶる神がいると聞いて、草薙剣を媛の家に残し徒手で退治に出かける。ところが山道で神が大蛇と化して出現したのを無視したところ、神は氷を降らせて尊を迷わす。このため尊は正気を失い、山下の泉でようやく醒めるが身に病を得る。そして尾張へ戻るが媛の家へは寄らず、そのまま伊勢へ向かったという。『古事記』景行段にも同様の話を伝えるが、美夜受比売を尾張国造の祖とし、倭建命は比売の月の障りをおして交わったという。また、その結婚は東国へ向かう途上に尾張を通った時に約束がしてあったとする。『尾張国風土記』逸文の熱田社由来および『熱田大神宮縁起』には、日本武尊が尾張連らの遠祖宮酢媛命を娶って宿った時、剣が神々しく光り輝いたため、宮酢媛命にその剣を奉斎することを命じ、そこで建てたのが熱田社であるとみえる。

宮主宅媛　みやぬしやかひめ　応神天皇の妃。『古事記』は宮主矢河枝(やかわえ)比売に作る。仁徳天皇に位を譲って薨じた太子菟道稚郎子(うじのわきいらつこ)皇子の生母。『日本書紀』応神二年条によると、媛は和珥(わに)臣の祖日触使主(ひふれのおみ)の女で、太子のほか、いずれも仁徳の恋愛の対象となって波紋をよぶ矢田皇女と雌鳥(めとり)皇女を生む。『古事記』応神段には同じ系譜関係のほかに、応神と比売との出会いの様子も記されている。それによると、応神が近江国に行幸した時、山城国木幡村(京都府宇治市木幡)の路上で美しい娘に出会い、名を問うと、丸邇之比布礼能意富美の女で宮主矢河枝比売と答える。そこで応神は翌日の帰途に娘の家に入ることを告げる。これを聞いた父親は、相手が天皇であることを知って、家を飾り整えて待ち、翌日の応神の行幸に大御饗を献った。その折に比売が杯を献ると、応神は歌をうたった。かくして比売は妃となったという。

妙光　みょうこう　百済の女。『日本書紀』崇峻三年(五九〇)条に、この年出家した尼として大伴狛夫人・新羅媛善妙と百済媛妙光の名がみえる。谷川士清の『日本書紀通証』には大伴狛夫人は大伴連狭手彦が高麗を伐った時、虜せられた者とするが、『日本書紀』欽明二十三年(五六二)八月条には虜の二女は蘇我稲目宿禰に送り、稲目は娶って妻としたとあり、若干齟齬する。

明詮　みょうせん　七八九―八六八　九世紀の元興寺の僧。法相宗。音石山大僧都と称せられる。俗姓は大原氏で祖父は桜井王。左京の人。父は大原石本、母は橘氏。早く父を、次いで母を失ったため出家して沙門となった。初め元興寺の施厳法師について『法華経』や『最勝王経』の講義を受けたが、その才が非凡であることを認められ、大智者たる仲継法師(律師、初め薬師寺に住し、のち本元興寺に移る)に預けられた。嘉祥二年(八四九)維摩会の講師、同三年正月、御斎会の講師を務め、二月には清涼殿での『金光明経』講説の講師に法相宗を代表して選ばれ、他宗の代表を屈服させたので、仁明天皇は明詮を甚だ尊び、陪席の皇太子(のちの文徳天皇)を顧みて一代の聖教ことごとくこれにありと評したという。仁寿元年(八五一)七月、文徳天皇は先帝の遺詔により権律師に任じた。これより先、明詮は常に兜率上生の業を修め、夢に兜率天内院に詣で弥勒の授記を受けたが、その後、夢に見た弥勒像を写さんことを望み、みずから工匠に説明して像を造らせ、元興寺に別院を建ててこれを安置した。この頃、僧綱所には悪比丘が多く、別院建立を妬んで罪に陥れようと図り、寺中の僧供を用い私道場を建てたと難じ、使者八人に勘問させ、かつ東大・興福・大安諸寺の強力の者六十人に兵仗を帯びさせ、その院を壊却させようとした。明詮は別院建立は諸檀越の力によるものであると応答して少しも動ずる風はなかった。この時、権律師に任ずるとの宣命文が到来したため、悪比丘らは色を失って退散したという。この院はのち玄奘三蔵の風を慕って玉華院と名づけられた。仁寿三年十月、少僧都、貞観六年(八六四)二月には大僧都に昇り、この年設けられた僧綱位階の法眼大和尚を初めて授けられた。同十年三月、嘱目していた弟子賢応已講が卒して気落ちして病を得、大和国音石山寺(奈良県桜井市南音羽)に隠居したが、同年五月、八十歳で入滅。釈迦入滅の時と同じように白雲十二道が庵上から山頂にかけてたなびいたという。著作としては『因明四種相違記』があったという。

明福　みょうふく　七七八―八四八　八世紀―九世紀にかけての興福寺の僧。法相宗。俗姓は津守氏、平安右京の人。賢憬法師に師事し、延暦十年(七九一)に得度、唯識に秀れていた。天長四年(八二七)五月、律師に任ぜられた。時に年五十一。『日本逸史』に、同九年、紫宸殿で論義をしたとある。『元亨釈書』

に、たまたま維摩会で講師がにわかに疾のため辞退した時、衆に推されて座主となったが、その弁義は泉の涌くごとくであり、会するものは称嘆悦伏したとあるのは、この時のことであろうか。承和二年(八三五)三月、少僧都に任ぜられた。同三年三月の太政官符によると、毎年夏に『仁王経』を、秋に『最勝王経』を講じて災を転じて福と成し、国を護り民を利すことを上表して認可されている。同十年十一月、大僧都に昇任し、同十二年五月、東大寺僧承安を東大寺知事に任ずる僧綱牒に、大僧都として署名している。嘉祥元年(八四八)八月、大僧都のまま入滅、七十一歳。

三善氏　みよしうじ　卑姓の学者家が賜わった貴姓の一つ。姓は初め宿禰、のち朝臣。百済国速(肖)古王の後裔氏族で、氏姓は初め錦部(にしごり)首、のち連。延暦七年(七八八)頃から大同二年(八〇七)までに、姉継が三善宿禰の氏姓を賜わり、そののち文章博士から参議に任ぜられた清行が、延喜(九〇一—九二三)初年の頃、朝臣の姓を賜わり、明法・算両道の家を形成した。本貫は右京。なお後漢東海王(東海恭王)の子孫波能志の後裔氏族の錦織(にしごり)氏と同族の錦宿禰も、左少史時佐(貞元二年・九七七)らが右と同源と称し、三善朝臣の氏姓を賜わっている。

【参考文献】佐伯有清『新撰姓氏録の研究』考証篇五

三善宿禰清行　みよしのすくねきよゆき　八四七—九一八　九世紀中頃—十世紀初めの学者・官人。名を「きよつら」とも訓む。唐名を善居逸といい、字は三耀、法名は妙音、善相公とも称せられた。淡路守従五位下氏吉の三男。母は佐伯氏。菅原朝臣道真・紀朝臣長谷雄より二年後れて特典のない下級官人の家に生まれ、研学の志を立てて巨勢朝臣文雄に師事した。貞観十五年(八七三)二十七歳で文章生となり、翌十六年、文章得業生に選ばれ、越前権少目となる。元慶四年(八八〇)播磨権少目に任ぜられ、同五年、方略試を受験したが、策問者道真により不第とされ、二年後の同七年に改判され丁第した。同八年、大学少允、仁和二年(八八六)少内記となり、同三年、従五位下に昇り、同年、大内記となった。この年、宇多天皇の即位に際して阿衡事件が起こったが、翌四年、藤原朝臣佐世・紀朝臣長谷雄らと連署で「阿衡勘文」を提出して、藤原朝臣基経を擁護する立論を展開した。寛平三年(八九一)肥後介、同五年、備中介にそれぞれ任ぜられて赴任、同九年、任国での地方官の生活を終え帰京した。昌泰三年(九〇〇)二月、刑部大輔となり、同年五月、文章博士に任ぜられたが、年すでに五十四歳であった。翌六月、藤原朝臣菅根に代わって『史記』を講じた。同年十月、右大臣道真に「奉右相府書」の書状を送り辞職を勧告し、また「預論革命議」を上奏して、辛酉革命説を唱え、来るべき混乱を未然に防ぐことを建議、同四年二月、さらに「改元して天道に応ぜんことを請ふの状」(「革命勘文」)を奏上して改元を求め、これが朝廷に容れられて、同年七月、延喜と改元された。一方、同年正月、右大臣道真は突如失脚して大宰権帥に左遷されたが、翌二月、左大臣藤原朝臣時平に「奉左丞相書」の書状を送って、道真左遷後、菅原一門の文章生・学生らが放逐されないよう直言した。同年三月、大学頭を兼任、延喜元年(九〇一)九月、左大臣時平が大蔵伊美吉善行の古稀の祝宴を城南の水閣で催した時、これに列席して詩を賦した。同二年正月、正五位下に昇り、この年『円珍和尚伝』を書き上げている。同三年二月、式部少輔を兼ね、三儒職を兼任することになった。この頃、宿禰から朝臣に改姓し、同四年正月、従四位下に昇り、同五年正月、式部権大輔となり、備中権守を兼任した。同年八月、左大臣時平の下で紀朝臣長谷雄・藤原朝臣菅根・大蔵伊美吉善行らと『延喜格式』の編纂員に任命され、同七年には『藤原保則伝』をまとめている。この伝記は良吏保則に対する好意・共感に貫かれていた。同十三年の冬、六十七歳となり、みずからの老化の感懐を『詰眼文』と題する自伝的戯文にまとめた。同十四年四月、式部大輔となり、この月、社会政策に対する徴召に応じ『意見十二箇条』を上奏した。同十七年正月、参議となり、同年五月、宮内卿を兼任、同十八年四月には播磨権守を兼任し、この頃『善家秘記』を著わしたが、同年十二月、七十二歳で卒した。家集に『善家集』があり、伝記に『善相公』があったがともに伝わらない。前に引いた文も含め、その著作は『扶桑集』『本朝文粋』『本朝文集』『政事要略』、さらに『群書類従』『続群書類従』などに所収されており、その詩・詩句は『雑言奉和』『江談抄』『和漢朗詠集』『類聚句題抄』などに散見する。また和歌は『日本紀竟宴和歌』にみえる。

【参考文献】所功『三善清行』(『人物叢書』)、川口久雄「三善清行の文学と意見封事」(『平安朝日本漢文学史の研究』上所収)

海松橿媛　みるかしひめ　景行朝に肥前国松浦郡賀周(かす)里(佐賀県唐津市見借(みるかし)付近)にいた土蜘蛛(土着民の首長)。『肥前国風土記』松浦郡賀周里条によると、景行天皇の国巡りの時、海松橿媛は、景行の従者である早部(くさかべ)君らの祖大屋田子に誅滅された。その時、霞が四方に立ちこめて土地の様子が全く見えなかった。そこでその地を霞の里と称した。賀周里というのは「かすみ」が訛ったのだとする。

神王　みわおう　七三七―八〇六　八世紀後半―九世紀初めの皇親官人。榎井親王の子。榎井親王の兄に光仁天皇がいる。妻は桓武天皇の妹美努摩内親王。天平神護三年(七六七)正月、無位から従五位下に叙せられた。光仁即位により昇進が早まり、宝亀元年(七七〇)十一月、従四位下となり、同二年閏三月には左大舎人頭、そののち美作守・下総守を兼任、同八年十月、大蔵卿となった。同十一年三月、正四位下参議となって、宝亀年間から重用された。延暦年間に入ると、延暦三年(七八四)四月に大蔵卿、同四年五月に弾正尹、同五年九月に大和国班田長官、同九年閏三月には皇后が崩じた際の御葬司などを務めた。同十年四月、桓武は神王の第に行幸して宴飲し、神王の女浄庭女王に従五位下を授けた。同十二年または十三年に中納言となり、同十五年七月に右大臣藤原朝臣継縄が没したあと、大納言に昇格した。同十六年六月には删定令格四十五条を撰定。大納言紀朝臣古佐美の没後の同十七年八月、従二位右大臣となった。王族の大臣就任は、橘宿禰諸兄を除けば、長屋王以来のことである。この時、同時に壱志濃(いちしの)王も正三位大納言に昇進した。左大臣は延暦元年(七八二)に藤原朝臣魚名が罷免されたのちは置かれていなかったので、この両王が太政官の首班の位置を占めることになり、延暦(七八二―八〇六)末年までこの形態が継続され、藤原氏は中納言以上には一人も昇っていない。神王・壱志濃王は桓武の親政をささえ、貴族に対する王権の優位、政治の主導性が確立された。同二十五年四月二十四日、薨じた。時に七十歳。薨伝によると、神王は「性恭謹にして文少し、物に接して淡若、顕貴に居すと雖も克く終有り」と評され、権力的志向はみられず、桓武天皇の意志を忠実に執行する官人であったようである。

三輪君大口　みわのきみおおくち　大化の東国国司。上野国の介か。『日本書紀』によれば、大化元年(六四五)八月、東国の介に任ぜられた。同二年三月の朝集使の陳状によれば、長官の紀臣麻利耆拖(まりきた)とともに人を朝倉君(上野地方の豪族)らのもとに遣わし、だまして馬をひいて来させて、それを見たり、また朝倉君に刀を作らせ、朝倉君の弓・布を得たり、さらに国造が送った兵代(つわものしろ)の物(武器)を、主に返さず、みだりに国造に渡してしまったりした。また任国や、帰路に倭国で他人に刀を盗まれたことは国司としての過失であるという。

三輪君子首　みわのきみこびと　―六七六　壬申の乱の功臣。大三輪真上田君子人・神麻加牟陁君児首にも作る。『日本書紀』によれば、天武元年(六七二)六月、壬申の乱に際し、伊勢介として吉野から脱出してきた大海人皇子(のちの天武天皇)を国守三宅連石床とともに鈴鹿郡に迎え、五百の兵で鈴鹿山道を塞いだ。同年七月、紀臣・多(おお)臣とともに兵数万を率いて伊勢大山を越えて倭に向かった。同五年八月、卒すると内小紫位と大三輪真上田迎君の諡号を贈られた。大宝元年(七〇一)七月、封戸一百戸を給された。

三輪君逆　みわのきみさかう　―五八六　敏達天皇の寵臣。氏名を大三輪にも作る。『日本書紀』敏達十四年(五八五)六月条「或本」によると、逆は物部弓削守屋(もののべのゆげのもりや)大連らと仏法を滅ぼそうと謀り、寺塔を焼き、仏像を棄てようとしたという。同年八月条には、敏達の殯宮(もがりのみや)で、蘇我馬子宿禰と守屋が激しく口論すると、逆は隼人をして殯の庭を守らせた。皇位をねらう穴穂部皇子は、逆の忠誠ぶりに対して、死んだ前王(敏達)に仕え、なぜ生きている自分(穴穂部)に仕えないのかと憤ったと記す。また、用明元年(五八六)五月条には、穴穂部皇子が炊屋姫(かしきやひめ。敏達皇后、のちの推古天皇)を奸さんとして殯宮に入ろうとしたが、逆が門を固めて入れなかったので穴穂部皇子は逆を殺害しようとしたが、これを察知した逆は本拠の三諸岳(みもろのおか。奈良県桜井市の三輪山)に隠れ、さらに炊屋姫皇后の別業である海石榴市宮(つばきいちのみや。桜井市金屋)に隠れた。しかし逆の同族の白堤と横山の密告により、守屋の兵に殺害された(「或本」に穴穂部皇子に射殺されたという)と記す。同条によると、逆は敏達の寵臣として内外のことを取りしきっていたという。『日本書紀』は逆の忠臣ぶりを伝えるが、三輪氏の家記によるものとみられている。

【参考文献】坂本太郎『日本古代史の基礎的研究』上

三輪君白堤　みわのきみしろつつみ　六世紀後半から七世紀前半の三輪氏の氏人。『日本書紀』によれば、用明元年(五八六)五月、穴穂部皇子が敏達天皇の寵臣三輪君逆(さかう)を殺そうとした時、逆は三諸岳(みもろのおか。奈良県桜井市の三輪山)に隠れ、その後、炊屋姫(かしきやひめ。敏達皇后、のちの推古天皇)の別業海石榴市宮(つばきいちのみや。桜井市金屋)に隠れたが、同族の白堤と横山がその所在を皇子に告げたので逆は殺されたという。『大三輪神三社鎮座次第』によると、春日三枝神社(奈良市本子守町)は推古朝に大神君白堤が勅命により、社を春日邑率川坂岡両所に建て、媛蹈鞴五十鈴媛(ひめたたらいすずひめ)命・大物主神を奉斎した神社とある。

三輪君根麻呂　みわのきみねまろ　七世紀の将軍。『日本書紀』によると、天智二年(六六三)三月、百済救援の中将軍となり、前将軍上毛野君稚子(かみつけののきみわかこ)、後将軍阿倍引田臣比羅夫(ひらぶ)らとともに、兵二万七千を率いて新羅を攻めたという。

三輪文屋君　みわのふんやのきみ　山背大兄王の側近。『日本書紀』皇極二年(六四三)十一月条によれば、山背大兄王が蘇我臣入鹿の軍隊に襲われた時、文屋らは胆駒山(生駒山。奈良県と大阪府との境にある生駒山地の主峰)に逃れた大兄王に従った。数日後、山中で食糧がつき、文屋は山背の深草屯倉(京都市伏見区)に行き馬を得て東国に赴き、乳部(みぶ)を本として兵を興して戦えば必ず勝つであろうとすすめた。しかし王は百姓を巻きぞえにしたくないとして、これを聞かずに斑鳩寺(現在の法隆寺、若草伽藍)に帰ったので再び兵に囲まれ、一族とともに自経して果てたという。

神人部子忍男　みわひとべのこおしお　信濃国埴科郡(長野県埴科郡・更埴市・長野市の一帯)の防人の主帳丁(しゅちょうちょう)。『万葉集』には、天平勝宝七歳(七五五)二月、防人の相替により徴発され筑紫に赴く途中で詠じた一首(二〇―四四〇二)が載せられている。

神部直忍　みわべのあたいおし　神功皇后の時代の但馬の国造。和銅元年(七〇八)八月十三日の注進とする『但馬国朝来郡粟鹿大明神元記』の竪系図によれば、速日の子で神功皇后の時代に但馬国造として仕え、楯・大刀・鏡・頸玉・手玉・足玉などの神宝や神田七十五町九段百八十歩、神戸二烟などを粟鹿大神(兵庫県朝来郡山東町粟鹿)に給い、宝蔵を建てたという。

【参考文献】是沢恭三「但馬国朝来郡粟鹿大明神元記に就いて」(『書陵部紀要』九)

神部直根閇　みわべのあたいねまろ　七世紀後半の但馬国の豪族。和銅元年(七〇八)八月の年紀をもつ『但馬国朝来郡粟鹿大明神元記』によると、但馬国朝来郡(兵庫県朝来郡)の国造・大九(乙ヵ)位万侶の子、母は神部直秦女。粟鹿大神(兵庫県朝来郡山東町粟鹿)の祭主として奉仕する一方、斉明朝に民を率いて新羅征討に従軍し、天智朝には、書算を知るゆえに大領司に任ぜられ、帰国後朝来郡大領司に任ぜられ、天智朝には、書算を知るゆえに『庚午年籍』の勘造に当った。『庚午年籍』には「粟鹿郷上戸主神部直根閇年卅」とあったと記し、また、神戸里を分割したとあり、末尾に尾に『但馬国朝来郡粟鹿大明神元記』記定の際の勘注言上者としての署名中に「正六位上新羅将軍」とみえる。『日本書紀』天智二年(六六三)三月条の、新羅征討の中将軍の一人三輪君根麻呂と同一人物とみなす見解があるが、別人としてよい。なお、根閇の死後、神部氏は政治的地位を失い、日下部(くさかべ)氏がこれに替わったとみられている。

【参考文献】　溝口睦子『古代氏族の系譜』、是沢恭三「但馬国朝来郡粟鹿大明神元記に就いて」(『書陵部紀要』九)、田中卓「古代氏族の系譜」(『芸林』七―四)

む

身毛氏　むげうじ　北美濃武儀地方(岐阜県武儀郡・郡上郡・美濃市・関市の一帯)を本拠地とする地方豪族。牟下・牟下都・牟宜都・牟下津・牟義・牟義津・武義にも作る。姓は君(公)。景行天皇の皇子大碓(おおうす)命の後裔と主張する。『釈日本紀』所引の『上宮記』逸文には、継体天皇の祖父が牟義都国造の女を娶ったとあり、継体の系譜を考える上で注目されている。牟下津氏は同国造の系譜をひくものと思われる。また、『御野国戸籍』からは、鴨県主氏との密接な婚姻関係が指摘され、国造制研究のなかで検討が加えられた。この点については、『延喜式』主水司式に「牟義都首」の名がみえることなどから、本来鴨県主氏が行なっていた美泉を大王に献ずる儀礼を、密接な関係にある牟下津氏が継承し、それによって中央に服属したともいう。律令制下では中央官人化せず郡領として在地に力を持った。

【参考文献】　野村忠夫『古代の美濃』、同「村国連氏と身毛君氏―壬申の乱後における地方豪族の中央貴族化―」(『律令官人制の研究』所収)、長瀬仁「ムゲツ君氏について」(『新潟史学』四)、井上光貞「国造制の形成」(『史学雑誌』六〇―一一)、上田正昭「国県制の実態とその本質」(『歴史学研究』二三〇)

身毛君広　むげのきみひろ　壬申の乱の功臣。牟宜都君比呂にも作る。大海人皇子(のちの天武天皇)の舎人か。『日本書紀』によれば、大海人皇子は挙兵に先立ち、広・村国連男依・和珥部(わにべ)臣君手を美濃国安八磨郡(岐阜県安八郡全域と大垣市の一部)の湯沐邑(ゆのむら)に遣わし、湯沐令(ゆのうながし)である多臣品治(おおのおみほんち)に、挙兵して不破の道(岐阜県不破郡)を塞ぐことを命じたという。身毛氏の美濃における動員力を期待したものか。ただし乱における広の動向をほかに知ることはできない。大宝元年(七〇一)七月、天武朝の功臣に食封が与えられた際、八十戸を賜わっているが、これもほかの功臣にくらべて少なく、右の遺使が評価されたにとどまるものであろう。広については卒死記事がなく、生前の冠位・贈位も不明である。こうした点から、広は中央官人化せず、本拠の美濃に戻って没したとする説がある。

【参考文献】　野村忠夫『古代の美濃』、同「村国連氏と身毛君氏―壬申の乱後における地方豪族の中央貴族化―」(『律令官人制の研究』所収)

身毛君大夫　むげのきみますらお　雄略天皇に勤仕したと思われる人物。『日本書紀』雄略七年八月条によれば、官者(とねり)吉備弓削部虚空(おおぞら)が吉備へ帰郷した際、吉備下道臣前津屋(さきつや)は虚空を留めて大和への帰任をはばんだ。そこで雄略は身毛君大夫を吉備に派遣し虚空を帰任させたという。この時、虚空の証言によって前津屋の反意が発覚。雄略は前津屋とその一族七十人を誅したという。吉備の反乱伝承として著名な物語であるが、大夫の動向に関しては先の記載のみで不詳。「大夫」を特定個人名とするか、または「まえつきみ」と訓んで官名とするかも判然としない。しかし、六世紀前後に北美濃地方の豪族(牟下都氏)が中央に出仕していたことの反映とし、大和政権に極めて忠実な国造としての身毛氏の姿をとらえようとする指摘もある。

【参考文献】野村忠夫『古代の美濃』、同「村国連氏と身毛君氏—壬申の乱後における地方豪族の中央貴族化—」(『律令官人制の研究』所収)

身狭氏　むさうじ　渡来系氏族。牟佐にも作る。姓は村主。『新撰姓氏録』には、呉の初代皇帝孫権の子高(孫登)の後裔とある。また『坂上系図』阿智王条所引の『新撰姓氏録』逸文には、阿智王が渡来後に呼び寄せた本郷の人民の子孫で、ほかの村主姓渡来人らとともに大和国高市郡に居住したとあり、『延喜式』神名帳には同郡に牟佐坐神社がみえる。同氏の本拠はこの一帯(奈良県橿原市見瀬町)であろう。

【参考文献】佐伯有清『新撰姓氏録の研究』考証篇五・六

身狭村主青　むさのすぐりあお　五世紀後半の史部。『日本書紀』雄略二年十月条によると、檜隈民使博徳(ひのくまのたみのつかいはかとこ)とともに雄略天皇に愛寵されたという。雄略八年二月には博徳とともに呉国への使となり、同十年九月、呉が献じた二つの鵝(がちょう)を筑紫に持ち帰った。また同十二年四月には再び博徳とともに呉への使となり、同十四年正月、呉の献じた手末才伎(たなすえのてひと)の漢織(あやはとり)・呉織(くれはとり)、また衣縫(きぬぬい)の兄媛(えひめ)・弟媛(おとひめ)らを連れて住吉津(すみのえのつ。大阪市住吉区付近にあった港津)に帰ったという。このように外交使節としてたびたび呉に派遣されていることと、青という名が和風でないことを考えあわせると、青は渡来後間もない世代であり、さらには朝廷の書記官(史部)であったことから、『宋書』倭国伝にみえる四六駢儷体の倭王武の上表文の筆者である可能性もある。

武蔵氏　むさしうじ　地方豪族の一つ。无邪志にも作る。姓は直、のち宿禰。武蔵国造家である。『古事記』に天菩比(あめのほひ)命の子建比良鳥(たけひらとり)命を祖とするとみえ、『日本書紀』でも天穂日命を祖とする。これらの所伝では出雲国造と同祖関係がうかがわれ、『先代旧事本紀』国造本紀にも志賀高穴穂(成務)の代に出雲臣の祖である二井之宇迦諸忍之神狭(ふたいのうかもろおしのかんさ)命の十世の孫兄多毛比(えたもひ)命(子の伊狭知直か)を武蔵国造としたとある。本宗のほかに一族として笠原直・物部直・大伴直・檜隈舎人直などを分出していたが、たびたび本宗家が入れかわったらしい。安閑朝に国造職をめぐって笠原直使主(おみ)と上毛野(かみつけの)君小熊に援助を仰いだ同族小杵とが長期にわたり争うことがあったが、朝廷は使主を援けて国造につけ、結局使主は横渟(よこぬ)・橘花(たちばな)など四つの屯倉を奉ったという。『聖徳太子伝暦』には、その後推古朝に舎人として出仕していた物部連(直ヵ)兄麻呂が国造に任ぜられたとあり、さらに神護景雲元年(七六七)には丈部(はせつかべ)直不破麻呂が武蔵宿禰と改氏姓された上で国造宗家を継いでいる。こうして一族内で興亡をくり返したらしい。武蔵宿禰の本拠は武蔵国足立郡(埼玉県東南部と東京都足立区)で、笠原直は同国埼玉郡笠原郷(埼玉県鴻巣市笠原付近)、物部直は同国入間郡(埼玉県入間郡と川越・狭山・入間・所沢・上福岡・富士見などの諸市)、大伴直は同じく足立郡か。

武蔵宿禰家刀自 むさしのすくねいえとじ ―七八七 八世紀後半の女官。武蔵国足立郡(埼玉県東南部と東京都足立区)から貢進された采女。宝亀元年(七七〇)十月、外従五位下を授けられ、延暦五年(七八六)正月、従四位下となる。同六年に卒した。時に掌侍兼典掃。地方豪族の出身で郷土の輿望を担って後宮に入り、天皇の寵をうけて一族の政界進出を舞台裏から支え、在地での地位向上を図ることがままあったが、その一人とみられる。同郡出身者でのちに武蔵国造となり、武蔵宿禰を賜わった丈部(はせつかべ)直不破麻呂は近親者であろう。

正月王 むつきのおう 八世紀後半の皇族。用明天皇の皇子来目(くめ)皇子の後裔。牟都伎王にも作る。神護景雲三年(七六九)正月、蔭により無位から従五位下に叙せられ、同年六月、左馬頭に任ぜられた。宝亀五年(七七四)三月、越中介、同七年三月には越中守に昇進したが、同十年九月、再び左馬頭に任ぜられている。桓武天皇が即位した天応元年(七八一)五月、土佐守に任ぜられ、翌二年六月、備後守に転じたが、延暦三年(七八四)四月、再び土佐守に任ぜられるという特異な官歴を経て、同七年七月、少納言に任ぜられた。そして同九年八月にはすでに薨じていたらしく、山背国にあった位田が大納言職田に改められている。位階は叙爵された時のままであった。翌十年七月、その子藤津王は、亡父が存命中に、自分の源流はすでに遠く属籍も尽きようとしており、男女各四人の子は王を称してはいるものの疋庶に異ならないので、登美真人の氏姓を賜わり諸臣に下して欲しいという上表をしていたが、許されないまま薨じたので、父の志に従いたいと賜姓を願い出て登美真人の氏姓を許された。

六人部氏 むとべうじ 火明(ほのあかり)命の後裔氏族。身人部にも作る。姓は連。六人部の伴造氏族。ただし六人部の部としての性格や職掌は不明。六人部は平安右京と美濃・伊勢・越前・紀伊などの諸国に分布していたが、六人部連は山城・摂津・河内国を本拠とした。なお、和泉国には渡来系の六人部連がいた。

六人部連鯖麻呂 むとべのむらじさばまろ 八世紀中頃の官人。名を佐婆麻呂にも作る。天平八年(七三六)六月、遣新羅使の一行が壱岐島に移り、雪連宅満が病没した際に詠まれた挽歌三首(『万葉集』一五―三六九四～三六九六)の作者「六鯖」は、鯖麻呂とされる。天平勝宝三年(七五一)十一月には舎人佑・従六位上となっていたことが知られ、天平宝字二年(七五八)十一月には、正六位上伊賀守として東大寺が市原王から買得した田地の立券に携わっている。またこの年、東大寺田の一部を取り収めて公田とすることも行なったが、のちに改正された。同八年正月、正六位上から外従五位下に昇叙された。

六人部王 むとべのおおきみ ―七二九 八世紀前半の皇族官人。身人部王にも作る。慶雲年中(七〇四―七〇八)に、持統太上天皇の難波宮行幸に供奉したらしく、『万葉集』に作歌がみえる(一―六八)。和銅三年(七一〇)正月、無位から従四位下に叙せられているので、二世王(皇孫)であろう。霊亀二年(七一六)八月、志貴親王の喪事を監護した。養老五年(七二一)正月、従四位上、同七年正月、正四位下、神亀元年(七二四)二月には正四位上に昇叙。同三年九月、播磨国印南野(兵庫県明石川と加古川に挟まれた台地)行幸の装束司となる。長田王・門部王・狭井王・桜井王・石川朝臣君子・阿倍朝臣安麻呂・置始(おきそめ)王らとともに、「風流侍従」と称せられたのはこの頃である。神亀六年(七二九)正月、卒した。『万葉集』の歌(八―一六一一)の題詞の下の注から、天武天皇の皇女田形皇女との間に笠縫女王を生んだことが知られる。

宗形氏 むなかたうじ 筑前国宗像郡(福岡県宗像市の一帯)を本拠とする豪族。胸形・宗像・胸肩・胸方にも作る。宗像神社の神官の家柄。大国主命六世孫吾田片隅命の後裔氏族という。姓は初め君、天武十三年(六八四)十一月、朝臣を賜わった。『日本書紀』

神代巻の天安河誓約段に、天照大神と素戔嗚尊が誓約(うけい)をした時、尊の剣から田心(たごり)姫・湍津(たぎつ)姫・市杵嶋(いちきしま)姫三女神が生まれたが、これらは「筑紫胸肩君等の祭る所の神是れ也」と記す。『古事記』も同様の所伝を載せている。『延喜式』神名帳筑前国宗像郡条に宗像神社三座とみえ、玄海灘に浮かぶ沖ノ島の奥津宮、大島(宗像郡大島村大岸)の中津宮、宗像郡玄海町田島の辺津宮が三女神に対応する。宗形の氏名は、筑前国宗像郡の地名に由来しており、宗像神社の神官であったことにもよる。一族は、八世紀以後、宗像郡大領と宗像神主両職を兼帯し、隠然たる勢力を保持し続けた。一方、天武朝に胸形君徳善(とくぜん)の女尼子娘(あまこのいらつめ)が宮人(めしおみな)となり、高市(たけち)皇子をもうけたことは、宗形氏の中央進出の契機となった。

宗形朝臣鳥麻呂　むなかたのあそんとりまろ　八世紀前半の筑前国宗像郡(福岡県宗像郡と宗像市の一帯)の豪族。神亀六年(七二九)四月、筑前国宗像郡大領であった鳥麻呂は神斎に供奉すべきの状を奏上し、外従七位上から外従五位下に位を進められ、物を賜わった。また、天平十年(七三八)二月には、筑前国宗像神主として、外従五位下から外従五位上に昇叙されている。

宗形朝臣深津　むなかたのあそんふかつ　八世紀後半の筑前国宗像郡(福岡県宗像郡と宗像市の一帯)大領。名を保津とする写本もある。神護景雲元年(七六七)八月、僧寿応の勧誘に応じて金埼船瀬(宗像郡玄海町鐘崎に築いた船瀬)を造った功によって、外従六位下から外従五位下に昇叙された。この時、妻の竹生王も無位から一挙に従五位下に叙せられている。

胸形君徳善　むなかたのきみとくぜん　天武天皇の宮人(めしおみな)尼子娘(あまこのいらつめ)の父。『日本書紀』天武二年(六七三)二月条によると、天武は徳善の女尼子娘を娶って、高市皇子をもうけたという。尼子娘の後宮における位置は低かったものの、高市皇子が壬申の乱で天武側の全軍を統帥し、さらに持統四年(六九〇)には太政大臣に任ぜられたことは、その外祖父徳善の中央政界への進出に重要な意味をもったと思われる。

宗形部津麻呂　むなかたべのつまろ　八世紀前半の筑前国宗像郡(福岡県宗像郡と宗像市の一帯)の百姓。神亀年中(七二四―七二九)大宰府の命により対馬に年粮を送る船の梅師(かじとり)に充てられたが、容歯衰老して海路に堪えられないため、船仲間であった同国滓屋(かすや)郡志賀村(福岡市東区志賀島)の白水郎(あま)荒雄に交替してもらった。しかし、荒雄の船は対馬に向かう途中、暴風雨に遭い沈没した。このことを悲しんだ妻子らの歌といわれるもの十首が『万葉集』に残されているが、或いは筑前守であった山上臣憶良が荒雄の妻子らの悲嘆を詠んだものともいわれている(一六―三八六〇～三八六九)。
【参考文献】　滝川政次郎「防人の公粮運漕の水主志賀の荒雄の遭難死」(『万葉律令考』所収)

宗康親王　むねやすしんのう　八二八―八六八　仁明天皇の第二皇子。母は藤原朝臣総継の女沢子。光孝天皇の同母兄。承和元年(八三四)七歳の時、初めて父仁明に謁し、同三年、大和国山辺郡(奈良県天理市と山辺郡を中心とする地域)ほかの荒廃田・空閑地計百十三町を賜わる。同六年六月、母の喪に遇い、同十年八月、十六歳で元服。翌年、無品から四品を授けられ、同十二年、大宰帥に任ぜられ、嘉祥二年(八四九)中務卿を兼任した。しかし翌年三月、父仁明崩御の前々日、その出家に従って弟の源朝臣多(まさる)とともに出家入道した。貞観十年(八六八)六月十一日、薨去。時に四十一歳。

村氏　むらうじ　大和・紀伊地方の氏族。姓は公(君)で、この氏姓は村落首長の称号である村長(むらおさ)・村君(むらのきみ)に由来すると考えられ、大和国山辺郡都祁村(奈良県天理市福住町)にはかかる伝承が残る。ほかに、大和国宇太郡波坂郷(奈良県宇陀郡菟田野町平井)・紀伊国牟婁郡栗栖郷(和歌山県西牟婁郡中辺路町栗栖川付近)にその分布が知られる。『新撰姓氏録』山城国皇別では、天足彦国押人命の後裔と伝え、これに従えば春日臣・大宅臣氏などとは同祖関係になるが、都祁村の村氏は百済国人で、神亀元年(七二四)に吉田連の氏姓を賜わった吉宜(きちのよろし)の子孫と伝えるので、この氏は本来渡来系の氏族で、吉田連同様、のちに出自をつくりかえた疑いがある。

村国氏 むらくにうじ 三野国各牟評(のちの美濃国各務郡)の東部(岐阜県各務原市鵜沼付近)を本拠地とした地方小豪族。天武元年(六七二)の壬申の乱における男依(およりの殊功で連姓を賜わり、男依の子孫は中央下級官人氏族として進出し、天平宝字八年(七六四)の藤原朝臣仲麻呂の乱により衰退した。

村国連男依 むらくにのむらじおより ー六七六 壬申の乱の功臣で七世紀後半の官人。名を雄依・小依にも作る。三野国各牟評村国里(のちの美濃国各務郡村国郷。現在の岐阜県各務原市鵜沼付近)を中心とする地域の地方小豪族から中央に仕え、大海人皇子(のちの天武天皇)の舎人として、皇子の吉野隠棲に従った。そして壬申の乱の発端において、天武元年(六七二)六月二十二日に皇子の命をうけて身毛君広(むげのきみひろ)・和珥部臣君手(わにべのおみきみて)とともに、三野国味蜂間評(のちの美濃国安八郡)の湯沐邑(ゆのむら)に急派され、湯沐令(ゆのうながし)である多臣品治(おおのおみほんち)と連絡して、三千人の農民兵士を動員、戦略上の要点である不破(岐阜県不破郡)の地峡を確保した。大海人皇子一行は、同月二十四日、吉野を進発したが、男依は二十六日、朝明評家(あさけのこおりのみやけ。のち郡家。現在の三重県三重郡朝日町縄生付近か)あたりで、動員と不破の地峡の確保を報告している。大海人皇子方が、和蹔(わざみ)つまり関ケ原に集結して準備を整え、七月二日に攻撃を開始した時、男依は淡海(のち近江)大津宮を攻撃する将軍の筆頭に任ぜられ、同月二十三日、大津宮を陥落させ、大友皇子を自殺させた。男依は乱後に無姓から連姓を賜わった可能性が強く、また中央の中・下級貴族官人としての冠位を授けられたが、天武五年(六七六)七月に卒し、壬申の乱の殊功によって、破格の外小紫位を贈られている。また乱後に賜わった功封八十戸は、大宝元年(七〇一)七月『大宝令』の規定によって中功とされ、四分の一を子に伝えられ、霊亀二年(七一六)四月、子の志我麻呂に賜わった壬申の年の功田十町は、天平宝字元年(七五七)十二月に中功と裁定され、二世に伝えられた。男依の殊功によって、子孫は中央の下級貴族官人氏族に編組されたが、『延喜式』神名帳にみえる美濃国各務郡の村国神社二座、村国真墨田神社は、村国氏の氏神であろう。

【参考文献】 野村忠夫「村国連氏と身毛君氏ー壬申の乱後における地方豪族の中央貴族化ー」(『律令官人制の研究』所収)

村国連子老 むらくにのむらじこおゆ 八世紀中頃の下級官人。天平十三年(七四一)五月、正六位上讃岐介として在任中に、官長に対して礼を失し、協調性に欠けるとして現職を解任された。天平宝字五年(七六一)正月および同三月には、「東大寺三綱牒」に、正六位上行摂津職大進勲十二等として職判(しきはん)に名を連ねているが、同七年正月、正六位上から外従五位下に昇叙されて貴族官人の末席に列し、同月、主船正に任ぜられた。同八年八月には能登守に任命されたが、翌九月の藤原朝臣仲麻呂の乱で、同族とともに仲麻呂の与党として官位・官職剝奪の処分をうけたとみられる。その後、称徳朝に正六位上に復されたらしく、宝亀元年(七七〇)十月、光仁天皇の即位に当って正六位上から外従五位下に昇叙された。次いで同二年九月に園池正、同五年三月には伊豆守、同年六月に出雲介に任ぜられたが、外従五位下のままで史料上から姿を消している。

村国連志我麻呂 むらくにのむらじしがまろ 八世紀前半の下級官人。名は志賀麻呂にも作る。壬申の乱の功臣村国連男依の子で、霊亀二年(七一六)四月に正六位上で、父の功田十町を賜わった。次いで養老二年(七一八)正月に従五位下に昇叙されたが、神亀三年(七二六)九月、聖武天皇の播磨国印南野行幸のための造頓宮司に任ぜられ、天平三年(七三一)正月には従五位上に叙せられている。

村国連嶋主　むらくにのむらじしまぬし　—七六四　八世紀後半の下級官人。壬申の乱の功臣村国連男依の孫に当り、藤原朝臣仲麻呂に仕えることから官人生活に入ったが、やがて正六位上に昇進し、村国氏の本拠地域であり、仲麻呂が重視した三関国(さんげんごく)の一つである美濃国の少掾に任ぜられた。そして天平宝字八年(七六四)九月に仲麻呂が反乱を起こし、孝謙上皇側から美濃不破関(岐阜県不破郡関ケ原町)に固関使(こげんし)が急派されると、嶋主はただちに内応して帰服した。しかし、嶋主が仲麻呂の与党であったことを理由に固関使によって誅殺された。やがて二年後の天平神護二年(七六六)十一月、嶋主が無実であったとして従五位下を贈られた。のちに官位を復されたにせよ、嶋主を始めとして、一族の虫麻呂・子老らが仲麻呂の与党として処罰され、村国氏が中央の貴族官人氏族としての地歩を没落させる要因になったといえる。

【参考文献】　野村忠夫「村国連氏と身毛君氏—壬申の乱後における地方豪族の中央貴族化—」(『律令官人制の研究』所収)

村国連虫麻呂　むらくにのむらじむしまろ　八世紀中頃の下級官人。名は武志麻呂にも作る。天平宝字五年(七六一)正月、正六位上から外従五位下に昇叙され、同七年四月、播磨介に任ぜられたが、同月の「大師家牒」には大師(太政大臣)恵美押勝(藤原朝臣仲麻呂)家の知家事播磨介外従五位下として署名がある。同八年正月には越前介に任ぜられ、同年九月の藤原朝臣仲麻呂の乱で、仲麻呂の与党として官位・官職剥奪の処分をうけたが、天平神護二年(七六六)十二月、無位から本位の外従五位下に復されている。

無漏女王　むろのひめみこ　—七四六　北家藤原朝臣房前の室。敏達天皇の後裔栗隈王の孫。美努王の女で、母は県犬養宿禰三千代。牟漏女王にも作る。母の三千代が美努王と離別、藤原朝臣不比等の後妻になってから、おそらく三千代の配慮によって房前の室となったと思われる。天平八年(七三六)二月、法隆寺に花形白銅鏡一面を寄進したことが同寺の資財帳にみえる。夫房前が疫瘡で急逝し、実兄の橘宿禰諸兄が右大臣として廟堂の首座に就いた翌年の天平十一年正月、従四位下より越階して従三位に昇叙、同十八年(七四六)正月二十七日に薨じたときは正三位であった。房前との間に永手・真楯・御楯などの子があった。

【参考文献】　中川収「藤原四子体制とその構成上の特質」(『日本歴史』三二〇)

め

明一　めいいつ　七二八—七九八　東大寺の僧。法相宗。明壱にも作る。『扶桑略記』は俗姓を和仁部臣、大和国添上郡(奈良県添上郡・奈良市東部と大和郡山市・天理市・山辺郡の一部)の人とするが、『元亨釈書』は和仁氏とする。『正倉院文書』によれば、天平十七年(七四五)五月には沙弥明一とみえ、同十九年二月には明一師とみえるから、天平十七年五月から十九年二月の間に受戒して官僧になったことが知られる。なお天平十六年から二十一年まで、使僧として赴いた先が慈訓師所であり、何らかの関係のあったことを推測せしめる。天平勝宝二年(七五〇)以降は明一が経を貸す立場で登場し、同四年には「盂蘭盆経講師所　明一師」、同七歳には「明一師所」と記されるから、独立した法師所を構えたらしい。『日本紀略』延暦二十二年(八〇四)三月の大僧都行賀卒伝には、在唐三十一年で帰朝した行賀を、明一が歴試して宗義を難問した際、行賀の答え得ないところがあり、明一はこれに対し、両国の粮を費やしてなお学殖が庸浅であると罵り、行賀は大いに恥じたとある。『三国仏法伝通縁起』には、「明一大徳は東大寺法相宗なり」と名がみえ、『扶桑略記』によれば、延暦十七年(七九八)三月、春秋七十一で卒したが、仏乗の玄匠、法王の大宝と評せられている。著作には『最勝王経注疏』十巻、『法華略抄』『法華略記』などがある。

姪娘　めいのいらつめ　天智天皇四嬪(ひん)の一人。蘇我倉山田石川麻呂臣の女、遠智娘(おちのいらつめ)の妹。桜井娘ともいう。天智七年(六六八)二月、天智の嬪となり、御名部(みなべ)皇女・阿陪皇女(のちの元明天皇)を生んだ。『万葉集』に伝わる天智崩時の一群の歌のうち、「石川夫人の歌一首」(二―一五四)の石川夫人は姪娘の可能性があり、大宝四年(七〇四)正月、御名部内親王とともに封戸を百戸ずつ加えられた石川夫人も或いは同一人物か。

【参考文献】　星野良作「蘇我氏の改姓」(『法政大学工業高等学校紀要』二)

目頰子　めずらこ　六世紀前半の人。継体二十四年(五三〇)十月、調吉士(つきのきし)は任那から帰ると、任那に軍兵を率いて遠征中の近江臣毛野の失政を奏した。そのため目頰子が派遣され、毛野は同年中に召還された。『日本書紀』は、目頰子のことを未詳とする。なお、任那に赴いた時、当地の倭人はその来訪を批判する歌(旋頭歌)を贈ったという。

雌鳥皇女　めとりのひめみこ　応神天皇の皇女。『古事記』は女鳥王に作る。母は和珥(わに)臣の祖日触使主(ひふれのおみ)の女宮主宅媛(みやぬしやかひめ)、『古事記』では宮主矢河枝(やかわえ)比売。同母兄姉に菟道稚郎子(うじのわきいらつこ)皇子・八田(やた)皇女がある。『古事記』仁徳段によると、仁徳天皇は女鳥王に求婚しようとして、異母弟の隼別(はやぶさわけ)皇子を使者に立てたが、女鳥王は隼別皇子の妻になりたいといって、二人はひそかに結婚した。そののち女鳥王は、隼別皇子に皇位を奪うことをすすめたが、謀反が発覚して二人は逃走し、宇陀の蘇邇(奈良県宇陀郡曾爾村)において追討軍に殺されたという。女鳥王は意志をもった積極的な女性として描かれている(『日本書紀』仁徳四十年条では、使者となった隼別皇子の方から雌鳥皇女に求婚し、謀反も皇子がみずから企て、それが露見して雌鳥皇女をつれて伊勢神宮をめざして逃亡するが、伊勢の蔣代野(こもしろの。比定地未詳)で殺されたと記す)。追討軍の将の山部大楯連(『日本書紀』では吉備品遅部雄鯽(きびのほんちべのおふな)と播磨佐伯直阿俄能胡(あがのこ))は、殺された女鳥王の玉釧(たまくしろ)を奪い取って妻に与えたことが発覚して処刑された(『日本書紀』では私地を献上して罪を贖った)という。

目子媛　めのこひめ　継体天皇の妃。安閑・宣化両天皇の生母。目子郎女(めのこのいらつめ)ともみえ、またの名を色部(いろべ)と伝える。『日本書紀』継体元年(五〇七)三月条では尾張連草香(くさか)の女とし、『古事記』継体段は尾張連らの祖凡連(おおしのむらじ)の妹とする。継体の即位以前からの妃であり、勾大兄(まがりのおおえ。のちの安閑天皇)・檜隈高田(ひのくまのたかた。のちの宣化天皇)の二皇子を生んだという。

【参考文献】　原島礼二『倭の五王とその前後』、服部良男「『凡連』に関する解釈論的一考察」(『日本歴史』三三五)

馬武　めむ　百済の聖明王が最も信頼した臣下。聖明王は日本府と協力して任那を再建せよとの欽明天皇の詔をうけて、欽明五年(五四四)二月に馬武らを任那に遣わし、これ以前に王が三度も日本府と任那の執事(つかさ)を召して任那の再建のことをはかろうとしたが、これに応じて来なかったことを責めた。この時、馬武の官位は第八位の施徳であった。同十一年二月、欽明は百済に使者を遣わし、馬武は聖明王の股肱の臣であり、王の心にかない、王の補佐であると聞こえているから、永く天皇に仕えようと思うならば、この馬武を大使として朝献すべきであると詔した。この時の馬武の官位は先の施徳から二位上昇して第六位の奈率であった。馬武は、任那と日本府の事情に精通していたことが欽明にも聞こえていたらしい。ただ、詔の通りに馬武が日本に遣わされたかどうかは不明。

【参考文献】　末松保和『任那興亡史』

も

木氏　もくうじ　百済の大姓。木羅・木刕（もくら）にも作る。『隋書』百済伝は大姓八氏の中に木氏と刕氏をあげ、木と刕を二分して単姓とする。一方、『三国史記』百済本紀の蓋鹵（こうろ）王二十一年（四七五）条の「木刕満致、祖彌桀取」の分注には木刕祖彌と複姓にしている。『日本書紀』にも百済の軍事・外交に活躍した木刕・木羅姓の人物が多くみえるが、『隋書』によれば、八の数に合わせるために木刕を二分したものとする。

【参考文献】　村山正雄「百済の大姓八族について」（『山本博士還暦記念東洋史論叢』所収）、武田幸男「朝鮮の姓氏」（井上光貞・西嶋定生他編『東アジアにおける社会と習俗』所収）

木満致　もくまんち　木羅斤資（もくらこんし）の子。応神二十五年、百済の直支（とき）王が薨ずると、子の久爾辛（くにしん）王が即位したが、幼少であったために木満致が政治を行なった。しかし、満致は王母と淫らな関係をもち、無礼なことが多く、このことが応神天皇に聞こえて、満致はついに応神に召し出された。この件を、『百済記』には、満致は百済の将の木羅斤資が新羅を討った時に、新羅の婦人を娶って生まれたとあり、また、父の功績により任那の政治を行ない、百済と日本とを往来して朝廷の命をうけて百済の政治を行ない権勢を振ったが、その暴政が朝廷に聞こえて呼び返されたとある。一方、『三国史記』百済本紀の蓋鹵（こうろ）王二十一年（四七五）条には、高句麗に攻撃された蓋鹵王が、王子（のちの文周王）を南に送った時、これに同行したもののなかに木刕満致がいたとある。木刕は木羅に通じて、木満致と同一人物かと目されるが、両者の年代に隔たりが大きい。なお満致を蘇我氏の祖（蘇我満智宿禰）と同一人物とする説があるが、疑わしい。

【参考文献】　末松保和『任那興亡史』、門脇禎二「蘇我氏の出自について」（『日本のなかの朝鮮文化』一二）、佐伯有清「貴族文化の発生」（『日本の古代国家と東アジア』所収）

木素貴子　もくそきし　百済の人。木素は複姓。天智二年（六六三）九月、百済が滅亡すると、木素貴子は余自進（よじしん）らと同月二十四日に弖礼城（てれさし）に集結し、翌日、日本船に乗って日本へ亡命した。この時の官位は達率。同十年正月に自進らと授爵に与り大山下の位を賜わった。この時、兵法に習熟していたという。『懐風藻』には、大友皇子が皇太子となると百済人の沙宅紹明(さたくじょうみょう)らと招かれて皇太子の賓客になったとある。

木羅斤資　もくらこんし　百済の将軍。木羅は複姓で木劦(もくら)にも作る。『隋書』百済伝には木劦を二分して、木氏と劦氏を八大姓に数えている。神功四十九年三月に荒田別らの将軍が新羅征討に遣わされて卓淳(とくじゅん)国(慶尚北道大邱にあった加羅諸国中の一国)にいたったところ、軍士の増強を求めてきたので、斤資は沙沙奴跪(ささなこ)とともに精兵を率いて卓淳国に集結し、新羅を撃ち破った。この時、百済の肖古王(近肖古王)と王子の貴須は軍を率いてきて、意流村(おるすき)で荒田別と斤資らと合流し、さらに千熊長彦と百済の古沙山(全羅北道古阜)に登り、永く我が国に朝貢することを誓った。翌年二月、斤資は荒田別らと帰国したらしい。『日本書紀』神功六十二年条所引の『百済記』によれば、沙至比跪(さちひこ)は新羅の美女二人を得ると逆に加羅を討ったので、応神天皇は激怒して斤資を遣わして加羅を復興させたという。応神二十五年に即位した百済の久爾辛(くにしん)王を補佐した木満致(もくまんち)は、『百済記』によれば斤資が新羅を討った時に新羅の婦人との間に生まれた子であるという。

【参考文献】　末松保和『任那興亡史』

木劦麻那　もくらまな　百済の人。木劦は複姓で木羅にも作る。『隋書』百済伝では、これを二分して木氏と劦氏の単姓とする。欽明四年(五四三)十二月、任那再建についての欽明天皇の詔を百済の聖明王が群臣に諮った時、諮問に与った者の一人。時に官職は中佐平。麻那を名とする者には、武烈六年十月に日本へ使した麻那君(まなきし。君は首長の意か)、継体二十三年(五二九)三月、聖明王から安羅に遣わされて、継体天皇の勅を承けようとした将軍君(いくさのきみ)の麻那甲背(まなこうはい。甲背は姓の類か)がおり、欽明二年四月に聖明王が任那の旱岐らに、かつて加羅に遣わした人物としてあげた城方甲背昧奴(じょうほうこうはいまな。城方は官職名か)らがいる。彼らはいずれも同一人物であろう。

【参考文献】　金鉉球『大和政権の対外関係研究』

裳咋氏　もくいうじ　尾張国の土豪。姓は臣。『続日本紀』天応元年(七八一)五月条の尾張国中嶋郡の人裳咋臣船主の奏言に、裳咋臣は伊賀国の敢(あえ)朝臣と同祖であるとする。『延喜式』に裳咋神社(愛知県稲沢市目比町)の記載があり、その地を本拠としたらしい。

裳咋臣足嶋　もくいのおみたるしま　八世紀後半の女官。宝亀三年(七七二)三月、光仁天皇の皇后を廃せられた井上内親王の巫蠱(ふこ)による謀反を自首した。年月がたってからの自首であったので、本来ならば罪に処せられるところであったが、臣下でありながら自首したことを認められ罪を問われず、かえって従七位上から外従五位下に昇叙された。井上内親王の巫蠱大逆事件は、藤原朝臣百川やその母久米連若売の仕組んだ陰謀であり、足嶋は当時後宮に勢力を振った若売に買収された女孺であったろうとする説がある。

【参考文献】　角田文衛「宝亀三年の廃后廃太子事件」(『律令国家の展開』所収)

百舌鳥長兄　もずのながえ　七世紀の下級官人。土師(はじ)長兄と同一人物か。大化元年(六四五)八月、東国等国司の介以下の官人になったが、翌年三月、その職務にあやまちがあったことを責められている。土師長兄は、梅檀高首(せんだこのおびと)らとともに斉明五年(六五九)正月、河内国西琳寺(大阪府羽曳野市古市)の阿弥陀三尊像を造立しているが、そのことを記す『西琳寺縁起』のよみ方によって、長兄は土師長兄高連(ながえこのむらじ)ともとれる。しかし、一般には土師長兄と高連(たかのむらじ)とは別人とされる。百舌鳥は和泉国大鳥郡(大阪府堺市の百舌鳥川流域一帯)の地名であり、土師長兄は、居地により百舌鳥を通称ともしていたのであろう。『続日本紀』は、土師氏の一支族が百舌鳥にいたことを伝えている。

百舌鳥土師連土徳　もずのはじのむらじ

つちとこ　七世紀の下級官人。白雉五年(六五四)十月、孝徳天皇崩御の時、殯宮(もがりのみや)のことを行なった。時に位は小山上。百舌鳥は和泉国大鳥郡(大阪府堺市の百舌鳥川流域一帯)の地名で、ここが孝徳の難波宮と近かったことが、土徳起用の理由とも考えられる。

物部氏　もののべうじ　饒速日(にぎはやひ)命をその祖と伝える古来の豪族。姓は初め連、天武十三年(六八四)八色の姓制定に際し、朝臣を賜わり、以降その主流氏族は石上(いそのかみ)朝臣を称した。物部の「もの」の語義については武器説・精霊説があるが、「べ」は百済の政治制度であった部司制を受け入れた大和政権の政治制度に由来する。物部は律令制下においては刑部省に置かれ、刑罰の執行に当る雑任の一種。大化前代においても『日本書紀』雄略七年条などに、軍事・刑罰に当ったことがみえる。物部氏は伴造として物部を率い、大伴氏と並んで大和政権の軍事を担当した。祖神饒速日(かんにぎはやひ)命は天孫瓊瓊杵(ににぎ)尊と同様の降臨神話をもち、神武天皇東征に際して大和で帰順したとする。その後裔十千根(とおちね)は垂仁朝に初めて物部連を賜わり、伊莒弗(いこふつ)が履中朝に大連になったと伝える。六世紀以降、継体天皇の擁立、磐井の挙兵の鎮圧に際して麁鹿火(あらかひ)が活躍し、朝鮮問題で尾輿(おこし)が大伴氏を失脚させるに及び蘇我氏と並んで中央の権力を握り、全盛期を迎えた。本拠は河内国渋川郡(大阪府八尾市・東大阪市・大阪市の各一部)の付近で、同系氏族・隷属民はすこぶる多く「八十物部」と称された。これら物部氏の同族は二形式の複姓の形をとることが多いのが特徴である。その第一は物部匝瑳(そうさ)連・物部依網(よさみ)連のごとく本姓である物部を冠し、連姓をもつものが多い。物部氏はこれらを血縁的同族関係に擬制して支配したものと考えられる。第二は聞(きく)物部・竹斯(つくし)物部・来目(くめ)物部のごとく本姓である物部を下に付したもので、姓をもたないものが多い。これらは主に官司に属する下級官人的氏族であり、物部氏はこれらを六世紀以降形成されつつあった未成熟な官人制を媒介として支配したと考えられる。物部氏の同族の分布は全国にわたるが、特に東国に多く、大和政権の東国経営に深く関与したことがうかがわれる。欽明十三年(五五二)仏教受容の可否をめぐって尾輿が大臣蘇我稲目宿禰と対立し、用明天皇崩後の皇位継承問題で守屋が大臣蘇我馬子宿禰、聖徳太子らの諸皇子群臣連合軍と戦い、敗れて勢力を失った。物部氏と蘇我氏の対立は『日本書紀』に排仏派の物部氏と崇仏派の蘇我氏の対立として描かれ、「崇仏論争」として史上有名であるが、この対立は、大和政権の勢力拡大に伴ってそれを代表する執政官が大臣・大連二人体制から大臣一人体制へと収斂されていく過程として捉えるべきでありたんに仏教受容に関する対立のみに帰するべきではないであろう。物部氏もまた当時最新の文化である仏教を受容していたであろうことは、渋川廃寺(八尾市渋川)が物部氏の氏寺と推測されていることからもうかがわれる。大化元年(六四五)蘇我本宗家の滅亡以降、宇麻乃が孝徳朝に衛部大華上に叙任され、物部氏は再び史上に登場する。衛部は前代の物部の職掌を継承し、令制五衛府につながる宮廷軍事を扱ったものと考えられるが、官制としては未成熟であったと思われる。その子麻呂は天武十三年(六八四)直後に石上朝臣の氏姓を賜わり、壬申の乱で大功を立てた物部朴井(もののべのえのい)連雄君とともに一族を代表し、以降石上・朴井(榎井)両氏が物部氏の伝統を受け継ぎ、多くの官人を輩出することとなる。物部氏についての『日本書紀』の記述には、軍事とともに祭祀に関することが多いのが特徴である。これは同じく軍事をもって大和政権に奉仕した大伴氏と対照的である。たとえば崇神七年には伊香色雄(いかがしこお)命を大物主、倭大国魂神を祭る神班物者とし、垂仁二十六年には十千根が出雲の神宝を、同八十七年には同じく十千根が石上の神宝を掌ったと伝える。軍事と祭祀とは、出兵に際して必勝祈願をするというように本来不可分であり、物部氏の祭祀に関する伝承もそのようなことに起源をもつと理解すべきであろう。また平安初期には、中央における活発な史書編纂、藤原氏による他氏圧迫などを背景として物部氏系の人物によって『先代旧事本紀』が編纂された。このなかの「天孫本紀」には、物部氏の祭祀的側面、とくに石上神宮(奈良県天理市布留町)の奉祀権が強調され、『古事記』『日本書紀』に伝えない物部氏の系譜を記しているが、その史料的価値は低く、根本史料とはなし難い。なお、石上神宝を管理する在地の豪族の系統の物部氏がある。『新撰姓氏録』によれば、初め武蔵臣を称したが、蘇我臣蝦夷(えみし)の時、物部首の氏姓を賜わったという。天武十二年(六八三)九月、連を賜姓される。その直後に布留(ふる)連の氏姓を賜わったらしく、翌年には布留宿禰に改められた。布留は石上神宮の鎮座地の地名による。大和政権に軍事をもって奉仕した物部連とは別氏族で、春日臣族市河を始祖とする。

【参考文献】 井上光貞『日本古代史の諸問題』、鎌田純一『先代旧事本紀の研究』、志田諄一『古代氏族の性格と伝承』、直木孝次郎『日本古代兵制史の研究』、畑井弘『物部氏の伝承』、野田嶺志「物部氏に関する基礎的考察」(『史林』五一ノ二)、安井良三「物部氏と仏教」(三品彰英編『日本書紀研究』三所収)、黒田達也「『崇仏論争』についての一試論」(大阪府立工業高専『研究紀要』一五)、横田健一「物部氏祖先伝承の一考察」(横田健一編『日本書紀研究』八所収)、本位田菊士「物部氏・物部の基盤についての試論」(『ヒストリア』七一)、野田嶺志「『崇仏論争』の再検討」(神戸女子薬科大学『人文研究』三)、長家理行「物部氏族伝承成立の背景」(『竜谷史壇』八一・八二)

物部会津 もののべのあいづ 七世紀中頃の常陸国信太郡(茨城県稲敷郡・土浦市・龍ケ崎市の各一部)の豪族。白雉四年(六五三)物部河内らとともに惣領高向(たかむこ)大夫らに請い、筑波・茨城両郡の七百戸を分って信太郡を置いたという。時に冠位は大乙上。『常陸国風土記』には、筑波郡は古名を紀国といい、物部氏の同族である釆女臣の同族筑簞(つくは)命が崇神朝に国造に任命され、以降その名に因んで筑波と称されたと伝える。会津は或いはこの紀国国造と同族関係を称したのであろうか。また会津らの建郡(評)行為は、大化改新後の新政権による一般民衆の新たな把握、在地豪族の再編という政治過程として把えることができよう。

物部朝臣広泉 もののべのあそんひろいずみ 七八五—八六〇 伊予国風早郡(愛媛県北条市と温泉郡および松山市の一部)の人で淳和天皇の侍医。姓は初め首、仁寿四年(八五四)十月に朝臣を賜わった。養生書の先駆『摂養要訣』を著わした。卒伝によれば天長四年(八二七)医博士・典薬允に任ぜられた。その後、侍医に任ぜられたらしく、承和六年(八三九)正月、正六位上から外従五位下に叙せられ、同十二年十二月、内薬正に任ぜられ、侍医はもとのまま兼任した。同十四年正月、従五位下、嘉祥四年(八五一)正月、伊予権掾、同年四月、次侍従。仁寿四年(八五四)正月、従五位上。続いて斉衡四年(八五七)正月、肥前介、天安二年(八五八)二月、参河権介、貞観元年(八五九)十一月に正五位下に昇った。同二年二月、参河権守に任ぜられたが、同年十月三日、卒した。卒伝にはこのほか讃岐介に任ぜられたとある。広泉は、国司に任ぜられているが、多くは「権」とあるように名誉職で、任官以来在京し、承和十二年(八四五)以降は内薬正として医術のことを掌った。

物部麁鹿火 もののべのあらかひ 五世紀末—六世紀前半の政治家・武将。麤鹿火・荒甲にも作る。武烈・継体・安閑・宣化の四朝の大連。麻左良の子。武烈天皇が即位前に平群臣鮪(へぐりのおみしび)と争った影媛の父。武烈の崩御により直系の皇統が絶えてしまったので、大伴大連金村は近江から継体天皇を迎えることを建議した。この時、麁鹿火は大臣許勢男人(こせのおひと)らとともにその擁立に加わり、継体の即位とともに再び大連に任ぜられた。継体六年(五一二)百済は上表して任那の上哆唎(おこしたり)・下哆唎(あろしたり)・娑陀(さだ)・牟婁(むろ)の四県(以上四県は全羅南道のほぼ全域)の割譲を要求した。金村はこれを許可し、麁鹿火を宣勅使に任じて難波館に滞在していた百済使に勅を伝えようとした。しかし麁鹿火は、任那の由来を説いて固く諌める妻の言により、病気と称してついにその任を辞したという。いわゆる「任那四県割譲事件」であるが、金村は百済から賄賂をうけたとうわさされ、欽明元年(五四〇)五月にはこれによって新羅の怨みをかったと非難されて失脚する。『日本書紀』の記述ではここで麁鹿火が金村の政策に消極的に抵抗したとすることによって、朝鮮政策の失敗の責任を金村一人にかぶせている。継体二十一年六月、筑紫国造磐井が新羅と結んで征新羅将軍近江臣毛野(おうみのおみけの)の軍を遮った。この時、麁鹿火は「正直、仁勇にして兵事に通ずるは今麁鹿火の右に出るものなし」と推挙されて大将軍に任命され、八月には筑紫以西の賞罰の専決権を与えられた。翌二十二年十一月、筑後国御井郡(福岡県三井郡・小郡市・久留米市の各一部)において磐井と交戦し、これを破った。この磐井の挙兵についての『日本書紀』の記述には『芸文類聚』による修飾が多く、『古事記』では磐井の抗命と金村・麁鹿火の派遣とが記されているにすぎない。また『筑後国風土記』逸文には戦況についての異伝や、敗死した磐井の墓についての記述がある。宣化元年(五三六)五月、那津官家(福岡市南区三宅の地とされるが、昭和五十九年の発掘調査により遺構などが検出された同市博多区博多駅南五丁目の比恵遺跡をあてる説が有力になりつつある)設置のため、勅命をうけた麁鹿火は新家(にいのみ)連に命じて新家屯倉の穀を運ばせた。新家連の祖は物部竺志(つくし)連公とされており、物部氏の一族。新家屯倉は伊勢国壱志郡新家(三重県久居市新家町新家)に比定され、付近に物部神社がある。宣化元年七月、薨じた。『公卿補任』には在官三十年と伝える。

物部胆咋連　もののべのいくいのむらじ　仲哀朝の大夫(まえつきみ)といわれる伝承上の人物。『先代旧事本紀』天孫本紀によれば、成務朝の大臣、宿禰を賜わったという。父は十市根(とおちね)大連。市師宿禰の祖穴太足尼の女比咩古命を妻として三児をもうけ、阿努建部君の祖太王の女鴨姫、三川穂国造美己止直の妹伊佐媛、宇太笠間連の祖大幹命の女止己呂媛らを妾としてそれぞれ一児をもうけたという。仲哀天皇崩御に際して神功皇后の命をうけ、大臣武内宿禰(たけしうちのすくね)、大夫の中臣烏賊津(いかつ)使主・大三輪大友主君・大伴武以(たけもつ)連とともに橿日宮(福岡市東区香椎。同地には古く香椎廟と呼ばれた香椎宮がある)の中を守った。

物部伊莒弗連　もののべのいこふつのむらじ　『先代旧事本紀』天孫本紀によれば、履中・反正朝の大連。名を伊久仏にも作る。父は五十琴(いこと)宿禰。倭国造の祖比香賀君の女玉彦媛を妻として真椋(まくら)連・目大連をもうけ、岡陋媛(おかやひめ)を妾として鍛冶師(かぬち)連・竺志(つくし)連をもうけたという。履中天皇が住吉仲(すみのえのなか)皇子の反乱を鎮圧して即位し、履中二年一月、宮を磐余(いわれ。奈良県桜井市中西部から橿原市東南部付近)に造った時、平群木菟(へぐりのつく)宿禰・蘇賀満智(そがのまち)宿禰・葛城円(かずらきのつぶら)大臣とともに政治を執ったという。

物部木蓮子大連　もののべのいたびのおおむらじ　安閑天皇の妃宅媛の父。『先代旧事本紀』天孫本紀によれば、仁賢朝の大連。父は布都久留(ふつくる)大連、母は依羅(よさみ)連柴垣の女太媛。御大(みほ)君の祖の女黒媛を妻として麻佐良らをもうけたと伝える。

物部菟代宿禰　もののべのうしろのすくね　雄略十八年三月、物部連目とともに伊勢の乱賊朝日郎(あさけのいらつこ)征討を命じられた。しかし朝日郎の強弓を恐れて進軍しえず、乱平定後、みずからの臆病を怯じて復命しなかった。戦いの経過を聞いた雄略天皇は大いに怒り、菟代が領有していた猪使部(猪名部)を取り上げたという。

物部宇麻乃　もののべのうまの　孝徳朝の官人。欽明朝の物部連目の子。元明朝の左大臣石上(いそのかみ)朝臣麻呂の父。宇麻呂・宇麻子・馬古にも作る。孝徳朝に衛部に在官し、位は大華上。『先代旧事本紀』天孫本紀によれば、孝徳朝に氏印大刀を授けられ、食封千烟を賜わったという。衛部は唐制尚書省六部の長官風の呼称であるが、令制五衛府につながる宮廷軍事を扱うもので、官制としては未成熟の段階にあったと考えられる。

物部大斧手　もののべのおおおのて　『日本書紀』は筑紫聞物部(つくしのきくのもののべ)大斧手に作る。聞は豊前国企救郡(福岡県北九州市小倉北区・小倉南区・門司区の一帯)の地名に基づく。雄略十八年三月、物部連目に従って伊勢の朝日郎(あさけのいらつこ)征討に向かい、朝日郎の強弓を楯で防いで目を守ったという。

物部大前宿禰　もののべのおおまえのすくね　『先代旧事本紀』天孫本紀によれば、安康朝の大連。父は物部麦入宿禰、母は全能媛。物部小前(おまえ)宿禰の兄で、氷(ひ)連の祖と伝える。仁徳天皇崩御に際して皇位継承の争いが起こり、住吉仲(すみのえのなか)皇子が皇太子去来穂別(いざほわけ)皇子(のちの履中天皇)の難波の宮を包囲した。この時、大前宿禰は平群木菟(へぐりのつく)宿禰・阿知使主(あちのおみ)とともに去来穂別皇子に急を告げた。しかし酒に酔った去来穂別皇子はこれを信用せず、大前宿禰は去来穂別皇子を抱いて馬に乗り、大和へ走って難を免れたという。続いて允恭天皇の崩後、皇太子木梨軽(きなしのかる)皇子が暴虐で、天下の人はみな穴穂皇子(のちの安康天皇)を支持した。そこで木梨軽皇子は兵を挙げて穴穂皇子を襲おうとしたが穴穂皇子も挙兵し、群臣・百姓が穴穂皇子に加担することを恐れた木梨軽皇子は大前宿禰の家に隠れた。家を包囲された大前宿禰は穴穂皇子に木梨軽皇子の命乞いをしたが、木梨軽皇子は自決してしまったという。『古事記』には右の二つの説話のうち後者のみを伝え、大前宿禰の名を大前小前宿禰に作り、大前小前宿禰が木梨軽皇子を捕え、木梨軽皇子は伊余の湯(愛媛県松山市の道後温泉)へ流刑されたとする。大前小前宿禰の名については、木梨軽皇子とその同母妹に仮託された近親婚を主題とする悲恋の物語が存在し、その物語を構成する歌謡群、とくに『古事記』にみえる歌謡「隠り国の　泊瀬の山の　大峰には　幡張り立て　さふ峰には　幡張り立て　大小にし」の原型から詞書的に抽出されてきた人名とされている。「大前」は神や天皇の御前のこと、「小前」は「大前」に連なって語調を整える語、「宿禰」は系譜上の尊称で、天皇の側近に仕える高貴な人物という意味の普通名詞である。これが天皇に近侍した物部連の祖先伝承と結びつき、『日本書紀』では大前宿禰、『新撰姓氏録』では小前宿禰という固有名詞に転化し、『先代旧事本紀』天孫本紀では、大前宿禰・小前宿禰に分離されて兄弟とされるにいたったと考えられている。

物部大連尾輿　もののべのおおむらじおこし　六世紀中頃の豪族。宣化・欽明朝の大連。荒山の子で守屋の父。安閑元年、廬城部連枳莒喩(いおきべのむらじきこゆ)の女幡媛が尾輿の首飾を盗み、春日皇后に献上した。事件が発覚したのち、尾輿は事が己に由ることを恐れ、十市部(とおちべ)、伊勢国の来狭狭(くささ。比定地未詳。伊勢を摂津の誤りとみて、大阪府豊能郡豊能町宿野の久佐々神社の付近とする説がある)・登伊(とい。比定地未詳)の贄土師部(にえのはじべ)、筑紫国の胆狭山部(いさやまべ)を献上したという。右はまだ大連麁鹿火(あらかひ)が存命で、尾輿が大連になったのは宣化元年の麁鹿火の死後であろう。尾輿の登場によって、こののち物部大連家は麁鹿火の系統から尾輿の系統に移る。欽明朝に大伴大連金村とともに大連に再任された尾輿は、欽明元年九月、難波祝津宮(はふりつのみや。比定地未詳)行幸の際に金村・許勢臣稲持とともに従い、対朝鮮政策の諮問に応えて金村が百済に任那の四県を割譲したことを非難した。このため金村は病気と称して住吉の宅(大阪市南部の湾岸)に退かざるをえなくなったという。こうして大伴氏が没落し、物部氏は台頭してきた蘇我氏とともに大和政権の権力を握った。ところが欽明十三年(五五二)百済の聖明王が仏像・経論を献じて仏法の弘通を奨めた時、その可否をめぐって大臣蘇我稲目宿禰と激しく対立した。すなわち尾輿は中臣連鎌子とともに蕃神を拝せば国神の怒りに触れると主張し、ついに欽明は仏像・経論を稲目に与えることになった。稲目は向原(むくはら。のちの豊浦寺。奈良県高市郡明日香村豊浦)の家にそれを安置して礼拝したが諸国に疫病が流行したので、尾輿はこれを国神の怒りとし、向原の家を焼いて仏像を難波堀江(難波の入江の水を大阪湾に放流するために開掘された水路。比定地未詳)に捨てたという。崇仏論争として史上有名な説話であるが、これを全く架空の物語とする説もある。しかし大和政権の支配体制の拡大・強化とともに従来の大臣・大連による中央の執政組織が大臣一人体制へと改変される過程で物部氏と蘇我氏とが主導権争いをしたことの反映と考えられる。なお仏教公伝について『上宮聖徳法王帝説』『元興寺縁起』では欽明七年戊午(『日本書紀』の紀年では宣化三年(五三八)に当る)のこととし、仏像が難波堀江に捨てられた時期について『元興寺縁起』には欽明三十年の稲目の死を契機として行なわれたとする異伝がある。

物部小事大連　もののべのおごとのおおむらじ　伝承上の豪族。『先代旧事本紀』天孫本紀によれば、父は布都久留(ふつくる)大連。志陁(しだ)連・柴垣連・田井連の祖と伝える。昔、坂東に出征して凱旋帰報、その功勲として下総国に匝瑳(そうさ)郡(千葉県匝瑳郡と八日市場市)を建て、これを氏の名とした。『先代旧事本紀』天孫本紀に小事は饒速日(にぎはやひ)命十二世の孫とあり、およそ六世紀代の事件を語ろうとした伝承と考えられる。承和二年(八三五)三月、小事の後裔と称する下総国人陸奥鎮守府将軍物部匝瑳連熊猪が連を改めて宿禰を賜姓されている。

物部首日向　もののべのおびとひむか　壬申の乱の近江側の武将。天武元年(六七二)大海人皇子(のちの天武天皇)が東国に入ったことを聞いた大友皇子は使を東国・倭京(飛鳥京)・吉備・筑紫に遣わし、戦いの準備を整えた。この時、日向は穂積臣百足・五百枝とともに倭京に派遣され、法興寺(飛鳥寺。奈良県高市郡明日香村飛鳥)の西の広場に軍営を張った。推古天皇の小墾田宮(高市郡明日香村豊浦・雷付近か)の跡地にあったと思われる武器庫から兵器を調達し、近江に送った。しかし同年六月二十九日、飛鳥を急襲した大伴連吹負(ふけい)によって捕えられ、しばらくして赦されて軍中におかれたという。『新撰姓氏録』には、父を武蔵臣とし、天武朝に布留宿禰を賜わったと伝える。

物部小前宿禰　もののべのおまえのすくね　『先代旧事本紀』天孫本紀によれば、顕宗朝の大連。父は物部麦入(むきり)宿禰。物部大前宿禰の弟で、田部連の祖と伝える。また『新撰姓氏録』には山城国神別の高橋連、河内国神別の鳥見連の祖とみえる。

物部影媛　もののべのかげひめ　大連物部麁鹿火(あらかひ)の女。『日本書紀』武烈即位前条によると、武烈天皇の父仁賢天皇が崩じたのち、大臣平群(へぐり)臣真鳥の専横が甚だしかった。当時まだ太子だった武烈は麁鹿火の女影媛を娶ろうとして媒人を遣わし、媛に会うことを約束させた。この時、媛はすでに真鳥臣の子鮪(しび)と通じていたにもかかわらず、太子にさからうことを恐れて海柘榴市(つばきいち。奈良県桜井市金屋)で待つと返答する。太子は約束通り海柘榴市へ出かけ、歌垣の人々の中で媛に会ったが、そこへ鮪がやって来て二人の間に割り込んだ。太子はそこでの鮪との歌のやりとりによって、すでに影媛が鮪と通じていたことを知り、日頃の真鳥臣の専横に加え、太子たる自分をないがしろにした鮪の無礼な振舞いに大いに怒り、大伴大連金村に命じて乃楽(なら)山(奈良県北郊の丘陵地帯)に鮪を殺させる。すると影媛は、鮪の殺された場所へ行って、夫の死を悲しんで歌を詠み、さらに埋葬のことが終わった時にも、愛する夫を失ったことを泣き悲しんで歌を詠んだという。『古事記』では袁祁(おけ)王(のちの顕宗天皇)と平群志毗(しび)とが争った女性を菟田(うだ)首等の女大魚(おうお)とする。

物部鎌足姫大刀自連　もののべのかまたりひめのおおとじのむらじ　六世紀末―七世紀初め頃、物部氏から蘇我氏へ嫁いだ女性。石上贄古(いそのかみのにえこ)連の女。『先代旧事本紀』天孫本紀によると、饒速日(にぎはやひ)命の十五世の孫で、諸本の中には名を鎌姫大刀自連に作るものもある。また父石上贄古連は物部弓削守屋大連の弟とする。推古朝に参政となり神宮(石上神宮。奈良県天理市布留町)を奉斎し、また宗我嶋大臣(蘇我馬子宿禰)の妻となり豊浦大臣を生んだとする。ただし『日本書紀』では豊浦大臣を蝦夷とするが、天孫本紀ではこれを入鹿とする。

物部河内　もののべのかわち　七世紀中頃の常陸国信太郡(茨城県稲敷郡の大半と土浦市・龍ケ崎市の各一部)の豪族。白雉四年(六五三)物部会津らとともに惣領高向(たかむこ)大夫らに要請して、筑波・茨城両郡の七百戸を分って信太郡を置いたという。時に冠位は小山上。

物部薬　もののべのくすり　㈠伊予国風早郡(愛媛県北条市と温泉郡および松山市の一部)出身の兵士。天智二年(六六二)白村江(大韓民国の錦江河口付近)の戦いで捕虜となったらしく、持統十年(六九六)四月、その苦労を労うため追大弐の位を授けられ、絁(あしぎぬ)四匹、糸十絇、布二十端、鍬二十口、稲千束、水田四町を賜わり、戸の調役を免ぜられた。㈡―七三九　備中国窪屋郡美和郷菅生里(岡山県倉敷市)の戸主。天平十一年(七三九)七月、大税八束を未返済のまま死亡した。

物部武諸隅連　もののべのたけもろすみのむらじ　『日本書紀』は武諸隅の別名として大母隅(おおもろすみ)の名を伝え、矢田部造の祖とするが、『先代旧事本紀』天孫本紀は大母隅は武諸隅の弟とし、矢集(やつめ)連らの祖と伝える。崇神六十年、崇神天皇は出雲臣の祖武日照(たけひなてる)命が天から将来した神宝が出雲大神宮(島根県簸川郡大社町の出雲大社(杵築大社)、または八束郡八雲村熊野の熊野大社)にあることを聞き、それを献上させるため、武諸隅を出雲に派遣した。神宝を守っていた出雲振根(ふるね)は留守で弟の飯入根(いいいりね)がこれを貢上したが、帰宅した出雲振根は弟の行為を怒って殺してしまった。それを聞いた崇神は兵を発して出雲振根を誅したという。天孫本紀では伊香色雄(いかがしこお)命の孫で、大新河命の子とし、物部胆咋(いくい)宿禰の女清姫を妻として多遅麻連をもうけたと伝える。また崇神六十年の神宝献上後、大連となり、石上(いそのかみ)神宮(奈良県天理市布留町)を奉斎したという。

【参考文献】　長家理行「物部氏族伝承成立の背景」(『竜谷史壇』八一・八二)

物部豊日連　もののべのとよひのむらじ　父は意富売布(おおめふ)で、忌火をきる大伴造の祖と伝える。『高橋氏文』によれば、景行五十三年、上総国安房浮島宮(千葉県安房郡鋸南町勝山沖の浮島という)行幸の時、同国安房大神(千葉県館山市の安房神社の祭神)を御食都(みけつ)神として豊日連をして忌火をきり御食を供させたという。

物部長真胆連　もののべのながまいのむらじ　稚桜部造の祖。履中三年十一月、履中天皇が磐余市磯(いわれいちし)池(奈良県桜井市池ノ内付近か)に舟を浮かべて遊宴していたところ、膳臣余磯(かしわでのおみあれし)が献じた盃に桜の花びらが浮いていた。履中は季節はずれの桜を不思議に思い、長真胆連に命じてその桜をさがさせた。長真胆連は掖上室山(奈良県御所市室付近の山)にそれを発見し、献じたという。履中は喜んで、桜に因んで宮の名を「磐余稚桜宮」とし、余磯に稚桜部臣、長真胆連に稚桜部造の氏姓を賜わったと伝える。膳臣は天皇の食膳のことに奉仕する膳部を管掌し、物部は警察業務に従事するものであるから、両氏の職掌をよく物語っている。長真胆連は天皇の遊宴に際して、その側近にいて警備を担当していたのであろう。この伝承は履中の子代・名代として若桜部が設置された時、その管掌者が膳臣・物部連の一族から任命されたことを伝えようとしたものと思われる。なお神楽歌・湯立歌には「(本)大君の弓木とる山の若桜おけおけ」「(末)若桜とりに我ゆく舟楫棹人貸せおけおけ」というくだりがあり、この伝承を背景にしたものと思われる。

物部贄子連　もののべのにえこのむらじ　六世紀後半―七世紀前半の豪族。『先代旧事本紀』天孫本紀には物部石上(いそのかみ)贄古連とあり、推古朝の大連とする。父は尾輿。守屋の弟と伝える。敏達十二年(五八三)宣化朝に朝鮮に派遣された火葦北国造阿利斯登(ひのあしきたのくにのみやつこありしと)の子で、百済の官人であった日羅を、対朝鮮政策について献言させるため召還した。この時、阿倍目臣・大伴連糠手子(ぬかてこ)とともに日羅を難波館に出迎え、国政を問うた。しかし日羅は、百済が任那の復興に非協力的であるなど、百済に不利な発言をしたため配下の百済人に殺されてしまった。そこで贄子は敏達天皇の命を受け、糠手子とともに日羅を小郡(難波小郡)西畔丘前(大阪市北区同心町に日羅の墓と伝える塚跡がある)に葬り、その妻子を石川百済村(河内国錦部郡百済郷。現在の大阪府富田林市南部および河内長野市北部か)に、水手らを石川大伴村(富田林市北大伴および南大伴)に安置した。

物部乱　もののべのみだる　讃岐国寒川郡(香川県大川郡西部)の人。天智九年(六七〇)『庚午年籍』作成時には良人として戸籍に付されたが、皇子宮(高市、草壁の二説がある)の検括飼丁使が誤って飼丁としたため、持統四年(六九〇)『庚寅年籍』以降、飼丁として戸籍に付されることになった。和銅六年(七一三)五月、讃岐守大伴宿禰道足は右の事情を奏上して乱ら二十六人を良人に戻すことを願い、許された。

物部連目　もののべのむらじめ　㈠雄略朝の大連。『先代旧事本紀』天孫本紀によれば、伊莒弗(いこふつ)連の子で、清寧朝に大連になったとする。雄略元年三月、采女童女君(おみなぎみ)が生んだ春日大娘皇女を自分の子と認めない雄略天皇に進言し、これを皇女と認めさせた。同十三年三月、采女山辺小嶋子を奸した歯田根(はたね)命を問責し、歯田根命が馬八匹、大刀八口をもって贖罪しようとする旨を奏上した。この労により餌香(えが)の長野邑(河内国志紀郡長野郷。現在の大阪府藤井寺市・羽曳野市一帯)を賜わった。同十八年八月、物部菟代(うしろ)宿禰とともに伊勢の乱賊朝日郎(あさけのいらつこ)征討を命ぜられた。しかし菟代宿禰は朝日郎の強弓を恐れて進軍することができなかった。目は筑紫聞物部大斧手(つくしのきくのもののべのおおおのて)に楯で守られ、朝日郎を捕えて斬った。乱平定後、菟代宿禰の有した猪使部(猪名部)は没収され、目に与えられた。この物語で伊勢の乱賊を朝日郎とするのは、大和からみて伊勢が東方にあるためとする説、伊勢国朝明(あさけ)郡(三重県三重郡朝日町・川越町・菰野町と四日市市の北部)に因むとする説がある。近隣の伊勢を討つためにわざわざ筑紫聞物部を率いたとするのは話の筋に無理があるが、伝承の核には筑紫聞物部が物部氏によって組織され、物部氏が東国経営に活躍したという事実があると思われる。㈡継体朝の大連。『先代旧事本紀』天孫本紀によれば、父は木蓮子(いたび)大連、母は御大(みほ)君の祖の女黒媛という。㈢欽明朝の大連。『先代旧事本紀』天孫本紀によれば、父は御狩大連、母は贄古大連の女宮古郎女で大真連らの祖という。

【参考文献】津田左右吉『日本古典の研究』下、志田諄一『古代氏族の性格と伝承』

物部宅媛　もののべのやかひめ　安閑天皇の妃。木蓮子(いたび)大連の女。安閑元年十月、安閑に子がないため宅媛に難波屯倉(大阪市天王寺区および南区付近)と钁丁(くわよぼろ。田部)を賜い、後代に安閑の名を残そうとしたという。いわゆる名代・子代の起源説話の一つであるが、天皇の名を残すために妃に屯倉を賜う必然性はない。或いは后妃の経済的基盤の設置を伝えるものであろう。

物部八坂　もののべのやさか　六世紀の豪族。用明二年(五八七)四月、用明天皇は病に臥して仏教を敬うことを宣言したが、物部(弓削)守屋大連は中臣勝海連とともに反対し、阿都(のちの河内国渋川郡跡部郷。現在の大阪府八尾市跡部・渋川・植松付近)の別業に退いた。この時、守屋は八坂を大市造小坂・漆部造兄(ぬりべのみやつこあに)とともに蘇我馬子宿禰のもとに派遣し、自分が別業に退いた理由を告げさせたという。このことからみて、八坂は守屋の従者であったのであろう。

物部山無媛連　もののべのやまなしひめのむらじ　応神天皇の妃。『先代旧事本紀』天孫本紀によれば、父は多遅麻(たじま)大連、母は安媛。皇太子菟道稚郎(うじのわきいらつこ)皇子・矢田皇女・雌鳥(めとり)皇女を生んだとする。しかし『古事記』『日本書紀』には右の皇子・皇女を生んだのは和珥(わに)氏につながる宮主宅(みやぬしやか)媛とされており、山無媛の名はみえない。

物部伊勢連父根　もののべのいせのむらじちちね　六世紀前半の武将。『日本書紀』継体九年二月条にみえる物部連、同条所引の『百済本記』にみえる物部至至(ちち)連と同一人物。継体九年(五一五)二月、百済の文貴将軍らの帰国に際し、百済に派遣される。己汶(こもん)・滞沙(たさ)の地(現在の蟾津江(せんしんこう)の流域)を奪われた伴跛(はえ)国(慶尚北道星州付近)の人が反抗していると聞き、舟師五百を率い、ただちに滞沙江の地(蟾津江口)にいたったが、伴跛の攻撃にあって敗走。同十年五月、敗走先の汶慕羅(もんもら)嶋(蟾津江口外の島)に百済の木劦不麻甲背(もくらふまこうはい)が迎えに来て、百済に渡り、九月に百済の州利即次(つりそし)将軍に従って帰国した。同二十三年三月、吉士老(きしのおゆ)らとともに百済に派遣され、百済王に滞沙津を賜わろうとしたが、加羅王が反対したため、津を百済に賜うのは困難と考えて、大嶋(南海島か)に戻り、別に録史(ふびと。文書記録担当の下級官人)を遣わして、百済に滞沙津を賜わったという。継体九年二月と同二十三年三月の事件とは、関わっており、父根の動向の年次は、九年二月とみなすほうが妥当なようである。

物部朴井連鮪　もののべのえのいのむらじしび　七世紀中頃の武将。斉明四年(六五八)十一月、蘇我臣赤兄は有間皇子に斉明天皇の失政三条を告げて謀反をそそのかし、皇子を計画に加担させ、逆に謀反人として捕えようとした。この時、鮪は赤兄の命をうけ、後岡本宮(奈良県高市郡明日香村小山付近か)造営のために働いていた人夫を動員して皇子を市経(いちぶ。奈良県生駒市壱分町、或いは高市郡高取町市尾)の家に囲み、捕えたという。また大化元年(六四五)九月、古人大兄皇子が謀反の罪で討たれた時、謀反人の一人に物部朴井連椎子(しいのみ)の名がみえ、これを鮪と同一人物とする説がある。

物部二田造塩　もののべのふつたのみやつこしお　七世紀前半の武人。『先代旧事本紀』天神本紀によれば、饒速日(にぎはやひ)命が降臨した時、ともに従った五部造の一に二田造があり、天物部ら二十五部人の一に二田物部がある。二田は筑前国鞍手郡二田郷(比定地未詳。鞍手郡は現在の福岡県鞍手郡と直方市一帯)の地名に基づく。大化五年(六四九)三月、蘇我臣日向(ひむか)は左大臣蘇我倉山田石川麻呂臣を讒言し、兵を発して山田寺(奈良県桜井市山田)に囲んで自刃させた。この時、日向は塩を召し、すでに自刃した麻呂の首級を挙げさせた。塩は大刀を抜き、その宍(肉)を刺しあげ、雄叫びして斬ったという。この塩の行為は、刑の執行に関与した「物部」の職掌をよく伝えるものである。麻呂の女蘇我造媛は父の死を悲しんで「塩」という言葉を聞くことをきらい、従者らは食塩のことを堅塩(きたし)といって気づかったが、ついに悲しみのため亡くなったという。『日本書紀』には中大兄皇子(のちの天智天皇)がその死をいたんでよんだという歌二首を伝える。

物部弓削守屋大連　もののべのゆげのもりやのおおむらじ　―五八七　敏達・用明朝

の大連。欽明朝の大連尾輿の子。『日本書紀』敏達元年(五七二)四月条に、大連となること故(もと)の如しとあり、大臣は蘇我馬子宿禰で、二人は崇仏論争を始めことごとく対立する。同十四年三月条に、疫病の流行が馬子による崇仏への神の怒りであるとし、廃仏を奏上、詔を得てみずから大野丘北の寺(奈良県橿原市和田の和田廃寺に比定する説があるが未詳)に赴き、塔・仏殿・仏像などを焼き、仏像を難波の堀江(難波の入江の水を大阪湾に放流するために開掘された水路。比定地未詳)に棄てたとある。また同年八月条に、敏達天皇の殯宮(もがりのみや)における誄(しのびごと)奏上に際し、互いに相手の容姿を嘲笑しあい、二人の間に怨恨が生じたとある。用明朝でも、二人は大連・大臣となり、さらに対立を深める。用明元年(五八六)五月条には、穴穂部皇子が皇位をうかがい、用明天皇の寵臣三輪君逆(さかう)を殺そうと守屋とともに磐余(いわれ)池辺宮(奈良県桜井市阿部或いは同市池ノ内から橿原市東池尻町にかけての一帯か)を包囲した。しかし逆は三諸岳(みもろのおか。桜井市の三輪山)に逃れ、さらに炊屋姫(かしきやひめ)皇后(敏達皇后、のちの推古天皇)の別業である海石榴市宮(つばきいちのみや。桜井市金屋)に隠れたが、守屋がこれを殺したとある。そして同二年四月条には、群臣が自分を打倒しようとしているのを察知した守屋が、阿都(のちの河内国渋川郡跡部郷。現在の大阪府八尾市跡部・渋川・植松付近)の別業に兵を集めたこと、守屋に加担する中臣勝海連は、家に衆を集め、彦人大兄皇子と竹田皇子の像をつくり、厭魅をしたとある。勝海はこののち、彦人大兄の水派宮(みまたのみや。奈良県北葛城郡河合町河合或いは同郡広陵町大塚付近か)に帰付しようとして舎人迹見首赤檮(とみのおびといちい)によって殺されるが、崇峻即位前条には用明の崩後、守屋は穴穂部皇子を立てて天皇にしようと画策するが、これを察知した馬子は、炊屋姫皇后を奉じて穴穂部皇子と宅部皇子をその宮で殺害し、守屋討滅の軍を起こした。討滅軍は泊瀬部皇子(のちの崇峻天皇)・竹田皇子・廐戸皇子を始め、紀・巨勢・膳(かしわで)・葛城・大伴・阿倍・平群・坂本・春日などの諸豪族からなり、渋河の家(用明二年四月条の阿都の別業であろう)に守屋とその一族を打倒した。乱後、摂津国に四天王寺(大阪府天王寺区四天王寺)を造営し、守屋の奴の半分と宅を、寺の奴と田荘にしたとある。『先代旧事本紀』天孫本紀には、その母を弓削連の祖倭古(やまとのこ)の女阿佐姫とし、『日本書紀』崇峻即位前条では、守屋の妹が馬子の妻であったとする。

【参考文献】　加藤謙吉『蘇我氏と大和王権』、野田嶺志「物部氏に関する基礎的考察」(『史林』五一―二)

物部依網連抱　もののべのよさみのむらじいだく　七世紀初めの官人。依網は依羅にも作る。推古十六年(六〇八)隋使裴世清(はいせいせい)が入京して朝廷に召された時、阿倍鳥臣とともに導者となった。依羅は河内国丹比郡依羅郷(大阪府松原市の天美地区一帯)の地名による。物部依羅連氏の一族は他に乙等(おと)・人会(ひとえ)がみえるが、このうち人会は天平四年(七三二)五月に朝臣姓を賜わっている。

毛麻利叱智　もまりしち　五世紀前後の新羅人。朴提上・金提上ともいう。『日本書紀』神功五年条によると、新羅の王が毛麻利叱智らを日本に朝貢させたが、その眼目は日本の質となっていた微叱許智(みしこち。奈勿王の子未斯欣)を帰還させることにあった。毛麻利叱智らは、微叱許智に、妻子が官奴とされているというので新羅に帰って真偽を確かめたいと偽らせた。神功皇后はこれを許し、葛城襲津彦(かずらきのそつひこ)を付き添わせて帰国させた。対馬の鉏海(さひのうみ。鰐浦)に宿泊した際、微叱許智を逃し、床の中に人形を造り、重態と称したが、襲津彦の気づくところとなり、よって毛麻利叱智らは檻に入れられて焼き殺されたと伝える。『日本書紀』は神功の時代のこととするが、未斯許智逃走のことは『三国史記』『三国遺事』にもみえ、前者はこれを四一八年、後者は四二五年のこととしている。『三国史記』朴提上伝に「或いは毛末と云う」とあり、末はmarで麻利に当り、叱智は尊称的添加語であることから、毛末、すなわち朴提上と毛麻利叱智は同一人物とみられる。また『三国遺事』には金提上とみえ、姓氏が一致しないが、姓氏成立後の追記とされている。

【参考文献】末松保和『新羅史の諸問題』、三品彰英『日本書紀朝鮮関係記事考証』上、三品彰英遺撰『三国遺事考証』上、佐伯有清『古代の東アジアと日本』

百師木伊呂弁 ももしきのいろべ　応神天皇の皇子若野毛二俣王の妻で、王の母息長真若中比売(おきながまわかなかひめ)の妹。別名を弟日売(おとひめ)真若比売命という。三国君らの祖である意富々杼王(おおほどのおおきみ)ら七子を生んだという。『釈日本紀』巻十三所引の『上宮記』一云には、母々恩己麻和加中比売(ももしこまわかなかつひめ)に作り、若野毛二俣王が娶ったとある。

守氏 もりうじ　景行天皇の皇子大碓(おおうす)命の後裔氏族の一つ。姓は公(君)。守公氏の部民とされる守部を名乗る人々が美濃国に広く居住していたこと、そして始祖を同じくする牟義公(君)の氏名も美濃国武芸郡(岐阜県武儀郡・美濃市・関市の一帯)の地名に拠っていることから、守の氏名も同国内の地名に基づいたものである可能性が高い。守公(君)氏は、『新撰姓氏録』にみえる左京や河内国以外にも、「山背国愛宕郡雲下里計帳」によって山城国にも分布していたことが知られる。同族には、牟義公・大田宿禰・島田君・阿礼首・池田首らがいる。また、天平十五年(七四三)の「中宮職移案」などによって無姓の守氏の存在したことも知られている。

守君大石 もりのきみおおいし　七世紀後半の官人。『日本書紀』斉明四年(六五八)十一月条に、有間皇子は、中大兄皇子(のちの天智天皇)に取り入ろうとする蘇我臣赤兄の巧言と挑発に乗せられ、ついに謀反を企てたが、後日赤兄は、有間皇子を始め守君大石・坂合部連薬・塩屋連鯯魚(このしろ)らを捕え、紀温湯(和歌山県西牟婁郡白浜町の湯崎温泉か)に連行した。有間皇子と鯯魚は藤白坂(和歌山県海南市藤白付近の坂)で処刑され、大石は上毛野国に、また、薬は尾張国に流されたという。大石は当時有間皇子の舎人であったらしい。しかし、やがて許されたらしく、斉明七年八月、百済救援軍の後将軍の一人として、阿倍引田臣比羅夫(ひらぶ)・物部連熊らとともに渡海した。時に大山上とある。次いで天智四年(六六五)には遣唐大使に任ぜられ、同年中に中国にいたった。時に小錦。大石らは、翌年正月、唐の高宗が行なった泰山(中国の山東省中部で、泰安市の北にそびえる山)の封禅の儀に参加するのが目的であったらしい。同六年十一月、帰国した使人の代表者が大山下境部連石積となっており、大石は途中で没した可能性が大きい。

守部連大隅 もりべのむらじおおすみ　八世紀前半の学者・官人。氏姓は初め鍜冶(かぬち)造、神亀五年(七二八)二月、守部連を賜わった。名は大角にも作る。文武四年(七〇〇)六月、追大壱の時、『大宝律令』の撰定に参画、その功により禄を賜わった。和銅四年(七一一)四月、正六位上から従五位下、養老四年(七二〇)正月、従五位上に昇叙。同年十月、刑部少輔に任ぜられた。同五年正月、明経第一博士として学業が優秀で、後進の模範たるに堪えるとの理由により、絁(あしぎぬ)・糸・布・鍬を賜わった。神亀三年(七二六)正月、正五位下に叙せられた。この頃、令師・宿儒として名高かったという。同五年八月、上表して解官を請うたが、優詔あって許されず、絹・絁・綿・布を賜わった。考課令集解善条所引の古記によれば、四善の一つである「清慎顕著」との評価を得たのは、当代では大隅一人であったという。

守部王 もりべおう　八世紀中頃の皇族。天武天皇の孫。舎人親王の子。天平六年(七三四)聖武天皇の難波行幸に従い、住吉浜(大阪市南部の湾岸)を遊覧して宮へ還る時、道のほとりで詔に応じて詠んだ歌一首とその他の一首が『万葉集』に載せられている(六—九九九・一〇〇〇)。同十二年正月、蔭皇親により無位から従四位下に叙せられた。そしてこの年、九州における藤原朝臣広嗣の乱で平城を離れた聖武に陪従し、乱鎮定の報があった直後の十一月の叙位で従四位上を授けられたが、以降の消息は明らかでない。笠王・何鹿(いかるが)王・為奈王の王子がおり、淳仁天皇の縁に連なることから、天平宝字八年(七六四)の藤原朝臣仲麻呂の乱のあと、淳仁が廃されたことに伴い、三人とも三長真人の氏姓を賜わり丹後国へ流された。光仁朝が成立して宝亀二年(七七一)七月、その属籍は復されたものの、程なくして山辺真人の氏姓を改めて賜わった。

守山氏　もりやまうじ　敏達天皇の後裔氏族。守山の氏名は、大和国添上郡(奈良県添上郡と奈良市東部、山辺郡・大和郡山市・天理市の各一部)にあった地名に基づくものか。姓は初め公、天武十三年(六八四)八色の姓制定に際し、真人を賜わる。『新撰姓氏録』左京皇別では、路真人氏と同祖で、敏達天皇の皇子難波皇子の後裔と伝える。

諸県氏　もろがたうじ　日向の豪族。姓は君。宮崎県南部の東諸県郡国富町一帯に本拠地があり、この地の本庄古墳群は前方後円墳十六基を含む約七十基の古墳が群集し、その年代の上限は五世紀前半といわれている。『古事記』『日本書紀』によると、諸県君牛諸井(うしもろい)が応神天皇に仕え、その女髪長媛は仁徳天皇の妃となり大草香皇子と草香幡梭(くさかのはたび)皇女を生んだという。この氏は隼人の地に割拠していた豪族のなかで、もっとも早く大和政権に服属したと考えられているが、諸県君らが服属の歌舞として演じたのが諸県舞である。『令集解』に「諸県師一人、儛人十人。儛人八人は甲を着け刀を持つ。禁止二人、歌師四人、立歌二人。大歌笛師二人、兼ねて横笛を知る」とみえる。

【参考文献】　井上辰雄『隼人と大和政権』、中村明蔵『隼人の研究』

諸県君牛諸井　もろがたのきみうしもろい　日向の豪族。諸県君牛にも作る。『日本書紀』応神十三年条によると、牛諸井は朝廷に長年仕えて年老い、これ以上仕えることができなくなったので本国へ帰り、自分のかわりに女の髪長媛を貢上しようとして、角のついた鹿の皮を着た数十人の配下を率いて海路播磨の鹿子(加古)水門(かこのみなと。兵庫県加古川市・高砂市の加古川河口部の水門)までやってきた。これを淡路島から遠望していた応神天皇は、使者の口から牛諸井の志を聞いて大いに喜び、淡路島に召し寄せて応神の乗船に従わしめたという。

文賈古子　もんけこし　百済の寺工。飛鳥寺(奈良県高市郡明日香村飛鳥)の造営に参加した工人。『日本書紀』崇峻元年(五八八)条に、百済調使が来調し、調とともに仏舎利・僧・寺工・鑪盤博士・瓦博士・画工を献上したとみえるが、それは飛鳥寺造営に資するためのもので、時に、文賈古子は寺工とある。『元興寺伽藍縁起并流記資財帳』所引の「元興寺塔露盤銘」にもその名がみえ、寺師とある。

聞寂　もんじゃく　八世紀末の大安寺の僧。法相宗。『伝教大師伝』によれば、延暦十三年(七九四)九月に延暦寺(滋賀県大津市坂本本町)根本中堂供養のための七僧供養の大法会において讃頭を務めたとあり、『叡山大師伝』によれば、同十六年、比叡山にいまだ『一切経』がないため、最澄が発願して弟子を督励し、さらに南都の七大寺に援助を求めた際、大安寺の沙門聞寂は最澄の志を知り、大安寺の別院竜淵寺において経典書写を助けたという。ただし『扶桑略記』には「伝教大師伝云」としてこのことが出ている。

汶洲王　もんしゅうおう　百済の王。『三国史記』では文周王、或いは汶洲王に作り、蓋鹵(こうろ)王の子とする。『日本書紀』では蓋鹵王の母の弟とする。雄略二十年冬、百済が高句麗に敗れたが、これを『百済記』には百済の都の尉礼(いれ)城(京畿道広州)を失い、王および大后・王子らは高句麗兵の手で殺害されたとある。『三国史記』には、この時、文周王は新羅に向かい、救援軍の一万を率いて尉礼城に戻ったが、時すでに遅かったとある。

一方、雄略天皇は百済の敗北を知ると、二十一年三月に久麻那利(こむなり。熊津(忠清南道公州))を汶洲王に賜わり、百済を復興させた。しかし、『日本旧記』には久麻那利を賜わったのは東城王とある。『三国史記』では文周王が即位して都を熊津に移したとあり、王は性格が優柔不断で、即位四年(四七八)九月に猟に出たところを兵官佐平の解仇(かいきゅう)が放った刺客に殺害され、長子の三斤王が即位したが、解仇が国政を専制したとある。

文徳天皇 もんとくてんのう 八二七―八五八 在位八五〇―八五八。仁明天皇の第一皇子。母は藤原朝臣冬嗣の女太皇太后藤原朝臣順子。諱は道康。陵に因み、田邑天皇ともいう。天長十年(八三三)七月、七歳で朝覲した。承和元年(八三四)四月、荒廃田五十町を賜わったが、以降数回にわたり賜田されている。同九年二月、仁寿殿で元服。同年八月、いわゆる承和の変によって淳和天皇の皇子恒貞親王が廃され、道康親王が皇太子に立てられた。北家藤原朝臣良房が天皇の外戚としての地位を得るために画策した陰謀の可能性が強いとされている。嘉祥二年(八四九)十一月、仁明の宝算四十を賀した。同三年三月二十一日、仁明が清涼殿で崩じたので践祚し、四月十七日、大極殿で即位した。在位は九年間であったが、政は良房によって行なわれたとされている。同年七月、外祖父冬嗣を贈太政大臣とし、十一月、良房の女明子が生んだ第四皇子惟仁親王を生後八ヵ月で皇太子とした。翌四年二月、清涼殿を移し嘉祥寺(寺跡は京都市伏見区深草瓦町付近か)の堂とした。同年四月、仁寿と改元。同年六月、畿内諸国の水害の被災者に賑給したが、在位中連年災害・飢饉・疾病が流行し、地震が頻発している。仁寿二年(八五二)三月、諸国郡司らに農業勧督を命じた。同三年二月、梨本院に移った。この年、京・畿外に疱瘡が大流行し、多数の死者が出たので賀茂祭を中止し、調庸を免じ、諸国の国分寺・国分尼寺で陰陽書法を行なわせた。斉衡二年(八五五)二月、良房らに『続日本後紀』撰修を命じ、三月、京畿内の隠首括出(おんしゅかっしゅつ)を禁止した。同年五月には地震により東大寺の大仏の頭が落ちた。天安元年(八五七)二月、良房を太政大臣に任じる。同二年八月二十三日、突然発病して重体となり天下に大赦が行なわれたが、同月二十七日、新成殿で崩じた。時に三十二歳。九月二日、山城国葛野郡田邑郷真原岡を山陵地(京都市右京区太秦三尾町にある円墳が山陵とされる)とし、同九月六日に葬られた。遺詔により葬送儀礼は倹約に従った。『延喜式』には田邑陵とあり、荷前(のさき)の対象陵となった。『大鏡裏書』には、文徳は聡明な第一皇子惟喬親王を惟仁親王と交替し立太子させたかったが、良房を慮り果たせなかったとあり、『江談抄』には、おのおの外戚紀氏と藤原氏が争ったことが記されている。

【参考文献】目崎徳衛「文徳・清和両天皇の御在所をめぐって」(『史元』一〇)

文武天皇 もんむてんのう 六八三―七〇七 在位六九七―七〇七。天武天皇の孫。草壁皇子の第二子。母は阿閉皇女(元明天皇)。聖武天皇の父。諱は軽(珂瑠)、和風諡号は天之真宗豊祖父(あめのまむねとよおおじ)天皇。持統十一年(六九七)二月、皇太子となり、同年八月、即位した。その資性は寛仁にして慍色にあらわさず、経史に通じ、射芸をよくしたという。同月、藤原宮子娘を夫人としたが、皇后を立てることはなかった。持統上皇が崩ずる大宝二年(七〇二)までは上皇との複合政治であったといわれており、『大宝律令』制定が最も重要な政策であった。文武四年(七〇〇)三月、諸王臣に令文を読習させて律をつくらせた。同年六月、刑部(おさかべ)親王・藤原朝臣不比等らを律令撰定の功により行賞し、翌大宝元年(七〇一)三月、『大宝令』を施行し官名位号を改正し、四月、王臣百官人に講習させ、六月には使を七道諸国に遣わし、『大宝令』の実施を命じ、八月、『大宝律令』が完成した。翌二年十月、『大宝律令』を天下諸国に頒下し、その後はその実施とその手直しが政策課題とされた。同三年正月、使を七道に派遣して政治の巡察をさせ、七月には籍帳は

『庚午年籍』を基本とさせた。同四年四月、鍛冶司に諸国印を鋳造させ、慶雲二年(七〇五)四月、官員令による太政官の定員を改定し、同三年二月、『大宝律令』実施の結果に基づき、食封・調庸など七ヵ条の改制を行ない、同年九月には田租を改制した。律令のほかには、文武二年(六九八)四月、使に武器を授け、南島に派遣し、国を覔(もと)めさせてから使を派遣したり、島民を入朝させるなどし、また大宝二年(七〇二)八月、薩摩・多褹を征討して造籍を行ない、官吏を置くなど、版図拡大策も多かった。大宝元年、夫人藤原朝臣宮子が首(おびと)皇子(のちの聖武天皇)を生んだ。慶雲四年(七〇七)六月十五日、二十五歳で崩じた。不予に際し、母阿閉皇女に万機を摂する遺詔をした。また遺詔により挙哀三日、凶服一ヵ月とした。同十六日、殯宮(もがりのみや)に供奉せしめ、四大寺で設斎が行なわれ、十月、造山陵司などの任命があり、十一月十一日、飛鳥岡(奈良県高市郡明日香村雷の雷岡とする説がある)で火葬し、同月二十日、檜隈安古山陵(明日香村栗原の俗称塚穴が山陵に比定されているが、明日香村上平田の中尾山古墳にあてる説が有力である)に葬られた。『延喜式』には大和国高市郡所在とある。『懐風藻』に詩三首があり、『万葉集』に歌一首(一—七四)がみえる。

や

宅子娘　やかこのいらつめ　大友皇子の母。伊賀国の郡司の女と考えられ、伊賀釆女であったが、大化四年(六四八)頃、中大兄皇子(のちの天智天皇)との間に伊賀皇子(のちの大友皇子)を生んだ。

宅部氏　やかべうじ　豪族に属した部民に由来する氏族。宅部氏は出雲・周防などの国に分布し、周防の宅部氏は、同国吉敷郡益必(やけひと)郷(比定地未詳。山口県吉敷郡秋穂町・山口市秋穂二島に比定する説などがある)との関連も考えられる。家部にも作り、家部と表記する氏は、丹波・丹後・出雲・美作・備前・備中・豊前・肥後の諸国、および対馬嶋と推定される地に分布していた。

【参考文献】吉田孝「イヘとヤケ」(『律令国家と古代の社会』所収)

宅部皇子　やかべのみこ　—五八七　『日本書紀』によれば、宣化天皇の皇子で上女王(かみつひめおおきみ)の父とあるが、未詳とする。用明二年(五八七)六月、蘇我氏と物部氏の対立を背景に、蘇我馬子宿禰によって穴穂部皇子が殺された際、皇子と仲が良く皇子の即位を支持していたと思われる宅部皇子も、その翌日に殺された。宅部皇子の名は『日本書紀』宣化巻にはみえず、『本朝皇胤紹運録』は欽明天皇の皇子で穴穂部と同母兄弟とし、『聖徳太子伝暦』『扶桑略記』は、穴太部・宅部の二皇子は用明天皇の兄弟としている。

八上女王　やがみのひめみこ　八世紀末の王女。延暦五年(七八六)正月、従五位下から正五位下に昇る。同九年十一月、従四位下、同十年十二月に従三位に昇る。

楊貴氏　やぎうじ　大和国宇智郡大沢村(奈良県五条市大沢町)出土の墓誌銘(現在は拓本のみ残る)に名がみえる氏族。それによると楊貴氏は下道(しもつみち)朝臣(吉備)真備の亡妣(亡き母の意)とされるが、これについては『新撰姓氏録』右京神別下にみえる八木造とするのが従来の説である。また、楊貴は唐の玄宗皇帝の寵妃楊貴妃に因んだものとする説があるが、一方で、楊が貴妃の位を授けられたのが、墓誌の天平十一年(七三九)の六年後ゆえ、関係ないとする説もある。なお、八木造は陽疑造とも記される。

【参考文献】岸俊男「楊貴氏の墓誌」(『日本歴史』一五〇、のちに『日本古代政治史研究』所収)、近江昌司「楊貴氏墓誌の研究」(『日本歴史』二一一)

八木造大庭麿　やぎのみやつこおおばま

ろ　九世紀前半の平安右京九条二坊の戸主。弟には八木造広庭がいる。天長十年(八三三)三月、直稲七百十四束七把分の墾田を、近江国浅井郡湯次郷(滋賀県東浅井郡浅井町湯次付近)の中嶋連大刀自咩(おおとじめ)に売却し、立券文していることが、「八木造大庭麿墾田売券」から知られる。

益信　やくしん　八二七―九〇六　九世紀後半―十世紀初めの真言宗の僧。第七代東寺長者。円成寺開基。諡号は本覚大師。円成寺僧正と号す。備後国の人。俗姓は品治(ほんち)氏。石清水行教の弟。大安寺で出家し、初め明詮について法相を、のち宗叡から密教を学んだ。仁和三年(八八七)正月、南地院源仁から伝法灌頂を授けられ、付法の印璽として宗叡相伝の法全阿闍梨付嘱の聖教と般若三蔵所伝の雑華を付嘱された。同四年三月、権律師となり、寛平二年(八九〇)十月、律師に転じた。益信は尚侍藤原朝臣淑子の病気を祈ったことから帰依され、仁和五年三月、淑子は亡夫藤原朝臣氏宗終焉の東山山荘をすてて寺とし、円成寺(円城寺。寺跡は京都市左京区鹿ケ谷宮ノ前町)と称して益信を住まわせ別当とした。円成寺は同年七月、定額寺に列し、翌寛平二年十一月、年分度者二人(金剛界業・胎蔵業各一人)が置かれ、住僧のうち得業のものは三会の聴衆、二会の竪義に与ることとなり、延喜六年(九〇六)九月には益信の門徒、および氏宗の子孫が師資相伝する寺となった。益信は寛平三年九月、真然に替わって東寺長者に任ぜられ、同四年十二月、少僧都、同六年十二月には法務を兼ね、同七年十月、権大僧都に転じ、同八年、男山八幡宮(石清水八幡宮。京都府八幡市八幡高坊)検校を兼務、昌泰三年(九〇〇)三月、僧正となった。晩年、宇多天皇からも帰依され、昌泰元年、仁和寺(京都市右京区御室大内)で初めて布薩が行なわれた時に戒師を務め、翌二年十月、宇多が仁和寺で出家した時にも戒師を務め、延喜元年十二月には東寺灌頂院において伝法灌頂を授けた。同六年三月七日、円成寺において示寂。時に八十歳。徳治三年(一三〇八)二月、後宇多法皇から本覚大師の称号ならびに大僧正を贈られた。著書には『金剛界八巻次第』『胎蔵界次第』などがある。付法の弟子に寛平(宇多)法皇・神日らがいる。益信の法流は、寛平法皇・寛空・寛朝と相伝され、寛朝が広沢池南畔に遍照寺(京都市右京区北嵯峨朝原山町の朝原山の山麓にあった。現寺地は嵯峨広沢西裏町)を創建し、盛んに法流を宣揚したことから広沢流と称される。寛朝のあと済信・性信・寛助と次第し、寛助から覚法(仁和御流)・信証(西院流)・永厳(保寿院流)の三人(仁和寺三流)と、聖恵(華蔵院流)・寛遍(忍辱山(にんにくせん)流)・覚鑁(かくばん。伝法院流)の三人(広沢三流)が出て、のちに広沢六流として発展した。

八口朝臣音橿　やくちのあそんおとかし　七世紀後半の官人。『日本書紀』持統即位前条によると、朱鳥元年(六八六)十月、大津皇子の謀反が発覚した際、壱伎連博徳(はかとこ)・中臣朝臣臣麻呂・巨勢朝臣多益須・新羅沙門行心・帳内礪杵(とき)道作ら三十余人とともに捕えられたが、大津皇子の自害後、礪杵道作以外は許された。時に直広肆。

八口釆女鮪女　やくちのうねめしびめ　七世紀前半の女孺。八口は地名か氏の名か不明。『日本書紀』舒明即位前条によると、推古三十六年(六二八)三月、推古天皇大漸の際、栗下女王を首とし女孺ら八人あわせて数十人の近習者が推古の病床に侍していたが、その時の女孺の一人であった。皇位継承に関する推古の詔を山背大兄王に伝える使者の役目も果たした。

薬仁　やくにん　―八七四　九世紀中頃の薬師寺の僧。法相宗。『本朝高僧伝』には、才質が爽邁で諸々の経乗を究明し、維摩会講師を務め、次いで貞観十六年(八七四)には宮中最勝会の講師となり、僧綱が選んだ名僧十四人のうちの一人として入内して論義し、ついには薬師寺の講会に坐したとある。『日本三代実録』には、貞観十六年正月の大極殿で行なわれた最勝会に薬師寺僧法相宗伝燈大法師位薬仁が講師になったとあり、同年九月の記事に、これより先の八月二十三日に行なわれた紫宸殿における『大般若経』の転読の際、六十僧のうちに選ばれて参内していたが、二十五日に奄忽として命を終え、弟子達はこれを秘していわなかった。それを伝え聞いた人がこれを明らかにしたので、十一日の伊勢大神宮奉幣のことが停廃され、建礼門の前で大祓がなされたとある。

陽胡氏　やこうじ　氏名は百済の楊侯(楊公)氏に基づくと考えられ、陽侯・楊胡にも作る。『新撰姓氏録』左京諸蕃上では、隋煬帝の後、達率(百済の官位十六品の第二位)楊侯阿了王の後裔、和泉国皇別では、達率楊公阿了王の後裔と伝える。姓は初め史(毗登)、神護景雲二年(七六八)三月、人麻呂らが忌寸を賜わる。一族には、学術、対外交渉の職務に従事していた人物が目立つ。

陽胡史玉陳　やこのふひとたまふる　七世紀前半の学者。陽侯史氏の祖。名を王陳にも作る。『日本書紀』は、推古十年(六〇二)十月、百済から来朝した観勒に師事して暦法を習ったと伝える。このように、玉陳が推古十年当時の人物であったとすると、陽(楊)胡史が隋煬帝の後裔であったとする『新撰姓氏録』左京諸蕃上の所伝は、年代的に矛盾が生ずる。陽胡氏は、百済の楊侯(楊公)氏の後裔とするのが適当であろう。

陽胡史真身　やこのふひとまみ　八世紀前半の官人・学者。子に令珍・令珪・令璆・人麻呂がいる。学術に優れた人物で、『養老律令』の撰修に加わり、養老六年(七二二)二月には、刀筆を持って科条を删定したという功績によって、大倭忌寸小東人らとともに功田四町を授けられた。時に従六位下。この功田は天平宝字元年(七五七)十二月に下功田として子に伝えられることになった。また、天平二年(七三〇)三月、粟田朝臣馬養らとともに、おのおの二人の弟子をとり、漢語の教授を命ぜられた。『楊氏漢語抄』は、真身の著作ともいわれる。そののち同七年四月、正六位上から外従五位下に叙せられて貴族に列し、政治的な活躍も目立つようになった。同十年四月、豊後守に任ぜられ、同十三年四月、巨勢朝臣奈氏麻呂らとともに、摂津・河内両国の河堤(茨田堤か)の紛争を巡検した。また、同年八月には但馬守に任ぜられ、天平勝宝二年(七五〇)同国守として着任していたことが、『正倉院文書』から確認できる。なお、官位は天平二十年二月に外従五位上、同月さらに従五位下に叙せられた。東大寺盧舎那大仏造立の知識として、銭一千貫、牛一頭を貢上したことと関係があろう。

陽侯忌寸人麻呂　やこのいみきひとまろ　八世紀中頃―後半の官人。左京の人。陽侯史真身の子で、令珍・令珪・令璆は兄弟。姓は初め史(毗登)、神護景雲二年(七六八)三月、男女六十三人とともに忌寸を賜わった。天平感宝元年(七四九)五月、人麻呂は兄弟三人とともに、東大寺盧舎那大仏造立の知識として、それぞれ銭一千貫を貢上し、いずれも外従五位下に叙せられた。宝亀八年(七七七)正月、東市正となり、同十一年三月、豊前介(守は小野朝臣滋野)となった。

陽侯忌寸令璆　やこのいみきれいきゅう　八世紀中頃―後半の官人。名を玲璆にも作る。陽侯史真身の子。姓は初め史(毗登)、神護景雲二年(七六八)三月、人麻呂らと同時に忌寸を賜わったと考えられる。天平感宝元年(七四九)五月、令璆は兄弟三人とともに、東大寺盧舎那大仏造立の知識として、それぞれ銭一千貫を貢上し、いずれも外従五位下に叙せられた。天平宝字三年(七五九)四月、越後守に任ぜられ、同四年二月、藤原朝臣河清(清河)の上表文などを献上した渤海国使高南申の送使となり、渤海へ渡航した。同年十一月に帰国し、この功績によって従五位下を授けられた。同七年正月には内匠助となった。その後、藤原朝臣仲麻呂の乱で失脚したらしいが、宝亀九年(七七八)十月、ようやく本位の外従五位下に復された。同十一年三月に尾張介、翌年五月には守に昇進。さらに、天応二年(七八二)二月には豊後介にうつった。

陽侯史久爾曾　やこのふひとくにそ　八世紀前半の学者。通徳と称する僧であったが、文武四年(七〇〇)八月、恵俊(吉宜(きちのよろし))とともに還俗させられ、氏姓を陽侯史、名を久爾曾と賜わり、勤広肆の位を授けられた。その芸を活用するためであったという。一族の人々の動向を参照すると、曜暦・明法などの学に長じていたと考えられる。

陽侯史令珪　やこのふひとれいけい　八世紀中頃の官人。真身の子。天平感宝元年(七四九)五月、令珪は兄弟三人とともに、東大寺盧舎那大仏造立の知識として、それぞれ銭一千貫を貢上し、いずれも外従五位下を授けられた。

陽侯史令珍　やこのふひとれいちん　八世紀中頃の官人。名を玲珍・玲珎にも作る。真身の子。天平感宝元年(七四九)五月、令珍は兄弟三人とともに、東大寺盧舎那大仏造立の知識として、それぞれ銭一千貫を貢上し、いずれも外従五位下に叙せられた。天平宝字三年(七五九)七月には伊賀守、同五年十月には漆部正、同七年四月には日向守にそれぞれ任ぜられた。

八坂入彦命　やさかのいりひこのみこと　崇神天皇の皇子。八坂之入日子命・八尺入日子命にも作る。『古事記』には、崇神と尾張連の祖意富阿麻比売(おおあまひめ)との間に生まれた第二子とあり、『日本書紀』は第一子とする。また、『日本書紀』には景行四年二月、景行天皇は美濃行幸の際、八坂入彦皇子の女弟媛を妃としようとしたが、弟媛は辞退し、かわりに姉の八坂入媛を推したとある。

八坂入媛　やさかのいりひめ　景行天皇の妃。八坂入姫・八坂之入日売命にも作る。父は八坂入彦命。『日本書紀』によると、景行四年二月、景行は美濃行幸の際、八坂入彦皇子の女弟媛を妃としようとしたが、弟媛は辞退し、かわりに姉の八坂入媛を推した。景行はこれを許し、八坂入媛との間に成務天皇はじめ七男六女をもうけた。景行五十二年五月、皇后播磨太郎姫の死去により、同年七月、皇后となったという。『古事記』には景行が八坂之入日売命を娶って成務以下三男一女をもうけたと記すのみで、弟媛に関する説話はみえない。また、『歌経標式』は活目(垂仁)天皇との間の応答歌を載せ、『伊予国風土記』逸文は伊予の湯(愛媛県松山市道後湯之町の道後温泉)に行幸した人物として、景行と大后八坂入姫命の名をあげている。

安見児　やすみこ　七世紀後半の釆女。『万葉集』の天智天皇の代「内大臣藤原卿、釆女安見児を娶きし時作る歌一首」と題する「われはもや安見児得たり皆人の得難にすとふ安見児得たり」(二―九五)の中に歌われている釆女。安見児を天智から与えられた中臣連鎌足が謝意を表するために歌ったのが右の歌であるとされている。

【参考文献】　門脇禎二『釆女』

箭田珠勝大兄皇子　やたのたまかつのおおえのみこ　―五五二　欽明天皇の皇子。母は宣化天皇の女石姫。弟にのちの敏達天皇がいる。『古事記』には八田王とある。『日本書紀』欽明元年正月条に、欽明は宣化の女石姫を立てて皇后とし、皇子はその長子として生まれたとあり、欽明十三年(五五二)四月に薨じたという。大兄は、皇后または正妃所生の第一子で、最有力の皇位継承資格を帯びた人物の通称である。皇子は欽明の日継としての地位にあったが、不幸にも夭折したらしい。

矢田皇女　やたのひめみこ　応神天皇の皇女で仁徳天皇の異母妹。仁徳の皇后でもある。八田皇女にも作る。『古事記』では八田若郎女(わきいらつめ)とする。『日本書紀』応神二年条によると、応神の妃宮主宅媛を母とし、同母の兄妹に菟道稚郎子(うじのわきいらつこ)・雌鳥(めとり)皇女がいる。また同書仁徳即位前条によると、応神の崩後、太子であった菟道稚郎子は、異母兄で皇后の長子大鷦鷯(おおさざき)尊(仁徳)に位を譲ろうとした。これを大鷦鷯尊が受けずにいるうち、異腹の大山守命の反乱なども起こり、空位のまま三年の月日が経つ。そこでついに菟道稚郎子はみずからの命を断つ挙に出るが、その時、大鷦鷯尊に同母妹八田皇女を後宮に納れるよう遺言したという。そして仁徳が即位し、仁徳二年には磐之媛命を皇后に立てるが、同十六年の記事によれば、この皇后は大層嫉妬深い女性だった。やがて同二十二年正月になって、仁徳が八田皇女を妃とすることを皇后にはかるが、皇后は許さず、仁徳は歌をもって説得を試みるが不首尾に終わる。しかし同三十年九月、皇后が留守の間に八田皇女を宮中へ納れてしまう。旅先でこれを知った皇后は怒って、そのまま仁徳のもとへ帰ることなく、同三十五年六月、山背の筒城宮(京都府綴喜郡田辺町多々羅付近)で薨じた。そこで仁徳は同三十八年正月に八田皇女を皇后に立てた。その後、同四十年二月に皇后の同母妹雌鳥皇女を妃としようとするが、仲に立てた異母兄弟隼別(はやぶさわけ)皇子が雌鳥皇女と通じてしまう。仁徳はこれを恨むが、皇后の言を尊重して罰しなかった。しかし隼別皇子と雌鳥皇女に謀反の心があるのを知るに及んで、彼らを殺させる。この時、皇后の願いにより、追手には雌鳥皇女の足玉手玉を奪わぬよう指令するが、その禁は破られる。これは皇后によって告発され、犯人は私地を献じて死罪を免れたという。『古事記』仁徳段にも同工の話が記されるが、宇遅能和紀郎子の自殺および遺言の話はなく、他方、八田若郎女の御名代として八田部を定めたことが見える。『先代旧事本紀』天孫本紀には、饒速日(にぎはやひ)命の九世孫多遅麻大連公の女物部山無媛連公が応神妃となり、矢田皇女らを生んだとある。

矢田部氏　やたべうじ　物部氏の祖伊香色雄(いかがしこお)命の後裔氏族の一つ。姓は造・首。造姓の有力氏は天武十二年(六八三)九月に連姓を賜わる。仁徳天皇の皇后矢田皇女の名代部である矢田部の伴造氏族である。左京・山城・河内・摂津国などに分布する。

矢田部氏永　やたべのうじなが　―八八○　九世紀後半の下級官人。元慶四年(八八○)正八位下で大膳職の史生の任にあったが、同年四月八日、その任を悪用して淡路国の調を諸司に充てる際の領収の文書を私造し、その塩代米五十斛を偸め盗ったことが発覚したことから、備前・讃岐などの諸国からの調未収の文書を私造した余罪も露見し、獄に下された。これに連坐した中務・民部・主計などの省寮の多くの出納担当者は、同年十二月四日の藤原朝臣基経が太政大臣に任ぜられた際の大赦で赦され、左降にとどまったが、氏永一人は赦前に獄中で死去、その恩典に与らなかった。

矢田部老　やたべのおゆ　―七六四　八世紀中頃の下級官人。藤原朝臣仲麻呂の勢力下にあった中衛府の将監。『続日本紀』によれば、天平宝字八年(七六四)九月、仲麻呂の反乱に際し、その逆謀を洩れ聞いた孝謙上皇が、淳仁天皇居住の中宮院に納める駅鈴と内印を収めようとしたので、仲麻呂は同院に伺候する子息の久須麻呂らに奪わせようとしたが射殺された。このため仲麻呂は再度老に命じ、老は武装を調え騎馬で向かい、上皇側の詔使をおびやかした。しかし逆に授刀紀朝臣船守に射殺されてしまい、その奪取に失敗したという。なお『続日本紀』のこの条をめぐってはこの他いくつかの解釈がある。

【参考文献】岸俊男『藤原仲麻呂』(『人物叢書』)、鈴木靖民「『続日本紀』天平宝字八年九月乙巳条について」(『続日本紀研究』一八九)、直木孝次郎「仲麻呂の乱の鈴印争奪記事の読みかた」(同上一九一)、佐々木博康「仲麻呂の乱の発端記事について」(同上一九三)

八綱田　やつなた　上毛野(かみつけの)君の遠祖。倭日向武日向(やまとひむかたけひむか)彦八綱田・八綱多命ともいう。『日本書紀』垂仁五年十月条に、狭穂彦が謀反を起こした時、垂仁天皇は上毛野君の遠祖八綱田を将軍に任じ、狭穂彦の築いた稲城を攻撃させた。八綱田は稲城に火をかけて焼き払い、狭穂彦を自殺せしめたので、垂仁はその功をほめて倭日向武日向彦八綱田の名号を賜わったとある。『新撰姓氏録』和泉国皇別によると、登美首・軽部は倭日向建日向八綱田命の後裔といい、命は豊城入彦命の男とする。また、未定雑姓摂津国・和泉国の我孫(あびこ)・我孫公も、同じく豊城入彦命の男八綱多命の後裔としている。豊城(入彦)命は上毛野君・下毛野君両氏の始祖に当るが、『日本書紀』崇神四十八年正月条に、豊城命が三輪山に登り、その頂で東に向かって槍をあげ、また空に刀を振る夢をみたとの所伝がある。大和国城上郡に式内神坐日向神社(奈良県桜井市三輪に鎮座する大神神社の摂社で、本社の西南にあるが、三輪山山頂の高宮神社にあてる説もある)があり、八綱田の異称である倭日向武日向の名は、その父豊城命の夢占と深く関連して、大和政権の東国経営に従った上毛野氏の任務を象徴し強調するものであるといえる。

矢集氏　やつめうじ　矢部を管轄する伴造系氏族。箭集にも作る。姓は初め連、天武十三年(六八四)八色の姓制定に際し、宿禰を賜わる。氏名は美濃国可児郡矢集郷(岐阜県可児郡可児町矢戸・谷迫間付近か)によるとも考えられる。『日本書紀』天武十三年十二月条に美濃矢集連がみえるが、やはり同地付近が本拠地であろう。『新撰姓氏録』右京神別上に箭集宿禰、左京神別上に矢集連がみえ、神饒速日(かんにぎはやひ)命六世の孫伊香我色乎(いかがしこお)命の後とある。『先代旧事本紀』天孫本紀は、物部大母隅連公をその祖と伝える。

箭集宿禰虫麻呂　やつめのすくねむしまろ　八世紀前半の明法家。矢集にも作り、名を虫万呂とも書く。養老五年(七二一)学業に優れ、その道の師範たるに堪えるをもって、絁(あしぎぬ)・糸・布・鍬を賜わっている。時に正六位上。この賜与は、『養老律令』の刪定に力を発揮してのことと考えられ、事実、虫麻呂は、養老二年頃から開始された律令の刪定に終始中核的な役割を果たした人物と推定されている。養老六年には、律令撰定の功により、陽胡史真身(やこのふひとまみ)、大倭(やまと)忌寸小東人(大和宿禰長岡)らとともに田を賜わっている。天平三年(七三一)外従五位下を授けられ、翌年九月、大判事となり、十月、大学頭に任ぜられた。死没の年時を欠くが、天平宝字元年(七五七)十二月に、先の養老六年に賜わった功田を下功田として子に伝えており、これとあまり隔たらない時期に卒したのであろう。『懐風藻』に、詩二首が収録されている。

八瓜入日子王　やつりいりひこのおおきみ　日子坐(ひこいます)王の子。美濃国本巣国造の祖。異称を神大根王・神骨ともいう。『古事記』開化段に、日子坐王が息長水依比売を娶って生んだ子に神大根王があり、またの名を八瓜入日子王とし、神大根王は、三野国の本巣国造、長幡部連の祖とある。『日本書紀』景行四年二月条に、美濃国造神骨の名がみえ、また『先代旧事本紀』国造本紀に三野前国造を掲げ、開化朝に皇子彦坐王の子八瓜命を国造に定めたと伝えている。

八釣白彦皇子　やつりのしろひこのみこ　允恭天皇の皇子。母は忍坂大中姫。同母兄に木梨軽皇子・境黒彦皇子・安康天皇らがおり、雄略天皇は同母弟に当る。『古事記』は八苽白日子王に作る。『日本書紀』の雄略即位前条に、安康は眉輪(まよわ)王のために殺されたが、それを知って驚いた大泊瀬幼武皇子(のちの雄略天皇)は、自分の兄たちを疑い、みずから武装して兵を率い、まず八釣白彦皇子をせめ問うた。白彦皇子は害せられる危険を感じて黙ったままであったので、大泊瀬は刀を抜いて斬ったとある。『古事記』安康段によると、安康は目弱王のために斬り殺された。時に大長谷王子は少年であったが、事を聞いて痛憤激怒し、まず兄黒日子王子の怠緩なるをみて打ち殺し、次いで兄白日子王子の元にいたったが、怠緩なること黒日子王子のごとくであったので、その衣衿をとって小治田(奈良県高市郡明日香村豊浦・雷付近)まで引き率て来て、掘った穴に立ちながら埋めた。王子は、腰まで埋められた時両目が走り抜けて(飛び出して)死んでしまったという。

屋主忍男武雄心命　やぬしおしおたけおごころのみこと　武内宿禰の父とされる人物。屋主忍雄命・武猪心命にも作る。『日本書紀』によれば、景行三年二月、紀伊国行幸が中止となった際、景行天皇のかわりに遣わされて神祇を祭った。阿備柏原(あびのかしわばら。和歌山市相原・松原か)にいて神祇を祭ること九年、その間に紀直の遠祖菟道(うじ)彦の女影媛を妻とし武内宿禰をもうけたという。『政事要略』所引の『高橋氏文』には、膳(かしわで)氏の祖の磐鹿六鴈(いわかむつかり)命が薨じた時、景行は藤河別命と武男心命を宣命使として遣わしたとある。『紀氏系図』には、孝元天皇の皇子彦太忍信(ひこふつおしのまこと)命、その子の屋主忍雄命、その子の武雄心命、その子の武内宿禰・甘美内(うましうち)宿禰の名がみえる。『住吉大社神代記』によれば、命は垂仁天皇の癸酉年春二月に住吉大神の願に従い遣わされ、山を寄せ奉って幣とし、阿備柏原社で斎祀し九年の間に難波道竜住山(比定地未詳)一岳を申し賜わったという。『古事記』孝元段では、比古布都押之信命と木国造祖宇豆比古の妹山下影日売の間に生まれた子を建内宿禰とする。

矢作氏　やはぎうじ　矢の製作に携わった矢作部を管轄する伴造系氏族。姓は連。『新撰姓氏録』未定雑姓河内国条には、布都奴志命の後とする矢作連があり、同国若江郡の矢作神社(式内社。大阪府八尾市南本町)の地を本拠とする一族であろう。『続日本紀』宝亀元年(七七〇)四月条によると、矢作造辛国という人物は宿禰の姓を賜わっていたが、本姓に復させられたという。この復姓は道鏡の没落に関わっており、この矢作造氏も道鏡の関係からして、河内国を本拠とする氏族であったと考えられる。矢作部は広く設置されたが、矢作・矢作部氏は概して東国に多いことが注目される。

箭括氏麻多智　やはずのうじのまたち　常陸国行方郡の人。『常陸国風土記』によれば、継体朝に常陸国行方郡の西の谷の葦原を開墾した時、夜刀(やつ)の神が群がって来て妨げたため、麻多智は怒り、甲鎧をつけてみずから仗をとって打ち殺して駆逐し、山の登り口に杖を堺の堀にたて、これより上を神の地とし、下は人の田とし、以後神の祝となり社を作って祭り、耕田十町余を開発し、その子孫相うけて祭ったという。麻多智の伝承の記されている行方郡条の「古老曰」は、文脈上曾尼之駅の説明に付随していると考えられるので、麻多智の開墾した谷は曾尼之駅(茨城県行方郡玉造町玉造の通称泉)の西方の長者平南側の谷津(天竜谷津)と思われる。天竜谷津には夜刀神を祭る愛宕祠があり、愛宕祠のある天竜山の麓には『常陸国風土記』の「椎井池」と思われる大池があった。

【参考文献】　吉田晶『日本古代村落史序説』、関和彦『風土記と古代社会』、原島礼二「日本古代社会論」(『現代歴史学の課題』上所収)

山木直　やまきのあたい　東漢(やまとのあや)氏の始祖阿智使主(あちのおみ)の孫。父は都賀(加)使主(つかのおみ)。『坂上系図』所引の『新撰姓氏録』逸文によれば、都賀使主は雄略朝に直姓を賜わったが、山木直はその長子で、本名(もとのな)を山猪といい、兄腹(腹は血筋をあらわす語)の祖に当る。民忌寸・檜原宿禰・平田宿禰・平田忌寸・栗村忌寸・小谷忌寸・伊勢国奄芸(あんぎ)郡(三重県鈴鹿市・津市・安芸郡の各一部)の民忌寸・軽忌寸・夏身忌寸・韓国忌寸・新家(にいのみ)忌寸・門忌寸・蓼原(たではら)忌寸・高田忌寸・国覔(くにまぎ)忌寸・田井忌寸・狩忌寸・東文部(やまとのふみべ)忌寸・長尾忌寸・檜前(ひのくま)直・谷宿禰・文部谷(ふみべのたに)忌寸・文部岡忌寸・路忌寸・路宿禰の二十五姓(東漢氏系諸氏)の祖であるという。

山口氏　やまぐちうじ　畿内の豪族。二系統ある。㈠臣姓から神護景雲元年(七六七)に朝臣を賜わった。『新撰姓氏録』ほかに武内宿禰の子波多八代(はたのやしろ)宿禰の後裔と伝える。本貫地は河内国志紀郡(大阪府八尾・藤井寺・柏原の諸市の各一部)であろう。㈡当初の直姓(『日本書紀』に漢山口直)から天武十一年(六八二)に連、続いて同十三年、八色の姓制定に際して翌十四年に忌寸、さらに延暦四年(七八五)に宿禰を賜わった。東漢(やまとのあや)氏系の一流であって、七世紀中頃の仏師として知られる漢山口直大口(山口大口費)や『大宝律令』の撰定に携わった山口伊美伎大麻呂らを輩出している。

【参考文献】　関晃『帰化人』

山口忌寸兄人　やまぐちのいみきえひと　八世紀前半の官人。美濃守笠朝臣麻呂の領導の下、少掾門部連御立や匠伊福部（いおきべ）君荒当らとともに、吉蘇（木曾）路（美濃国恵奈郡と信濃国筑摩郡を結ぶ道）の開通事業に尽力し、功により、和銅七年（七一四）閏二月に位階を進められた。時に美濃国大目、従八位上。

山口伊美伎大麻呂　やまぐちのいみきおおまろ　八世紀初めの官人。文武四年（七〇〇）六月、刑部（おさかべ）親王・藤原朝臣不比等以下の『大宝律令』撰定の一員に任命された。時に進大弐。同日、褒賞として禄を賜わった。

山口忌寸佐美麻呂　やまぐちのいみきさみまろ　八世紀中頃の官人。名を沙弥万呂・沙美万呂などにも作る。紫香楽（しがらき。滋賀県甲賀郡信楽町）から平城の東で東大寺盧舎那大仏造営が再開された天平十七年（七四五）十二月、金光明寺写経所の請経使、同十九年には造東大寺司の前身である金光明寺造物所の主典として請経使を務めた。翌二十年、造東大寺司が成立した時、従八位下で主典の任にあった。天平勝宝三年（七五一）には紫微中台の大疏をも兼ねている。同五年、近江大掾を兼ね、正六位上に昇進、同七年には紫微少忠の任にあったが、淳仁天皇が即位した天平宝字二年（七五八）八月、外従五位下から従五位下に昇叙された。同五年十月、甲斐守に任ぜられたが、同八年の藤原朝臣仲麻呂の乱に連坐して位階を剝奪された。神護景雲三年（七六九）十月、称徳天皇の由義宮（ゆげのみや。大阪府八尾市八尾木北の由義神社付近または同市別宮付近か）行幸に供奉して無位から本位の従五位下に復され、翌四年三月、由義宮において会賀市（大阪府藤井寺市国府付近にあった市）司に権任された。宝亀三年（七七二）四月、木工助、そして同年十一月、備後介に転じたが、以後の消息は明らかでない。

山口忌寸田主　やまぐちのいみきたぬし　八世紀前半の算術家。養老五年（七二一）正月、元正天皇の詔により、山上臣憶良や山田史御方（みかた）など当代における学芸各分野の泰斗の一人として、退朝ののち皇太子首（おびと）皇子（のちの聖武天皇）に侍した。時に正六位上。その直後、学業に優遊し、その道の師範たるに堪えるをもって後生勧励のため絁（あしぎぬ）十疋、糸十絇、布二十端、鍬二十口を賜わったが、この日ともに賞賜された者は文人・武士・医卜方術など各分野にわたり、その数三十九名に及んだ。『家伝』下によれば、神亀（七二四—七二九）の頃の暦算の第一人者とされている。天平二年（七三〇）三月、陰陽医術および七曜頒暦などの類は国家の要道で廃闕することはできないが、それらの博士のうちで年歯衰老し、もしいま教授しなければその業の廃絶の恐れのある者には、弟子をとって業を習わせることになり、その七人のうちの一人に選ばれた。

【参考文献】　亀田隆之「奈良時代の算師」（『日本古代制度史論』所収）

山口忌寸西成　やまぐちのいみきにしなり　七九六—八五八　九世紀中頃の官人。右京の人。幼少時は読書をおこたり射芸を好んだが、成人後、節を改め学に志し、得業生となり、のち奉試及第して大宰博士を拝命したが赴任しなかった。承和（八三四—八四八）の初め、大学直講となった。嘉祥二年（八四九）二月、従六位下の時、渤海使の来朝に際し、存問兼領客使として能登国に派遣された。のち、助教となり、時に大学大允と仮称した。仁寿三年（八五三）には正六位上から外従五位下、斉衡三年（八五六）には従五位下に昇叙された。同年に大和介、天安二年（八五八）に紀伊介に任官。貞観五年（八六三）二月、紀伊守並山王は前任の介西成の「放還与不の状」を期限内に言上しなかったとして公廨を没収されている。

山口女王　やまぐちのおおきみ　八世紀の歌人。『万葉集』に大伴宿禰家持に贈った相聞歌五首（四—六一三～六一七）と、同じく家持に贈った秋相聞歌一首（八—一六一七）がみえる。『新古今和歌集』にも中納言家持につかわした歌二首がみえ（一三七七・一三七八）、そのうち一首は『古今和歌六帖』から採られたものとある。ほかに『続後撰和歌集』に一首（八〇八）、『玉葉集』に一首（一六三一）がみえる。

山代氏　やましろうじ　㈠山背国造氏族。山背と書かれることが多い。天都比古禰（あまつひこね）命の子の天麻比止都禰（あめのまひとつね）命の後裔とされる。姓は初め直、天武十二年（六八三）九月に連となり、同十四年六月に忌寸となった。なお一部の者は、天長十年（八三三）四月、宿禰を賜わった。同氏は、山城国内に分布していた。同祖系譜をもつ氏族には、凡河内（おおしかわち）氏などがある。㈡魯国の白竜王を祖とする渡来系氏族。姓は初め直、天平二十年（七四八）七月に忌寸を賜わった。しかし、同氏の一族と考えられる山代直大山は、伊美吉→直→伊美吉→直→忌寸と何度も姓が変転している。山代の氏名は、同氏の本拠地と考えられる河内国石川郡山代郷（大阪府南河内郡河南町山城付近）の地名に基づく。同氏は、河内国や左京などに分布しており、同族と考えられる氏族には、天平勝宝八歳（七五六）七月に山背忌寸の氏姓を賜わった河内国石川郡（大阪府富田林市の東半と南河内郡の一帯）の漢人（あやひと）氏がある。㈢火明（ほのあかり）命の後裔氏族の一つ。姓は直。山城国に分布する。同祖系譜をもつ氏族には、尾張氏（尾張国造）などがある。

山代伊美吉大村　やましろのいみきおおむら　七一五―　八世紀の河内国石川郡（大阪府富田林市東半と南河内郡の一帯）の人。同郡郷戸主山代伊美吉大山の子。神亀四年（七二七）の戸籍に、同郡波太郷（南河内郡太子町畑付近）戸主山代直大山の戸口として、「山代直大村・年十三」とみえる。天平五年（七三三）の戸籍には、同郡余戸郷（比定地未詳）戸主山代伊美吉東人の戸口として、「山代直大村・年十九」、天平十二年の戸籍では、同郡紺口郷（南河内郡河南町・千早赤阪村付近、さらには富田林市竜泉付近までにわたる地域）戸主山代伊美吉大山の戸口として、「山代伊美吉大村・年二十六」とみえる。また、天平十八年の戸籍では、同郡紺口郷戸主山代伊美吉大山の男として、「山代伊美吉大村・年三十二」とみえる。天平勝宝二年（七五〇）には、戸籍調査をうけ、「山代伊美吉大村・年三十五」とある。

【参考文献】　益田勝美「姓が転々する山代伊美吉大村の勘籍」（『日本文学史研究』一八）、田中卓「カバネの変転―山代伊美吉大山の場合―」（『日本文学史研究』二〇）、野村忠夫「天平勝宝二年山代伊美吉大村の勘籍について―律令制官人構成研究上の一疑問―」（『日本文学史研究』二〇）、岸俊男「山代忌寸真作と蚊屋忌寸秋庭―墓誌の史料的一考察―」（『日本古代籍帳の研究』所収）

山代伊美吉真作　やましろのいみきまつくり　―七二八　八世紀前半の下級官人。河内国石川郡山代郷（大阪府南河内郡河南町山城付近）の戸主であった。妻は、蚊屋（かや）忌寸秋庭。真作は、『正倉院文書』中の勘籍（戸籍調査）の書類にもその名がみえることから知られていたが、昭和二十七年（一九五二）五月、奈良県宇智郡大阿太村東阿田（現在の五条市東阿太町）から真作の墓誌が発見され、注目を集めた人物である。文武天皇から聖武天皇まで四代の天皇に仕え、養老五年（七二一）には、従六位上の位階を有していた。戊辰＝神亀五年（七二八）十一月に死去し、先に亡くなっていた妻と合葬された。その墓誌銘には、「河内国石川郡山代郷従六位上山代忌寸真作」とある。

【参考文献】　田村吉永「新発見の山代忌寸真作の墓誌について」（『史迹と美術』二二一―六）、今谷文雄「新発見の奈良朝墓誌銘」（『日本歴史』五四）、岸俊男「大和大阿太発見の墓誌銘について」（『史林』三五―二）、同「山代忌寸真作と蚊屋忌寸秋庭―墓誌の史料的一考察―」（『日本古代籍帳の研究』所収）

山代宿禰氏益　やましろのすくねうじます　九世紀中頃の中級官人。承和五年（八三八）七月、藤原朝臣常嗣を大使とする第十七次遣唐使の録事として出発。翌年帰国に際して難破し、同年十月、新羅船を傭って博多津（福岡市の博多港）に帰着。同八年十二月、少外記正六位上にて存問渤海客使となる。同十年正月、外従五位下豊前介に叙任。同年二月、山城介となり、嘉祥元年（八四八）九月、河内の茨田(まんだ)堤修築のために派遣される。同二年二月、勘解由次官、同三年正月、従五位下に昇叙。同年三月、仁明天皇崩御に際し山作司となり、仁寿二年(八五二)正月、越中介に任ぜられた。

山背根子　やましろねこ　摂津国山直氏の祖。山代根子にも作る。『日本書紀』神功元年二月条に、西征と仲哀天皇の喪を終えた神功皇后が、皇子とともに海路より京へ帰還しようとした時、麛坂(かごさか)王と忍熊(おしくま)王が兵を起こして反逆した。このことを聞いた神功は、武内宿禰に命じて皇子を紀伊水門(和歌山市付近の海港か)に向かわせ、みずからは難波を指した。しかし、船が海中を回って進まなかったので、務古水門(武庫川河口部の海港。兵庫県西宮市津門付近か)に戻って卜をしたところ、天照大神が、「我が荒魂を皇后に近づけてはならない、広田国(西宮市大社町の広田神社の地)に居りたい」と告げたので、山背根子の女葉山媛をもって祭らしめた。また、事代主尊が、「我を長田国(兵庫県神戸市長田区長田町の長田神社の地)に祠れ」と命じたので、葉山媛の妹の長媛をもって祭らしめたとあり、『住吉大社神代記』にも同様の伝承がみえる。同書に、摂津国河辺郡為奈郷(兵庫県尼崎市から伊丹市にかけての一帯か)を流れる猪名川付近に山直阿我奈賀が居住していたことを記し、『新撰姓氏録』摂津国神別の山直条に、「天御影命十一世孫山代根子の後なり」とあるので、山背根子はこの山直氏の祖とされた人物であることは明らかであろう。

山背臣日立　やましろのおみひたて　七世紀前半の書生。山背臣日並立とする写本もある。推古十年(六〇二)十月、百済僧観勒(かんろく)が来朝し、暦本・天文地理書・遁甲方術の書をもたらしたが、この時に書生三、四人が選ばれ、それぞれ観勒について暦法・天文・遁甲方術を学び、その学問を業とするよう命ぜられた。日立は、この時に選ばれた書生の一人で、方術を学んだ。

山代之猪甘　やましろのいかい　山代の猪飼部の民。『古事記』安康段によると、市辺忍歯(いちのべのおしは)王が大長谷王のために暗殺された時、忍歯王の王子であった意祁(おけ)・袁祁(おけ)両王は、この騒動を聞いて逃げ去ったが、山代の苅羽井(京都府城陽市水主の樺井月神社の地か)にいたり、粮を食べようとしたところ、面黥した老人が来て粮を奪い取った。二人は、「粮は惜しくないがお前は誰か」と問うと、老人は「山代の猪甘だ」と答えた。その後両王は針間国の志自牟の家に身を隠し、馬飼・牛飼として役使されたという。さらに、『古事記』顕宗段には、後年その身分が明らかとなった二王は、天皇として天下を治めることとなったが、先に即位した袁祁命は、難に逢って逃れた時、粮を奪った猪甘の老人を探し求め、それを召し上げて飛鳥河(河内飛鳥を流れる石川支流の飛鳥川か大和の飛鳥を流れる大和川支流の飛鳥川か不明)の河原に斬り、さらにその族人の膝の筋を断ったので、今にいたるまで子孫は倭に上る時には跛(あしなえ)るといい、またその老人の所在をよく見定めることができたので、その地を志米須(しめす)というとある。

山背大兄王　やましろのおおえのおう　―六四三　七世紀前半の皇族。山代大兄王・山尻王にも作る。廐戸皇子(聖徳太子)の子。母は蘇我大臣馬子宿禰の女刀自古郎女。同母の弟妹に財王・日置(へき)王・片岡女王がいる。異母妹に当る春米(つきしね)女王との間に、難波麻呂古王・麻呂古王・弓削(ゆげ)王・佐々女王・三嶋女王・甲可王・尾治王らをもうけた。山背の名は、彼の経済的基盤の一つである深草屯倉(のちの山背国紀伊郡深草郷。現在の京都市伏見区稲荷・大亀谷地区付近)が山背にあったことによると考えられるが、生母の出身した蘇我氏の本拠地とも、その枝族の進出地ともいわれる、のちの河内国石川郡の山代郷(大阪府南河内郡河南町山城付近)に因んだ可能性もあろう。父王廐戸から斑鳩宮(法隆寺東院伽藍の地)と上宮乳部之民(うえつみやのみぶのたみ)と呼ばれる領有民とを相続した。推古三十六年(六二八)推古天皇臨終の時、その枕頭に田村皇子(のちの舒明天皇)

ともに招かれ、皇位継承に関する遺詔を聞いた。また、叔父に当る蘇我臣蝦夷の病気を見舞うために豊浦寺(奈良県高市郡明日香村豊浦)にあった時、推古の遣わした釆女から、口頭で再び遺詔をうけた。その後、推古の遺詔の解釈をめぐり、群臣間に意見の分裂が生ずると、三国王・桜井臣和慈古を蝦夷のもとに遣わし、田村皇子を次代の天皇にしようとする蝦夷らの企ては、自身が聞いた遺詔の内容と異なることを主張した。蝦夷がその真意を説明するために阿倍臣ら五人の大夫(まえつきみ)を派遣すると、大夫を前に右の旨を繰り返し述べた。そののち先日来の主張に一切他意のないことを使いをして蝦夷に告げさせた。この間、次代の天皇に山背大兄王を推す蘇我一族の有力者の境部臣摩理勢(まりせ)が蝦夷と対立し、王の異母弟泊瀬王の宮に逃げ込むという事件が起こった。王は蝦夷の要請をうけ、摩理勢に対し、父王の恩を忘れないのは有難いが、汝一身のために天下の乱れを招くことは好ましくない、また皇位継承に関して自分の感情としては容認できないことがあっても、辛抱して決して怨みには思わない、と述べ、泊瀬王の宮から出ることを説得した。宮から出た摩理勢はまもなく蝦夷に滅ぼされ、蝦夷の推す田村皇子が即位する結果となった。舒明朝における王の動静は不明だが、舒明四年(六三二)に来朝した唐使高表仁と「礼」を争ったという王子とは、或いはこの王のことであろうか。皇極二年(六四三)十一月、舒明の皇子古人大兄皇子の天皇擁立をはかる蘇我臣入鹿・軽皇子(のちの孝徳天皇)らの遣わした軍勢により、斑鳩宮を急襲され、舎人や奴が防戦したが利なく、やむなく妃・子弟・舎人・女官らとともにひとまず生駒山(奈良県と大阪府の境にある生駒山地の主峰)中に逃れた。その際、側近の三輪文屋(ふんや)君が、深草屯倉の馬を利用して東国に脱出し、「乳部」の民を集めて再挙をはかることを説いたが、我が一身のゆえに百姓を害することを欲しないと答えて献策を拒絶。遂に一族を率いて斑鳩(法隆)寺に戻り、そこで自縊して薨じた。死の直前、王は寺を包囲した軍勢に向かい、「吾が一つの身をば、入鹿に賜ふ」と告げたという。この時、「山代大兄及び其昆弟等合わせて十五王子等」、或いは「太子子孫男女廿三王」が殉難したと伝えられる。父王廏戸が病臥の時、転病のため子息の由義(弓削)王とともに法輪寺(三井寺。奈良県生駒郡斑鳩町三井)を建立し、父王薨去に当っては、その冥福を祈るべく山本(岡本)宮を改構して法起寺(生駒郡斑鳩町岡本)を建てたという。

【参考文献】　門脇禎二『「大化改新」論—その前史の研究—』、坂本太郎『聖徳太子』(『人物叢書』)、荒木敏夫『日本古代の皇太子』、岸雅裕「上宮王家滅亡事件の基礎的考察」(『日本史論叢』一)、山尾幸久「大化改新直前の政治過程について」(『日本史論叢』一)、前川明久「聖徳太子妃立妃の史的背景」(『日本歴史』二九五)、横田健一「滅亡前における上宮王家の勢力について」(『日本歴史』三一二)、黛弘道「上宮王家の人びと」(『歴史公論』五ー一一)、林幹弥「上宮王家」(『日本歴史』四一一)、加藤謙吉「上宮王家と膳氏」(『続日本紀研究』一九三)、同「親上宮王家勢力の形成とその性格」(『東アジアの古代文化』四八)、仁藤敦史「『斑鳩宮』について」(『日本歴史』四五一)、遠山美都男「『上宮王家』論」(『学習院大学文学部研究年報』三三)

山背部小田　やましろべのおだ　—六九八　七世紀末の舎人。『続日本紀』には山代小田とある。国名表記の変遷からすると、山代部が本来の姓氏であろう。天武元年(六七二)六月、壬申の乱に際し、大海人皇子(のちの天武天皇)の舎人として初めから随従し、伊勢国朝明郡家(朝明郡は現在の三重県三重郡と四日市市の各一部)にいたった時、東海軍を徴発する使者として安斗(あと)連阿加布とともに派遣された。文武二年(六九八)十二月、勤大弐で没し、直広肆位を贈られた。

山田氏　やまだうじ　主に文筆記録を担当した渡来系氏族。姓は初め史、のちに連・造・宿禰を賜わる。『新撰姓氏録』右京諸蕃上には「周霊王太子晋より出づ」と記し、また忠意の後裔とあり、河内国諸蕃には魏司空王昶の後裔とみえる。なお、同書未定雑姓和泉国には「山田造、新羅国の天佐疑利命の後なり」ともある。本拠は山城国葛野郡山田郷(京都市西京区の旧上山田村・下山田村・松室村・谷村一帯)或いは河内国交野郡山田郷(大阪府枚方市招提・田口・甲斐田・渚・牧野付近)・和泉国大鳥郡山田村(大阪府和泉市府中町付近)と推定される。

山田宿禰弘宗　やまだのすくねひろむね　九世紀後半の下級官人。山田宿禰は渡来系氏族山田造の後裔。弘宗は貞観十一年(八六九)四月、『貞観格』を、同十三年八月、『貞観式』をそれぞれ奏進している。時に正六位下行大学大属。格式は貞観五年頃「撰格式所」がおかれ、大納言正三位藤原朝臣氏宗を筆頭に、南淵朝臣年名以下七名が受命し編纂に当った。

山田宿禰古嗣　やまだのすくねふるつぐ　七九八—八五三　九世紀前半の官人。越後介外従五位下勲六等益人の長子。左京の人。山田宿禰は渡来系氏族山田造の後裔。姓は初め造、天長十年(八三三)十二月、宿禰を賜わった。天長三年、陸奥按察使(あぜち)の属官である記事に任官。同五年、少内記、同六年、少外記となり、承和元年(八三四)大外記。同七年正月、従五位下、同年、『日本後紀』を奏進する。古嗣は大外記にあって同書の第三次編輯事業に参画。同十三年正月、阿波介、嘉祥四年(八五一)二月、散位にて先皇御忌斎会行事司となる。仁寿二年(八五二)二月、左京亮、同三年正月、従五位上、同年七月、相模権介に任ぜられ、同年十二月二十一日、病にて卒去。時に五十六歳。人となり廉謹寡黙、きわめて孝行。阿波介となっては灌漑に努め治績をあげた。

山田史銀　やまだのふひとしろがね　八世紀後半の法律家。名を白金にも作る。天平宝字二年(七五八)七月、正六位上から外従五位下に叙せられ、同三年十二月、連の姓を賜わった。同五年十月、明法博士・外従五位下であったが、主計助を兼ねる。同七年四月、河内介に任ぜられた。銀は、代々の明法博士と同様に『養老律令』を教授し、律令の義通ぜざるところなく、のちの法律をいうものは、皆准的に資すとうたわれた。律令撰定に関わった百済人成や『令集解』考課令にみえる大和山田を山田史銀にあてる説もある。

山田史女嶋　やまだのふひとひめしま　孝謙天皇の乳母。名を姫嶋・比売嶋女などにも作る。天平勝宝元年(七四九)七月、孝謙即位の翌日、孝謙の乳母として阿倍朝臣石井・竹首乙女とともに叙位があり、正六位上から従五位下に昇叙された。山田御母(みおも)と称され、左大臣橘宿禰諸兄や大伴宿禰家持などと親交を結んでいたことが『万葉集』に載せられた家持の歌によってうかがえる(二〇—四三〇四)。同七年正月、広人ら同族七人とともに山田御井宿禰の氏姓を賜わった。その後、ほどなくして卒したらしい。天平勝宝九歳、橘朝臣奈良麻呂の謀反事件が発覚したとき、孝謙は女嶋がこの計画を知っていながら隠して奏しなかったことを聞いて驚き、傍親のごとく信頼していただけに裏切られたと立腹し、すでに故人になっていたが追責するとして、女嶋に対する御母の名を除き、御井宿禰の氏姓を剝奪して旧氏姓の山田史に従わしめる処分をした。

山田史御方　やまだのふひとみかた　七世紀末から八世紀前半の学者・官人。名を三方にも作る。沙門として新羅に留学したが、還俗し、持統六年(六九二)十月、務広肆を授位された。慶雲四年(七〇七)四月、位階は正六位下にあり、優秀な学士であるとして布・鍬・塩・穀を賜わった。和銅三年(七一〇)正月、従五位下に叙せられ、同年四月、周防守となる。養老四年(七二〇)正月、従五位上に加階され、同五年正月、詔により退朝後東宮首(おびと)皇子(のちの聖武天皇)のもとに侍ることになる。同月、文章家として学業に優れ、その道の師範にふさわしいとして、後学の勧励のため絁(あしぎぬ)・糸・布・鍬を賜わった。同六年四月、周防国前守・従五位上であったが、かつて監臨盗を犯したことの責任を追求された。その時の詔によると、理としては免ぜられるべきではないが、恩降によって罪が赦されることになった。しかし、それでも法律としては贓は徴されることになっていたが、御方の家には一尺の布もなかった。御方は笈を遠方に負って蕃国に遊学し、帰朝後は生徒に伝授し、文館の学士として頗る属文を解することを考慮して、このような人物を矜(うやま)わなければ文章の道が堕するであろうからとして、特に恩寵によって贓を徴収することをとりやめたという。『家伝』下には、文雅の士として名がみえ、また『懐風藻』には大学頭・従五位下として三首の漢詩を残している。すなわち、「五言。秋日長王が宅にして新羅の客を宴す。一首。并せて序」「五言。七夕。一首」「五言。三月三日曲水の宴。一首」がそれである。

和氏　やまとうじ　百済国王武寧王の子純陁太子(聖明王)の後裔と称する渡来系氏族。氏名を倭・養徳にも作り、大和国城下郡大和郷(奈良県天理市佐保庄町大和一帯)の地名に基づく。姓は初め史、延暦二年(七八三)四月、左京の人外従五位下和史国守ら三十五人が朝臣を賜わった。和朝臣氏からは、桓武天皇の母となった新笠が出ている。和氏の家譜を和気朝臣清麻呂が撰奏したという。宝亀年中(七七〇―七八〇)に新笠と父乙継が高野朝臣に改められた。高野は添下郡佐貴郷高野(奈良市山陵町)に居住していた故か。新笠の甥和朝臣家麻呂は桓武の外戚の縁で贈従二位大納言にまでなった。延暦十三年創建の平野神社(京都市北区平野宮本町)の主神今木神は高野朝臣新笠の尊崇する神であり、和氏らの祖とする百済王を祀ったものとみられる。『新撰姓氏録』には右の氏のほか大和諸蕃に百済系の和連、高句麗系の和造がみえる。

和朝臣家麻呂　やまとのあそんいえまろ　七三四―八〇四　八世紀末の公卿。高野朝臣弟嗣の孫、新笠の甥。父の名は国守か。延暦五年(七八六)正月、従五位下・伊勢大掾となり、造酒正・造兵正・内廐助を経て、同十一年正月、従五位上、同年二月、内廐助兼美濃介、同十二年正月、正五位上、同年二月、兼治部大輔、同年四月、従四位下となる。のち大和守・相模守を兼任し、同十五年三月、参議、同年七月、正四位下、同十六年三月、兼衛門督兼左衛士督、同年七月、兼兵部卿、同十七年八月、中納言・従三位に昇る。同十八年二月、兼治部卿、同年六月、中務卿となり、同二十二年五月に宮内卿に転じた。翌二十三年四月二十七日、薨じたが、詔により従二位大納言を贈られた。薨伝によると、人となりは木訥で、才学はなかったが、桓武天皇の外戚の縁で出世し、渡来系氏族の出身で宰相となった始めであるという。また、貴い身分にありながら、賤しい者とも手をとり合って相語り、見る者を感心させたという。

和乙継　やまとのおとつぐ　桓武天皇の皇太后高野朝臣新笠の父。名を弟嗣にも作る。百済国都慕王十八世の孫武寧王の王子純陁太子(聖明王)の後裔といわれる。姓は史で七世紀末―八世紀初めの下級官人であったと思われる。山背国乙訓郡大枝(京都市西京区大枝の周辺地域)を本貫とする土師(はじ)宿禰(大枝朝臣)真妹を妻とし、その間に生まれた新笠が白壁王の妃となり、山部王(のちの桓武天皇)・早良(さわら)王らの母となった。宝亀元年(七七〇)十月、白壁王が即位して光仁天皇になったことから、新笠は高野朝臣の氏姓を賜わり夫人となったが、その氏姓はすでに没していたと思われる乙継にも用いられた。白壁王の即位に伴って親王となった山部王は、皇后井上内親王とその子皇太子他戸(おさべ)親王が廃されたあとの同四年正月、立太子し、光仁天皇の譲りをうけて天応元年(七八一)正月、即位して桓武天皇となった。そして生母新笠は皇太夫人と称された。延暦二年(七八三)四月、和史氏も朝臣の姓を賜わり、乙継の孫でのち中納言従三位にまで昇進し、天皇の外戚であるため特に擢進され、「蕃人の相府に入るはこれより始まる」と特記された家麻呂も、この時から朝臣を称した。同八年十二月、新笠が崩じ、その周忌を前にした翌九年十二月、祖は子をもって貴とすることは礼経の垂典であり、帝王の恒範であるにもかかわらず、いままで追尊の道に欠けていたとして、外祖父の乙継とその妻真妹の両者に正一位が追贈された。『公卿補任』によると贈正二位大納言とあるが、その根拠は明らかでない。

【参考文献】 村尾次郎『桓武天皇』(『人物叢書』)

倭氏 やまとうじ 倭国造の地位にあった豪族。氏名は大和国の地名に由来し、国名の表記の変遷とともに大倭・大養徳・大和などに作る。大和国城下郡大和郷(奈良県天理市佐保庄町大和一帯)を本拠とし、六、七世紀には磯城・十市とその周辺(奈良県城上・城下・十市郡および山辺・高市郡を含む奈良盆地東部)を支配していたとみられている。姓は直であったが、天武十年(六八一)に倭直竜麻呂が連を賜わり、次いで同十二年にその一族が連を、さらに同十四年には忌寸を賜わり、天平九年(七三七)には『養老律令』の撰修に功があった大倭忌寸小東人(大和宿禰長岡)・水守が宿禰を賜わった。またこの時に連姓を賜わった族人のうち、大倭連深田・魚名が同二十年に、大倭連田長・古人らが天平勝宝三年(七五一)に宿禰を賜姓された。そののち、承和七年(八四〇)に大和宿禰舘子・吉継が朝臣を賜わっている。倭直氏(倭国造)の祖としては、神武天皇東征伝説で神武の水先案内となった珍彦(うずひこ)、すなわち椎根津彦(槁(さお)根津日子)、倭大国魂神の祭主となった市磯長尾市(いちしのながおち)、倭の屯田(みた。奈良県桜井市付近)の伝承中の倭直麻呂らがみえる。『日本書紀』神武即位前条に椎根津彦を倭直らの始祖、同二年条に珍彦を倭国造としたとあり、『古事記』神武段の槁根津日子の分注に倭国造らの祖とある。『古語拾遺』『先代旧事本紀』国造本紀の大倭国造条などにも同様の記載がみえる。また『新撰姓氏録』大和国神別の大和宿禰条は神知津彦命(宇豆彦、一名椎根津彦)の後裔とし、神武朝に大倭直の始祖神知津彦を大倭国造に任じたとする。国造としては吾子籠(あごこ。『日本書紀』雄略二年条)・手彦(同書欽明二十三年(五六二)条)が知られ、大養徳連友足は城下郡の大領(天平十四年(七四二)十一月十七日付「優婆塞等貢進解」)と推定されている。また、律令国造である大倭(大和)国造に任ぜられた者として大倭忌寸五百足・大和宿禰長岡父子が知られる。大倭忌寸が大倭神社を奉斎したことは、『令集解』神祇令仲冬条所引の「令釈」にもみえ、奉斎する倭大国魂神は、初め大市(おおち)の長岡岬(城上郡大市郷(桜井市箸中)か。ほかに大市の長岡岬を城上郡の穴師神社(桜井市穴師町)の地とする説や長岳寺(天理市柳本町)の地にあてる説などがある)に祠った(『日本書紀』垂仁二十五年条)というが、天平二年の『大倭国正税帳』には大倭神戸が山辺郡にみえ、『延喜式』神名帳にも山辺郡に「大和坐大国魂神社三座」(大和(おおやまと)神社。現在地は天理市新泉町星山)とある。倭直の同族と称する氏族としては、『新撰姓氏録』に青海首・倭太(わた)(右京神別)、大和連・物忌連(摂津国神別)、等禰直(河内国神別)、『先代旧事本紀』国造本紀に明石国造がみえる。なお、このほかに倭を冠する氏族に、百済から派遣された斯我の子の法師君を祖とする倭君(『日本書紀』武烈七年条)がある。

【参考文献】 佐伯有清『新撰姓氏録の研究』考証篇四、志田諄一「倭直」(『古代氏族の性格と伝承』所収)、田中卓「神武天皇の御東征と大倭国造」(『日本国家成立の研究』所収)、滝川政次郎「倭大国魂神と大倭氏の盛衰」(『国学院大学紀要』六)、直木孝次郎「〝やまと〟の範囲について」(『飛鳥奈良時代の研究』所収)

倭直吾子籠 やまとのあたいあごこ 倭国造とされる伝承上の人物。大倭国造吾子籠宿禰にも作る。吾子籠に関する所伝は、『古事記』にみえず、『日本書紀』の仁徳巻から雄略巻にわたって散見する。これに従えば、倭の五王の時代を生きぬいた著しく長寿の有力首長ということになるが、年紀の延長、もしくは歴朝に仕えた人物として伝承されていた結果であろう。同書仁徳即位前条によると、額田大中彦が倭の屯田(みた)と屯倉(みやけ)(奈良県桜井市付近)を支配しようとして紛争が生じた。屯田司であった出雲臣の祖淤宇(おう)宿禰の報告を受けた大鷦鷯(おおさざき)尊(のちの仁徳天皇)が、倭直の祖麻呂に屯田の由来を尋ねさせると、韓国にいる弟吾子籠が知っていると答えたので、吾子籠を召還した。吾子籠が、倭の屯田は垂仁天皇の世に、大足彦尊(のちの景行天皇)に命じて定めたもので、その時の勅旨に「倭の屯田は天皇に付属するもので、皇子でも即位しなければ掌ることはできない」とあったと証言したので、紛争は解決したと伝える。倭の屯田が倭直、すなわち倭国造と密接な関係にあったことを語っていよう。『日本書紀』仁徳六十二年条には、大井河(静岡県の大井川)に大樹が流れてきたという報告があったので吾子籠を派遣して船を造らせ、難波津に運ばせ、御船にあてたとみえる。この伝承から、倭直は造船を管掌する氏族とする見解もある。また、同書履中即位前条には采女貢上起源伝承がみえ、仁徳崩御後、去来穂別(いざほわけ)皇子(のちの履中天皇)と住吉仲(すみのえのなか)皇子との間に皇位継承の紛争が生じた際に、吾子籠は仲皇子と通じ、去来穂別の逃走を阻止しようとしたが、逆に殺されそうになり、妹の日之媛を献上して死罪を免れた。倭直が采女を貢上するのは、この時に始まるという。同書允恭七年条には、允恭天皇の命により中臣烏賊津使主(いかつのおみ)が、皇后忍坂大中姫命の妹弟姫を近江の坂田(滋賀県長浜市と坂田郡の一帯)から召した時、弟姫を吾子籠の家にとどめて復命したと伝える。さらに雄略二年条には、宍人部(ししひとべ)設置起源伝承がみえ、雄略の母忍坂大中津姫命が宍人部を貢上したのに続き、吾子籠が狭穂子鳥別(さほのことりわけ)を貢上して宍人部とすると、諸豪族もそれに続いて貢上したとある。

【参考文献】志田諄一『古代氏族の性格と伝承』、直木孝次郎『飛鳥奈良時代の研究』

倭国造手彦　やまとのくにのみやつこてひこ　六世紀中頃の対新羅戦の将。五六〇年代初頭、新羅は任那諸国を併呑した。『日本書紀』欽明二十三年(五六二)七月条によると、この時に当り、日本は大将軍紀男麻呂宿禰と副将河辺臣瓊缶(にえ)を任那に派遣した。男麻呂は新羅の降服とみせかける計略を慮り、百済の営に入ったので、瓊缶の軍のみが進軍した。ところが瓊缶も新羅の計略にかかって猛攻をうけ、瓊缶の軍に従った手彦は、その形勢をみて軍を棄てて逃げた。新羅軍は鉤戟(ほこ)をめぐらして手彦を城の堀に追い込んだが、手彦は駿馬に乗っていたので堀を飛びこし、逃れることができたという。手彦は外征に当り、国造軍を率いたものと思われる。

【参考文献】末松保和『任那興亡史』

大倭忌寸五百足　やまとのいみきいおたり　大倭国造。大和宿禰長岡の父。『続日本紀』によれば、文武元年(六九七)十一月、新羅使を迎える使者として、陸路筑紫に赴いたという。時に冠位は進大壱。和銅三年(七一〇)正月、正六位下から従五位下に昇叙。同七年二月、氏上となり、神祭をつかさどった。養老七年(七二三)十月、左京の人紀朝臣家が白亀を献じたので、大倭国造であった五百足は絁(あしぎぬ)十疋、綿百屯、布二十端を賜わった。神亀三年(七二六)正月、従五位上。同四年十一月、聖武天皇の皇子誕育の賀の宴に際し、五位以上は綿を賜わり、累世の家の嫡子の五位以上を帯びるものは別に絁十疋を加えたが、五百足は調首(つきのおびと)淡海とともに、老齢のため特にこの例に入った。神護景雲三年(七六九)十月の大和宿禰長岡の卒伝に、刑部少輔従五位上五百足の子とみえる。

大和宿禰長岡　やまとのすくねながおか　六八九―七六九　八世紀中頃の官人・明法家。刑部少輔・従五位上で、大倭国造の五百足(いおたり)の子。名は初め小東人(おあずまひと)と称し、天平勝宝九歳(七五七)六月から天平宝字元年(七五七)十二月までの間に長岡と改名した。氏名をもと大倭と記されたが、大和国の国号が天平九年(七三七)十二月に大養徳、同十九年三月に大倭、天平宝字元年―二年に大和と変遷するに伴って、表記法もそれに従った。姓は初め忌寸、天平九年十一月に神宣により、宿禰を賜わった。卒伝によると、大和国造とあり、また幼くして刑名の学を好み、霊亀二年(七一六)の第八次遣唐使に請益生として参加して入唐、帰朝当時は法令について不明なところがあれば、これを長岡に質したと伝えられる。養老六年(七二二)二月、『養老律令』撰定の功により田四町を賜わった。時に従七位上。天平九年十月に姓を改めた時、散位正六位上から外従五位下に叙せられ、絁(あしぎぬ)二十疋を賜わった。同十年閏七月には刑部少輔となったが、同十三年正月、藤原朝臣広嗣の乱に連坐して配流された。しかし、間もなく許されたようで、同十六年九月、西海道巡察使の次官となっている。この後、摂津亮・参河守・紫微大忠・左京大夫・民部大輔・坤宮大忠・河内守などを歴任した。河内守在任中は、その政治に仁恵がなく、人民はこれを患えたと卒伝にみえる。事実とすれば、法令一点張りの長岡の人柄の一面を示すものといえよう。天平宝字七年(七六三)正月、従四位下に叙せられて散位をもって第に還った。卒伝によれば、同八年に右京大夫となり、老骨の故をもって辞職したという。神護景雲二年(七六八)正月、詔あって賀正の宴に特に殿上に侍することを許され、称徳天皇の問いに、この年八十歳になったと答えている。称徳は嘉嘆して正四位下を授けたという。同三年十月二十九日、卒した。延暦十年(七九一)三月に施行された删定律令二十四条の撰者の一人として長岡の名を挙げている。なお、『令義解』所載の天長三年(八二六)十月の太政官符「令律の問答私記を撰定すべき事」には「博士正四位下大和宿禰長岡」とあり、明法博士となったことが明らかであるが、その時期は不明である。

大和真人吉直 やまとのまひとよしなお 九世紀中頃の官人。承和十一年(八四四)従五位下に叙せられ、同十三年、肥後守、同十四年、兵部少輔に任ぜられ、同年二月、仁明天皇の皇女無品時子内親王の喪事を監護した。斉衡四年(八五七)正月、木工頭に任ぜられ、同年二月、祥瑞による改元の由報告の山陵使となり、同年十二月、越前介となる。翌天安二年(八五八)正月、従五位上に叙せられ、この年二月、武蔵権介、さらに常陸権介、六月、安芸守と相次いで転任している。

東漢氏 やまとのあやうじ 秦氏と並ぶ渡来系の有力大豪族。倭漢にも作る。始祖伝承を共有する多数の諸族を総称する。姓は初め直、天武十一年(六八二)連となり、同十四年、忌寸を賜わった。一族のうち、坂上忌寸苅田麻呂は天平宝字八年(七六四)に大忌寸なる特別の姓を賜わり、延暦四年(七八五)苅田麻呂は上表して大忌寸の姓を改めることを願い、坂上氏を始め内蔵(くら)・平田・大蔵・文(ふみ)・調(つき)・文部・谷・民・佐太・山口らの同族が宿禰(坂上氏は大宿禰)を賜姓されている。『日本書紀』応神二十年条に東漢氏の祖の阿知使主(あちのおみ)とその子の都加使主(つかのおみ)が「党類十七県」を率いて渡来したとの伝説を載せ、『古事記』応神段にも漢直の祖が渡来したとの記述がみえる。ただし、神功皇后の海外遠征の直後の時代に置かれたこの渡来伝説は史実ではなく、王権発達史構想の一環として組み込まれたものであろう。また、『日本書紀』雄略七年条には、百済の貢した陶部(すえつくり)・鞍部(くらつくり)・画部(えかき)・錦部(にしごり)・訳語(おさ)などの今来才伎(いまきのてひと)を東漢直掬(つか)なる人物が管掌したことが記されているが、同書において応神巻・雄略巻の朝鮮関係記事の重複が注目されており、この五世紀後半の雄略朝こそ東漢氏渡来の史実が考えられるとする説もある。その「東漢」なる族称において、「東」(大和)は「西」(河内)の対称であるが、「漢」の訓みは慶尚南道咸安地方に存在した安邪(あや。安羅・阿那とも)なる小王国名に求めるのが妥当であろうか。八世紀後半には漢の王室の後裔であるとの出自伝承を形成するようになる。東漢氏は大和国高市郡の檜前(ひのくま。奈良県高市郡明日香村檜前)付近を中核的拠点とした渡来首長の結合総体であり、そこには本宗と支族の関係はみられない。『坂上系図』には、東漢氏は都加使主の三人の子供から三腹の血流が生じ、そこからさらに多くの氏に分裂していったように伝えられるものの、これは史実とみなしうる性質のものではなく、安邪から渡来した諸族を中心に、他系統の渡来分子を含んだ集合体が、主として地縁関係から同族に擬制されたものであろう。彼らは百済系統の技工を含む多くの渡来系技術者集団を統轄しつつ、外交・軍事・工芸・財務・文筆などの職掌により王権に奉仕し、その実力を蓄えていった。東漢氏は六世紀前半までは大伴氏と深い関係にあったらしいが、欽明朝における大伴大連金村の政治的失脚、大伴氏の衰微を機に、これと離れ六世紀後半には政権内に勢力を伸張しつつあった蘇我氏と関係を結び、その麾下勢力として政治の舞台に暗躍を始める。崇峻天皇が蘇我馬子宿禰の命を受けた東漢直駒に殺害されたことなどはよく知られるところである。皇極四年(六四五)の蘇我本宗家滅亡時に東漢氏は中大兄皇子(のちの天智天皇)ら改新派に反抗の姿勢をみせたが、やがて改新政府に仕え、天武元年(六七二)の壬申の乱に大海人皇子(のちの天武天皇)側について戦功をあげる者も少なくなかった。同六年、天武天皇が東漢氏の犯した過去の罪状を指弾しながらも彼らを許しているのは、壬申の乱の功績とともに、飛鳥遷都に際し高市地方を地盤とする彼らの勢力を無視しえなかったからであるといわれる。律令時代に入るや、檜前忌寸とも呼称された東漢氏は、在地にあって高市郡の郡司を世襲した。律令貴族としての東漢一族内では、当初は文・民・坂上氏らが有力であったが、彼らとて五位どまりで、その政治的活躍の場は限られていた。しかし、聖武天皇に武才を愛された坂上忌寸犬養(いぬかい)がついに正四位上に叙せられるに及び、八世紀後半以降、坂上氏が抜きん出て優勢となり、次第にこの氏族が東漢一族の本宗家のような位置を占めるにいたった。犬養の孫田村麻呂は桓武朝の征夷事業に武功をあげたことで著名であるが、大納言正三位(贈従二位)に昇り、その女春子は桓武天皇の後宮に仕え葛井(ふじい)親王を生んでいる。

【参考文献】 関晃『帰化人』、上田正昭『帰化人』、関晃「倭漢氏の研究」(『史学雑誌』六二―九)、平野邦雄「畿内の帰化人」(坪井清足・岸俊男編『古代の日本』5所収)、山尾幸久「秦氏と漢氏」(門脇禎二編『地方文化の日本史』二所収)、加藤謙吉「渡来人」(雄山閣出版編『古代史研究の最前線』一所収)

東漢直駒 やまとのあやのあたいこま ―五九二 崇峻天皇の殺害者。磐井(いわい)の子。『坂上系図』にみえる駒子直(こまこのあたい)と同一人物か不明。物部弓削(もののべのゆげ)守屋大連の滅亡後、政権内に権力を拡大しつつあった大臣蘇我馬子宿禰と崇峻との対立関係は深刻化していくが、崇峻五年(五九二)馬子はついに崇峻暗殺を画策し、東国からの調(みつき)貢進儀式を装った宮中の場にあって、駒は馬子の命を受けて崇峻の殺害を決行する。そして駒は馬子の女で崇峻の嬪であった河上娘(かわかみのいらつめ)を盗んで妻とした。馬子はそれを知らず河上娘は死んだものと思ったが、事が露見するに及び駒は馬子により殺されたという。のちの天武六年(六七七)天武天皇は東漢氏一族の犯した過去の罪を七つの「不可」といっているが、駒の崇峻暗殺事件はそのうちの一つであろう。

【参考文献】 関晃『帰化人』、上田正昭『帰化人』

東漢末賢 やまとのあやのまっけん 「天寿国繡帳」の下絵を描いた画師。『上宮聖徳法王帝説』によれば、「天寿国繡帳」は推古三十年(六二二)聖徳太子の死をいたんだ妃の橘大郎女(たちばなのおおいらつめ)が天寿国に再誕した太子の姿を見ようとして、高麗加西溢(こまのかせい)・漢奴加己利(あやのぬかこり)と末賢に下絵を描かせ、多くの采女らの手によって刺繡され、完成したものという。

【参考文献】 関晃『帰化人』

倭漢直比羅夫 やまとのあやのあたいひらぶ 七世紀中頃の工人。倭漢直荒田井比羅夫・荒田井直比羅夫にも作る。『日本書紀』によれば、大化元年(六四五)七月、尾張国に遣わされて供神の幣を課した。同三年、誤って溝瀆(うてな。田の用水の溝)を掘って難波にひき、さらに掘りなおして、百姓を疲労させた。上疏して切諫する者があり、孝徳天皇は「空しく溝瀆を穿ったのは朕の過りなり」として即日に役を罷めさせたという。時に工人、大山位とみえる。白雉元年(六五〇)十月、新宮建設のため墳墓を破壊されたり、移住を命ぜられた人に物を賜わった時、比羅夫は遣わされて宮域の堺の標(しめ)を立てた。時に将作大匠とみえる。

倭漢直福因 やまとのあやのあたいふくいん 遣隋留学生。『日本書紀』によれば、推古十六年(六〇八)九月、隋の使人裴世清(はいせいせい)の帰国に同行する小野妹子臣に従って、学生として隋に留学し、同三十一年七月、大唐より医恵日(くすしのえにち)らとともに新羅使奈末智洗爾(ちせんに)らに従って帰国した。この時は単に福因。恵日らは、唐国に留まる学者はみな学びて成業したので、帰国させるべきであること、大唐国は法式の備わり定まった珍しい国なので、常に通交すべきであることを奏上した。

【参考文献】 森克己『遣唐使』

山東漢大費直麻高垢鬼 やまとのあやのおおあたいまこくき 六世紀末の技術者。『元興寺伽藍縁起并流記資財帳』所引の「元興寺塔露盤銘」に「作ら令める者」として、山東漢大費直、名は麻高垢鬼と記されている。同寺造営における具体的役割は明らかでないが、寺工や瓦師を指揮する立場の者であろう。麻高垢鬼と並んで名が記されている意等加斯(おとかし)も、同じ山東漢氏とみてよいであろう。

【参考文献】 関晃『帰化人』

東漢草直足嶋 やまとのあやのかやのあたいたりしま 韓智興(かんちこう)なる渡唐者の傔人(ともびと。従者)として七世紀中頃、史上にみえる人物。『日本書紀』斉明七年(六六一)五月条所引の『伊吉連博徳書(いきのむらじはかとこのふみ)』に、同月に津守連吉祥(つもりのむらじきさ)らの遣唐使節が帰国したとあり、使人らは足嶋に讒言され唐(または日本)の朝廷にあって寵を蒙ることができず、彼らの怨みは上天の神に通じて足嶋は雷にうたれて死んだという。

【参考文献】 坂本太郎「日本書紀と伊吉連博徳」(『日本古代史の基礎的研究』上所収)、北村文治「伊吉連博徳書考」(坂本太郎博士還暦記念会編『日本古代史論集』上所収)

東漢長直阿利麻 やまとのあやのながのあたいありま 七世紀中頃の遣唐使節の一員。『日本書紀』斉明五年(六五九)七月条所引の『伊吉連博徳書(いきのむらじはかとこのふみ)』によれば、遣唐使節に加わって難波の三津浦(大阪市南区に三津寺町の地名が残る。大阪市住吉区・住之江区から南区・浪速区にかけての一帯)を出発し、八月に筑紫の大津浦(福岡市の博多港)を出たが、同年九月、南海の爾加委(にかい)島(比定地未詳)に漂着した。大使らは島人に殺されたが、阿利麻ら五人は島人の船を盗んで逃げ、括州を経て洛陽(東京)にいたった。副使の津守連吉祥(つもりのむらじきさ)らの乗船は越州の会稽県を経て首都の長安(西京)にいたり洛陽に入ったが、唐の百済征討により長安の内に抑留されたという。同じく斉明六年七月条所引の『伊吉連博徳書』によれば、彼らは同年九月に出発を許され、同年十月に洛陽にいたって阿利麻ら五人に会うことができたという。

【参考文献】 坂本太郎「日本書紀と伊吉連博徳」(『日本古代史の基礎的研究』上所収)、北村文治「伊吉連博徳書考」(坂本太郎博士還暦記念会編『日本古代史論集』上所収)

倭馬飼氏 やまとのうまかいうじ 馬の飼育・調練、穀草の貢納などの職掌をもって王権に仕えた伴造で、倭(のちの大和国)に居を構えた氏族。造姓のものと首姓のものが存在する。両者間には造―首という統属関係、或いは後者から前者への改姓による新旧関係が想定されよう。造姓のものは天武十二年(六八三)九月に連姓を賜わっている。朱鳥元年(六八六)九月、天武天皇の殯宮(もがりのみや)で河内馬飼造とともに誄(しのびごと)を奉じた。これは、この氏族の首長が、馬飼を率い左右馬寮に上番する伴部としての馬部に編成されていく過渡期の姿を示すものであろう。『延喜式』左右馬寮条には大和国飼戸（うまかいこ）として、左馬寮四十烟、右馬寮四十九烟がみえる。

【参考文献】井上光貞「部民の研究」（『日本古代史の諸問題』所収）、直木孝次郎「馬と騎兵」（『日本古代兵制史の研究』所収）、佐伯有清「馬の伝承と馬飼の成立」（『古代史への道』所収）

倭馬飼首（欠名）　やまとのうまかいのおびと　七世紀中頃の豪族。『日本書紀』皇極二年（六四三）十一月丙子朔条に引く「或本」によれば、蘇我臣入鹿の命により、巨勢臣徳太（こせのおみとこだ）とともに斑鳩宮（奈良県生駒郡の法隆寺東院伽藍の地）に山背大兄王一族を襲撃したという。『上宮聖徳太子伝補闕記』には、この時の襲撃軍の一人に「大臣大伴馬甘連公」がみえるが、「或本」の倭馬飼首と、大化五年（六四九）四月、巨勢臣徳太の左大臣任命と同時に右大臣に任ぜられた大伴連長徳（字は馬飼）とを混同したものであろう。

和薬氏　やまとのくすしうじ　大和に蟠踞した渡来系氏族の一つ。姓は初め使主（おみ）、のちに宿禰を賜わる。呉国主照淵の孫知（智）聡を祖とする。知聡は欽明天皇の代、大伴連佐弖比古（さてひこ）に従って、内外の典、薬の書や仏像などを持って来朝し、その男善那使主が、孝徳天皇の代に牛乳を献じて和薬使主の氏姓を賜わったことに始まる。

東文氏　やまとのふみうじ　阿智使主（あちのおみ）の後裔と称する渡来系氏族。倭書（やまとのふみ）にも作り、単に文（書）と称する。また倭漢書（やまとのあやのふみ）・倭漢文ともいい、王仁（わに）の後裔と称する西文（かわちのふみ）氏に対して東文氏と呼ばれる。姓は初め直、天武十四年（六八五）六月に同族の倭漢連氏とともに忌寸を与えられたと推定され、延暦四年（七八五）六月、同族の坂上・内蔵ら忌寸十一姓とともに宿禰の姓を賜わった。『古語拾遺』に雄略朝のこととして、「蘇我麻智宿禰をして三蔵〈斎蔵・内蔵・大蔵〉を検校せしめ、……東西の文氏をして、其の簿（しるしぶみ）を勘（かむが）へ録さしむ」という伝承がみえる。この伝えによれば、早くから文筆を専門とする史（ふひと）として朝廷に仕えたことをうかがわせる。令制でも、西文氏とならび東西史部（やまとかわちのふひとべ）として、この氏の子は、五位以上の子孫とともに大学生の採用対象とされ、また西文氏と同様に六月と十二月の晦の大祓に際し、祓刀を奉り、祓詞を読む役割を担っていた。

【参考文献】関晃『帰化人』

日本武尊　やまとたけるのみこと　景行天皇の皇子。『古事記』は倭建命に作る。この名は熊曾建（くまそたける）によって捧呈されたという。元の名を「をうすのみこと」といい、小碓尊・小碓命と書く。また「やまとをぐな」ともいい、日本童男・倭男具那命と書き、「やまと」の少年の意である。母は『日本書紀』に播磨稲日大郎姫（はりまのいなびのおおいらつめ）。一名稲日稚郎姫）、『古事記』に吉備臣等の祖若建吉備津日子（わかたけきびつひこ）の女針間之伊那毗能大郎女と記し、『日本書紀』にみえる一名の稲日稚郎姫を、その妹とする。異母兄弟に成務天皇・五百城入彦（いおきいりひこ）皇子（『古事記』は五百木之入日子命）らがいる。また『記』『紀』に共通する妃に両道入姫命（ふたじのいりびめのみこと）。『古事記』は布多遅能伊理毗売命）・吉備穴戸武媛（きびのあなとのたけひめ。『古事記』は大吉備建比売）・弟橘媛（おとたちばなひめ。『古事記』は弟橘比売命）があり、子に仲哀天皇らがいる。なお、『日本書紀』の天皇系譜では、皇妃と所生の皇子女は必ず記載されるが、皇孫に及ぶことはないのが通則である。唯一の例外が「やまとたける」の子孫の系譜であることなどから、元は「やまとたける」が天皇として扱われていたとする説がある。「やまとたける」の名は、「やまと」の勇者の意であって、もとより実在の人物ではなく、「やまと」の勇者たちの物語を「やまとたける」という一つの人格にまとめたものとみられる。また、王統譜上では、名前に「いり」「わけ」

を含まず、六世紀前半、或いは七世紀以降に、「いり系」と「わけ系」とを結ぶために景行の子として組み込まれたとみられており、さらに「たらし系」の系譜と結びつけられたのは七世紀後半とする説などがある。「やまとたける」の物語を大観するならば、熊襲征討(西征)と東国征討(東征)の二つに分けられるが、『記』『紀』間にその物語の内容、述作の態度に著しい相違のあることはつとに指摘されている。熊襲征討が『日本書紀』景行巻では、景行の熊襲親征に続くものであること、「いづもたける」征討説話がみえないことなどはその典型である。『古事記』はその生没年を明らかにしていないが、『日本書紀』景行巻では熊襲征討に出発した際に十六歳(二十七年十月条)、東征の帰途大和を目前に能煩野(のぼの。三重県鈴鹿市・亀山市周辺)で病死した時は三十歳(四十年是歳条)と伝える。この王族将軍「やまとたける」の人物像を『古事記』が、天皇の命に反することができず、止むなく軍旅に立つ人間的な悲劇の英雄として描くのに対し、『日本書紀』は天皇の命を受け勇躍出発する政治的な国家的英雄として描写している。このようなことから、『古事記』の物語は六世紀前半に成立した「旧辞」本来の伝承に近く、一方、『日本書紀』の物語は「旧辞」を発展させたもので、蝦夷征討が中央政府の重要課題となった七世紀後半に成立したとみられている。また、物語の形成には、軍事的な部である諸国の建部(たけるべ)集団の存在が大きな役割を果たしており、それが諸国の語部を媒介として中央の「旧辞」的世界に結合したとみる説、常民的色彩の濃厚な「をうす」の説話に始まり、「やまと」の勇者としての物語を経て、皇族将軍「やまとたける」の物語として完成したとし、最終的には土師(はじ)氏が関与したとする説がある。また、「やまとたける」の物語が、伊勢神宮の信仰と結びつき、伊勢大神の霊験譚的性格を内包していることが指摘されている。陵墓については没した能煩野のほかに、死後霊魂が白鳥となって飛翔した地、『古事記』では「河内国志幾」(大阪府八尾市周辺)、『日本書紀』では「倭の琴弾原」(ことひきのはら。奈良県御所市周辺)・「河内旧市邑」(ふるいちのむら。大阪府羽曳野市)に造営されたと記す。『延喜式』諸陵寮式には「能褒野墓〈伊勢国鈴鹿郡に在り。兆域東西二町、南北二町、守戸三烟〉」と記す。なお、戦後、「やまとたける」伝説の背景に、国家形成への過渡期として英雄時代を措定する見解が提示され、英雄時代論争が展開された。

【参考文献】津田左右吉『日本古典の研究』上、同『古事記及日本書紀の研究』、藤間生大『日本武尊』、同『やまと・たける』、上田正昭『日本武尊』(『人物叢書』)、吉井巌『ヤマトタケル』、直木孝次郎『日本古代の氏族と天皇』、井上光貞『日本国家の起源』、砂入恒夫『ヤマトタケル伝説の研究』、前川明久『日本古代氏族と王権の研究』、石母田正「古代貴族の英雄時代」(『論集史学』、のちに歴史科学協議会編『日本原始共産制社会と国家の形成』所収)

倭迹迹日百襲姫命 やまとととひももそひめのみこと 孝霊天皇の皇女。『古事記』は夜麻登登母母曾毗売(やまとももそびめ)に作る。なお、『日本書紀』には孝元天皇の皇女として倭迹迹姫命の名を挙げるが、これを倭迹迹日百襲姫命と同一人物とし、父に孝霊・孝元の二説があったとする本居宣長(『古事記伝』)の説がある。母は『日本書紀』に倭国香(やまとのくにか)媛、またの名を絙某姉(はえいろね)、『古事記』は意富夜麻登玖邇阿礼比売(おおやまとくにあれひめ)命と記す。『日本書紀』崇神七年二月条に、崇神天皇がしばしば災害の起こる原因を極めるために、神浅茅原(かんあさじはら。奈良県桜井市笠の浅茅原または同市茅原とする説があるが未詳)に八十万(やそよろず)の神たちを集めて占うと、大物主神が百襲姫に乗り移って、私を敬い祀れば、必ず平穏になるだろうと告げたとみえる。同年八月条に、大物主神と倭大国魂神の祭主を夢で告げられた人物の一人に倭迹速神浅茅原目妙姫(やまとはやかんあさじはらまくわしひめ)の名がみえるが、百襲姫のことで、神浅茅原で神語を得たことによる讃称とみられる。また、同十年条には、四道将軍の一人大彦命が、和珥坂(奈良県天理市和爾町)で童女が歌を詠うとたちまち姿を消したと報告した。それを聞いた百襲姫は、その歌が武埴安彦謀反の前兆であることを告げたので、まもなく謀反が起こったが、これを平定しえたと記す。これに続けて三輪山伝説と箸墓伝説がみえる。その後、百襲姫は大物主神の妻となったが、大神(夫)が昼は姿をみせず、夜だけやって来るので、明朝美しい容姿を見たいと願った。翌朝大神が櫛笥(くしげ)の中に小蛇となって現われたので、百襲姫が驚いて叫ぶと、大神は恥じて御諸山(みもろやま。奈良県桜井市の三輪山)に登ってしまったという。この伝承は人と神(蛇)との交婚を構成要素とし、妻問婚の習俗を背景とするとみられる。また、大神に去られた百襲姫が後悔して急居したはずみに箸が陰部に突きささって死に、大市(おおち。桜井市北部)に葬られた。時の人はこの墓を箸墓と呼んだ。この墓は昼は人が作り、夜は神が作り、大坂山(奈良県北葛城郡香芝町西部の丘陵)の石を人民が並んで手渡しに運んで築造したと伝える。『古事記』には箸墓伝説はみえず、三輪山伝説は意富多多泥古(おおたたねこ)と活玉依毗売(いくたまよりびめ)との話としてみえる。桜井市箸中に、百襲姫の箸墓と伝えられる箸墓古墳(前方後円墳、墳丘長二七八メートル)がある。百襲姫の地位と巫女的性格から、これを『魏志』倭人伝の女王卑弥呼に、崇神を女王の男弟に比定し、箸墓古墳を卑弥呼の冢(ちょう。墓)とみなす学説がある。なお、『土佐国風土記』逸文所引の『多氏古事紀』にも、崇神朝に倭迹迹媛皇女が大三輪大神の婦となった伝承がみえる。

【参考文献】上田正昭『大王の世紀』、吉井巌『天皇の系譜と神話』二

倭迹速神浅茅原目妙姫　やまととはやかんあさじはらまくわしひめ　崇神朝の女性。諸説みな倭迹迹日百襲姫(やまとととひももそひめ)命のこととし、神浅茅原(かんあさじはら。奈良県桜井市笠の浅茅原または同市茅原とする説があるが未詳)で神語を得たためのたたえ名とする。『日本書紀』によると、崇神七年八月、大水口宿禰・伊勢麻績(おみ)君と三人で同じ夢を見て、「大田田根子をもって大物主を祭る主とし、市磯長尾市をもって倭大国魂神を祭る主とすれば、必ず天下太平となろう」と奏上したので、崇神天皇は大変よろこび、同年十一月、そのとおりに祭を行なうと、さしもの疫病もやみ、国内がようやく静まったという。

倭彦王　やまとひこのおおきみ　仲哀天皇の五世の子孫。『日本書紀』継体即位前条によると、武烈天皇の崩後、近親に王位継承者がなく、王統断絶の危機を迎えた。そこで大伴大連金村らは、丹波国桑田郡(京都府北桑田郡・亀岡市)に居住した倭彦王を擁立しようとした。王たるにふさわしい人物かどうかためすために、武装して王を迎えにいったところ、倭彦王はこれを遥かに見て、恐れて行方をくらましたという。継体天皇擁立の伏線をなす伝承中にみえる王で、このことは『古事記』にはみえない。なお、五世王が皇親とされるのは、慶雲三年(七〇六)以後である。

倭彦命　やまとひこのみこと　崇神天皇の皇子。『古事記』では倭日子命にも作る。母は大彦命の女御間城(みまき)姫(『古事記』には御真津比売)。垂仁天皇の同母弟。『日本書紀』によると、垂仁二十八年十月、倭彦命が亡くなったので、翌十一月、身狭(むさ)の桃花鳥坂(つきさか。奈良県橿原市鳥屋町付近)に葬った。その時、近習の者を生きたまま陵の周辺に埋め立てた。何日たっても死なず、昼夜泣き呻き、死ぬと犬や鳥が死体を啄んだ。垂仁はこの泣き呻く声を聞き、以後殉死を禁止したという。この説話は、同三十二年条の埴輪の起源説話の前提となっている。一方、『古事記』崇神段の倭日子命の分注には「此の王の時、始めて陵に人垣を立てき」とある。殉死の風習については、『魏志』倭人伝に卑弥呼が死んだ際に「徇葬する者、奴婢百余人」とあり、また『日本書紀』大化二年(六四六)三月条の風俗匡正の詔では、殉死を禁じている。

倭姫王　やまとひめのおおきみ　天智天皇

の庶兄古人大兄皇子の女で天智の皇后。父古人大兄皇子は大化元年(六四五)九月に謀反の罪で中大兄皇子(のちの天智天皇)に討たれている。天智七年(六六八)二月に立后。同十年十月に、天智は病が篤くなったため、東宮である大海人皇子(のちの天武天皇)を召して後事を託そうとしたところ、皇子は天智のために出家して吉野に入ることを願い、天下のことは大后(倭姫王)と大友皇子にまかせることを勧めた。『万葉集』に、天智の病臥に当ってその命の永かるべきことを祈りこめた歌(二―一四七)、天智の危篤に際しての歌(二―一四八)、天智の崩後にその面影が忘れられぬことを詠んだ歌(二―一四九)、殯宮(もがりのみや)における歌(二―一五三)と、計四首の歌が収められている。

倭姫命　やまとひめのみこと　垂仁天皇の皇女。母は日葉酢媛(ひばすひめ)命。日本武尊の叔母に当る。倭比売命にも作る。皇祖神天照大神を伊勢の地に鎮座させ、日本武尊の征服戦争の勝利に呪的な力で寄与し、三種の神器の一つである草薙剣を与えるという役割をもった。「やまとひめ」という名は「やまとたける」と同様に象徴的な名である。『日本書紀』によれば、垂仁二十五年三月、それまでの豊鍬入姫命にかわって天照大神を託された倭姫命は、大神を鎮座させる所を求め、菟田の筱幡(ささはた。奈良県宇陀郡榛原町山辺)から近江・美濃国をめぐって伊勢国にいたり、大神の教えにより祠をたて、斎宮を五十鈴川のほとりにたてた。一書では、天照大神を磯城の厳橿(いつかし)の本に鎮め、そののち大神の教えのままに、翌年十月に伊勢の渡遇(わたらい)宮に遷したという。また『皇太神宮儀式帳』の記載では、まず美和(奈良県桜井市三輪)の御諸原に斎宮を造り、その後、宇太の阿貴宮(宇陀郡大宇陀町迫間)・佐佐波多宮(前出)・伊賀穴穂宮(三重県名賀郡青山町阿保)・阿閉柘殖宮(三重県阿山郡伊賀町柘植町)・淡海坂田宮(滋賀県坂田郡)・美濃伊久良賀宮(岐阜県本巣郡巣南町居倉)・伊勢桑名野代宮(三重県桑名郡多度町下野代付近)・河曲鈴鹿小山宮(三重県鈴鹿市神戸町か)・壱志藤方片樋宮(三重県津市藤方)・飯野高宮(三重県松阪市山添町付近か)・多気佐々牟迤宮(『倭姫命世記』には佐々牟江宮とある。斎宮跡のある三重県多気郡明和町を貫流する川に笹笛川があり、宮名と関係があろう)・玉岐波流磯宮(三重県伊勢市磯町か)・度会国佐古久志呂宇治家田田上宮(伊勢市楠部町)に移って、五十鈴川のほとりに大宮の地を定めたという。「やまとたける」が熊襲を討つに当っては衣裳を与え、その衣裳で女装することによって勝利を得、東征の時には(『日本書紀』の紀年では景行四十年十月)草薙剣や火打石の入った袋を授け、難を逃れさせた。また、景行五十一年八月、日本武尊が神宮に献じた蝦夷が昼夜騒ぎ、出入に礼がないので、蝦夷を朝廷に進上したという。

山上氏　やまのうえうじ　粟田氏の支族。粟田氏は孝昭天皇の皇子天押帯日子(あめおしたらしひこ)命を始祖と伝える。姓は臣。大和国添上郡山辺郷(奈良市法華寺町付近か)を本拠とし、その地の訓みを氏の名にしたと思われる。粟田氏が学芸や外交関係に従事したことからその影響をうけ、憶良(おくら)や船主(ふなぬし)などのような渡来人と見紛う人物を輩出したと思われるが、一方では純然たる百済系の渡来人で、近江国甲賀郡山直郷(滋賀県甲賀郡水口町付近)或いは大和国の北葛城(奈良県北葛城郡)あたりを本拠としていたという説もある。神護景雲二年(七六八)六月、船主が朝臣の姓を賜わった。

【参考文献】　佐伯有清「山上氏の出自と性格」(『日本古代氏族の研究』所収)、同「山上憶良と粟田氏の同族」(同上書所収)

山上臣憶良　やまのうえのおみおくら　六六〇―七三三?　八世紀初めの遣唐少録・万葉歌人。山於憶良にも作る。憶良は、孝昭天皇の皇子天足彦国忍人命の後裔と称する皇別氏族と考えてよいが、渡来系の人物とみなす説もある。文武五年(七〇一)正月、粟田朝臣真人を遣唐執節使、高橋朝臣笠間を大使とする遣唐使の少録に任ぜられ入唐する。時に無位で四十二歳。在唐中の歌「いざ子ども早く大和へ大伴の御津の浜松待ち恋ひぬらむ」が『万葉集』(一―六三)にある。慶雲元年(七〇四)七月、唐より帰国。和銅七年(七一四)正月、正六位下から従五位下に昇り、霊亀二年(七一六)四月、伯耆守に任ぜられた。養老五年(七二一)正月、山田史三方らとともに退朝の後、東宮(首(おびと)皇子、のちの聖武天皇)に侍した。この時の位階は、なお従五位下。憶良の編著『類聚歌林』は、この時期のものと考えられている。同六年(『万葉集』に養老八年とあるが六年の誤りらしい)七月、東宮の命に応じて「天の河相向き立ちてわが恋ひし君来ますなり紐解き設けな」(『万葉集』八―一五一八)という七夕の歌を作り、神亀元年(七二四)の七夕では左大臣長屋王の宅で「ひさかたの天の河に船浮けて今夜(こよひ)か君が我許来(わがりき)まさむ」(同八―一五一九)という歌を詠んだ。同二年、病気になったらしく、千年も命がありたいことを願う歌を作る(同五―九〇三)。天平二年(七三〇)十二月には筑前国司として「天ざかる鄙に五年住ひつつ都の風習(てぶり)忘らえにけり」(同五―八八〇)など三首を作っている。この歌によれば、神亀三年、筑前守に任ぜられたらしい。同五年七月、大宰帥大伴宿禰旅人(たびと)の妻の死に際して、「蓋し聞く、四生の起滅は夢の皆空しきが方(ごと)く、三界の漂流は環の息まぬが喩(ごとし)」云々の漢文の序をつけた「日本挽歌一首」と反歌五首を作り(同五―七九四~七九九)、また同月「或有人、父母を敬ふことを知れれども侍養を忘れ、妻子を顧みず」云々の序をあわせた「惑へる情を反さしむる歌一首」と反歌一首(同五―八〇〇・八〇一)、「釈迦如来、金口に正に説きたまはく」云々の序のある「子等を思ふ歌一首」と反歌一首(同五―八〇二・八〇三)、「集ひ易く排ひ難きものは八大辛苦なり」云々と序した「世間の住(とどま)り難きを哀しぶる歌一首」と反歌一首(同五―八〇四・八〇五)を詠んだが、その左注に「神亀五年七月廿一日。嘉摩(かま)郡にして撰定しき。筑前国守山上憶良」とある。そのほか筑前守在任中の作歌は『万葉集』に数多くみえる。その中で著名なのが短歌一首をあわせた「貧窮問答の歌一首」(同五―八九二・八九三)である。もっとも憶良は、天平四年(七三二)頃、筑前守の任を終えて帰京しているので、右の歌は帰京後の作とも考えられる。この歌には唐の『王梵志詩集』にみえる農民を歌った詩句の影響があることが指摘されている。筑前国から京に帰った憶良は、天平五年三月、自宅において遣唐大使多治比(たじひ)真人広成に対面し、「好去好来の歌一首」と反歌二首(同五―八九四~八九六)を贈った。同年六月、「沈痾自哀の文」を作り、その中で「初め痾に沈みしより已来、年月稍多し。〈謂ふこころは、十余年を経ることをいふ。〉是の時に年は七十有四」と書いている。なお憶良の作歌は多いが、この頃の歌「士やも空しかるべき万代に語り続ぐべき名は立てずして」(同六―九七八)は、藤原朝臣八束が憶良の病気見舞に河辺朝臣東人を遣わした時、涙をぬぐい、悲嘆して口ずさんだものという。これから間もなく七十四歳で死去したのであろう。

【参考文献】　中西進『山上憶良』、村山出『山上憶良の研究』、青木和夫「憶良帰化人説批判」(『日本古代の政治と人物』所収)、佐伯有清「山上氏の出自と性格」(『日本古代氏族の研究』所収)、菊池英夫「山上憶良と敦煌遺書」(『国文学』二八―七)

山上臣船主　やまのうえのおみふなぬし

八世紀後半の陰陽家。憶良の子ともいわれるが定かではない。伊勢・三河そして平城京にも色彩を具えた奇雲が立ち昇り、それが瑞雲であるとして神護景雲元年(七六七)八月に改元した時、陰陽寮関係者も恩賞にあずかり、陰陽允として正六位上から従五位下に叙せられた。同二年六月、朝臣の姓を賜わり、翌三年八月、陰陽助に昇進、筑後掾を兼任した。宝亀三年(七七二)四月、兼任が甲斐掾に移り、同七年正月、従五位上に昇叙、この年三月、天文博士を兼ねた陰陽頭であった。同十一年三月、甲斐守を兼任した。桓武天皇が即位した天応元年(七八一)四月、正五位下に叙せられたが、翌二年閏正月、氷上(ひがみ)真人川継の謀反計画にくみしたということで隠岐介に左降された。それから二ヵ月後の三月、今度は三方(みかた)王らと共謀して桓武を厭魅することに坐したが、死一等を減じられ隠岐国へ配流された。その罪が赦されて入京したのは延暦二十四年(八〇五)のことであったが、事件の具体的な関わりについては必ずしも明らかではない。

【参考文献】 村山修一『日本陰陽道史総説』、中川収「桓武朝政権の成立(下)」(『日本歴史』二八九)

山春永 やまのはるなが 九世紀中頃の肥前国基肄(きい)郡(佐賀県三養基郡基山町と鳥栖市の一部)の擬大領。貞観八年(八六六)七月、大宰府の奏言によれば、肥前国基肄郡の人川辺豊穂が告げて言うには、同郡擬大領の春永は新羅人珍賓長とともに新羅に渡り、兵弩器械を造る術を教わり、帰国して対馬島を撃ち取ろうと、藤津郡領葛津貞津・高来郡擬大領大刀主・彼杵(そのき)郡人の永岡藤津らと同謀したという。

山吉直 やまのよしなお 九世紀末の備前国上道(かみつみち)郡(岡山市東部)の白丁。仁和元年(八八五)十二月、吉直は同郡の白丁秦春貞と共謀して、讃岐国鵜足(うたり)郡(香川県綾歌郡東部と丸亀市の一部)の人宗我部秀直および建部(たけるべ)秋雄らを闘殺。裁判の結果、首謀者は吉直とされて絞刑。春貞は従とされ、徒三年の刑に処せられた。

山辺氏 やまのべうじ 大和国山辺郡(奈良県山辺郡と天理市)の豪族。垂仁天皇の皇子大中津日子命は山辺之別の祖と『古事記』にはみえ、『先代旧事本紀』天孫本紀には饒速日(にぎはやひ)命の六世孫建麻利尼(たけまりね)命は山辺県主の祖とみえる。和気氏の族で別・公姓のものと、尾張氏の族で県主姓のものの両系があるが、他に宝亀二年(七七一)天武天皇後裔の林王・三直王らの諸王が山辺真人の氏姓を賜わっている。

山辺大鶙 やまのべのおおたか 大和国山辺郡(奈良県山辺郡と天理市)の豪族と思われる。垂仁天皇の皇子本牟智和気御子(ほむちわけのみこ)は長い鬚が胸先に垂れ下がるほどに成人しても物も言わず日を送っていたが、ある時、白鳥の声を聞いて初めて片言を言った。そこで垂仁は鳥を追わせるため大鶙を遣わしたところ、大鶙は紀伊・播磨・因幡・丹波・但馬・近江・美濃・尾張・信濃の諸国を経て高志国にいたり、和那美の水門(比定地未詳)に網を張り、ついに鳥を捕え献上した。しかし皇子は、その鳥を見ても物を言うことはなく、占いによれば出雲大神の祟りということであった。この『古事記』の話は『日本書紀』垂仁二十三年十月条では遣わされたのが大鶙ではなく、鳥取造の祖天湯河板挙(あめのゆかわたな)であり、捕えた所も出雲国(別説に但馬国)となっている。さらに『新撰姓氏録』右京神別上では鳥取連の祖天湯河桁命が出雲国宇夜江(出雲郡健部郷。現在の島根県簸川郡斐川町宇屋谷)で捕え、その功により氏姓鳥取連を賜わったとする。

山辺公善直 やまのべのきみよしなお 九世紀後半の大学寮の教官。元慶四年(八八〇)八月の釈奠では直講従七位上(下ヵ)で『毛詩』を講じ、同七年八月には『左氏春秋』を、仁和元年(八八五)八月には『古文尚書』を講じている。当時の明経道には『春秋』の三伝(『左氏伝』『公羊伝』『穀梁伝』)学派と三礼(『周礼』『儀礼』『礼記』)学派とがあったが、善直は前者に属していたようである。仁和二年正月、外従五位下に叙せられ、同年二月、助教、寛平五年(八九三)博士に任ぜられたが、昌泰二年(八九九)博士を辞している。善直が辞したのち、しばらくして中原・清原両氏による明経道世襲の構造が確立した。

【参考文献】 桃裕行『上代学制の研究』

山辺小嶋子 やまのべのこしまこ 釆女。雄略十三年三月、狭穂彦(さほひこ)の玄孫の歯田根(はたね)命がひそかに小嶋子を奸したので、雄略天皇は歯田根命を物部連目に引き渡し責めさせたところ、命は馬八匹、大刀八口を代償として罪を祓い除き、「山辺の小嶋子ゆゑに人ねらふ馬の八匹は惜しけくもなし」の歌を詠んだという。人々が狙っている馬の八匹を手離しても惜しくはないといわれた小嶋子は大和国山辺郡(奈良県山辺郡と天理市)の豪族の子女と思われる。

山辺皇女　やまのべのひめみこ　―六八六　天智天皇の女。大津皇子の妃。母は天智の嬪蘇我臣赤兄の女常陸娘。朱鳥元年(六八六)十月、大津皇子の謀反が発覚し、死を賜わった際、妃山辺は髪振り乱し素足ではしり赴き、夫に殉じたので、見る人が皆すすり泣いたという。

山部氏　やまべうじ　山林の管理や産物を貢納する山部を管掌する伴造系氏族。姓は初め連、天武十三年(六八四)八色の姓制定に際し、宿禰を賜わる。山部の地方の伴造として、公(君)・直・首などの姓を有する氏族がおり、山部の広範囲の設置が知られる。山部連は、山林からの食物を扱うことで天皇の食事に関係していたと考えられるが、さらには天皇側近の警護に当るようになり、軍事的性格をも有したことが注目される。延暦四年(七八五)五月、桓武天皇の諱山部に触れるため山と改められた。『新撰姓氏録』大和国皇別・和泉国皇別には山公氏がみえる。同氏には、味内宿禰系・大彦命系・落別王系・五十日足彦別系があった。同書摂津国神別・和泉国神別には山直氏がみえ、後者の本拠地は和泉国和泉郡山直郷(大阪府岸和田市内畑町・山直中町付近)であったか。同書未定雑姓摂津国条にも山首氏がみえる。

【参考文献】　直木孝次郎「門号氏族」(『日本古代兵制史の研究』所収)、小林昌二「日本古代鉄生産集団に関する一試論」(『社会科』学研究』九)

山部大楯連　やまべのおおたてのむらじ　伝承上の武人。大楯の名は「山部連小楯」と対をなす系譜上の称呼か。『古事記』仁徳段によると、仁徳天皇は応神天皇の皇女女鳥王(『日本書紀』には雌鳥皇女)を妃としようとして、異母弟の速総別(はやぶさわけ)王(『日本書紀』には隼別皇子)を使者としたが、意に反して速総別王が女鳥王と婚してしまい、そのうえ二人は仁徳の殺害をはかり、それが発覚して逃亡した。そこで仁徳は山部大楯連をして、二人を追討・誅殺させた。大楯は女鳥王の玉釧(たまくしろ。腕輪)を取って自分の妻に与えたが、その後の酒宴の席で、妻がその玉釧を着けているのを皇后石之日売(いわのひめ)命に見つかり、大楯は死刑に処せられたという。『日本書紀』仁徳四十年条にも同様の伝承がみえるが、追討者は吉備品遅部雄鯽(きびのほんちべのおふな)と播磨佐伯直阿俄能胡(あがのこ)、珠をもらったのは近江山君稚守山(わかもりやま)の妻と釆女磐坂媛、盗用を発見したのは皇后八田皇女と相違がある。山部連と佐伯直はともに皇居の門を守衛した門号氏族であり、『古事記』の伝承は、山部連が天皇に近侍し、かつ軍事的性格をもっていたことから生まれたとみられている。

【参考文献】　直木孝次郎『日本古代兵制史の研究』

山部宿禰赤人　やまべのすくねあかひと　八世紀前半の万葉歌人。赤人は明人にも作る。祖を伊予の来目部小楯とする山部連が天武十三年(六八四)十二月、宿禰の姓を賜わった。その一族の一人。本来、山部・山守部は山を管理する伴造として定められたことが『古事記』応神段にみえるが、仁徳段に将軍山部大楯連が反乱者を討つ記事があり、祖を来目部小楯とするところから、朝廷守護の職掌ももったと思われる。赤人には武官をもって仕えた痕跡はないが、『万葉集』に伊予での作(三―三二二・三二三)があり、伊予に地縁をもち続けた官人と思われる。史書に登場せず、微官であったろうが、むしろ宮廷歌人として活躍したさまが『万葉集』で知られる。作歌年代が知られるものは神亀元年(七二四)から天平八年(七三六)に及び、他の歌もこの頃に歌われたものと思われる。神亀元年は聖武天皇の即位の年であり、聖武の登場とともに活躍しだす様子は、持統天皇と柿本朝臣人麻呂の場合と同じく、新しい朝廷が新しいイデオローグを必要としたためであろう。天平八年で歌が終わるのは翌九年に猖獗をきわめた疫病によって藤原四兄弟が没し、政権が橘氏に移ったゆえであろう。生涯の履歴は未詳だが、『万葉集』によると、東国に旅して富士山を歌い(三―三一七・三一八)、勝鹿の真間(三―四三一~四三三。千葉県市川市真間)にいたり、一方、西方へは神亀三年に辛荷島(六―九四二~九四五。兵庫県揖保郡御津町の室津港南方の海上に地ノ唐荷・中ノ唐荷・沖ノ唐荷の三島がある)・敏馬浦(六―九四六・九四七。兵庫県神戸市灘区岩屋・大石付近)をたどって伊予国にいたっている。またこれより前、神亀元年に聖武の行幸に従って紀伊国(同六―九一七~九一九)で歌を作り、同年および天平八年には吉野(同六―九二三~九二七・一〇〇五・一〇〇六)、神亀二年および天平六年には難波(同六―九三三・九三四・一〇〇一)、神亀三年には印南野(同六―九三八~九四一。兵庫県加古川市から明石市にかけての平野)で歌を作った。このほかにも旅の歌や都での秀歌も多く、人麻呂と併称される宮廷歌人として知られるが、中でも政治的不遇を寓意したらしい短歌(同八―一四三一、一七―三九一五)や藤原氏との深い関係を暗示する短歌(同三―三七八、八―一四七一)のあることが注目される。歌の数は長歌十三首、短歌三十六首、異伝一首。

【参考文献】佐佐木信綱『山部赤人・高市黒人・笠金村』、池田弥三郎『高市黒人・山部赤人』(『日本詩人選』)、武田祐吉『山部赤人』、尾崎暢殃『山部赤人の研究』

山部王　やまべのおう　―六七二　七世紀中頃の皇族。その系譜は未詳。天武元年(六七二)の壬申の乱の際、大海人皇子(のちの天武天皇)が吉野から伊勢に入り、三重郡家(三重県四日市市采女町付近)に宿した夜、大津皇子が鈴鹿関(三重県鈴鹿郡関町古廐付近)に到着したのを間違って山部王らが来帰したと報ぜられていることから、大海人とは事前に連絡をとっていたものと思われている。山部王は、おそらく抜け出す機会を失ったのであろう。不破の山道(岐阜県不破郡関ケ原町付近)を突破すべく蘇我臣果安・巨勢臣比等らと兵数万を率いて犬上川(鈴鹿山中に発し、滋賀県彦根市で琵琶湖に注ぐ)のほとりに布陣したが、この陣営で果安と比等によって殺害された。その正確な日時は不詳であるが、戦況が大海人側に有利に進展し始めた頃であったから、山部王は大海人側への帰順を主張し、それが両者によって阻止されたものと思われている。その後、進軍が不可能となって犬上から退却した果安は、みずから頸を刺して没している。戦況の展開に伴う軍首脳部間の動揺、すなわち近江朝廷側の内部的不統一を示す事柄として注目されている事件である。

【参考文献】亀田隆之『壬申の乱』、直木孝次郎『壬申の乱』

山村氏　やまむらうじ　古礼(これい)公を祖とする百済系渡来氏族。氏姓は初め山村許智(こち)。宝亀八年(七七七)七月、山村許智大足らが忌寸の姓を賜わった。氏名は、渡来後安置された倭国添上郡山村郷(奈良市帯解本町・田中町付近)の地名に因む。同氏は、平城左京や大和国に居住していたことが知られている。なお、山村曰佐(おさ)という氏族も存在し、紀朝臣と同祖とするが、これも本来は渡来系の氏族であろう。

山村王　やまむらのおう　七二二―七六七　八世紀中頃の皇族。用明天皇の皇子久米王(来目皇子)の後裔。天平十八年(七四六)四月、無位から従五位下に蔭叙された。天平勝宝九歳(七五七)五月、『養老律令』施行の日に従五位上に昇叙され、天平宝字三年(七五九)五月、紀伊守に任ぜられた。同七年九月、正五位下に叙せられ、孝謙太上天皇と藤原朝臣仲麻呂の対立が決定的となった翌八年正月、少納言に任ぜられた。そして同年九月、孝謙の命により中宮院の淳仁天皇の許にあった鈴印を回収したが、仲麻呂の命をうけたその子訓儒(久須)麻呂に途中で奪われた。しかし事の急は密かに孝謙に報ぜられて兵の出動となり、結果的には奪回して君命を果たしたが、この鈴印の争奪に端を発して仲麻呂の反乱は勃発した。孝謙によって仲麻呂に対抗する体制が樹立された時、従三位に越階昇叙され、同月、参議に任ぜられた。さらに同年十月、左兵衛督として兵部卿和気王らと兵数百を率い、中宮院を囲んで淳仁の廃立を宣した。天平神護元年(七六五)二月、大和守を兼任し、同二年二月には功田五十町を賜わって、それは子に伝えられた。神護景雲元年(七六七)十一月十七日、四十六歳で薨じた。時に参議従三位・治部卿兼左兵衛督・大和守。その後、延暦二年(七八三)九月、近江国に居住していた山村王の孫に当る槻村・井上・大岡・大魚・動神の五人の戸主が、王の姓を除かれて百姓となった。その理由は、祖父の山村王が養老五年(七二一)近江国に編付して以来子孫が増加し、すでに七世から八世にも及んでおり、規定によってみても山村王の名はすでに皇親籍になくなっているので、その五戸、合わせて百一人のすべてを百姓の例に従わせるということであった。

【参考文献】角田文衛「恵美押勝の乱」(『律令国家の展開』所収)

山守氏　やまもりうじ　垂仁天皇の皇子五十日足彦命の後裔氏族。無姓であるが、この氏のほかに天平六年(七三四)の『出雲国計会帳』には連姓の山守氏の名がみえ、物部氏系の宇治山守連氏や天道根命の後裔の和山守首氏らも存する。『古事記』『日本書紀』には応神朝のこととして山守部設置の伝承がみえ、山守氏は諸国の特定の山林を守る山守部の伴造氏族であったらしい。無姓の山守氏の同族には、春日山君氏、和泉国の山公氏らがいる。

ゆ

惟暁　ゆいぎょう　八一二—八四三　円仁の傔従。承和五年(八三八)六月、遣唐請益僧円仁に従って入唐。『入唐求法巡礼行記』開成三年(八三八)八月四日条所載の覆問書に初めて沙弥としてその名がみえ、同年十月十三日、留学僧円載の傔従仁好とともに剃髪。同月十九日、円仁は惟暁を受戒させるとの報告を遣唐判官らにしている。以後、円仁に従って五台山を巡礼、長安に入って主として『法華経』を習学。唐の会昌二年(八四二)十二月一日より病気にかかり、八カ月後の同三年七月二十四日、死去。時に三十二歳。同月二十七日、長安資聖寺の瓦窯の北角の地に葬られる。『慈覚大師伝』に惟暁を評して、「天性聡明、器量弘雅、深く法門を志す」とある。

【参考文献】佐伯有清『慈覚大師伝の研究』

惟首　ゆいしゅ　八二五—八九三　九世紀後半の天台僧、第六世天台座主。父は御船氏。天長二年(八二五)近江国蒲生郡(滋賀県蒲生郡と近江八幡市および八日市市・神崎郡の一部)に生まれた。徳円に師事し天台教学を学び、次いで義真の弟子であった但馬講師法務にも嗣法したという。別に入寺帳によれば、河内国丹比郡田村郷(大阪府松原市の一部)の出身とも記し、師主は常済の弟子の安洪であったとするが、いささか信をおきがたい。とにかく、惟首は、徳円・円珍の教系に属し、円珍臨終の遺制十二箇条を寛平三年(八九一)十月二十八日に託された増命以下五人の末に名を列ねている。遍昭からも受法し、元慶八年(八八四)九月、安然とともに元慶寺年分度者教育の伝法阿闍梨となっている。寛平四年、円珍をついで第六世の天台座主となり、虚空蔵座主と称される。しかし、同年五月二十二日付の宣命から一年に満たずして、翌五年二月二十九日、寂した。三井寺長吏でもあった。時に六十九歳。『本朝高僧伝』では二十八日入寂とする。

惟正 ゆいしょう 八一三— 九世紀前半の天台宗の僧。円仁の従僧として惟暁とともに承和五年(八三八)遣唐使船で入唐。さまざまな苦難を克服して五台山巡礼を行ない、次いで長安にも入っている。その間、唐の開成五年(八四〇)には具足戒を受けている。承和十四年に帰国したが、その後のことはほとんど伝えるところがない。ただ安然の『胎蔵大法対受記』によれば、長安玄法寺の法全から授けられた両巻の儀軌を日本に将来し、また東大寺図書館蔵の従方述『百法顕幽抄』巻第一の奥書によれば、唐の会昌三年(八四三)十月に長安の資聖寺で同書を書写し、のちに伝法師前入唐求法大和尚と尊称され、『百法論』を講じたことが知られる。

【参考文献】 堀池春峰「円載・円仁と天台山国清寺および長安資聖寺について」(『南都仏教史の研究』下所収)

雄略天皇 ゆうりゃくてんのう 五世紀後半の天皇。諱は大泊瀬幼武(おおはっせのわかたけ)。允恭天皇の第五皇子。母は忍坂(おしさか)大中姫。同母兄八釣白彦皇子・坂合黒彦皇子、安康天皇を殺害した眉輪(まよわ)王と王を囲った葛城円(かずらきのつぶら)大臣、安康が後事を付した市辺押磐(いちのべのおしは)皇子(履中天皇の皇子)とその同母弟御馬皇子を滅ぼして、泊瀬朝倉宮で即位。泊瀬朝倉宮の所在地は、奈良県桜井市朝倉・脇本付近と推定されているが、昭和五十九年に脇本燈明田地区から五世紀後半の大型掘立柱建物の遺構が検出され、その後の発掘調査によって、脇本遺跡の五世紀後半の建物遺構が泊瀬朝倉宮と結びつく可能性が指摘されている。即位とともに平群(へぐり)臣真鳥を大臣に、大伴連室屋(むろや)・物部連目を大連に任命、これが大臣・大連制の始まりとされている。『日本書紀』『新撰姓氏録』には史部(ふひとべ)・掃部(かにもりべ)・膳部(かしわでべ)などの宮廷諸部の始まりをこの時代におく史料も多く、大蔵を立てて秦公酒をその長官に任じたとする所伝ともあわせ、王権発達史上、画期的な時代であった。また大陸からの新技術の導入にも積極的な時代で、百済から迎えた陶部(すえつくり)・鞍部(くらつくり)・画部(えかき)・錦部(にしごり)・訳語(おさ)などの今来才技(いまきのてひと)を東漢直掬(やまとのあやのあたいつか)に管掌させ、呉(くれ)に遣わされた身狭村主青(むさのすぐりあお)などが織物の才技を率いて帰ったという所伝などがみられる。この王権の支配圏については、埼玉県行田市の稲荷山古墳から、その被葬者が雄略の諱と思われる「獲加多支鹵(わかたける)大王」に杖刀人首として仕えたという鉄剣銘が発見されたこと、これによって、熊本県船山古墳出土の大刀銘も「獲□□□鹵大王世」に典曹人として仕えたと解されることなどから推し、東国から九州にまで及んでいたと思われる。これは雄略に当るとされている倭王武が、四七八年に宋の順帝に送った上表文の一節「東は毛人を征すること五十五国、西は衆夷を服すること六十六国、渡りて海北を平ぐること九十五国」の史実性を補完するものである。この時、武王は順帝から使持節都督倭新羅任那加羅秦韓慕韓六国諸軍事安東大将軍倭王に除せられている。この頃の朝鮮は四二七年に平壌に都を定めた高句麗の百済侵攻が積極化していた。『日本書紀』雄略五年四月条によると、百済は我が国との友好関係を保持するため王族の軍君(こにきし)を雄略のもとに送り、同二十三年には軍君の第二子末多(また)王を本国に送還して王位に即け(東城王)、この時、筑紫国の軍士五百人が派遣されたという。またこの年、安致(あち)臣・馬飼臣らが船師を率いて高句麗を撃ったとある。対新羅関係については、同八年条に高句麗の侵略を受けた新羅の要請によって、日本府行軍元帥たちが派遣されたという記事もあるが、同七年条には吉備上道臣田狭(きびのかみつみちのおみたさ)の子弟君が、同九年条には紀小弓宿禰・蘇我韓子宿禰・大伴談(かたり)連らが新羅征討のため派遣されたとするなど、攻撃的なものが多い。王権の専制化を表徴するかのように、反乱・誅滅記事の多いのも、この王代の特色である。なかでも吉備氏については、同七年八月条の吉備下道臣前津屋(きびのしもつみちのおみさきつや)の天皇呪詛、同年是歳条の吉備上道臣田狭の任那での反乱計画、雄略崩御後、雄略と吉備上道臣の女稚(わか)媛との間に生まれた星川皇子の反乱など重要な伝承を残している。『日本書紀』では四七九年崩御となっているが、『古事記』注の干支によると四八九年となる。宮内庁指定の陵墓は丹比高鷲原(たじひたかわしはら)陵(大阪府羽曳野市島泉)であるが、学界では大塚山古墳(大阪府松原市西大塚)説が強い。

【参考文献】　井上光貞『日本古代国家の研究』、山尾幸久『日本古代王権形成史論』、荒木敏夫『日本古代の皇太子』、平野邦雄「古代外交史上における雄略朝」(森克己博士還暦記念会編『対外関係と社会経済』所収)、井上光貞「雄略朝における王権と東アジア」(同・西嶋定生他編『朝鮮三国と倭国』所収)

湯坐氏　ゆえうじ　大化前代に皇子・皇女らの養育に携わった氏族。湯人にも作る。垂仁朝に、大(おお)湯坐・若(わか)湯坐が設置されたという。㈠大湯坐氏　大湯坐部の伴造氏族。姓は初め連、天武十三年(六八四)に宿禰を賜わる。㈡若湯坐氏　若湯坐部の伴造氏族。饒速日(にぎはやひ)命の七世孫大咩布(おおめふ)命が祖という。姓は連、一部の者は、天武十三年ないし養老三年(七一九)に宿禰姓を賜わった。本拠地は摂津国にあったが、平安右京に居を移す者もあった。㈢額田部(ぬかたべ)湯坐氏　湯坐部の伴造氏族。天津日子根命の後裔。姓は連。平安左京・河内国などに分布する。㈣(茨城)湯坐氏　湯坐部の伴造氏族。姓は連。茨城国造の初祖多祁許呂(たけころ)命の子筑波使主を祖とする。応神天皇の養育のため設けられた湯坐を統率したらしい。㈤湯坐菊多(きくた)氏　湯坐部の伴造氏族か。道奥菊多(みちのくのきくた)国造の一族。姓は臣。貞観十二年(八七〇)に湯坐菊多臣を賜わった丈部(はせつかべ)氏もこの一族であろう。陸奥国菊多郡(福島県いわき市南部)が本拠地。㈥湯坐曰理(わたり)氏　湯坐部の伴造氏族か。姓は連。神護景雲三年(七六九)三月、陸奥国曰理郡(宮城県亘理郡)の人外従七位上宗何部(そがべ)池守ら三人が湯坐曰理連の氏姓を賜わっている。㈠~㈥以外にも、椋橋(くらはし)湯坐氏や無姓・部姓の(大・若)湯坐氏の存在が知られている。

弓削氏　ゆげうじ　大化前代の伴造氏族の一つ。姓は初め連、のち宿禰に改姓。氏名は弓を作るのを職務とする品部たる弓削部の伴造氏族であったことによる。『日本書紀』雄略九年二月条には弓削連豊穂の名がみえる。『新撰姓氏録』の左京神別に弓削宿禰として、天神系の神饒速日(かんにぎはやひ)命の後たる石上(いそのかみ)朝臣と同祖とするもの、天神系の高魂(たかみむすび)命の孫天日鷲翔矢(あめのひわしかけるや)命(河内国の弓削宿禰も同じく祖としている)の後とするもの、地祇系の爾伎都麻(にきつま)を祖とするものの三系統が書き出されている。なお天日鷲翔矢命と爾伎都麻の所伝は明確でない。歴史上の人物が、個々にどの系統に属するか比定は困難であるが、天武十三年(六八四)に連から宿禰となったものは石上系すなわち物部流の弓削連と考えられ、他の二系統はその系譜を異にするところから、物部流のものより低位の氏族であったであろう。これら弓削氏の本拠は河内国で、若江郡には弓削郷(大阪府八尾市弓削町付近)の地名があり、弓削神社も存在した。この地域は大化前代、軍事氏族物部氏の支配地で、弓削部を率いる弓削連はその配下にあったものと考えられる。物部守屋大連が名乗った弓削は、母方の氏名を付した呼称である。『続日本紀』天平宝字八年(七六四)の詔に、弓削道鏡が物部弓削守屋大連につながることを理由に大臣を望んでいると難じた人のあったことに言及した箇所があるが、系譜的にこれを認める説と、否定する説がある。後者の説に妥当性があろう。称徳朝に勢威を振った道鏡の弟弓削連浄人は、天平宝字八年に連から宿禰となっており、天日鷲翔矢命系とも考えられる。のちさらに弓削御浄(ゆげのみきよ)朝臣と改賜姓されたが、道鏡の失脚に伴い姓を奪われて土佐国に配流され、後年本郷たる河内国若江郡に還るのを許されている。『新撰姓氏録』に出ている宿禰姓の氏は、物部流および地祇系の弓削氏と、道鏡の縁族で累難を免れたものの後裔であろう。

【参考文献】横田健一『道鏡』(『人物叢書』)、佐伯有清『新撰姓氏録の研究』考証篇三・四

弓削宿禰牛養 ゆげのすくねうしかい 八世紀後半の官人。道鏡・弓削連浄人らと同族。天平神護元年(七六五)正月、従六位下から従五位下に叙せられ、同年二月、近衛少将に任ぜられた。同年十一月、称徳天皇の大嘗会に際し、越前国が須伎国に卜定されたので、国守とともに、員外介であった牛養も従五位上に叙せられた。同二年九月には、越前国の東大寺領道守・栗川両荘の荘券に関する足羽郡司解に、近衛少将兼員外介として国判を加えている。神護景雲元年(七六七)八月には員外から正員の越前介になっている。同四年四月、同姓八人とともに弓削朝臣の氏姓を賜わったが、いくばくもなくみな本姓に復した。これは道鏡失脚に関連してのことであろう。

弓削宿禰男広 ゆげのすくねおひろ 八世紀後半の下級官人。右大舎人。『続日本紀』宝亀八年(七七七)九月の藤原朝臣良継薨伝に、藤原朝臣仲麻呂の子三人が参議に任ぜられた時(天平宝字六年・七六二)、良継が子姪の下にあるのを忿怨して、佐伯宿禰今毛人(いまえみし)・石上(いそのかみ)朝臣宅嗣・大伴宿禰家持らと仲麻呂を殺そうと謀った際、右大舎人弓削宿禰男広がこの計を知って仲麻呂に告げたが、良継はその責を一身に負って罪状に伏したとある。

弓削宿禰薩摩 ゆげのすくねさつま 八世紀後半の官人。天平宝字八年(七六四)十月、藤原朝臣仲麻呂らを討つ功により、正六位上から従五位下に叙せられ、同月、下野国員外介に任ぜられた。天平神護三年(七六七)六月の勅によると、東山道巡察使淡海真人三船は、下野国司らに正税未納と官物侵犯のことがあったとしてその責任を追求した際、独り薩摩をのみ禁じて釐務を止めたが、これは公平を欠くとして三船が逆に現任を解かれたという。神護景雲元年(七六七)八月、陰陽助、同三年六月には能登員外介となった。宝亀七年(七七六)三月、一族の者が弓削宿禰を改めて弓削連に復された時、故従五位下弓削宿禰薩摩は旧によって改められなかった。

弓削連浄人 ゆげのむらじきよひと 八世紀後半の上級官人。道鏡の弟で、広方・広田・広津の父。河内国若江郡(大阪府八尾市と東大阪市の一部)の人。氏姓は初め弓削連、のち弓削宿禰・弓削御浄(みきよ)朝臣・弓削と転変した。名は清人にも作る。天平宝字八年(七六四)七月、授刀少志従八位上弓削連浄人に宿禰の姓を賜わった。同年九月、謀逆のことが漏れて藤原朝臣仲麻呂が近江国に走った日、一挙に従四位下に昇叙されると同時に弓削御浄朝臣の氏姓を賜わった。同年十月には衛門督で上総守を兼ねた。天平神護元年(七六五)正月には勲三等、同年二月には従四位上、次いで同二年十月には参議・正三位・中納言となった。同三年七月には新設の内竪省の卿になり、神護景雲二年(七六八)二月には、内竪卿・衛門督・上総守はもとのままで大納言に進み、道鏡政権の中枢の地位を占めた。同年十一月には大宰帥を兼ね、また検校兵庫将軍となり、さらに文武の権を集中していった。

同三年十月、称徳天皇の由義宮(ゆげのみや。大阪府八尾市八尾木北の由義神社付近または同市別宮付近か)へ行幸の際、河内国は河内職となり、浄人は行幸供事の賞として従二位に叙せられた。同四年五月には肥後国から出た白雀一隻を大宰帥として献じている。同年八月、称徳が崩じ、道鏡が失脚、子の広方・広田・広津とともに姓を除かれたうえ、土佐国に流された。のち天応元年(七八一)六月、罪を許されて本郷である河内国若江郡に子らとともに還された。ただし入京は許されなかった。

弓削連是雄　ゆげのむらじこれお　九世紀後半の陰陽官人。もと播磨国飾磨(しかま)郡(兵庫県飾磨郡および姫路市の大半)の人で、貞観六年(八六四)八月、陰陽寮陰陽師従八位下であったが、父正六位上安人らとともに河内国大県郡(大阪府柏原市北部)に移貫され、同十五年十二月には陰陽允正七位上で、平安右京三条二坊に移貫されている。次いで同十九年正月、陽成天皇の即位に当って、正六位上陰陽権助兼播磨権少目から外従五位下に昇叙され、貴族官人の末席に列した。同年四月朔夜の日蝕に当って、外従五位下行陰陽権助として陰陽頭従五位下兼行暦博士越前権大掾家原朝臣郷好(さとよし)とともに、天長八年(八三一)四月朔夜の日蝕をめぐる参議従三位行刑部卿兼下野守南淵朝臣弘貞の指示に基づいて、夜の日蝕を予め中務省に申し送ったことを上言した。元慶元年(八七七)十二月、神饒速日(かんにぎはやひ)命の後裔として宿禰姓を賜わり、同六年正月、陰陽権助兼備前権掾で従五位下に昇叙、仁和元年(八八五)四月、陰陽頭に昇任した。

弓削連豊穂　ゆげのむらじとよほ　『日本書紀』雄略九年二月条に、凡河内直香賜(おおしかわちのあたいかたぶ)が胸方神を祠る壇所において采女を奸し、逃亡したのを豊穂は雄略天皇の命を受けて追跡し、これを摂津国三嶋郡藍原(大阪府茨木市太田・安威周辺)において捕え斬ったとある。

弓削御浄朝臣広方　ゆげのみきよのあそんひろかた　八世紀後半の官人。河内国若江郡(大阪府八尾市と東大阪市の一部)の人。道鏡の弟浄人の子。天平神護三年(七六七)正月、正六位上から従五位下に叙せられた。神護景雲元年(七六七)八月、武蔵国員外介となり、中衛将監はもとのまま兼ねた。同二年四月に正員の武蔵介となり、近衛将監を兼任。同三年六月には右兵衛佐となり武蔵介を兼ねた。同年十月、称徳天皇の由義宮(ゆげのみや。八尾市八尾木北の由義神社付近または同市別宮付近か)行幸に際し、その賞として正五位下に叙せられた。同四年八月、道鏡の失脚に伴い、父浄人とともに土佐国に流され、のち天応元年(七八一)六月、許されて本郷である河内国若江郡に還されたが、入京は許されなかった。

靫負氏　ゆげいうじ　中央の軍事氏族大伴氏に仕えた靫負の伴造氏族。地方の国造級豪族。靫負とは背に矢を入れた靫を負う兵士を意味するが、大伴氏の祖大連室屋は、靫負三千人を領して宮門を分衛開闔したと伝えるように、靫負の兵士を引率する地方豪族を統領したのが大伴氏である。『日本書紀』景行四十年条には、日本武尊が酒折宮(山梨県甲府市酒折町付近)にいた時、靫部(ゆげいのとものお)を大伴連の遠祖武日に賜わったとあり、清寧二年二月条では、大伴大連室屋を諸国に遣わし、白髪部靫負を設置させたとあり、敏達十二年(五八三)条にみえる日羅の言上によれば、日羅は火葦北国造(熊本県葦北郡と水俣市の一帯を治めた国造)刑部靫部阿利斯登(おさかべのゆげいありしと)の子で、大伴大連金村を我君と呼んでいる。同書安閑二年(五三五)四月条には、勾靫部(まがりのゆきべ)を設置したとある。また、『新撰姓氏録』左京神別中の大伴宿禰条には、雄略朝に、入部靫負を大伴大連公に賜わったとあり、さらに『豊後国風土記』日田郡靫編郷の条に、欽明朝、日下部(くさかべ)君らの祖邑阿自(おおあし)は、靫部として仕えたと伝えている。以上のごとく、靫負と靫部は実態はほぼ同じで、火葦北国造や日下部君のような国造級地方豪族であった。伝承では諸国に設置されたように伝えられているが、確かなものは西海の二例のみであり、このことに重要な意味があると考えられる。

靫負大伴氏　ゆげいのおおともうじ　八世紀における陸奥国の土豪。もと靫負大伴部。『続日本紀』神護景雲三年(七六九)三月条に、陸奥国白河郡(福島県白河市と東白川郡・西白河郡の一帯)の外正七位下靫大伴部継人、黒川郡(宮城県黒川郡)の外従六位下靫大伴部弟虫ら八人に、靫大伴連の氏姓を賜わったとあり、平城宮出土木簡に、靫大伴三竜の名がみえ、舎人とある。陸奥国と関東に広く分布する大伴部の一部が靫負大伴部に改称したと考えられるが、中央の大伴氏との接触の契機・時期は未詳である。

弓削女王　ゆげのじょおう　八世紀末の王女。三方王の妻。宝亀五年(七七四)正月、無位から従五位下に叙せられた。天応二年(七八二)三月、夫三方王と山上朝臣船主の三人で共謀して桓武天皇を厭魅したかどで捕えられ、三方王とともに日向国に配流された。

弓削皇子　ゆげのみこ　―六九九　天武天皇の皇子。母は天智天皇の皇女大江皇女。長(なが)皇子の同母弟。持統七年(六九三)正月、浄広弐を授位され、文武三年(六九九)七月、薨去。『懐風藻』所収の葛野(かどの)王の伝に、弓削皇子は高市(たけち)皇子薨後に開かれた次期天皇を選ぶ群臣協議の席において、葛野王が主張する直系継承(直接には文武天皇即位)に異議を唱えようとして、逆に葛野王から叱責されたという逸話がある。『万葉集』には皇子の歌が八首あり、吉野の地を詠んだ三首(二―一一一、三―二四二、八―一四六七)、紀皇女への恋情を歌った五首(二―一一九～一二二、八―一六〇八)に大別される。

【参考文献】吉井巌「弓削皇子」(『天皇の系譜と神話』二所収)

弓月君　ゆづきのきみ　秦氏の祖。真徳王・普洞王(浦東君)の父。融通王にも作る。『日本書紀』によれば、応神十四年、百済より渡来し、ともに渡来しようとした自国の人夫百二十県が新羅人に拒まれて加羅国に留まっていると奏した。応神天皇は葛城襲津彦(かずらきのそつひこ)を遣わして弓月君の人夫を加羅に召したが、襲津彦は三年を経ても帰朝しなかった。同十六年八月、平群木菟(へぐりのつく)宿禰・的戸田(いくはのとだ)宿禰は加羅に遣わされ精兵を率いて新羅を討ったので、新羅王は罪に服し、木菟らは弓月君の人夫を率い襲津彦とともに帰朝したという。『日本三代実録』元慶七年(八八三)十二月、秦宿禰永原らの奏言によると、秦氏は秦始皇帝十二世の孫功満王の子融通王の苗裔で、功満王が占星の意によって日本に渡る志があったが、新羅が路を遮ったため実現できなかった。しかし倭軍の掃討によって百二十七県の人民を率い、応神十四年に渡来できたという。『新撰姓氏録』には、太秦公(うずまさのきみ)宿禰・秦宿禰・秦長蔵(はたのながくら)・秦忌寸・秦造・秦勝・高尾忌寸・秦人などを融通王(弓月王)の後としている。

湯原王　ゆはらのおう　八世紀前半の皇族・歌人。天智天皇の孫。志貴皇子の子。光仁天皇が即位し、その兄弟を親王としたことにより追称されて湯原親王となる。和歌に秀で、『万葉集』に天平(七二九―七四九)初年頃の「芳野にて作れる歌一首」(三―三七五)に始まり「蟋蟀の歌一首」(八―一五五二)にいたるまで、軽妙で洗練された短歌十九首が載せられているが、その生没や閲歴などは明らかでない。

よ

余氏 ようじ　百済王族の姓。『三国史記』には、百済はその世系を高句麗と同じく扶余から出て、扶余をもって氏となすとある。扶余を略して単姓の余にも作る。余氏の初見は『晋書』咸安二年(三七二)六月条に百済王の余句が鎮東将軍領楽浪太守に封ぜられたことにある。天智二年(六六三)九月、百済が滅ぶと、王族の余自進らが日本に亡命してきた。『新撰姓氏録』右京諸蕃下には高野造はその後裔とある。

【参考文献】　武田幸男「朝鮮の姓氏」(井上光貞・西嶋定生他編『東アジアにおける社会と習俗』所収)

余自進 よじしん　百済の王族。余自信にも作る。斉明六年(六六〇)七月、新羅が唐と結んで百済を滅ぼすと、余自進は中部の久麻怒利城(くまのりのさし)に拠って散卒をあつめ、新羅軍を破った。時に官位は第二位の達率であったが、国人はその手柄を賛えて第一位の官位を冠して佐平自進と称えた。しかし、天智二年(六六三)九月に百済が亡ぶと、日本に亡命し、同八年には鬼室集斯(きしつしゅう)らと近江国蒲生郡(滋賀県蒲生郡と近江八幡市と八日市市・神崎郡の一部)に移され、同十年正月に大錦下を授けられた。『新撰姓氏録』右京諸蕃下に高野造の祖とある。

余秦勝 よしんしょう　八世紀前半の陰陽家。余は「あぐり」とも訓む。『続日本紀』古写本は秦勝を泰勝に作る。養老五年(七二一)正月に武術・学業に優れたものを賞賜して後輩の励みとしたが、この時に賞賜された陰陽家六人のなかの一人。官位は正六位であり、絁(あしぎぬ)十疋、糸十絇、布二十端、鍬二十口を賜わった。

余益人 よのますひと　八世紀中頃の陰陽家。余は「あぐり」とも訓む。天平宝字二年(七五八)六月に百済朝臣の氏姓を賜わった四人のなかの一人。時に大宰陰陽師・従六位下であった。同八年十月には藤原朝臣仲麻呂を追討の功により正六位上から従五位下に昇り、翌十一月、周防守に任ぜられた。

余豊璋 よほうしょう　百済の義慈王の王子。余豊にも作る。余は扶余の略で、百済王族の姓。舒明三年(六三一)三月、義慈王に遣わされて日本に入質したが、この年時は『三国史記』では武王の時代である。入質の間、皇極二年(六四三)蜜蜂の巣四枚を大和の三輪山に放ったが養蜂は成功しなかった。白雉元年(六五〇)二月、長門国が白い雉を献上すると、豊璋は問われて、後漢の永平十一年(六八)に各地に白い雉が現われた先例を教え、続いて白雉の出現の祝いと改元の儀式に弟の塞城らと参列した。斉明六年(六六〇)七月の唐と新羅連合軍の攻撃による百済降伏後、同年十月と翌七年四月に鬼室福信(きしつふくしん)は、豊璋を迎えて即位させることを請うてきた。同七年七月、斉明天皇が崩去し、皇太子(のちの天智天皇)は同年九月に豊璋に織冠を授け、多臣蒋敷(おおのおみこもしき)の妹を妻とし、五千余の兵を付けて豊璋を百済に送った。鬼室福信は稽首してこれを迎え、国政の全てを豊璋に委ねた。天智元年(六六二)五月、天智天皇は阿曇連比邏夫(あずみのむらじひらぶ)を遣わして豊璋を即位させ、鬼室福信には金泥の冊書を与えた。同年十二月、豊璋は朴市田来津(えちのたくつ)の諫言を容れず、防衛に有利な州柔(つぬ)城をすて、農耕に適した避城(へさし)に遷都した。その頃から、豊璋と福信の仲は崩れ、福信の反逆を疑った豊璋は、同二年六月、福信を斬殺のうえ酢漬けにした。この内紛を機に同年八月、新羅の攻撃をうけ、百済と日本の連合軍は白村江(大韓民国の錦江河口付近)で唐軍に敗れて、豊璋は高句麗へ逃亡した。

【参考文献】　平野邦雄「国際関係における〝帰化〟と〝外蕃〟」(『大化前代政治過程の研究』所収)

陽貴文 ようきもん 六世紀後半に来日した百済の瓦博士。崇峻元年(五八八)に百済から貢せられた四人の瓦博士の一人で、大陸伝来の特殊技術を有していたのであろう。『元興寺伽藍縁起幷流記資財帳』所引の「元興寺塔露盤銘」にも名がみえるが、瓦師と記されている。

楊承慶 ようしょうけい 八世紀中頃に来日した第四回渤海使の大使。天平宝字二年(七五八)九月に遣渤海大使小野朝臣田守らの帰国に同行し、輔国大将軍兼将軍行木底州刺史兼兵署少正開国公として越前国に着いた。同年十二月に入京、翌年正月に拝朝して国王大欽茂からの方物を貢し、正三位に叙せられて賜禄を受け、また藤原朝臣仲麻呂の田村第(平城左京四条二坊)の宴に招かれた。翌二月、帰国したが、天平神護二年(七六六)三月の藤原朝臣真楯の薨伝によれば、帰国に際して真楯は宴餞を設け、承慶に称歎されたという。

【参考文献】鈴木靖民「渤海の首領に関する基礎的研究」(『古代対外関係史の研究』所収)

楊泰師 ようたいし 八世紀中頃に来日した第四回渤海使。天平宝字二年(七五八)九月に大使楊承慶に従い、副使として来日した。同年十二月に入京、翌年正月に帰徳将軍として拝朝し、従三位に叙せられた。また同月、藤原朝臣仲麻呂の田村第(平城左京四条二坊)の宴に招かれた折に詩を作り、これに和したという。翌月、大使らとともに帰国したものと思われる。

陽成天皇 ようぜいてんのう 八六八―九四九 在位八七六―八八四。清和天皇の第一皇子。母は贈太政大臣藤原朝臣長良の女皇太后高子。諱は貞明。貞観十年(八六八)染殿院(平安左京北辺四坊)において生まれた。同十一年、二歳で皇太子となる。同十八年十一月、清和から譲位され、九歳で受禅。その日、右大臣藤原朝臣基経に摂政の詔が出された。同十九年正月、大極殿焼失のため、豊楽殿において即位。元慶元年(八七七)十一月、大嘗祭を行なう。同三年、読書始の儀を行ない、『御注孝経』を読む。侍読は善淵朝臣永貞、都講は藤原朝臣佐世。同六年正月、紫宸殿において元服。時に十五歳。加冠は太政大臣藤原朝臣基経。理髪は大納言源朝臣多(まさる)。後世の史料によると、在位中、天皇にふさわしからぬ行為が多かったとされる。正史によると、特に元服後は、内裏にて闘鶏を行なう、庸猥の輩を引き入れて禁中の閑処で密かに馬を飼わせる、また殿上において御乳母子の源朝臣益(まさる)が殺されるなどの事件が表面化した。『古事談』巻一によると、神璽の筥を開き、宝剣を抜いた話なども伝わる。元慶七年(八八三)には、基経は摂政を辞す上表を頻りに提出し、政務をみないという事態となり、同八年、基経へ書状を送り、病のため譲位の意志を伝えた。同年二月、譲位し、陽成院(一名二条院。平安左京二条二坊)を御所とする。太上天皇の尊号を奉られた。延喜七年(九〇七)妃綏子内親王が上皇の四十の賀を行なった。承平七年(九三七)には元良親王らが上皇の七十の賀を、天暦元年(九四七)には国康親王らが上皇の八十の賀を行なっている。同三年九月二十日、不予により出家。九月二十九日、冷然院(平安左京二条二坊)において八十二歳で崩御。十月、神楽岡東地(京都市左京区浄土寺真如町が陵地とされる)に葬られた。譲位後も、馬を好み北辺馬埒亭で騎射を観覧したり、山城国乙訓郡大原野(京都市西京区大原野)や摂津国安倍山を上皇の禁野となした。『大鏡』巻一には、譲位後、宇多天皇を「当代は家人にはあらずや」と評した逸話がみえる。御願により、延暦寺に安楽院を建立。『後撰和歌集』恋三の和歌は、「百人一首」にも採られている。『大和物語』上巻・『今昔物語集』本朝部・『宇治拾遺物語』巻十二などに関連説話がある。

【参考文献】角田文衛「陽成天皇の退位について」上・下(『日本歴史』二四三・二四四)

用明天皇 ようめいてんのう ―五八七 在位五八五―五八七。欽明天皇の皇子。母は大臣蘇我稲目宿禰の女堅塩(きたし)媛。炊屋媛(かしきやひめ。のちの推古天皇)の同母兄。異母妹に当る穴穂部間人(はしひと)皇女を大后として、厩戸皇子・来目皇子・殖栗(えくり)皇子・茨田(まんた)皇子、稲目の女石寸名(いしきな)を嬪として田目(豊浦)皇子、葛城直磐村の女広子との間に麻呂古皇子(当麻皇子)・酢香手(すかて)姫皇女をそれぞれもうけた。皇子時代は大兄皇子と呼ばれ、諡号は橘豊日尊。『日本書紀』によれば、敏達十四年(五八五)八月の異母兄敏達天皇の崩去の後をうけ、翌月、磐余池辺双槻宮(いわれのいけのべのなみつきのみや。奈良県桜井市阿部)で即位したという。蘇我腹の皇子であり、物部氏の支持をとりつけた異母弟の穴穂部皇子を抑えて皇位についたことから推しても、蘇我氏の強力な後援があったことは疑いない。在位期間はわずか二年間であり、目立った事蹟も記録されていないが、蘇我・物部両氏の抗争が緊迫の度を増すさなかにあって、蘇我氏の側に立って皇室内における仏教の受容を初めて宣言したことが記されているのは注目される。用明二年(五八七)四月九日(『古事記』には十五日)大殿に崩じ、七月に磐余池上陵に葬られたが、推古元年(五九三)九月に河内磯長原(しながのはら)陵(大阪府南河内郡太子町大字春日の春日向山古墳が陵墓とされている)に改葬されたと伝えられる。

横江臣成刀自女　よこえのおみなりとじめ　八世紀頃の越前国加賀郡大野郷畝田村(石川県金沢市畝田町)の人。横江臣成人の母。『日本霊異記』によると、天性婬泆で濫りに嫁ぎ、若くして死に、久しく年月を経た。紀伊国名草郡能応里(和歌山市納定付近か)の寂林法師が畝田村に止住していた宝亀元年(七七〇)十二月二十三日夜に以下のような夢を見た。大和国の聖徳太子の宮(奈良県生駒郡斑鳩町)の前の路を東に行くと、その道はまっすぐで、辺りに木草が生えていた。法師がのぞいて見るとその草の中に、肥えた女が裸衣でうずくまっていた。二つの乳は張れて垂れ、膿が流れており「痛き乳かな」と呻吟していた。寂林が問うと、私は越前国の畝田村の横江臣成人の母であるが、若い時濫りに嫁ぎ、幼児を棄て、男とともに寝て、子に乳を与えず飢えさせた。その罪により、いま乳の張る病の報いを受けていると答えた。寂林がどうしたらその罪を免れると思うかと問うと、我が子成人がこの苦しみを知ったならばこの罪を免(ゆる)してくれようと答えた。寂林が成人に夢のことを話すと真実であった。子らは悲しんで仏像を造り写経し供養すると、再び寂林の夢に現われ、今は罪を免れたと答えたという。

依羅氏　よさみうじ　摂津国住吉郡大羅郷(大阪市住吉区我孫子・庭井付近)および隣接する河内国丹比郡依羅郷(大阪府松原市天美地区付近)を本拠とする氏族。依網にも作る。氏姓は初め依羅我孫(よさみのあびこ)、天平勝宝二年(七五〇)八月に依羅宿禰を賜わった。同氏の職掌などは不明だが、旧姓の我孫を、大和朝廷の古い時期に設定された内廷関係の官職とみて、王権との関係を指摘する説もある。饒速日(にぎはやひ)命の後裔と称する依羅氏や百済系渡来人の依羅氏(いずれも連姓)もいる。

【参考文献】佐伯有清『新撰姓氏録の研究』考証篇二〜五、直木孝次郎「阿比古考」(『日本古代国家の構造』所収)

依羅娘子　よさみのおとめ　七世紀末―八世紀初めの歌人。柿本朝臣人麻呂の妻。『万葉集』に人麻呂と相別るる歌一首(二―一四〇)と、人麻呂の死(みまか)りし時作る歌二首(二―二二四・二二五)がある。依羅は氏名であり、石見国で親しんだ女性とも、また摂津・河内国にわたる依羅の地の人であるともいわれる。依羅の地は、摂津国住吉郡大羅郷(大阪市住吉区山之内・杉本・庭井・苅田・我孫子付近)と河内国丹比郡依羅郷(大阪府松原市天美地区付近)。両郷は本来一続きの地であった。『万葉集古義』は「この娘子は人麻呂の嫡妻なるべし。前妻は人麻呂に先立ちてみまかれること、此巻末に見えたり」とする。

依網吾彦男垂見　よさみのあびこおたるみ　『日本書紀』にみえる伝承的人物。神功摂政前条(仲哀九年九月条)によれば、神功皇后が新羅征討に際し、神の教えを得て男垂見を神主としたという。『住吉大社神代記』にもほぼ同様の伝承がある。また同書所収の「船木等本記」にみえる「大垂見」「小垂見」も関連もしくは同一の人物であろう。旧姓「依網(依羅)我孫」を称した依網(依羅)宿禰氏の祖先伝承に語られた人物と思われる。

【参考文献】佐伯有清『新撰姓氏録の研究』考証篇三

良階氏 よししなうじ 神饒速日(かんにぎはやひ)命の後裔氏族。姓は宿禰。貞観六年(八六四)八月、阿刀(あと)連粟麻呂・阿刀宿禰石成・阿刀連禰守・阿刀物部貞範らが良階宿禰を賜わっている。摂津国を本貫としたらしい。

善淵氏 よしぶちうじ 卑姓出身の明経家が賜わった貴姓の一つ。姓は朝臣、または宿禰。美濃国厚見郡(岐阜県岐阜市南部と羽島郡柳津町の一部)の人六人部(むとべ)福貞(のち永貞)、弟愛成らが貞観四年(八六二)に、左京の人越智(おち)直広岑が同十五年に、善淵朝臣の氏姓を賜わった。前者は火明(ほのあかり)命、後者は神饒速日(かんにぎはやひ)命の後裔と称する。なお、右京の人で史生の六人部連吉雄が、貞観五年に善淵宿禰と改氏姓されたが、やはり火明命の後裔とある。

【参考文献】佐伯有清『新撰姓氏録の研究』考証篇三

善淵朝臣永貞 よしぶちのあそんながさだ 八一三―八八五 九世紀の明経家。氏姓は初め六人部(むとべ)福貞、貞観四年(八六二)善淵朝臣を賜わり、名を永貞と改めた。美濃国厚見郡(岐阜県岐阜市南部と羽島郡柳津町の一部)の人。貞観二年の朔旦冬至の叙位で外従五位下に叙せられた。時に直講。同四年、助教となり、同六年、越後介を兼ね、同八年正月、従五位下に叙せられ、翌年八月、本貫を左京職に移された。同十五年、大学博士となり、同十八年には従五位上・兼越中守とみえる。元慶八年(八八四)二月、光孝天皇即位の叙位で正五位下となり、仁和元年(八八五)十二月十一日、在官のまま卒した。七十三歳。この間、釈奠で貞観三年『周易』、同十四年『毛詩』を講じ、元慶三年、陽成天皇の御読書始に『御注孝経』の侍読となり、また貞観十三年、祖母太皇太后藤原朝臣順子崩後の服喪、同年、応天門改名、同十八年、大極殿火災後の廃朝の有無、元慶元年、平子内親王薨後の服喪、同年、夜間日食の廃朝の有無、同八年、光孝即位後の藤原朝臣基経の太政大臣職掌の有無および大唐相当官などの件につき諮問をうけ、明経家として意見を具申している。『菅家文草』に菅原朝臣道真が書いた「請解官侍母表」がみえる。

善淵朝臣広岑 よしぶちのあそんひろみね 九世紀後半の明経家。氏姓は初め越智(おち)直。貞観十五年(八七三)十二月、善淵朝臣の氏姓を賜わった。伊与国越智郡(愛媛県越智郡から今治市にかけての一帯)の人。貞観十三年、外従五位下・直講として本貫を左京職に移され、同十五年以前に助教となり、その後、従五位下に叙せられた。同十八年、大極殿火災後の廃朝の有無、元慶元年(八七七)平子内親王薨後の服喪、同年、夜間日食の廃朝の有無などの件につき諮問をうけ、意見を具申している。

良岑氏 よしみねうじ 桓武天皇の後裔氏族。良峯にも作る。延暦二十一年(八〇二)十二月、桓武天皇の皇子安世が、良岑朝臣の氏姓を賜わり、右京に貫付されたことに始まる。そののち弘仁六年(八一五)六月、改めて左京に貫付され、良岑朝臣は『新撰姓氏録』左京皇別上に掲載されている。安世の子には、宗貞(僧正遍昭)・晨直(ときなお)・木連(いたび)・清風・長松らがおり、官人としては四位にいたったが、その子孫としては、遍昭の子の由性・素性(ともに法師)、晨直の子の衆樹(もろき。参議)とその子義方(左近衛中将)などが知られる程度で、その後は衰えた。

良岑朝臣長松 よしみねのあそんながまつ 八一四―八七九 桓武天皇の皇孫。大納言安世の子。承和の遣唐使准判官に任ぜられ、帰国途中で南海に漂流したが、承和七年(八四〇)大隅国に廻着。従五位下に叙せられた。同九年十一月、侍従となり、嘉祥三年(八五〇)四月、従五位上に進み、仁寿二年(八五二)二月、宮内大輔となる。諸陵頭・武蔵守・大和権守・但馬権守などを歴任。貞観十年(八六八)正月、正五位下に進み、元慶元年(八七七)十一月、従四位上に叙せられた。時に山城権守。同三年十一月十日、六十六歳で卒した。琴を得意とした。

良岑朝臣安世　よしみねのあそんやすよ　七八五―八三〇　桓武天皇の皇子。母は女孺百済宿禰永継。藤原朝臣冬嗣の同母弟。氏名を良峯にも作る。延暦二十一年(八〇二)十二月、良岑朝臣の氏姓を賜わり、右京に貫付された。大同二年(八〇七)十一月、右衛士大尉に任ぜられ、同四年六月、正六位上から従五位下に叙せられた。左近衛少将・雅楽頭などを経て同五年九月、左少弁となり、左近衛少将・丹波介などを兼ねた。弘仁二年(八一一)二月、蔵人頭に補せられ、同三年十二月、左衛門佐を兼任。同五年正月、従四位下に進み、同年八月、左衛門督を拝任。同六年、改めて左京に貫付され、左京大夫となる。同七年正月、右大弁となり、同年十月、参議を拝命。同十一年正月、左大弁に任ぜられ、同十二年正月、中納言を拝命し、陸奥出羽按察使(あぜち)・春宮大夫を兼任。同十四年、右近衛大将となり、正三位に昇る。天長五年(八二八)二月、大納言に昇進。同七年七月六日、四十六歳で薨じ、従二位を追贈された。嵯峨上皇は安世のために挽歌二篇を製した。『日本後紀』の編纂に参与し、『内裏式』『経国集』の撰定に当った。文武の才に秀で、その漢詩は『凌雲集』『文華秀麗集』『経国集』にみえる。

吉身臣三田次　よしみのおみみたすき　八世紀中頃の近江国滋賀軍団少毅。天平宝字六年(七六二)六月および七月・九月・十月の「近江国愛智郡郡司解」に国使として署名している。解の内容は、愛智郡から東大寺に封租米を進上することを奏上したもの。

世襲足媛　よそたらしひめ　孝昭天皇の皇后。尾張連の遠祖瀛津世襲(おきつよそ)の妹。『古事記』は余曾多本毗売(よそたほびめ)命、『先代旧事本紀』天孫本紀は世襲足姫命、またの名を日置姫命とする。孝昭二十九年正月、皇后となり、天足彦国押人命と日本足彦国押人(孝安)天皇を生んだという。

丁勝雄万　よぼろのすぐりおまろ　八〇六―　九世紀前半の寺院所属の俗人。丁雄満・丁満・丁満小麻呂にも作る。円仁・円珍の入唐に際し、引き続き従者・訳語(おさ)を務めた。円仁の『入唐求法巡礼行記』には、水手・行者とある。丁勝氏は豊前国仲津郡丁里(福岡県行橋市・京都郡付近)が本拠。雄万もその地の出身であろう。円珍の『行歴抄』などでは訳語とし、円珍が長安の法全に師事する機縁を作ったとする。また円珍が円載と会った時、円載は雄万の年齢を聞いて、円珍が四十九歳だと答えると、一緒につれて行くな、厄年だから、いつか路上で煩いにあうだろうと言ったという。

り

李延孝　りえんこう　九世紀中頃の唐商人。貞観四年(八六二)七月、他の四十二人と来日して大宰府に保護された。同七年七月、大宰府は延孝が六十二人と船一艘で再び来日したことを告げ、朝廷は勅して筑紫の鴻臚館で接待することを命じた。また、元慶八年(八八四)三月の僧宗叡の卒伝によると、宗叡は貞観八年に唐の江南道明州望海鎮で延孝に出会い、日本に向かう延孝の船に同乗し、順風に恵まれ帰国したという。延孝の来日は短期間に三度に及び、当時の民間交流の盛行を物語っていよう。

李元環　りげんかん　八世紀中頃から後半の唐人。天平勝宝二年(七五〇)二月、正六位上から外従五位下に昇り、天平宝字五年(七六一)十二月、李忌寸の氏姓を賜わった。同七年正月、織部正に任ぜられ、翌年十一月には従五位下に進み、出雲員外介となった。そののち天平神護二年(七六六)十月に従五位上、宝亀二年(七七一)十一月に正五位下に進んだ。『新撰姓氏録』左京諸蕃上には、清宗宿禰は唐人正五位下李元環の後とある。元環の来日時期は明らかでないが、天平六年(七三四)に帰着した遣唐使に同行して来日し、翌年五月に唐・新羅の楽を奏し、槍を挊んだ唐人を元環のことと考えることもできよう。

【参考文献】　鈴木靖民「ペルシア人李密翳をめぐる臆説」(『古代対外関係史の研究』所収)

李密翳　りみつえい　八世紀前半に来日した波斯(ペルシア)人。天平八年(七三六)八月、入唐副使中臣朝臣名代の帰国に同行し、唐人三人とともに来日した。同年十一月には唐人皇甫東朝とともに位を授けられた。身分は明らかでないが、技能の伝授に努めた工匠の類で、宮廷付属の工房・造仏所ないし造東大寺司などの工房に属して、下級官人化したのではないかと考える説もある。なお、『続日本紀』にみえる波斯人は、密翳が唯一である。

【参考文献】　鈴木靖民「ペルシア人李密翳をめぐる臆説」(『古代対外関係史の研究』所収)

履中天皇　りちゅうてんのう　五世紀前半の天皇。諱は去来穂別(いざほわけ)。仁徳天皇の第一皇子。母は葛城襲津彦(かずらきのそつひこ)の女磐之姫。反正・允恭両天皇の同母兄。仁徳崩御の仁徳八十七年正月、同母弟の住吉仲(すみのえのなか)皇子によって難波にあった宮が囲まれるが、平群木菟(へぐりのつく)宿禰・物部大前(おおまえ)宿禰・漢(あや)直の祖阿知使主(あちのおみ)らに助けられて大和の石上(いそのかみ)神宮(奈良県天理市布留町)に入り、瑞歯別(みずはわけ)皇子(のちの反正天皇)に仲皇子を滅ぼさせ、履中元年二月、磐余稚桜宮(いわれのわかさくらのみや。奈良県桜井市池之内付近か)で即位した。『日本書紀』には、その翌年に平群木菟宿禰・蘇我満智(まち)宿禰・物部伊莒弗(いこふつ)大連・葛城円(かずらきのつぶら)大使主が国事を執ったとあり、諸豪族に執政を委ねた初見記事である。同四年、初めて諸国に国史(ふみひと)を置き、同五年、車持君が筑紫の車持部を管掌することを禁じ、同六年には蔵職(くらつかさ)を建てて蔵部を定めたとある。蔵職については『古事記』にも蔵官(くらのつかさ)を置き阿知直を任じたとあり、また『古語拾遺』にも、この王代に斎蔵(いみくら)の傍に内蔵を立て、官物を分収し、阿知使主と王仁(わに)とにその出納を記録させ、初めて蔵部を定めたとある。蔵職は後の内蔵寮に当るものと解されているが、当初から漢氏がこれに関わったとする『古語拾遺』の伝承については疑問が出されている。『日本書紀』雄略即位前条・顕宗即位前条に安康天皇が国を委ねようとし、「市辺宮に天下治しし……」と記されている市辺押磐(いちのべのおしは)皇子は、履中と葦田宿禰の女黒媛との間に生まれた皇子である。『日本書紀』では四〇五年崩御となっているが、『古事記』注の干支では四三二年となる。なお『宋書』にみえる倭国王讃に比定する説もある。陵墓は大阪府堺市にある百舌鳥(もず)耳原陵(『陵墓要覧』は堺市石津ケ丘の石津丘古墳にあてる)で、仁徳陵・応神陵に次ぐ大規模なものである。

【参考文献】　井上光貞『日本古代国家の研究』、平野邦雄『大化前代社会組織の研究』、荒木敏夫『日本古代の皇太子』

劉夏　りゅうか　魏の帯方郡太守。『魏志』倭人伝によれば、魏の景初三年(二三九)六月、倭の女王卑弥呼が大夫の難升米(なんしょうめ)らを帯方郡に遣わして、魏の皇帝に朝献しようと案内を求めた時、太守の劉夏は難升米らに使者を添えて洛陽へ送った。同年十二月、皇帝は卑弥呼を親魏倭王に封じて、金印・紫綬を帯方郡太守を介して下賜した。翌正始元年(二四〇)に皇帝の詔書と印綬を倭王に伝えたのは太守の弓遵であったから、この時、すでに劉夏は帯方郡太守を解かれていた。

劉仁願　りゅうじんがん　唐の将軍。天智二年(六六三)九月、百済の州柔(つぬ)城が唐軍に降服すると、仁願は百済鎮将となり、百済故地を治め、日本とは白村江(大韓民国の錦江河口付近)の戦いの戦後処理に努めた。すなわち、同三年五月、郭務悰らを遣わして表函と献物を進上させ、同六年十一月には熊津都督府熊山県令上柱国司馬の法聡に遣唐副使の境部連石積らを筑紫都督府まで送らせた。さらに同十年正月、李守真らを遣わして表を進上させた。韓国忠清南道の扶余に遺る「唐劉仁願紀功碑」には、仁願について「字は士元、彫陰大斌の人なり」とあり、また唐の太宗の高句麗征討に参戦し、鉄勒・吐谷渾・吐蕃を慰撫したのち、唐の顕慶五年(六六〇)蘇定方の百済征討に加わり、劉仁軌とともにこれを指揮して百済滅亡ののち都護となり、知留鎮を兼ねたとある。すなわち百済鎮将である。また『新唐書』高麗伝には、唐の乾封三年(六六八)の李勣の高句麗征討の際に軍期に遅れたかどで唐に召し返され、誅殺を許され、姚州(浙江省余姚)に流配されたことがみえる。

【参考文献】　滝川政次郎「劉仁軌伝」(『古代文化』三六—七・九・一一)

劉仁軌　りゅうじんき　六〇二—六八五　唐の将軍。唐の竜朔三年(天智二・六六三)八月、白村江の戦で水軍を指揮。大勝を得た功によって百済に留まり、帯方刺史に任ぜられた。翌年十月、百済の故地を治める熊津都督府の戍兵の増強を要請する上表をした。その上表文を載せる『資治通鑑』には、日本のことにもふれて「倭人遠しと雖も、亦共に影響を為す」とある。また同書麟徳二年(六六五)七月己丑条には、「劉仁軌、新羅・百済・耽羅(とむら)・倭国の使者を以て、海に浮び西還す。会して泰山を祠る」とあり、また『旧唐書』劉仁軌伝には、「麟徳二年、泰山に封ず。仁軌、新羅および百済・耽羅・倭の四国の酋長を領して、会に赴く。高宗甚だ悦び、擢(ぬきん)でて大司憲に拝す」とある。これらの記事にみえる「倭国の使者」および「倭の四国の酋長」は、劉仁軌が白村江で捕虜とした日本兵であろうとする説がある。

【参考文献】　滝川政次郎「劉仁軌伝」(『古代文化』三六—七・九・一一)

劉徳高　りゅうとくこう　唐の国使。天智四年(六六五)九月二十三日、一行二百五十四人を率いて来日した。時に官爵は朝散大夫(従五品下)沂州(山東省臨沂県兗州)司馬上柱国であった。七月二十八日に対馬にいたり、九月二十日には筑紫を経て同月二十二日に表を進上した。十一月十三日には饗を賜わり、十二月十四日、賜物があり、この月のうちに帰国した。この間、大友皇子の相をみて「風采骨格、世間の人に似ず、実に此の国の分に非ず」と述べたことが『懐風藻』にみえる。

隆海　りゅうかい　八一五—八八六　元興寺の僧。三論宗。律師法橋上人位。俗姓は清海真人氏で左京の人。摂津国の漁師の家に生まれた。隆海の幼時、父に従って水上に遊んでいた時、その様子を摂津国の講師薬円が見て異なるものを感じ、隆海を連れて帰った。のち願暁(元興寺三論宗已講律師)に付して三論宗義を受けさせた。二十歳(承和元年・八三四)で年分度者の試問をうけたが、当時は諸宗学徒が相互に難問し合い、そのうち特に優れている者が得第することとなっていた。ところが隆海に抗し得る者がなく、監試の官人は評議して甲科とした。律師中継はその神悟を感じて法相宗義を授けた。承和二年、具足戒を受け、真如(高岳親王)から真言法を承受した。貞観十一年(八六九)大和国の講師となり、同十六年、維摩会講師となり、諸宗の僧綱・碩学と鋭く論難しあったが、隆海の応答はみな問表を出たといわれる。元慶六年(八八二)権律師、明年律師となり、仁和二年(八八六)七十二歳で卒した。著作には、『二諦義』『方言義』『四諦義』『二智義』『二空比量義』『因明九句義』などがあったという。

隆観　りゅうかん　八世紀前半の方技官人。本姓は金(こん)、名は財(たから)で、金宅良と同一人物か。父は新羅の僧行心(または幸甚)。『続日本紀』に、僧隆観は配流僧幸甚の子とあるが、幸甚は『日本書紀』朱鳥元年(六八六)十月条によれば、大津皇子の謀反事件に坐して飛騨国の伽藍に従(うつ)された行心のことであろう。『懐風藻』によれば、行心が大津皇子に謀反をそそのかしたらしい。隆観は行心配流の時、一緒に飛騨国に従されたものと思われる。大宝二年(七〇二)四月、飛騨国から神馬が献ぜられたが、この獲瑞の功で隆観は赦免され、入京した。翌三年十月、学問と技術にすぐれ、併せて算道と暦術の知識をもっていたので還俗させられた。こののち占筮・天文などの方技官人として活躍したものと思われる。神亀元年(七二四)五月、従六位上金宅良は金元吉とともに国看(くにまき)連の氏姓を賜わった。国看連からは天文博士国看連今虫が出ており、方技面の能力が血縁的に伝習されたことをうかがわせる。

隆光　りゅうこう　八一二―八九〇　薬師寺の僧。法相宗兼倶舎宗。権律師。河内国の人。元慶四年(八八〇)維摩会の講師。次いで同五年正月、大極殿最勝会の講師となる。時に薬師寺僧法相宗伝燈大法師位とある。『僧綱補任』仁和二年(八八六)条に、十二月二十八日、隆光の権律師任のことがあり、注記に法相宗・薬師寺・兼因明師・已講の労とあり、さらに真恵・忠恵両律師の弟子とある。寛平二年(八九〇)正月、入滅。『日本紀略』には年七十九とある。

隆尊　りゅうそん　七〇六―七六〇　元興寺の僧。律師。『南都高僧伝』には、義淵僧正七人の上足のうちの一人とある。『延暦僧録』に、隆尊は戒律の大行を欲したが、平生は『華厳経』を業としていたという。『東大寺要録』に、元興寺沙門律師隆尊は、我が国に律本はあるが伝戒の人を欠いて戒足がないのを嘆き、舎人(とねり)親王を頼んで僧栄叡を唐に発遣して伝戒の師を得ることを訴え、親王は隆尊のために天皇に上奏して栄叡を普照とともに唐に送ったとある。『本朝高僧伝』では、これを隆尊が律師になった時のこととしているが、任律師は天平勝宝三年(七五一)、栄叡らの発遣は天平五年(七三三)であるから時間的に合わない。なお同年は隆尊は二十八歳、舎人親王に献言して事を成すには若すぎるとして否定する説もある。ただ『正倉院文書』によれば、天平十八年、安寛律師宣により興福寺僧隆尊師所から「摩訶僧祇律」の借り出しがなされているので、律への関心の深かったことを示している。天平勝宝四年三月の東大寺大仏開眼供養会には、博聞多識の故に『華厳経』の講師を命ぜられている。『僧綱補任』には、天平宝字四年(七六〇)四月、律師のまま五十五歳で入滅したとあるが、『七大寺年表』『僧綱補任抄出』には、或本として天平勝宝七歳に律師を辞退したとの注記もみえる。

【参考文献】　佐久間竜「渡来後の鑑真―戒師招請をめぐる問題―」(『日本古代僧伝の研究』所収)

琳聖　りんせい　多々良氏の祖。百済の王余璋(威徳王)の第三王子と伝える。『大内系図』によると、推古十九年(六一一)に日本に渡来し、船を周防国佐波郡多々良浜(山口県防府市にあった海岸)に繋いだという。琳聖の子正恒が多々良の姓を賜わり、これが周防国の大内氏の祖であると伝える。別本の『大内系図』には、斉明王(聖明王)の第三皇子とあるが、琳聖の名は朝鮮の古記録に伝えられておらず、後世の述作による人名であろう。

【参考文献】　佐伯有清『新撰姓氏録の研究』考証篇五

れ

霊仙　れいせん　—八二六?　九世紀初めの入唐学問僧。阿波国の出身か。源信の『一乗要決』巻下によれば、興福寺に住し、法相宗を学んだという。延暦二十三年(八〇四)遣唐留学生として入唐。この時、興福寺の慈蘊(じうん)が撰述した『法相髄脳』を託されて渡唐。元和五年(八一〇)七月、長安の醴泉寺において『大乗本生心地観経』の翻訳に従事し、翌六年三月、完了。時に「醴泉寺日本国沙門霊仙筆受并びに訳語」とあるので、般若三蔵が主宰した経典翻訳事業における霊仙の役割が知られる。同十五年九月、五台山の停点普通院にいたり、西亭の壁上に「日本国内供奉翻経大徳霊仙、元和十五年九月十五日、此の蘭若に到る」云々の題詞を書き記した。その後、五台山中の金閣寺堅固菩薩院・鉄懃寺七仏教戒院・霊境寺浴室院などに転住し、浴室院に居住していた時、薬殺された。毒殺された年は唐の宝暦二年(天長三・八二六)頃か。これより前、霊仙の弟子で渤海の僧貞素は、淳和天皇が賜わった黄金百両を鉄懃寺七仏教戒院に留住していた霊仙のもとに届け、これに謝して霊仙は、新経両部と仏舎利一万粒などを淳和に贈るため貞素を日本に遣わした。天長二年(八二五)十二月、貞素は渤海国使一行と来日。翌年五月、霊仙の表物を受けた淳和は、霊仙に黄金百両を贈った。これを携えて貞素は唐の太和元年(八二七)四月、霊境寺に霊仙を訪れたが、すでに霊仙は薬殺されていて、示寂後、日が経っていたという。円仁の『入唐求法巡礼行記』は、五台山における霊仙の足跡を詳しく伝えている。

【参考文献】　小野勝年『入唐求法巡礼行記の研究』三、堀池春峰「興福寺霊仙三蔵と常暁」(『南都仏教史の研究』下所収)、渡辺三男「霊仙三蔵—嵯峨天皇御伝のうち—」(『駒沢国文』二四)、NHK取材班・鎌田茂雄『仏教聖地・五台山—日本人三蔵法師の物語—』、頼富本宏「入唐僧霊仙三蔵」(木村教授古稀記念論文集編集係編『木村武夫教授古稀記念僧伝の研究』)

憐昭　れんしょう　九世紀後半の天台僧。恵尋作「師資相承」に遮那業で円仁門下第一とし、『愍諭弁惑章』の識語では、寛平七年(八九五)に比叡山法華総持院十四禅師の一人であったことを自称している。安然の『即身成仏義』に並称される『即身成仏義』の著がある。また『無量義経疏』三巻が西教寺(滋賀県大津市坂本本町)正教蔵に伝わるが、実は法相宗円測(えんじき)の撰を良恩・善賢に憐昭が写させたものという。弟子に延高らがいる。

【参考文献】　平了照「四祖門下憐昭記『無量義経疏』について」(福井康順編『慈覚大師研究』所収)

ろ

良敏　ろうびん　―七三八　八世紀前半の興福寺の僧。法相宗。義淵僧正七人の上足のうちの一人。『七大寺年表』には、神亀元年(七二四)律師となり、天平九年(七三七)十月、少僧都に昇任したとあるが、『僧綱補任』にはみえず、『続日本紀』では、天平九年八月の大僧都任命記事が初見。『僧綱補任』も天平九年大僧都とし、注記に義淵僧正の弟子で、律師・少僧都を経ざるかとある。『正倉院文書』によると、天平十年前後、東大寺に『大方等大集経』六十巻を貸し出しているが、それには大僧都良敏師所とある。『興福寺別当次第』は、初代興福寺別当慈訓は良敏の弟子であったとしている。天平十年、大僧都のまま入滅。

良弁　ろうべん　六八九―七七三　八世紀の東大寺の僧。出自については、相模国漆部(ぬりべ)氏とも近江国百済氏ともいう。義淵に師事。神亀五年(七二八)聖武天皇の皇子基王追善のため山房が建立されたが、これが金鐘山房(金鐘寺)の始めであり、良弁はここに入った九人の智行僧の一人と推定される。『正倉院文書』に良弁の名が初めて登場するのは天平十三年(七四一)七月で、良弁の金鐘山房を舞台とした活躍は、すでに前年十月、審祥を招いて六十華厳の講義を行なったことに始まる。天平十三年二月に国分寺建立詔が出ると、この金鐘寺が大和金光明寺となる。その中心には良弁がいたと思われ、大徳の尊号でよばれ、遅くとも天平十五年三月には上座として実権を掌握している。同十六年、『華厳経』の研究所である知識華厳別供を設ける。このように次第に充実していく同寺には、審祥・厳智・平摂・慈訓・性泰・智憬らのすぐれた僧が集められる。彼らはいずれも良弁を中心として、金光明寺―東大寺華厳教学の興隆に貢献し、大仏造顕に深い関係をもつことになる。天平勝宝三年(七五一)四月、良弁は律師を経ることなく少僧都に任命されるが、構成員からみて、僧綱内で圧倒的な力を発揮したと思われる。翌年四月に大仏開眼供養が行なわれたが、良弁は寺の最高責任者たる東大寺別当となる。天平勝宝八歳五月、大僧都に任命されるが、それは少僧都になった慈訓とともに、聖武上皇不予の時に尽くした論功行賞と、聖代の鎮護にたえ、玄徒の領袖たることにより与えられた地位であった。以後、藤原朝臣仲麻呂と深い関係をもつ慈訓とともに、僧綱の意見を国家の仏教政策のなかに反映させていった。また、造東大寺司にも発言力をもつにいたった。良弁の配下にあって活躍した僧には、平栄や実忠がおり、東大寺の修造や荘園経営に力を発揮した。天平宝字六年(七六二)石山寺造営にも努力している。良弁の僧正昇進年時については諸説があるが、『正倉院文書』からみると、天平宝字八年九月十一日—十三日である。それはちょうど藤原朝臣仲麻呂の乱勃発の時であり、僧正昇進もこれに関係があると考えられる。道鏡政権下では、その活躍のあとをたどることは困難である。宝亀四年(七七三)閏十一月、僧正在任のまま入滅した。

【参考文献】　筒井英俊『東大寺論叢』、岸俊男「良弁伝の一齣」(『南都仏教』四三・四四)、堀池春峰「金鐘寺私考」(『南都仏教史の研究』上所収)、同「華厳経講説より見た良弁と審祥」(同上書所収)

わ

若桜部氏　わかざくらべうじ　大彦命の孫伊波我牟都加利(いわがむつかり)命の後裔氏族。稚桜部にも作る。姓は初め臣、天武十三年(六八四)十一月、朝臣を賜わる。氏名の由来については、『日本書紀』履中三年十一月条に、磐余(いわれ)市磯池(奈良県桜井市池之内付近)で宴を催した折に膳臣余磯(かしわでのおみあれし)が酒を履中天皇に献じたところ桜花が御盞に浮かんだことから履中はその希有なことを歓び、宮名を磐余稚桜宮とし、膳臣余磯に稚桜部臣の氏姓を賜わったという。若桜部氏の一族には、同書天武元年(六七二)六月条に稚桜部臣五百瀬、『続日本紀』天平宝字八年(七六四)十月条に若桜部朝臣上麻呂、同書宝亀元年(七七〇)十月条に若桜部朝臣乙麻呂らがみえる。そのほか『出雲国大税賑給歴名帳』に出雲国出雲郡(島根県簸川郡大社町・斐川町と出雲市・平田市・八束郡の各一部)および神門郡(出雲市と簸川郡湖陵町・多伎町、および同郡佐田町、平田市の一部)に居住する若桜部臣・若桜部臣族がみえる。また大宝二年(七〇二)『御野国加毛郡半布里戸籍』などからも美濃国に若桜部の部姓者が分布していたことが知られる。さらに『続日本後紀』天長十年(八三三)十月条に、安芸国佐伯郡(広島県佐伯郡と大竹市および広島市の一部)居住の若桜部がみえる。若桜部氏にはほかに造姓の物部氏系(饒速日(にぎはやひ)命後裔)の一族がある。

【参考文献】　佐伯有清『新撰姓氏録の研究』考証篇二～四

稚武彦命　わかたけひこのみこと　孝霊天皇の皇子。母は絙某弟(はえいろど)。若日子建吉備津日子命にも作る。『日本書紀』孝霊二年二月条に、孝霊天皇の妃絙某弟の生んだ稚武彦命は、吉備臣の始祖とある。『古事記』孝霊段には、蝿伊呂杼所生の若日子建吉備津日子命が吉備下道臣・笠臣の祖であり、また、命は大吉備津日子命とともに、針間の氷河之前(比定地未詳)に忌瓮(いわいべ)をすえて針間を道口として吉備国を平定したとみえる。

稚足姫皇女　わかたらしひめのひめみこ　雄略天皇の皇女。母は葛城円(かずらきのつぶら)大臣の女韓(から)媛。また名は栲幡(たくはた)姫皇女或いは栲幡皇女。伊勢神宮の祠に侍した。雄略三年四月、阿閉(あえ)臣国見は廬城部(いおきべ)連武彦が皇女を奸してはらませたと讒言した。武彦の父枳莒喩(きこゆ)は流言を聞いて恐れ、武彦を殺した。雄略は使者をして皇女に訊問させたが皇女は知らないと答え、にわかに神鏡を持ち出し五十鈴河のほとりに鏡を埋めて自経した。雄略は河のほとりの虹の起つところを掘り、神鏡と皇女の屍を得た。皇女の腹の中には水のごときものがあり、その中に石があったので、枳莒喩は子武彦の罪をそそぐことができたという。

若帯部 わかたらしべ 七世紀前半に設けられた名代部。成務天皇の和風諡号が若帯日子(稚足彦)であることから、かつて成務の名代部と考えられたが、近年では、舒明・皇極両天皇の諡号の一部に帯(足)を含み、かつ『隋書』倭国伝が、七世紀初めの天皇の敬称を「多利思比孤」とする点とから、この頃の天皇のために設定された部民であると考えられている。若帯部が、美濃国味蜂間・本巣・加毛・各務の諸郡に分布する事実と、舒明の皇子大海人皇子(のちの天武天皇)の湯沐邑が味蜂間郡に存した事実とがとりわけ注意される。【参考文献】直木孝次郎「大化前代における美濃について」(『日本古代の氏族と天皇』所収)

稚野毛二派皇子 わかぬけふたまたのみこ 応神天皇の皇子。允恭天皇の妃忍坂大中姫の父。若沼毛二俣王・稚渟毛二岐皇子・若野毛二俣王にも作る。『日本書紀』応神二年三月条に、応神が河派仲彦の女弟媛を妃として生んだとあり、『古事記』応神段には、咋俣長日子王の女息長真若中比売を娶って生んだ御子とある。『釈日本紀』所引の『上宮記』では、凡牟都和希王と弟比売麻和加の所生と伝えている。同じ『上宮記』によると、二俣王の子大郎子、その子乎非王、その子汙斯(うし)王、その子乎富等(おおど)大公王(継体天皇)とあって、継体が応神五世孫につながる系譜が成立している。息長真人・山道真人・八多真人など諸氏族の祖。

稚媛 わかひめ 雄略天皇の妃。吉備上道(きびのかみつみち)臣の女。一本に吉備窪屋臣の女とある。磐城皇子と星川稚宮皇子を生む。『日本書紀』雄略七年是歳条によると、吉備上道臣田狭(たさ)の美しい妻を女御にしようとした雄略は、田狭を任那国司に任じ、その留守に稚媛をめした。田狭は稚媛との間の子弟君とともに謀反をはかった。別本は田狭の妻を毛媛といい、葛城氏の玉田宿禰の女とする。雄略二十三年八月、天皇崩後、稚媛は皇太子(のちの清寧天皇)を排して星川皇子を皇位に即けようと謀るが、大連大伴連室屋のために星川皇子らとともに焼き殺された。吉備上道臣は援助のために水軍を出したが時すでに遅く、途中からひき返したという。

若倭部氏 わかやまとべうじ 開化天皇の和風諡号若倭(稚倭)根子の名を記念するために設置された若倭部の伴造氏族。中央の若倭部氏には三系統があり、その一つは左京に住し、「神饒速比(かんにぎはやひ)命の十八世の孫子田知の後」(物部氏族)と称し、また右京には、「神魂(かみむすび)命の七世の孫天筒草命の後」(神魂命系)、「火明(ほのあかり)命の四世の孫建額明命の後」(尾張氏族)と主張する氏がいた。姓は連および無姓。これらとは別に、出雲国には臣姓と連姓の両伴造が存し、若倭部を在地で管掌したらしい。その他、若倭部は遠江・美濃・若狭・能登・但馬国などに分布している。なお若倭部を開化天皇の名代とせず、倭国造の部民とする説もある。【参考文献】狩野久「部民制再考―若倭部に関する憶説―」(奈良国立文化財研究所創立30周年記念論集刊行会編『文化財論叢』所収)

若湯坐連縄吉 わかゆえのむらじつなよし 近江国愛智郡大国郷(滋賀県愛知郡愛知川町南部から湖東町西部にかけての一帯)の人。「近江国大国郷墾田売券」によると、嘉祥元年(八四八)十一月に、同郷戸主依知秦(えちのはた)年主の戸口若湯坐連継人・若湯坐連宮刀自女とともに墾田を依知秦(えちのはた)公浄男に売却していることがみえる。また、貞観八年(八六六)十一月には、同郷戸主依知秦千嗣が依知秦公浄男に墾田を売却する際の証人として名を連ねている。時に正六位上。

別氏 わけうじ (一)垂仁天皇の皇子鐸石別(ぬてしわけ)命の後裔氏族。氏名の由来は、古くは「わけ」(和気・別)という称号にあるが、この氏族はもと磐梨(石无)別(いわなしのわけ)といい、備前国藤野郡(のちの和気郡)の地名による。氏姓は、初めは磐梨別公であったが、次に藤野別真人、天平神護元年(七六五)三月に吉備(きび)藤野和気真人、神護景雲三年(七六九)五月に輔治能(ふじの)真人、同年九月には別部、宝亀元年(七七〇)頃に和気公、同二年頃に和気宿禰、同五年九月に和気朝臣と何度も改めている。同氏がこのように改氏姓を重ねた原因には、一族の清麻呂とその姉広虫の政治的立場の変動があるであろう。本拠地は、備前国藤野郡(のちの和気郡。現在の岡山県東部)であるが、のちに平安右京にも居住するようになる。天平神護元年に同時に吉備藤野別宿禰を賜わった藤野別公氏、吉備石成別宿禰を賜わった別公氏は同族であろう。㈡日本武尊の後裔氏族。氏名は和気にも作り、称号「わけ」に由来する。姓は公。平安右京に住む。同族には、和泉国の和気公氏・建部(たけるべ)公氏・犬上朝臣氏などがある。㈢開化天皇の皇子彦坐(ひこいます)命の後裔氏族。姓は公。山城国に分布した。㈣日本武尊の後裔氏族。姓は公。氏名は和気にも作る。本拠地は、のちの和泉国和泉郡和気村(大阪府和泉市和気町)。㈡の別公氏や播磨の別君氏などとは同族である。㈤景行天皇の皇子武国凝別(たけくにこりわけ)皇子の後裔氏族。もとは伊予国に住み、御村別君を名乗っていたが、讃岐国に移り住んで、因支首(いなきのおびと)となる。貞観八年(八六六)十月に和気公の氏姓を賜わる。讃岐国に分布し、天台座主円珍はこの一族である。㈥景行天皇の皇子神櫛(かんくし)命の後裔氏族。氏姓は初め讃岐公、承和三年(八三六)に朝臣を賜わり、本拠地を讃岐国から平安右京に移した。貞観六年(八六四)和気朝臣に改められる。以上㈠～㈥のほかにも、摂津・伊勢・播磨国の別公(君)、讃岐・備前・越前・伊予国などの無姓の別氏、備前・播磨・伊賀国などの別部などの存在が知られている。

【参考文献】平野邦雄『和気清麻呂』(『人物叢書』)、佐伯有清「日本古代の別(和気)とその実態」(『日本古代の政治と社会』所収)

和気朝臣清麻呂　わけのあそんきよまろ　七三三―七八九　八世紀後半の上級貴族官人。氏姓は初め磐梨別(いわなしのわけ)公、のち藤野別真人・吉備藤野和気真人、次いで輔治能(ふじの)真人を賜わり、一時、別部穢麻呂(わけべのきたなまろ)と改められたが、のち和気清麻呂とみえ、また和気公を経て、和気朝臣を賜わった。備前国藤野郡(のちの和気郡。現在の岡山県東部)の地方首長氏族に生まれ、おそらく兵衛として中央へ出仕、姉広虫とともに孝謙天皇に信愛され、やがて右兵衛少尉に進んで、天平宝字八年(七六四)九月の藤原朝臣仲麻呂の乱で活躍、翌天平神護元年(七六五)正月、従六位上で勲六等を授けられた。同年三月、姉広虫とともに吉備藤野和気真人の氏姓を賜わり、同二年十一月に正六位上から従五位下に叙せられた。次いで近衛将監に任ぜられ、特に封五十戸を賜わったが、神護景雲三年(七六九)五月には輔治能真人を賜姓されている。同年八月、大宰主神習宜阿曾麻呂(すげのあそまろ)の上奏により、称徳天皇は姉法均尼に代えて清麻呂を宇佐八幡宮に派遣したが、清麻呂は君臣の分を明言した神託を上奏して、称徳の期待に反し、道鏡の野心を阻止した。称徳は翌九月、清麻呂の本官を解いて因幡国員外介とし、次いで別部穢麻呂と改氏姓させて大隅国に配し、姉法均尼も広虫女として備後国に流した。道鏡は配流の途次で清麻呂の殺害を企てたが、辛うじて免れることができたという。藤原朝臣百川は、備後国の封戸二十戸を割いて清麻呂の配所に送っている。翌四年九月、皇太子白壁王によって召し還されたが、その時、和気清麻呂とみえ、宝亀二年(七七一)三月には和気公清麻呂として本位従五位下に復され、同年九月、播磨員外介に任ぜられた。同五年九月、姉広虫とともに和気朝臣の氏姓を賜わった。この間、清麻呂の上疏により、本郷に墳墓のある高祖父佐波良(さはら)以下四代と清麻呂とを美作・備前両国国造とした。次いで天応元年(七八一)十一月、従四位下に昇叙、延暦二年(七八三)三月には摂津大夫に任命された。翌三年十二月、長岡造宮の功で従四位上に叙せられ、同五年八月に民部大輔兼摂津大夫、翌九月には摂津大夫として駅子の調免除を上奏して許され、また摂津班田司長官に任ぜられた。同七年二月、中宮大夫兼民部大輔・摂津大夫となり、翌三月、河内・摂津両国に川を掘って水害を除くことを進言し、その工事を担当したが、膨大な支出のため完成をみなかった。また同年六月、美作・備前二国国造として、備前国和気郡から磐梨郡(岡山県和気郡・赤磐郡の各一部)の分割を申請して許された。同九年正月、皇太后高野朝臣新笠の周忌御斎司となり、翌二月に正四位下に昇叙された。この頃、長岡京造営が十年を経ても完成しない現状で、密かに新都造営を上奏し、桓武天皇は同十二年正月、遊獵に託して葛野の地を相せしめ、造営大夫以下を任命している。清麻呂は延暦十五年頃に造営大夫に任ぜられたらしく、同年九月、山城国葛野郡(京都市西部)の公田二町を賜わっている。同十七年に上表して致仕を乞うたが許されず、功田二十町を賜わった。翌十八年二月二十一日、従三位行民部卿兼造宮大夫、美作・備前国造で薨じ、正三位を贈られた。時に六十七歳。清麻呂は人性高直で庶務に練達し、桓武に登用された新官僚群の一人であった。古事に精しく、民部省例を撰修し、また桓武の外戚である和史(やまとのふひと。高野朝臣)氏の系譜を撰上した。また備前国の私墾田百町を賑給田とし、郷民はこれを恵みとしたという。

【参考文献】 平野邦雄『和気清麻呂』(『人物叢書』)

和気朝臣巨範 わけのあそんしげのり　九世紀後半の官人。清麻呂の子真綱(まつな)の孫か。彝範(つねのり)の兄。仁寿元年(八五一)十一月、正六位上から従五位下に昇る。同三年正月、左馬助となり、同年七月、陸奥権介となる。斉衡三年(八五六)二月、陸奥介に任ぜられた。天安三年(八五九)三月一日、豊前国の八幡大菩薩宮に遣わされ、幣帛・財宝・神馬などを奉納し、清和天皇の即位を報告した。時に散位従五位下。奉納された財宝の中には、円珍が唐の長安竜興寺で図写させ、日本に将来し、清和に献上した御願の胎蔵・金剛両部の大曼荼羅像がふくまれていたと考えられる。貞観元年(八五九)十一月、従五位上に昇叙。時に散位。同三年二月、中務少輔に任ぜられ、次いで同月二十五日に大蔵少輔に転じている。翌四年正月、土左守となり、同六年三月、宮内大輔となった。以後の消息は未詳。

【参考文献】 佐伯有清『智証大師伝の研究』

和気朝臣彝範 わけのあそんつねのり　—八八八　九世紀後半の中級官人。真綱の孫か。時盛の子とするのは疑問。貞観二年(八六〇)木工大允で従五位下に叙せられ、同三年、祈雨奉幣使・木工権助。同七年二月、豊前国八幡大菩薩への奉幣使(宇佐使)、同年四月、楯矛などを石清水へ奉納する使を務める。同九年、少納言、同十年、円珍を延暦寺座主に任ずる使となり、同十一年、侍従、同十二年に検河内国水害堤使、同十四年三月、石清水社奉幣使、同年五月、渤海国使を迎える。元慶三年(八七九)従四位下内蔵頭、同七年、渤海国使を迎える。同八年三月、山城守となり、同年四月、宇佐使を務める。仁和三年(八八七)伊予守に任ぜられた。円珍が『仏説観普賢菩薩行法経文句合記(ぶっせつかんふげんぼさつぎょうほうきょうもんくごうき)』の巻末に「仁和四年六月二十一日、……先の予州の我が使君範、今日決して無上の仏果を証せんことを。今日は正しく是れ那(か)の四十九日となり」と書いている「先の予州の我が使君範」は、伊予守であった彝範のことである。これによれば、彝範は仁和四年(八八八)五月三日に卒したことがわかる。享年は未詳。

【参考文献】 佐伯有清『円珍』(『人物叢書』)

和気朝臣仲世 わけのあそんなかよ　七八四—八五二　九世紀前半の中級官人。清麻呂の第六子。『和気氏系図』には広世の子とある。天性至孝にして、十九歳の時、文章生となる。大同元年(八〇六)大学大允に任ぜられ、式部大丞・北陸道巡察使を経て、天長四年(八二七)近江介となるが、俸禄は貧民に施給した。この間、弘仁十年(八一九)従五位下に叙せられ、承和元年(八三四)には従四位下治部大輔であった。同四年、弾正大弼の時、弾正台に南門がないところから、中院西門を移して南門とした。また位禄をもって近江国高嶋郡の田五町を買い、厨家の費にあてる。承和五年以降、阿波守・刑部大輔・伊勢守・治部大輔を歴任し、同七年、勘解由長官、同八年、従四位上に昇り、同十一年、播磨守となる。仁寿二年(八五二)二月十九日、国人に惜しまれながら病死。時に六十九歳。

和気朝臣広世　わけのあそんひろよ　八世紀末—九世紀初めの官人。清麻呂の長子。母は和気朝臣嗣子。儒学科を経ずに直接文章生試を受験し、文章生に任ぜられる。延暦四年(七八五)事に坐して禁錮となったが、特に恩詔をうけて少判事に任ぜられ、にわかに従五位下に叙せられた。『掌中歴』によれば、同十三年、式部大丞で平安京の造宮使判官となる。この時、造宮大夫は父の清麻呂。そののち式部少輔を経て同十八年二月、大学別当の時、墾田二十町を勧学料として大学寮に寄進し、また大学に諸儒を会して「陰陽書新撰薬経大素」などを講論させ、また同月薨じた父の志をついで大学の南辺に弘文院(平安左京三条一坊)を創設した。同院は内外の経書数千巻を蔵し、墾田三十町を永く学料にあてたものであるが、九世紀末頃には廃絶に帰している。延暦十八年四月、広世は本官に復し、同年九月、式部少輔で阿波守を兼ねた。同年十二月、上奏して言うには、亡父の遺志をついで私墾田百町をもって故郷の和気・磐梨(いわなし)・赤坂・邑久(おおく)・上道(かみつみち)・三野・津高・児島の八郡三十余郷の賑給(しんごう)分にあてたいと思うが、その田を一ヵ所にまとめて置いたのでは賑給に不都合なので、班田の時、私墾田百町を口分田にあてるかわりに各郷分の班田を賑給田とし、その地子で飢人を救い、国恩に報いたいと思うと請い許されている。在地の実情に即した貧窮人救済の措置である。同二十四年に美作守、同二十五年二月、式部大輔、同年四月十三日、正五位下。翌日、位をもって母嗣子に譲ることを請い許される。大同元年(八〇六)五月、左中弁を兼ねたが、この頃に死去。広世は大学寮の復興と同族のための弘文院の設立など、文史の興隆に尽力する一方で、平安仏教の外護者としても活躍している。すなわち、延暦二十一年(八〇二)高雄山寺(京都市右京区梅ケ畑高雄町。のちの神護寺)で法会を開き、最澄に天台の妙旨を講演させ、天台の教迹が特に諸宗を超え、これを我が国に興隆させることの必要を桓武天皇に認めさせ、最澄を入唐請益天台法華宗還学生に任じさせたほか、帰国後の天台法門の発展にも大いに力を尽くしている。

和気朝臣真綱　わけのあそんまつな　七八三—八四六　九世紀前半の官人。清麻呂の第五子。若くして大学に学び、よく史伝を読む。文章生から出身し、内舎人、治部・中務少丞、播磨少掾、春宮少進などを経て弘仁六年(八一五)従五位下となる。そののち刑部少輔、左・右少弁、左・右近衛少将、内蔵頭、民部・中務・刑部大輔、内匠頭、木工頭、河内・摂津守などを歴任したが、左近衛中将の時、自分の俸給を割き、これに私物をそえて摂津国の良田を買い、これを太政官の厨家におさめて士卒の疲を補っている。承和七年(八四〇)従四位上右大弁にて参議に任ぜられ、翌年、美作守を兼ねる。この間、兄広世とともに最澄・空海の外護者として活躍し、天台・真言両宗の創立に尽力。延暦二十一年(八〇二)高雄山寺(京都市右京区梅ケ畑高雄町。のちの神護寺)で最澄に天台の妙旨を講演させ、弘仁三年、同寺で空海から金剛灌頂をうけ、天長元年(八二四)同寺が定額寺にされると、これを空海に付し、新たに灌頂・護摩堂を建てて神護寺と名づけた。承和十三年正月、法隆寺僧善愷(ぜんがい)の訴訟事件に連坐して職を去り、閉門して同年九月二十七日、卒去。時に六十四歳。同事件は法隆寺の檀越登美真人直名の不正を善愷が告訴したもので、右大弁真綱らは審理の結果、直名を奸賊の臣として断罪した。これに対し仁明天皇の信任の厚い伴宿禰善男が異議を申し立て、弁官らが善愷にくみして直名を陥れようとしたものとして攻撃。そのため弁官らの誤判とされたものである。

【参考文献】　佐伯有清『伴善男』(『人物叢書』)

和気王　わけのおう　―七六五　八世紀中頃の皇族。舎人(とねり)親王の孫。御原(みはら)王の子。天平勝宝七年(七五五)六月、岡真人の氏姓を賜わったが、天平宝字三年(七五九)六月、淳仁天皇が父の舎人親王を追尊し、兄弟を親王となした時、正六位上から従四位下に蔭叙されて復籍した。同五年十月、内匠頭から節部(大蔵)卿となったものの、孝謙太上天皇と藤原朝臣仲麻呂の対立が明確になった同七年正月、伊予守に任ぜられた。翌八年正月、従四位上に叙せられ、さらにこの年九月、仲麻呂の乱を事前に告げた功により従三位に越階昇叙、参議、同年十月、兵部卿兼丹波守に昇進した。また淳仁を中宮院に囲み、その廃立のことにもあずかった。天平神護元年(七六五)三月、仲麻呂追討の功により功田五十町を賜わったが、この年の八月、称徳天皇が皇嗣を定めないことから皇位を望んで謀反の企てをなし、事が漏れるに及んで逃走したが、率川(いさがわ)社(奈良市本子守町)で捕らえられた。伊豆へ配流の途中、山背国相楽郡にいたって絞殺され、狛野に葬られた。京都府相楽郡精華町下狛の石塚古墳がその墓と伝えられる。縁坐したその王子の大伴・長岡・名草・山階・釆女の諸王の属籍は、光仁朝の宝亀二年(七七一)七月になって復された。

【参考文献】　中川収「天平神護元年における和気王の謀反」(『日本歴史』一七九)

王仁　わに　百済の博士。応神十五年八月、応神天皇が百済の使者の阿直岐(あちき)に優れた博士を要請したところ、王仁を指名したので、荒田別と巫別(かんなぎわけ)が百済に派遣されて日本に招かれた。翌年二月に来日し、太子の菟道稚郎子(うじのわきいらつこ)の師となり、諸典籍を講じた。『古事記』応神段には和邇吉師(わにきし)とあり、『論語』十巻、『千字文』一巻を献じたとある。楽浪郡の豪族の王氏の後裔とする説もある。書首(ふみのおびと)氏のほか、王仁の後裔と称する氏族は多い。

【参考文献】　井上光貞「王仁の後裔氏族と其の仏教」(『史学雑誌』五四―九)

熊鰐　わに　北九州の伝承上の豪族。『日本書紀』仲哀八年正月条によると、筑紫の岡県主(おかのあがたぬし)の祖で、仲哀天皇の熊襲征討の際、船の舳に立てた五百枝の賢木(さかき)に鏡・剣・玉を掛けて、周芳(周防国)の沙麼(さば)の浦(山口県防府市東佐波令・西佐波令付近か)に出迎え、魚塩の地を献じ、海路を導いた。岡水門(おかのみなと。福岡県遠賀郡芦屋町の遠賀川河口付近か)で、船の進行が止まったのを仲哀に詰問され、自分の罪ではなく浦のほとりの男女二神の神意によると答えたので、仲哀がこの二神を祭らせると、やがて航行が可能となった。また神功皇后は別の船で洞海(くきのうみ。洞海湾)から進んだが、干潮で進めなくなったため、熊鰐はまた戻って神功を迎えた。この時、神功の怒りを解くために魚沼・鳥池をつくり、たちまちのうちに魚や鳥を集めてみせたという。

和珥氏　わにうじ　天足彦国押人(あめたらしひこくにおしひと)命の後裔氏族。氏名を丸邇・和邇・丸にも作る。姓は臣。従来さほど注目されていなかったが、戦後の研究によって、五世紀から六世紀後半にかけて大きな勢力を有した大和の雄族であったことが明らかにされた。和珥氏は応神・反正・雄略・仁賢・継体・欽明・敏達の七天皇に対し計九人の后妃を入れたと伝えられる皇室の外戚氏族であり、この后妃の数は同じく古代の外戚氏族として勢威を誇ったことで知られる葛城氏や蘇我氏に勝るとも劣らない。また、その活躍の時期も葛城氏の没落後、蘇我氏の台頭にいたるちょうど過渡期に当っている。ただし、外戚でありながら和珥氏系后妃出生の皇子が皇位につくことはほとんどなく、むしろその皇女が再び后妃となる点に特徴があり、このことが和珥氏をして政治史の表面に現われにくくしているともいえる。また、一族から大臣・大連に就任した者も出ていない。しかし、大夫(まえつきみ)として大和朝廷内で、大伴・物部・中臣・阿倍らの有力豪族と政治的に対等な地位にあった可能性があり、また『古事記』を始めとする和珥氏関係の豊富な伝承、とりわけ多くの反乱征討伝承は、やはりある時期の和珥氏の勢力を反映していると考えられる。他の有力豪族同様、部曲(かきべ)を所有。その和珥部は大和・山背・近江・美濃・尾張・参河・遠江・伊豆・甲斐・若狭・越前・加賀・丹波・因幡・出雲・播磨・備中・周防・讃岐などの諸国に分布することが確認されている。本拠地は初め大和国添上郡の和爾の地(奈良県天理市和爾町とその周辺部)であったと推定され、氏名もこの地名に因むものである。その後、奈良盆地東北部一帯を広く勢力圏とするに及び、同郡の北方春日の地(奈良市春日野町・白毫寺町付近)に中心を移したらしく、これに伴って欽明朝頃氏名を春日と改めた。さらに敏達朝に入ると、この春日氏から大宅・櫟井(いちいい)・柿本の三氏が分枝した。また粟田・小野両氏も春日氏以下と同族とされるが、この二氏は京都盆地北部に勢力拠点があって、春日氏からの分枝とするには問題がある。また地方の和珥部の管掌氏族が地位の上昇につれて中央の和珥氏=春日氏と同族系譜を擬制するにいたった場合(多紀氏・羽栗氏・知多氏・阿那氏・大坂氏など)もあると想定されている。

【参考文献】　岸俊男「ワニ氏に関する基礎的考察」(『日本古代政治史研究』所収)

和珥部臣君手　わにべのおみきみて　七世紀後半―八世紀初めの官人。氏名を丸部・和爾部にも作る。天武元年(六七二)の壬申の乱では、大海人皇子(のちの天武天皇)に従って戦う。文武元年(六九七)九月、壬申の功臣として勤大壱から直広壱に位を進められ、大宝元年(七〇一)七月には功封八十戸を賜わり、中第として四分の一を子に伝えることを許された。霊亀二年(七一六)四月にはすでに卒していたらしく贈直大壱とあり、息子の大石に田が与えられた。天平宝字元年(七五七)十二月には壬申の功田八町を中功として二世に伝えることが認められている。

和邇部大田麻呂　わにべのおおたまろ　七九八―八六五　九世紀前半の雅楽寮の官人で「伎術群を出(いづ)」と称えられた笛の名手。右京の人。吹笛に長じて伶官に備わり、横笛の名手であった大戸首(良枝宿禰)清上に学んで能くその道を受け精究した。天長(八二四―八三四)の初めに雅楽百済笛師に任ぜられ、次いで唐横笛師・雅楽少属・同大属を歴任。貞観三年(八六一)正月、外従五位下に叙せられた。同五年八月、宿禰の姓を賜わる。天帯彦国押人(あめたらしひこくにおしひと)命の後裔という。同六年三月、権大允に任ぜられ、同七年十月二十六日、六十八歳で卒去。この時期、雅楽寮では国別に楽師をおいていたのを再編成して左右両部制にしたほか、多くの楽師が活躍し、新楽の製作が盛んに行なわれており、大田麻呂もそのなかの一人であった。

和邇部臣宅継　わにべのおみやかつぐ　九世紀中頃の播磨国飾磨(しかま)郡(兵庫県飾磨郡から姫路市にかけての一帯)の人。正八位上播磨国博士。天帯彦国押人(あめたらしひこくにおしひと)命の後裔という。『播磨国風土記』印南郡(兵庫県加古川市・高砂市から姫路市にかけての一帯)条に、丸部(和邇部)臣らの始祖比古汝茅(ひこなむち)の名がみえ、この丸部臣の一族か。貞観二年(八六〇)十二月、宅継が奏していうには、大唐の『開元礼』を案ずるに、唐には「釈奠式」が大学国子、州県のそれぞれに定められているのに、我が国には大学式のみに存し、そのため厳整に行なわれるべき尊師の道が乱れている。早く釈奠式を制定してもらいたいと。上奏は認められて、諸国釈奠式が申請通りに同月八日、公布されている。釈奠は国学においても重要な行事として考えられていたにもかかわらず、これまで礼式が一定していなかったようである。同五年九月、宅継は邇宗(にむね)宿禰の氏姓を賜わっている。

古代のカバネ一覧

県主（あがたぬし）	薬師（くすし）
*朝臣（あそん）	国造（くにのみやつこ）
直（あたい・あたえ）	王（こにきし・こきし）
阿比古（あびこ）	*宿禰（すくね）
*稲置（いなき）	村主（すぐり）
*忌寸（いみき）	勝（すぐり・かち）
画師（えし）	祝（はふり）
曰佐（おさ）	史（ふひと）
首（おびと）	*真人（まひと）
*臣（おみ）	*道師（みちのし）
神主（かんぬし）	造（みやつこ）
吉士（きし）	*連（むらじ）
公・君（きみ）	別（わけ）

注　*印を付したものは、天武十三年の八色の姓制定によるカバネである。ただし、稲置・臣・連については、それ以前にも存在していた。

日本古代氏族人名辞典　普及版

一九九〇年(平　成　二)十一月　一　日　第一版第一刷発行
二〇一〇年(平成二十二)十一月二十日　普及版第一刷発行

監修者　坂本太郎
　　　　平野邦雄

発行者　前田求恭

発行所　株式会社　吉川弘文館
郵便番号　一一三―〇〇三三
東京都文京区本郷七丁目二番八号
電話〇三―三八一三―九一五一〈代表〉
振替口座　〇〇一〇〇―五―二四四
http://www.yoshikawa-k.co.jp/

印刷＝株式会社 東京印書館
製本＝誠製本株式会社
装幀＝山崎　登

©Yoshikawa Kōbunkan 2010. Printed in Japan
ISBN 978-4-642-01458-8

Ⓡ〈日本複写権センター委託出版物〉
本書の無断複写(コピー)は，著作権法上での例外を除き，禁じられています.
複写する場合には，日本複写権センター(03-3401-2382)の許諾を受けて下さい.

索　　引

1．本書所収の独立項目のすべてと，本文中に所出する主要な氏族名・人名を採取した。

2．項目は現代仮名遣いによる五十音順に配列し，所出のページと段を示した。独立項目のページはゴシック体で表示した。独立項目については，その記事が数段にわたる場合も，始まりのページ・段を示すにとどめた。

3．同一の氏族名・人名でも表記が異なる場合は，（　）を付して異同を並記した。

4．同一人物が別称でも項目が立っている場合は，⇨印を付して別称を示した。

5．同一表記の人名でも別人の場合は，それぞれ〔　〕内に系譜あるいは身分などを注記して独立させた。

6．上皇・皇太后は，天皇・皇后の項目に合併した。

あ

い

う

え

お

か

き

け

こ

さ

し

す

せ

そ

た

て

と

な

に

ぬ

ね

の

は

ひ

ふ

へ

ほ

ま

み

む

め

も

や

ゆ

よ

ら

り

れ

主要難読一覧

2 画

七掬脛　ななつかはぎ
丁勝雄万　よぼろのすぐりおまろ
人康親王　さねやすしんのう
八瓜入日子王　やつりいりひこのおおきみ
八多氏　はたうじ
刀利宣令　とりのせんりょう
十千根　とおちね
十世王　とおよおう
十市皇女　とおちのひめみこ

3 画

下毛野氏　しもつけのうじ
下道氏　しもつみちうじ
三尾氏　みおうじ
三枝部氏　さきくさべうじ
三家家刀自　みやけのいえとじ
三統氏　みむねうじ
三炊屋媛　みかしきやひめ
上毛野氏　かみつけのうじ
上殖葉皇子　かみつうえはのみこ
上道氏　かみつみちうじ
丈部氏　はせつかべうじ
万多親王　まんたのしんのう
万昆氏　まこんうじ
丸邇臣口子　わにのおみくちこ
久氏　くてい
久羅麻致支弥　くらまちきみ
凡氏　おおしうじ
凡河内氏　おおしかわちうじ
凡(大)海氏　おおしあまうじ
土師氏　はじうじ
大分氏　おおきだうじ
大戸氏　おおべうじ
大生部多　おおふべのおお
大宅氏　おおやけうじ
大伯(来)皇女　おおくのひめみこ
大足彦尊　おおたらしひこのみこと
大(凡)河内氏　おおしかわちうじ
大炊王　おおいのみこ
大海人皇子　おおあまのおうじ
大海氏　おおしあまうじ
大派皇子　おおまたのみこ
大神氏　おおがうじ
大神氏　おおみわうじ
大郎子皇子　おおいらつこのみこ
大倭忌寸五百足　やまとのいみきいおたり
大迹王　おおどのおおきみ
大部氏　おおともうじ
大部屋栖古連　おおとものやすこのむらじ
大鹿氏　おおかうじ
大綜麻杵　おおへそき
大養徳連友足　やまとのむらじともたり
大鷦鷯尊　おおさざきのみこと
小治田氏　おはりだうじ
小墾田采女　おはりだのうねめ
山東漢大費直麻高垢鬼　やまとのあやのおおあたいまこくき
山東漢費直意等加斯　やまとのあやのあたいおとかし
山前王　やまくまおう
己能末多干岐　このまたかんき
弓削氏　ゆげうじ

4 画

中臣習宜朝臣阿曾麻呂　なかとみのすげのあそんあそまろ
中臣殖栗氏　なかとみのえくりうじ
中皇命　なかつすめらみこと
中麻績氏　なかおみうじ
丹比氏　たじひうじ
丹氏　たじひうじ
丹生氏　にううじ
丹墀氏　たじひうじ
五十迹手　いとて
五十瓊敷入彦命　いにしきいりひこのみこと
今州利　いますり
内蔵氏　くらうじ
六人部氏　むとべうじ
勾氏　まがりうじ
円方女王　まとかたのおおきみ
円目王　つぶらめおう
壬生氏　みぶうじ
太秦氏　うずまさうじ
太(大・多)氏　おおうじ
天目一命　あめのまひとつのみこと
天湯河板挙　あめのゆかわたな
孔王部氏　あなほべうじ
少子部氏　ちいさこべうじ
手白香皇女　たしらかのひめみこ
手研耳(当芸志美美)命　たぎしみみのみこと
文石小麻呂　あやしのおまろ
文室氏　ふんやうじ
文賈古子　もんけこし
日下部氏　くさかべうじ
日奉氏　ひまつりうじ
日置氏　へきうじ
曰佐氏　おさうじ
木刕氏　もくらうじ
木事命　こごとのみこと
木素貴子　もくそきし
木満致　もくまんち
木羅斤資　もくらこんし
比古汝茅　ひこなむち
毛麻利叱智　もまりしち
水主内親王　みぬしないしんのう
水主氏　みぬしうじ
水光姫　みひかひめ
水沼氏　みぬまうじ
水間氏　みぬまうじ
火焔皇子　ほのおのみこ
爪工氏　はだくみうじ

5 画

世襲足媛　よそたらしひめ

乎獲居臣　おわけのおみ
他戸親王　おさべしんのう
他田日奉部国足　おさだのひまつりべくにたり
他田氏　おさだうじ
兄太加奈志　えたかなし
兄媛　えひめ
兄猾(兄宇迦斯)　えうかし
兄磯城　えしき
出水氏　いずみうじ
出石氏　いずしうじ
出庭氏　いでわうじ
出雲醜大臣(使主)命　いずもしこおおおみのみこと
去来穂別皇子　いざほわけのみこ
可美真手命　うましまでのみこと
史戸氏　ふひとべうじ
台与　とよ
台氏　うてなうじ
奴理能美　ぬりのみ
巨曾倍朝臣津嶋　こそべのあそんつしま
巨(許)勢氏　こせうじ
巨勢械田氏　こせのひだうじ
市往氏　いちゆきうじ
市乾鹿文　いちふかや
市鹿文　いちかや
市磯長尾市　いちしのながおち
平群氏　へぐりうじ
広階氏　ひろしなうじ
本牟智和気命　ほむちわけのみこと
末錦旱岐　まきんかんき
未斯欣　みしきん
正月王　むつきのおう
民氏　みたみうじ
氷上氏　ひがみうじ
氷氏　ひうじ
玉祖氏　たまのやうじ
甘南備氏　かんなびうじ
甘美内宿禰　うましうちのすくね
甘美媛　うましひめ
甘美韓日狭　うましからひさ
甲許母　こうきょも
田道間守　たじまもり
田裳見宿禰　たもみのすくね
目子媛　めのこひめ
目頬子　めずらこ
矢作氏　やはぎうじ
矢集氏　やつめうじ
石寸名　いしきな
石生別氏　いわなすわけうじ
石村氏　いわれうじ
穴太氏　あなほうじ
穴門直践立　あなとのあたいほんたち

6　画

伊与来目部　いよのくめべ
伊叱夫礼智干岐　いしぶれちかんき
伊吉氏　いきうじ
伊自牟良君　いしむらのきみ
伊治公呰麻呂　いじのきみあざまろ
伊甚国造　いじみのくにのみやつこ
伊香氏　いかごうじ
伊香(香賀・香我)色雄(乎)命　いかがしこおのみこと
伊香色謎命　いかがしこめのみこと
伊福部氏　いおきべうじ
伊頭志君麻良比　いずしのきみまらひ
両淵氏　みなぶちうじ
両道入姫(布多遅能伊理毗売)命　ふたじのいりびめのみこと
刑部氏　おさかべうじ
刑部靫部阿利斯登　おさかべのゆげいありしと
印支弥　いきみ
印奇臣　いがのおみ
印南野氏　いなみのうじ
各牟氏　かがみうじ
吉士(志)氏　きしうじ
吉田氏　きちたうじ
吉宜　きちのよろし
吉弥侯伊佐西古　きみこのいさせこ
吉弥侯部　きみこべ
吉備下道氏　きびのしもつみちうじ
吉備上道氏　きびのかみつみちうじ
吉備弓削部虚空　きびのゆげべのおおぞら
吉備品遅部雄鯽　きびのほんちべのおふな
吉備海部　きびのあま
吉智首　きちのちす
因支氏　いなきうじ
因斯羅我　いんしらが
多氏　おおうじ
多米氏　ためうじ
安宿王　あすかべおう
安都宿禰雄足　あとのすくねおたり
安殿親王　あてしんのう
安曇氏　あずみうじ
安積親王　あさかしんのう
宇漢迷公宇屈波宇　うかめのきみうくはう
宅子娘　やかこのいらつめ
宅部氏　やかべうじ
早良氏　さわらうじ
有智子内親王　うちこないしんのう
朴市田来津　えちのたくつ
江沼美都良麿　えぬのみずらまろ
江渟臣裙代　えぬのおみもしろ
当宗氏　まさむねうじ
当麻氏　たいまうじ
百舌鳥土師連土徳　もずのはじのむらじつちとこ
百舌鳥長兄　もずのながえ
百師木伊呂弁　ももしきのいろべ
百済氏　くだらうじ
百済王氏　くだらのこにきしうじ
牟(無)漏女王　むろのひめみこ
米餅搗大使主命　たがねつきのおおおみのみこと
羽田氏　はたうじ
衣君県　えのきみのあがた
衣通郎女　そとおしのいらつめ
西文氏　かわちのふみうじ
西(河内・川内)漢氏　かわちのあやうじ

7　画

何鹿王　いかるがおう
佐魯麻都　さろまつ
伴健岑　とものこわみね
来目皇子　くめのみこ
利波氏　となみうじ
呑瓮海人烏摩呂　あえのあまのおまろ
吾笥　あけ

吹黄刀自　ふきのとじ
岐比佐都美　きひさつみ
岐都禰　きつね
巫別　かんなぎわけ
巫部氏　かんなぎべうじ
弟猾　おとうかし
役氏　えんうじ
役君小角　えんのきみおづの
忌部氏　いんべうじ
志努(拏)直　しぬのあたい
忍坂大中姫　おしさかのおおなかつひめ
忍海氏　おしぬみうじ
我孫氏　あびこうじ
杖部氏　はせつかべうじ
村主氏　すぐりうじ
沙白蓋盧　さはくこうろ
沙良真熊　さらしんゆう
沙奈(尼)具那　さなぐな
男狭磯　おさし
社部臣大口　こそべのおみおおくち
私氏　きさいうじ
私部氏　きさいべうじ
秀良親王　ひでながしんのう
肝衝難波　きもつきのなにわ
良弁　ろうべん
良敏　ろうびん
良階氏　よししなうじ
足羽氏　あすわうじ
身毛(牟義)氏　むげうじ
身狭氏　むさうじ
辛犬甘氏　からいぬかいうじ

8 画

依知秦氏　えちのはたうじ
依羅(網)氏　よさみうじ
刺領布　さしひれ
味沙　みさ
味酒氏　うまさけうじ
味摩之　みまし
和珥(仁・邇)氏　わにうじ
和薬氏　やまとのくすしうじ
国造雄万　くにのみやつこのおまろ
垂水氏　たるみうじ
夜良氏　よらうじ
定省親王　さだみしんのう
弥州流　みつる
弥都侶伎命　みつろきのみこと
弥騰利　みどり
弥(美)努摩女王　みぬまじょおう
於氏　うえうじ
服部氏　はとりべうじ
松浦佐用比売(姫)　まつらさよひめ
東文氏　やまとのふみうじ
東(倭)漢氏　やまとのあやうじ
武(建)内宿禰　たけしうちのすくね
治田氏　はりたうじ
泥部　はつかしべ
泊瀬仲王　はっせのなかつみこ
法全　はっせん
法提郎媛　ほうてのいらつめ
法勢　ほっせい
炊屋姫(媛)　かしきやひめ
画師　えし
画部　えかきべ
的氏　いくはうじ
直氏　あたいうじ
舎人氏　とねりうじ
英多氏　えたうじ
若湯坐氏　わかゆえうじ
長尾市　ながおち
長髄彦　ながすねひこ
阿刀氏　あとうじ
阿支(芸)奈(那)氏　あぎなうじ
阿利斯等　ありしと
阿直氏　あちきうじ
阿直岐　あちき
阿(安)曇氏　あずみうじ
斉世親王　ときよしんのう

9 画

南淵漢人請安　みなぶちのあやひとしょうあん
厚鹿文　あつかや
品治氏　ほんちうじ
品治(遅)部　ほんちべ
品陀真若王　ほんだまわかのみこ
城丘前来目　きのおかさきのくめ
建部氏　たけるべうじ
彦太忍信命　ひこふつおしのまことのみこと
彦主人王　ひこうしのおおきみ
彦坐王命　ひこいますのみこのみこと
海犬養氏　あまのいぬかいうじ
海松橿媛　みるかしひめ
海部氏　あまべうじ
海(海部)氏　あまうじ
泉蓋蘇文　せんがいそぶん
炑日比子　ほんにちひし
狭井氏　さいうじ
珍努氏　ちぬうじ
甚目氏　はためうじ
眉輪王　まよわのおおきみ
祝部氏　はふりべうじ
神人部子忍男　みわひとべのこおしお
神氏　みわうじ
神王　みわおう
神宅臣全太理　みやけのおみまたたり
神門氏　かんどうじ
神夏磯媛　かんなつそひめ
神部直忍　みわべのあたいおし
神魂命　かみむすびのみこと
神饒速日(比)命　かんにぎはやひのみこと
紀臣麻利耆拖(拕)　きのおみまりきた
紀崗前来目連　きのおかさきのくめのむらじ
県氏　あがたうじ
県犬養氏　あがたのいぬかいうじ
県使氏　あがたのつかいうじ
美努氏　みのうじ
美海　みかい
胆香瓦臣安倍　いかごのおみあべ
草香部吉士漢彦　くさかべのきしあやひこ
草香幡梭皇女　くさかのはたびのひめみこ
貞固親王　さだもとしんのう
軍君　こにきし
首皇子　おびとのみこ

10 画

倭文氏　しどりうじ
倭迹迹日百襲姫命　やまとととひももそひめのみこと
倭迹速神浅茅原目妙姫　やまととはやかんあさじはらまくわしひめ
兼覧王　かねみおう

宮道氏　みやじうじ
射水氏　いみずうじ
恵子内親王　さとこないしんのう
息長氏　おきながうじ
捕鳥部万　ととりべのよろず
書氏　ふみうじ
栲幡皇女　たくはたのひめみこ
栗栖氏　くるすうじ
浦東君　ほとうのきみ
真苑宿禰雑物　まそののすくねさいもち
真砥野媛　まとのひめ
茨木氏　うばらぎうじ
茨田氏　まんたうじ
茨田王　まんたおう
蓂媛　はえひめ
蚊屋皇子　かやのおうじ
袁晋卿　えんしんけい
託基皇女　たきのひめみこ
迹見首赤檮　とみのおびといちい
隼総別皇子　はやぶさわけのみこ
馬丁安　まちょうあん
馬工氏　うまみくいうじ
馬次文　ましもん
馬武　まむ
馬武　めむ
馬毘登国人　うまのひとくにひと
高円朝臣広世　たかまどのあそんひろよ
高市氏　たけちうじ
高志氏　こしうじ
高麗氏　こまうじ
鬼室集斯　きしつしゅうし

11 画

健部氏　たけるべうじ
商長　あきのおさうじ
埿部穴穂部皇女　はしひとのあなほべのひめみこ
掖邪狗　えきやく
掃守氏　かにもりうじ
淤宇宿禰　おうのすくね
細媛命　くわしひめのみこと
舂米氏　つきしねうじ
船王後首　ふねのおうごのおびと
船史恵尺(釈)　ふねのふひとえさか
莫古　まくこ
許率母　こそちも
許勢氏　こせうじ
郭務悰　かくむそう
都市牛利　つしごり
都怒(奴)我(加)阿羅斯(志)等　つぬがあらしと
雀部氏　さざきべうじ
鳥取氏　ととりうじ
鹿我別　かがわけ
鹿深氏　こうがうじ
麻那甲背　まなこうはい
麻那君　まなきし
麻奈文奴　まなもんぬ
麻鹵　まろ
麻績氏　おみうじ
斎部氏　いんべうじ

12 画

勤操　ごんぞう
勝氏　かちうじ
喜娘　きじょう
堅塩媛(姫)　きたしひめ
媛(姫)蹈鞴五十鈴姫(媛)命　ひめたたらいすずひめのみこと
尋来津氏　ひろきつうじ
御刀媛　みはかしひめ
御名部皇女　みなべのひめみこ
御使氏　みつかいうじ
御馬皇子　みまのみこ
御間城姫　みまきひめ
斯我君　しがきし
智努王　ちぬおう
朝戸氏　あさへうじ
朝日郎　あさけのいらつこ
朝右王　あさすけおう
朝来氏　あさこうじ
朝明氏　あさけうじ
椋部秦久麻　くらべのはたのくま
椀子皇子　まろこのみこ
殖栗氏　えぐりうじ
滋水氏　しげみずうじ
滋世氏　しげようじ
滋岳朝臣川人　しげおかのあそんかわひと
渟名城入姫命　ぬなきのいりびめのみこと
湯坐曰理氏　ゆえのわたりうじ
湯坐氏　ゆえうじ
満米　まんべい
無(牟)漏女王　むろのひめみこ
童女君　おみなぎみ
答炑(本)春初　とうほんしゅんしょ
絚某弟　はえいろど
絚某姉　はえいろね
菟田氏　うだうじ
菟原処女　うなひおとめ
菟原壮士　うなひおとこ
菟道貝鮹皇女　うじのかいだこのひめみこ
菟道彦　うじひこ
賀陽親王　かやしんのう
越智氏　おちうじ
道守氏　ちもりうじ
道祖氏　ふなどうじ
道祖王　ふなどのおおきみ
開中費直穢人　かわちのあたいえひと
間人氏　はしひとうじ
間人皇女　はしひとのひめみこ
陽侯氏　やこうじ
陽胡氏　やこうじ
雲梯氏　うなでうじ
靫負氏　ゆげいうじ

13 画

微吒己智波珍干岐　みしこちはちんかんき
意富々杼王　おおほどのおおきみ
意富芸多志比売　おおぎたしひめ
意富那毗　おおなび
新田部親王　にいたべしんのう
新家氏　にいのみうじ
新漢人日文　いまきのあやひとにちもん
新漢済文　いまきのあやのさいもん
新漢陶部高貴　いまきのあやのすえつくりのこうき
楽浪河内　さざなみのこうち
楊侯(公)氏　やこうじ
楊貴氏　やぎうじ
漢人　あやひと
漢氏　あやうじ
漢奴加己利　あやのぬかこり
漢部　あやべ
獲加多支鹵　わかたける
溝辺直　いけべのあたい
稚足姫皇女　わかたらしひめのひ

めみこ
稚野毛二派皇子　わかぬけふたまたのみこ
稚媛　わかひめ
稗田阿礼　ひえだのあれ
置目老媼　おきめのおみな
置始氏　おきそめうじ
葛井氏　ふじいうじ
葛津氏　ふじつうじ
葛野王　かどののおう
誉田別尊　ほんだわけのみこと
誉津別命　ほんつわけのみこと
豊前王　とよさきおう
豊御食炊屋姫　とよみけかしきやひめ
豊階真人安人　とよしなのまひとやすひと
豊鍬入姫命　とよすきいりひめのみこと
遠津年魚眼眼妙媛　とおつあゆめまくわしひめ

14 画

漆部氏　ぬりべうじ
熊之凝　くまのこり
熊曾建(熊襲梟帥)　くまそたける
熊鰐　わに
綺戸辺　かにはたとべ
蓋鹵王　こうろおう
裳咋氏　もくいうじ
裴世清　はいせいせい
裴頲　はいてい
語部氏　かたりべうじ
輔治能氏　ふじのうじ

15 画

儀子内親王　のりこないしんのう
樟使主磐手　くすのおみいわて
磐排別之子　いわおしわくがこ
磐鹿六鴈(雁)命(伊波我牟都加利命)　いわかむつかりのみこと
磐衝別命　いわつくわけのみこと
箭括氏麻多智　やはずのうじのまたち
諸県氏　もろがたうじ
調氏　つきうじ
調吉士氏　つきのきしうじ
鞍作(部)氏　くらつくりうじ

16 画

憶礼福留　おくらいふくる
憶頼子老　おくらいこおゆ
膳夫王　かしわでおう
膳氏　かしわでうじ
膳部氏　かしわでうじ
薬師恵日　くすしのえにち
錦部氏　にしごりうじ

17 画

檜前氏　ひのくまうじ
檜隈民使博徳　ひのくまのたみのつかいはかとこ
磯城県主　しきのあがたぬし
薊瓊入媛　あざみにいりひめ

18 画

韓国氏　からくにうじ
韓帒宿禰　からぶくろのすくね
韓鍛冶氏　からかぬちうじ
甕依姫　みかよりひめ
甕襲　みかそ
難升米　なんしょうめ
鵜甘部氏　うかいべうじ

19 画

識子内親王　さとこないしんのう

20 画

蘇那曷叱知　そなかしち
麛坂皇子　かごさかのおうじ

21 画

鐸石別命　ぬてしわけのみこと
饒(邇芸)速日命(尊)　にぎはやひのみこと

27 画

鸕濡渟(宇迦都久怒)　うかづくぬ

29 画

鬱色雄命　うつしこおのみこと
鬱色謎命　うつしこめのみこと